M.L. Jhingan is an alumnus of the University of Delhi who after his M.A., worked as Research Assistant on a project of Dr.V.K.R.V. Rao, the then Director, Delhi School of Economics. Dr. Jhingan taught economics to postgraduate classes for over three decades and had been contributing to academic journals.

He is the author and co-author of a number of widely acclaimed textbooks on Economics and Management that sell in India and abroad. His books combine theoretical rigour and lucid exposition of the various concepts and theories of economics.

His most popular and the best selling text, The Economics of Development and Planning, was published 50 years ago in 1966 . Dr.Jhingan also guided Ph.Ds in India and abroad. Prof. Jhingan was Head of Economics Department and Principal, Government Post Graduate Evening College, Bhiwani and retired as Deputy Director, Higher Education, Haryana.

अन्तर्राष्ट्रीय अर्थशास्त्र

(International Economics)

(षष्टम संस्करण)

Simply the text!

वृंदा पब्लिकेशन्स प्रा. लि.

वृंदा पब्लिकेशन्स प्रा. लि.
बी–5 आशीष काम्पलैक्स, (अल्कान पब्लिक स्कूल के सामने),
मयूर विहार, फेज़–I दिल्ली –91
फोन : +91(11) 22755315, 22755316
व्हाट्सएप्प: (+91) 9953003795
ई–मेल : *info@vrindaindia.com*
इंटरनैट : *www.vrindaindia.com*

प्रथम संस्करण : 1989
पंचम संशोधित एवं परिवद्धित संस्करण : 2003 / पुनर्मुद्रित : सात बार
षष्टम संस्करण : 2011/पुनर्मुद्रित : सात बार
पुनर्मुद्रित : 2024

e Textbook Available

The English version of this book is International Economics
The Punjabi Version of this book is also available

ISBN : 978-81-8281-376-2
(अन्तर्राष्ट्रीय अर्थशास्त्र—षष्टम संस्करण)

अक्षर संयोजन : कुमुद ग्रैफिक्स
मुद्रक : निशा एन्टरप्राइज़िज़

षष्टम संस्करण की भूमिका

प्रस्तुत संस्करण में अन्तर्राष्ट्रीय अर्थशास्त्र में हुए नवीन विचारों, धारणाओं और सिद्धांतों का समावेश किया गया है। प्राय: सभी अध्याय पुन: लिखे गए हैं और उनमें महत्त्वपूर्ण विषय सामग्री सम्मिलित की गई है। कुछ नए अध्यायों और विषयों का समावेश किया गया है जैसे **निर्यात अस्थिरता और अन्तर्राष्ट्रीय समझौते, अन्तर्राष्ट्रीय ऋण समस्या, भुगतान शेष के समायोजन तंत्र, आन्तरिक अभिमुख और बाह्य अभिमुख नीतियां, तकनीकी प्रगति और अन्तर्राष्ट्रीय व्यापार,** आदि। आशा है विद्यार्थी इस पूर्णरूपेण संशोधित एवं परिवर्द्धित संस्करण से लाभान्वित होंगे।

मैं उन सभी विद्यार्थियों और प्राध्यापकों का आभारी हूं जिन्होंने अपनी अमूल्य सम्मतियां नि:संकोच भेजने का कष्ट किया। विशेषतौर से डा.एस. एन. चतुर्वेदी, प्रोफेसर, महात्मा गांधी काशी विद्यापीठ, वाराणसी के प्रति कृतज्ञ हूं जो गत कुछ वर्षों से अनेक सुझाव प्रेषित करते रहे हैं।

आशा है पाठकवृन्द अपने रचनात्मक सुझावों को भविष्य में भी प्रेषित करते रहेंगे, जिनका हार्दिक स्वागत किया जाएगा।

ई-मेल : vrinda@ndf.vsnl.net.in

एम.एल. झिंगन

विषय-सूची

भाग प्रथम
अन्तर्राष्ट्रीय व्यापार का विशुद्ध सिद्धांत
(THE PURE THEORY OF INTERNATIONAL TRADE)

भाग द्वितीय
वाणिज्यिक नीति
(COMMERCIAL POLICY)

भाग तीन
भुगतान-शेष
(BALANCE OF PAYMENTS)

भाग चतुर्थ
अन्तर्राष्ट्रीय आर्थिक संबंध
(INTERNATIONAL ECONOMIC RELATIONS)

भाग प्रथम

अंतर्राष्ट्रीय व्यापार का विशुद्ध सिद्धांत
(THE PURE THEORY OF INTERNATIONAL TRADE)

अध्याय 1

अंतरक्षेत्रीय तथा अंतर्राष्ट्रीय व्यापार के प्रमुख लक्षण
(DISTINGUISHING FEATURES OF INTER-REGIONAL AND INTERNATIONAL TRADE)

1. प्रस्तावना
(INTRODUCTION)

अंतर्राष्ट्रीय अर्थशास्त्र, राष्ट्रों के बीच विभिन्न आर्थिक संबंधों तथा परस्पर निर्भरता से संबद्ध है। इसका अध्ययन मुख्यतया साधनों, सेवाओं और वस्तुओं के अन्तर्राष्ट्रीय प्रवाहों के घरेलू उपभोक्ताओं के कल्याण पर पड़ने वाले प्रभावों का विश्लेषण करने के लिए किया जाता है। इन अन्तर्राष्ट्रीय प्रवाहों का नियमन (regulate) करने के लिए जो राष्ट्रीय नीतियां अपनाई जाती हैं उनके प्रभाव, पूर्वानुमान और परीक्षण का भी अध्ययन किया जाता है। इस प्रकार अन्तर्राष्ट्रीय अर्थशास्त्र अर्थशास्त्र की एक विशेष और पृथक शाखा है जो देश के भीतर आर्थिक संबंधों से भिन्न है, जिसका विश्लेषण करने के लिए घरेलू अर्थव्यवस्था से भिन्न विश्लेषण के औजारों की आवश्यकता होती है। इन औजारों का अध्ययन अगले अध्याय में किया गया है।

अन्तर्राष्ट्रीय अर्थशास्त्र का विषय-क्षेत्र बहुत विस्तृत है जिसमें सर्वप्रथम अन्तर्राष्ट्रीय व्यापार का विशुद्ध सिद्धान्त आता है। इसमें व्यापार का आधार तथा व्यापार से लाभ का अध्ययन किया जाता है। इसके अन्तर्गत स्मिथ, रिकार्डो एवं मिल के अन्तर्राष्ट्रीय व्यापार के सिद्धान्तों से लेकर आधुनिक अर्थशास्त्रियों के सिद्धान्तों का विश्लेषण होता है। दूसरे, वाणिज्यिक नीति का सिद्धान्त है जिसके अन्तर्गत विभिन्न व्यापार नीतियों तथा प्रतिबंधों से संबद्ध सिद्धान्तों का अध्ययन सम्मिलित है। यह दोनों विषय **व्यष्टि** आर्थिक विश्लेषण के क्षेत्र में आते हैं क्योंकि इनमें प्रत्येक देश को एक एकल इकाई के रूप में लिया जाता है और उनका विश्लेषण सापेक्ष वस्तु और साधन की लागतों और कीमतों के आधार पर किया जाता है।

अन्तर्राष्ट्रीय अर्थशास्त्र के विषय-क्षेत्र का तीसरा भाग भुगतान शेष से संबंधित एक देश के भुगतानों और प्राप्तियों का शेष विश्व के साथ होने वाले परिवर्तनों के कारणों एवं प्रभावों से है। इसमें भुगतान शेष तथा विदेशी विनिमय के विभिन्न सिद्धान्तों का विश्लेषण सम्मिलित होता है।

आजकल भुगतान शेष से ही संबद्ध अन्तर्राष्ट्रीय अर्थशास्त्र के विषय-क्षेत्र के चतुर्थ भाग का महत्त्व बहुत बढ़ गया है, जिसके अन्तर्गत भुगतान शेष के असंतुलनों की समस्या को विभिन्न अन्तर्राष्ट्रीय मौद्रिक प्रणालियों और संस्थाओं द्वारा सुलझाने के तंत्रों का अध्ययन शामिल है।

अन्तर्राष्ट्रीय अर्थशास्त्र के ये दोनों पहलू **समष्टि** आर्थिक विश्लेषण के क्षेत्र में आते हैं क्योंकि भुगतान शेष विभिन्न देशों के अन्तर्राष्ट्रीय लेन-देनों का परिणाम होता है। फिर, भुगतान शेष असंतुलनों से उत्पन्न होने वाले प्रभाव, राष्ट्रों की कुल आय, उत्पादन तथा सामान्य कीमत सूचकांक को प्रभावित करते हैं।

2. अन्तरक्षेत्रीय और अन्तर्राष्ट्रीय व्यापार में भिन्नताएँ[1]
(DIFFERENCES BETWEEN INTER-REGIONAL AND INTERNATIONAL TRADE)

अन्तर-क्षेत्रीय व्यापार का अर्थ है किसी देश के क्षेत्रों के बीच व्यापार। इसे ही **ओलिन** ने अन्तर-स्थानीय (inter-local) व्यापार कहा है। इस प्रकार, अन्तरक्षेत्रीय व्यापार घरेलू या आन्तरिक व्यापार है। दूसरी ओर अन्तर्राष्ट्रीय व्यापार दो देशों या राष्ट्रों के बीच होने वाला व्यापार है। अर्थशास्त्रियों में एक विवाद उठता रहा है कि क्या अन्तरक्षेत्रीय या घरेलू व्यापार और अन्तर्राष्ट्रीय व्यापार में कोई अन्तर है अथवा नहीं। क्लासिकी अर्थशास्त्री मानते थे कि अन्तरक्षेत्रीय व्यापार और अन्तर्राष्ट्रीय व्यापार में एक निश्चित मूलभूत अन्तर है। तदनुसार, उन्होंने अन्तर्राष्ट्रीय व्यापार का एक पृथक सिद्धान्त प्रतिपादित किया जो तुलनात्मक लागतों के सिद्धान्त के नाम से जाना जाता है। परन्तु बर्टिल **ओलिन** (Bertil Ohlin) और **हैबरलर** (Haberler) जैसे आधुनिक अर्थशास्त्री इस मत का विरोध करते हैं। उनकी मान्यता है कि अन्तरक्षेत्रीय और अन्तर्राष्ट्रीय व्यापार में गुणात्मक नहीं, मात्रात्मक अन्तर है।

फिर भी, इस क्लासिकी विचार को मानने के कई कारण हैं कि अन्तर्राष्ट्रीय व्यापार अन्तरक्षेत्रीय व्यापार से मूलतः भिन्न है:

1. साधन अगतिशीलता (Factor Immobility)—क्लासिकी अर्थशास्त्रियों ने अन्तर्राष्ट्रीय व्यापार का अपना पृथक सिद्धांत इस आधार पर प्रस्तुत किया था कि उत्पादन के साधन हर क्षेत्री के बीच उतने ही मुक्त और गतिशील हैं जितने वे स्थानों और व्यवसायों के बीच होते हैं। इसके विपरीत, अन्तर्राष्ट्रीय व्यापार में साधन देशों के बीच अगतिशील होते हैं। इस प्रकार, श्रम और पूंजी को देशों के बीच अगतिशील माना जाता है जबकि वे एक ही देश में पूर्णतः गतिशील होते हैं। कम लाभ वाले क्षेत्रों से अधिक लाभ वाले क्षेत्रों तक श्रमिकों तथा अन्य साधनों की तीव्र और सहज गति के कारण एक ही देश में मजदूरी की भिन्नताओं और साधन-कीमत की असमानताओं में पूर्ण समायोजन (adjustment) होता है परन्तु अन्तर्राष्ट्रीय रूप से ऐसी गति सम्भव नहीं है। देशों के बीच साधनों की अपेक्षा कीमत-परिवर्तन वस्तुओं की गति का कारण बनते हैं। श्रम की अन्तर्राष्ट्रीय अगतिशीलता के कारण हैं—भाषाओं, रीतियों और व्यावसायिक कौशलों में भिन्नताएं, परिचित वातावरण और पारिवारिक बन्धनों को छोड़ने की अनिच्छा, विदेश यात्राओं के ऊंचे खर्चे तथा श्रमिकों के आप्रवास (immigration) पर विदेशों द्वारा लगाए जाने वाले प्रतिबंध। **पूंजी** की अन्तर्राष्ट्रीय गतिशीलता में परिवहन व्यय ही रुकावट नहीं है बल्कि कानूनी निवारण (legal redress) की कठिनाइयां, राजनैतिक अनिश्चितता, विदेश में निवेश की प्रत्याशाओं का अज्ञान, बैंकिंग प्रणाली की अपूर्णताएं, विदेशी करेंसियों की अस्थिरता, विदेशियों के प्रति अविश्वास आदि की भी रुकावटें हैं। इस प्रकार, देशों के बीच श्रम तथा पूंजी की गतिशीलता से संबंधित कानूनी तथा अन्य प्रतिबंध हैं। परन्तु अन्तरक्षेत्रीय व्यापार में ऐसी समस्याएं नहीं हैं।

2. प्राकृतिक संसाधनों में भिन्नताएं (Differences in National Resources)—विभिन्न देश विभिन्न प्रकार के प्राकृतिक संसाधनों की दृष्टि से सम्पन्न हैं। अतः वे उन वस्तुओं के उत्पादन में विशिष्टता प्राप्त कर लेते हैं जिनमें वे बहुत सम्पन्न होते हैं तथा वे उनका उन देशों से व्यापार करते हैं जहां ऐसे संसाधन बहुत कम हैं। आस्ट्रेलिया में भूमि प्रचुर मात्रा में है लेकिन श्रम और पूंजी अपेक्षाकृत दुर्लभ हैं। इसके विपरीत, इंग्लैंड में पूंजी अपेक्षाकृत प्रचुर और सस्ती है जबकि भूमि दुर्लभ और महंगी है। इस प्रकार, अधिक पूंजी की आवश्यकता वाली वस्तुएं इंगलैंड में उत्पन्न की जा सकती हैं; जबकि ऊन, मांस, गेहूं, आदि अपेक्षाकृत अधिक भूमि की आवश्यकता वाली वस्तुएं आस्ट्रेलिया में ही उत्पन्न की जा सकती हैं। इस प्रकार दोनों देश विभिन्न वस्तुओं के उत्पादन में तुलनात्मक लागत भिन्नताओं के आधार पर एक दूसरे की वस्तुओं का व्यापार कर सकते हैं।

3. भौगोलिक तथा जलवायु सम्बन्धी भिन्नताएं (Geographical and Climatic Differences)—प्रत्येक देश भौगोलिक और जलवायु सम्बन्धी स्थितियों के कारण सभी वस्तुओं का उत्पादन नहीं कर सकता। अगर कर भी सकता है तो अत्यधिक लागतें वहन करके ही ऐसा कर सकता है। उदाहरणतया, कॉफी के उत्पादन के लिए ब्राजील में अनुकूल भौगोलिक और जलवायु सम्बन्धी स्थितियां हैं; बांग्लादेश में पटसन के लिए, क्यूबा में चुकंदर के लिए इसी प्रकार अन्य देशों में अनुकूल स्थितियां हैं। अतः अनुकूल स्थितियों वाले देश वस्तु के उत्पादन में विशिष्टता (specialisation) प्राप्त कर लेते हैं और अन्य देशों से उनका व्यापार करते हैं।

4. भिन्न बाजार (Different Markets)—अन्तर्राष्ट्रीय बाजार भाषा, प्रचलन, आदत, रुचि आदि की भिन्नताओं के कारण पृथक-पृथक होते हैं। यहां तक कि मशीन और उपस्कर (equipment) की शैलियां, ढांचे, नाप-तोल की प्रणालियां भी विभिन्न देशों में भिन्न होती हैं। उदाहरणतया, फ्रांस और संयुक्त राज्य के रेलवे इंजन और माल डिब्बे ब्रिटेन से भिन्न होते हैं। इस प्रकार जिन वस्तुओं

1. यह भाग अन्तर्राष्ट्रीय व्यापार के लिए एक पृथक सिद्धान्त की आवश्यकता से संबद्ध है।

का व्यापार क्षेत्रों के बीच होता है उन्हें दूसरे देशों को नहीं बेचा जा सकता। यही कारण है कि अधिकांश स्थितियों में विदेशों को बेचे जाने वाली वस्तुओं को विशेष ढंग से बनाया जाता है ताकि वे उस देश की राष्ट्रीय विशिष्टताओं के अनुरूप हों।

इसके अतिरिक्त अन्तरक्षेत्रीय और अन्तर्राष्ट्रीय बाजारों में एक महत्त्वपूर्ण भिन्नता क्षेत्रीय और अन्तर्राष्ट्रीय बाजारों में वस्तुओं के विक्रय और निर्माण में है। एक बड़ी फर्म अनेक वस्तुओं का निर्माण और विभिन्न देशों में उनका विक्रय कर सकती है। परंतु वह न तो अपनी वस्तुओं को मानकित (standardised) कर सकती है और न ही बड़े पैमाने पर उत्पादन करके किफायत ही कर सकती है। इसके विपरीत, वह फर्म जो अन्तर्राष्ट्रीय बाजारों के लिए केवल एक प्रकार की वस्तु का निर्माण करने में विशेषज्ञ है, बड़े पैमाने पर उसका उत्पादन करके किफायत कर सकती है।

5. भिन्न करेंसियां (Different Currencies)—अन्तरक्षेत्रीय व्यापार और अन्तर्राष्ट्रीय व्यापार में मुख्य भेद यह भी है कि विदेश व्यापार में विभिन्न करेंसियों का प्रचलन है जबकि आन्तरिक व्यापार में एक ही प्रकार की करेंसी का प्रचलन है। उत्तर से दक्षिण तक, पूर्व से पश्चिम तक समूचे भारत में रुपया स्वीकार किया जाता है परन्तु यदि हम नेपाल या पाकिस्तान चले जाएं तो हमें वहां वस्तुएं और सेवाएं खरीदने के लिए अपने रुपए को उनके रुपए में परिवर्तित कराना पड़ेगा।

अन्तर्राष्ट्रीय व्यापार में करेंसियों की भिन्नता ही महत्त्वपूर्ण नहीं है, बल्कि उनके सापेक्ष मूल्यों (relative values) में परिवर्तन भी महत्त्वपूर्ण है। अन्य करेंसी की तुलना में किसी करेंसी के मूल्य में जब कभी परिवर्तन होता है, तो अनेक आर्थिक समस्याएं उत्पन्न हो जाती हैं। ''जब किन्हीं भिन्न करेंसियों की मौद्रिक इकाइयां स्वर्ण में परिवर्तित नहीं हो सकतीं, तो उन इकाइयों की तुलना में जिनका स्वर्णमान (gold standard) है, इनकी विनिमय-दरों में अत्यधिक अन्तर हो जाता है। अन्तर्राष्ट्रीय व्यापार से संबद्ध मुद्रा-विनिमय लेन-देनों के करने में ऐसी लागतें और जोखिम आते हैं जो साधारणतया आन्तरिक व्यापार में नहीं आते।''[2] इसके अतिरिक्त, कुछ देशों की करेंसियां—जैसे अमेरिका का डॉलर, ब्रिटेन का पाउण्ड, जर्मनी का मार्क और जापान का येन—अन्तर्राष्ट्रीय लेन-देनों में बहुत अधिक उपयोग की जाती हैं, जबकि अन्य लगभग अपरिवर्तनीय होती हैं। ऐसी प्रवृत्तियां अन्तर्राष्ट्रीय स्तर पर बहुत आर्थिक समस्याएं उत्पन्न करती हैं। फिर, विभिन्न देश भिन्न-भिन्न मौद्रिक और विदेशी विनिमय नीतियां अपनाते हैं जो निर्यातों की पूर्ति अथवा आयातों की मांग को प्रभावित करती हैं। **किंडलबर्गर** के अनुसार, ''नीतियों में यह अन्तर, न कि विभिन्न राष्ट्रीय मुद्राओं का पाया जाना, अन्तर्राष्ट्रीय व्यापार को घरेलू व्यापार से भिन्न करता है।''[3]

6. भुगतान शेष की समस्या (Problem of Balance of Payments)—भुगतान शेष की समस्या भी अन्तर्राष्ट्रीय व्यापार को अन्तरक्षेत्रीय व्यापार से भिन्न रखती है। अन्तर्राष्ट्रीय व्यापार में भुगतान शेष की समस्या स्थायी है जबकि एक देश के क्षेत्रों में यह समस्या नहीं पाई जाती है। ऐसा इस कारण कि देशों के बीच की अपेक्षा क्षेत्रों के बीच पूंजी की अधिक गतिशीलता होती है। फिर, भुगतान शेष के संतुलन को दूर करने के लिए एक देश जो नीतियां अपनाता है उनसे अनेक अन्य समस्याएं उत्पन्न हो सकती हैं। यदि वह अवस्फीति अथवा अवमूल्यन अथवा आयातों या करेंसी की गति पर प्रतिबंध अपनाता है तो वे आगे और समस्याएं उत्पन्न करते हैं। परन्तु अन्तरक्षेत्रीय व्यापार में ऐसी समस्याएं उत्पन्न नहीं होती हैं।

7. वस्तुओं की गतिशीलता (Mobility of Goods)—अन्तरक्षेत्रीय और अन्तर्राष्ट्रीय व्यापार के बीच वस्तुओं की गतिशीलता की भी भिन्नताएं हैं। एक देश में वस्तुओं की गतिशीलता केवल भौगोलिक दूरियों और परिवहन लागतों द्वारा सीमित होती है। परन्तु देश के बीच वस्तुओं की गतिशीलता पर अनेक टैरिफ और गैर-टैरिफ प्रतिबंध (barriers) पाए जाते हैं। आयात और निर्यात शुल्कों (duties) के अलावा, अभ्यंश (कोटा), VES, विनिमय नियंत्रण निर्यात सब्सिडी, डम्पिंग आदि होते हैं जो अन्तर्राष्ट्रीय स्तर पर वस्तुओं की गतिशीलता को सीमित करते हैं।

8. भिन्न परिवहन लागतें (Different Transport Costs)—एक देश के अन्दर अन्तरक्षेत्रीयता की अपेक्षा देशों के बीच व्यापार में ऊंची परिवहन लागतें पाई जाती हैं क्योंकि देशों के बीच भौगोलिक दूरियां बहुत होती हैं।

9. भिन्न आर्थिक वातावरण (Different Economic Environment)—देश अपने आर्थिक वातावरण में भिन्न होते हैं जो उनके व्यापार संबंधों को प्रभावित करता है। कानूनी ढांचा, संस्थानिक (institutional) व्यवस्था, मौद्रिक, फिस्कल और व्यावसायिक नीतियां, साधन संपन्नताएं (factor endonments), उत्पादन तकनीकें, वस्तुओं की किस्में, आदि देशों के बीच भिन्न होती हैं। परन्तु एक देश के अन्दर आर्थिक वातावरण में कोई विशेष भिन्नता नहीं पाई जाती है।

2. H.B. Killough and I.W. Killough, *Economics of International Trade,* 1948.
3. C.B. Kindleberger, *International Economics,* 5/e, 1973.

10. विभिन्न राजनीतिक दल (Different Political Groups)—अन्तरक्षेत्रीय और अन्तर्राष्ट्रीय व्यापार में एक महत्वपूर्ण भिन्नता यह है कि एक देश में सभी क्षेत्र एक राजनैतिक इकाई से संबद्ध होते हैं, जबकि विभिन्न देशों की भिन्न-भिन्न राजनैतिक इकाइयां होती हैं। अन्तरक्षेत्रीय व्यापार एक ही देश में रहने वाले लोगों के बीच होता है। यद्यपि वे जातियों, धर्मों, मतों, रुचियों एवं रिवाजों के आधार पर भिन्न हो सकते हैं। उनमें एक ही राष्ट्र के होने की भावना प्रबल होती है तथा क्षेत्रीय भावना गौण होती है। सरकार भी समस्त राष्ट्र के नागरिकों के कल्याण का ध्यान रखती है न कि किसी विशेष क्षेत्र के नागरिकों का। परन्तु अन्तर्राष्ट्रीय व्यापार में राष्ट्रों के बीच कोई एकता और समानता नहीं पाई जाती है। प्रत्येक देश अन्य देशों के साथ अपने स्वार्थ और प्राय: दूसरों के अहित में व्यापार करता है। जैसाकि **फ्रैड्रिक लिस्ट** ने कहा था, ''घरेलू व्यापार आपस में होता है, अन्तर्राष्ट्रीय व्यापार आपस में और उनके बीच होता है।''

11. भिन्न राष्ट्रीय नीतियां (Different National Policies)—अन्तरक्षेत्रीय और अन्तर्राष्ट्रीय व्यापार में एक और भिन्नता यह पाई जाती है कि एक देश में कराधान, व्यापार, वाणिज्य आदि से संबंधित नीतियां समान होती हैं। परन्तु, अन्तर्राष्ट्रीय व्यापार में एक देश से दूसरे देश में जाने वाली वस्तुओं और सेवाओं पर अभ्यांस (कोटा), आयात कर, टैरिफ, विनिमय नियंत्रण आदि अनेक प्रकार के कृत्रिम प्रतिबंध लगाए जाते हैं। कई बार प्रतिबंध अधिक व्यापक होते हैं, जैसे विस्तृत सीमा शुल्क विधियां, पैकिंग आवश्यकताएं आदि। ऐसे प्रतिबंध अन्तरक्षेत्रीय व्यापार में क्षेत्रों के बीच वस्तुओं और सेवाओं के प्रवाहों पर नहीं पाए जाते हैं। ऐसे हालात में, आय, मुद्रा, वाणिज्य, कराधन, आदि से संबंधित आन्तरिक नीतियां प्रत्येक देश में अन्य देशों से भिन्न होती हैं।

निष्कर्ष (Conclusion)—इसलिए, क्लासिकी अर्थशास्त्रियों ने ऊपर दिए गए तर्कों के आधार पर यह बल देकर कहा कि घरेलू या अन्तरक्षेत्रीय व्यापार से अन्तर्राष्ट्रीय व्यापार मूलत: भिन्न है। अत: उन्होंने तुलनात्मक लागत अन्तरों के सिद्धान्त पर आधारित अन्तर्राष्ट्रीय व्यापार के लिए एक पृथक सिद्धान्त का प्रतिपादन किया।

3. अन्तरक्षेत्रीय तथा अन्तर्राष्ट्रीय व्यापार में समानताएं (SIMILARITIES BETWEEN INTER-REGIONAL AND INTERNATIONAL TRADE)

बर्टिल ओलिन ने यह स्पष्ट किया है कि अन्तरक्षेत्रीय तथा अन्तर्राष्ट्रीय व्यापार में कोई विशेष अन्तर नहीं है। इस कारण अन्तर्राष्ट्रीय मूल्य उसी प्रकार निर्धारित होते हैं जैसे आन्तरिक व्यापार में। उसके अनुसार, ''अन्तर्राष्ट्रीय व्यापार अन्तरक्षेत्रीय अथवा अन्तरस्थानीय व्यापार की केवल एक विशेष स्थिति है।'' इसलिए वह अन्तर्राष्ट्रीय व्यापार के लिए एक पृथक सिद्धान्त का कोई औचित्य नहीं पाता। अपने उत्तर के पक्ष में वह अनेक तर्क देता है।

ओलिन इस क्लासिकी तर्क को स्वीकार नहीं करता कि श्रम और पूंजी एक देश के भीतर मुक्त रूप से गतिशील होते हैं बल्कि अन्तर्राष्ट्रीय तौर से अगतिशील हैं। उसका यह कथन है कि श्रम और पूंजी एक देश के भीतर भी अन्तरक्षेत्रीय तौर से अगतिशील होते हैं। यह इस बात से स्पष्ट होता है कि मजदूरी-दरें केवल विभिन्न व्यवसायों में ही भिन्न नहीं होतीं बल्कि वे एक देश के भीतर विभिन्न क्षेत्रों में समान व्यवसायों में भी भिन्न उद्देश्यों के लिए परिवर्तित होती हैं।

फिर, श्रम और पूंजी देशों के बीच अगतिशील नहीं हैं, बल्कि वे एक देश से दूसरे देश को गए हैं। 19वीं शताब्दी तथा 20वीं शताब्दी के प्रारम्भ में अमेरिका, कनाडा, आस्ट्रेलिया, न्यूजीलैंड तथा लेटिन अमरीकी देशों का तीव्र विकास इंग्लैंड और यूरोप से श्रम और पूंजी की इन देशों को गति के परिणामस्वरूप हुआ है।

ओलिन के अनुसार, अन्तर्राष्ट्रीय व्यापार का आधार अन्तरक्षेत्रीय व्यापार से कोई अधिक भिन्न नहीं है। दोनों में स्थान कारक महत्वपूर्ण है तथा वस्तुएं प्रचुर पूर्तियों के स्थानों से उन स्थानों पर जाती हैं जहां वे कम होती हैं। दोनों में ही परिवहन लागतें शामिल होती हैं। अन्तर्राष्ट्रीय तथा अन्तरक्षेत्रीय व्यापार दोनों में लाभ अधिकतम करने के उद्देश्य के लिए फर्में व्यापार करती हैं। जहां तक अन्तर्राष्ट्रीय व्यापार में करेंसी भिन्नताओं की बात है उनके कारण एक पृथक सिद्धान्त की आवश्यकता नहीं है। दो देशों के बीच विनिमय की दर दोनों देशों की करेंसियों की क्रय शक्ति के आधार पर इकट्ठी जुड़ी होती है। क्योंकि एक देश की करेंसी दूसरे देश की करेंसी में परिवर्तनीय होती है, इसलिए अन्तर्राष्ट्रीय व्यापार तथा अन्तरक्षेत्रीय व्यापार में कोई मूल भिन्नता नहीं पाई जाती है।

अन्तिम, ओलिन का यह तर्क है कि तुलनात्मक लागतों का सिद्धान्त केवल अन्तर्राष्ट्रीय व्यापार पर ही लागू नहीं होता बल्कि एक देश के भीतर समस्त व्यापार पर भी लागू होता है। यह विशिष्टीकरण के सिद्धान्त में अन्तर्निहित है कि एक व्यक्ति अपनी योग्यताओं को उन कार्यों में लगाएगा जिनके लिए वह सबसे अधिक उपयुक्त है। उदाहरणार्थ, एक फर्म का मैनेजर एक मिस्त्री की अपेक्षा अपनी

मोटरकार को अधिक कुशलता तथा सस्ती मरम्मत करने की क्षमता रख सकता है। परन्तु वह ऐसा नहीं करता है क्योंकि वह अपने समय और शक्ति को अधिक लाभदायकता से अपने व्यवसाय में लगा सकता है। जैसा ओलिन ने लिखा है, ''क्षेत्र और राष्ट्र उन्हीं कारणों से एक-दूसरे के साथ विशिष्टीकरण एवं व्यापार करते हैं जिन कारणों से विशिष्टीकरण तथा व्यापार व्यक्ति करते हैं। कुछ व्यक्ति स्वभाव से एक कार्य की अपेक्षा दूसरे कार्य के लिए अधिक उपयुक्त होते हैं; एक व्यक्ति अच्छा माली, दूसरा एक अच्छा अध्यापक और तीसरा एक बढ़िया डॉक्टर सिद्ध हो सकता है। माली एक घटिया अध्यापक सिद्ध होगा तथा अध्यापक एक घटिया डॉक्टर और आगे इसी तरह। अत: विशिष्टीकरण द्वारा लाभ स्पष्ट है। यद्यपि प्रत्येक व्यक्ति योग्यता में समान हो भी तो विशिष्टीकरण द्वारा लाभ होगा।'' विशिष्टीकरण का यह मूलभूत सिद्धान्त जो जीवन के सभी क्षेत्रों में पाया जाता है, निश्चित रूप से उसी प्रकार तथा उतना ही बलपूर्वक अन्तर्राष्ट्रीय व्यापार में लागू होता है। इस प्रकार, तुलनात्मक लागतों के सिद्धान्त का अन्तर्राष्ट्रीय व्यापार पर प्रयोग अनावश्यक है क्योंकि यह समस्त प्रकार के व्यापार का आधार है। इस बारे में ओलिन बलपूर्वक कहता है, ''क्योंकि राष्ट्र निश्चित तौर से सभी क्षेत्रों में अत्यधिक महत्वपूर्ण होते हैं, इसलिए अन्तर्राष्ट्रीय व्यापार का सिद्धान्त अन्तरक्षेत्रीय व्यापार के सामान्य सिद्धान्त के मुख्य प्रयोग को व्यक्त करता है।''

इस कारण उसका यह विश्वास है कि अन्तर्राष्ट्रीय व्यापार को एक पृथक सिद्धान्त की कोई आवश्यकता नहीं है और वह अन्तर्राष्ट्रीय व्यापार को अन्तरस्थानीय अथवा क्षेत्रीय व्यापार की एक विशेष स्थिति मानता है। अन्तर्राष्ट्रीय तौर पर विनिमय की गई वस्तुओं की कीमतें उसी प्रकार निर्धारित होती हैं जिस प्रकार अन्तरक्षेत्रीय तौर से विनिमय की गई वस्तुओं की। अन्तरक्षेत्रीय व्यापार में कीमतों के निर्धारण का आधार मांग और पूर्ति का सामान्य संतुलन है जो बिना पर्याप्त परिवर्तनों के अन्तर्राष्ट्रीय व्यापार पर भी लागू होता है। रुचियों, आदतों, रीति-रिवाजों, भाषा, करेंसी, टैरिफ प्रतिबंध आदि की देशों के बीच भिन्नताएं गुणात्मक नहीं बल्कि मात्रात्मक हैं। वास्तव में, वे अन्तर्राष्ट्रीय तौर पर वस्तुओं तथा सेवाओं के मुक्त प्रवाह को नहीं रोकतीं। अत: अन्तर्राष्ट्रीय व्यापार एवं अन्तरक्षेत्रीय व्यापार में यथार्थ में कोई भिन्नता नहीं है।

निष्कर्ष (Conclusion)

परन्तु हम ओलिन के इस मत से सहमत नहीं कि यथार्थ में अन्तर्राष्ट्रीय और अन्तरक्षेत्रीय व्यापार में कोई अन्तर नहीं है। वास्तविकता तो यह है कि दोनों में तीव्र भिन्नताएं पाई जाती हैं। हर देश की अपनी करेंसी होती है जिसमें उसके नागरिक देश के भीतर वस्तुओं और सेवाओं को मुक्त रूप से बेच और खरीद सकते हैं। परन्तु दूसरे देशों को वस्तुएं बेचना और खरीदना संभव नहीं होता क्योंकि प्रत्येक देश उन पर अनेक प्रतिबंध लगाता है। विदेशी करेंसियां न तो मुक्त रूप से प्राप्त होती हैं और न ही आसानी से परिवर्तनीय होती हैं। अन्तरक्षेत्रीय व्यापार में विनिमय दरों, भुगतान शेषों तथा टैरिफ की समस्याएं बिल्कुल उत्पन्न नहीं होती हैं, जबकि वे अन्तर्राष्ट्रीय व्यापार का अभिन्न अंग हैं। अन्तर्राष्ट्रीय व्यापार से उत्पन्न होने वाली समस्याओं को हल करने के लिए ही IMF, GATT तथा UNCTAD जैसी संस्थाएं स्थापित की गई हैं जिनका अन्तरक्षेत्रीय व्यापार से कोई सरोकार नहीं है।

इतना ही नहीं, अन्तर्राष्ट्रीय व्यापार के समष्टि तथा व्यष्टि भागों से संबंधित अनेक सिद्धान्त और मॉडल **हैक्शर, ओलिन, सैम्युलसन, लियोनतिफ, जोनसन, भगवती** आदि अर्थशास्त्रियों द्वारा प्रतिपादित किए गए हैं, जो आन्तरिक व्यापार से संबंधित सिद्धान्तों से सर्वथा भिन्न हैं। इससे सिद्ध होता है कि अन्तर्राष्ट्रीय व्यापार एक पृथक अध्ययन है जो किसी भी प्रकार से अन्तरक्षेत्रीय व्यापार के समान नहीं है। जैसा कि **किंडलबर्गर** ने कहा है, **''अन्तर्राष्ट्रीय व्यापार को एक पृथक विषय माना जाता है, परम्परा के कारण, वास्तविक विश्व में अन्तर्राष्ट्रीय आर्थिक प्रश्नों द्वारा प्रस्तुत की गई, अत्यावश्यक और महत्वपूर्ण समस्याओं के कारण, क्योंकि यह घरेलू व्यापार से भिन्न नियमों का अनुसरण करता है, और क्योंकि इसका अध्ययन समस्त अर्थशास्त्र के हमारे ज्ञान को प्रकाशमय तथा समृद्ध करता है।''**

प्रश्न

1. अन्तर्राष्ट्रीय व्यापार तथा अन्तरक्षेत्रीय व्यापार में मूलभूत अन्तरों की व्याख्या कीजिए।
2. 'अन्तर्राष्ट्रीय व्यापार को अन्तरक्षेत्रीय व्यापार अथवा संभवत: अन्तरस्थानीय व्यापार की एक विशेष स्थिति समझना चाहिए।' इस कथन की सविस्तार व्याख्या कीजिए।
3. घरेलू तथा अन्तर्राष्ट्रीय व्यापार में भिन्नताएं मात्रात्मक हैं न कि गुणात्मक। क्या आप इस मत से सहमत हैं या नहीं ? कारण दीजिए। क्या अन्तर्राष्ट्रीय व्यापार के लिए एक पृथक सिद्धान्त का आधार है ?

अध्याय 2

अन्तर्राष्ट्रीय व्यापार संतुलन : कुछ विश्लेषणात्मक औजार
(INTERNATIONAL TRADE EQUILIBRIUM : SOME ANALYTICAL TOOLS)

1. प्रस्तावना
(INTRODUCTION)

हैबरलर[1] (Haberler), **लियोनतिफ**[2] (Leontief) तथा **मीड**[3] (Meade) जैसे नवक्लासिकी अर्थशास्त्रियों ने अन्तराष्ट्रीय व्यापार के सिद्धान्त में कुछ विश्लेषणात्मक औजारों का प्रवर्तन किया है। वे औजार ये हैं: उत्पादन संभावना वक्र, समुदाय उदासीनता वक्र, तथा व्यापार उदासीनता वक्र। व्यापार सिद्धान्त में सामान्य सन्तुलन का विश्लेषण करने के लिए मार्शल के प्रस्तावित वक्रों के साथ-साथ इन औजारों का गहन रूप से प्रयोग किया गया है। हम यहां इन सिद्धान्तों की व्याख्या कर रहे हैं ताकि आगे के अध्यायों में इनको आसानी से प्रयोग किया जा सके।

2. उत्पादन संभावना वक्र
(THE PRODUCTION POSSIBILITY CURVE)

उत्पादन संभावना वक्र अन्तर्राष्ट्रीय व्यापार संतुलन में **पूर्ति-पक्ष** को व्यक्त करता है। यह बताता है कि **कोई देश उपलब्ध प्रौद्योगिकी से अपने उत्पादन के साधनों का अधिकतम कुशलता से प्रयोग करके दो वस्तुओं के कौन-कौन से विविध वैकल्पिक संयोगों का उत्पादन कर सकता है।**[4] यह अवसर लागतों के सिद्धान्त पर आधारित है। उत्पादन संभावना वक्र की ढलान किसी एक वस्तु की उस मात्रा को मापती है जो एक देश को किसी दूसरी वस्तु की अतिरिक्त इकाई पाने के लिए छोड़नी पड़ती है, चाहे वह वक्र एक सीधी रेखा हो, चाहे घुमावदार या वक्र रेखा हो।

उत्पादन संभावना वक्र की ढलान अर्थव्यवस्था में कार्यशील लागत स्थितियों पर निर्भर करती है। स्थिर अवसर लागतों के अन्तर्गत उत्पादन संभावना वक्र एक सरल रेखा होती है जैसाकि चित्र 1 में दिखाई PB रेखा है। बढ़ती अवसर लागतों के अन्तर्गत उत्पादन संभावना वक्र मूल बिन्दु के प्रति नतोदर (Concave) होता है जैसाकि चित्र 2 में दिखाया गया AA_1 वक्र है। घटती अवसर लागतों के अन्तर्गत उत्पादन संभावना वक्र मूल बिन्दु की ओर उन्नतोदर (Convex) होता है जैसाकि चित्र 3 में दिखाया गया AA_1 वक्र है।

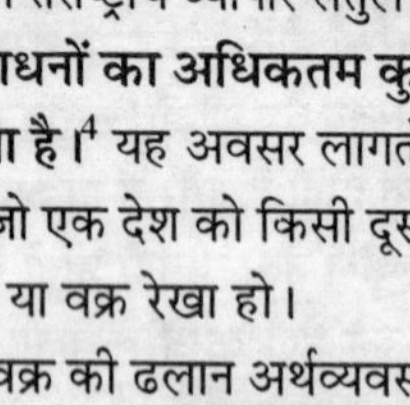

चित्र 1

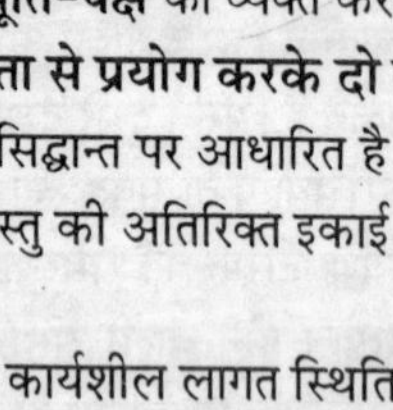

चित्र 2

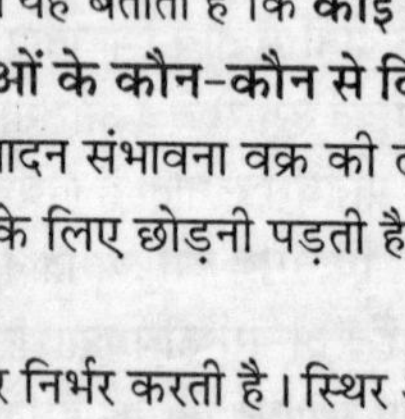

चित्र 3

1. O. Haberler, *The Theory of Inernational Trade*, 1936.
2. W.W. Leontief, "The Use of Indifference Curves in the Analysis of Foreign Trade", QJE, May 1933.
3. J.E. Meade, *A Geometry of International Trade*, 1952.
4. It shows the various combinations of the two goods that a country can produce most efficiently by fully utilising its factors of production with the available techonology.

विश्लेषण के औजार के रूप में हैबलर ने उत्पादन संभावना वक्र का प्रयोग किया है जो अन्तर्राष्ट्रीय व्यापार के क्लासिकी सिद्धान्त का परिशोधित रूप है। परन्तु उत्पादन संभावना वक्र हमें यह नहीं बताता कि वास्तव में किस चीज का उत्पादन होगा। यह केवल संभावनाओं को ही प्रदर्शित करता है। इस मतलब के लिए मांग पक्ष के संबंध में अधिक सूचना की जरूरत रहती है।

3. समुदाय उदासीनता वक्र (THE COMMUNITY INDIFFERENCE CURVE)

समुदाय उदासीनता वक्र अथवा सामाजिक उदासीनता वक्र अन्तर्राष्ट्रीय व्यापार संतुलन में **मांग पक्ष** को व्यक्त करता है। समुदाय उदासीनता वक्र दो वस्तुओं के उन विविध संयोगों को व्यक्त करता है जो समुदाय को समान संतुष्टि प्रदान करते हैं। किसी देश की विविध व्यक्ति-रुचियों को जोड़कर समुदाय उदासीनता वक्र खीचें जा सकते हैं। व्यक्ति उदासीनता वक्रों की जो विशिष्टताएं हैं, वही विशिष्टताएं समुदाय उदासीनता वक्रों की होती हैं। चित्र 4 में CI_1, CI_2, CI_3 वक्रों द्वारा व्यक्त समुदाय उदासीनता वक्रों का मानचित्र दिखाया गया है। CI_1 वक्र पर स्थित सभी बिन्दु जैसे A और B, समुदाय को समान संतुष्टि प्रदान करते हैं। अधिक ऊंचे समुदाय उदासीनता वक्र, समुदाय को अधिक संतुष्टि प्रदान करते हैं जैसे CI_1 वक्र पर स्थित A तथा B बिन्दुओं की अपेक्षा CI_2 वक्र पर स्थित बिन्दु E समुदाय को अधिक संतुष्टि प्रदान करता है और अपेक्षाकृत नीचे वक्र CI_2 पर स्थित E बिन्दु की अपेक्षा वक्र CI_3 पर स्थित बिन्दु F अधिक संतुष्टि प्रदान करता है। दूसरे शब्दों में कहा जा सकता है कि CI वक्र मूल बिन्दु से जितना दूर होगा, वह उतनी ही अधिक उपयोगिता व्यक्त करेगा।

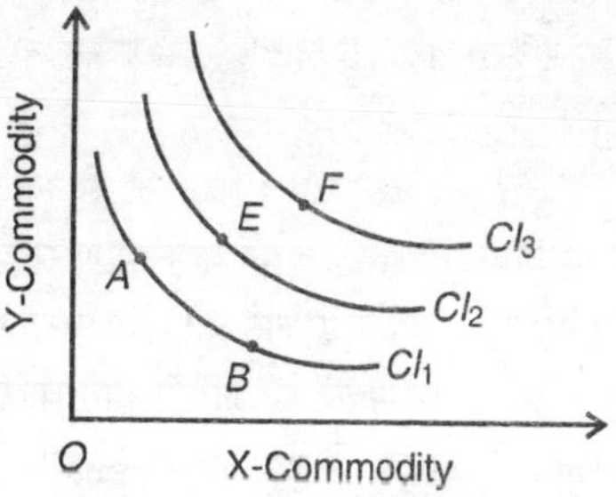

चित्र 4

और फिर ये समुदाय उदासीनता वक्र बाएं से दाएं को नीचे की ओर ढालू हैं। वे मूल बिन्दु की ओर उन्नतोदर हैं। किसी समुदाय उदासीनता वक्र की किसी बिन्दु पर निरपेक्ष ढलान उसकी स्थानापन्नता की सीमान्त दर (MRS) होती है अर्थात् ''किसी एक वस्तु की वह मात्रा है जिसे कोई राष्ट्र किसी दूसरी वस्तु की एक इकाई के बदले छोड़ने को तैयार होता है और फिर भी उसी उदासीनता वक्र पर स्थित रहता है।''

अन्तिम बात यह है कि यह आवश्यक है कि समुदाय उदासीनता वक्र एक-दूसरे को न काटें। इसका मतलब है कि देश के सभी निवासियों की आय तथा रुचियां एक जैसी होनी चाहिएं।

इसकी आलोचनाएं (Its Criticisms)

अन्तर्राष्ट्रीय व्यापार सिद्धान्त में समुदाय उदासीनता वक्रों के प्रयोग की कड़ी आलोचनाएं की गई हैं। आलोचनाओं का आधार इसकी ये मान्यताएं हैं कि लोगों की रुचियां और देश का आय वितरण स्थिर रहते हैं। परन्तु ये मान्यताएं अयथार्थिक हैं।

1. व्यक्तिगत रुचियों का समूहन संभव नहीं (Aggregation of Individual Tastes not Possible)—यह संभव नहीं है कि समुदाय उदासीनता वक्र खींचने के लिए व्यक्ति रुचियों का कुल जोड़ निकाला जा सके। और फिर, एक अवधि से दूसरी अवधि तक समुदाय की रुचियां व्यक्ति की रुचियों के अनुरूप नहीं बनी रहतीं। वस्तुत: एक व्यक्ति से दूसरे व्यक्ति की रुचियां अलग-अलग होती हैं और एक ही व्यक्ति की रुचियां भी समय के साथ बदल जाती हैं। ''फिर, यदि रुचियों में परिवर्तन होता है, तो नए उदासीनता मानचित्र की जरूरत पड़ती है और हम यह नहीं कह सकते कि रुचियों में परिवर्तन से पहले की स्थिति की तुलना में कोई एक अकेला देश क्रमसंख्या रूप से पहले की अपेक्षा बेहतर है।''

2. गणनसंख्या उपयोगिता पर आधारित (Based on Cardinal Utility)—समुदाय उदासीनता वक्र विश्लेषण क्रमसंख्या (Ordinal) उपयोगिता पर आधारित है। जब हम यह कहते हैं कि CI_1 की अपेक्षा CI_2 और CI_3 अधिक ऊंचा है और इसलिए CI_1 की अपेक्षा CI_3 अधिक ऊंचा है तो इसमें सकर्मकता (Transitivity) पाई जाती है। परन्तु स्पष्ट सामाजिक कल्याण फलन के अभाव में हम किसी भी स्थिति में यह नहीं कह सकते कि CI_1 की अपेक्षा CI_2 और CI_2 की अपेक्षा CI_3 अथवा CI_1 की अपेक्षा CI_3 कितना अधिक है। और फिर, अन्तर्राष्ट्रीय सामाजिक कल्याण फलन के अभाव में दो देशों के दो समुदायों की उदासीनता वक्रों के बीच की दूरियों की तुलना भी नहीं की जा सकती क्योंकि अन्तर्राष्ट्रीय सामाजिक कल्याण फलन यह बताता है कि एक देश का एक डालर का

लाभ दूसरे देश के एक डालर (या दो डालर या पचास सेण्ट) लाभ के बराबर है।''

3. कीमत परिवर्तनों को मापना कठिन (Difficult to Measure Price Changes)—किंडलबर्गर का मत है कि वास्तविक जगत् में ''इसे अमल में लाना कठिन है। व्यापार के पहले या बाद में कीमतों को मापना असम्भव है या दी हुई व्यापार स्थिति से यह अनुमान लगाना असम्भव है कि यदि अचानक व्यापार समाप्त हो जाए तो कीमतों में कितना परिवर्तन होगा।''

4. अन्तर्वैयक्तिक तुलनाओं की समस्या (Problem of Inter-personal Comparisons)— समुदाय उदासीनता वक्रों में उपयोगिता की अन्तर्वैयक्तिक (Inter-personal) तुलनाएं शामिल रहती हैं। **स्कितोव्स्की** (Scitovsky) ने क्षतिपूरक नियम के आधार पर समुदाय उदासीनता वक्र बनाकर इस कठिनाई को दूर करने का प्रयत्न किया है। इतना स्पष्ट है कि जिन्हें कीमत में परिवर्तन से लाभ होता है उनके पास पर्याप्त अतिरिक्त आय होती है जिसे वे अपनी हानियों के लिए हानि की क्षतिपूर्ति (या रिश्वत देकर) कर सकते हैं और कुछ बचा भी लेते हैं। इस प्रकार नई स्थिति बेहतर ही होती है। परन्तु स्कितोव्स्की नियम भी अन्तर्वैयक्तिक तुलनाओं से मुक्त नहीं है।

5. *CI* वक्र आय वितरण से स्वतंत्र नहीं (CI Curves not Independent of Income Distribution)—स्कितोव्स्की समुदाय उदासीनता वक्रों के निर्माण से यह मान्यता लेकर चलता है कि अन्त तक आय का वितरण स्थिर रहता है। परन्तु यदि प्रशुल्क (टैरिफ) लगा दिए जाने के परिणामस्वरूप आय-वितरण में परिवर्तन हो जाए, तो समुदाय उदासीनता वक्र परस्पर काट भी सकते हैं। अन्तर्राष्ट्रीय व्यापार में शामिल होने वाली वस्तुओं पर प्रशुल्क लगाए जाने के पहले और बाद में खींचे जाने वाले समुदाय उदासीनता वक्रों के समूह (सैट) अलग-अलग होंगे। इस प्रकार समुदाय अधिमान मानचित्र में किसी भी बिन्दु में से गुजरने वाले समुदाय उदासीनता वक्रों की संख्या अनन्त होगी जिनमें से प्रत्येक वक्र आय-वितरण के अलग-अलग स्तर के अनुरूप होगा। इसलिए यह मान्यता गलत है कि समुदाय उदासीनता वक्र आय-वितरण से स्वतंत्र होते हैं।

6. अनेक कठिनाइयों को छिपाता है (Conceals many Difficulties)—प्रो. **जोनसन** (Johnson) का मत है कि अन्तर्राष्ट्रीय व्यापार सिद्धान्त में समुदाय उदासीनता वक्र तकनीक में ऐसी कठिनाइयां छुपी हुई हैं जिनसे तभी बचा जा सकता है जब अनेक प्रतिबंधक (restrictive) मान्यताओं में से कोई एक या दूसरी मान्यता बना ली जाए। उदाहरणार्थ, हम यह मानकर चल सकते हैं कि राज्य की अपनी अधिमान प्रणाली है अथवा यह मान्यता रख सकते हैं कि सरकार किसी ऐसी समाज-कल्याण नीति का अनुसरण कर रही है जो नागरिकों में वास्तविक आय के वितरण को सुनिश्चित करती है। यहां समस्या यह है कि हम यह मान्यता रखें कि अर्थव्यवस्था एक स्वतंत्र उद्यम अर्थव्यवस्था है जिसमें आय वितरण साधन स्वामित्व के अनुसार होता है, तो (यदि स्वामित्व हिस्से और व्यक्ति-रुचियां समरूप नहीं हैं तो) साधन कीमतों में परिवर्तन करने से उत्पादन में जो भी परिवर्तन होगा, वह सामाजिक अधिमान प्रणाली में जोड़ करने में लोगों के विभिन्न अधिमानों में दिए जाने वाले महत्त्वों को बदल देगा।''

निष्कर्ष (Conclusion)—इन आलोचनाओं का परिणाम यह हुआ है कि अर्थशास्त्री अन्तर्राष्ट्रीय व्यापार सिद्धान्त में इस औजार का प्रयोग करने से बचने लगे हैं—विशेषरूप से हैबरलर जो मानता है कि ''यह किसी भी रूप में एक सन्तोषजनक हल नहीं है''। जबकि **जोनसन** (Johnson), **एल्ज़वर्थ** (Ellsworth), **सोडर्स्टन** (Sodersten) तथा **वनेक** (Vanek) जैसे अर्थशास्त्री अभी भी इसका प्रयोग करते आ रहे हैं। **प्रो. केवज़** (Caves) का मत है ''जिस नियमितता से समुदाय उदासीनता वक्र सिद्धान्त का प्रयोग किया जा रहा है उसके बावजूद यह सिद्धान्त अस्थिर ही प्रमाणित होता है।'' दूसरी ओर किंडलबर्गर समझता है कि ''समुदाय उदासीनता वक्र कितना भी अवास्तविक क्यों न है परन्तु रेखाचित्र रूप से एक साफ बनावट ही है।''

(अ) अन्तर्राष्ट्रीय व्यापार में उदासीनता वक्रों का प्रयोग: सामान्य संतुलन (Use of Indifference Curves in International Trade : General Equilibrium)

उत्पादन संभावना वक्र और समुदाय वक्र एक दो-वस्तु अर्थव्यवस्था के पूर्ति तथा मांग पक्षों को व्यक्त करते हैं। ये दोनों पक्ष उत्पादन तथा उपभोग में एक साथ सामान्य संतुलन लाने में सहायक होते हैं। इसकी व्याख्या आगे की जा रही है।

व्यापार-पूर्व स्थिति (Pre-trade Situation)—व्यापार के अभाव में उत्पादन संभावना वक्र जिस बिन्दु पर समुदाय उदासीनता वक्र को स्पर्श करता है, वह बिन्दु उस कीमत को व्यक्त करता है जो देश में विद्यमान रहेगी और वह बिन्दु देश के उपभोग तथा उत्पादन स्तर को भी व्यक्त करता है। चित्र 5 में *PB* रेखा की ढलान के दिए हुए होने पर, एक देश अपनी वस्तु *X* के एक भाग को दूसरी वस्तु

Y से विनिमय करता है। वह Y वस्तु के OY_1 भाग को, X वस्तु के OX_1 भाग से विनिमय करता है और Y का PY_1 भाग बचा लेता है क्योंकि यह अपेक्षाकृत ऊंचे समुदाय उदासीनता वक्र CI_2 पर स्थित है। यदि यह संतुलन बिंदु E के दोनों ओर किसी भी दिशा में जाएगा तो यह अपेक्षाकृत नीचे समुदाय उदासीनता वक्र CI_1 पर रहेगा जहां देश की कुल संतुष्टि कम हो जाएगी।

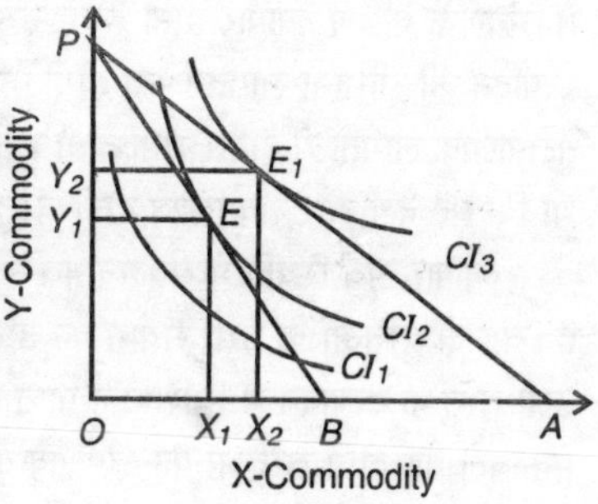

चित्र 5

यदि व्यापार शर्तों की रेखा PA होगी, तो यह समुदाय उदासीनता वक्र CI_3 पर अधिक ऊंचे संतुलन बिंदु E_1 पर होगा जहां X की अधिक मात्रा OX_2 के बदले वस्तु Y की अधिक मात्रा OY_2 का विनिमय होता है। यह स्थिर लागतों की स्थिति है जहां अधिक ढालू (steep) रेखा को अधिमान दिया जाएगा जो किसी भी स्थिति में अधिक ऊंचे उदासीनता वक्र पर ले जाएगा।

यदि **घटते प्रतिफल** होंगे तो उत्पादन संभावना वक्र मूल बिंदु के प्रति नतोदर (concave) होगा। संतुलन वहां स्थापित होगा जहां उत्पादन संभावना वक्र उच्चतम सम्भव समुदाय उदासीनता वक्र को स्पर्श करेगा। इसे चित्र 6 में दिखाया गया है। इसमें उत्पादन संभावना वक्र AB बिन्दु E पर समुदाय उदासीनता वक्र CI_2 को स्पर्श करता है। उसी समुदाय उदासीनता वक्र पर कोई भी बिंदु, जैसे R, अथवा अधिक ऊंचे उदासीनता वक्र CI_3 पर कोई भी बिंदु, जैसे S, अर्थव्यवस्था की उत्पादन संभावनाओं से परे है। उत्पादन संभावना वक्र AB पर कोई बिन्दु जैसे C अथवा D ठीक तो है पर वह देश को कम संतुष्टि प्रदान करता है क्योंकि वह अपेक्षाकृत नीचे समुदाय उदासीनता वक्र CI_1 पर स्थित है। इसलिए व्यापार–पूर्व स्थिति में अर्थव्यवस्था के लिए संतुलन की स्थिति E है। इस बिंदु E पर उपभोक्ता तथा उत्पादक दोनों ही संतुलन में है जैसा कि घरेलू रेखा PP बताती है यह कीमत रेखा PP (MRS) बताती है। यह कीमत रेखा उपभोग में स्थानापन्नता की सीमान्त दर (MRS) और उत्पादन में रूपांतरण की सीमान्त दर (MRT) को समान रखती है। इस कीमत अनुपात PP पर उपभोक्ता की OX_1 मांग और उत्पादकों की OY_1 पूर्ति समान हो जाती है। प्रतीकात्मक रूप में संतुलन स्थिति यों व्यक्त की जा सकती है : (मांग) $MRS_{xy} = Px/Py$ (E पर PP की ढलान) $= MRT_{xy}$ (पूर्ति)।

अब यह सिद्ध करना है कि केवल E ही संतुलन बिंदु है। इसके लिए हम उत्पादन संभावना वक्र AB पर कोई बिंदु C ले लें। इस बिंदु C पर कीमत रेखा P_1P_1 की ढलान वस्तु विनिमय अनुपात को व्यक्त करती है क्योंकि P_1P_1 रेखा समुदाय उदासीनता वक्र CI_1 पर स्पर्श करती है। उपभोक्ताओं की दो वस्तुओं की मांग को यह C बिंदु व्यक्त करता है जिसके परिणामस्वरूप वे Y की अधिक और X की कम मात्रा चाहते हैं। परन्तु दोनों वस्तुओं का उत्पादन D बिंदु पर हो रहा है क्योंकि उत्पादन संभावना वक्र पर स्पर्श रेखा (tangent) P_2P_2 की ढलान वही है जो P_1P_1 की है। इसलिए अर्थव्यवस्था D बिंदु पर X का अधिक और Y का कम उत्पादन कर रही है। X की मांग के अनुपात में इसकी अधिक पूर्ति इसकी कीमत को घटा देगी जबकि Y के उत्पादन की अपेक्षा उसकी अधिक मांग उसकी कीमत को बढ़ा देगी। अन्त में, उपभोग बिंदु C चलकर E की ओर आएगा और उत्पादन बिंदु भी D से E की ओर आएगा और इन बिंदुओं (C और D) की E की ओर गति तब तक जारी रहेगी जब तक दोनों वस्तुओं की मांग और पूर्ति E बिंदु पर बराबर नहीं हो जाती है, जैसाकि कीमत रेखा एवं वस्तु विनिमय अनुपात PP द्वारा व्यक्त होता है।

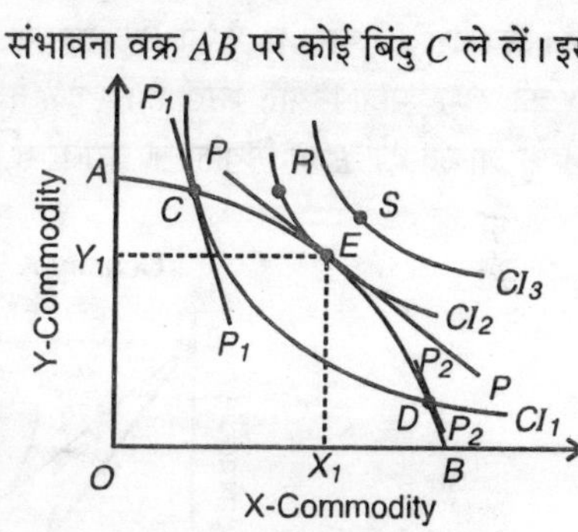

चित्र 6

(ब) व्यापार-पश्चात् सन्तुलन : तुलनात्मक लागत सिद्धान्त की आधुनिक व्याख्या

(Post-trade Equilibrium : Modern Version of Comparative Cost Doctrine)

अन्तर्राष्ट्रीय कीमत पर निर्यात तथा आयात की गई वस्तुओं की मात्राओं को दिखाने के लिए दो खुली अर्थव्यवस्थाओं के बीच व्यापार–पश्चात् संतुलन स्पष्ट करने के लिए समुदाय उदासीनता वक्रों का प्रयोग किया जा सकता है। इस विश्लेषण को स्थिर लागतों, बढ़ती हुई लागतों और घटती हुई लागतों के रूप में स्पष्ट किया गया है ताकि उदासीनता वक्र विश्लेषण को तुलनात्मक लागतों के सिद्धान्त पर लागू करने का अध्ययन किया जा सके। इस संबंध में **प्रो. जोनसन** का मत है, ''जब हम यह कहते हैं कि तुलनात्मक लागत

में अंतर के कारण व्यापार होता है तो हमारा मतलब यह होता है कि व्यापार के अभाव में, संबंधित देश में शेष विश्व के मुकाबले उत्पादन की सीमान्त लागत भिन्न होगी। व्यापार का एक परिणाम यह होता है कि इससे कीमतें बराबरी पर आ जाती हैं और इसलिए तुलनात्मक लागतों में अन्तर समाप्त हो जाते हैं। इसकी मान्यता है कि व्यापार स्वतन्त्र है और परिवहन लागतें बिल्कुल नहीं हैं; और यह भी कि वह देश और शेष विश्व दोनों वस्तुओं का उत्पादन करती रहती हैं।''

व्यापार-पूर्व स्थिति में संतुलन तब स्थापित होता है जब एक देश का उत्पादन वक्र उसके समुदाय उदासीनता वक्र को स्पर्श करता है। वह दो वस्तुओं के उसी संयोग का उपभोग करता है जिसका कि वह उत्पादन करता है। परन्तु व्यापार-पश्चात् स्थिति में कोई देश उसी वस्तु के उत्पादन में विशिष्टता प्राप्त करता है जिसमें उसे तुलनात्मक लाभ होता है और अन्ततः व्यापार के अभाव की स्थिति के मुकाबले वह दोनों वस्तुओं का अपेक्षाकृत अधिक उपभोग करता है।

स्थिर लागतों के अन्तर्गत संतुलन (Equilibrium under Constant Costs)—X तथा Y वस्तुओं का उत्पादन करने वाले दो A तथा B देशों के दिया हुआ होने पर स्थिर लागतों के अन्तर्गत उनकी व्यापार-पूर्व तथा व्यापार-पश्चात् संतुलन-स्थितियों को क्रमशः चित्र 7 (A) तथा (B) में स्पष्ट किया गया है। चित्र 7 (A) में PA देश A का उत्पादन संभावना वक्र है और चित्र 7 (B) में P_1B देश B का उत्पादन संभावना वक्र है। मानलीजिए कि व्यापार के अभाव में, देश A बिंदु E पर उपभोग तथा उत्पादन करता है जहां भाग (A) में इसका उत्पादन संभावना वक्र PA इसके समुदाय उदासीनता वक्र CI_1 को स्पर्श करता है और इसी प्रकार चित्र के भाग (B) में देश B बिंदु E_1 पर उपभोग तथा उत्पादन करता है। PA तथा P_1B रेखाओं की ढलानों से व्यक्त होता है कि A देश को Y वस्तु के उत्पादन में तुलनात्मक लाभ है और B देश को X वस्तु के उत्पादन में तुलनात्मक लाभ है। यदि दोनों देश पूर्ण रूप से विशिष्टता प्राप्त कर लें, तो A देश बिंदु P पर रहेगा और केवल वस्तु Y का (OP मात्रा का) उत्पादन करेगा और B देश बिंदु B पर होगा और केवल X वस्तु का (OB मात्रा का) उत्पादन करेगा। परन्तु प्रत्येक देश चाहेगा कि वह दूसरे देश के साथ व्यापार करके लाभ उठाए और केवल एक वस्तु का उपभोग न करे। इसलिए वे व्यापार की अन्तर्राष्ट्रीय शर्तों पर सहमत हो जाते हैं जिसे PA_1 तथा BB_1 रेखाएं व्यक्त करती हैं जो एक-दूसरे के समानान्तर हैं। इस प्रकार, विनिमय का संतुलन अनुपात A देश के लिए बिंदु C पर और B देश के लिए बिंदु C_1 पर स्थापित हो जाता है, जहां पर व्यापार की अन्तर्राष्ट्रीय शर्तों की रेखा प्रत्येक देश के लिए अपेक्षाकृत अधिक ऊंचे समुदाय उदासीनता वक्र को स्पर्श करती है। अब देश A (भाग A) X की PT मात्रा के बदले Y की TC मात्रा निर्यात करता है और देश B (भाग B) Y की BT_1 मात्रा के बदले X की C_1T_1 मात्रा निर्यात करता है। A देश के निर्यात B देश के आयातों के बराबर हैं अर्थात् Y का $TC = Y$ का BT। इसी प्रकार, देश A के आयात देश B के निर्यातों के बराबर हैं, अर्थात् X का $PT = X$ का C_1T_1।

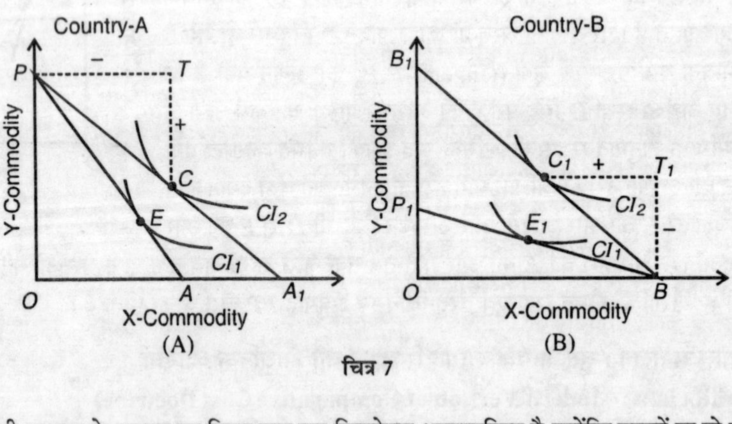

चित्र 7

परन्तु स्थिर लागतों की मान्यता के आधार पर किया गया यह विश्लेषण अवास्तविक है क्योंकि लागतें या तो बढ़ती हुई होती हैं या घटती हुई होती हैं। इसलिए हम दोनों बढ़ती हुई और घटती हुई लागतों की स्थितियों में इस विश्लेषण का अध्ययन कर रहे हैं।

बढ़ती हुई लागतों के अन्तर्गत सन्तुलन (Equilibrium under Increasing Costs)—बढ़ती हुई लागतों अथवा घटते हुए प्रतिफलों के अन्तर्गत उत्पादन संभावना वक्र मूल बिंदु के प्रति नतोदर होते हैं जैसाकि चित्र 8 (A) तथा (B) में दिखाया गया है। व्यापार-

पूर्व स्थिति में, कोई देश तब संतुलन में होता है जब उसका उत्पादन संभावना वक्र उसके समुदाय उदासीनता वक्र को स्पर्श करे। परन्तु जब दो देशों में व्यापार-पूर्व सापेक्ष वस्तु कीमत भिन्न-भिन्न होती है तब परस्पर लाभदायक व्यापार नहीं हो सकता। और फिर, किसी देश के उत्पादन संभावना वक्र का रूप ही वस्तु के उत्पादन में उस देश के तुलनात्मक लाभ को व्यक्त करता है। व्यापार-पश्चात् स्थिति में प्रत्येक देश उस वस्तु के उत्पादन में विशिष्टता प्राप्त करेगा जिसमें उसे तुलनात्मक लाभ होगा, और विनिमय के माध्यम से प्रत्येक देश की वस्तु का उपभोग अन्ततः उसके उत्पादन संभावना वक्र के बाहर और ऊपर होगा जो अपेक्षाकृत ऊंचे समुदाय उदासीनता वक्र पर स्थित रहेगा।

समान समुदाय उदासीनता वक्रों में व्यक्त समरूप रुचियों और विभिन्न उत्पादन संभावना वक्रों में व्यक्त विभिन्न साधन सम्पन्नताएं दिये हुए होने पर, देश *A* का उत्पादन संभावना वक्र AA_1 है और देश *B* का उत्पादन संभावना वक्र BB_1 है जैसाकि चित्र 8 में क्रमशः भाग (A) तथा भाग (B) में दिखाया गया है। व्यापार के अभाव में देश *A* अपने उत्पादन संभावना वक्र AA_1 से समुदाय उदासीनता वक्र CI_1 पर पहुंच सकता है जहां वह बिन्दु *K* पर उत्पादन तथा उपभोग करता है। इस बिन्दु पर ही दोनों वक्रों की ढलानें (AA_1 का *MRT* और CI_1 का *MRS*) बराबर हैं जैसा कि भाग (A) में घरेलू कीमत रेखा *aa* व्यक्त करती है। दूसरी ओर, देश *B* बिंदु K_1 पर संतुलन में है जैसा कि उसकी घरेलू कीमत रेखा *bb* व्यक्त करती है जो भाग (B) में उत्पादन संभावना वक्र BB_1 और समुदाय उदासीनता वक्र CI_3 के स्पर्श बिन्दु में से गुजरती है। क्योंकि व्यापार-पूर्व स्थिति में, दोनों देशों में दोनों वस्तुओं के घरेलू कीमत अनुपात (व्यापार शर्तें) विभिन्न हैं (*aa* रेखा की ढलान रेखा *bb* की ढलान से भिन्न है), इसलिए दोनों देशों के बीच व्यापार लाभदायक रहेगा।

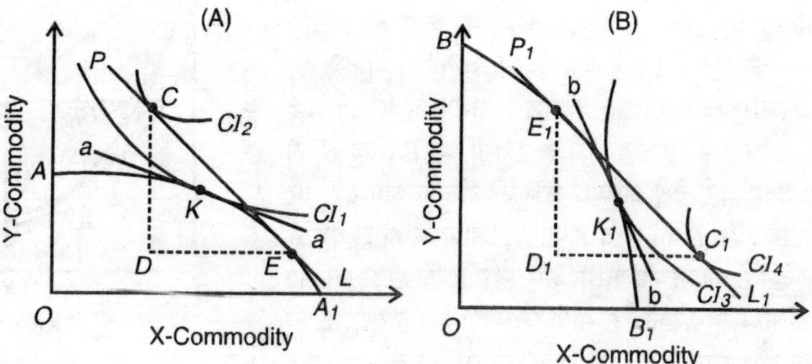

चित्र 8

जब दोनों देश एक दूसरे से व्यापार करने लगते हैं, तो दोनों देशों में *X* तथा *Y* की मात्राएं निर्यात और आयात की जाएंगी। जिस कीमत पर *X* तथा *Y* का विनिमय होगा, उसे समान लम्बाई की वे रेखाएं निर्धारित करेंगी जो अपने-अपने उत्पादन संभावना वक्रों को स्पर्श करेंगी और जो अपेक्षाकृत अधिक ऊंचे उदासीनता वक्र को स्पर्श करेंगी। इस प्रकार भाग (A) तथा (B) में क्रमशः देश *A* तथा *B* की *PL* तथा P_1L_1 रेखाएं अपेक्षाकृत ऊंचे उदासीनता वक्र CI_2 तथा CI_4 पर पहुंचने के लिए उत्पादन संभावना वक्रों से विपरीत दिशाओं में चलती हैं। इस प्रकार देश *A* उत्पादन में *K* बिन्दु से चलकर *E* बिन्दु पर पहुंचता है और देश *B* की *Y* वस्तु की E_1D_1 मात्रा के बदले (भाग B) *X* की *DE* मात्रा (भाग A) का विनिमय करके भाग (A) में अपने अधिक ऊंचे समुदाय उदासीनता वक्र CI_2 पर उपभोग में बिन्दु *C* पर पहुंच जाता है। दूसरी ओर, देश *B* उत्पादन में बिन्दु K_1 से बिन्दु E_1 पर चला जाता है और देश *A* की *X* वस्तु की *DE* मात्रा के बदले अपनी *Y* वस्तु की E_1D_1 मात्रा का विनिमय करके चित्र के भाग (B) में अधिक ऊंचे समुदाय वक्र CI_4 पर अपने C_1 उपभोग स्तर पर पहुंच जाता है। क्योंकि मान्यता यह रखी गई है कि दोनों देशों में रुचियां समान हैं इसलिए CI_2 तथा CI_4 समुदाय उदासीनता वक्रों के रूप भी एकसमान हैं। इसका मतलब है कि देश *A* की वस्तु *X* के निर्यात (*DE*) पूर्ण रूप से देश *B* के *X* के आयातों (D_1C_1) के बराबर हैं। इसी प्रकार, देश *B* के *Y* वस्तु के निर्यात (E_1D_1) ठीक-ठीक इस वस्तु के देश *A* के आयातों (*CD*) के बराबर हैं।

जब उत्पादन संभावना वक्र विभिन्न होते हैं और समुदाय उदासीनता वक्र एकरूप होते हैं तो व्यापार का परिणाम यह होता है कि प्रत्येक देश उत्पादन में अधिक और उपभोग में अपेक्षाकृत कम विशिष्टता प्राप्त करता है। उत्पादन, दोनों ही स्थितियों में उत्पादन संभावना वक्र पर उस वस्तु के उत्पादन की ओर अग्रसर होता है जिस वस्तु के उत्पादन के लिए साधन अधिकतम प्रभावी होंगे। पर चित्र

8 में चित्रित वक्रों के रूप दिये हुए होने पर, उपभोग दूसरी दिशा में चलता है—समानता की ओर जाता है क्योंकि आयात के बाद दुर्लभ वस्तु प्रत्येक देश में पहले से सस्ती हो जाती है। प्रत्येक देश के लिये व्यापार *से लाभों* की माप तब होती है जब वह उत्पादन में कोई भी परिवर्तन किए बिना नीचे के समुदाय उदासीनता वक्र से अपेक्षाकृत अधिक ऊंचे समुदाय उदासीनता वक्र पर जाता है।

घटती हुई लागतों के अन्तर्गत संतुलन (Equilibrium under Decreasing Costs)—घटती हुई लागतों अथवा बढ़ते हुए प्रतिफलों के अन्तर्गत उत्पादन संभावना वक्र मूल बिन्दु के प्रति उन्नतोदर होता है। यह मान लेने पर कि दोनों देशों में रुचियां एकरूप, और साधन लाभ विभिन्न हैं, प्रत्येक देश केवल उस एक वस्तु के उत्पादन में विशिष्टता प्राप्त करेगा जिसमें प्रत्येक देश को पैमाने की मितव्ययिताएं उपलब्ध होंगी। दोनों देशों की व्यापार-पूर्व तथा व्यापार-पश्चात् संतुलन स्थितियां चित्र 9 में दिखाई गई हैं, जिसमें BB_1 देश B का उत्पादन संभावना वक्र है और AA_1 देश A का उत्पादन संभावना वक्र हैं। इन दोनों वक्रों की ढलानों से पता चलता है कि देश A को वस्तु X कं उत्पादन में और देश B को वस्तु Y के उत्पादन में अधिक लाभ है।

व्यापार के अभाव में, देश A का उपभोग तथा उत्पादन स्तर E बिन्दु पर है जहां उत्पादन संभावना वक्र AA_1 समुदाय उदासीनता वक्र CI_1 को स्पर्श करता है, जैसाकि उसकी घरेलू कीमत रेखा aa से प्रकट होता है। दूसरी ओर, देश B का उपभोग तथा उत्पादन स्तर E_1 है जिसे उसका उत्पादन संभावना वक्र BB_1 उसके समुदाय उदासीनता वक्र CI_2 को स्पर्श करके उसकी घरेलू कीमत रेखा bb पर निर्धारित करता है।

व्यापार-पश्चात् स्थिति में, जब दोनों देशों के उत्पादक पैमाने की मितव्ययिताओं की संभावनाओं से परिचित हो जाएंगे, तो देश A में उत्पादन सरककर उत्पादन संभावना वक्र AA_1 की सीमा तक A_1 पर चला जाएगा और देश B का उत्पादन सरककर उत्पादन संभावना वक्र BB_1 की सीमा तक B_1 पर चला जाएगा। इन परिस्थितियों में, प्रत्येक देश अन्तर्राष्ट्रीय कीमत रेखा BA_1 पर चलेगा। देश A बिन्दु A_1 से ऊपर की ओर तथा देश B बिन्दु B_1 से नीचे की ओर जाएगा और दोनों देश अधिक ऊंचे उदासीनता वक्र CI_3 पर बिन्दु C तक पहुंच जाएंगे। देश B की वस्तु Y की XC मात्रा के बदले देश A वस्तु X की XA_1 मात्रा देश B को निर्यात करेगा और स्वयं X की OX मात्रा का उपभोग करेगा। देश A की वस्तु X की YC मात्रा के बदले देश B वस्तु Y की YB मात्रा निर्यात करेगा और स्वयं Y की OY मात्रा का उपभोग करेगा। ध्यान देने की बात है कि A के X के निर्यात XA_1 ठीक-ठीक देश B के इस वस्तु के आयातों YC के बराबर हैं और देश B के Y वस्तु के निर्यात YB ठीक-ठीक देश A के इस वस्तु के आयातों YC के बराबर हैं।

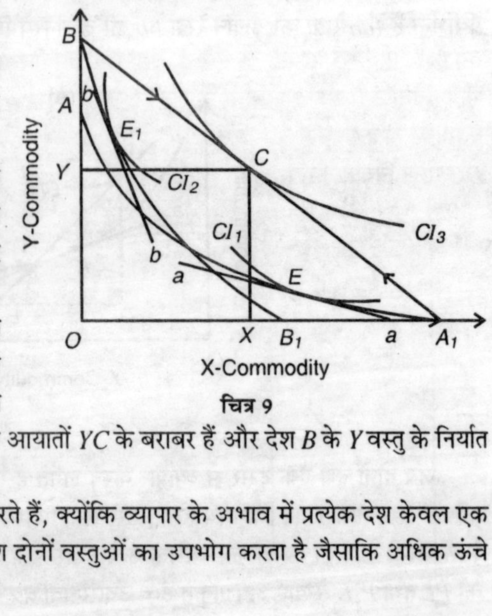

चित्र 9

दोनों ही देश एक-दूसरे से व्यापार के द्वारा बहुत अधिक लाभ प्राप्त करते हैं, क्योंकि व्यापार के अभाव में प्रत्येक देश केवल एक ही वस्तु का उपभोग एवं उत्पादन करता है, परन्तु व्यापार के बाद प्रत्येक देश दोनों वस्तुओं का उपभोग करता है जैसाकि अधिक ऊंचे समुदाय उदासीनता वक्र CI_3 से प्रकट होता है।[5]

4. प्रस्ताव वक्र
(THE OFFER CURVE)

अन्तर्राष्ट्रीय अर्थशास्त्र में विश्लेषण का एक और महत्वपूर्ण औजार प्रस्ताव वक्र है जिसे **मिल, एज्वर्थ** और **मीड** द्वारा प्रतिपादित पारस्परिक मांग वक्र (Reciprocal Demand Curve) भी कहते हैं। *किसी देश का प्रस्ताव वक्र उस सापेक्ष वस्तु कीमत को निर्धारित करता है जिस पर व्यापार होता है।*[6] यह उस देश की निर्यात-योग्य वस्तु की उन विविध मात्राओं को प्रदर्शित करता है जिन्हें वह देश विविध अन्तर्राष्ट्रीय कीमतों पर आयात-योग्य वस्तु से विनिमय करने को तैयार है। किसी देश का प्रस्ताव वक्र उस देश के उत्पादन संभावना वक्र, उसके समुदाय उदासीनता वक्रों और उन विविध अन्तर्राष्ट्रीय वस्तु कीमतों से व्युत्पन्न (derive) किया जाता है जिन कीमतों पर वह दूसरे देश से व्यापार करने को तैयार है।

5. इसकी आलोचना के लिए ऊपर इसी अध्याय में समुदाय उदासीनता वक्र के अन्तर्गत देखिए।
6. The offer curve of a country determines the relative commodity price at which trade takes place.

चित्र 10 के भाग (A) में देश A का AA_1 उत्पादन संभावना वक्र है, CI_1, CI_2, और CI_3 उसके समुदाय उदासीनता वक्र और P_1, P_2 और P_3 कीमत रेखाएं हैं। व्यापार के अभाव में, घरेलू उत्पादक तथा उपभोक्ता E बिन्दु पर संतुलन में हैं जैसाकि उसकी घरेलू कीमत रेखा P_1 से प्रकट होता है जो उत्पादन संभावना वक्र AA_1 और समुदाय उदासीनता वक्र CI_1 के स्पर्श बिन्दु में से गुजरती है।

मानलीजिए यह देश अन्तर्राष्ट्रीय व्यापार करने का निर्णय कर लेता है। क्योंकि इसे Y वस्तु का उत्पादन करने में अधिक लाभ है (उत्पादन संभावना वक्र AA_1 की आकृति से यह बात स्पष्ट है), इसलिए इसकी व्यापार की शर्तों को कीमत रेखा P_2 प्रदर्शित करती है। तब यह देश बिन्दु F पर उत्पादन करेगा और अधिक ऊंचे समुदाय उदासीनता वक्र Cl_2 पर E_1 उपभोग करेगा। इसका व्यापार त्रिभुज GE_1F बताता है कि यह X वस्तु के GE_1 आयातों के बदले Y वस्तु की GF मात्रा का निर्यात करेगा। यदि व्यापार की शर्तें कीमत रेखा P_3 पर तय हो जाएं, जिस पर यह देश बिन्दु C पर उत्पादन करता है तथा और भी अधिक ऊंचे समुदाय उदासीनता वक्र CI_3 के बिन्दु E_2 पर उपभोग करता है, तो इस प्रकार यह वस्तु X की DE_3 मात्रा के बदले वस्तु Y की DC मात्रा निर्यात करता है।

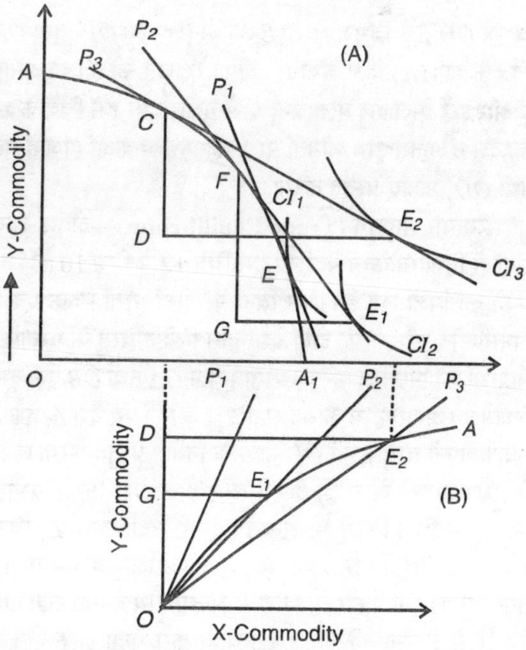

चित्र 10

देश A का प्रस्ताव वक्र चित्र 10 के भाग (B) में खींचा गया है। इसे खींचने के लिए अनुलम्ब अक्ष को भाग (A) की CD रेखा के ठीक नीचे लिया गया है। भाग (B) में OE_1G त्रिभुज ठीक वही है जो ऊपर के चित्र में FE_1G त्रिभुज है। व्यापार की शर्तें OP_2 ठीक वही हैं जो भाग (A) में कीमत रेखा P_2 द्वारा दिखाई गई हैं, क्योंकि उनकी निरपेक्ष ढलान वही है। इसी प्रकार, त्रिभुज OE_2D और CE_2D समान हैं और उनके कीमत अनुपात OP_3 और P_3 भी समान हैं, जो क्रमशः चित्र के दोनों भागों (A) और (B) में दिखाए गए हैं। कीमत रेखा OP_1 उपर के चित्र की घरेलू कीमत रेखा P_1 के अनुरूप है। E_1 तथा E_2 बिन्दुओं को मूल बिन्दु से मिलाने पर हमें देश A का प्रस्ताव वक्र प्राप्त होता है जो वस्तु Y के OG तथा OD निर्यातों को प्रदर्शित करता है जो X वस्तु के आयातों के बदले (जिन्हें यहां नहीं दिखाया गया) प्रस्तावित किए जाएंगे जो क्रमशः OP_2 तथा OP_3 द्वारा व्यक्त की गईं अन्तर्राष्ट्रीय व्यापार की शर्तें हैं।

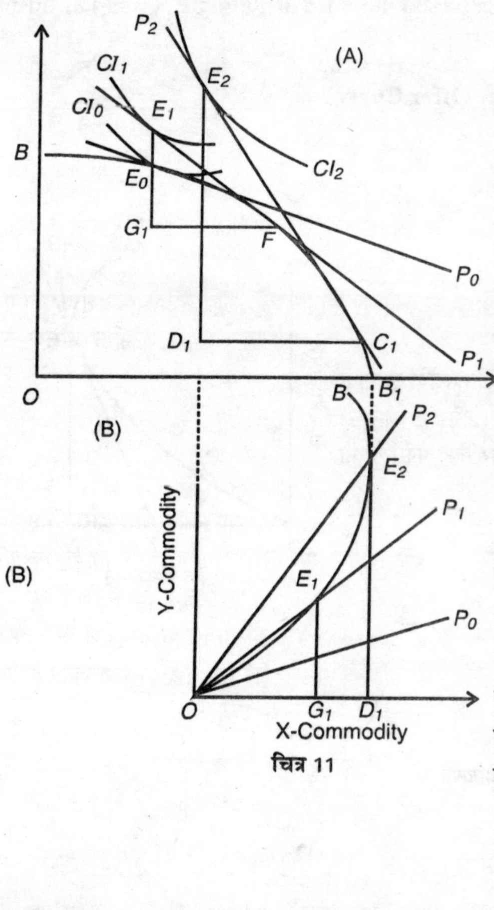

चित्र 11

चित्र 11 के भाग (A) तथा (B) में, उत्पादन संभावना वक्र BB_1, समुदाय उदासीनता वक्र CI_0, CI_1 तथा CI_2 और P_0, P_1 और P_2 कीमत रेखाओं की सहायता से, देश B का प्रस्ताव वक्र खींचा गया है क्योंकि उत्पादन संभावना वक्र की ढलान बताती है कि देश B को X वस्तु के उत्पादन में अधिक लाभ है इसलिए यह देश Y वस्तु के आयातों के बदले इस (X) वस्तु को निर्यात करेगा। चित्र के निचले भाग में प्रस्ताव वक्र OB खींचने का तरीका वही है जो चित्र 10 (A) तथा (B) में अपनाया गया था। व्यापार त्रिभुज OG_1E_1 ऐसा त्रिभुज है जो व्यापार त्रिभुज G_1FE_1 तथा

त्रिभुज OD_1E_2, त्रिभुज $D_1C_1E_2$ के अनुरूप है। OP_1 तथा OP_2 रेखाएं अन्तर्राष्ट्रीय व्यापार शर्तें हैं जिनकी निरपेक्ष ढलानें वही हैं जो चित्र के भाग (A) में P_1 तथा P_2 कीमत रेखाओं की हैं। इन अन्तर्राष्ट्रीय व्यापार कीमतों पर बिन्दु E_1 तथा E_2 व्यापार संतुलन के बिन्दुपथ हैं और इन्हें मिलाकर मूल बिन्दु में से गुजारने पर हमें चित्र के भाग (B) में देश B का प्रस्ताव वक्र उपलब्ध होता है। यह वक्र बताता है कि देश B अन्तर्राष्ट्रीय कीमतों पर X की कुछ मात्राओं (जिन्हें यहां नहीं दिखाया गया) के बदले अपनी निर्यात योग्य वस्तु (X) की OG_1 तथा OD_1 मात्राएं प्रस्तुत करेगा।

व्यापार संतुलन (Trade Equilibrium)—दी हुई अन्तर्राष्ट्रीय कीमतों पर व्यापार संतुलन निर्धारित करने के लिए हम चित्र 12 में चित्र 10 (B) तथा चित्र 11 (B) के प्रस्ताव वक्रों को मिला लेते हैं। जिस बिन्दु पर दोनों प्रस्ताव वक्र एक दूसरे को काटेंगे, वह बिन्दु अन्तर्राष्ट्रीय कीमतों पर दोनों देशों द्वारा प्रत्येक वस्तु के प्रस्तावित निर्यातों तथा आयातों की मात्राओं को निर्धारित करेगा। प्रस्ताव वक्र OA तथा OB एक दूसरे को बिन्दु $E_2 (= E_2)$ पर काटते हैं। अन्तर्राष्ट्रीय कीमत रेखा $P_3 (= P_2)$ पर, देश A, देश B से X के OD_1 आयातों के बदले अपनी वस्तु Y की OD मात्रा के निर्यात प्रस्तुत करेगा। इसी प्रकार देश B देश A से Y के OD आयातों के बदले अपनी वस्तु X के OD_1 निर्यात प्रस्तुत करेगा। कीमत रेखा OP_2 पर, E_2 से भिन्न किसी भी अन्य बिन्दु पर, उदाहरणार्थ E_1 बिन्दु पर देश A अपनी वस्तु Y की OG मात्रा को देश B की वस्तु X की अपेक्षाकृत कम मात्रा GE_1 से विनिमय करने को तैयार होगा। इसी प्रकार यदि देश B अन्तर्राष्ट्रीय कीमत रेखा OP_1 के बिन्दु E पर है तो वह देश A से Y वस्तु की अपेक्षाकृत बहुत कम मात्रा G_1E लेने को तैयार होगा। इस प्रकार अन्तर्राष्ट्रीय कीमत रेखाओं OP_2 तथा OP_1 पर E_1 और E बिन्दुओं में से कोई भी बिन्दु संतुलन बिन्दु नहीं हो सकता 'क्योंकि मूल बिन्दु से उक्त प्रत्येक बिन्दु तक रेखा द्वारा व्यक्त व्यापार की शर्तें पूर्ण व्यापार के लिए पर्याप्त नहीं हैं।' इसलिए बिन्दु $E_2 (= E_2)$ ही संतुलन बिन्दु है जहां पर दोनों देशों के प्रस्ताव वक्र परस्पर काटते हैं।[7]

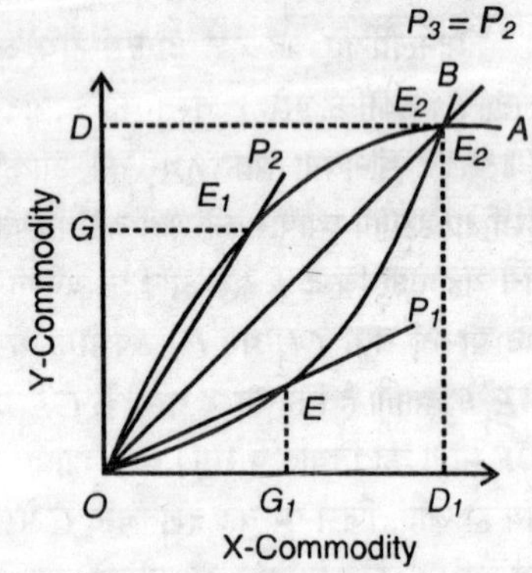

चित्र 12

प्रस्ताव वक्र की लोच पर टिप्पणी (A Note on the Elasticity of the Offer Curve)

प्रस्ताव वक्र की लोच निम्नलिखित फार्मूले के रूप में मापी जाती है—

$$= \frac{\text{आयातों में \% परिवर्तन}}{\text{निर्यातों में \% परिवर्तन}}$$

$$= \frac{\Delta M / M}{\Delta M / M} = \frac{\Delta M}{\Delta X} . \frac{X}{M}$$

जहां M और X क्रमश: आयातों तथा निर्यातों को व्यक्त करते हैं।

चित्र 13 में E बिन्दु पर B देश के प्रस्ताव वक्र OA की लोच निम्नलिखित तरीके से मापी जा सकती है। प्रस्ताव वक्र OA के E बिन्दु पर एक स्पर्श रेखा TT_1 खींचो और E बिन्दु से क्षैतिज अक्ष के बिन्दु N पर लम्ब गिराओ। हम इस चित्र के आधार पर ऊपर दिये फार्मूले को हल कर सकते हैं:

$$\Delta M = NE$$
$$\Delta X = TN$$
$$M = NE$$
$$X = ON$$

बिन्दु E पर ढलान है,

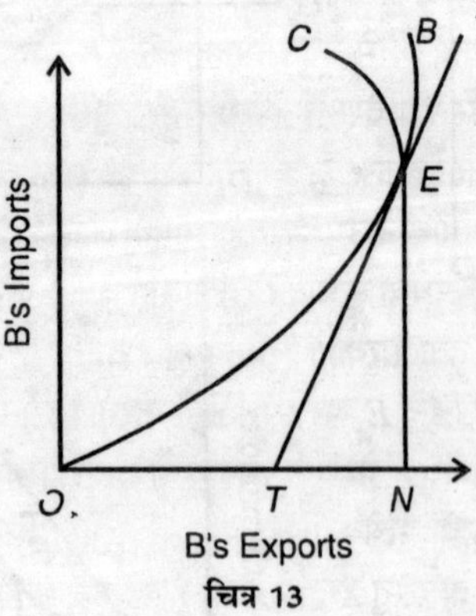

चित्र 13

7. प्रस्ताव वक्रों द्वारा व्यापार से लाभ मापने के लिए, अध्याय 16 में मिल का सिद्धांत देखिए।

$$\frac{\Delta M}{\Delta X}.\frac{X}{M} = \frac{NE}{TN}.\frac{ON}{NE} = \frac{ON}{TN} > 1$$

इससे पता चलता है कि E बिन्दु पर प्रस्ताव वक्र की लोच इकाई से अधिक है। यह प्रस्ताव वक्र OB पर E बिन्दु से परे अधिक **लोचदार** है। जब प्रस्ताव वक्र बिन्दु E से परे सीधी लम्ब रेखा हो, तो इसकी लोच **एक** (इकाई) है। जब E बिन्दु से परे प्रस्ताव वक्र OC पीछे की ओर झुका होता है तो वह **बेलोच** होता है।

प्रस्ताव वक्र का महत्त्व (Importance of the Offer Curve)

अन्तर्राष्ट्रीय व्यापार सिद्धान्त में प्रस्ताव वक्र एक महत्त्वपूर्ण रेखागणितीय औज़ार है। सर्वप्रथम एज्वर्थ तथा मार्शल ने इसे प्रयोग किया था। परन्तु अब मिल (Mill) के पारस्परिक मांग के सिद्धान्त, अन्तर्राष्ट्रीय व्यापार से लाभों, विनिमय दर सिद्धान्त और प्रशुल्क (टैरिफ) सिद्धान्त की व्याख्या करने के लिए इसे प्रयोग किया जाता है। पर, सामान्यत: प्रस्ताव वक्र की लोच पर ही विचार किया जाता है। सोडर्स्टन के अनुसार, ''प्रस्ताव वक्र एक सामान्य सन्तुलन की धारणा है। इसे उत्पादन तथा उपभोग स्थितियां संयुक्त रूप से निर्धारित करती हैं। यह कहना अधिक उचित है कि ये स्थितियां व्यापार करने वाले साझेदारों के प्रस्ताव वक्रों का रूप निर्धारित करती हैं जिससे आगे व्यापार की शर्तें निर्धारित होती हैं।''

5. व्यापार उदासीनता वक्र
(THE TRADE INDIFFERENCE CURVE)

व्यापार उदासीनता वक्र एक रेखागणितीय तकनीक है। इसे किसी देश के उत्पादन सम्भावना वक्र और समुदाय उदासीनता वक्र से उस देश का प्रस्ताव वक्र व्युत्पन्न करने के लिए जेम्स मीड (James Meade)[8] ने विकसित किया था। मीड इस तकनीक को यह दिखाने के लिए प्रयोग करता है कि व्यापार का उत्पादन, उपभोग और व्यापार से लाभों पर क्या प्रभाव पड़ता है। व्यापार उदासीनता वक्र घरेलू उत्पादन तथा उपभोग में होने वाले परिवर्तन तो दर्शाता ही है, साथ ही, व्यापार की शर्तों और व्यापार के परिमाण में परिवर्तनों से वास्तविक आय में होने वाले परिवर्तन भी दिखाता है।

व्यापार उदासीनता वक्र चित्र 14 में खींचा गया है। चित्र में चार चतुर्थांश (quadrant) हैं। A और B नामक दो देश हैं, ये दो वस्तुओं का उत्पादन करते हैं जिन्हें मीड ने A-निर्यात्य (exportables) और B–निर्यात्य की संज्ञा दी है। A के निर्यात्य B के आयात्य (importables) हैं और B के निर्यात्य A के आयात्य हैं। A के निर्यात्य OX तथा OX_1 क्षैतिज अक्षों पर लिए गए हैं और B के निर्यात्य OY तथा OY_1 के अनुलम्ब अक्षों पर दिखाये गये हैं।

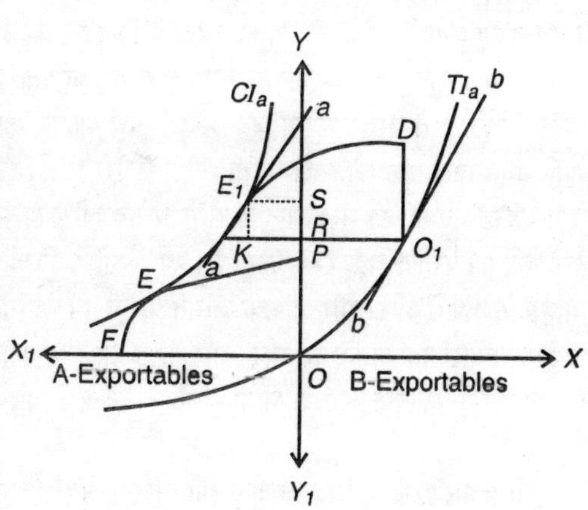

चित्र 14

चित्र 14 में उदासीनता वक्र TI_a देश A के सम्बन्ध रखता है। O के बाईं ओर इस देश का **उत्पादन ब्लाक** OPF लिया गया है जो समुदाय उदासीनता वक्र CI_a को E बिन्दु पर स्पर्श करता है। (समुदाय उदासीनता वक्र को मीड ने उपभोग उदासीनता वक्र की संज्ञा दी है।) अब इस उत्पादन ब्लाक (अथवा उत्पादन सम्भावना वक्र) को समुदाय उदासीनता वक्र CI_a पर तब तक सरकाते चलिये जब तक कि यह उत्पादन ब्लाक पुन: CI_a वक्र को बिन्दु E_1 पर स्पर्श नहीं करता। इस प्रकार प्रारम्भिक ब्लाक O तथा नये ब्लाक O_1 के मूल बिन्दु व्यापार उदासीन वक्र को रेखायित करते हैं। इस वक्र के प्रत्येक बिन्दु पर देश A उदासीन रहेगा। यदि वह O बिन्दु पर रहता है तो वस्तु X तथा वस्तु Y की उन मात्राओं का उत्पादन और उपभोग करेगा जिन्हें बिन्दु E निर्धारित करता है। परन्तु जब वह व्यापार उदासीनता वक्र पर आगे बढ़ता है और अपेक्षाकृत ऊंचे उत्पादन ब्लाक के मूल बिन्दु

8. J.E. Meade, *A Geometry of International Trade,* 1952.

O_1 पर पहुंचता है, तो वह बिन्दु E_1 पर उत्पादन करेगा। इस बिन्दु पर वह X वस्तु की O_1K (A–निर्यात्य) और Y वस्तु की KE_1 (B–निर्यात्य) का उत्पादन करेगा। परन्तु वह Y वस्तु की RO मात्रा के बदले X वस्तु की O_1R मात्रा निर्यात करता है और वस्तु X की RK तथा वस्तु Y की $SO = (SR + RO)$ मात्रा उपभोग करता है।

देश B का उदासीनता वक्र भी इसी तरीके से खींचा जा सकता है परन्तु उसमें अन्तर इतना ही होगा कि उत्पादन ब्लाक तथा समुदाय उदासीनता वक्र चौथे चतुर्थांश XOY_1 में होंगे जो देश A के चतुर्थांश YOX_1 के सामने हैं।

व्यापार उदासीनता वक्र की विशेषताएं (Properties of the Trade Indifference Curve)

व्यापार उदासीनता वक्र की निम्नलिखित विशेषताएं होती हैं:

(1) प्रत्येक उपभोग उदासीनता वक्र के अनुरूप व्यापार उदासीनता वक्र होता है, इसलिए व्यापार उदासीनता मानचित्र होता है। कोई देश व्यापार उदासीनता वक्र पर जितना ऊंचा उठ सकेगा, वह देश उतनी ही बेहतर स्थिति में होगा। किसी भी अकेले वक्र पर वह देश किसी एक अथवा दूसरी स्थिति के बीच उदासीन ही रहेगा।

(2) फिर, जैसा **मीड** ने सिद्ध किया है, व्यापार उदासीनता वक्रों को स्पर्श करने वाली रेखा (जैसे कि O_1 बिन्दु पर bb रेखा) बिन्दु E_1 पर घरेलू व्यापार रेखा aa के समानान्तर होगी—जहां पर अर्थात् बिन्दु E_1 पर उत्पादन ब्लाक O_1DE_1 समुदाय उदासीनता वक्र CI_a को स्पर्श करता है, जैसाकि चित्र 14 में दिखाया गया है।

(3) यदि समुदाय उदासीनता वक्र की ढलान ऋणात्मक होगी तो व्यापार उदासीनता वक्र की ढलान भी ऋणात्मक होगी।

(4) यदि समुदाय उदासीनता वक्र मूल बिन्दु की ओर उन्नोतर (convex) है, तो व्यापार उदासीनता वक्र भी मूल बिन्दु की ओर उन्नतोदर होगा।

व्यापार उदासीनता वक्रों से प्रस्ताव वक्र व्युत्पन्न करना (Derivation of Offer Curves from Trade Indifference Curves)

प्रो. मीड ने रेखागणितीय तरीके से सिद्ध किया है कि किसी देश के व्यापार उदासीनता मानचित्र से उस देश का प्रस्ताव वक्र व्युत्पन्न किया जा सकता है। प्रस्ताव वक्र 'क्रमशः उच्चतर उदासीनता वक्रों को व्यापार उदासीनता मानचित्र से विविध कीमत रेखाओं की स्पर्शताओं की शृंखलाओं के पथ को प्रदर्शित करता है।' देश A का प्रस्ताव वक्र चित्र 15 में खींचा गया है जहां TI_1, TI_2, TI_3, उसके व्यापार उदासीनता वक्र हैं, और a_1, a_2, a_3 उसकी व्यापार शर्तों की विभिन्न रेखाएं हैं। a उस देश की उन घरेलू व्यापार-शर्तों को व्यक्त करता है जिन पर वह किसी दूसरे देश को कुछ भी प्रस्तुत नहीं कर सकता। यह देश के आयातों के बदले अपने निर्यात्य केवल तभी प्रस्तुत करेगा जब अन्तर्राष्ट्रीय व्यापार की शर्तों की रेखा व्यापार उदासीनता वक्र को स्पर्श करेगी। चित्र में ऐसे स्पर्श बिन्दु O_1, O_2, O_3 हैं। जब इन बिन्दुओं को मूल बिन्दु में से गुजरने वाली रेखा से मिलाया जाता है, तो देश का प्रस्ताव वक्र OA बनता है। ज्यों-ज्यों A-निर्यात्यों के लिए B-निर्यात्यों के रूप में और-और अधिक कीमतें प्रस्तुत की जाएंगी, त्यों-त्यों देश A व्यापार उदासीनता वक्रों पर और-और ऊंचा जा सकेगा तथा शुरू में B-निर्यात्यों की अपेक्षाकृत अधिक मात्राओं के बदले A-निर्यात्यों की और-और अधिक तथा बाद में कम मात्राएं प्रस्तुत करने को तैयार होगा।

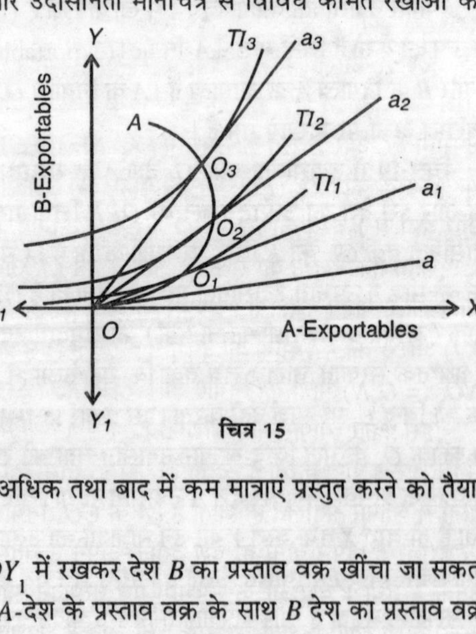

चित्र 15

इसी प्रकार B के उत्पादन ब्लाक को दक्षिण-पूर्वी (चतुर्थ) चतुर्थांश XOY_1 में रखकर देश B का प्रस्ताव वक्र खींचा जा सकता है। यहां इस तरह का ज्यामितिक प्रयत्न नहीं किया गया है परन्तु चित्र 16 में A-देश के प्रस्ताव वक्र के साथ B देश का प्रस्ताव वक्र दिखाया गया है।

देश A का प्रस्ताव वक्र OA है और TIa, TIa_1, TIa_2 उसके व्यापार उदासीनता वक्र हैं जबकि OB देश B का प्रस्ताव वक्र है और

उसके TIb, TIb_1, TIb_2 के रूप में उसके व्यापार उदासीनता वक्र दिखाये गये हैं। A और B के ये व्यापार उदासीनता वक्र एक दूसरे को बिन्दु P, P_1, तथा P_2 पर स्पर्श करते हैं। इन बिन्दुओं को मिलाने वाली रेखा CC संविदा वक्र (Contract Curve) है। केवल P बिन्दु ही ऐसा है जहां दोनों प्रस्ताव वक्र OA तथा OB एक दूसरे को काटते हैं। इसी P बिन्दु पर, व्यापार-शर्तों का संतुलन स्थापित हो सकेगा, जैसा अन्तर्राष्ट्रीय व्यापार शर्तों की रेखा OR की ढलान से पता चलता है। व्यापार की इन संतुलन शर्तों पर दोनों देशों के A-निर्यात्य तथा B-निर्यात्य बराबर होंगे। किसी भी अन्य बिन्दु पर जैसे बिन्दु P_1 पर देश A वस्तु X की उससे कम मात्रा देने को तैयार होगा जो वह बिन्दु P पर देने को तैयार है और बिन्दु P_2 पर वह X वस्तु की अधिक मात्रा देने को तैयार होगा। देश B की स्थिति इसके विपरीत होगी। इसलिए केवल P बिन्दु ही एक ऐसा बिन्दु है जिस पर A के निर्यात्य की व्यापार शर्तें B के आयात्य की व्यापार शर्तों से संतुलन रखेंगी।

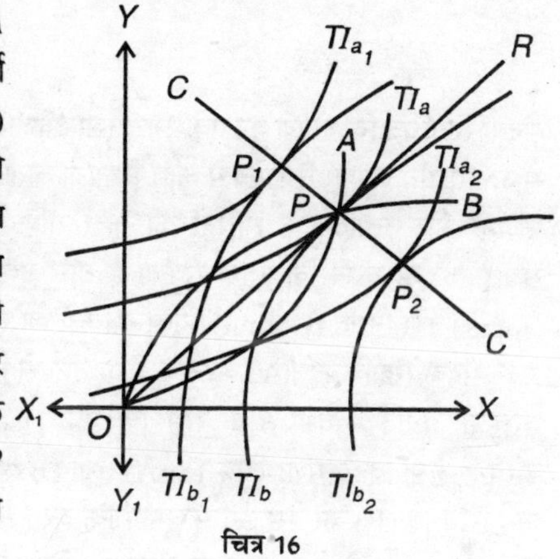

चित्र 16

व्यापार संतुलन (Trade Equilibrium)

मीड ने उत्पादन संभावना वक्रों तथा समुदाय उदासीनता वक्रों के साथ प्रस्ताव वक्रों का संबंध दिखाकर देश A और B का अन्तिम उत्पादन, उपभोग एवं व्यापार संतुलन दिखाया है। चित्र 17 दोनों देशों के सामान्य सन्तुलन और व्यापार से होने वाले लाभों को व्यक्त करता है। A तथा B के उत्पादन ब्लाकों के मूल बिन्दु एक-दूसरे को O_1 पर स्पर्श करते हैं। यही वह बिन्दु भी है जहां दोनों देशों के प्रस्ताव वक्र OA तथा OB एक-दूसरे को काटते हैं और O_1 में से गुजरने वाली रेखा OR व्यापार शर्तों के संतुलन को प्रदर्शित करती है।

देश A को लीजिए। इसका X वस्तु का उत्पादन FO_1 है और Y वस्तु का उत्पादन EF होगा। व्यापार के बाद इसका X वस्तु का उपभोग FC और Y वस्तु का उपभोग EG $(EF + FG)$ है। इस प्रकार, यह X वस्तु की CO_1 $(FO_1 - FC)$ मात्रा, देश B को निर्यात करता है और वहां से Y वस्तु की FG $(=O_1N)$ मात्रा आयात करता है।

जहां तक देश B का संबंध है, यह X की LK और Y की KO_1 मात्रा का उत्पादन करता है। व्यापार के बाद; यह X की LJ $(LK + KJ)$ और Y की KN मात्रा का उपभोग करता है। इस प्रकार Y की वह NO_1 $(= O_1N)$ मात्रा का निर्यात और X की KJ $(=CO_1)$ मात्रा का निर्यात करता है।

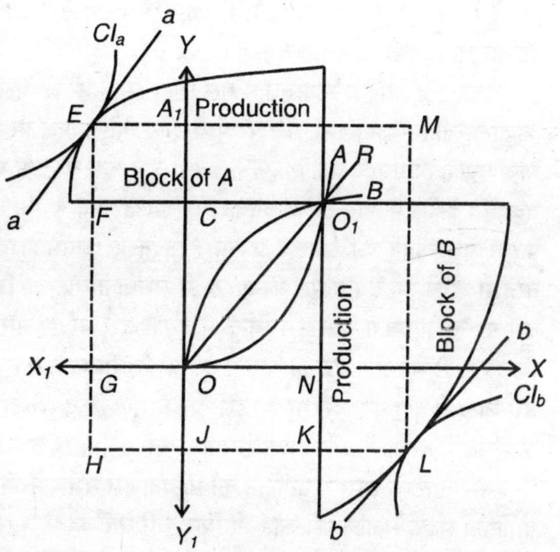

चित्र 17

इस प्रकार व्यापार और विशिष्टीकरण से A तथा B दोनों ही देशों को लाभ होता है। देश A वस्तु X के और देश B वस्तु Y के उत्पादन में विशिष्टता प्राप्त करता है। दोनों ही ऐसे उच्चतम उदासीनता वक्रों पर पहुंच जाते हैं जो OA तथा OB प्रस्ताव वक्र निर्मित करते हैं जहां दोनों में व्यापार संतुलित हो जाता है। A के CO_1 निर्यात्य B के KJ आयात्यों के बराबर हैं और B के NO_1 निर्यात्य A के FG आयात्यों के बराबर हैं। फिर दोनों ही देश अपने-अपने उच्चतम समुदाय उदासीनता वक्रों तथा उत्पादन संभावना वक्रों पर पहुंच जाते हैं जहां उनके X तथा Y वस्तुओं के उपभोग एवं उत्पादन स्तर बढ़ जाते हैं। अन्तिम, उनके घरेलू कीमत अनुपात बदल जाते हैं और फिर, अन्तर्राष्ट्रीय व्यापार-शर्तों के बराबर हो जाते हैं, अर्थात् aa तथा bb रेखाएं OR के समानान्तर हैं।

6. संदूक रेखाचित्र
(THE BOX DIAGRAM)

संदूक रेखाचित्र विश्लेषण का एक और ऐसा औजार है जिसे **पूर्ति पक्ष** से अन्तर्राष्ट्रीय व्यापार सिद्धान्त में काम में लाया जाता है। इससे 'उत्पादन फलनों और उत्पादन के साधनों की कुल राशियों के बीच परस्पर संबंधों का अध्ययन किया जा सकता है और इष्टतम साधन आगत (Input) तथा निर्गत (Output) व्युत्पन्न किये जा सकते हैं।'

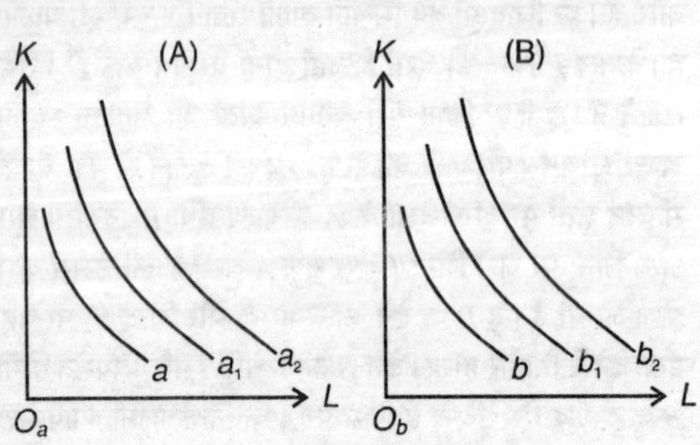

चित्र 18

संदूक रेखाचित्र निर्मित करने के लिए दो ऐसे चित्र लीजिए जो दो वस्तुओं अर्थात् A तथा B के सममात्रा वक्र (Isoquants) प्रदर्शित करते हैं जैसा कि क्रमशः चित्र 18 (A) तथा (B) में दिखाया गया है। अब चित्र 18 (B) को ऐसे ढंग से घुमाएं कि वस्तु B का मूल बिन्दु O_b ऊपर के दाएं कोने में पहुंच जाए जैसा कि चित्र 19 (B) में दिखाया गया है। अब चित्र 19(B) के दोनों सममात्रा वक्र रेखा चित्र (A) तथा (B) को एक साथ दिखाकर संदूक रेखाचित्र बन जाएगा जैसाकि चित्र 20 में दिखाया गया है। समझने के लिए चित्र 20 में रेखाचित्र का आकार थोड़ा बड़ा कर दिया गया है।[9]

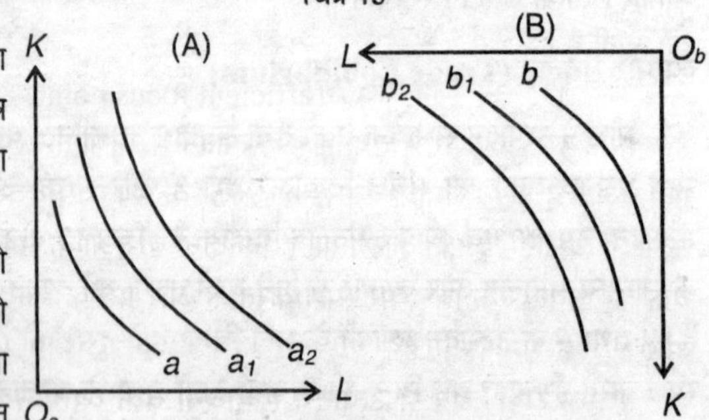

चित्र 19

चित्र 20 में संदूक रेखाचित्र में मूल बिन्दु OA—से जो वस्तु A को व्यक्त करती है—अनुलम्ब अक्ष पर पूंजी और क्षैतिज अक्ष पर श्रम को मापा गया है। सममात्रा वक्र aa, a_1a_1, तथा a_2a_2 इस वस्तु के सममात्रा वक्र हैं। इन्हें इस मान्यता के आधार पर खींचा गया है कि उत्पादन फलन प्रथमकोटि का समरूप फलन है तदनुसार सममात्रा वक्र इस तरह से खींचे गये हैं कि मूल बिन्दु Oa से सममात्रा वक्र aa जितनी दूरी पर है, सममात्रा वक्र उस बिन्दु से दुगुनी दूरी पर है और मूल बिन्दु Oa से सममात्रा वक्रaa जितनी दूरी पर है, सममात्रा वक्र a_2a_2 उस बिन्दु से तीन गुना दूरी पर है। इसी प्रकार मूल बिन्दु Ob वस्तु B के संबंध में बताता है और इसके सममात्रा वक्र bb, b_1b_1 तथा b_2b_2 हैं; प्रथम कोटि के समरूप उत्पादन की मान्यता इस संबंध में भी लागू होती है। संदूक रेखाचित्र में कोई भी बिन्दु चार बातें व्यक्त करता है। नीचे के बाएं कोने, Oa से यह वस्तु A का उत्पादन करने में प्रयोग की गई पूंजी तथा श्रम की मात्राएं मापता है, और ऊपर के दाएं कोने, Ob से दूसरी वस्तु B का उत्पादन करने में प्रयुक्त पूंजी तथा श्रम की मात्राएं मापता है। संदूक रेखाचित्र में कोई भी बिन्दु जैसे S जहां सममात्रा वक्र b_1b_1 तथा aa एक-दूसरे को काटते हैं, दो साधनों के संयोगों की सहायता से दो वस्तुओं के निश्चित संयोगों को व्यक्त करता है। वस्तु A की S इकाइयों का उत्पादन करने के लिए, पूंजी की OaC और श्रम की OaD मात्रा की जरूरत है, और वस्तु B की S इकाइयों का उत्पादन करने के लिये पूंजी की O_bC_1 और श्रम की O_bD_1 मात्रा की जरूरत है। दोनों साधनों के संयोग आवश्यक हैं क्योंकि

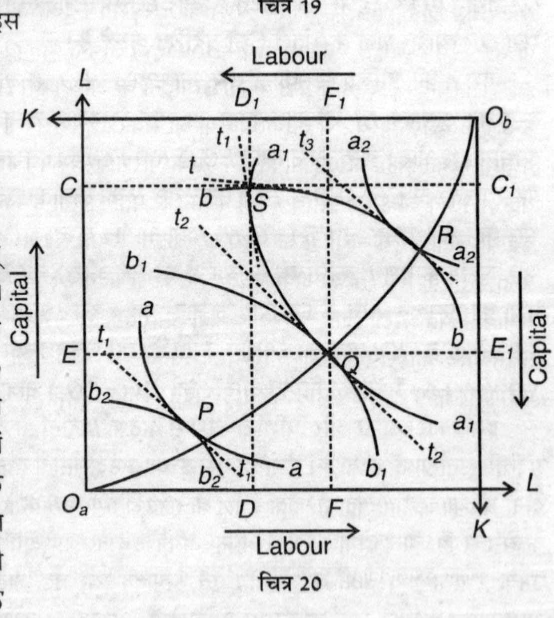

चित्र 20

9. परीक्षा के दृष्टिकोण से विद्यार्थी इस भाग को छोड़ सकते हैं।

मान्यता यह है कि साधन पूर्ण रोजगार में लगे हैं।

परन्तु S न तो ऐसा बिन्दु है जहां A तथा B दोनों वस्तुओं का उत्पादन आर्थिक रूप से दक्ष है और न ही ऐसा बिन्दु है जहां पूंजी और श्रम दोनों साधनों का इष्टतम आवंटन होता हो। इसका कारण यह है कि S बिन्दु पर A तथा B के उत्पादन में सीमान्त उत्पादकताओं का अनुपात भिन्न-भिन्न है। यह बात S बिन्दु पर दोनों सममात्रा वक्रों की ढलानों से स्पष्ट होती है। bb सममात्रा वक्र पर स्पर्शज्या (tangent) t की अपेक्षा a_1a_1 सममात्रा वक्र पर स्पर्शज्या t_1 बहुत अधिक ढालू (Steep) है। इसका मतलब है कि B की अपेक्षा A वस्तु बनाने में श्रम अधिक उत्पादक है, जबकि पूंजी के बारे में इसकी उलटी बात सही है। इसलिए श्रम को B से सरकाकर A के उत्पादन में और पूंजी को A से सरकाकर B के उत्पादन में लगाया जाए।

यदि हम सममात्रा वक्र a_1a_1 पर Q की ओर चलें तो A के उत्पादन में कोई परिवर्तन नहीं होता, क्योंकि हम सममात्रा वक्र a_1a_1 पर ही रहते हैं। परन्तु B का उत्पादन बढ़ गया है, क्योंकि हम bb से अपेक्षाकृत अधिक ऊंचे सममात्रा वक्र b_1b_1 पर आ गए हैं। ऐसा इस कारण से हो सका है कि पूंजी की CE मात्रा A के उत्पादन से हटकर B के उत्पादन में लग गयी है और श्रम की D_1F_1 $(= DF)$ मात्रा B के उत्पादन से हटकर A के उत्पादन में लग गयी है। इस प्रकार A की Q इकाइयों का उत्पादन करने के लिए, पूंजी की O_aE ओर श्रम की O_aF मात्रा प्रयोग में लाई जाती है और B की Q इकाइयों का उत्पादन करने के लिये पूंजी की O_bE_1 और श्रम की O_bF_1 मात्रा प्रयोग की जाती है।

बिन्दु Q "दक्ष बिन्दु पथ" (efficient focus point) है अथवा A तथा B दोनों के लिए आर्थिक दृष्टि से दक्ष उत्पादन का बिन्दु है क्योंकि इस बिन्दु पर A तथा B के उत्पादन में सीमान्त उत्पादकताओं के बीच अनुपात बराबर हो जाता है जैसाकि स्पर्शज्या t_2t_2 से पता चलता है, जो सममात्रा वक्र a_1a_1, b_1b_1 के पथ में से गुजरती है। इसी प्रकार P तथा R बिन्दु आर्थिक दृष्टि से दोनों वस्तुओं के दक्ष उत्पादन बिन्दु हैं। इसका कारण यह है कि दोनों वस्तुओं के सममात्रा वक्रों की वक्रताएं (curvatures) विपरीत हैं और प्रत्येक वक्र दूसरे वक्र को केवल एक बिन्दु पर स्पर्श करता है और प्रत्येक बिन्दु में से गुजरने वाली स्पर्शज्या दूसरी के समानान्तर है अर्थात् t_1t_1, t_2t_2 के और t_3t_3 के समानान्तर है।

संदूक रेखा चित्र से उत्पादन संभावना वक्र व्युत्पन्न करना (Derivation of Production Possibility Curve from the Box Diagram)—यदि P, Q तथा R स्पर्श बिन्दुओं को Oa तथा Ob मूल बिन्दुओं से शुरू करके एक वक्र द्वारा मिलाया जाए तो यह एज्वर्थ-बौले (Edgeworth–Bowley) संविदा वक्र O_a, PQ, RO_b बन जाता है। इन स्पर्श बिन्दुओं पर A तथा B के जो उत्पादनों के अधिकतम संयोग उपलब्ध हो सकते हैं उन्हें एक ऐसे रेखाचित्र में अंकित किया जा सकता है जिसके निर्देशांक (Coordinates) A तथा B की इकाइयों को मापते हैं। इसके परिणामस्वरूप चित्र 21 में उत्पादन संभावना वक्र AB बन जाता है। इस वक्र की ढलान से पता चलता है कि ज्यों-ज्यों A का उत्पादन बढ़ाया जाता है त्यों-त्यों B का उत्पादन घटाना पड़ता है। A के उत्पादन में दी हुई वृद्धि प्राप्त करने के लिए B का अपेक्षाकृत अधिक उत्पादन छोड़ना पड़ता है। इसलिए उत्पादन संभावना वक्र मूल बिन्दु की ओर नतोदर (concave) होता है। यदि उत्पादन फलन प्रथमकोटि का समरूप हो और दो वस्तुओं का पूंजी-श्रम अनुपात विभिन्न हो, तो परिणामस्वरूप उपलब्ध होने वाला उत्पादन संभावना वक्र मूल बिन्दु की ओर नतोदर होता है।

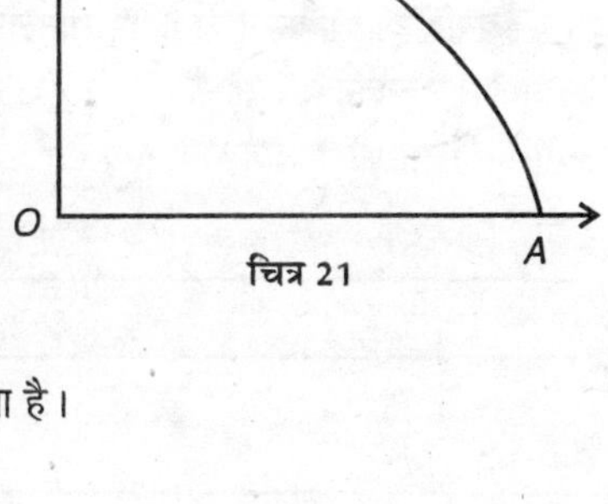

चित्र 21

प्रश्न

1. प्रस्ताव वक्र क्या होते हैं ? प्रस्ताव वक्र की सहायता से स्पष्ट कीजिए कि व्यापार कैसे निर्धारित होता है ?
2. समुदाय उदासीनता वक्र क्या होते हैं ? स्पष्ट कीजिए कि अन्तर्राष्ट्रीय व्यापार सिद्धान्त में उनका क्या उपयोग है ?
3. व्यापार उदासीनता वक्र क्या होते हैं ? उनकी विशेषताएं क्या हैं और अन्तर्राष्ट्रीय व्यापार के सिद्धान्त में उनका क्या उपयोग है ?

अध्याय 3

अन्तर्राष्ट्रीय व्यापार का क्लासिकी सिद्धान्त
(THE CLASSICAL THEORY OF INTERNATIONAL TRADE)

1. प्रस्तावना
(INTRODUCTION)

अन्तर्राष्ट्रीय व्यापार का क्लासिकी सिद्धान्त सर्वप्रथम राबर्ट टोरेन्ज, डेविड रिकार्डो तथा जॉन स्टुअर्ट मिल ने प्रतिपादित किया था। उनके विचार तुलनात्मक लागत या लाभ से संबद्ध हैं। एडम स्मिथ ने निरपेक्ष लाभ के सिद्धान्त को अन्तर्राष्ट्रीय व्यापार का आधार लिया, जिसे रिकार्डो ने त्याग दिया। इसके स्थान पर रिकार्डो ने तुलनात्मक लाभ का सिद्धान्त प्रचलित किया जो टॉसिग तथा हैबरलर जैसे अर्थशास्त्रियों द्वारा स्वीकारा और सुधारा गया है। इस अध्याय में स्मिथ तथा रिकार्डो के विचारों की विवेचना की जा रही है।

2. स्मिथ का लागतों में निरपेक्ष अन्तरों का सिद्धान्त
(SMITH'S THEORY OF ABSOLUTE DIFFERENCES IN COSTS)

एडम स्मिथ ने स्वतंत्र व्यापार के गुणों की प्रशंसा की। ये राष्ट्रीय तथा अन्तर्राष्ट्रीय दोनों स्तरों पर विशिष्टीकरण और श्रम के विभाजन के लाभों के परिणामस्वरूप है। अन्तर्राष्ट्रीय स्तर पर श्रम का विभाजन लागतों में निरपेक्ष अन्तरों के पाये जाने की अपेक्षा रखता है। प्रत्येक देश को उस वस्तु के उत्पादन में विशिष्टीकरण करना चाहिए जिसे वह दूसरे देशों की अपेक्षा अधिक सस्ती उत्पादित कर सकता हो, और उसे उन वस्तुओं के साथ विनिमय कर सकता है जिनकी दूसरे देशों में कम लागत आती है।

इसकी व्याख्या करने के लिए, मानलीजिए A और B दो देश हैं जो क्रमशः X और Y दो वस्तुओं की लागतों में निरपेक्ष अन्तरों के आधार पर उत्पादन कर रहे हैं। परन्तु एक देश दूसरे देश की अपेक्षा निरपेक्ष कम उत्पादन लागत पर उत्पादन करता है। निरपेक्ष लागत अन्तरों को सारणी 1 में दर्शाया गया है।

सारणी I : लागतों में निरपेक्ष अन्तर

देश	वस्तुङ्कX	वस्तुङ्कY
A	10	5
B	5	10

सारणी 1 स्पष्ट करती है कि श्रम की एक इकाई से A देश 10 X अथवा 5 Y और B देश 5 X अथवा 10 Y वस्तुएं उत्पादित कर सकता है।

इस स्थिति में देश A को X के उत्पादन में निरपेक्ष लाभ है (क्योंकि 10 X आधिक हैं 5 X से) और देश B को Y के उत्पादन में निरपेक्ष लाभ है (क्योंकि 10 Y अधिक हैं 5 Y से)। इसे निम्न प्रकार से भी दर्शाया जाता सकता है:

$$\frac{\text{देश } A \text{ का } 10\,X}{\text{देश } B \text{ का } 5\,X} > 1 > \frac{\text{देश } A \text{ का } 5Y}{\text{देश } B \text{ का } 10\,Y}$$

दोनों देशों के बीच व्यापार दोनों को लाभ प्रदान करेगा, जैसाकि सारणी 2 में दिखाया गया है।

सारिणी II : व्यापार से लाभ

		व्यापार-पूर्व उत्पादन (1)		व्यापार-पश्चात उत्पादन (2)		व्यापार से लाभ (2–1)	
वस्तु →		X	Y	X	Y	X	Y
देश ↓	A	10	5	20	—	+10	–5
	B	5	10	—	20	–5	+10
कुल उत्पादन		15	15	20	20	+5	+5

सारणी II से स्पष्ट होता है कि व्यापार से पहले दोनों देश A और B प्रत्येक वस्तु पर श्रम की एक-एक इकाई लगाकर दोनों वस्तुओं X और Y की 15–15 इकाइयां उत्पादित करते हैं। यदि देश A वस्तु X के उत्पादन में विशिष्टीकरण करें और श्रम की दोनों इकाइयां लगा दें, तो उनका कुल उत्पादन X वस्तु की 20 इकाइयां होगा। इसी प्रकार, यदि देश B केवल Y वस्तु के उत्पादन में विशिष्टीकरण करे तो उसका कुल उत्पादन Y की 20 इकाइयां होगा। व्यापार से दोनों देशों को X तथा Y की 5–5 इकाइयों का संयुक्त लाभ होगा।

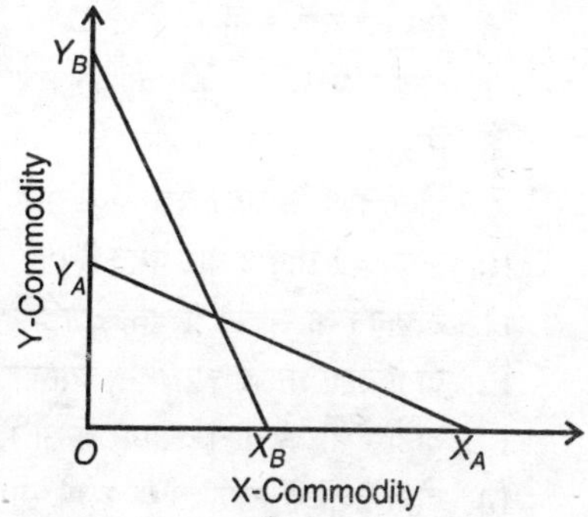

चित्र 1

चित्र 1 उत्पादन संभावना वक्रों की सहायता से लागतों में निरपेक्ष अन्तरों को दिखाता है। Y_A, X_A देश A का उत्पादन संभावना वक्र है जो दर्शाता है कि यह या तो वस्तु X की OX_A मात्रा उत्पादित कर सकता है अथवा वस्तु Y की OY_A मात्रा।

Y_BX_B देश B का उत्पादन सम्भावना वक्र है तथा यह वस्तु X की OX_B मात्रा अथवा वस्तु Y की OY_B मात्रा उत्पादित कर सकता है। चित्र 1 यह भी स्पष्ट करता है कि देश A को वस्तु X के उत्पादन में निरपेक्ष लाभ है क्योंकि $OX_A > OX_B$ तथा देश B को वस्तु Y के उत्पादन में निरपेक्ष लाभ क्योंकि $OY_B > OY_A$।

परन्तु स्मिथ की स्पष्टता के अभाव तथा अनिश्चय के लिए आलोचना की गयी है। **ऐल्ज़्वर्थ** (Ellsworth) के अनुसार, 'स्मिथ बिना तर्क के यह मानता है कि अन्तर्राष्ट्रीय व्यापार में निर्यातों के उत्पादक को निरपेक्ष लाभ होता है, अर्थात् एक निर्यातक देश को एक दी हुई पूंजी और श्रम की मात्रा से अपने विरोधी की अपेक्षा अधिक उत्पादन करने की योग्यता अवश्य होनी चाहिए। परन्तु व्यापार का यह आधार वास्तविक नहीं है, क्योंकि बहुत से अल्पविकसित देश ऐसे हैं जो किसी भी वस्तु के उत्पादन में निरपेक्ष लाभ नहीं रखते परन्तु फिर भी उनके अन्य देशों के साथ व्यापारिक संबंध होते हैं। अत: स्मिथ का विश्लेषण अवास्तविक और कमजोर है।'[1]

3. रिकार्डो का लागतों में तुलनात्मक अन्तरों का सिद्धांत
(RICARDO'S THEORY OF COMPARATIVE DIFFERENCE IN COSTS)

रिकार्डो के अनुसार, लागतों में तुलनात्मक अन्तर दो देशों के बीच व्यापार संबंध निर्धारित करता है। श्रम के भौगोलिक विभाजन तथा उत्पादन में विशिष्टीकरण के कारण विभिन्न देशों में उत्पादन लागतें भिन्न-भिन्न होती हैं। जलवायु, प्राकृतिक साधनों, भौगोलिक स्थिति एवं श्रम की कुशलता में अन्तर होने के कारण एक देश किसी वस्तु को किसी दूसरे देश की अपेक्षा कम लागत में उत्पादित कर सकता है। इस प्रकार प्रत्येक देश उस वस्तु के उत्पादन में विशिष्टीकरण करता है जिसमें उसकी उत्पादन की तुलनात्मक लागत सबसे कम हो। इसलिए जब कोई देश किसी अन्य देश के साथ व्यापार करता है, तो वह उन वस्तुओं का निर्यात करेगा जिनमें उसकी तुलनात्मक उत्पादन लागतें कम हैं और उन वस्तुओं का आयात करेगा जिनमें उसकी तुलनात्मक उत्पादन लागतें अधिक हैं। रिकार्डो के अनुसार, अन्तर्राष्ट्रीय व्यापार का आधार यही है। इससे यह निष्कर्ष निकलता है कि **प्रत्येक देश उन वस्तुओं के उत्पादन में विशिष्टीकरण**

1. स्मिथ का सिद्धांत स्नातक स्तर के विद्यार्थियों के लिए नहीं है।

करेगा जिनमें उसे तुलनात्मक लाभ अधिक अथवा तुलनात्मक हानि न्यूनतम होगी (Each country will specialise in the production of those commodities in which it has greater comparative advantage or least comparative disadvantage.) इस प्रकार कोई देश उन वस्तुओं का **निर्यात** करेगा जिनमें उसे **अधिकतम तुलनात्मक लाभ** होगा और उन वस्तुओं का **आयात** करेगा जिनमें उसे **तुलनात्मक हानि कम-से-कम** होगी।

सिद्धांत की मान्यताएं (Assumptions of the Theory)

तुलनात्मक लागतों का रिकार्डो का सिद्धांत निम्नलिखित मान्यताओं पर आधारित है:

1. केवल दो ही देश, मानलीजिए इंग्लैंड और पुर्तगाल, हैं।
2. वे समरूप दो वस्तुओं, शराब और कपड़े, का उत्पादन करते हैं।
3. दोनों देशों में रुचियां समान हैं।
4. श्रम ही उत्पादन का एकमात्र साधन है।
5. सभी श्रम-इकाइयां समरूप हैं।
6. श्रम की पूर्ति अपरिवर्तित है।
7. दोनों वस्तुओं की कीमतों को श्रम-लागत अर्थात् प्रत्येक के उत्पादन में लगी श्रम-इकाइयों की संख्या, निर्धारित करती है।
8. स्थिर लागतों या प्रतिफलों के नियम के अधीन वस्तुओं का उत्पादन होता है।
9. दोनों देशों के बीच वस्तु-विनिमय प्रणाली के आधार पर व्यापार होता है।
10. तकनीकी ज्ञान अपरिवर्तित है।
11. उत्पादन के साधन प्रत्येक देश के भीतर तो पूर्णतया गतिशील हैं परन्तु दोनों देशों की बीच पूर्णतया गतिहीन हैं।
12. दोनों देशों के बीच स्वतन्त्र व्यापार है और वस्तुओं के व्यापार पर कोई रोक या प्रतिबन्ध नहीं है।
13. दोनों देशों के बीच व्यापार करने में कोई परिवहन लागतें नहीं हैं।
14. दोनों देशों में उत्पादन के सभी साधन पूर्णतया रोजगार में लगे हैं।
15. अन्तर्राष्ट्रीय बाजार पूर्ण बाजार है जिससे दोनों वस्तुओं का विनिमय-अनुपात समान है।

सिद्धांत की व्याख्या (Explanation of the Theory)

ये मान्यताएं दी होने पर, रिकार्डो यह दर्शाता है कि दोनों देशों के बीच व्यापार संभव है--जब एक देश को दोनों वस्तुओं के उत्पादन में निरपेक्ष लाभ हो, परन्तु एक की अपेक्षा दूसरी वस्तु के उत्पादन में तुलनात्मक लाभ हो। इसे रिकार्डो के इंग्लैंड और पुर्तगाल के बीच व्यापार के प्रसिद्ध उदाहरण द्वारा सारणी III में दर्शाया गया है।

सारणी III : एक इकाई उत्पादित करने के लिए श्रम के अपेक्षित श्रम-घण्टे

देश	*शराब*	*कपड़ा*
इंग्लैंड	120	100
पुर्तगाल	80	90

सारणी III यह दर्शाती है कि इंग्लैंड में शराब की एक इकाई उत्पादित करने के लिए 120 श्रमङ्कघण्टे चाहिएं, जबकि कपड़े की एक इकाई के लिए उसी समय में 100 श्रमङ्कघंटे चाहिएं। दूसरी ओर, पुर्तगाल में शराब और कपड़े की एक-एक इकाई उत्पादित करने के लिए क्रमश: 80 तथा 90 श्रमङ्कघंटे चाहिएं। इस प्रकार, पुर्तगाल की अपेक्षा इंग्लैंड शराब और कपड़ा दोनों ही उत्पादित करने के लिए अधिक श्रम का उपयोग करता है। दूसरे शब्दों में, दोनों वस्तुएं उत्पादित करने में पुर्तगाली श्रम, इंग्लिश श्रम की अपेक्षा अधिक कुशल है। इसलिए, शराब और कपड़ा दोनों में पुर्तगाल निरपेक्ष लाभ रखता है। परन्तु पुर्तगाल को अधिक लाभ शराब का उत्पादन करके तथा उसे इंग्लैंड को निर्यात करके प्राप्त होगा। क्योंकि यह इसमें **अधिक तुलनात्मक लाभ** रखता है। ऐसा इस कारण कि शराब

की उत्पादन लागत (80/120 श्रम-घण्टे) कपड़े की उत्पादन लागत (90/100 श्रम-घंटे) से कम है : 80/120 < 90/100। दूसरी ओर, यह इंग्लैंड के पक्ष में है कि वह कपड़े के उत्पादन में विशिष्टीकरण करे, जिसमें उसकी **न्यूनतम तुलनात्मक हानि** होती है। ऐसा इस कारण कि इंग्लैंड में कपड़े की उत्पादन लागत (100/90 श्रम-घंटे) शराब की उत्पादन लागत (120/80 श्रम-घंटे) की तुलना में कम है— 100/90 < 120/80 । अत: दोनों देशों के लिए व्यापार लाभदायक है।[2] दोनों देशों की तुलनात्मक लाभ स्थिति को चित्र 2 में उत्पादन संभावना वक्रों द्वारा दर्शाया गया है।

PL पुर्तगाल का उत्पादन संभावना वक्र है तथा *EG* इंग्लैंड का। पुर्तगाल को इंग्लैंड की तुलना में शराब और कपड़ा दोनों वस्तुओं के उत्पादन में निरपेक्ष लाभ प्राप्त है। यह शराब की *OL* इकाइयां और कपड़े की *OP* इकाइयां उत्पादित करता है, जबकि इंग्लैंड शराब की *OG* और कपड़े की *OE* इकाइयां उत्पादित करता है। परन्तु *ER* की ढलान (*PL* के समानान्तर) दर्शाती है कि पुर्तगाल को शराब के उत्पादन में तुलनात्मक लाभ होता है क्योंकि यदि वह कपड़े की *OE* इकाइयों के उत्पादन के लिए आवश्यक साधन छोड़ देता है तो वह शराब की *OR* इकाइयां उत्पादित कर सकता है जो इंग्लैंड द्वारा उत्पादित *OG* से अधिक हैं। दूसरी ओर, इंग्लैंड को कपड़े की *OE* इकाइयों के उत्पादन में न्यूनतम तुलनात्मक हानि होती है। इस प्रकार, पुर्तगाल शराब की *OR* इकाइयों का निर्यात इंग्लैंड को करेगा और बदले में इंग्लैंड से कपड़े की *OE* इकाइयां विनिमय करेगा।

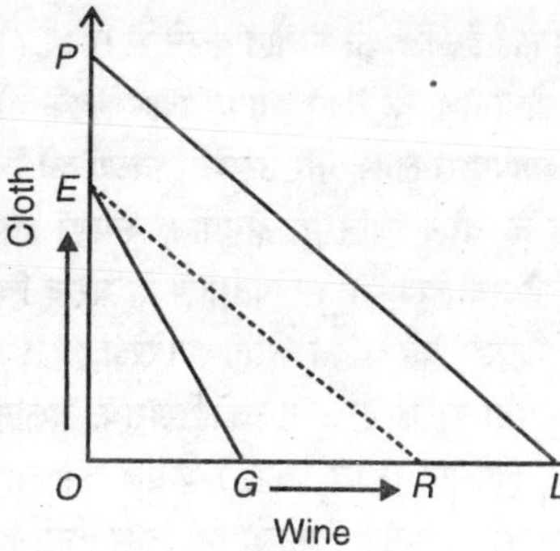

चित्र 2

व्यापार से लाभ और उनका वितरण (Gains from Trade and their Distribution)*

रिकार्डो इस बात की विवेचना नहीं करता कि दोनों देशों के बीच शराब और कपड़े का किस वास्तविक अनुपात में विनिमय होगा और उससे दोनों देशों को व्यापार से कितना लाभ होगा। इस कमी को **जे. एस. मिल** (J.S. Mill) ने पूरा किया।

व्यापार से लाभ और उनके वितरण की व्याख्या इस प्रकार है—

व्यापार से पूर्व, दोनों देशों में शराब और कपड़ा दोनों वस्तुओं की लागतों के आधार पर घरेलू विनिमय अनुपात सारणी IV मे दर्शाये गये हैं। इंग्लैंड में एक इकाई शराब उत्पादित करने की लागत 120 श्रम-घण्टे तथा कपड़ा उत्पादित करने की लागत 100 श्रम-घंटे है जो यह स्पष्ट करती है कि इंग्लैंड में कपड़े की अपेक्षा शराब की लागत अधिक है क्योंकि शराब की एक इकाई के बदले 1.2 इकाइयां कपड़ा प्राप्त होता है। दूसरी ओर, पुर्तगाल में एक इकाई शराब की उत्पादन लागत 80 श्रम-घण्टे है तथा एक इकाई कपड़े की 90 श्रम-घण्टे। इससे स्पष्ट होता है कि शराब की अपेक्षा कपड़े की लागत अधिक है क्योंकि शराब की एक इकाई के बदले 0.89 कपड़े की इकाई प्राप्त होती है।

सारणी IV : घरेलू विनिमय अनुपात

इंग्लैंड	*पुर्तगाल*
शराब 120 : 100 कपड़ा (6/5)	शराब 80 : 90 कपड़ा (8/9)
1 : 1.2	1 : 0.89
कपड़ा 100 : 120 शराब (5/6)	कपड़ा 90 : 80 शराब (9/8)
1 : 0.83	1 : 1.13

अब मानलीजिए कि दोनों देशों के बीच व्यापार प्रारम्भ होता है। इंग्लैंड को लाभ होगा यदि वह पुर्तगाल से शराब की एक इकाई का आयात कपड़े की 1.2 इकाइयों से कम कीमत पर विनिमय करेगा। पुर्तगाल को भी लाभ होगा। यदि वह एक इकाई शराब के बदले

2. विद्यार्थी ध्यान दें कि इस विश्लेषण में लागतों की नहीं बल्कि लागतों के अनुपातों की तुलना की जाती है। इससे कोई फर्क नहीं पड़ता कि दोनों देशों में एक ही वस्तु के लागत अनुपातों की तुलना की जाती है या एक ही देश में विभिन्न वस्तुओं के उत्पादन लागत अनुपातों की।

* यह भाग स्नातक विद्यार्थियों के लिए नहीं है।

इंग्लैंड से 0.89 इकाई कपड़े से अधिक आयात कर सकेगा।

सारणी IV यह दर्शाती है कि इंग्लैंड में घरेलू विनिमय अनुपात है : कपड़े की इकाई 1 = 0.83 इकाई शराब, तथा पुर्तगाल में शराब की इकाई 1 = .0.89 इकाई कपड़ा।

यदि यह मान लिया जाये कि दोनों देशों के बीच व्यापार की विनिमय दर कपड़े की 1 इकाई = 1 इकाई शराब की, तो इंग्लैंड द्वारा कपड़े की एक इकाई पुर्तगाल को निर्यात करने से 0.17 (1—0.83) इकाई शराब का लाभ होगा। इसी प्रकार, पुर्तगाल द्वारा शराब की एक इकाई इंग्लैंड को निर्यात करने से 0.11 (1—0.89) इकाई कपड़े का लाभ होगा। अत: दोनों देशों के लिए व्यापार लाभदायक होता है।

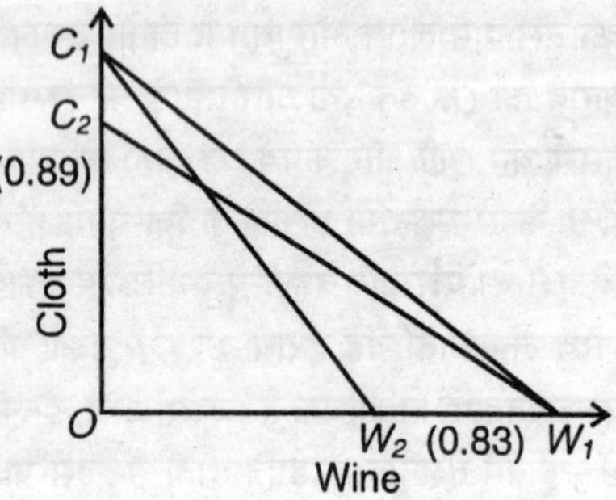

चित्र 3

व्यापार से लाभ और उसके वितरण को चित्र 3 में दर्शाया गया है जहां रेखा C_1W_2 इंग्लैंड के घरेलू विनिमय अनुपात, कपड़ा इकाई 1 = 0.83 इकाई शराब, को व्यक्त करती है तथा रेखा W_1C_2 पुर्तगाल के घरेलू विनिमय अनुपात, शराब इकाई 1 = 0.89 इकाई कपड़ा, को व्यक्त करती है। रेखा C_1W_1 दोनों देशों के बीच व्यापार की विनिमय दर, कपड़ा इकाई 1 = 1 इकाई शराब, दर्शाती है। इस विनिमय दर पर इंग्लैंड को W_2W_1 (अर्थात् 0.17 इकाई) शराब का लाभ होता है जबकि पुर्तगाल को C_2C_1 (अर्थात् 0.11 इकाई) कपड़े का लाभ होता है।

सारांश में, तुलनात्मक लागतों के आधार पर दोनों देश इंग्लैंड और पुर्तगाल एक-एक वस्तु के उत्पादन में विशिष्टीकरण करते हैं। प्रत्येक अपने साधनों का पुन: आवंटन उसके अनुरूप करता है तथा उस वस्तु का निर्यात करता है जिसमें उसे तुलनात्मक लाभ होता है और उस वस्तु का आयात करता है जिसमें उसे न्यूनतम तुलनात्मक हानि होती है। दोनों व्यापार द्वारा लाभ प्राप्त करते हैं तथा दोनों वस्तुओं के उपभोग में वृद्धि करते हैं।

सिद्धान्त की आलोचनाएं (Its Criticisms)

जब तक प्रथम विश्वयुद्ध समाप्त नहीं हुआ तब तक एक शताब्दी से भी अधिक समय के लिए तुलनात्मक लागतों का सिद्धान्त ही अन्तर्राष्ट्रीय व्यापार का मूल आधार रहा है। तब से आलोचक इसके सुन्दर भवन को गिरा सकने की बजाय केवल उसका सुधार ही कर पाये हैं। जैसा प्रो. **सैम्युल्सन** ने ठीक ही लक्ष्य किया है, ''यदि लड़कियों की भांति सिद्धान्त भी सौन्दर्य-प्रतियोगिता जीत सकते, तो तुलनात्मक लाभ को इस दृष्टि से निश्चय ही बहुत ऊंचा स्थान प्राप्त होता कि यह सुन्दर तार्किक ढांचा है।''[3]

परन्तु यह सिद्धान्त कुछ दोषों से मुक्त नहीं है। विशेष रूप से **बर्टिन ओलिन** तथा **फ्रैंक डी. ग्रॉहम** ने इसकी बहुत आगे आलोचना की है। हम आगे इसकी महत्त्वपूर्ण आलोचनाओं की चर्चा कर रहे हैं।

(1) श्रम लागत की अवास्तविक मान्यता (Unrealistic Assumption of Labour Cost)—तुलनात्मक लागत सिद्धान्त मूल्य के श्रम सिद्धान्त पर आधारित है। उत्पादन लागतों का हिसाब लगाते समय यह केवल श्रम लागतों को लेता है और वस्तुओं के उत्पादन में पाई जाने वाली गैर-श्रम लागतें छोड़ देता है। यह अवास्तविक है क्योंकि राष्ट्रीय तथा अन्तर्राष्ट्रीय वस्तुओं के लेनङ्कदेन का आधार श्रम-लागतें नहीं अपितु मुद्रा-लागतें होती हैं।

(2) श्रम समरूप नहीं (Labour not Homogeneous)—श्रम लागत सिद्धान्त समरूप श्रम की मान्यता पर आधारित है। यह भी अवास्तविक है क्योंकि श्रम तो विभिन्न प्रकार का होता है—विभिन्न प्रकार एवं स्तरों का, कोई विशिष्ट अथवा विशेषीकृत और अन्य अविशिष्ट अथवा सामान्य।

(3) समान रुचियां नहीं (No Similar Tastes)—समान रुचियों की मान्यता अवास्तविक है क्योंकि एक देश में विभिन्न आय श्रेणियों के लोगों की रुचियों में अन्तर होते हैं। फिर, ये एक अर्थव्यवस्था की वृद्धि तथा अन्य देशों के साथ व्यापारिक सम्बन्धों के विकास से भी बदलती हैं।

3. "If theories like girls could win beauty contests, comparative advantage would certainly rate high in that it is an elegantly logical structure."—*P.A. Samuelson.*

(4) स्थिर अनुपातों की स्थैतिक मान्यता (Static Assumption of Fixed Propor-tions)—तुलनात्मक लागतों का सिद्धान्त इस मान्यता पर आधारित है कि श्रम सभी वस्तुओं के उत्पादन में समान स्थिर अनुपातों में प्रयोग होता है। यह स्थैतिक विश्लेषण है, इसलिए अवास्तविक है। वास्तव में, विभिन्न वस्तुओं के उत्पादन में श्रम परिवर्तनशील अनुपातों में प्रयोग किया जाता है। उदाहरणार्थ, कपड़े के उत्पादन की अपेक्षा इस्पात के उत्पादन में पूंजी की प्रति इकाई कम श्रम का प्रयोग किया जाता है। फिर, उत्पादन में पूंजी के स्थान पर श्रम का कुछ स्थानापन्न सदैव किया जाता है।

(5) स्थिर लागतों की अवास्तविक मान्यता (Unrealistic Assumption of Constant Costs)—यह सिद्धान्त एक और कमजोर मान्यता पर आधारित है कि अन्तर्राष्ट्रीय विशिष्टीकरण के कारण उत्पादन में वृद्धि के बाद लागतें स्थिर हो जाती हैं। परन्तु तथ्य यह है कि लागतें या तो बढ़ती हैं या कम होती हैं। यदि बड़े पैमाने पर उत्पादन से लागतें घट जायेंगी, तो तुलनात्मक लाभ बढ़ जाएगा। दूसरी ओर, यदि उत्पादन की बढ़ रही लागत के परिणामस्वरूप उत्पादन बढ़ा है, तो तुलनात्मक लाभ कम हो जाएगा और कुछ स्थितियों में तो यह समाप्त भी हो सकता है।

(6) परिवहन लागतों की उपेक्षा (Ignores Transport Costs)—रिकार्डो व्यापार में तुलनात्मक लाभ निर्धारित करने में परिवहन लागतें छोड़ देता है। यह अवास्तविक है क्योंकि विश्वङ्क्व्यापार का ढांचा निर्धारित करने में परिवहन लागतें बहुत महत्त्वपूर्ण कार्य करती हैं। उदाहरण के लिए, ऊंची परिवहन लागतें तुलनात्मक लाभ तथा अन्तर्राष्ट्रीय व्यापार के लाभ को समाप्त कर सकती हैं।

(7) देश के भीतर साधन पूर्णतया गतिशील नहीं (Factors not Fully Mobile Internally)—यह सिद्धान्त मान लेता है कि उत्पादन के साधन देश के भीतर पूर्णतया गतिशील हैं और अन्तर्राष्ट्रीय रूप से पूर्णतया गतिहीन। यह बात वास्तविक नहीं है क्योंकि देश के भीतर भी साधन एक उद्योग से दूसरे उद्योग में अथवा एक प्रदेश से दूसरे प्रदेश में स्वतंत्र रूप से गतिशील नहीं होते।

(8) दो-देश, दो-वस्तु मॉडल अवास्तविक (Two-Country, Two-Commodity Model Unrealistic)—रिकार्डो का मॉडल दो वस्तुओं के आधार पर दो देशों के बीच व्यापार से संबंध रखता है। यह भी अवास्तविक है क्योंकि वास्तव में अन्तर्राष्ट्रीय व्यापार कई देशों के बीच होता है जो अनेक वस्तुओं का व्यापार करते हैं।

(9) मुक्त व्यापार की अवास्तविक मान्यता (Unrealistic Assumption of Free Trade)—इस सिद्धान्त की एक दुर्बलता यह है कि यह मुक्त एवं पूर्ण विश्व-व्यापार की मान्यता लेकर चलता है। प्रत्येक देश वस्तुओं के अन्य देशों से आयात-निर्यात पर प्रतिबन्ध लगा देता है। इस प्रकार प्रशुल्क तथा अन्य प्रतिबन्ध संसार के आयातों तथा निर्यातों को प्रभावित करते हैं। फिर वस्तुएं भी समान नहीं परन्तु भिन्नित होती हैं। इन पक्षों की उपेक्षा करने के कारण रिकार्डो का सिद्धान्त अवास्तविक बन जाता है।

(10) पूर्ण रोजगार की अवास्तविक मान्यता (Unrealistic Assumption of Full Employment)—तुलनात्मक लागतों का सिद्धान्त पूर्ण रोजगार की मान्यता पर आधारित है। यह मान्यता सिद्धान्त को स्थैतिक बना देती है। केन्ज ने पूर्ण रोजगार की मान्यता को झुठलाया और सिद्ध किया कि अर्थव्यवस्था में अल्परोजगार होता है। इस प्रकार पूर्ण रोजगार की मान्यता इस सिद्धान्त को अवास्तविक बना देती है।

(11) स्वार्थ इसके प्रचालन में बाधा प्रस्तुत करता है (Self–Interest hinders its Operation)—यह सिद्धान्त उस समय नहीं लागू होता जब किसी देश को तुलनात्मक हानि हो और वह सैन्य अथवा विकास-विचाराणाओं के कारण किसी अन्य देश की वस्तु को आयात नहीं करना चाहता। इस प्रकार, तुलनात्मक लागतों के सिद्धान्त के प्रचालन में स्वार्थ प्राय: बाधक बन जाता है।

(12) प्रौद्योगिकी के कार्यभाग की उपेक्षा (Neglects the Role of Technology)—यह सिद्धान्त अन्तर्राष्ट्रीय व्यापार में तकनीकी नवप्रवर्तनों की उपेक्षा करता है। यह अवास्तविक है क्योंकि तकनीकी परिवर्तन केवल घरेलू मार्किट के लिए ही नहीं बल्कि अन्तर्राष्ट्रीय मार्किट के लिए भी वस्तुओं की पूर्ति बढ़ाने में सहायक होते हैं। विश्व व्यापार ने नवप्रर्वतनों, अनुसंधान तथा विकास से बहुत लाभ उठाया है।

(13) एक पक्षीय सिद्धान्त (One–Sided Theory)—रिकार्डो का सिद्धान्त एक-पक्षीय है क्योंकि यह अन्तर्राष्ट्रीय व्यापार के केवल पूर्ति पक्ष पर विचार करता है और मांग को छोड़ देता है। **प्रो. ओलिन** के शब्दों में, ''यह वास्तव में पूर्ति की शर्तों के संक्षिप्त विवरण से अधिक कुछ नहीं है।''

(14) अपूर्ण सिद्धान्त (Incomplete Theory)—रिकार्डो का सिद्धान्त यह वर्णन करता है कि दो देश किस प्रकार अन्तर्राष्ट्रीय व्यापार से लाभ प्राप्त करते हैं परन्तु यह दर्शाने में विफल है कि व्यापार से लाभ का वितरण दोनों देशों के बीच कैसे होता है। इसलिए

यह अपूर्ण सिद्धान्त है।

(15) पूर्ण विशिष्टीकरण की असंभवता (Impossibility of Complete Specia-lisation)—प्रो. ग्रॉहम के अनुसार, ''अन्तर्राष्ट्रीय व्यापार में प्रवेश करने वाली वस्तुओं के उत्पादन में तुलनात्मक लाभों के आधार पर पूर्ण विशिष्टीकरण करना असंभव होगा।'' अपने तर्क के समर्थन में उसने दो स्थितियां स्पष्ट की हैं : **एक**, बड़े देश तथा छोटे देश से सम्बन्धित; और **दो**, अधिक मूल्य तथा कम मूल्य वाली वस्तु से सम्बन्धित।

पहली स्थिति को लीजिए। मानलीजिए कि दो देश हैं जो तुलनात्मक लाभ के आधार पर परस्पर व्यापार करते हैं। इनमें से एक देश बड़ा है और दूसरा छोटा। छोटा देश पूर्णतया विशिष्टीकरण कर सकेगा, क्योंकि यह अपनी अतिरेक (surplus) वस्तु बड़े देश को बेच सकता है। परन्तु बड़ा देश पूर्णतया विशिष्टीकरण नहीं कर सकेगा क्योंकि एक तो वह बड़ा है, इसलिए छोटा देश उसकी सभी आवश्यकताएं पूरी करने की स्थिति में नहीं होगा; और दूसरे यदि वह किसी विशिष्ट वस्तु में विशिष्टीकरण कर लेगा, तो उसका अतिरेक उत्पादन इतना अधिक होगा कि छोटा देश उस सारे अतिरेक उत्पादन का आयात नहीं कर सकेगा।

दूसरी स्थिति में जहां अतुलनीय मूल्यों वाली वस्तुएं हैं, वहां जो देश अधिक मूल्य वाली वस्तु का उत्पादन करता है वह तो विशिष्टीकरण कर सकेगा, परन्तु जो देश कम मूल्य वाली वस्तु का उत्पादन करता है वह विशिष्टीकरण नहीं कर सकेगा। इसका कारण यह है कि दूसरे देश की अपेक्षा पहला देश अधिक लाभ प्राप्त करने की स्थिति में होगा। इस प्रकार **ग्रॉहम** के अनुसार, ''दो देशों के बीच पूर्ण विशिष्टीकरण का क्लासिकी निष्कर्ष केवल वहीं टिक सकता है ....जहां यह मान लिया जाये कि व्यापार ऐसे दो देशों के बीच है जिनका अवसर उपभोग मूल्य लगभग समान है और ऐसे दो देशों के बीच है जिनका आर्थिक कार्यकरण लगभग समान है।''[2]

(16) भद्दा एवं खतरनाक औज़ार (A Clumsy and Dangerous Tool)—प्रो. ओलिन ने इस सिद्धान्त की निम्नलिखित आधारों पर आलोचना की है :

(*i*) तुलनात्मक लागतों का नियम केवल अन्तर्राष्ट्रीय व्यापार पर ही लागू नहीं होता, अपितु यह तो सारे व्यापार पर लागू होता है। ओलिन मानता है, ''अन्तर्राष्ट्रीय व्यापार तो अन्त:स्थानीय अथवा अन्त:प्रदेशीय व्यापार की विशेष स्थिति मात्र है।'' इस प्रकार आन्तरिक व्यापार तथा अन्तर्राष्ट्रीय व्यापार में कोई अन्तर नहीं है।

(*ii*) केवल अन्तर्राष्ट्रीय रूप से ही नहीं अपितु विभिन्न प्रदेशों के भीतर भी साधन गतिहीन होते हैं। यह बात इस तथ्य से सिद्ध होती है कि एक ही देश के विभिन्न प्रदेशों में मजदूरी तथा ब्याज की दरें भिन्न-भिन्न होती हैं। फिर, श्रम तथा पूंजी एक सीमित ढंग से उसी प्रकार देशों के बीच गतिशील हो सकते हैं जिस प्रकार वे एक प्रदेश के भीतर गतिशील होती हैं।

(*iii*) यह मूल्य के श्रम-सिद्धान्त पर आधारित दो-देश दो-वस्तु मॉडल है जिसे ऐसी वास्तविक स्थितियों पर लागू करने का प्रयत्न है जिनमें कई देश तथा कई वस्तुएं पाई जाती हैं। इसलिए, ओलिन समझता है कि तुलनात्मक लागतों का सिद्धान्त बेढंगा तथा अवास्तविक है और विश्लेषण का भद्दा एवं खतरनाक औजार है। विकल्प रूप में ओलिन ने नये सिद्धान्त का प्रतिपादन किया है जिसे अन्तर्राष्ट्रीय व्यापार का सामान्य सन्तुलन या आधुनिक सिद्धान्त कहते हैं।

निष्कर्ष (Conclusion)

इन दुर्बलताओं के बावजूद, यह सिद्धान्त समय की कसौटी पर खरा उतरा है। यद्यपि इसमें बहुत से सुधार किये गये हैं, पर इसका मूल ढांचा ज्यों-का-त्यों रहा है। **प्रो. सैम्यूल्सन** के शब्दों में निष्कर्ष प्रस्तुत किया जा सकता है, कि **''तो भी, अपने समस्त सरलीकरण के बावजूद, तुलनात्मक लाभ के सिद्धान्त में सत्य की अत्यन्त महत्वपूर्ण झलक मौजूद है। अर्थशास्त्र को इतने सारगर्भित सिद्धान्त और नहीं मिल पाए जो राष्ट्र तुलनात्मक लाभ की उपेक्षा करता है, उसे जीवन-स्तरों तथा संवृद्धि की सम्भाव्य दरों के रूप में भारी कीमत चुकानी पड़ सकती है।''**

प्रश्न

1. अन्तर्राष्ट्रीय व्यापार के क्लासिकी सिद्धान्त का आलोचनात्मक मूल्यांकन कीजिए।
2. तुलनात्मक लागतों के सिद्धान्त की विवेचना कीजिए।

अध्याय 4

तुलनात्मक लागतों का क्लासिकी सिद्धांत तथा अल्पविकसित देश
(THE CLASSICAL THEORY OF COMPARATIVE COSTS AND UDC's)

1. क्लासिकी सिद्धांत अल्पविकसित देशों पर लागू नहीं (CLASSICAL THEORY NOT APPLICABLE TO UDC's)

तुलनात्मक लागतों का क्लासिकी सिद्धान्त अल्पविकसित देशों पर लागू नहीं होता है। ऐसा इसलिए कि यह अवास्तविक मान्यताओं पर आधारित है।

मान्यताएं (Assumptions)

इसकी विवेचना करने के लिए, इसकी मान्यताओं का वर्णन करते हैं :

(1) देशों में उत्पादन के साधन, मात्रा एवं गुणवत्ता में स्थिर होते हैं।

(2) वे पूर्ण रोजगार में लगे हैं।

(3) वे घरेलू तौर से गतिशील तथा अन्तर्राष्ट्रीय तौर से अगतिशील होते हैं।

(4) उत्पादन की तकनीक स्थिर है।

(5) उपभोक्ताओं की रुचियों में परिवर्तन नहीं होते हैं।

(6) विश्व व्यापार में पूर्ण प्रतियोगिता पाई जाती है।

(7) अन्तर्राष्ट्रीय व्यापार संबंधों में राज्य का कोई हस्तक्षेप नहीं होता है।

(8) व्यापार की शर्तें अपने-आप गतिशील होती हैं ताकि सदैव व्यापार संतुलन रहे।

(9) संबंधित देश के नागरिकों को व्यापार के लाभ प्राप्त होते हैं।

हम इन मान्यताओं की, अल्पविकसित देशों में पाई जाने वाली स्थितियों के सन्दर्भ में, यहां विवेचना करते हैं।

1. उत्पादन के साधन मात्रा एवं गुणवत्ता में स्थिर नहीं (Factors of Production not fixed in Quantity and Quality)—यह मान्यता कि व्यापार करने वाले देशों में उत्पादन के साधन मात्रा और गुणवत्ता में स्थिर होते हैं अवास्तविक है। वास्तव में, उत्पादन के साधन न तो मात्रा में और न ही गुणवत्ता में स्थिर होते हैं। अल्पविकसित देशों में मानवीय और भौतिक संसाधन निरन्तर वृद्धि करते रहते हैं। ऐसे देशों में अप्रशिक्षित श्रम की पर्याप्त पूर्तियां होती हैं। परन्तु शिक्षा के प्रसार से यह श्रम धीरे-धीरे प्रशिक्षित गहो रहा है। पूंजी संचय की दर में धीरे, यद्यपि धीमी वृद्धि होने से, भौतिक संसाधन भी विकसित हो रहे हैं। इन परिवर्तनों के बावजूद, विकसित देशों की अपेक्षा अल्पविकसित देश तुलनात्मक हानि की अवस्था में पाए जाते हैं, क्योंकि वे प्राथमिक वस्तुओं के उत्पादक होते हैं तथा विकसित देश औद्योगिक वस्तुओं के उत्पादक होते हैं। दो देशों, जिनमें से एक औद्योगिक और दूसरा अल्पविकसित हो, के बीच अप्रतिबन्धित (मुक्त) व्यापार पहले देश को शक्तिशाली और दूसरे को गरीब बनाता है। औद्योगिक वस्तुओं की तुलना में प्राथमिक वस्तुओं की कीमतें कम होती हैं। फिर, अन्तर्राष्ट्रीय बाजार में प्राथमिक वस्तुओं की मांग बेलोच होती है। परिणामस्वरूप, अल्पविकसित देश उनकी विश्व कीमतों में कमी या वृद्धि का लाभ उठाने में असमर्थ होते हैं। जब से अन्तर्राष्ट्रीय बाजार में इनकी कीमतें बढ़ती हैं तो बढ़ी हुई निर्यात अर्जनों (earnings) स्फीतिकारी दबाव, निवेश व्यय में कुआवंटन तथा भुगतान शेष की कठिनाइयां उत्पन्न होती हैं। बढ़े हुए निर्यात अर्जन सट्टे, दिखावटी उपभोग, वास्तविक सम्पदा, विदेशी विनिमय धारणों (holdings) आदि में भी बर्बाद कर दिये जाते हैं। अतः निर्यात मार्किटों में अल्पकालीन कीमत अस्थिरता से निर्यात आय में विस्तृत परिवर्तत होते हैं जो अल्पविकसित देशों पर बुरा प्रभाव डालते हैं।

2. संसाधनों का पूर्ण रोजगार नहीं होता (Resources not Fully Employed)—अल्पविकसित देशों के सन्दर्भ में यह मान्यता भी अवास्तविक है कि संसाधन पूर्ण रोजगार में लगे हैं, क्योंकि ऐसे देशों में बेरोजगारी और अदृश्य बेरोजगारी पाई जाती है। क्लासिकी सिद्धांत के अनुसार जब कोई देश व्यापार करता है तो वह आयात-योग्य वस्तु के उत्पादन को कम करके निर्यात-योग्य वस्तु के उत्पादन में विशिष्टीकरण करता है। क्योंकि यह मान लिया जाता है कि संसाधन पूर्ण रोजगार में लगे हैं, इसलिए वे आयातयोग्य वस्तु से केवल स्थानान्तरित करके निर्यात-योग्य वस्तु के उत्पादन में लगाए जाते हैं। परंतु ऐसा अल्पविकसित देशों के बारे में नहीं होता, जहां अन्तर्राष्ट्रीय व्यापार के अभाव में संसाधन बेकार पाए जाते हैं। इसलिए जब एक अल्पविकसित देश व्यापार प्रारम्भ करता है तो बेकार संसाधन निर्यात के लिए अधिक प्राथमिक वस्तुएं उत्पादित करने हेतु प्रयोग किए जाते हैं। इससे निर्यात अस्थिरता होती है, जैसा कि ऊपर वर्णन किया गया है। **मैकबीन** (MacBean) का अध्ययन यह बताता है कि निर्यात अस्थिरता केवल कीमत परिवर्तनों के कारण ही नहीं बल्कि निर्यातों की मात्रा में उतार-चढ़ावों के परिणामस्वरूप होती है जो अल्पविकसित देशों की अर्थव्यवस्थाओं पर बुरा प्रभाव डालती है।

3. उत्पादन के साधन न तो पूरी तरह गतिशील और न ही अगतिशील (Factors of Production neither Fully Mobile nor Immobile)—क्लासिकी सिद्धांत इस मान्यता पर आधारित है कि उत्पादन के साधन आन्तरिक रूप से पूरी तरह गतिशील और अन्तर्राष्ट्रीय रूप से अगतिशील होते हैं। यह मान्यता भी अल्पविकसित देशों पर लागू नहीं होती है। ऐसे देशों में उत्पादन के साधन संरचनात्मक दृढ़ताओं के कारण एक उद्योग से दूसरे उद्योग तथा एक क्षेत्र से दूसरे क्षेत्र को मुक्त रूप से गतिशील नहीं होते हैं। दूसरी ओर, ऐसे उत्पादन के साधन जैसे पूंजी, प्रौद्योगिकी तथा प्रबन्धात्मक, प्रशासनिक एवं तकनीकी सेविवर्ग विकसित देशों से अल्पविकसित देशों में प्रवाहित होते हैं। इस बारे में बहुराष्ट्रीय कम्पनियों ने बहुत महत्त्वपूर्ण भूमिका निभाई है।

4. उत्पादन की तकनीक स्थिर नहीं (Technique of Production not Fixed)—यह मान्यता कि उत्पादन की तकनीक स्थिर है, अल्पविकसित देशों पर लागू नहीं होती है। उत्पादन की तकनीकों और वस्तुओं में नयी प्रौद्योगिकी, अन्वेषण और नव-प्रवर्त्तन ऐसे देशों के निर्यातों को बहुत प्रभावित कर रहे हैं। अल्पविकसित देश अब प्राथमिक वस्तुओं के निर्यातक तथा निर्मित वस्तुओं के आयातक नहीं हैं। वे अपने निर्मित वस्तुओं के कुल उपभोग का मुश्किल से एक-तिहाई भाग आयात करते हैं। बाकी का भाग वे आयात स्थानापन्नता के परिणामस्वरूप देश के भीतर ही बनाते हैं। दूसरी ओर, अनेक निर्यातों में कपड़ा, हल्की इंजीनियरिंग वस्तुएं, मशीनी औजार, इस्पात और अनेक प्रकार की निर्मित वस्तुएं सम्मिलित होती हैं। अन्तर्राष्ट्रीय व्यापार में समस्त परिवर्तन प्रौद्योगिकी में परिवर्तनों के कारण हुए हैं। फिर, जब एक उत्पादन फलन लचीले साधन अनुपातों की अनुमति देता है, उदाहरणार्थ, पूंजी के लिए भूमि और भूमि के लिए पूंजी की स्थानापन्नता, तब तुलनात्मक लाभ के सिद्धांत को कुछ भी नहीं बताना है जैसे संयुक्त राज्य अमेरिका सस्ती पूंजी के साथ अप्राकृतिक रबड़ इण्डोनेशिया को निर्यात कर सकता है; इण्डोनेशिया सस्ती रबड़ उत्पादन करने वाली भूमि के साथ प्राकृतिक रबड़ संयुक्त राज्य अमेरिका को निर्यात कर सकता है। जहां प्रौद्योगिकी ऐसे ढंग से परिवर्तित होती है कि जो साधन आगतों (inputs) के अनुपातों को शीघ्रता से परिवर्तित करेगी, वहां विशिष्टीकरण से जोखिम होता है। नायलॉन, रेयॉन और नाना प्रकार के अप्राकृतिक रेशों ने अनेक निर्यातक देशों द्वारा उत्पादित कपास अथवा ऊन के साथ प्रभावी तौर से प्रतियोगिता की है। ऐसे देश के लिए जोखिम अधिक होते हैं जिसकी केवल यह एक मुख्य निर्यात हो, जैसा कि अनेक अल्पविकसित देशों के बारे में है।

5. रुचियां और अधिमान स्थिर नहीं (Tastes and Preferences not Fixed)—यह मान्यता कि व्यापार कर रहे देशों में उपभोक्ताओं की रुचियां और अधिमान स्थिर होते हैं अवास्तविक है क्योंकि अल्पविकसित देशों में रुचियों और अधिमानों में शीघ्र परिवर्तन हो रहे हैं। जब ऐसे देश की अर्थव्यवस्था विकसित होती है, तो उसके उपभोक्ता अधिमान और रुचियां भी परिवर्तित होते हैं। ऐसा इन देशों में बहुराष्ट्रीय निगमों के प्रसार के कारण सम्भव हो सका है। ये विज्ञापन तथा विक्रय की नवीन विधियां अपनाते हैं जो क्रेताओं को सूचना प्रदान करते हैं तथा विशेष वस्तुओं और ट्रेडमार्क के लिए मांग उत्पन्न करते हैं।

6. पूर्ण प्रतियोगिता नहीं पाई जाती (Perfect Competition not Found)—क्लासिकी सिद्धांत पूर्ण प्रतियोगिता की मान्यता पर आधारित है। परन्तु वास्तविकता में अन्तर्राष्ट्रीय व्यापार में एकाधिकारात्मक और अल्पाधिकारात्मक प्रवृत्तियां पाई जाती हैं। संस्थानिक और आधारित सुविधाओं के अभाव के कारण एक अल्पविकसित देश में, कृषि और उद्योग, बड़े पैमाने के उत्पादन की किफायतें प्राप्त नहीं कर सकते हैं। इसलिए वे विकसित देशों के उत्पादकों, जो अधिकतर बहुराष्ट्रीय निगम होती हैं, के साथ प्रतिस्पर्द्धा करने में असफल होते हैं। ये बहुराष्ट्रीय निगमें अपने लाभ के लिए विश्व मांग, पूर्तियां और कीमतों में हेर-फेर करने में सक्षम होती हैं। फिर, अल्पविकसित देशों के अन्तर्राष्ट्रीय व्यापार में जोखिम और अनिश्चितता पाई जाती है। जब ये निर्यातों के लिए प्रार्थमिक वस्तुओं

में भारी निवेश करते हैं तो वे जोखिम और अनिश्चितता उठाते हैं क्योंकि निर्मित वस्तुओं की तुलना में प्राथमिक वस्तुओं की विश्व कीमतों में अस्थिरता की दीर्घकालीन प्रवृत्ति पाई जाती है।

7. राज्य हस्तक्षेप (State Intervention)—क्लासिकी सिद्धान्त अन्तर्राष्ट्रीय व्यापार संबंधों में राज्य हस्तक्षेप को नहीं मानता है, परन्तु अल्पविकसित देश इस नियम को मानने में असमर्थ हैं क्योंकि जब वे उपनिवेश होते थे तो अबन्ध (Laissez faire) नीति की आड़ में उनका विकसित देशों द्वारा सख्ती के साथ शोषण किया गया था। अब वे विकसित देशों के साथ अपने व्यापार सम्बन्धों में प्रशुल्क आयात कोटे, निर्यात सब्सिडी और राज्य व्यापार जैसे वाणिज्य नीति के बहुत से औजारों का प्रयोग कर रहे हैं। दूसरी ओर, विकसित देश भी स्फीति और भुगतान शेष की समस्याओं को रोकने के लिए संरक्षण नीतियों को अपना रहे हैं।

8. भुगतान शेष में असन्तुलन (Disequilibrium in Balance of Payments)—क्लासिकी सिद्धांत में व्यापार की शर्तें अपने आप गतिशील होती हैं, जिससे सदैव व्यापार सन्तुलन होता है। क्योंकि कोई अन्तर्राष्ट्रीय पूंजी गतियां नहीं होतीं और सदैव सन्तुलित व्यापार होता है, इसलिए भुगतान शेष की समस्या उत्पन्न नहीं होती है। परन्तु यह सत्य नहीं है। इसके विपरीत, जब से 1974 में अन्तर्राष्ट्रीय तेल कीमतों में वृद्धि हुई है, विकसित और अल्पविकसित देश दोनों ही अपने भुगतान शेषों में घाटों को अनुभव कर रहे हैं। विशेषकर, अल्पविकसित देश अपनी वस्तु और आय व्यापार शर्तों में गिरावट का सामना कर रहे हैं जिससे उनके व्यापार शेषों में घाटे हो रहे हैं।

9. अन्तर्राष्ट्रीय व्यापार से लाभ देशवासियों को प्राप्त नहीं (Gains from International Trade not to Nationals)—क्लासिकी सिद्धान्त की मान्यता कि अन्तर्राष्ट्रीय व्यापार से लाभ व्यापार करने वाले देशवासियों को प्राप्त होते हैं, अल्पविकसित देशों पर लागू नहीं होती है। अधिकतर अल्पविकसित देशों, विशेषकर अफ्रीकी देशों में खानों और बागान का अब भी विदेशियों द्वारा स्वामित्व और संचालन होता है। वे स्थानीय लोगों को उनके श्रम के लिए कम मजदूरी तथा उनकी भूमि के लिए कम लगान देकर शोषण करते हैं। फिर, जो विदेशी फर्में अल्पविकसित देशों में निवेश करती हैं वे स्थानीय सरकारों से कर छूट, विकास कटौती, अवितरित लाभों पर छूट, अतिरिक्त मूल्यह्रास भत्ता आदि सुविधाएं प्राप्त करती हैं। वे अपने देशों में लाभ, लाभांश, ब्याज और मूलधन स्थानान्तरित करने की प्रर्याप्त सुविधाएं भी प्राप्त करती हैं। और विदेशी कम्पनियां जो अल्पविकसित देशों में कार्य करती हैं, वे सभी उच्च प्रबन्धक पद अपने देशवासियों के लिए सुरक्षित रखती हैं तथा उन्हें अनेक अतिरिक्त सुविधाओं के साथ ऊंचे वेतन देती हैं जिससे उस अल्पविकसित देश के संसाधनों में विशाल निकास होता है। इस प्रकार, व्यापार से मुख्य लाभ विदेशियों को प्राप्त होता है न कि देशवासियों को।

हम इस निष्कर्ष पर पहुंचते हैं कि अन्तर्राष्ट्रीय आर्थिक वातावरण में हो रहे परिवर्तनों तथा अल्पविकसित देशों में विशेष आर्थिक हालात पाये जाने के कारण, अन्तर्राष्ट्रीय व्यापार का क्लासिकी सिद्धांत उन पर लागू नहीं होता है।

2. अल्पविकसित देशों पर लागू होने वाले अन्तर्राष्ट्रीय व्यापार के सिद्धान्त (THEORIES OF INTERNATIONAL TRADE APPLICABLE TO LDCs)

प्रो. मायंत (Myint)[1] के अनुसार तुलनात्मक लागतों का क्लासिकी सिद्धान्त अपनी अवास्तविक मान्यताओं के कारण अल्पविकसित देशों पर लागू नहीं होता है। परन्तु इसका दोष क्लासिकी अर्थशास्त्रियों पर है जिन्होंने अन्तर्राष्ट्रीय व्यापार के क्लासिकी सिद्धान्त के मुख्य अंशों की उपेक्षा की जो अल्पविकसित देशों की वास्तविकताओं के बहुत समीप हैं। मायंत उन उपेक्षित अंशों को एडम स्मिथ की 'Wealth of Nations' में खोजता है तथा 'उत्पादकता सिद्धांत' और 'अतिरेक के निर्गम' सिद्धान्तों को विकसित करता है। हम इन सिद्धान्तों की निम्न व्याख्या करते हैं :

उत्पादकता सिद्धांत (Productivity Theory)

स्मिथ के अनुसार, बाजार के आकार को विस्तृत करके, अन्तर्राष्ट्रीय व्यापार श्रम विभाजन को सुधारता है और उससे व्यापार करने वाले देश में उत्पादकता को बढ़ाता है। उत्पादकता सिद्धान्त अन्तर्राष्ट्रीय व्यापार से उच्चकोटि के अप्रत्यक्ष गत्यात्मक लाभों की ओर संकेत करता है। विशिष्टीकरण के क्षेत्र तथा बाजार के आकार को विस्तृत करके, अन्तर्राष्ट्रीय व्यापार मशीनरी का अधिक प्रयोग करता है; नवप्रवर्तनों तथा आविष्कारों को प्रोत्साहित करता है, तकनीकी अविभाज्यताओं को दूर करता है; श्रम उत्पादकता बढ़ापा है और

1. H. Myint, "The Clasical Theory of International Trade and the Underdeveloped Countries". *E.J.*, June 1958. इस बर्मी अर्थशास्त्री के नाम का सही उच्चारण दिया गया है।

सामान्य तौर से व्यापार कर रहे देश को बढ़ते प्रतिफल और कम लागतें प्राप्त करने की क्षमता प्रदान करता है तथा आर्थिक विकास की ओर ले जाता है।

उत्पादकता सिद्धान्त में, विशिष्टीकरण की प्रक्रिया एक व्यापार कर रहे देश की निर्यात मांग को पूरी करने के लिए उसके उत्पादकीय ढांचे को अपनाने तथा नया रूप देने को सम्मिलित करती है। यह तर्क निर्यात प्रोत्साहन पर बल देता है, क्योंकि अन्तर्राष्ट्रीय व्यापार उत्पादकता को बढ़ाने और आर्थिक विकास को प्रोत्साहित करने में लाभदायक होता है, इसलिए राज्य को मुक्त व्यापार कर नीति से आगे आना चाहिए तथा अन्तर्राष्ट्रीय व्यापार और आर्थिक विकास को प्रोत्साहित करना चाहिए। इसी नीति के प्रभाव के अन्तर्गत, ब्रिटिश साम्राज्य के अन्दर बहुत उपनिवेशक सरकारों ने अबंध नीति का दृढ़ता से अनुसरण नहीं किया। बल्कि, उन्होंने व्यापारिक कम्पनियों को एकाधिकारात्मक रीतियां अपनाने के लिए प्रोत्साहित किया, स्थानीय लोगों को मजदूरी के लिए श्रम अपनाने पर दबाव डाला तथा उपनिवेशों का निर्यात-व्यापार प्रोत्साहित करने के लिए नकदी फसलों को पैदा करने पर बल दिया। परिणामस्वरूप, इन उपनिवेशों में निर्यात का कुल मूल्य और भौतिक उत्पादन दोनों तीव्रता से बढ़े बहुत उपनिवेशों में उत्पादन में वृद्धि दर जनसंख्या की वृद्धि दर से बहुत ऊंची थी। इससे प्रति व्यक्ति उत्पादन में पर्याप्त वृद्धि हुई।

परन्तु प्रति व्यक्ति उत्पादन में वृद्धि विशिष्टीकरणण के कारण इतनी नहीं हुई जितनी कि (अ) उत्पादकता में एक-बारगी वृद्धि, साथ में निर्वाह क्षेत्र से खनन और बागान के श्रम का स्थानान्तरण के कारण; (ब) काम करने के घण्टों में वृद्धि के कारण; तथा (स) निर्वाह अर्थव्यवस्था के अदृश्य बेरोजगार श्रम की सापेक्षता में लाभदायकता से लगे श्रम के अनुपात में वृद्धि के कारण। इस प्रकार, अल्पविकसित देशों में अन्तर्राष्ट्रीय व्यापार का 19वीं शताब्दी में प्रसार एक सरलतम प्रक्रिया के समान होने की प्रवृत्ति रखता है जो साधनों के पर्याप्त दृढ़ संयोगों (rigid combinations) तथा उत्पादन के स्थिर प्रतिफलों पर आधारित है। प्रसार की ऐसी प्रक्रिया केवल तब तक निर्विघ्न चल सकती है यदि यह अपेक्षित अनुपातों में साधनों की अतिरिक्त पूर्तियों पर पोषित हो सके।

अतिरेक का निर्गम सिद्धांत (Vent for Surplus Theory)

स्मिथ अपनी पुस्तक 'Wealth of Nations' में विदेश व्यापार के लाभों की अतिरेक के निर्गम सिद्धांत के अनुसार व्याख्या करता है, जिसके अनुसार व्यापार बेरोजगार साधनों के उत्पादन को खपा लेता है। स्मिथ के शब्दों में, "जब उद्योग की किसी विशेष शाखा का उत्पादन देश की मांग की आवश्यकता से अधिक होता है, तो अतिरेक अवश्य विदेश को भेज देना चाहिए और उस वस्तु के साथ विनिमय करना चाहिए जिसके लिए देश में मांग है। ऐसे निर्यात के बिना, देश के उत्पादकीय श्रम का एक भाग समाप्त हो जाएगा तथा इसके वार्षिक उत्पादन का मूल्य कम हो जाएगा।" दूसरे शब्दों में, **सिद्धांत बताता है कि व्यापार के बिना, देश में अतिरेक उत्पादकीय क्षमता (surplus productive capacity) होगी। जब विदेश व्यापार प्रारम्भ होता है, तो इससे संसाधनों को घरेलू उत्पादन से हटाने की आवश्यकता नहीं पड़ेगी। इस प्रकार, विदेश व्यापार से शुद्ध लाभ होता है।**

प्रो. मायंत (Myint) ने स्मिथ के अतिरेक निर्गम सिद्धांत को अन्तर्राष्ट्रीय व्यापार से अल्पविकसित देशों के लाभों के प्रभावों को मापने के लिए लागू किया है। विदेश व्यापार के चालू होने पर प्राथमिक वस्तुएं उत्पादित करने वाले अल्पविकसित देशों में अतिरेक के निर्गम या संभाव्य अतिरेक (Potential Surplus) की संभावना खुल जाती है। क्योंकि ऐसे देश के परम्परावादी निर्वाह क्षेत्र में भूमि और श्रम अल्प-प्रयोजित होते हैं। इससे विदेश व्यापार के खुल जाने से निर्यात के लिए अधिक प्राथमिक वस्तुएं उत्पादित करने के बड़े अवसर प्राप्त होते हैं। निर्मित वस्तुएं, जो यह स्वयं उत्पादित नहीं कर सकता उन्हें आयात करके उनका प्राथमिक वस्तुओं के अतिरेक से विनिमय कर सकता है। इस प्रकार, यह अन्तर्राष्ट्रीय व्यापार से लाभ प्राप्त करता है। एक अल्पविकसित देश पर लागू किया गया अतिरेक का निर्गम सिद्धांत चित्र 1 में दर्शाया गया है। व्यापार से पूर्व अल्प-प्रयोजित संसाधनों के साथ देश उत्पादन संभावना वक्र *AB* के बिन्दु *E* पर प्राथमिक वस्तुएं OX_1 तथा निर्मित वस्तुएं X_1E का उत्पादन और उपभोग कर रहा है। विदेश व्यापार के खुल जाने

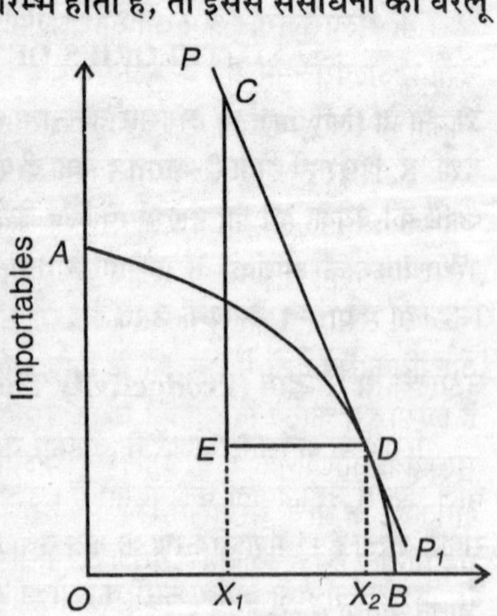

चित्र 1

से उत्पादन संभावना वक्र AB पर उत्पादन बिन्दु E से D पर स्थानान्तरण कर जाता है। अब अल्पप्रयोजित भूमि और श्रम के उपयोग से देश अन्य वस्तुओं और सेवाओं के उत्पादन का परित्याग किए बिना अपनी प्राथमिक निर्यात-योग्य वस्तुओं का उत्पादन OX_1 से OX_2 तक बढ़ाता है। व्यापार शर्तों की अन्तर्राष्ट्रीय रेखा PP_1 दी होने पर, देश अधिक निर्यात-योग्य प्राथमिक वस्तुएं $ED\ (= X_1X_2)$ अधिक निर्मित आयात-योग्य वस्तुओं EC के साथ विनिमय करता है।

अल्पविकसित देशों के लिए अतिरेक निर्गम सिद्धांत की उपयुक्तता (Appropriateness of the Vent for Surplus Theory for UDCs)

लागतों के तुलनात्मक सिद्धांत की तुलना में अतिरेक निर्गम सिद्धांत अल्पविकसित देशों के लिए निम्नलिखित कारणों से बहुत उपयुक्त है।

1. निर्यात उत्पादन बढ़ाना (To Increase Export Production)—तुलनात्मक लागत सिद्धांत इस मान्यता पर आधारित है कि व्यापार से पूर्व स्थिति में एक देश के संसाधन दिए होते और पूर्ण रोजगार में लगे हैं। जब देश व्यापार करता है तो दिए हुए संसाधन मांग और निर्यात उत्पादन के बीच अधिक कुशलता से पुन: आवंटित हो जाते हैं। दूसरे शब्दों में, निर्यात उत्पादन केवल घरेलू उत्पादन को कम करके ही बढ़ाया जा सकता है। दूसरी ओर, अतिरेक का निर्गम सिद्धांत इस मान्यता पर आधारित है कि व्यापार-पूर्व स्थिति में एक देश अपनी घरेलू आवश्यकताओं की अपेक्षा अतिरेक उत्पादकीय क्षमता रखता है। जब देश व्यापार करता है, तो यह अतिरेक संसाधनों के उत्पादन के लिए नई प्रभावी मांग प्रदान करता है जो व्यापार के बिना अप्रयुक्त रह जाती। अत: निर्यात उत्पादन को घरेलू उत्पादन कम किए बिना बढ़ाया जा सकता है।

2. निर्यात-योग्य वस्तु के लिए बेलोच मांग (Inelastic Demand for the Exportable Good)—तुलनात्मक लागतों का सिद्धांत इन मान्यताओं पर आधारित है कि संसाधनों की पूर्ण आन्तरिक गतिशीलता तथा उत्पादन और उपभोग दोनों पक्षों पर लोच की अधिक कोटि (degree) पाई जाती है। इसकी तुलना में, अतिरेक निर्गम सिद्धान्त निर्यात-योग्य वस्तु के लिए बेलोच माँग तथा संसाधनों की विशिष्टता और आन्तरिक गतिशीलता की पर्याप्त कोटि की ओर निर्देश करता है।

3. अप्रयुक्त प्राकृतिक संसाधनों का अधिक प्रयोग (More Utilisation of Unused Natural Resources)—अतिरेक का निर्गम सिद्धान्त अल्पविकसित देशों के निर्यात उत्पादन के लिए अप्रयुक्त प्राकृतिक संसाधनों के अधिक प्रयोग पर बल देता है, क्योंकि उनमें अतिरेक उत्पादकीय क्षमता पाई जाती है। तुलनात्मक लागतों के सिद्धान्त से भिन्न, यह दिए हुए संसाधनों और तकनीकों की मान्यताओं पर आधारित नहीं है। इस प्रकार, नए खनिज संसाधनों की खोज से तथा तकनीकों, परिवहन और संचार में सुधारों से अल्पविकसित देश निर्यात उत्पादन के लिए अपने अप्रयुक्त या अतिरेक संसाधनों की मात्रा को बढ़ाने में सफल हुए हैं।

4. अल्परोजगार श्रम को अधिक रोजगार (More Employment to Underemployed Labour)—फिर अल्पविकसित देशों में अल्परोजगार श्रम के रूप में पर्याप्त मात्रा में अतिरेक उत्पादकीय क्षमता पाई जाती है। घरेलू उत्पादन से संसाधनों को हटाए बिना, निर्यात के लिए उत्पादन ऐसे देशों में अल्परोजगार श्रम को अधिक रोजगार प्रदान करता है।

5. स्थिर तकनीकी गुणांक (Fixed Technical Coefficients)—अतिरेक का निर्गम सिद्धान्त अल्पविकसित देशों के लिए अधिक उपयुक्त है क्योंकि ऐसी अर्थव्यवस्थाएं अपने थोड़े तकनीकी और पूंजी संसाधनों के साथ परिवर्ती तकनीकी गुणांकों की अपेक्षा स्थिर तकनीकी गुणांकों के समीप स्थितियों के अन्तर्गत कार्य करती हैं।

6. संसाधनों के पुन: आवंटन के सीमित अवसर (Limited Opportunities for Reallocation of Resources)—अल्पविकसित देशों में वस्तुओं के लिए आवश्यक विभिन्न साधन अनुपातों के बीच संसाधनों के पुन: आवंटन के अवसर सीमित होते हैं। ऐसा इस कारण कि उनकी घरेलू वस्तुओं जिनमें मुख्यतया मूल खाद्य पदार्थ सम्मिलित होते हैं तथा उनकी निर्यात वस्तुओं जिनमें मुख्यतया औद्योगिक कच्चे माल सम्मिलित होते हैं, दोनों के लिए मांग बेलोच होती है। अत: वे अपनी उत्पादकीय और उपभोग क्षमताओं के बीच असंतुलन से हानि उठा सकते हैं। इसकी तुलना में, तुलनात्मक लागत सिद्धांत की आधुनिक **ओहलिन** व्याख्या की यह मान्यता है कि व्यापार में प्रवेश करने वाले देश में पहले से ही एक बहुत विकसित और लचीली आर्थिक प्रणाली विद्यमान है। सापेक्ष साधन पूर्तियों में संभावित परिवर्तनों के एक विस्तृत क्षेत्र का सामना करने के लिए, यह देश अपने उत्पादन की विधियों और साधन संयोगों का समायोजन भी कर सकता है। परन्तु ऐसे समायोजन अल्पविकसित देशों के बारे में सम्भव नहीं हैं, और जैसी ऊपर विवेचना की गई है उनमें स्थितियां विकसित देशों से बिल्कुल भिन्न पाई जाती हैं।

निष्कर्ष (Conclusion)—जे.एस. मिल ने अतिरेक के निर्गम सिद्धांत को ''वाणिज्यवादी सिद्धांत का शेष स्मारक'' (surviving relic of the Mercantile theory) बताया है क्योंकि अन्तर्राष्ट्रीय व्यापार पूंजी और श्रम का अधिक कुशल प्रयोग करने की अनुमति देता है तथा उत्पादकीय क्रियाओं में बेकार पड़े हुए संसाधनों को नहीं खपाता है। प्रो. **फिंडले** अतिरेक निर्गम सिद्धांत को वर्तमान समस्या नहीं, बल्कि पुराने और उपनिवेशिक देशों के आर्थिक इतिहास में उनकी 'प्रवेश अवस्था' के विश्लेषण का मनोरंजक औजार मानता है।

प्रश्न

1. अन्तर्राष्ट्रीय व्यापार के क्लासिकी सिद्धांत की अप्लविकसित देशों पर व्यवहार्यता की विवेचना करिए।
2. तुलनात्मक लागतों के सिद्धांत की आलोचनात्मक व्याख्या करिए। इसकी अल्पविकसित देशों के सन्दर्भ में उपयुक्तता की विवेचना कीजिए।
3. स्मिथ के अतिरेक निर्गम सिद्धांत की व्याख्या कीजिए। यह किन कारणों से अल्पविकसित देशों के लिए अन्तर्राष्ट्रीय व्यापार के क्लासिकी सिद्धान्त से अधिक उपयुक्त है ?

अध्याय 5

तुलनात्मक लागत सिद्धान्त के संशोधन
(REFINEMENTS OF THE COMPARATIVE COSTS THEORY)

1. प्रस्तावना
(INTRODUCTION)

अर्थशास्त्रियों ने रिकार्डो के तुलनात्मक लागतों के सिद्धान्त की कुछ मान्यताओं को त्याग कर संशोधन किए हैं। यह सिद्धान्त मूल्य के श्रम सिद्धान्त (Labour Theory of Value) पर आधारित है और इसकी व्याख्या वस्तुङ्कविनिमय प्रणाली के अनुसार की गई है। यह एक दोङ्कवस्तु तथा दोङ्कदेश मॉडल की व्याख्या करता है जिसमें परिवहन लाग्रतें नहीं होती हैं। फिर, यह स्थिर लागतों की मान्यता को लेता है। इस सिद्धान्त को वास्तविक बनाने के लिए, अर्थशास्त्रियों ने इन मान्यताओं का एकङ्कएक करके परित्याग किया है। इन संशोधनों की व्याख्या आगे की जा रही है।

2. तुलनात्मक लागतों का सिद्धान्त मुद्रा में
(THEORY OF COMPARATIVE COSTS IN TERMS OF MONEY)

तुलनात्मक लागतों के क्लासिकी सिद्धान्त की श्रमङ्कलागत के अनुसार व्याख्या की गई है। यह अवास्तविक है क्योंकि वास्तविक व्यापार सम्बन्ध वस्तुङ्कविनिमय पर आधारित न होकर मुद्रा पर आधारित है। **प्रो०टॉसिग** (Taussig) ने निम्नलिखित उदाहण की सहायता से क्लासिकी सिद्धान्त की मुद्रा में व्याख्या की है। इसका विश्लेषण करने से पहले कुछ मान्यताएं स्थापित करना आवश्यक है।

मान्यताएं (Assumptions)

यह विश्लेषण निम्नलिखित मान्यताओं पर आधारित है:

(1) दो देश अमेरिका और जर्मनी हैं।

(2) वे दो वस्तुएं—गेहूं और लिनन का उत्पादन करते हैं।

(3) दोनों देशों में सामान्य करेंसी में मुद्रा मजदूरी दी हुई है। अमेरिका में प्रतिदिन मजदूरी डालर 1.5 और जर्मनी में डालर 1.0 है।

(4) दोनों देशों के बीच मुद्रा कीमतों में निरपेक्ष (absolute) अन्तर है।

(5) दोनों देशों के बीच भुगतान शेष संतुलन में हैं। भुगतान शेष में असंतुलन की स्थिति में सोना घाटे वाले देश से अतिरेक (surplus) वाले देश को प्रवाहित होगा जिससे दोनों देशों में कीमतें और मुद्राङ्कआय परिवर्तित होना प्रारम्भ कर देंगी जब तक कि पुनः संतुलन स्थापित नहीं हो जाता है।

मॉडल (The Model)

ये मान्यताएं दी होने पर, अन्तर्राष्ट्रीय व्यापार का क्लासिकी सिद्धान्त मुद्रा में टॉसिग के निम्नलिखित उदारहण द्वारा समझाया गया है :

अमरीका में 10 दिन का श्रम उत्पादित करता है गेहूं की 20 इकाइयां।
तथा 10 दिन का श्रम उत्पादित करता है लिनन की 20 इकाइयां।
जर्मनी में 10 दिन का श्रम उत्पादित करता है गेहूं की 10 इकाइयां।

तथा 10 दिन का श्रम उत्पादित करता है लिनन की 15 इकाइयां।

ऊपर का उदाहरण यह दर्शाता है कि अमेरिका का जर्मनी के ऊपर दोनों वस्तुओं के उत्पादन में निरपेक्ष लाभ है, परन्तु लिनन के उत्पादन में **तुलनात्मक लाभ** होता है। दूसरी ओर, जर्मनी को दोनों वस्तुओं के उत्पादन में **तुलनात्मक हानि** है परन्तु गेहूं की अपेक्षा इसको लिनन के उत्पादन में कम तुलनात्मक हानि होती है। अतः जब वे व्यापार में प्रवेश करते हैं तो अमेरिका गेहूं के उत्पादन में तथा जर्मनी लिनन के उत्पादन में विशिष्टीकरण करेगा।

इस वास्तविक लागत उदाहरण को मुद्रा लागत में परिवर्तित करने के लिए हम यह मान लेते हैं कि अमेरिका में प्रतिदिन मुद्राङ्क मजदूरी डालर 1.5 तथा जर्मनी में डालर 1.0 है। इस आधार पर हमें जो मुद्रा स्थिति प्राप्त होती है उसे सारणी I में दर्शाया गया है :

सारणी I : मुद्रा में तुलनात्मक लागतें

देश	*प्रतिदिन मजदूरी (डालर में)*	*10 दिन के श्रम की कुल मजदूरी (डालर में)*	*10 दिनों के श्रम का कुल उत्पादन*	*मुद्रा लागत या प्रति इकाई उत्पादन (डालर में)*
अमरीका	1.5	15	गेहूं की 20 इकाइयां	0.75
	1.5	15	लिनन की 20 इकाइयां	0.75
जर्मनी	1.0	10	गेहूं की 10 इकाइयां	1.00
	1.0	10	लिनन की 15 इकाइयां	0.66

सारणी I यह दर्शाती है कि जर्मनी की अपेक्षा अमेरिका में गेहूं की एक इकाई उत्पादित करने की मुद्रा लागत (या कीमत) कम है। यह अमेरिका में डालर 0.75 तथा जर्मनी में डालर 1.00 है। अतः अमेरिका जर्मनी को गेहूं निर्यात करेगा। दूसरी ओर, अमेरिका की अपेक्षा जर्मनी में एक इकाई लिनन की कीमत कम है। यह जर्मनी में डालर 0.66 है जबकि अमेरिका में डालर 0.75 है। अतः जर्मनी, अमेरिका को लिनन निर्यात करेगा। दोनों देशों के बीच ऊपर स्थापित की गई व्यापार स्थिति तुलनात्मक लागतों के सिद्धान्त के अनुरूप है।

इस विश्लेषण में, दोनों देशों की मुद्रा मजदूरियां मनगढ़न्त चुनी गई हैं। परन्तु यह आलोचना नहीं है। क्योंकि ली गई मान्यताओं के अन्तर्गत दोनों देशों के बीच मुद्रा मजदूरियों का अनुपात अवश्य ऊपरी और नीची सीमा के बीच होना चाहिए। इन सीमाओं के बीच एक या अन्य अनुपातों का केवल चुनाव ही मनगढ़न्त है। ये सीमाएं मनगढ़न्त नहीं चुनी गई हैं। परन्तु वे प्रत्येक देश में श्रम की तुलनात्मक कुशलता द्वारा निश्चित की गई हैं।

हमने यह माना है कि जर्मनी में प्रतिदिन मजदूरी डालर 1.00 है, तब अमेरिका में प्रतिदिन मजदूरी डालर 2.00 (= 2 × डालर 1.00) से अधिक नहीं हो सकती है। ये जर्मनी में मजदूरी से दुगुनी से अधिक नहीं हो सकती है। यह ऊपरी सीमा गेहूं के उत्पादन में अमेरिकी वास्तविक लागत लाभ द्वारा निश्चित होती है जो 2 : 1 (अमरीका में गेहूं की 20 इकाइयां : 10 इकाइयां गेहूं की जर्मनी में) हैं। यदि अमेरिकी मजदूरी डालर 2.00 से अधिक होती है, तो गेहूं और लिनन के लिए प्रति इकाई अमरीकी कीमत डालर 1.00 होगी। ऐसी स्थिति में, अमेरिका द्वारा गेहूं का निर्यात अलाभदायक होगा और बन्द हो जाएगा, क्योंकि गेहूं की एक इकाई की लागत पहले ही जर्मनी में डालर 1.00 है। परन्तु अमेरिका जर्मनी से लिनन आयात करता रहेगा। परिणामस्वरूप, अमेरिकी व्यापार शेष प्रतिकूल हो जाएगा, सोना जर्मनी को प्रवाहित होगा तथा कीमतें और मजदूरियां अमेरिका में गिरेंगी तथा जर्मनी में बढ़ेंगी।

इसी प्रकार, अमेरिका में प्रतिदिन मजदूरी डालर 1.33 (= 4/3 × डालर 1.00) से कम नहीं हो सकती है। यह जर्मन मजदूरी के चारङ्कतिहाई से कम नहीं हो सकती है। यह नीची सीमा लिनन के उत्पादन में अमेरिकी वास्तविकङ्कलागत लाभ द्वारा निश्चित होती है जो 4 : 3 (अमेरिका में लिनन की 20 इकाइयां : 15 इकाइयां लिनन की जर्मनी में) है। यदि अमरीकी मजदूरी डालर 1.33 से कम होती है, तब दोनों देशों में लिनन की प्रति इकाई कीमत बराबर होगी, अर्थात् डालर 0.66। इस प्रकार लिनन में व्यापार बन्द हो जाएगा। परन्तु अमेरिका जर्मनी को गेहूं निर्यात करेगा क्योंकि जर्मनी में इसकी लागत डालर 1.00 तथा अमरीका में डालर 0.66 प्रति इकाई है। परिणामस्वरूप, जर्मनी का भुगतान शेष प्रतिकूल हो जाएगा। सोना अमेरिका को प्रवाहित होगा तथा कीमतें और मजदूरियां जर्मनी में

गिरनी और अमेरिका में बढ़नी प्रारम्भ हो जाएंगी। अन्ततः भुगतान शेष में संतुलन पुनः स्थापित हो जाएगा।

परन्तु वास्तविक लागत अनुपातों से निश्चय के साथ नहीं कहा जा सकता कि वे सीमाएं कितनी होंगी जिनके बीच दोनों देशों में मजदूरियां अनुपात स्थित होगा। तुलनात्मक लागतों का रिकार्डीय सिद्धान्त इस प्रश्न का उत्तर देने में असफल रहा। **जे०एस० मिल** ने यह बताया कि सही अनुपात दोनों वस्तुओं की सापेक्ष मांगों द्वारा निर्धारित होता है जिसका अभिप्राय यह है कि प्रत्येक देश के निर्यातों का कुल मूल्य उसके आयातों के कुल मूल्य के अवश्य बराबर हो।

3. दो से अधिक वस्तुओं पर लागू तुलनात्मक लागतों का सिद्धान्त
(THEORY OF COMPARATIVE COSTS APPLIED TO MORE THAN TWO GOODS)

रिकार्डो का तुलनात्मक लागतों का सिद्धान्त दो देशों के बीच केवल दो वस्तुओं में व्यापार की सीमित मान्यता पर आधारित है। **प्रो० हैबरलर**[1] ने अनेक वस्तुएं शामिल करके इस सिद्धान्त का विस्तार किया है। इसके लिए वह प्रमेय का प्रतिपादन करता है कि एक देश दूसरे देश के ऊपर अपनी समस्त आयात वस्तुओं की सापेक्षता में अपनी समस्त निर्यात वस्तुओं पर तुलनात्मक लाभ प्राप्त करता है। यही दूसरे देश पर भी लागू होता है।

मान लीजिए दो देश इंग्लैंड और जर्मनी हैं जो A, B, C से J तक दस वस्तुओं में व्यापार करते हैं। अब इंग्लैंड में वस्तुओं $A, B, C, \ldots J$ की एक इकाई के उत्पादन की प्रति इकाई श्रम लागत $a_1, b_1, c_1, \ldots j_1$ द्वारा दर्शायी जाती है जहां अंकङ्क1 इंग्लैंड को व्यक्त करता है। इसी प्रकार जर्मनी में यह $a_2, b_2, c_2, \ldots j_2$ है जहां अंकङ्क2 जर्मनी को व्यक्त करता है।

इंग्लैंड में इन वस्तुओं की प्रति इकाई मुद्रा लागत (या पूर्ति कीमतें) $Pa_1, Pb_1, Pc_1, \ldots Pj_1$ और क्रमशः जर्मनी में $Pa_2, Pb_2, Pc_2, \ldots Pj_2$ मान लीजिए। अब मान लीजिए कि इंग्लैंड में औसत मुद्रा मजदूरी W_1 और जर्मनी में W_2।

ऊपर के सम्बन्धों से यह मालूम होता है कि प्रत्येक वस्तु की प्रति इकाई मुद्रा लागत (Pa_1) बराबर है उत्पादन की प्रति इकाई श्रम लागत (a_1) गुणा उस देश में औसत मुद्रा मजदूरी (W_1)। इसे प्रत्येक देश के लिए समीकरण रूप में निम्न प्रकार से व्यक्त किया जा सकता है:

इंग्लैंड : $Pa_1 = a_1W_1; Pb_1 = b_1W_1; Pc_1 = c_1W_1; \ldots Pj_1 = j_1W_1$

जर्मनी : $Pa_2 = a_2W_2; Pb_2 = b_2W_2; Pc_2 = c_2W_2; \ldots Pj_2 = j_2W_2$

यह भी कहा जा सकता है कि प्रत्येक देश में वस्तुओं की सापेक्ष (relative) कीमतें दोनों में उनकी उत्पादन की प्रति इकाई श्रम लागत द्वारा निश्चित की जाती हैं, ताकि

इंग्लैंड में : $Pa_1 : Pb_1 : Pc_1 \ldots : Pj_1 = a_1 : b_1 : c_1 \ldots : j_1$ तथा

जर्मनी में : $Pa_2 : Pb_2 : Pc_2 \ldots : Pj_2 = a_2 : b_2 : c_2 \ldots : j_2$

मुद्रा कीमतों का निरपेक्ष (absolute) स्तर निर्धारित करने के लिए मुद्रा मजदूरियों की निरपेक्ष दरें शामिल करना आवश्यक है। इसके लिए R को विनिमय की दर लीजिए, अर्थात् जर्मनी की करेंसी की इकाईयों की संख्या जो इंग्लैंड की करेंसी की एक इकाई के साथ विनिमय होती है। इस प्रकार, मान लीजिए वस्तु A की कीमत दोनों देशों में जर्मनी की करेंसी में व्यक्त की गई यह होगी—

इंग्लैंड में : $a_1 \times W_1 \times R_1$; तथा

जर्मनी में : $a_2 \times W_2$

मान लीजिए जर्मनी को इंग्लैंड वस्तु A निर्यात करता है। तब सम्बन्ध $a_1 \times W_1 \times R < a_2 \times W_2$ लागू होगा क्योंकि वस्तु A की पूर्ति कीमत (या मुद्रा लागत) जर्मनी की अपेक्षा इंग्लैंड में कम है।

इसी प्रकार, यदि जर्मनी से इंगलैंड वस्तु B आयात करता है, तब सम्बन्ध $b_1 \times W_1 \times R > b_2 \times W_2$ लागू होता है।

इन सम्बन्धों से यह निष्कर्ष निकलता है कि

$$\because \quad a_1 \times W_1 \times R < a_2 \times W_2 = \frac{a_1}{a_2} < \frac{W_2}{W_1 \times R},$$

1. G.V. Haberler, *The Theory of International Trade,* 1936.

और $\quad b_1 \times W_1 \times R > b_2 \times W_2 = \dfrac{b_1}{b_2} > \dfrac{W_2}{W_1 \times R}$

$\therefore \dfrac{a_1}{a_2} < \dfrac{b_1}{b_2}$.

यह सम्बन्ध दर्शाता है कि इंग्लैंड को वस्तु A के उत्पादन में तुलनात्मक लाभ प्राप्त होता है जिसे वह जर्मनी को निर्यात करता है। यह नियम इसकी आयात वस्तुओं की सापेक्षता में इसकी सभी निर्यात वस्तुओं पर लागू होगा। यदि विभिन्न वस्तुएं $A, B, C, \ldots. J$ इंग्लैंड के जर्मनी के ऊपर तुलनात्मक लाभ के क्रम में व्यवस्थित की जाती हैं, तब सम्बन्ध होगा,

$$\frac{a_1}{a_2} < \frac{b_1}{b_2} < \frac{c_1}{c_2} \ldots\ldots < \frac{j_1}{j_2}$$

यदि वस्तुओं को विभाजित करती हुई एक रेखा खींची जाती है जिन्हें इंग्लैंड निर्यात और आयात करता है तो जिस क्रम में वे व्यवस्थित की गई हैं, उसको बदले बिना, सभी निर्यात वस्तुएं रेखा के एक ओर और सभी आयात वस्तुएं रेखा के दूसरी ओर रखी जाएंगी, जैसा नीचे चित्र 1 में दिखाया गया है:

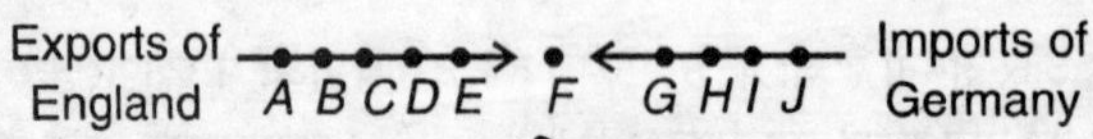

चित्र 1

इंग्लैंड के लिए यह सम्भव नहीं होगा कि वह A और C निर्यात करे और B आयात। उसे A से E तक वस्तुएं जर्मनी को निर्यात करनी पड़ेंगी तथा जर्मनी से G से J वस्तुएं आयात करनी पड़ेंगी। F ऐसी वस्तु है जिसका व्यापार नहीं होगा और दोनों ही इसका उत्पादन करेंगे।

हैबरलर के अनुसार, जब तक हमारी मान्यताएं केवल लागत आंकड़ों से सम्बद्ध रहती हैं, तब तक हम विभाजक रेखा की सही स्थिति निर्धारित नहीं कर सकते। इसकी सही स्थिति निर्धारित करने के लिए, हमें एक और शर्त लागू करनी पड़ेगी कि भुगतान शेष के क्रेडिट पक्ष और डेबिट पक्ष बराबर होने चाहिए। इसके लिए, गुणांक $W_2/W_1 \times R$ दो देशों के निर्यात और आयात के बीच विभाजक रेखा की स्थिति को निर्धारित करता है। इस गुणांक में, W_2/W_1 सापेक्ष मजदूरी स्तर है और R इंग्लैंड और जर्मनी के बीच विनिमय की दर है। W_2/W_1 अथवा R में परिवर्तन भुगतान शेष के क्रेडिट और डेबिट पक्षों को प्रभावित करते हैं। इसे दोनों देशों के लिए सारणी II में दिए गए आंकड़ों द्वारा समझाया गया है:

सारणी II : वस्तु की एक इकाई उत्पादित करने के लिए अपेक्षित श्रमङ्कघंटे

प्रति इकाई वास्तविक लागत श्रमङ्कघंटों में	*वस्तुएं*									
	A	B	C	D	E	F	G	H	I	J
इंगलैंड में $(a_1, b_1, c_1, \ldots j_1)$	10	10	10	10	10	10	10	10	10	10
जर्मनी में $(a_2, b_2, c_2, \ldots j_2)$	60	50	40	30	20	10	8	6	4	2

ऊपर की सारणी में, लागत आंकड़े यह दर्शाते हैं कि इंग्लैंड में प्रति वस्तु, प्रति इकाई वास्तविक लागत समान है। यदि दोनों देशों में मुद्रा मजदूरियां समान हैं ($W_2/W_1 \times R = 1$) तो सारणी से यह जाना जा सकता है कि कौनङ्कसी वस्तु निर्यात और आयात की जाएगी और किन मुद्रा कीमतों पर। इंग्लैंड 10 प्रति इकाई कीमत पर वस्तुएं A से E तक निर्यात करेगा। वस्तु F जिसकी कीमत दोनों देशों में बराबर है का व्यापार नहीं होगा और यह इंग्लैंड और जर्मनी दोनों देशों द्वारा उत्पादित की जाएगी। दूसरी ओर, जर्मनी वस्तु G को 8 प्रति इकाई कीमत पर, वस्तु H को 6 प्रति इकाई कीमत पर, वस्तु I को 4 प्रति इकाई कीमत पर तथा वस्तु J को 2 प्रति इकाई कीमत पर निर्यात करेगा। यह स्पष्ट है कि इंग्लैंड को A से E वस्तुओं के लिए तुलनात्मक लाभ होता है, जबकि जर्मनी को G से J वस्तुओं पर तुलनात्मक लाभ होता है। फिर भी, निर्यात और आयत की गई वस्तुओं की सही संख्या दोनों देशों की पारस्परिक मांग पर निर्भर करती है, चाहे यह स्थिति भुगतान शेष में संतुलन को कायम रखती है या नहीं।

हैबरलर यह संकेत करता है कि यदि विनिमय की दर स्थिर रहती है, तो भुगतान शेष में संतुलन एक देश में मुद्रा मजदूरी में वृद्धि अथवा दूसरे देश में मजदूरी में कमी या दोनों के संयोग द्वारा प्राप्त किया जाएगा। अथवा दोनों देशों में मुद्रा मजदूरियां स्थिर रहें और

विनिमय दर में परिवर्तन द्वारा संतुलन प्राप्त किया जाएगा। परन्तु यह तन्त्र दोनों देशों की बैंकिंग नीतियों और मुद्रा प्रणालियों के प्रभाव के अन्तर्गत कार्य कर सकता है। इसका प्रभाव दोनों देशों के बीच मुद्रा मजदूरियों के अनुपात में सदैव परिवर्तन होगा—$W_1/W_2 \times R$

उदाहरणार्थ, मानलीजिए कि जर्मनी में मुद्रा मजदूरियां 10 प्रतिशत ($W_2/W_1 \times R = 11$) बढ़ती हैं, तब जर्मनी में वस्तु F की लागत 11 प्रति इकाई होगी जिससे यह इंग्लैंड से वस्तु F को आयात करेगा। इसी प्रकार, विनिमय दर R दोनों देशों के बीच विभाजक रेखा पर स्थित वस्तु F को प्रभावित करती है।

मानलीजिए इंग्लैंड का भुगतान शेष प्रतिकूल है क्योंकि इसकी जर्मनी की वस्तुओं के लिए मांग बढ़ती है। यह मानकर कि स्वर्णमान (gold standard) चालू है जैसा कि रिकार्डो के समय था, सोना जर्मनी को इंग्लैंड से प्रवाहित होगा। परिणामस्वरूप, कीमतें और मजदूरियां जर्मनी में बढ़ेंगी और इंग्लैंड में कम होंगी। इसका मतलब है कि W_1 छोटा और W_2 बड़ा होगा तथा गुणांक $W_2/W_1 \times R$ बढ़ता है। विभाजक रेखा स्थानान्तरित होती है और F वस्तु इंग्लैंड द्वारा निर्यात की जा रही वस्तुओं की श्रेणी में चली जाती है। अब भुगतान शेष संतुलन में है क्योंकि (*i*) वस्तु F अब निर्यात की जाती है, (*ii*) इंगलैंड की A से E तक अन्य निर्यात वस्तुएं सस्ती हो जाती हैं, और (*iii*) जर्मनी की G से J तक निर्यात वस्तुएं महंगी हो जाती हैं। यदि ये इंगलैंड के भुगतान शेष में संतुलन लाने में असफल होते हैं तो सोना इंगलैंड से बाहर प्रवाहित होता रहेगा तथा विभाजक रेखा दाईं ओर चलती जाएगी जिससे इंगलैंड वस्तु G का आयात करने की अपेक्षा निर्यात करता है और इस प्रकार आगे भी जब तक कि संतुलन प्राप्त नहीं हो जाता है।

इस प्रकार **हैबरलर** ने यह दर्शाया है कि मजदूरी दर और विनिमय दर दो महत्त्वपूर्ण चर (variables) हैं जो उन वस्तुओं को निर्धारित करते हैं जिन्हें दो देश तुलनात्मक लाभ के आधार पर एकङ्कदूसरे से निर्यात और आयात कर सकते हैं। यह आगे उनके कुल उत्पादन में वृद्धि करता है। दोनों देशों में इस लाभ का विभाजन उनकी निर्यात और आयात वस्तुओं के बीच विभाजक रेखा की सही स्थिति पर निर्भर करता है।

4. दो वस्तुओं और बहुत देशों के सन्दर्भ में तुलनात्मक लागतों का सिद्धान्त (THEORY OF COMPARATIVE COSTS IN TERMS OF TWO GOODS AND MANY COUNTRIES)

तुलनात्मक लागतों का सिद्धान्त दो देशों की मान्यता पर आधारित है। यह अवास्तविक है क्योंकि व्यापार अनेक देशों के बीच होता है। इस बहुङ्कदेशीय मॉडल की व्याख्या करने के लिए हम तीन देश A (अमरीका), B (ब्रिटेन) और C (कनाडा) लेते हैं जो दो वस्तुएं X और Y उत्पादित करते हैं। उनकी अलगङ्कअलग लागत स्थितियां सारणी III में प्रदर्शित की गई हैं।

सारणी III : X और Y वस्तुओं को उत्पादित करने के प्रति इकाई अपेक्षित श्रमङ्कघंटे

वस्तुएं	*देश*		
	A	*B*	*C*
X	30	30	30
Y	60	90	70
तुलनात्मक लागत अनुपात	1:2	1:3	1:2.33

पहले केवल दो देश A और B लीजिए। सारणी से स्पष्ट होता है कि देश A को वस्तु Y के उत्पादन में तुलनात्मक लाभ होता है और देश B को वस्तु X के उत्पादन में न्यूनतम तुलनात्मक हानि होती है। इस प्रकार, देश A वस्तु Y का देश B को निर्यात करेगा तथा उससे वस्तु X आयात करेगा। जहां तक देश C का सम्बन्ध है इसका देश B पर वस्तु Y के उत्पादन में तुलनात्मक लाभ है। इसलिए यह B को वस्तु Y निर्यात करेगा और उससे वस्तु X आयात करेगा। अब देश A और C को लीजिए। देश A का देश C पर वस्तु Y के उत्पादन में तुलनात्मक लाभ है। इसलिए A वस्तु Y देश C का निर्यात करेगा और उससे वस्तु X आयात करेगा। इन तीनों देशों के बीच व्यापार सम्बन्ध चित्र

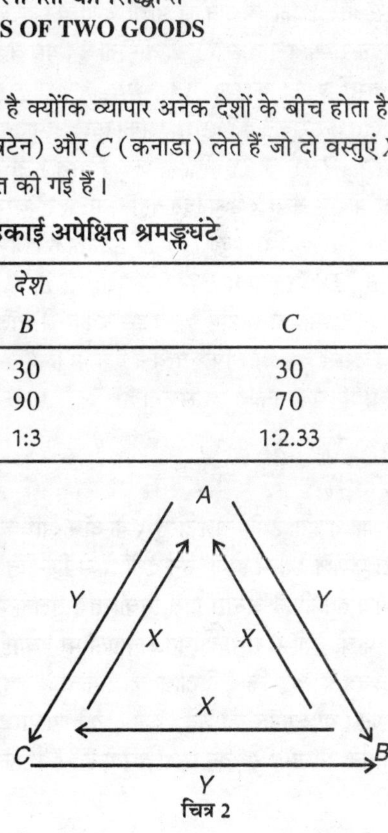

चित्र 2

2 में प्रदर्शित किये गये हैं, जहां तीर की दिशा सम्बन्धित देश को निर्यात दर्शाती है। अत: तीनों देशों के बीच व्यापार सम्बन्ध निम्नलिखित होंगे:

(1) देश A दोनों देशों B और C को वस्तु Y निर्यात करेगा।

(2) देश B दोनों देशों A और C को वस्तु X निर्यात करेगा, तथा उनसे वस्तु Y आयात करेगा।

(3) जहां तक देश C का संबंध है इसके पास निम्न तीनों में से कोई एक सम्भावना है: *(i)* यह वस्तु Y उत्पादित कर सकता है और देश A की तरह, देश B को वस्तु X के बदले भेज सकता है, अथवा *(ii)* वह वस्तु X को उत्पादित कर सकता है और देश B की तरह, देश A को वस्तु Y के बदले भेज सकता है, अथवा *(iii)* वह दोनों में से किसी भी वस्तु में व्यापार न करे और केवल घरेलू उपभोग के लिए ही उत्पादित करे। वास्तव में, जिस वस्तु में देश C विशिष्टीकरण करेगा दोनों वस्तुओं के बीच विनिमय दर पर निर्भर करेगा, जो आगे X और Y वस्तुओं के लिए तीनों देशों की परस्पर मांगों पर निर्भर करती है। उदाहरणार्थ, यदि देश B की वस्तु Y के लिए मांग अधिक है, तो वह उसे दोनों देशों A और C से आयात करेगा। अत: देश C वस्तु Y के उत्पादन में विशिष्टीकरण करेगा। दूसरी ओर, यदि देश A की वस्तु X के लिए मांग अधिक है तो वह उसे दोनों देशों B और C से आयात करेगा। तब देश C वस्तु X में विशिष्टीकरण करेगा।

ऊपर का विवेचन तीन वस्तुओं तक ही सीमित रखा गया है जिसे पांच देशों के लिए सुविधापूर्वक चित्र द्वारा प्रदर्शित किया जा सकता है। मानलीजिए दो वस्तुएं X और Y उत्पादित करने वाले पांच देश A, B, C, D तथा E हैं, जैसा चित्र 3 में दर्शाया गया है। क्षैतिज अक्ष पर वस्तु X का अधिकतम उत्पादन OX लिया गया है जिसे सभी पांचों देश उत्पादित कर सकते हैं, जब वस्तु Y का उत्पादन शून्य होता है। इसी प्रकार, अनुलम्ब अक्ष पर वस्तु Y का अधिकतम उत्पादन OY लिया गया है जिसे पांचों देश उत्पादित कर सकते हैं, यदि वस्तु X का उत्पादन शून्य होता है। X और Y को मिलाने से पांचों देशों को व्यक्त करता हुआ विश्व उत्पादन सम्भावना वक्र XY प्राप्त होता है। यह वक्र दर्शाता है कि पांचों देश वस्तु X की क्रमशः AA_1, BB_1, CC_1, DD_1, तथा EX मात्राए उत्पादित कर सकते हैं जिससे उसका कुल उत्पादन $OX = AA_1 + BB_1 + CC_1 + DD_1 + EX$ होता है, जब वे वस्तु Y उत्पादित नहीं करते। इसी प्रकार यदि वे वस्तु X उत्पादित नहीं करते हैं तो वस्तु Y का कुल उत्पादन $OY = A_1B + B_1C + C_1D + D_1E$ होता है। त्रिभुज AA_1Y_1, BB_1A_1, CC_1B_1, DD_1C_1 तथा EXD_1 क्रमशः A, B, C, D और E देशों की उत्पादन सम्भावना सीमाएं हैं। वे इस प्रकार से व्यवस्थित की गयी हैं कि वस्तु X के लिए देश A की न्यूनतम अवसर लागत है तथा देश B की उससे कम और फिर प्रत्येक देश के लिए क्रमशः उससे कम। इसे वस्तुओं X और Y के लिए श्रम आगतों (inputs) के अनुपात के रूप में व्यक्त किया जा सकता है:

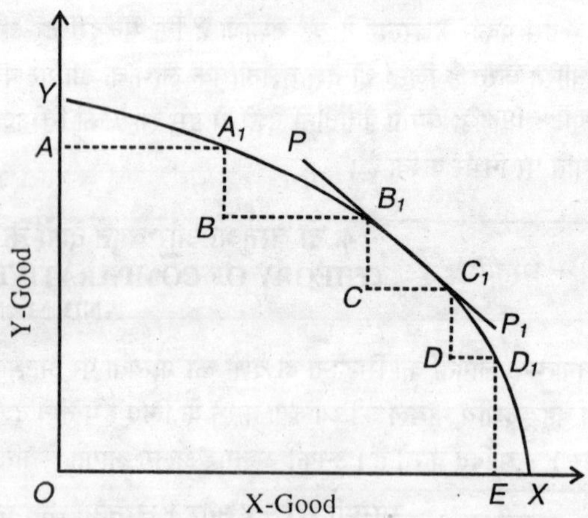

चित्र 3

$$\frac{X_a}{Y_a} < \frac{X_b}{Y_b} < \frac{X_c}{Y_c} < \frac{X_d}{Y_d} < \frac{X_e}{Y_e}$$

यह दर्शाता है कि जब वस्तु X के और अधिक उत्पादन की इच्छा की जाती है, तो वस्तु Y से X के उत्पादन में स्थानान्तरण सर्वप्रथम सबसे कुशल देश में होगा, उन देशों में से जिन्होंने इस वस्तु X में पहले से ही पूर्ण विशिष्टीकरण प्राप्त नहीं किया है। इस प्रकार, देशों के बीच तकनीकी अन्तरों द्वारा निर्धारित "तुलनात्मक लाभ की एक श्रृंखला" (a chain of comparative advantage) होती है।

पांचों देशों में सभी कीमत अनुपातों पर **इकाई आय लोचों** (unitary income elasticities) के साथ समान मांग स्थितियां मानते हुए, चित्र पर वह बिन्दु दिखाया जा सकता है जहां विश्व पूर्ति के बराबर विश्व मांग होती है। मानलीजिए कि विश्व सन्तुलन कीमत अनुपात (या व्यापार की शर्तें) देश C की व्यापारङ्कपूर्व कीमत अनुपात रेखा PP_1 के साथ मेल खाती हैं जो चित्र 3 में उसकी उत्पादन सम्भावना सीमा B_1C_1 को स्पर्श करती है। इस प्रकार, विश्व संतुलन अनुपात PP_1 दिया होने पर, देश A और B वस्तु X के उत्पादन में

पूर्णतया विशिष्टीकरण करेंगे तथा वस्तु *Y* की अपनी आवश्यकताओं को *D* और *E* देशों से आयात करेंगे। दूसरी ओर, *D* और *E* देश वस्तु *Y* के उत्पादन में पूर्णतया विशिष्टीकरण करेंगे और वस्तु *X* की अपनी आवश्यकताओं को *A* और *B* देशों से आयात करेंगे। देश *C* दोनों वस्तुओं का उत्पादन करेगा और सामान्य तौर से या तो वस्तु *X* या वस्तु *Y* का निर्यात करेगा, अथवा व्यापार में बिल्कुल सम्मिलित नहीं होगा।

यदि विश्व मांग में विस्तृत परिवर्तन होता है, तो यह तुलनात्मक लाभ की श्रृंखला को तोड़ देगा। मानलीजिए विश्व मांग में परिवर्तन सन्तुलन बिन्दु को रेखीय भाग B_1C_1 को C_1D_1 पर स्थानान्तरित कर देता है, तब देश *C* की भूमिका देश *D* निभाएगा तथा विश्व कीमत अनुपात *C* के व्यापारङ्कपूर्व कीमत अनुपात से स्थानान्तरित होकर *D* के व्यापारङ्कपूर्व कीमत अनुपात पर चला जाएगा जिसे चित्र में नहीं दिखाया गया है।

5. बहु-देश तथा बहु-वस्तु व्यापार मॉडल (MULTI-COUNTRY AND MULTI-GOODS MODEL)

ऊपर दिया गया विश्लेषण बहुत देशों और बहुत वस्तुओं के सामान्य मॉडल पर विस्तारित किया जा सकता है। परन्तु इसके लिए **वालरस** (Walras) के नियम के अनुसार गणित का प्रयोग होना चाहिए, जो हल को जटिल एवं कठिन बना देता है। फिर भी, उत्पादन लागतों के आधार पर यह दिखाया जा सकता है कि एक बहु-देश बहु-वस्तु व्यापार मॉडल में प्रत्येक देश एक या अधिक वस्तुओं में विशिष्टीकरण करता है। सुविधा के लिए हम चार देश *A*, *B*, *C*, और *D* लेते हैं जो चार वस्तुएं *M*, *X*, *Y*, और *Z* उत्पादित कहते हैं। उनकी अपनी-अपनी लागत स्थितियां सारणी IV में दर्शायी गयी हैं—

सारणी IV : प्रत्येक वस्तु की एक इकाई उत्पादित करने हेतु अपेक्षित श्रम-घंटे

वस्तुएं	देश			
	A	*B*	*C*	*D*
M	30	40	45	50
X	30	25	35	40
Y	30	45	20	25
Z	30	50	32	15

सारणी यह स्पष्ट करती है कि वस्तु *M* की एक इकाई उत्पादित करने की लागत देश *A* में न्यूनतम (30 श्रम-घंटे) है। इसलिए देश *A* वस्तु *M* के उत्पादन में विशिष्टीकरण करेगा। इसी प्रकार, देश *B* वस्तु *X* के उत्पादन में विशिष्टीकरण करेगा क्योंकि इसकी उत्पादन लागत इस देश में न्यूनतम (25 श्रम-घंटे) हैं; देश *C* वस्तु *Y* के उत्पादन में विशिष्टीकरण करेगा क्योंकि इसकी उत्पादन लागत इस देश में न्यूनतम (20 श्रम-घंटे) है, तथा देश *D* वस्तु *Z* के उत्पादन में विशिष्टीकरण करेगा, क्योंकि इसकी उत्पादन लागत इस देश में न्यूनतम (15 श्रम घंटे) है, अन्य तीनों देशों की तुलना में।

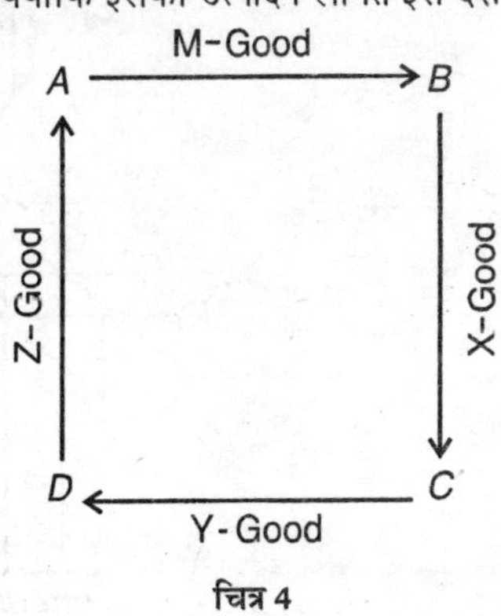

चित्र 4

ऊपर वर्णित बहु-देश बहु-वस्तु मॉडल में व्यापार तुलनात्मक लागतों के आधार पर होता है। परन्तु यह एकपक्षीय व्यापार होगा, क्योंकि बहुत से देशों और बहुत-सी वस्तुओं के बारे में तुलनात्मक लागत अनुपातों को निर्धारित करना सरल नहीं है। इसे चित्र 4 में दर्शाया गया है जहां प्रत्येक तीर की दिशा दूसरे देश को निर्यात बताती है। अत: देश *A* वस्तु *M* को देश *B* को निर्यात करता है; देश *B* वस्तु *X* को देश *C* को निर्यात करता है; देश *C* वस्तु *Y* को देश *D* को निर्यात करता है; और देश *D* वस्तु *Z* को देश *A* को निर्यात करता है। चित्र यह स्पष्ट करता है कि एक देश केवल एक वस्तु का निर्यात करता तथा एकवस्तु का आयात करता है। परन्तु वह उस देश से वस्तु आयात नहीं करता जिसको वह अपनी वस्तु निर्यात करता है। प्रत्येक देश दूसरे देश को तीसरे देश के द्वारा भुगतान करता है। अत: देश *B* वस्तु *M* के अपने आयात के लिए भुगतान देश *C* से वस्तु *X* के लिए प्राप्त अपने निर्यात अर्जनों (earnings) द्वारा करता है। इस प्रकार, देश *C*

वस्तु X के अपने आयात के लिए भुगतान, देश D से वस्तु Y के लिए प्राप्त अपने निर्यात अर्जनों द्वारा करता है। देश D वस्तु Y के अपने आयात के लिए भुगतान, देश A से वस्तु Z के लिए प्राप्त अपने निर्यात अर्जनों द्वारा करता है। आगे देश A, देश D को भुगतान, देश B से वस्तु M के लिए प्राप्त अपने निर्यात अर्जनों द्वारा करता है। अत: बहु–देश बहु–वस्तु मॉडल में व्यापार संभव है क्योंकि प्रत्येक देश के निर्यात और आयातों का कुल मूल्य बराबर होता है तथा अन्ततः विश्व व्यापार सन्तुलित हो जाता है।

6. तुलनात्मक लागतों के सिद्धान्त के अन्तर्गत परिवहन लागतें (COSTS OF TRANSPORT UNDER THE THEORY OF COMPARATIVE COSTS)

अन्तर्राष्ट्रीय व्यापार का क्लासिकी सिद्धांत इस मान्यता पर आधारित है कि परिवहन लागतें शून्य हैं। यह अवास्तविक है क्योंकि परिवहन लागतें दो देशों के बीच व्यापार की जाने वाली वस्तु की कीमत और मात्रा को प्रभावित करती है। परिवहन लागतें सम्मिलित करने से एक वस्तु का तभी व्यापार किया जाएगा यदि व्यापार–पूर्व देशों के बीच कीमत अन्तर उनके बीच वस्तु की परिवहन लागत से अधिक हो। परिवहन लागतों के प्रत्यक्ष प्रभाव चित्र 5 की सहायता द्वारा समझाये गये हैं। यह मान लिया जाता है कि (*i*) दो देश जर्मनी और अमेरिका हैं, (*ii*) वे एक वस्तु कपड़े में व्यापार करते हैं, (*iii*) जर्मनी कपड़ा आयात करता है और अमेरिका इसे निर्यात करता है। कपड़े की कीमत एक सामान्य अक्ष O पर अनुलम्ब मापी गयी है। कपड़े की उत्पादित तथा मांगी गयी मात्राएं O से दाईं ओर निर्यातक देश अमरीका (x) के लिए, तथा बाईं ओर आयातक देश जर्मनी (m) के लिए हैं। दोनों देशों के मांग और पूर्ति वक्र क्रमशः D और S हैं।

व्यापार से पूर्व, प्रत्येक देश वस्तु की मात्रा को उस कीमत पर उत्पादित करता है जो उसके मांग और पूर्ति वक्रों के काटने से निर्धारित होती है। यह जर्मनी में Em और अमेरिका में Ex है। जब व्यापार प्रारम्भ होता है तो आयातक देश जर्मनी के लिए कीमत कम हो जायेगी और निर्यातक देश अमेरिका के लिए बढ़ जाएगी। अब कीमत OP होती है जो समानान्तर कीमत रेखा PP द्वारा व्यक्त की गयी है। यह रेखा क्रमशः जर्मनी के D और S वक्रों को G तथा G_1 पर काटती है तथा अमेरिका के वक्रों को A तथा A_1 पर। अमेरिका Osx उत्पादित, Odx उपभोग, तथा $dx\ sx$ निर्यात करता है; जबकि जर्मनी Osm उत्पादित, $smdm$ आयात, तथा Odm उपभोग करता है।

जब परिवहन लागतें सम्मिलित की जाती हैं तो निर्यातक देश अमेरिका उन्हें कपड़े की कीमत में कमी के समान समझता है जो परिवहन लागतों की मात्रा के बराबर है, जिसे वह जर्मनी को बेचकर प्राप्त कर सकता है। इसे परिवहन लागतों की मात्रा के बराबर अमेरिका की सापेक्षता में जर्मनी के D और S वक्रों को नीचे सरकारकर दिखाया गया है। अत: चित्र के बाईं ओर D और S वक्रों के समानान्तर D_1 और S_1 वक्र T के बराबर नीचे की ओर खींचे गये हैं।

अमेरिका में कीमत OP से गिरकर OP_1 हो जाती है तथा जर्मनी में कीमत परिवहन लागत तथा PP_1 के अन्तर के बराबर बढ़ती

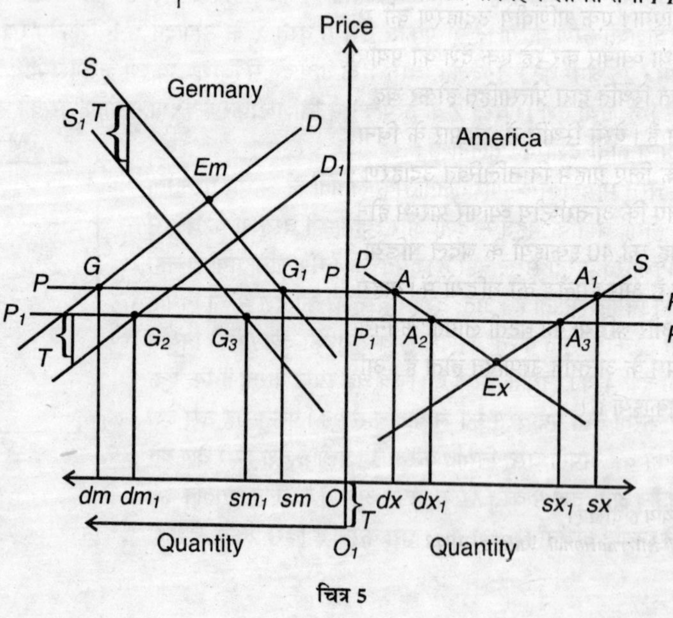

चित्र 5

है। अमेरिका तथा जर्मनी में कपड़े की कीमत का अन्तर परिवहन लागतों की मात्रा के बराबर अवश्य होना चाहिए। जर्मनी में बढ़ी हुई कीमत को अक्ष OO_1 को नीचा करके दिखाया गया है जो परिवहन लागतों T के बराबर है, अर्थात $OO_1 = T$

अब समानान्तर P_1P_1 रेखा निर्यातक देश अमेरिका के D और S वक्रों को क्रमशः A_2 तथा A_3 बिन्दुओं पर काटती है। .कपड़े की कीमत में कमी के कारण, यह Osx_1 उत्पादित करता है जो पहले उत्पादित Osx मात्रा से कम है; Odx_1 उपभोग करता है जो पहले उपभोग की गई मात्रा Odx से अधिक है; और $dx_1\ sx_1$ निर्यात करता है जो पहले निर्यात की गयी मात्रा $dxsx$ से कम है। आयातक देश जर्मनी में कीमत रेखा P_1P_1 नए मांग और पूर्ति वक्रों D_1 तथा S_1 को क्रमशः G_1 एवं G_2 बिन्दुओं पर काटती है। कपड़े की कीमत में वृद्धि से उत्पादन Osm से बढ़कर Osm_1 हो जाता है; उपभोग Odm से कम होकर Odm_1 हो जाता है; और परिणामस्वरूप, आयात भी $dm\ sm$ से कम होकर dm_1sm_1 हो जाते हैं। परन्तु अमरीका से निर्यात जर्मनी द्वारा आयात के बिल्कुल बराबर होते हैं : $dx_1sx_1 = dm_1\ sm_1$

अतः सन्तुलन स्थिति की तुलना में जब कोई परिवहन लागतें नहीं होती हैं, परिवहन लागतें सम्मिलित करने से वस्तु की कीमत निर्यातक देश में कम हो जाती है तथा आयातक देश मे बढ़ जाती है। परिणामस्वरूप, निर्यातक देश पहले से कम उत्पादन, उपभोग अधिक तथा निर्यात कम करता है। दूसरी ओर, आयातक देश पहले से अधिक उत्पादन, उपभोग कम और आयात कम करता है। इस कारण, उत्पादन में विशिष्टीकरण तथा व्यापार की मात्रा कम हो जाते हैं, और इसी तरह व्यापार से लाभ कम हो जाते हैं।

7. तुलनात्मक लागतों के सिद्धांत के अन्तर्गत परिवर्ती उत्पादन लागतें (VARIABLE COSTS OF PRODUCTION UNDER THE THEORY OF COMPARATIVE COSTS)

तुलनात्मक लागतों का सिद्धांत स्थिर लागतों या स्थिर प्रतिफलों की मान्यता पर आधारित है। यह अवास्तविक है क्योंकि यथार्थ में या तो बढ़ती या घटती लागतें पाई जाती हैं।

हैबरलर (Haberler) ने अपने अवसर लागत सिद्धांत की सहायता से यह प्रदर्शित किया है कि तुलनात्मक लागतों का सिद्धांत बढ़ती अवसर लागतों के अन्तर्गत भी लागू होता है। परन्तु घटते प्रतिफलों के कारण विशिष्टीकरण अपूर्ण होता है।[2]

जहां तक घटती लागतों या बढ़ते प्रतिफल के अन्तर्गत व्यापार की बात है, ग्राहम और हैबरलर के बीच विवाद पाया जाता है। यहां प्रथम ग्राहम के तर्क और बाद में हैबरलर की आलोचनाओं की व्याख्या की जा रही है।

ग्राहम का मत (Graham's View)[3]

ग्राहम क्लासिकी मत से सहमत नहीं कि जब उत्पादन घटती लागतों के नियम के अनुसार होता है तो विशिष्टीकरण व्यापार कर रहे देशों के उत्पादन की मात्रा बढ़ाएगा। एक गणितीय उदाहरण की सहायता से वह दर्शाता है कि दो देशों के बीच विशिष्टीकरण उत्पादन की मात्रा को कम करेगा तथा व्यापार कर रहे एक देश को पर्याप्त हानि लाएगा। इसे सिद्ध करने के लिए वह ऐसी स्थिति लेता है जिसमें एक देश तुलनात्मक लागत स्थिति द्वारा प्रोत्साहित होकर बढ़ रही लागतों के उद्योग में विशिष्टीकरण करता है तथा घट रही लागतों के उद्योग का त्याग कर देता है। ऐसी स्थिति में, व्यापार के बिना की अपेक्षा देश के उत्पादन की मात्रा कम हो जाएगी।

अपने मत की व्याख्या करने के लिए ग्राहम निम्नलिखित उदाहरण देता है। दो देश इंग्लैंड और जर्मनी है जो दो वस्तुएं गेहूं और घड़ियां उत्पादित करते हैं। मानलीजिए कि अन्तर्राष्ट्रीय व्यापार प्रारम्भ होने से पूर्व, गेहूं की 40 इकाइयों के बदले घड़ियों की 40 इकाइयां इंग्लैंड में विनिमय होती हैं, तथा गेहूं की 40 इकाइयों के बदले घड़ियों की 37 इकाइयां अमेरिका में। इस प्रकार, गेहूं के उत्पादन में अमेरिका को तुलनात्मक लाभ होता है और इंगलैड को घड़ियों में। ग्राहम गह मान्यता लेकर चलता है कि अमेरिका में गेहूं का उत्पादन बढ़ती लागतों के नियम के अन्तर्गत और घड़ियों का घटती लागतों के नियम के अन्तर्गत होता है। आगे यह मान्यता भी लेता है कि इंग्लैंड में दोनों वस्तुएं स्थिर लागतों के नियम के अन्तर्गत उत्पादित होती हैं। अन्तिम, यह मान्यता भी है कि अन्तर्राष्ट्रीय विनियम अनुपात गेहूं की 40 इकाइयां : घड़ियों की 40 इकाइयां है।

2. इसके विस्तृत अध्ययन के लिए अध्याय 6 देखिए।
3. F.D. Graham *The Theory of International Values, 1948.*

मानलीजिए कि अमेरिका में घड़ियों का उत्पादन 37,000 इकाइयां कम कर दिया जाता है तथा इससे मुक्त हुए संसाधन गेहूं की 37,500 अतिरिक्त इकाइयां उत्पादित करते हैं जो इसके उत्पादन में बढ़ती लागतों का नियम लागू होने के कारण गहूं की पहले उत्पादित की जा रही 40,000 इकाइयों से कम है। गेहूं की यह 37,500 इकाइयां इंग्लैंड की 37,500 इकाइयां घड़ियों के साथ विनिमय होंगी। परन्तु अमेरिका में घड़ियों के उत्पादन में कमी उनकी औसत उत्पादन लागत को बढ़ा देती है। अब मान लो कि संसाधनों के पहले स्थानान्तरण से पूर्व जितनी लागत से 37 घड़ियों का निर्माण किया जाता था उतनी ही लागत से केवल 36 घड़ियां बनाई जाती हैं। गेहूं के उत्पादन में स्थानान्तरण उतनी देर तक चलता रहेगा जितनी देर तक गेहूं की 36 से अधिक इकाइयां उन संसाधनों के बदले प्राप्त हो सकती हैं जो 36 घड़ियों के निर्माण के लिए चाहिए।

घड़ियों का उत्पादन 36,000 इकाइयां और कम कर दिया जाता है और इस प्रकार मुक्त किए गए संसाधन गेहूं के उत्पादन में प्रयोग किये जाते हैं जो गेहूं की 36,200 इकाइयां उत्पादित करते हैं। अब गेहूं की 36,200 इकाइयां इंग्लैंड की 36,200 घड़ियों के साथ विनिमय की जा सकती हैं। अत: व्यापार द्वारा अमेरिका को 73,700 (= 37,500 + 36,200) घड़ियां प्राप्त होती हैं, जो 74,000 (=37,000 + 37,000) घड़ियां वह व्यापार से पूर्व घरेलू तौर से उत्पादित कर रहा था, उनसे कम हैं। इस प्रकार व्यापार द्वारा अमेरिका को 300 (= 74,000–73,700) घड़ियों की हानि होती है। यह प्रक्रिया चलती रहेगी और हानि बढ़ती जाएगी जब तक कि अमेरिकी घड़ी उद्योग इंग्लैंड के घड़ी उद्योग द्वारा विस्थापित नहीं हो जाता और अमेरीका पूरी तरह से गेहूं के उत्पादन में विशिष्टीकरण प्राप्त नहीं कर लेता है।

निष्कर्ष (Conclusion)—इस प्रकार ग्राहम क्लासिकी मत को नकारता है कि जब उत्पादन घटती लागतों के नियम के अन्तर्गत होता है तो तुलनात्मक लागतों के अनुरूप विशिष्टीकरण व्यापार कर रहे देशों के उत्पादन की मात्रा बढ़ेगी। इसके विपरीत उसने यह दर्शाया है कि व्यापार के पश्चात घटती लागतों के अन्तर्गत उत्पादन कर रहे देश की उत्पादन मात्रा कम होगी। ग्राहम के मत की नीति का अन्तर्निहित तत्त्व यह है कि घटती लागतों वाला उद्योग केवल तभी बचा रह सकता है यदि उसे प्रशुल्क (traiff) द्वारा अस्थायी तौर से संरक्षण प्रदान किया जाए।

ग्राहम के मत की आलोचनाएं (Criticisms of Graham's View)

हैबरलर ने ग्राहम के घटती लागतों के मत की आलोचना निम्नलिखित आधारों पर की है:

1. घटती लागतों की अमान्य मान्यता (Invalid Assumption of Decreasing Costs)—हैबरलर के अनुसार, ग्राहम का निष्कर्ष तभी मान्य है यदि उसकी मान्यताएं कि घटती लागत उद्योग में उत्पादन बढ़ते के साथ लागतें कम होती हैं और उत्पादन कम होने से लागतें निरन्तर बढ़ती जाती हैं, स्वीकार्य हों। परन्तु ग्राहम यह समझने में विफल रहा कि अन्तर्राष्ट्रीय व्यापार का आधार लागतों में तुलनात्मक अन्तर हैं न कि घटती लागतें। इस प्रकार, घटती लागतों की मान्यता अमान्य है।

2. घटती लागतें पूर्ण प्रतियोगिता के साथ मेल नहीं खातीं (Decreasing Costs Incompatible with Perfect Competition)—ग्राहम का सिद्धांत पूर्ण प्रतियोगिता की मान्यता पर आधारित है। हैबरलर इन मान्यताओं को 'बहुत अनिश्चित' मानता है। ऐसा इस कारण कि जब एक उद्योग घटती लागतों के नियम के अन्तर्गत कार्यशील होता है तो यह दीर्घकालीन प्रतिस्पर्द्धात्मक संतुलन के साथ मेल नहीं खाता है। जब इस तरह एक उद्योग प्रसार करता है तो इसकी लागतें निरन्तर कम होती जाएंगी और दीर्घकाल में यह एकाधिकारी संस्थान बन जाएगा। इस प्रकार, पूर्ण प्रतियोगिता और घटती लागतें मेल नहीं खाते हैं।

3. एकाधिकारी के लिए लाभदायक (Beneficial for Monopolist)—यदि, घटती लागतों के कारण उद्योग पहले से ही एकाधिकारी है तो उसका पूर्ति पर पूर्ण नियंत्रण होगा। वह उतना माल उत्पादित करने का यत्न करेगा जो उसकी कुल आय को बढ़ा सके। वह अपनी उत्पादन लागत और भी कम करने के लिए अधिक उत्पादन कर सकता है ताकि अपनी कीमत कम कर सके। इस प्रकार, घटती लागतें एकाधिकारी और देश को व्यापार से लाभ दे सकती हैं।

4. बाह्य मितव्ययिताएं अस्पष्ट तथा अनिश्चित (External Economies Vague and Indefinite)—नाईट (Knight) बाह्य मितव्ययिताओं के कारण घटती लागतों की स्थिति का परीक्षण करता है। जो मितव्ययिताएं एक फर्म के लिए बाहरी होती हैं वे एक उद्योग के लिए आन्तरिक होती हैं। फिर भी, दूसरे उद्योग में कोई फर्म हो सकती है। जिसके लिए बाहरी मितव्ययिताओं के लाभ इतने अधिक होते हैं कि वह उद्योग में एकाधिकार फर्म के रूप में प्रकट हो सकती है अत: ग्राहम का मत फिर असत्य सिद्ध होता है क्योंकि

यह पूर्ण प्रतियोगिता की मान्यता पर आधारित है। फिर, हैबरलर के मतानुसार, प्रकृति में बाह्य मितव्ययिताएं कुछ अस्पष्ट और अनिश्चित होती हैं। उनके मूल्य या परिमाण का अनुमान लगाना कठिन है। आगे, वे आंशिक तौर से उन साधनों से संबद्ध होती हैं जिन्हें उद्यमी प्राप्त नहीं कर सकते जैसे प्रशिक्षित व्यक्तियों की क्षमताएं।

5. औसत और सीमांत संबंध में विभेद करने में विफलता (Failure to Distinguish between Average and Marginal Relationship)—ग्राहम के विश्लेषण की एक अन्य कमी यह है कि वह औसत और सीमांत संबंध में विभेद करने में असफल रहा। **वाइनर** (Viner) के अनुसार, ग्राहम का विश्लेषण औसत लागतों में है। यदि उसने इस समस्या को दोनों उद्योगों के लिए सीमांत लागतों और सीमांत प्रतिफलों के अनुसार हल किया होता तो उसको व्यापार के प्रतिकूल परिणाम प्राप्त न होते। ग्राहम के उदाहरण में, जब एक उत्पादक घड़ियों के उत्पादन से गेहूं के उत्पादन के लिए संसाधन स्थानान्तरित करता है तो उसे केवल गेहूं की सीमांत वृद्धि का लाभ होता है और घड़ियों के सीमांत उत्पादन की हानि। क्योंकि घड़ियों का सीमांत उत्पादन गेहूं की सीमांत वृद्धि से अधिक होता है, इसलिए कोई भी संसाधन घड़ियों के उत्पादन से गेहूं के उत्पादन को स्थानान्तरित नहीं होगा। ऐसा इस कारण कि सीमान्त प्रतिफलों में लाभ से हानि अधिक होती है। ऐसी स्थिति उत्पादक के लाभ-अधिकतम करने के विरुद्ध है।

6. अपूर्ण विश्लेषण (Incomplete Analysis)—ग्राहम की मान्यता कि इंग्लैंड में घड़ी-निर्माण तथा गेहूं-उत्पादन स्थिर लागतों के अन्तर्गत होते हैं, घटती लागतों के अन्तर्गत उसके व्यापार के सिद्धांत की पूरी तरह से व्याख्या नहीं करती है। अमेरिका की तरह इंग्लैंड में भी उत्पादन के समान नियमों के अन्तर्गत दोनों वस्तुओं के उत्पादन से संबद्ध दोनों देशों के बीच व्यापार का विश्लेषण ग्राहम नहीं करता है। इस कारण, उसका विश्लेषण अपूर्ण है।

7. व्यापार का आधार तुलनात्मक लागतों में अन्तर (Differences in Comparative Costs Basis of Trade)—ग्राहम अपने विश्लेषण में यह समझाने में विफल रहा है कि व्यापार का आधार तुलनात्मक लागतों में अन्तर है तथा घटती लागतें एक कारण हैं जो इस बात की व्याख्या करती हैं कि तुलनात्मक लागतें क्यों भिन्न होती हैं।

निष्कर्ष (Conclusion)—इन आलोचनाओं के बावजूद, अर्थशास्त्रियों ने ग्राहम के सिद्धांत का विकास किया है, जिसके अनुसार उन्होंने इस बात का विश्लेषण किया है और चित्र द्वारा भी प्रदर्शित किया है—जब एक वस्तु घटती लागतों के और दूसरी वस्तु बढ़ती लागतों के अन्तर्गत उत्पादन करती है।[4]

प्रश्न

1. एक मौद्रिक अर्थव्यवस्था में तुलनात्मक लागतों के सिद्धांत की व्याख्या कीजिए।
2. तुलनात्मक लागतों के क्लासिकी सिद्धांत की व्याख्या कीजिए जब दो से अधिक देशों और वस्तुओं द्वारा इसका संशोधन किया जाता है।
3. आप तुलनात्मक लागतों के सिद्धांत की व्याख्या कैसे करेंगे जब परिवहन लागतें प्रदेश करती हैं ?
4. घटती लागतों के अन्तर्राष्ट्रीय व्यापार पर प्रभाव की व्याख्या कीजिए।
5. दो से अधिक वस्तुएं होने पर तुलनात्मक लागतों के क्लासिकी सिद्धांत की व्याख्या कीजिए।
6. ग्राहम के घटती लागतों के सिद्धांत का आलोचनात्मक परीक्षण कीजिए।

4. अध्याय 6 में अंतिम चित्र देखिए।

अध्याय 6

हैबरलर का अवसर लागत सिद्धांत

(HABERLER'S THEORY OF OPPORTUNITY COST)

1. प्रस्तावना
(INTRODUCTION)

रिकार्डों के तुलनात्मक लागत सिद्धांत की इस बात के लिए बहुत कटु आलोचना की गई है कि यह मूल्य के श्रम सिद्धांत पर आधारित है। श्रम का मूल्य सिद्धांत कहता है कि किसी वस्तु के उत्पादन में जितना श्रम-समय लगता है, उसके बराबर उस वस्तु का मूल्य होता है। इसका मतलब है कि श्रम ही उत्पादन का एकमात्र साधन है। श्रम समरूप होता है, और सब वस्तुओं के उत्पादन में श्रम का उपयोग एक स्थिर अनुपात में किया जाता है। परन्तु ये सब मान्यताएं अवास्तविक हैं क्योंकि (*i*) श्रम ही उत्पादन का एकमात्र साधन नहीं है क्योंकि वस्तुओं का उत्पादन अन्य साधनों जैसे भूमि, पूंजी एवं अन्य संसाधनों के संयोग से होता है, (*ii*) श्रम समरूप नहीं बल्कि विभिन्नरूपीय होता है, जिसमें श्रम कई अप्रतियोगी वर्गों के विभिन्न प्रकार एवं श्रेणियों में बंटा होता है; और **अंतिम,** विभिन्न वस्तुओं के उत्पादन में श्रम अलग-अलग अनुपातों में काम में लाया जाता है और श्रम को पूंजी के बदले और पूंजी को श्रम के बदले स्थानापन्न किया जा सकता है।

हैबरलर[1] का अवसर लागत सिद्धांत[1] इन कमियों को पूरा करता है और जिस रूप में यह तुलनात्मक लागतों के सिद्धांत की व्याख्या करता है उसे उसने 'स्थानापन्नता वक्र' कहा है। इस स्थानापन्नता वक्र को प्रो. सैम्यूल्सन (Samuelson) ने 'उत्पादन संभावना वक्र' अथवा 'रूपान्तरण वक्र' और लर्नर (Lerner) ने इसे 'उत्पादन उदासीनता वक्र' अथवा 'उत्पादन सीमा' (frontier) नाम दिया है।

2. अवसर लागत सिद्धांत
(THE THEORY OF OPPORTUNITY COST)

अवसर लागत सिद्धांत कहता है कि यदि कोई देश वस्तु X अथवा वस्तु Y का उत्पादन कर सकता है तो X वस्तु की अवसर लागत दूसरी वस्तु Y की उस मात्रा के बराबर होगी जो उसे वस्तु X की एक अतिरिक्त इकाई प्राप्त करने के लिए छोड़नी पड़ेगी। इस प्रकार, दोनों वस्तुओं की परस्पर विनिमय दर उनकी अवसर लागतों के रूप में व्यक्त की जाती है। अन्तर्राष्ट्रीय व्यापार सिद्धान्त में उत्पादन संभावना वक्रों के साथ अवसर लागतों का सिद्धांत चित्रित किया गया है।

मान्यताएं (Assumptions)

हैबरलर[1] ने अपने सिद्धान्त के लिए निम्नलिखित मान्यताएं रखी हैं :

(1) केवल दो ही देश हैं, A तथा B।

(2) प्रत्येक देश के पास उत्पादन के दो साधन है—श्रम तथा पूंजी।

(3) प्रत्येक देश दो वस्तुओं X तथा Y का उत्पादन कर सकता है।

(4) साधन तथा वस्तु बाजार दोनों में ही पूर्ण प्रतियोगिता है।

(5) प्रत्येक वस्तु की कीमत उसकी सीमान्त मुद्रा लागतों के बराबर है।

(6) प्रत्येक साधन की कीमत प्रत्येक रोजगार में उसके सीमान्त उत्पादकता मूल्य के बराबर है।

(7) प्रत्येक साधन की पूर्ति स्थिर है।

1. G. V. Haberler, *The Theory of International Trade*, 1936.

(8) प्रत्येक देश में पूर्ण रोजगार है।
(9) प्रोद्योगिकी (Technology) में कोई परिवर्तन नहीं होता।
(10) दोनों देशों के बीच साधन अगतिशील हैं।
(11) देशों के भीतर साधन पूर्ण रूप से गतिशील है।
(12) दोनों देशों के बीच व्यापार पूर्णरूप से स्वतंत्र और अबाधित हैं।

सिद्धान्त की व्याख्या (Explanation of the Theory)

इन मान्यताओं के दिए हुए होने पर, उत्पादन संभावना वक्र बताता है कि कोई देश उपलब्ध प्रौद्योगिकी के साथ उत्पादन के साधनों का पूर्ण उपयोग करते हुए दोनों वस्तुओं की अधिकतम दक्षता से कितने विविध वैकल्पिक संयोग बना सकता है। उत्पादन संभावना वक्र की ढलान एक वस्तु की उस मात्रा को मापती है जो देश को दूसरी वस्तु की एक अतिरिक्त इकाई प्राप्त करने के लिए छोड़नी पड़ेगी। दूसरे शब्दों में, उत्पादन संभावना वक्र की ढलान उसकी रूपान्तरण की सीमान्त दर (Marginal Rate of Transformation) है।

विभिन्न लागत स्थितियों के अन्तर्गत उत्पादन संभावना वक्र का रूप यह निर्धारित करता है कि अवसर लागत सिद्धांत के अन्तर्गत अन्तर्राष्ट्रीय व्यापार के आधार पर उससे प्राप्त होने वाले लाभ क्या हैं। यदि *X* की अतिरिक्त मात्रा प्राप्त करने के लिए *Y* छोड़ी जाने वाली अपेक्षित मात्रा स्थिर रहती है, तो उत्पादन संभावना वक्र एक सरल रेखा होगा और वह वक्र बताएगा कि अवसर लागतें स्थिर रहती हैं। यदि *X* की अतिरिक्त मात्रा प्राप्त करने के लिए *Y* की अपेक्षाकृत अधिक मात्रा छोड़नी पड़ती है, तो उत्पादन संभावना वक्र मूल बिन्दु की ओर नतोदर (Concave) होगा और बताएगा कि अवसर लागतें बढ़ रही हैं। और अन्तिम, यदि *X* की अतिरिक्त मात्रा प्राप्त करने के लिए *Y* की अपेक्षाकृत कम मात्रा छोड़नी पड़ती है तो उत्पादन संभावना वक्र मूल बिन्दु की ओर उन्नतोदर (Convex) होगा जो बताता है कि अवसर लागतें घट रही हैं।

स्थिर अवसर लागतों के अन्तर्गत व्यापार (Trade under Constant Opportunity Costs)

स्थिर अवसर लागतों के अन्तर्गत उत्पादन संभावना वक्र एक सरल रेखा होती है। चित्र 1 में *PA* देश *A* का और *PB* देश *B* का उत्पादन संभावना वक्र है। देश *A* या तो *Y* वस्तु की *OP* मात्रा अथवा *X* वस्तु की *OA* मात्रा का उत्पादन कर सकता है और इसी प्रकार *B* देश *Y* की *OP* मात्रा अथवा *X* की *OB* मात्रा का उत्पादन कर सकता है। यदि वे चाहते हैं कि दोनों वस्तुओं का उत्पादन करें, तो उन्हें अपने-अपने उत्पादन संभावना वक्रों पर किसी एक ही बिन्दु पर स्थित होना पड़ेगा। उदाहरणार्थ, *E* बिन्दु पर देश *B* वस्तु *X* की OX_1 मात्रा और वस्तु *Y* की OY_1 मात्रा का उत्पादन कर सकता है। क्योंकि उत्पादन संभावना वक्र की ढलान दोनों वस्तुओं की सापेक्ष कीमतों को निर्धारित करती है, इसलिए सरल रेखा वक्र के सब बिन्दुओं पर वे कीमतें एक जैसी होगी। इसका कारण यह है कि एक वस्तु की एक अतिरिक्त इकाई प्राप्त करने के लिए दूसरी वस्तु की एक इकाई छोड़ने की अवसर लागत स्थिर है। इस प्रकार, दोनों वस्तुओं का लागत अनुपात (अथवा सापेक्ष कीमतें) देश *A* में *OP/OA* और देश *B* में *OP/OB* हैं।

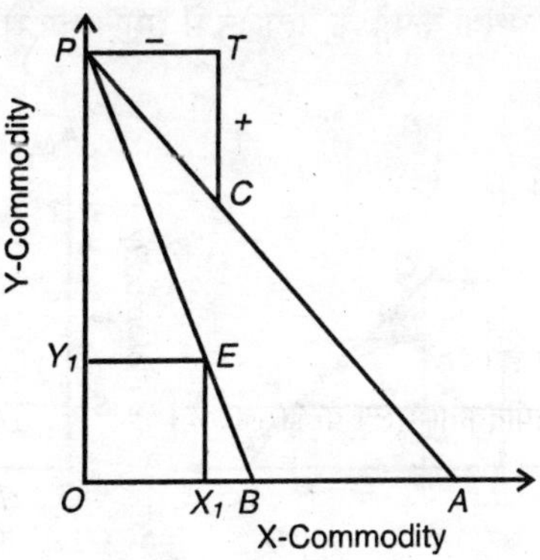

चित्र 1

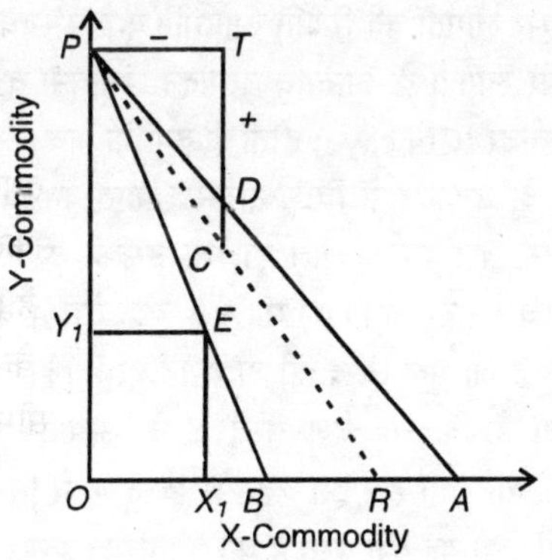

चित्र 2

क्योंकि दोनों देशों में सापेक्ष कीमतें भिन्न-भिन्न हैं, इसलिए दोनों देशों के बीच व्यापार हो सकता है। *A* और *B* दोनों देशों को लीजिए. दोनों ही *Y* की समान मात्रा अर्थात् *OP* का उत्पादन कर सकते हैं परन्तु देश *A* वस्तु *X* की अधिक मात्रा का उत्पादन कर सकता है। देश *B* के वस्तु *X* के *OB* उत्पादन के मुकाबले देश *A* वस्तु *X* का *OA* उत्पादन कर सकता है। इसलिए देश *B* के मुकाबले देश *A* में *X* वस्तु सस्ती होगी, और देश *A* की अपेक्षा देश *B* में *Y* वस्तु अधिक सस्ती होगी। इसलिए वस्तु *X* के उत्पादन में देश *A* को और वस्तु *Y* के उत्पादन में देश *B* को तुलनात्मक लाभ प्राप्त है। ऐसी परिस्थितियों में देश *A* वस्तु *X* के उत्पादन में विशिष्टीकरण करेगा और उसे देश *B* को निर्यात करेगा। उधर देश *B* वस्तु *Y* के उत्पादन में विशिष्टीकरण करेगा और उसे देश *A* को निर्यात करेगा।

मानलीजिए देश *B*, देश *A* से छोटा है और देश *A* से व्यापार करने लगता है। क्योंकि देश *A* बड़ा देश है इसलिए मान लीजिए कि *PA* वक्र द्वारा व्यक्त किय गया उसका आन्तरिक कीमत अनुपात, देश *B* के लिए अन्तर्राष्ट्रीय कीमत अनुपात है। व्यापार शुर होने से पहले, देश *B* अपनी घरेलू कीमत रेखा *PB* के बिन्दु *E* पर उपभोग एवं उत्पादन कर रहा था। यह बिन्दु *E* से चलकर बिन्दु *P* पर पहुंच सकता है और इस बिन्दु *P* पर उत्पादन कर सकता है। यह नई अन्तर्राष्ट्रीय कीमत रेखा *PA* पर अपने उपभोग को बिन्दु *E* से बढ़ाकर बिन्दु *D* पर ले जा सकता है, जहां पर यह *PA* रेखा द्वारा व्यक्त अन्तर्राष्ट्रीय कीमत पर देश *A* को *Y* की *TD* मात्रा निर्यात करके और उसके बदले वस्तु *X* की *PT* मात्रा का आयात करके उपभोग कर सकता है। इसलिए, देश *A* से व्यापार शुरू करने के बाद देश *B* को निश्चय से लाभ हुआ है।

परन्तु देश *B* के साथ व्यापार शुरू करने के कारण देश *A* को लाभ नहीं हुआ है, क्योंकि व्यापार से पहले या बाद में देश *A* में वस्तु *X* तथा वस्तु *Y* की सापेक्ष कीमतों में परिवर्तन नहीं हुआ है जैसा कि *PA* रेखा से पता चलता है।

अब देश *B* की व्यापार से पहले और बाद की स्थिति चित्र *2* में दिखाई गई है जिसमें *PR* नई अन्तर्राष्ट्रीय कीमत रेखा है। व्यापार से पहले यह देश दोनों वस्तुओं का उपभोग एवं उत्पादन बिन्दु *E* पर कर रहा था। व्यापार के बाद यह बिन्दु *P* पर वस्तु *Y* के उत्पादन में विशेषीकरण करता है और इसका उपभोग स्तर बिन्दु *E* से सरककर नई कीमत रेखा *PR* के बिन्दु *C* पर पहुंच जाता है। अब यह वस्तु *X* के *PT* आयात के बदले देश *A* को वस्तु *Y* की *TC* मात्रा निर्यात करेगा। ऐसी स्थिति में देश *B* को उतना लाभ नहीं होगा जितना कि पिछले उदाहरण में था, परन्तु देश *A* को निश्चय ही अन्तर्राष्ट्रीय व्यापार से लाभ होगा।

बढ़ती हुई अवसर लागतों के अन्तर्गत व्यापार (Trade under Increasing Opportunity Costs)

स्थिर अवसर लागतों का जो विश्लेषण ऊपर प्रस्तुत किया गया है वह इन मान्यताओं पर आधारित है कि दोनों वस्तुओं के उत्पादन के लिए पूर्ण स्थानापन्नता के कारण उत्पादन के साधन एक समान निश्चित अनुपातों में प्रयोग में लाए जाते हैं और कि उत्पादन के प्रत्येक साधन की सभी इकाइयां समरूप हैं। परन्तु ये मान्यताएं अवास्तविक हैं। वस्तुत: दो वस्तुओं के उत्पादन में उत्पादन के साधन एक दूसरे के बदले स्थानापन्न नहीं किए जा सकते। और फिर कुछ साधन एक वस्तु की अपेक्षा दूसरी के उत्पादन के लिए अधक उपयुक्त होते हैं। उदाहरणार्थ, यदि गेहूं या कपड़े के उत्पादन में संसाधन समान रूप से कुशल नहीं हैं, परन्तु कुछ साधन जैसे भूमि और बाहर काम करने वाले व्यक्ति गेहूं के उत्पादन में कुशल हैं और अन्य जैसे तकली, खड्डी, और शहरी लोग कपड़ा बनाने में कुशल हैं, तो हमारे सामने बढ़ती हुई अवसर लागतों की स्थिति आएगी। कुछ संसाधन गेहूं अथवा कपड़े के उत्पादन में समान रूप से ढाले जा सकते हैं।

बढ़ती हुई अवसर लागतों के अन्तर्गत उत्पादन संभावना वक्र मूल बिन्दु की ओर नतोदर (Concave) होता है क्योंकि जब कोई देश किसी ऐसी वस्तु के उत्पादन में विशिष्टीकरण प्राप्त करता है जिसके उत्पादन में उसे तुलनात्मक लाभ हो, तो उसकी अवसर लागतें बढ़ जाती हैं। चित्र 3 के भाग (A) में, AA_1 वक्र देश *A* का उत्पादन संभावना वक्र है जो मूल बिन्दु की ओर नतोदर है। इसकी ढलान से पता चलता है कि यह देश वस्तु *X* के उत्पादन में विशिष्टीकरण करेगा। ज्यों-ज्यों हम इस वक्र पर बिन्दु *A* से बिन्दु A_1 की ओर बढ़ेंगे, त्यों-त्यों यह देश वस्तु *X* की अतिरिक्त इकाइयां प्राप्त करने के लिए वस्तु *Y* की अधिकाधिक इकाइयों को छोड़ता

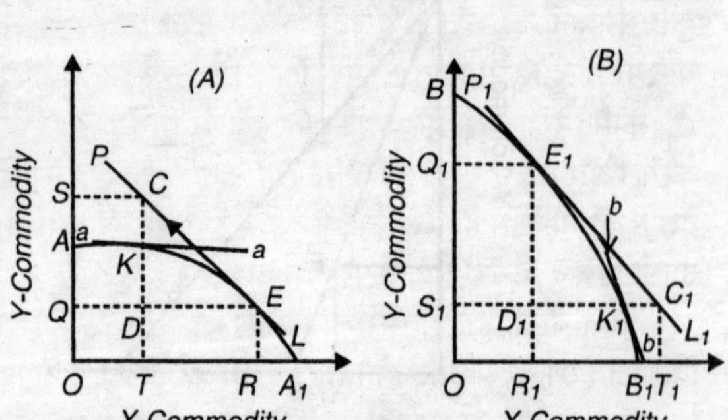

चित्र 3

चलेगा। इस प्रकार ज्यों-ज्यों देश *A* वस्तु *X* की प्रत्येक अतिरिक्त इकाई का उत्पादन करेगा जिसमें इसने विशिष्टीकरण किया है, त्यों-त्यों इसे बढ़ती हुई अवसर लागतों का सामना करना पड़ेगा।

दूसरी ओर चित्र 3 का भाग (B) बताता है कि *B* देश का उत्पादन संभावना वक्र BB_1 है। इस वक्र की ढलान से पता चलता है कि यह देश वस्तु *Y* के उत्पादन में विशिष्टीकरण करेगा। हम ज्यों-ज्यों इस वक्र पर बिन्दु B_1 से बिन्दु *B* की ओर बढ़ेंगे, त्यों-त्यों यह देश वस्तु *Y* की अतिरिक्त इकाइयों का उत्पादन करने के लिए *X* की अधिकाधिक इकाइयों को छोड़ता चलेगा। इस प्रकार ज्यों-ज्यों देश *B* वस्तु *Y* की प्रत्येक अतिरिक्त इकाई का उत्पादन करता है जिसमें कि इसने विशिष्टीकरण किया है, त्यों-त्यों इसे बढ़ती हुई अवसर लागतों का सामना करना पड़ता है।

मानलीजिए विदेशी व्यापार के अभाव में देश *A* वस्तु *X* तथा *Y* दोनों की कुछ मात्राओं का बिन्दु *K* पर उत्पादन तथा उपभोग करता है, जहां पर चित्र के भाग (B) में *aa* रेखा उत्पादन सम्भावना वक्र AA_1 को स्पर्श करती है। *aa* रेखा *X* तथा *Y* की घरेलू सापेक्ष वस्तु कीमतों को व्यक्त करती है। इसी प्रकार देश *B* वस्तु *X* तथा *Y* की कुछ मात्राओं का बिन्दु K_1 पर उत्पादन तथा उपभोग करता है जहां पर कि इसकी कीमत रेखा *bb* इसके उत्पादन संभावना वक्र BB_1 को स्पर्श करती है जैसा चित्र 3 (B) में दिखाया गया है।

अब मानलीजिए कि दोनों देश एक दूसरे के साथ व्यापार करने का निर्णय करते हैं। यह तभी संभव है जब दोनों वस्तुओं का अन्तर्राष्ट्रीय कीमत अनुपात प्रत्येक देश के घरेलू बाजार में चालू कीमत अनुपात से भिन्न हो। अब हम यह मान लेते हैं कि अन्तर्राष्ट्रीय कीमत अनुपात (अथवा व्यापार की शर्तों को) देश *A* में *PL* रेखा और देश *B* में, P_1L_1 रेखा बताती है। क्योंकि *PL* रेखा P_1L_1 रेखा के समानान्तर है, इसलिए दोनों देशों के लिए व्यापार की शर्तें एक समान हैं।

पहले देश *A* को लीजिए जहां कीमत रेखा *PL* द्वारा निर्धारित नया संतुलन बिन्दु *E* है, जैसा कि चित्र 3 (A) में दिखाया गया है। इसका मतलब है कि घरेलू बाजार के मुकाबले अन्तर्राष्ट्रीय बाजार में वस्तु *X* अधिक **महंगी हो** गई है। इसका कारण यह है कि घरेलू कीमत रेखा *aa* की अपेक्षा *PL* की **ढलान अधिक** है।

परिणामस्वरूप, देश *A* का लाभ इस बात में है कि वह अपने उत्पादन के कुछ साधन *Y* के उत्पादन से हटाकर *X* के उत्पादन में लगा दे जिसके लिए उसे अपना उत्पादन स्तर उत्पादन संभावना वक्र पर बिन्दु *K* से बिन्दु *E* पर ले जाना होगा जहां पर अन्तर्राष्ट्रीय कीमत रेखा *PL* स्पर्श करती है। इस प्रकार, देश *A* वस्तु *X* की *OR* तथा वस्तु *Y* की *OQ* मात्रा का उत्पादन करेगा। देश *A* का उपभोग बिन्दु कीमत रेखा *PL* पर *C* होगा। तब यह *X* की *TR* मात्रा का निर्यात और *Y* की *QS* मात्रा का आयात करेगा, और घरेलू रूप से *X* की *OT* तथा *Y* की *OQ* मात्रा का उपभोग करेगा। इसके निर्यात और आयात को 'व्यापार त्रिभुज' *CDE* द्वारा भी दिखाया जा सकता है जहां $DE\,(=TR)$। इसका वस्तु *X* को निर्यात और $DC\,(=QS)$ वस्तु *Y* का आयात है। इसी प्रकार इसका वस्तु *X* का उपभोग $QD\,(=OT)$ और वस्तु *Y* का उपभोग $TD\,(=OQ)$ है। अत: व्यापार के परिणामस्वरूप देश *A*, वस्तु *X* तथा *Y* दोनों की अधिक मात्राओं का उपभोग कर सकता है क्योंकि बिन्दु *C*, बिन्दु *K* से ऊपर और दाईं ओर है।

देश *B* को लीजिए जहां अन्तर्राष्ट्रीय कीमत रेखा P_1L_1 उत्पादन संभावना वक्र BB_1 को बिन्दु E_1 पर स्पर्श करती है जैसाकि चित्र 3 (B) में दिखाया गया है। इसका मतलब है कि घरेलू बाजार की अपेक्षा अन्तर्राष्ट्रीय बाजार में वस्तु *Y* अधिक महंगी हो गई है। इसका कारण यह है कि घरेलू कीमत रेखा *bb* की अपेक्षा P_1L_1 की ढलान कम तिरछी है। इसलिए देश *B* का लाभ इस बात में है कि वह अपने कुछ संसाधनों को वस्तु *X* के उत्पादन से हटाकर वस्तु *Y* के उत्पादन में लगा दे जिसके लिए उसे अपना उत्पादन स्तर उत्पादन संभावना वक्र पर बिन्दु K_1 से बिन्दु E_1 पर लाना होगा। तब यह *Y* की OQ_1 तथा *X* की OR_1 मात्रा का उत्पादन करेगा। देश *B* का उपभोग बिन्दु C_1, कीमत रेखा P_1L_1 पर होगा। यह व्यापार त्रिभुज $E_1D_1C_1$ पर *X* की D_1C_1 मात्रा का आयात और *Y* की D_1E_1 मात्रा का निर्यात करेगा। और घरेलू रूप से यह *Y* की OS_1 तथा *X* की OR_1 मात्रा का उपभोग करेगा। इस प्रकार देश *A* के साथ व्यापार के परिणामस्वरूप देश *B* को भी लाभ होता है क्योंकि वह *X* तथा *Y* दोनों वस्तुओं की अधिक मात्रा का उपभोग कर सकता है, क्योंकि व्यापार के बाद C_1 उपभोग बिन्दु K_1 बिन्दु के ऊपर और दाई ओर है।

परन्तु बढ़ती हुई अवसर लागतों के अंतर्गत घटते हुए प्रतिफलों के कारण विशिष्टीकरण हमेशा अधूरा रहता है। इसलिए पूर्ण विशिष्टीकरण के अन्तर्गत होने वाले लाभों की तुलना में अपूर्ण विशिष्टीकरण के अन्तर्गत व्यापार से अपेक्षाकृत कम लाभ होते हैं।

फिर, तुलनात्मक लागतों का नियम केवल बढ़ती हुई अवसर लागतों के अन्तर्गत ही लागू होता है। ''दो-वस्तु जगत् में यदि एक

देश दूसरे देश की अपेक्षा दोनों वस्तुओं के उत्पादन में अधिक कुशल है तो उसे उस वस्तु के उत्पादन पर ध्यान केन्द्रित करने में अधिक लाभ होगा जिसके उत्पादन में उसे तुलनात्मक लाभ अधिक है और उस वस्तु के खरीदने में अधिक लाभ होगा जिसमें उसे तुलनात्मक हानि है। आधारभूत कसौटी यह है कि व्यापार के परिणामस्वरूप उसे अपने विशिष्टीकरण की वस्तु की अधिक कीमत मिलती है अथवा उस वस्तु के बदले कम भुगतान करना पड़ता है जिसके उत्पादन में वह तुलनात्मक रूप से उतना कुशल नहीं है।''

घटती हुई अवसर लागतों के अन्तर्गत व्यापार (Trade under Decreasing Opportunity Costs)

जब दो देशों में घटती हुई अवसर लागतों की स्थिति होती है तो उनके उत्पादन संभावना वक्र मूल बिन्दु की ओर उन्नतोदर (Convex) होते हैं। घटती हुई अवसर लागतों के अन्तर्गत, व्यापार के बाद प्रत्येक देश केवल एक ही वस्तु के उत्पादन में विशिष्टीकरण करता है। इसका कारण यह है कि उत्पादन के बढ़ते हुए प्रतिफल होते हैं जो उत्पादन की आन्तरिक मितव्ययिताओं (economies) पर आधारित होते हैं।

घटती हुई अवसर लागतों के अन्तर्गत व्यापार को चित्र 4 में प्रदर्शित किया गया है जहां AA_1 देश A का उत्पादन संभावना वक्र है और BB_1 देश B का उत्पादन संभावना वक्र है। व्यापार से पहले देश A का उपभोग और उत्पादन बिन्दु K है जहां इसकी घरेलू कीमत रेखा aa इसके उत्पादन संभावना वक्र AA_1 को स्पर्श करती है। इसी प्रकार, देश B का उपभोग और उत्पादन बिन्दु K_1 है जहां इसकी घरेलू कीमत रेखा bb इसके उत्पादन संभावना वक्र को स्पर्श करती है। देश A की घरेलू कीमत रेखा aa का ढलान बताता है कि इसे वस्तु X के उत्पादन में अपेक्षाकृत अधिक तुलनात्मक लाभ है। इसी प्रकार देश B के घरेलू कीमत अनुपात bb के ढालन् से पता चलता है कि इसे वस्तु Y के उत्पादन में तुलनात्मक लाभ अपेक्षाकृत अधिक है। परन्तु K तथा K_1 स्थिर संतुलन के बिन्दु नहीं हैं क्योंकि हर एक देश में प्रत्येक वस्तु के उत्पादन में घटते हुए प्रतिफलों का नियम कार्यशील है। यदि अन्य वस्तु की तुलना में विशिष्टीकरण वाली वस्तु की कीमत में वृद्धि के रूप में थोड़ी-सी भी गड़बड़ी होगी तो उसके परिणामस्वरूप उस देश में पूर्ण विशिष्टीकरण होगा।

मानलीजिए कि दोनों देश आपस में व्यापार शुरू कर देते हैं और अन्तर्राष्ट्रीय कीमत अनुपात रेखा BA_1 है। यह BA_1 रेखा देश A की घरेलू कीमत रेखा aa की अपेक्षा अधिक तिरछी (steep) है। इसका मतलब है कि अन्तर्राष्ट्रीय बाजार में वस्तु X अधिक महंगी हो गई है। इसलिए देश Aव पूर्णरूप से वस्तु X के उत्पादन में विशिष्टीकरण करेगा। और परिणामस्वरूप अपने सब संसाधनों को इसके उत्पादन में लगा देगा तथा बिन्दु K से चलकर बिन्दु A_1 पर पहुंच जाएगा। दूसरी ओर, अन्तर्राष्ट्रीय कीमत रेखा BA_1 देश B की घरेलू कीमत रेखा bb की अपेक्षा अधिक चपटी है। इइसका मतलब है कि अन्तर्राष्ट्रीय बाजार में वस्तु Y अधिक महंगी हो गई है। इसलिए देश B अपने सब संसाधन वस्तु Y के उत्पादन में लगा देगा और पूर्ण रूप से उसके उत्पादन में विशिष्टीकरण करेगा तथा बिन्दु K_1 से चलकर बिन्दु B पर पहुंच जाएगा।

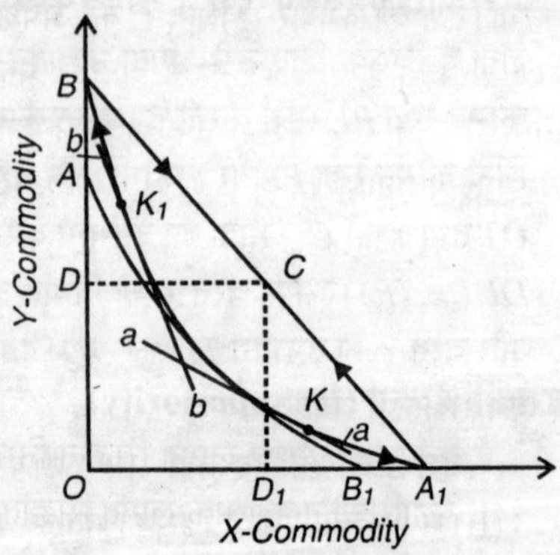

चित्र 4

इस प्रकार, देश A बिन्दु A_1 पर वस्तु X के उत्पादन में पूर्ण रूप से विशिष्टीकरण करेगा और देश B बिन्दु B पर वस्तु Y के उत्पादन में पूर्ण रूप से विशिष्टीकरण करेगा। अब प्रत्येक देश अन्तर्राष्ट्रीय कीमत रेखा के साथ-साथ आगे बढ़ेगा, देश A बिन्दु A_1 से ऊपर की ओर तथा देश B बिन्दु B से नीचे की ओर जाएगा और दोनों ही उपभोग में बिन्दु C पर पहुंच जाएंगे। देश A व्यापार त्रिभुज CD_1A_1 पर वस्तु X की D_1A_1 मात्रा देश B को निर्यात करेगा और वहां से वस्तु Y की D_1C मात्रा आयात करेगा और स्वयं वस्तु X की OD_1 मात्रा उपभोग करेगा। इसी प्रकार, देश B व्यापार त्रिभुज BDC पर देश A को वस्तु Y की DB मात्रा निर्यात तथा वहां से वस्तु X की DC मात्रा आयात करेगा और स्वयं वस्तु Y की OD मात्रा उपभोग करेगा।

घटती तथा बढ़ती हुई अवसर लागतों के अन्तर्गत व्यापार (Trade under Decreasing and increasing Opportunity Costs)

यह सम्भव नहीं है कि घटती हुई अवसर लागतों के अन्तर्गत अथवा बढ़ती हुई अवसर लागतों के अन्तर्गत दोनों ही वस्तुओं का उत्पादन किया जा सके। बल्कि स्थिति यह हो सकती है कि जहां वस्तु X का उत्पादन घटती हुई अवसर लागतों के अन्तर्गत हो रहा है

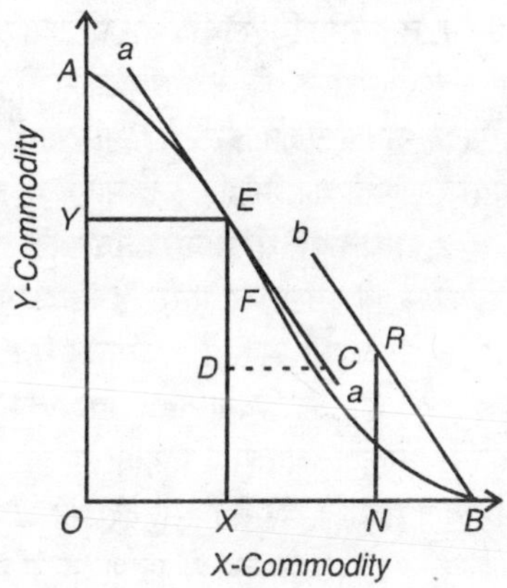

चित्र 5

वहां वस्तु Y का उत्पादन बढ़ती हुई अवसर लागतों के अन्तर्गत हो। उक्त वस्तुओं में से पहले प्रकार की वस्तु अर्थात X कोई ऐसी विनिर्मित वस्तु हो सकती है जैसे कपड़ा और दूसरी किस्म की Y वस्तु कोई कृषि-फसल हो सकती है, जैसे चावल। इस स्थिति को चित्र 5 में व्यक्त किया गया है जहां AB वक्र देश A के उत्पादन संभावना वक्र को प्रदर्शित करता है। इस वक्र का भाग AF नतोदर (Concave) है जो बढ़ती हुई अवसर लागतों को प्रकट करता है और भाग FB उन्नतोदर (Convex) है जो घटती हुई अवसर लागतों को प्रदर्शित करता है। जो बिन्दु इस वक्र AB को दो खण्डों में विभक्त करता है उसे अन्तर्वक्र बिन्दु (Point of Inflection) कहते हैं।

पहले, उत्पादन संभावना वक्र के क्षेत्र AF को लीजिए जहां अन्तर्राष्ट्रीय व्यापार शर्तों की aa रेखा इसे बिन्दु E पर स्पर्श करती है जहां दोनों ही वस्तुएं बढ़ती हुई अवसर लागतों के अन्तर्गत उत्पादित की जाती हैं। देश A वस्तु X की OX तथा वस्तु Y की OY मात्रा का उत्पादन करता है। इसका उपभोग बिन्दु C पर है जिसके परिणाम-स्वरूप यह X की DC मात्रा का आयात और Y की DE मात्रा का निर्यात करता है। क्योंकि C बिन्दु उत्पादन संभावना वक्र से बाहर है, इसलिए इस देश को दूसरे देश के साथ व्यापार करने से लाभ होता है।

अब मानलीजिए कि आन्तरिक मितव्ययिताओं के कारण वस्तु X का उत्पादन घटती हुई अवसर लागतों के अन्तर्गत होने लगता है और AB वक्र के FB क्षेत्र में उत्पादन संभावना वक्र उन्नतोदर हो जाता है। इसके परिणामस्वरूप ज्यों-ज्यों वस्तु X का उत्पदन बढ़ता जाता है, त्यो-त्यों उत्पादन की लागत घटती जाती है। देश अंत में बिन्दु B पर पहुंच जाएगा जहां यह पूर्ण रूप से वस्तु X के उत्पादन में विशिष्टीकरण करता है। यह मानकर कि अन्तर्राष्ट्रीय व्यापार की शर्तें वही रहती हैं जो पहले थीं, हम aa रेखा के समानान्तर bB रेखा खींचते हैं जिससे नया उपभोग बिन्दु B बन जाता है। अब यह देश वस्तु X की NB मात्रा को निर्यात और वस्तु Y की NR मात्रा को आयात करेगा। देश को व्यापार से बिन्दु C की अपेक्षा बिन्दु R पर अधिक लाभ होता है। यह तभी तक संभव है जब तक व्यापार शर्तों की bB रेखा aa रेखा के दाईं ओर रहती है। यदि यह रेखा, aa रेखा के बाएं को चली चाएगी, तो देश को हानि होगी और उसके हित में यही ठीक होगा कि वह वस्तु X के उत्पादन में पूर्ण रूप से विशिष्टीकरण न करे और aa रेखा के C जैसे उपभोग बिन्दु पर रहे। यही तर्क देश B पर लागू होता है।

3. आलोचनात्मक मूल्यांकन
(CRITICAL APPRAISAL)

इसकी श्रेष्ठता (Its Superiority)

हैबरलर का अवसर लागत सिद्धांत निम्नलिखित कारणों से अन्तर्राष्ट्रीय व्यापार के क्लासिकी सिद्धांत से श्रेष्ठ है :

1. क्लासिकी तुलनात्मक लागत सिद्धांत के विकल्प के रूप में अवसर लागत सिद्धांत अधिक वास्तविक है क्योंकि यह मूल्य के श्रम सिद्धांत की उन अवास्तविक मान्यताओं को छोड़ देता है जिन पर क्लासिकी तुलनात्मक लागत सिद्धांत आधारित है।

2. अवसर लागत सिद्धांत स्थिर, बढ़ती हुई तथा घटती हुई अवसर लागतों के अन्तर्गत व्यापार के पहले और व्यापार के बाद की स्थिति का विश्लेषण करता है जबकि तुलनात्मक लागत सिद्धांत देश के भीतर स्थिर लागतों और दो देशों के बीच तुलनात्मक लाभ तथा हानि पर आधारित है।

3. यह व्यापार सिद्धांत में साधन स्थानापन्नता के महत्त्व को उजागर करता है।

4. यह अन्तर्राष्ट्रीय व्यापार के सामान्य संतुलन सिद्धांत का सरल मॉडल प्रस्तुत करता है। इस प्रकार विश्लेषणात्मक आधार पर क्लासिकी तुलनात्मक सिद्धांत की अपेक्षा अवसर लागत सिद्धांत अधिक श्रेष्ठ है।

इसकी आलोचनाएं (Its Criticisms)

जैकब वाइनर (Jacob Viner) ने अपनी पुस्तक *Studies in the Theory of International Treade* (1937) में मूल्य के वास्तविक लागत सिद्धांत का समर्थन किया है और अवसर लागत सिद्धांत की कटु आलोचना की है—

1. कल्याण विश्लेषण का घटिया औजार (Inferior as a Tool of Welfare Analysis)—वाइनर का मत है कि कल्याण मूल्यांकन के औजार के रूप में क्लासिकी वास्तविक लागत सिद्धांत की अपेक्षा अवसर लागत सिद्धांत घटिया है। उसका कहना है कि उत्पादक सेवाएं प्रदान करने में ''परित्याग'', ''अनुपयोगिताओं'' अथवा ''कठिनाइयों'' के रूप में जो वास्तविक लागतें पाई जाती हैं, अवसर लागतों का सिद्धांत उन्हें मापने में असमर्थ रहता है।

2. साधन पूर्तियों में परिवर्तनों की उपेक्षा (Ignores Changes in Factor Supplies)— वाइनर अवसर लागत सिद्धांत की इस कारण भी आलोचना करता है कि उत्पादन सम्भावना वक्र साधन पूर्तियों की उपेक्षा करता है।

3. आय की अपेक्षा अवकाश को अधिमान की उपेक्षा (Neglects Preference for Leisure against Income)— वाइनर की एक आलोचना यह है कि उत्पादन संभावना वक्र आय की तुलना में ''अवकाश'' को दिए जाने वाले अधिमान को ध्यान में नहीं रख सकता। **वाल्श** ने इस आक्षेप का भी खण्डन किया है। वाल्श का तर्क यह है कि ''अन्तर्राष्ट्रीय कीमत अनुपात पर व्यापार की संभावना सामान्य रूप से किसी देश को अपनी आय वास्तविक रूप में बढ़ाने का अवसर देती है। इस बढ़ोतरी का कुछ भाग अपेक्षाकृत अधिक अवकाश के रूप में ग्रहण किया जाएगा जिससे दोनों वस्तुओं का उत्पादन घट जाएगा।''[2] उसने इसे त्रिआयामीय (Three Dimensional) चित्र पर उत्पादन संभावना वक्र के रूप में प्रदर्शित किया है जहां अवकाश को तीसरे आयाम पर लिया गया है। **रिचर्ड केव्ज** के मतानुसार, ''वाल्श का तर्क यह प्रदर्शित करता है कि जब अवकाश के लिए अधिमान में परिवर्तन होगा तो साधन लागतों की निश्चित मात्राओं के लिए परिभाषित रूपान्तरण वक्र के आकार तथा परिमाण दोनों में परिवर्तन हो जाएगा।''[3]

4. अवास्तविक मान्यताएं (Unrealistic Assumptions)—हैबरलर का अवसर लागत सिद्धांत ऐसी मान्यताओं पर आधारित है जैसे दो-देश, दो-वस्तुएं, दो-साधन, पूर्ण प्रतियोगिता, पूर्ण रोजगार, तकनीकी परिवर्तन नहीं, आदि। ये सभी अवास्तविक मान्यताएं हैं जो वास्तविक जगत् में नहीं पाई जाती हैं।

निष्कर्ष (Conclusion)—परन्तु ये सब आलोचनाएं निराधार हैं। अर्थशास्त्रियों ने वास्तविक लागत सिद्धांत को हमेशा-हमेशा के लिए छोड़ दिया है क्योंकि ''यह अवास्तविक तथा भ्रान्तिपूर्ण उपकल्पना की भूल-भुलैया में उलझा देता है।'' अन्तर्राष्ट्रीय व्यापार सिद्धांत में अवसर लागत सिद्धांत के स्थान पर नतोदर उत्पादन संभावना वक्र के रूप में अवसर लागत सिद्धांत आकर जम गया है और सैम्यूल्सन ने बहुत गहन रूप से इसका प्रयोग किया है।

रिचर्ड केब्ज ने इसे सामान्य संतुलन मॉडल का सरल रूप माना है। जैसाकि सैम्यूल्सन ने लक्ष्य किया है, ''अवसर लागत सिद्धांत अधिक उपयोगी है क्योंकि इसे आसानी से सामान्य सन्तुलन प्रणाली में विस्तारित किया जा सकता है। इसलिए इसमें आश्चर्य नहीं कि अवसर लागत सिद्धांत अधिकाधिक लोकप्रिय होता गया है और इसका वे लोग भी प्रयोग करते हैं जो इस पर हमला करते हैं।''[4]

प्रश्न

1. अन्तर्राष्ट्रीय व्यापार के अवसर लागत सिद्धांत की समीक्षा कीजिए।
2. स्पष्ट कीजिए कि अन्तर्राष्ट्रीय व्यापार का अवसर लागत सिद्धांत अन्तर्राष्ट्रीय व्यापार के क्लासिकी सिद्धांत की त्रुटियों का किस प्रकार समाधान करता है?
3. हैबरलर ने तुलनात्मक लागतों के क्लासिकी सिद्धांत का अवसर लागत सिद्धांत द्वारा जो संशोधन किया उसकी आलोचनात्मक व्याख्या कीजिए।

2. V.C. Walsh, *Leisure and International Trade Economics, Aug.* 1956.
3. Richard Caves, *Trade and Structure,* 1960.
4. P.A. Samuelson, *Collected Scientific Papers,* 1960.

अध्याय 7

मिल का पारस्परिक मांग का सिद्धांत
(MILL'S THEORY OF RECIPROCAL DEMAND)

1. प्रस्तावना
(INTRODUCTION)

रिकार्डो ने तुलनात्मक लाभ का सिद्धांत प्रस्तुत किया था, परन्तु उसने यह स्पष्ट नहीं किया कि वस्तुओं का परस्पर विनिमय किन अनुपातों में होगा। इस समस्या पर **जे.एस. मिल** (J.S. Mill) ने अपने पारस्परिक मांग के सिद्धांत में विस्तारपूर्वक चर्चा की है। मिल ने व्यापार की संतुलन शर्तों के निर्धारण की व्याख्या करने के लिए 'पारस्परिक मांग' शब्द चलाया था। यह शब्द किसी देश की एक वस्तु की मांग को अन्य वस्तु की उन मात्राओं के रूप में निर्दिष्ट करने के लिए प्रयोग किया जाता है जो वह बदले में छोड़ने को तैयार है। पारस्परिक मांग ही व्यापार की शर्तों को निर्धारित करती है और व्यापार की शर्तें, आगे, प्रत्येक देश के सापेक्ष भाग को निर्धारित करती हैं। दो वस्तुओं के बीच संतुलन उस विनिमय के अनुपात पर निर्धारित होगा जिस पर प्रत्येक देश द्वारा दूसरे देश से आयात की जाने वाली वस्तु की मांग ठीक उतनी होगी जो एक दूसरी के लिए भुगतान करने के लिए पर्याप्त हो।

अपने पारस्परिक मांग के सिद्धांत की व्याख्या करने के लिए मिल ने पहले रिकार्डो के तुलनात्मक लागतों के सिद्धांत को पुनः प्रस्तुत किया। ''उसने यह मानने की बजाय कि दो देशों में प्रत्येक वस्तु के उत्पादन की मात्रा दी हुई है जिनकी श्रम लागतें भिन्न हैं, यह मान्यता रखी कि प्रत्येक देश में श्रम की मात्रा दी हुई है परन्तु उसके उत्पाद की मात्राएं अलग-अलग हैं। इस प्रकार रिकार्डो की तुलनात्मक श्रम लागत की मान्यता के मुकाबले मिल ने तुलनात्मक लाभ के रूप में अपने सिद्धान्त की स्थापना की।''

मान्यताएं (Assumptions)

मिल का पारस्परिक मांग का सिद्धांत निम्नलिखित मान्यताओं पर आधारित है :

1. दो देश हैं, मान लीजिए, इंग्लैंड और जर्मनी।
2. दो वस्तुएं हैं, मान लीजिए—लिनन (linen) और कपड़ा।
3. दोनों ही वस्तुओं का उत्पादन स्थिर प्रतिफलों के नियम के अन्तर्गत होता है।
4. परिवहन लागतें बिल्कुल नहीं हैं।
5. दोनों देशों की जरूरतें एक जैसी हैं।
6. पूर्ण प्रतियोगिता है।
7. पूर्ण रोजगार है।
8. दोनों देशों के बीच स्वतंत्र व्यापार है।
9. दोनों देशों के बीच व्यापार संबंधों में तुलनात्मक लागतों का नियम लागू होता है।

सिद्धांत की व्याख्या (Explanation of the Theory)

इन मान्यताओं के दिए हुए होने पर मिल के पारस्परिक मांग के सिद्धांत की व्याख्या सारणी I की सहायता से की जा सकती है।

मानलीजिए कि जर्मनी एक मानव-वर्ष (man-year) के भीतर लिनन की 10 इकाइयों अथवा कपड़े की 10 इकाइयों का उत्पादन करता है और इंग्लैंड उतना ही श्रम-समय लगाने से लिनन की 6 इकाइयों अथवा कपड़े की 8 इकाइयों का उत्पादन कर सकता है। मिल के मतानुसार ''इकाइयों के उत्पादन से संबंधित कल्पना कर लिये जाने पर इंग्लैंड के हित में यह होगा कि वह जर्मनी से लिनन का

आयात करे और जर्मनी के हित में होगा कि वह इंगलैंड से कपड़े का आयात करे।'' इसका कारण यह है कि जर्मनी को लिलन तथा कपड़े, दोनों के उत्पादन में निरपेक्ष (absolute) लाभ है जबकि इंगलैंड को कपड़े के उत्पादन में न्यूनतम तुलनात्मक हानि है। इसे उनके घरेलू विनिमय अनुपातों और अन्तर्राष्ट्रीय विनिमय अनुपातों से समझा जा सकता है।

व्यापार से पहले, लिनन तथा कपड़े का घरेलू लागत अनुपात जर्मनी में 1 : 1 है और इंग्लैंड में 3 : 4 है। यदि वे परस्पर व्यापार करने लगें, तो इंग्लैंड की तुलना में जर्मनी को लिनन के उत्पादन में 5 : 3 (अथवा 10 : 6) लाभ होगा और कपड़े के उत्पादन में 5 : 4 (अथवा 10 : 8) लाभ होगा। क्योंकि 5/4 से 5/3 अधिक (5/3 > 5/4) है इसलिए जर्मनी को लिनन के उत्पादन में तुलनात्मक लाभ अधिक होता है। इस प्रकार जर्मनी के हित में यह होगा कि वह इंग्लैंड को कपड़े के बदले लिनन का निर्यात करे। इसी प्रकार इंग्लैंड की स्थिति लिनन के उत्पादन में 3/5 (अथवा 6/10) और कपड़े के उत्पादन में 4/5 (अथवा 8/10) है। क्योंकि 3/5 से 4/5 अधिक (4/5 > 3/5) है, इसलिए इंग्लैंड के हित में होगा कि वह जर्मनी को लिनन के बदले कपड़े का निर्यात करे।

सारणी I : उत्पादित वस्तुओं की मात्राएं

	उत्पादन (इकाइयों में)	
देश	*लिनन*	*कपड़ा*
जर्मनी	10	10
इंगलैंड	6	8

मिल का पारस्परिक मांग का सिद्धांत उन सम्भव शर्तों से संबंध रखता है जिन पर दो देशों के बीच दो वस्तुओं पर परस्पर विनिमय होगा। व्यापार की शर्तों का मतलब है—दो देशों के बीच 'व्यापार की वस्तु-विनिमय शर्तें' (barter terms of trade) अर्थात एक देश के आयातों की मात्रा का निर्यातों की दी हुई मात्रा का अनुपात।

एक उदाहरण लीजिए। मानलीजिए कि दो श्रम-समय लगाने से जर्मनी में लिनन की 10 इकाइयों का तथा कपड़े की 10 इकाइयों का उत्पादन होता है जबकि इंग्लैंड में श्रम की वही मात्रा लिनन की 6 इकाइयों तथा कपड़े की 8 इकाइयों का उत्पादन करती है। लिनन तथा कपड़े के बीच घरेलू विनिमय अनुपात जर्मनी में 1 : 1 और इंग्लैंड में 1 : 1.33 है। इस प्रकार व्यापार की सम्भव शर्तों की सीमाएं जर्मनी में 1 लिनन : 1 कपड़ा और इंग्लैंड में 1 लिनन : 1.33 कपड़ा है। इस प्रकार दोनों देशों के बीच व्यापार की शर्तें 1 लिनन या 1 कपड़ा अथवा 1.33 कपड़ा होंगी।

परन्तु वास्तविक अनुपात पारस्परिक मांग पर निर्भर करेगा अर्थात् ''दूसरे देश की वस्तु के लिए प्रत्येक देश की मांग की शक्ति तथा लोच पर'' निर्भर करेगा। यदि इंग्लैंड के कपड़े के लिए जर्मनी की मांग अधिक तीव्र (बेलोच) होगी, तो व्यापार की शर्तें 1 : 1 के अधिक निकट होंगी। इंग्लैंड के कपड़े की एक इकाई के बदले जर्मनी लिनन की एक इकाई का विनिमय करने को तैयार होगा। व्यापार की शर्तें जर्मनी के प्रतिकूल और इंग्लैंड के पक्ष में जाएंगी। परिणाम यह होगा कि व्यापार से इंग्लैंड की अपेक्षा जर्मनी को कम लाभ होगा। दूसरी ओर, यदि इंगलैंड के कपड़े के लिए जर्मनी की मांग कम तीव्र (अधिक लोचदार) है, तो व्यापार की शर्तें 1 : 1.33 के अधिक निकट होंगी। व्यापार की शर्तें जर्मनी के पक्ष में और इंगलैंड के प्रतिकूल होंगी, क्योंकि जर्मनी 1 लिनन के बदले इंगलैंड से 1.33 कपड़ा विनिमय कर सकेगा। परिणाम यह होगा कि व्यापार से इंग्लैंड की अपेक्षा जर्मनी को अधिक लाभ होगा। संक्षेप में कहा जा सकता है कि

(1) वस्तु-विनिमय शर्तों का सम्भव सीमा-क्षेत्र व्यापार की उन संबद्ध घरेलू शर्तों से प्राप्त होता है जिन्हें प्रत्येक देश में तुलनात्मक कुशलता निर्धारित करती है;

(2) इस सीमा-क्षेत्र के भीतर व्यापार की वास्तविक शर्तें प्रत्येक देश की वस्तु केलिए दूसरे देश की मांग पर निर्भर करती हैं; और

(3) अन्तिम, व्यापार की केवल वही वस्तु-विनिमय शर्तें स्थिर रहेंगी जिन पर प्रत्येक देश द्वारा प्रस्तुत निर्यात उस देश द्वारा इच्छित आयातों का भुगतान करने के लिए ठीक पर्याप्त होंगे।

मिल के पारस्परिक मांग के सिद्धांत की आरेखीय व्याख्या मार्शल के प्रस्ताव वक्रों के रूप में की जा सकती है। चित्र 1 में इंगलैंड केवल कपड़े का उत्पादन करता है जिसे क्षैतिज अक्ष पर लिया गया है और जर्मनी केवल लिनन का उत्पादन करता है जिसे अनुलम्ब अक्ष पर लिया गया है। *OE* वक्र इंगलैंड का प्रस्ताव वक्र है। यह बताता है कि लिनन की दी हुई मात्रा के बदले इंगलैंड कपड़े की कितनी इकाइयां छोड़ने को तैयार है। इसी प्रकार *OG* वक्र जर्मनी का प्रस्ताव वक्र है जो बताता है कि कपड़े की दी हुई मात्रा के बदले जर्मनी लिनन की कितनी इकाइयां छोड़ने को तैयार है। बिन्दु *T* जहां दोनों प्रस्ताव वक्र *OE* तथा *OG* एक-दूसरे को काटते हैं, संतुलन बिन्दु

है जिस पर इंगलैंड कपड़े की OC मात्रा के बदले जर्मनी के लिनन की OL मात्रा से व्यापार करता है। जिस दर पर लिनन के बदले कपड़े का विनिमय होता है वह रेखा OT के ढलान के बराबर है।

जब एक देश की ओर से दूसरे देश की वस्तु के लिए मांग में परिवर्तन होता है, तो इससे उस देश के प्रस्ताव वक्र का रूप बदल जाता है। मानलीजिए कि जर्मनी की लिनन के लिए इंगलैंड की मांग बढ़ जाती है। हो सकता है कि अब इंगलैंड जर्मनी की लिनन के बदले अधिक कपड़ा विनिमय करने को तैयार हो। इसके परिणामस्वरूप इंगलैंड का प्रस्ताव वक्र दाएं को सरककर OE_1 पर चला जाता है जो जर्मनी के प्रस्ताव वक्र OG को T_1 पर काटता है। अब इंगलैंड लिनन की OL_1 इकाइयों के बदले कपड़े की OC_1 इकाइयों का व्यापार करता है। बिन्दुकित रेखा OT_1 की ढलान द्वारा व्यक्त व्यापार शर्तें बताती हैं कि वे इंगलैंड के लिए खराब हो गई हैं तथा जर्मनी के लिए बेहतर हो गई हैं। यह बात इस तथ्य से स्पष्ट है कि इंगलैंड लिनन की LL_1 इकाइयों के बदले कपड़े की CC_1 इकाईयां जर्मनी को देता है। LL_1 से CC_1 भाग अधिक बड़ा है ($CC_1 > LL_1$)।

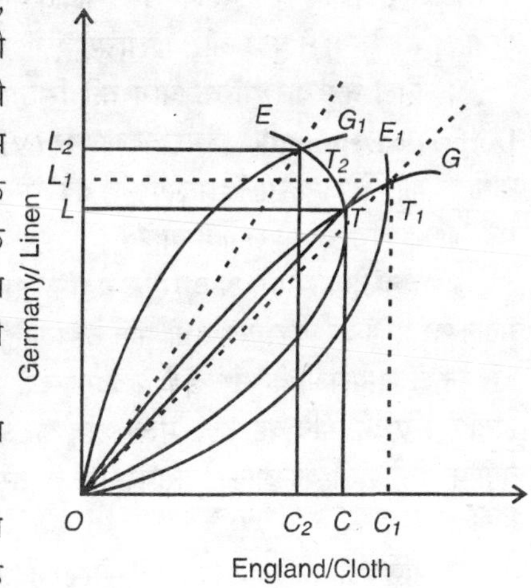

चित्र 1

इसी प्रकार यदि इंगलैंड के कपड़े के लिए जर्मनी की मांग बढ़ जाती है, तो जर्मनी का प्रस्ताव वक्र बाएं की ओर सरककर OG_1 पर चला जाता है, जो इंगलैंड के प्रस्ताव वक्र OE को T_2 पर काटता है। अब जर्मनी कपड़े की OC_2 इकाइयों के बदले इंगलैंड को लिनन की OL_2 इकाइयों का विनिमय करता है। बिन्दुकित रेखा OT_2 की ढलान द्वारा व्यक्त व्यापार शर्तें बताती हैं कि वे जर्मनी के लिए खराब और इंगलैंड के लिए बेहतर हो गई हैं। यह बात इस तथ्य से स्पष्ट है कि जर्मनी कपड़े की कम मात्रा CC_2 के बदले लिनन की अधिक मात्रा LL_2 इंगलैंड को देता है अर्थात् $LL_2 > CC_2$। चाहे जो स्थिति हो, पर यह निश्चित है कि दोनों देशों के बीच व्यापार की शर्तें घरेलू स्थिर लागत अनुपातों के बीच में रहेंगी जिन्हें Og तथा Oe रेखाएं व्यक्त करती हैं जैसाकि चित्र 2 में दिखाया गया है।

परन्तु व्यापार की वास्तविक शर्तें प्रत्येक देश के प्रस्ताव वक्र की मांग की लोच पर निर्भर करेंगी। किसी देश का प्रस्ताव वक्र जितना अधिक लोचदार होगा, दूसरे देश की तुलना में व्यापार की शर्तें उसके उतनी ही अधिक प्रतिकूल होंगी। इसके विपरीत, उसका प्रस्ताव वक्र जितना अधिक बेलोच होगा, दूसरे देश की अपेक्षा व्यापार की शर्तें उसके उतना ही अधिक अनुकूल होंगी।

व्यापार से लाभों का वितरण
(Distribution of Gains from Trade)

व्यापार से लाभों का वितरण चित्र 2 से स्पष्ट किया गया है। इस चित्र में OE तथा OG क्रमशः इंगलैंड तथा जर्मनी के प्रस्ताव वक्र हैं। Oe तथा Og क्रमशः दोनों देशों में लिनन तथा कपड़ा और दोनों के उत्पादन के स्थिर घरेलू लागत अनुपात हैं। व्यापार की वास्तविक शर्तें बिन्दु P पर तय होती हैं जो कि ऐसा बिन्दु है जिस पर OE तथा OG एक दूसरे को काटते हैं। OT रेखा व्यापार की संतुलित शर्तों को व्यक्त करती है।

इंगलैंड के भीतर लागत अनुपात है—लिनन की KS इकाइयां : कपड़े की OK इकाइयां। परन्तु इसे व्यापार के माध्यम से लिनन की KP इकाइयां प्राप्त होती हैं। इसलिए लिनन की SP इकाइयां इसके लाभ हैं। जर्मनी में घरेलू लागत अनुपात है—लिनन की KR इकाइयां : कपड़े की OK इकाइयां। परन्तु वह लिनन की केवल KP इकाइयों के बदले इंगलैंड से कपड़े की OK इकाइयों का आयात करता है। इस प्रकार, इसे लिनन की $PR\ (= KR - KP)$ इकाइयों का लाभ होता है। किसी देश का लाभ जितना ही अधिक होगा, उतनी ही अधिक उस देश की व्यापार की शर्तें दूसरे देश की घरेलू शर्तों के निकट होंगी।

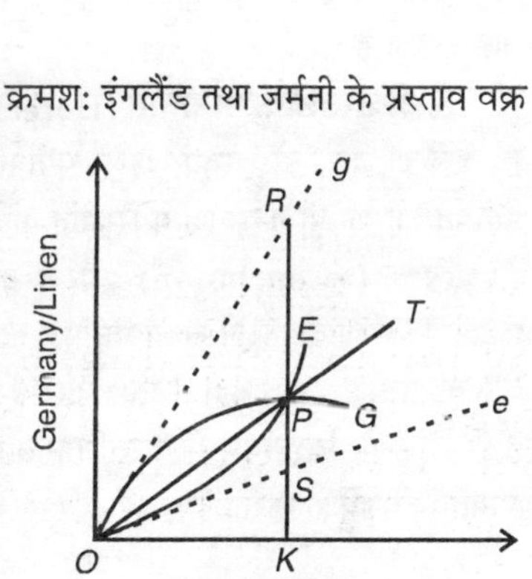

चित्र 2

इसकी अलोचनाएं (Its Citicisms)

मिल का पारस्परिक मांग का सिद्धांत लगभग उन्हीं अवास्तविक मान्यताओं पर आधारित है जो रिकार्डों ने अपने तुलनात्मक लाभ के सिद्धांत में अपनाई थीं। इसलिए इस सिद्धांत में भी उससे मिलती-जुलती कमियां हैं। इसके अतिरिक्त वाइनर, ग्राहम (Graham) तथा अन्य अर्थशास्त्रियों ने कुछ और आलोचनाएं भी की हैं।

1. **मिल का पारस्परिक मांग की सिद्धांत वस्तु की घरेलू मांग पर ध्यान नहीं देता (Does not pay Attention to Domestic Demand)**—जैसा कि **वाइनर** (Viner) ने लक्ष्य किया है, प्रत्येक देश अपनी घरेलू मांग को पूरा करने के बाद ही अपने उत्पादन को निर्यात करेगा। इसलिए जब तक घरेलू मांग पूरी नहीं होगी तब तक जर्मनी का मांग वक्र Og रेखा से नीचे नहीं होगा, और यही बात इंग्लैंड पर भी लागू होती है।

2. **दोनों देश समान आकार के नहीं हो सकते (Both Countries cannot be of Equal Size)**—**ग्राहम** (Graham) के मतानुसार मिल का विश्लेषण तभी सही ठहरता है, जब दोनों देशों का आकार समान हो और दोनों वस्तुओं का उपभोग मूल्य भी समान हो। इन दो मान्यताओं के अभाव में यदि एक देश छोटा है और दूसरा देश बड़ा है, तो दोनों ही स्थितियों में छोटे देश को अधिकतम लाभ होता है : **प्रथम**, यदि वह उच्च-मूल्य वस्तु का उत्पादन करेगा, तो वह अपने बड़े भागीदार के लागत अनुपात अपनाएगा; और **दूसरे,** क्योंकि दोनों देशों का आकार बराबर नहीं है, इसलिए व्यापार की शर्तें बड़े देश की तुलनात्मक लागतों पर अथवा उनके निकट तय होंगी।

3. **पूर्ति पक्ष की अवहेलना (Neglect of Supply Side)**—**ग्राहम** ने आगे इस बात के लिए भी मिल की आलोचना की है कि उसने अन्तर्राष्ट्रीय मूल्यों के निर्धारण में मांग पर बल दिया है और पूर्ति की उपेक्षा की है। उसका कहना है कि पारस्परिक मांग लागू करने से ऐसा प्रतीत होता है कि केवल मांग ही रुचि का विषय है। उसका दृढ़ मत है कि अन्तर्राष्ट्रीय व्यापार में उत्पादन लागतें (पूर्ति) भी बहुत अधिक महत्व रखती है। इस प्रकार उसने पारस्परिक मांग के नियम को केवल प्राचीन कला के अवशेषों तथा पुरातन चित्रों में व्यापार के लिए ही उपयुक्त बताकर प्रहार किया है।

4. **दो देशों में आय के उतार-चढ़ावों पर ध्यान नहीं (No attention to Fluctuations in Income in two Countries)**—मिल के पारस्परिक मांग के विश्लेषण की एक और दुर्बलता यह है कि वह दो व्यापार में लगे देशों में आपस में उतार-चढ़ाव पर कोई ध्यान नहीं देता जबकि यह अनिवार्य है कि उतार-चढ़ाव निश्चय ही उन दोनों देशों के बीच व्यापार की शर्तों को प्रभावित करेंगे।

5. **वास्तविक तथा काल्पनिक (Unrealistic and Arbitrary)**—पारस्परिक मांग का सिद्धांत व्यापार की वस्तु विनिमय शर्तों और सापेक्ष कीमत अनुपातों पर आधारित है। इस प्रकार यह सिद्धांत ''कीमतों और मजदूरियों की समस्त दृढ़ता, समस्त संक्रमणात्मक स्फीतिकारी तथा अतिमूल्यन अन्तरों और सभी भुगतान-शेष सम्बन्धी समस्याओं की उपेक्षा करता है।'' इसलिए, यदि इस सिद्धान्त को काल्पनिक और अवास्तविक कहा जाए तो आश्चर्य नहीं। इसलिए, ग्राहम इस सिद्धांत को भ्रममूलक मानता है और इसे रद्द करने की बात कहता है।

6. **अवास्तविक मान्यताएं (Unrealistic Assumptions)**—मिल का सिद्धांत ऐसी मान्यताओं पर आधारित है जो अवास्तविक है, जैसे दो देश, दो वस्तुएं, स्थिर प्रतिफल का नियम, परिवहन लागतों का अभाव, समान आवश्यकताएं, पूर्ण रोजगार तथा पूर्ण प्रतियोगिता का पाया जाना। ये सिद्धांत को अवास्तविक बना देती हैं।

निष्कर्ष (Conclusion)—परन्तु ग्राहम द्वारा की गई आलोचनाओं का कोई आधार नहीं है और ये आलोचनाएं निरर्थक जान पड़ती हैं। जैसा वाइनर ने लक्ष्य किया है, ''व्यापार की शर्तें पारस्परिक मांगों से प्रत्यक्षत: प्रभावित होती हैं और उन पर किसी भी अन्य बात का प्रत्यक्ष प्रभाव नहीं पड़ता। पारस्परिक मांगों को आगे लागत स्थितियां और आधारभूत उपयोगिता फलन मिलकर निर्धारित करते हैं।'' मिल के विश्लेषण में वास्तविक दोष यह है कि यह आधारभूत उपयोगिता फलनों पर बहुत अधिक बल देता है और उत्पादन लागतों की उपेक्षा करता है।

प्रश्न

1. तुलनात्मक लागतों के सिद्धांत में पारस्परिक मांग के सिद्धांत की प्रकृति और महत्व का विश्लेषण कीजिए।
2. तुलनात्मक लागतों के सिद्धांत में मिल के पारस्परिक मांग के सिद्धांत का आलोचनात्मक मूल्यांकन कीजिए।

अध्याय 8

हैक्शर-ओलिन का अन्तर्राष्ट्रीय व्यापार सिद्धांत या आधुनिक सिद्धांत (HECKSCHER-OHLIN THEORY OF INTERNATIONAL TRADE OR MODERN THEORY)

1. प्रस्तावना (INTRODUCTION)

बर्टिन ओलिन ने अपनी प्रसिद्ध पुस्तक *Inter-regional and International Trade* (1933) में अन्तर्राष्ट्रीय व्यापार के क्लासिकी सिद्धांत की आलोचना की और अन्तर्राष्ट्रीय व्यापार का सामान्य सन्तुलन सिद्धांत (General Equilibrium Theory) अथवा साधन सम्पन्नता (Factor Endowment) अथवा साधन अनुपातों (Factor Proportions) का सिद्धांत बनाया। इसे अन्तर्राष्ट्रीय व्यापार का आधुनिक सिद्धांत अथवा हैक्शर-ओलिन प्रमेय भी कहते हैं। वास्तव में ओलिन के अध्यापक एली हैक्शर (Eli Hecksher) ने पहले पहल 1919 में यह विचार प्रस्तुत किया था कि अन्तर्राष्ट्रीय व्यापार तो विभिन्न देशों में साधन सम्पन्नताओं में अन्तरों का परिणाम होता है। ओलिन ने इस विचार को आगे बढ़ाया और इससे अन्तर्राष्ट्रीय व्यापार का आधुनिक सिद्धांत निर्मित किया।

2. सिद्धान्त का वक्तव्य (STATEMENT OF THE THEORY)

हैक्शर-ओलिन सिद्धांत यह बताता है कि उत्पादन, विशिष्टीकरण तथा प्रदेशों में व्यापार के ढांचे का प्रमुख निर्धारक तत्त्व हैं, साधन पूर्तियों की **सापेक्ष** प्राप्यता (relative availability)। प्रदेशों अथवा देशों की साधन सम्पन्नताएं तथा साधन पूर्तियां भिन्न-भिन्न होती हैं। "कुछ देशों में पूंजी अधिक होती है, दूसरों में श्रम अधिक होता है। अब यह सिद्धांत कहता है कि जिन देशों में पूंजी अधिक होगी, वे पूंजी-गहन वस्तुओं को निर्यात करेंगे और जिन देशों में श्रम अधिक होगा वे श्रम-गहन वस्तुओं को निर्यात करेंगे।"[1] ओलिन की दृष्टि में, अन्तर्राष्ट्रीय व्यापार का तुरन्त कारण सदा यह रहता है कि कुछ वस्तुएं अन्य प्रदेशों से अधिक सस्ती खरीदी जा सकती हैं जबकि उसी प्रदेश में उन वस्तुओं का उत्पादन ऊंची कीमतों पर ही सम्भव होता है। इस प्रकार, प्रदेशों के बीच व्यापार का प्रमुख कारण वस्तुओं की कीमतों का अन्तर रहता है।

सिद्धांत का विस्तार से विश्लेषण करने से पहले हम यहां इसकी मान्यताएं दे रहे हैं।

सिद्धांत की मान्यताएं (Assumptions of the Theory)

1. यह दो-एवं-दो-एवं-दो मॉडल है, अर्थात् दो देश (A तथा B) हैं, दो वस्तुएं (X तथा Y) हैं और उत्पादन के दो साधन (पूंजी तथा श्रम) हैं।
2. वस्तुओं तथा साधन बाजारों में पूर्ण प्रतियोगिता है।
3. संसाधन पूर्ण नियोजित (Fully employed) हैं।
4. विभिन्न प्रदेशों की साधन सम्पन्नताओं में मात्रात्मक अन्तर हैं परन्तु गुणात्मक रूप से वे समरूप हैं।
5. दोनों वस्तुओं के उत्पादन फलनों की साधन गहनताएं विभिन्न हैं अर्थात् वे श्रमगहन तथा पूंजी-गहन हैं।

1. Bo Sodersten, *International Economics,* 1970, p. 64.

6. साधन गहनताएं बदली नहीं जा सकती हैं।

7. विभिन्न वस्तुओं के उत्पादन फलन भिन्न-भिन्न हैं, परन्तु दोनों देशों में प्रत्येक वस्तु के उत्पादन फलन समान हैं। इसका मतलब है कि वस्तु X का उत्पादन फलन वस्तु Y के उत्पादन फलन से भिन्न है। परन्तु दोनों देशों में वस्तु X के उत्पादन के लिए प्रयुक्त तकनीक समान है और दोनों देशों में वस्तु Y के उत्पादन के लिए प्रयुक्त तकनीक समान है।

8. प्रत्येक प्रदेश के भीतर साधन पूर्णतया गतिशील हैं परन्तु अन्तर्राष्ट्रीय रूप से वे गतिहीन हैं।

9. कोई परिवहन लागतें नहीं हैं।

10. दोनों देशों के बीच मुक्त तथा बिना किसी प्रतिबन्ध के व्यापार है।

11. प्रत्येक प्रदेश में प्रत्येक वस्तु के उत्पादन में पैमाने के स्थिर-प्रतिफल हैं।

12. दोनों देशों में उपभोक्ताओं के अधिमान तथा उनकी मांग के ढांचे समरूप हैं।

13. प्रौद्योगिकी ज्ञान में कोई परिवर्तन नहीं है।

14. विशिष्टीकरण अपूर्ण है। दोनों में से कोई देश भी एक वस्तु के उत्पादन में विशिष्टीकरण नहीं करता है।

सिद्धांत की व्याख्या (Explanation of the Theory)

इन मान्यताओं के दिए हुए होने पर, हैक्शर तथा ओलिन का कहना है कि दो देशों के बीच साधन सम्पन्नताओं में अन्तरों के परिणामस्वरूप साधनों की सापेक्ष मांग तथा पूर्ति में अन्तरों (साधन कीमतों) द्वारा उत्पन्न सापेक्ष वस्तु कीमतों का अन्तर ही अन्तर्राष्ट्रीय व्यापार का तुरन्त कारण है।[2] मूलरूप से, साधनों की सापेक्ष दुर्लभता-मांग की सापेक्षता में पूर्ति की कमी—दो प्रदेशों के बीच व्यापार के लिए अनिवार्य है। *जिन वस्तुओं में दुर्लभ साधनों की बड़ी मात्राएं प्रयोग होती हैं उन्हें आयात किया जाता है क्योंकि उनकी कीमतें ऊंची हैं जबकि उन वस्तुओं को निर्यात किया जाता है जिनमें प्रचुर साधन प्रयोग होते हैं, क्योंकि उनकी कीमतें नीची हैं।*

हेक्शर-ओलिन प्रमेय की दो परिभाषाओं के रूप में व्याख्या की जाती है : (1) साधन प्रचुरता (या दुर्लभता) कीमत कसौटी के रूप में; तथा (2) साधन प्रचुरता (या दुर्लभता) भौतिक कसौटी के रूप में। हम इन दोनों की क्रमशः विवेचना करते हैं :

(1) **साधन कीमतों के रूप में साधन प्रचुरता (Factor Abundance in Terms of Factor Prices)**—हैक्शर-ओलिन ने साधन कीमतों के रूप में साधन सम्पन्नता की व्याख्या की है। उनकी परिभाषा के अनुसार, देश A में पूंजी की प्रचुरता होगी बशर्ते कि $(P_C/P_L)A < (P_C/P_L)B$, जहां P_C तथा P_L क्रमशः पूंजी तथा श्रम की कीमतों को व्यक्त करते हैं और A तथा B दोनों देशों को। दूसरे शब्दों में, यदि देश A में पूंजी अपेक्षाकृत सस्ती है तो उस देश में पूंजी की प्रचुरता है, और यदि देश B में श्रम सस्ता है तो उस देश में श्रम की प्रचुरता है। इस प्रकार, देश A पूंजी-गहन वस्तु को निर्यात करेगा और देश B श्रम-गहन वस्तु को निर्यात करेगा। इसे चित्र 1 के द्वारा स्पष्ट किया गया है।

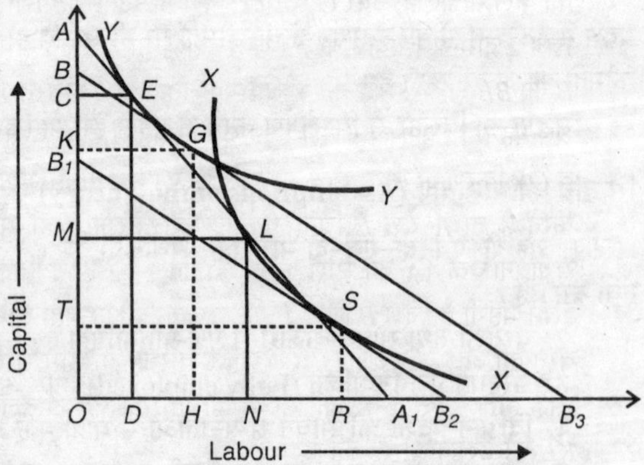

चित्र 1

चित्र 1 में, X श्रम-गहन वस्तु है जिसे क्षैतिज अक्ष पर लिया गया है और Y पूंजी-गहन वस्तु है जिसे अनुलम्ब अक्ष पर लिया जाता है। वस्तु X का सममात्रा वक्र (isoquant) XX है तथा वस्तु Y का सममात्रा वक्र YY है। ये दोनों देशों A और B के लिए समान हैं। देश A में दोनों वस्तुओं के लिए सापेक्ष साधन कीमतें साधन-कीमत रेखा AA_1 बताती हैं। यह मानकर कि प्रत्येक सममात्रा वक्र उससे संबंधित वस्तु की एक इकाई को प्रकट करता है, तब वस्तु Y की एक इकाई पूंजी की OC मात्रा तथा श्रम की OD मात्रा द्वारा उत्पादित की जाएगी। यह बिन्दु E द्वारा निर्धारित होती है जहां सम-लागत

2. The immediate cause of International trade is the difference in relative commodity prices caused by differences in relative demand and supply of factors as a result of differences in factor endowments between the two countries.

रेखा AA_1 सममात्रा वक्र YY को स्पर्श करती है। इसी तर्क द्वारा यह मालूम कर लिया जाता है कि देश A में वस्तु X की एक इकाई उत्पादित करने की लागत पूंजी की OM मात्रा तथा श्रम की ON मात्रा है जहां यह L बिन्दु पर निर्धारित होती है, क्योंकि इस बिन्दु पर रेखा AA_1 तथा वक्र XX स्पर्श करते हैं। क्योंकि देश A में पूंजी प्रचुर और सस्ती है, इसलिए यह पूंजी-गहन वस्तु Y के उत्पादन में विशिष्टीकरण करेगा। यह चित्र से स्पष्ट है जहां वस्तु Y की एक इकाई उत्पादित करने के लिए यह देश सममात्रा वक्र YY के बिन्दु E पर अधिक पूंजी की मात्रा OC के सापेक्षतया श्रम की कम मात्रा OD का प्रयोग करता है। दूसरी ओर, वस्तु X की एक इकाई को उत्पादित करने के लिए यह देश सममात्रा वक्र XX के बिन्दु L पर कम पूंजी की मात्रा OM तथा अधिक श्रम की मात्रा ON का प्रयोग करता है। अत: देश A सापेक्षतया पूंजी प्रचुर और सस्ती वस्तु Y को उत्पादित करेगा तथा इसे दूसरे देश B को निर्यात करेगा।

देश B में, जहां श्रम सापेक्षतया प्रचुर और सस्ता है, प्रत्येक वस्तु की उत्पादन लागत को मालूम करने के लिए सममात्रा वक्र YY के बिन्दु G पर एक चपटी साधन कीमत रेखा BB_2 खींचिए। एक ऐसी ही साधन कीमत रेखा B_1B_2 को BB_3 के समानान्तर खींचा गया है जो बिन्दु S पर सममात्रा वक्र XX को स्पर्श करती है। अब देश B में वस्तु Y की एक इकाई उत्पादित करने के लिए पूंजी की OK मात्रा तथा श्रम की ON मात्रा चाहिए। दूसरी ओर, इसी देश में वस्तु X की एक इकाई उत्पादित करने के लिए पूंजी की OT मात्रा तथा श्रम की OR मात्रा चाहिए। क्योंकि इस देश B में श्रम प्रचुर और सस्ता है, इसलिए यह श्रम-गहन वस्तु X के उत्पादन में विशिष्टीकरण करेगा। अत: यह सममात्रा वक्र XX के बिन्दु S पर वस्तु X उत्पादित करेगा जिसके लिए अधिक श्रम OR तथा कम पूंजी OT की आवश्यकता है। जबकि वस्तु Y की एक इकाई उत्पादित करने के लिए सममात्रा वक्र YY के बिन्दु G पर कम श्रम OH के साथ अधिक पूंजी OK चाहिए। क्योंकि देश B श्रम-गहन है इसलिए यह श्रम-गहन वस्तु X का उत्पादन करेगा और उसे देश A की पूंजी-गहन वस्तु Y के साथ विनिमय करेगा।

ऊपर के विवेचन से हैक्शर-ओलिन प्रमेय स्थापित हो जाती है कि **पूंजी प्रचुर देश सापेक्षतया सस्ती पूंजी-गहन वस्तु का निर्यात करेगा, तथा श्रम प्रचुर देश सापेक्षतय सस्ती श्रम-गहन वस्तु को निर्यात करेगा।**

(2) भौतिक रूप में साधन-प्रचुरता (Factor Abundance in Physical Terms)—हैक्शर-ओलिन के सिद्धांत की भौतिक रूप में साधन-प्रचुरता के आधार पर भी व्याख्या की जाती है। इस कसौटी के अनुसार, एक देश सापेक्षतया पूंजी-प्रचुर है यदि वह दूसरे देश की अपेक्षा पूंजी और श्रम के ऊंचे अनुपात से सम्पन्न है। यदि देश A सापेक्ष रूप से पूंजी-प्रचुर है और देश B सापेक्ष रूप से श्रम-प्रचुर, तो भौतिक मात्राओं में मापने से $C_A/L_A > C_B/L_B$ जहां C_A तथा L_A देश A में क्रमश: पूंजी तथा श्रम की कुल मात्राएं हैं, और C_B तथा L_B देश B में क्रमश: पूंजी तथा श्रम की मात्राएं हैं। इसे चित्र 2 द्वारा समझाया गया है। जहां देश A का उत्पादन संभावना वक्र AA_1 है तथा देश B का BB_1। इन वक्रों की ढलानें यह बताती हैं कि वस्तु Y पूंजी गहन है तथा वस्तु X श्रम गहन है। यदि दोनों देश एक ही अनुपात में दोनों वस्तुओं का उत्पादन करते हैं तो वे OR किरण के साथ-साथ उत्पादन करेंगे। यदि दोनों अपने-अपने बिंदुओं पर उत्पादन करते हैं तो A देश E बिन्दु पर उत्पादन करेगा, जहां साधन-कीमत रेखा उत्पादन संभावना वक्र AA_1 को स्पर्श करती है। यह Y की अधिक मात्रा (OS) उत्पादित करेगा जो इसमें सस्ती है और X की कम मात्रा (OT) जो इसमें महंगी है। देश B बिन्दु F पर उत्पादन करेगा जहां साधन-कीगत रेखा KL उत्पादन संभावना वक्र BB_1 को स्पर्श करती है। यह X वस्तु की अधिक मात्रा (OL) उत्पादित करेगा जो इसमें सस्ती है और Y वस्तु की कम मात्रा (OK) जो इसमें महंगी है। यह इस बात से सिद्ध होता है कि A देश की साधन कीमत रेखा ST की ढलान तिरछी है जबकि B देश की साधन कीमत रेखा KL की ढलान चपटी है।

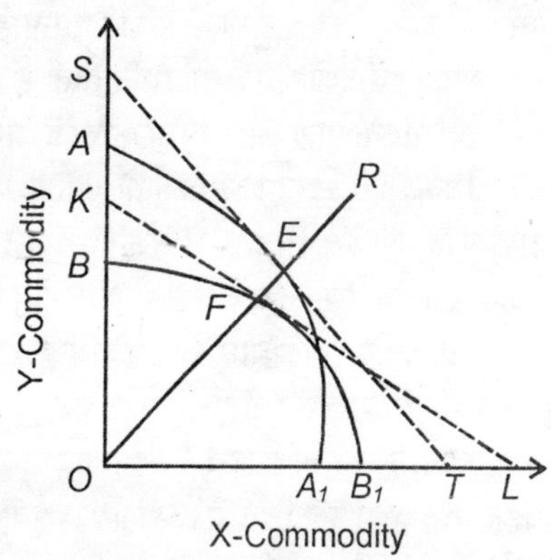

चित्र 2

KL की ढलान $>$ ST की ढलान

या $$\left[\frac{Px}{Py}\right]_A > \left[\frac{Px}{Py}\right]_B$$

X- अक्ष पर दोनों साधन–कीमत रेखाओं के बीच अन्तर TL यह बताता है कि देश B में वस्तु X का उत्पादन OL, देश A में X की OT मात्रा की तुलना में अधिक है। इसी प्रकार, Y-अक्ष पर दोनों साधन–कीमत रेखाओं के बीच अन्तर KS दर्शाता है कि देश A में Y वस्तु की OS मात्रा, देश B में Y की OK मात्रा की तुलना में अधिक है। अत: पूंजी–प्रचुर A देश का पूंजी गहन Y वस्तु के उत्पादन के लिए झुकाव है और श्रम–प्रचुर देश का श्रम–गहन X वस्तु के उत्पादन के प्रति झुकाव है।

भौतिक रूप में वर्णित ऊपर का विश्लेषण यह नहीं दर्शाता है कि पूंजी–प्रचुर देश पूंजी गहन वस्तु Y का निर्यात करेगा और श्रम–प्रचुर देश श्रम–गहन वस्तु X का निर्यात करेगा। भौतिक कसौटी के रूप में हैक्शर–ओलन सिद्धांत तभी मान्य होगा यदि दोनों देशों में प्रत्येक वस्तु के लिए रुचियां (**मांग या उपभोग अधिमान**) समान है। इसे चित्र 3 में दर्शाया गया है जहां tt साधन–कीमत रेखा है जो A के उत्पादन संभावना वक्र AA_1 को S बिन्दु पर स्पर्श करती है। यह दर्शाती है कि A देश पूंजी–गहन Y वस्तु में विशिष्टीकरण करता है और X से अधिक इसको उत्पादित करता है। यह रेखा tt देश B के उत्पादन संभावना वक्र BB_1 को भी R बिन्दु पर स्पर्श करती है। यह दर्शाती है कि B देश Y वस्तु की तुलना में श्रम–गहन X ने वस्तु का अधिक उत्पादन करता है।

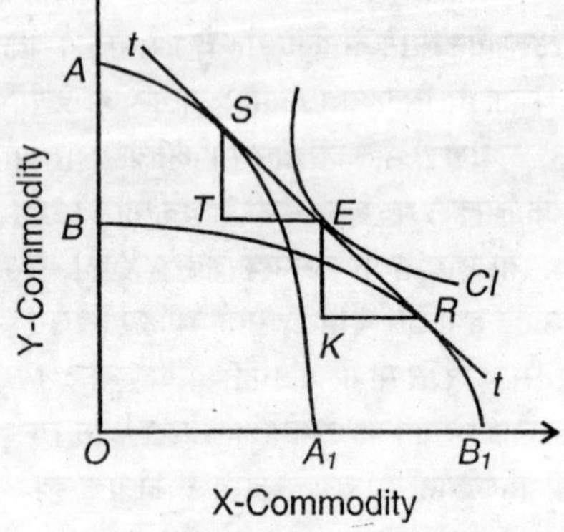

चित्र 3

दोनों देश दो कारणों से व्यापार में विशिष्टीकरण और लाभ प्राप्त करते हैं : **प्रथम**, उनके साधन कीमत अनुपात बराबर हैं : $(P_X/P_Y)_A = (P_X/P_Y)_B$ जैसा कि सांझी साधन–कीमत रेखा tt से स्पष्ट होता है। **द्वितीय,** दोनों वस्तुओं के लिए रुचियां दोनों देशों में समान हैं जैसाकि समुदाय उदासीनता वक्र CI से प्रकट होता है। यह वक्र tt रेखा को बिन्दु E पर स्पर्श करती है। दोनों देशों के बीच व्यापार ढांचा STE और EKR त्रिकोणों द्वारा दिखाया गया है। देश A वस्तु Y की TS मात्रा निर्यात करता है और X की TE मात्रा आयात करता है। देश B वस्तु X की KR मात्रा निर्यात करता है और Y की KE मात्रा आयात करता है।

यदि दोनों देशों में रुचियां भिन्न होती हैं और पूंजी–प्रचुर A देश पूंजी–गहन Y वस्तु की अधिक मात्रा का उपभोग करता है, तथा श्रम प्रचुर B देश श्रम–गहन X वस्तु की अधिक मात्रा उपभोग करता है तो भौतिक कसौटी के रूप में हैक्शर–ओलन प्रमेय अमान्य होगा। इसे चित्र 3 में दर्शाया गया है। जहां देश A में मांग को समुदाय उदासीनता वक्र CIa तथा देश B में मांग को CIb वक्र प्रकट करते हैं। वक्र CIa देश A के उत्पादन संभावना वक्र AA_1 को बिन्दु a पर स्पर्श करता है जो यह दर्शाता है कि देश A में मांग मुख्यतौर से पूंजी–गहन वस्तु Y में सकेन्द्रित है। इसी प्रकार, वक्र CIb तथा वक्र BB_1 का स्पर्श बिन्दु b यह प्रकट करता है कि देश B में मांग मुख्यतया श्रम–गहन वस्तु X में संकेन्द्रित है। व्यापार से पूर्व, देश A में देश B की अपेक्षा वस्तु Y सापेक्षतया अधिक महंगी है। यह देश A में सापेक्षतया चपटी कीमत रेखा $PaPa$ द्वारा दिखाया गया है जबकि देश B की कीमत रेखा $PbPb$ सापेक्षतया तिरछी है :

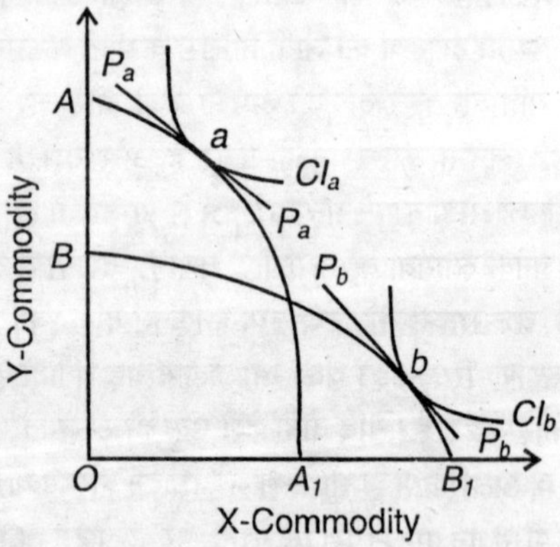

चित्र 4

$(P_X/P_Y)_A > (P_X/P_Y)_B$

जब दोनों देशों के बीच व्यापार प्रारम्भ होता है तो पूंजी–प्रचुर देश A सापेक्षतया सस्ती श्रम–गहन वस्तु X का निर्यात करेगा (क्योंकि वस्तु Y महंगी है जिसे घरेलू मांग पूरी करने पर उपयोग किया जाता है), तथा श्रम–प्रचुर देश B सापेक्षतया सस्ती पूंजी–गहन वस्तु Y का निर्यात करेगा। इससे सिद्ध होता है कि पूंजी–प्रतचुर देश श्रम–गहन वस्तु का निर्यात करेगा और श्रम–प्रचुर देश पूंजी–गहन वस्तु का।

निष्कर्ष में यह कहा जा सकता है कि हैक्सर–ओलिन सिद्धांत की साधन सम्पन्नता की दोनों रूपों—साधन कीमतों तथा भौतिकता— में व्याख्या समान नहीं है। केवल साधन कीमतों द्वारा ही यह सिद्ध होता है कि पूंजी–प्रचुर देश पूंजी–गहन वस्तु का निर्यात करेगा तथा श्रम–प्रचुर देश श्रम–गहन वस्तु का , जबकि भौतिक रूप में मांग स्थितियों के कारण यह सिद्ध नहीं होता है।

क्लासिकी सिद्धान्त की तुलना में इसकी श्रेष्ठता (Its Superiority over the Classical Theory)

अन्तर्राष्ट्रीय व्यापार के क्लासिकी सिद्धांत की तुलना में हैक्शर-ओलिन सिद्धांत कई बातों में श्रेष्ठ है—

1. अन्तर्राष्ट्रीय व्यापार एक विशेष स्थिति (International Trade a Special Case)—क्लासिकी सिद्धांत से यह सिद्धांत एक तो इस बात में श्रेष्ठ है कि अन्तर्राष्ट्रीय व्यापार को ओलिन अन्त:प्रादेशिक अथवा अन्त:स्थानीय व्यापार की विशेष स्थिति मानता है, जबकि क्लासिकी सिद्धांत अन्तर्राष्ट्रीय व्यापार को घरेलू व्यापार से नितान्त भिन्न मानता है।

2. सामान्य संतुलन सिद्धांत (General Equilibrium Theory)—ओलिन का विश्लेषण मूल्य के यथार्थिक सामान्य संतुलन सिद्धांत के ढांचे में ढाला गया है, इसलिए यह क्लासिकी सिद्धांत को अवास्तविक श्रम सिद्धांत से मुक्त करता है।

3. उत्पादन के दो साधन (Two Factors of Production)—ओलिन मॉडल दो साधन लेता है—श्रम तथा पूंजी, जबकि क्लासिकी मॉडल एक साधन श्रम ही लेता है। इस प्रकार ओलिन मॉडल उससे श्रेष्ठ है।

4. साधन पूर्तियों में अन्तर (Differences in Factor Supplies)—फिर, रिकार्डों के सिद्धांत से ओलिन-सिद्धांत इस बात में भी श्रेष्ठ है कि यह अन्तर्राष्ट्रीय व्यापार के ढांचे को निर्धारित करने के लिए साधन पूर्तियों के अन्तर को आधार मानता है जबकि रिकार्डों इस पर बिल्कुल ध्यान ही नहीं देता।

5. साधनों की सापेक्ष कीमतें (Relative Prices of Factors)—ओलिन-मॉडल अधिक वास्तविक है क्योंकि यह **साधनों की सापेक्ष कीमतों** पर आधारित है जो आगे वस्तुओं की सापेक्ष कीमतों पर प्रभाव डालती हैं, जबकि रिकार्डों का सिद्धांत केवल वस्तुओं की सापेक्ष कीमतों पर विचार करता है।

6. साधनों की सापेक्ष उत्पादिकताएं (Relative Productivities of Factors)—ओलिन का सिद्धांत श्रम तथा पूंजी की सापेक्ष उत्पादकताओं के अन्तरों को अन्तर्राष्ट्रीय व्यापार का आधार मानता है जबकि क्लासिकी सिद्धांत अकेले श्रम की उत्पादकता को लेता है। अत: क्लासिकी सिद्धांत की अपेक्षा ओलिन का सिद्धांत अधिक यथार्थिक है।

7. साधन सम्पन्नताओं में अन्तर (Differences in Factor Endowments)—ओलिन-मॉडल का एक और गुण यह है कि वह विभिन्न देशों की साधन-सम्पन्नताओं के अन्तरों पर आधारित है जबकि क्लासिकी सिद्धांत में एक साधन श्रम की गुणवत्ता को लेता है। इस प्रकार ओलिन का सिद्धांत श्रेष्ठ है क्योंकि अन्तर्राष्ट्रीय मूल्य निर्धारित करने में यह केवल साधनों की गुणवत्ता पर ही नहीं अपितु उनकी मात्रा पर भी बल देता है।

8. तुलनात्मक लागतों में अन्तरों के कारण (Causes of Differences in Comparative Costs)—सैम्यूल्सन के अनुसार, रिकार्डों का सिद्धांत तुलनात्मक लाभ में अन्तरों के कारणों को स्पष्ट नहीं कर सका। ओलिन के सिद्धांत में यह खूबी है कि वह उनकी सन्तोषजनक व्याख्या करता है।

9. सकरात्मक सिद्धांत (Positive Theory)—क्लासिकी सिद्धांत दो देशों के बीच व्यापार से होने वाले लाभ प्रदर्शित करता है। यह कल्याण-सिद्धांत से संबंधित है। दूसरी ओर, ओलिन-मॉडल वैज्ञानिक है और व्यापार के मूल आधार पर ध्यान संकेन्द्रित करता है। इस प्रकार यह सकरात्मक सिद्धान्त है।

10. अवस्थिति सिद्धांत (Location Theory)—हैबरलर के अनुसार, ओलिन सिद्धांत एक अवस्थिति सिद्धांत है जो अन्तर्राष्ट्रीय व्यापार में स्थान साधन के महत्व को बताता है जबकि क्लासिकी सिद्धांत विभिन्न देशों को स्थानहीन बाजार मानता है। इस प्रकार, क्लासिकी सिद्धांत से ओलिन का सिद्धांत श्रेष्ठ है।

11. दो देशों के उत्पादन फलन (Production Functions of Two Countries)—यह सिद्धांत स्पष्टतया दो देशों के उत्पादन फलनों की मान्यता पर आधारित है। दूसरी ओर, क्लासिकी सिद्धांत व्यापार कर रहे देशों के उत्पादनों में भिन्नताओं पर आधारित है।

12. पूर्ण विशिष्टीकरण (Complete Specialisation)—ओलिन का सिद्धांत क्लासिकी सिद्धांत से अधिक वास्तविक है क्योंकि यह एक देश द्वारा एक वस्तु के उत्पादन में पूर्ण विशिष्टीकरण की ओर ले जाता है तथा दूसरे देश को दूसरी वस्तु में, जब दोनों देश एक दूसरे के साथ व्यापार करते हैं। इसकी तुलना में, क्लासिकी सिद्धांत में दो देशों के बीच व्यापार पूर्ण विशिष्टीकरण की ओर ले जा भी सकता है और नहीं भी।

13. व्यापार का भविष्य (Future of Trade)—लंकास्टर (Lancaster) के अनुसार, हैक्शर–ओलिन सिद्धांत क्लासिकी सिद्धांत से श्रेष्ठ है क्योंकि यह व्यापार के भविष्य के बारे में बताता है। क्लासिकी सिद्धांत में दो देशों के बीच तुलनात्मक लागतों में अन्तर, श्रम की कुशलता में अन्तरों के कारण हैं। यदि भविष्य में दोनों देशों में श्रम समान रूप से कुशल हो जाता है तो उनमें व्यापार नहीं होगा। परन्तु हैक्शर–ओलिन सिद्धांत में यदि दोनों देशों में श्रम समानरूप से कुशल हो भी जाए तो व्यापार समाप्त नहीं हो जाएगा क्योंकि व्यापार के आधार साधन सम्पन्नताओं और कीमतों में अन्तर है।

निष्कर्ष (Conclusion)—ऊपर के विवेचन से स्पष्ट होता है कि हैक्शर–ओलिन प्रमेय क्लासिकी सिद्धांत से श्रेष्ठ है। यह रिकार्डों के तुलनात्मक लागतों के सिद्धांत तथा मिल की परस्पर मांग की अवधारणाओं को अपने में समा लेता है। साथ ही यह इन पर सुधार भी करता है जब यह व्यापार कर रहे देशों की आर्थिक संरचना को उनके व्यापार के ढांचे के साथ जोड़ता है। इस प्रकार, यह सिद्धांत घरेलू आर्थिक संरचनाओं पर तथा आय के घरेलू वितरण पर व्यापार में परिवर्तन के प्रभावों का विश्लेषण करता है।

इसकी आलोचनाएं (Its Criticisms)

निम्नलिखित कारणों से ओलिन के सिद्धांत की आलोचना की गई है—

1. दो-एवं-दो-एवं-दो मॉडल (Two-by-two-by-two Model)—ओलिन ने अति सरलीकृत मान्यताओं पर आधारित दो-एवं-दो-एवं-दो का मॉडल प्रस्तुत किया। परन्तु स्वयं ओलिन ने लक्ष्य किया है कि इसे अनेक प्रदेशों, अनेक वस्तुओं, तथा अनेक साधनों तक विस्तारित किया जा सकता है। उसने अपनी पुस्तक के गणितीय परिशिष्ट में इसे प्रदर्शित भी किया है।

2. स्थैतिक सिद्धांत (Static Theory)—क्लासिकी सिद्धांत की तरह ओलिन का मॉडल प्रकृति में स्थैतिक है। यह एक दिए हुए समय बिन्दु में एक अर्थव्यवस्था की केवल कुछ विशेषताएं ही प्रदान करता है।

3. साधन समरूप नहीं (Factors not Homogeneous)—यह सिद्धांत मान लेता है कि दो देशों में समरूप साधन पाए जाते हैं और उन्हें साधन सम्पन्नता अनुपातों की गणना करने के लिए मापा भी जा सकता है। परन्तु वास्तव में, देशों के बीच कोई भी दो साधन गुणात्मक दृष्टि से समरूप नहीं होते और एक साधन भी विविध प्रकार का होता है, जैसे श्रम कुशल एवं अकुशल दोनों प्रकार का होता है। इसी प्रकार, पूंजी पदार्थ भी अनेक प्रकार के होते हैं और वे श्रम-बचत होने पर श्रम का कार्य की करते हैं।

4. उत्पादन तकनीकें समरूप नहीं होतीं (Production Techniques not Homo-geneous)—ओलिन यह मानकर चलता है कि दो देशों में प्रत्येक वस्तु की उत्पादन तकनीकें समरूप हैं। परन्तु दो देशों में एक वस्तु की उत्पादन तकनीकें अलग-अलग होती हैं. ऐसी स्थिति में, हो सकता है कि व्यापार ओलिन के तरीके से न हो। उदाहरणार्थ, कपड़ा हथकरघों पर उत्पादित किया जा सकता है जिन पर कम पूंजी तथा अधिक श्रम की आवश्यकता पड़ती है या आधुनिक शक्तिचालित करघों पर जहां कम श्रम चाहिए।

5. रुचियां और मांग ढांचे समरूप नहीं (Tastes and Demand Patterns not Identical)—यह सिद्धांत दोनों देशों में समरूप रुचियां और उपभोक्ताओं के समान मांग ढांचों की मान्यता पर आधारित है। इस मान्यता का यह मतलब है कि विभिन्न आय वर्गों के लिए मांग ढांचे और रुचियां एक जैसी हैं, जो अवास्तविक है। फिर, उपभोक्ता वस्तुओं में नई खोजें होने के कारण, विकसित देशों में भी उपभोक्ता की रुचियों और मांग ढांचों में परिवर्तन होते हैं। इस कारण, उदाहरणार्थ, जिन वस्तुओं की अमेरिका में उपभोक्ता मांग करते हैं वे जर्मनी के उपभोक्ताओं से भिन्न होती हैं। परिणामस्वरूप, व्यापार करने वाले देशों में रुचियों समान नहीं पाई जाती हैं।

6. पैमाने के स्थिर प्रतिफल नहीं पाए जाते (No Constant Returns)—इस सिद्धांत की यह मान्यता कि उत्पादन में पैमाने के स्थिर प्रतिफल पाए जाते हैं, भी वास्तविक नहीं है। ऐसा इस कारण कि एक देश जो साधन सम्पन्नताओं में समृद्ध है वह अधिक उत्पादन तथा वस्तु के अधिक निर्यात द्वारा पैमाने की मितव्ययताओं के लाभ प्राप्त करते हैं जिससे बढ़ते प्रतिफल प्राप्त होते हैं न कि वे स्थिर रहते हैं।

7. परिवहन लागतें व्यापार को प्रभावित करती हैं (Transport Costs influence Trade)—यह सिद्धांत दो देशों के बीच व्यापार में परिवहन लागतों को नहीं लेता। यह भी अवास्तविक मान्यता है। परिवहन लागतों के साथ माल को उतारने और चढ़ाने तथा अन्य बन्दरगाह की लागतों का दो देशों में उत्पादित की गई वस्तु की कीमत पर महत्वपूर्ण प्रभाव पड़ता है। जब परिवहन लागतें शामिल होती हैं तो दोनों देशों में एक ही वस्तु की कीमत में अन्तर बढ़ जाते हैं जो उसके व्यापार संबंधों को प्रभावित करते हैं।

8. लियोनतिफ़ विरोधाभास ने सिद्धांत गलत सिद्ध कर दिया है (Leontief Paradox has Falsified The Theory)—ओलिन यह मान लेता है कि सापेक्ष साधन सम्पन्नताओं को सापेक्ष साधन कीमतें पूर्णत: प्रकट करती हैं। इसका मतलब है कि साधन कीमतों के निर्धारण में मांग की अपेक्षा पूर्ति अधिक महत्त्वपूर्ण है। पर, यदि साधन कीमतों के निर्धारण में मांग-साधनों को अधिक महत्व दिया जाएगा तो पूंजी-धनिक देश श्रम-गहन वस्तु निर्यात करेगा क्योंकि पूंजी के लिए अधिक मांग, श्रम की सापेक्षता में, पूंजी की कीमत बढ़ा देगी। प्रो. **लियोनतिफ़** द्वारा किए गए ओलिन-सिद्धांत के आनुभाविक अध्ययन से (जिसे लियोनतिफ़ विरोधाभास भी कहते हैं) ये विरोधाभासी परिणाम प्राप्त हुए हैं कि यद्यपि संयुक्त राज्य अमेरिका पूंजी-धनिक देश है, तथापि वह श्रम-गहन वस्तुओं को निर्यात और पूंजी-गहन वस्तुओं का आयात करता है।[1]

9. आंशिक संतुलन विश्लेषण (Partial Equilibrium Analysis)—हैबर्लर ने ओलिन की इसलिए आलोचना की है कि वह एक व्यापक सामान्य संतुलन धारणा विकसित करने में असफल रहा। वह समझता है कि ओलिन का सिद्धांत, मोटे तौर पर, एक आंशिक संतुलन विश्लेषण ही है।

10. साधन कीमतें वस्तु कीमतों को निर्धारित नहीं करतीं (Factor Prices do not determine Commodity Prices)—प्रो. **विजनहोल्ड्ज** (Wijanholds) ने ओलिन के इस मत की आलोचना की है कि वस्तु कीमतों को साधन कीमतें निर्धारित करती हैं और साधन कीमतें आगे लागतों को निर्धारित करती हैं। उसका मत है कि उपभोक्ताओं के लिए वस्तुओं की उपयोगिता वस्तुओं की कीमतों को निर्धारित करती है और कच्चे माल तथा श्रम की कीमतें अन्तत: अन्तिम वस्तुओं की कीमतों पर निर्भर करती हैं। उसका निश्चित मत है कि सही पद्धति यह है कि साधन कीमतों की बजाय वस्तु कीमतों से चला जाए।

11. पूर्ण रोजगार और पूर्ण प्रतियोगिता की अवास्तविक मान्यताएं (Unreaslistic Assumptions of Full Employment and Perfect Competition)—ओलिन का सिद्धांत पूर्ण रोजगार तथा पूर्ण प्रतियोगिता की अवास्तविक मान्यताओं पर आधारित है क्योंकि न तो किसी देश में पूर्ण प्रतियोगिता पाई जाती है और न ही विश्व व्यापार में पूर्ण प्रतियोगिता है बल्कि व्यापार में बड़े स्तर पर प्रतिबंध विद्यमान हैं।

12. अस्पष्ट तथा सशर्त सिद्धांत (Vague and Conditional Theory)—ओलिन के सिद्धान्त को अस्पष्ट तथा सशर्त कहा गया है। हैबरलर के अनुसार, ''बहुत उत्पादन के साधनों के साथ, जिनमें से कुछ विभिन्न देशों में गुणात्मक रूप में (qualitatively) मेल नहीं खाते हैं, तथा विभिन्न देशों में असमान उत्पादन फलनों के साथ, व्यापार की संरचना के बारे में कोई स्पष्ट सामान्यीकरण (generalisations) पहले से ही संभव नहीं है।

निष्कर्ष (Conclusion)—इन आलोचनाओं के बावजूद, अन्तर्राष्ट्रीय व्यापार का हैक्शर ओलिन सिद्धांत निश्चय ही क्लासिकी सिद्धांत से श्रेष्ठ है क्योंकि यह सामान्य संतुलन परिवेश में अन्तर्राष्ट्रीय व्यापार का आधार स्पष्ट करने का प्रयत्न करता है।

प्रश्न

1. अन्तर्राष्ट्रीय व्यापार के हैक्शर-ओलिन प्रमेय का आलोचनात्मक मूल्यांकन कीजिए।
2. ओलिन के अन्तर्राष्ट्रीय व्यापार के सिद्धांत की विवेचना कीजिए। यह अन्तर्राष्ट्रीय मूल्यों के क्लासिकी सिद्धांत से कहां तक श्रेष्ठ है ?
3. अन्तर्राष्ट्रीय व्यापार के आधुनिक सिद्धांत की आलोचनात्मक व्याख्या करिए।
4. इस मत का आलोचनात्मक परीक्षण कीजिए कि अन्तर्राष्ट्रीय व्यापार देशों में साधन सम्पन्नताओं में अन्तरों का परिणाम होता है ?

1. W.W. Leontief, "Factor Proportions and the Structure of American Trade: Further Theoretical and Empirical Analysis." R.E.S., Vol. 38, Nov. 1956.

अध्याय 9

अन्तर्राष्ट्रीय व्यापार तथा साधन कीमतें
(INTERNATIONAL TRADE AND FACTOR PRICES)

1. प्रस्तावना
(INTRODUCTION)

हैक्शन-ओलिन (Heckscher-Ohlin) सिद्धांत बताता है कि व्यापार शुरू होने से पहले दो देशों के बीच सापेक्ष कीमतें भिन्न-भिन्न होती है। जब यह मानकर कि परिवहन पर कोई लागत नहीं है, व्यापार शुरू किया जाता है, तो सापेक्ष वस्तु कीमतें बराबर हो जाती हैं। परन्तु प्रश्न यह है कि क्या साधनों की वास्तविक गतियों के अभाव में भी, दो देशों में दो वस्तुओं के उत्पादन में संलग्न उत्पादन के साधनों की कीमतें बराबर हो जाएंगी। साधन कीमत समानीकरण (Equalisation) की यह समस्या अर्थशास्त्रियों में बहुत अधिक विवाद का विषय रही है।

स्वयं हैक्शर[1] ने यह सुझाव दिया था कि यदि यह मान लिया जाए कि दोनों देशों में एक ही तकनीक अपनाई जा रही है, तो साधनों की वास्तविक गतियों के बिना ही व्यापार से साधन समानीकरण हो जाएगा। परन्तु उसे विश्वास था कि वास्तविकता में दो देशों में उत्पादन की तकनीकें एक जैसी होने की संभावना नहीं है। इसलिए, कभी भी पूर्ण साधन कीमत समानीकरण नहीं होगा। दूसरी ओर ओलिन[2] का विश्वास था कि व्यापार से आंशिक साधन कीमत समानीकरण हो जाएगा। उसका मत है कि पूर्ण साधन कीमत समानीकरण केवल तभी हो सकता है जब उत्पादन के साधन स्वतंत्रतापूर्वक दोनों देशों के बीच गतिशील हों।

2. समान कीमत समानीकरण प्रमेय
(FACTOR PRICE EQUILISATTION THEOREM)

सैम्यूल्सन (Samuelson) ने *Economic Journal* में प्रकाशित अपने दो लेखों[3] में यह स्पष्ट किया है कि कुछ विशेष परिस्थितियों के अन्तर्गत वस्तुओं के स्वतंत्र व्यापार से अनिवार्य रूप से पूर्ण साधन कीमत समानीकरण हो जाएगा।

इसकी मान्यताएं (Its Assumptions)

सैम्यूल्सन सिद्धांत निम्नलिखित उपकल्पनाओं अथवा मान्यताओं पर आधारित है :

1. केवल दो देश हैं, मान लीजिए A (अमेरीका) तथा B (ब्रिटेन)।

2. वे दो वस्तुओं का, मानलीजिए अनाज या खाद्यान्न (F) तथा कपड़े (C) का उत्पादन तथा व्यापार करते हैं।

3. इन वस्तुओं का उत्पादन करने के लिए दो साधन हैं—भूमि तथा श्रम।

4. प्रत्येक वस्तु का उत्पादन फलन एक कोटि का समरूप है, इसलिए उस पर आइलर (Euler's) का सिद्धांत लागू होता है। दूसरे शब्दों में वे पैमाने के लिए स्थिर प्रतिफल दर्शाते हैं।

5. उत्पादन के साधन घटती सीमान्त उत्पादकता के नियम के अन्तर्गत कार्य करते हैं।

1. Eli Heckscher, "The Effect of Foreign Trade and Distribution of Income." 1919 in *Readings in the Theory of International Trade,* 1950.
2. B. Ohlin, *Inter-Regional and International Trade,* 1933.
3. P. A. Samuelson, "International Trade and the Equalisation of Factor Prices," *E.J., June* 1948, "International Factor Price Equalisation Once Again," *E.J.,* June 1949.

6. प्रत्येक वस्तु के लिए साधन गहनताएं भिन्न-भिन्न हैं। अनाज अपेक्षाकृत भूमि-गहन और कपड़ा अपेक्षाकृत श्रम-गहन है।
7. दोनों देशों में प्रत्येक वस्तु का तकनीकी उत्पादन फलन समान है।
8. भूमि तथा श्रम आगतों (Inputs) को दोनों देशों में गुणात्मक रूप से एक समान मान लिया गया है।
9. देश *A* भूमि (या पूंजी) प्रचुर और देश *B* श्रम प्रचुर है।
10. पूर्ण प्रतियोगिता है।
11. प्रशुल्क (टैरिफ) नहीं है।
12. परिवहन लागतें नहीं हैं।
13. उत्पादन के साधन दोनों देशों के बीच गतिशील नहीं हैं।
14. प्रत्येक साधन प्रत्येक देश पूर्ण नियोजित (employed) है।
15. उत्पादन में प्रयोग किए जाने वाले उत्पादन के साधनों की मात्राएं स्थिर मान ली गई हैं।
16. दोनों देशों में रुचियां समान हैं।
17. दोनों देश उत्पादन के दोनों साधनों का प्रयोग करते हुए दोनों वस्तुओं का उत्पादन करते हैं। इसका मतलब है कि कोई भी देश किसी एक वस्तु के उत्पादन में पूर्णरूप से विशिष्टीकरण नहीं करता है।

इसकी व्याख्या (Its Explanation)

इन मान्यताओं के दिए हुए होने पर, दोनों देशों में वास्तविक साधन कीमतें अवश्य ठीक एक जैसी होंगी और दरअसल अमेरिका में खाद्यान्न के उत्पादन में प्रयुक्त आगतों का अनुपात ब्रिटेन में खाद्यान्न के उत्पादन में प्रयुक्त आगतों के बराबर होगा और यही बात कपड़े के उत्पादन में भी होगी। सैम्यूल्सन ने इस सिद्धांत के लिए निम्नलिखित **सहज प्रमाण** (Intuitive Proof) दिया है। यह मान लेने पर कि पूर्ण प्रतियोगिता है, प्रत्येक देश में कपड़े से खाद्यान्न की कीमत का अनुपात प्रत्येक देश में कपड़ा विनिर्माण (manufacture) की सीमान्त लागत से खाद्यान्न उत्पादन की सीमान्त लागत के अनुपात के बराबर होगा। फिर, दोनों देशों में खाद्यान्न की एक कीमत होगी और कपड़े की एक कीमत होगी, क्योंकि यह मान लिया गया है कि व्यापार स्वतंत्र है और उस पर कोई प्रतिबंध नहीं है तथा परिवहन लागतें नहीं हैं।

क्योंकि कीमतें, सीमान्त लागतों को व्यक्त करती हैं, इसलिए यदि दोनों देशों में कीमतें समान हैं, तो सीमान्त लागतें भी अवश्य समान होंगी। इस प्रकार अमेरिका तथा ब्रिटेन में खाद्यान्न तथा कपड़े के उत्पादन की सीमान्त लागत एक-समान होगी। फिर, यह मान लेने पर कि उत्पादन फलन समरूप हैं, दोनों देशों में श्रम की सीमान्त उत्पादकता एक-समान है। और क्योंकि उत्पादन के साधनों को किए गए भुगतान सीमान्त उत्पादकताओं को व्यक्त करते हैं, इसलिए दोनों देशों में मजदूरी अवश्य समान होगी। दूसरे साधन अर्थात् भूमि पर भी यही तर्क लागू होता है।

सैम्यूल्सन के सहज प्रमाण को परखने के लिए, हम यह मान लें कि अमेरिका की अपेक्षा ब्रिटेन में मजदूरी की दर कम है। क्योंकि लागतों को केवल साधन कीमतें निर्धारित करती हैं, इसलिए श्रम-गहन कपड़े की कीमत ब्रिटेन में अपेक्षाकृत कम होगी। इससे अमेरिका में कपड़े की मांग बढ़ जाएगी। ज्यों-ज्यों कपड़े का उत्पादन बढ़ता है त्यों-त्यों भूमि के लगान की सापेक्षता में मजदूरी बढ़ जाती है। जब से लगान मजदूरी का अनुपात बढ़ेगा, तो वह प्रतियोगी बाजार में ब्रिटेन में भूमि-गहन खाद्यान्न की सापेक्षता में श्रम-गहन कपड़े की कीमत को अवश्य बढ़ा देगा। इसी प्रकार, अमेरिका से भूमि-गहन खाद्यान्न का आयात ब्रिटेन में दुर्लभता और खाद्यान्न उद्योग के लगान से मजदूरी का अनुपात घटा देगा। यही तर्क अमेरिका में खाद्यान्न तथा कपड़े के उत्पादन पर लागू होता है। निष्कर्ष रूप में हम सैम्यूल्सन के शब्दों में कह सकते हैं कि पूर्ण प्रतियोगिता के अन्तर्गत ''एक-समान वस्तु-कीमत अनुपात से—एकदम विभिन्न कुल साधन सम्पन्नताओं वाले देशों में भी—अन्त में सामान्य अनूठा साधन-कीमत अनुपात स्थापित होगा और खाद्यान्न और कपड़ा उद्योगों में आगतों को इकट्ठा करने का एक समान एकमात्र ढंग तथा निरपेक्ष (absolute) साधन कीमतों और सीमान्त उत्पादकताओं का एक समान सैट होगा।''

साधन कीमत समानीकरण सिद्धांत को प्रो. **लर्नर** (Lerner) के थोड़े संशोधित प्रस्तुतिकरण के रूप में चित्र 1 में दर्शाया गया है।

FF खाद्यान्न का सममात्रा वक्र है और CC कपड़े का सममात्रा वक्र है। वे दोनों देशों में दोनों वस्तुओं के उत्पादन फलनों को व्यक्त करते हैं। OR तथा OS रेखाएं **चिपमन** (Chipman) के अनुसार विविधिकरण-कोण (Cone of diversification) प्रस्तुत करती हैं जो चित्र में ROS है। यदि यह मान लिया जाए कि अमेरिका तथा ब्रिटेन में व्यापार-पश्चात् साधन कीमत अनुपात को PL रेखा व्यक्त करती है, तो यह रेखा सममात्रा वक्र FF को R पर और सममात्रा वक्र CC को S पर स्पर्श करती है। मानलीजिए कि अमेरिका में खाद्यान्न तथा कपड़े की व्यापार-पूर्व सापेक्ष साधन कीमतों को P_AL_A रेखा का ढलान व्यक्त करता है। यह रेखा सममात्रा वक्र FF को बिन्दु K पर स्पर्श करती है। यह सम्पन्नता (Endowment) रेखा OK को बनाती है। यदि सम्पन्नता रेखा ROS कोण के बाहर स्थित रहे, जैसा कि चित्र में है, तो अमेरिका भूमिगहन खाद्यान्न के उत्पादन में पूर्ण रूप से विशिष्टीकरण करेगा। परन्तु साधन कीमतें समान नहीं होंगी। यहां खाद्यान्न की एक इकाई के उत्पादन का भूमि/श्रम अनुपात ऊंचा है और उत्पादन की लागत भी अधिक है। इसका कारण यह है कि मूल्य की दृष्टि से भूमि की सीमान्त उत्पादकता उसके लगान से कम है और मूल्य की दृष्टि से श्रम की सीमान्त उत्पादकता उसकी मजदूरी से अधिक है। इस प्रकार अमेरिका के खाद्यान्न तथा कपड़े के घरेलू साधन कीमत अनुपात उसके व्यापार-पश्चात साधन कीमत अनुपातों से मेल नहीं खाते। इसलिए भूमि की सीमान्त उत्पादकता उसके लगान के बराबर केवल तभी हो सकती है जब P_AL_A रेखा के बिन्दु K की अपेक्षा अन्तर्राष्ट्रीय कीमत रेखा PL के बिन्दु R पर अपेक्षाकृत अधिक श्रम और कम भूमि को प्रयोग में लाया जाए।

अब मानलीजिए कि ब्रिटेन में दोनों वस्तुओं के घरेलू साधन कीमत अनुपातों को बिन्दुकित रेखा P_BL_B का ढलान व्यक्त करता है जो सममात्रा वक्र CC को T पर स्पर्श करती है। यह रेखा, सम्पन्नता रेखा OT को बनाती है। क्योंकि यह सम्पन्नता रेखा भी चित्र में ROS कोण के बाहर स्थित है, इसलिए ब्रिटेन श्रम-गहन कपड़े के उत्पादन में पूर्ण रूप से विशिष्टीकरण करेगा। परन्तु साधन कीमतें समान नहीं होंगी। दूसरे शब्दों में, क्योंकि कपड़ा श्रम-गहन है, इसलिए मूल्य की दृष्टि से श्रम की सीमान्त उत्पादकता (MP_C) उसकी मजदूरी (P_C) से कम होगी और खाद्यान्न के लिए मूल्य की दृष्टि से भूमि की सीमान्त उत्पादकता (MP_F) उसके (P_F) लगान से अधिक होगी। इस प्रकार ब्रिटेन में कपड़े तथा खाद्यान्न का उत्पादन करने में घरेलू कीमत अनुपात उसके दोनों वस्तुओं के व्यापार-पश्चात् साधन कीमत अनुपातों से मेल नहीं खाते। इसलिए श्रम की सीमान्त उत्पादकता उसकी मजदूरी के बराबर तब होगी जब P_BL_B के बिन्दु T की बजाय अन्तर्राष्ट्रीय कीमत रेखा PL के बिन्दु S पर अपेक्षाकृत कम श्रम तथा अधिक भूमि को लगाया जाएगा।

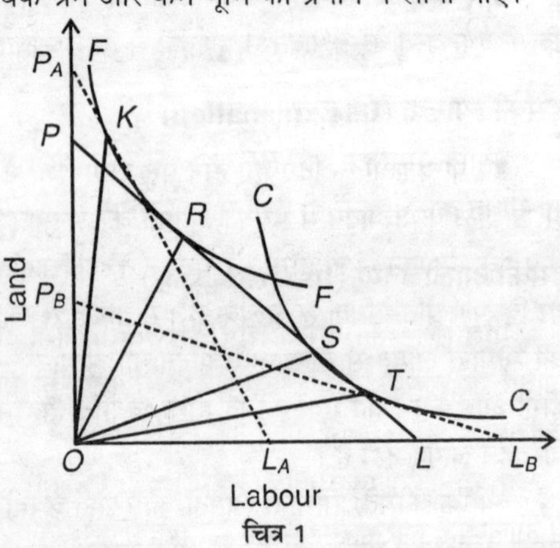

चित्र 1

इस प्रकार, खाद्यान्न के उत्पादन में OR भूमि/श्रम अनुपात और कपड़े के उत्पादन में OS भूमि/श्रम अनुपात लगाने से अमेरिका तथा ब्रिटेन में साधन कीमतें उस अन्तर्राष्ट्रीय कीमत अनुपात पर समान हो जाती हैं जिसे चित्र में PL रेखा का ढलान प्रदान करता है। R तथा S बिन्दुओं पर भूमि/श्रम अनुपात OR तथा OS रेखाओं के ढलानों के बराबर हो जाता है। सन्तुलन बिन्दु S से सम्बद्ध कपड़े के लिए भूमि तथा श्रम की सीमान्त उत्पादकताएं $1/OP$ तथा $1/OL$ हैं। यही खाद्यान्न के संबंध में है। बिन्दु S पर कपड़े की कीमत=मजदूरी $\times OL =$ लगान $\times OP$। बिन्दु R पर खाद्यान्न की कीमत भी यही है = मजदूरी $\times OL =$ लगान $\times OP$। अतः दोनों वस्तुओं की कीमतें बराबर हो जाती हैं।

हम इस प्रमेय को अंकगत रूप से इस प्रकार भी सिद्ध कर सकते हैं* :

सममात्रक FF का ढलान बिन्दु

$$R \text{ पर} = \frac{\text{भूमि का } MP_F}{\text{श्रम का } MP_F} \quad \text{....(1)}$$

कीमत रेखा PL का ढलान बिन्दु

$$R \text{ पर} = \frac{\text{भूमि का } P_F \text{ (लगान)}}{\text{श्रम का } P_F \text{ (मजदूरी)}} \quad \text{....(2)}$$

* इन समीकरणों में MP_F और MP_C क्रमशः खाद्यान्न तथा कपड़े की सीमान्त उत्पादकता है तथा P_F और P_C उनकी कीमत है।

समीकरण (1) तथा (2) से हमें प्राप्त होता है :

$$\frac{\text{भूमि का } MP_F}{\text{श्रम का } MP_F} = \frac{\text{भूमि का } P_F \text{ (लगान)}}{\text{श्रम का } P_F \text{ (मजदूरी)}} \qquad ....(3)$$

इसी प्रकार S बिन्दु पर, जहां अन्तर्राष्ट्रीय कीमत रेखा PL सममात्रा वक्र CC को स्पर्श करती है, हम कपड़े के लिए साधन-कीमत अनुपात की समानता उपलब्ध कर सकते हैं।

$$\frac{\text{भूमि का } MP_C}{\text{श्रम का } MP_C} = \frac{\text{भूमि का } P_C \text{ (लगान)}}{\text{श्रम का } P_C \text{ (मजदूरी)}} \qquad ....(4)$$

इस प्रकार समीकरण (3) तथा (4) से हमें प्राप्त होता है :

$$\frac{\text{भूमि का } MP_F}{\text{श्रम का } MP_F} = \frac{\text{भूमि का } MP_C}{\text{श्रम का } MP_C}$$

और भी

$$\frac{\text{भूमि का } P_F \text{ (लगान)}}{\text{श्रम का } P_F \text{ (मजदूरी)}} = \frac{\text{भूमि का } P_C \text{ (लगान)}}{\text{श्रम का } P_C \text{ (मजदूरी)}}$$

क्योंकि सममात्रा वक्र FF तथा CC अमेरिका तथा ब्रिटेन दोनों से संबंध रखते हैं। इसलिए सापेक्ष रूप से भी और निरपेक्ष रूप से भी साधन कीमतें दोनों ही देशों में एक समान होगीं।

इसकी आलोचनाएं (Its Criticisms)

मीड (Meade) **एल्जवर्थ** (Ellsworth) तथा अन्य अर्थशास्त्रियों ने सैम्यूल्यन के साधन कीमत समानीकरण सिद्धान्त की इस आधार पर बहुत कटु आलोचना की है कि इसकी मान्यताएं बहुत ही अवरोधक हैं। उनका मत है कि साधन कीमत समानीकरण आंशिक ही हो सकता है, पूर्ण नहीं। उन्होंने अपने मत के समर्थन में निम्नलिखित कारण प्रस्तुत किए हैं :

1. दोनों साधन उपलब्ध नहीं (Both Factors not Available)—एक मान्यता यह है कि उत्पादन के दोनों सादन दोनों देशों में उपलब्ध हैं। परन्तु सम्भव यह है कि एक देश में एक ही साधन उपलब्ध होता है। इसका परिणाम यह होगा कि दोनों देशों में उपलब्ध होने वाले समान साधन की सीमान्त उत्पादकताएं भिन्न-भिन्न होंगी और दोनों देशों में उस साधन की कीमतों का समानीकरण नहीं हो सकता।

2. उत्पादन फलन समान नहीं (Production Functions not Same)—इस सिद्धांत की यह मान्यता भी है कि दोनों देशों में उत्पादन फलन एक-समान हैं। वास्तव में, उत्पादन फलन कभी एक रूप नहीं होते। यदि दो देशों के संसाधन एक समान भी हों, तो भी यह आवश्यक नहीं है कि वे समान वस्तु का उत्पादन करेंगे। जैसा कि **मीड** (Meade) ने लक्ष्य किया है, ''वही पाठ्य-पुस्तकें तथा वही मस्तिष्क शिकागो तथा लन्दन में एक-समान विचार नहीं उत्पन्न करेंगे।'' इसका कारण यह है कि वस्तुओं के उत्पादन के लिए भौतिक जलवायु, और सामाजिक तथा बौद्धिक वातावरण अलग-अलग देशों में अलग-अलग होता है।

3. परिवहन लागतें व्यापार में सदैव शामिल होती हैं (Transport Costs always Enter into Trade)—यह मान्यता अवास्तविक है कि परिवहन लागतें नहीं हैं। वस्तुओं को एक देश से दूसरे देश में भेजने पर कुछ न कुछ लागत तो आएगी ही। इसलिए अमेरिका की अपेक्षा ब्रिटेन में खाद्यान्न की कीमत अधिक होगी और ब्रिटेन की अपेक्षा अमरीका में कपड़े की कीमत अधिक होगी। इसका परिणाम यह होगा कि अमेरिका की अपेक्षा ब्रिटेन में श्रम का सीमान्त उत्पादन कम होगा, इसलिए मजदूरी की दर नीची होगी। ऐसे ही तर्क से ब्रिटेन की अपेक्षा अमेरिका में भूमि का सीमान्त उत्पादन और इसी से लगान कम होगा। इस प्रकार, साधन कीमत समानीकरण एक दूर की सम्भावना बनकर रह जाता है।

4. पैमाने के स्थिर प्रतिफलों में साधन-कीमत समानीकरण सम्भव नहीं (Factor Price Equlisation not Possible under Constant Returns to Scale)—सैम्यूल्सन का सिद्धांत पैमाने के स्थिर प्रतिफलों की मान्यता पर आधारित है। मीड ने सिद्ध

किया है कि यदि वस्तुओं में से किसी एक के विनिर्माण में उत्पादन की मितव्ययिताएं होंगी, तो साधन कीमत समानीकरण नहीं होगा। मानलीजिए कि अमेरिका की अपेक्षा ब्रिटेन को कपड़े के विनिर्माण में बड़े पैमाने पर उत्पादन की अधिक मितव्ययिताएं उपलब्ध हैं। इसलिए श्रम की सीमान्त उत्पादकता ब्रिटेन में अधिक होगी और अमेरिका में कम। यह सम्भव है कि दोनों देशों में वस्तु कीमतें एक जैसी हों परन्तु उनमें साधन कीमतें भिन्न-भिन्न होंगी।

पर, यदि बढ़ते हुए प्रतिफल हैं तो भी सिद्धांत असफल हो जाता है। इसका कारण यह है कि बढ़ते हुए प्रतिफल और पूर्ण प्रतियोगिता परस्पर मेल नहीं खाते। और फिर, बढ़ते हुए प्रतिफलों के अंतर्गत प्रत्येक साधन को उसकी सीमान्त उत्पादकता से कम भुगतान किया जाएगा और कुल उत्पादन की अधिक खपत हो जाएगी।

5. एक वस्तु में विशिष्टीकरण सम्भव (Specialisation in one Ccommodity Possible)—इस सिद्धांत की एक मान्यता यह भी है कि कोई भी देश किसी एक अकेली वस्तु के उत्पादन में विशिष्टीकरण नहीं करता। परन्तु इस बात की पूरी-पूरी सम्भावना रहती है कि साधन कीमत समानीकरण से पूर्व कोई एक देश किसी एक वस्तु के उत्पादन में पूर्ण रूप से विशिष्टीकरण कर लेगा। ऐसा विशेष रूप से उस स्थिति में हो सकता है जब विशिष्टीकृत उद्योग की तुलना में दूसरा उद्योग बहुत छोटा हो, अर्थात् कपड़े की तुलना में दूसरा उद्योग जैसे ब्रिटेन में गेहूं का उद्योग बहुत छोटा हो। ऐसी स्थिति में साधन कीमत समानीकरण तब तक नहीं होगा जब तक गेहूं के उत्पादन में लगे हुए सभी साधन दूसरे देश, अर्थात् अमेरिका में नहीं चले जाते।

6. दो से अधिक वस्तुओं और साधनों पर लागू नहीं होता (Not Applicable to more than Two Goods and Factors)—साधन कीमत समानीकरण सिद्धांत दो-वस्तु तथा दो-देश की मान्यताओं पर आधारित है। यदि उत्पादन के साधनों की संख्या वस्तुओं की संख्या से अधिक हो, तो उस स्थिति में भी यह सिद्धांत असफल हो जाता है। ''यह सिद्धांत इस आवश्यकता को निर्धारित करता है कि कोई भी देश उत्पादन के साधनों की कुल संख्या से कम वस्तुओं का ही उत्पादन करे।'' इस सिद्धांत को दो से अधिक साधनों तथा दो से अधिक वस्तुओं पर लागू करना कठिन है।

7. स्थैतिक सिद्धांत (Static Theory)—सैम्यूल्सन का प्रमेय वास्तव में पूर्णरूप से एक स्थैतिक सिद्धांत है। ''यह समय के दिये हुए निश्चित क्षण पर दी हुई संतुलन स्थिति की कुछ विशिष्टताओं का ही अध्ययन करता है। यह केवल इतना ही बताता है कि दी हुई तकनीक से, दी हुई साधन सम्पन्नताओं से, तथा इसी प्रकार अन्य दी हुई बातों से व्यापार पर क्या प्रभाव पड़ेंगे। परन्तु वास्तविक जगत तो हमेशा के लिए दिया हुआ संतुलन नहीं है, उसमें तो हर प्रकार के परिवर्तन होते रहते हैं।''

8. साधन आयों में असमानताएं (Inequalities in Factor Incomes)—**मिर्डल, किंडलबर्गर, सोर्डस्टन** तथा अन्य अर्थशास्त्रियों का मत है कि वास्तविक जगत् में साधन आयों में समानताओं की बजाय बढ़ती हुई असमानताएं होती हैं। **मिर्डल** का कहना है कि प्रौद्योगिकीय व्यापार के खतरे द्वारा साधन अनुपातों तथा साधन कीमतों में सन्तुलन से हटकर संचयी प्रक्रिया (cumulative process) चलती रही है।

9. साधन गहनता उलटाव (Factor Intensity Reversal)—सैम्यूल्सन प्रमेय इस मान्यता पर आधारित है कि उत्पादन फलन साधन गहनताओं में विभिन्न होते हैं। इसका मतलब है कि उत्पादन फलनों की स्थानापन्न लोचें स्थिर होती हैं जिससे दोनों उत्पादन फलनों के सभी सम्बद्ध बिन्दुओं पर यह पहचाना जा सकता है कि प्रत्येक उत्पादन फलन अपेक्षाकृत भूमि (या पूंजी) गहन है अथवा श्रम-गहन। परन्तु सम्भव है कि दोनों उत्पादन फलनों की स्थानापन्न लोचें समान न हों। हो सकता है कि उत्पादन फलन का कोई बिन्दु सापेक्ष रूप से भूमि (या पूंजी) गहन हो और उसी उत्पादन फलन का कोई दूसरा बिन्दु सापेक्ष रूप से श्रम-गहन हो। यह साधन गहनता उलटाव की स्थिति है जिसमें साधन कीमतों तथा साधन गहनताओं के बीच एक-से-एक की समानता सम्भव नहीं है।

निष्कर्ष (Conclusion)

सर रॉय हैरड (Sir Roy Harrod) की धारणा है कि सैम्यूल्सन प्रमेय कोई आधारभूत सिद्धान्त नहीं है। किंडलबर्गर ने स्वीकार किया है कि यह प्रमेय सामान्य रूप से सत्य नहीं है। वह इसे बेकार का बौद्धिक व्यायाम मानता है। निष्कर्ष रूप में **जगदीश भगवती** के शब्दों में कहा जा सकता है कि ''यद्यपि यह सिद्धांत ऐतिहासिक दृष्टि से महत्त्वपूर्ण है और अभी भी नए अर्थशास्त्रियों का ध्यान

आकर्षित करने की सामर्थ्य रखता है, तो भी ऐसा लगता है कि शायद यह सिद्धांत व्यापार सिद्धांतवादियों की बौद्धिक शक्ति के एक बड़े भाग को ऐसे प्रश्न की ओर ले जाता है जिसकी उपयोगिता सीमित है।''

प्रश्न

1. स्पष्ट कीजिए कि यदि अन्तर्राष्ट्रीय व्यापार से वस्तुओं की स्वतंत्र गति से व्यापाररत देशों में साधन कीमतों में पूर्ण समानीकरण लाना हो तो किन मान्यताओं तथा शर्तों को पूरा करना जरूरी होगा ?
2. सविस्तार समझाइये कि वस्तुओं की स्वतंत्र गति अन्तर्राष्ट्रीय साधन-कीमतों का समानीकरण किस सीमा तक कर सकती है ?
3. उन स्थितियों का उल्लेख तथा व्याख्या कीजिए जिनके अन्तर्गत ओलिन का साधन कीमत समानीकरण सिद्धांत सही ठहरता है ?
4. स्पष्ट कीजिए कि वस्तुओं की स्वतंत्र गति अन्तर्राष्ट्रीय साधन-कीमतों में किस सीमा तक समानीकरण ला सकती है ?

अध्याय 10

साधन गहनता उलटाव : स्टोप्लर-सैम्यूल्सन तथा रिब्जिन्स्की प्रमेय
(FACTOR INTENSITY REVERSALS : STOPLER-SAMUELSON AND RYBCZYNSKI THEOREMS)

1. साधन गहनता उलटाव का अर्थ (MEANING OF FACTOR INTENSITY REVERSAL)

हैक्शर-ओलिन प्रमेय की मान्यता है कि जिन दो वस्तुओं का व्यापार होता है उनके उत्पादन फलन भिन्न होते हैं परन्तु प्रत्येक वस्तु के लिए दोनों देशों में समान होते हैं। इसका मतलब है कि X वस्तु का उत्पादन फलन Y वस्तु से भिन्न है। परन्तु X के उत्पादन में प्रयोग की गई तकनीक दोनों देशों A और B में समान है। इसी प्रकार, Y के उत्पादन में प्रयोग की गई तकनीक A और B देशों में समान है। यदि A देश पूंजी प्रचुर है और Y पूंजी-गहन वस्तु है तो A देश वस्तु Y का निर्यात करेगा। इसी प्रकार, B श्रम-प्रचुर देश होने के कारण अभी श्रम-गहन वस्तु X का निर्यात करेगा। साधन गहनता उलटाव धारणा के अनुसार, वही वस्तु Y देश A में पूंजी-गहन होगी और देश B में श्रम-गहन। ऐसी स्थिति में, हैक्शन-ओलिन प्रमेय के अनुसार, दोनों देश A और B एक-दूसरे को समान वस्तु Y निर्यात करेंगे। क्योंकि ऐसा संभव नहीं है, इसलिए हैक्शर-ओलन प्रमेय साधन गहनता उलटाव के होते हुए समाप्त हो जाता है। ऐसा इस कारण कि वह दोनों देशों के बीच व्यापार के ढांचे की व्याख्या करने में असफल होता है।

साधन गहनता उलटाव उस स्थिति में पाए जाते हैं जब एक सममात्रा वक्र दूसरे सममात्रा वक्र पर स्थित हो अथवा जब एक सममात्रा वक्र दूसरे सममात्रा वक्र को अनेक बिन्दुओं पर काटे। इनमें से पहले को एक साधन गहनता उलटाव और दूसरे को बहुसाधन गहनता उलटाव कहा जाता है।

एक साधन गहनता उलटाव (Single Factor Intensity Reversal)

एक साधन गहनता उलटाव चित्र 1 में दिखाया गया है जहां सममात्रा वक्र FF सममात्रा वक्र CC के बिन्दु R पर स्थित है। केवल बिन्दु R पर ही ऐसी सांझी कीमत रेखा को व्यक्त करने वाली स्पर्श रेखा खींची जा सकती है जो समान अन्तर्राष्ट्रीय कीमत अनुपातों को प्रदर्शित करती हो। यह रेखा उस अनुपात को व्यक्त करती है जिसमें एक साधन कीमत अनुपात पर दोनों वस्तुओं के लिए विभिन्न गहनताओं में दोनों साधनों को मिलाया जाता है। **लर्नर** (Lerner) ने OR रेखा को स्पर्शिता की किरण (radiant of tangency) कहा है जो साधन गहनता उलटाव का प्रतीक है। दोनों सममात्रा वक्रों पर इसे OR रेखा के बाएं अथवा दाएं को स्थित सन्तुलन बिन्दुओं से पता चलेगा कि साधन गहनता में उत्पादन फलन सरक (shift) गए हैं। साधन कीमत समानीकरण सिद्धांत से हम जानते हैं कि अमरीका में खाद्यान्न सापेक्ष रूप से भूमि-गहन है और ब्रिटेन में कपड़ा सापेक्ष रूप से श्रम गहन है। अब चित्र 1 से पता चलता है कि OR किरण के बाईं ओर स्थित OE तथा OD रेखाओं द्वारा व्यक्त साधन अनुपात विभिन्न साधन गहनताओं को प्रदर्शित करते हैं। OE रेखा OD रेखा की तुलना में बताती है कि अमरीका में कपड़े का उत्पादन खाद्यान्न के

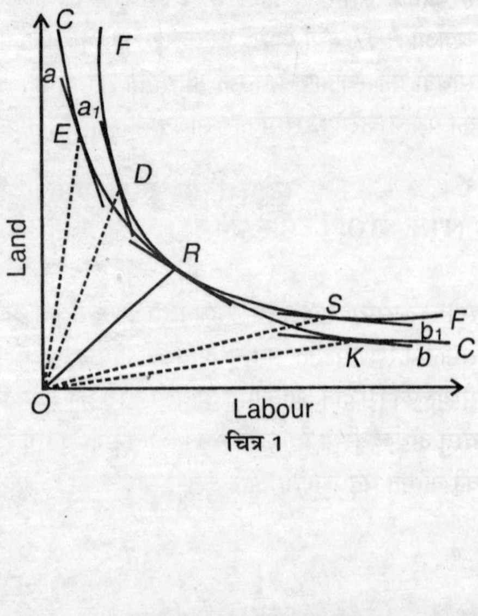

चित्र 1

उत्पादन की अपेक्षा भूमि-गहन है। अमरीका में दोनों वस्तुओं का साधन कीमत अनुपात एक समान है, जैसा कि क्रमशः CC तथा FF सममात्रा वक्रों के E तथा D बिन्दुओं पर समानान्तर स्पर्श रेखाओं से व्यक्त होता है अर्थात् $a = a_1$।

दूसरी ओर, OR किरण के दाईं ओर स्थित OK तथा OS रेखाओं से पता चलता है कि ब्रिटेन में खाद्यान्न उत्पादन की अपेक्षा कपड़ा श्रम-गहन है, जबकि समानान्तर साधन कीमत रेखाएं $b = b_1$ दी हुई हों।

इस प्रकार ऊपर प्रस्तुत विश्लेषण से पता चलता है कि कपड़ा अमेरिका में सापेक्ष रूप से भूमि-गहन है और ब्रिटेन में सापेक्ष रूप से श्रम-गहन है। अब अमरीका खाद्यान्न की बजाय कपड़े का उत्पादन करता है और ऐसा करने में वह कपड़े के उत्पादन में, जो श्रम-गहन वस्तु है, श्रम के स्थान पर भूमि को स्थानापन्न कर देता है। इससे साधन उलटाव हो गया है। दोनों देशों में कपड़े के उत्पादन की साधन कीमतें भी भिन्न-भिन्न हैं जैसा कि कीमत रेखाओं a तथा b के ढलानों से स्पष्ट है। साधन गहनताओं से यह बात सकना सम्भव नहीं है कि कौन-सा देश किस वस्तु का निर्यात करेगा। वास्तव में, दोनों ही देश कपड़े का उत्पादन और निर्यात करने तथा खाद्यान्नों का आयात करने का प्रयत्न करेंगे। इस प्रकार साधन कीमत समानीकरण का सिद्धांत असफल हो जाता है।

बहु साधन गहन व्युत्क्रम (Multiple Factor Intensity Reversals)

जब दो सममात्रा वक्र एक दूसरे को अनेक बिन्दुओं पर काटते हैं, तो बहु साधन गहनता व्युत्क्रम हो जाते हैं। इसे चित्र 2 में स्पष्ट किया गया है जहां सममात्रा वक्र CC तथा FF एक दूसरे को M तथा N बिन्दुओं पर दो बार काटते हैं। परस्पर काटने के इन दो बिन्दुओं के बीच दोनों सममात्रा वक्रों को मूल बिन्दु से आने वाली OR किरण T तथा S पर काटती है। इन्हीं बिन्दुओं पर समान अन्तर्राष्ट्रीय साधन कीमत अनुपातों को व्यक्त करने वाली समानान्तर स्पर्श रेखाएं खींची जा सकती हैं और इस प्रकार साधन कीमत समानीकरण व्यक्त होता है। सममात्रा वक्रों और साधन कीमत रेखाओं के बीच सन्तुलन बिन्दु जो OR किरण के बाईं अथवा दाईं ओर स्थित हैं वे साधन गहनता उलटाव को व्यक्त करेंगे।

साधन कीमत रेखा P_AL_A पर दो रेखाएं OE_1 तथा OE_2 अमरीका में खाद्यान्न तथा कपड़े के उत्पादन से भूमि/श्रम अनुपातों को व्यक्त करती हैं। OD_1 तथा OD_2 रेखाएं ब्रिटेन में P_BL_B साधन कीमत रेखा पर वैसे ही अनुपातों को व्यक्त करती हैं। चित्र से पता चलता है कि कपड़ा अमरीका में भूमि-गहन है (बिन्दु E_2) और (कपड़ा) ब्रिटेन में श्रम-गहन है (बिन्दु D_2) जबकि खाद्यान्न अमेरिका में श्रम-गहन (बिन्दु E_1) और ब्रिटेन में भूमि-गहन (बिन्दु D_1) है। इस प्रकार भूमि-गहन वस्तु खाद्यान्न अधिक भूमि वाले देश अमेरिका में श्रम-गहन है जबकि वह अधिक श्रम देश ब्रिटेन में भूमि-गहन है। इससे साधन गहनता उलटावों की स्थिति प्रदर्शित होती है। दोनों देशों में साधन कीमतें अलग-अलग हैं क्योंकि सममात्रा वक्र FF के बिन्दु E_1 तथा D_1 दो विभिन्न साधन कीमत रेखाओं P_AL_A तथा P_BL_B पर क्रमशः स्थित है। दोनों देश खाद्यान्न और कपड़े के साधनों को स्थानापन्न करके खाद्यान्नों का निर्यात और कपड़े का आयात करने का प्रयत्न करेंगे। इस प्रकार साधन कीमत समानीकरण सिद्धांत असफल हो जाता है।

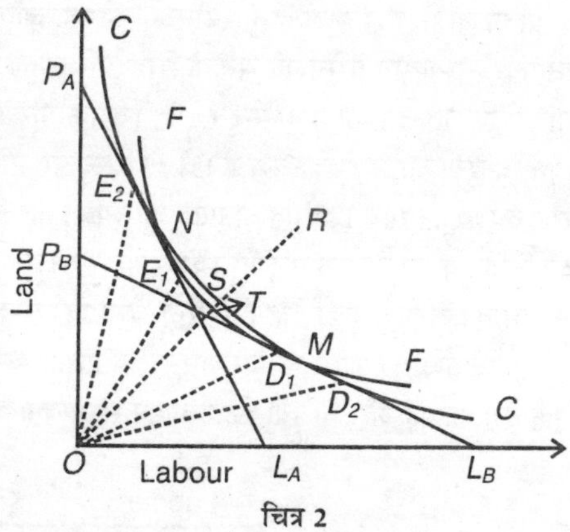

चित्र 2

2. स्टोप्लर-सैम्यूल्सन प्रमेय : वास्तविक साधन आय पर वस्तु कीमतों में परिवर्तन का प्रभाव (THE STOPLER-SAMUELSON THEOREM : THE EFFECT OF CHANGE IN COMMODITY PRICES ON REAL FACTOR REWARDS)

स्टोप्लर-सैम्यूल्सन प्रमेय, साधनों की वास्तविक आय के लिए कीमतों में हुए परिवर्तन के परिणामों की जांच करता है। साधन कीमत समानीकरण सिद्धांत साधन आय के अनुपात को वस्तु कीमतों में होने वाले परिवर्तनों से संबंध स्थापित करता है। परन्तु स्टोप्लर-सैम्यूल्सन सिद्धांत व्यक्तिगत आय से वस्तु की कीमतों में होने वाले परिवर्तनों को बताता है। यह सिद्धांत कहता है कि यदि दो साधन दो-वस्तु अर्थव्यवस्था में किसी वस्तु की कीमत बढ़ती है, तो जिस वस्तु की कीमत बड़ी है उसके उत्पादन में प्रयुक्त होने वाले प्रचुर साधन की कीमत बढ़ जाएगी और दुर्लभ साधन की कीमत गिर जाएगी और विलोमशः भी।

इसकी मान्यताएं (Its Assumptions)

स्टोप्लर-सैम्यूल्सन प्रमेय निम्नलिखित मान्यताओं पर आधारित है :

1. दो देश हैं जो परस्पर व्यापार करते हैं परन्तु यह विश्लेषण ज्यामितीय रूप से एक ही देश तक सीमित है।
2. यह देश केवल दो ही वस्तुओं का उत्पादन करता है : गेहूं (W) और घड़ियों (W_1) ।
3. एक वस्तु दूसरी वस्तु के उत्पादन में प्रयोग नहीं की जाती है।
4. इन दो वस्तुओं का उत्पादन केवल दो ही साधनों, श्रम और पूंजी से किया जाता है।
5. दोनों वस्तुओं के उत्पादन फलन रेखीय तथा एक कोटि के समरूप हैं।
6. दोनों साधनों की पूर्ति स्थिर है।
7. दोनों साधन पूर्ण रूप से नियुक्त (employed) हैं।
8. दोनों साधन क्षेत्रों के बीच गतिशील हैं परन्तु देशों के बीच गतिशील नहीं हैं।
9. साधन एवं वस्तु बाजारों में पूर्ण प्रतियोगिता है।
10. घड़ियों का उत्पादन सापेक्ष रूप से पूंजी-गहन है और गेहूं का उत्पादन सापेक्ष रूप से श्रम-गहन है।
11. श्रम उत्पादन का प्रचुर साधन है और पूंजी दुर्लभ साधन है।
12. दोनों देशों के बीच व्यापार की शर्तें अपरिवर्तित रहती हैं।
13. दोनों देशों के बीच व्यापार खुलने पर गेहूं की सापेक्ष कीमत बढ़ जाती है।

इसकी व्याख्या (Its Explanation)

ये मान्यताएं दी होने पर, ना-व्यापार से मुक्त व्यापार पर जाने से बढ़ती कीमत उद्योग (गेहूं) में गहनता से प्रयोग किए गए साधनों के प्रतिफलों में वृद्धि होती है और गिरती-कीमत उद्योग (घड़ियों) में गहनता से प्रयोग किए गए साधनों के प्रतिफलों में कमी होती है। स्टोप्लर-सैम्यूल्सन प्रमेय की सन्दूक चित्र 3 में व्याख्या की गई है जिसमें श्रम-गहन गेहूं उत्पादन का मूल बिन्दु O है और पूंजी-गहन घड़ियों के उत्पादन का मूल बिन्दु O_1 है, जिसके परिणामस्वरूप OO_1 संविदा (Contract) वक्र है। a_1a_1 गेहूं का सममात्रा वक्र है और b_1b_1 घड़ियों का सममात्रा वक्र है। वे M बिन्दु पर स्पर्श करते हैं जो व्यापार से पहले की उत्पादन स्थिति है। बिन्दु M पर P_1P_1 स्पर्श रेखा का ढलान साधन कीमत अनुपात को व्यक्त करता है। जब व्यापार शुरू होता है तो अन्तर्राष्ट्रीय मांग स्थितियां ऐसी हैं कि देश गेहूं का निर्यात करेगा जिसके परिणामस्वरूप वह संविदा वक्र पर चल कर M से N बिन्दु पर चला जाएगा। अब देश गेहूं के उत्पादन में पूंजी से श्रम का अनुपात बढ़ा देता है। परन्तु जैसा कि सन्दूक रेखाचित्र से प्रकट होता है, कुल अनुपात अपरिवर्तित रहते हैं।

अन्तर्राष्ट्रीय व्यापार के परिणामस्वरूप निर्यात वस्तु गेहूं की सापेक्ष कीमत बढ़ जाती है। इसे चित्र 4 में दिखाया गया है जहां PC वक्र देश का गेहूं और घड़ियों का उत्पादन सम्भावना वक्र है। व्यापार से पहले की स्थिति M है, जो संदूक रेखाचित्र के उसी बिन्दु (M)

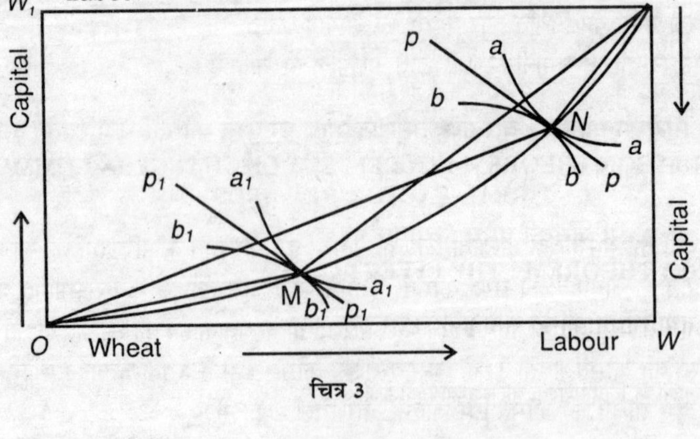

चित्र 3

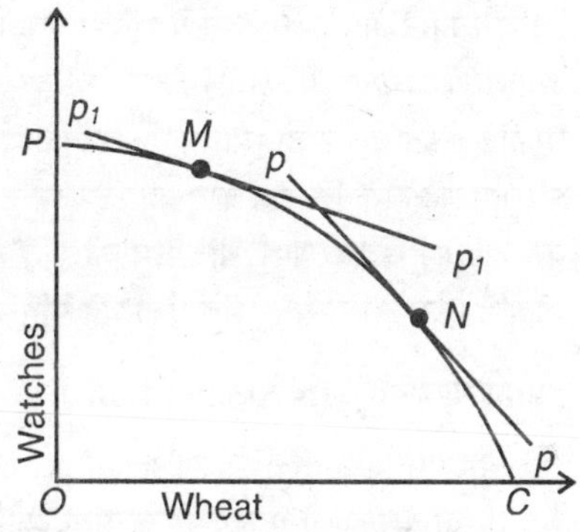

चित्र 4

के अनुरूप है और P_1P_1 कीमत अनुपात है जो सन्दूक रेखाचित्र में वैसी ही रेखा के अनुरूप है। व्यापार शुरू होने के बाद की स्थिति N है जो सन्दूक रेखाचित्र में वैसी ही स्थिति के अनुरूप है। N पर स्पर्श करने वाली तिरछी कीमत रेखा PP का ढलान बताती है कि व्यापार के बाद की स्थिति में घड़ियों की अपेक्षा गेहूं की कीमत बढ़ गई है।

ज्यों-ज्यों गेहूं की कीमत बढ़ेगी और देश में श्रम-गहन गेहूं उद्योग का विस्तार होगा त्यों-त्यों पूंजी-गहन घड़ी उद्योग से साधन दूर हटते जाएंगे। परन्तु गेहूं-उद्योग की मांग के मुकाबले घड़ी-उद्योग अधिक पूंजी और कम श्रम को छोड़ेगा। इसके परिणामस्वरूप दोनों उद्योगों में सापेक्ष रूप से अधिक पूंजी और कम श्रम के प्रयोग की ओर स्थानापन्नता होगी, क्योंकि गेहू का अधिक उत्पादन करने के लिए श्रम की बढ़ी हुई मांग को पूरा कर सकना सम्भव नहीं है। जब श्रम की सापेक्षता में अधिक पूंजी का प्रयोग बढ़ेगा, तो दोनों वस्तुओं की दृष्टि से पूंजी की सीमान्त उत्पादकता गिरेगी और श्रम की सीमान्त उत्पादकता बढ़ेगी। जब प्रत्येक साधन की आय उसकी सीमान्त मूल्य उत्पादकता के बराबर हो जाएगी, तो पूंजी का वास्तविक प्रतिफल गिरेगा और श्रम की वास्तविक मजदूरी बढ़ेगी। इस प्रकार व्यापार के बाद पूंजी की सीमान्त उत्पादकता N पर उसकी अपेक्षा कम है जो व्यापार से पहले M पर थी। इसे N बिन्दु पर स्पर्श रेखा PP की ढलान व्यक्त करती है जो सन्दूक चित्र की M पर स्पर्श रेखा P_1P_1 के ढलान की अपेक्षा अधिक तिरछी है। इससे स्टोप्लर-सैम्यूल्सन प्रमेय सिद्ध हो जाता है कि अन्तर्राष्ट्रीय व्यापार से निर्यात वस्तु की कीमत बढ़ जाती है और जिस वस्तु की कीमत बढ़ती है उसके उत्पादन में प्रयुक्त होने वाले प्रचुर साधन का वास्तविक पुरस्कार (reward) बढ़ जाता है तथा दुर्लभ साधन का पुरस्कार कम हो जाता है और विलोमशः भी।

इसके निहितार्थ (Its Implications)

स्टोप्लर-सैम्यूल्सन प्रमेय का प्रमुख गुण यह है कि. अपनी प्रतिबन्धात्मक मान्यताओं के आधार पर यह सिद्धांत ''मुद्रा आयों तथा मुद्रा कीमतों में संतुलनकारी परिवर्तनों को तोलने की जटिल सूचकांक समस्याओं से'' बच जाता है। परन्तु इसके कुछ महत्वपूर्ण निहितार्थ हैं।

आय वितरण में असमानता (Inequality of Income Distribution)—इससे यह निष्कर्ष निकलता है कि व्यापार खुलने के परिणामस्वरूप प्रचुर साधन से उत्पादित वस्तु का उत्पादन बढ़ता है जिससे उस साधन की वास्तविक आय में वृद्धि होती है। इस प्रकार आय का वितरण प्रचुर साधन के पक्ष में और दुर्लभ साधन के विरुद्ध चला जाता है। इसके विपरीत, यदि इस प्रकार के देश में आयात-योग्य वस्तु पर प्रशुल्क लगा दिया जाए, तो व्यापार का स्तर घट जाएगा और दुर्लभ साधन को लाभ होगा।[1] दूसरे शब्दों में, आय का वितरण प्रचुर साधन के विरुद्ध और दुर्लभ साधन के पक्ष में होगा।

अल्पविकसित देशों के लिए व्यवहार्यता (Applicability to UDCs)—स्टोप्लर-सैम्यूल्सन प्रमेय के ये दो पक्ष विकासशील देशों के लिए विशेष महत्व रखते हैं। श्रम प्रचुर विकासशील देशों में प्रशुल्क लगाकर आयात स्थानापन्नता की नीति की बजाय निर्यात को बढ़ावा देने की नीति अपनाई जाए। क्योंकि निर्यात को बढ़ावा देने से व्यापार का स्तर बढ़ेगा, प्रचुर-साधन श्रम की वास्तविक आय बढ़ेगी जिससे राष्ट्रीय आय बढ़ेगी और वृद्धि अधिक तेजी से होगी। दूसरी ओर, संरक्षणात्मक प्रशुल्कों से आयात स्थानापन्नता की नीति के परिणास्वरूप प्रचुर-साधन श्रम की वास्तविक आय घटेगी और दुर्लभ साधन पूंजी की वास्तविक आय बढ़ेगी, जिसके परिणामस्वरूप राष्ट्रीय आय घटेगी और वृद्धि धीमी पड़ जाएगी।

3. रिब्जिन्स्की प्रमेय : व्यापार पर साधन सम्पन्नता परिवर्तनों का प्रभाव
(THE RYBCZYNSKI THEOREM : THE EFFECT OF FACTOR ENDOWMENT CHANGES ON TRADE)

हैक्शर-ओलिन सिद्धांत तथा साधन कीमत समानीकरण सिद्धांत, दोनों ही, *स्थिर साधन सम्पन्नताओं* की मान्यताओं पर आधारित हैं।

1. प्रमेय के इस भाग के विश्लेषण के लिए प्रशुल्क वाले अध्याय को देखें।

रिब्जिन्स्की ने अपने 1955 में प्रकाशित एक लेख[2] में यह दिखाया कि *एक साधन को स्थिर रखकर दूसरे साधन में परिवर्तन करने से अन्तर्राष्ट्रीय व्यापार में भाग लेने वाली दो वस्तुओं के उत्पादनों पर क्या प्रभाव पड़ता है* यह रिब्जिन्स्की प्रमेय के नाम से प्रचलित है। यह सिद्धांत कहता है कि दो–साधन दो–वस्तु अर्थव्यवस्था में यदि एक की पूर्ति बढ़ा दी जाए और दूसरे साधन की पूर्ति स्थिर रखी जाए तो परिणाम यह होगा कि उस वस्तु का उत्पादन बढ़ जाएगा जो बढ़ाए गए साधन को गहनता से प्रयोग करती है और दूसरी वस्तु का उत्पादन घट जाएगा। उदाहरणार्थ, यदि श्रम की पूर्ति बढ़ती है तो श्रम–गहन वस्तु का उत्पादन बढ़ता है और पूंजी–गहन वस्तु का उत्पादन घट जाता है। इसके विपरीत, यदि पूंजी की पूर्ति बढ़ती है, तो पूंजी–गहन वस्तु का उत्पादन घट जाता है।

इसकी मान्यताएं (Its Assumptions)

यह प्रमेय निम्नलिखित मान्यताओं पर आधारित है :

1. दो देश हैं जो एक दूसरे के साथ व्यापार करते हैं। परन्तु विश्लेषण ज्यामितीय रूप से एक देश तक ही सीमित है।
2. यह देश केवल दो वस्तुओं X तथा Y का उत्पादन करता है।
3. इन वस्तुओं का उत्पादन दो साधनों, श्रम तथा पूंजी से किया जाता है।
4. ये दो साधन पूर्ण रूप से विभाज्य, पूर्ण रूप से गतिशील और कुछ सीमा तक परस्पर स्थानापन्नीय हैं।
5. दोनों वस्तुओं के उत्पादन फलन रेखीय और समरूप हैं।
6. प्रत्येक वस्तु की साधन गहनता भिन्न–भिन्न है। वस्तु X सापेक्ष रूप से श्रमगहन और वस्तु Y सापेक्ष रूप से पूंजी–गहन है।
7. वस्तु कीमतें तथा साधन कीमतें दोनों ही स्थिर हैं।
8. वस्तु तथा साधन बाजारों में पूर्ण प्रतियोगिता है।
9. केवल एक साधन की पूर्ति में परिवर्तन किया जाता है, जबकि दूसरे साधन की पूर्ति स्थिर रखी जाती है।

इसकी व्याख्या (Its Explanation)

इन मान्यताओं के दिए हुए होने पर, रिब्जिन्स्की प्रमेय को चित्र 5 में संदूक रेखाचित्र की सहायता से स्पष्ट किया गया है। इस चित्र में वस्तु X के उत्पादन का मूल बिन्दु O है और वस्तु Y के उत्पादन का मूल बिन्दु O_1 है। देश की मूल साधन सम्पन्नताओं को सूंदक OLO_1C द्वारा मापा गया है। इस संदूक में श्रम को क्षैतिज अक्ष पर और पूंजी को अनुलम्ब अक्ष पर लिया गया है। मानलीजिए कि प्रारम्भिक उत्पादन का बिन्दु A है जो संविदा वक्र OAO_1 पर इस प्रकार स्थित है कि प्रत्येक वस्तु के पूंजी–श्रम अनुपात को रेखाएं OA तथा O_1A की ढलानों द्वारा व्यक्त करता है। OA की ढलान बताती है कि (क्षैतिज पक्ष में) वस्तु Y की अपेक्षा X श्रम–गहन है। इसी प्रकार O_1A की ढलान बताती है कि वस्तु X की अपेक्षा वस्तु Y पूंजी गहन है। रेखा OA वस्तु X के उत्पादन को तथा रेखा O_1A वस्तु Y के उत्पादन को भी व्यक्त करती है। OL श्रम की पूर्ति है और OC पूंजी की पूर्ति है।

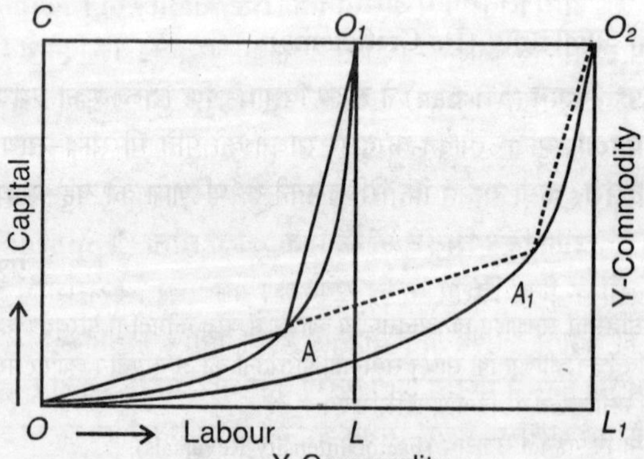

चित्र 5

मानलीजिए की श्रम की पूर्ति OL से बढ़कर OL_1 हो जाती है। जब श्रम की मात्रा में LL_1 की वृद्धि होती है तो नया संदूक OL_1,O_2C बन जाता है। क्योंकि स्थिर वस्तु कीमतों पर प्रत्येक वस्तु में पूंजी–श्रम अनुपात अपरिवर्तित रहता है, इसलिए नया उत्पादन बिन्दु A_1 है जो बढ़ाई गई OA रेखा पर और O_1A के समानान्तर खींची गई नई रेखा O_2A_1 पर स्थित है। नया उत्पादन बिन्दु A_1 जो संविदा वक्र OA_1O_2 पर स्थित है, बताता है कि श्रम–गहन वस्तु X का उत्पादन OA से

2. T.M. Rybzynski, "Factor Endowment and Relative Commodity Prices" *Economica*, Nov. 1955.

बढ़कर OA_1 हो जाता है और पूंजी-गहन वस्तु Y का उत्पादन O_1A से गिर कर O_2A_1 रह जाता है।

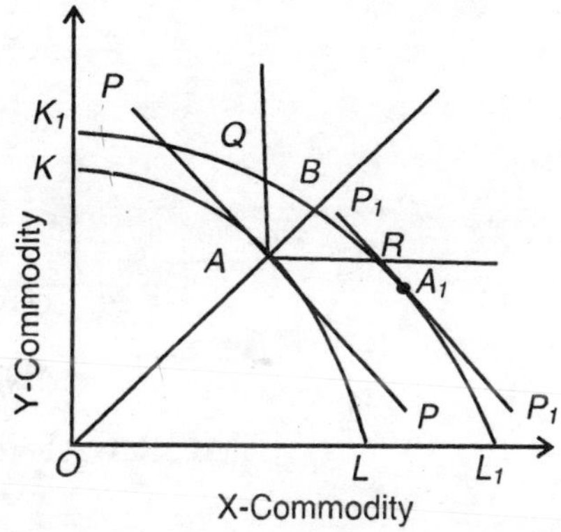

चित्र 6

रिब्जिन्स्की ने उक्त प्रमेय को ऐसे रेखाचित्र में प्रस्तुत किया है जो उत्पादन संभावना वक्रों को प्रदर्शित करता है। इस प्रकार चित्र 6 में श्रम-गहन वस्तु X की मात्राओं को क्षैतिज अक्ष मापता है और पूंजी-गहन वस्तु Y की मात्राओं को अनुलम्ब अक्ष मापता है। चित्र 6 में उत्पादन संभावना वक्र KL चित्र 5 के संदूक OLO_1C से व्युत्पन्न किया गया है। वस्तु X तथा Y में संतुलन विनिमय दर मूल उत्पादन संभावना वक्र के बिन्दु A पर है। जब हम श्रम की पूर्ति बढ़ाते हैं, तो नया उत्पादन संभावना वक्र चित्र 6 में K_1L_1 बनता है जो चित्र 5 के संदूक OL_1O_2C से व्युत्पन्न किया गया है। नया संतुलन बिन्दु A_1 पर है जहां कीमत रेखा P_1P_1 मूल कीमत रेखा pp के समानान्तर है। परन्तु यदि Y घटिया वस्तु नहीं है, तो यह बिन्दु A_1 नए अधिक ऊंचे आय स्तर पर संभवत: संतुलन स्थिति नहीं हो सकती है। श्रम की पूर्ति बढ़ने के परिणामस्वरूप प्राप्त अधिक ऊंचे उत्पादन संभावना वक्र K_1L_1 का मतलब हैं कि राष्ट्रीय आय बढ़ी है। इसके परिणामस्वरूप दोनों वस्तुओं की मांग बढ़ेगी। इसलिए नया संतुलन बिन्दु अवश्य ही नए उत्पादन संभावना वक्र K_1L_1 के चतुर्थांश (Quadrant) QAR के भीतर स्थित होगा। उदाहरणार्थ, उत्पादन संभावना वक्र K_1L_1 के किसी भी बिन्दु Q, B अथवा R पर स्पर्श करने वाली रेखा की ढलान A पर स्पर्श करने वाली रेखा की अपेक्षा अधिक चपटी होगी। इसका मतलब है कि पूंजी-गहन वस्तु Y की तुलना में श्रम-गहन वस्तु X की व्यापार की शर्तें और खराब हो जाएंगी। यह इस प्रस्थापना को सिद्ध करता है कि जिस साधन की मात्रा बढ़ जाती है उस साधन का अपेक्षाकृत अधिक प्रयोग करने वाली वस्तु की व्यापार की शर्तें बिगड़ जाती हैं। तद्नुसार खुली अर्थव्यवस्था के संबंध में, रिब्जिन्स्की ने निष्कर्ष प्रस्तुत किया है "अब यदि यह मान लिया जाए कि जिस साधन की मात्रा बढ़ी है उसका अधिक उपयोग करने वाली निर्यात की मद है तो उसकी बाह्य व्यापार की शर्तें बिगड़ेंगी और इसके विपरीत यदि वह वस्तु आयात की मद है तो उसकी व्यापार की शर्तों में सुधार होगा।" यदि देश छोटा है और इस स्थिति में नहीं है कि अपने आन्तरिक समायोजनों से विश्व के कीमत अनुपातों को प्रभावित कर सके, तो स्पष्ट रूप से वस्तु X का उत्पादन बढ़ेगा और वस्तु Y का उत्पादन गिरेगा और वही कीमत अनुपात दिया हुआ होने पर उत्पादन संभावना वक्र K_1L_1 के बिन्दु A_1 पर संतुलन स्थापित होगा।

इसकी आलोचनाएं (Its Criticisms)

प्रो. मिशन (Mishan) ने लक्ष्य किया है कि रिब्जिन्स्की प्रमेय में दो कमियां हैं:

पहली, यदि उत्पादन के दूसरे साधन की पूर्ति भी साथ-साथ बढ़ा दी जाए, तो ऐसे स्पष्ट मात्रात्मक परिणाम प्रकट नहीं होते।

दूसरी, कमी यह है कि रिब्जिन्स्की के परिणाम को बहु-साधन मॉडल पर लागू करना बहुत कठिन है।

प्रश्न

1. सविस्तार समझाइए कि अन्तर्राष्ट्रीय व्यापार में वस्तु कीमतों में परिवर्तन का वास्तविक साधन आय पर क्या प्रभाव पड़ता है ?
2. विवेचन कीजिए कि साधन सम्पन्नता परिवर्तनों का अन्तर्राष्ट्रीय व्यापार पर क्या प्रभाव पड़ता है ?
3. निम्नलिखित पर टिप्पणियां लिखिए :
   साधन गहनता उलटाव (Factor Intensity Reversals),
   रिब्जिन्स्की प्रमेय (Rybczynski Theorem)।

अध्याय 11

तुलनात्मक लागतों और हैक्शर-ओलिन के सिद्धांत की आनुभविक जांच
(EMPIRICAL TESTING OF COMPARATIVE COSTS AND H-O THEORIES)

1. प्रस्तावना
(INTRODUCTION)

अर्थशास्त्रियों ने तुलनात्मक लागतों तथा हैक्शर-ओलिन सिद्धांतों की आनुभविक जांच करने का प्रयत्न किया है। प्रस्तुत अध्याय में हम कुछ ऐसे महत्त्वपूर्ण प्रयत्नों का आलोचनात्मक विवेचन करेंगे जो इन दो सिद्धांतों के सांख्यिकीय परीक्षण करने के निमित्त किए गए हैं। इनमें से पहला प्रयत्न मैक्डूगल से सम्बद्ध है और दूसरा लियोनतिफ से।

2. क्लासिकी सिद्धांत का परीक्षण
(TESTING THE CLASSICAL THEORY)

तुलनात्मक लागतों का सिद्धांत कहता है कि किसी वस्तु के उत्पादन में जिस देश की तुलनात्मक श्रम लागतें कम होंगी, वह देश उस वस्तु का निर्यात करेगा। 1951[1] में मैक्डूगल (MacDougall) ने उन उद्योगों की श्रम उत्पादकता का निरीक्षण करके इस सिद्धांत का परीक्षण किया जिन उद्योगों के आधार पर ऐसा प्रतीत होता था कि व्यापार करने वाले देशों में से एक को तुलनात्मक लाभ है जो उसके निर्यातों से प्रकट होता था। बिट्रेन और अमेरिका के संबंध में वह इस निष्कर्ष पर पहुंचा कि उनके बीच जो व्यापार होता है वह उनमें से प्रत्येक के कुल व्यापार का मामूली-सा भाग ही है। इसलिए उसने यह परीक्षण किया कि इन दोनों में से प्रत्येक देश के बाकी दुनिया के तीसरे देशों को सापेक्ष निर्यात उनकी तुलनात्मक श्रम उत्पादकता से किस सीमा तक सम्बद्ध रहते हैं। उसने सबसे पहले यह देखा कि 1937 में ब्रिटेन के मुकाबले अमरीका में विनिर्माण में साप्ताहिक मजदूरी लगभग दो गुनी थी। इस आधार पर मैक्डूगल ने यह तर्क प्रस्तुत किया कि अमरीका तीसरे देशों को उन वस्तुओं का निर्यात बहुत अधिक करता था जिनमें उसकी श्रम उत्पादकता ब्रिटेन के मुकाबले दो गुने से अधिक थी। इसी प्रकार, ब्रिटेन तीसरे देशों को अधिकांश निर्यात उन वस्तुओं का करता था जिनमें उसकी श्रम उत्पादकता अमरीका के मुकाबले दो गुने से कम थी। मैक्डूगल ने 25 वस्तुएं ली थीं, उनमें से 20 वस्तुओं के संबंध में यह नियम सही निकला।

पर उसने यह भी पाया कि जिन उद्योगों में अमरीका की श्रम उत्पादकता ब्रिटेन की श्रम उत्पादकता से दो गुना थी, उनमें भी ब्रिटेन की अपेक्षा अमरीका का निर्यात कम था। परन्तु अमरीका का निर्यात तभी ब्रिटेन के निर्यात के बराबर होता था जब उसकी श्रम उत्पादकता ब्रिटेन की श्रम उत्पादकता से ढाई गुना होती थी। मैक्डूगल के मतानुसार तीसरे देशों को ब्रिटेन के अधिक निर्यात साम्राज्य अधिमान (Imperial Preference), निर्यात से सम्बंधित उद्योगों, व्यासायिक नेतृत्व आदि के कारण थे। कुल मिलाकर कहा जा सकता है कि मैक्डूगल जिन निष्कर्षों पर पहुंचा, वे विश्व व्यापार का ढांचा निर्धारित करने में सापेक्ष श्रम उत्पादकता को महत्व देने वाले क्लासिकी दृष्टिकोण का समर्थन ही करते थे।

1. G.D.A. MacDougall, "British and American Exports." A study suggested by the Theory of Comparative Costs." E.J., December, 1951, reprinted in *Readings in International Economics*, Ch. 32.

स्टर्न (Stern) तथा **बलासा** (Balassa) ने जो अलग-अलग अध्ययन किए उनसे भी मैक्डूगल के निष्कर्षों की पुष्टि होती है। **स्टर्न** ने मैक्डूगल का अनुसरण किया और 1950 के आंकड़ों का प्रयोग करते हुए इस निष्कर्ष पर पहुंचा कि ब्रिटेन की तुलना में अमरीका में मजदूरी साढ़े तीन गुना थी। श्रम लागतों का समानीकरण करने के बाद अमरीकी निर्यात ब्रिटेन के निर्यातों से कम निकले। मैक्डूगल के अध्ययन से भी यही निष्कर्ष प्राप्त हुआ था।

बलासा ने अधिक व्यापक अध्ययन किया। उसने अमरीका तथा ब्रिटेन के अट्ठाइस उद्योगों में श्रम उत्पादकता का विश्लेषण किया। वह इस निष्कर्ष पर पहुंचा कि उत्पादकता और तीसरे देशों में निर्यात प्रक्रिया के बीच गहरा संबंध है। उसके निष्कर्ष भी मैक्डूगल के निष्कर्षों से मेल खाते थे।

इन परीक्षणों की आलोचनाएं (Criticisms of these Tests)

इन परीक्षणों से अन्तर्राष्ट्रीय व्यापार के क्लासिकी सिद्धांत का समर्थन हुआ है। परन्तु इन निष्कर्षों के महत्त्व के संबंध में जगदीश भगवती ने सन्देह प्रकट किए हैं। भगवती ने मैक्डूगल, स्टर्न तथा बलासा की अपेक्षा अधिक विस्तृत सांख्यिकीय विधियां अपनाईं और इस निष्कर्ष पर पहुंचा कि ब्रिटेन तथा अमरीका के श्रम उत्पादकता अनुपातों पर निर्यात कीमत अनुपातों के रेखीय परावर्तनों (regressions) से कोई महत्त्वपूर्ण परावर्तन गुणांक प्राप्त नहीं होते। इकाई श्रम लागतों तथा निर्यात कीमत अनुपातों के परावर्तन भी महत्त्वहीन थे। भगवती ने निष्कर्ष दिया "ये निष्कर्ष सीमित तो हैं ही, साथ ही ये रिकार्डो के सिद्धांत की उपयोगिता के संबंध में पर्याप्त सन्देह उत्पन्न करते हैं। इसलिए (मैक्डूगल, स्टर्न तथा बलासा द्वारा प्रस्तुत निष्कर्षों पर आधारित) सामान्य धारणा के विपरीत, रिकार्डो की उपकल्पनाओं (hypotheses) के पक्ष में अभी तक कोई प्रमाण उपलब्ध नहीं होता।" उसने आगे यह भी लक्ष्य किया कि मैक्डूगल तथा दूसरों ने जो तरीका अपनाया उसमें कुछ दोष थे। उसका कहना है कि जब हम इस बारे में कोई स्पष्टीकरण नहीं देते कि श्रम की जो उत्पादकता है वह वही क्यों है और इसलिए उसमें कैसे परिवर्तन होने की आशा की जाए, तो श्रम की उत्पादकता के संबंध में की गई भविष्यवाणी पर भरोसा करना भविष्यवाणी की उपयोगिता को सीमित कर देता है। फिर, यदि हम श्रम की उत्पादकता में होने वाले परिवर्तनों के संबंध में पूर्वानुमान लगा भी लें तो भी उसके आधार पर हम पूर्ण रूप से यह नहीं बता सकते कि आयातों तथा निर्यातों के ढांचे में किस निश्चित ढंग से परिवर्तन होंगे।

3. लियोनतिफ विरोधाभास
(THE LEONTIEF PARADOX)

हैक्शर-ओलिन मॉडल के सत्यापन के संबंध में पहला व्यापक प्रयत्न लियोनतिफ ने 1951 में किया था।[2] हैक्शर-ओलिन सिद्धांत कहता है कि जिस देश में सापेक्षतया अधिक पूंजी होगी वह देश सापेक्षतया अधिक पूंजी गहन वस्तुओं का निर्यात करेगा और उन वस्तुओं का आयात करेगा जिनके उत्पादन में दुर्लभ साधन श्रम की सापेक्षतया बड़ी मात्राओं की जरूरत पड़ती है। लियोनतिफ अपने अध्ययन के आधार पर इस विरोध-मूलक निष्कर्ष पर पहुंचा कि यद्यपि बाकी दुनिया के मुकाबले संयुक्त राज्य अमेरिका में पूंजी की सापेक्षतया बड़ी मात्रा और श्रम की सापेक्षतया थोड़ी मात्रा है, फिर भी अमरीका ने **श्रम गहन वस्तुओं का निर्यात और पूंजी गहन वस्तुओं का आयात किया।** इस निष्कर्ष को लियोनतिफ विरोधाभास का नाम दिया गया है।

लियोनतिफ ने अपना परीक्षण इस भविष्य-कथन से शुरू किया कि संयुक्त राज्य अमरीका अपने प्रचुर साधन पूंजी को वस्तुओं के रूप में निर्यात करेगा, और अपने **दुर्लभ साधन श्रम** को वस्तुओं के रूप में आयात करेगा। इस भविष्यवाणी का परीक्षण करने के लिए लियोनतिफ ने संयुक्त राज्य अमरीका की 1947 की आगत-निर्गत तालिका का प्रयोग किया। उसने 50 क्षेत्रों में उद्योगों के कुल 200 ग्रुप बनाए। इनमें से 38 क्षेत्र अपने उत्पादनों का अन्तर्राष्ट्रीय बाजार में सीधा व्यापार करते थे। उसने दो साधन श्रम तथा पूंजी लिये। उसने हिसाब लगाया कि संयुक्त राज्य अमरीका के दस लाख डालर के निर्यातों के लिए श्रम तथा पूंजी की कितनी मात्राओं की जरूरत पड़ेगी और यह भी हिसाब लगाया कि संयुक्त राज्य अमरीका की आयात प्रतियोगी दस लाख डालर की वस्तुओं के उत्पादन के लिए कितने श्रम और पूंजी की जरूरत पड़ेगी। लियोनतिफ के प्रमुख आनुभविक निष्कर्षों का सार सारणी-I में दिया जा रहा है।

2. W.W. Leontief, "Domesticc Production and Foreign Trade: The American Capital Position Re-examined" *Proceedings of the American Philosophical Society,* September, 1953.

सारणी I : संयुक्त राज्य अमरीका के प्रति दस लाख डालर के निर्यातों और आयात स्थानापन्नताओं के लिए अपेक्षित श्रम तथा पूंजी, 1947

साधन आवश्यकताएं (Factor Requirements)	निर्यात (Exports)	आयात स्थानापन्नताएं (Import Replacement)
पूंजी	डॉलर 2,550,780	डॉलर 3,091,339
श्रम (मानव-वर्ष)	182,312	170,004
पूंजी-श्रम अनुपात	13,911	18,185

लियोनतिफ के निष्कर्षों से पता चलता है कि संयुक्त राज्य अमरीका के निर्यात उद्योगों की अपेक्षा उसके आयात स्थानापन्न उद्योगों में पूंजी-श्रम का अनुपात 30 प्रतिशत अधिक था। इसका मतलब है कि संयुक्त राज्य में निर्यात उद्योगों की अपेक्षा आयात प्रतियोगी उद्योग सापेक्षतया अधिक पूंजी-गहन हैं। जैसा लियोनतिफ ने कहा है, ''श्रम के अन्तर्राष्ट्रीय विभाजन में अमरीका की सहभागिता (Participation) उत्पादन के पूंजी गहन तरीकों की अपेक्षा श्रम गहन तरीकों के विशिष्टीकरण पर आधारित है।'' दूसरे शब्दों में, **''वह देश अपनी पूंजी की बचत और अपने अतिरेक (surplus) श्रम का प्रयोग करने के लिए विदेशों के साथ व्यापार करता है न कि इसके विपरीत।''** इस प्रकार लियोनतिफ जिन निष्कर्षों पर पहुंचा वे हैक्शर-ओलिन मॉडल के प्रतिकूल थे। अतः इसे लियोनतिफ विरोधाभास कहते हैं।

इन निष्कर्षों को देखकर स्वयं लियोनतिफ ही नहीं बल्कि सारे संसार के अर्थशास्त्री हैरान रह गए। अधिकांश अर्थशास्त्रियों ने विधिगत एवं सांख्यिकीय आधारों पर लियोनतिफ की आलोचना की। कुछ ने लियोनतिफ-टाइप के परीक्षण भी किए और कुछ ने लियोनतिफ विरोधाभास तथा हैक्शल-ओलिन मॉडल में सामंजस्य स्थापित करने का प्रयत्न किया।

हम आगे इन प्रश्नों पर क्रमशः विचार कर रहे हैं।

लियोनतिफ विरोधाभास की आलोचनाएं (Criticisms of the Leontief Paradox)

सांख्यिकीय एवं विधिगत आधारों पर लियोनतिफ की आलोचना की गई है। हम उसकी आलोचनाओं की कुछ प्रमुख बातों का यहां अध्ययन कर रहे हैं।

1. 1947 विशेष वर्ष नहीं (1947 not a Typical Year)—स्वर्लिंग (Swerling) का मत है कि हैक्शर-ओलिन मॉडल का परीक्षण करने के लिए 1947 को विशेष वर्ष नहीं माना जा सकता क्योंकि युद्ध के बाद उत्पादन के क्षेत्र में जो अव्यवस्था आ गयी थी उसे उस वर्ष तक विश्व भर में ठीक नहीं किया जा सका था। परिणाम यह हुआ कि लियोनतिफ के निष्कर्षों को दो बातों ने दोषपूर्ण बना दिया, उनमें से एक बात तो यह थी कि लियोनतिफ ने कुछ महत्त्वपूर्ण निर्यात अथवा आयात स्थितियों के साथ कृषि एवं मछली पालन जैसे कुछ उद्योगों के पूंजी-श्रम अनुपात लिये और दूसरी बात यह थी कि जिस तरीके से उसने अपने विश्लेषण में परिवहन, कार्मशियल सेवाओं तथा थोक व्यापार को शामिल किया वह ठीक नहीं था।

2. समूहीकरण की समस्या (Problem of Aggregation)—बलोग (Balogh) ने आलोचना करते हुए कहा है कि अप्रत्यक्ष रूप से पूंजी-श्रम अनुपातों की गणना करने के लिए जिस ढंग से आगत-निर्गत मैट्रिक्स (Matrix) में समूहीकरण किया गया है, वह ठीक नहीं था। परिणामस्वरूप, हो सकता है कि संयुक्त राज्य अमेरिका के निर्यात उद्योगों की श्रम-गहनता मिथ्या हो जिसका कारण यह हो कि पूंजी गहन निर्यात्य वस्तुओं को उनसे मिलती-जुलती गैर-निर्यात श्रम-गहन क्रियाओं से जोड़ दिया गया हो।

3. आगत-निर्गत मॉडल का मेल नहीं (Incompatibility of Input-Output Model)—वेलावैरिस-वेल (Valavaris-Vail) ने लियोनतिफ केपरीक्षण पर इस आधार पर आपत्ति उउाई है कि ''तार्किक रूप से आगत-निर्गत मॉडल अन्तर्राष्ट्रीय व्यापार के साथ मेल नहीं खाते। (सिवाय दैवयोग से)'' उसने यह तर्क प्रस्तुत किया कि स्थिर आगत गुणांकों वाला लियोनतिफ मॉडल उस विश्व व्यापार संतुलन से मेल नहीं खाता था जिसमें प्रत्येक देश को व्यापार से लाभ होता, पूर्ण रोजगार रहता और व्यापार शुरू कर देने पर कुछ वस्तुओं का उत्पादन बढ़ जाता और कुछ अन्य वस्तुओं का उत्पादन घट जाता।

4. कम पूंजी-श्रम अनुपात उद्योग (Low Capital-Labour Ratio Industries)—स्वर्लिंग ने इस बात के लिए लियोनतिफ

की आलोचना की है कि उसने कम पूंजी श्रम अनुपात वाले कुछ उद्योग सम्मिलित कर लिये जिसके परिणामस्वरूप उसके निष्कर्ष दोषपूर्ण हो गए। इस आलोचना के प्रत्युतर में लियोनतिफ ने एक बार फिर अपने अध्ययन पर नए सिरे से काम किया और इस बार उसने उद्योगों की बहुत अधिक विस्तृत रेंज ली, परन्तु जो निष्कर्ष प्राप्त हुए वे मूल अध्ययन के निष्कर्षों से ही मिलते-जुलते थे।

5. उपभोग ढांचे (Consumption Patterns)—लियोनतिफ विरोधाभास यू.एस. निर्यातों और आयातों पर उपभोग ढांचों के प्रभाव की उपेक्षा करता है। **रोमने रोबिन्सन** (Romney Robinson) का मत है कि किसी देश में मांग स्थितियां किसी एक वस्तु के उपभोग के पक्ष में इतनी बढ़ी हुई हों कि वह देश उत्पादन के सापेक्षतया प्रचुर साधन से उस वस्तु का उत्पादन करे। इस प्रकार वह उस वस्तु का निर्यात नहीं करेगा। जब प्रतिव्यक्ति आय बढ़ती है तो उपभोग ढांचे श्रम-गहन या पूंजी-गहन वस्तुओं की ओर झुक सकते हैं। ए.जे. ब्राउन (A.J. Brown) ने दर्शाया कि सयुंक्त राज्य अमरीका के उपभोग ढांचे पूंजी-गहन वस्तुओं की अपेक्षा श्रम-गहन वस्तुओं की ओर झुके हुए हैं। इससे लियोनतिफ विरोधाभास का खण्डन होता है।

6. पूंजी का टिकाऊपन (Durability of Capital)—**बुकैनन** (Buchanan) ने लियोनतिफ की आलोचना इस आधार पर की है कि उसने अपने अध्ययन में "निवेश आवश्यकताओं के गुणांकों" को पूंजी गुणांकों के रूप में प्रयोग किया है। इसलिए वह विविध उद्योगों में पूंजी के टिकाऊपन पर ध्यान देने में असमर्थ रहा है।

7. प्रशुल्कों की उपेक्षा (Tariffs Ignored)—**टरेविस** (Travis) का कहना है कि प्रशुल्क प्रायः व्यापार के ढांचे को बिगाड़ देते हैं और किसी देश की सापेक्ष साधन सम्पन्नताओं को व्यक्त करते हैं। इस आधार पर उसका मत है कि संयुक्त राज्य अमेरिका तथा विदेशों के प्रशुल्कों ने लियोनतिफ के निष्कर्षों को गम्भीर रूप से प्रभावित किया है। लियोनतिफ की कमी यह थी कि उसने अपने अध्ययन में इन प्रशुल्कों पर ध्यान नहीं दिया।

8. प्राकृतिक संसाधनों की उपेक्षा (Neglect of Natural Resources)—**बुकैनन** (Buchanan) ने लियोनतिफ की इसलिए आलोचना की है कि उसने प्राकृतिक संसाधनों की भूमिका की उपेक्षा कर दी है जो व्यापार ढांचों को निर्धारित करने में बहुत महत्त्वपूर्ण हैं। **डियाब** (Diab) तथा **वनेक** (Vanek) के अध्ययनों में बुकैनन के मत की पुष्टि होती है।

9. पूंजी गहनता की तुलना असंगत (Comparison of Capital Intensity Irrelevant)—**एल्जवर्थ** (Ellsworth) के अनुसार तुलना की दृष्टि से संयुक्त राज्य अमेरिका आयात-स्थानापन्न उद्योगों की पूंजी गहनता असंगत है। चाहिए यह कि संयुक्त राज्य अमेरिका के निर्यातों की पूंजी-गहनता की तुलना अन्य देशों के निर्यातों की पूंजी गहनता के साथ की जाय। क्योंकि संयुक्त राज्य अमेरिका एक पूंजी प्रचुर देश है, इसलिए आयातों को स्थानापन्न करने के लिए यह जिन वस्तुओं का उत्पादन करेगा वे अवश्य ही पूंजी-गहन होंगी। आयात स्थानापन्नताओं के संबंध में लियोनतिफ इसी निष्कर्ष पर पहुंचा था। परन्तु उसे देखना चाहिए था कि संयुक्त राज्य अमरीका जिन वस्तुओं का आयात करता है वे वस्तुएं अपने मूल देश में पूंजी-गहन हैं अथवा श्रम-गहन।

10. श्रम उत्पादकता (Labour Productivity)—लियोनतिफ ने स्वयं ही लियोनतिफ विरोधाभास को स्पष्ट करने का प्रयत्न किया। उसने यह तर्क प्रस्तुत किया कि शेष दुनिया की सापेक्षता में संयुक्त राज्य अमेरिका एक श्रम-प्रचुर देश है क्योंकि विदेशों के श्रमिकों की अपेक्षा संयुक्त राज्य अमेरिका के श्रमिक कहीं अधिक कुशल हैं। संयुक्त राज्य अमरीका के श्रमिकों का प्रति मानव वर्ष योगदान विदेशों के श्रमिकों के योगदान से तीन गुना था। लियोनतिफ का कहना है कि संयुक्त राज्य के श्रमिकों के योगदान से तीन गुना था। लियोनतिफ का कहना है कि संयुक्त राज्य अमेरिका के श्रमिकों की अपेक्षाकृत अधिक उत्पादकता का कारण प्रति श्रमिक पूंजी की अधिक मात्रा लगाया जाना नहीं, बल्कि उद्यमशीलता, श्रेष्ठ संगठन और संयुक्त राज्य अमेरिका का अनुकूल वातावरण है। एल्जवर्थ ने लियोनतिफ के इस अनुमान को धारणा संबंधी कठिनता ही माना। **भगवती** जानना चाहता है कि लियोनतिफ ने दक्षता गुणक (efficiency factor) तीन कैसे निकाला। उसके मतानुसार लियोनतिफ द्वारा दिया गया तर्क कुछ जंचता नहीं।

11. मानव-पूंजी की उपेक्षा (Neglect of Human Capital)—**लियोनतिफ** की इस बात पर भी आलोचना हुई है कि उसने अपने अध्ययन में मानव पूंजी के मूल्य को नहीं लिया है। उसने कवल भौतिक पूंजी को ही लिया। **कैनन** (Kenen) ने अपने अध्ययन में पाया कि लियोनतिफ विरोधाभास उलट गया जब लियोनतिफ की भौतिक पूंजी में मानव पूंजी शामिल की गई।

12. असन्तुलित व्यापार (Unbalancced Trade)—**लीमर** (Leamer) ने अपने अध्ययन में यह पाया कि लियोनतिफ विरोधामास असफल रहता है जब व्यापार असन्तुलित है। जब उसने 1947 में अमेरिका व्यापार का परीक्षण किया तो अमेरिका का अतिरेक

(surplus) व्यापार था और लियोनतिफ विरोधाभास का कोई प्रमाण नहीं था कि उसके निर्यात सापेक्षतम श्रम-गहन थे।

13. साधन गहनता उलटाव (Factor Intensity Reversals)—लियोनतिफ के परिणामों से साधन गहनता उलटावों का होना पाया जाता है। जिससे एक पूंजी-गहन देश अपनी श्रम-गहन वस्तुओं का निर्यात करेगा। लियोनतिफ की आलोचना की गई है कि उसने अपने अध्ययन में केवल एक देश यू.एस. को लिया। यदि उसने एक दूसरे देश, जैसे जापान लिया होता, तो उसने अमेरिका निर्यातों को जापानी निर्यातों की तुलना में पूंजी गहन पाया होता।

निष्कर्ष (Conclusion)—इन आलोचनाओं के बावजूद लियोनतिफ ने अपने निष्कर्षों का पुन: परीक्षण किया और इसके लिए उसने 1951 के लिए संयुक्त राज्य अमरीका के निर्यातों एवं आयातों की औसत संरचना को प्रयोग किया। उसने उद्योगों का ग्रुप बढ़ाकर उसके 192 क्षेत्र बना दिए। इसके बाद के अध्ययन से लियोनतिफ विरोधाभास की यों पुष्टि हुई कि संयुक्त राज्य अमेरिका के निर्यातों की सापेक्षता में संयुक्त राज्य अमेरिका की आयात स्थानापन्नताएं अधिक पूंजी गहन थीं, भले ही संयुक्त राज्य अमेरिका के निर्यातों पर उनकी पूंजी गहनता घटाकर केवल 6 प्रतिशत कर दी गई थी। 1958 की संयुक्त राज्य अमेरिका की आगत-निर्गत सारणी को प्रयोग करके **बाल्डविन** (Baldwin) ने पाया कि संयुक्त राज्य के निर्यातों की सापेक्षता में उसके आयात प्रतियोगी उद्योग 27 प्रतिशत अधिक पूंजी-गहन थे। इसलिए आज भी संयुक्त राज्य अमरीका में लियोनतिफ का विरोधाभास अपनी जड़ जमाए हुए है।

4. अन्य देशों से संबंधित प्रमाण
(EVIDENCES RELATING TO OTHER COUNTRIES)

लियोनतिफ ने जो दृष्टिकोण प्रस्तुत किया उसके आधार पर आगे अनेक अर्थशास्त्रियों ने हैक्शर-ओलिन सिद्धांत को अनेक देशों पर लागू करके परखा।

जापान के **टाटेमोटो तथा इचीमूरा** (Tatemoto and Ichimura) नामक अर्थशास्त्रियों ने बाकी दुनिया के साथ जापान ढांचे का अध्ययन किया। उस अध्ययन ने लियोनतिफ विरोधाभास की पुष्टि की कि क्योंकि जापान एक श्रम-प्रचुर देश है, इसलिए उसने श्रम-गहन वस्तुओं का आयात और पूंजी-गहन वस्तुओं का निर्यात किया। ये निष्कर्ष हैक्शर-ओलिन सिद्धांत के विरुद्ध थे। इन अर्थशास्त्रियों ने इस निष्कर्ष का कारण यह बताया कि वास्तव में जापान के लगभग 75% निर्यात अल्पविकसित देशों को जाते हैं और इन देशों में जापान की अपेक्षा कम पूंजी-सम्पन्नता है। परन्तु संयुक्त राज्य अमेरिका के साथ व्यापार में उन्होंने पाया कि संयुक्त राज्य अमरीका को जापान के निर्यातों का पूंजी-श्रम अनुपात संयुक्त राज्य से आयातों के पूंजी-श्रम अनुपात से कम था। यह निष्कर्ष हैक्शर-ओलिन सिद्धांत के अनुरूप ही था।

स्टोप्लर तथा रोस्कैम्प (Stopler and Roskamp) ने पूर्वी जर्मनी विषयक अपने अध्ययन में पाया कि उसके निर्यात पूंजी-गहन तथा आयात श्रम-गहन थे। ये निष्कर्ष हैक्शर-ओलिन सिद्धांत से मेल खाते थे क्योंकि पूर्वी जर्मनी का 75 प्रतिशत व्यापार साम्यवादी देशों के साथ होता है और इस ग्रुप के अन्य देशों की तुलना में पूर्वी जर्मनी अपेक्षाकृत अधिक पूंजी-प्रचुर है।

वाल (Wahl) ने कनाडा के व्यापार ढांचे का अध्ययन किया। उस अध्ययन से पता चला कि कनाडा के निर्यात उसके आयातों की अपेक्षा अधिक पूंजी-गहन थे। क्योंकि कैनेडा का अधिकांश व्यापार संयुक्त राज्य अमेरिका के साथ होता है, इसलिए ये निष्कर्ष हैक्शर-ओलिन सिद्धांत के प्रतिकूल जाते हैं।

भारद्वाज (Bhardwaj) ने समस्त विश्व के साथ भारत के व्यापार ढांचे के अपने अध्ययन में पाया कि भारत के आयातों की अपेक्षा उसके निर्यात अधिक श्रम-गहन थे। यह निष्कर्ष हैक्शर-ओलिन सिद्धांत के अनरूप है। परन्तु भारद्वाज ने संयुक्त राज्य अमरीका के साथ भारत के व्यापार का भी अलग से अध्ययन किया और पाया कि संयुक्त राज्य अमेरिका को भारत के निर्यात पूंजी-गहन और संयुक्त राज्य अमेरिका से भारत के आयात श्रम-गहन थे। यह निष्कर्ष स्पष्ट से हैक्शर-ओलिन सिद्धांत का खण्डन करता है।

5. लियोनतिफ विरोधाभास का हैक्शर-ओलिन सिद्धांत के साथ सामंजस्य
(RECONCILIATION OF THE LEONTIF PARADOX WITH HECKSHER-OHLIN THEORY)

अर्थशास्त्रियों ने अनेक कारण बताकर लियोनतिफ विरोधाभास का समाधान करने का प्रयत्न किया है। ये कारण साथ के साथ लियोनतिफ विरोधाभास तथा हैक्शर-ओलिन सिद्धांत में सामंजस्य भी स्थापित करते हैं। हम यहां लियोनतिफ विरोधाभास की कुछ

महत्त्वपूर्ण व्याख्याएं प्रस्तुत कर रहे हैं।

संयुक्त राज्य अमेरिका की श्रम-उत्पादकता (Productivity of U.S. Labour)—लियोनतिफ ने स्वयं लियोनतिफ विरोधाभास की व्याख्या करने का प्रयत्न किया था कि संयुक्त राज्य अमेरिका श्रम-गहन वस्तुओं का निर्यात करता है। उसका तर्क था कि संयुक्त राज्य अमेरिका इसलिए श्रम-गहन देश है क्योंकि विदेशों के श्रमिकों की अपेक्षा संयुक्त राज्य अमेरिका के श्रमिक अधिक दक्ष हैं। उसका कहना था कि संयुक्त राज्य अमेरिका के श्रमिकों की उत्पादकता विदेशों के श्रमिकों के मुकाबले तीन गुना अधिक है। उसने इसका कारण श्रेष्ठ उद्यमशीलता, संगठन तथा अनुकूल अमरीकी वातावरण बताए। पर आगे, ऊंची श्रम-उत्पादकता से संयुक्त राज्य अमेरिका की पूंजी उत्पादकता बढ़ती है। लियोनतिफ ने इस पक्ष पर विचार नहीं किया। **क्रीनिन** (Kreinin) ने संयुक्त राज्य अमेरिका के श्रम का आनुभविक परीक्षण किया और उस अध्ययन से पता चला कि विदेशी श्रम की अपेक्षा अमेरिका श्रम केवल 20 से 25 प्रतिशत ही श्रेष्ठ है न कि 300 प्रतिशत जैसा लियोनतिफ ने अनुमान लगाया था। इस निष्कर्ष से यह सिद्ध नहीं होता कि संयुक्त राज्य अमेरिका पूंजी प्रचुर देश है।

मानव पूंजी (Human Capital)—लियोनतिफ ने अपनी गणना में मानव पूंजी का मूल्य शामिल नहीं किया, परन्तु उसने इस बात पर बल दिया है कि अमेरिका में आयात स्थापानन्न उद्योगों की अपेक्षा निर्यात उद्योगों में अधिक कुशल श्रम लगाया जाता है। अनेक अर्थशास्त्रियों ने मानव-पूंजी में निवेश तथा संयुक्त राज्य अमेरिका के व्यापार ढांचे के बीच संबंध की छान-बीन की है। **बाल्डविन** ने पाया कि भौतिक पूंजी की बजाय मानव पूंजी का प्रयोग करने के कारण संयुक्त राज्य अमेरिका के आयात स्थानापन्न उद्योगों की अपेक्षा संयुक्त राज्य अमेरिका के निर्यात उद्योग अधिक मानव पूंजी-गहन थे। इसलिए मानव पूंजी लियोनतिफ विरोधाभास की पुष्टि करती है। दूसरी ओर, **कैनन** (Kenen) ने पाया कि लियोनतिफ के भौतिक पूंजी अनुमानों में मानव पूंजी जोड़ देने पर लियोनतिफ विरोधाभास उलट जाता है। पर, इसमें कोई सन्देह नहीं कि संयुक्त राज्य अमेरिका में मानव-पूंजी की प्रचुरता है।

प्राकृतिक संसाधन (Natural Resources)—लियोनतिफ ने संयुक्त राज्य अमेरिका के व्यापार ढांचे के संबंध में प्राकृतिक संसाधनों की उपेक्षा की है। **वनेक** (Vanek) ने अपने अध्ययन में बताया है कि संयुक्त राज्य अमेरिका में अनेक प्राकृतिक संसाधनों की अपेक्षाकृत कमी है। क्योंकि उत्पादन में प्राकृतिक संसाधन तथा पूंजी परस्पर पूरक हैं, इसलिए संयुक्त राज्य का व्यापार ढांचा अपने प्राकृतिक संसाधनों को सुरक्षित रखता हैं। वनेक का तर्क है कि भले ही संयुक्त राज्य अमेरिका अपेक्षाकृत पूंजी प्रचुर हो, परन्तु क्योंकि दक्ष उत्पादन के लिए पूंजी को बड़ी मात्रा में दुर्लभ प्राकृतिक संसाधनों की जरूरत होती है इसलिए संयुक्त राज्य अमेरिका के निर्यातों की सापेक्षता में संयुक्त राज्य आयात पूंजी-गहन था। इससे लियोनतिफ विरोधाभास स्पष्ट हो जाता है। वास्तव में, संयुक्त राज्य अमेरिका उन प्राकृतिक संसाधन उत्पादो को आयात करता है जिनके पूंजी-श्रम अनुपात ऊंचे होते हैं जैसे खनिज पदार्थ और वन्य उत्पादन, और उन वस्तुओं को निर्यात करता है जिनके पूंजी-श्रम अनुपात कम होते हैं। लियोनतिफ विरोधाभास का सही मूल्यांकन करने के लिए जरूरत इस बात की है कि संयुक्त राज्य अमेरिका के निर्यातों तथा आयातों में प्राकृतिक संसाधनों के योगदान की मात्रा निश्चित की जाए।

साधन-गहनता उलटाव (Factor Intensity Reversals)—जब दो व्यापार करने वाले देशों में साधन-गहनता उलटाव हो जाता है तो हैक्शर-ओलिन सिद्धांत असफल हो जाता है और उन देशों में से किसी एक देश में लियोनतिफ विरोधाभास अवश्य प्रकट होगा। सबसे पहले **मिनहास** (Minhas) ने साधन गहनता उलटाव का अध्ययन किया। उसने 19 विभिन्न देशों से 24 उद्योगों की छान-बीन की और देखा कि पांच में साधन गहनता उलटाव हैं। उसने संयुक्त राज्य अमेरिका तथा जापान दोनों में मिलने वाले 20 उद्योगों को उनके गूंजीश्रम अनुपातों के आधार पर क्रमबद्ध किया और निर्यातों तथा आयातों के साधन गहनता उलटावों का पता लगाया। बाद में कुछ अर्थशास्त्रियों ने जो अध्ययन किए, उनसे मिनहास के परीक्षणों का पूरा समर्थन नहीं हुआ। यदि यह सिद्ध भी हो जाए कि साधन गहनता उलटाव होते हैं तो भी वे स्पष्ट नहीं कर पाते कि संयुक्त राज्य अमेरिका के निर्यात श्रम-गहन क्यों हैं?

व्यापार प्रतिबंध (Trade Barriers)—**ट्रेविस** (Travis) तथा **बाल्डविन** (Baldwin) के अध्ययन से पता चलता है कि व्यापार प्रतिबन्धों से लियोनतिफ विरोधाभास मजूबत होता है। संयुक्त राज्य अमेरिका अधिक प्रशुल्क और गैर-प्रशुल्क प्रतिबन्ध लगाकर श्रम-गहन वस्तुओं के आयातों को नियंत्रित करता है। **बाल्डविन** के अध्ययन से पता चला कि संयुक्त राज्य अमेरिका ने उन वस्तुओं के आयातों पर अधिक कड़े प्रतिबन्ध लगाए थे जिनमें श्रम का अंश, विशेष रूप से अकुशल श्रम का अंश, औसत से अधिक था। परन्तु ये अध्ययन लियोनतिफ विरोधाभास में व्यापार प्रतिबन्धों के योगदान की मात्रा को निश्चित नहीं कर सके हैं।

उपभोग ढांचे (Consumption Patterns)—लियोनतिफ विरोधाभास इस बात पर ध्यान नहीं देता कि संयुक्त राज्य अमेरिका के निर्यातों तथा आयातों पर उपभोग ढांचों का क्या प्रभाव पड़ता है। इस विषय में अनेक अध्ययन हुए हैं। ज्यों-ज्यों प्रति व्यक्ति आय बढ़ती है, त्यों-त्यों अपेक्षाकृत अधिक श्रम-गहन वस्तुओं के उपभोग की प्रवृत्ति बढ़ने लगती है। ब्राउन के अध्ययन से पता चला कि संयुक्त राज्य अमेरिका के उपभोग ढांचे पूंजी-गहन वस्तुओं की उपेक्षा श्रम-गहन वस्तुओं के पक्ष में अधिक झुके हुए हैं। यह निष्कर्ष लियोनतिफ विरोधाभास के विरुद्ध पड़ता है।

अनुसंधान तथा विकास (Research and Development)—हैक्शर-ओलिन सिद्धांत की भांति लियोनतिफ विरोधाभास भी तकनीकी परिवर्तन के व्यापार ढांचों पर पड़ने वाले प्रभाव की उपेक्षा करता है। अर्थशास्त्रियों ने लक्ष्य किया है कि नई वस्तुओं के सतत प्रवाह ने संयुक्त राज्य अमेरिका के निर्यातों के ढांचे को बहुत अधिक प्रभावित किया हैं। **ग्रूबर** (Gruber), **मेहता** (Mehta) तथा **वर्नन** (Vernon) द्वारा किए गए अध्ययन से पता चला कि संयुक्त राज्य उद्योगों की निर्यात क्रिया तथा अनुसंधान एवं विकास प्रक्रिया की गहनता के बीच गहरा सह-संबंध है। **रेमंड वर्नन** ने इसे अपने वस्तु चक्र सिद्धांत की शब्दावली में स्पष्ट किया है। उसका कहना है कि संयुक्त राज्य अमेरिका विश्व व्यापार में जिन नई वस्तुओं को प्रचलित करता है उनके उत्पादन में अमेरिका को तुलनात्मक लाभ रहता है। वस्तु चक्र सिद्धांत बताता है कि वस्तुओं की तीन अवस्थाएं होती हैं : नई वस्तु, सम्पूर्ण हो रही वस्तु और मानकीकृत (Standardised) वस्तु। नई वस्तु अवस्था में उत्पादन के लिए अतिकुशल श्रम की जरूरत होती है और वह देश उस वस्तु का निर्यातकर्ता होता है। जब वस्तु सम्पूर्ण होने लगती है तो विपणन और पूंजी लागतें बढ़ती हैं। जब वस्तु मानकीकृत हो जाती है तो प्रौद्योगिकी स्थिर हो जाती है और वह वस्तु सामान्य उपभोक्ता वस्तु बन जाती है। परिणामस्वरूप उसका थोक उत्पादन होने लगता है, जिसके लिए कच्चे माल, पूंजी तथा अकुशल श्रम की जरूरत पड़ती है। इसलिए तुलनात्मक लाभ सापेक्ष रूप से कुशल श्रम प्रचुर देश से सरक कर अकुशल श्रम प्रचुर देश में चला जाता है। परन्तु संयुक्त राज्य अमेरिका के संबंध में वस्तु चक्र सिद्धांत को सही सिद्ध करने के लिए अभी इस सिद्धांत पर और अनुसंधान की जरूरत है। पर, इस तथ्य से इन्कार नहीं किया जा सकता कि संयुक्त राज्य अमेरिका के व्यापार ढांचे को निर्धारित करने में अनुसंधान तथा विकास ने बहुत महत्त्वपूर्ण कार्य किया है।

प्रश्न

1. अन्तर्राष्ट्रीय व्यापार के क्लासिकी सिद्धांत के संबंध में आनुभविक निष्कर्षों का आलोचनात्मक मूल्यांकन कीजिए।
2. लियोनतिफ विरोधाभास की व्याख्या कीजिए। क्या इससे अन्तर्राष्ट्रीय व्यापार का हैक्शर-ओलिन सिद्धांत गलत ठहरता है?
3. साधन अनुपातों का सिद्धांत आनुभविक विश्लेषण की कसौटी पर कैसे खरा उतरता है?
4. लियोनतिफ विरोधाभास से क्या तात्पर्य है? इसका अन्तर्राष्ट्रीय व्यापार के ओलिन-सिद्धांत के साथ कैसे और किस सीमा तक सामंजस्य स्थापित किया जा सकता है?

अध्याय 12

हैक्शर-ओलिन सिद्धांत के विस्तार : अन्तर्राष्ट्रीय व्यापार में गत्यात्मक घटक

(EXTENSIONS OF H.-O. THEORY : DYNAMIC FACTORS IN INTERNATIONAL TRADE)

1. प्रस्तावना (INTRODUCTION)

हैक्शर-ओलिन सिद्धांत बहुत प्रतिबंधात्मक मान्यताओं पर आधारित है कि दो देश हैं जहां श्रम और पूंजी की मात्राएं (साधन सम्पन्नताएं) स्थिर हैं; रुचियां (अधिमान या मांग) अपरिवर्तित हैं; प्रौद्योगिकी और पैमाने के प्रतिफल स्थिर हैं; तथा परिवहन लागतें शून्य हैं। वास्तव में, ये सभी घटक जो व्यापार को प्रभावित करते हैं निरंतर परिवर्तित होते रहते हैं। इसलिए यह लाभदायक होगा कि इनमें से कुछ मान्यताओं को शिथिल कर दिया जाए ताकि साधन सम्पन्नताओं, रुचियों, परिवहन लागतों, प्रौद्योगिकी आदि के प्रभावों का अध्ययन अन्तर्राष्ट्रीय व्यापार पर किया जा सके और इस प्रकार हैक्शर-ओलिन सिद्धांत का विस्तार हो जाए।

2. साधन संपन्नताओं में परिवर्तन (CHANGES IN FACTOR ENDOWMENTS)

जब किसी देश की साधन संपन्नताओं (या साधन पूर्तियों) में परिवर्तन होते हैं, जबकि प्रौद्योगिकी में कोई भी परिवर्तन न हो तो, इससे उत्पादन, व्यापार करने वाले दोनों देशों के बीच व्यापार की शर्तों और व्यापार से लाभ में परिवर्तन होते हैं। इन दरों पर साधन संपन्नताओं में परिवर्तनों के प्रभाव के विश्लेषण के लिए एक स्थिति पर हम विचार करें जिसके अन्तर्गत एक देश में सिर्फ एक साधन की पूर्ति बढ़ती है जबकि दूसरे देश में साधन की पूर्ति में कोई परिवर्तन नहीं होता है।

इसकी मान्यताएं (Its Assumptions)

इसकी मान्यताएं इस प्रकार हैं :

(*i*) *A* और *B* दो देश हैं।

(*ii*) *X* और *Y* दो वस्तुएं हैं।

(*iii*) श्रम और पूंजी दो साधन हैं।

(*iv*) श्रम की पूर्ति बढ़ती है और पूंजी की पूर्ति स्थिर रहती है।

(*v*) साधनों का पूर्ण रोजगार होता है।

(*vi*) *X* वस्तु श्रम-गहन और *Y* वस्तु पूंजी-गहन है।

(*vii*) वस्तु और साधन की कीमतें स्थिर हैं।

(*viii*) *X* का निर्यात और *Y* का आयात किया जाता है।

(*ix*) पैमाने के स्थिर प्रतिफल होते हैं।

उत्पादन पर प्रभाव (Impact on Output)—इन मान्यताओं के दिए होने पर, हम *A* देश की स्थिति पर विचार करते हैं जहां सिर्फ श्रम संपन्नता की पूर्ति में वृद्धि होती है। वस्तुओं की कीमतें स्तिर होने पर, श्रम की पूर्ति में वृद्धि श्रम-गहन वस्तु *Y* के उत्पादन को

कम करती है। इसकी व्याख्या चित्र 1 में की गई है जहां क्षैतिज अक्ष श्रम–गहन वस्तु X की मात्रा को और अनुलम्ब अक्ष A देश में पूंजी–गहन वस्तु Y की मात्रा को मापता है। इसकी प्रारंभिक उत्पादन संभावना रेखा KL है और उत्पादन बिन्दु E है जहां PP कीमत रेखा KL वक्र को स्पर्श करती है और यह देश X वस्तु की OX मात्रा और Y वस्तु की OY मात्रा उत्पादित करता है। जब केवल श्रम की पूर्ति बढ़ती है तो उत्पादन संभावना वक्र KL ऊपर की ओर K_1L_1 पर सरक जाता है।

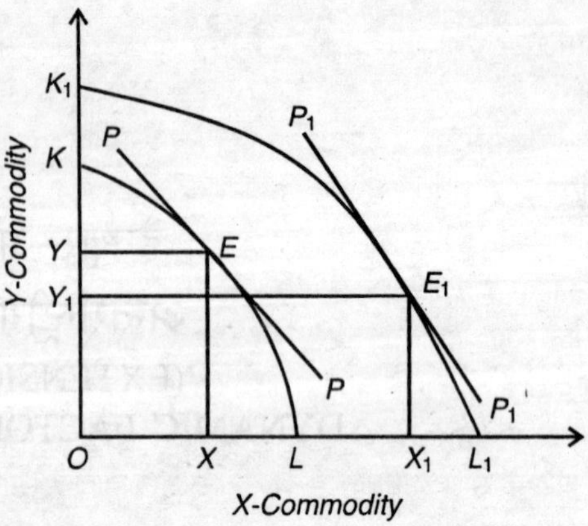

चित्र 1

ध्यान दें यदि पूंजी की पूर्ति नहीं भी बढ़ती है तो नया उत्पादन संभावना वक्र थोड़ा बाईं ओर K से K_1 को सरक जाता है। इसका कारण यह है कि श्रम का भी Y वस्तु के उत्पादन में उपयोग किया गया है। वस्तुओं की कीमतें स्थिर होने पर, कीमत रेखा P_1P_1 (जो PP रेखा के समानान्तर है) E_1 उत्पादन बिन्दु पर K_1L_1 वक्र को स्पर्श करती है, जहां A देश X की OX_1 और Y की OY_1 मात्रा उत्पादित करता है। दोनों उत्पादन बिन्दुओं E और E_1 की तुलना दर्शाती है कि श्रम की पूर्ति में वृद्धि के बाद श्रम–गहन वस्तु X का उत्पादन OX से OX_1 तक बढ़ा है और पूंजी–गहन वस्तु Y का उत्पादन OY से OY_1 तक कम हुआ है, यद्यपि पूंजी की पूर्ति अपरिवर्तित रही है।

व्यापार की मात्रा पर प्रभाव (Impact on Volume of Trade)—यदि A देश X वस्तु का निर्यात करता है तो इसकी सापेक्षिक प्रचुर श्रम संपन्नता (relatively abundant labour endowment) की पूर्ति में वृद्धि इसके निर्यातों की मात्रा को बढ़ाती है। इसकी व्याख्या चित्र 1 में की गई है। मानलीजिए श्रम की पूर्ति में वृद्धि के पहले, A देश B देश को X वस्तु की OX मात्र निर्यात कर रहा था। श्रम की पूर्ति में वृद्धि के साथ A देश का उत्पादन संभावना वक्र KL से ऊपर की ओर K_1L_1 को सरक जाता है और नया उत्पादन बिन्दु P_1P_1 रेखा के E_1 बिन्दु पर स्थापित हो जाता है, जो PP रेखा के समानान्तर है और व्यापार की स्थिर शर्तें दर्शा रहा है। परिणामस्वरूप, श्रम–गहन वस्तु X के निर्यात OX से OX_1 तक बढ़ जाते हैं। इस प्रकार यह वस्तु X के निर्यातों को Y वस्तु में कमी के अनुपात से अधिक बढ़ाने में सक्षम है।

राष्ट्रीय आय पर प्रभाव (Impact on National Income)—ऊपर वर्णित मान्यताएं दी होने पर, श्रम की पूर्ति में वृद्धि और परिणामस्वरूप उत्पादन संभावना वक्र का बाहर की ओर परिवर्तन A देश की राष्ट्रीय आय में वृद्धि को प्रकट करता है। इसकी व्याख्या चित्र 2 में की गई है। राष्ट्रीय आय का स्तर दिया होने पर, प्रारंभिक उत्पादन संभावना वक्र KL है और संतुलन बिन्दु A है। जब श्रम की पूर्ति बढ़ती है तो नया उत्पादन संभावना वक्र K_1L_1 हो जाता है। यह ऊंचा उत्पादन संभावना वक्र K_1L_1 राष्ट्रीय आय में वृद्धि को दर्शाता है। नई संतुलन स्थिति A_1 बिन्दु पर है जहां P_1P_1 कीमत रेखा K_1L_1 वक्र को स्पर्श करती है और PP कीमत रेखा के समानान्तर है।

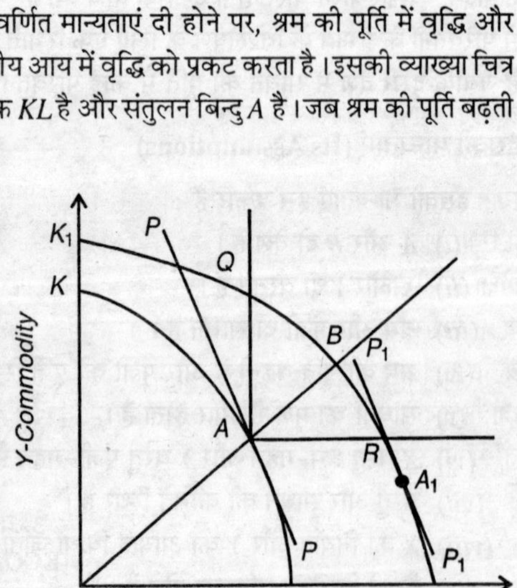

चित्र 2

परन्तु A_1 बिन्दु ऊंचे राष्ट्रीय आय स्तर पर एक संतुलन बिन्दु संभवत: नहीं हो सकता है, बशर्ते कि Y घटिया वस्तु न हो। इसका कारण है कि राष्ट्रीय आय में वृद्धि के साथ X और Y दोनों वस्तुओं के उत्पादन में वृद्धि होनी चाहिए। परन्तु A_1 बिन्दु पर X का उत्पादन बढ़ता है और Y का उत्पादन कम होता है। इसलिए नया संतुलन बिन्दु K_1L_1 वक्र पर QAR चतुर्थांश (quadrant) के भीतर अवश्य होना चाहिए। परन्तु यह Q या R नहीं हो सकता है क्योंकि Q बिन्दु पर Y वस्तु की अधिक मात्रा और X वस्तु की समान मात्रा उत्पादित की जाती है तथा R बिन्दु पर X की अधिक मात्रा और Y वस्तु की समान मात्रा उत्पादित की जाती है। इसलिए संतुलन बिन्दु B होगा जहां X और Y दोनों वस्तुएं अधिक मात्रा में उत्पादित की जाती हैं। परन्तु यहां

कीमत रेखा (जो नहीं दिखाई गई है) PP कीमत रेखा के समानान्तर नहीं होगी। यह बात दो वस्तुओं की स्थिर कीमतों की मान्यता के विरुद्ध है।

रोजगार पर प्रभाव (Impact on Employment)—साधन और वस्तु की कीमतें दी होने पर, जब देश A में श्रम की पूर्ति बढ़ती है तो देश में पूर्ण रोजगार के बावजूद श्रम का स्थानान्तरण पूंजी-गहन से श्रम-गहन उद्योग की ओर होगा। इसकी व्याख्या बॉक्स चित्र 3 में की गई है, जहां X वस्तु का मूल बिन्दु O है और Y वस्तु का मूल बिन्दु O_1 है। देश A की साधन संपन्नताएं बॉक्स $OL\,O_1C$ द्वारा मापी गई हैं। LL_1 द्वारा श्रम पूर्ति में वृद्धि के साथ ही नया बॉक्स OL_1O_2C हो जाता है। प्रारंभ में, देश A अपने संविधा वक्र (contract curve) OAO_1 के A बिन्दु पर उत्पादन करता है। जहां यह X वस्तु की OA मात्रा और Y वस्तु की O_1A मात्रा उत्पादित करता है। श्रम पूर्ति में वृद्धि के साथ यह अपने संविदा वक्र OA_1O_2 के A_1 बिन्दु पर उत्पादन करता है जहां, साधन और वस्तु कीमतों में परिवर्तन के बिना (O_1A समानान्तर O_2A_1), यह X वस्तु का उत्पादन OA से OA_1 तक बढ़ाता है और Y वस्तु का उत्पादन O_1A से O_2A_1 तक घटाता है। X वस्तु के उत्पादन में AA_1 तक की वृद्धि पूंजी-गहन उद्योग Y से श्रम-गहन उद्योग X की ओर कुछ श्रम के स्थानान्तरण द्वारा ही संभव हुई है, यद्यपि हमने अर्थव्यवस्था में पूर्ण रोजगार माना है।

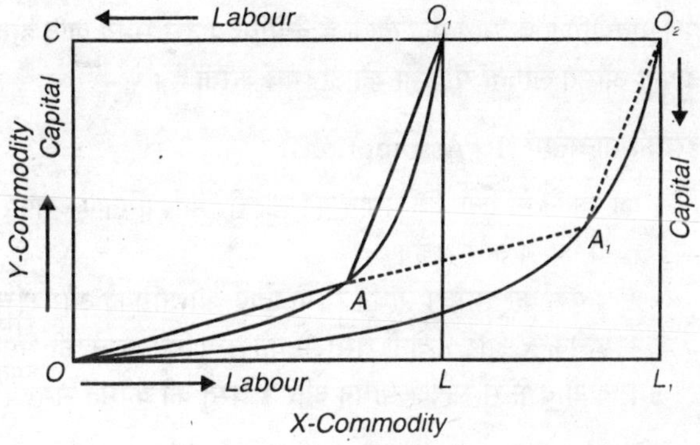

चित्र 3

व्यापार से लाभ और व्यापार की शर्तों पर प्रभाव (Impact on Gains from Trade and Terms of Trade)—देश A में व्यापार से लाभ और व्यापार की शर्तों पर श्रम की पूर्ति में वृद्धि का प्रभाव समझने के लिए इसे प्रस्ताव वक्रों (offer curves) के रूप में व्याख्या करना बेहतर होगा।

चित्र 4 में OA देश A का प्रारंभिक प्रस्ताव वक्र है। यह OT व्यापार की शर्तों के साथ संतुलन बिन्दु E पर X वस्तु की OX मात्रा निर्यात करता है और Y वस्तु की OY मात्रा आयात करता है। श्रम की पूर्ति में वृद्धि केपरिणामस्वरूप इसका प्रस्ताव वक्र OT व्यापार की स्थिर शर्तों पर OA से OA_1 को सरक जाता है।

नया संतुलन E_1 बिन्दु पर होगा जहां A देश X वस्तु की XX_1 अधिक मात्रा निर्यात करता है और Y वस्तु की YY_1 अधिक मात्रा आयात करता है। परन्तु व्यापार की स्थिर शर्तों पर यह व्यापार से लाभ नहीं प्राप्त करता है क्योंकि यह पहले की अपेक्षा Y की प्रति इकाई X की अधिक मात्रा देगा। इस स्थिति में व्यापार की शर्तें देश A के विरुद्ध OT से OT_1 तक की गति करती हैं। नया संतुलन OA_1 प्रस्ताव वक्र के E_2 बिन्दु के साथ OT_1 रेखा पर होता है जहां देश A वस्तु Y की YY_2 कम मात्रा के बदले में X वस्तु की XX_2 अधिक मात्रा का निर्यात कर व्यापार से अधिक लाभ प्राप्त करता है। इस प्रकार इसकी व्यापार की शर्तों में भी सुधार होता है।

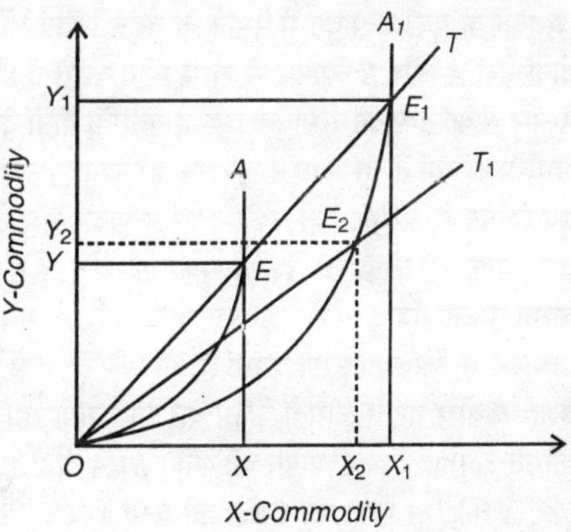

चित्र 4

3. पैमाने की मितव्ययिताएं
(ECONOMIES OF SCALE)

हैक्शर-ओलिन सिद्धांत में देशों द्वारा व्यापार की जा रही दो वस्तुओं के उत्पादन में पैमाने के स्थिर प्रतिफल मान लिये जाते हैं। इसका मतलब है कि दो वस्तुओं के उत्पादन में औसत लागत और सीमांत लागत स्थिर रहती हैं, जब उत्पादन बढ़ता है। यह अवास्तविक है क्योंकि बहुत से विकसित देशों के लागत फलनों के आनुभविक अध्ययनों में यह पाया गया कि पैमाने के बढ़ते प्रतिफल (या घटती

लागतें) होते हैं। पैमाने के बढ़ते प्रतिफल आंतरिक या बाहरी मितव्ययिताओं के कारण हो सकते हैं। परन्तु एक फ़र्म को जो आंतरिक मितव्ययिताएं प्राप्त होती हैं वे पूर्ण प्रतियोगिता की मान्यता के साथ मेल नहीं खाती हैं क्योंकि अन्तत: वे एक फर्म को इतना बड़ा बना देती हैं कि वह एक एकाधिकार फर्म बन जाती है और अपनी वस्तु की कीमत को प्रभावित करती है। दूसरी ओर, बाहरी मितव्ययिताएं पूर्ण प्रतियोगिता के साथ मेल खाती हैं क्योंकि ये उस समय प्राप्त होती हैं जब एक उद्योग में सभी फर्में अपने उत्पादन स्तर के फैलने पर अपनी औसत लागतों में कमी का अनुभव करती हैं।

इसकी मान्यताएं (Its Assumptions)

यह जानने के लिए कि पैमाने की बाहरी मितव्ययिताएं व्यापार को बढ़ाती हैं, निम्न मान्यताएं ली जाती हैं :

1. दो देश *A* और *B* हैं।
2. प्रत्येक की समरुप साधन सम्पन्नताएं, प्रौद्योगिकी और रुचियां हैं।
3. प्रत्येक *X* और *Y* दोनों वस्तुओं को उत्पादित करने की क्षमता रख सकता है।
4. दोनों देशों में सापेक्ष साधन और *Y* वस्तु की कीमतें समरुप हैं।

इसकी व्याख्या (Its Explanation)

ये मान्यताएं दी होने पर, हैक्शर-ओलिन सिद्धांत के अनुसार व्यापार संभव नहीं होगा। परन्तु यदि *X* और *Y* दोनों वस्तुओं का उत्पादन पैमाने के बढ़ते प्रतिफल (या घटती लागतों) के अंतर्गत होता है तो दोनों देशों के बीच व्यापार संभव है। देश *A* वस्तु *X* के उत्पादन में विशिष्टीकरण प्राप्त करेगा और देश *B* वस्तु *Y* के उत्पादन में। देश *A* अपनी *X* वस्तु के उत्पादन का एक भाग देश *B* की *Y* वस्तु के उत्पादन के एक भाग के साथ विनिमय करेगा। परिणामस्वरूप, दोनों देशों में उपभोग का स्तर बढ़ता है। जब *X* और *Y* दोनों वस्तुओं के कुल उत्पादन में पैमाने के बढ़ते प्रतिफलों के कारण वृद्धि होती है तो दोनों देश *A* और *B* व्यापार से लाभ प्राप्त करते हैं। चित्र 5 में *BNA* दोनों देशों *A* और *B* का उत्पादन संभावना वक्र है क्योंकि दोनों देश समरूप हैं। क्योंकि उनमें समरूप रुचियां हैं, इसलिए उनका एक ही समुदाय उदासीनता वक्र *CI* है। व्यापार-पूर्व स्थिति में, प्रत्येक देश *N* बिन्दु पर उत्पादन और उपभोग करता है। यदि दोनों देश व्यापार करते हैं तो देश *A* पूर्णतया वस्तु *X* के उत्पादन में विशिष्टीकरण करता है और बिन्दु *N* से *A* पर सरक जाता है, जबकि देश *B* पूर्णतया वस्तु *Y* के उत्पादन में विशिष्टीकरण करता है और बिन्दु *N* से *B* पर चला जाता है। दोनों देशों के बीच घटती लागतों के आधार पर व्यापार हो सकता है चाहे दोनों में बिन्दु *N* पर सापेक्ष वस्तु कीमतें समरूप हों। अन्तर्राष्ट्रीय कीमत अनुपात रेखा (व्यापार की शर्तें) *BEA* दी होने पर, उपयुक्त संतुलन बिन्दु *E* दो त्रिभुजों *BEC* और *EAD* के साथ होगा। देश *A* वस्तु *X* की *DA* मात्रा को देश *B* की वस्तु *Y* की *CB* मात्रा के साथ विनिमय करेगा। बढ़े हुए विशिष्टीकरण के कारण दोनों देश ऊंचे समुदाय उदासनीता वक्र CI_1 के बिन्दु *E* पर अधिक उपभोग करते हैं। इस प्रकार, पैमाने के बढ़ते प्रतिफलों के कारण दोनों देश *X* की *MD* और *Y* की *LC* मात्रा का लाभ प्राप्त करते हैं।

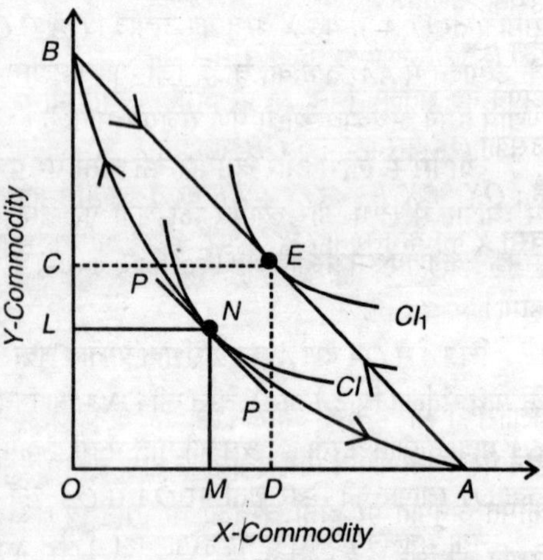

चित्र 5

निष्कर्ष (Conclusion)

पैमाने के बढ़ते प्रतिफल तुलनात्मक लाभ से स्वतंत्र व्यापार का आधार बताते हैं। यह समान साधन संपन्नताओं वाले विकसित देशों के विस्तृत औद्योगिक विशिष्टीकरण और अन्तर-उद्योग व्यापार में एक महत्वपूर्ण घटक हैं। यह विचार विकासशील देशों द्वारा विनिर्माण उद्योगों के लिए संरक्षणात्मक नीतियों का समर्थन करता है, ताकि वृद्धि के साथ-साथ वे पैमाने की मितव्ययिताओं को प्राप्त कर सकें। फिर भी, अर्थशास्त्री सरलता के लिए पैमाने के स्थिर प्रतिफलों की मान्यता का प्रयोग करते हैं।

4. रुचियों में परिवर्तन (CHANGES IN TASTES)

हैक्शर-ओलिन सिद्धांत स्थिर रुचियों की मान्यता पर आधारित है। परन्तु यदि एक देश की प्रौद्योगिक और साधन सम्पन्नताएं दी हुई हों, और उसकी रुचियां परिवर्तित हो जाएं तो उसकी व्यापार की मात्रा और व्यापार की शर्तें बदल जाएंगी। यदि एक देश की रुचियां निर्यात योग्य वस्तुओं से आयात योग्य वस्तुओं में परिवर्तित हो जाती हैं तो इसकी व्यापार की मात्रा में वृद्धि होती है और व्यापार की शर्तें बिगड़ती हैं। इसकी विपरीत, रुचियों में आयात योग्य से निर्यात योग्य वस्तुओं के परिवर्तन से इसके व्यापार की मात्रा कम हो जाएगी और इसके व्यापार की शर्तों में सुधार होगा। उसे चित्र 6 में प्रस्ताव वक्रों द्वारा समझाया गया है, जहां OA देश A का प्रस्ताव वक्र है और OB देश B का। अपरिवर्तित रुचियों के साथ देश A वस्तु X की OX मात्रा निर्यात करता है और देश B वस्तु Y की XE मात्रा का आयात करता है। मानलीजिए देश A में रुचियां आयात योग्य वस्तु Y से निर्यात योग्य वस्तु X की ओर बदलती हैं, उसकी प्रौद्योगिकी और साधन सम्पन्नताएं आदि अपरिवर्तित रहते हुए। अब यह देश B को Y वस्तु के बदले वस्तु X की अधिक मात्रा प्रदान करेगा। इस प्रकार, यह अपने नए संतुलन बिन्दु E_1 पर अपनी निर्यात योग्य वस्तु X की OX_1 मात्रा को वस्तु Y की X_1E_1 मात्रा के साथ विनिमय करेगा, जब उसका OA_1 प्रस्ताव वक्र OB वक्र को E_1 पर काटता है। परिणामस्वरूप, इसकी रुचियों में परिवर्तन से इसकी व्यापार की मात्रा कम हुई है : $OX_1 + X_1E_1 < OX + XE$ परन्तु इसकी व्यापार की शर्तों में सुधार हुआ है जैसा व्यापार की शर्त रेखा OT_1 से स्पष्ट है जिससे यह वस्तु X की कम मात्रा OX_1, वस्तु Y की अधिक मात्रा X_1E_1 से विनियम करता है।

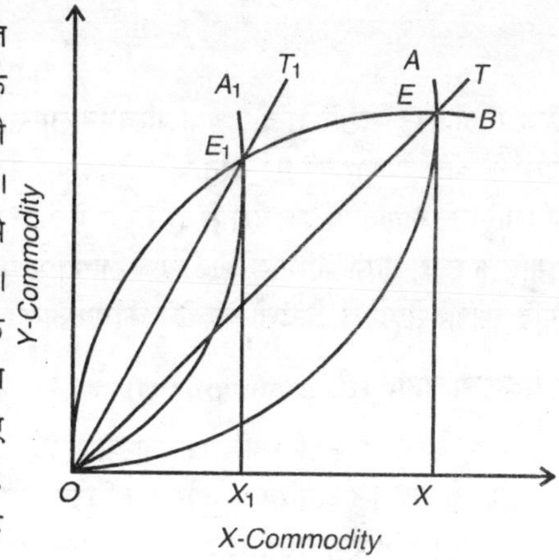

चित्र 6

5. भिन्न-भिन्न मांग स्थितियां (DIFFERING DEMAND CONDITIONS)

क्लासिकी और हैक्शर-ओलिन सिद्धांत, दोनों ही अन्तर्राष्ट्रीय व्यापार पर मांग के प्रभाव पर विचार नहीं करते हैं। परन्तु पूर्ति स्थितियां दी होने पर, भिन्न-भिन्न मांग दबावों से दोनों देशों में कीमत अनुपातों में तथा विश्व कीमत अनुपात पर दोनों वस्तुओं के विनिमय के बीच अन्तर आ जाएगे। इस स्थिति की चित्र 7 में व्याख्या की गई है। मानलीजिए दो देश A और B हैं जिनका एक समान उत्पादन संभावना वक्र AB है। व्यापार-पूर्व स्थिति में, X और Y वस्तुओं से संबंधित भिन्न-भिन्न मांग स्थितियों के भिन्न सापेक्ष कीमत अनुपात हैं, जैसा कि A देश में A और B देश में B दिखाए गए हैं। देश A का उत्पादन और उपभोग बिन्दु F है जहां इसका CI_1 वक्र उत्पादन संभावना वक्र AB को स्पर्श करता है। इसी प्रकार, देश B का उत्पादन और उपभोग बिन्दु K है। यहां उसका CI_2 वक्र, उत्पादन संभावना वक्र AB को स्पर्श करता है। जैसा स्पष्ट है, देश A पूंजी-गहन वस्तु Y में विशिष्टीकरण करता है और देश B श्रम-गहन वस्तु X में। जब अन्तर्राष्ट्रीय कीमत अनुपात (रेखा) P पर व्यापार शुरू होता है तो दोनों देश दोनों वस्तुओं के उत्पादन में विशिष्टीकरण करेंगे और उनके संतुलन (बिन्दु F और K) E बिन्दु पर इकट्ठे हो जाएंगे. परिणामस्वरूप, देश A का उपभोग स्तर कीमत रेखा P के साथ G बिन्दु पर ऊंचे CI_3 वक्र पर सरक जाएगा। इसी प्रकार, देश B का उपभोग स्तर L बिन्दु पर ऊंचे CI_4 वक्र पर सरक जाएगा। G और L दोनों बिन्दु दोनों देशों में दोनों वस्तुओं के लिए ऊंची मांग का दबाव दर्शाते हैं। दोनों देशों के बीच व्यापार GED

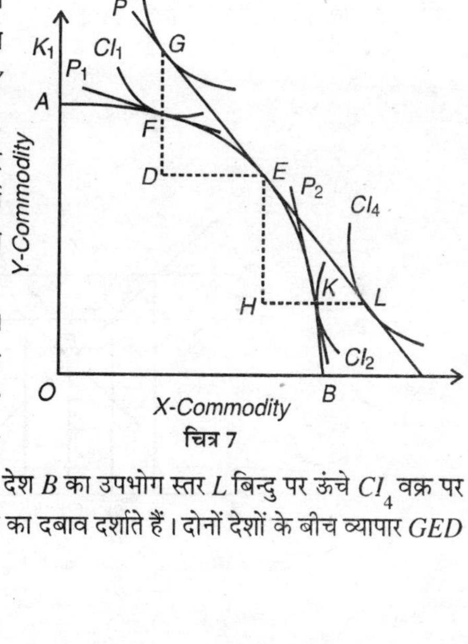

चित्र 7

और ELH त्रिभुजों के आधार पर होगा। अब देश A वस्तु X की DE मात्रा निर्यात करता है और देश B वस्तु Y की HE मात्रा इसे निर्यात करता है। इस प्रकार, मांग में वृद्धि के साथ पूंजी-गहन देश A श्रम-गहन वस्तु X निर्यात करता है और श्रम-गहन देश B पूंजी गहन वस्तु Y का निर्यात करता है। यह मांग उलटाव (Demand Reversal) की स्थिति है जो लियोनतिफ विरोधाभास की भी व्याख्या करती है।

6. परिवहन लागतें (TRANSPORT COSTS)

हैक्शर-ओलिन सिद्धांत शून्य अथवा परिवहन लागतों को नहीं मानता है। यह अवास्तविक है क्योंकि परिवहन लागतें व्यापार कर रहे दो देशों के बीच व्यापार की गई वस्तु की कीमत पर, उसके उत्पादन और उपभोग पर, और व्यापार की मात्रा पर महत्वपूर्ण प्रभाव डालती हैं। परिवहन लागतों में एक देश से दूसरे देश में भेजी गई एक वस्तु पर सभी व्यय शामिल होते हैं। इनमें माल लादना, उतारना और भाड़ा आदि के खर्चे, बीमा प्रीमियम और ब्याज लागत सम्मिलित होते हैं। परिवहन लागतों केशामिल करने से एक वस्तु का व्यापार तभी होगा यदि व्यापार से पहले दो देशों के बीच कीमत अन्तर उसकी परिवहन लागत से अधिक हों।

इसकी मान्यताएं (Its Assumptions)

इस विश्लेषण की निम्नलिखित मान्यताएं हैं :

1. दो देश A (अमेरिका) और B (बिट्रेन) हैं।
2. वे केवल एक वस्तु, मान लीजिए स्टील, में व्यापार करते हैं।
3. देश A स्टील निर्यात करता है और देश B आयात करता है।
4. दोनों देश परिवहन लागतें बराबर-बराबर बांटते हैं।

इसकी व्याख्या (Its Explanation)

ये मान्यताएं दी होने पर, इन दो देशों पर परिवहन लागतों के प्रभावों की चित्र 8 की सहायता से व्याख्या की जा रही है। स्टील की कीमत एक समान अनुलंब अक्ष पर O से मापी गई है। देश A में स्टील की उत्पादित और मांगी गई मात्राएं (X) इस निर्यातक देश के लिए बाईं ओर मापी गई हैं और स्टील आयातक (M) देश B के लिए दाईं ओर। देश A के लिए मांग और पूर्ति वक्र क्रमश: D_A और S_A द्वारा तथा देश B के लिए D_B और S^B द्वारा दर्शाये गए हैं।

व्यापार-पूर्व, प्रत्येक देश अपनी वस्तु की मात्रा का उस कीमत पर उत्पादन करता है जो मांग और पूर्ति वक्रों के कटाव से निर्धारित होती है। देश A में Q_AE कीमत पर OQ_A मात्रा और देश B में Q_BE कीमत पर OQ_B मात्रा। जब व्यापार प्रारंभ होता है तो A स्टील का निर्यात B को करता है। परिणामस्वरूप, इसकी A में कीमत बढ़ती है और B में गिरती है। पूर्ण प्रतियोगिता के अन्तर्गत स्टील मार्किट

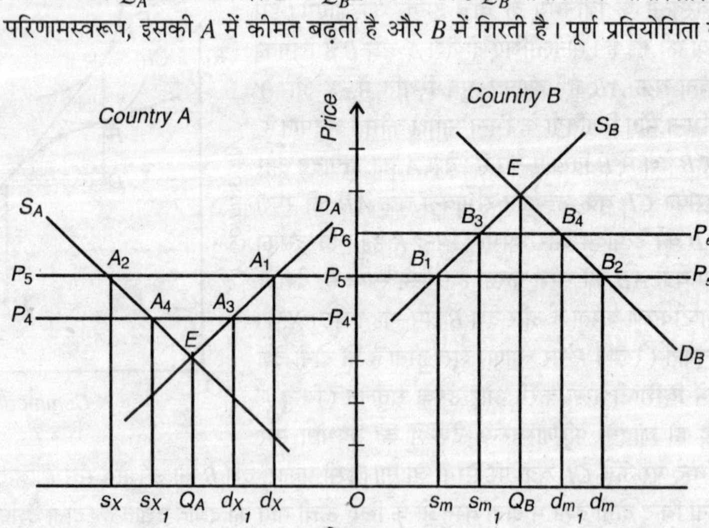

चित्र 8

खाली (clear) हो जाने के लिए, दोनों देशों में एक समान कीमत होनी चाहिए। इसे समानांतर रेखा P_5P_5 द्वारा दिखाया गया है। यह रेखा देश A के D_A और S_A वक्रों को क्रमशः A_1 और A_2 पर तथा देश B के D_B और S_B वक्रों को क्रमशः B_1 और B_2 पर काटती है। A देश O_{SX} मात्रा उत्पादित, O_{dx} उपभोग तथा $Dxsx$ निर्यात करता है, जबकि B देश OSM मात्रा उत्पादित, Odm उपभोग और $smdm$ (= $dxsx$) आयात करता है।

जब परिवहन लागतों को शामिल किया जाता है तो निर्यातक देश उन्हें परिवहन लागतों की राशि के बराबर स्टील की कीमत में कमी समझाता है। दूसरी ओर, आयातक देश उन्हें परिवहन लागतों की राशि के बराबर स्टील की कीमत में वृद्धि समझाता है। स्टील की कीमत में यह कमी अथवा वृद्धि स्टील की पिछली कीमत (चित्र में P_5P_5) पर होती है ताकि दोनों देशों में व्यापार की मात्रा संतुलन में रहे। ऐसा P_4P_4 कीमत पर होता है जब यह रेखा देश A के D_A और S_A वक्रों को क्रमशः A_3 और A_4 बिन्दुओं पर काटती है। A देश O_{sx1} उत्पादित, O_{dx1} उपभोग तथा dx_1-sx_1 निर्यात करता है। दूसरी ओर, B देश में कीमत रेखा P_6P_6 है जो S_B और D_B वक्रों को क्रमशः B_3 और B_4 बिन्दुओं पर काटती है। B देश O_{sm1} उत्पादित, O_{dm1} उपभोग और sm_1-dm_1 (= dx_1-sx_1) आयात करता है।

ऊपर के विश्लेषण में, परिवहन लागतें दोनों देश बराबर बांटते हैं क्योंकि दोनों देशों में D और S वक्रों के ढलान समान हैं। यदि एक देश के D और S वक्रों को दूसरे की सापेक्षता में अधिक तिरछा खींचा जाता है तो परिवहन लागतों का हिस्सा पहले देश पर पड़ेगा।

7. विशिष्ट साधन मॉडल
(SPECIFIC FACTORS MODEL)

विशिष्ट साधन मॉडल दो × दो × दो हैक्शर-ओलिन मॉडल का संशोधन करता है। हैक्शर-ओलिन मॉडल दो देश, दो वस्तुओं और दो साधनों की मान्यता पर आधारित है। परन्तु विशिष्ट साधन मॉडल दो देश, दो वस्तुओं और तीन साधनों की मान्यता पर निर्भर है। इन तीन साधनों में से मानलीजिए भूमि और पूंजी, दो वस्तुओं के उत्पादन के लिए विशिष्ट हैं। उदाहरणार्थ, भूमि वस्तु X के उत्पादन के लिए और पूंजी वस्तु Y के उत्पादन के लिए विशिष्ट हो सकती है। *अतः विशिष्ट साधन वे हैं जो एक विशिष्ट प्रयोग के लिए उपयुक्त हों और एक उद्योग से दूसरे उद्योग में स्थानातरण नहीं किये जा सकते हैं।* तीसरा साधन श्रम दोनों उद्योगों के लिए सामान्य है और प्रत्येक देश के अन्दर दोनों उद्योगों के बीच गतिशील है।

इसकी मान्यताएं (Its Assumptions)

विशिष्ट साधन मॉडल निम्न मान्यताओं पर आधारित हैं:

1. दो देश A और B हैं
2. दो वस्तुएं X और Y हैं।
3. तीन साधन हैं : भूमि, पूंजी और श्रम। भूमि X के उत्पादन के लिए विशिष्ट है, पूंजी Y के उत्पादन के लिए और श्रम X और Y दोनों के उत्पादन के लिए सामान्य है जो प्रत्येक देश में दोनों उद्योगों में गतिशील है।
4. देश A की तुलना में देश B अधिक श्रम का प्रयोग करता है।
5. श्रम पर घटती सीमांत भौतिक उत्पाद (MPP_L) लागू होता है।
6. वस्तु और साधन मार्किटों में पूर्ण प्रतियोगिता पाई जाती है।
7. प्रत्येक देश में X और Y के उत्पादन में समरूप प्रौद्योगिकी है।
8. दोनों देशों में उपभोग अधिमान और रुचियां समरूप हैं।

मॉडल की व्याख्या (Explanation of the Model)

ऊपर की मान्यताएं दी होने पर, विशिष्ट साधन मॉडल यह बताता है कि A और B देशों में व्यापार का ढांचा उनके दो विशिष्ट साधनों की सापेक्ष प्रचुरता द्वारा निर्धारित होगा। (इस मॉडल की चित्र 9 द्वारा व्याख्या की गई है जहां AA_1 देश A का उत्पादन संभावना वक्र है और देश B का BB_1 वक्र है। जैसा कि चित्र से स्पष्ट है। पूंजी-विशिष्ट देश A को Y वस्तु के उत्पादन में तुलनात्मक लाभ होता

है और भूमि-विशिष्ट देश B को X वस्तु के उत्पादन में तुलनात्मक लाभ है। दोनों देशों A और B के लिए समान समुदाय उदासीनता वक्र CI मानते हुए, यह AA_1 वक्र को C बिन्दु पर स्पर्श करता है और BB_1 वक्र को E बिन्दु पर। व्यापार-पूर्व स्थिति में, A देश X और वस्तुओं का C को बिन्दु पर उत्पादन और उपभोग करेगा और देश B बिन्दु E पर। देश A का घरेलू कीमत अनुपात P_AP_A रेखा है जो C बिन्दु से गुजरती है और देश B की P_BP_B रेखा है जो E बिन्दु से गुजरती है। इसका अर्थ है कि वस्तु X की कीमत देश A की अपेक्षा B में कम है और वस्तु Y, B की तुलना में A देश में सस्ती है। जब दोनों देशों के बीच व्यापार प्रारंभ होता है तो पूंजी-विशिष्ट देश A सापेक्षतया सस्ती पूंजी-गहन वस्तु Y का निर्यात करेगा और भूमि-विशिष्ट देश सापेक्षतया सस्ती श्रम-गहन वस्तु X का निर्यात करेगा। इस प्रकार, विशिष्ट साधन मॉडल हैक्शर-ओलिन मॉडल के निष्कर्ष पर ही पहुंचता है।

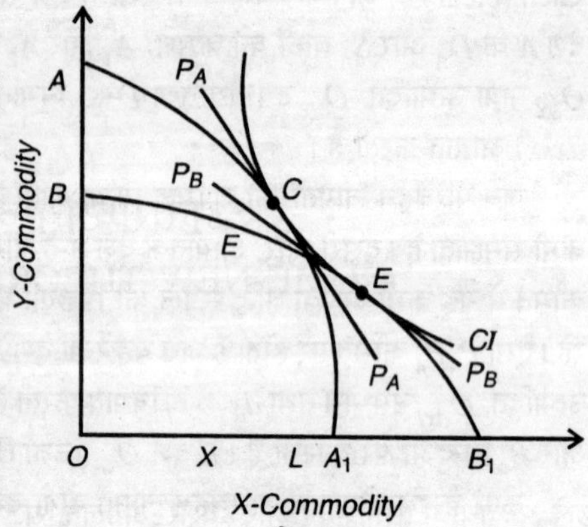

चित्र 9

प्रश्न

1. अन्तर्राष्ट्रीय व्यापार में गत्यात्मक साधनों के कार्य भाग की व्याख्या कीजिए।
2. व्यापारिक भागीदारों की मात्रा (राशि), व्यापार शर्तों एवं व्यापार लाभों पर साधन सम्पन्नताओं में परिवर्तनों के प्रभावों की व्याख्या करिए।
3. व्यापारिक भागीदारों की आय, उत्पाद (Output) और रोजगार पर साधन सम्पन्नताओं में परिवर्तनों के प्रभाव की व्याख्या कीजिए।
4. अन्तर्राष्ट्रीय व्यापार के विशिष्ट साधन मॉडल की व्याख्या करिए।
5. टिप्पणी लिखिए : (1) अन्तर्राष्ट्रीय व्यापार पर पैमाने की मितव्ययिताओं का प्रभाव, (2) अन्तर्राष्ट्रीय व्यापार पर रुचियों का प्रभाव; (3) भिन्न-भिन्न मांग स्थितियों का अन्तर्राष्ट्रीय व्यापार पर प्रभाव; (4) परिवहन लागतों में परवर्तनों का अन्तर्राष्ट्रीय व्यापार पर प्रभाव।

अध्याय 13

अन्तर्राष्ट्रीय व्यापार के कुछ नवीन सिद्धांत
(SOME NEW THEORIES OF INTERNATIONAL TRADE)

1. प्रस्तावना
(INTRODUCTION)

पिछले अध्यायों में क्लासिकी और हैक्शर–ओलिन सिद्धातों का उनके विभिन्न–संशोधनों और विस्तारों के साथ विस्तृत विश्लेषण किया गया है। हाल में, अनेक अर्थशास्त्रियों ने अन्तर्राष्ट्रीय व्यापार के कुछ नवीन सिद्धांतों की विवेचना की है जिनकी व्याख्या यहां की जा रही है।

2. क्रेविस का प्राप्यता सिद्धान्त
(THE KRAVIS THEORY OF AVAILABILITY)

अमरीकी अर्थशास्त्री, क्रेविस (Kravis)[1] ने 1956 में क्लासिकी सिद्धांत की यह मान्यता कि व्यापार करने वाले देशों में समान प्रौद्योगिकी होती है, पर आपत्ति उठाई। हैक्शर–ओलिन सिद्धांत का परीक्षण करते हुए उसने यह जानना चाहा कि क्या श्रम–गहन निर्यात सस्ते श्रम द्वारा उत्पादित होते हैं। परन्तु उसने यह पाया कि प्रायः प्रत्येक देश में निर्यात करने वाले उद्योग उच्चतम मजदूरी दर देते हैं। क्रेविस के अनुसार, एक देश वे वस्तुएं उत्पादित और निर्यात करता है जो इसे प्राप्य या उपलब्ध होती हैं, अर्थात् वे वस्तुएं जो इसके उद्यमियों और नवप्रवर्त्तकों (Innovators) द्वारा विकसित किए गए हों। इस प्रकार, यह सिद्धांत प्रतिपादित किया कि व्यापार की वस्तु संरचना मुख्य तौर से '**प्राप्यता**' द्वारा निर्धारित होती है। प्राप्यता से अभिप्राय लोचशील पूर्ति है। व्यापार केवल उन्हीं वस्तुओं में होता है जो "देश के अन्दर प्राप्त नहीं होती हैं।" इस वाक्य से उसका अभिप्राय है कि (अ)एक देश उन वस्तुओं का आयात करेगा जो निरपेक्ष तौर से उसमें पाई नहीं जाती हैं, जैसे हीरे; तथा (ब) उन वस्तुओं का निर्यात करेगा जो घरेलू मांग से अधिक मात्रा में देश में पाई जाती हैं।

क्रेविस चार कारकों की व्याख्या करता है जो प्राप्यता को प्रभावित करते हैं। वे हैं : प्राकृतिक संसाधन, तकनीकी परिवर्तन, वस्तु विभेदीकरण तथा सरकारी नीति। **पहला** कारक, दुर्लभ प्राकृतिक संसाधनों का पाया जाना किसी देश के व्यापार ढांचे को निर्धारित करता है। **दूसरा** कारक, एक देश द्वारा तकनीकी ज्ञान का पाया जाना है जिससे वह एक विशेष वस्तु का उत्पादन करता है जिसे वह निर्यात करता है। **तीसरा** कारक, वस्तु विभेदीकरण है जो नवप्रवर्तन करने वाले देश के उत्पादन को अस्थायी एकाधिकार प्रदान करता है जिससे कि वह अपनी वस्तु को तब तक निर्यात करता है जब तक कि आयात करने वाला देश उसका अनुकरण (imitate) नहीं कर लेता है। **चौथा** कारक, सरकारी नीति ऋणात्मक तौर से व्यापार को प्रभावित करती है। प्रशुल्क नीतियां, परिवहन लागतें, उत्पादक संघ आदि व्यापार से वे वस्तुएं समाप्त करने की प्रवृत्ति रखते हैं जो किसी देश को थोड़ी सी ऊंची लागत पर घरेलू उत्पादन द्वारा प्राप्त होती हैं। अतः किसी वस्तु की '**अप्राप्यता**' प्राकृतिक साधनों, तकनीकी ज्ञान, वस्तु विभेदीकरण या संरक्षणात्मक नीतियों की कमी के कारण होती है।

प्राप्यता सिद्धांत को एक उदाहरण द्वारा समझा जा सकता है। मानलीजिए कि चार देश अमरीका (A), ब्रिटेन (B), कनाडा (C) तथा डेनमार्क (D) हैं। दो वस्तुएं, खाद्य पदार्थ (Food-F) और विनिर्मित पदार्थ (Manufacturers-M) हैं। दोनों वस्तुओं के उत्पादन के लिए श्रम और पूंजी चाहिए। परन्तु F के उत्पादन में भूमि भी चाहिए और M के उत्पादन में तकनीकी ज्ञान। यह भी मान लिया जाता है कि देश A, B और C के पास भूमि है जबकि देश B, C और D के पास तकनीकी ज्ञान है। अतः देश A केवल वस्तु F उत्पादित कर सकता

1. I. B. Kravis, "Aailability and other Influences on the Commodity Composition of Trade." *J.P.E.*, Vol. 64, 1956.

है और देश D केवल वस्तु M; परन्तु अन्य दोनों देश B और C दोनों ही वस्तुओं का उत्पादन कर सकते हैं।

मानलीजिए कि दोनों वस्तुओं F और M की रूपान्तरण की सीमान्त दर (Marginal Rate of Transformation) दोनों देशों B और C में स्थिर है और यह देश B में $5F$ के लिए $1M$ ($5F : 1M$) है तथा देश C में $3F$ के लिए $1M$ ($3F : 1M$) है। F और M के बीच, एक संतुलित कीमत अनुपात विश्व मांग स्थितियों और उत्पादन संभावनाओं द्वारा निर्धारित होगा। प्राप्यता पर आधारित, देश A सदैव वस्तु F का निर्यात करेगा और देश D वस्तु M का, परन्तु संतुलित कीमत अनुपात B और C देशों के व्यापार ढांचों को निर्धारित करता है। यदि कीमत अनुपात $5F$ के लिए $1M$ से अधिक हो तो वे वस्तु M का निर्यात करेंगे। यदि कीमत अनुपात $4F$ के लिए $1M$ हो तो देश B वस्तु F तथा देश C वस्तु M का निर्यात करेगा।

निष्कर्ष (Conclusion)—देश A वस्तु F का निर्यात देश D को करेगा, तथा देश D वस्तु M का निर्यात, प्राप्यता सिद्धांत के आधार पर, देश A को करेगा क्योंकि प्रत्येक देश आयातित वस्तु का घरेलू तौर पर उत्पादन नहीं कर सकता। फिर भी, देश B और C के बीच व्याख्या व्यापार तुलनात्मक लागत सिद्धांत के अनुसार की जा सकती है क्योंकि दोनों देश दोनों वस्तुएँ उत्पादित कर सकते हैं।

प्रो. फिंडले (Findlay) ने प्राप्यता सिद्धांत का संबंध साधन अनुपात (Factor Proportions) सिद्धांत के साथ किया है। मानलीजिए दो देश A और B, दो वस्तुएं F और M उत्पादित करते हैं। दोनों की श्रम और पूंजी सम्पन्नताएं समान हैं तथा दोनों वस्तुओं को उत्पादित करने के लिए समान तकनीकी ज्ञान है, परन्तु देश A के पास B की अपेक्षा अधिक भूमि है। फिर, भूमि की आवश्यकता केवल वस्तु F उत्पादित करने के लिए है और तकनीकी ज्ञान केवल वस्तु M उत्पादित करने के लिए है। ये मान्यताएं दी होने पर, दोनों देश वस्तु M की समान मात्रा उत्पादित कर सकेंगे यदि सभी साधन इसी उद्देश्य के लिए प्रयोग किये जाते हैं। परन्तु देश B की अपेक्षा देश A वस्तु F की अधिक मात्रा उत्पादित कर सकता है क्योंकि उसके पास अधिक भूमि है, यदि सभी साधन इसी वस्तु के उत्पादन में प्रयोग किए जाते हैं। चित्र 1 में BA देश B का उत्पादन सम्भावना वक्र है और बाहर की ओर खींचा गया वक्र BA_1 देश A का है। वस्तु M को समानान्तर अक्ष पर और वस्तु F को क्षैतिज अक्ष पर लिया गया है। PP और P_1P_1 रेखाओं के ढलान व्यापार शर्तों को तथा OR किरण मांग समानुपातों को व्यक्त करते हैं जिनसे यह स्पष्ट होता है कि देश A वस्तु F को निर्यात करेगा। देश A में भूमि, पूंजी और श्रम का ऊंचा अनुपात यह बताता है कि क्यों यह देश वस्तु F का निर्यात करता है और देश B नहीं करता।

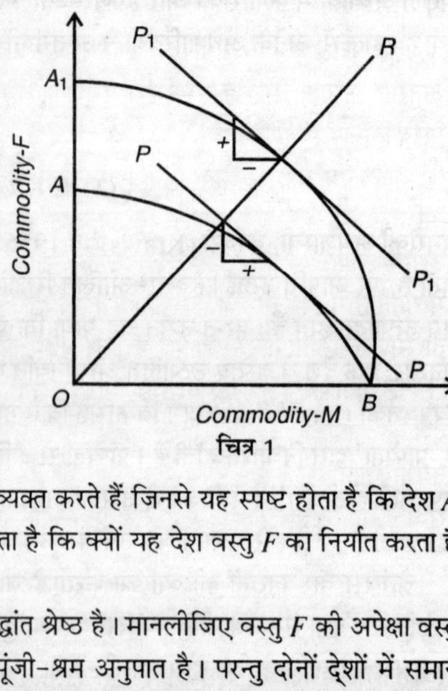

चित्र 1

फिर भी, यह तर्क दिया जा सकता है कि साधन अनुपात सिद्धांत से प्राप्यता सिद्धांत श्रेष्ठ है। मानलीजिए वस्तु F की अपेक्षा वस्तु M का सदैव ऊंचा पूंजीश्रम अनुपात है तथा देश A का देश B की अपेक्षा ऊंचा पूंजी–श्रम अनुपात है। परन्तु दोनों देशों में समान तकनीकी ज्ञान उपलब्ध है। वस्तु F के उत्पादन के लिए भूमि चाहिए जो केवल देश A में प्राप्य है जबकि वस्तु M के उत्पादन के लिए लोहा चाहिए जो केवल देश B में प्राप्त होता है। तब देश A वस्तु F का निर्यात करेगा और देश B वस्तु M का। इसका अभिप्राय है कि पूंजी–प्रचुर देश A श्रम–गहन वस्तु F का निर्यात करेगा और विलोमशः। साधन अनुपात तर्क के आधार पर ऊपर का उत्तर गलत है। परन्तु यदि प्राप्यता सिद्धांत अपनाया जाता है तो देश A में भूमि की प्राप्यता तथा देश B में लोहे की प्राप्यता होने पर, उत्तर सही होता है। यदि यह तर्क किया जाता है कि देश A में भूमि की प्रचुरता है और देश B के लोहे की, इस कारण देश A भूमि–प्रचुर वस्तु F का निर्यात करता है तथा देश B लोहा प्रचुर वस्तु M का तो साधन अनुपात सिद्धांत भी सही उत्तर देता है। फिंडले के अनुसार, विशिष्ट प्रकार के प्राकृतिक साधनों की सूची बहुत लम्बी होने के कारण, साधन अनुपात सिद्धांत के इस प्रकार सामान्यीकरण से यह एक भद्दा औजार बन जाता है।

प्राप्यता सिद्धांत विशेष उपभोक्ता अधिमानों जैसे स्कॉच, ह्विस्की तथा स्विस घड़ियों की व्याख्या करने के लिए भी प्रयोग किया जाता है। ऐसी स्थिति में, विदेशी उपभोक्ताओं को भूतकाल की श्रेष्ठ क्वालिटी, विज्ञापन या किसी अन्य कारण के आधार पर ऐसी वस्तुओं के स्रोत के साथ अविवेकी लगाव होता है। इसलिए वे किसी अन्य देश से एक समरूप वस्तु की अपेक्षा उस विशेष देश से ही ऐसी वस्तु के

आयात पर अधिक कीमत देने को तैयार होते हैं। अत: एक देश जो इस प्रकार की वस्तु का उत्पादन करता है वह अपने प्रतियोगी देश की अपेक्षा अधिक अनुकूल व्यापार की शर्तों का लाभ उठाएगा।

इसकी आलोचनाएं (Its Criticisms)

प्राप्यता सिद्धान्त को तुलनात्मक लागत और साधन अनुपातों के सिद्धांत के विकल्प के रूप में स्वीकृत नहीं किया गया है। आनुभविक प्रमाण के अभाव तथा व्यापार की अपर्याप्त व्याख्या के कारण इसकी आलोचनाएं की गई हैं।

1. विशेष अवस्थाओं में लागू (Applicable in Special Cases)—प्राप्यता सिद्धांत व्यापार ढांचे की व्याख्या के रूप में विशेष अवस्थाओं में लागू होता है। **फिंडले** के अनुसार, व्यापार ढांचे के मुख्य निर्धारक के रूप में प्राप्यता सिद्धांत केवल बहुत विशेष अवस्थाओं में सत्य होता है जहां जितने देश हों उतनी ही वस्तुएं हों जिसके अनुसार प्रत्येक वस्तु को एक आगत (input) की आवश्यकता होती है जिसकी अन्य किसी को भी आवश्यकता नहीं होती, तथा प्रत्येक देश के पास इस प्रकार की केवल एक ही प्रकार की आगत पाई जाती है। ऐसी वस्तुओं में व्यापार की व्याख्या करने के लिए, जिनको आसानी से प्राप्त आगतें चाहिएं, परम्परागत सिद्धांत आवश्यक तौर से श्रेष्ठ है।

2. परीक्षण-योग्य परिकल्पनाओं को बताने में असफल (Fails to State Testable Hypotheses)—जगदीश भगवती के अनुसार प्राप्यता सिद्धांत स्पष्टतया परीक्षण-योग्य परिकल्पनाओं को बताने में असफल होता है। फिर भी, वह इस सिद्धांत से पांच परिकल्पनाएं निकालता है :

(1) एक देश के आयातों के लिए घरेलू पूर्ति बेलोच होगी। (2) एक देश के आयातों के लिए पूर्ति की विदेशी लोच, घरेलू लोच से अधिक होगी। (3) एक देश के निर्यात उद्योग तकनीकी उन्नति की दरों को राष्ट्रीय औसत से अधिक दिखाएंगे। (4) एक देश के निर्यात उद्योग व्यापार कर रहे दूसरे देश के उन्हीं उद्योगों की अपेक्षा तकनीकी उन्नति की ऊंची दरों को दिखाएंगे। (5) एक देश के निर्यात प्रयोग में गहन होंगे, या उनमें कच्चे माल शामिल होंगे जो सापेक्षतया देश में प्रचुर हैं। परन्तु क्रेविस प्रकार की ऐसी परिकल्पनाएं अभी तक न तो स्पष्टतया प्रतिपादित की गई हैं और न ही आनुभाविक प्रमाण द्वारा ठीक ढंग से परीक्षित की गई है।

3. व्यापार ढांचे की पर्याप्त व्याख्या नहीं (Not an Adequate Explanation of Trade Pattern)—प्राप्यता सिद्धांत एक देश के व्यापार ढांचे की पर्याप्त व्याख्या नहीं है। यह संभव है कि एक देश एक वस्तु का थोड़ी मात्रा में निर्यात कर रहा हो चाहे विदेशी उपभोक्ताओं को उसके साथ कोई लगाव न हो या, यह संभव है कि देश किसी अन्य वस्तु का उत्पादन करना प्रारम्भ कर दे, जहां उसके साधनों का अधिक लाभदायकता से प्रयोग किया जा सकें, चाहे विदेशी उपभोक्ताओं का इसके लिए कोई अधिमान न हो।

3. व्यापार की मात्रा और मांग ढांचे का लिंडर का सिद्धात (LINDER'S THEORY OF THE VOLUME OF TRADE AND DEMAND PATTERN)

स्वीडन के अर्थशास्त्री **एस.बी. लिंडर** (Linder)[2] ने एक सिद्धांत प्रतिपादित किया है जो व्यापार कर रहे दो विभिन्न देशों के बीच विनिर्माणों (manufactures) में व्यापार की मात्रा को राष्ट्रीय आय के समानुपात के रूप में व्याख्या करता है (It explains the volume of trade in manufactures as proportion of national income between different pairs of trading countries)। लिंडर यह तर्क देता है कि जब तक एक देश की प्रति व्यक्ति आय बढ़ती है तो इसका प्रतिनिधि मांग ढांचा (representative demand pattern) कुछ विनिर्माणों के घरेलू उत्पादन में प्रसार करता है। यह प्रसार इन विनिर्माणों की लागतों में ऐसी कटौतियां लाता है कि वे देश के नए तुलनात्मक लाभ निर्यात बन जाते हैं। इस प्रकार, एक देश अपनी प्रतिनिधि-मांग वस्तु का निर्यात करना प्रारम्भ करता है।

इसकी मान्यताएं (Its Assumptions)

लिंडर का सिद्धांत निम्नलिखित मान्यताओं पर आधारित है :

1. एक देश का संभावित व्यापार ऐसी वस्तुओं तक सीमित है जिनकी घरेलू मांग है।

2. S.B. Linder, *An Essay on Trade and Transformation,* 1961.

2. दो देशों के बीच संभावित व्यापार ऐसी वस्तुओं तक सीमित है जिनके लिए मांग दोनों देशों में पाई जाती है।
3. जिन वस्तुएं के लिए घरेलू मांग पाई जाती है वह प्रति व्यक्ति आय द्वारा निर्धारित होती है।
4. दो देशों के बीच संभावित व्यापार समान आय स्तरों पर निर्भर करता है।

सिद्धांत की व्याख्या (Explanation of the Theory)

प्रारम्भ में, लिंडर विनिर्माणों और प्राथमिक वस्तुओं में भेद करता है, जबकि प्राथमिक वस्तुओं में व्यापार की व्याख्या सापेक्ष प्राकृतिक संसाधन सम्पन्नताओं के रूप में की जा सकती है, विनिर्माणों की इस तरह नहीं की जा सकती। विनिर्माणों के लिए तकनीकी श्रेष्ठता, प्रबन्धात्मक कुशलताएं तथा पैमाने की मितव्ययिता आदि जैसे अनेक जटिल कारक पाए जाते हैं जिनको स्पष्ट और पूर्वानुमानित ढांचे में नहीं रखा जा सकता। इसलिए वह विनिर्माणों में व्यापार की सही संरचना की व्याख्या नहीं करता है। बल्कि वह व्यापार कर रहे दो साझेदार देशों के बीच राष्ट्रीय आय के समानुपात के रूप में विनिर्माणों में व्यापार की मात्रा से संबंधित सिद्धांत को प्रतिपादित करता है।

लिंडर के सिद्धांत के विश्लेषणात्मक ढांचे की व्याख्या इस प्रकार की जा सकती है। निर्यात के रूप में विनिर्माणों में व्यापार के लिए पूर्व-शर्त 'घरेलू मांग' का विद्यमान होना है। यह अनेक कारणों से है : (अ) विदेशी व्यापार केवल घरेलू व्यापार का विस्तार है; (ब) वर्तमान उद्योगों पर नवप्रवर्तन कर रहे केन्द्र हैं; तथा (स) घरेलू मांग विनिर्माणों को निर्यात सम्भावना प्रदान करती है। परन्तु मुख्य कारण यह है कि विदेशी मार्किट जोखिम वाली हैं तथा घरेलू मार्किट ऐसी नहीं है, इसलिए उत्पादक केवल विदेशी मार्किट पर ही निर्भर रहना नहीं चाहते हैं। इससे यह निष्कर्ष प्राप्त होता है कि घरेलू मांग ढांचा सम्भावित निर्यात वस्तुओं की रेंज को निर्धारित करता है। एक देश केवल वही वस्तुएं निर्यात करेगा जिसके लिए इसकी बड़ी और सक्रिय घरेलू मांग है। जब केवल घरेलू मार्कट के लिए उत्पादन अधिक होता है तो फर्में पैमाने की किफायतें उपलब्ध कर सकती हैं और लागतें कम, तथा विदेशी मार्केट में प्रवेश कर सकती हैं।

लिंडर के अनुसार, एक देश अपनी अधिक वस्तुओं को उन देशों को निर्यात करेगा जिनके आय स्तर और मांग-ढांचे निर्यातक देश के समान हैं। उसे वह "अधिमान समानता" (preference sumilarity) कहता है। यह अधिमान समानता अतिव्याप्ति (overlapping) मांगों की ओर ले जाती है। लिंडर यह तर्क देता है कि एक दिए हुए देश में, अन्य बातें समान रहने पर, उच्च आय वर्गों में उपभोक्ता उच्च गुणवत्ता की वस्तुओं की मांग करते हैं और जो निम्न आय वर्गों में होते हैं वे निम्न गुणवत्ता की वस्तुओं की मांग करते हैं। यही नियम अन्तर्राष्ट्रीय स्तर पर भी लागू होते हैं जहां औसतन निम्न-आय देश निम्न गुणवत्ता वाली वस्तुओं की मांग की प्रवृत्ति रखते हैं और उच्च-आय देश उच्च गुणवत्ता वाली वस्तुओं की। इसका यह अर्थ नहीं कि उच्च-आय देश निम्न गुणवत्ता वाली वस्तुओं की मांग नहीं करते हैं और निम्न-आय देश उच्च गुणवत्ता वाली वस्तुएं। वास्तव में, आय वितरण किसी भी समाज में समान नहीं है। इसी कारण विभिन्न देशों में अधिमान समानता होती है और मांग ढांचे अतिव्याप्त होते हैं। इनसे देशों के बीच व्यापार संबंध पाए जाते हैं, और प्रत्येक देश अपनी घरेलू मांग को पूरा करने के पश्चात विभिन्न प्रकार की विनिर्मित वस्तुओं को उत्पादित और निर्यात करता है।

लिंडर के **अधिमान समानता** अथवा **अतिव्याप्ति मांग** सिद्धांत को चित्र 2 द्वारा समझाया गया है।

हम दो देश *A* और *B* लेते हैं। प्रति व्यक्ति आय क्षैतिज अक्ष पर और वस्तुओं की गुणवत्ता अनुलम्ब अक्ष पर ली गई है। किरण *OR* से इस संबंध को दर्शाती है। उच्च प्रति व्यक्ति आय *OYa* वाला देश *A* उच्च गुणवत्ता वाली वस्तुएं *OQa* मांगता है; जबकि निम्न प्रति व्यक्ति आय *OYb* वाला देश *B*, निम्न गुणवत्ता वाली वस्तुएं *OQb* मांगता है। यदि प्रत्येक देश में सभी व्यक्तियों के बीच आय का समान वितरण हो तो दोनों देशों के बीच कोई व्यापार नहीं होगा क्योंकि प्रत्येक देश निवासियों द्वारा मांगी गई केवल एक स्टैण्डर्ड गुणवत्ता वाली वस्तु को उत्पादित करेगा।

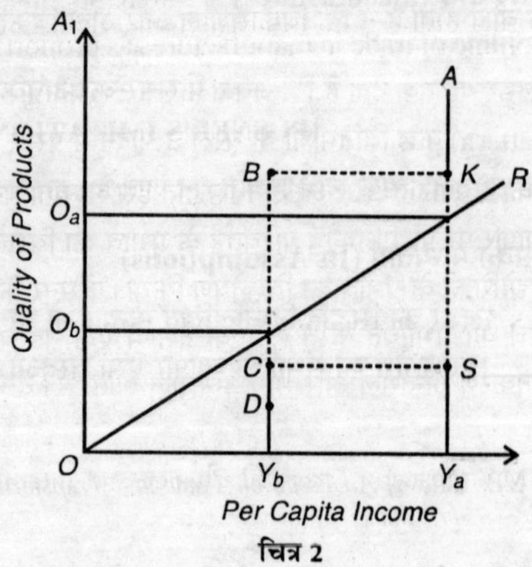

चित्र 2

वास्तव में, आय वितरण असमान है। इसलिए प्रत्येक देश में दोनों गुणवत्ता वाली वस्तुएं मांगी जाती हैं। मानलीजिए देश *A* में आय वितरण से *AS* रेंज में दोनों वस्तुओं के लिए मांग की जाती है, जबकि देश *B* में *BD* रेंज है। दोनों देशों में

अतिव्याप्त मांग की रेंज $BC=KS$ है। क्योंकि मांगों की अतिव्याप्ति है, इसलिए दोनों देशों के बीच व्यापार संभव है। उच्च प्रति व्यक्ति आय वाला देश A, उच्च गुणवत्ता वाली वस्तु OQa को निम्न प्रति व्यक्ति आय वाले देश B, को उसके उच्च आय वर्गों में उपभोक्ताओं की मांग पूरी करने के लिए निर्यात करेगा। दूसरी ओर, निम्न प्रति व्यक्ति आय देश B निम्न गुणवत्ता वाली वस्तु OQb, उच्च प्रति व्यक्ति आय वाले देश A को उसके निम्न आय वर्गों में उपभोक्ताओं की मांग पूरी करने के लिए निर्यात करेगा। एक व्यापार करने वाले देश के संभावित निर्यात रेंज की वस्तु संरचना में जितनी अधिक अतिव्याप्ति होगी, उतनी ही अधिक व्यापार की मात्रा होगी। जितनी अधिक व्यापार की संभावित मात्रा होगी, उतना ही व्यापार करने वाले देश में आयस्तर ऊंचा होगा। और , जितनी अधिक व्यापार की संभावित मात्रा होगी, उतनी ही अधिक व्यापार की वास्तविक मात्रा होगी।

आलोचनात्मक मूल्यांकन (Critical Appraisal)

लिंडर का सिद्धांत हैक्शर-ओलिन सिद्धांत पर सुधार है। हैक्शर-ओलिन सिद्धांत इस परिकल्पना पर आधारित है कि साधन सम्पन्नताओं में भेदों से दो देशों के बीच व्यापार पाया जाता है। लिंडर का सिद्धांत इस बात पर बल देता है कि व्यापार तब होता है जब साधन सम्पन्नताएं समान होती हैं। लिंडर का सिद्धांत नवीन किस्म का है जो विकसित देशों के बीच विनिर्माणों में व्यापार की बड़ी मात्रा के कारणों की व्याख्या करता है। इसकी कुछ कमियां भी हैं।

इसकी कमियां (Its Weaknesses)

1. लिंडर का सिद्धांत यह व्याख्या नहीं करता कि किस कारण एक देश अपनी वस्तु, जो वह निर्यात करता है, उसके लिए वह घरेलू मार्केट का विकास करेगा।

2. यह सिद्धांत 'गुणवत्ता' शब्द के अर्थ को स्पष्ट नहीं करता और गुणवत्ता को कैसे मापा जाता है, यह भी नहीं बताना।

3. यह सिद्धांत इस बात की भी व्याख्या नहीं करता कि केवल गुणवत्ता ही क्यों प्रति व्यक्ति आय के साथ परिवर्तित होती है और व्यापार को प्रभावित करती है।

4. प्रतिनिधि मांग की अवधारणा कमजोर है क्योंकि यह लिंडर द्वारा सही ढंग से परिभाषित नहीं की गई है।

5. लिंडर उन शर्तों को भी नहीं देता जिनके अन्तर्गत व्यापार कर रहे देश व्यापार की मात्रा को प्रभावित करने की सम्भावना रख सकते हैं।

6. यह सिद्धांत यह नहीं बताता कि एक देश द्वारा कौन-सी वस्तुएं आयात की जाएंगी और कौन-सी निर्यात।

7. लिंडर का सिद्धांत व्यापार की मात्रा पर प्रदर्शनकारी प्रभाव के प्रभाव का भी अध्ययन नहीं करता है।

8. लिंडर के सिद्धांत में आनुभविक प्रमाण की कमी पाई जाती है। उसकी आनुभविक प्रमाण की संक्षिप्त चेष्टा भी सन्तोषजनक नहीं है। अत: उसका सिद्धांत केवल सुझाव मात्र है।

निष्कर्ष (Conclusion) इन कमियों के बावजूद, लिंडर का सिद्धांत असाधारण है जो विकसित देशों के बीच विनिर्माणों में व्यापार की बड़ी मात्रा के कारणों की व्याख्या करता है। यह इस तथ्य को बताता है कि विश्व व्यापार समान प्रति व्यक्ति आय वाले विकसित देशों के बीच होता है न कि विकासशील और अल्पविकसित देशों के बीच।

4. पोसनर का अनुकरण अन्तराल या प्रौद्योगिकीय अन्तराल सिद्धांत (POSNER'S IMITATION GAP OR TECHNOLOGICAL GAP THEORY)

रिकार्डों और हैक्शर-ओलिन सिद्धांत इस मान्यता पर आधारित हैं कि व्यापार कर रहे सभी देशों में प्रौद्योगिकी समान है। इसलिए वे व्यापार पर प्रौद्योगिकीय परिवर्तन के प्रभाव का विश्लेषण नहीं करते। **एम.वी. पोसनर** (Posner)[3] ने 1961 में एक लेख में व्यापार पर प्रौद्योगिकी के प्रभाव का विश्लेषण किया। पोसनर के अनुसार, प्रौद्योगिकीय परिवर्तन एक निरन्तर प्रक्रिया है जो अन्तर्राष्ट्रीय व्यापार के ढांचे को प्रभावित करते हैं। एक देश में एक नई वस्तु के उत्पादन के रूप में प्रौद्योगिकीय नवप्रवर्तन (Innovation) दूसरे देश में अनुकरण अन्तराल और मांग अन्तराल लाता है। दो देशों के बीच किस सीमा तक व्यापार होता है यह अनुकरण अन्तराल और मांग

3. M.V. Posner, "Technical Change and International Trade." *OEP*, No. 13, 1961.

अन्तराल के शुद्ध (net) प्रभाव पर निर्भर करता है।

इसकी मान्यताएं (Its Assumptions)

पोसनर का सिद्धांत निम्नलिखित मान्यताओं पर आधारित है :

1. दो देश हैं।
2. दोनों में समान साधन सम्पन्नताएं हैं।
3. दोनों में मांग स्थितियां समान हैं।
4. दोनों में व्यापार-पूर्व साधन-कीमत अनुपात समान है।
5. दोनों देशों में प्रौद्योगिकियां भिन्न हैं।

इसकी व्याख्या (Its Explanation)

ये मान्यताएं दी होने पर, नवप्रवर्तन और अनुकरण का क्रम व्यापार के ढांचे को कैसे प्रभावित करता है उसकी अनुकरण अन्तराल सिद्धांत व्याख्या करता है। जब एक फर्म एक नई वस्तु में नवप्रवर्तन करती है, जो घरेलू मार्किट में लाभदायक बन जाती है, तो वह अस्थायी एकाधिकार प्राप्त कर लेती है। जब वह अपने उत्पादन का प्रसार करती है तो वह वस्तु का विदेशी बाजार को निर्यात करती है तथा उसे इस वस्तु में निरपेक्ष लाभ होता है। कुछ समय पश्चात, नवप्रवर्तन कर रही फर्म के लाभ अन्य देशों में अनुकरण को प्रोत्साहित करते हैं। परन्तु यह फर्म वस्तु का उतनी देर तक निर्यात करती रहेगी और उसके उत्पादन में तुलनात्मक लाभ उठाती रहेगी जब तक कि आयातक देश उस वस्तु का उत्पादन करना सीख नहीं लेता है। इस प्रकार, दूसरे देश के साथ अनुकरण अन्तराल का निर्माण हो जाता है। अनुकरण अन्तराल की अवधि में दूसरे देश में नई वस्तु के आयात होते रहते हैं।

पोसनर के अनुसार, अनुकरण अन्तराल के तीन अंश होते हैं। **प्रथम, विदेशी प्रतिक्रिया अन्तराल** (Foreign Reaction Lag) है जो नवप्रवर्तन कर रही फर्म द्वारा नई वस्तु का उत्पादन प्रारम्भ करने में लगा समय है। **दूसरा, घरेलू प्रतिक्रिया अन्तराल** (Domestic Reaction Lag) है जो अन्य घरेलू उत्पादकों द्वारा अनुकरण करने में तथा घरेलू मार्किट में अपना प्रभुत्व स्थापित करने में लगा समय है। **तीसरा, सीखने की अवधि** (Learning Period) है जो घरेलू उत्पादकों द्वारा नई वस्तु को उत्पादित करने की तकनीक में निपुणता प्राप्त करने तथा उसे घरेलू मार्किट में बेचने में लगा समय है। ये तीनों अंश मिलकर अनुकरण अन्तराल बनाते हैं।

इसके अतिरिक्त **मांग अन्तराल** (Demand Lag) भी होता है जो घरेलू उपभोक्ताओं द्वारा नई वस्तु के लिए रुचि प्राप्त करने में लगा समय है। मांग अन्तराल के कारण नई वस्तु के आयात अनुकरण अन्तराल की पूरी अवधि के लिए चालू नहीं रहेंगे। जिस अवधि के दौरान आयात चालू रहेंगे उसके जानने के लिए मांग अन्तराल को अनुकरण अन्तराल में से घटा देना चाहिए। यदि घरेलू उत्पादक नई वस्तु का शीघ्र उत्पादन करना प्रारम्भ कर देते हैं तथा घरेलू उपभोक्ता नई वस्तु को अपनाने में सुस्त है तो अनुकरण अन्तराल थोड़ा हो जायेगा, तथा नई वस्तु को आयात करने की अवधि कम हो जाएगी। इसके विपरीत, यदि घरेलू उपभोक्ता नई वस्तु को शीघ्रता से अपना लेते (या उसकी मांग करते) हैं और घरेलू उत्पादक उसको जल्दी उत्पादित नहीं कर सकते, तो अनुकरण अन्तराल लम्बा हो जाएगा, तथा देश नई वस्तु को दीर्घ अवधि तक आयात करता रहेगा। जब अनुकरण अन्तराल और मांग अन्तराल समान होते हैं तो नई वस्तु के आयात बिल्कुल समाप्त हो जाएंगे। इस प्रकार, दो देशों के बीच व्यापार का ढांचा इन दोनों अन्तरालों की सापेक्ष शक्ति पर निर्भर करेगा।

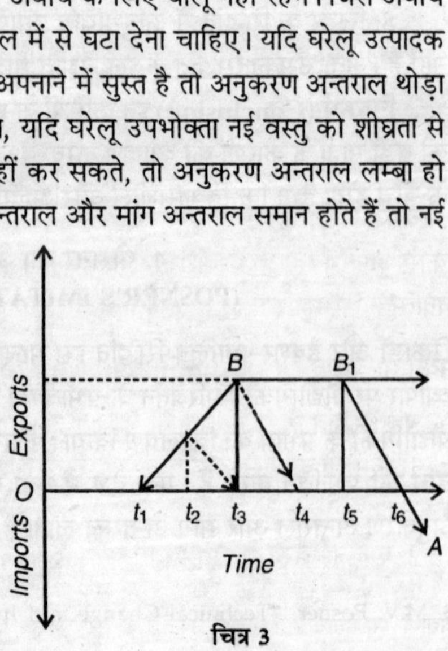

चित्र 3

पोसनर के सिद्धांत की चित्र 3 में व्याख्या की गई है जहां समय को समानान्तर अक्ष पर और मान लीजिए वस्तु X के लिए नवप्रर्वतक कर रहे देश A का अनुकरण कर रहे देश B के विरुद्ध व्यापार शेष (Trade Balance) को अनुलम्ब अक्ष पर लिया गया है। बिन्दु t_1 तक, दोनों देशों के बीच वस्तु X में कोई व्यापार नहीं है। समय t_1 पर देश A नई वस्तु का नवप्रवर्तन करता है। देश B में मांग अन्तराल देश A के निर्यातों की मात्रा को निर्धारित करेगा और उस प्रकार t_1B की ढलान को। अनुकरण अन्तराल यह निर्धारित करेगा कि कितनी समय अवधि तक देश B वस्तु का आयात देश Aसे करेगा तथा A के निर्यातों की मात्रा भी। यदि B देश में वस्तु का कोई अनुकरण नहीं होता तो देश Aउसका

निर्यात करता रहेगा। जब तक अवधि t_3 तक निर्यात अधिकतम सीमा B तक नहीं पहुंच जाते हैं। t_1 से t_3 तक अवधि *मांग अन्तराल* है। यदि B देश में उत्पादक नई वस्तु को t_3 समय तक उत्पादित करना शुरू कर देते हैं तो A देश के निर्यात कम हो जाएंगे और वे समय t_4 पर बंद भी हो जाएंगे जैसाकि B से नीचे की ओर t_4 तक तीर द्वारा दर्शाया गया है। ऐसी स्थिति में, अनुकरण अन्तराल t_3t_4 मांग अन्तराल t_1t_3 से छोटा होगा।

यदि अनुकरण अन्तराल लंबा है और उत्पादक t_5 समय तक नई वस्तु के नवप्रवर्तन को अपना नहीं सकते तो देश B अपने अधिकतम स्तर B_1 तक निर्यात करता रहेगा। जब B देश वस्तु का उत्पादन करना प्रारम्भ कर देता है तो अनुकरण अन्तराल छोटा हो जाता है तथा A से निर्यात कम होने लगते हैं। ओर t_6 पर बंद हो जाते हैं जब वस्तु का पूरी तरह से अनुकरण हो जाता है। यदि B देश में उत्पादक वस्तु में नया नवप्रवर्तन करते हैं जिससे इनकी वस्तु A देश की वस्तु से बेहतर होती है तो B देश इस वस्तु के साथ देश A की मार्किट में प्रवेश करेगा। ऐसी स्थिति में, देश A इस वस्तु का B देश से आयात करना शुरू कर देगा, जैसा t_6 से नीचे A तक तीर दर्शाता है।

आगे, नवप्रवर्तन और अनुकरण की दोनों धारणाओं को पोसनर एक एकल 'गतिशीलता (Single Dynamism) की धारणा में इकट्ठा करता है। पोसनर एक देश की अन्तर्राष्ट्रीय व्यापार में गतिशीलता को, जिस दर पर वह देश नवप्रवर्तन करता है (अर्थात समय की प्रति इकाई नई वस्तुओं की संख्या वह चालू करता है) तथा जिस गति से वह विदेशी नवप्रवर्तनों का अनुकरण करता है, उस के फलन के रूप में परिभाषित करता है। यदि दो व्यापार कर रहे देशों की गतिशीलता की अवस्था सामान है तो उनमें व्यापार बिना भुगतान शेष की कठिनाइयों के होगा तथा प्रत्येक देश से नवप्रवर्तन का दूसरे देश में शीघ्रता से अनुकरण होने के कारण व्यापार से दोनों देशों में विकास होता है। यदि एक व्यापार कर रहे देश की गतिशीलता की अवस्था दूसरे देश की अपेक्षा ऊंची है, तो दूसरा देश अपने व्यापार शेष को घाटे में पाएगा क्योंकि वह नई वस्तु की अधिक मात्रा आयात करता है। वह अपने व्यापार शेष को सुधारने के लिए कम अनुकूल कीमतों पर अपनी परम्परागत वस्तुएं पहले देश को निर्यात करेगा। पहले देश से नई वस्तु का आयात करने से नवप्रवर्तन और अनुकरण के गतिशील कारकों के कारण परम्परागत वस्तुओं में व्यापार को प्रोत्साहन मिलता है।*

इसकी आलोचनाएँ (Its Criticisms)

अनुकरण अन्तराल का सिद्धांत क्लासिकी तथा हैक्शर-ओलिन सिद्धांतों की तुलना में अधिक वास्तविक है क्योंकि यह अन्तर्राष्ट्रीय व्यापार के ढांचे पर तकनीकी परिवर्तन के प्रभाव का विश्लेषण करता है। परन्तु इसकी मुख्य कमियां ये हैं :

(क) यह सिद्धांत इन बातों की व्याख्या करने में असफल है कि अन्तराल जितना है इतना क्यों है, तथा यह छोटा या बड़ा क्यों नहीं है।

(ख) दोनों देशों में नवप्रवर्तनों के प्रतियोगितात्मक ढांचे क्या हैं ?

5. वर्नन का वस्तु चक्र सिद्धांत (VERNON'S PRODUCT CYCLE THEORY)

प्रो. **रेयमंड वर्नन**[4] (Vernon) ने 1966 में एक लेख में वस्तु चक्र परिकल्पना प्रस्तुत किया। यह व्यक्त करता है कि एक नई वस्तु का विकास अपने विकास के दौरान अवस्थाओं की श्रेणियों अथवा चक्र में से गुजरता है, और जब यह चक्र में से गुजरता है तो इसका तुलनात्मक लाभ परिवर्तित होता है। यह सिद्धांत अमरीकी अर्थव्यवस्था पर आधारित है।

इसकी मान्यताएं (Its Assumptions)

यह सिद्धांत निम्न मान्यताओं पर आधारित है :

1. फर्में जो नई वस्तु को विकसित करती हैं, वे ऐसा कुछ वास्तविक अथवा काल्पनिक एकाधिकारात्मक लाभ के आधार पर करती है।

2. एक नई वस्तु के नवप्रवर्तन का प्रोत्साहन घरेलू मार्केट की आवश्यकता और अवसरों द्वारा प्रदान किया जाता है।

* विद्यार्थी इस समस्त पैरा को छोड़ सकते हैं।

4. Raymond Vernon, "International Investment and International Trade in the Product Cycle," Q. J. E, May 1966.

3. नवप्रवर्तन करने वाली फर्मों के पास विदेशी मार्केटों, चाहे वे दूसरे उन्नत देश या विकासशील देश हों, की स्थितियों के बारे में सूचना नहीं होती है।

4. एक उन्नत देश में नवप्रवर्तन करने वाली फर्में अन्य उन्नत औद्योगिक देशों से बिल्कुल भिन्न घरेलू वातावरण को प्रकट करती है।

5. एक रुकावट करने वाली घटना, जैसी कि प्रतिद्वन्द्वी उत्पादकों का प्रकट होना, निर्यात के लिए वस्तु के निर्माण की ओर ले जाता है।

6. पूंजी-समृद्ध देशों में प्रारंभ में नई वस्तुएं विकसित होती हैं।

इसकी व्याख्या (Its Explanation)

ये मान्यताएं दी होने पर, वर्नन का मत है कि प्रारम्भ में अमरीका जैसे पूंजी-समृद्धि देशों में नई वस्तुओं का विकास होता है क्योंकि इनका R&D (Research & Development) में तुलनात्मक लाभ होता है। जिन नई वस्तुओं के विकास की सम्भावना होती है वे उपभोक्ता वस्तुएं होती हैं जिनकी बिल्कुल तैयार घरेलू मार्किट नजर आती है। उपभोक्ता वस्तुओं में, अत्यधिक ऊंची प्रति व्यक्ति आय वाले देश नई वस्तुओं की बिक्री के लिए अवसर प्रदान करते हैं। फिर, पूंजी समृद्ध देश ऐसे नवप्रवर्तनों को प्रेरित करते हैं जो पैमाने की मितव्ययिताओं के साथ संबंधित होते हैं। वे परिवहन लागतों को न्यूनतम करने के लिए घरेलू स्थान को प्राथमिकता देते हैं। एक बार जब एक नई वस्तु एक देश में प्रारम्भ और क्रय-विक्रय की गई हो तो एक प्रक्रिया चालू होती है जो नई वस्तु के जीवन में चक्र के रूप में देश के अन्तर्राष्ट्रीय व्यापार के प्रवाह को काफी पूर्वानुमानित ढंग से प्रभावित करती है।

वर्नन एक वस्तु के जीवन चक्र में निम्नलिखित तीन अवस्थाओं का सुझाव देता है :

1. नई वस्तु अवस्था (New Product Stage)—पहली अवस्था में, वस्तु प्रक्रिया में उत्पादन के लिए बहुत कुशल श्रम चाहिए। जब वस्तु का विकास हो रहा होता है तो लागतें ऊंची होती हैं। नए निवेश के जोखिम और अनिश्चितताएं दी होने पर, एक नवप्रर्वतक उत्पादक का मुख्य विचार एक तैयार घरेलू मार्किट का पाया जाना है, जहां नई वस्तु के लिए मांग की लोच कम हो।

2. परिपक्व हो रही वस्तु अवस्था (Maturing Product Stage)—दूसरी अवस्था में, नई वस्तु का विस्तृत उत्पादन और वितरण होता है। लागतें और कीमतें गिरती हैं तथा वस्तु निर्यात की जाती है। नवप्रवर्तन देश जिस समय अवधि तक वस्तु के उत्पादन में एकाधिकार रखता रहेगा, इसका एकाधिकार निर्भर करेगा; (*i*) विदेशी मार्केटों में मांग में वृद्धि; (*ii*) विकसित वस्तु की प्रकृति; (*iii*) जिस गति के साथ अन्य देश नई प्रौद्योगिकी को प्राप्त करते हैं; (*iv*) पेटेंट अधिकारों की प्रभावशीलता; (*v*) पैमाने की किफायतों का फैलाव; और (*vi*) उद्योग का संगठन।

3. मानकित-वस्तु अवस्था (Standardised Product Stage)—इस अवस्था में, नवप्रवर्तक देश में वस्तु तथा निर्माण प्रक्रियाएं मानकित हो जाती हैं। बिक्री कम होती है, मांग की लोच अधिक होती है और निर्यात कम होते हैं। यह तब सम्भव होता है जब एक अन्तराल के पश्चात दूसरे देश वस्तु का उत्पादन प्रारम्भ कर देते हैं। ऐसा वे अक्सर नवप्रवर्तक देश द्वारा स्थापित सहायक उद्योगों की सहायता से करते हैं। जब इस वस्तु क्षेत्र में प्रौद्योगिकी सामान्य और अधिकतर मानकित हो जाती है तो नवप्रवर्तक देश अपने तुलनात्मक लाभ को खो देता है। दूसरे देशों द्वारा अधिक अनुकरण से वह वस्तु के अन्ततः शुद्ध निर्यातक बन जाते हैं। वर्नन के अनुसार, जब वस्तु मानकित हो जाती है तो अल्पविकसित देशों के उत्पादक नवप्रवर्तक फर्म से उन्नत प्रौद्योगिकी उधार लेकर उसे सस्ते श्रम के साथ मिलाकर अपनी वस्तु को उन्नत देशों के अपने प्रतियोगियों की तुलना में कम कीमत पर बेचते हैं। इस प्रकार उन्नत

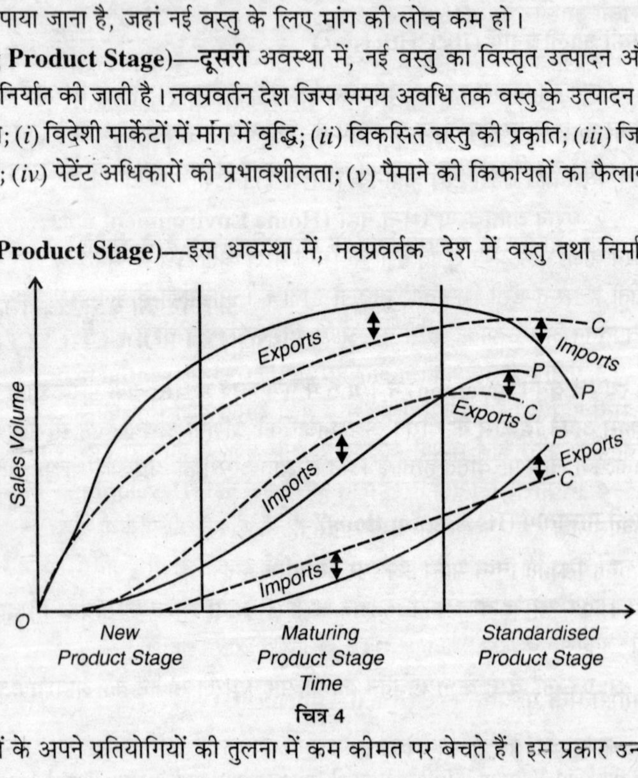

चित्र 4

देशों को अपनी वस्तु निर्यात करके तुलनात्मक लाभ उठाते हैं। जैसे-जैसे प्रौद्योगिकीय और अनुकरण (imitation) अन्तराल कम होते जाते हैं वैसे ही वस्तु अन्तराल (Product gap) कम होता है, तथा वस्तु उत्पादित करने का तुलनात्मक लाभ भी एक देश से दूसरे देश को परिवर्तित होता है। इसे 'वस्तु चक्र को पहुंचना' कहते हैं। जिसका प्रत्येक देश अनुभव करता है, जब वह नई वस्तु के आयातक से मानकित वस्तु के निर्यातक के क्रम में से गुजरता है।

चित्र 4 एक नई वस्तु के जीवन-चक्र में संभावित अन्तर्राष्ट्रीय व्यापार के ढांचों की व्याख्या करता है। समय को समानान्तर अक्ष पर तथा बिक्री मात्रा को क्षैतिज अक्ष पर लिया गया है। चित्र वक्रों के तीन सैट प्रदर्शित करता है। मोटे वक्र P नई वस्तु के उत्पादन को दिखाते है तथा बिंन्दुकित (dotted) वक्र C उपभोग से संबंधित हैं। सबसे *ऊपर वाला सैट नवप्रवर्तन कर रहे देश से संबद्ध है, बीच का सैट अन्य उन्नत देशों से तथा सबसे नीचे का सैट अल्पविकसित देशों से संबद्ध है।* पहले वक्रों के *सबसे ऊपर वाले सैट को लीजिए जो नवप्रवर्तन कर रहे देश से संबद्ध है।* प्रथम अवस्था में जब नई वस्तु प्रारम्भ की जाती है तो वह घरेलू मार्किट में उपभोग की जाती है जैसा कि मूल बिन्दु O से एक वक्र द्वारा दर्शाया गया है जब तक कि यह दो भागों में नहीं बंट जाता है। उस समय के बाद विस्तृत उत्पादन होता है जो उपभोग से अधिक हो जाता है जिससे परिपक्व हो रही वस्तु अवस्था में निर्यात होने शुरू हो जाते हैं। अन्तिम अवस्था में वस्तु मानकित हो जाती है जब अन्य उन्नत देश भी नई वस्तु का उत्पादन करना प्रारम्भ कर देते हैं। परिणामस्वरूप, नवप्रवर्तक देश में उत्पादन कम होता है और वह वस्तु का आयात भी करना शुरू कर देता है।

चित्र में **वक्रों का बीच का सैट** यह दर्शाता है कि अन्य उन्नत देश नई वस्तु का उत्पादन प्रारम्भ करने पर उसके परिपक्व होने की अवस्था तक उत्पादन बढ़ाते रहते हैं और फिर मानकित-वस्तु अवस्था में उसके निवल निर्यातक हो जाते हैं।

चित्र में **वक्रों का सबसे नीचे का सैट** जो **अल्पविकसित देशों** से संबद्ध है यह दर्शाता है कि ऐसे देश वस्तु की तीनों अवस्थाओं में वस्तु का आयात करते रहते हैं। फिर भी, वे वस्तु की परिपक्व होने की अवस्था में उसका उत्पादन प्रारम्भ करते हैं और अन्तिम अवस्था में बहुत देर के बाद उसके शुद्ध निर्यातक बनते हैं, जब वस्तु वास्तव में उन्नत देशों में **पुरानी** हो जाती है।

इसकी आलोचनाएं (Its Criticisms)

आलोचकों ने इस सिद्धांत की मान्यताओं को निम्न तर्कों पर स्वीकार नहीं किया है:

1. विदेशी मार्किटों की सूचना (Information About Foreign Markets)—यह मानना सही नहीं है कि नवप्रवर्तक फर्मों को विदेशी मार्किटों की स्थितियों की सूचना उपलब्ध नहीं होती है। विश्व स्तर पर संचार के विकास और प्रसार के साथ उन्नत देशों में फर्में, विशेषकर बहुर्राष्ट्रीय कंपनियां (MNCs) विदेशी मार्केटों की स्थितियों के साथ सम्पर्क बनाए रखती हैं।

2. घरेलू वातावरण भिन्न नहीं (Home Environment not Different)—यह भी मान्य नहीं कि उन्नत देश में नवप्रवर्तन करने वाली फर्में अन्य उन्नत देशों के भिन्न घरेलू वातावरण को प्रकट करती हैं। इसमें कोई संशय नहीं कि उन्नत देशों में भिन्नताएं पाई जाती हैं परन्तु ऐसी भिन्नताएं मामूली होती हैं। आजकल केवल अमरीका ही नहीं बल्कि प्रत्येक उन्नत देश के पास नई वस्तु का नवप्रर्वतन और उत्पादन करने की आवश्यक क्षमताएं होती हैं।

3. पूंजी समृद्ध देश होना आवश्यक नहीं (Not Essential to be Capital Rich Country)—यह मान्यता भी वर्तमान संसार में सत्य नहीं है कि नई वस्तुएं प्रारंभ में पूंजी समृद्ध देशों में विकसित होती हैं। आजकल बहुत-सी जापानी और यूरोपीय फर्में श्रम-बचतकारी की बजाय सामान-बचतकारी और पूंजी-बचतकारी उद्देश्यों पर अधिक जोर देकर नवप्रवर्तन कर रही हैं।

4. विकासशील देश विलम्बित आरम्भक नहीं (Developing Countries not Late Starters)—सिद्धांत यह बताता है कि विकासशील देश उन्नत देशों के नवप्रवर्तनों को खपाने की प्रक्रिया में देर से प्रारंभ करते है। परन्तु ऐसा सभी विकासशील देशों के बारे में नहीं कहा जा सकता है। कोरिया, मैक्सिको, ब्राजील और भारत जैसे भी देश हैं जो मूल बहुराष्ट्रीय कम्पनियों (M.N.C's) की नवप्रवर्तित वस्तु को अपना रहे हैं और अपने वस्तु चक्र को प्रारंभ कर रहे हैं और अन्य विकासशील देशों को निर्यात कर रहे हैं और कुछ को विकसित देशों को भी। ऐसा एक उदाहरण मारुति कार है।

समीक्षात्मक मूल्यांकन (Critical Appraisal)

वस्तु चक्र सिद्धांत अमेरिका के अनुभव पर आधारित है जो एक पूंजी समृद्ध अर्थव्यवस्था जिसमें अत्यधिक कुशल श्रमशक्ति होने

से वह नई वस्तुओं का नवप्रवर्तन और उत्पादन करता है। ऐसा यह उच्च औसत आय और बड़ी घरेलू मार्केट के कारण करता है। जब नई वस्तु परिपक्व होने पर मानकित होती है तो अमेरिका अपना तुलनात्मक लाभ खो देता है। इसलिए यह अनिवार्यत: अल्पकालीन है। साथ ही यह गत्यात्मक भी है क्योंकि अन्य देश वस्तु के मानकित होने पर उसका उत्पादन और निर्यात प्रारंभ कर देते हैं।

यह सिद्धांत तुलनात्मक लाभ और साधन अनुपातों (Factor Proportions) के सिद्धांतों के विरोध में नहीं आता, क्योंकि अन्य देशों के मुकाबले एक नवप्रवर्तक देश के पास वैज्ञानिक और तकनीकी सेविवर्ग की सापेक्ष प्रचुरता होती है। फिर, ऐसे देश को दूसरे देशों के ऊपर तुलनात्मक लाभ होता है क्योंकि यह नई वस्तु को सस्ती उत्पादित और निर्यात करने की स्थिति में होता है।

अनेक अमेरिकी अर्थशास्त्रियों द्वारा विशेष उद्योगों में वस्तु जीवन-चक्र के अलग-अलग अध्ययनों ने व्यक्त किया कि प्रौद्योगिकी में कुछ नवप्रर्वतन होने पर व्यापार प्रारंभ हुआ जिससे प्रौद्योगिकी अंतराल हुआ जो अन्तत: अनुकरण से फैला। अन्त में, तुलनात्मक लाभ नवप्रवर्तक उद्योगों से हटकर अन्य देशों में स्थिर हो गया, जो नई वस्तु के आयातक की बजाय निर्यातक हो गए।

इस सब के बावजूद, वस्तु चक्र सिद्धांत विश्व के सभी देशों में वस्तुओं के नवप्रर्वतन करने हेतु फर्मों का मार्गदर्शन कर रहा है।

6. कैनन का मानव पूंजी सिद्धांत (KENEN'S THEORY OF HUMAN CAPITAL)

पी.बी. कैनन (Kenen)[5] ने 1965 के एक लेख में अन्तर्राष्ट्रीय व्यापार में मानव-पूंजी की भूमिका की विवेचना की है। वह भौतिक पूंजी की अपेक्षा मानव-पूंजी को अपने सिद्धांत का मुख्य तत्व मानता है। मानव-पूंजी श्रम शक्ति की शिक्षा तथा प्रशिक्षण में निवेश द्वारा निर्मित होती है। भौतिक पूंजी में निवेश की तरह, शिक्षा संसाधन प्रयोग करती है और इसके लिए समय चाहिए। शिक्षा और प्रशिक्षण जो कौशल निर्मित करने हैं लम्बे समय तक रहते हैं तथा श्रम शक्ति की उत्पादकता बढ़ाते हैं। श्रम की किस्मों में जो मजदूरी भिन्नताएं पाई जाती हैं वे शिक्षा और प्रशिक्षण में भिन्नताओं के कारण होती हैं।

कैनन के अनुसार, भूमि और श्रम उत्पादन के दो मौलिक साधन हैं लेकिन वे पूंजी लगाए बिना सुधारे नहीं जा सकते। कैनन, पूंजी को 'प्रतीक्षा' का समरूप स्टॉक मानता है, जैसा कि हैक्शर-ओलिन मॉडल में है। पूंजी, उत्पादन प्रक्रिया में भूमि और श्रम पर लागू होने से प्रवेश करती है। श्रम शक्ति को दिए गए शिक्षा और प्रशिक्षण, पूंजी पर श्रम का लागू होना है। पूंजी को भूमि या प्राकृतिक साधनों के साथ मिलाकर मशीनों का निर्माण होता है। इस प्रकार, जब सुधरे हुई श्रम को सुधरी हुए भूमि के साथ मिलाया जाता है तो उत्पादन बढ़ता है। सामान्यतौर से, देशों की विभिन्न उत्पादन सम्भावनाएं होती हैं, क्योंकि उनकी श्रम, भूमि और पूंजी की संसाधन सम्पन्नताएं अलग-अलग होती हैं। यद्यपि दो देशों के पास समान संसाधन सम्पन्नताएं पाई जाती हैं, फिर भी श्रम और पूंजी के सुधारने के बीच प्राप्य पूंजी के आवंटन के कारण वे अपनी उत्पादन सम्भावनाओं में भिन्न हो सकते हैं। अपने तर्क को सिद्ध करने के लिए कैनन अल्पविकसित देशों का उदाहरण देता है जो पूंजी की अपनी सीमित पूर्तियों को मानव-पूंजी की अपेक्षा भौतिक पूंजी को सुधारने में आवंटित करते हैं। परिणामस्वरूप, भौतिक पूंजी पर उनकी प्रतिफल की दर बहुत नीची होती है। इसलिए, वह भौतिक पूंजी पर प्रतिफल की दर को बढ़ाने के लिए श्रम शक्ति पर पूंजी को लागू करने का सुझाव देता है। इसके पश्चात, कैनन पूंजी और उत्पादन के बीच संबंध के अपने विचार के आधार पर अन्तर्राष्ट्रीय व्यापार के सिद्धांत को प्रतिपादित करता है।

इसकी मान्यताएं (Its Assumptions)

कैनन का सिद्धांत निम्नलिखित मान्यताओं पर आधारित है :

(1) असुधरा हुआ श्रम और असुधरी हुई भूमि देश के अन्दर तथा दोनों देशों के बीच समानन पाए जाते हैं।

(2) देशों के अन्दर श्रम गतिशील है।

(3) मार्किट प्रतियोगी है।

(4) मांग स्थितियां समान हैं, और

(5) दोनों देशों में उत्पादन फलन समरूप है।

5. P.B. Kenen, "Nature, Capital and Trade". *JPE,* October 1965.

इसकी व्याख्या (Its Explanation)

ये मान्यताएं दी होने पर, कैनन के सिद्धांत में दो देशों के बीच व्यापार खुलने पर वस्तु कीमतों तथा सुधरी हुई भूमि और श्रम की सेवाओं की कीमतों में समानता हो जाएगी। क्योंकि ब्याज की दर साधन सेवा की कीमत नहीं है इसलिए यह जरूरी तौर से दोनों के बीच समान नहीं होगी। जहां तक व्यापार की शर्तों की बात है उनका पूर्वानुमान दोनों देशों में निवल साधन अनुपातों द्वारा होगा,जहां साधन सुधरे हुए श्रम तथा सुधरी हुई भूमि की मात्राएं है। निवल साधन अनुपात दोनों मूल साधनों, श्रम एवं भूमि को सुधारने के लिए पूंजी के आवंटन पर, पूंजी की पूर्ति पर, तथा असुधरे हुए साधनों की मूल सम्पन्नताओं पर निर्भर करते हैं।

कैनन ने अपने सिद्धांत के आधार पर लियोनतिफ विरोधाभास की व्याख्या की है। 9 प्रतिशत कटौती की दर प्रयोग करके, कैनन अमरीकी निर्यातों तथा आयात-प्रतियोगी वस्तुओं में सम्मिलित मानव पूंजी के मूल्य का अनुमान अकुशल श्रमिकों के ऊपर कुशल श्रमिकों की अतिरिक्त आय को पूंजीकृत करके करता है। फिर वह मानव-पूंजी के अनुमान लियोनतिफ के भौतिक पूंजी के अनुमानों में जोड़ देता है और यह पाता है कि लियोनतिफ विरोधाभास उलट गया है। इस प्रकार, कैनन इस निष्कर्ष पर पहुंचता है कि अमरीकी निर्यात वस्तुओं को कुशल श्रम चाहिए तथा आयात वस्तुओं को सापेक्षतया अकुशल श्रम चाहिए। इस आधार पर, यह पाया गया कि अमरीकी मानव-पूंजी में प्रचुर है तथा वह पूंजी-गहन वस्तुएं निर्यात करता है।

कैनन का सिद्धांत अन्तर्राष्ट्रीय व्यापार सिद्धांत को महत्वपूर्ण योगदान देता है। यह उत्पादन प्रक्रिया में मानव-पूंजी के मूल्य को शामिल करके नई दिशा प्रदान करता है, जो आगे अन्तर्राष्ट्रीय व्यापार के ढांचे को प्रभावित करता है।

7. इमैन्युअल का असमान विनिमय सिद्धांत (EMMANUEL'S THEORY OF UNEQUAL EXCHANGE)

इमैन्युअल ने अपनी पुस्तक, *Unequal Exchange : A Study in the Imperialism of Trade* (1970) में केन्द्र (विकसित देशों—*DCs*) और परिधि (कम विकसित देशोंङ्क*LDCs*) के बीच अंतर्राष्ट्रीय व्यापार में असमान विनिमय का सिद्धांत प्रस्तुत किया है जिससे विकसित देशों द्वारा कम विकसित देशों का शोषण हुआ है।

इमैन्युअल का सिद्धांत उत्पादन में प्रौद्योगिकीय परिवर्तनों और अंतर्राष्ट्रीय कीमतों के निर्धारण के लिए मार्क्स के उत्पादन की कीमतों के सिद्धांत पर आधारित है। उसका विश्वास है कि विकसित और कम विकसित देशों के बीच आर्थिक असमानता का मुख्य कारण उत्पादन की तकनीकों और मजदूरियों में अन्तर है जिनसे व्यापार में असमान विनिमय होता है। किसी विकसित देश में एक श्रम घंटे के उत्पाद का विनिमय कम विकसित देश के अधिक श्रम घंटों के उत्पाद के लिए होता है। इस असमान विनिमय से विकसित देशों को लाभ और कम विकसित देशों को हानि होती है।

इसकी मान्यताएं (Its Assumptions)

इमैन्युअल का सिद्धांत निम्न मान्यताओं पर आधारित है :

1. दो देश हैं : विकसित देश *A* और कम विकसित देश *B*.
2. *X* और *Y* दो विभिन्न वस्तुएं हैं जिनका विनिमय होता है।
3. पूंजी अंतर्राष्ट्रीय रूप से गतिशील है।
4. श्रम विभिन्न देशों के बीच गतिशील नहीं है।
5. कीमतें विकसित देश में अधिक और कम विकसित देश में कम होती हैं।
6. लाभ की दरें दोनों देशों में समान होती हैं।
7. मजदूरी विकसित देश में अधिक और कम विकसित देश में कम होती है।
8. मजदूरियां कीमतों से स्वतंत्र दी जाती हैं।
9. वस्तुओं का व्यापार स्वतंत्र रूप से होता है।
10. यातायात लागतें शून्य हैं।

11. अंतर्राष्ट्रीय विशिष्टीकरण का एक पूर्वनिर्धारित ढांचा है, जिससे प्रत्येक देश किसी विशेष वस्तु में विशेषता रखता है।

सिद्धांत की व्याख्या (Explanation of the Theory)

ये मान्यताएं दी होने पर, इमैन्युअल मानता है कि कम विकसित देश अपने विकास केलिए तकनीकी परिवर्तनों का लाभ प्राप्त करने में असफल रहे हैं। दूसरी ओर, विकसित देशों ने श्रम-बचत तकनीकों के माध्यम से 'पूंजी की संगठित संरचना' (organic composition of capital) को बढ़ाया है। इससे उनके बीच व्यापार में असमान विनिमय हुआ है। परन्तु असमान विनिमय का मुख्य कारण केन्द्र (DCs) और परिधि (LDCs) की मजदूरी दरों के बीच अन्तर है। इमैन्युअल के शब्दों में, ''अन्य सभी बातों के समान रहने पर, मजदूरियों की असमानता ही विनिमय की असमानता का एकमात्र कारण है।''

इमैन्युअल के अनुसार, असमान विनिमय तब होता है जब दो असमान देश दो विभिन्न वस्तुएं उत्पादित करते हैं जिससे वे एक-दूसरे के साथ प्रत्यक्ष प्रतियोगिता में नहीं होते हैं। चूंकि कम विकसित देश में मजदूरियां कम होती हैं, इसलिए वस्तु के उत्पादन की लागत भी कम होती है और इसीलिए इसकी कीमतें कम होती हैं। दूसरी ओर, विकसित देशों में मजदूरियां अधिक होने के कारण वस्तु के उत्पादन की लागत अधिक होती है, इसलिए उसकी कीमतें भी अधिक होती हैं। इस प्रकार, कम विकसित देश की वस्तु के सस्ता होने और विकसित देश की वस्तु के मंहगा होने के कारण दोनों के बीच व्यापार में असमान विनिमय होता है। इसका कारण है कि कम विकसित देश विकसित देश से आयातों की एक दी हुई मात्रा पाने के लिए अपनी वस्तु की अधिक मात्रा निर्यात करता है।

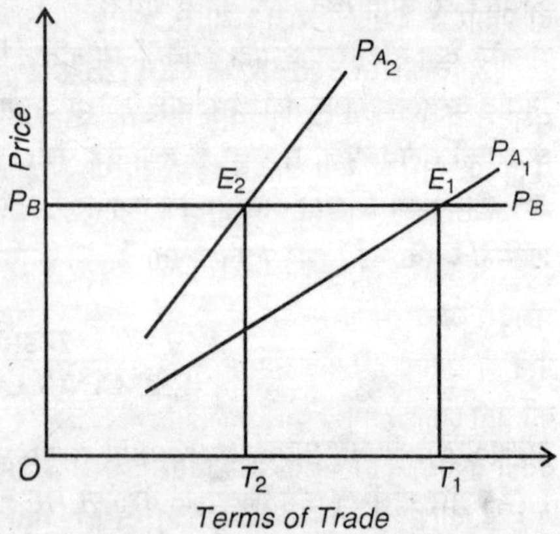

चित्र 5

हम इस सिद्धांत की व्याख्या संख्यात्मक उदाहरण की सहायता से करते हैं। A और B दो देश हैं। देश A वस्तु X का और देश B वस्तु Y का उत्पादन कर रहा है। मानलीजिए कि विकसित देश A में मजदूरी दर दोगुणा होती है जिससे यह प्रत्येक वस्तु की 4 इकाइयां खरीदता है जबकि कम विकसित देश B में मजदूरी दर से प्रत्येक वस्तु की 2 इकाइयां खरीदी जाती हैं। दोनों देशों में लाभ की दर समान होने के कारण, दोनों देशों में कीमतें इकाई श्रम लौगतों $(1 + r)$ पर लाभ की प्रतिशतता पर आधारित होती हैं। अतः लाभ की दर दी होने पर, दोनों देशों में कीमत समीकरण इस प्रकार होते हैं :

$$P_{AX} = (1 + r)(4P_X + 4P_Y)$$
$$P_{BY} = (1 + r)(2P_X + 2P_Y)$$

जहां P_A और P_B दो देश हैं, P_X वस्तु X की कीमत है और P_Y वस्तु Y की कीमत है। दोनों देशों की सापेक्ष कीमतें $P_{AX} = 2P_{BY}$ * हैं। कम विकसित निम्न-मजदूरी देश B आयात वस्तु X की एक इकाई खरीदने के लिए निर्यात वस्तु Y की 2 इकाइयां निर्यात करता है। इसकी व्यापार की शर्तें 50% बिगड़ी हुई हैं। इस प्रकार, असमान विनिमय होता है जिससे विकसित देश A कम विकसित देश की लागत पर लाभ प्राप्त करता है।

असमान विनिमय के सिद्धांत की व्याख्या चित्र 5 में की गई है जहां दोनों देशों में कीमतें अनुलंब अक्ष पर और व्यापार की शर्तें क्षैतिज अक्ष पर ली गई हैं। कम विकसित देश B में Y वस्तु की कीमत $P_B = 1$ के रूप में ली गई है जो क्षैतिज रेखा $P_B P_B$ के रूप में

* इसका हल इस प्रकार किया जा सकता है—

$$P_{AX} = (1 + r)(4P_X + 4P_Y)$$
$$P_{BY} = (1 + r)(2P_X + 2P_Y)$$
$$\frac{P_{Ax}}{P_{By}} = \frac{4(P_x + P_y)}{2(P_x + P_x)}$$
$$2P_{AX} = 4P$$
$$P_{AX} = 2P_{BY}$$

दिखाई गई है। देश A में X वस्तु की कीमत P_{A1} वक्र द्वारा और व्यापार की संतुलन शर्तें OT_1 द्वारा दर्शाया गई हैं। मजदूरियों और लागतों में वृद्धि से देश A में कीमत में वृद्धि होती है जो इसके कीमत वक्र को बाईं ओर P_{A2} के रूप में सरका देती है। परिणामस्वरूप, देश B की व्यापार की शर्तें OT_2 तक कम हो जाती हैं। असमान विनिमय को वास्तविक व्यापार शर्तों OT_1 और व्यापार की परिवर्तित शर्तों OT_2 के बीच के अन्तर के रूप में मापा जाता है। इस प्रकार, देश B की व्यापार शर्तें T_1T_2 के बराबर बिगड़ गयी हैं।

इसकी आलोचनाएं (Its Criticisms)

असमान विनिमय के इमैन्युअल सिद्धांत की अर्थशास्त्रियों द्वारा कड़ीं आलोचनाएं की गई हैं।

1. कई घटकों की व्याख्या नहीं (No Explanation of Many Factors)—यह सिद्धांत मानता है कि असमान विनिमय विकसित और कम विकसित देशों के बीच मजदूरी में अन्तरों का परिणाम होता है। परन्तु यह कई घटकों की व्याख्या नहीं करता जो दो प्रकार के देशों के बीच मजदूरी अन्तरों को प्रभावित करते हैं।

2. विकसित देशों पर भी लागू (Also Applicable to Developed Countries)—यद्यपि यह स्वीकार किया जाता है कि मजदूरी में अन्तर से ही असमान विनिमय होता है, परन्तु विकसित देशों के बीच भी असमान विनिमय हो सकता है क्योंकि मजदूरियों में अन्तर उनमें भी पाए जाते हैं। इसलिए यह सिद्धांत सही नहीं है क्योंकि यह सिर्फ कम विकसित देशों पर ही नहीं बल्कि विकसित देशों पर भी समान रूप से लागू होता है।

3. प्रतिकूल व्यापार-शर्तों के भिन्न कारण (Different Reasons for Unfavourable Terms of Trade)—यदि मजदूरी अन्तर मुद्रा मजदूरी में है और वे श्रम उत्पादकता में अन्तरों के कारण हैं तो कम विकसित देशों की व्यापार की शर्तें बहुत बुरी नहीं हो सकती हैं। यदि कम विकसित और विकसित देशों में मुद्रा मजदूरियों और उत्पादकता के बीच अन्तर समान होते हैं तो उत्पादन की प्रति इकाई लागतों और कीमतों में कोई अन्तर नहीं होंगे। जब विकसित देशों की तुलना में कम विकसित देशों में वास्तविक मजदूरी उतनी तेजी से नहीं बढ़ती है जितनी तेजी से उत्पादकता, तभी कम विकसित देशों के व्यापार की शर्तें प्रतिकूल होती हैं।

4. लाभ दर समान नहीं (Profit Rate not Equal)—यह सिद्धांत मानता है कि लाभ की दरें कम विकसित देशों और विकसित देशों में समान होती हैं। यह एक अवास्तविक मान्यता है क्योंकि विकसित देशों में लाभ की दर उत्पादन के ढंग के कारण सदैव ऊंची होती है। चूंकि असमान विनिमय होता है, अत: इस सिद्धांत के अनुसार, लाभ की दर कम विकसित देशों के शोषण के साथ निश्चय ही बढ़ती है।

5. कम विकसित देशों का शोषण नहीं (No Exploitatin of LDCs)—इस सिद्धांत के अनुसार, व्यापार में असमान विनिमय से विकसित देशों द्वारा कम विकसित देशों का शोषण होता है। इमैन्युअल के इस मत से अर्थशास्त्री सहमत नहीं हैं क्योंकि असमान विनिमय ने कम विकसित देशों की वृद्धि को नहीं रोका है।

6. देशों के बीच पूंजी गतिशील नहीं (Capital not Mobile within Countries)—यह सिद्धांत मानता है कि पूंजी दोनों देशों के अन्दर गतिशील होती है। यदि यह सत्य है तो मजदूरी अन्तरों को विकसित से कम विकसित देश की ओर पूंजी की गति करने से दूर किया जा सकता है। इस प्रकार, यह सिद्धांत व्यर्थ साबित हुआ है।

8. आंतर-उद्योग व्यापार
(INTRA-INDUSTRY TRADE)

क्लासिकी, नव-क्लासिकी, हैक्शर-ओलिन, सैम्यूलसन और अन्य मॉडल दो देशों के बीच अन्तर-उद्योग व्यापार (inter-industry trade) की व्याख्या करते हैं। अन्तर-उद्योग अन्तर्राष्ट्रीय व्यापार की एक ऐसी स्थिति है जहां एक उद्योग की वस्तु का एक भिन्न उद्योग की वस्तु के साथ विनिमय किया जाता है। उदाहरणार्थ, भारतीय चावल का जर्मन मशीनरी के साथ व्यापार का होना। अन्तर-उद्योग अन्तर्राष्ट्रीय व्यापार पूर्ण प्रतियोगिता की मान्यता पर आधारित है। दूसरी ओर, **आंतर उद्योग अन्तर्राष्ट्रीय व्यापार में एक उद्योग में विभेदीकृत वस्तुओं में व्यापार है जो समान होती हैं परन्तु समरूप नहीं होतीं।** (Intra-industry trade is trade within an industry in differentiated products which are similar but not identical.) उदाहरणार्थ, जर्मन कारों का फ्रांसीसी कारों के साथ व्यापार और इसी प्रकार साबुन, जूते, किताबों और अनेक अन्य वस्तुओं का देशों की बीच व्यापार है। वस्तु विभेदीकरण के साथ जब पर्याप्त लागत अन्तरों

के साथ देश उत्पादन करते हैं और सभी प्रकार की भिन्न वस्तुओं का विनिमय करते हैं तो यह अन्तर-उद्योग व्यापार होता है। परन्तु जब बिना उद्योग स्तर पर बिना पर्याप्त लागत अन्तरों के देश विशिष्टीकरण और व्यापार करते हैं तो यह आंतर-उद्योग व्यापार है। अन्तर-उद्योग व्यापार के स्तर को सामान्यतौर से निम्न सूचक द्वारा मापा जाता है :

$$Bj = 1 - \frac{(X_j + M_j)}{(X_j + M_j)}$$

जहां Bj एक देश के j उद्योग का व्यापार शेष (Trade balance) है, Xj इसके निर्यातों का मूल्य या मात्रा है और Mj इसके आयातों का मूल्य या मात्रा है। जब Bj सूचक शून्य हो तो व्यापार में केवल निर्यात या आयात शामिल होते हैं (या $Xj = 0$ अथवा $Mj = 0$)। ऐसी स्थिति में, अन्तर-उद्योग व्यापार होता है और अंतरा-उद्योग व्यापार नहीं होता। जब $Bj = 1$ हो तो निर्यात और आयात बराबर होते हैं तथा अन्तर-उद्योग व्यापार पूर्णतया मेल खाता होता है।

आंतर-उद्योग व्यापार विशिष्टीकरण और बढ़ रहे श्रम विभाजन के कारण होता है जो मार्किट के आकार पर निर्भर करता है। शीघ्र आर्थिक वृद्धि और विश्व अर्थव्यवस्था के वैश्वीकरण (globalisation) के साथ, आंतर-उद्योग व्यापार मध्यवर्ती और अन्तिम वस्तुओं में फैल गया है। यह ऊंची परिवहन लागतों के कारण सीमा-व्यापार (border trade) के रूप में तथा फलों और सब्जियों की ऊंची भंडारण (storage) लागतों के कारण मौसमी व्यापार के रूप में देशों के बीच फैला है।

आंतर-उद्योग व्यापार इसलिए होता है कि देशी और विदेशी फर्में जो समान वस्तु की समरूप किस्में बनाती हैं एक दूसरे के राष्ट्रीय मार्किट में प्रवेश कर जाएंगी। जब दो देशों में दो फर्मों की एक समान वस्तु के उत्पादन में एकाधिकार है तो व्यापार होने से प्रतियोगिता होती है जिससे दोनों फर्मों की कीमतें और लाभ कम हो जाएंगे। परिणामस्वरूप, एकाधिकारी फर्मों को हानि होती है परन्तु दोनों देशों में उपभोक्ताओं को लाभ होता है। जिसके निम्न लाभ होते हैं:

जब दो देश विभेदीकृत वस्तुओं का उत्पादन कर रहे होते हैं, और उनकी मार्किट में एकाधिकारात्मक प्रतियोगिता पाई जाती है तो दोनों के बीच व्यापार होने पर आंतर-उद्योग व्यापार होता है।

प्रथम, ऐसा व्यापार दोनों देशों में बहुत किस्म की वस्तुएं उपलब्ध कराता है। व्यापार के फैलने से उत्पादकों को पैमाने की मितव्ययिताओं के लाभ प्राप्त होते हैं जिससे वस्तुओं की लागतें और कीमतें कम हो जाती हैं। परिणामस्वरूप, कुछ उत्पादक उत्पादन बंद कर देते हैं और उद्योग को छोड़ जाते हैं। अत: दोनों देशों को लाभ होता है जब सस्ती और गुणवत्तावाली वस्तुएं उपलब्ध होती हैं।

दूसरे, वस्तु विभेदीकरण से एक छोटा देश पैमाने की मितव्ययिताओं और विशिष्टीकरण द्वारा एक बड़े देश से कम दाम पर वस्तुएं बेच सकता है और इस प्रकार अन्तर्राष्ट्रीय व्यापार से लाभ प्राप्त कर सकता है।

तीसरे, आंतर-उद्योग व्यापार समान साधन सम्पन्नताओं और समान आकार के दो देशों के बीच व्यापार की मात्रा में वृद्धि करता है।

अन्तिम, विभेदीकृत वस्तुओं पर आधारित व्यापार उत्पादन लागतों को कम करने के लिए विभिन्न देशों में पुर्जों के उत्पादन और उनके जुटाने में वृद्धि करता है। इससे बहुराष्ट्रीय निगमों द्वारा पुर्जों के व्यापार में बहुत वृद्धि हुई है।

इस प्रकार, **बो सोडर्स्टन** (Bo Sodersten) के अनुसार, ''आंतर-व्यापार की व्याख्याओं में विशेषरूप से समस्त या कुछ वस्तु विभेदीकरण, पैमाने की मितव्ययिताएं, एकाधिकारात्मक या अल्पाधिकारात्मक व्यवहार, बहुराष्ट्रीय कंपनियों का कार्यकरण आदि सम्मिलित होते हैं।''

प्रश्न

1. क्रेविस के उपलब्धता सिद्धांत की आलोचनात्मक व्याख्या करिए।
2. लिंडर के परिमाण के व्यापार सिद्धांत की क्या विशेषता है ? इस सिद्धांत की व्याख्या कीजिए।
3. अन्तर्राष्ट्रीय व्यापार के अनुकरण अन्तराल सिद्धांत की व्याख्या कीजिए।
4. अन्तराष्ट्रीय व्यापार के वस्तु चक्र सिद्धांत की व्याख्या करिए।
5. इमैन्युअल के असमान विनिमय सिद्धांत की आलोचनात्मक व्याख्या कीजिए।
6. निम्न पर टिप्पणी लिखिए :
   मानव-पूंजी का अन्तर्राष्ट्रीय व्यापार में कार्यभाग, आंतर-उद्योग व्यापार।

अध्याय 14

आर्थिक वृद्धि तथा अन्तर्राष्ट्रीय व्यापार
(ECONOMIC GROWTH AND INTERNATIONAL TRADE)

1. प्रस्तावना (INTRODUCTION)

पिछले अध्यायों में अन्तर्राष्ट्रीय व्यापार के शुद्ध सिद्धांत पर विचार किया गया है। उनका संबंध साधन संपन्नताओं तथा प्रौद्योगिकी से संबंधित पूर्ति की दी हुई स्थितियों से है। परन्तु ये साधन दीर्घकालपर्यन्त स्थिर नहीं रहते। जब उनमें परिवर्तन होता है, तो उनसे अर्थव्यवस्था में वृद्धि आती है। आर्थिक वृद्धि या साधनसंचय का, या तकनीकी प्रगति का, या फिर इन दोनों का रूप धारण कर सकती है। प्रस्तुत अध्याय में उत्पादन, उपभोग तथा व्यापार की शर्तों पर साधन संचय या वृद्धि के प्रभावों का और आर्थिक वृद्धि पर तकनीकी प्रगति के प्रभावों का विश्लेषण किया जा रहा है।

2. व्यापार पर वृद्धि के प्रभाव (EFFECTS OF GROWTH ON TRADE)

वृद्धि के उत्पादन प्रभाव (Production Effects of Growth)

आर्थिक वृद्धि के अन्तर्राष्ट्रीय व्यापार पर उत्पादन और उपभोग के निम्नलिखित प्रभाव हैं :

साधन संचय अथवा वृद्धि के उत्पादन प्रभाव निर्यात्य वस्तुओं के घरेलू उत्पादन के व्यवहार पर बल देते हैं। निर्यात्य वस्तुओं का उत्पादन बढ़ने से व्यापार की मात्रा बढ़ती है और आयात वस्तुओं का उत्पादन बढ़ने से व्यापार की मात्रा घटती है। **जोनसन**[1] (Johnson) ने साधन वृद्धि के उत्पादन प्रभावों के पांच प्रकार बताए हैं :

(1) तटस्थ (Neutral)—जिस वृद्धि के परिणामस्वरूप निर्यात्य (exportable) और आयात्य (importable) वस्तुओं का उत्पादन एक-जैसे अनुपात में बढ़ता है, वह तटस्थ वृद्धि होती है।

(2) व्यापार-उलट-झुकाव (Anti-trade-biased)—अथवा **आयात-झुकाव** (Import-biased)—जिस वृद्धि के परिणामस्वरूप निर्यात्य वस्तुओं की अपेक्षा आयात्य वस्तुओं का उत्पादन अधिक अनुपात में बढ़ता है, वह व्यापार-उलट-झुकाव अथवा आयात झुकाव वृद्धि होती है।

(3) व्यापारानुकूल झुकाव (Protrade-biased)—अथवा **निर्यात झुकाव** (Export-biased)—जिस वृद्धि के परिणामस्वरूप आयात्य वस्तुओं के उत्पादन की अपेक्षा निर्यात्य वस्तुओं का उत्पादन अधिक अनुपात में बढ़ता है, वह व्यापारानुकूल झुकाव अथवा निर्यात झुकाव वृद्धि होती है।

(4) अति-व्यापारानुकूल झुकाव (Ultra-protrade-biased)—अथवा अतिनिर्यात-झुकाव (Ultra-export-biased)—यह वृद्धि वह होती है जिसके परिणामस्वरूप आयात्य वस्तुओं का घरेलू उत्पादन घट जाता है।

(5) अति-व्यापार उलट झुकाव (Ultra--antitrade-biased)—अथवा अति-आयात झुकाव (Ultra-import-biased)—वृद्धि वह होती है जिसके परिणामस्वरूप निर्यात्य वस्तुओं का उत्पादन घट जाता है। ''औपचारिक भाषा में कहा जा सकता है कि आयात्य वस्तुओं की पूर्ति की उत्पादन-लोच इकाई से कम हो तो व्यापारानुकूल झुकाव, इकाई के बराबर हो तो तटस्थ और इकाई से

1. H.G. Johnson, *Money, Trade and Economic Growth, 2/e,* 1964.

अधिक हो तो व्यापार उलट-झुकाव प्रकार की वृद्धि कहलाती है। औपचारिक रूप से, अति-व्यापारानुकूल झुकाव का अर्थ है आयात्य वस्तुओं की पूर्ति की ऋणात्मक उत्पादन लोच, और अति झुकाव व्यापार उलट-झुकाव का अर्थ है निर्यात्य वस्तुओं की पूर्ति की ऋणात्मक उत्पादन लोच।''

इसकी मान्यताएं (Its Assumptions)

यह विश्लेषण निम्नलिखित मान्यताओं पर आधारित है :

1. दो देश A और B हैं।
2. देश A घरेलू देश है जिसमें आर्थिक वृद्धि होती हैं।
3. उत्पादन के दो साधन श्रम तथा पूंजी है।
4. दो वस्तुएं X तथा Y हैं।
5. वस्तु X पूंजी-गहन है, और वस्तु Y श्रम गहन।
6. वस्तु X निर्यात्य वस्तु है, और वस्तु Y आयात्य।
7. व्यापार की अन्तर्राष्ट्रीय शर्तें स्थिर हैं।
8. प्रौद्योगिकी में कोई परिवर्तन नहीं होता।
9. अपूर्ण विशिष्टीकरण है।

इसकी व्याख्या (Its Explanation)

इन मान्यताओं के दिए हुये होने पर, वृद्धि के पांच उत्पादन प्रभाव चित्र 1 में दिखाए गए है। निर्यात्य A तथा पूंजी को क्षैतिज अक्ष पर और निर्यात्य B तथा श्रम को अनुलम्ब अक्ष पर मापा गया है। वृद्धि से पहले की स्थितियों में BA उत्पादन सम्भावना वक्र है और व्यापार-शर्तों की रेखा MX है जो उत्पादन सम्भावना वक्र BA को P बिन्दु पर स्पर्श करती है। श्रम अथवा पूंजी अथवा इन दोनों की वृद्धि के **परिणामस्वरूप आर्थिक वृद्धि से उत्पादन संभावना वक्र बाहर की ओर सरक जाता है। चित्र को सरल रखने के लिए इस तरह की स्थितियां नहीं दिखाई गई हैं।** वृद्धि के बाद की स्थिति में अन्तर्राष्ट्रीय व्यापार-शर्तों की रेखा, M_1X_1 पर केवल उत्पादन बिन्दु दिखाए गए हैं। यह मान लिया गया है कि M_1X_1 रेखा उत्पादन सम्भावना वक्र को स्पर्श करती है जो प्रत्येक उत्पादन बिन्दु को निर्धारित करता है। व्यापार की शर्तें स्थिर हैं क्योंकि M_1X_1 रेखा MX रेखा के समानान्तर है।

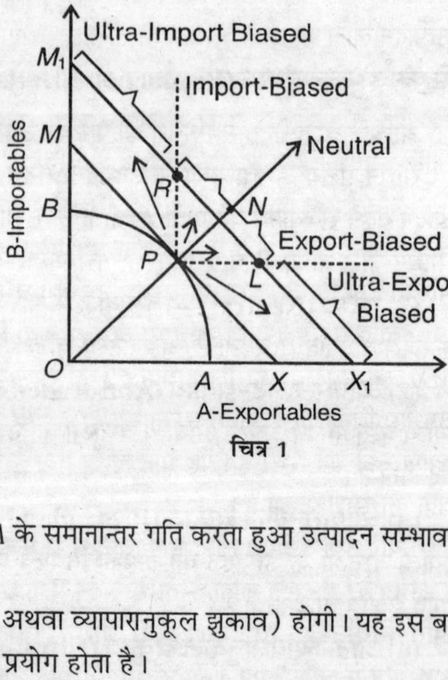

चित्र 1

साधन वृद्धि के परिणामस्वरूप जब उत्पादन बिन्दु P सरक कर N पर चला जाता है, तो वृद्धि तटस्थ है क्योंकि निर्यात्यों तथा आयात्यों के अनुपात अपरिवर्तित रहते हैं। यह ऐसी स्थिति है जब पूंजी तथा श्रम आनुपातिक रूप से बढ़ते हैं और BA के समानान्तर गति करता हुआ उत्पादन सम्भावना वक्र बाहर की ओर सरकता है।

यदि नया उत्पादन बिन्दु N तथा L के बीच स्थित हो तो वृद्धि निर्यात झुकाव (अथवा व्यापारानुकूल झुकाव) होगी। यह इस बात का परिणाम है कि निर्यात्यों के उत्पादन में पूंजी का अपेक्षाकृत अधिक अनुपात में प्रयोग होता है।

यदि नया उत्पादन बिन्दु L तथा X_1 की रेंज में स्थित रहता है तो वृद्धि अतिनिर्यात झुकाव (अथवा अति-व्यापारानुकूल झुकाव) होगी। यह तब होती है जब श्रम की पूर्ति में कोई वृद्धि न हो और पूंजी की पूर्ति बढ़ जाए।

दूसरी ओर, तटस्थ बिन्दु N के ऊपर को गति आयात-झुकाव वृद्धि को प्रदर्शित करती है। यदि नया उत्पादन बिन्दु गिरकर N तथा R के बीच आ जाए, तो वृद्धि आयात-झुकाव (अथवा व्यापार उलट-झुकाव) होगी। यदि नया उत्पादन बिन्दु RM_1 रेंज में स्थित हो, तो वृद्धि अति-आयात-झुकाव (अति व्यापार उलट-झुकाव) होगी। इसका कारण यह है कि पूंजी की पूर्ति में तो कोई वृद्धि नहीं होती और

श्रम की पूर्ति बढ़ जाती है।

वृद्धि के उपभोग प्रभाव (Consumption Effects of Growth)

साधन वृद्धि के उपभोग प्रभाव आयात्यों के घरेलू उपभोग के व्यवहार पर बल देते हैं। जब आयात्यों का उपभोग बढ़ता है, तो व्यापार की मात्रा बढ़ने लगती है और जब निर्यात्यों का उपभोग बढ़ता है, तो व्यापार की मात्रा घटने लगती है। **जोनसन** ने साधन वृद्धि के उत्पादन प्रभावों की भांति साधन वृद्धि के उपभोग प्रभाव भी पांच प्रकार के बताए हैं। उपभोग पक्ष में (*i*) वृद्धि के परिणामस्वरूप जब आयात्यों की कुल मांग उसी अनुपात में बढ़ती है जिसमें निर्यात्यों की मांग बढ़ती है, तो वृद्धि **तटस्थ** (neutral) होती है। (*ii*) जब वृद्धि के परिणामस्वरूप निर्यात्यों की मांग की वृद्धि की अपेक्षा आयात्यों की मांग कम अनुपात में बढ़ती है तो वृद्धि व्यापार उलट-झुकाव अथवा **आयात-झुकाव होती है।** (*iii*) जब वृद्धि के परिणामस्वरूप निर्यात्यों की मांग की अपेक्षा आयात्यों की मांग अधिक अनुपात में बढ़ती है तो वृद्धि व्यापारानुकूल झुकाव (अथवा **निर्यात-झुकाव**) होती है। (*iv*) जब वृद्धि के परिणामस्वरूप आयात्यों की मांग निरपेक्ष रूप से बढ़ती है; तो वृद्धि अति-व्यापारानुकूल झुकाव अथवा **अति-निर्यात झुकाव** होती है; और (*v*) जब वृद्धि के परिणामस्वरूप आयात्यों की मांग निरपेक्ष रूप से घटती है तो वृद्धि **अति व्यापार उलट-झुकाव** अथवा **अति-आयात झुकाव** होती है। औपचारिक रूप से इसे आयात्यों की मांग को उत्पादन लोच से संबद्ध किया जा सकता है। जब आयात्य वस्तुओं की मांग की उत्पादन लोच इकाई से अधिक हो तो वृद्धि व्यापारानुकूल झुकाव (अथवा निर्यात-झुकाव), इकाई के बराबर हो तो तटस्थ और इकाई से कम हो तो व्यापार-उलट झुकाव अथवा आयात झुकाव होती है। यदि **आयात्व वस्तुओं की मांग की उत्पादन** लोच ऋणात्मक हो तो वृद्धि अति-व्यापार उलट-झुकाव अथवा अति-आयात-झुकाव और यदि निर्यात्य वस्तुओं की मांग की लोच ऋणात्मक हो तो वृद्धि अत्ति-व्यापारानुकूल झुकाव अथवा अति-निर्यात झुकाव होती है।

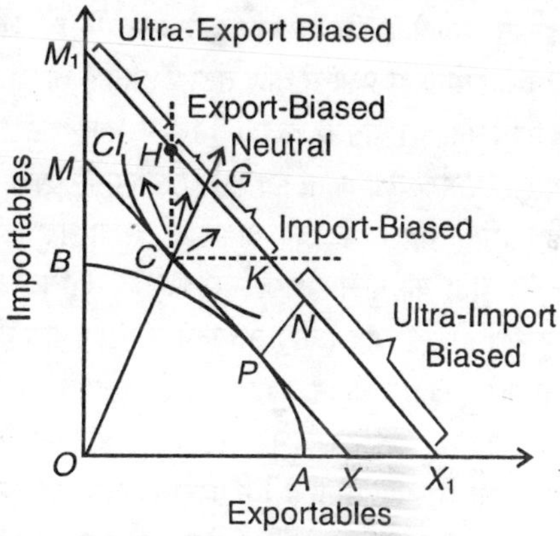

चित्र 2

जब साधन पूर्तियां बढ़ेंगी, तो वास्तविक आय बढ़ेंगी जिससे घरेलू बाजार में उगभोग की जाने वाली आयात्य एवं निर्यात्य वस्तुओं की सापेक्ष मात्राओं में कुछ परिवर्तन होगा। यह मानकर कि व्यापार की शर्तें स्थिर रहती हैं, रुचियां स्थिर रहती हैं, आय वितरण में कोई परिवर्तन नहीं होता, वृद्धि के सम्भव उपभोग प्रभाव चित्र 2 में प्रदर्शित किए गए हैं।

वृद्धि से पहले की स्थिति में, अर्थव्यवस्था बिन्दु *P* पर उत्पादन करती है और उपभोग बिन्दु *C* पर करती है जहां व्यापार-शर्तों की *MX* रेखा समुदाय उदासीनता वक्र *CI* को स्पर्श करती है। वृद्धि के बाद की स्थिति में, अर्थव्यवस्था बिन्दु *N* पर उत्पादन करती है और उपभोग बिन्दु नए उत्पादन सम्भावना M_1X_1 पर कहीं भी हो सकता है। *MX* रेखा वक्र M_1X_1 रेखा के समानान्तर है जो बताती है कि व्यापार की शर्तें स्थिर हैं। यह मान लिया गया है कि *K*, *G* तथा *H* आदि बिन्दुओं पर M_1X_1 रेखा को एक विभिन्न समुदाय उदासीनता वक्र को स्पर्श करता है।

यदि नया उपभोग बिन्दु मूल बिन्दु में से गुजरने वाले आय-उपभोग वक्र के बिन्दु *G* पर स्थित है तो उपभोग प्रभाव **तटस्थ** है। यदि *C* क्षेत्र *GH* में चला जाता है तो उत्पादन प्रभाव **निर्यात-झुकाव** होगा। यदि *C* बिन्दु क्षेत्र HM_1 में चला जाता है तो उपभोग-प्रभाव **अति-निर्यात झुकाव** होगा। दूसरी ओर, *C* बिन्दु *GK* क्षेत्र में चला जाता है तो उपभोग-प्रभाव आयात झुकाव होगा और यदि *C* बिन्दु KX_1 क्षेत्र में चला जाता है तो उपभोग-प्रभाव **अति-आयात झुकाव** होता है।

''यदि जनसंख्या में परिवर्तन के अतिरिक्त किसी अन्य कारण से वृद्धि होती है, तो प्रति व्यक्ति आय बढ़ेगी और वृद्धि की किस्म आयातों की मांग की औसत आय-लोच पर निर्भर करेगी, यदि विलास-वस्तुओं के आयात होंगे, तो वृद्धि व्यापारानुकूल-झुकाव होगी; यदि आवश्यक वस्तुओं केआयात होगे,तो वृद्धि व्यापार उलट-झुकाव होगी; यदि घटिया वस्तुओं के आयात होंगे, तो वृद्धि अति-व्यापार उलट झुकाव होगी और यदि घटिया वस्तुओं के निर्यात होंगे तो वृद्धि अति-व्यापारानुकूल-झुकाव होगी।''

वृद्धि के मिश्रित उपभोग एवं उत्पादन प्रभाव अथवा कुल प्रभाव (Combined Consumption and Production Effects or Total Effects)

वृद्धि के मिश्रित उपभोग एवं उत्पादन प्रभावों अथवा वृद्धि के कुल प्रभावों को वृद्धिशील देश के प्रस्ताव वक्र के सरकने (shift) के रूप में स्पष्ट किया जाता है। इसे चित्र 3 में स्पष्ट प्रदर्शित किया गया है। देश *A* में वृद्धि होती है जिसका वृद्धि से पहले का प्रस्ताव वक्र *OA* है। चित्र को सरल बनाने के उद्देश्य से वृद्धिहीन देश *B* का प्रस्ताव वक्र चित्र में नहीं दिखाया गया है। *OT* रेखा की ढलान बताती है कि व्यापार की अन्तर्राष्ट्रीय शर्तें स्थिर हैं। जब उत्पादन तथा उपभोग दोनों ही पक्षों में वृद्धि तटस्थ होती है तो वृद्धि का कुल प्रभाव तटस्थ होता है। इसका पता इस बात से चलता है कि प्रस्ताव वक्र *DA* बाहर की ओर दाएं को सरक कर *ON* पर चला जाता है। यह वक्र व्यापार शर्तों की रेखा *OT* को *Eo* पर काटता है। इसका मतलब है कि व्यापार की मात्रा बढ़ गई हैं।

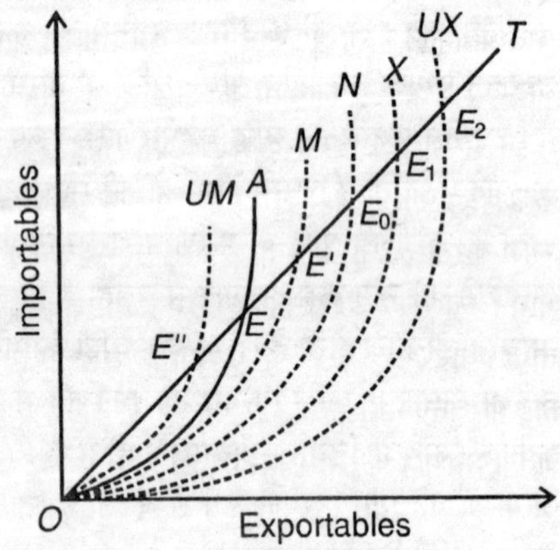

चित्र 3

वृद्धि का कुल प्रभाव उस स्थिति में **निर्यात-झुकाव** अथवा व्यापारानुकूल झुकाव होता है जब (क) उत्पादन तथा उपभोग दोनों ही प्रभाव निर्यात झुकाव हों; अथवा (ख) उत्पादन प्रभाव निर्यात झुकाव हो और उपभोग-प्रभाव तटस्थ हो; अथवा (ग) उत्पादन-प्रभाव तटस्थ हो और उपभोग-प्रभाव निर्यात झुकाव हो। यह इस बात से स्पष्ट होता है कि प्रस्ताव वक्र बाहर की ओर सरक कर *OX* पर चला जाता है जो व्यापार शर्तों की रेखा को E_1 पर काटता है। इससे पता चलता है कि व्यापार की मात्रा बढ़ गई है क्योंकि उत्पादन तथा उपभोग दोनों पक्षों में अथवा उत्पादन-पक्ष या उपभोग-पक्ष में व्यापारानुकूल झुकाव है।

वृद्धि का कुल प्रभाव उस स्थिति में **आयात-झुकाव** (अथवा व्यापार उलट-झुकाव) होता है जब (अ) उत्पादन तथा उपभोग दोनों ही प्रभाव आयात झुकाव हों; अथवा (ब) उत्पादन प्रभाव आयात झुकाव हो और उपभोग प्रभाव तटस्थ हो; अथवा (स) उत्पादन प्रभाव तटस्थ हो और उपभोग प्रभाव आयात झुकाव हो। यह इस बात से स्पष्ट है कि प्रस्ताव वक्र अन्दर की ओर सरक कर *OM* पर आ जाता है जो व्यापार शर्तों की रेखा को *E'* पर काटता है। इससे पता चलता है कि व्यापार की मात्रा घट गई है क्योंकि उत्पादन तथा उपभोग दोनों ही पक्षों में अथवा उत्पादन पक्ष में व्यापार उलट-झुकाव है।

जब उत्पादन पक्ष में **अति-आयात झुकाव** (अति-व्यापार-उलट-झुकाव) हो, तो परिणामस्वरूप व्यापार शेष पर अति-आयात-झुकाव आता है। इसका मतलब है कि कुल उत्पादन तथा आयात्य वस्तुओं .की मांग की अपेक्षा आयात्य वस्तुओं का घरेलू उत्पादन अधिक बढ़ता है। इसके परिणामस्वरूप आयात्यों तथा निर्यात्यों में निरपेक्ष कमी होती है जिससे व्यापार की मात्रा घट जाती है। यह इस बात से स्पष्ट है कि प्रस्ताव वक्र अन्दर को सरक कर *OUM* पर आ जाता है और व्यापार शर्तों की रेखा को *E''* पर काटता है।

इसी प्रकार, उत्पादन पक्ष में अतिनिर्यात-झुकाव (अथवा अति-व्यापारानुकूल-झुकाव) के परिणामस्वरूप व्यापार शेष पर अति-निर्यात-झुकाव आता है। इसका मतलब है कि निर्यात झुकाव के अन्तर्गत निर्यात्य वस्तुओं का उत्पादन अधिक बढ़ता है और आयात्य वस्तुओं की मांग कुल उत्पादन से अधिक मात्रा में बढ़ती है। इस से व्यापार की मात्रा निरपेक्ष रूप में बढ़ती है। यह इस बात से स्पष्ट है कि प्रस्ताव वक्र बाहर की ओर सरक कर *OUX* पर चला जाता है और व्यापार शर्तों की रेखा *OT* को E_2 पर काटता है।

3. व्यापार की शर्तों पर वृद्धि के प्रभाव (THE EFFECTS OF GROWTH ON TERMS OF TRADE)

इसकी मान्यताएं (Its Assumptions)

एक देश की व्यापार की शर्तों पर वृद्धि के प्रभावों का विश्लेषण करने के लिए निम्नलिखित मान्यताएं ली जाती हैं :

1. केवल घरेलू देश वृद्धि का अनुभव करता है।
2. वृद्धि जिसके कारण होती है उस घटक को नहीं लिया जाता है।

3. अन्तर्राष्ट्रीय व्यापार की शर्तें स्थिर हैं।

4. व्यापार की वस्तु शर्तों को लिया जाता है।

इसकी व्याख्या (Its Explanation)—ऊपर की मान्यताएं के दिए होने पर, व्यापार की स्थिर शर्तों पर वृद्धिशील देश की आयातों के लिए मांग उसकी व्यापार की शर्तों को निर्धारित करती है। जब आयातों के लिए मांग बढ़ती है तो वृद्धिशील देश की व्यापार की शर्तें प्रतिकूल होती हैं। यदि वृद्धि के बाद आयातों के लिए मांग कम होती है तो उसकी व्यापार की शर्तें अनुकूल होती हैं। यदि वृद्धि के बाद की स्थिति में आयातों की मांग अपरिवर्तित रहती है तो उसकी व्यापार की शर्तें तटस्थ या अपरिवर्तित रहती हैं।

इन सम्भावनाओं को चित्र 4 (A), (B), तथा (C) में दिखाया गया है। उत्पादन सम्भावना वक्र BA का बाहर की ओर B_1A_1 पर सरकना वृद्धि को प्रदर्शित करता है। वृद्धि से पहले की स्थिति में TT व्यापार की शर्तों की रेखा है (चित्र 4 (A)) जो BA वक्र को P बिन्दु पर स्पर्श करती है और समुदाय उदासीनता वक्र CI को C बिन्दु पर। वृद्धि के परिणामस्वरूप उत्पादन बिन्दु P से सरककर P_1 पर और उपभोग बिन्दु C से सरक कर C_1 पर चला जाता है जबकि व्यापार की शर्तें स्थिर रहती हैं जैसाकि TT के समानान्तर रेखा T_1T_1 व्यक्त करती है। यदि PP_1 रेखा CC_1 रेखा के समानान्तर होगी, जैसा कि चित्र 4 (A) में दिखाया गया है, तो वृद्धिशील देश की व्यापार-शर्तों में कोई परिवर्तन नहीं होगा। इसका कारण यह है कि X और Y वस्तुओं के उत्पादन में सामान्य वृद्धि से घरेलू निर्यात्यों का उतना ही भाग है जितना उपभोग के सामान्य विस्तार में है।

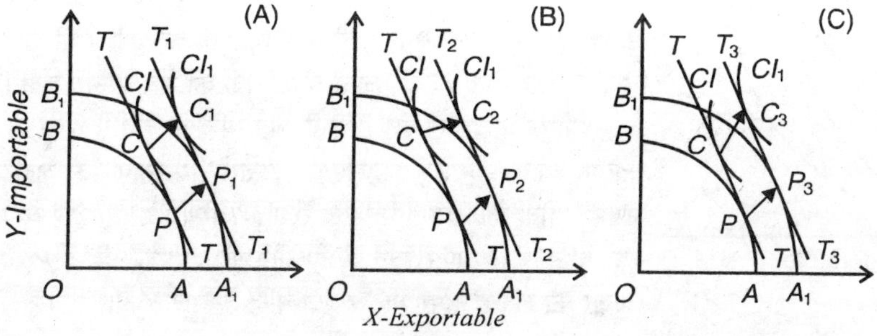

चित्र 4

यदि वृद्धि के बाद उपभोग बिन्दु C से दाईं ओर नीचे C_2 पर B_1A_1 वक्र पर चला जाता है और उत्पादन बिन्दु P से P_2 पर जैसाकि चित्र 4 (B) में दिखाया गया है, तो व्यापार की शर्तें वृद्धिशील देश के अनुकूल हो जाएंगी। इसका कारण यह है कि मांग की तुलना में घरेलू निर्यात्य वस्तु X के उद्योग का उत्पादन अधिक बढ़ता है और आयात्य वस्तुओं Y की मांग गिर जाती है।

यदि वृद्धि के बाद की स्थिति में उपभोग बिन्दु C ऊपर की ओर बाएं सरककर C_3 पर B_1A_1 वक्र पर और उत्पादन बिन्दु P से P_3 पर चला जाएगा, जैसाकि चित्र 4 (C) में दिखाया गया है तो व्यापार की शर्तें वृद्धिशील देश के प्रतिकूल हो जाएंगी। इसका कारण यह है कि मांग की अपेक्षा घरेलू निर्यात्य वस्तु X का उद्योग कम विस्तार करता है और आयात्य वस्तु Y की मांग बढ़ जाती है।

4. एक छोटे देश के उत्पादन, व्यापार, कल्याण और व्यापार की शर्तों पर वृद्धि के प्रभाव (EFFECTS OF GROWTH ON PRODUCTION, TRADE, WELFARE AND TERMS OF TRADE OF A SMALL COUNTRY)

इसकी मान्यताएं (Its Assumptions)

एक छोटे देश के व्यापार और कल्याण पर वृद्धि के प्रभावों का विश्लेषण करने के लिए हम निम्नलिखित मान्यताएं लेते हैं :

1. केवल एक साधन श्रम वृद्धि करता है।

2. X और Y दो वस्तुएं हैं।

3. श्रम की वृद्धि श्रम-गहन वस्तु X के उत्पादन को बढ़ाती है और पूंजी-गहन वस्तु Y के उत्पादन को कम करती है।

4. इस देश के लिए अन्तर्राष्ट्रीय व्यापार की शर्तें स्थिर रहती हैं।

इसकी व्याख्या (Its Explanation)

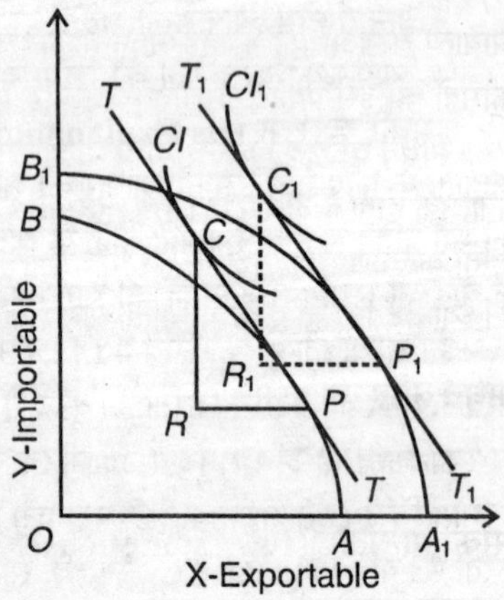

चित्र 5

ऊपर वर्णित मान्यताओं के होने पर, चित्र 5 में वृद्धि–पूर्व स्थिति में उत्पादन संभावना वक्र *BA* है और *P* उत्पादन बिन्दु है जहां व्यापार की शर्तें रेखा *TT* इसको स्पर्श करती है। समुदाय उदासीनता वक्र *CI* पर इस रेखा के साथ *C* उपभोग बिन्दु है। *CRP* व्यापार त्रिभुज है जिससे यह देश *X* की *RP* मात्रा निर्यात करता है और *Y* की *RC* मात्रा आयात। श्रम की वृद्धि के बाद, उत्पादन संभावना वक्र *BA* बाहर की ओर B_1A_1 पर सरक जाता है। ध्यान दें कि इसका समानांतर अक्ष के साथ AA_1 सरकना जो श्रम की वृद्धि बताता है, अनुलंब अक्ष पर BB_1 से अधिक है जो पूंजी को व्यक्त करता है यद्यपि पूंजी में कोई वृद्धि नहीं हुई है। ऐसा इस कारण कि श्रम *Y* वस्तु के उत्पादन में भी प्रयोग होता है। अब नया उत्पादन बिन्दु P_1 है और उपभोग बिन्दु C_1 जिन पर स्थिर T_1T_1 रेखा स्पर्श करती है। P_1 बिन्दु *X* और *Y* दोनों वस्तुओं का अधिक उत्पादन दर्शाता है। श्रम वृद्धि के बाद P_1 बिन्दु व्यापार की अधिक मात्रा व्यक्त करता है। क्योंकि नई व्यापार त्रिभुज $C_1R_1P_1$ वृद्धि–पूर्व त्रिभुज *CRP* से बड़ी है। देश के निर्यात *RP* से बढ़कर R_1P_1 और आयात *RC* से बढ़कर R_1C_1 हो जाते हैं। देश के कल्याण में भी वृद्धि होती है क्योंकि नया बिन्दु C_1 मूल बिन्दु *C* की तुलना में *CI* वक्र की बजाय ऊंचे वक्र CI_1 पर है।

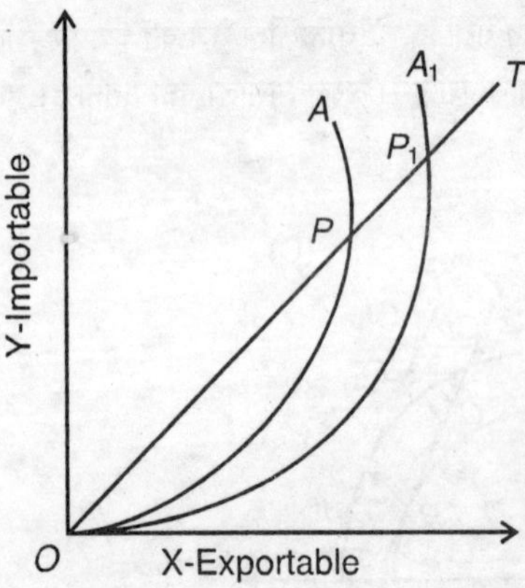

चित्र 6

क्योंकि वृद्धिशील देश छोटा है, वह वृद्धि के बाद में स्थिर अन्तर्राष्ट्रीय व्यापार की शर्तों पर व्यापार करता है इसलिए वह अन्तर्राष्ट्रीय व्यापार की शर्तों को प्रभावित करने में असमर्थ होता है। चित्र 6 में सरल रेखा *OT* स्थिर अन्तर्राष्ट्रीय व्यापार की शर्तें बताती है जहां वृद्धि–पूर्व व्यापार बिन्दु *P* है और वृद्धि पश्चात बिन्दु P_1 है। स्थिर अन्तर्राष्ट्रीय व्यापार की शर्तें होने पर भी यह देश वृद्धि के बाद *X* और *Y* वस्तुओं की अधिक मात्राएं निर्यात और आयात करता है क्योंकि *OT* रेखा पर *P* बिन्दु से P_1 ऊपर स्थित है।

5. एक बड़े देश के उत्पादन, व्यापार और कल्याण पर वृद्धि का प्रभाव (EFFECTS OF GROWTH ON PRODUCTION, TRADE AND WELFARE OF A LARGE COUNTRY)

साधन वृद्धि एक छोटे देश की तुलना में एक बड़े देश के उत्पादन, व्यापार की मात्रा और कल्याण को विभिन्न तरीकों से प्रभावित करती है।

साधन वृद्धि एक बड़े देश में दो प्रकार से प्रभाव उत्पन्न करती है : (1) **संपत्ति** (Wealth) **प्रभाव,** और (2) **व्यापार की शर्त** (TOT) **प्रभाव।**

(1) सम्पत्ति प्रभाव, साधन वृद्धि के कारण प्रति वर्कर उत्पादन में परिवर्तन है। यह धनात्मक (Positive), ऋणात्मक (Negative) या शून्य हो सकता है। यह **धनात्मक** होता है। जब साधन वृद्धि के कारण प्रति वर्कर उत्पादन **बढ़ता** है। यह **ऋणात्मक** होता है जब साधन वृद्धि के कारण प्रति वर्कर उत्पादन में **कमी** हो। यह शून्य या तटस्थ होता है जब साधन वृद्धि के कारण प्रति वर्कर उत्पादन में कोई परिवर्तन न हो। अत: एक धनात्मक संपत्ति प्रभाव एक देश के कल्याण में वृद्धि करता है। एक ऋणात्मक संपत्ति प्रभाव कल्याण को कम करता है, और एक शून्य या तटस्थ संपत्ति प्रभाव समाज कल्याण को प्रभावित नहीं करता है। **(2) व्यापार की शर्त** (TOT) प्रभाव का संबंध साधन वृद्धि का व्यापार की मात्रा और व्यापार की गई वस्तुओं की सापेक्ष कीमतों के प्रभावों से है। TOT प्रभाव धनात्मक, ऋणात्मक या तटस्थ हो सकता है। TOT प्रभाव **धनात्मक** होता है जब साधन वृद्धि सापेक्ष वस्तु कीमतों को इस प्रकार परिवर्तित करती है कि देश निर्यात्य वस्तुओं का आयात्य वस्तुओं की दी हुई मात्रा के बदले में, कम निर्यात करता है। TOT प्रभाव **प्रतिकूल** (या ऋणात्मक) होता है जब साधन वृद्धि सापेक्ष वस्तु कीमतों को इस प्रकार परिवर्तित करती है कि देश निर्यात्य वस्तुओं का,

आयात्य वस्तुओं की दी हुई मात्रा के बदले में, **अधिक** निर्यात करता है। TOT प्रभाव **तटस्थ** होता है जब साधन वृद्धि सापेक्ष वस्तु कीमतों को इस प्रकार परिवर्तित करती है कि निर्यात्य वस्तुओं की मात्रा आयात्य वस्तुओं की मात्रा के बराबर होती है।

साधन वृद्धि का **कल्याण प्रभाव,** संपत्ति प्रभाव और TOT प्रभाव का जोड़ है। यदि साधन वृद्धि और उत्पादन से संपत्ति प्रभाव धनात्मक होता है और TOT में सुधार, तो कल्याण में वृद्धि होती है। यदि उनसे ऋणात्मक सम्पत्ति प्रभाव और प्रतिकूल TOT प्रभाव होते हैं, तो कल्याण में कमी होती है। यदि संपत्ति प्रभाव शून्य (या तटस्थ) और TOT प्रभाव तटस्थ हों, तो कल्याण प्रभाव अपरिवर्तित रहता है। ध्यान दें कि वृद्धि के पश्चात व्यापार की मात्रा उत्पादन प्रभाव और उपभोग प्रभाव का जोड़ होती है।

साधन वृद्धि का प्रभाव (Effects of Factor Growth)

अब हम साधन वृद्धि के ऊपर वर्णित उत्पादन, व्यापार की मात्रा और कल्याण पर प्रभावों का चित्रों द्वारा विश्लेषण करते हैं।

इसकी मान्यताएं (Its Assumptions)

यह विश्लेषण निम्न मान्यताओं पर आधारित है :

1. एक बड़ा देश है जो बाकी विश्व के साथ व्यापार करता है।
2. यह X और Y दो वस्तुएं उत्पादित करता है।
3. X निर्यात्य वस्तु है और Y आयात्य वस्तु है।
4. श्रम और पूंजी दो साधन हैं।
5. श्रम की पूर्ति में वृद्धि होती है और पूंजी स्थिर रहती है।

इसकी व्याख्या (Its Explanation)

ये मान्यताएं दी होने पर, श्रम वृद्धि के एक बड़े देश में उत्पादन, व्यापार की मात्रा और कल्याण पर प्रभावों को चित्र 7 में दर्शाया गया है।

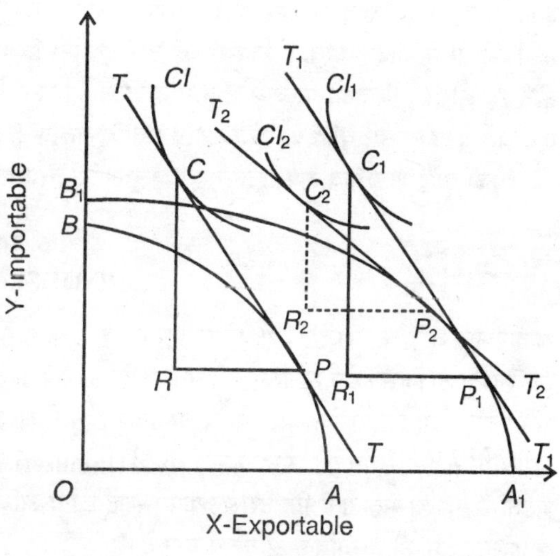

चित्र 7

वृद्धि-पूर्व स्थिति में BA उत्पादन संभावना वक्र है और उस पर P उत्पादन बिन्दु है जिस पर अन्तर्राष्ट्रीय व्यापार की शर्त रेखा TT स्पर्श करती है। समुदाय उदासीनता वक्र CI पर C उपभोग बिन्दु है। CRP व्यापार त्रिभुज है जो व्यापार की मात्रा और उत्पादन तथा उपभोग प्रभावों को दर्शाता है। यह देश X की RP मात्रा निर्यात करता है और Y की RC मात्रा। श्रम की **वृद्धि के बाद,** नया उत्पादन संभावना वक्र B_1A_1 है। अनुलंब अक्ष पर BB_1 अन्तर का अर्थ है कि पूंजी-गहन वस्तु Y के उत्पादन में श्रम का भी प्रयोग होता है। नया उत्पादन बिन्दु P_1 है और उपभोग बिन्दु C_1 है जहां स्थिर व्यापार की शर्त रेखा T_1T_1 (समानांतर TT के) स्पर्श करती है। बिन्दु P_1 श्रमवृद्धि के बाद व्यापार की अधिक मात्रा को व्यक्त करता है जैसाकि बड़े त्रिभुज $C_1R_1P_1$ से स्पष्ट है :

$R_1P_1 > RP$ और $R_1C_1 > RC$। उत्पादन और उपभोग प्रभाव दोनों धनात्मक हैं क्योंकि निर्यात और आयात दोनों में वृद्धि हुई है।

परन्तु **संपत्ति प्रभाव (Wealth Effect) ऋणात्मक** है क्योंकि श्रम पूर्ति में AA_1 की वृद्धि के अनुपात में वस्तु X के उत्पादन में वृद्धि कम मात्र में हुई है : $R_1P_1 < AA_1$। इसका अभिप्राय है कि श्रम पूर्ति की वृद्धि से प्रति व्यक्ति उत्पादन कम हुआ है। फिर, पूंजी की पूर्ति में थोड़ी वृद्धि से प्रत्येक वर्कर को कम पूंजी के साथ काम करने से प्रति व्यक्ति उत्पादन और कम होता है।

एक बड़े देश का **व्यापार की शर्त** (TOT) **प्रभाव** भी प्रतिकूल है। क्योंकि श्रमपूर्ति में वृद्धि से श्रम-गहन वस्तु X के उत्पादन में वृद्धि होती है। परिणामस्वरूप, इसकी कीमत कम हो जाती है। दूसरी ओर X का अधिक उत्पादन करने के लिए कुछ पूंजी को पूंजी गहन-Y वस्तु से X उद्योग को स्थानांतरित कर दिया जाता है। इससे Y का उत्पादन कम हो जाता है जिससे इस वस्तु की कीमत बढ़ती

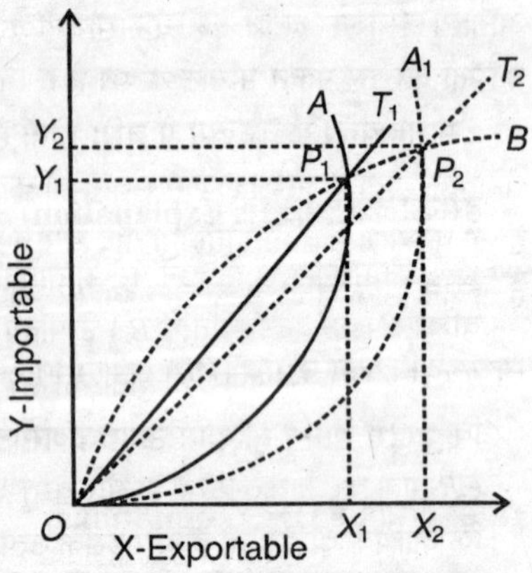

चित्र 8

है। क्योंकि X निर्यात्य वस्तु है जिसकी कीमत कम होती है और Y आयात्य वस्तु है जिसकी कीमत बढ़ती है, इसलिए T_2T_2 नई व्यापार की शर्त रेखा है। यह B_1A_1 वक्र को P_2 बिन्दु पर और CI_2 वक्र को C_2 बिन्दु पर स्पर्श करती है। य बिन्दु एक नया व्यापार त्रिभुज $C_2R_2P_2$ बनाते हैं। अब देश X की R_2P_2 मात्रा निर्यात करता है और Y की R_2C_2 मात्रा आयात करता है। क्योंकि देश X की एक इकाई के बदले Y की कम इकाइयां प्राप्त करता है : $R_2C_2 < R_2P_2$, इसलिए उसकी व्यापार की शर्तें **प्रतिकूल** होती हैं। इसका अर्थ है **ऋणात्मक** व्यापार की शर्त प्रभाव।

व्यापार की शर्त (TOT) प्रभाव को हम अलग तौर से भी चित्र 8 में व्यक्त कर सकते हैं। जहां B देश (अन्य देश) का प्रस्ताव वक्र OB है और OA घरेलू देश A (बड़ा देश) का OA प्रस्ताव वक्र है। T_1 व्यापार शर्त रेखा पर (जो चित्र 7 में T_1T_1 के साथ मेल खाती है)। A देश वस्तु Y की तुलना में वस्तु X की कम मात्रा देती है : $OX_1 < OY_1$। व्यापार की शर्त में T_1 से T_2 पर परिवर्तन से (जो चित्र 7 में T_2T_2 के समरूप है) देश A वस्तु X की एक इकाई के बदले में Y की कम मात्रा प्राप्त करता है : $Y_1Y_2 < X_1X_2$ जो यह दर्शाता है कि व्यापार की शर्त उसके प्रतिकूल है।

कल्याण प्रभाव (Welfare Effect)—साधन वृद्धि का कल्याण प्रभाव सम्पत्ति प्रभाव और TOT प्रभाव का जोड़ है। हमने ऊपर के विश्लेषण में देखा कि श्रम वृद्धि के सम्पत्ति प्रभाव और TOT प्रभाव ऋणात्मक हैं। इसलिए इनका कल्याण प्रभाव भी ऋणात्मक होता है। चित्र 7 यह दर्शाता है कि श्रम वृद्धि के बाद X और Y वस्तुओं की सापेक्ष कीमतों में परिवर्तन से नई कीमत रेखा T_2T_2 पर बड़ा देश P_2 बिन्दु पर उत्पादित करता है जिससे वह नीचे व्यापार त्रिभुज $C_2R_2P_2$ पर पहुंच जाता है। अब देश क्रमशः P_1 और C_1 बिन्दुओं से नीचे P_2 और C_2 बिन्दुओं पर क्रमशः कम उत्पादन और उपभोग करता है और उसका CI_2 वक्र भी CI_1 से नीचे है। इसका अर्थ है कि एक बड़े देश का श्रम वृद्धि का कल्याण प्रभाव ऋणात्मक है।

पूंजी वृद्धि के प्रभाव ऊपर दिए गए विश्लेषण के विपरीत होंगे।

6. सन्तापकारी वृद्धि
(IMMISERISING GROWTH)

सन्तापकारी वृद्धि का सिद्धांत देश की व्यापार की शर्तों के ह्रास से संबंध रखता है जिसमें वृद्धि हो रही है। **एज्वंर्थ** (Edgeworth) पहला अर्थशास्त्री था जिसने इस संभावना को बताया कि हो सकता है कि आर्थिक वृद्धि के परिणामस्वरूप वृद्धिशील देश की व्यापार-शर्तें इस सीमा तक बिगड़ जाएं कि वृद्धि के फलस्वरूप होने वाले उत्पादन के लाभ को व्यापार की प्रतिकूल शर्तें समाप्त कर दें। **जगदीश भगवती**[3] ने इस स्थिति को 'सन्तापकारी वृद्धि' (Immiserising Growth) नाम दिया है।[3] उसके शब्दों में,आर्थिक विस्तार से उत्पादन बढ़ता है, पर हो सकता है कि उससे व्यापार-शर्तें इतनी अधिक बिगड़ जाएं कि विस्तार के लाभदायक प्रभाव को समाप्त कर दें और वृद्धिशील देश की वास्तविक आय को घटा दें।''

इसकी मान्यताएं (Its Assumptions)

सन्तापकारी वृद्धि के सिद्धांत की मान्यताएं निम्नलिखित हैं :

1. A तथा B दो देश हैं।
2. देश A घरेलू देश है जिसमें आर्थिक वृद्धि होने लगती है।
3. X तथा Y दो वस्तुएं हैं।
4. X निर्यात्य वस्तु है और Y आयात्य वस्तु है।
5. संसाधनों का पूर्ण रोजगार है।

3. J. Bhagwati, "Immiserising Gowth : A Geometrical Note", *RES*, June 1958.

6. भिन्न देशों के बीच संसाधनों की गतिशीलता है।
7. तकनीकी उन्नति तटस्थ है।
8. प्रचुर साधन श्रम में वृद्धि होती है।

इसकी व्याख्या (Its Explanation)

इन मान्यताओं के होने पर, सन्तापकारी वृद्धि की स्थिति चित्र 9 में स्पष्ट की गई है। वृद्धि से पहले की स्थिति में *BA* उत्पादन संभावना वक्र है। यह देश *P* बिन्दु पर उत्पादन कर रहा है जहां व्यापार की शर्तों की *TT* रेखा *BA* वक्र को स्पर्श करती है और उपभोग बिन्दु *C* है जहां *TT* रेखा समुदाय उदासीनता वक्र *CI* को स्पर्श करती है। देश वस्तु *Y* की *CR* मात्रा को आयात करता है और वस्तु *X* की *RP* मात्रा को निर्यात करता है। मानलीजिए कि आर्थिक वृद्धि होती है और इसके उत्पादन संभावना वक्र को बाहर की ओर धकेलकर B_1A_1 पर ले जाती है। परन्तु व्यापार की शर्तें बिगड़ जाती हैं। और वृद्धि से होने वाले लाभ को समाप्त कर देती हैं जिसके परिणामस्वरूप सापेक्ष कीमत रेखा अथवा व्यापार की शर्तों की रेखा T_1T_1 बन जाती है जो उत्पान संभावना वक्र B_1A_1 को बिन्दु P_1 पर तथा समुदाय उदासीनता वक्र CI_1 को C_1 पर स्पर्श करती है। वृद्धि का परिणाम यह होता है कि समुदाय उदासीनता वक्र *CI* से गिर कर CI_1 पर आ जाता है और देश की स्थिति, वृद्धि से पहले की स्थिति की तुलना, में पहले से खराब हो जाती है। परिणामस्वरूप, आयात्यों का उपभोग *CR* से घटकर C_1R_1 रह जाता है और निर्यात्य वस्तुओं का उत्पादन *RP* से बढ़कर R_1P_1 चला जाता है।

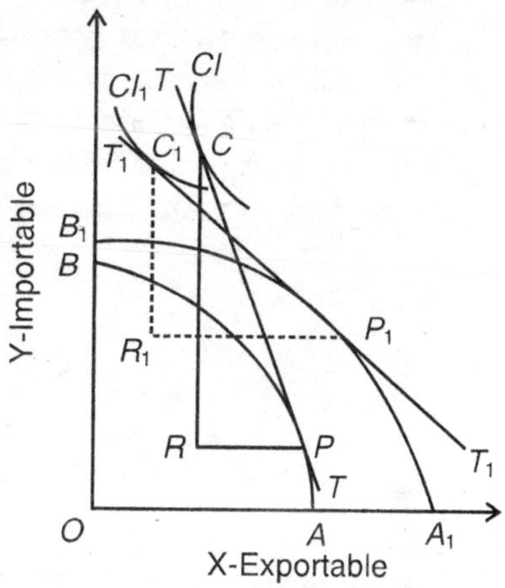

चित्र 9

सन्तापकारी वृद्धि की आवश्यक शर्तें (Neccessary Conditions for Immiserising Growth)

प्रो. **भगवती** के अनुसार, सन्तापकारी वृद्धि के लिए निम्नलिखित शर्तें आवश्यक हैं :

1. देश की वृद्धि का निर्यात क्षेत्र की ओर झुकाव हो।
2. वृद्धिशील देश विश्व मार्किट में बड़ा हो ताकि इसकी निर्यात्य वस्तुओं की पूर्ति विश्व व्यापार को प्रभावित करती हो।
3. देश की निर्यात्य वस्तुओं की विदेशी मांग बेलोच हो।
4. वृद्धि के साथ देश की आयात्य वस्तुओं के लिए मांग बढ़ती हो।
5. वृद्धि स्थिर सापेक्ष वस्तु कीमतों पर आयात्य वस्तुओं का घरेलू उत्पादन घटा देती है।
6. विश्व मार्किट में मुक्त व्यापार हो जिसमें कोई टैरिफ या कीमत विकृति (distortion) न हो।

इस प्रकार, सन्तापकारी वृद्धि का सिद्धांत उन विकासशील देशों पर लागू होता है जो विदेश व्यापार पर बहुत अधिक निर्भर करते हैं, जो बहुत विशाल होते हैं, और विश्व व्यापार की उन प्राथमिक वस्तुओं के अधिकांश भाग का उत्पादन करते हैं जिनकी मांग बेलोच होती है। इसके उदाहरण के रूप में ब्राजील का उल्लेख किया जा सकता है। ब्राजील में कॉफी की भरपूर फसल होती है जिससे सारी दुनिया में कॉफी की कीमत गिर जाती है। इसका परिणाम यह होता है कि ब्राजील की व्यापार-शर्तें खराब हो जाती हैं और देश में संतापकारी वृद्धि की स्थिति उत्पन्न हो जाती है। अत: संतापकारी वृद्धि का सिद्धान्त इस तथ्य को उजागर करता है कि व्यापार की शर्तों में खराबी इतनी प्रभावशाली होती है कि वह उत्पादन की बड़ी मात्रा से लाभ को इस हद तक निष्फल बना देती है कि देश का कल्याण कम हो जाता है।

यह सिद्धांत किसी छोटे विकासशील देश पर लागू नहीं होता,परन्तु भगवती ने प्रदर्शित किया है कि एकाधिकार व्यापार एवं प्रशुल्क जैसी विकृतियों के उत्पन्न होने पर किसी छोटे देश में भी संतापकारी वृद्धि की संभावना हो सकती है। प्रो. **जोनसन** के मतानुसार संतापकारी वृद्धि का सिद्धांत एक विलक्षणता है क्योंकि जब उत्पादन तथा निर्यात बढ़ते हैं तो वृद्धिशील देश में समाज का कल्याण कम हो जाता है।

इस समस्या का विकासशील देशों के लिए हल यह है कि आयात प्रतिस्थापन द्वारा औद्योगीकरण। घरेलू मार्किट या निर्यात के लिए

मांग की ऊंची आय लोचवाली और ऊंची कीमतों वाली औद्योगिक वस्तुएं उत्पादित करनी चाहिएं।

प्रश्न

1. अन्तर्राष्ट्रीय व्यापार पर आर्थिक वृद्धि के प्रभावों का विवेचन कीजिए।
2. सन्तापकारी वृद्धि (Immiserising Growth) को स्पष्ट कीजिए और बताइए कि संतापकारी वृद्धि उत्पन्न करने में कौन-कौन अनिवार्य स्थितियां हैं।
3. निर्यात झुकाव तथा आयात-झुकाव तकनीकी नवप्रवर्तनों में अंतर स्पष्ट कीजिए, यह मानकर कि अन्य बातें अपरिवर्तित रहती हैं।
4. व्यापार की शर्तों पर निर्यात झुकाव तकनीकी प्रगति के प्रभावों का विवेचन कीजिए।
5. एक बड़े देश के बारे में साधन वृद्धि के उत्पादन, व्यापार और व्यापार की शर्तों पर प्रभावों की विवेचना कीजिए।
6. एक देश की वृद्धि के व्यापार की शर्तों पर प्रभावों की व्याख्या कीजिए।
7. एक छोटे देश के बारे में साधन वृद्धि के उत्पादन, व्यापार और व्यापार की शर्तों पर प्रभावों की व्याख्या कीजिए।

अध्याय 15

तकनीकी प्रगति और अन्तर्राष्ट्रीय व्यापार
(TECHNICAL PROGRESS AND INTERNATIONAL TRADE)

1. तकनीकी प्रगति का अर्थ
(MEANING OF TECHNICAL PROGRESS)

तकनीकी प्रगति या परिवर्तन में उत्पादन की नई विधियां खोजना, नई वस्तुएं विकसित करना और विपणन, प्रबंधन तथा संगठन की नई तकनीकें प्रस्तुत करना शामिल होता है। तकनीकी प्रगति उत्पादन फलन में परिवर्तन की पर्यायवाची है। जब तकनीकी प्रगति होती है तो इससे पूंजी और श्रम की उत्पादकता में वृद्धि होती है, दो आगतें (Inputs) मानते हुए। इसे चित्र पर मूल (origin) की ओर शिफ्ट द्वारा और समोत्पाद वक्र (Isoquant) की ढलान में परिवर्तन द्वारा दर्शाया जाता है। यह बताता है कि अधिक उत्पादन या तो उन्हीं आगतों अथवा थोड़ी आगतों से किया जा सकता है।

2. तकनीकी प्रगति का वर्गीकरण
(CLASSIFICATION OF TECHNICAL PROGRESS)

प्रो. हिक्स (John Hicks)[1] प्रथम अर्थशास्त्री था जिसने तकनीकी प्रगति का तटस्थ, श्रम-बचतकारी और पूंजी-बचतकारी वर्गीकरण किया था। ऐसा परिवर्तन **तटस्थ** (Neutral) कहलाता है जो न तो पूंजी-बचतकारी हो और न ही श्रम-बचतकारी। **हिक्स** के अनुसार, वह तकनीकी प्रगति तटस्थ होती है जो श्रम तथा पूंजी की सीमान्त उत्पादकता को उसी अनुपात में बढ़ाती है, जब श्रम-पूंजी अनुपात तकनीकी परिवर्तन से पहले की स्थिति में हो। जो तकनीकी प्रगति स्थिर पूंजी-श्रम, अनुपात पर श्रम की सीमान्त उत्पादकता की सापेक्षता में पूंजी की सीमान्त उत्पादकता को बढ़ाती है, वह तकनीकी प्रगति **श्रम बचतकारी** (Labour-saving) अथवा पूंजी प्रयोगकारी (Capital-using) होती हैं। जो तकनीकी प्रगति स्थिर पूंजी-श्रम अनुपात के रहते पूंजी की सीमान्त उत्पादकता की सापेक्षता में श्रम की सीमान्त उत्पादकता को बढ़ाती है, वह तकनीकी प्रगति **पूंजी-बचतकारी** (Capital-saving) अथवा **श्रम-प्रयोगकारी** (Labour-using) होती है।

3. व्यापार पर तकनीकी प्रगति के प्रभाव
(EFFECTS OF TECHNICAL PROGRESS ON TRADE)

तटस्थ, पूंजी-बचतकारी और श्रम-बचतकारी तकनीकी प्रगति के साधनों के पुरस्कारों, उत्पादन और व्यापार की शर्तों पर विवेचन नीचे किया जा रहा है।

इसकी मान्यताएं (Its Assumptions)

यह विश्लेषण निम्नलिखित मान्यताओं पर आधारित है :

1. तकनीकी प्रगति के कारण अर्थव्यवस्था में आर्थिक विस्तार होने लगता है।
2. अर्थव्यवस्था दो वस्तुओं *X* तथा *Y* का उत्पादन करती है।
3. वस्तु *X* श्रम-गहन है और वस्तु *Y* पूंजी-गहन।

1. J.R. Hicks, *The Theory of Wages*, 1932.

4. दोनों वस्तुओं के उत्पादन फलन प्रथण कोटि के समरूप हैं।

5. प्रत्येक वस्तु के उत्पादन स्तरों को उनके अपने-अपने समोत्पाद वक्र प्रकट करते हैं जो दोनों वस्तुओं के बीच परस्पर सन्तुलन विनिमय अनुपात को व्यक्त करते हैं।

6. समोत्पाद वक्र केवल एक बार काटते हैं।

7. साधन पूर्तियों में कोई परिवर्तन नहीं होता।

8. पूर्ण प्रतियोगिता है।

9. साधन पूर्ण रूप से गतिशील हैं।

(क) तटस्थ तकनीकी प्रगति के प्रभाव (Effects of Neutral Technical Progress)

तकनीकी प्रगति तटस्थ होती है जब समान अनुपात में श्रम और पूंजी की सीमांत उत्पादकताओं (*MPs*) में वृद्धि करती है। एक देश के पूंजी-गहन निर्यात उद्योग के तटस्थ तकनीकी प्रगति के विभिन्न प्रभावों की व्याख्या नीचे की जा रही है।

चित्र 1 में वृद्धि-पूर्व स्थिति से चलिए जहां *BA* सापेक्ष साधन-कीमत (relative factor-price) रेखा है, *XX* श्रम-गहन वस्तु *X* का वक्र है और *YY* पूंजी-गहन वस्तु *Y* का समोत्पाद वक्र है। वस्तु *X* में पूंजी-श्रम अनुपात *OS* रेखा है और वस्तु *Y* में पूंजी-श्रम अनुपात *OR* रेखा है। ये समोत्पाद वक्र *BA* रेखा को क्रमशः *S* और *R* बिन्दुओं पर स्पर्श करते हैं।

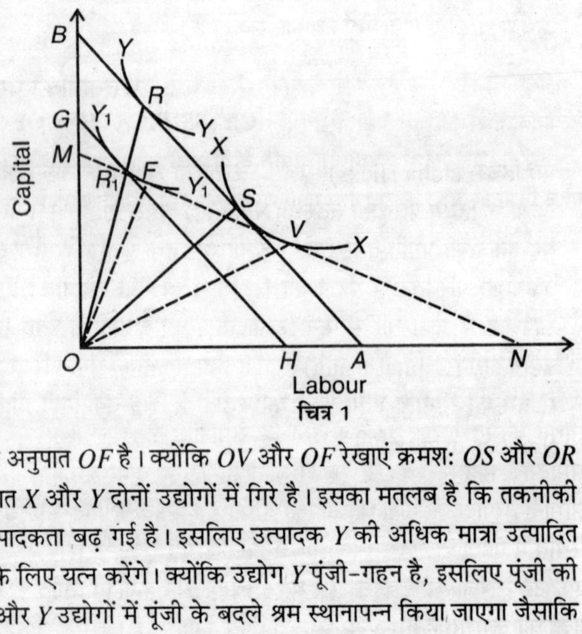

चित्र 1

मानलीजिए उद्योग *Y* में तटस्थ तकनीकी प्रगति होती है जिससे समोत्पाद वक्र *YY* नीचे को सरक कर Y_1Y_1 पर आ जाता है। यह साधन-कीमत रेखा *GH* को बिन्दु R_1 पर स्पर्श करता है जहां इसमें से *OR* रेखा गुजरती है। क्योंकि *GH* रेखा *BA* के समानान्तर है इसलिए अपरिवर्तित साधन-कीमतों पर वही पूंजी-श्रम अनुपात प्रयोग किया जाता है जो तटस्थ तकनीकी प्रगति को प्रदर्शित करता है। परन्तु नया Y_1Y_1 समोत्पाद वक्र *BA* की अपेक्षा नीची साधन-कीमत रेखा पर स्थित है। इसका मतलब है कि वस्तु-कीमत अनुपात गिर गया है। वृद्धि से पहले की स्थिति में जो वस्तु-कीमत अनुपात पाया जाता था उसी को बनाए रखने के लिए एक नई साधन-कीमत रेखा *MN* खींची गई है जो Y_1Y_1 तथा *XX* दोनों ही समोत्पाद वक्रों को क्रमशः *F* तथा V पर स्पर्श करती है। उद्योग *X* में नया पूंजी-श्रम अनुपात *OV* है और उद्योग *Y* में नया पूंजी-श्रम अनुपात *OF* है। क्योंकि *OV* और *OF* रेखाएं क्रमशः *OS* और *OR* रेखाओं के दाईं ओर हैं इसलिए ये दर्शाती हैं कि पूंजी-श्रम अनुपात *X* और *Y* दोनों उद्योगों में गिरे है। इसका मतलब है कि तकनीकी प्रगति के कारण *Y* उद्योग में पूंजी तथा श्रम दोनों की सीमांत उत्पादकता बढ़ गई है। इसलिए उत्पादक *Y* की अधिक मात्रा उत्पादित करना चाहेंगे। वे स्थिर साधन कीमतों पर अधिक पूंजी और श्रम के लिए यत्न करेंगे। क्योंकि उद्योग *Y* पूंजी-गहन है, इसलिए पूंजी की मांग बढ़ जाएगी और पूंजी की सापेक्ष कीमत भी। इससे दोनों *X* और *Y* उद्योगों में पूंजी के बदले श्रम स्थानापन्न किया जाएगा जैसाकि नई पूंजी-श्रम अनुपात रेखाएं *OF* तथा *OV* व्यक्त करती हैं।

साधनों के पुरस्कारों पर प्रभाव (Effect on Rewards to Factors)

तकनीकी प्रगति के बाद पूंजी और श्रम के वास्तविक पुरस्कारों का क्या प्रभाव होगा ? यह पूंजी की कीमत (*x*) और मजदूरी दर (*w*) पर निर्भर करेगा। जैसा कि ऊपर बताया गया है, जब तटस्थ तकनीकी प्रगति से *Y* उद्योग में पूंजी और श्रम दोनों की सीमान्त उत्पादकताएं बढ़ती हैं तो उत्पादक *Y* की अधिक मात्रा उत्पादित करेंगे। इसलिए वे स्थिर साधन कीमतों पर अधिक पूंजी और श्रम के लिए बोली लगाएंगे। परन्तु *Y* पूंजी-गहन उद्योग होने के कारण, पूंजी के लिए मांग बढ़ेगी और पूंजी की सापेक्ष कीमत (*x*) भी दोनों *X* और *Y* उद्योगों में बढ़ेगी। इससे श्रम की मांग कम हो जाएगी और परिणामस्वरूप *X* और *Y* दोनों उद्योगों में मजदूरी दर (*w*) गिर जाएगी।

उत्पादन और व्यापार की शर्तों पर प्रभाव (Effects on Output and Terms of Trade)

तटस्थ तकनीकी प्रगति के उत्पादन और व्यापार की शर्तों पर प्रभावों का विश्लेषण करने के लिए, हम चित्र 2 का बॉक्स रेखाचित्र लेते हैं। *Ox* वस्तु *X* का मूल (origin) है और *Oy* वस्तु *Y* का। *OxOy* इनका संविदा वक्र(contract curve) है। हम संतुलन स्थिति *E* से प्रारंभ करते हैं जहां *X* और *Y* दोनों वस्तुओं से संबंधित समोत्पाद वक्र स्पर्श करते हैं। पूंजी-गहन वस्तु *Y* में तटस्थ तकनीकी प्रगति होने पर, इसका समोत्पाद वक्र Y_1 पर सरक जाता है और *X* के नए समोत्पाद वक्र X_1 को *E* बिन्दु पर स्पर्श करता है। परिणामस्वरूप, *Y* का उत्पादन O_YE से बढ़कर O_YE_1 हो जाता है। और *X* का O_XE से कम होकर O_XE_1 हो जाता है।

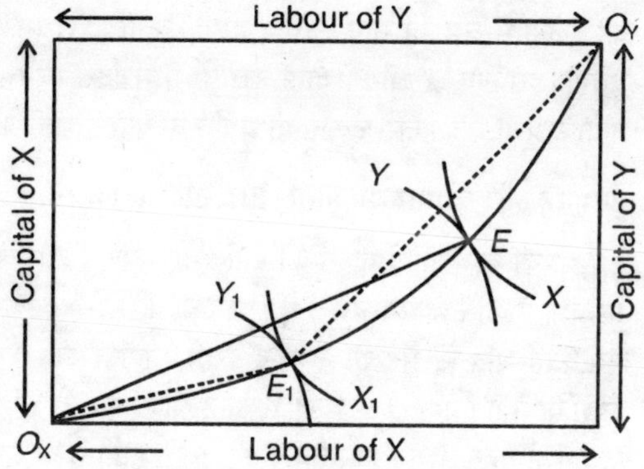

चित्र 2

निर्यात्य वस्तु *Y* की पूर्ति (उत्पादन) में वृद्धि और आयात्य वस्तु *X* के उत्पादन में सापेक्ष कमी होने से, *Y* की कीमत कम हो जाएगी और *X* की कीमत बढ़ जाएगी। इससे व्यापार की शर्तें प्रतिकूल हो जाएंगी।

(ख) श्रम-प्रयोगकारी या पूंजी-बचतकारी तकनीकी प्रगति के प्रभाव (Effects of Labour-using or Capital-saving Technical Progress)

तकनीकी प्रगति पूंजी-बचतकारी (या श्रम-प्रयोगकारी) होती है जब यह श्रम की सीमान्त उत्पादकता को पूंजी की सीमान्त उत्पादकता से अधिक बढ़ाती है।

पूंजी-बचतकारी तकनीकी प्रगति के प्रभावों की एक पूंजी-गहन निर्यात उद्योग के संदर्भ में व्याख्या की जा रही है। चित्र 3, *Y* उद्योग में पूंजी-बचतकारी तकनीकी प्रगति को दर्शाता है। तकनीकी प्रगति से पहले वस्तु *Y* और *X* के लिए समोत्पाद वक्रों *YY* और *XX* पर क्रमश: *R* और *S* संतुलन बिन्दु *BA* साधन-कीमत रेखा पर हैं। जब *Y* उद्योग में पूंजी-बचतकारी तकनीकी प्रगति होती है तो पूंजी-श्रम अनुपात *OR* समोत्पाद वक्र *YY* से कम होकर नई स्थिर साधन कीमत रेखा *GH* (जो *BA* के समानांतर है) पर Y_1Y_1 समोत्पाद वक्र के साथ OR_1 पर आ जाता है। R_1 बिन्दु पर श्रम की सीमान्त उत्पादकता पूंजी की अपेक्षा बढ़ती है। प्रगति के बाद की स्थिति में पहले वाला वस्तु-कीमत अनुपात कायम रखने के लिए, एक नई साधन-कीमत रेखा *MN* को Y_1Y_1 तथा *XX* समोत्पाद वक्रो को क्रमश: *F* और *V* पर स्पर्श करती खींची गई है। उससे उद्योग *X* में नया श्रम-पूंजी अनुपात *OV* है और उद्योग *Y* में *OF*. क्योंकि ये दोनों रेखाएं *OR* और *OS* रेखाओं के दाईं और स्थित हैं इसलिए वे *X* और *Y* दोनों उद्योगों में पूंजी-श्रम अनुपातों में कमी को दर्शाते हैं तथा उद्योग *Y* में श्रम और पूंजी दोनों की सीमान्त उत्पादकताओं में वृद्धि को। परन्तु Y_1Y_1 समोत्पाद वक्र के बिन्दु *F* पर पूंजी-श्रम अनुपात बिन्दु R_1 से कम है, इस कारण *Y* उद्योग में श्रम को पूंजी के स्थान पर स्थानापन्न किया जाएगा। इस प्रकार, तकनीकी प्रगति के बाद अधिक श्रम और कम पूंजी का प्रयोग होगा जिसका अभिप्राय है श्रम-प्रयोगकारी अथवा पूंजी-बचतकारी तकनीकी प्रगति।

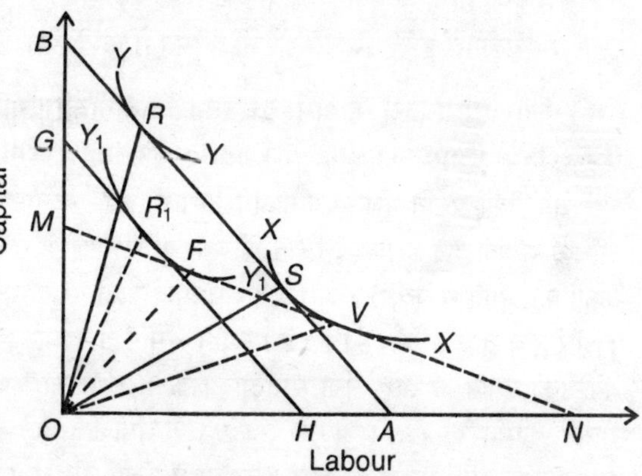

चित्र 3

साधनों के पुरस्कारों पर प्रभाव (Effect on Rewards to Factors)

जहां तक उद्योग *Y* में पूंजी और श्रम के वास्तविक पुरस्कारों पर तकनीकी प्रगति के प्रभाव की बात है, वे पूंजी की कीमत (*r*) और मजदूरी दर (w) पर निर्भर करते हैं। जब उद्योग *Y* में श्रम और पूंजी दोनों की सीमान्त उत्पादकताओं में वृद्धि होती है तो उत्पादक *Y* वस्तु

का अधिक उत्पादन करेंगे। परन्तु पूंजी-बचतकारी तकनीकी प्रगति के कारण, जब साधन कीमतें परिवर्तित होती हैं तो पूंजी की सीमान्त उत्पादकता में वृद्धि श्रम की सीमान्त उत्पादकता की तुलना में **कम** होती है, जैसा चित्र में R_1 बिन्दु की तुलना में बिन्दु F है। अत: पूंजी की तुलना में श्रम की मांग अधिक होगी। क्योंकि X श्रम-गहन उद्योग है, श्रम की सीमान्त उत्पादकता में वृद्धि से क्रम की मांग और बढ़ेगी। इसलिए, X और Y दोनों उद्योगों में मजदूरी दर (w) बढ़ेगी। परन्तु मजदूरी दर की सापेक्षता में पूंजी की कीमत (r) कम होगी क्योंकि पूंजी बचतकारी तकनीकी प्रगति के कारण पूंजी की मांग कम होगी।

उत्पादन और व्यापार की शर्तों (Effects on Output and Terms of Trade)

पूंजी-बचतकारी तकनीकी प्रगति के उत्पादन और व्यापार की शर्तों पर प्रभावों की (बाक्स चित्र 4 में) व्याख्या की गई है। तकनीकी प्रगति से पूर्व की स्थिति में, संतुलन E बिन्दु पर है, जहां X और Y समोत्पाद वक्र स्पर्श करते हैं। यहां O_XE वस्तु X का उत्पादन है और O_YE वस्तु Y का। जब पूंजी गहन उद्योग Y में तकनीकी प्रगति होती है तो उसका समोत्पाद वक्र Y से Y_1 पर सरक जाता है और X वस्तु के नए समोत्पाद वक्र X_1 को E_1 बिन्दु पर स्पर्श करता है। अत: जब स्थिर साधन कीमतों पर तकनीकी प्रगति पूंजी-बचतकारी होती है तो पूंजी-गहन वस्तु Y का उत्पादन बढ़ता है और श्रम-गहन वस्तु X का उत्पादन कम होता है। क्योंकि तकनीकी प्रगति पूंजी-बचतकारी अथवा श्रम-प्रयोगकारी है, इसलिए श्रम का Y उद्योग में स्थानान्तरण हो जाएगा। परिणामस्वरुप, आयात्य वस्तु X की कीमत में वृद्धि होगी क्योंकि इसके उत्पादन में O_XE से O_XE_1 पर गिरावट हुई है। दूसरी ओर, निर्यात्य वस्तु Y के उत्पादन में O_YE से O_YE_1 पर बढ़ोतरी हुई है जिससे इसकी कीमत में कमी होती है। इस प्रकार, देश की व्यापार की शर्तें प्रतिकूल हो गई हैं।

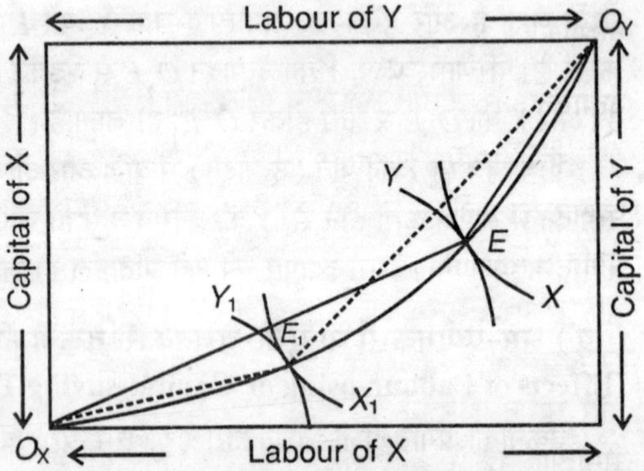

चित्र 4

(ग) पूंजी-प्रयोगकारी या श्रम-बचतकारी तकनीकी प्रगति के प्रभाव (Effects of Captial using or Capital-saving Technical Progress)

तकनीकी प्रगति पूंजी-प्रयोगकारी अथवा-श्रम-बचतकारी होती है, जब वह पूंजी की उत्पादकता को श्रम की उत्पादकता से अधिक बढ़ाती है। इसकी चित्र 5 में व्याख्या की गई है जहां तकनीकी प्रगति से पूर्व, YY और XX समोत्पाद वक्रों पर क्रमश: Y और X वस्तु के R और S बिन्दु हैं। उद्योग Y में पूंजी-बचतकारी तकनीकी प्रगति के साथ, नया समोत्पाद वक्र Y_1Y_1 है जो स्थिर साधन-कीमत रेखा GH (जो मूल रेखा BA के समानान्तर है) को R_1 बिन्दु पर स्पर्श करता है। अब Y उद्योग में पूंजी-श्रम अनुपात बढ़ गया है क्योंकि OR_1 रेखा OR रेखा के बाईं ओर है। इस वस्तु-कीमत अनुपात को कायम रखने के लिए, साधन-कीमत अनुपात पूंजी-बचत तकनीकी प्रगति के साथ बदलता है। ऐसा इस कारण कि Y अधिक उत्पादित करने के लिए, अधिक पूंजी की आवश्यकता पड़ेगी। अत: नया साधन-कीमत अनुपात (रेखा) MN खींचा गया है जो Y_1Y_1 समोत्पाद वक्र को F बिन्दु पर और XX को V बिन्दु पर स्पर्श करता है। चित्र यह दर्शाता है कि Y उद्योग में पूंजी-श्रम अनुपात **बढ़ता** है। क्योंकि OF रेखा OR रेखा के बाईं ओर है। यह OR से अधिक तिरछी है। दूसरी ओर, X उद्योग में पूंजी-श्रम अनुपात **गिरता** है क्योंकि OV रेखा OS रेखा के दाईं ओर है। यह OS से कम तिरछी है। इसका मतलब है कि Y उद्योग में पूंजी की सीमान्त उत्पादकता में वृद्धि हुई है और X उद्योग में कमी हुई है। इससे स्पष्ट

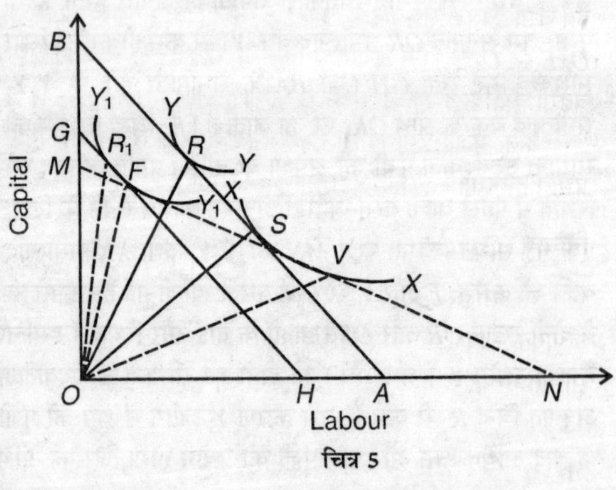

चित्र 5

होता है कि इन उद्योगों में क्रमशः अधिक पूंजी और कम श्रम का प्रयोग होता है।

साधनों के पुरस्कारों पर प्रभाव (Effect on Rewards to Factors)

जहां तक श्रम और पूंजी पर पूंजी-प्रयोगकारी और श्रम-बचतकारी तकनीकी प्रगति का संबंध है पूंजी की कीमत (r) बढ़ेगी तथा मजदूरी की दर (w) गिरेगी। ऐसा इस कारण कि Y उद्योग पूंजी की सीमान्त उत्पादकता (चित्र 5 में) बिन्दु F पर बढ़ती है। परिणामस्वरूप, पूंजी के लिए मांग बढ़ेगी और साथ में पूंजी की कीमत (r) भी। परन्तु श्रम के लिए मांग कम होने के कारण सापेक्ष मजदूरी दर (w) में कमी होगी क्योंकि तकनीकी प्रगति श्रम-बचतकारी है। श्रम गहन उद्योग X में सापेक्ष मजदूरी दर भी कम होगी तथा पूंजी की कीमत बढ़ेगी। ऐसा इस कारण क्योंकि श्रम की सीमान्त उत्पादकता के कम होने से, श्रम की मांग कम होगी और पूंजी की मांग बढ़ेगी।

उत्पादन और व्यापार की शर्तों पर प्रभाव (Effects on Output and Terms of Trade)

पूंजी-प्रयोगकारी तकनीकी प्रगति का एक देश के उत्पादन और व्यापार की शर्तों पर प्रभावों को चित्र 6 में समझाया गया है। तकनीकी प्रगति से पहले की स्थिति में, संतुलन E बिन्दु पर होता है जहां समोत्पाद वक्र X और Y स्पर्श करते हैं। यहां O_XE वस्तु X की उत्पादन मात्रा है और O_YE वस्तु Y की। यदि Y उद्योग में तकनीकी प्रगति श्रम-बचतकारी है और साधन कीमतें स्थिर रहती हैं तो E_1 नया संतुलन बिन्दु होगा जहां समोत्पाद वक्र X_1 और Y_1 स्पर्श करते हैं। अब E बिन्दु की तुलना में E_1 बिन्दु पर X की उत्पादन मात्रा अधिक है और Y की कम है : $O_XE_1 > O_XE$ और $O_YE_1 < O_YE$। इस स्थिति में, आयात्य वस्तु X की कीमत कम होगी क्योंकि इसका उत्पादन देश में बढ़ा है। दूसरी ओर, निर्यात्य वस्तु Y की कीमत बढ़ेगी क्योंकि इसका उत्पादन कम हुआ है। इस प्रकार, देश के लिए व्यापार की शर्तें अनुकूल होंगी।

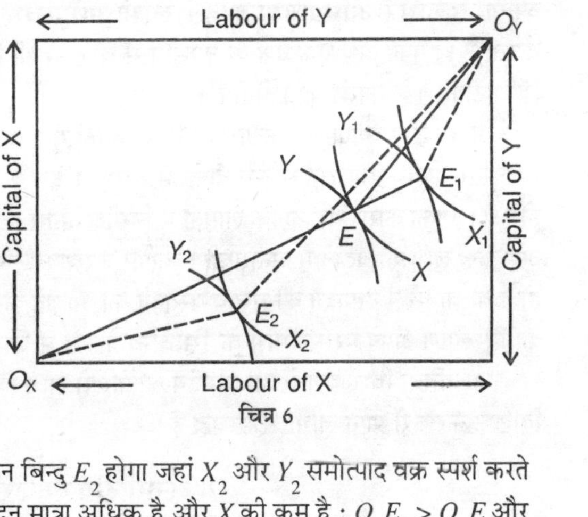

चित्र 6

यदि तकनीकी प्रगति Y उद्योग में पूंजी-**प्रयोगकारी** है, तो नया संतुलन बिन्दु E_2 होगा जहां X_2 और Y_2 समोत्पाद वक्र स्पर्श करते हैं। जैसा चित्र 6 से स्पष्ट है, बिन्दु E की तुलना में बिन्दु E_2 पर Y की उत्पादन मात्रा अधिक है और X की कम है : $O_YE_2 > O_YE$ और $OxE_2 < O_XE$ । इस स्थिति में निर्यात्य वस्तु Y की कीमत गिरेगी क्योंकि इसके उत्पादन में वृद्धि हुई है और आयात्य वस्तु X की कीमत बढ़ेगी क्योंकि इसके उत्पादन में कमी हुई है। परिणामस्वरूप, देश के लिए व्यापार की शर्तें प्रतिकूल होंगी।

अतः पूंजी-प्रयोगकारी या श्रम-बचतकारी तकनीकी प्रगति का Y पूंजी गहन निर्यात उद्योग का एक देश की व्यापार की शर्तों पर प्रभाव अनिर्धारित (indeterminate) होता है।

निष्कर्ष (Conclusion)

बो. **सोडर्स्टन** निष्कर्ष देता है : ''जब तकनीकी प्रगति दोनों साधनों (श्रम और पूंजी) की सीमांत उत्पादकता में वृद्धि करती है तो उत्पादन, सापेक्ष कीमतों, और व्यापार की शर्तों पर प्रभाव स्पष्टतया निर्धारित होते हैं। परन्तु यदि किसी एक साधन या दोनों साधनों की सीमांत उत्पादकता कम होती है, तब व्यापार की शर्तों के बारे में परिणामी तत्व दृढ़ता से निर्धारित नहीं हो सकता है।''

प्रश्न

1. तकनीकी प्रगति से क्या तात्पर्य है ? उत्पादन और व्यापार की शर्तों पर तकनीकी प्रगति के प्रभावों की विवेचना कीजिए।
2. पूंजी-प्रयोगकारी और श्रम-बचतकारी तकनीकी प्रगति का एक देश की व्यापार की शर्तों पर प्रभाव का विवेचन करिए।

अध्याय 16

व्यापार से लाभ

(The Gains From Trade)

1. अर्थ
(MEANING)

व्यापार से लाभ से अभिप्राय शुद्ध (net) लाभों अथवा वस्तुओं की वृद्धि से है जो एक देश अन्य देशों के साथ व्यापार करने से प्राप्त करता है। इसका अर्थ एक देश के उपभोग में वृद्धि से भी है जो उसे अन्तर्राष्ट्रीय व्यापार द्वारा वस्तुओं के विनिमय और उत्पादन में विशिष्टीकरण के कारण प्राप्त होती है।

अन्तर्राष्ट्रीय व्यापार के क्लासिकी सिद्धान्त का मूल आधार व्यापार से लाभ का सिद्धान्त था। **एडम स्मिथ** (Adam Smith) के मतानुसार राष्ट्रीय तथा अन्तर्राष्ट्रीय दोनों ही स्तरों पर श्रम के विभाजन और विशिष्टीकरण के लाभों के परिणामस्वरूप व्यापार से लाभ होते थे। उनका कारण यह था कि लागतों में निरपेक्ष अन्तर विद्यमान रहते थे। **रिकार्डो** (Ricardo) की धारणा थी कि वस्तुओं की मात्रा और कुल लाभ को बढ़ाने में अन्तर्राष्ट्रीय व्यापार ने सशक्त रूप से योगदान दिया। व्यापार से लाभ लागत की उस बचत के परिणामस्वरूप होता था जो घरेलू उत्पादन की बजाय वस्तुओं को आयात करने से होती थी। **जे.एस. मिल** (J.S. Mill) ने अन्तर्राष्ट्रीय व्यापार से लाभ का विश्लेषण अपने परस्पर **मांग के सिद्धान्त** के रूप में किया जो व्यापार की शर्तों पर निर्भर करता है।

आधुनिक विश्लेषण में अन्तर्राष्ट्रीय व्यापार से लाभ विनिमय से होने वाले लाभों और सामान्य सन्तुलन विश्लेषण पर आधारित विशिष्टीकरण से प्राप्त लाभों से सम्बद्ध हैं।

2. अन्तर्राष्ट्रीय व्यापार से संभावित और वास्तविक लाभ
(POTENTIAL AND ACTUAL GAIN FROM INTERNATIONAL TRADE)

अर्थशास्त्री प्राय: अन्तर्राष्ट्रीय व्यापार से संभावित और वास्तविक लाभों के बीच भेद करते हैं। अन्तर्राष्ट्रीय व्यापार से संभावित लाभ दो देशों में दो वस्तुओं को उत्पादित करने का **घरेलू लागत अनुपातों** में अन्तर है। यदि X और Y दो वस्तुएं हैं और A और B दो देश, तो संभावित लाभ को इस प्रकार व्यक्त किया जा सकता है :

$$G_p = \left[\frac{C_x}{C_y}\right]_A - \left[\frac{C_x}{C_y}\right]_B$$

जहां G_p संभावित लाभ है, C_x वस्तु x की प्रति इकाई लागत, C_y वस्तु Y की प्रति इकाई लागत है और पद चिह्न A और B दोनों देशों से संबद्ध हैं।

दूसरी ओर, अन्तर्राष्ट्रीय व्यापार से वास्तविक लाभ दो व्यापार कर रहे देशों में दो वस्तुओं के **कीमत अनुपातों** में अन्तर है। X और Y दो वस्तुएं मानते हुए और A और B दो देश, वास्तविक लाभ को निम्न प्रकार से दिखाया जा सकता है :

$$G_A = \left[\frac{P_x}{P_y}\right]_A - \left[\frac{P_x}{P_y}\right]_B$$

जहां G_A वास्तविक लाभ है, P_x वस्तु X की प्रति इकाई कीमत, और P_y वस्तु Y की प्रति इकाई कीमत है।

दो देशों के बीच पूर्ण प्रतियोगिता के अन्तर्गत और मुक्त व्यापार होने पर, प्रत्येक देश में दोनों वस्तुओं के लागत अनुपात और कीमत अनुपात बारबर होते हैं ताकि संभावित लाभ बराबर होता है वास्तविक लाभ के :

$$\left[\frac{C_x}{C_y}\right] = \left[\frac{P_x}{P_y}\right]$$

$$\therefore G_P = G_A$$

परन्तु यदि टैरिफ और अन्य व्यापार प्रतिबंध हों और वस्तु एवं साधन मार्किटें अपूर्ण हों तो प्रत्येक देश में लागत और कीमत अनुपात बराबर नहीं होंगे। यदि कीमत अनुपात लागत अनुषात से अधिक होता है तो वास्तविक लाभ संभावित लाभ से कम होगा :

$$\left[\frac{P_x}{P_y}\right] > \left[\frac{C_x}{C_y}\right]$$

$$\therefore G_A < G_P$$

क्योंकि विश्व मार्किट में सदैव अपूर्ण प्रतियोगिता होती है, इसलिए अन्तर्राष्ट्रीय व्यापार में वास्तविक लाभ सदैव संभावित लाभ से कम होता है।

3. व्यापार से लाभ का मापना (MEASUREMENT OF GAINS FROM TRADE)

अर्थशास्त्रियों ने अन्तर्राष्ट्रीय व्यापार के लाभ मापने के लिए विभिन्न विधियां अपनाई हैं जिनकी नीचे व्याख्या की गई है।

1. क्लासिकी विधि (The Classical Method)

जेकब वाइनर (Jacob Viner) के अनुसार, अन्तर्राष्ट्रीय व्यापार से लाभों के मापने के लिए क्लासिकी अर्थशास्त्रियों ने तीन तरीके अपनाए थे : (1) तुलनात्मक लागतों में अन्तर; (2) राष्ट्रीय आय के स्तर में वृद्धि; और (3) व्यापार की शर्तें। परन्तु वे इन तरीकों को पूरी तरह स्पष्ट किए बिना ही इन्हें आपस में मिला दिया करते थे। नीचे हम इनकी विवेचना करते हैं।

रिकार्डो का सिद्धान्त (Ricardo's Approach)—पहले रिकार्डो का सिद्धान्त लीजिए। कोई देश उन वस्तुओं को निर्यात करेगा जिनमें उसकी तुलनात्मक उत्पादन लागतें **कम** होंगी और उन वस्तुओं को आयात करेगा जिनमें उसकी उत्पादन लागतें **ऊंची** होंगी। "इस प्रकार देश अपने संसाधनों के प्रयोग में किफायत करता है जिससे संसाधनों की दी हुई मात्रा के बदले वह उसकी अपेक्षा अधिक आय प्राप्त करता है जो उसे तब प्राप्त होती है जब वह हर वस्तु का उत्पादन स्वयं करे।" प्रो. **फिंडले** (Findlay) ने अपनी पुस्तक *Trade and Specialisation* (1970) में रिकार्डो के अन्तर्राष्ट्रीय व्यापार से लाभ के सिद्धांत को चित्र 1 की सहायता से स्पष्ट किया है ? व्यापार से पहले की स्थिति में, *AB* उस देश का उत्पादन सम्भावना वक्र है जो श्रम की मात्रा के दिये हुए होने पर, दो वस्तुओं *X* तथा *Y* का उत्पादन करता है। *AB* वक्र पर, देश बिन्दु *E* पर सन्तुलन में है। व्यापार में शामिल होने के बाद *CB* रेखा की ढलान इस देश का अन्तर्राष्ट्रीय कीमत अनुपात प्रदर्शित करती है। मानलीजिए कि यह देश *CB* रेखा के बिन्दु *F* पर सन्तुलन में है।

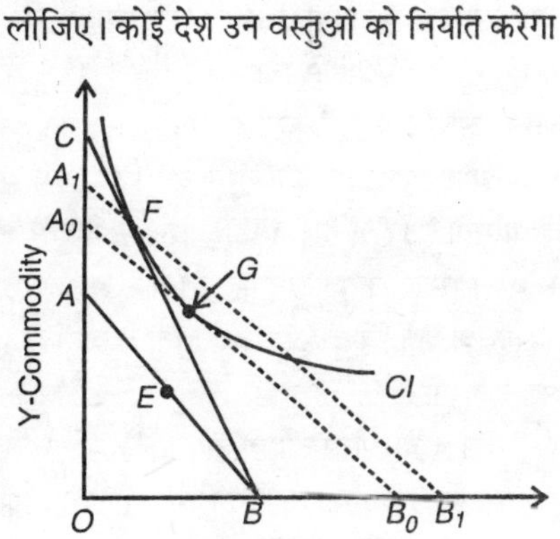

चित्र 1

यदि *F* पर संयोग द्वारा व्यक्त *X* तथा *Y* की मात्राओं का देश में ही उत्पादन करता है, तो श्रम की मात्रा को इतना बढ़ाना पड़ेगा जो घरेलू उत्पादन सम्भावना वक्र को *AB* से सरकाकर $A_1 B_1$ पर पहुंचा दे। इस प्रकार व्यापार से होने वाले लाभ को BB_1/OB मापेगा।

माल्थस का मत (Malthus's View)—परन्तु **माल्थस** ने रिकार्डो के सिद्धान्त की आलोचना की है। उसका कहना है कि रिकार्डो ने व्यापार से लाभ का बहुत ही अति-अनुमान किया है। माल्थस का मत है कि जब घरेलू उत्पादन सम्भावना वक्र सरक कर

A_1B_1 पर चला जाएगा, तो सन्तुलन बिन्दु F नहीं होगा। CB पर सापेक्ष कीमतों की अपेक्षा A_1B_1 पर सापेक्ष कीमतें निर्यातित वस्तु X के अधिक अनुकूल होंगी, इसलिए उपभोक्ता F की बजाय A_1B_1 पर F के दाईं ओर किसी बिन्दु को अधिमान देगा। अतः CB पर व्यापार से लाभ को BB_1/OB अनुपात में श्रम की वृद्धि द्वारा नहीं मापा जा सकता। इसका कराण यह है कि CB पर परिवर्तन की अपेक्षा A_1B_1 पर F के दाएं को परिवर्तन बेहतर है।

फिंडले का मत (Findlays' View) —प्रो. **फिंडले** ने समुदाय उदासीनता वक्र CI का प्रयोग करके व्यापार से लाभ के रिकार्डो-माप का संशोधन किया है। यदि श्रम को इतना बढ़ा दिया जाए कि वह उत्पादन सम्भावना वक्र को A_1B_1 की बजाय A_0B_0 तक धकेलने के लिए पर्याप्त हो तो CI वक्रपर G बिन्दु प्रत्येक व्यक्ति को उतनी ही श्रेष्ठ स्थिति में पहुंचा देगा जितना कि वह स्वतन्त्र व्यापार-बिन्दु F पर है। इसलिए व्यापार से जो लाभ होगा वह अपेक्षाकृत अधिक लाभ BB_1/OB की बजाय BB_0/OB के बराबर होगा। इस माप से उस आलोचना का समाधान हो जाता है जो माल्थस ने रिकार्डो पर की है।

मिल का सिद्धान्त (Mill's Approach)—जे०एस० मिल ने अपने पारस्परिक मांग के सिद्धान्त के रूप में अन्तर्राष्ट्रीय व्यापार से लाभ का तथा उस **लाभ** के **वितरण** का भी विश्लेषण किया है। मिल का मत है कि पारस्परिक मांग व्यापार की शर्तों को निर्धारित करती है जो कि आगे, प्रत्येक देश के व्यापार से लाभों के वितरण को निर्धारित करती है। 'व्यापार की शर्तें' शब्द दो देशों के बीच वस्तु-त्रिनिमय की शर्तों को बताता है, अर्थात् किसी देश के निर्यातों की दी हुई मात्रा के लिए आयातों की मात्रा के अनुपात को बताती है।

एक उदाहरण लीजिए। देश A में श्रम की दो इकाइयां—वस्तु X की 10 इकाइयों और वस्तु Y की 10 इकाइयों का उत्पादन करती हैं, जबकि देश B में वही श्रम $6X$ तथा $8Y$ का उत्पादन करता है। घरेलू विनिमय अनुपात (अथवा घरेलू व्यापार-शर्तें) देश A में $1X = 1Y$ है और देश B में $1X = 1.33Y$ है। इसका मतलब है कि X की एक इकाई को देश A में Y की एक इकाई से और देश B में Y की 1.33 इकाइयों से विनिमय किया जा सकता है। इस प्रकार दो देशों के बीच व्यापार की शर्तें $1X$ अथवा $1Y$ अथवा $1.33\,Y$ के बीच कहीं होगी।*

परन्तु वास्तविक विनिमय अनुपात पारस्परिक मांग पर निर्भर करेगा, अर्थात "दो परस्पर व्यापार कर रहे देशों की उनकी अपनी वस्तु के रूप में एक दूसरे की वस्तु की मांग की सापेक्ष शक्ति और लोच पर वास्तविक विनिमय अनुपात निर्भर करेगा।" यदि वस्तु Y के लिए देश A की मांग अधिक गहन (बेलोच) है तो व्यापार की शर्तें $1X = 1Y$ के अधिक निकट होंगी। व्यापार की शर्तें B के अधिक अनुकूल और A के अधिक प्रतिकूल होंगी। B को अधिक लाभ होगा और A को कम। दूसरी ओर यदि Y के लिए देश A की मांग कम गहन (अधिक लोचदार) है तो व्यापार की शर्तें $1X = 1.33\,Y$ के अधिक निकट होंगी। व्यापार की शर्तें A के पक्ष में और B के प्रतिकूल हो जाएंगी। A को अधिक लाभ होगा और B को कम।

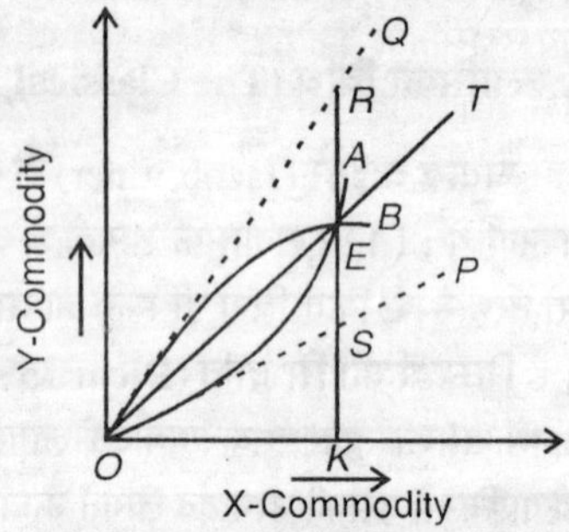

चित्र 2

व्यापार से लाभ केवितरण को चित्र 2 में **मार्शल एज्वर्थ** प्रस्ताव वक्रों के रूप में स्पष्ट किया गया है। OA देश A का और OB देश B का प्रस्ताव वक्र है। OP तथा OQ क्रमशः देश A तथा B में वस्तु X तथा Y के उत्पादन के घरेलू स्थिर लागत अनुपात हैं। ये रेखाएं वास्तव में वे सीमाएं हैं जिनके बीच दोनों देशों की व्यापार शर्तें स्थित हैं। परन्तु व्यापार की वास्तविक शर्तें बिन्दु E पर तय होती है जहां OA तथा OB वक्र परस्पर काटते हैं। OT रेखा E बिन्दु पर व्यापार की सन्तुलन शर्तों को व्यक्त करती है।

देश A के भीतर लागत अनुपात Y की KS इकाइयां : X की OK इकाइयां है। परन्तु व्यापार से इसे Y की KE इकाइयां प्राप्त होती हैं। इसलिए इसे Y की SE इकाइयों का लाभ होता है। देश B के भीतर लागत अनुपात Y की KR इकाइयां : X की OK इकाइयां हैं। परन्तु यह Y की KE इकाइयों के बदले देश A से X की OK इकाइयां आयात करता है। इसे Y की ER इकाइयों का लाभ होता है। इस प्रकार व्यापार में प्रवेश करने से दोनों देशों को लाभ होता है।

2. आधुनिक सिद्धान्त (Modern Approach)

आधुनिक व्यापार सिद्धान्त में अन्तर्राष्ट्रीय व्यापार से होने वाले लाभों को स्पष्ट रूप से विनिमय से लाभ तथा विशिष्टीकरण से लाभ

* देखिए अध्याय 7 की तालिका 1.

में विभक्त किया गया है। मांग और पूर्ति के आधार पर इस विश्लेषण को बन्द अर्थव्यवस्था के सामान्य संतुलन के रूप में स्पष्ट किया जाता है। यह एक तो रूपान्तरण वक्र को समुदाय उदासीनता वक्र के स्पर्श द्वारा और दूसरे उपभोग एवं उत्पादन वस्तुओं की स्थानापन्नता की सीमान्त दरों की घरेलू व्यापार शर्तों अथवा वस्तु कीमत अनुपात के साथ समानता द्वारा होता है। "जब अन्तर्राष्ट्रीय व्यापार शुरू किया जाता है तो विनिमय से भी लाभ होता है और विशिष्टीकरण से भी लाभ होता है। जब सन्तुलन स्थापित हो जाता है और ये लाभ अधिकतम हो जाते हैं, तो उत्पादन में रूपान्तरण की नई सीमान्त दर और उपभोग में स्थानापन्नता की नई सीमान्त दर अन्तर्राष्ट्रीय कीमत अनुपात (रेखा) अथवा व्यापार की शर्तों के बराबर होती है।" इस प्रकार व्यापार से पहले के स्तर की अपेक्षा अधिक उत्पादन तथा उपभोग करके उत्पादक तथा उपभोक्ता दोनों ही अन्तर्राष्ट्रीय व्यापार से लाभ प्राप्त करते हैं।

चित्र 3 में अन्तर्राष्ट्रीय व्यापार से प्राप्त होने वाले लाभ की व्याख्या की गई है। *AB* रूपान्तरण वक्र है जो अर्थव्यवस्था के पूर्ति पक्ष को प्रदर्शित करता है और CI_0 समुदाय उदासीनता वक्र है जो अर्थव्यवस्था के मांग पक्ष को व्यक्त करता है। बन्द अर्थव्यवस्था (व्यापार न करने वाली अर्थव्यवस्था) के सन्तुलन को बिन्दु *E* प्रदर्शित करता है जहां *AB* तथा CI_0 वक्र एक दूसरे को स्पर्श करते हैं और दोनों ही व्यापार की घरेलू शर्तों अथवा वस्तु कीमत अनुपात रेखा *P* के बराबर हैं।

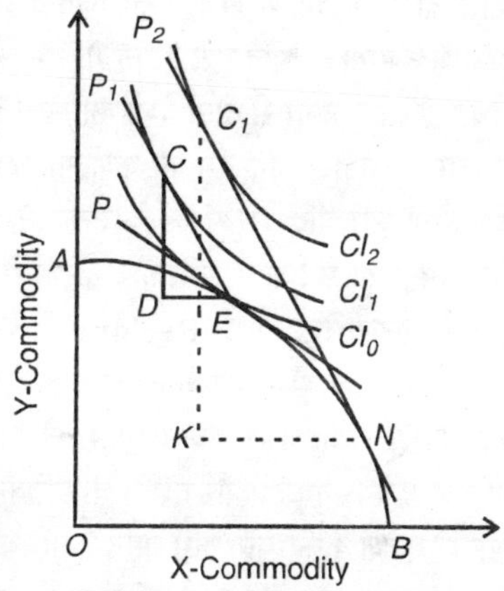

चित्र 3

जब अन्तर्राष्ट्रीय (अथवा स्वतन्त्र) व्यापार शुरू होगा, तो अन्तर्राष्ट्रीय कीमत अनुपात (व्यापार की शर्तें), घरेलू कीमत अनुपात (व्यापार की घरेलू शर्तों) से भिन्न होंगी। इसे P_1 से दिखाया गया है जो घरेलू कीमत अनुपात रेखा *P* से अधिक तिरछा (steeper) है। इसका मतलब है कि विश्व बाजार में वस्तु *Y* के मुकाबले वस्तु *X* की कीमत बढ़ गई है। अन्तर्राष्ट्रीय कीमत रेखा P_1 पर, उपभोक्ता CI_0 वक्र के बिन्दु *E* से अपेक्षाकृत अधिक ऊंचे समुदाय उदासीनता वक्र CI_1 के बिन्दु *C* पर चले जाते हैं। बिन्दु *E* से *C* पर गति **विनिमय से लाभ** अथवा **उपभोग लाभ** को मापती है जो उत्पादन में किसी प्रकार का परिवर्तन हुए बिना ही होता है।

क्योंकि विश्व के बाजार में *X* की कीमत बढ़ गई है, इसलिए उत्पादक इसका उत्पादन बढ़ाते हैं और *Y* का उत्पादन घटाते हैं। इसका परिणाम यह होता है कि रूपान्तरण वक्र पर बिन्दु *E* से *N* तक गति होती है जहां अन्तर्राष्ट्रीय कीमत रेखा P_2 वक्र *AB* को स्पर्श करती है। दूसरे शब्दों में, उत्पादन में रूपान्तरण की सीमान्त दर *N* बिन्दु पर अन्तर्राष्ट्रीय कीमत अनुपात रेखा के बराबर हो जाती है। विश्व-व्यापार शर्तों की नई अनुपात रेखा P_2 वही है जो P_1 है, क्योंकि यह P_1 के समानान्तर है। बिन्दु *N* पर देश वस्तु *Y* के KC_1 आयातों के बदले वस्तु *X* का *KN* निर्यात करता है।

X के उत्पादन में विशिष्टीकरण बढ़ने का परिणाम यह होता है कि उपभोग CI_1 वक्र के बिन्दु *C* से सरक कर CI_2 वक्र के बिन्दु C_1 पर पहुंच जाता है, जहां पर उपभोक्ता *X* तथा *Y* दोनों की अपेक्षाकृत अधिक मात्राओं का उपभोग करते हैं। *C* से C_1 तक यह गति **उत्पादन से विशिष्टीकरण से लाभ** अथवा **उत्पादन लाभ** को मापती है। बिन्दु C_1 पर स्थानापन्नता की सीमान्त दर और अन्तर्राष्ट्रीय कीमत अनुपात बराबर है। इसलिए *N* तथा C_1 बिन्दुओं पर अन्तर्राष्ट्रीय व्यापार से लाभ अधिकतम हो जाते हैं, क्योंकि उत्पादन में रूपान्तरण की सीमान्त दर और उपभोग में स्थानापन्नता की सीमान्त दर दोनों ही अन्तर्राष्ट्रीय कीमत अनुपात रेखा P_2 के बराबर हैं। स्वतन्त्र व्यापार से जो कुल लाभ होता है वह उपभोग तथा उत्पादन लाभों के योग के बराबर है जिसे दिखाने के लिए कल्याण में सुधार CI_0 से CI_2 दिखाया गया है।

राष्ट्रीय आय में वृद्धि (Increase in National Income)—यह विश्लेषण वास्तविक आय में वृद्धि और इस प्रकार व्यापार के लाभ की व्याख्या भी करता है। व्यापार-पूर्व *P* कीमत रेखा पर बिन्दु *E* की अपेक्षा कीमत रेखा P_2 पर बिन्दु *N* वास्तविक आय के ऊंचे बिन्दु को व्यक्त करता है। ऐसा इस कारण कि नई कीमत रेखा P_2 पर व्यापार के बाद देश को *N* और C_1 बिन्दुओं पर क्रमशः उत्पादन और उपभोग लाभ होते हैं।

4. व्यापार से लाभ को निर्धारित करने वाले कारक (FACTORS DETERMINING GAINS FROM TRADE)

अनेक कारक हैं जो अन्तर्राष्ट्रीय व्यापार से प्राप्त होने वाले लाभ को निर्धारित करते हैं :

1. लागत अनुपात में अन्तर (Differences in Cost Ratios)— अन्तर्राष्ट्रीय व्यापार से लाभ दो व्यापार करने वाले देशों के तुलनात्मक लागत अनुपात के अन्तर पर निर्भर करता है। "यदि और जब कभी व्यापारी यह देखते हैं कि विदेशों में कीमतों का उनके घरेलू अनुपात से बहुत भिन्न अनुपात विद्यमान है, तो देश को विदेशों के साथ व्यापार करने से लाभ होता है। वे उस चीज को खरीदते हैं जो उन्हें सस्ती प्रतीत होती है और उस चीज को बेच देते हैं जो उन्हें महंगी प्रतीत होती है। जब उन्हें कम लाभ और अधिक लाभ प्रतीत होते हैं तो उन लाभों के बीच अन्तर जितना अधिक होगा और प्रभावित वस्तु जितनी अधिक महत्वपूर्ण होगी, व्यापार से लाभ भी उतना ही अधिक होगा।" यदि देश *A* को गेहूं के उत्पादन में तुलनात्मक लाभ अधिक है और देश *B* को रुई के उत्पादन में तुलनात्मक लाभ अधिक है, तो व्यापार से दोनों देशों को लाभ होगा। लाभ का आकार इस बात पर निर्भर करेगा कि दोनों देशों में प्रत्येक वस्तु के उत्पादन की लागत क्या है ? यदि श्रम की कुशलता बढ़ने पर देश *A* में गेहूं के उत्पादन की लागत गिर जाती है, तो व्यापार से देश *B* को अधिक लाभ होगा और यदि देश में रुई के उत्पादन की लागत गिरती है, तो व्यापार से *A* देश को अधिक लाभ होगा। इस प्रकार, तुलनात्मक लागत अनुपातों में जितने अधिक अन्तर होंगे, व्यापार से उतना ही अधिक लाभ होगा।

2. पारस्परिक मांग (Reciprocal Demand)— आगे, व्यापार की शर्तें पारस्परिक मांग पर, अर्थात् किसी देश की अपने उत्पादन के बदले दूसरे देश के उत्पादन के लिए मांग की सापेक्ष शाक्ति और लोच पर निर्भर करती है। ऊपर दिए गए उदाहरण को और आगे बढ़ाइए। यदि वस्तु *Y* के लिए *A* की मांग अधिक गहन (बेलोच) है, तो व्यापार की शर्तें $1X = 1Y$ के निकट होंगी। व्यापार की शर्तें देश *B* के अनुकूल और देश *A* के प्रतिकूल हो जाएंगी। देश *B* को अधिक और देश *A* को कम लाभ होगा। दूसरी ओर, यदि वस्तु *Y* के लिए देश *A* की मांग कम गहन (अधिक लोचदार) होगी, तो व्यापार की शर्तें $1X = 1.33\ Y$ के निकट होंगी। व्यापार की शर्तें देश *A* के अनुकूल और देश *B* के प्रतिकूल हो जाएंगी। व्यापार के परिणामस्वरूप *A* को अधिक और *B* को कम लाभ होगा। इस प्रकार, व्यापार से उस देश को तब अधिकतम लाभ होता है जिसकी विदेशी वस्तुओं की मांग बहुत लोचदार होती है जबकि उसकी वस्तुओं की दूसरे देश की मांग बहुत बेलोच होती है।[1]

3. आय का स्तर (Level of Income)— किसी देश की मुद्रा-आय का स्तर भी एक ऐसा कारक है जो व्यापार के लाभ और हिस्से को निर्धारित करता है। जिस देश की वस्तुओं की मांग अन्य देशों में स्थिर होगी उसका मौद्रिक आय का स्तर ऊंचा होगा। यदि उसके निर्यात अधिक होंगे, तो उसके निर्यात उद्योगों का विस्तार होगा। परिणामस्वरूप, इन उद्योगों में मुद्रा मजदूरी का स्तर बढ़ेगा। श्रम की प्रतियोगिता बढ़ेगी और अन्य उद्योगों में मुद्रा मजदूरी का स्तर बढ़ाकर निर्यात उद्योगों के मजदूरी स्तर तक लाना पड़ेगा। इस प्रकार, देश में मुद्रा आय का सामान्य स्तर बढ़ेगा। परन्तु देश में आयातित विदेशी वस्तुओं की कीमतें कम होंगी, जबकि लोगों की मुद्रा आय का स्तर ऊंचा होगा। इसलिए देश के लोगों को लाभ होगा क्योंकि वे सस्ती आयातित वस्तुओं का उपभोग करेंगे। इसके विरीत जिस देश की विदेशी वस्तुओं के लिए मांग अधिक होगी, उसकी मुद्रा आय कम होगी। क्योंकि विदेशी वस्तुओं के लिए उसकी मांग अधिक होगी, इसलिए विदेशी वस्तुओं की कीमतें अधिक होंगी। परिणाम यह होगा कि उस देश के लोगों को हानि होगी क्योंकि वे महंगी आयातित वस्तुओं का उपभोग करेंगे।

4. व्यापार की शर्तें (Terms of Trade)—व्यापार से लाभ को निर्धारित करने वाला एक कारक व्यापार की शर्तें है। व्यापार की शर्तों से तात्पर्य वह दर है जिस पर एक देश की वस्तुओं का दूसरे देश की वस्तुओं से विनिमय होता है। यह दर व्यापार की उन वस्तु-विनिमय शर्तों को बताती है जिन्हें **मिल** ने अन्तर्राष्ट्रीय व्यापार के लाभों को निर्धारित करने और लाभों के वितरण के लिए प्रयोग किया था, जैसा ऊपर चित्र 2 में स्पष्ट किया गया है। आधुनिक विश्लेषण में भी व्यापार की शर्तें व्यापार के लाभों को निर्धारित करती हैं। व्यापार के अभाव की स्थिति में देश को व्यापार की दी हुई शर्तों का सामना करना पड़ता है। (जिसे चित्र 3 में घरेलू कीमत रेखा *P* द्वारा दिखाया गया है।) परन्तु जब अन्तर्राष्ट्रीय व्यापार होता है, तो व्यापार की शर्तें बदल जाती हैं और व्यापार की घरेलू शर्तों से भिन्न हो जाती हैं।

* इसे चित्र 2 द्वारा समझाइए।

व्यापार की अन्तर्राष्ट्रीय शर्तें ही (जिन्हें चित्र 3 में P_1 और P_2 रेखाओं से प्रदर्शित किया गया है) व्यापार से होने वाले लाभ को निर्धारित करती हैं।[1]

5. उत्पादकीय कुशलता (Productive Efficiency)—एक देश की उत्पादकीय कुशलता उसके व्यापार के लाभ भी निर्धारित करती है। यह देश में उत्पादन लागत और वस्तुओं की कीमत कम करती है। परिणामस्वरूप, दूसरा देश सस्ती वस्तुएं आयात करके लाभ प्राप्त करता है और इसकी व्यापार की शर्तों में सुधार होता है परन्तु घरेलू देश की व्यापार की शर्तें बिगड़ती हैं। दूसरी ओर यदि दूसरे देश की उत्पादकीय कुशलता में वृद्धि होती है तो इसकी वस्तुएं सस्ती होंगी। घरेलू देश इन वस्तुओं का आयात बढ़ा देगा। इसकी व्यापार की शर्तें सुधरेंगी और इसका व्यापार से लाभ बढ़ेगा।

6. निर्यातित वस्तुओं की प्रकृति (Nature of Commodities Exported)—एक अन्य कारक निर्यातित वस्तुओं की प्रकृति है। एक देश जो मुख्यतः प्राथमिक वस्तुओं का निर्यात करता है उसकी व्यापार की शर्तें प्रतिकूल होती हैं। परिणामस्वरूप, इसका व्यापार से लाभ भी कम होता है। इसके विपरीत जो देश विनिमित वस्तुओं को निर्यात करता है उसकी व्यापार की शर्तें अनुकूल होती हैं, और इसलिए उसके व्यापार से लाभ भी अधिक होते हैं।

7. प्रौद्योगिकीय स्थितियां (Technological Conditions)—जो देश प्रौद्योगिकी तौर से उन्नत और पूंजी-प्रचुर है उसके व्यापार की मात्रा बड़ी होगी तथा अन्तर्राष्ट्रीय व्यापार से लाभ भी अधिक होगा। दूसरी ओर, यदि देश प्रौद्योगिकी तौर से पिछड़ा है तथा श्रम प्रचुर है, इसकेव्यापार की मात्रा थोड़ी होगी तथा व्यापार से लाभ कम होगा।

8. देश का आकार (Size of the country)—एक छोटा देश जो उन वस्तुओं के उत्पादन में विशिष्टीकरण करता है जिनमें इसको तुलनात्मक लाभ होता है, उनका वह एक बड़े देश के साथ विनिमय करता है। स्थिर अवसर लागत और विभिन्न मांग ढांचों की स्थितियों में, विदेशी बाजार कीमतें घरेलू कीमतों से जितनी अधिक भिन्न होती हैं, उतना ही अधिक एक छोटे देश को व्यापार से लाभ होता है।

5. व्यापार से लाभ और आय वितरण
(GAINS FROM TRADE AND INCOME DISTRIBUTIONS)

जब एक देश दूसरे देश के साथ व्यापार प्रारंभ करता है तो उसे व्यापार से लाभ होता है। व्यापार से लाभ से देश में आय वितरण होता है।

इसकी मान्यताएं (Its Assumptions)

यह विश्लेषण निम्नलिखित मान्यताओं पर आधारित है :

1. एक छोटा देश है।
2. यह X और Y दो वस्तुएं उत्पादित करता है।
3. A और B दो देश हैं।
4. सरकार एक परिभाषित कल्याण फलन के अनुसार आय का वितरण करती है।

इसकी व्याख्या (Its Explanation)

ये मान्यताएं दी होने पर व्यापार के लाभ से आय वितरण की व्याख्या चित्र 4 द्वारा की गई है। चित्र में, वस्तु Y के उपभोग से A देश की उपयोगिता को क्षैतिज अक्ष पर और वस्तु X के उपभोग से B देश की उपयोगिता को अनुलंब अक्ष पर मापा गया है। व्यापार-पूर्व स्थिति में, उनकी उपयोगिता सम्भावना सीमा BA है।

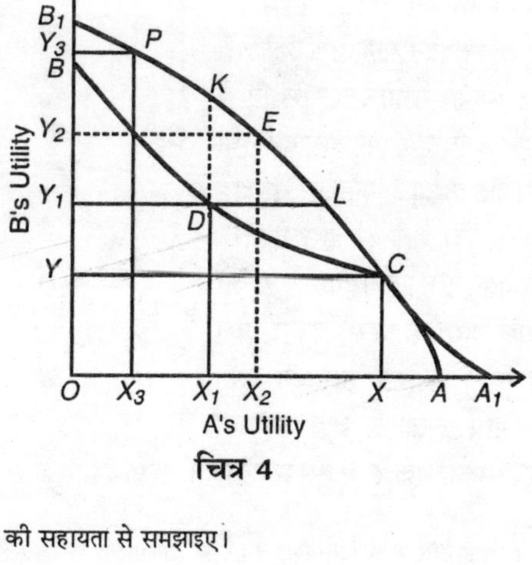

चित्र 4

1. व्यापार से लाभ और व्यापार की शर्तों के बीच सम्बन्ध को और विस्तार से चित्र 2 और 3 की सहायता से समझाइए।

यदि वे C संयोग का उपयोग करते हैं तो A की उपयोगिता B से अधिक होती है क्योंकि A देश B देश की तुलना में Y वस्तु की अपेक्षा X की अधिक मात्रा का उपभोग करता है, अर्थात् $OX>OY$. यदि D बिन्दु पर वे होते हैं तो दोनों वस्तुओं के उपभोग से उन्हें समान उपयोगिता प्राप्त होती है, अर्थात् $OX_1 = OY_1$। व्यापार के बाद जब देश को लाभ होता है तो उसकी उपयोगिता सम्भावना सीमा $B_1 A_1$ है जो व्यापार से पहले की उपयोगिता सम्भावना सीमा BA को C बिन्दु पर स्पर्श करती है। B_1A_1 वक्र के C से ऊपर कोई अन्य बिन्दु जैसे त्रिकोण KDL पर E बिन्दु दोनों उपभोक्ताओं को पहले से बेहतर स्थिति में ला देगा क्योंकि D बिन्दु पर व्यापार-पूर्व स्थिति (OX_1 और OY_1) की अपेक्षा वह X और Y की अधिक मात्राओं (OX_2 और OY_2) का उपभोग करता है।

व्यापार से लाभ के परिणामस्वरूप, आय के वितरण में परिवर्तन होगा। मानलीजिए कि व्यापार-स्थिति में उपभोक्ता $B_1 A_1$ वक्र के P बिन्दु पर है जहां व्यापार-पूर्व स्थिति में बिन्दु D पर उपभोक्ता A की तुलना में उपभोक्ता B बेहतर स्थिति में है। सरकार दोनों उपभोक्ताओं के बीच इस ढंग से आय का पुनर्वितरण करती है कि वे $B_1 A_1$ वक्र के साथ E बिन्दु पर गति करते हैं। E बिन्दु इष्टतम है जहां कल्याण अधिकतम होता है क्योंकि दोनों उपभोक्ता D बिन्दु की अपेक्षा X और Y की अधिक मात्राओं (OX_2 और OY_2) का उपभोग करते हैं।

6. बड़े और छोटे देशों को व्यापार से लाभ[1]
(GAINS FROM TRADE IN CASE OF LARGE AND SMALL COUNTRY)

यदि देश के आकार को लिया जाए, तो बड़े देश के मुकाबले छोटे देश को व्यापार से अपेक्षाकृत अधिक लाभ होते हैं। छोचे देश के पास बहुत संसाधन नहीं होते और उसके घरेलू बाजार का आकार भी सीमित होता है। इसलिए घरेलू विशिष्टीकरण और विनिमय के लाभ सीमित होते हैं। इसके विपरीत, किसी विशाल देश के पास बहुत संसाधन होते हैं और उसका घरेलू बाजार भी बड़ा होता है, इसलिए वह देश के भीतर ही विशिष्टीकरण और विनिमय के लाभ प्राप्त कर लेता है।

जब दोनों के बीच अन्तर्राष्ट्रीय व्यापार खुलता है तो छोटा देश उन वस्तुओं के उत्पादन में विशिष्टीकरण करता है जिनमें उसे अधिक तुलनात्मक लाभ होता है, और वह विश्व बाजार में अपने उत्पादनों का विनिमय करता है। घरेलू बाजार की कीमतों से विश्व-बाजार की कीमतें जितनी अधिक भिन्न होंगी, छोटा देश उतने ही अधिक लाभ प्राप्त कर सकेगा। **हैलर** (Heller) ने स्पष्ट किया है कि यदि यह मान लिया जाए कि अवसर लागत स्थिर रहती है और बड़े देश की व्यापार शर्तों में कोई परिवर्तन नहीं होता, तो अन्तर्राष्ट्रीय व्यापार से बड़े देश को कोई लाभ नहीं होता और छोटा देश ही सारे लाभ ले जाता है। इस स्थिति को चित्र 5 (A) तथा (B) में स्पष्ट किया गया है। चित्र 5 (A) में देश A का उत्पादन सम्भावना वक्र AL है। व्यापार न होने की स्थिति में देश A बिन्दु C पर उत्पादन तथा उपभोग करता है, जहां पर समुदाय उदासीनता वक्र CI इस देश के उत्पादन सम्भावना वक्र $A L$ को स्पर्श करता है। इसी प्रकार, देश B बिन्दु C_1 पर उत्पादन तथा उपभोग करता है जहां समुदाय

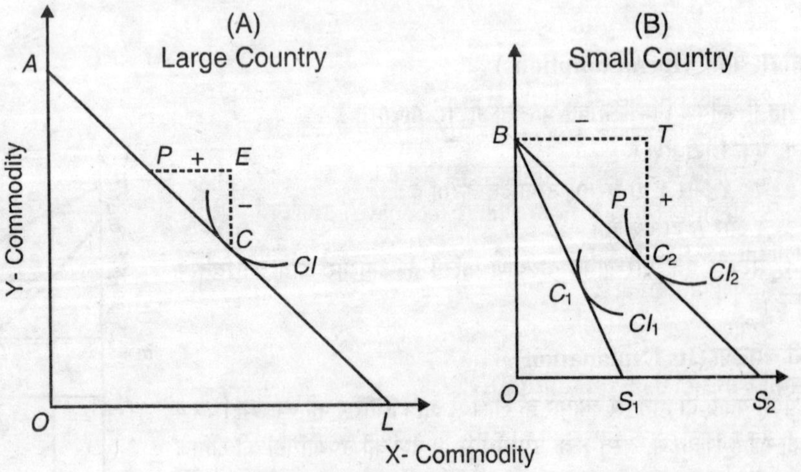

चित्र 5

उदासीनता वक्र $C I_1$ इसके उत्पादन सम्भावना वक्र $B S_1$ को स्पर्श करता है, जैसा चित्र 5 (B) में दिखाया गया है। क्योंकि A बड़ा देश

1. यह और 7 और 8 खण्ड एम.ए के विद्यार्थियों के लिए हैं।

है, इसलिए $A L$ वक्र द्वारा व्यक्त घरेलू कीमत अनुपात रेखा को अन्तर्राष्ट्रीय कीमत अनुपात रेखा मान लीजिए। अब छोटे देश B के सामने यह सम्भावना प्रस्तुत होती है कि वह AL के समानान्तर BS_2 वक्र द्वारा व्यक्त अन्तर्राष्ट्रीय कीमत अनुपात पर अपनी वस्तु का विनिमय करे। इसे तभी लाभ होगा जब यह केवल वक्तु Y के उत्पादन में विशिष्टीकरण करे और बिन्दु B पर उत्पादन करे। चित्र 5 (B) में यह समुदाय उदासीनता वक्र CI_2 के बिन्दु C_2 पर वस्तु X का उपभोग भी बढ़ा देता है। क्योंकि बड़े देश के कीमत अनुपात (व्यापार-शर्तों) में कोई परिवर्तन नहीं होता, इसलिए यह केवल अपने उत्पादन ढांचे में परिवर्तन करता है ताकि छोटे देश की व्यापार आवश्यकताओं को पूरा कर सके। इसलिए यह बिन्दु P पर चला जाता है। छोटा देश बड़े देश को वस्तु Y की TC_2 मात्रा निर्यात करेगा जिसे चित्र 5 (A) में बड़े देश के EC आयात के रूप में दिखाया गया है और बड़े देश से वस्तु X की TB मात्रा आयात करेगा जिसे बड़े देश के EP निर्यात के रूप में दिखाया गया है।

इस प्रकार, छोटे देश को बड़े देश से व्यापार करने से विशिष्टिकरण और विनिमय दोनों से लाभ हुआ है, जबकि बड़े देश को बिल्कुल कोई लाभ नहीं हुआ। ''बढ़ती हुई अवसर लागत और विभिन्न मांग ढांचों के अन्तर्गत सम्भावना यह है कि व्यापार की अन्तर्राष्ट्रीय शर्तों में नया सन्तुलन स्थापित होगा जो दोनों देशों में पाए जाने वाले घरेलू व्यापार-पूर्व कीमत अनुपातों के बीच कहीं होगा। उस स्थिति में व्यापार से दोनों देशों को लाभ होगा और प्रत्येक देश को होने वाले लाभों का अनुपात इस बात पर निर्भर करेगा कि व्यापार की अन्तर्राष्ट्रीय शर्तों में व्यापार-पूर्व कीमत अनुपातों से कितना परिवर्तन हुआ है। सम्भावनाएं ये हैं कि ये कीमत परिवर्तन छोटे देश में अधिक स्पष्ट होंगे और इसलिए अधिकांश लाभ छोटे देश के निवासियों को प्राप्त होंगे।''

7. मुक्त व्यापार बनाम व्यापार नहीं (FREE TRADE VS. NO TRADE)

प्रो. सैम्युअल्सन (Samuelson) ने दो लेखों—The Gains from International Trade (1939) और The Gains from International Trade Once Again (1962) में सिद्ध किया है कि व्यापार-नहीं की अपेक्षा मुक्त व्यापार श्रेष्ठ है। (Free trade is superior to no trade)। मुक्त व्यापार से तात्पर्य वह स्थिति है जिसमें वस्तुओं की घरेलू और विश्व-कीमतें बराबर हों।

इसकी मान्यताएं (Its Assumptions)

यह सिद्ध करने के लिए कि व्यापार-नहीं की अपेक्षा मुक्त व्यापार श्रेष्ठ है, निम्नलिखित मान्यताएं रखी गई हैं :

1. कोई परिवहन लागतें नहीं हैं।
2. उत्पादन के साधनों की पूर्ति स्थिर है।
3. न तो कोई व्यापार उत्पादन और उपभोग करते हैं, और न ही कोई सब्सिडी तथा कोटे (Quotas) हैं।
4. व्यापार में एकाधिकार शक्ति का अभाव है।
5. प्रौद्योगिकी ऐसी है जिससे नतोदर (concave) उत्पादन सम्भावना वक्र प्राप्त होता है।
6. पूर्ण प्रतियोगिता है।
7. देश छोटा है।

इसकी व्याख्या (Its Explanation)

इन मान्यताओं के दिए हुआ होने पर, प्रस्थापना (proposition) को चित्र 6 की सहायता से सिद्ध किया जा सकता है। यह चित्र थोड़ा संशोधित आरेख है जिसे **भगवती** (Bhagwati) ने अपने The Gains from Trade Once Again शीर्षक पेपर में प्रस्तुत किया है। हम मान लेते हैं कि घरेलू देश केवल दो वस्तुओं X और Y का उत्पादन करता है। जब व्यापार नहीं होता, तो घरेलू

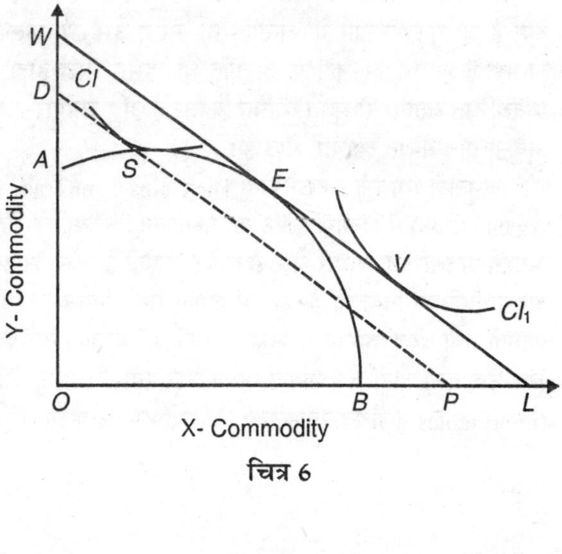

चित्र 6

देश का उत्पादन सम्भावना वक्र *ASEB* है। *DP* रेखा घरेलू कीमत अनुपात प्रदान करती है, जो बताती है कि देश में उत्पादन और उपभोग बिन्दु *S* पर हो रहे हैं। जब व्यापार खुलता है तो *WL* (समानांतर *DP*) रेखा की ढलान विश्व-कीमत अनुपात दर्शाती है। *WL* वक्र अर्थव्यवस्था का उत्पादन सम्भावना वक्र है। इस वक्र पर कोई भी बिन्दु *X* तथा *Y* वस्तुओं के उस संयोग से प्राप्त होता है जिसे बिन्दु *E* निर्धारित करता है जहां उत्पादन सम्भावना वक्र *AB* वक्र *WL* को स्पर्श करता है। बिन्दु *E* अन्तर्राष्ट्रीय व्यापार से अधिकतम कुशल उत्पादन बिन्दु को व्यक्त करता है।

अधिकतम उपभोग *V* बिन्दु पर होता है जहां *WL* वक्र CI_1 वक्र को स्पर्श करता है जो सामाजिक कल्याण को प्रदर्शित करता है।

निष्कर्ष रूप में कहा जा सकता है कि मुक्त व्यापार के अन्तर्गत देश बिन्दु *E* पर *X* तथा *Y* दोनों वस्तुओं का उसकी अपेक्षा अधिक उत्पादन करता है जो वह व्यापार नहीं के अन्तर्गत बिन्दु *S* पर करता है। और फिर, मुक्त व्यापार के अन्तर्गत उपभोग सम्भावना सीमा *WEL* व्यापार-नहीं के अन्तर्गत उपभोग सम्भावना सीमा *AEB* के बाहर स्थित रहती है, सिवाय बिन्दु *E* जो दोनों सीमाओं का सामान्य स्पर्श बिन्दु है। इस सब बातों से यह प्रस्थापना सिद्ध होती है कि **व्यापार-नहीं की अपेक्षा मुक्त व्यापार श्रेष्ठ है।** (Free Trade is superior to no-trade)

8. प्रतिबन्धित व्यापार बनाम व्यापार-नहीं (RESTRICTED TRADE VS. NO TRADE)

कैम्प (A.C. Kemp) का मत है कि व्यापार-नहीं की अपेक्षा प्रतिबन्धित व्यापार श्रेष्ठ है बशर्ते कि प्रतिबंध निषेधकारी न हों और प्रशुल्कों, कोटा (quotas) अथवा विनिमय नियंत्रणों के रूप में हों। इसे चित्र 7 में प्रदर्शित किया गया है जहां अर्थव्यवस्था के व्यापार-नहीं सन्तुलन को बिन्दु *E* द्वारा दिखाया गया है, जहां उत्पादन सम्भावना वक्र *AB* तथा समुदाय उदासीनता वक्र CI_0 एक दूसरे को स्पर्श करते हैं, और दोनों ही घरेलू कीमत रेखा *P* की ढलान के बराबर हैं। मुक्त व्यापार के अन्तर्गत अन्तर्राष्ट्रीय कीमत रेखा P_1 पर *E* से वक्र CI_1 तक गति द्वारा उपभोग लाभ दिखाया गया है, और विशिष्टीकरण से अतिरिक्त लाभ को *C* से C_2 पर गति द्वारा दिखाया गया है जब अन्तर्राष्ट्रीय कीमत रेखा P_3 उत्पादन सम्भावना वक्र *AB* को *N* पर तथा CI_3 वक्र को C_2 पर स्पर्श करती है।

मानलीजिए कि अन्तर्राष्ट्रीय कीमत अनुपात के दिए हुए होने पर देश अनिषेधकारी (non-prohibitive) प्रशुल्क लगाता है। परिणामस्वरूप, *PT* रेखा की ढलान घरेलू उत्पादन को प्रदर्शित करती है और उत्पादन *N* बिन्दु से सरक कर N_1 पर पहुंच जाता है। N_1 पर नई घरेलू कीमत रेखा, जिसमें प्रशुल्क *PT* शामिल है, उत्पादन सम्भावना वक्र *AB* को स्पर्श करती है। प्रतिबन्धित व्यापार अन्तर्राष्ट्रीय कीमत रेखा P_2 पर होगा जो P_3 के समानान्तर है। उपभोग CI_2 वक्र पर सरककर C_1 पर चला जाता है। इससे पता चलता है कि नियंत्रित व्यापार के अन्तर्गत कल्याण CI_2 रह जाता है। यह CI_2 कल्याण CI_3 कल्याण से कम है जो मुक्त व्यापार के अन्तर्गत था, परन्तु उस CI_0 कल्याण से अधिक है जो व्यापार-नहीं के अन्तर्गत था। इससे सिद्ध होता है कि **प्रतिबन्धित व्यापार से मुक्त व्यापार बेहतर है और व्यापार-नहीं की अपेक्षा प्रतिबन्धित व्यापार श्रेष्ठ है।**

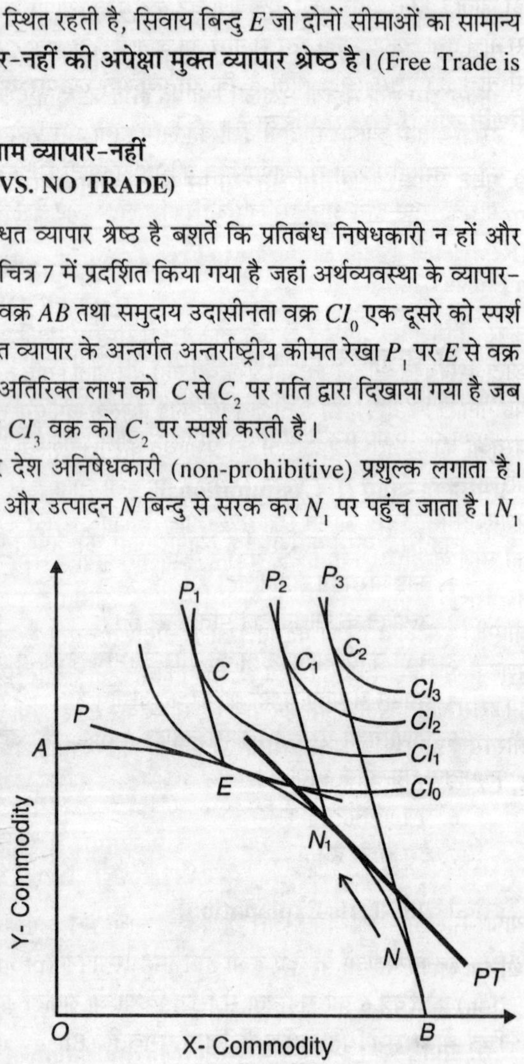

चित्र 7

जगदीश भगवती ने अपने लेख The Gains from Trade Once Again (1968) में दिखाया है कि यह प्रस्थापना कि **व्यापार-नहीं की अपेक्षा प्रतिबन्धित व्यापार श्रेष्ठ है** तभी तक सही है जब कोटा प्रशुल्क अथवा विनिमय नियंत्रणों के रूप में लगाए गए प्रतिबन्ध उन विदेशी कीमतों तथा घरेलू कीमतों में अन्तर उत्पन्न करें जिनका उपभोक्ताओं और उत्पादकों दोनों को सामना करना पड़ा रहा है। परन्तु आयात्यों (importables) (अथवा विकल्पत: निर्यात्यों) पर उत्पादन सब्सिडी (अथवा विकल्पत: कर) के द्वारा व्यापार को प्रतिबन्धित किया

जाता है, तो **कैम्प** का सिद्धान्त खरा नहीं उतरता। चित्र 8 में आयात्य वस्तु Y (अनुलम्ब अक्ष) पर उत्पादन सब्सिडी की स्थिति स्पष्ट की गई है। जब व्यापार–नहीं की स्थिति है, तो CI_0 वक्र कल्याण–स्तर को व्यक्त करता है। मुक्त व्यापार के अन्तर्गत P_1 रेखा की ढलान द्वारा मापे गये अन्तर्राष्ट्रीय कीमत अनुपात के दिए हुए होने पर, कल्याण CI_0 से बढ़कर CI_1 पर पहुंच जाता है। जब उत्पादन सब्सिडी चालू की जाती है तो उत्पादन N से सरक कर N_1 पर चला जाता है और उपभोग C से कम होकर C' हो जाता है। परिणामस्वरूप, कल्याण घट कर मुक्त व्यापार स्तर से नीचे तथा व्यापार–नहीं स्तर से नीचे आ जाता है, CI' वक्र CI_0 से नीचे है। इससे सिद्ध होता है कि **प्रतिबन्धित व्यापार की स्थिति व्यापार–नहीं से घटिया है।**

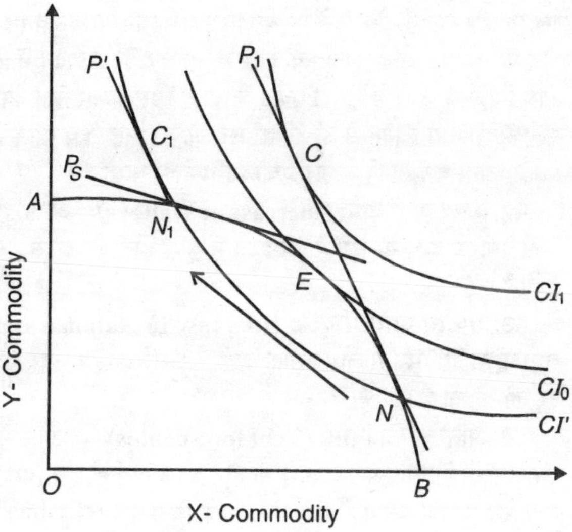

चित्र 8

9. मुक्त व्यापार से प्रतिबन्धित व्यापार श्रेष्ठ : देश बड़ा होने पर
(Restricted Trade Superior to Free Trade : Case of a Large Country)

ऊपर जो स्थितियां दी गई हैं वे एक छोटे देश से सम्बन्ध रखती हैं। छोटा देश विश्व की कीमतों को प्रभावित नहीं कर पाता। यदि हम यह मान लें कि **देश बड़ा** है तो जब यह कोई प्रशुल्क लगाएगा तो वस्तुओं की अन्तर्राष्ट्रीय कीमतों को प्रभावित करेगा। प्रशुल्क के परिणास्वरूप चित्र 9 में उत्पादन N से N_1 पर चला जाता है जहां प्रशुल्क सहित घरेलू कीमत रेखा PT उत्पादन सम्भावना वक्र AB को स्पर्श करती है। क्योंकि देश बड़ा है, इसलिए आयात्य वस्तु Y पर प्रशुल्क लगाने से विश्व के बाजारों में Y की कीमत कम हो जाएगी। इसे अन्तर्राष्ट्रीय कीमत रेखा P_4 प्रदर्शित करती है जो प्रशुल्क–पूर्व विश्व कीमत रेखा P_3 के मुकाबले अधिक तिरछी है। इससे पता चलता है कि कल्याण C_2 से बढ़कर C_3 हो गया है और सिद्ध होता है कि **मुक्त व्यापार से प्रतिबन्धित व्यापार श्रेष्ठ है,** CI_3 से CI_4 ऊंची है।[3]

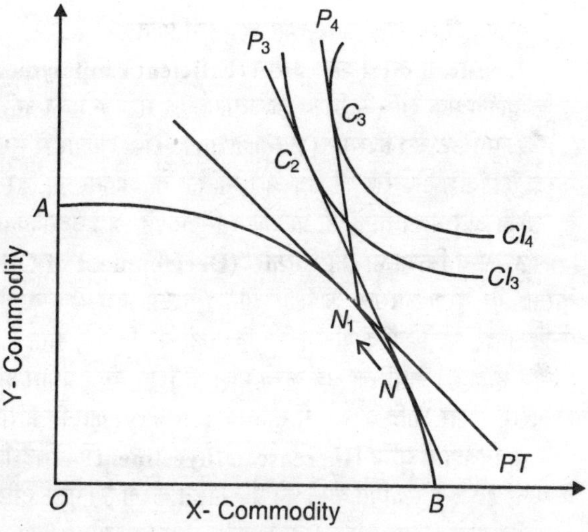

चित्र 9

9. व्यापार से स्थैतिक और गत्यात्मक लाभ
(STATIC AND DYNAMIC GAINS FROM TRADE)

व्यापार से लाभों को स्थैतिक और गत्यात्मक लाभों में विभाजित किया जाता है जिसकी व्याख्या नीचे की जा रही है।[4]

स्थैतिक लाभ (Static Gains)

व्यापार से स्थैतिक लाभ निम्नलिखित हैं:

1. उत्पादन का अधिकतम करना (Maximisation of Production)—क्लासिकी अर्थशास्त्रियों के अनुसार, व्यापार से लाभ

3. इस चित्र को 8 के साथ पढ़िए।
4. व्यापार से लाभ मुक्त बाजार के गुण नहीं होते हैं।

राष्ट्रीय और अन्तर्राष्ट्रीय स्तरों पर श्रम विभाजन और विशिष्टीकरण के लाभों के कारण होते हैं। एक देश में संसाधन और प्रौद्योगिकी दिए होने पर, व्यापार और तुलनात्मक लाभ के आधार पर उत्पादन में विशिष्टीकरण प्रत्येक देश को अपनी वस्तुएं दूसरे देश की वस्तुओं के साथ विनिमय करने में क्षमता प्रदान करता है। इस प्रकार, यह व्यापार के बिना की तुलना में व्यापार से अधिक लाभ प्राप्त करता है। प्रत्येक देश कम लागत से उत्पादित वस्तुओं को आयात करता है और अपनी अन्य सस्ती उत्पादित वस्तुओं का निर्यात करता है। इस प्रकार, दोनों देश अपने उत्पादन को अधिकतम करते हैं।

2. कल्याण में वृद्धि (Increase in Welfare)—अन्तर्राष्ट्रीय श्रम विभाजन और विशिष्टीकरण के परिणामस्वरूप व्यापार करने वाले देशों के बीच वस्तुओं के उत्पादन में वृद्धि होती है। इससे वस्तुओं के उपभोग में बढोतरी होती है और लोगों के कल्याण में वृद्धि होती है।

3. राष्ट्रीय आय में वृद्धि (Increase in National Income)—जब एक देश व्यापार में अन्तर्राष्ट्रीय विशिष्टीकरण और वस्तुओं के विनिमय से लाभ उठाता है तो उससे राष्ट्रीय आय बढ़ती है। यह आगे, इसके उत्पादन के स्तर और अर्थव्यवस्था की वृद्धि दर को बढ़ाती है।

4. अतिरेक का निर्गम (Vent for Surplus)—व्यापार से लाभ एक देश में अन्तर्राष्ट्रीय व्यापार से पहले भूमि, श्रम और अन्य संसाधनों के निष्क्रिय पाए जाने से भी होते हैं। अन्तर्राष्ट्रीय बाजारों में शामिल होने से इसके संसाधनों का प्रयोग वस्तुओं के अतिरेक को उत्पादित करने में प्रयोग होता है जो अन्यथा बिना बेचे रह जाएंगी। यह **एडम स्मिथ** का व्यापार से अतिरेक का निर्गम कहलाता है।

गत्यात्मक लाभ (Dynamic Gains)

व्यापार से निम्नलिखित गत्यात्मक लाभ प्राप्त होते हैं:

1. संसाधनों का कुशल प्रयोग (Efficient Employment of Resources)—विदेश व्यापार से प्रत्यक्ष गत्यात्मक लाभ यह है कि तुलनात्मक लाभ से विश्व के उत्पादकीय संसाधनों का अधिक कुशल प्रयोग होता है।

2. मार्किट का विस्तार (Wide Market)—व्यापार से मुख्य परोक्ष गत्यात्मक लाभ यह भी होता है कि यह मार्किट का विस्तार करता है। विशिष्टीकरण का क्षेत्र और मार्किट के आकार का विस्तार करने से, अन्तर्राष्ट्रीय व्यापार से मशीनों का अधिक प्रयोग होता है, खोजों और नवप्रर्वतनों को प्रोत्साहन मिलता है, श्रम उत्पादकता में वृद्धि होती है, लागतें कम होती हैं और तीव्र वृद्धि होती है।

3. अन्य क्रियाओं को विकास (Development of Other Activities)—जब एक देश निर्यात के लिए वस्तुएं उत्पादित करना और घरेलू उपभोग के लिए आयात करना प्रारम्भ करता है तो अन्य आर्थिक क्रियाओं का विकास होता है। विद्युत, सड़कों, फ्लाईओवर, पुलों आदि बुनियादी सुविधाओं का निर्माण होता है। औद्योगिक केन्द्रों के साथ-साथ, व्यापारिक और भवन केन्द्रों का निर्माण होता है। प्राथमिक क्षेत्र कच्चे माल के लिए घरेलू प्रयोग और निर्यात के लिए व्यावसायिक क्षेत्र में विकसित हो जाता है। बैंक, इंश्योरेंस, संचार आदि के रूप में तृतीयक (tertiary) क्षेत्र विकसित होता है।

4. निवेश में वृद्धि (Increase in Investment)—विदेशी व्यापार विभिन्न प्रकार की वस्तुओं को इकट्ठा करने और उत्पादन के लिए नई इकाइयां स्थापित करने को प्रोत्साहित करता है। पूरक और सहायक इकाइयां स्थापित हो जाती हैं। निर्यात के लिए उत्पादन की अन्य क्रियाओं (ऊपर वर्णित) के विकास में पश्चगामी (backward) और अग्रगामी (forward) शृंखलाएं (linkages) लाता है। ये सभी, देश में स्वायत्त और प्रेरक निवेशों में वृद्धि लाते हैं।

प्रश्न

1. 'व्यापार से लाभ' का क्या तात्पर्य है? 'व्यापार से लाभ' तथा 'व्यापार शर्तों' में सम्बन्ध स्पष्ट कीजिए।
2. अन्तर्राष्ट्रीय व्यापार से कैसे लाभ होता है?
3. 'व्यापार से लाभ' किस प्रकार मापे जाते हैं? वे किन-किन कारकों पर निर्भर करते हैं?
4. समझाइये कि आप छोटे और बड़े देश के व्यापार लाभों को किस प्रकार मापेंगे।
5. ''व्यापार-नहीं से मुक्त व्यापार श्रेष्ठ है''—इस कथन की व्याख्या कीजिए।
6. ''व्यापार-नहीं से प्रतिबन्धित व्यापार श्रेष्ठ है''—और ''मुक्त व्यापार से प्रतिबन्धित व्यापार श्रेष्ठ है।'' इन कथनों की पूर्ण रूप से व्याख्या कीजिए।
7. व्यापार से स्थैतिक और गत्यात्मक लाभों की व्याख्या करिए।
8. व्यापार से वास्तविक और सम्भावित लाभों में भेद कीजिए।

अध्याय 17

व्यापार की शर्तें
(The Terms of Trade)

व्यापार की शर्तें उस दर को बताती हैं जिस दर पर एक देश की वस्तुओं का दूसरे देश की वस्तुओं से विनिमय होता है। यह दर किसी देश के आयातों के रूप में उस देश के निर्यात की क्रय शक्ति का माप है और उस देश की निर्यात कीमतों तथा आयात कीमतों के बीच सम्बन्ध के रूप में व्यक्त की जाती है। जब किसी देश की आयात कीमतों की सापेक्षता में उस देश की निर्यात कीमतें बढ़ती हैं तो कहा जाएगा कि उसकी व्यापार की शर्तें **बेहतर** हो गई हैं। देश को व्यापार से लाभ होता है क्योंकि यह निर्यात की दी हुई मात्रा के बदले आयातों की **अधिक** मात्रा प्राप्त कर सकता है। दूसरी ओर, यदि उस देश की निर्यात कीमतों की सापेक्षता में आयात कीमतें बढ़ती हैं, तो कहा जाएगा कि उसकी व्यापार की शर्तें **प्रतिकूल** हो गई हैं। उस देश का व्यापार से लाभ कम हो जाएगा क्योंकि यह निर्यातों की दी हुई मात्रा के बदले आयातों की पहले से **कम** मात्रा प्राप्त कर सकेगा।

जेकब वाइनर[1] तथा **जी.एम. मायर** (G.M. Meier)[2] ने अनेक प्रकार की व्यापार की शर्तों की चर्चा की है। यहां हम उनमें से प्रत्येक पर क्रमशः विचार करेंगे।

1. व्यापार की वस्तु या शुद्ध वस्तु विनिमय शर्तें (COMMODITY OR NET BARTER TERMS OF TRADE)

व्यापार की वस्तु अथवा शुद्ध वस्तु-विनिमय शर्तें किसी देश की निर्यात वस्तुओं तथा आयात वस्तुओं की कीमतों का अनुपात होती हैं और इसे इस प्रकार व्यक्त किया जा सकता है :

$$Tc = Px/Pm$$

जहां Tc व्यापार की वस्तु-विनिमय शर्तों को, P कीमत को, x निर्यात और m आयात को व्यक्त करता है।

किसी अवधि में व्यापार की वस्तु-विनिमय शर्तों में हुए परिवर्तनों को मापने के लिए आयात कीमतों में परिवर्तन से निर्यात कीमतों में परिवर्तन का अनुपात लिया जाता है, तो व्यापार की वस्तु-विनिमय शर्तों का सूत्र यह है :

$$Tc = \frac{Px_1 / Pm_1}{Px_0 / Pm_0}$$

जहां 0 तथा 1 आधार तथा अन्तिम अवधियों की ओर संकेत करते हैं।

सन् 1971 को आधार वर्ष मानकर और भारत की निर्यात कीमतों तथा आयात कीमतों को 100 के रूप में व्यक्त करने पर यदि हम देखें कि 1981 के अन्त तक निर्यात कीमतों का सूचक (index) गिरकर 90 पर आ गया था और आयात कीमतों का सूचक बढ़कर 110 पर पहुंच गया था, तो व्यापार की शर्तों में निम्नलिखित परिवर्तन हुआ था :

$$Tc = \frac{90}{100} / \frac{110}{100} = 81.82\,.$$

इसका मतलब है कि भारत की व्यापार की शर्तें 1971 के मुकाबले 1981 में लगभग 18 प्रतिशत गिर गई थीं अर्थात् व्यापार की शर्तें पहले से खराब हो गई थीं।

1. J. Viner, *op.cit.*, pp. 558-70.
2. Gerald M. Meier, *The International Economics of Development, 1986,* Ch. 3.

यदि निर्यात-कीमतों का सूचक बढ़कर 180 हो जाता और आयात-कीमतों का सूचक 150 हो जाता, तो व्यापार की शर्तें 120 होतीं। इसका मतलब यह है कि 1971 के मुकाबले 1981 में व्यापार-शर्तें 20 प्रतिशत बेहतर हो गईं।

व्यापार की वस्तु अथवा शुद्ध वस्तु-विनियम शर्तों की धारणा को अर्थशास्त्रियों ने अन्तर्राष्ट्रीय व्यापार से होने वाले लाभ को मापने के लिए प्रयोग किया है। **मिल-मार्शल** विश्लेषण में प्रस्ताव वक्रों द्वारा निर्धारित व्यापार की शर्तें वस्तुत: व्यापार की वस्तु-विनिमय शर्तों से सम्बद्ध हैं।

इसकी सीमाएं (Its Limitations)

यद्यपि इसे व्यापार से लाभ की गति की दिशा मापने के साधन के रूप में प्रयोग किया जाता है, तथापि इस सिद्धान्त की कुछ महत्वपूर्ण सीमाएं हैं।

1. सूचकांक की समस्याएं (Problems of Index Numbers)—वस्तुओं की संख्या, आधार वर्ष तथा गणना की विधि के रूप में सूचकांक से सम्बद्ध आम समस्याएं खड़ी हो जाती हैं।

2. वस्तु की क्वालिटी में परिवर्तन (Change in Quality of Product)—व्यापार की वस्तु-विनिमय शर्तें निर्यात तथा आयात कीमतों के सूचकांकों पर आधारित होती हैं। परन्तु वे दो देशों के व्यापार में शामिल होने वाली वस्तुओं की क्वालिटी और संरचना में होने वाले परिवर्तनों पर ध्यान नहीं देतीं। बहुत हुआ तो व्यापार की वस्तु-विनिमय शर्तों का सूचक आधार वर्ष में निर्यातित और आयातित वस्तुओं की सापेक्ष कीमतों में हुए परिवर्तनों को प्रदर्शित करता है। इस प्रकार व्यापार की निवल वस्तु विनिमय शर्तें उन बड़े परिवर्तनों का लेखा-जोखा प्रस्तुत करने में असमर्थ रहती हैं जो विश्व के बाजार में वस्तुओं की क्वालिटी में होते रहते हैं और उन नई वस्तुओं के बारे में कुछ नहीं बता पातीं जो अन्तर्राष्ट्रीय व्यापार में निरन्तर प्रवेश करती रहती हैं।

3. अवधि के चयन की समस्या (Problem of Selection of Period)—जिस अवधि के दौरान व्यापार की शर्तों का अध्ययन और तुलना की जाती है, उस अवधि के चयन में भी समस्याएं उत्पन्न हो जाती हैं। यदि बहुत थोड़ी अवधि ली जो, तो हो सकता है कि आधार तिथि और वर्तमान तिथि में कोई सार्थक परिवर्तन ही न दिखाई दे। दूसरी ओर, यदि बहुत लम्बी अवधि ली जाए, तो हो सकता है कि देश के व्यापार का ढांचा ही बदल चुका हो और दोनों तिथियों के बीच निर्यात तथा आयात वस्तु सामग्री की तुलना ही न की जा सके।

4. कीमतों में परिवर्तनों के कारक (Causes of Changes in Prices)—व्यापार की वस्तु-विनिमय शर्तों में एक बड़ी कठिनाई यह है कि वे केवल इतना ही बताती हैं कि निर्यात तथा आयात कीमतों में क्या परिवर्तन हुए हैं, परन्तु यह नहीं बतातीं कि वे परिवर्तन कैसे हुए हैं। वास्तव में, जब विदेशों में निर्यात की मांग और घरेलू मजदूरी अथवा उत्पादन में परिवर्तन के परिणामस्वरूप आयात कीमतों की सापेक्षता में निर्यात कीमतों में होने वाला परिवर्तन वस्तु-विनिमय व्यापार की शर्तों के सूचक को बदल देता है, तो बहुत मात्रात्मक अन्तर पड़ जाता है। उदाहरणार्थ, जब विदेशों में निर्यात की अधिक मांग और देश में मजदूरी स्फीति के कारण आयात कीमतों की सापेक्षता में निर्यात कीमतें बढ़ जाती हैं, तो वस्तु-विनिमय व्यापार शर्तों के सूचक में परिवर्तन हो सकता है। वस्तु-विनिमय व्यापार की शर्तों का सूचक इस तरह के साधनों के प्रभावों पर ध्यान नहीं देता।

5. आयात क्षमता की उपेक्षा (Neglect Import Capacity)—वस्तु-विनिमय व्यापार शर्तों का सिद्धान्त किसी देश की 'आयात क्षमता' पर कोई प्रकाश नहीं डालता। मानलीजिए कि भारत की वस्तु-विनिमय व्यापार की शर्तें गिर गई हैं। इसका मतलब है कि भारतीय निर्यातकों की दी हुई मात्रा के बदले पहले की अपेक्षा कम आयात खरीदे जा सकते हैं। इस प्रवृत्ति के साथ-साथ भारतीय निर्यातों की मात्रा बढ़ जाती है जिसका कारण शायद यह हो कि निर्यातों की कीमत गिर गई है। हो सकता है कि ये दोनों प्रवृत्तियां एक साथ चलती रह कर भारत की आयात करने की क्षमता अपरिवर्तित रखें अथवा उसे सुधार दें। इस प्रकार वस्तु-विनिमय व्यापार की शर्तें किसी देश की आयात करने की क्षमता पर ध्यान नहीं देती।

6. उत्पादक क्षमता की उपेक्षा (Neglect of Productive Capacity)—वस्तु-विनिमय व्यापार की शर्तें किसी देश की उत्पादक दक्षता की भी उपेक्षा कर देती हैं। मानलीजिए, किसी देश की उत्पादक दक्षता बढ़ जाती है। इसके परिणामस्वरूप उत्पादन की लागत और देश की निर्यात वस्तुओं की कीमतें गिर जाएंगी। निर्यात वस्तुओं की कीमतों में गिरावट होने से देश की वस्तु-विनिमय व्यापार

शर्तें खराब हो जाएंगी। परन्तु वास्तव में देश की स्थिति पहले से बुरी नहीं होगी। यद्यपि निर्यात के दिए हुए मूल्य के बदले कम आयात प्राप्त होंगे, पर देश पहले से बेहतर स्थिति में होगा। इसका कारण यह है कि अब निर्यात की दी हुई मात्रा का उत्पादन पहले की अपेक्षा कम संसाधनों से होगा और निर्यात में प्रयुक्त संसाधनों के रूप में आयातों की वास्तविक लागत अपरिवर्तित रहेगी।

7. भुगतान शेष असंतुलन में सहायक नहीं (Not Helpful in Balance of Paymenta Disequilibrium)—वस्तु-विनिमय व्यापार शर्तों की धारणा तभी सही है जब किसी देश के भुगतान-शेष में केवल वस्तुओं और सेवाओं के निर्यात तथा आयात शामिल हों और आधार तथा दिए हुए वर्षों में भुगतान-शेष सन्तुलन में हों। यदि भुगतान-शेष में एक-पक्षीय भुगतान भी शामिल है अथवा ऐसे अनावश्यक निर्यात तथा/अथवा आयात जैसे उपहार और दूसरे देश को भेजी गई अथवा वहां से प्राप्त राशि भी शामिल हैं जिनसे भुगतान-शेष में असंतुलन उत्पन्न हो जाता है, तो वस्तु-विनिमय व्यापार-शर्तें देश को व्यापार से प्राप्त होने वाले लाभ को मापने में सहायक नहीं होतीं।

8. व्यापार से लाभ की उपेक्षा (Ignores Gains from Trade)—व्यापार की वस्तु शर्तों की धारणा विकसित और अल्पविकसित देश के बीच व्यापार से लाभ के वितरण की व्याख्या नहीं करती है। यदि एक अल्पविकसित देश का निर्यात कीमत सूचक उसके आयात कीमत सूचक (index) से अधिक है तो इसका मतलब है कि इसकी व्यापार की शर्तों में सुधार है लेकिन यदि विदेशी निवेश के लाभ में बराबर वृद्धि होती है तो व्यापार से कोई लाभ नहीं हो सकता है।

इस अन्तिम कठिनाई पर काबू पाने के लिए टॉसिंग[3] ने सकल वस्तु-विनिमय व्यापार-शर्तों का सिद्धान्त प्रस्तुत किया।

2. सकल वस्तु-विनिमय व्यापार की शर्तें (GROSS BARTER TERMS OF TRADE)

सकल वस्तु-विनिमय व्यापार-शर्तें किसी देश के आयात तथा निर्यात की कुल मात्राओं के बीच अनुपात है। प्रतीकात्मक रूप में, $Tg = Qm/Qx$ जहां Tg सकल व्यापार शर्तों को व्यक्त करता है और Qm आयात की मात्राओं तथा Qx निर्यात की मात्राओं को प्रदर्शित करते हैं। आयातों तथा निर्यातों की मात्रा के बीच अनुपात जितना अधिक होगा, सकल व्यापार की शर्तें उतनी ही बेहतर होंगी। निर्यातों की उतनी ही मात्रा के बदले आयातों की अधिक मात्रा प्राप्त की जा सकती है।

किसी अवधि पर्यन्त सकल वस्तु-विनिमय व्यापार की शर्तों में परिवर्तनों को मापने के लिए, आधार अवधि और अवधि के अन्त में आयातों तथा निर्यातों की मात्राओं के सूचकांकों को एक दूसरे से सम्बद्ध किया जाता है। इसके लिए सूत्र है :

$$Tg = \frac{Qm_1}{Qm_0} \Big/ \frac{Qx_1}{Qx_0}$$

1971 को आधार वर्ष मानकर और भारत के आयात तथा निर्यात दोनों की मात्रा को 100 मानकर, यदि हम देखें कि 1981 में मात्रा-आयातों (quantity imports) का सूचक बढ़कर 160 हो गया है और मात्रा-निर्यातों का सूचक 120 हो गया है, तो सकल वस्तु-विनिमय व्यापार शर्तों में निम्नलिखित परिवर्तन हुआ :

$$Tg = \frac{160}{100} \Big/ \frac{120}{100} = 133.33$$

इसका मतलब है कि 1971 के मुकाबले 1981 में भारत की सकल वस्तु-विनिमय व्यापार-शर्तों में 33 प्रतिशत सुधार हुआ।

यदि मात्रा आयात सूचक बढ़कर 130 और मात्रा निर्यात सूचक 180 हो जाता तो सकल वस्तु विनिमय व्यापार की शर्तें 72.22 होती हैं।

$$Tg = \frac{130}{100} \Big/ \frac{180}{100} = 72.22$$

जब व्यापार की शुद्ध वस्तु-विनिमय शर्तें *(Tc)* व्यापार की सकल वस्तु-विनिमय शर्तों के बराबर होती हैं तो देश का व्यापार-शेष

3. F.W. Taussing, *International Trade,* 1927.

संतुलन में होता है। यह वस्तुओं के निर्यात से कुल प्राप्तियों को वस्तुओं के आयात से कुल भुगतानों की समानता को दर्शाता है। प्रतीकात्मक रूप में :

$$Px \times Qx = Pm \times Qm$$

या $$Px / Pm = Qm / Qx$$

या $$Pc = Tg$$

इसका मतलब है कि 1971 के मुकाबले 1981 में व्यापार की शर्तें 18 प्रतिशत खराब हो गई हैं।

इसकी आलोचना (Its Criticisms)

व्यापार की सकल वस्तु-विनिमय की शर्तों की धारणा की अर्थशास्त्रियों द्वारा निम्नलिखित आलोचनाएं की गई हैं :

1. वस्तुओं, सेवाओं और पूंजी लेन-देन का समूहन (Aggregating Goods, Services and Capital Transactions)—सकल वस्तु-विनिमय व्यापार-शर्तों के सिद्धान्त की इस बात के लिए आलोचना की गई है कि यह निर्यातों और आयातों के सूचकांक में सभी प्रकार के वस्तु एवं पूंजी भुगतानों तथा प्राप्तियों को एक वर्ग के रूप में इकट्ठा कर देता है। ऐसी कोई इकाइयां नहीं है जो चावल तथा इस्पात पर पूंजी के निर्यात (अथवा आयात) और अनुदान के भुगतान (अथवा प्राप्ति) पर समान रूप से लागू होती हों। इसलिए लेन-देन के उन विविध प्रकारों में अन्तर करना सम्भव नहीं है जिन्हें सूचक में इकट्ठा कर दिया गया है। इसलिए हैबरलर, वाइनर तथा अन्य अर्थशास्त्रियों ने सकल वस्तु-विनिमय व्यापार शर्तों के सिद्धान्त को यह कहकर रद्द कर दिया है कि सांख्यिकीय सूचक के रूप में यह सिद्धान्त अयथार्थिक एवं अव्यावहारिक है।

2. साधन उत्पादकता की उपेक्षा (Ignores Factor Productivity)—यह धारणा एक देश की व्यापार की शर्तों पर साधन उत्पादकता में सुधार के प्रभाव की उपेक्षा करती है। एक देश में निर्यात क्षेत्र में साधन उत्पादकता में वृद्धि के कारण व्यापार की सकल वस्तु-विनिमय शर्तें प्रतिकूल हो सकती हैं। आगे, बढ़ी हुई साधन उत्पादकता निर्यात करने वाले देश के लाभ को दर्शाती है।

3. भुगतान शेष की उपेक्षा (Neglects Balance of Payments)—व्यापार की सकल वस्तु-विनिमय शर्तों की धारणा का संबंध व्यापार शेष से होता है और यह व्यापार कर रहे देश की अन्तर्राष्ट्रीय पूंजी प्राप्तियों और भुगतानों के प्रभाव की उपेक्षा करता है।

4. उत्पादन में सुधारों की उपेक्षा (Ignores Improvements in Production)—यह धारणा व्यापार की शर्तों को निर्यातों एवं आयातों को भौतिक मात्राओं में मापता है परन्तु निर्यात्य और आयात्य वस्तुओं के उत्पादन में **गुणात्मक** प्रभावों की उपेक्षा करता है।

5. कल्याण का वास्तविक सूचक नहीं (Not True Index of Welfare)—व्यापार की सकल वस्तु-विनिमय शर्तों में सुधार व्यापार से कल्याण के एक ऊंचे स्तर का सूचक समझा जाता है। ऐसा इस कारण कि देश निर्यात्य वस्तुओं के लिए अधिक आयात्य वस्तुओं का विनिमय करता है। परन्तु यह सही नहीं हो सकता है। यदि लोगों की रुचियां, अधिमान और आदतें बदलती हैं जिससे देश को कम आयात्यों की आवश्यकता पड़ती है। इससे व्यापार की सकल वस्तु-विनिमय शर्तें प्रतिकूल हो जाती हैं परन्तु कल्याण में वृद्धि होती है।

निष्कर्ष (Conclusion)—ऊपर वर्णित कमियों के कारण, वाइनर केवल व्यापार की शुद्ध वस्तु-विनिमय शर्तों की धारणा का प्रयोग करता है, इसलिए अर्थशास्त्रियों द्वारा इस धारणा का परित्याग कर दिया गया है।

3. व्यापार की आय शर्तें (INCOME TERMS OF TRADE)

डोरेन्स (Dorrance)[4] ने व्यापार की आय शर्तों की धारणा प्रस्तुत करके शुद्ध वस्तु-विनिमय व्यापार-शर्तों की धारणा पर सुधार किया है। यह सूचक किसी देश के निर्यात और उसकी निर्यातों एवं आयात कीमतों (शुद्ध वस्तु-विनिमय व्यापार-शर्तों) पर ध्यान देता है। यह किसी देश के निर्यातों में परिवर्तन के अनुपात में उसकी परिवर्तित होती हुई आयात क्षमता को प्रदर्शित करता है। इस प्रकार, व्यापार की

4. G.S. Dorrance, *'The Income Terms of Trade,' R.E.S.* Vol. XVI, 1948-49.

आय शर्तें किसी देश की शुद्ध वस्तु-विनिमय व्यापार-शर्तों तथा उसके निर्यात मात्रा सूचक का गुणनफल होती है। इसे यों व्यक्त किया जा सकता है :

$$Ty = Tc.Qx = \frac{PxQx}{Pm} = \frac{\text{आयात कीमतों का सूचक} \times \text{निर्यात मात्रा}}{\text{आयात कीमतों का सूचक}}$$

$$\left(\because Tc = \frac{Px}{Pm}\right)$$

जहां Ty व्यपार की आय शर्तें हैं, Tc वस्तु-विनिमय व्यापार-शर्तें और Qx निर्यात मात्रा सूचक हैं।

ए.एच. इम्लाह (A.H. Imlah)[5] ने निर्यात के मूल्य के सूचक को आयातों की कीमत के सूचक से विभाजित करके यह सूचक निकाला है। इसे उसने 'व्यापार सूचक से निर्यात लाभ' (Export Gain from Trade Index) कहा है।

1971 को आधार वर्ष लेकर, यदि 1981 में $Px = 140$, $Pm = 70$ और $Qx = 80$ हो, तो

$$Py = \frac{140 \times 80}{70} = 160$$

इसका मतलब है कि 1971 की तुलना में 1981 में व्यापार की आय शर्तों में 60 प्रतिशत का सुधार हुआ है। यदि 1981 में, $Px = 80$, $Pm = 160$ और $Qx = 120$, तो

$$Py = \frac{80 \times 120}{160} = 60$$

इसका मतलब है 1971 की तुलना में 1981 में व्यापार की आय शर्तें 40 प्रतिशत प्रतिकूल हुई हैं।

व्यापार की आय शर्तों के सूचक में वृद्धि से अभिप्राय है कि देश अपनी निर्यातों के बदले अधिक वस्तुएं आयात कर सकता है। देश की व्यापार की आय शर्तें बेहतर हो सकती हैं परन्तु हो सकता है कि उसकी वस्तुविनिमय व्यापार-शर्तें प्रतिकूल हो जाएं। यह मान लेने पर कि आयात कीमतें स्थिर रहती हैं, यदि निर्यात कीमतें गिर जाएं तो विक्रय बढ़ेंगे और निर्यात का मूल्य बढ़ेगा। इस प्रकार हो सकता है कि जहां व्यापार की आय शर्तें बेहतर हो गई हों, वहां वस्तु-विनिमय व्यापार-शर्तें प्रतिकूल हो गई हों।

व्यापार की आय शर्तों को आयात करने की क्षमता कहा जाता है। यह आवश्यक है कि दीर्घकाल में, किसी देश के कुल निर्यातों का मूल्य उसके आयातों के मूल्य के बराबर हो अर्थात $PxQx = PmQm$ अथवा $PxQx/Pm=Qm$। इस प्रकार $PxQx/Pm$ ही Qm को निर्धारित करता है जो कुल मात्रा है जिसे कोई देश आयात कर सकता है। किसी देश की आयात क्षमता बढ़ सकती है बशर्तें कि अन्य बातें अपरिवर्तित रहें : *(i)* निर्यात की कीमत (Px) बढ़ जाती है, अथवा (ii) आयात की कीमत (Pm) गिर जाती है, अथवा (iii) निर्यात की मात्रा (Qx) बढ़ जाती है।

इस प्रकार जिन विकासशील देशों की आयात क्षमता कम है उनके लिए व्यापार की आय शर्तों की धारणा का व्यावहारिक मूल्य बहुत अधिक है।

इसकी आलोचनाएं (Its Criticisms)

व्यापार की आय शर्तों की धारणा की निम्नलिखित आलोचनाएं की गई हैं।

1. व्यापार से लाभ या हानि को मापने में विफल (Fails to measure Gain or Loss from Trade)—व्यापार की आय शर्तों का सूचक अन्तर्राष्ट्रीय व्यापार से लाभ या हानि सही-सही मापने में असमर्थ रहता है। जब किसी देश की आयात क्षमता बढ़ती है तो इसका मतलब केवल यह होता है कि वह पहले से अधिक निर्यात भी कर रहा है। वास्तव में निर्यातों में किसी देश के वास्तविक साधन भी सम्मिलित रहते हैं जिन्हें लोगों का जीवन-स्तर सुधारने के लिए घरेलू रूप से प्रयोग किया जा सकता है।

5. A.H. Imlah, "Temrs of Trade of the United Kingdom," *J.E.H.*, Nov. 1950.

2. आयात की कुल क्षमता से संबंधित नहीं (Not related to Total Capacity to Import)—व्यापार की आय शर्तों का सूचक आयात करने की निर्यात आधारित क्षमता से सम्बन्ध रखता है, न कि किसी देश की आयात की कुल क्षमता से, जिसमें देश की विदेशों से विनिमय प्राप्तियां भी सम्मिलित होती हैं। उदाहरणार्थ, यदि किसी देश के व्यापार की आय शर्तों का सूचक गिर गया है परन्तु इसकी विदेशी विनिमय प्राप्तियां बढ़ गई हैं, तो वास्तव में इस देश की आयात क्षमता बढ़ जाती है, भले ही सूचक गिरावट को प्रदर्शित करे। अन्तर्राष्ट्रीय व्यापार से होने वाले लाभ को मापने के लिए व्यापार की आय शर्तों के सिद्धान्त के मुकाबले व्यापार की वस्तु-विनिमय शर्तों की धारणा को प्राथमिकता दी जाती है।

3. व्यापार की वस्तु शर्तों से घटिया (Inferior to Commodity Terms of Trade)—क्योंकि व्यापार की आय शर्तों का सूचक व्यापार की वस्तु शर्तों पर आधारित है और इससे विरोधाभासी परिणाम निकलते हैं, इसलिए अन्तर्राष्ट्रीय व्यापार के लाभ मापने के लिए व्यापार की आय शर्तों की बजाय व्यापार की वस्तु विनिमय शर्तों का प्रयोग किया जाता है।

4. व्यापार की एकल घटकीय शर्तें (SINGLE FACTORIAL TERMS OF TRADE)

व्यापार की वस्तु-शर्तों की धारणा निर्यात उद्योगों में होने वाले उत्पादकता परिवर्तनों पर विचार नहीं करती। प्रो. **वाइनर** ने व्यापार की एकल घटकीय शर्तों की धारणा प्रस्तुत की है जो घरेलू निर्यात क्षेत्र में परिवर्तनों को स्थान देती है। इसकी गणना करने के लिए व्यापार की वस्तु-शर्तों के सूचक को घरेलू निर्यात उद्योगों में उत्पादकता परिवर्तनों के सूचक से गुणा किया जाता है।

इसे यों व्यक्त किया जा सकता है:

$$Ts = Tc.Fx = \frac{Px.Fx}{Pm}$$

$$\left(\because Tc = \frac{Px}{Pm}\right)$$

जहां Ts व्यापार की एकल घटकीय शर्तें हैं, Tc व्यापार की वस्तु शर्तें और Fc निर्यात उद्योगों का उत्पादकता सूचक है।

यह बताता है कि जब किसी देश के निर्यात उद्योगों की उत्पादकता सुधरती है तो उस देश के व्यापार की एकल घटकीय शर्तें भी सुधरती हैं। यदि किसी देश के निर्यात उद्योगों की उत्पादकता बढ़ती है तो उसके व्यापार की एकल घटकीय शर्तों में सुधार हो सकता है भले ही उसकी वस्तु-व्यापार शर्तें प्रतिकूल हो जाएं। उदाहरणार्थ, जब किसी देश के निर्यात उद्योगों की उत्पादकता बढ़ती है तो उसके परिणामस्वरूप हो सकता है कि उस देश की आयात कीमतों की सापेक्षता में उसकी निर्यात कीमतें गिर जाएं। वस्तु-व्यापार की शर्तें तो बिगड़ जाएंगी, परन्तु देश के व्यापार की एकल घटकीय शर्तों में सुधार हो जाएगा।

इसकी परिसीमाएं (Its Limitations)

इस सूचक की कुछ परिसीमाएं भी हैं। उत्पादकता सूचक निर्मित करने के लिए आवश्यक आंकड़े उपलब्ध करना कठिन है। और फिर, व्यापार की एकल घटकीय शर्तें दूसरे देश में आयात उद्योगों की उत्पादन की सम्भावित घरेलू लागत पर ध्यान नहीं देतीं। इस कठिनाई को हल करने के लिए वाइनर ने व्यापार की द्विघटकीय शर्तों (double factoral terms of trade) की धारणा बनाई।

5. व्यापार की द्विघटकीय शर्तें (DOUBLE FACTORAL TERMS OF TRADE)

व्यापार की द्विघटकीय शर्तें उन उत्पादकता परिवर्तनों पर ध्यान देती हैं जो घरेलू निर्यात क्षेत्र में और देश के आयातों का उत्पादन करने वाले विदेशी निर्यात क्षेत्र में (अर्थात् इन दोनों क्षेत्रों में) होते हैं। व्यापार की द्विघटकीय शर्तों को मापने वाले सूचक को किस रूप में व्यक्त किया जा सकता है:

$$Td = Tc.\frac{Fx}{Fm} = \frac{Px}{Pm}.\frac{Fx}{Fm}$$

$$\left(\because Tx = \frac{Px}{Pm}\right)$$

जहां *Td* व्यापार की द्विघटकीय शर्तें, *Px/Pm* वस्तु-व्यापार की शर्तें, *Fx* निर्यात उत्पादकता सूचक और *Fm* आयात उत्पादकता सूचक है।

यह सूचक किसी देश की विनिमय दर से उस परिवर्तन को मापने में सहायक होता है जो निर्यातों का उत्पादन करने वाले घरेलू साधनों की उत्पादक कुशलता तथा उस देश के लिए आयातों का उत्पादन करने वाले विदेशी साधनों की उत्पादक कुशलता में परिवर्तन के परिणामस्वरूप होता है। किसी देश के व्यापार की द्विघटकीय शर्तों के सूचक का मतलब है कि दूसरे देश में आयातों का उत्पादन करने वाले साधनों की सापेक्षता में निर्यातों का उत्पादन करने वाले साधनों की उत्पादक दक्षता बढ़ गई है।

इसकी अलोचनाएं (Its Criticisms)

इस धारणा की निम्नलिखित आलोचनाएं की गई हैं:

1. व्यापार की द्विघटकीय शर्तों का सूचक बनाना संभव नहीं (Not Possible to Construct Double Factoral Terms of Trade Index)—व्यवहार में किसी देश के व्यापार की द्विघटकीय शर्तों के सूचक का हिसाब लगाना सम्भव नहीं है। **प्रो. डेवन्ज** (Devons) ने इंग्लैंड के 1948-53 के बीच व्यापार की एकल घटकीय शर्तों के सूचक में हुए परिवर्तनों का हिसाब लगा लिया था। परन्तु किसी भी देश के व्यापार की द्विघटकीय शर्तों का सूचक बनाना संभव नहीं हुआ है। इसका कारण यह है कि इसमें दूसरे देश के आयात उद्योगों में हुए उत्पादकता परिवर्तनों की घरेलू निर्यात उद्योगों के उत्पादकता परिवर्तनों के साथ माप और तुलना शामिल रहती हैं।

2. उत्पादक साधनों की अपेक्षित मात्रा महत्वपूर्ण नहीं (Required Quantity of Productive Factors not Important)—देश के आयातों के उत्पादन के लिए दूसरे देश में उत्पादक साधनों की आवश्यक मात्रा महत्व नहीं रखती, बल्कि महत्वपूर्ण बात तो यह है कि निर्यातों की दी हुई मात्रा के बदले वस्तुओं की कितनी मात्रा आयात की जा सकती है।

3. व्यापार की द्विघटकीय शर्तों और व्यापार की वस्तु शर्तों में अन्तर नहीं (No Difference between Double Factoral TOT and Commodity TOT)—यदि उत्पादन में पैमाने के प्रतिफल स्थिर हों और कोई परिवहन लागतें न हों, तो व्यापार की द्विघटकीय शर्तों तथा वस्तु-विनिमय व्यापार की शर्तों में कोई अन्तर नहीं है।

4. व्यापार की एकल घटक शर्तों की धारणा अधिक सार्थक (Single Factoral Terms of Trade more Relevant)—**किंडलबर्गर** का मत है कि ''व्यापार की द्विघटकीय शर्तों की धारणा की अपेक्षा एकल घटकीय शर्तों की धारणा अधिक सार्थक है। हमें इस बात से मतलब है कि हमारे साधन कितनी वस्तुएं अजित कर सकते हैं। हमें इस बात से कुछलेना देना नहीं है कि हमारी साधन-सेवाएं विदेशी साधनों की सेवाओं के रूप में क्या प्राप्त कर सकती हैं। और फिर,जो प्रश्न विदेश में उत्पादकता से सम्बन्ध रखता है वह आयातित वस्तुओं की क्वालिटी का प्रश्न है।''

6. व्यापार की वास्तविक लागत शर्तें
(REAL COST TERMS OF TRADE)

वाइनर ने अन्तर्राष्ट्रीय व्यापार से वास्तविक लाभ मापने के लिए एक व्यापार शर्तों का सूचक भी निमित किया है। इसे वह व्यापार की वास्तविक लागत शर्तों का सूचक कहता है। निर्यात वस्तुओं के उत्पादन में प्रयुक्त उत्पादक संसाधनों की प्रति इकाई अनुयोगिता (disutility) की मात्रा के (reciprocal) को व्यापार की एकल घटकीय शर्तों से गुणा करके उसने यह सूचक निकाला है। इसे यों व्यक्त किया जा सकता है:

$$Tr = Ts.Rx \frac{Px}{Pm}.Ex.Rx \qquad \left(\therefore Ts = \frac{Px}{Pm}.Fx\right)$$

जहां *Tr* व्यापार की वास्तविक लागत शर्तें हैं, *Ts* व्यापार की एकल घटकीय शर्तें हैं, *Rx* निर्यात वस्तुओं के उत्पादन में प्रयुक्त उत्पादक संसाधनों की प्रति इकाई अनुपयोगिता की मात्रा का सूचक है।

इसकी आलोचना (Its Criticisms)

व्यापार की अनुकूल वास्तविक लागत शर्तें (Tr) बताती हैं कि निर्यात वस्तुओं के उत्पादन में शामिल वास्तविक लागत के रूप में आयातों की प्राप्त मात्रा अपेक्षाकृत अधिक है। परन्तु यह सूचक निर्यात के लिए उत्पादित वस्तुओं के रूप में शामिल उस वास्तविक लागत को मापने में असमर्थ रहता है जिसे घरेलू उपभोग में प्रयुक्त आयात का भुगतान करने के लिए काम में लाया जा सकता है। इस समस्या को हल करने के लिए वाइनर ने व्यापार की उपयोगिता शर्तों का सूचक विकसित किया।

7. व्यापार की उपयोगी शर्तें (UTILITY TERMS OF TRADE)

व्यापार की उपयोगिता शर्तों का सूचक 'निर्यातों की एक इकाई के उत्पादन करने की अनुपयोगिता में होने वाले परिवर्तनों को मापता है और उन परिवर्तनों को मापता है जो आयातों द्वारा प्राप्त सापेक्ष संतुष्टियों में और निर्यात उत्पादन के कारण त्याग की गई घरेलू वस्तुओं में होते हैं।'* दूसरे शब्दों में, यह आयातों की सापेक्ष उपयोगिता और निर्यातों के उत्पादन के लिए परित्यक्त घरेलू वस्तुओं की सापेक्ष उपयोगिता का सूचक है। व्यापार की उपयोगिता शर्तों के सूचक की गणना करने के लिए व्यापार की वास्तविक लागत शर्तों के सूचक को आयातों की सापेक्ष औसत उपयोगिता के सूचक तथा परित्यक्त घरेलू वस्तुओं के सूचक के साथ गुणा किया जाता है। यदि हम यह मान लें कि औसत उपयोगिता u है और निर्यात उत्पादन के निमित्त संसाधनों का प्रयोग करने के लिए जिन घरेलू वस्तुओं के उपभोग का परित्याग किया वे a हैं, तो

$$u = \frac{Um_1}{Ua_1} \Big/ \frac{Um_0}{Ua_0},$$

जहां u आयात तथा घरेलू परित्यक्त वस्तुओं की सापेक्ष उपयोगिता का सूचक है।

इस प्रकार व्यापार की उपयोगिता शर्तों का सूचक यों व्यक्त किया जा सकता है :

$$Tu = Tr.u = \frac{Px}{Pm}.\ Fx.\ Rx.u$$

क्योंकि व्यापार की वास्तविक शर्तों के सूचक और व्यापार की उपयोगिता शर्तों के सूचक में मुसीबत, परेशानी और त्याग के रूप में अनुपयोगिता की माप सम्मिलित रहती है, इसलिए ये धारणाएं भ्रान्तिजनक हैं। वास्तव में, स्पष्ट रूप से अनुपयोगिता (अथवा उपयोगिता) को सही ढंग से मापना संभव नहीं है।

इसकी आलोचना (Its Criticisms)

वास्तविक लागत धारणा की तरह, इस धारणा का कोई विशेष व्यावहारिक प्रयोग नहीं है। इस कारण विकसित और अविकसित देशों में अन्तर्राष्ट्रीय व्यापार से लाभों को मापने के लिए व्यापार की वस्तु-शर्तों और व्यापार की आय-शर्तों की धारणाओं का प्रयोग किया जाता है।

8. व्यापार की शर्तों का निर्धारण[1] (DETERMINATION OF TERMS OF TRADE)

जब दो देश और दो वस्तुएं हों तो एक देश की व्यापार की शर्तों से अभिप्राय उसकी वस्तुओं की निर्यात कीमतों और आयात कीमतों के बीच अनुपात से है, अर्थात् Px/Pm। एक देश के निर्यात दूसरे देश के आयात होने पर और इसके विपरीत, एक देश की व्यापार की शर्तें दूसरे देश की व्यापार की शर्तों के उलट होती हैं। मानलीजिए दो देश जर्मनी और इंगलैंड हैं। जर्मनी लिनन का उत्पादन करता है और

* It measures changes in the disutility of producing a unit of experts and changes in relative satisfactions yielded by imports, and the domestic products foregone as the result of export production.

1. यह व्यापार की शर्तों को प्रस्ताव वक्रों द्वारा मापने से भी संबद्ध है। अध्याय 7 भी देखिए।

इंगलैंड कपड़े का, जिनका वे एक-दूसरे के साथ व्यापार करते हैं। जर्मनी की व्यापार की शर्तें P_L/P_C है और इंगलैंड की P_c/P_L। उनके बीच व्यापार की शर्तें निर्धारित होती हैं जब उनके कीमत अनुपात संतुलन में हों, अर्थात्

$$P_L/P_C = P_C/P_L = 1.$$

व्यापार की संतुलन शर्तों का निर्धारण चित्र 1 द्वारा समझाया गया है जहां OE इंगलैंड का प्रस्ताव वक्र है और OG जर्मनी का। बिन्दु A, जहां दोनों प्रस्ताव वक्र एक-दूसरे को काटते हैं संतुलन बिन्दु है और व्यापार की शर्तें किरण OT की ढलान द्वारा निर्धारित होती हैं। OT रेखा दोनों वस्तुओं की सापेक्ष (relative) कीमत रेखा है जो **एक** के बराबर है, अर्थात् $Px/Pm = P_C/P_L = OC/OL = 1$, इंगलैंड के लिए और $Px/Pm = P_L/P_C = UL/OC = 1$ जर्मनी के लिए। इस कीमत रेखा OT पर, इंगलैंड कपड़े की OC इकाइयां जर्मनी को निर्यात करता है जो जर्मनी से आयात की गई लिनन की OL इकाइयों के बिल्कुल बराबर है। दूसरी ओर, जर्मनी लिनन की OL इकाइयों का इंगलैंड को निर्यात करता है जो इंगलैंड से आयातित कपड़े की OC इकाइयों के बिल्कुल बराबर है। क्योंकि इंगलैंड और जर्मनी द्वारा क्रमशः कपड़े और लिनन की पूर्ति और मांग OT रेखा पर बराबर होती है, इसलिए व्यापार की शर्तें संतुलन में हैं।

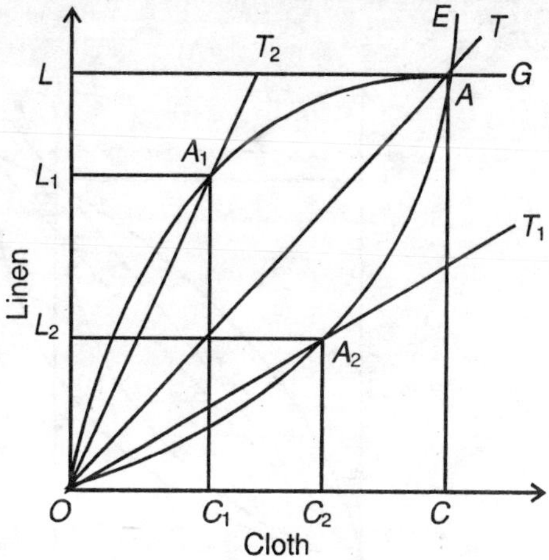

चित्र 1

यह सिद्ध करने के लिए कि OT संतुलन कीमत अनुपात (रेखा) है जिस पर दोनों देश कपड़े और लिनन का व्यापार करते हैं, एक कीमत रेखा OT_1 लें जो इंगलैंड के प्रस्ताव वक्र OE को A_2 बिन्दु पर काटती है। इसी प्रकार, कीमत रेखा OT_2 लें जो जर्मनी के प्रस्ताव वक्र OG को A_1 बिन्दु पर काटती है। बिन्दु A_1 पर, कीमत अनुपात OC_2/OL_2 $(= OL_1/OC_1)$. इस कीमत रेखा पर, इंगलैंड कपड़े की OC_2 मात्रा निर्यात करेगा और इसके बदले जर्मनी से लिनन की OL_2 मात्रा आयात करेगा। दूसरी ओर, बिन्दु A पर, कीमत अनुपात OL_1/OC_1 है जिस पर जर्मनी लिनन की OL_1 मात्रा इंगलैंड को निर्यात करेगा और उसके बदले इंगलैंड से कपड़े की OC_1 मात्रा आयात करेगा। परन्तु जर्मनी द्वारा लिनन की OL_1 इकाइयों का निर्यात इंगलैंड द्वारा आयात की जाने वाली OL_2 इकाइयों से बहुत अधिक है। लिनन की मांग से सप्लाई अधिक होने के कारण, जर्मनी उसकी कीमत कम करेगा जो इसकी मांग को बढ़ा देगी। बढ़ी हुई मांग को पूरा करने के लिए, जर्मनी अपनी लिनन की पूर्ति को अपने प्रस्ताव वक्र OG के साथ-साथ बिन्दु A_1 से ऊपर की ओर बढ़ाता जाएगा जब तक कि वह बिन्दु A पर नहीं पहुंच जाता। इसी प्रकार, बिन्दु A_2 पर इंगलैंड कपड़े की OC_2 इकाइयां जर्मनी को निर्यात करेगा जो OC_1 इकाइयों से बहुत अधिक हैं जिन्हें जर्मनी आयात करने को तैयार है। अतः कपड़े की मांग से उसकी पूर्ति अधिक होने के कारण, कपड़े की कीमत गिरेगी जिससे इसके लिए जर्मनी की मांग बढ़ेगी। इस बढ़ी हुई मांग को पूरा करने हेतु, इंगलैंड अपने प्रस्ताव वक्र OE के साथ-साथ बिन्दु A_2 से ऊपर कपड़े की पूर्ति बढ़ाता जाएगा जब तक वह बिन्दु A पर नहीं पहुंच जाता। इस प्रकार, व्यापार की संतुलन शर्तें OT कीमत अनुपात (रेखा) पर पुनः स्थापित हो जाएंगी जहां लिनन और कपड़े के निर्यात और आयात की इच्छित मात्राएं बराबर होती हैं।

9. व्यापार की शर्तों को प्रभावित करने वाले कारक*
(FACTORS AFFECTING TERMS OF TRADE)

किसी देश की व्यापार की शर्तों को अनेक कारक प्रभावित करते हैं, जिन पर नीचे विचार किया जा रहा है।

1. पारस्परिक मांग (Reciprocal Demand)

किसी देश की व्यापार शर्तें पारस्परिक मांग पर निर्भर करती हैं अर्थात् "प्रत्येक देश की दूसरे देश के उत्पादन के लिए मांग की शक्ति तथा लोच" पर निर्भर करती है। मानलीजिए दो देश हैं—जर्मनी तथा इंगलैंड जो क्रमशः लिनन तथा कपड़े का उत्पादन करते हैं। यदि इंगलैंड के कपड़े के लिए जर्मनी की मांग अधिक गहन (बेलोच) हो जाती है, तो लिनन की कीमत की अपेक्षा कपड़े की कीमत

* यह भाग केवल उच्च श्रेणी के विद्यार्थियों के लिए है।

अधिक बढ़ जाएगी और व्यापार की शर्तें जर्मनी के अनुकूल तथा इंगलैंड के प्रतिकूल हो जाएंगी। इसे चित्र 2 (A) और (B) में स्पष्ट किया गया है, जहां OE इंगलैंड का प्रस्ताव वक्र है और OG जर्मनी का प्रस्ताव वक्र है। बिन्दु A जहां दोनों प्रस्ताव वक्र एक दूसरे को काटते हैं सन्तुलन बिन्दु हैं जिस पर जर्मनी के OL लिनन के बदले इंगलैंड के OC कपड़े का व्यापार होता है। OT किरण की ढलान व्यापार की शर्तों को व्यक्त करती है।

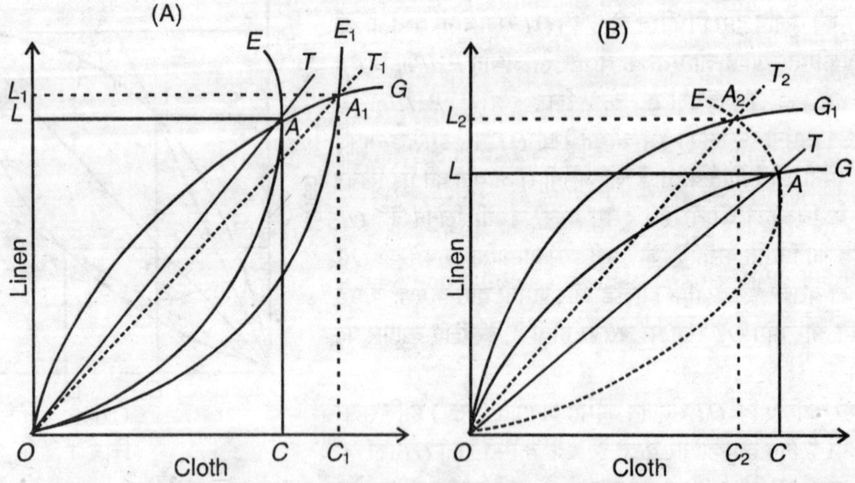

चित्र 2

मानलीजिए जर्मनी के लिनन के लिए इंगलैंड की मांग बढ़ जाती है। इंगलैंड, जर्मनी के लिनन के बदले अधिक कपड़ा बेचने को तैयार होगा। इंगलैंड की मांग में वृद्धि को प्रदर्शित करने के लिए, चित्र 2(A) में, उसका प्रस्ताव वक्र दाएं को सरक कर OE_1 पर चला गया है जो जर्मनी के प्रस्ताव वक्र OG को A_1 पर काटता है। अब व्यापार की नई शर्तों को OT_1 रेखा प्रदर्शित करती है जिसके परिणामस्वरूप इंगलैंड लिनन की QL_1 इकाइयों के बदले कपड़े की OC_1 इकाइयां निर्यात करता है। व्यापार की शर्तें इंगलैंड के लिए प्रतिकूल और जर्मनी के लिए बेहतर हो गई हैं। इसका स्पष्ट प्रमाण यह है कि लिनन की LL_1 इकाइयों के बदले इंगलैंड कपड़े की CC_1 अधिक इकाइयां निर्यात करता है। LL_1 से CC_1 अधिक है।

इसी प्रकार चित्र 2(B) में, यदि इंगलैंड के कपड़े के लिए जर्मनी की मांग बढ़ जाती है तो जर्मनी का प्रस्ताव वक्र बाएं को सरक कर OG_1 पर चला जाता है जो इंगलैंड के मूल प्रस्ताव वक्र OE को A_2 पर काटता है। अब जर्मनी कपड़े की OC_2 इकाइयों के बदले लिनन की OL_2 इकाइयां निर्यात करता है। रेखा OT_2 द्वारा व्यक्त व्यापार की नई शर्तें बताती हैं कि वे जर्मनी के लिए प्रतिकूल और इंगलैंड के लिए बेहतर हो गई हैं। इसका प्रमाण यह है कि जर्मनी कपड़े की CC_2 कम इकाइयों के बदले लिनन की LL_2 अधिक इकाइयां निर्यात करता है।

परन्तु व्यापार की वास्तविक शर्तें प्रत्येक देश के प्रस्ताव वक्र की मांग की लोच** पर निर्भर करेंगी। एक देश का प्रस्ताव वक्र जितना अधिक बेलोच होगा, दूसरे देश के मुकाबले उसकी व्यापार की शर्तें उतनी ही अधिक प्रतिकूल होंगी। दूसरी ओर, इसका प्रस्ताव वक्र जितना अधिक लोचदार होगा दूसरे देश के मुकाबले

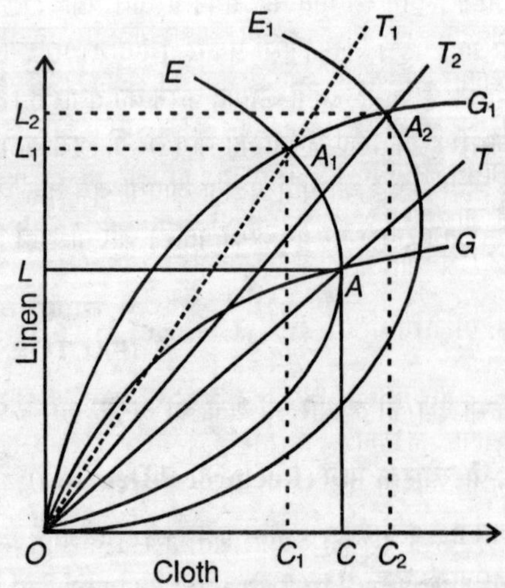

चित्र 3

** प्रस्ताव वक्र की लोच के लिए अध्याय 2 देखिए।

उसकी व्यापार की शर्तें उतनी ही अधिक अनुकूल होंगी। इसे चित्र 3 में दर्शाया गया है जहां व्यापार की प्रारंभिक शर्तें OT रेखा व्यक्त करती है जहां बिन्दु A पर OE और OG वक्र काटते हैं। इंगलैंड OC कपड़े के बदले जर्मनी की OL लिनन लेता है। जब जर्मनी का OG वक्र सरक कर OG_1 पर चला जाता है तो यह इंगलैंड के OE वक्र को A_1 पर काटता है और OT_1 उनकी व्यापार की शर्तों की रेखा होती है। जर्मनी का प्रस्ताब वक्र OG_1 इंगलैंड के प्रस्ताव वक्र OE की अपेक्षा **कम लोचदार** होने पर, जर्मनी की मांग इंगलैंड के कपड़े के लिए पहले से अधिक तीव्र होती है। अब इंगलैंड की कम कपास CC_1 के बदले जर्मनी उसे LL_1 से अधिक लिनन देता है जो वह पहले OT रेखा पर दे रहा था। अत: व्यापार की शर्तें जर्मनी के लिए प्रतिकूल हैं और इंगलैंड के लिए अनुकूल हैं ?

अब मान लें कि इंगलैंड का प्रस्ताव वक्र OE सरक कर OE_1 पर चला जाता है और जर्मनी के प्रस्ताव वक्र OG_1 को A_2 बिन्दु पर काटता है। इनकी व्यापार की शर्तें OT_2 रेखा पर स्थित होती हैं। इस स्थिति में, जर्मनी के प्रस्ताव वक्र OG_1 की अपेक्षा इंगलैंड का प्रस्ताव वक्र OE_1 **अधिक बेलोच** होने से, जर्मनी की लिनन के लिए इंगलैंड की मांग अधिक तीव्र है। इसलिए इंगलैंड $C_1 C_2$ अधिक कपड़ा देने को तैयार है और जर्मनी अपेक्षाकृत कम लिनन L_1L_2 जो वह पहले OT_1 रेखा पर दे रहा था। इससे स्पष्ट है कि व्यापार की शर्तें इंगलैंड के लिए बिगड़ी (प्रतिकूल) हैं और जर्मनी के लिए सुधरी (अनुकूल) हैं।

2. साधन सम्पन्नताओं में परिवर्तन (Changes in Factor Endowments)

किसी देश की साधन सम्पन्नताओं में होने वाले परिवर्तन उसकी व्यापार की शर्तों को प्रभावित करते हैं। साधन सम्पन्नताओं में होने वाले परिवर्तन निर्यातों को बढ़ा या घटा सकते हैं। इसे चित्र 4 की सहायता से स्पष्ट किया जा रहा है। चित्र में OE इंगलैंड का प्रस्ताव वक्र है और OG जर्मनी का प्रस्ताव वक्र है। साधन सम्पन्नताओं में परिवर्तन से पहले इंगलैंड तथा जर्मनी की व्यापार की शर्तें L बिन्दु पर तय होती हैं जहां वे CL लिनन के बदले OC कपड़े का व्यापार करते हैं। मान लें कि जर्मनी के उत्पादन के साधनों की पूर्ति बढ़ जाती है। परिणामस्वरूप, अब जर्मनी का नया प्रस्ताव वक्र OG_1 है। व्यापार की पुरानी OT शर्तों के अनुसार, जर्मनी बिन्दु L_1 पर होगा जहां वह अधिक लिनन C_1L_1 निर्यात करेगा और इंगलैंड से OC_1 कपड़ा आयात करेगा। परन्तु, क्योंकि इंगलैंड की साधन सम्पन्नताएं तता रुचियां अपरिवर्तित रहती हैं जिनके कारण वह इतने कपड़े का उत्पादन नहीं कर सकता, इसलिए हो सकता है कि इंगलैंड पुरानी व्यापार शर्तों पर व्यापार करने को तैयार न हो। इस प्रकार व्यापार की शर्तें नई व्यापार शर्तों की रेखा OT_1 पर तय होंगी जहां इंगलैंड का प्रस्ताव वक्र OE जर्मनी के नए प्रस्ताव वक्र OG_1 को बिन्दु L_2 पर काटता है। इस L_2 बिन्दु पर जर्मनी इंगलैंड से OC_2 कपड़े के बदले C_2L_2 लिनन निर्यात करता है। इस प्रकार जब जर्मनी की साधन सम्पन्नताओं में परिवर्तन होता है, तो व्यापार की शर्तें उसके प्रतिकूल हो जाती है जो L से L_2 पर चली जाती है क्योंकि वह पहले CL निर्यात करता था और अब C_2L_2 निर्यात करता है जो पहले के निर्यात की अपेक्षा अधिक है।

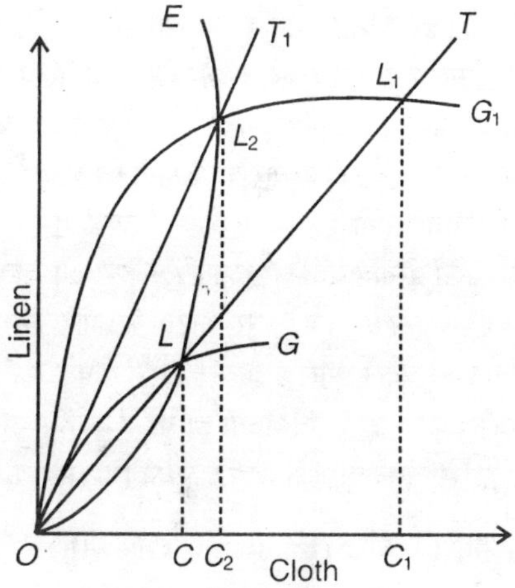

चित्र 4

3. प्रौद्योगिकी परिवर्तन (Changes in Technology)

प्रौद्योगिकी परिवर्तन भी किसी देश की व्यापार शर्तों को प्रभावित करते हैं। व्यापार की शर्तों पर प्रौद्योगिकीय परिवर्तन का प्रभाव चित्र 5 में दिखाया गया है। मान लें कि जर्मनी में प्रौद्योगिकी में परिवर्तन होता है। प्रौद्योगिकीय परिवर्तन से **पहले** जर्मनी तथा इंगलैंड के बीच व्यापार की शर्तें OT रेखा के बिन्दु L पर तय होती हैं जहां जर्मनी इंगलैंड के OC कपड़े के बदले CL लिनन निर्यात करता है। जब प्रौद्योगिकी में परिवर्तन होता है तो जर्मनी का नया प्रस्ताव वक्र OG_1 हो जाता है जो व्यापार शर्तों की रेखा OT को L_1 बिन्दु पर काटता है। इस बिन्दु पर व्यापार की OT शर्तों के

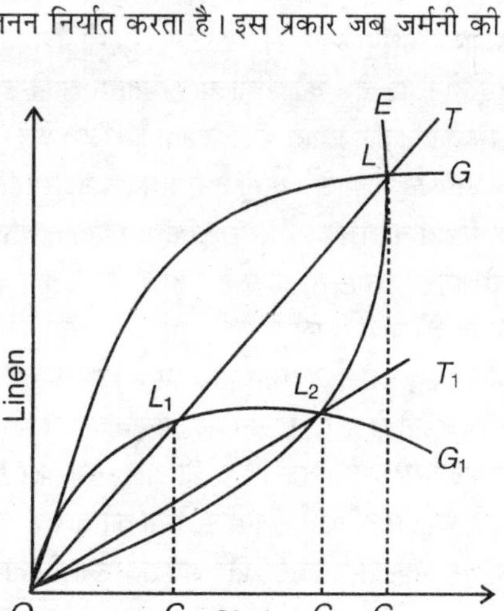

चित्र 5

अनुसार इंगलैंड जितना विनिमय करना चाहता है, जर्मनी उसकी अपेक्षा कम लिनन C_1L_1 निर्यात और कम कपड़ा OC_1 आयात करना चाहेगा। इसलिए जर्मनी की व्यापार शर्तें बेहतर हो जाती हैं क्योंकि जर्मनी का नया प्रस्ताव वक्र OG_1 इंगलैंड के अपरिवर्तित प्रस्ताव वक्र OE को L_2 पर काटता है जहाँ OT_1 रेखा पर व्यापार की नई शर्तें तय होती है। L_2 पर जर्मनी की स्थिति बेहतर है क्योंकि वह इंगलैंड के अधिक कपड़े के बदले कम लिनन निर्यात करता है अर्थात् $C_2L_2 < OC_2$। प्रौद्योगिकी परिवर्तन होने से जर्मनी की व्यापार शर्तें बेहतर हो गई हैं।

4. रुचियों में परिवर्तन (Changes in Tastes)

किसी देश के लोगों की रुचियों में परिवर्तन भी दूसरे देश के साथ उसके व्यापार की शर्तों को प्रभावित करते हैं। मानलीजिए इंगलैंड के लोगों की रुचियों में परिवर्तन हो जाता है और वे जर्मनी के लिनन की बजाय अपने ही देश के कपड़े को प्राथमिकता देने लगते हैं। इस स्थिति में इंगलैंड जर्मनी को पहले से कम कपड़ा निर्यात करेगा और जर्मनी के लिनन के लिए इसकी मांग भी गिर जाएगी। इस प्रकार इंगलैंड की व्यापार शर्तें बेहतर हो जाएंगी। इसके विपरीत, यदि इंगलैंड की रुचि बदले और जर्मनी के लिनन के पक्ष में हो जाए, तो इंगलैंड की व्यापार की शर्तें प्रतिकूल हो जाएंगी। इनमें से पहली स्थिति अर्थात् इंगलैंड की व्यापार की शर्तों की सुधार की स्थिति चित्र 6 में प्रदर्शित की गई है। जब इंगलैंड की रुचियां अपने देश के कपड़े से हटकर जर्मनी के लिनन की ओर हो जाती हैं तो इसका प्रस्ताव वक्र सरक कर OE_1 पर आ जाता है और जर्मनी के अपरिवर्तित प्रस्ताव वक्र OG को L_1 पर काटता है। परिणामस्वरूप इंगलैंड जर्मनी के C_1L_1 लिनन के बदले इंगलैंड केवल OC_1 कपड़े का निर्यात करता है। स्पष्ट है कि इंगलैंड की व्यापार शर्तें बेहतर हो गई हैं क्योंकि अब वह जर्मनी के अधिक लिनन C_1L_1 से अपने कम कपड़े OC_1 का विनिमय करता है अर्थात् $OC_1 < C_1L_1$।

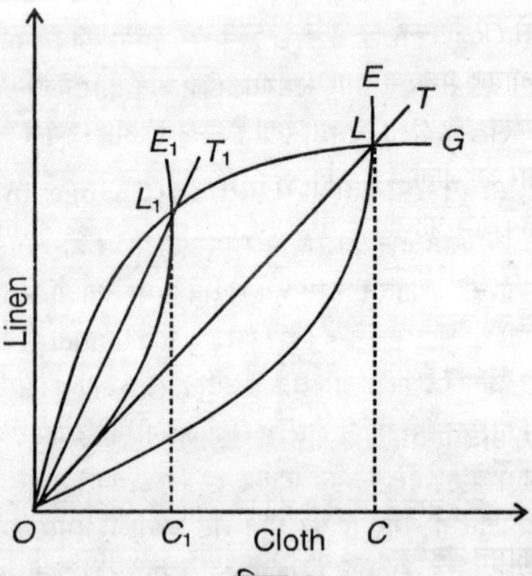

चित्र 6

5. आर्थिक वृद्धि (Economic Growth)

आर्थिक वृद्धि भी एक और महत्वपूर्ण कारक है जो व्यापार की शर्तों को प्रभावित करती है। आर्थिक वृद्धि का मतलब है समयपर्यन्त किसी देश के राष्ट्रीय उत्पादन अथवा आय का बढ़ जाना। किसी देश में रुचियों तथा प्रौद्योगिकी के दिए हुए होने पर, देश की उत्पादक क्षमता में वृद्धि उसकी व्यापार शर्तों पर अनुकूल अथवा प्रतिकूल प्रभाव डाल सकती है। जिस देश में आर्थिक वृद्धि होती है उस देश के उत्पादन सम्भावना वक्रों तथा समुदाय उदासीनता वक्रों के रूप में आर्थिक वृद्धि के प्रभाव को चित्र 7 में स्पष्ट किया गया है। वृद्धि से पहले इंगलैंड का उत्पादन सम्भावना वक्र E_1E_1 बाहर है जहां T_1 की ढलान उस की व्यापार शर्तों को प्रदर्शित करती है। वृद्धि से पहले यह समुदाय उदासीनता वक्र CI_1 के बिन्दु S_1 पर उत्पादन और बिन्दु पर C_1 उपभोग कर रहा है। इस प्रकार इंगलैंड E_1S_1 कपड़े का निर्यात और जर्मनी से R_1C_1 लिनन का आयात कर रहा है। जब आर्थिक वृद्धि होती है तो उत्पादन सम्भावना वक्र E_1E_1 की ओर सरक कर E_2E_2 पर चला जाता है। वृद्धि के बाद, व्यापार की शर्तें, जिन्हें T_2 रेखा की ढलान व्यक्त करती है, बेहतर हो जाती हैं क्योंकि अब उत्पादन सम्भावना वक्र E_2E_2 के बिन्दु S_2 पर उत्पादन होता है और समुदाय उदासीनता वक्र CI_2 के बिन्दु C_2 पर उपभोग होता है। अपनी व्यापार शर्तों में सुधार होने के

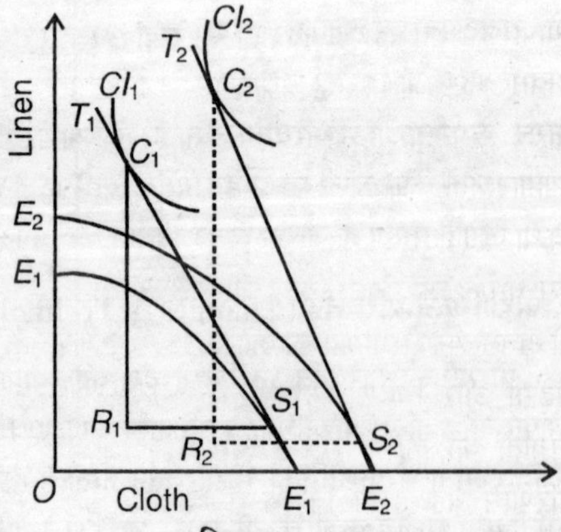

चित्र 7

परिणामस्वरूप इंगलैंड वृद्धि से पहले की स्थिति की अपेक्षा अब अधिक लिनन के बदले जर्मनी को कम कपड़ा निर्यात करता है। अब यह R_2S_2 निर्यात करता है जो R_1S_1 से कम है और R_2C_2 आयात करता है जो R_1C_1 से अधिक है।

6. प्रशुल्क (Tariff)

उस देश की व्यापार शर्तें बेहतर हो जाती हैं जो आयात-प्रशुल्क लगाता है। इसे चित्र 8 की सहायता से स्पष्ट किया जा सकता है। इस चित्र में, OE तथा OG वक्र क्रमशः इंगलैंड तथा जर्मनी के प्रशुल्क लगाने से पहले प्रस्ताव वक्र हैं। OT रेखा प्रारम्भिक व्यापार शर्तों को प्रदर्शित करती है। इंगलैंड OC कपड़े का निर्यात और जर्मनी से CL लिनन का आयात कर रहा है। मानलीजिए इंगलैंड अब जर्मनी के लिनन पर आयात प्रशुल्क लगा देता है। इसके परिणामस्वरूप, इंगलैंड का प्रस्ताव वक्र OE से सरक कर OE_1 पर आ जाता है। इससे व्यापार की शर्तें इंगलैंड के पक्ष में OT से OT_1 पर आ जाती हैं। जर्मनी से C_1L_1 लिनन के बदले इंगलैंड OC_1 कपड़ा निर्यात करता है। अब यह पहले से कम CC_1 ($=ML_1$) कपड़ा निर्यात करता है और लिनन की ML मात्रा कम आयात करता है। क्योंकि प्रशुल्क के परिणामस्वरूप इंगलैंड के निर्यात में जो कमी हुई है वह जर्मनी द्वारा घटाए गए आयातों की मात्रा से अधिक है ($ML_1 > ML$)। इसलिए निश्चय से व्यापार की शर्तें इंगलैंड के अनुकूल हो गई हैं।*

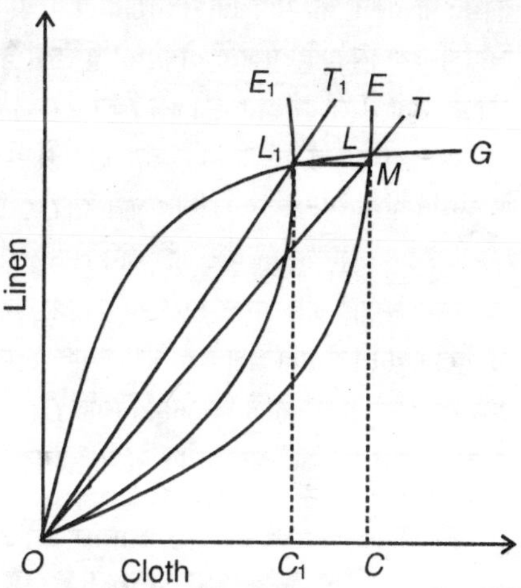

चित्र 8

7. अवमूल्यन (Devaluation)**

जो देश दूसरे देश की करेन्सी के मुकाबले अपनी करेन्सी का अवमूल्यन करता है, अवमूल्यन से उस देश के आयातों की घरेलू कीमत बढ़ जाती है और विदेश में उसके निर्यातों की कीमत गिर जाती है।

व्यापार-शर्तों पर अवमूल्यन के प्रभावों के सम्बन्ध में अर्थशास्त्रियों में पर्याप्त विवाद रहा है। प्रो. **मैक्लप** (Machlup) के मतानुसार ''अवमूल्यन से व्यापार शेष में सुधार होता है। जब निर्यातों की भौतिक मात्रा की तुलना में आयातों की भौतिक मात्रा घटती है, तो सकल वस्तु-विनिमय व्यापार शर्तों पर प्रतिकूल प्रभाव पड़ता है।'' इस प्रकार, अवमूल्यन तभी सफल होगा जब सकल वस्तु-विनिमय शर्तें प्रतिकूल हो जाएंगी।

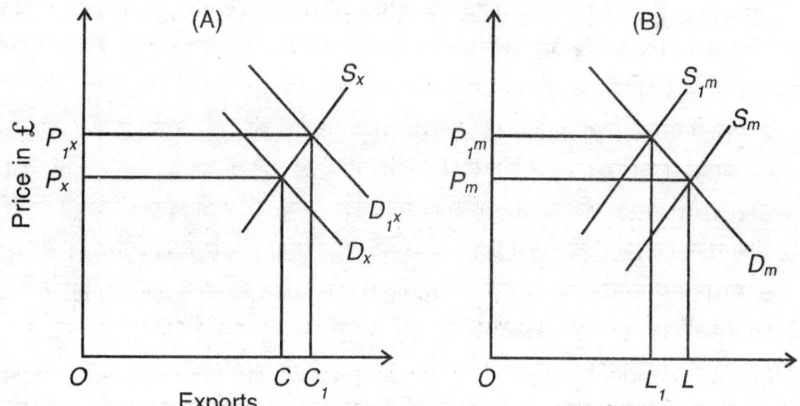

चित्र 9

प्रो. **राबर्टसन** इस पक्ष में है कि अवमूल्यन के प्रभावों का मूल्यांकन करने के लिए वस्तु-विनिमय व्यापार शर्तों की धारणा का प्रयोग किया जाए। उसका मत है कि यदि इस धारणा का प्रयोग किया जाए तो अवमूल्यन से आयात की कीमतें बढ़ेंगी और विदेशी करेन्सी में निर्यातों की कीमतें गिरेंगी और परिणाम यह होगा कि वस्तु-विनिमय व्यापार शर्तें प्रतिकूल हो जाएंगी। परन्तु प्रो. **हिर्च** (Hirch) ने सुझाव दिया है कि अवमूल्यन के सही प्रभावों का मूल्यांकन करने के लिए सही तरीका यह होगा

* विस्तृत अध्ययन के लिए '*टैरिफ*' अध्याय देखें।

** विस्तृत अध्ययन के लिए '*अवमूल्यन*' अध्याय पढ़ें।

कि निर्यातों तथा आयातों की कीमतों में परिवर्तनों का अध्ययन एक ही करेन्सी में किया जाए। सामान्यरूप से निर्यातों तथा आयातों दोनों की कीमतें घरेलू करेन्सी में बढ़ती हैं और विदेशी करेन्सी में गिरती हैं। वस्तु विनिमय व्यापार की शर्तें केवल उस स्थिति में प्रतिकूल होंगी जब घरेलू करेन्सी के रूप में आयात कीमतों की अपेक्षा निर्यात कीमतें अधिक गिरेंगी। वास्तव में जो देश अवमूल्यन करता है उस देश की निर्यातों तथा आयातों के लिए मांग तथा पूर्ति की लोचें ही उसकी व्यापार शर्तों के बिगड़ने अथवा सुधरने को निर्धारित करेंगी। यदि कीमत परिवर्तनों की सापेक्षता में निर्यातों के लिए विदेशी मांग और आयातों के लिए घरेलू **मांग** दोनों ही अत्यधिक लोचदार हैं और घरेलू निर्यातों तथा विदेशी आयातों दोनों की **पूर्तियां** कीमत परिवर्तनों की सापेक्षता में अत्यधिक बेलोच हैं, तो अवमूल्यन से वस्तु विनिमय व्यापार शर्तों में सुधार होता है। इसे चित्र 9 (A) तथा (B) में स्पष्ट किया गया है।

मानलीजिए जर्मनी के मार्क की तुलना में इंगलैंड के पाउण्ड (£) का अवमूल्यन कर दिया गया है और अवमूल्यन से पहले तथा बाद के कीमत परिवर्तन पाउण्ड में लिए जाते हैं। OC निर्यातों की अवमूल्यन से **पहले** कीमत OPx है और OL आयातों की अवमूल्यन कीमत OPm है। अवमूल्यन के बाद जब मांग वक्र ऊपर को सरक कर D_1x पहुंच जाता है तो निर्यात कीमत बढ़कर OP_1x हो जाती है और पूति वक्र के बाईं ओर सरककर S_1m पर आ जाने से आयात कीमत बढ़कर OP_1m पर पहुंच जाती है। चित्र 9 के भाग (A) तथा (B) की तुलना करने से पता चलता है कि आयात कीमत में वृद्धि की अपेक्षा निर्यात कीमत में अधिक वृद्धि हुई है क्योंकि $PxP_1x > PmP_1m$ और यह भी पता चलता है कि जहां निर्यात OC से बढ़कर OC_1 हो गए हैं वहां आयात OL से गिरकर OL_1 रह गए हैं। इन से सिद्ध होता है कि व्यापार की शर्तें अवमूल्यन के बाद इंगलैंड के लिए बेहतर हो गई है।*

10. व्यापार की शर्तों को प्रभावित करने वाले कारकों का सारांश** (SUMMARY OF FACTORS AFFECTING TERMS OF TRADE)

एक देश की TOT अनेक कारकों द्वारा प्रभावित होती है, जिनकी नीचे व्याख्या की गई है:

1. पारस्परिक मांग और पूर्ति (Reciprocal Demand and Supply)—एक देश की TOT पारस्परिक मांग और पूर्ति पर निर्भर करती है, अर्थात् प्रत्येक देश की दूसरे देश के निर्यातों और आयातों के लिए मांग एवं पूर्ति की शक्ति और लोच। जब एक देश के निर्यातों के लिए आयातों की तुलना में मांग **कम लोचदार** है तो इसकी TOT अनुकूल होगी। चूंकि इसके निर्यातों की आयातों की अपेक्षा अधिक कीमत प्राप्त होगी। दूसरी ओर, यदि इसके आयातों के लिए निर्यातों की अपेक्षा मांग **कम लोचदार** होती है तो इसकी TOT प्रतिकूल होंगी क्योंकि इसे अपने आयातों के लिए अधिक कीमत देनी पड़ेगी।

यदि इसके निर्यातों की आयातों की तुलना में पूर्ति **अधिक लोचदार** है तो इसकी TOT **प्रतिकूल** होंगी क्योंकि यह अन्तर्राष्ट्रीय बाजार स्थितियों के अनुसार अपने निर्यातों की पूर्ति बढ़ा या कम कर सकता है। जब इसके निर्यातों की पूर्ति कम लोचदार है तो इसके विपरीत परिणाम होगा और TOT अनुकूल होंगी।

2. मांग में परिवर्तन (Change in Demand)—एक देश की TOT उसके निर्यातों और आयातों की मांग द्वारा भी प्रभावित होती है। अन्य कारक समान रहने पर, यदि निर्यातों के लिए मांग बढ़ती है तो यह आयात्यों (importables) की कीमतों की तुलना में अपने निर्यात्यों (exportables) की कीमत बढ़ा देगा। इस प्रकार, इसके TOT अनुकूल हो जाएंगे। दूसरी ओर, यदि आयात्यों की मांग बढ़ती है तो निर्यात्यों की कीमतों की तुलना में इनकी कीमत बढ़ जाएगी जिससे TOT बिगड़ जाएंगी।

3. साधन सम्पन्नताओं में परविर्तन (Changes in Factor Endowments)—एक देश की साधन सम्पन्नताओं में होने वाले परिवर्तन उसकी व्यापार की शर्तों को प्रभावित करते हैं। रुचियां और प्रौद्योगिकी दी होने पर, यदि साधन पूर्ति में वृद्धि का संबंध निर्यात उद्योगों से है तो इससे निर्यात वस्तुओं का अधिक उत्पादन होगा और आयात्यों का कम। परिणामस्वरूप, इसकी TOT बिगड़ जाएंगी क्योंकि अधिक वस्तुओं के निर्यात से विश्व बाजार में प्रतियोगिता के कारण उनकी कीमतें कम हो जाएंगी। इसके विपरीत, यदि साधनों की वृद्धि से आयात स्थानापन्न वस्तुओं का अधिक उत्पादन होता है तो इसकी TOT सुधरेंगी। ऐसा इस कारण कि आयात वस्तुओं की

* अन्य कारकों के लिए अगले पृष्ठ देखें।

** यह भाग उन विद्यार्थियों के लिए है जो चित्रों द्वारा व्याख्या नहीं करना चाहते।

मांग कम हो जाएगी और विश्व बाजार में उनकी सापेक्ष कीमतें प्रतियोगिता के कारण कम होंगी।

4. प्रौद्योगिकी में परिवर्तन (Changes in Technology)—प्रौद्योगिकी परिवर्तन भी एक देश के *TOT* को प्रभावित करते हैं। यदि प्रौद्योगिकी परिवर्तनों से निर्यात वस्तुओं का अधिक उत्पादन होता है तो उनकी पूर्ति बढ़ेगी और आयातों की तुलना में उनकी कीमतें गिरेंगी। इसलिए उस देश की *TOT* प्रतिकूल होंगी। इसके विपरीत, यदि यह देश आयात स्थानापन्न वस्तुओं का उत्पादन करता है तो इसकी विश्व व्यापार की मात्रा कम होगी और इसके *TOT* में सुधार होगा।

5. रुचियों में परिवर्तन (Changes in Tastes)—एक देश के लोगों की रुचियों में परिवर्तनों से उसके किसी अन्य देश के साथ *TOT* प्रभावित होते हैं। यदि दूसरे देश की वस्तुओं के लिए रुचियों में वृद्धि होती है तो इससे आयातित वस्तुओं की मांग बढ़ेगी। परिणामस्वरूप, इसकी *TOT* प्रतिकूल हो जाएंगी और इसके विपरीत भी।

6. आर्थिक वृद्धि (Economic Growth)—एक अन्य कारक आर्थिक वृद्धि है जो एक देश की उत्पादकीय क्षमता, कल्याण और आय में वृद्धि करती है, उसमें रुचियां और प्रौद्योगिकी दी होने पर। आर्थिक वृद्धि दो प्रकार से *TOT* को प्रभावित करती है। **प्रथम, मांग प्रभाव** है जो आर्थिक वृद्धि के साथ प्रति व्यक्ति आय बढ़ने से आयात की मांग में वृद्धि है। **दूसरा, पूर्ति प्रभाव** है जो निर्यात्यों और आयात स्थानापन्न वस्तुओं की पूर्ति में वृद्धि लाता है। इन दोनों प्रभावों का शुद्ध (net) प्रभाव जो अन्ततः एक देश की *TOT* को निर्धारित करता है। यदि पूर्ति प्रभाव से मांग प्रभाव अधिक शक्तिशाली है और आयातों द्वारा देश के व्यापार की मात्रा में बढ़ोतरी होती है जिससे इसकी *TOT* प्रतिकूल होंगे। दूसरी ओर, यदि मांग प्रभाव से पूर्ति प्रभाव अधिक शक्तिशाली है और निर्यात तथा आयात स्थानापन्न वस्तुओं में वृद्धि द्वारा व्यापार की मात्रा बढ़ती है तो इसकी *TOT* में सुधार होगा।

7. प्रशुल्क (Tariffs)—आयात प्रशुल्क टैरिफ लगाने से देश की *TOT* में सुधार करेगा। प्रशुल्क लगाने से आयात में निर्यात की अपेक्षा कमी होगी और देश की *TOT* सुधरेगी।

8. अभ्यंश (Quota)—कोटा का निश्चित करना भी आयात में कमी लाता है और कोटा निश्चित करने वाले देश की *TOT* में सुधार करता है।

9. अवमूल्यन (Devaluation)—अवमूल्यन का अर्थ देश की मुद्रा के बाह्य मूल्य में अन्य देशों की मुद्रा की अपेक्षा कमी करना है। अवमूल्यन विदेशी बाजारों में आयात मंहगे और निर्यात सस्ते करता है। इस प्रकार, यह आयातों में कमी और निर्यातों में वृद्धि लाता है और अवमूल्यन करने वाले देश की *TOT* को सुधारता है। परन्तु निर्यातों और आयातों की मांग एवं पूर्ति की लोचें इसकी *TOT* में सुधार या बिगाड़ को निर्धारित करती हैं। यदि निर्यातों के लिए विदेशी मांग और आयातों के लिए घरेलू मांग दोनों ही कीमत गतियों के प्रति **अधिक बेलोच** होंगी तो अवमूल्यन से *TOT* में सुधार होता है और उसके विपरीत भी।

10. बाजार स्थितियां (Market Conditions)—एक देश जिसकी उन वस्तुओं में जो यह विश्व बाजार में निर्यात करता है, एकाधिकार या अल्पाधिकार है परन्तु इसका आयात बाजार प्रतियोगी है तो इसकी *TOT* अनुकूल होंगी। क्योंकि यह विश्व बाजार में अपनी वस्तुओं को ऊंची कीमत पर बेचेगा। यदि कुछ देश अल्पाधिकारी हैं और कार्टल बना लेते हैं जैसे तेल उत्पादक देश, तो वे पूर्ति में कटौती करके तेल की कीमत बढ़ा सकते हैं, जिससे उनकी *TOT* में सुधार आएगा।

11. आयात स्थानापन्न (Import Substitutes)—यदि देश पर्याप्त मात्राओं में आयात स्थानापन्न वस्तुओं का उत्पादन करता है तो ऐसी वस्तुओं के लिए उनकी आयात मांग कम होगी। परिणामस्वरूप यह आयात कम करेगा और उसकी *TOT* अनुकूल होंगी और इसके विपरीत भी।

12. अन्तर्राष्ट्रीय पूंजी प्रवाह (International Capital Flows)—पूंजी और अन्य वस्तुओं के रूप में विदेश से पूंजी का प्रवाह घरेलू वस्तुओं और निर्यात्यों के लिए मांग कम कर देता है। परिणामस्वरूप, आयात्यों की अपेक्षा निर्यातों की कीमतें कम होती हैं जिससे देश की *TOT* खराब हो जाती है। दूसरी ओर, यदि अधिक निर्यातों के रूप में ऋण का भुगतान करने के लिए पूंजी का बाह्य प्रवाह होता है तो उनकी कीमतें गिरती हैं जो फिर *TOT* को देश के प्रतिकूल बनाती हैं।

13. भुगतान शेष (Balance of Payments)—भुगतान शेष में घाटा *TOT* को सुधारता है क्योंकि विनिमय दर गिरती है। दूसरी ओर, भुगतान शेष में अधिशेष (surplus) भी करेंसी की विनिमय दर को बढ़ाकर *TOT* को बिगाड़ता है।

14. स्फीति और अवस्फीति (Inflation and deflation)—स्फीति *TOT* को बिगाड़ती है क्योंकि घरेलू कीमतों के बढ़ने से आयातों की मांग बढ़ जाती है और निर्यातों के लिए कम हो जाती है। दूसरी ओर, अवस्फीति *TOT* को सुधारती है क्योंकि घरेलू वस्तुओं की कीमतें कम हो जाती हैं जिनसे निर्यातों की मांग बढ़ती है और आयातों की कमी हो जाती है।

प्रश्न

1. व्यापार शर्तों की विविध धारणाओं का विवेचन कीजिए।
2. सकल वस्तु विनिमय व्यापार शर्तों तथा वस्तु विनिमय व्यापार शर्तों का अथवा व्यापार की आय शर्तों तथा निवल वस्तु विनिमय व्यापार शर्तों का अंतर स्पष्ट कीजिए।
3. उन साधनों का विवेचन कीजिए जो व्यापार की शर्तों का निर्धारित करते हैं।
4. विभिन्न प्रकार की व्यापार शर्तों के नामों का उल्लेख करते हुए बताइए कि उनमें कौन-सी धारणा 'व्यापार से लाभों' को निर्दिष्ट करने में सबसे अधिक सहायक है और क्यों?
5. आप व्यापार की शर्तों से क्या समझते हैं? व्यापार की संतुलन शर्तों के निर्धारण की व्याख्या कीजिए।

अध्याय 18

व्यापार की शर्तें तथा आर्थिक विकास : दीर्घकालीन ह्रास उपकल्पना
(TERMS OF TRADE & ECONOMIC DEVELOPMENT : SECULAR DETERIORATION HYPOTHESIS)

मिंत (Myint), **नर्कसे** (Nurkse), **प्रेबिश** (Prebisch), **सिंगर** (Singer), **लुइस** (Lewis) तथा मिर्डल (Myrdal) जैसे अर्थशास्त्रियों की धारणा है कि विश्व अर्थव्यवस्था में कुछ असंतुलनकारी शक्तियों के कार्यशील रहने के परिणामस्वरूप व्यापार के लाभ प्रमुख रूप से विकसित देशों को प्राप्त हुए हैं तथा विदेशी मुद्रा पर नियंत्रण करने का कारण बने हैं।

हम मुख्यतया प्रेबिश-सिंगर सिद्धांत पर विचार करेंगे।

1. प्रेबिश-सिंगर सिद्धांत
(PREBISCH-SINGER (THESIS)

प्रेबिश-सिंगर सिद्धांत यह बताता है कि व्यापार की शर्तों का दीर्घकालीन ह्रास अल्पविकसित देशों (LDCs) की वृद्धि को रोकने में एक महत्वपूर्ण घटक है। विश्व के परिसर (में स्थित LDCs) और चक्रीय केन्द्रों (में स्थित विकसित देशों-DCs) के बीच व्यापार की शर्तें विकसित देशों के पक्ष में स्थानांतरित हुई हैं।

मान्यताएं (Assumptions)

प्रेबिश-सिंगर सिद्धांत निम्नलिखित मान्यताओं पर आधारित है :

1. **ऐंजल** (Engel's) के सिद्धांत के अनुसार विकसित देशों में आय में वृद्धि के साथ मांग का ढांचा प्राथमिक से निर्मित वस्तुओं की ओर स्थानांतरित होता है।

2. अल्पविकसित देशों की प्राथमिक वस्तुओं के लिए मांग विकसित देशों में धीरे-धीरे बढ़ती है।

3. विकसित देशों की निर्यात वस्तुओं की मार्किट एकाधिकारात्मक है जबकि अल्पविकसित देशों की वस्तुओं की मांग प्रतियोगतात्मक है।

4. श्रमिक संघों के कमजोर होने के कारण अल्पविकसित देशों में मजदूरी कम है। इस कारण प्राथमिक वस्तुओं की कीमत कम होती है जो व्यापार की शर्तों में ह्रास लाती है।

5. विश्व में अल्पविकसित देशों की वस्तुओं के स्थानापन्न आ रहे हैं जो उनकी मांग को कम करते हैं।

6. विकसित देशों में निर्मित वस्तुओं के उत्पादक उत्पादकता में वृद्धि के लाभ को कम कीमतों द्वारा अल्पविकसित देशों को नहीं देते हैं।

7. व्यापार की आय शर्त्तों में अल्पविकसित देशों की आर्थिक वृद्धि के निर्धारक तत्व होते हैं।

व्याख्या (Explanation)

प्रेबिश[1] की यह मान्यता है कि आयात करने की क्षमता अथवा व्यापार की आय शर्तें अल्पविकसित देशों की आय वृद्धि के निर्धारक तत्व हैं तथा व्यापार की शर्तें उत्पादकता लाभों को चक्रीय केन्द्रों (विकसित देशों) से परिसर के देशों (अल्पविकसित) को ले जाने वाली महत्वपूर्ण नाली हैं।

उसका दावा है कि प्राथमिक वस्तुएं उत्पादित करने वाले अल्पविकसित देश, विकसित देशों द्वारा किए गए विश्व के सुव्यवस्थित आर्थिक विकास के लाभों का हिस्सा पाने में असफल रहे हैं तथा उन के आयात करने के सामर्थ्य में कमी आना इसका एक कारण है।

ब्रिटेन की गरीब देशों के साथ व्यापार-शर्तों के आधार पर वह बताता है कि 1870 तथा 1930 के बीच निर्मित वस्तुओं की कीमतों की सापेक्षता में प्राथमिक वस्तुओं की कीमतों में दीर्घकालीन गिरावट आई थी।

वह अल्पविकसित देशों के साथ व्यापार की शर्तों में ह्रास के निम्न कारण बताता है :

1. तकनीकी उन्नति (Technical Progress)—तकनीकी उन्नति वर्करों तथा उद्यमियों की आय और वस्तुओं की कीमतों को बढ़ाती है। इनमें से कुछ अल्पविकसित देशों को निर्यात की जाती हैं। लेकिन इस तकनीकी उन्नति के लाभ अल्पविकसित देशों को नहीं मिलते, इस कारण वहां के वर्करों की मजदूरी नहीं बढ़ती। उनके द्वारा निर्यात की गई प्राथमिक वस्तुओं की कीमतें उनके द्वारा आयात की गई वस्तुओं की कीमतों के मुकाबले गिर जाती हैं, जिससे उनकी व्यापार की शर्तें खराब हो जाती हैं ऐसा प्राथमिक वस्तुओं में बचतों के लिए प्रयुक्त होने वाली वस्तुओं जैसे सिन्थैटिक, जूट तथा रबड़ में तकनीकी उन्नति के कारण हुआ है, जिनके कारण अल्पविकसित देशों के परंपरागत निर्यातों पर दुष्प्रभाव पड़ा है।

2. आय तथा उत्पादकता के बीच संबंध (Relation between Incomes and Productivity)—प्रेबिश के अनुसार विकसित देशों में उद्यमियों और उत्पादकीय साधनों की आय अपेक्षाकृत उत्पादकता से अधिक बढ़ती है। निम्न दो कारणों से अल्पविकसित देशों में आय में वृद्धि उत्पादकता में वृद्धि की अपेक्षा कम बढ़ती है :

***(i)* जनसंख्या दबाव (Population Pressure)**—अल्पविकसित देशों में जनसंख्या के दबाव तथा अतिरिक्त मानव शक्ति के कारण श्रमपूर्ति में वृद्धि हुई है जो मुख्यत: उन्हीं क्षेत्रों में खपाई जाती है जहां श्रमिक उत्पादकता पहले ही बहुत कम होती है। परिणामस्वरूप मजदूरी स्तर और गिर जाता है।

***(ii)* कमजोर श्रमिक संघ (Weak Trade Unions)**—अल्पविकसित देशों के बड़े असंगठित क्षेत्रों में श्रमिक संघ होते ही नहीं तथा संगठित क्षेत्रों में, जहां श्रमिक संघ होते भी हैं, वे बहुत कमजोर होते हैं। इसलिए वे श्रमिकों की मजदूरी बढ़वाने में सक्षम नहीं होते। जबकि विकसित देशों में श्रमिक संघ बहुत मजबूत होते हैं तथा इस कारण अपने सदस्य श्रमिकों की मजदूरी बढ़वाने में अत्यधिक सफल होते हैं।

3. एकाधिकार तत्व (Monopoly Elements)—प्रेबिश के अनुसार अल्पविकसित देशों की व्यापार की शर्तों में कमी आने का एक और कारण विकसित देशों के वस्तु बाजारों में एकाधिकारी तत्व होते हैं। विकसित देशों द्वारा बनाई औद्योगिक पूंजी वस्तुओं पर बहुत ऊंची कोटि की एकाधिकारिक शक्तियां होती हैं जिनके लिए वे अल्पविकसित देशों से बहुत ऊंची कीमतें लेते हैं। इसके विपरीत अल्पविकसित देशों की प्राथमिक वस्तुओं की विश्व कीमतें, उनके ठीक प्रकार से संगठित न होने के कारण, कम होती हैं। इसके परिणामस्वरूप अल्पविकसित देशों के लिए व्यापार की शर्तें प्रतिकूल रहती हैं।

4. अस्थिरता तथा भुगतान शेष की कठिनाइयों के प्रभाव (Effects of Cyclical Instabi-lity and Balance of Payments Difficulties)—प्रेबिश के अनुसार अल्पविकसित देशों के विश्व बाजारों के साथ जुड़ जाने के उपरांत उनका निर्यात असाधारण रूप से बढ़ा है लेकिन इसका इन देशों की बाकी अर्थव्यवस्था के विकास में कोई विशेष योगदान नहीं हुआ है क्योंकि निर्यात क्षेत्र का विकास अन्य क्षेत्रों की उपेक्षा करके किया गया है। दूसरी ओर निर्यात क्षेत्र पर बहुत अधिक निर्भरता ने इन अर्थव्यवस्थाओं की कीमतों तथा मांग को अंतर्राष्ट्रीय उतार-चढ़ावों पर खुला छोड़ दिया है। मंदी के दौरान व्यापार की शर्तें प्रतिकूल हो जाती हैं तथा विदेशी मुद्रा की कमाई तीव्रता से कम होती है, इस के परिणामस्वरूप उन्हें विपरीत भुगतान-शेष की हानि उठानी पड़ती है। लेकिन वे कृषि तथा खनन वस्तुओं की कीमतें गिरने का लाभ प्राप्त नहीं कर पाते क्योंकि निर्यात बेलोच प्रकृति के होते हैं। इसी प्रकार वे विश्व बाजार में आने वाली तेजी का लाभ भी नहीं उठा पाते। उनमें मार्किट अपूर्णताओं, अपर्याप्त उपरिपूंजी और संरचनात्मक कठिनाइयों के कारण उपरोक्त आई तेजी तथा व्यापार की शर्तों में सुधार के साथ-साथ उनके उत्पादन तथा रोजगार बढ़ने में सुधार नहीं आता। इसके विपरीत बढ़ी हुई निर्यात आय स्फीतिकारी दबाव, निवेश खर्च के कुआवंटन तथा भुगतान शेष में कठिनाई उत्पन्न करती है। इसके परिणामस्वरूप अल्पविकसित देशों की आय की व्यापार शर्तों में दीर्घकालिक ह्रास पैदा हो जाता है।

5. विदेशी निवेश के परिणाम (Effects of Foreign Investment)—प्रो. सिंगर की यह धारणा है कि अल्पविकसित देशों को विदेशी व्यापार तथा निवेश के लिए खोलने से उनके विकास में बाधा पड़ी है, क्योंकि इन निवेशों का उद्देश्य तथा प्रभाव विकसित देशों

1. R. Prebisch, *Economic Development of Latin America and Principal Problems,* 1950

की मशीनों तथा लोगों के लिए खुराक के नए स्रोतों को खोलना है। अल्पविकसित देशों का औद्योगिक देशों को, उनके द्वारा किए गए निवेश के कारण, खाद्यान्न तथा कच्चे माल के निर्यात में विशिष्टीकरण तीन कारणों से अभाग्यशाली रहा है : *(i)* निवेशक देशों ने विदेशों में भारी लाभ भेज कर विदेशी निवेश के संचयी गुणक प्रभावों का बड़ा भाग प्राप्त किया है। *(ii)* इसने अल्पविकसित देशों को ऐसी क्रियाओं की तरफ मोड़ दिया है जिनके कारण तकनीकी उन्नति तथा आंतरिक और बाह्य मितव्ययिताओं के लिए कम अवसर मिला है। *(iii)* इससे अल्पविकसित देशों की व्यापार शर्तों का ह्रास हुआ है।

इन तीन कारकों में से अंतिम कारक अल्पविकसित देशों का शोषण करने में महत्वपूर्ण रहा है क्योंकि विकसित देशों ने अपनी निर्मित वस्तुओं को ऊंची कीमतों पर निर्यात करके ऊंची मजदूरियों तथा ऊंचे लाभों के रूप में लाभ कमाया है। जबकि अल्पविकसित देशों के खाद्य तथा कच्चे माल के उत्पादन के लाभ कीमत कटौतियों में व्यर्थ गए हैं जिनका लाभ फिर विकसित देशों को हुआ है। इसका पता अल्पविकसित देशों के लोगों के जीवन-स्तरों तथा विकसित देशों के लोगों के तेजी से बढ़ रहे जीवन-स्तरों का मुकाबला करने पर चलता है। ऐंजल के नियम का कार्यकरण केन्द्र (विकसित) तथा परिसर (अल्पविकसित) के देशों के बीच कीमत विभेदों को बढ़ाने में मुख्य कारक है। जब आय बढ़ती है तो खाद्य पदार्थों के लिए मांग निर्मित वस्तुओं के लिए मांग की अपेक्षा बहुत धीरे बढ़ती है। विनिर्माण में तकनीकी प्रगति के कारण प्रति इकाई उत्पादन में प्रयोग किए गए कच्चे माल की मात्रा घटती है। अत: कच्चे माल की मांग गिरती है। मांग में कमी के साथ कच्चे माल तथा खाद्य पदार्थ दोनों की मांग की नीची कीमत लोच से चक्रीय और संरचनात्मक दोनों तौर से अत्यधिक कीमतें गिरती हैं। साथ ही अल्पकालीन पूर्ति बेलोच होती है तथा प्रकृति जैसे मौसम में अनिश्चित परिवर्तनों द्वारा प्रभावित होती है। सूखा या बीमारी एक फसल का नाश कर सकती है अथवा अच्छा मौसम अत्यधिक फसल उत्पादित कर सकता है। परिणामस्वरूप कीमतों में बहुत उतार-चढ़ाव होते हैं। सामान्य तौर से विश्व युद्ध के बाद की अवधि में कीमतों में उतार-चढ़ाव अक्सर पूर्ति में परिवर्तनों की अपेक्षा मांग में परिवर्तनों के कारण हुए हैं। चित्र 1 में इसे दर्शाया गया है जहां D तथा S क्रमश: प्राथमिक वस्तुओं के विश्व मांग तथा पूर्ति वक्रों को व्यक्त करते हैं जो बेलोच हैं। वे बिन्दु E पर एक-दूसरे को काटते हैं तथा मात्रा OQ की मांग और पूर्ति OP कीमत पर की जाती है। पूर्ति में थोड़ी सी वृद्धि S से S_1 बिन्दु E_2 पर एक नया संतुलन निर्धारित करती है। यह दर्शाता है कि पूर्ति में थोड़ी-सी वृद्धि QQs कीमत में बहुत अधिक कमी PP_1 लाती है। इसी प्रकार D से D_1 मांग में थोड़ी-सी कमी E_1 पर एक नया संतुलन स्थापित करती है जिससे मांग में आई थोड़ी-सी कमी QQ_D, कीमत में अधिक गिरावट PP_1 लाती है। इस प्रकार विकसित देशों ने ऊंची कीमत वाली निर्मित निर्यात्य वस्तुओं के उत्पादकों के रूप में तथा कम कीमतों वाली आयातित खाद्य वस्तुओं और कच्चे माल के उपभोक्ताओं के रूप में अपनी दोहरी स्थिति में लाभदायक प्रभावों का आनंद उठाया है। दूसरी ओर, अल्पविकसित देशों ने ऊंची कीमतों वाली आयातित निर्मित वस्तुओं के उपभोक्ता के रूप में तथा कम कीमतों वाले खाद्य पदार्थों एवं कच्चे माल के उत्पादकों के रूप में दोनों तरह से हानि उठाई है।

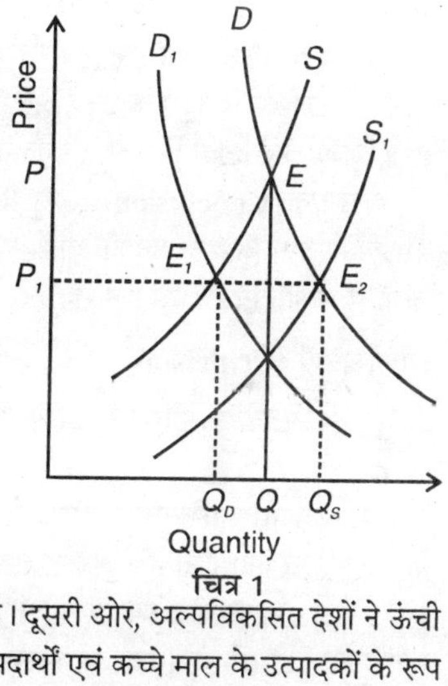

चित्र 1

सिंगर के अनुसार यह बहुत विस्तृत धारणा है कि प्राथमिक वस्तुओं के उत्पादकों की व्यापार की शर्तों में हुए ह्रास की यह प्रवृत्ति विश्व युद्ध से पूर्व के दिनों में उलट गई थी, तथ्यों द्वारा प्रमाणित नहीं होती। जब अल्पविकसित देशों की प्राथमिक वस्तुओं की कीमतें ऊंची होती हैं, वे इनसे लाभ उठाने में असफल रहते हैं, क्योंकि वे इन लाभों को पूंजी पदार्थों में निवेश करने की अपेक्षा अपना उत्पादन बढ़ाने में लगाते हैं। इसके विपरीत जब कीमतें कम होती हैं तो उनके पास औद्योगीकरण करने के साधन नहीं होते हैं यद्यपि उनकी इच्छा प्रबल होती है।

6. अल्पविकसित देशों की ऋण समस्याएं (Debt Problems of LDCs)—सिंगर (Singer) के अनुसार हाल ही के वर्षों में अल्पविकसित देशों की व्यापार की शर्तों में ह्रास का एक अन्य कारण उनपर बढ़ रहे ऋण हैं। **प्रथम,** आयात का भुगतान करने की अपेक्षा वे निर्यातों से प्राप्त बढ़ी राशियां अपने ऋणों का पुनर्भुगतान करने में प्रयोग करते हैं। **द्वितीय,** अपने ऋणों का भुगतान करने हेतु अल्पविकसित देश अपने निर्यात अर्जनों (earnings) को बढ़ाने के लिए एक-दूसरे के साथ प्रतिस्पर्द्धा करते हैं।

7. संतापकारी वृद्धि (Immerserising Growth)— भगवती (Bhagwati) के अनुसार अल्पविकसित देशों में विकास की शर्तों में विकृति आती है जब (क) अर्थव्यवस्था के विकास से निर्यात्य वस्तुओं का अधिक उत्पादन हो; (ख) निर्यात की मांग बेलोच हो, और (ग) वृद्धि स्थिर वस्तु कीमतों पर निर्यात्य का घरेलू उत्पादन कम करती है।

8. मध्यवर्ती वस्तुओं की कमी (Shortage of Intermediate Products)—लिंडर (Linder) के अनुसार अल्पविकसित देशों में व्यापार की शर्तों के ह्रास का कारण मध्यवर्ती वस्तुओं की कमी है। इनकी बढ़ती मांग से संबंधित ऐसी वस्तुओं में कमी के कारण निर्यात की जाने वाली वस्तुओं की कीमतों की तुलना में इन वस्तुओं का आयात ऊंची कीमतों पर किया जाता है। ये कीमतों के अंतर, व्यापार की शर्तों में ह्रास का कारण बनते हैं।

9. कमजोर सौदाकारी क्षमता (Weak Bargaining Power)—अल्पविकसित देशों द्वारा विकसित देशों को निर्यात की जाने वाली अधिकतर प्राथमिक वस्तुएं नाशवान होती हैं, इसलिए उन्हें अपनी कमजोर सौदाकारी क्षमता के कारण विकसित देशों द्वारा लगाई गई शर्तों को मानना पड़ता है। निर्यातों की कीमतों तथा मात्रा के लिए लगाई गई शर्तें हमेशा अल्पविकसित देशों के प्रतिकूल होती हैं, जिनसे व्यापार की शर्तों में ह्रास होता है।

10. उत्पादन में अनुकूलता का अभाव (Lack of Adaptability in Production)— अल्पविकसित देशों द्वारा निर्यात किए जाने वाले कच्चे माल व कृषि वस्तुओं में विश्व कीमतों के प्रति अनुकूलता का अभाव होता है। जब विश्व कीमतों में कमी होनी शुरु होती है तो प्राथमिक वस्तुओं के उत्पादक उन वस्तुओं के स्थान पर कुछ अन्य वस्तुओं का उत्पादन नहीं कर सकते जिनकी कीमतें कम नहीं हो रही होती हैं। इससे उनकी व्यापार शर्तों का ह्रास होता है।

11. विकसित देशों पर निर्भरता (Dependence on Developed Countries)—अपने आयात प्रतिस्थापन उद्योगों तथा बुनियादी ढांचे के विकास के लिए अल्पविकसित देश पूंजी उपकरणों, मशीनरी और तकनीकी ज्ञान के लिए विकसित देशों पर निर्भर करते हैं जो उन्हें उनके निर्यातों की तुलना में ऊंची कीमतों पर सप्लाई की जाती हैं। इससे व्यापार की शर्तों का ह्रास होता है।

निष्कर्ष (Conclusion)—इस प्रकार, अल्पविकसित देश जनसंख्या दबावों, तकनीकी पिछड़ेपन, एकाधिकारी तत्वों, ऋण समस्याओं तथा मुख्यत: उनकी आर्थिक क्रियाओं पर विकसित देशों में हो रही चक्रीय औद्योगिक क्रियाओं के कारण उत्पादकता के लाभों में भागी होने में असफल रहे हैं।

आलोचनाएं (Criticisms)

अर्थशास्त्रियों ने सांख्यिकीय तथा विश्लेषणात्मक तर्कों के कारण **प्रेबिश-सिंगर** के दीर्घकालीन ह्रास सिद्धांत की कटु आलोचना की है :

1. कमजोर सांख्यिकीय आधार (Weak Statistical Base)—यह सिद्धांत इंग्लैण्ड की वस्तु- व्यापार शर्तों के वार्षिक सूचक के 'उलट' पर आधारित है। यह इस सामान्यीकरण का कमजोर सांख्यिकीय आधार है कि ऐतिहासिक तौर से अल्पविकसित देशों की 1870 से 1930 के बीच व्यापार की शर्तों का ह्रास हुआ है। व्यापार की शर्तों के इस सूचक के विरुद्ध कुछ तर्क दिए जाते हैं: *(i)* यह सूचक **वस्तुओं की गुणवत्ता** के कारण होने वाले परिवर्तनों को नहीं लेता और नई वस्तुओं के लिए भी कोई स्थान नहीं रखता। इससे प्राथमिक वस्तुएं तो गुणवत्ता में लगभग अपरिवर्तित रहती हैं। उनके विरुद्ध तथा औद्योगिक वस्तुएं जो रेंज और गुणवत्ता में सुधारी जाती हैं, उनके हक में पक्षपात होता है। *(ii)* यह व्यापार की शर्तों की सूचक सेवाओं को छोड़ देता है। ब्रिटिश व्यापार की शर्तों में आयात कीमतों को c.i.f. लिया जाता है तथा निर्यात कीमतों को f.o.b. लिया जाता है। इस प्रकार परिवहन लागतें आयात कीमतों में शामिल की जाती हैं तथा निर्यात कीमतों में शामिल नहीं की जातीं। यदि परिवहन लागतें परिवर्तित होती भी हैं तो एक देश की व्यापार-शर्तें किसी अन्य देश की व्यापार-शर्तों का सही सूचक नहीं मानी जा सकतीं। अत: कोई गणना जो परिवहन लागतों जैसी सेवाओं को शामिल नहीं करती वह अल्पविकसित देशों के विरुद्ध झुकी होगी। *(iii)* यह सिद्धांत **ब्रिटिश व्यापार की शर्तों के सामान्यीकरण** (generalisations) पर आधारित है, तो अन्य विकसित देशों का प्रतिनिधि नहीं माना जा सकता। **किंडलबर्गर** ने अन्य यूरोपीय देशों के सूचकों की गणना के आधार पर यह सिद्ध किया है कि ब्रिटिश व्यापार की शर्तों पर आधारित सामान्यीकरण अन्य विकसित देशों पर सही नहीं बैठते। *(iv)* यदि ब्रिटिश व्यापार की शर्तों को विकसित देशों का प्रतिनिधि मान भी लिया जाए तो आयात-सूचक खाद्य पदार्थों, खनिजों तथा कच्चे मालों में विभिन्न कीमत प्रवृत्तियों को छुपाता हुआ मिश्रित बैग होता है। *(v)* प्राथमिक वस्तुओं तथा निर्मित वस्तुओं के बीच वस्तु

व्यापार की शर्तें अल्पविकसित देशों तथा विकसित देशों के बीच समान नहीं होती हैं। *(vi)* इस मान्यता पर चलना सही नहीं है कि खाद्य पदार्थों, खनिजों तथा कच्चे मालों जैसे विभिन्न प्राथमिक पदार्थों की कीमतें सभी इकट्ठी गति करती हैं। फिर अल्पविकसित देश विविध प्रकार की प्राथमिक वस्तुओं का निर्यात करते हैं। इसलिए, इस सिद्धांत के उद्देश्य के लिए सभी को इकट्ठा करना गलत है। इस संबंध में **हैबरलर** पूछता है, ''क्या कोई विचारपूर्वक यह मान सकता है कि व्यापार की शर्तों में दीर्घकालीन परिवर्तन समान होता है (अ) कृषि निर्यातकों (अर्जेन्टीना, उरुगुए) (ब) खनन देशों (बोलीविया), (स) काफी निर्यातकों (ब्राजील), (द) पैट्रोलियम निर्यातकों (बेनेजुएला) के लिए।''

2. आनुभविक प्रमाण द्वारा समर्थित नहीं (Not Supported by Empirical Evidence)— किंडलबर्गर, ऐल्ज़वर्थ, मोरगां, हैबरलर तथा **लिप्सी** द्वारा किए गए आधुनिक अनुसंधानों ने दीर्घकालीन ह्रास सिद्धांत को सत्य सिद्ध नहीं किया है। **लिप्सी** ने अपने अध्ययन में इस प्रकार निष्कर्ष दिया है : ''निवल विनिमय व्यापार की शर्तों से संबंधित दो विस्तृत विश्वासों के बारे में यू.एस. के आंकड़ों में कोई प्रमाण नहीं मिला। एक यह कि विकसित देशों, जिनमें यू.एस. भी शामिल है, की व्यापार शर्तों में पर्याप्त दीर्घकालीन सुधार हुए हैं। दूसरा यह कि निर्मित वस्तुओं की तुलना में प्राथमिक वस्तुओं की व्यापार की शर्तों में महत्वपूर्ण दीर्घकालीन ह्रास हुआ है। यद्यपि 1879 से यू.एस. की व्यापार शर्तों में बहुत बड़े उतार-चढ़ाव हुए हैं, फिर भी कोई दीर्घकालीन प्रवृत्ति उजागर नही हुई है। द्वितीय विश्व युद्ध से यू.एस. की व्यापार शर्तों का औसत स्तर लगभग प्रथम विश्व युद्ध के समान ही रहा है।''

3. अल्पविकसित देश विनिर्मित वस्तुएं भी निर्यात करते हैं (LDCs also Export Manufacturers)—यह कहना सही नहीं है कि सभी विकसित देश निर्मित वस्तुएं तथा सभी अल्पविकसित देश प्राथमिक वस्तुएं निर्यात करते हैं। वास्तव में भारत जैसे विकासशील देश निर्मित वस्तुएं भी निर्यात करते हैं तथा आस्ट्रेलिया तथा डेनमार्क जैसे विकसित देश अक्सर प्राथमिक वस्तुएं निर्यात करते हैं।

4. विकसित देशों में एकाधिकारात्मक तत्व सिद्ध नहीं (Monopolistic Elements in DCs not Proved)—यह तर्क कि विकसित देश एकाधिकारात्मक तत्व के कारण तकनीकी उन्नति के लाभ अपने पास ही रखते हैं, जिससे अल्पविकसित देशों के प्राथमिक वस्तुओं के उत्पादकों को हानि होती है, किसी अनुभाविक प्रमाण द्वारा सिद्ध नहीं हो सका है।

5. कच्चे माल पर ऐंजल का नियम लागू नहीं होता (Engel's Law not applicable to Raw Materials)—यह धारणा कि ऐंजल के नियम का कार्याकरण विकसित देशों की प्राथमिक वस्तुओं के लिए मांग को दीर्घकालिक कम कर देता है अतिशयोक्तिपूर्ण है, क्योंकि यह नियम खाद्य पदार्थों पर लागू होता है न कि कच्चे माल पर। फिर रापेक्ष कीमतें केवल मांग स्थितियों पर ही नहीं पूर्ति स्थितियों पर भी निर्भर करती हैं, जिनकी दीर्घावधियों में बहुत परिवर्तन होने की संभावना होती है।

6. पूर्ति की स्थितियों की उपेक्षा (Neglect of Supply conditions)—प्रेबिश-सिंगर सिद्धांत केवल मांग की स्थितियों का विवेचन करते हुए पूर्ति की स्थितियों की उपेक्षा करता है। लेकिन सापेक्ष कीमतें न केवल मांग पर बल्कि पूर्ति की स्थितियों पर भी निर्भर करती हैं जिनमें लंबी अवधियों में बहुत परिवर्तन आ सकता है।

7. विदेशी निवेशों से अल्पविकसित देशों को लाभ (LDCs benefit from Foreign Investments)—फ्रेडी मेहता (Fredia Mehta) के अनुसार, व्यापार की शर्तें आर्थिक विकास की सबसे महत्वपूर्ण निर्धारक नहीं हैं। यद्यपि उत्पादकता लाभ नीची कीमतों वाली निर्मित वस्तुओं के रूप में अल्पविकसित देशों को प्रदान नहीं किए गए हैं, फिर भी ये उनको वस्तु सुधार, वस्तु आविष्कार तथा वस्तु विविधिकरण के रूप में प्रदान करते हैं। अल्पविकसित देशों ने वास्तव में विदेशी निवेशों से लाभ प्राप्त किए हैं।

8. प्राथमिक वस्तुओं की मांग में परिवर्तनों का मूल्यांकन करना संभव नहीं (Not possible to Assess Changes in Demand of Primary Products)—1870 से 1930 की स्थितियों से यह निष्कर्ष निकालना कि प्राथमिक वस्तुओं की विश्व मांग में कमी आने से अल्पविकसित देशों की व्यापार की शर्तों में दीर्घकालीन ह्रास हुआ है, तर्कसंगत नहीं है। 1870 से विश्व में उत्पादन के ढंगों तथा व्यापार, परिवहन के तरीकों, विश्व जनसंख्या तथा जीवन स्तर में बहुत परिवर्तन हुए हैं। इसलिए उनकी व्यापार की शर्तों तथा प्राथमिक वस्तुओं की मांग में परिवर्तनों पर प्रभाव को आंकना संभव नहीं है।

9. निर्यात अस्थिरता केवल कीमत परिवर्तनों के कारण नहीं (Export Instability not due to Price Changes alone)—मैकबीन (MacBean) के अनुसार, अल्पविकसित देशों में निर्यात अस्थिरता मात्रा उतार-चढ़ाव (Quantity fluctuations) से उत्पन्न होती है न कि कीमतों में परिवर्तन से। इससे यह निष्कर्ष निकलता है कि जो नीतियां केवल कीमत स्थिरीकरण का उद्देश्य रखती हैं वे निर्यात अस्थिरता को सापेक्षतया बहुत कम हटा सकती हैं तथा कुछ स्थितियों में कुल प्राप्तियों में उतार-चढ़ावों को बढ़ा भी सकती है।

10. विदेशी निवेश कारण नहीं (Foreign Investment not a Cause)—सिंगर के तर्क का, कि निर्यात क्षेत्र विकास देशीय क्षेत्र की कीमत पर होता है, कोई अनुभाविक प्रमाण नहीं है। विदेशी निवेश तथा व्यापार हमेशा देशीय क्षेत्र के लिए विघ्नकारी नहीं होता तथापि जैसा कि **नर्कसे** (Nurkse) ने कहा है, विदेशी व्यापार से हुआ अस्थिर विकास भी, न हुए विकास से अधिक अच्छा है।

11. कमजोर नीति उपाय (Weak Policy Measures)—नीति उपाय के रूप में **प्रेबिश** संरक्षण का सुझाव देता है जबकि **सिंगर** विदेशी पूंजी के अच्छे उपयोग के पक्ष में है। **सिंगर** के सुझाव के बारे में कोई मतभेद नहीं है परंतु **प्रेबिश** की संरक्षण नीति के लिए कटु आलोचना की गई है। **मिर्डल** को संशय है कि अल्पविकसित देशों के पास पर्याप्त एकाधिकार या क्रय-एकाधिकार शक्ति है कि वे निर्यात अथवा आयात शुल्क लगाकर अपनी व्यापार की शर्तों को सुधार सकते हैं। यदि उनमें एकाधिकारात्मक सहयोग हो भी तो लाभ अल्पकालिक होगा क्योंकि यह प्रतिशोधात्मक उपायों या मांग एवं पूर्ति लोचों के मूल्य में परिवर्तन द्वारा समाप्त हो सकता है। इसलिए नीति उपाय कमजोर हैं क्योंकि वे व्यापार की शर्तों को सुधारने के लिए निर्यात प्रोत्साहन, आयात प्रतिस्थापन एवं मौद्रिक और राजकोषीय उपायों पर बल देने में विफल होते हैं।

निष्कर्ष (Conclusion)—अर्थशास्त्रियों में अल्पविकसित देशों की व्यापार की शर्तों के ह्रास के बारे में विवेचनाएं चलती रही हैं। 1950-61 तथा 1960-73 के बीच UNCTAD के दो अध्ययनों के अनुसार अल्पविकसित देशों की विकसित देशों से संबंधित व्यापार की शर्तों का सापेक्ष ह्रास हुआ। इसी प्रकार **थर्लवाल** (Thirlwal) तथा **बरगेविन** (Bergavin) ने 1973-82 के अपने अध्ययन में अल्पविकसित देशों के सभी प्राथमिक वस्तुओं के निर्यात में व्यापारिक शर्तों के ह्रास की प्रवृत्ति 0.36 प्रतिशत वार्षिक पाई है। **सिंगर** तथा **सरकार** ने 1970 से 1987 के अध्ययन में अल्पविकसित देशों के उत्पादकों द्वारा विकसित देशों को निर्यात की जाने वाली वस्तुओं की व्यापार शर्तों में 1 प्रतिशत प्रतिवर्ष ह्रास पाया है। इससे यह सिद्ध होता है कि अल्पविकसित देश दुगुना कष्ट भोगते हैं। न केवल उनकी प्राथमिक वस्तुओं की कीमतें उनकी निर्मित वस्तुओं की सापेक्षता में गिरती हैं बल्कि उनकी निर्मित वस्तुओं की कीमतें भी विकसित देशों की निर्मित वस्तुओं की तुलना में कम होती हैं।

निस्संदेह 1980 के दशक में प्राथमिक वस्तुओं की कीमतें बहुत तेजी से गिरीं तथा अल्पविकसित देशों की व्यापार की शर्तों का 1980-93 में ह्रास हुआ जैसा 1995 की world development report द्वारा प्रकट हुआ है।

हम **स्ट्रीटन** के साथ निष्कर्ष देते हैं कि अब भी ऐसी शक्तियां कार्यरत हैं जो सामान्यत: व्यापार और आर्थिक उन्नति से लाभों का असमान वितरण करती हैं। **शेरों** (विकसित देशों) का हिस्सा शेरों को जाता है जबकि गरीब भेड़ें (अल्पविकसित देश) प्रक्रिया में स्वयं ही निगल ली जाती हैं।

व्यापार की शर्तों में ह्रास के दुष्प्रभाव
(Adverse Effects of Deterioration in Terms of Trade)

अल्पविकसित देशों की व्यापार-शर्तों में ह्रास के निम्नलिखित दुष्प्रभाव पाए जाते हैं :

1. आयात क्षमता में गिरावट (Decline in Import Capacity)—विकसित देशों से संबंधित अल्पविकसित देशों की निर्यात वस्तुओं की कीमतों में गिरावट से उनकी वस्तुएं आयात करने की क्षमता में कमी हुई है जिसके परिणामस्वरूप उनको भुगतान शेष की समस्याओं और बढ़ रहे बाह्य ऋणों का सामना करना पड़ता है।

2. भुगतान शेष के ऊंचे घाटे (High Balance of Payments Deficits)—अल्पविकसित देशों की व्यापार शर्तों में ह्रास उनके बढ़ते आयात बिलों की तुलना में उनके निर्यात अर्जनों (Export earnings) में कमी आई है। परिणामस्वरूप उनके भुगतान घाटे बढ़े हैं।

3. बढ़ रहे ऋण (Mounting Debts)—व्यापारिक शर्तों में आ रहे बिगाड़ के कारण अल्पविकसित देशों की विदेशी कर्ज बाध्यताओं में वृद्धि हई है। उन्हें उधार तथा ब्याज चुकता करने के लिए निर्यात में वृद्धि करने की आवश्यकता होती है जो वे अपनी

विकसित देशों के साथ कमजोर सौदेबाजी शक्ति के कारण नहीं बढ़ा पाते। इसलिए उन्हें उधार लेने का सहारा लेना पड़ता है जो उनकी व्यापार की शर्तों में और गिरावट लाता है। इस प्रकार वे दोषपूर्ण चक्र में फंस जाते हैं जिस कारण वे उधार के जाल में उलझ जाते हैं।

4. विकास रोकना (Retard Development)—ऊंचे भुगतान शेष घाटे और बढ़ते कर्ज बड़े राजकोषीय घाटे लाते हैं क्योंकि अल्पविकसित देश अपने विकास और गैर विकास खर्चों को पूरा करने की स्थिति में नहीं होते हैं। ये आगे, स्फीतिकारी दबावों को लाते हैं। इस प्रकार व्यापार की शर्तें अल्पविकसित देशों के आर्थिक विकास की प्रक्रिया को रोकती हैं।

प्रश्न

1. अल्पविकसित देशों की व्यापार की शर्तों के दीर्घकालीन ह्रास सिद्धांत की सत्यता का परीक्षण कीजिए।
2. अल्पविकसित देशों के संदर्भ में व्यापार की शर्तों में प्रेबिश-सिंगर दीर्घकालीन ह्रास उपकल्पना का परीक्षण कीजिए।

भाग द्वितीय
वाणिज्यिक नीति
(COMMERCIAL POLICY)

अध्याय 19
मुक्त व्यापार बनाम संरक्षण
(Free Trade Versus Protection)

1. मुक्त व्यापार
(FREE TRADE)

अर्थ (Meaning)

मुक्त व्यापार नीति से तात्पर्य ऐसी व्यापार नीति है जिसके अन्तर्गत न तो कोई प्रशुल्क (tariff) एवं मात्रात्मक नियंत्रण होते हैं और न ही कोई ऐसी युक्तियां होती हैं जो देशों के बीच वस्तुओं के आने-जाने में रुकावट डालें। **प्रो. जगदीश भगवती** की परिभाषा के अनुसार, मुक्त व्यापार वह है जिसमें, 'प्रशुल्कों, कोटा, विनिमय नियंत्रणों, उत्पादन, साधन प्रयोग, उपभोग पर करों तथा सहायिकियों का अभाव हो'।[1] यह परिभाषा बहुत व्यापक है। **प्रो. लिप्सी** (Prof. Lipsey) ने बहुत सरल परिभाषा प्रस्तुत की है। उसके अनुसार, 'मुक्त व्यापार जगत् वह होगा जिसमें आयात अथवा निर्यात करने पर कोई प्रशुल्क और किसी भी प्रकार के प्रतिबंध नहीं होंगे। इस प्रकार के संसार में कोई देश उन सब वस्तुओं को आयात करेगा जिन्हें वह उनकी घरेलू उत्पादन लागत से कम कीमत पर प्राप्त कर सके'।[2] इस प्रकार मुक्त-व्यापार नीति का सीधा अर्थ है देशों के बीच वस्तुओं के मंगवाने और भेजने पर बिना किसी रुकावट के अन्तर्राष्ट्रीय व्यापार की पूर्ण स्वतन्त्रता। पर, इसका एक अपवाद है और वह यह कि मुक्त व्यापार के अन्तर्गत संरक्षण के लिए नहीं बल्कि राजस्व के लिए आयात शुल्क लगाए जा सकते हैं। यह बात एक उदाहरण से समझी जा सकती है। यदि सरकार सभी आयातों पर 15 प्रतिशत आयात शुल्क लगा दे तो इस शुल्क से उन सब विदेशी वस्तुओं पर प्रभाव नहीं पड़ेगा जिन्हें 15 प्रतिशत से अधिक लागत लाभ प्राप्त है और व्यापार पहले की तरह ही होता रहेगा। परन्तु यदि किसी साधारण विदेशी वस्तु को भी लागत लाभ 15 प्रतिशत से कम प्राप्त होता है, तो इसका अभिप्राय होगा कि मुक्त व्यापार समाप्त हो गया है और शुल्क केवल राजस्व के लिए नहीं बल्कि संरक्षण के लिए लगाया गया है। इस प्रकार जो देश मुक्त व्यापार की नीति अपनाता है वह उतने ही आयात शुल्क लगाता है जो निम्नतम लागत वाली विदेशी वस्तु के लागत लाभ से कम हों।

मुक्त व्यापार के पक्ष में तर्क (The Case for Free Trade)

क्लासिकी अर्थशास्त्री मुक्त व्यापार नीति के पक्ष में थे। आधुनिक अर्थशास्त्रियों में से **हैबरलर** ने मुक्त व्यापार के पक्ष में निम्नलिखित तर्क प्रस्तुत किए हैं :

1. उत्पादन को अधिकतम बनाना (Maximisation of Output)—मुक्त व्यापार के पक्ष का समर्थन तुलनात्मक लाभ का सिद्धान्त करता है। यह सिद्धान्त बताता है कि कोई देश उन वस्तुओं के उत्पादन में विशिष्टीकरण करता है जिनके उत्पादन में उसे

1. Free trade policy is "absence of tariffs, quotas, exchange restrictions, taxes and subsidies on production, factor use and consumption." *Jagdish Bhagwati*
2. "A world of FREE TRADE would be one wih no tariffs and no restrictions of any kind on importing and exporting. In such a world, a country would import all those commodities that it could buy from abroead at a delivered price lower than the cost of producing them at home." *G. Lipsey*

अधिकतम तुलनात्मक लाभ होता है अथवा न्यूनतम तुलनात्मक हानि होती है। इसलिए, मुक्त व्यापार के अन्तर्गत कोई देश उन्हीं वस्तुओं के उत्पादन में विशिष्टीकरण करता है जिनका उत्पादन उसके सापेक्ष रूप से अधिकतम अनुकूल होता है और जिन्हें वह उन आयातों के बदले निर्यात करता है जिन्हें वह अधिक सस्ते दामों पर प्राप्त कर सकता है। इसके परिणामस्वरूप उन सब देशों का उत्पादन अधिकतम हो जाता है जो मुक्त व्यापार में भाग लेते हैं, क्योंकि व्यापार से सभी देशों को लाभ होता है और यह लाभ आगे विश्व अर्थव्यवस्था की वास्तविक राष्ट्रीय आय को बढ़ा देता है। इस प्रकार, मुक्त व्यापार से उत्पादन अधिकतम हो जाता है।

2. संसाधनों का इष्टतम उपयोग (Optimum Utilisation of Resources)—मुक्त व्यापार से अन्तर्राष्ट्रीय विशिष्टीकरण तथा श्रम का विभाजन होता है। परिणामस्वरूप, प्रत्येक व्यापार करने वाले देश में वर्तमान संसाधन अधिक उत्पादक रूप से रोजगार में लगे होते हैं और अधिक कुशल रूप से संसाधनों का आवण्टन हो जाता है। फर्म अथवा उद्योग के भीतर ही संसाधनों का अधिक दक्ष उपयोग होता है। इस प्रकार अन्तर्राष्ट्रीय व्यापार और श्रम के विभाजन से संसाधनों का इष्टतम उपयोग होता है।

3. उपभोग को इष्टतम बनाना (Optimisation of Consumption)—मुक्त व्यापार सुनिश्चित करता है कि उपभोग इष्टतम हो। दूसरे शब्दों में, इससे उपभोक्ताओं को लाभ होता है क्योंकि वे विदेशों से न्यूनतम संभव कीमतों पर अनेक वस्तुएं खरीद सकते हैं। आगे, इसका परिणाम यह होता है कि लोगों का जीवन-स्तर बढ़ जाता है।

4. शिक्षाप्रद मूल्य (Educative Value)—हैबरलर का मत है कि मुक्त व्यापार का शिक्षाप्रद मूल्य है। अन्तर्राष्ट्रीय प्रतियोगिता देश के उत्पादकों को प्रेरित करती है कि वे उत्पादकता बढ़ाने के लिए अवकाश का त्याग करें। उत्पादकता बढ़ाने के लिए वे नवप्रवर्त्तन करते हैं और संगठन तथा उत्पादन के तरीकों में सुधार करते हैं।

5. विस्तृत बाजार (Wide Markets)—मुक्त व्यापार से वस्तुओं को विस्तृत बाजार उपलब्ध होते हैं। क्योंकि वस्तुओं की मांग किसी एक देश तक सीमित न होकर अनेक देशों में पायी जाती है, इसलिए सब प्रकार की वस्तुओं के लिए सारा विश्व ही बाजार बन जाता है। इसका परिणाम यह होता है कि विश्व प्रतियोगिता के कारण कम कीमतों पर बढ़िया वस्तुओं का उत्पादन होता है।

6. एकाधिकारों को रोकता है (Prevents Monopolies)—मुक्त बाजार एकाधिकारों को स्थापित नहीं होने देता। मुक्त बाजार के अन्तर्गत प्रत्येक देश कुछ वस्तुओं के उत्पादन में विशिष्टीकरण करता है और फर्मों अथवा उद्योगों का आकार इष्टतम होता है। इससे प्रत्येक वस्तु के उत्पादन की लागत न्यूनतम होती है। इस प्रकार मुक्त व्यापार निर्यात तथा आयात के लिए अपेक्षाकृत नीची कीमत सुनिश्चित करता है और पूर्ण प्रतियोगिता के अन्तर्गत कीमत-तंत्र एकाधिकारों को स्थापित होने से रोकता है।

7. ऊंची साधन आय (High Factor Income)—मुक्त व्यापार के अन्तर्गत उत्पादन के साधनों की पूर्ण गतिशीलता होती है। वे अधिक कमाने के लिए एक स्थान से दूसरे स्थान पर और देशों की बीच गति कर सकते हैं। इसलिए मुक्त व्यापार के अन्तर्गत मजदूरी, ब्याज, लगान और लाभ ऊंचे होते हैं। यही कारण है कि विश्व अर्थव्यवस्था और उसमें भागीदार देशों की वास्तविक आय में वृद्धि होती है।

8. आविष्कार प्रोत्साहित करना (Encourage Inventions)—मुक्त प्रतियोगिता और व्यापार अधिक लाभ प्राप्त करने के लिए राष्ट्रों को सस्ती और बढ़िया वस्तुएं उत्पादित करने के लिए प्रोत्साहित करते हैं। वे उन्हें उत्पादन की नई तकनीकों और प्रक्रियाओं का आविष्कार करने, नई मार्किट को खोजने, कच्चे माल के नये स्त्रोतों आदि की प्रेरणा देते हैं।

9. परिवहन और संचार का विकास (Development of Transport and Communi-cations)—मुक्त व्यापार केवल देश के भीतर ही नहीं बल्कि देशों के बीच भी परिवहन और संचार के साधनों के विकास को प्रोत्साहित करता है। रेल, रोड, समुद्र और हवाई परिवहन प्रणालियों का प्रसार होता है। जिससे वस्तुओं का शीघ्रता से विश्व में आना-जाना होता है। इंटरनेट, ई-मेल और ई-कामर्स का विकास मुक्त व्यापार के विश्व में फैलने से संभव हुआ है।

10. अन्तर्राष्ट्रीय सहयोग को बढ़ाना (Promotes International Cooperation)—मुक्त व्यापार राष्ट्रों के बीच अन्तर्राष्ट्रीय सहयोग को बढ़ाता है। द्विपक्षीय (bilateral) और बहुपक्षीय (multilateral) व्यापार समस्याओं को सुलझाने के लिए, विभिन्न देश एक दूसरे के साथ संपर्क तथा व्यापार वार्तालाप करते हैं। WTO जैसे अन्तर्राष्ट्रीय संगठनों का कार्य व्यापार समस्याओं को हल करना और अन्तर्राष्ट्रीय सहयोग को बढ़ाना है।

11. आर्थिक विकास के लिए सर्वोत्तम नीति (Best Policy for Economic Development)—हैबरलर ने लक्ष्य किया है कि "आर्थिक विकास के दृष्टिकोण से सर्वोत्तम नीति वह ठोस मुक्त व्यापार है जिसमें सीमान्त, महत्वहीन संशोधन एवं विचलन हों।" मुक्त व्यापार से प्राप्त होने वाले जिन प्रत्यक्ष लाभों का ऊपर उल्लेख किया गया है उनके अतिरिक्त, मुक्त व्यापार से विकासशील देशों में पूंजीगत

वस्तुओं, कच्चा माल और विदेशी पूंजी का आयात होता है, नए विचारों को प्रेरणा मिलती है और तकनीकी ज्ञान, कुशलताएं, प्रबंधकीय क्षमताएं तथा उद्यमता आती है। अन्तिम बात यह है कि मुक्त व्यापार स्वस्थ प्रतियोगिता को समर्थन देता है और अदक्ष एवं शोषणात्मक एकाधिकारों को रोकता है।

मुक्त व्यापार के विपक्ष में तर्क (The Case against Free Trade)

मुक्त व्यापार के उपर्युक्त लाभों के बावजूद, विश्व के देशों ने महामंदी के बाद, मुक्त व्यापार की नीति को त्याग दिया था। मुक्त व्यापार की नीति अपनाने में कुछ सैद्धान्तिक तथा व्यावहारिक कठिनाइयाँ पेश आती हैं:

1. अबन्ध नीति और पूर्ण प्रतियोगिता का न पाया जाना (Laissez-faire and Perfect Competition do not Exist)—मुक्त व्यापार पहले से यह मान लेता है कि अबन्ध नीति विद्यमान है और कीमत तंत्र पूर्ण प्रतियोगिता के अन्तर्गत कार्यशील है। परन्तु ये स्थितियाँ आज की दुनिया में मौजूद नहीं हैं। एकाधिकार, क्रेताधिकार, उत्पादक संघ, अपूर्ण श्रम बाजारों तथा प्रशुल्कों के परिणामस्वरूप मुक्त व्यापार का परित्याग किया गया।

2. एक-पक्षीय विकास (One-sided Development)—मुक्त व्यापार की नीति के अन्तर्गत कुछ ऐसे उद्योग तो पनपते हैं जिनमें देश को तुलनात्मक लाभ होता है परन्तु अन्य उद्योगों का विकास नहीं होता। हो सकता है कि एक कृषि-प्रधान देश केवल कृषि का ही विकास करे और औद्योगिक क्षेत्र की उपेक्षा कर दे या फिर यह भी हो सकता है कि एक प्रकार के उद्योगों का विकास हो और अन्य उद्योग अविकसित रह जाएं। इसका स्वाभाविक परिणाम यह होगा कि अर्थव्यवस्था का एक-पक्षीय विकास हो पाएगा। अतः मुक्त व्यापार की नीति का त्याग करना पड़ा।

3. घटिया और हानिकारक वस्तुओं का उत्पादन (Production of Inferior and Harmful Goods)—क्योंकि मुक्त व्यापार के अन्तर्गत वस्तुओं के आने-जाने पर कोई रुकावट नहीं होती, इसलिए घटिया और हानिकारक वस्तुओं के उत्पादन और व्यापार की संभावना बनी रहती है। इससे समाज-कल्याण घटता है। अतः इस प्रकार की वस्तुओं के आयात पर व्यापार प्रतिबन्ध लगाना आवश्यक हो जाता है। यह भी मुक्त व्यापार के परित्याग का एक कारण था।

4. राशिपातन (Dumping)—जो देश साधन सम्पन्न हैं वे दूसरे के मुकाबले कुछ वस्तुओं का सस्ता उत्पादन कर सकते हैं। इसके परिणामस्वरूप मुक्त व्यापार के अन्तर्गत, विश्व के बाजारों में गला-काट (cut-throat) प्रतियोगिता शुरू हो गई। अतः जापान जैसे कुछ देशों ने राशिपातन की नीति अपनाई जिससे वे विश्व के बाजारों में निम्नतम कीमतों पर बेचते थे। स्वाभाविक रूप से, इस नीति के प्रतिक्रियास्वरूप व्यापार प्रतिबन्ध लगाए गए।

5. एकाधिकार का जन्म (Emergence of Monopolies)—**हैबरलर** का मत है कि मुक्त व्यापार ने अन्तर्राष्ट्रीय एकाधिकारों तथा स्थानीय एकाधिकारों को जन्म दिया। मुक्त व्यापार के अन्तर्गत ऐसे एकाधिकार विकसित हुए जो दूसरे देशों तथा घरेलू हितों के लिए हानिकारक सिद्ध हुए। इस कारण भी संरक्षण की नीति अपनाई गई।

6. देशों का शोषण और उपनिवेशीकरण (Exploitation and Colonisation of Countries)—अर्थशास्त्री **हैबरलर** के इस मत को स्वीकार नहीं करते कि मुक्त व्यापार की नीति अल्पविकसित देशों के विकास में सहायक होती है। बल्कि इसी नीति का परिणाम था कि 19वीं शताब्दी में तथा 20वीं शताब्दी के शुरू में देशों का शोषण एवं उपनिवेशीकरण हुआ। अब माना जाने लगा है कि अल्पविकसित देश मुक्त व्यापार के अन्तर्गत नहीं बल्कि संरक्षण की नीति के अन्तर्गत ही विकास कर सकते हैं।

7. आर्थिक निर्भरता (Economic Dependence)—मुक्त व्यापार से आर्थिक निर्भरता बढ़ती है जो एक पिछड़े देश के लिए हानिकारक है। ऐसे देश को विभिन्न प्रकार के उपभोक्ता और पूंजी पदार्थ, कच्चे माल आदि के आयातों के लिए विकसित देशों पर निर्भर रहना पड़ता है।

8. व्यापार चक्र (Trade Cycles)—मुक्त व्यापार से अन्तर्राष्ट्रीय व्यापार में उतार-चढ़ाव होते हैं और देशों के बीच तेजी और मंदी फैलती है। परन्तु मंदी का भय अधिक होता है जैसी कि 1930 की महान मंदी हुई थी। अमेरिका में आई मंदी समस्त संसार में फैल गई सिवाय रूस के जो उस समय एक बंद अर्थव्यवस्था थी।

2. संरक्षण
(PROTECTION)

अर्थ (Meaning)

'संरक्षण' शब्द उस नीति की ओर संकेत करता है जिसके द्वारा घरेलू उद्योगों को विदेशों की प्रतियोगिता से बचाया जाता है। इसका उद्देश्य यह है कि कम कीमत की वस्तुओं के आयात पर प्रतिबन्ध लगाए जाएं ताकि ऊंची कीमत की वस्तुओं का उत्पादन करने वाले घरेलू उद्योगों को बचाया जा सके। घरेलू उद्योगों को संरक्षण प्रदान करने का एक तरीका तो यह है कि आयात पर इतने शुल्क लगा दिए जाएं जिनसे विदेशी वस्तुओं की कीमत, घरेलू वस्तुओं की कीमत से बढ़ जाए, या दूसरा तरीका यह है कि कोटा द्वारा उन्हें संरक्षण दिया जाए या अन्य गैर-प्रशुल्क प्रतिबन्ध लगाए जाएं जिनसे सस्ती विदेशी वस्तुओं का आयात कठिन अथवा असंभव हो जाए। या फिर घरेलू उद्योगों को सहायिकी (subsidy) अथवा अधिदान (bounties) दिए जाएं ताकि वे सस्ती विदेशी वस्तुओं से प्रतियोगिता कर सकें।

संरक्षण के पक्ष में तर्क (Arguments for Protection)

हैबरलर ने संरक्षण विषयक तर्कों को दो वर्गों में विभाजित किया है : आर्थिक तथा गैर-आर्थिक। हम इनमें से प्रत्येक पर क्रमश: विचार कर रहे हैं।

(अ) आर्थिक तर्क (Economic Arguments)

संरक्षण के पक्ष में प्राय: निम्नलिखित तर्क दिए जाते हैं:

1. व्यापार शर्तों का तर्क (Terms of Trade Argument)—किसी देश के भुगतान शेष से असंतुलन को ठीक करने के लिए व्यापार की शर्तों का तर्क प्रस्तुत किया जाता है। तर्क यह है कि आयात पर प्रशुल्क (टैरिफ) लगाने से देश की आयात से निर्यात की विनिमय दर बेहतर हो जाती है। इसका मतलब है कि प्रशुल्क लगाने से व्यापार की शर्तें बेहतर हो जाती हैं क्योंकि विदेशी निर्यातकर्त्ता को आयात शुल्क के कुछ भाग का भुगतान करना पड़ता है। कोई देश आयात शुल्क लगाकर अपनी व्यापार शर्तें किस सीमा तक बेहतर बना सकता है यह बात देश तथा विदेश में सापेक्ष मांग तथा पूर्ति लोचों पर निर्भर करेगी। जो देश किसी विशेष वस्तु की बड़ी मात्रा आयात करता है (अर्थात जिसकी मांग कम लोचदार है) वह आयात शुल्क लगाने और अपनी व्यापार शर्तें सुधारने के लिए उस देश की अपेक्षा बेहतर स्थिति में होगा जो दी हुई वस्तु की थोड़ी मात्रा का आयात करता है (अर्थात् जिसकी मांग लोचदार है)।

टैरिफ लगाने से व्यापार की शर्तों में जो सुधार होता है उसे चित्र 1 में दर्शाया गया है। चित्र में, टैरिफ लगाने से पहले इंग्लैंड और जर्मनी के प्रस्ताव वक्र क्रमश: OE और OG हैं। व्यापार की प्रारंभिक शर्तें OT रेखा द्वारा दी गई हैं। इंग्लैंड कपड़े की OC मात्रा निर्यात कर रहा है और जर्मनी से लिनन की OL मात्रा आयात कर रहा है। मान लें कि जर्मनी की लिनन पर इंग्लैंड टैरिफ लगाता है। यह इंग्लैंड के प्रस्ताव वक्र OE को OE_1 पर सरका देता है। इससे व्यापार की शर्तें OT से OT_1 पर इंग्लैंड के पक्ष हो जाती हैं। अब इंग्लैंड OC_1 कपड़ा निर्यात करता है और बदले में जर्मनी से OL_1 लिनन आयात करता है। अब वह पहले से CC_1 कपड़ा कम निर्यात करता है और LL_1 कम लिनन आयात करता है। चूंकि इंग्लैंड द्वारा टैरिफ लगाने से कपड़े के निर्यात में कमी जर्मनी से लिनन के आयातों की मात्रा में कभी से अधिक है *($CC_1 > LL_1$)*, इसलिए व्यापार की शर्तें निश्चय से इंग्लैंड के पक्ष में हुई हैं।*

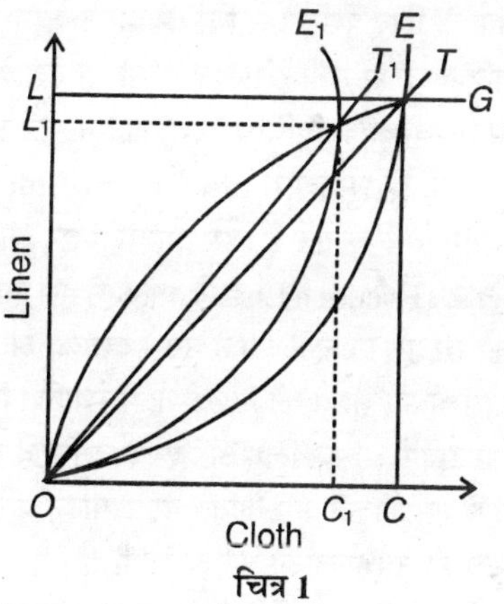

चित्र 1

पर, जो देश प्रशुल्क लगाता है उस पर कुछ प्रतिकूल प्रभाव भी पड़ता है। **प्रथम,** प्रशुल्क लगाने वाले देश की व्यापार शर्तें तो बेहतर हो जाती हैं परन्तु व्यापार की मात्रा कम हो जाती है। **दूसरे,** प्रशुल्क लगाने से घरेलू उपभोक्ता के लिए आयातित वस्तु की कीमत बढ़

* यह पैरा केवल उच्च कक्षाओं के विद्यार्थियों के लिए है।

जाती है। **तीसरे**, इससे दूसरे देश में प्रतिशोध की भावना जाग सकती है। इस प्रकार बहुत अधिक प्रशुल्क लगाने का परिणाम यह होता है कि उपभोक्ता की सन्तुष्टि कम हो जाती है, व्यापार की मात्रा घट जाने पर घरेलू संसाधनों का दोष-पूर्ण आवण्टन होता है और प्रतिशोधकारी प्रशुल्कों से दोनों देशों की अर्थव्यवस्था को हानि पहुंचती है।

2. सौदेबाजी का तर्क (Bargaining Argument)—तर्क यह दिया जाता है कि दूसरे देशों के साथ व्यापार सम्बन्धी बातचीत में सौदा करने के लिए आवश्यक है कि प्रशुल्क लगाए जाएं। क्योंकि अन्तर्राष्ट्रीय व्यापार पारस्परिक लेन-देन पर आधारित है, इसलिए दूसरे देश को उसकी प्रशुल्क दर घटाने पर राजी करने या घटाने से रोकने के लिए प्रशुल्क को एक हथियार के रूप में प्रयोग किया जाता है। इस प्रकार प्रशुल्क का भय देशों को प्रेरित करता है कि वे एक-दूसरे को पारस्परिक छूट दें।

परन्तु सौदेबाजी का तर्क प्रबल नहीं है। इसके कई कारण हैं। **पहला,** यदि सौदेबाजी के लिए हथियार के रूप में प्रशुल्क का प्रयोग किया जाए तो इससे दूसरे देशों में प्रतिशोध की भावना उत्पन्न हो सकती है। परिणामस्वरूप दोनों देशों को हानि होगी। **दूसरा,** हो सकता है कि देश में ऐसे निहित स्वार्थ उत्पन्न हो जाएं जो इतने शक्तिशाली हों कि प्रशुल्कों में कमी न होनें दें और पारस्परिक सौदेबाजी को ठप्प कर दें। इसलिए संरक्षण के लिए सौदेबाजी का तर्क एक मिथ्या तर्क है।

3. राशिपातन विरोधी तर्क (Anti-dumping Argument)—राशिपातन की प्रथा के विरुद्ध संरक्षण का पक्ष लिया जाता है। राशिपातन का अर्थ है परिवहन तथा स्थानान्तरण की अन्य लागतों का हिसाब लगाने के बाद किसी वस्तु को घरेलू बाजार की कीमत के मुकाबले विदेशी बाजार में कम कीमत पर बेचना। राशिपातन का उद्देश्य विदेशी बाजार में कम कीमत की वस्तुओं की भरमार करना होता है। इसके परिणामस्वरूप आयात प्रतियोगी फर्में तबाह हो जाती हैं। ऐसी फर्मों को संरक्षण प्रदान करने के लिए भारी प्रशुल्क लगाया जाता है। इससे वस्तु की कीमत आयात करने वाले देश में बढ़ जाएगी और राशिपातन का भय समाप्त हो जाएगा।

4. विविधिकरण तर्क (Diversification Argument)—संरक्षण के पक्ष में एक तर्क यह भी दिया जाता है कि संरक्षण से घरेलू उद्योगों का विविधिकरण होता है। इसका मतलब है कि अर्थव्यवस्था की सन्तुलित वृद्धि होनी चाहिए ताकि सभी क्षेत्रों का साथ-साथ विकास हो। इस उद्देश्य को पूरा करने के लिए आवश्यक है कि कृषि तथा विनिर्माणकारी (manufacturing) उद्योगों को विदेशी प्रतियोगिता से संरक्षण प्रदान किया जाए। यह तर्क सही है, क्योंकि अनुभव इस बात का समर्थन करता है कि जो देश सन्तुलित विकास नहीं करते, वे अन्तर्राष्ट्रीय आर्थिक हलचल से, जैसे फसलों के फेल हो जाने, मन्दी, स्फीति, युद्ध इत्यादि से, अधिक प्रभावित होते हैं। इसलिए उन्हें चाहिए कि वे विविधिकरण करें और अपने उद्योगों को संरक्षण प्रदान कर आत्मनिर्भर बनें। परन्तु संसार के सबसे धनी देशों तक के लिए पूर्णरूप से विविधिकरण करना और आत्मनिर्भरता उपलब्ध कर पाना संभव नहीं है। वास्तव, में अर्थव्यवस्था की संतुलित वृद्धि के लिए सभी संसाधन किसी भी देश के पास नहीं हैं। उसे किसी-न-किसी रूप में दूसरे देशों पर निर्भर रहना पड़ता है और फिर, अर्थव्यवस्था के विविधिकरण का एकमात्र साधन संरक्षण ही तो नहीं है।

5. शिशु उद्योग तर्क (Infant Industry Argument)—संरक्षण के पक्ष में सबसे पुराना और सर्वाधिक स्वीकृत तर्क शिशु उद्योग विषयक तर्क है। इसे **अलैग्जैण्डर हैमिल्टन** (Alexander Hamilton) ने 1870 में व्यवस्थित रूप से प्रस्तुत किया और **फ्रैडरिक लिस्ट** (Friedrich List) ने 1885 में इसे लोकप्रिय बनाया। यह तर्क इस मान्यता पर आधारित है कि 'जिस उद्योग अथवा उद्योगों के ग्रुप को संरक्षण प्रदान करना है उनसे देश को अदृश्य्र तुलनात्मक लाभ होता है'। इसलिए, तर्क यह दिया जाता है कि यदि उद्योगों को उनकी प्रारम्भिक (शैशव की) अवस्था में स्थापित विदेशी उत्पादकों से नहीं बचाया जाता है, तो वे तुलनात्मक लाभ उठाने के लिए विकास नहीं कर सकेंगे। इसके लिए आवश्यक है कि वे इष्टतम आकार तक विकसित हों ताकि वे अत्यधिक दक्षता तथा प्रतियोगितापूर्वक कार्य करें और अपेक्षाकृत कम लागत पर उत्पादन करें। शिशु उद्योगों में संसाधनों के प्रवाह को सुगम बनाने के लिए भी संरक्षण की जरूरत है, भले ही उपभोक्ताओं को अस्थायी तौर पर ऊंची कीमतों का बोझ उठाना पड़े। इसका आर्थिक औचित्य इस बात में है कि इस तरह के उद्योगों में निवेश के परिणामस्वरूप निजी प्रतिफलों से सामाजिक प्रतिफल बढ़ जाएंगे। तर्क इस प्रकार है कि दीर्घकाल में प्रतियोगितामूलक बनने के लिए शिशु उद्योगों को कुछ समय चाहिए जिसमें वे अनुभव से सीखने की प्रक्रिया में से गुजर सकें। इसलिए उन्हें संरक्षण जरूरी है। **जोनसन** मानता है कि शिशु उद्योग विषयक तर्क स्पष्ट रूप से अल्पकालिक विकृतियाँ दूर करने के लिए अस्थायी हस्तक्षेप के पक्ष में जानदार तर्क है। इसलिए शिशु उद्योगों को थोड़े समय के लिए संरक्षण की जरूरत है ताकि वे विदेशी उत्पादकों से भयरहित होकर विकास कर सकें। जब वे बड़े हो जाएं तो संरक्षण वापिस लिया जा सकता है और तब उन्हें विदेशी प्रतियोगिता का सामना करने के लिए खुले छोड़ दिया जाए।

शिशु उद्योग संरक्षण के पक्ष में तर्क यह है कि जब कोई नया उद्योग शुरू होता है तो वह पैमाने की आन्तरिक मितव्ययिताओं का लाभ नहीं उठा सकता और अपने विदेशी प्रतियोगियों के मुकाबले उसकी उत्पादन लागत अधिक होती है। परन्तु यदि सभी प्रकार की सुविधाएं, जैसे सहायिकियां, विदेशी वस्तुओं पर भारी आयात शुल्क आदि, प्रदान करके उसे संरक्षण दिया जाए तो उसका विस्तार होगा और उसे पैमाने की आन्तरिक मितव्ययिताएं प्राप्त होंगी। आगे, इसके परिणामस्वरूप उस उद्योग में सभी इकाइयों को पैमाने की बाह्य मितव्ययिताएं प्राप्त हो सकती हैं। प्रशिक्षित श्रम शक्ति की उपलब्धता, उन्नत उत्पादन तकनीक, अनुसंधान सुविधा, इत्यादि के माध्यम से उत्पादन की कम लागत के रूप में अनेक बाह्य मितव्ययिताएं प्राप्त होंगी। यदि अनेक उद्योगों को एक साथ शिशु उद्योग संरक्षण प्रदान किया जाए, तो सड़क, रेलमार्ग, शक्ति और अनुसंधान सुविधाओं, इत्यादि के रूप में अनेक बाह्य मितव्ययिताएं प्राप्त होती हैं। और फिर, शिशु उद्योगों के संरक्षण से उनका विस्तार होता है और लागतें तथा कीमतें कम हो जाती हैं जिससे आगे उन उद्योगों को लाभ होता है जो संरक्षित उद्योग के उत्पादनों को प्रयोग करते हैं ताकि संरक्षण सामाजिक लाभ प्रदान कर सके। इसलिए शिशु उद्योगों का पनपना जरूरी है। यह आवश्यक है कि वे अन्त में विश्व बाजार कीमतों पर प्रतियोगिता में ठहर सकें। उन्हें उस कसौटी पर खरा उतरना होगा जिसे **मिल का टैस्ट** (Mill's Test) कहते हैं। जिसके अनुसार संरक्षण देने से पूर्व यह देख लेना चाहिए कि उद्योग ने स्वयं पनपने के लिए आवश्यक योग्यता और अनुभव प्राप्त कर लिया है कि नहीं। ताकि संरक्षण नीति लाभदायक हो सके, इसके लिए केवल शिशु उद्योगों का पनपना ही जरूरी नहीं है अपितु यह भी आवश्यक है कि वे हानियों का पुनर्भुगतान कर सकें जो उन्हें संरक्षण के कारण शिशु उद्योग अवधि के दौरान उठानी पड़ी थीं। कभी-कभी उन्हें **बैस्टेवल का टैस्ट** (Bastble's Test) भी पास करना पड़ेगा। जिसके अनुसार संरक्षण उसी स्थिति में देना चाहिए जब संरक्षण के अतिरिक्त उस उद्योग के विकास की सम्भावना न हो। केवल इन टैस्टों को पास कर लेने पर ही शिशु उद्योग संरक्षण का पक्ष साफ-साफ उभरकर सामने आता है।*

संरक्षण के पक्ष में शिशु उद्योग तर्क को चित्र 2 में आरेखीय रूप से स्पष्ट किया गया है। उद्योग A की वस्तु X का उत्पादन क्षैतिज-अक्ष पर और उद्योग B की वस्तु Y का उत्पादन अनुलम्ब-अक्ष पर मापा गया है। देश का उत्पादन संभावना वक्र BA है। मुक्त व्यापार के अन्तर्गत देश बिन्दु E पर उत्पादन करता है जहाँ अन्तर्राष्ट्रीय व्यापार शर्तों की P_1P_1 रेखा उत्पादन संभावना वक्र को स्पर्श करती है। जब यह देश अन्तर्राष्ट्रीय व्यापार में शामिल होता है तो देश का उत्पादन बिन्दु E से बिन्दु C पर चला जाता है जहां वह वस्तु Y की अधिक मात्रा का आयात और उपभोग करता है। अपने उद्योग को संरक्षण प्रदान करने के लिए यह देश वस्तु Y के आयात पर निषेधात्मक (prohibitive) प्रशुल्क लगा देता है जिसके परिणामस्वरूप घरेलू व्यापार शर्तों को PP रेखा व्यक्त करती है। यह रेखा उत्पादन संभावना वक्र BA को E_1 पर स्पर्श करती है। अब यह देश बिन्दु E_1 पर वस्तु Y का उत्पादन और उपभोग करता है। परन्तु संरक्षण के अन्तर्गत यह कम वस्तुओं का उपभोग करता है क्योंकि मुक्त व्यापार के अन्तर्गत बिन्दु E_1 बिन्दु C से नीचे स्थित है। इस प्रकार संरक्षण से देश का कल्याण कम हो जाता है।

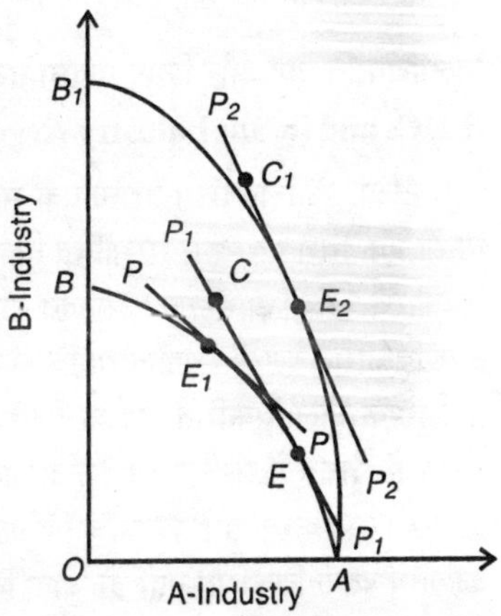

चित्र 2

परन्तु यह तो केवल अल्पकालीन स्थिति है। दीर्घकाल में, संरक्षण के परिणामस्वरूप, वस्तु Y का उत्पादन बढ़ जाता है क्योंकि उद्योग B को बढ़ते हुए प्रतिफल प्राप्त होते हैं जिससे उत्पादन संभावना वक्र BA बाहर की ओर सरक कर B_1A पर चला जाता है। अब यह देश मुक्त व्यापार शुरू कर सकता है। यह मानकर कि अन्तर्राष्ट्रीय व्यापार शर्तें वहीं रहती हैं जो संरक्षण से पहले थीं, P_1P_1 के समानान्तर एक रेखा P_2P_2 खींचिए जो उत्पादन संभावना वक्र B_1A को बिन्दु E_2 पर स्पर्श करे। संरक्षण से पहले यह देश बिन्दु E पर उपभोग करता था परन्तु अब यह इसका उपभोग बिन्दु E_2 पर करता है। व्यापार में शामिल होने पर यह C_1 पर जा सकता है। बिन्दु C की अपेक्षा बिन्दु C_1 पर सामाजिक कल्याण का स्तर ऊंचा है। C की अपेक्षा C_1 पर लोग वस्तु Y का अधिक उपभोग करते हैं। इसका मतलब है कि शिशु उद्योग को कुछ समय के लिए संरक्षण देकर उसे मुक्त व्यापार में छोड़ देने से समाज कल्याण बढ़ जाता है।

इसकी आलोचनाएं (Its Criticisms)

अर्थशास्त्रियों ने संरक्षण के पक्ष में दिए गए शिशु उद्योग तर्क की कटु आलोचना की है।

* आगे का वर्णन उच्च कक्षाओं के लिए है।

1. कठिन निर्णय (Difficult Decision)—यह निर्णय करना कठिन है कि किस उद्योग को संरक्षण की जरूरत है। क्योंकि प्रारम्भ में तो प्रत्येक उद्योग शैशवावस्था में ही होता है। वास्तव में, असली शिशु उद्योगों का चयन करना ही कठिन होता है क्योंकि इसके लिए 'उद्योग के संभाव्य लागत ढांचे और उसकी स्थापित प्रतियोगिता का पूर्वानुमान लगाने की जरूरत होती है'।

2. विश्वसनीय कसौटी का अभाव (Lack of Reliable Criterion)—किसी शिशु उद्योग को संरक्षण इस आश्वासन पर दिया जाता है कि जब उद्योग बड़ा हो जाएगा और विदेशी प्रतियोगिता का मुकाबला कर सकेगा, तो संरक्षण समाप्त कर दिया जाएगा। परन्तु किसी विश्वसनीय कसौटी के अभाव के कारण इस सम्बन्ध में निर्णय कर पाना कठिन है।

3. निहित स्वार्थ (Vested Interests)—जब किसी उद्योग को एक बार संरक्षण दे दिया जाता है तो निहित स्वार्थ उत्पन्न हो जाते हैं जो यह नहीं चाहते कि शुल्क समाप्त किए जाए। इस प्रकार जैसा **हैबरलर** ने लक्ष्य किया है, 'अस्थायी शिशु उद्योग शुल्क कुछ समय बाद स्थायी शुल्क बन जाते हैं ताकि उन उद्योगों को बनाए रखा जा सके जिन्हें वे शुल्क संरक्षण प्रदान करते हैं'।

4. प्रशुल्कों को हटाना कठिन (Difficult to Remove Duties)—यदि किसी उद्योग का कोई भाग अपने पैरों पर खड़ा भी हो जाए, तो भी प्रशुल्कों की आड़ में अनेक कम दक्ष फर्में स्थापित हो जाती हैं जिनके कारण शुल्क समाप्त करना कठिन हो जाता है।

5. एकाधिकार लाभ (MonopolyBenefits)—कुछ उद्योगपति संरक्षण के अन्तर्गत एकाधिकार लाभ उठाने लगते हैं। वे नहीं चाहते कि शुल्क समाप्त किए जाएं। इसलिए वे विधायकों को रिश्वत देते हैं और देश की सामान्य राजनीति को भ्रष्ट बना देते हैं।

6. बाह्य मितव्ययिताएं नहीं होतीं (External Economies do not Exist)—**हैबरलर** इस बात से सहमत नहीं है कि शिशु उद्योगों के विकास के परिणामस्वरूप उत्पादन की आन्तरिक तथा बाह्य मितव्ययिताएं प्राप्त होती हैं। उसने स्पष्ट किया है कि शिशु उद्योग संरक्षण के अन्तर्गत बाह्य मितव्ययिताओं की तथाकथित संभावनाएं अस्पष्ट, उलझी हुई तथा सन्देहपूर्ण हैं, 'इसलिए उन पर आधारित प्रशुल्क विषयक तर्क व्यावहारिक आर्थिक सिद्धान्त की विलक्षणता से सम्बन्ध रखते हैं।'

अल्पविकति देश और शिशु उद्योग तर्क*
(LDCs and Infant Industry Argument)

टैरिफ के लिए शिशु उद्योग तर्क सामान्यतौर से अल्पविकसित देशों पर लागू होता है। इसके अनुसार एक अल्पविकसित देश को किसी एक विशेष वस्तु में सम्भावित तुलनात्मक लाभ हो सकता है परन्तु ज्ञान के अभाव में तथा उत्पादन का प्रारम्भिक स्तर छोटा होने के कारण इसकी प्रारम्भिक उत्पादन लागतें बहुत ऊंची होती हैं। इसके परिणामस्वरूप विदेशी प्रतियोगिता के सामने यह उद्योग अल्पविकसित देश में स्थापित या विकसित नहीं हो सकता है। इस प्रकार एक अल्पविकसित देश के लिए एक उद्योग स्थापित करने और उसे शैशव में संरक्षण देने हेतु आयात टैरिफ लगाना आवश्यक होता है। ऐसा करना तब तक उचित है जब तक उद्योग आकार और दक्षता में इतना विकसित नहीं हो जाता कि वह विदेशी प्रतियोगिता का मुकाबला कर सके। इस तर्क को चित्र 3 में समझाया गया है जहाँ OP_W उस वस्तु की विश्व कीमत है, जिसमें अल्पविकसित देश को सम्भावित तुलनात्मक लाभ होता है। परन्तु आरम्भ में अल्पविकसित देश में इस वस्तु की उत्पादन लागत OP_L है जो उसकी विश्व कीमत OP_W से अधिक है। यही कारण है कि विदेशी प्रतियोगिता के विरुद्ध बिना संरक्षण के यह उद्योग अल्पविकसित देश में स्थापित या विकसित नहीं हो सकता। अत: इस उद्योग को संरक्षण देने के लिए इस वस्तु पर इतना आयात टैरिफ लगाया जाए जो $P_W–P_L$ से अधिक हो।

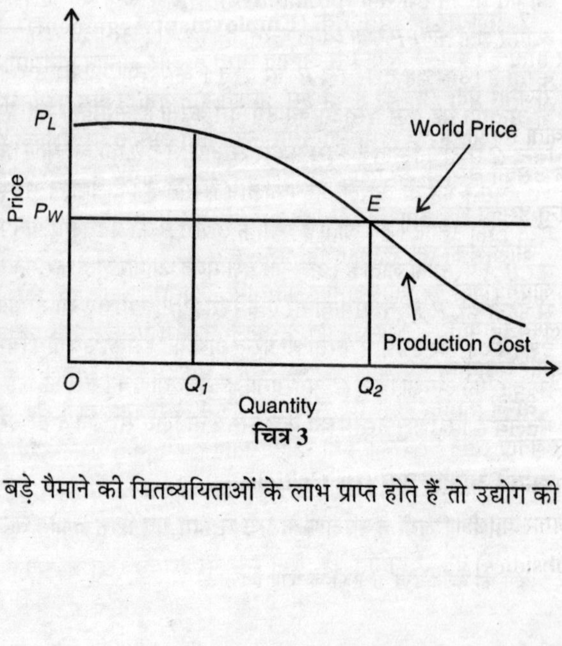

चित्र 3

समय बीतने पर जब शिशु उद्योग फैलता है, उत्पादन बढ़ता है और बड़े पैमाने की मितव्ययिताओं के लाभ प्राप्त होते हैं तो उद्योग की

* यह उच्च कक्षाओं के लिए है।

उत्पादन लागत कम होनी प्रारम्भ हो जाती है जैसा चित्र में OQ_1 मात्रा के बाद दिखाया गया है। जब धीरे-धीरे उद्योग और प्रसार करता है तथा उत्पादन OQ_2 पर उसकी उत्पादन लागत E बिन्दु पर विश्व कीमत के बराबर हो जाती है तब उस उद्योग से संरक्षण हटाया जा सकता है। इस E बिन्दु के बाद उत्पादन लागत विश्व कीमत से कम होने के कारण अल्पविकसित देश इस वस्तु को निर्यात कर सकता है।

ऊपर वर्णित शिशु उद्योग तर्क घरेलू उत्पादन को प्रोत्साहित करने के लिए होता है। यह इस धारणा पर आधारित है कि ''शिशु का पालन करो, बालक की रक्षा करो और वयस्क को स्वतन्त्र कर दो'' (Nurse the baby, protect the child and free the adult)। इसका अभिप्राय यह है—जब तक एक उद्योग विदेशी प्रतियोगिता का मुकाबला करने की क्षमता प्राप्त नहीं कर लेता उसे संरक्षण देते रहना चाहिए, परन्तु जब वह ऐसी क्षमता प्राप्त कर लेता है तो उस पर से संरक्षण हटा लेना चाहिए। परन्तु ऐसा अनुभव है कि जब एक बार किसी उद्योग को संरक्षण प्रदान किया जाता है तो उद्योग 'शिशु' ही रहना पसन्द करता है। फिर, एक बार जब किसी उद्योग को आयात टैरिफ द्वारा सरंक्षण दिया जाता है तो उसको हटाना कठिन हो जाता है। इसलिए अर्थशास्त्रियों का मत है कि जो कार्य एक आयात टैरिफ कर सकता है उससे अच्छा संरक्षण उत्पादन सहायिकी (subsidy) प्रदान कर सकती है। उत्पादन सहायिकी, संरक्षण विधि के रूप में आयात टैरिफ से बेहतर है क्योंकि सरकारी बजट का भाग होने के कारण इसका प्रति वर्ष पुनरावलोकन किया जा सकता है जबकि आयात टैरिफ के बारे में ऐसा सम्भव नहीं होता। फिर, एक सहायिकी को शिशु उद्योग की आवश्यकता के अनुसार बढ़ाया या कम किया जा सकता है तथा इसका सापेक्ष कीमतों और घरेलू उपभोग पर बुरा प्रभाव भी नहीं पड़ता है।

परन्तु अल्पविकसित देश सहायिकी की अपेक्षा आयात टैरिफ को प्राथमिकता देते हैं क्योंकि सहायिकी देने के लिए राजस्व चाहिए जिसकी इनके पास कमी होती है। दूसरी ओर, आयात टैरिफ ऐसे देशों को राजस्व प्रदान करते हैं। इसीलिए अल्पविकसित देश शिशु उद्योग को संरक्षण प्रदान करने के लिए आयात स्थानापन्नता की नीति अपनाने के लिए तथा अपनी योजनाओं के लिए राजस्व प्राप्त करने हेतु आयात टैरिफ को अधिक उपयुक्त मानते हैं और उसको अपनाते हैं। यद्यपि ऐसा करने से वे शिशु उद्योग सिद्धान्त से कुछ परे हट जाते हैं फिर भी वे आयात टैरिफ द्वारा देश में अधिक सामाजिक लाभ प्रदान करते हैं।

6. सामाजिक दृष्टि से महत्वपूर्ण अथवा मूल उद्योग विषयक तर्क (Socially Important or Key Industries Argument)—उन उद्योगों को संरक्षण प्रदान किया जाए जो सामाजिक दृष्टि से महत्वपूर्ण हैं जैसे कृषि अथवा कूटनीति की दृष्टि से महत्वपूर्ण उद्योग जैसे—लोहा और इस्पात, भारी बिजली उद्योग, मशीनों और रसायनों से सम्बन्ध रखने वाले भारी उद्योग। इस तर्क के बारे में कोई झगड़ा नहीं है क्योंकि संरक्षणात्मक प्रशुल्कों के अन्तर्गत मूल तथा सामाजिक दृष्टि से महत्वपूर्ण उद्योगों का विकास तो किसी देश की व्यापार नीति के प्रमुख उद्देश्यों का एक अंग होता है।

7. रोजगार विषयक तर्क (Employment Argument)—संरक्षण के पक्ष में प्राय: यह तर्क दिया जाता है कि इससे बेरोजगारी दूर होती है। प्रशुल्क लगाने से आयात गिरते हैं और आयात प्रतियोगी उद्योगों में सीधे रोजगार बढ़ता है। इससे आगे उन दूसरे उद्योगों में तो रोजगार पैदा होता ही है जो इस आयात प्रतियोगी उद्योग पर निर्भर करते हैं, और आयात स्थानापन्न उद्योगों तक में भी रोजगार बढ़ सकता है। प्रो. हैबरलर के मतानुसार, प्रतियोगी आयात पर प्रशुल्क लगाने से एक एकल उद्योग में बेरोजगारी कम हो सकती है बशर्ते कि उसकी वस्तुओं के लिए मांग पूर्णरूप से लोचदार न हो और उसकी वस्तुएं मिलती-जुलती आयातित वस्तुओं से प्रतियोगिता करें। परन्तु इसका यह मतलब नहीं कि कुल बेरोजगारी समाप्त हो जाएगी।

आलोचकों का कहना है कि प्रशुल्क से बेरोजगारी घटने की संभावना नहीं है क्योंकि आयात पर प्रतिबन्ध लगाने से निर्यात भी कम हो जाएंगे। जहां एक ओर आयात प्रतियोगी उद्योगों में बेरोजगारी घटेगी, वहीं दूसरी ओर निर्यात उद्योगों में बेरोजगारी बढ़ेगी। जैसा **केन्ज** ने लक्ष्य किया है, ''यदि आयात के घटने के परिणामस्वरूप तुरन्त निर्यात में थोड़ी बहुत उतनी ही कमी हो जाती है तो स्पष्ट रूप से रोजगार बढ़ाने के उद्देश्य से प्रशुल्क लगाना एकदम व्यर्थ होगा।''

केन्ज का कहना है कि संरक्षण प्रशुल्क से रोजगार तभी बढ़ सकता है जब रोजगार का पुराना स्तर बना रहे। रोजगार का पुराना स्तर बनाए रखने के **केन्ज** ने दो उपाय बताए हैं। **पहला,** प्रशुल्क लगाने वाले देश अन्य देशों को उधार दें जिससे उनका पुराना निर्यात-स्तर बना रहेगा और निर्यात उद्योगों में रोजगार का स्तर नहीं गिरेगा। इसलिए निर्यात उद्योगों के रोजगार पर आयात प्रतियोगी उद्योगों में बढ़े रोजगार का कोई बुरा असर नहीं पड़ेगा। **दूसरा,** आयात प्रशुल्कों से जो राजस्व प्राप्त हो उसमें से निर्यात उद्योगों को सहायिकियां (subsidies) देने से निर्यात को पुराने स्तर पर कायम रखा जा सकता है।

परन्तु इन तरीकों को अपनाने के सम्बन्ध में आलोचक केन्ज से सहमत नहीं है। उनका कहना है कि दूसरे देशों को उधार देने से पूंजी संसाधन घरेलू निवेश से हटेंगे। इससे घरेलू निवेश कम हो जाएगा जिसके परिणामस्वरूप देश में कुल रोजगार गिरेगा। दूसरी ओर यदि निर्यात उद्योगों को सहायिकियां दी गईं तो दूसरे देशों में प्रतिशोध की भावना जागेगी और वे राशिपातन विरोधी शुल्क लगा देंगे। इस प्रकार संरक्षण प्रशुल्क लगाकर रोजगार बढ़ाना सम्भव नहीं है।

प्रो. हैबरलर ने विविध प्रकार के बेरोजगारी प्रशुल्क प्रभावों का विश्लेषण किया है :

प्रथम, बेरोजगारी अस्थायी हो सकती है। यह बेरोजगारी तब उत्पन्न होती है जब नए निवेश और उत्पादन के नए तरीके अपनाने के परिणामस्वरूप औद्योगिक ढाँचे में परिवर्तन होते हैं। यद्यपि इस प्रकार की तकनीकी बेरोजगारी किसी एक उद्योग में हो तो उसे आयात पर नया प्रशुल्क लगाकर दूर किया जा सकता है, परन्तु यदि वह अर्थव्यवस्था के समस्त औद्योगिक ढांचे में पाई जाती है तो उसे दूर कर पाना संभव नहीं है। इसलिए, संरक्षण द्वारा तकनीकी बेरोजगारी समाप्त की जा सकती है क्योंकि इसमें ''तकनीकी प्रगति के वे सभी लाभ छोड़ने पड़ते हैं जो श्रम के अन्तर्राष्ट्रीय विभाजन के माध्यम से ही प्राप्त किए जा सकते हैं''।

दूसरा, बेरोजगारी वह हो सकती है जो उद्योग के चक्रीय उतार-चढ़ाव के कारण उत्पन्न होती है। किसी एक उद्योग पर नया प्रशुल्क लगाकर चक्रीय बेरोजगारी दूर की जा सकती है परन्तु अनेक उद्योगों तथा अनेक देशों में व्याप्त चक्रीय बेरोजगारी को दूर कर पाना संभव नहीं है। 1930 के दशक में भारी संरक्षण भी अमेरिका को आर्थिक संकट तथा मन्दी से उभारने में असमर्थ रहा था। जैसा **हैबरलर** ने लक्ष्य किया है 'किसी देश में प्रशुल्क कम है या अधिक इस बात का देश के संकटों और मन्दी की गम्भीरता से कोई संबंध नहीं है'।

तीसरा, स्थायी बेरोजगारी हो सकती है जिससे समस्त अर्थव्यवस्था पर नया प्रशुल्क कर न लगाकर केवल एक उद्योग पर ही लगाकर, दूर किया जा सकता है। परन्तु यदि स्थायी बेरोजगारी बहुत ऊंची मजदूरी के कारण है तो भारी प्रशुल्क लगाकर ही उसे दूर किया जा सकता है। परन्तु भारी प्रशुल्क प्रतिशोध की भावना को जन्म दे सकते हैं। इन परिस्थितियों में, स्थायी बेरोजगारी दूर करने के लिए ऊंचे प्रशुल्कों की नहीं अपितु मजदूरी के पुनः समायोजन की जरूरत है। **हैबरलर** ने निष्कर्ष दिया है कि ''यदि कुछ अपवादात्मक स्थितियों को छोड़ दिया जाए, तो प्रशुल्क लगाकर केवल अल्पकाल में ही अनुकूल परिणाम उपलब्ध किए जा सकते हैं। इसलिए इस आधार पर प्रशुल्कों का समर्थन केवल अल्पकालीन और वस्तुतः अदूरदर्शी दृष्टिकोण से ही किया जा सकता है''।

8. निर्धन श्रम का तर्क (Pauper Labour Argument)—यह तर्क भी दिया जाता है कि एक देश में अधिक मजदूरी पाने वाले श्रमिक जिन वस्तुओं का उत्पादन करते हैं वे वस्तुएं दूसरे देश में कम मजदूरी पाने वाले श्रमिकों द्वारा उत्पादित वस्तुओं के मुकाबले में नहीं ठहर सकतीं। इसलिए जरूरी है कि निम्न मजदूरी से निर्मित आयातित वस्तुओं पर प्रशुल्क लगाया जाए ताकि ऊंची मजदूरी से निर्मित घरेलू वस्तुओं को उनसे बचाया जा सके।

यह तर्क दो गलत मान्यताओं पर आधारित है—एक, केवल मजदूरी की दरें ही वस्तुओं की कीमतों को निर्धारित करती हैं और दूसरी, उत्पादन का साधन केवल श्रम है। परन्तु वास्तविकता यह है कि वस्तुएं अनेक साधनों के संयोग से विनिर्मित होती हैं। श्रम को पूंजी तथा भूमि से मिलाया जाता है। उच्च मजदूरी प्राप्त श्रम के मुकाबले निम्न मजदूरी प्राप्त श्रम को केवल उन्हीं वस्तुओं के उत्पादन में लागत लाभ होता है जो श्रम-गहन होती हैं। इसलिए यह तर्क निराधार है कि जिस देश में मजदूरी की दरें ऊंची हों उस देश को सभी प्रकार की वस्तुओं के उत्पादन में अलाभ रहता है।

फिर, यह मान्यता भी गलत है कि अधिक मजदूरी दरों वाले देश में उत्पादन की लागत अधिक होती है। वास्तव में, हो सकता है कि मजदूरी की दरें अधिक उत्पादकता के कारण ऊंची हों। इसलिए जिस देश में श्रम की उत्पादकता अधिक होगी उसमें उत्पादन की प्रति इकाई लागत उन लागतों से कम हो सकती है जो निम्न मजदूरी वाले देश में पड़ती है। इसलिए, जब उच्च-मजदूरी देशों में इकाई लागतें कम होती हैं तो वे कम-मजदूरी वाले देशों के साथ प्रतियोगिता कर सकते हैं।

स्टोप्लर तथा सैम्युअल्सन (Stopler and Samuelson) ने बताया है कि कुछ कठोर मान्यताओं के अन्तर्गत संरक्षण किसी देश में मजदूरी के स्तर का समर्थन कर सकता है। जिस देश में श्रम दुर्लभ होगा उस देश में मुक्त व्यापार से श्रम-गहन वस्तुओं का आयात होने लगेगा। इसके परिणामस्वरूप, श्रम दुर्लभता घटेगी जिससे पूंजी के प्रतिफल की सापेक्षता में श्रम की मजदूरी गिरेगी। इसलिए संरक्षण उचित ही ठहरता है क्योंकि संरक्षण से दुर्लभ साधन श्रम की मजदूरी बढ़ेगी और प्रचुर साधन पूंजी का प्रतिफल घटेगा।

स्टोप्लर-सैम्युअल्सन सिद्धान्त संरक्षण के पक्ष में दिए गए **निर्धन श्रम तर्क** की पुष्टि नहीं करता। यह तो केवल इतना ही व्यक्त

करता है कि संरक्षण के परिणामस्वरूप श्रम के पक्ष में आय का पुनर्वितरण हो सकता है। परन्तु मौद्रिक तथा राजकोषीय उपायों द्वारा श्रम की वास्तविक मजदूरी को बेहतर ढंग से बढ़ाया जा सकता है और मुक्त व्यापार के लाभ भी प्राप्त किए जा सकते हैं। इस प्रकार संरक्षण से इस भ्रामक निर्धन-श्रम-तर्क का कोई समाधान नहीं होता।

9. मुद्रा को देश में रखने का तर्क (Keeping Money at Home Argument)—यह भी एक मिथ्या तर्क है जो संरक्षण के पक्ष में दिया जाता है। यह तर्क यों प्रस्तुत किया जाता है : ''जब हम, विनिर्मित वस्तुएं विदेश में खरीदते हैं तो हमें वस्तुएं प्राप्त होती हैं और विदेशियों को मुद्रा। जब हम विनिर्मित वस्तुएं अपने देश में ही खरीदते हैं तो हमें वस्तुएं तथा मुद्रा दोनों ही प्राप्त होते हैं।'' यह कथन **राबर्ट इंगर सोल** का है परन्तु गलती से **अब्राहम लिंकन** का बताया जाता है। यह दलील तर्कहीन है क्योंकि यदि प्रत्येक देश इसी नियम को अपना ले, तो अन्तर्राष्ट्रीय व्यापार होगा ही नहीं और किसी भी देश को अन्तर्राष्ट्रीय व्यापार के लाभ प्राप्त नहीं होंगे। कोई देश इसलिए दूसरे देश से वस्तुएं खरीदता है कि घरेलू विनिर्माताओं की तुलना में दूसरा देश कम कीमतों पर वस्तुएं देता है। इसलिए यदि घरेलू विनिर्माताओं से वस्तुएं खरीदी जाएं, तो इससे उपभोक्ता को हानि होगी। और फिर, अन्तर्राष्ट्रीय व्यापार में विदेशियों को भुगतान करने के लिए घरेलू करेंसी का प्रयोग नहीं किया जा सकता। वास्तव में वस्तुओं के बदले ही वस्तुएं खरीदी जाती हैं, और यदि भुगतान करना भी पड़े तो वह अन्तर्राष्ट्रीय करेन्सी में ही किया जाता है। इस प्रकार जैसा **बिविरिज** (Beveridge) ने लक्ष्य किया है, इस तर्क में ''कोई सार नहीं है और यदि ऊपर दिए गए उद्धरण में कोई मतलब की बात है तो सिर्फ इतनी कि विनिर्मित वस्तुएं खरीदने से हमें वस्तुएं प्राप्त होती हैं''।

10. घरेलू बाजार का विस्तार करने का तर्क (Expanding Home Market Argument)—यह तर्क ऊपर दिए गए मुद्रा को घर में रखने के तर्क का स्वाभाविक परिणाम है। इस तर्क के अनुसार, जो नए उद्योग हों उन्हें संरक्षण दिया जाए और उन उद्योगों में लगे श्रमिक अन्य घरेलू उत्पादन के लिए बढ़िया बाजार बना देंगे। इसके परिणामस्वरूप सभी घरेलू उत्पादों के लिए, जिनमें कृषि वस्तुएं भी शामिल हैं, घरेलू बाजार का विस्तार होगा। यह तर्क भी भ्रामक है क्योंकि निर्यात के लिए विदेशी बाजार की कीमत पर देश के बाजार का विस्तार होगा। जब प्रशुल्क कर लगाकर आयात नियंत्रित किए जाते हैं, तो निर्यात भी घट जाते हैं क्योंकि दूसरे देशों में भी बदले की भावना जागती है। और फिर, घरेलू उत्पादक भी घरेलू उद्योगों के उत्पादों की अधिक कीमत वसूल करेंगे और उपभोक्ता को ही हानि उठानी पड़ेगी।

11. उत्पादन की लागतों के समानीकरण का तर्क (Equalising Costs of Production Argument)—घरेलू उद्योगों को संरक्षण प्रदान करने के पक्ष में यह तर्क दिया जाता है कि घरेलू और विदेशी वस्तुओं के उत्पादन की लागत को समान बनाने के लिए संरक्षण चाहिए। उदाहरण के लिए. यदि विदेशी लागत से घरेलू लागत 25 प्रतिशत अधिक है, तो विदेशी वस्तुओं पर 25 प्रतिशत आयात कर लगाया जाए। इस प्रकार घरेलू और विदेशी दोनों ही वस्तुओं की उत्पादन लागत बराबर हो जाएगी और वे बराबर की शर्तों पर विदेशी वस्तुओं का मुकाबला कर सकेंगी। **टॉसिग** (Taussig) का मत है कि ''यह तर्क देखने में काफी ठीक लगता है''। ऐसा प्रतीत होता है मानो यह कहता हो कि 'कोई लिहाज नहीं', 'कोई अनुचित दरें नहीं'। परन्तु **एलज्बर्थ** के मतानुसार वास्तविकता यह है कि ''यह देखने में ठीक जंचने की बात नाममात्र को है।'' यदि उत्पादन की लागत ज्यादा होगी, तो आयात शुल्क भी ज्यादा होगा। इसलिए इस तरह की नीति से विदेशों को हानि उठानी पड़ती है। यदि सभी देश बहुत अधिक आयात शुल्क लगा देंगे, तो अन्तर्राष्ट्रीय व्यापार तबाह हो जाएगा। **एलज्बर्थ** इस तरह की संरक्षण नीति को भेदभाव-पूर्ण मानता है। यदि दूसरे देश भी किसी देश के निर्यात पर प्रतिशोधात्मक प्रशुल्क कर लगा दें तो दक्ष घरेलू निर्यात उद्योगों को हानि पहुंचती है। और फिर, इस तरह की नीति के परिणामस्वरूप उन उद्योगों को हानि पहुंचती है। और फिर, इस तरह की नीति के परिणामस्वरूप उन उद्योगों को संरक्षण मिलेगा जिनकी उत्पादन लागत अधिकतम और दक्षता न्यूनतम हो। इस प्रकार इसका व्यवहार अदक्ष उत्पादकों के पक्ष में, दक्ष उत्पादकों के विरुद्ध और सामान्य उपभोक्ता के विरुद्ध भेद-भाव पूर्ण हो जाता है।''

12. सूर्यास्त उद्योग तर्क (Sunset Industries Argument)—यह संरक्षण का बहुत नवीन तर्क है जो यूरोप में उत्पन्न हुआ है। 1970 में कुछ स्थापित श्रम-गहन उद्योग जैसे इस्पात वस्तुएं, कपड़े, जूते आदि उत्पादति कर रहे यूरोपीय देश प्रतियोगिता में जापान, ताईवान, मलेशिया, कोरिया, भारत और अन्य पूर्व एशियाई देशों से पीछे रह गये। इस तर्क का मतलब है कि यूरोप के ऐसे **परिपक्व उद्योगों** पर सूर्य अस्त हो रहा है। इसलिए उन्हें अस्थायी संरक्षण देना चाहिए ताकि वे उन्हें पुन: ठीक-ठाक करके पुन: प्रतियोगिता प्राप्त

कर सकें। संरक्षण के बिना, ऐसे उद्योगों में श्रम और पूंजी का विस्थापन (हटाना) होगा। वास्तव में इसी कारण यूरोपीय देशों में टैक्सटाइल, कपड़ों, जूतों और ऐसी वस्तुओं पर आयात टैरिफ लगाए गए हैं। फिर भी, आलोचकों का यह कहना है कि ऐसे देशों में बेरोजगारी की समस्या को हल करने के लिए यह एक राजनीतिक तर्क है। यदि ऐसे उद्योगों को संरक्षण दिया गया तो उन पर से टैरिफ हटाना मुश्किल हो जाएगा।

13. कूट व्यापार नीति तर्क (Strategic Trade Policy Argument)—कूट व्यापार नीति तर्क विकसित देशों में उच्च-तकनालोजी उद्योगों के विकास पर आधारित है, जिन्हें विदेशी प्रतियोगिता के कारण संरक्षण की आवश्यकता होती है। यह तर्क दिया जाता है कि सूचना टैक्नॉलोजी, टैली-संचार (communications), कंप्यूटर आदि पूंजी गहन, R&D तथा उच्च-जोखिम वाले आधुनिक उद्योगों के क्षेत्रों में बड़ी बाह्य मितव्ययिताएं (external economics) प्राप्त होती हैं और देश के लिए अधिक वृद्धि की आशाएं। इसलिए, उन्हें अन्य प्रतियोगी देशों पर तुलनात्मक लाभ प्राप्त करने हेतु संरक्षण देने की आवश्यकता होती है। इस तरह यह अल्पविकसित देशों के लिए शिशु उद्योग तर्क के समान है।

परन्तु इस नीति की कुछ सीमाएं हैं। **प्रथम,** ऐसे उद्योगों के लिए कसौटियां रखना और उनको चुनना बहुत कठिन होता है, विशेषकर जिनकी बाह्य मितव्ययिताएं होती हैं। **दूसरे,** उचित नीतियों का निर्माण भी एक समस्या है ताकि उच्च-टैक (high-tech) उद्योगों को विकसित किया जा सके। **तीसरे,** सभी विकसित देशों ने एक-साथ ही कूट व्यापार नीतियां अपना ली हैं। परिणामस्वरूप, उनके अपने उद्योगों को संरक्षण देने के प्रयत्न निष्प्रभावी हो गए हैं। इसलिए वे संरक्षण से विशेष लाभ नहीं उठा सकते हैं। **चौथे,** यदि कोई देश इस नीति को अपनाने में सफल हो भी जाता है तो ऐसा अन्य देशों की लागत पर होता है जो प्रतिशोधात्मक (retaliatory) नीति अपनाएंगे।

14. राष्ट्रीय संसाधनों की रक्षा तर्क (Conservation of National Resources Argument)—जो देश खनिज और कच्चे माल निर्यात करते हैं उन्हें यह भय सदैव रहता है कि उनके निर्यात, खनिज और कच्चे माल को अन्ततः समाप्त कर देंगे। इसलिए कोयला, बाक्साइट, लोहा आदि समाप्त होने वाले राष्ट्रीय संसाधनों को देश के भविष्य के विकास के लिए बचा कर रखना आवश्यक है। ऐसा ऊंचा निर्यात शुल्क लगाकर उनके निर्यात कम कर दिए जाते हैं।

15. भुगतान शेष तर्क (Balance of Payments Argument)—विशेषकर यह अल्पविकसित देशों के लिए संरक्षण का एक महत्वपूर्ण तर्क है। टैरिफ अनावश्यक वस्तुओं का आयात रोकने में सहायक होते हैं तथा भुगतान शेष घाटे को कम करने का प्रयत्न करते हैं। वे विदेशी मुद्रा को बचाने में सहायता करते हैं जिसका निर्यात क्षेत्र और आयात-स्थानापन्न उद्योगों के लिए आवश्यक वस्तुएं और सेवाएं आयात करने के लिए प्रयोग किया जा सकता है। आगे निर्यात और आयात-स्थानापन्न उद्योगों के प्रसार से देश में रोजगार और आय में वृद्धि होती है। आय बढ़ने से बचतों और ऋणयोग्य निधियों (फंड) में वृद्धि होती है, जो ब्याज दर को कम करते हैं और निवेश को प्रोत्साहन देते हैं। परिणामस्वरूप, अधिक रोजगार और आय का सृजन होता है।[1]

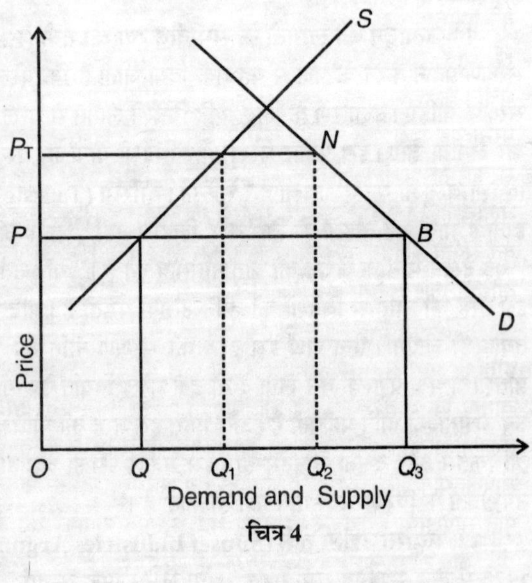

चित्र 4

वास्तव में अपने भुगतान शेष घाटों को कम करने के लिए दोनों विकसित और विकासशील दोनों देशों ने टैरिफ को एक प्रभावी औज़ार के रूप में प्रयोग किया है। इसे चित्र 4 में दर्शाया गया है जहां D निर्यात्यों का घरेलू मांग वक्र और S घरेलू पूर्ति वक्र है। OP स्थिर विश्व कीमत

1. नीचे का पैरा उच्च कक्षाओं के विद्यार्थियों के लिए हैं।

है जिस पर आयातक अपनी वस्तुओं को घरेलू मार्किट में बेचने को तैयार हैं। अतः समानांतर रेखा PB आयातों का पूर्ति वक्र है जो OP कीमत पर पूर्ण लोचदार है। मुक्त व्यापार के अन्तर्गत (टैरिफ लगाने से पूर्व) संतुलन मार्किट स्थिति को बिन्दु B दर्शाता है जहां घरेलू मांग वक्र D विश्व पूर्ति वक्र PB को OP कीमत पर काटता है। आयात्यों (importables) के लिए कुल मांग OQ_3 है। घरेलू पूर्ति OQ है। घरेलू मांग और घरेलू पूर्ति में अन्तर QQ_3 है। PP_T राशि का टैरिफ लगाने से घरेलू कीमत बढ़कर OP_T हो जाती है जिससे घाटा QQ_3 से कम होकर Q_1Q_1 हो जाता है, क्योंकि घरेलू मांग OQ_2 है और घरेलू पूर्ति OQ_1 है तथा $OQ_2–OQ_1 = Q_1Q_2$।

परन्तु जब एक देश में निर्यात अधिशेष (surplus) रोजगार और आय को बढ़ाता है तो **एक,** आयात अधिशेष दूसरे देश में रोजगार और आय को कम करता है। **दूसरे,** ऐसी नीति दूसरे देश द्वारा प्रतिशोध (retaliation) लाती है। **तीसरे,** यह नीति विश्व व्यापार की मात्रा पर बुरा प्रभाव डालती है और अन्तर्राष्ट्रीय विशेषीकरण कम होता है। इस कारण, **जॉनसन** भुगतान शेष घाटे को कम करने हेतु टैरिफ लगाना इष्टतम नीति नहीं मानता और टैरिफ की अपेक्षा व्यय की कटौती करने या अवमूल्यन को प्राथमिकता देता है।

16. साधन आय पुनर्वितरण तर्क (Factor Income Redistribution Argument)—एक अन्य तर्क जो विशेषतौर से अल्पविकसित देशों के साथ संबद्ध है, वह है आय का पुनर्वितरण करना। ऐसे देशों में कम आय वाला एक विस्तृत श्रम-गहन क्षेत्र और ऊंची आय वाला एक छोटा पूंजी-गहन क्षेत्र होता है। दूसरा क्षेत्र मुख्य तौर से आयातों पर निर्भर करता है। यह तर्क दिया जाता है कि इस क्षेत्र के आयातों पर टैरिफ लगाने से श्रम-गहन क्षेत्र के उत्पादन को प्रोत्साहन मिलेगा जहां वास्तविक आय बढ़ेगी। दीर्घकाल में, उत्पादन के साधन पहले से दूसरे क्षेत्र में चले जाएंगे। परन्तु पूंजी-गहन क्षेत्र कम श्रम और अधिक पूंजी को छोड़ेगा जिसे फैल रहा श्रम-गहन क्षेत्र खपाना चाहेगा। इससे श्रम-गहन क्षेत्र में मजदूरी और बढ़ेगी। साथ ही, पूंजी-गहन क्षेत्र में मजदूरी बढ़ेगी क्योंकि उत्पादक, श्रमिकों को पहले क्षेत्र में चले जाने को कठिनाई से रोक पायेंगे। अन्ततः दोनों उद्योगं बराबर मजदूरी देंगे। इस प्रकार, टैरिफ दीर्घकालीन वृद्धि प्रक्रिया में साधन आमदनियों को बराबर करते हैं।

परन्तु वास्तव में, साधन कीमतें कभी भी बराबर नहीं हो पाती। बल्कि सामाजिक, राजनीतिक और आर्थिक बाधाओं के कारण ऐसे देशों में टैरिफ प्रचुर साधन को लाभ पहुंचाने की अपेक्षा दुर्लभ साधन को अधिक हानि पहुंचाता है। वैसे भी, टैरिफ आय के पुनर्वितरण का सबसे प्रभावी औज़ार नहीं है। सबसे बढ़िया उपाय है बिना संसाधनों के कुआबंटन के आय का एकमुश्त पुनर्वितरण किया जाए। इसके लिए ऊंचे आय वर्गों को कर लगाकर और निम्न आय वर्गों को विभिन्न प्रोत्साहनों और उत्पादकीय रोज़गार अवसरों द्वारा इन करों की प्राप्तियां प्रदान की जाएं।

17. राजस्व तर्क (Revenue Argument)—सरकार के लिए राजस्व पैदा करने तथा विदेशी प्रतियोगिता से घरेलू उद्योगों को बचाने के लिए टैरिफ लगाए जाते हैं। अल्पविकसित देशों में राजस्व इकट्ठा करना आयात और निर्यात टैरिफ का मुख्य उद्देश्य होता है। परन्तु यह सही तर्क नहीं है क्योंकि इस तरह से राजस्व बढ़ाना घरेलू उद्योगों पर संरक्षण का उपपरिणाम (by product) है। यदि ऐसी सरकारें टैरिफ पर राजस्व के स्रोत के रूप में निर्भर होती हैं तो इससे कुछ कुप्रभाव भी हो सकते हैं। यदि आयातित वस्तुओं की मांग काफी बेलोच है, तो टैरिफ अधिक राजस्व ला सकते हैं। इसके विपरीत, अत्यधिक लोचदार मांग होने पर टैरिफ व्यापार को बिल्कुल समाप्त कर सकते हैं और सरकारी राजस्व कम हो सकता है। इसी प्रकार, निर्यात पर कर निर्यातों की बिक्री कम कर देते हैं। जिससे भुगतान शेष की कठिनाइयां उत्पन्न हो जाती हैं।*

इन कमियों के बावजूद, अल्पविकसित देश टैरिफ को राजस्व बढ़ाने के लिए प्राथमिकता देते हैं क्योंकि इनका लगाना आसान होता है और अन्य प्रत्यक्ष एवं परोक्ष करों की अपेक्षा इनका एकत्र करना कम महंगा होता है। परन्तु टैरिफ दरें इतनी ऊंची नहीं होनी चाहिएं कि वे देश के लिए हानिकर हों। जहां तक घरेलू आयातकों और विदेशी निर्यातकों पर आयात टैरिफ के भार की बात है, यह वस्तुओं की मांग और पूर्ति की कीमत लोचों पर निर्भर करता है। यदि आयातों के लिए मांग सापेक्षतया लोचदार है और निर्यातों की पूर्ति सापेक्षतया बेलोच है तो टैरिफ का मुख्य भार विदेशी निर्यातकों पर पड़ेगा। यदि आयातों की मांग सापेक्षतया बेलोच है और निर्यातों की पूर्ति सापेक्षतया लोचदार तो मुख्य भार घरेलू आयातकों को उठाना पड़ेगा।

अब दो प्रश्न उठते हैं : *टैरिफ की विशेष दर क्या है जो टैरिफ राजस्व को अधिकतम करती है? क्या इष्टतम टैरिफ, टैरिफ राजस्व को अधिकतम करता है?* इन प्रश्नों के उत्तर हैं : प्रथम, अधिकतम टैरिफ राजस्व दर है। दूसरा, इष्टतम टैरिफ, टैरिफ राजस्व को

* आगे के दोनों पैरा और अगला तर्क उच्च कक्षाओं के लिए हैं।

अधिकतम नहीं करता, क्योंकि यह अधिकतम टैरिफ राजस्व दर नहीं है। चित्र 5 की ओर ध्यान दें जहां ऊपर का वक्र इष्टतम टैरिफ को व्यक्त करता है तथा नीचे का वक्र अधिकतम टैरिफ राजस्व को। ज्यों-ज्यों टैरिफ दर वक्र के साथ-साथ बढ़ती हैं, कल्याण भी बढ़ता है। OT टैरिफ दर पर, M पर कल्याण अधिकतम है परन्तु टैरिफ राजस्व अधिकतम नहीं है क्योंकि टैरिफ दर कम है। जब टैरिफ दर को और बढ़ाया जाता है तो कुल राजस्व OT_1 दर तक बढ़ता जाता है। OT_1 अधिकतम राजस्व दर है। कुल राजस्व ORT_2 वक्र के R बिन्दु पर अधिकतम है। यदि टैरिफ दर को इस अधिकतम दर से आगे बढ़ाया जाता है तो राजस्व R से कम होना शुरू हो जाता है जब तक कि यह निषेधात्मक (prohibitive) दर OT_2 पर नहीं पहुंच जाता। इस स्थिति में टैरिफ दर OT_2 इतनी ऊंची है कि आयात बंद हो जाते हैं और राजस्व शून्य होता है। अतः इष्टतम टैरिफ अधिकतम टैरिफ राजस्व दर नहीं है। वास्तव में, अधिकतम टैरिफ राजस्व दर इष्टतम टैरिफ से ऊंची होती है। यह दर देश के कल्याण को T_2W स्तर तक अधिकतम करती है।

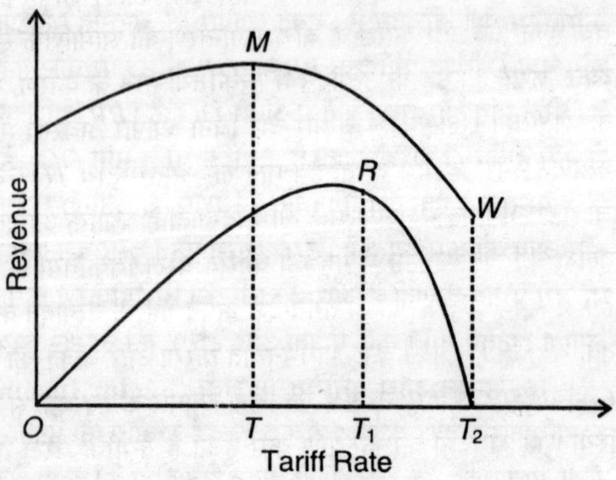

चित्र 5

18. घरेलू विकृतियां तर्क (Domestic Distortions Argument)—टैरिफ के लिए घरेलू विकृतियां तर्क इस तथ्य पर आधारित है कि एक अर्थव्यवस्था में घरेलू साधन और वस्तु मार्किटें पूर्ण प्रतियोगी स्थितियों में कार्य नहीं करतीं, बल्कि ऐसी मार्किटों में मार्किट असफलताएं या अपूर्णताएं पाई जाती हैं जो घरेलू विकृतियां लाती हैं। मार्किट असफलताएं या विकृतियां एकाधिकारों, बहिर्भावों (बाह्य मितव्ययिताओं या अमितव्ययिताओं) की समस्याओं, मजदूरी विभेदकों, श्रम यूनियनों, तथा सरकारी क्रियाओं या नियंत्रणों के कारण होती हैं। मूल विचार यह है कि जब एक अर्थव्यवस्था में विकृतियां पाई जाती हैं तो वे पूर्णतया प्रतियोगी स्थितियों में उसे कार्य करने से रोकती हैं। इसलिए सरकार को टैरिफ के प्रयोग द्वारा ऐसी विकृतियों के प्रभावों को अंशतः (partially) रद्द करना चाहिए। यह द्वितीय श्रेष्ठ (second best) की नीति है।

घरेलू विकृतियों को टैरिफ के प्रयोग द्वारा हटाने के लिए तीन प्रश्नों के उत्तर चाहिएं। **प्रथम,** क्या कल्याण बढ़ाने के लिए टैरिफ, मुक्त व्यापार से श्रेष्ठ है ? **दूसरा,** क्या कल्याण बढ़ाने के लिए टैरिफ, सरकार द्वारा अन्य प्रकार के व्यापार हस्तक्षेपों से श्रेष्ठ है ? **तीसरा,** सरकार द्वारा अपनाने के लिए कौन-सी इष्टतम नीति है ? इन प्रश्नों का उत्तर देने के लिए, एक इष्टतम स्थिति के लिए चाहिए:

$$DRS = DRT = FRT$$

जहां DRS उपभोग में स्थानापन्न की घरेलू दर (Domestic Rate of Substitution) है,अर्थात् सामाजिक उदासीनता वक्र CIC की ढलान। DRT उत्पादन में रूपान्तरण की घरेलू दर (Domestic Rate of Transformation) है अर्थात् दो वस्तुओं के बीच घरेलू उत्पादन के लिए उत्पादन संभावना वक्र की ढलान। FRT रूपान्तरण की विदेशी दर (Foreign Rate of Transformation) है, अर्थात् विश्व कीमत रेखा या अन्तर्राष्ट्रीय व्यापार शर्तों *(TOT)* की ढलान।

वस्तु मार्किटों में घरेलू विकृतियां (Domestic Distortions in Commodity Markets)

वस्तु मार्किटों में घरेलू विकृतियां बाह्य अमितव्ययिताओं या ऋणात्मक उत्पादन बाह्य प्रभावों के कारण होती हैं। इनसे उत्पादन की सामाजिक और निजी लागतों के बीच विचलन (divergencies) उत्पन्न होते हैं जिन्हें दूर करने के लिए घरेलू उद्योग को संरक्षण चाहिए। मानलें एक देश निर्यात्य वस्तु गेहूं तथा आयात्य वस्तु कपड़ा उत्पादित करता है। गेहूं के उत्पादन में अमितव्ययिताएं होती हैं जो इसकी निजी उत्पादन की लागतों में नहीं होती हैं। इसका मतलब है कि गेहूं उत्पादन करने की निजी लागत उसकी सामाजिक लागत से कम है। अतः घरेलू सापेक्ष कीमतें उत्पादन में रूपान्तरण की सामाजिक सीमांत दर को व्यक्त नहीं करती हैं। ऐसी स्थिति में, बिना-व्यापार की तुलना में मुक्त व्यापार कल्याण को कम कर सकता है।

इसे चित्र 6 में दर्शाया गया है जहां AA_1 देश A का उत्पादन संभावना वक्र है जो गेहूं और कपड़े के बीच रूपान्तरण की सामाजिक सीमांत दर को व्यक्त करता है। गेहूं के उत्पादन में विकृतियां होने के कारण, घरेलू व्यापार की शर्तों की रेखा T_DT_D है और देश बिना व्यापार अवस्था में P बिन्दु पर उत्पादन और उपभोग करता है। मान लो अन्तर्राष्ट्रीय *TOT* रेखा T_0T_0 है जो गेहूं के निर्यात में तुलनात्मक लाभ दिखाती है क्योंकि आयात्य कपड़े की तुलना में विश्व मार्किट में गेहूं की कीमत घरेलू विकृतियों के कारण ऊंची है। अब मुक्त व्यापार के अन्तर्गत देश अपने गेहूं के उत्पादन को P_0 बिन्दु तक बढ़ा देगा, इसका कुछ भाग निर्यात करेगा और बाकी का CI_0 वक्र के Co बिन्दु पर उपभोग करता है जो बिना व्यापार के CI वक्र से नीचे है। इस स्थिति में, समुदाय का कल्याण कम हुआ है क्योंकि घरेलू विकृतियों के कारण गलत वस्तु गेहूं में देश ने विशिष्टीकरण किया है जिसमें उसका तुलनात्मक लाभ नहीं है। परन्तु असली तुलनात्मक लाभ होगा यदि अन्तर्राष्ट्रीय *TOT* बिन्दुकित रेखा T_1T_1 हो, जहां देश CI_1 वक्र के C_1 बिन्दु पर उपभोग करेगा जो बिना व्यापार CI वक्र से ऊंचे हैं। इसलिए, देश मुक्त व्यापार की स्थिति में बेहतर होगा। ***भगवती*** और ***रामास्वामी के*** अनुसार, सदैव ऐसा होना आवश्यक नहीं और उपभोक्ता खराब स्थिति में हो सकते हैं।

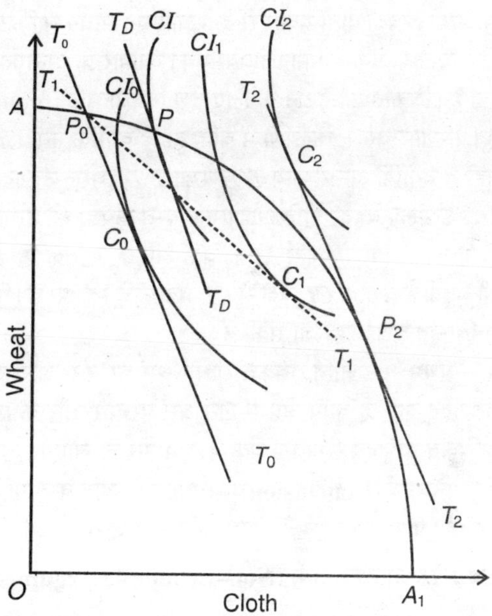

चित्र 6

अतः विकृति समस्या को हल करने की प्रथम–श्रेष्ठ नीति मुक्त व्यापार के अन्तर्गत घरेलू कर–तथा–सब्सिडी नीति अपनाई जाए, न कि संरक्षणात्मक टैरिफ। ऐसी स्थिति में, गेहूं के उत्पादन पर कर *या* कपड़े के उत्पादन पर सब्सिडी *या* दोनों से देश का कल्याण अधिकतम होगा। ऐसा जब उत्पादन P_2 पर होता है जहां अन्तर्राष्ट्रीय *TOT* रेखा T_2T_2 (समानांतर T_0T_0) उत्पादन संभावना वक्र AA_1 को स्पर्श करती है और उच्चतर वक्र CI_2 के C_2 बिन्दु पर उपभोग होता है।

साधन मार्किटों में घरेलू विकृतियां (Domestic Distortions in Factor Markets)

साधन मार्किटों में विकृतियां श्रम मार्किट की ओर से उद्योगों में मजदूरी में अन्तर, श्रम की अगतिशीलता और मजदूरी की स्थिरता अथवा पूंजी मार्किट में ऋण की राशनिंग के कारण होती हैं। ऐसी विकृतियों से घरेलू उद्योग को संरक्षण की आवश्यकता होती है क्योंकि संसाधनों के आवंटन में अकुशलता पाई जाती है। उदाहरणार्थ, अल्पविकसित देशों के कृषि–क्षेत्र में श्रम अल्परोजगार और बेरोजगार होता है। इससे श्रम की सामाजिक और निजी लागत में अन्तर पाया जाता है अर्थात् उद्योग में श्रम की निजी लागत कृषि में श्रम की सामाजिक लागत से बहुत अधिक होती है। यह संसाधन आवंटन में अकुशलता दर्शाती है। क्योंकि अर्थव्यवस्था के दोनों क्षेत्रों में श्रम को समान मजदूरी नहीं दी जाती है। संसाधनों के इष्टतम आवंटन के लिए घरेलू उत्पादन को संरक्षण टैरिफ या

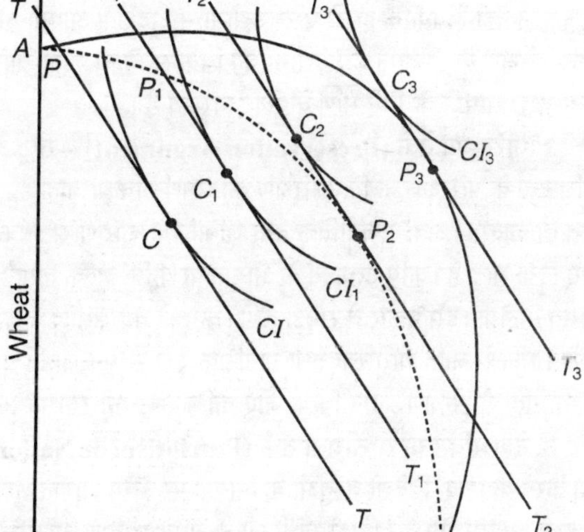

चित्र 7

सब्सिडी अथवा दोनों प्रकार से देना चाहिए। साधन मार्किट में विकृति के प्रभाव को चित्र 7 में बिन्दुकित उत्पादन संभावना वक्र APA_1 द्वारा दिखाया गया है। मानलो कि मुक्त व्यापार के अन्तर्गत अन्तर्राष्ट्रीय TOT रेखा TT पर देश P पर उत्पादन और C पर उपभोग कर रहा है। विकृति को हटाने के लिए देश निषेधात्मक (prohibitive) टैरिफ लगाता है जिससे P_1 पर उत्पादन और C_1 पर उपभोग होता है। परिणामस्वरूप, कल्याण में वृद्धि हुई है क्योंकि नया CI_1 वक्र पहले के CI वक्र से ऊंचे स्तर पर है। परन्तु ऐसा टैरिफ इष्टतम नीति नहीं है क्योंकि अन्तर्राष्ट्रीय TOT रेखा T_1T_1- घरेलू उत्पादन संभावना वक्र APA_1 को P_1 बिन्दु पर स्पर्श नहीं करती।

इसलिए बेहतर नीति औद्योगिक वस्तु कपड़ा को उत्पादन सब्सिडी देने की होगी। सही सब्सिडी देश को विकृत वक्र APA_1 के P_2 बिन्दु पर ले जाएगी, जहां APA_1 वक्र और T_2T_2 वक्र के ढलान बराबर हैं। टैरिफ की अपेक्षा सब्सिडी के अन्तर्गत सामाजिक कल्याण भी बढ़ता है क्योंकि CI_1 वक्र से CI_2 वक्र ऊंचे स्तर पर है। फिर, *उत्पादन* पर सब्सिडी एक श्रेष्ठ नीति नहीं है क्योंकि इससे साधन मार्किट में विकृति हटाई नहीं जा सकी है।

प्रथम श्रेष्ठ नीति, विकृत साधन श्रम पर कर–और–सब्सिडी का प्रयोग करना है ताकि मजदूरी दर को समान किया जाए। गेहूं उत्पादित कर रहे कृषि क्षेत्र में लगे श्रम पर कर और कपड़ा उत्पादित कर रहे औद्योगिक क्षेत्र में कार्यरत श्रम को सब्सिडी, देश को अविकृत उत्पादन संभावना वक्र AP_3A_1 पर ले जाएंगे। अत: इस वक्र पर इष्टतम उत्पादन बिन्दु P_3 और उपयोग बिन्दु C_3 है।

निष्कर्ष (Conclusion)—निष्कर्ष में, यदि वस्तु मार्किट और साधन मार्किट में विकृतियां पाई जाती हैं तो टैरिफ एक इष्टतम हल नहीं है। प्रथ्म श्रेष्ठ हल है: वस्तु मार्किट में वस्तु पर और साधन मार्किट में विकृत साधन पर कर और सब्सिडी लगाना।

(ब) गैर-आर्थिक तर्क (Non–Economic Arguments)

सरंक्षण के पक्ष में दो महत्वपूर्ण गैर–आर्थिक तर्क दिए जाते हैं:

1. सुरक्षा तर्क (Defence Argument)—किसी देश को राष्ट्रीय सुरक्षा की दृष्टि से अपने उद्योगों को संरक्षण देने की नीति अपनानी चाहिए। यदि कोई देश कृषि तथा उद्योग उत्पादन की अपनी जरूरतों के लिए अन्य देशों पर निर्भर है, तो युद्ध के दिनों में यह उस देश के राष्ट्रीय हितों की दृष्टि से बहुत हानिकारक होगा। तर्क यह है कि यदि कोई देश अपनी स्वतन्त्रता की रक्षा नहीं कर सकता, तो उसका धन–संग्रह करना और धनी बनना व्यर्थ है। जैसा **एडमस्मिथ** ने ठीक ही कहा है, **''धन की अपेक्षा सुरक्षा बेहतर है।''** इसलिए जहां तक सम्भव हो, देश को आत्मनिर्भर होना चाहिए, भले ही इसके लिए उसे कुछ ऐसी वस्तुओं के उत्पादन में आर्थिक हानि उठानी पड़े जिनकी राष्ट्रीय सुरक्षा के लिए जरूरत हो। विशेषरूप से, राष्ट्रीय सुरक्षा के लिए संरक्षण देने का लक्ष्य हथियारों, गोला बारूद तथा अन्य संबद्ध उद्योगों में आत्मनिर्भरता उपलब्ध करना है। परन्तु राष्ट्रीय सुरक्षा के लिए तर्क के रूप में पूर्ण आत्मनिर्भरता की बात में बहुत जान नहीं है क्योंकि इससे घरेलू उद्योगों में अदक्षता आएगी और अन्तर्राष्ट्रीय व्यापार से प्राप्त होने वाले लाभ समाप्त हो जाएंगे। इस प्रकार संरक्षण के अन्तर्गत उन उद्योगों का विकास किया जाना चाहिए जिनकी प्रत्यक्ष तथा अप्रत्यक्ष रूप से हथियारों, गोला बारूद तथा अन्य युद्ध–सामग्री के विनिर्माण के लिए जरूरत है।

2. परिरक्षण तर्क (Preservation Argument)—राष्ट्र अथवा जनसंख्या के कुछ वर्गों या कुछ व्यवसायों की खास स्वाभाविक विशिष्टता के परिरक्षण के लिए संरक्षण का समर्थन किया जाता है। तर्क यह भी दिया जाता है कि मुक्त व्यापार के अन्तर्गत ये विशिष्टताएं लुप्त हो जाएंगी। अत: राजनीतिक तथा सामाजिक कारणों से इनका परिरक्षण आवश्यक है। यह तर्क कृषकों के हितों की रक्षा करने के लिए दिया जाता है। कृषि उत्पादन के आयात पर कृषि–शुल्क लगाने से कृषकों को लाभ होगा क्योंकि इससे उन्हें अपने उत्पादन की उचित कीमत मिलेगी। इस प्रकार वे समृद्ध होंगे। कृषकों की समृद्धि जरूरी है क्योंकि कृषक प्रत्येक राष्ट्र की रीढ़ होते हैं। 'कृषि ऐसा झरना है जिससे मानव–जाति शारीरिक तथा मानसिक रूप से पुन:स्फूर्ति प्राप्त करती है। इसलिए जरूरी है कि कृषि को हर कीमत पर विदेशी प्रतियोगिता से संरक्षण प्रदान किया जाए ताकि राष्ट्र की स्वाभाविक विशिष्टता परिरक्षित रहे'।

3. देशभक्ति या राष्ट्रीयता तर्क (Patriotism or Nationalism Argument)—लोगों में देशभक्ति या राष्ट्रीयता की भावना पैदा करने के लिए, विदेशी वस्तुओं के आयात पर ऊंचा आयात शुल्क लगाकर रोक लगाई जाती है ताकि लोग देश के अन्दर ही उत्पादित वस्तुओं का उपभोग करें। यही गांधी जी ने अपने स्वदेशी आन्दोलन द्वारा किया। परन्तु ऐसी नीति की सफलता के लिए यह आवश्यक है कि देश के अन्दर उच्च क्वालिटी की वस्तुएं उत्पादित हों और वे पर्याप्त मात्रा में उपलब्ध हों।

अल्पविकसित देशों में संरक्षण की आवश्यकता
(NEED FOR PROTECTION IN LDCs)

अल्पविकसित देशों (LDCs) में संरक्षण की नीति के पक्ष में विभिन्न तर्क दिए जाते हैं :

1. पूंजी निर्माण (Capital Formation)—LDCs में लोगों की आय कम होने के कारण वे कम बचत और निवेश करते हैं, इसलिए पूंजी-निर्माण की दर नीची होती है। घरेलू बचतों को, प्रतिबंधात्मक आयात शुल्कों द्वारा विलासिता की उपभोक्ता वस्तुओं के आयात को रोक कर बढ़ाया जा सकता है। इससे ये वस्तुएं अधिक मंहगी हो जाती हैं। इस प्रकार, उपभोग व्यय कम हो जाता है जो बचतों में वृद्धि है। आगे, बचतों में इस वृद्धि को पूंजी पदार्थों को आयात करने में प्रयोग किया जाता है। अत: पूंजी निर्माण की आवश्यक शर्त यह है कि पूंजी पदार्थों के आयात में कमी होने पर उसी मूल्य की वस्तुओं का निर्यात हो।

2. विदेशी निवेश (Foreign Investment)—LDCs में प्रत्यक्ष विदेशी निवेश को आकर्षित करके पूंजी निर्माण के स्रोत के रूप में संरक्षण कार्य करता है। **प्रो. मण्डल** (Mundell) के अनुसार, संरक्षण से विदेशी पूंजी का अतिरिक्त प्रवाह होता है। इसके लिए एक उपाय आयात नियंत्रण से बचने के लिए विदेशी निर्माता द्वारा टैरिफ लगाने वाले देश में फैक्ट्रियां लगाना है।

जब निर्मित वस्तुओं पर रोक लगाई जाती है और कच्चे माल तथा आवश्यक कल-पुर्जे शुल्क मुक्त (फ्री) देश में आने की स्वीकृति होती है तो विदेशी निर्माता टैरिफ दीवार के पीछे स्थानीय उपक्रम के साथ मिलकर या अकेले अपनी फर्म की एक ब्रांच या सहायक कंपनी खोल सकता है।

3. राजस्व (Revenue)—आयात और निर्यात शुल्क LDCs के लिए राजस्व का एक महत्वपूर्ण स्रोत है। ऐसा इसलिए कि राजस्व के अन्य स्रोत अनेक कारणों से सीमित होते हैं जैसे आय और कंपनी लाभों का नीचा स्तर, मार्किट में न बेचे गए बड़ी मात्रा में उत्पाद का पाया जाना, कुशल प्रशासनिक प्रणाली का अभाव आदि।

4. शिशु उद्योग (Infant Industries)—**एफ. लिस्ट** (F. List) का शिशु उद्योग के पक्ष में तर्क LDCs को औद्योगीकरण की गति तीव्र करने के लिए पर्याप्त प्रोत्साहन प्रदान करता है। ऐसे देशों में कुछ उद्योग होते हैं जिनको विदेशी प्रतियोगिता से संरक्षण द्वारा विकसित किया जा सकता है। तर्क यह है कि शिशु उद्योगों को विदेशी प्रतिस्पर्द्धा से संरक्षण की आवश्यकता होती है जब तक वे वयस्क (adult) नहीं हो जाते। शिशुत्व और वयस्कता की अवधि के बीच की अवधि की सामान्यतया विशेषता कृषि से उद्योगिक स्टेज की ओर संक्रमण है।

5. व्यापार की शर्तें (Terms of Trade)—विकसित देशों के साथ LDCs की व्यापार की शर्तें प्रतिकूल होती हैं। LDCs के पक्ष में व्यापार की शर्तों को परिवर्तित करने हेतु टैरिफ लगाना आवश्यक है जिससे इनके व्यापार से लाभ बढ़ते हैं। यदि एक LDC द्वारा टैरिफ लगाने से आयात कीमतों में कमी या निर्यात कीमतों में वृद्धि होती है तो उसकी व्यापार की शर्तों में सुधार होता है। इसकी आय में वृद्धि होगी और वह पूंजी पदार्थों की बड़ी मात्राओं का आयात कर सकेगा।

6. बाह्य मितव्ययिताएं (External Economies)—LDCs में संरक्षण के लिए एक अन्य तर्क नये उद्योगों की स्थापना और विकास हैं। प्रत्येक नया उद्योग बाह्य मितव्ययिताओं के रूप में लाभ देता है। ये बाह्य मितव्ययिताएं निजी लाभ और सामाजिक लाभ के बीच विचलन (divergence) लाती हैं। जब ऐसा विचलन उत्पन्न होता है तो इसको कम करने हेतु आयात प्रतिबंध करना या सब्सिडी देनी होगी।

7. साधन पुनर्वितरण (Factor Redistribution)—एक LDC में कृषि-श्रमिकों और औद्योगिक-श्रमिकों की मजदूरी के बीच विस्तृत अन्तर पाया जाता है। ग्रामीण क्षेत्रों में अल्परोजगारी के कारण, कृषि में मजदूरी कम होती है, क्योंकि श्रम का सीमांत उत्पाद नगण्य या शून्य होता है। परन्तु उद्योग में मजदूरी ऊंची होती है। परिणामस्वरूप, कृषि और उद्योग के बीच कीमत एवं लागत में अन्तराल (gap) पाया जाता है। उद्योग में अधिशेष (surplus) श्रम शक्ति को रोजगार प्रदान करके इस अन्तराल की क्षतिपूर्ति उद्योगों को संरक्षण की नीति कर सकती है। चूंकि उद्योग की तुलना में कृषि कम उत्पादक होती है, इसलिए वास्तविक आय को LDCs में संरक्षण की नीति से साधन पुनर्वितरण द्वारा बढ़ाया जा सकता है।

8. भुगतान शेष (Balance of Payments)—एक LDC में संरक्षण का एक उद्देश्य भुगतान शेष में असंतुलन को रोकना है। ऐसे देशों को विकास के नियोजित लक्ष्यों को पूरा करते समय भुगतान शेष की कठिनाइयों का सामना करना पड़ता है। ज्यो-ज्यो विकास की गति बढ़ती है, आयात और निर्यात के बीच अंतर बढ़ता जाता है जिससे एक असंतुलन उत्पन्न हो जाता है। ऐसा आयातों में वृद्धि और

निर्यातों में कमी के कारण होता है। टैरिफ लगाने से निर्यात को प्रोत्साहन मिलता और आयात कम होते हैं जिससे भुगतान शेष देश के पक्ष में हो जाते हैं।

9. नियोजित आर्थिक विकास (Planned Economic Development)—अल्पविकसित देश नियोजित आर्थिक विकास की नीति अपनानते हैं। उनका उद्देश्य लोगों को अधिक रोजगार और आय प्रदान करने तथा उनका जीवन-स्तर ऊंचा उठाने के लिए अपने दुर्लभ संसाधनों का बहुत कुशलता से प्रयोग करना है। इसके लिए अनावश्यक उपभोक्ता वस्तुओं के स्थान पर आवश्यक कच्चा माल और पूंजी पदार्थ आयात करना होता है। ऐसा पहली प्रकार की वस्तुओं पर *ऊंचा निर्यात* शुल्क तथा दूसरी प्रकार की वस्तुओं पर *नीचा आयात* शुल्क लगाकर ही संभव होता है।

10. विविधिकरण और आत्मनिर्भरता (Diversification and Self-Sufficiency)—अधिकतर LDCs ने बहुत संघर्ष के पश्चात उपनिवेशवाद से स्वतंत्रता प्राप्त की है। वे आर्थिक और रक्षा मोर्चों पर शक्तिशाली बनकर ही उसे कायम रख सकते हैं। अपनी अर्थव्यवस्थाओं का विविधिकरण करने हेतु उन्हें संरक्षण की नीति की आवश्यकता होती है ताकि वे विकसित और आत्मनिर्भर हों।

प्रश्न

1. मुक्त व्यापार के पक्ष तथा विपक्ष में अपना मत दीजिए।
2. संरक्षण की नीति के पक्ष में तर्क दीजिए।
3. संरक्षण के पक्ष में प्रस्तुत शिशु उद्योग तर्क का विकासशील देश के संदर्भ में विवेचन कीजिए।
4. एक अल्पविकसित देश में संरक्षण की आवश्यकता की विवेचना करिए।

अध्याय 20

प्रशुल्क
(TARIFFS)

1. अर्थ और प्रकार
(MEANING AND TYPES)

प्रशुल्क वस्तुओं पर लगाया गया एक कर या शुल्क है जब वे राष्ट्रीय सीमा में प्रवेश करती हैं और उसे छोड़ती हैं। इस अर्थ में, प्रशुल्क से अभिप्राय आयात शुल्क और निर्यात शुल्क से है। परंतु व्यावहारिक उद्देश्य के लिए, एक प्रशुल्क आयात शुल्क या सीमा शुल्क का पर्यायवाची है।

प्रशुल्क के प्रकार (Types of Tariffs)

प्रशुल्कों का अनेक प्रकार से वर्गीकरण किया जाता है :

***(i)* उद्देश्य के आधार पर (On the Basis of Purpose)**—प्रशुल्क दो भिन्न उद्देश्यों के लिए प्रयोग किए जाते हैं : राजस्व और संरक्षण के लिए।

1. राजस्व प्रशुल्क (Revenue Tariff)—राजस्व प्रशुल्क सरकार को राजस्व प्रदान करने के लिए होते हैं। ये विलासिता की उपभोग वस्तुओं पर लगाए जाते हैं। जितने नीचे आयात शुल्क होंगे उतना ही अधिक राजस्व उनसे प्राप्त होता है। ऐसा इस कारण कि नीचे आयात शुल्क लगाने से आयातित वस्तुओं की कीमत अधिक नहीं बढ़ती और उपभोक्ता सामान्यतौर से अपनी मांग को अन्य घरेलू उत्पादित वस्तुओं की ओर नहीं बदलते हैं।

2. संरक्षण प्रशुल्क (Protective Tariff)—संरक्षण प्रशुल्कों का उद्देश्य, ''शुल्कों द्वारा घरेलू उद्योग की जिन शाखाओं को संरक्षण दिया गया है, उन्हें बनाए रखें और प्रोत्साहन दें।''[1]

आजकल, जब सरकारें आयत शुल्क लगाती हैं, तो उसका प्रमुख उद्देश्य आयातों को कम करना होता है ताकि संरक्षित उद्योग का घरेलू उत्पादन बढ़े। आयात शुल्क से राजस्व प्राप्ति तो उसका गौण कार्य है।

(a) उत्पत्ति और निर्धारित स्थान के आधारों पर (On the Bases of Origin and Destination)—इन आधारों पर निम्न प्रकार के प्रशुल्क कर लगाए जाते हैं :

1. मूल्यानुसार प्रशुल्क[1] (Ad Valorem Tariff)—सर्वाधिक सामान्य प्रकार का आयात शुल्क मूल्यानुसार प्रशुल्क है। यह आयातित वस्तु के कुल मूल्य की प्रतिशतता के रूप में लगाया जाता है। आयात शुल्क वस्तु की लागत, बीमा, भाड़ा (c.i.f.) मूल्य की निश्चित प्रतिशतता के हिसाब से लगाया जाता है अर्थात यह 25 प्रतिशत, 50 प्रतिशत या कोई और भी प्रतिशत हो सकता है।

2. विशेष प्रशुल्क (Specific Tariff)—विशेष प्रशुल्क आयातित वस्तु की भौतिक इकाइयों पर लगाया जाता है, जैसे निश्चित रुपए प्रत्येक टी.वी. सेट पर, कपड़े पर प्रति मीटर के हिसाब से, तेल पर प्रति लीटर के हिसाब से, उर्वरक पर प्रति टन के हिसाब से।

3. मिश्रित प्रशुल्क (Compound Tariff)—प्रायः सरकारें मिश्रित शुल्क लगाती हैं। ये मूल्यानुसार शुल्कों तथा परिमाण शुल्कों का सम्मिश्रण होते हैं। इस स्थिति में, आयातित वस्तु की इकाइयों पर प्रतिशतता मूल्यानुसार शुल्क और वस्तु की प्रति इकाई पर परिमाण शुल्क लगाए जाते हैं।

1. G. Haberler, op. cit., p. 238

4. विसर्पी प्रशुल्क (Sliding Scale Tariff)—कभी-कभी सरकारें ऐसे आयात शुल्क भी लगाती हैं जो आयातित वस्तुओं की कीमतों के अनुसार बदलते हैं। ये विसर्पी शुल्क कहलाते हैं। ये या तो परिमाण या मूल्यानुसार होते हैं। सामान्यरूप से विसर्पी शुल्क परिमाण के आधार पर लगाए जाते हैं।

(b) देशानुसार विभेद के आधार पर (On the basis of Countrywise Discrimination)—निम्न प्रकार के प्रशुल्क देशानुसार विभेद के आधार पर लगाए जाते हैं :

1. एक कॉलम प्रशुल्क (Single Column Tariff)—जब प्रशुल्क की एक समान दर सभी समान वस्तुओं पर लगाई जाती है चाहे वे किसी भी देश से आयात की गई हों तो इसे एक कॉलम प्रशुल्क कहते हैं। यह गैर-विभेदकारी प्रशुल्क होता है जिसकी रचना और लागू करना बहुत सरल और आसान होता है। परंतु यह लोचशील और पर्याप्त नहीं होता है इससे राजस्व इकट्ठा नहीं किया जा सकता है।

2. दोहरे कॉलम प्रशुल्क (Double Column Tariff)—इसके अंतर्गत कुछ या सभी प्रकार की वस्तुओं के लिए शुल्क की दो भिन्न दरें होती हैं। देश की सरकार दोनों दरों की घोषणा प्रारंभ में या एक प्रारंभ में और दूसरी व्यापार समझौतों के अंतर्गत दरों का फैसला करने के बाद करती है। इन्हें निम्न प्रकार से वर्गीकृत किया जा सकता है :

***(i)* सामान्य और परंपरागत प्रशुल्क (General and Conventional Tariffs)**—सामान्य प्रशुल्क वह सूची होती है जिसकी घोषणा वर्ष के प्रारंभ में अपनी वार्षिक प्रशुल्क नीति के अंतर्गत सरकार करती है। यह एक विशेष दर होती है जो सभी देशों से ली जाती है। दूसरी ओर, परंपरागत प्रशुल्क दरें दूसरे देशों के साथ व्यापार समझौतों/संधियों पर आधारित होती हैं। वे भिन्न देशों के लिए भिन्न हो सकती हैं और वस्तु-से-वस्तु परिवर्तित हो सकती है। वे लोचशील नहीं होती हैं क्योंकि वे केवल परस्पर सहमति से ही परिवर्तित की जा सकती हैं। क्योंकि वे बेलोच होती हैं अत: वे व्यापार के प्रसार को रोकती हैं।

***(ii)* अधिकतम और न्यूनतम प्रशुल्क (Maximum and Minimum Tariffs)**—सरकारें विभिन्न देशों से समान वस्तु आयात करने हेतु सामान्यतौर से दो प्रशुल्क दरें निश्चित करती हैं। जिस देश के साथ सरकार का व्यापारिक समझौता/संधि होती है, उससे आयात पर न्यूनतम प्रशुल्क दर लगाई जाती है। दूसरी ओर अन्य देशों से आयात पर अधिकतम प्रशुल्क दर लगाई जाती है।

3. बहु-या तीन-कॉलम प्रशुल्क (Multiple or Triple Column Tariffs)—बहु-कॉलम प्रशुल्कों के अंतर्गत प्रत्येक वर्ग की वस्तु पर दो या अधिक प्रशुल्क दरें लागू की जाती हैं। परंतु सामान्य रीति प्रशुल्कों की तीन भिन्न सूचियां रखने की है : सामान्य, मध्यवर्ती और अधिमानी। सामान्य (General) दरें उसी प्रकार लागू ही जाती हैं जिस प्रकार ऊपर वर्णित अधिकतम दरें। इसी प्रकार, मध्यवर्ती (Intermediate) दरें न्यूनतम दरें होती हैं। स्वतंत्रतापूर्व अधिमानी (Preference) दरें ब्रिटेन से आयातित वस्तुओं पर लगाई जाती थीं जिन पर कम दरें अथवा वे प्रशुल्क मुफ्त होती थीं। वर्तमान में सार्क (SAARC) देश एक-दूसरे से अधिमानी प्रशुल्कों के आधार पर आयात करते हैं।

(c) प्रतिशोध के आधार पर (On the basis of Retaliation)—प्रतिशोध के आधार पर दो प्रकार से आयात प्रशुल्क लगाए जाते हैं :

1. प्रतिरोधात्मक या प्रतिशोधात्मक प्रशुल्क (Retaliatory Tariffs)—प्रतिरोधात्मक प्रशुल्क एक देश द्वारा दूसरे देश के आयात पर उसकी व्यापार नीति के लिए उसे दंड देने हेतु लगाया जाता है जो उसके निर्यातों को या व्यापार शेष को हानि पहुंचाता है।

2. प्रतिकारी शुल्क (Countervailing Duty)—यह एक अतिरिक्त शुल्क होता है जो एक वस्तु पर लगाया जाता है जिसकी निर्यात कीमत एक निर्यात सब्सिडी द्वारा दूसरा देश कम कर देता है। यह अतिरिक्त शुल्क उस वस्तु की कीमत को बढ़ाने के लिए लगाया जाता है ताकि आयात करने वाले देश में उसी वस्तु के उत्पादकों को सस्ती विदेशी वस्तु से संरक्षण दिया जा सके।

2. प्रशुल्कों के प्रभाव
(EFFECTS OF TARIFFS)

प्रशुल्कों के अनेक प्रभाव हैं जो उनकी आयात को घटाने की शक्ति पर निर्भर करते हैं। प्रशुल्कों के प्रभावों का विश्लेषण दो दृष्टिकोणों से किया जा सकता है—एक, समस्त अर्थव्यवस्था की दृष्टि से जिसे सामान्य संतुलन विश्लेषण कहते हैं और दूसरे, विशेष वस्तु अथवा

बाजार की दृष्टि से जिसे आंशिक संतुलन विश्लेषण कहते हैं। प्रशुल्क "व्यापार, कीमत, उत्पादन और उपभोग में परितर्वन कर देता है, तथा संसाधनों का पुनर्विभाजन, साधन अनुपातों में परिवर्तन, आय का पुनर्वितरण, रोजगार में परिवर्तन कर सकता है और भुगतान संतुलन की स्थिति को बदल सकता है।"[2]

1. आंशिक संतुलन के अंतर्गत प्रशुल्क के प्रभाव (Effects of a Tariff under Partial Equilibrium)

आंशिक संतुलन के अंतर्गत प्रशुल्क के प्रभावों का विश्लेषण एक छोटे देश में एक छोटे उद्योग से संबंधित होता है। जब एक छोटे देश द्वारा एक अकेली वस्तु के आयात पर प्रशुल्क लगाया जाता है तो यह बाकी की घरेलू अर्थव्यवस्था को प्रभावित नहीं करता और न ही इस वस्तु से विश्व को।

इसकी मान्यताएं (Its Assumptions)

आंशिक संतुलन विश्लेषण के अंतर्गत प्रशुल्क के प्रभावों का विश्लेषण निम्न मान्यताओं पर आधारित है :

1. केवल एक छोटा देश है।
2. यह एक वस्तु पर प्रशुल्क लगाता है।
3. वस्तु का मांग तथा पूर्ति वक्र उस देश से संबंध रखता है जो आयात शुल्क लगाता है।
4. ये वक्र दिए हुए तथा स्थित माने गए हैं।
5. मांग पक्ष में, उपभोक्ता की रुचियां, आय तथा अन्य वस्तुओं की कीमतें स्थिर रहती हैं।
6. पूर्ति पक्ष में, लागत स्थितियों में परिवर्तन नहीं होते अर्थात बहिर्भाव, नवप्रवर्तन आदि नहीं होते हैं।
7. कीमत के प्रति वस्तु की विश्व पूर्ति पूर्णतया लोचदार है।
8. परिवहन लागत नहीं है।
9. वस्तु की विदेश कीमत अपरिवर्तित रहती है।
10. जिस वस्तु पर प्रशुल्क लगाया जाता है उसमें प्रयुक्त किसी सामग्री पर देश कोई प्रशुल्क नहीं लेता है।
11. आयातित वस्तु और घरेलू उत्पादित वस्तु पूर्णतया स्थानापन्न है।

व्याख्या (Explanation)

प्रो. **किंडलबर्गर** ने प्रशुल्क के आठ प्रभाव गिनाए हैं : (1) संरक्षण प्रभाव; (2) उपभोग प्रभाव; (3) राजस्व प्रभाव; (4) पुनर्वितरण प्रभाव; (5) व्यापार की शर्तों पर प्रभाव; (6) प्रतियोगिता प्रभाव; (7) आय प्रभाव; (8) भुगतान संतुलन प्रभाव।

ये सभी प्रभाव कीमत प्रभाव का ही परिणाम हैं जिसकी हम पहले व्याख्या करते हैं।

कीमत प्रभाव (Price Effect)—इन मान्यताओं के दिए हुए होने पर प्रशुल्क का कीमत प्रभाव चित्र 1 में स्पष्ट किया गया है, जहां D तथा S के घरेलू मांग तथा पूर्ति वक्र हैं। रेखा OP उस स्थिर विश्व कीमत को व्यक्त करती है जिस पर विदेशी उत्पादक अपनी वस्तु घरेलू बाजार में बेचने को तैयार हैं। इस प्रकार क्षैतिज रेखा PB आयात का पूर्ति वक्र है जो OP कीमत पर पूर्ण लोचदार है। इस प्रकार मुक्त व्यापार के अंतर्गत (अर्थात प्रशुल्क लगने से पहले) संतुलन बाजार स्थिति बिन्दु B पर प्राप्त होती है जहां घरेलू मांग वक्र

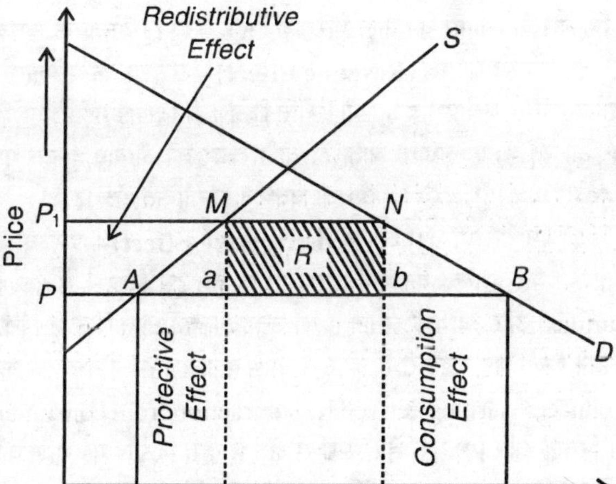

चित्र 1

2. C.P. Kindleberger, op. cit., p. 107

D, कीमत OP पर विश्व पूर्ति वक्र PB को काटता है। वस्तु की कमुल मांग OQ_3 है। घरेलू पूर्ति OQ है। घरेलू मांग तथा घरेलू पूर्ति के अंतर को OP कीमत पर वस्तु की QQ_3 मात्रा आयात करके पूरा किया जाता है।

मानलीजिए वस्तु के आयात पर PP_1 प्रशुल्क लगाया जाता है। स्थिर विदेशी कीमत दी होने पर, वस्तु की घरेलू कीमत में प्रशुल्क की पूरी मात्रा के बराबर बढ़ोतरी होती है और वह OP_1 हो जाती है। इस प्रकार वस्तु की कीमत में जो PP_1 के बराबर वृद्धि होती है, वह प्रशुल्क का **कीमत प्रभाव** है। परिणामस्वरूप, बाजार की नई संतुलन स्थिति बिन्दु N पर प्राप्त होती है। वस्तु की कीमत ऊंची होने से घरेलू मांग OQ_3 से कम होकर OQ_2 हो जाती है, और घरेलू पूर्ति OQ से बढ़कर OQ_1 हो जाती है। इस प्रकार वस्तु की कुल मांग OQ_2 है। इसे आंशिक रूप से तो घरेलू पूर्ति द्वारा OQ_1 और आंशिक रूप से Q_1Q_2 आयात करके पूरा किया जाता है। अत: कीमत प्रभाव के कारण आयात QQ_3 से कम होकर Q_1Q_2 होता है।

प्रशुल्क के संरक्षण, उपभोग, राजस्व तथा पुनर्वितरण प्रभाव भी चित्र 1 द्वारा स्पष्ट किए जा सकते हैं।

1. संरक्षण प्रभाव (Protective Effect)—संरक्षण प्रभाव बताता है कि आयात शुल्क लगाकर घरेलू उद्योग को विदेशी प्रतियोगिता से कैसे बचाया जा सकता है। चित्र 1 में, मुक्त व्यापार के अंतर्गत OP कीमत पर वस्तु की OQ_3 मात्रा आयात की जाती है। जब PP_1 आयात शुल्क लगाया जाता है, तो आयात की मात्रा घटकर Q_1Q_2 रह जाती है, जबकि वस्तु का घरेलू उत्पादन (पूर्ति) OQ से बढ़कर OQ_1 हो जाता है। इस प्रकार शुल्क लगाने से घरेलू उत्पादन में जो QQ_1 वृद्धि हुई है, वह प्रशुल्क का **संरक्षण** अथवा **उत्पादन प्रभाव** है।

प्रो. एल्जबर्थ ने इस संरक्षण प्रभाव को आगे बढ़ाया है और **आयात स्थानापन्नता प्रभाव** (Import Substitution effect) के रूप में इसका विश्लेषण किया है। जब घरेलू उत्पादकों को प्रशुल्क के कारण बढ़ी हुई कीमत OP_1 का सामना करना पड़ता है, तो वे अतिरिक्त उत्पादन की बढ़ती हुई सीमांत लागत को पूरा कर सकते हैं और उत्पादन को बढ़ाकर OQ_1 पर ले जाते हैं। घरेलू उत्पादन से विदेशी उत्पादन का QQ_1 प्रतिस्थापना प्रशुल्क का आयात स्थानापन्नता प्रभाव है।

2. उपभोग प्रभाव (Consumption Effect)—प्रशुल्क का उपभोग प्रभाव उस वस्तु का उपभोग घटाता है जिस पर प्रशुल्क लगाया जाता है, और उपभोक्ताओं की निवल (Net) संतुष्टि को भी घटाता है। इन्हें चित्र 1 में दिखाया गया है। प्रशुल्क लगाने से पहले उपभोक्ता OP कीमत पर वस्तु OQ_3 मात्रा उपभोग करते थे। जब PP_1 प्रशुल्क लगाया जाता है, तो कीमत बढ़कर OP_1 हो जाती है। अब आयात में O_3Q_2 मात्रा की कमी हो जाती है और वस्तु का कुल उपभोग भी OQ_3 से गिरकर OQ_2 पर आ जाता है। इस प्रकार उपभोग में जो Q_1Q_2 कमी हुई है वह प्रशुल्क का उपभोग प्रभाव है। इसके परिणामस्वरूप उपभोक्ताओं की निवल संतुष्टि भी घटती है जो PP_1Nb क्षेत्र के बराबर है। **किंडलबर्गर** संरक्षण तथा उपभोग प्रभाव को मिलाकर **व्यापार प्रभाव** कहता है। PP_1 प्रशुल्क लगाने का प्रभाव यह है कि देश के व्यापार का कुल परिमाण $OQ_1 - Q_1Q_2$ मात्रा के बराबर घट जाता है।

3. राजस्व प्रभाव (Revenue Effect)—प्रशुल्क के परिणामस्वरूप सरकार की प्राप्तियों (आय) में जो परिवर्तन होता है, वही प्रशुल्क का राजस्व प्रभाव है। जो स्थिति चित्र 1 में दिखाई गई है, उसमें मान्यता यह है कि OP कीमत पर प्रशुल्क शून्य है। इसलिए जब PP_1 आयात शुल्क लगाया जाता है, तो सरकार को आयात शुल्क **गुणा** आयात की मात्रा के बराबर राजस्व प्राप्त होता है। इसलिए राजस्व प्रभाव $PP_1 \times Q_1Q_2$ अथवा चतुर्भुज छायांकित क्षेत्र R है।

4. पुनर्वितरण प्रभाव (Redstributive Effect)—प्रशुल्क लगने के बाद उत्पादक को अपनी वस्तु की अधिक कीमत प्राप्त होती है। यह प्रशुल्क का पुनर्वितरण प्रभाव है। इसे चित्र 1 में क्षेत्र PP_1MA द्वारा दिखाया गया है। यह राशि उत्पादन पर अतिरेक (surplus) और आर्थिक लगान है जो उत्पादक को प्राप्त होता है। **किंडलबर्गर** के अनुसार पुनर्वितरण प्रभाव ''उत्पादक के आधिक्य में होने वाली वह बढ़ोतरी है जो उसे उपभोक्ता बेशी में होने वाली कमी के परिणामस्वरूप प्राप्त होती है।'' (It is an addition to producers' surplus derived by subtraction from consumers' surplus.) यहां उपभोग प्रभाव द्वारा मापित उपभोक्ता संतुष्टि की निवल हानि PP_1NB है। इसमें से क्षेत्र R द्वारा दिखाई गई राशि को सरकार राजस्व के रूप में ले जाती है, और उपभोक्ता बेशी की हानि को त्रिभुज *a* तथा *b* द्वारा दिखाया गया है। त्रिभुज *a* तथा *b* द्वारा दिखाई गई यह उपभोक्ता बेशी की निवल हानि न तो उत्पादक को हस्तांतरित की जा सकती है और न ही सरकार को। इसे किंडलबर्गर ने ''प्रशुल्क की निश्चल हानि'' (deadweight loss) कहा है।'' इसे **प्रशुल्क की लागत** (Cost of tariff) भी कहा जा सकता है। इस प्रकार चतुर्भुज PP_1MA प्रशुल्क के पुनर्वितरण प्रभाव को मापता है जो वस्तु के घरेलू उत्पादकों को प्राप्त होता है।

5. भुगतान संतुलन प्रभाव (Balance of Payments Effect)—प्रशुल्क से भुगतान संतुलन पर अनुकूल प्रभाव पड़ता है क्योंकि प्रशुल्क से प्रशुल्क लगाने वाले देश के आयात घटते हैं और निर्यातकर्ता देश के निर्यात कम होते हैं। इस प्रकार प्रशुल्क देश का अंतर्राष्ट्रीय व्यय घटाता है और भुगतान संतुलन में स्थिरता लाता है। चित्र 1 में भुगतान संतुलन प्रभाव दिखाया गया है। मुक्त व्यापार स्थितियों के अंतर्गत, OP कीमत पर वस्तु की QQ_3 मात्रा आयात की जाती है। चतुर्भुज AQQ_3B आयात के कुल मूल्य को व्यक्त करता है। यह भुगतान शेष के घाटे को प्रदर्शित करता है क्योंकि आयातकर्ता जो कीमत भुगतान करते हैं वह दूसरे देश को प्राप्त होती है। इस घाटे को पूरा करने के लिए आयातित वस्तु पर PP_1 आयात शुल्क लगाया जाता है। परिणामस्वरूप आयात की मात्रा QQ_3 से घटकर Q_1Q_2 रह जाती है। सरकार को क्षेत्र R के बराबर राजस्व प्राप्त होता है। भुगतान संतुलन स्थिति में भी सुधार होता है क्योंकि दूसरे देश को भुगतान की गई राशि aQ_1Q_2b क्षेत्र के बराबर है जो मुक्त व्यापार के अंतर्गत भुगतान की गई AQQ_3B राशि से कम है।

6. व्यापार की शर्तों पर प्रभाव (Terms of Trade Effect)—प्रशुल्क का व्यापार की शर्तों पर ऐसा प्रभाव पड़ता है जिससे प्रशुल्क लगाने वाले देश की व्यापार की शर्तों में सुधार होता है। इसे चित्र 2 में दिखाया गया है। इस चित्र के भाग (A) में S_1 तथा D_1 निर्यात करने वाले देश इंग्लैंड के क्रमशः पूर्ति तथा मांग वक्र हैं, और भाग (B) में S_2 तथा D_2 आयात करने वाले देश जर्मनी के क्रमशः पूर्ति तथा मांग वक्र हैं। जर्मनी द्वारा प्रशुल्क लगाए जाने से पहले, दोनों देशों के बीच व्यापार OP_1 कीमत पर होता है। मानलीजिए इंग्लैंड से आयातित वस्तु पर जर्मनी P_2T प्रशुल्क लगा देता है। इससे जर्मनी में वस्तु की कीमत बढ़ जाती है और वस्तु की मांग गिर जाती है। दूसरी ओर इंग्लैंड में वस्तु की कीमत गिरती है क्योंकि उसकी निर्यात की मांग घट जाती है। इस प्रकार, प्रशुल्क के परिणामस्वरूप जर्मनी में कीमत OP_1 से बढ़कर OP_2 हो जाती है [भाग (B)] और इंग्लैंड में कीमत OP_1 से गिरकर OP' हो जाती है [भाग (A)]। व्यापार शर्त प्रभाव यह है कि प्रशुल्क लगाने वाले देश की शर्तें बेहतर हो जाती हैं क्योंकि वह निर्यातकर्ता देश को आयात शुल्क के कुछ अंश का भुगतान करने पर बाध्य कर सकता है और इस अर्थ में आयात कुछ सस्ते दामों पर प्राप्त हो सकते हैं। "यह सत्य है कि आयातकर्ता देश में उपभोक्ता को ऊंची कीमत देनी पड़ती है। परंतु जहां तक आयात का संबंध है, कीमत की इस बढ़ोतरी का राजस्व प्रभाव, जो प्रशुल्क लगाने के बाद प्रशुल्क गुणा आयात की मात्रा होता है, आंशिक रूप से निर्यातकर्ता देश के उत्पादकों पर पड़ता है।"

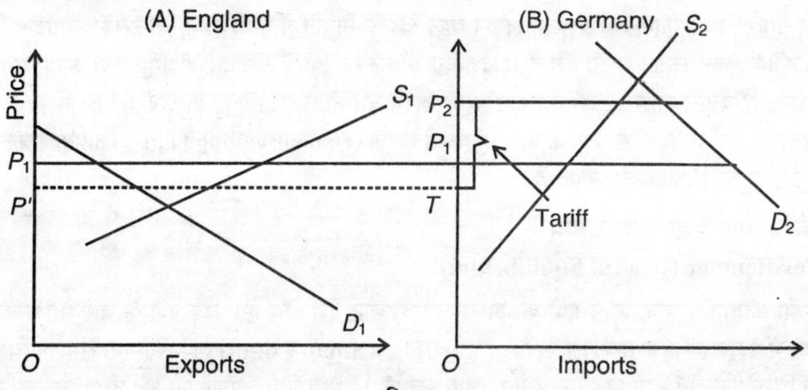

चित्र 2

यदि **निर्यातकर्ता** देश में **पूर्ति** बहुत **बेलोच** होगी और **अयातकर्ता** देश में मांग बहुत **लोचदार** होगी तो प्रशुल्क लगाने से आयात में बहुत परिवर्तन नहीं होगा, वरन् वे बहुत सस्ते दामों पर उपलब्ध होंगे। यदि निर्यातकर्ता देश का पूर्ति वक्र **पूर्ण लोचदार** होगा तो प्रशुल्क से व्यापार की शर्तों में कोई सुधार नहीं होगा।

7. प्रतियोगिता प्रभाव (Competitive Effect)—प्रशुल्क का प्रतियोगिता प्रभाव यह पड़ता है कि आयातित वस्तु पर प्रशुल्क लगाकर घरेलू उद्योग को विदेशी प्रतियोगिता से बचाया जाए। यह प्रभाव प्रायः संरक्षण के शिशु उद्योग तर्क से संबद्ध रखता है। परंतु इस प्रसंग में यह भय प्रकट किया जाता है कि हो सकता है शिशु उद्योग बड़ा होकर भी प्रतियोगिता में न उतरना चाहे, और यह एकाधिकार प्राप्त कर ले तथा अकुशल बना रहे। प्रो. **किंडलबर्गर** का मत है, "प्रशुल्क का प्रतियोगिता प्रभाव वास्तव में प्रतियोगिता विरोधी प्रभाव

है; प्रशुल्क हटाने से प्रतियोगिता बढ़ती है।'' इसलिए वह इस पक्ष में है कि अर्थव्यवस्था के हित में उन उद्योगों पर से प्रशुल्क हटा दिया जाए जो 'धीमे, भारी और सुस्त' पड़ गए हों।

8. आय प्रभाव (Income Effect)—आय प्रभाव वह है जो प्रशुल्क लगाने के परिणामस्वरूप प्रशुल्क लगाने वाले देश की राष्ट्रीय आय पर पड़ता है। यदि यह मान लिया जाए कि दूसरे देश में बदले की भावना नहीं जागती, तो प्रशुल्क लगाने से आयात घट जाते हैं और आयातित वस्तुओं की मांग गिर जाती है और घरेलू उत्पादित वस्तुओं की मांग बढ़ जाती है। इससे निर्यात अतिरेक (Surplus) [X–M] का मूल्य बढ़ेगा जो विदेशी क्षेत्र से आय का अंतर्वाह (inflow) बढ़ा देगा। आयात से मोड़ी गई समस्त आय बचत के रूप में नहीं रखी जाएगी बल्कि उसका कुछ भाग देश में व्यय होगा। अपूर्ण रोगजार की स्थिति में इससे मौद्रिक और वास्तविक आय तथा रोजगार में वृद्धि होगी।

प्रशुल्क का आय प्रभाव चित्र 3 में दिखाया गया है। बेरोजगारी स्तर पर अर्थव्यवस्था का कुल व्यय वक्र AD है जो 45° रेखा को E पर काटता है जिससे आय का संतुलन स्तर OY_1 होता है। AD वक्र समस्त मांग को भी व्यक्त करता है जो C + I + G + (X – M) से बनता है। जब प्रशुल्क लगाया जाता है, तो उससे आयात ङ्कΔM घट जाते हैं और घरेलू उत्पादित वस्तुओं की मांग बढ़ती है जिससे कुल मांग वक्र सरक कर AD_1 [= C + I + G + $(X – M)_1$] पर पहुंच जाता है। इससे नया संतुलन बिन्दु E_1 पर प्राप्त होता है। यदि बढ़ा हुआ आय का OY_F स्तर पूर्ण रोजगार का स्तर हो, तो समझो प्रशुल्क ने अर्थव्यवस्था को पूर्ण रोजगार के स्तर पर पहुंचा दिया है और आय का स्तर बढ़ाकर OY_F पर ला दिया है।

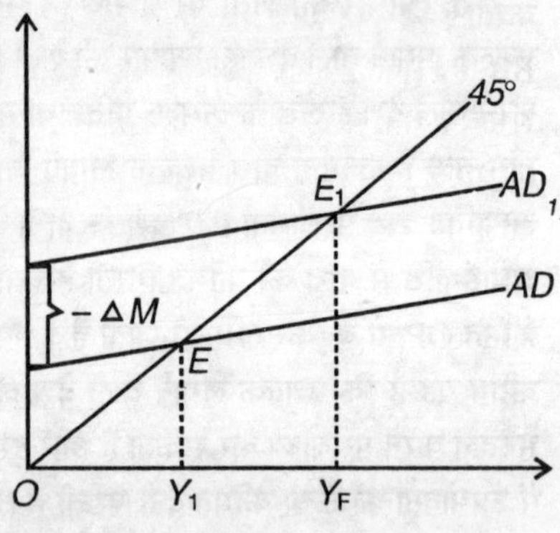

चित्र 3

एक प्रशुल्क लगाने वाले देश के आय और रोजगार पर प्रशुल्क का प्रभाव निम्न कारणों से नहीं हो सकता है : **प्रथम,** जब घरेलू देश प्रशुल्क लगाता है तो दूसरे देश के निर्यात कम हो जाते हैं जो आगे उसके उत्पादन, रोजगार और आय को भी कम कर देते हैं। परिणामस्वरूप, दूसरा देश घरेलू देश से अपने आयात कम कर देगा। इसका मतलब है प्रशुल्क लगाने वाले देश के निर्यात में कमी होना, जो इसके उत्पादन, रोजगार और आय को कम कर देता है। यदि प्रशुल्क लगाने वाला देश दूसरे देश की कीमत पर अपने उत्पादन, रोजगार और आय के स्तर को बढ़ाता है तो यह **पड़ोसी को भिखारी बनाने** अथवा **दूसरे का धन हरण करने की नीति** (Begger thy Neighbour Policy) कहलाती है। **द्वितीय,** दूसरा देश प्रतिशोधकारी उपाय जैसे प्रशुल्क और प्रतिकारी शुल्क (Countervailing Duties) अपना सकता है जो घरेलू देश में आय और रोजगार प्रभावों को विफल कर सकते हैं।

2. सामान्य संतुलन के अंतर्गत प्रशुल्क के प्रभाव (Effects of a Tariff under General Equilibrium)

सामान्य संतुलन के अंतर्गत प्रशुल्क के प्रभावों का अध्ययन एक छोटे देश और एक बड़े देश के बारे में किया जाता है।

1. एक छोटे देश में प्रशुल्क के प्रभाव (Effects of Tariff in a Small Country)—सामान्य संतुलन विश्लेषण के अंतर्गत प्रशुल्क के प्रभावों का विश्लेषण तीन रूपों अर्थात् उपभोग प्रभाव, उत्पादन प्रभाव तथा व्यापार की शर्त प्रभाव के रूप में किया जाता है।

इसकी मान्यताएं (Its Assumptions)

यह विश्लेषण निम्नमान्यताओं पर आधारित है :

(i) दो देश हैं, एक इंग्लैंड और दूसरा बाकी विश्व जिसे जर्मनी मानलीजिए।

(ii) इंग्लैंड घरेलू देश है जो छोटा है।

(iii) दो वस्तुएं कपड़ा तथा लिनन हैं, जिनका ये दो देश विनिमय करते हैं।

(iv) कपड़ा इंग्लैंड की निर्यात्य वस्तु है और लिनन उसकी आयात्य वस्तु है।

(v) अब मानलीजिए कि इंग्लैंड प्रशुल्क लगाता है और प्रशुल्क का संपूर्ण भार उसी पर पड़ता है।

(vi) विश्व मार्किट में कीमतें अपरिवर्तित रहती हैं।

(vii) प्रशुल्क से प्राप्त राजस्व (आय) उपभोग पर व्यय किया जाता है।

व्याख्या (Explanation)

इन मान्यताओं के दिए होने पर, आयात प्रशुल्क लगाने से आयात्य वस्तु लिनन की घरेलू कीमत बढ़ जाती है जबकि निर्यात्य वस्तु कपड़ा की कीमत स्थिर रहती है। क्योंकि इंग्लैंड एक छोटा देश है इसलिए वह लिनन की विश्व कीमत को प्रभावित नहीं कर सकता है।

उत्पादन और उपभोग प्रभाव (Production and Consumption Effects)—पहले इंग्लैंड को लीजिए। इंग्लैंड दो वस्तुओं अर्थात कपड़े और लिनन का उत्पादन करता है परंतु कपड़े में विशिष्टीकरण करता है और उसे जर्मनी के लिनन से विनिमय करता है। इसका दोनों वस्तुओं में उत्पादन संभावना वक्र चित्र 4 में BB_1 है। मुक्त व्यापार के अंतर्गत इसका उत्पादन बिन्दु E उत्पादन संभावना वक्र पर है और उपभोग बिन्दु C_2 समुदाय उदासीनता वक्र CI_2 पर है। इसके विश्व कीमत अनुपात (अर्थात व्यापार की शर्तों) को P_2P_2 रेखा की ढलान व्यक्त करती है जो एक साथ उत्पादन संभावना वक्र BB को E पर तथा CI_2 वक्र को C_2 पर स्पर्श करती है। इंग्लैंड का व्यापार त्रिभुज EFC_2 है जो बताता है कि वह लिनन की FC_2 आयात मात्रा के बदले कपड़े की FE मात्रा निर्यात करता है।

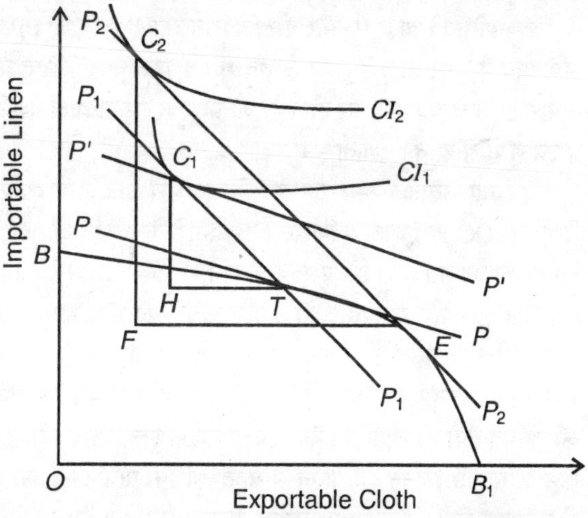

चित्र 4

यह मान्यता रखने पर कि दोनों वस्तुओं में विश्व कीमत अनुपात स्थिर रहता है, जब लिनन के आयात पर प्रशुल्क लगाया जाएगा, तो घरेलू बाजार में कपड़े की सापेक्षता में लिनन की कीमत प्रशुल्क की मात्रा में बढ़ेगी। जैसा कि चित्र में PP रेखा की ढलान द्वारा दिखाया गया है। परिणामस्वरूप, कपड़े को लिनन से स्थानापन्न करके इंग्लैंड लिनन का घरेलू उत्पादन बढ़ाएगा और उत्पादन संभावना वक्र BB_1 के नए बिन्दु T पर उत्पादित करेगा। यह प्रशुल्क का **उत्पादन** अथवा **संरक्षण प्रभाव** है। अब अंतर्राष्ट्रीय व्यापार रेखा P_1P_1 पर चलता है (जो मुक्त व्यापार रेखा P_2P_2 के सामानान्तर है), और समुदाय उदासीनता वक्र CI_1 को बिन्दु C_1 पर स्पर्श करता है।

यह बिन्दु अपेक्षाकृत ऊंचे समुदाय उदासीनता वक्र CI_2 पर स्थित बिन्दु C_2 की तुलना में अपेक्षाकृत नीचे समुदाय उदासीनता वक्र CI_1 पर स्थित है। यह उपभोग प्रभाव है। उत्पादन तथा उपभोग प्रभावों के परिणामस्वरूप नया व्यापार त्रिभुज HC_1T बनता है जो बताता है कि अब इंग्लैंड कपड़े की HT मात्रा निर्यात करता है और बदले में लिनन की HC_1 मात्रा आयात करता है।

इस प्रकार एक छोटे देश में प्रशुल्क के प्रभाव हैं : (1) आयात्य वस्तुओं के घरेलू उत्पादन में वृद्धि करना और आयात की कमी से उसके उपभोग को कम करना, (2) निर्यात्य वस्तुओं के उत्पादन और निर्यात कम करना, और (3) देश के कल्याण में कमी लाना।[3]

3. एक बड़े देश में प्रशुल्क के प्रभाव (Effects of Tariff in a Large Country)—एक बड़े देश में प्रशुल्क लगाने के प्रभाव यह होते हैं कि उसकी व्यापार की शर्तों में सुधार होता है, उसके व्यापार की मात्रा कम होती है और उसके कल्याण में सुधार होता है।

उत्पादन और उपभोग प्रभाव (Production and Consumption Effects)—क्योंकि प्रशुल्क लगाने वाला बड़ा देश होता है, इसका बाकी विश्व के साथ व्यापार विश्व कीमतों को प्रभावित करता है। चित्र 5 लीजिए जहां उत्पादन संभावना वक्र AA_1 का उत्पादन बिन्दु E_1 है और विश्व कीमत रेखा P_1P_1 के साथ CI_1 वक्र पर उपभोग बिन्दु C_1 है। व्यापार त्रिभुज E_1FC_1 है जो दर्शाती है कि इंग्लैंड कपड़े की FE_1 मात्रा निर्यात करता है और लिनन की FC_1 मात्रा आयात करता है। जब इंग्लैंड प्रशुल्क लगाता है तो विश्व बाजार में कपड़े की सापेक्ष कीमत बढ़ जाती है और लिनन की सोपक्ष कीमत गिरती है। ऐसा इस कारण कि प्रशुल्क लगाने वाला देश (इंग्लैंड) बड़ा होने पर उसकी आयात्य लिनन की मांग में इतनी अधिक कमी हो जाती है कि इसकी कीमत विश्व बाजार में गिर जाती है। ऐसी स्थिति

3. आय-वितरण पर प्रभाव के लिए आगे इसी अध्याय के खंड 4 में Stopler-Samuelson Theorem देखिए।

में, कपड़े की निर्यात कीमत की सापेक्षता में लिनन की आयात कीमत में कमी विश्व कीमत रेखा P_1P_1 की तुलना में नई विश्व कीमत रेखा P_2P_2 को अधिक तिरछा बना देती है। उत्पादन बिन्दु E_1 से E_2 हो जाता है जहां घरेलू कीमत रेखा PP इसको स्पर्श करती है और इंग्लैंड विश्व कीमत P_2P_2 पर व्यापार करता है। उपभोग बिन्दु C_2 विश्व कीमत रेखा P_2P_2 और घरेलू कीमत रेखा P'P' (जो PP के समानांतर है) पर होता है। इस स्थिति में CI_1 वक्र के C_1 बिन्दु की अपेक्षा C_2 ऊंचे वक्र CI_2 पर होता है, जो प्रशुल्क लगाने वाले देश के कल्याण में वृद्धि को दर्शाता है।

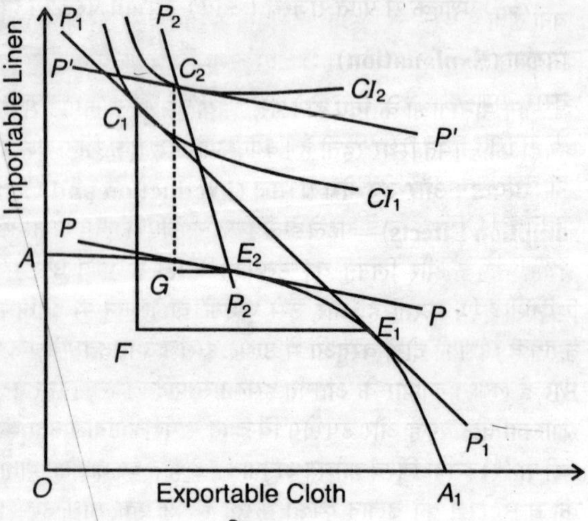

चित्र 5

इन नए उत्पादन और उपभोग बिन्दुओं से एक नया व्यापार त्रिभुज E_2GC_2 बन जाता है जिससे GE_2 कपड़े के निर्यात और GC_2 लिनन का आयात होता है। प्रशुल्क लगाने से विशिष्टीकरण (specialisation) कम हुआ है क्योंकि अब कपड़े की कम मात्रा GE_2 पहले की FE_1 मात्रा की तुलना में उत्पादित होती है और उसका सापेक्षतया लिनन की अधिक मात्रा GC_2 के साथ विनिमय किया जाता है। ऐसा इस कारण कि कपड़े की विश्व कीमत की अपेक्षा लिनन की कीमत कम हो जाती है। कुल मिलाकर, प्रशुल्क लगाने वाले देश के कल्याण में निवल लाभ हुआ है, क्योंकि अब इसके नागरिक कम कीमत पर लिनन की पहले से बहुत अधिक मात्रा GC_2 का उपभोग करते हैं, जिसका कारण उपभोग प्रभाव है जो उत्पादन प्रभाव से कम हुए विशिष्टीकरण प्रभाव को समाप्त कर देता है।

प्रशुल्क का व्यापार की शर्त प्रभाव (Terms of Trade Effect of Tariff)—प्रशुल्क का व्यापार की शर्त प्रभाव यह है कि जो देश प्रशुल्क लगाता है उसकी व्यापार की शर्तें बेहतर हो जाती हैं। वह अपने आयात अपेक्षाकृत कम दामों पर प्राप्त कर सकता है क्योंकि विदेशी निर्यातकर्ता को शुल्क के कुछ भाग अथवा सारे शुल्क का भुगतान करना पड़ता है। परंतु प्रशुल्क लगाने वाले देश की व्यापार की शर्तों में कितना सुधार होगा, यह दोनों देशों की परस्पर मांग पर निर्भर करेगा। मानलीजिए, दो देश जर्मनी तथा इंग्लैंड हैं और ये क्रमशः लिनन तथा कपड़े का उत्पादन करते हैं। यदि इंग्लैंड का प्रस्ताव वक्र **अधिक लोचदार** है, तो व्यापार की शर्तें जर्मनी की अपेक्षा इंग्लैंड के अधिक अनुकूल होंगी। प्रशुल्क का व्यापार की शर्त प्रभाव को चित्र 6 में सामान्य संतुलन विश्लेषण के रूप में स्पष्ट किया गया है। OE तथा OG क्रमशः इंग्लैंड तथा जर्मनी के प्रस्ताव वक्र हैं। मुक्त व्यापार के अंतर्गत व्यापार की शर्तें OT रेखा के बिन्दु A पर ठहरती हैं जिसके परिणामस्वरूप इंग्लैंड OC कपड़ा निर्यात करता है और जर्मनी से OL लिनन आयात करता है। मानलीजिए जर्मनी के लिनन पर इंग्लैंड प्रशुल्क लगा देता है, इससे इंग्लैंड का प्रस्ताव वक्र

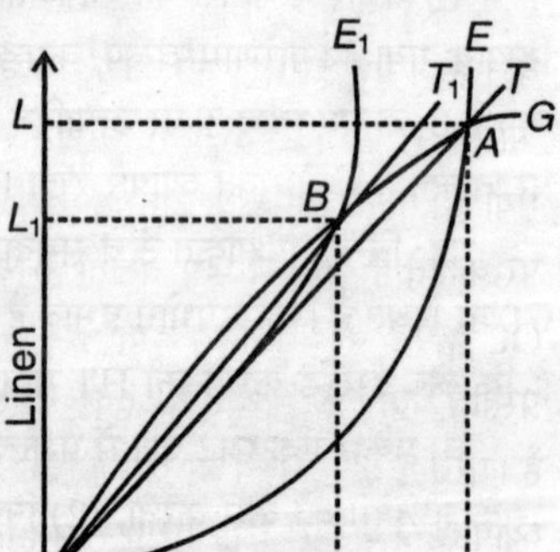

चित्र 6

OE से सरक कर OE_1 पर आ जाता है तथा नया संतुलन B बिन्दु पर होता है। अब इंग्लैंड, जर्मनी के लिनन के बदले कम कपड़ा पेश करता है। अतः व्यापार की शर्तें इंग्लैंड के पक्ष में OT से OT_1 पर आ जाती हैं। अब जर्मनी से OL_1 लिनन के आयात के बदले इंग्लैंड OC_1 कपड़ा निर्यात करता है। अब यह CC_1 कम कपड़ा निर्यात और LL_1 कम लिनन आयात करता है। क्योंकि इंग्लैंड के आयात में जो कमी हुई है, वह इसके जर्मनी को किए गए निर्यात में हुई कमी से कम है अर्थात $LL_1 < CC_1$, इसलिए प्रशुल्क लगाने से व्यापार की शर्तें इंग्लैंड के अनुकूल हो गई हैं। परंतु क्योंकि इंग्लैंड ने जर्मनी की कीमत पर अपनी व्यापार की शर्तें बेहतर बनाई हैं, इसलिए जर्मनी भी बदले की भावना से काम लेगा और अंत में दोनों देशों को हानि उठानी पड़ेगी।

(अ) प्रतिशोध रहित व्यापार की शर्त प्रभाव (Terms of Trade Effect without Reta-liation)—जब एक देश प्रशुल्क लगाए और दूसरा बदले पर न उतरे, तो प्रशुल्क के दो प्रभाव पड़ते हैं। **प्रथम,** प्रशुल्क लगाने वाला देश अपनी व्यापार की शर्तें बेहतर

बना लेता है। उसे अपने आयात पहले से कम दामों पर प्राप्त होते हैं क्योंकि विदेशी निर्यातकर्ता को शुल्क का कुछ भाग अथवा सारे शुल्क का भुगतान करना पड़ता है। **दूसरे,** प्रशुल्क लगाने से व्यापार की मात्रा घट जाती है। सामान्य विश्लेषण सिद्धांत के अनुसार चित्र 7 में प्रशुल्क के इन प्रभावों को स्पष्ट किया गया है। मान-लीजिए दो देश हैं—इंग्लैंड तथा जर्मनी और वे क्रमशः कपड़े तथा लिनन का उत्पादन करते हैं। OE इंग्लैंड का प्रस्ताव वक्र है और OG जर्मनी का प्रस्ताव वक्र है। मुक्त व्यापार के अंतर्गत दोनों देशों के बीच व्यापार की शर्तें OT रेखा के बिन्दु A पर ठहरती हैं। इस बिन्दु पर इंग्लैंड OC कपड़ा निर्यात करता है और जर्मनी से OL लिनन आयात करता है। मानलीजिए इंग्लैंड अब जर्मनी के लिनन पर आयात शुल्क लगा देता है। इससे इंग्लैंड का प्रस्ताव वक्र OE से OE_1 पर चला जाता है और जर्मनी के प्रस्ताव वक्र OG को बिन्दु B पर काटता है। इससे इंग्लैंड की व्यापार की शर्तें OT से बाईं ओर OT_1 पर आ जाती हैं। यह इंग्लैंड की दृष्टि से व्यापार की शर्तों में सुधार है। अब इंग्लैंड जर्मनी के OE_1 लिनन के बदले OC_1 कपड़ा निर्यात करता है। इंग्लैंड जो C_1B (= OL_1) लिनन आयात करता है, उसमें से DB मात्रा सरकार को आय शुल्क के रूप में प्राप्त होती है। इस प्रकार आयात शुल्क लगाने से दो बातें हुईं : (क) इंग्लैंड की व्यापार की शर्तें बेहतर बनीं हैं। अब इंग्लैंड पहले की अपेक्षा कपड़े की CC_1 कम मात्रा निर्यात करता है और पहले से लिनन की LL_1 कम मात्रा आयात करता है, $LL_1 < CC_1$। इसलिए इंग्लैंड के लिए व्यापार की शर्तों में सुधार हुआ है और (ख) दोनों देशों के बीच व्यापार की मात्रा कम हुई है, $OC_1 + OL_1 < OC + OL$।

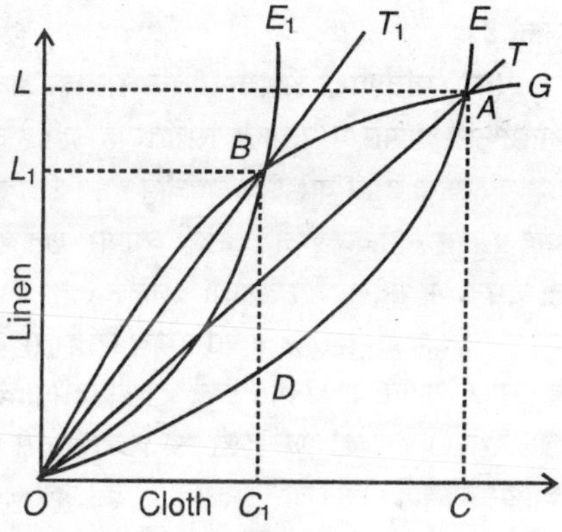

चित्र 7

परंतु प्रशुल्क लगाने से व्यापार की शर्तों में कितना सुधार होगा, यह दूसरे देश के विदेश प्रस्ताव वक्र की **मांग की लोच** पर निर्भर करता है। मानलीजिए जर्मनी का विदेश प्रस्ताव वक्र **पूर्ण लोचदार** है जिसे चित्र 8 में OG के रूप में दिखाया गया है। मुक्त व्यापार के अंतर्गत प्रस्ताव वक्र OG तथा OE एक-दूसरे को T बिन्दु पर काटते हैं, जिससे पता चलता है कि जर्मनी के OL लिनन के बदले इंग्लैंड के OC कपड़े का विनिमय होता है। जब प्रशुल्क लगाया जाता है, तो इंग्लैंड का प्रस्ताव वक्र OE से बाएं को OE_1 पर आ जाता है और OG वक्र को T_1 पर काटता है। परंतु $T = T_1$ मूल्य पर व्यापार की शर्तों में कोई परिवर्तन नहीं होता। इंग्लैंड की व्यापार की शर्तों में कोई सुधार नहीं होता और दोनों देशों में व्यापार की मात्रा समान मात्रा में गिरती है। इंग्लैंड के कपड़े की मात्रा में हुई कमी CC_1 = जर्मनी की लिनन की मात्रा में हुई कमी LL_1। दूसरी ओर, यदि जर्मनी का प्रस्ताव बेलोच होता है, तो व्यापार की शर्तें प्रशुल्क लगाने वाले देश इंग्लैंड के पक्ष में हो जाएगी। इसे चित्र 9 में दिखाया गया है। मुक्त व्यापार के अंतर्गत दोनों देशों की व्यापार शर्तों को OT रेखा व्यक्त करती है और OL लिनन से OC कपड़ा विनिमय किया जाता है। A तथा B के बीच जर्मनी का प्रस्ताव वक्र OG अत्यधिक बेलोच है। जब प्रशुल्क लगाया जाता है तो इंग्लैंड का प्रस्ताव वक्र OE_1 जर्मनी के प्रस्ताव वक्र OG को B पर काटता है और नई व्यापार की शर्तों की रेखा OT_1 बनती है। इससे पता चलता है कि इंग्लैंड की व्यापार की शर्तें बेहतर हो गई हैं क्योंकि उसके कपड़े के निर्यात में महत्वपूर्ण कमी होती है और वह पहले से कपड़े की CC_1 कम मात्रा निर्यात करता है, जबकि इसके कपड़े से विनिमय किए गए लिनन के आयातों की मात्रा LL_1 बढ़

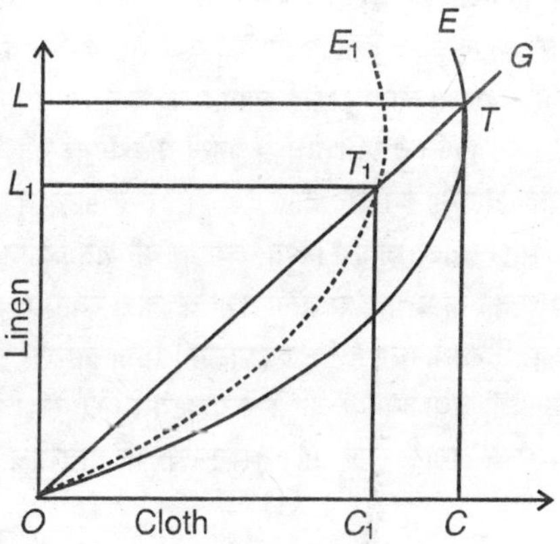

चित्र 8

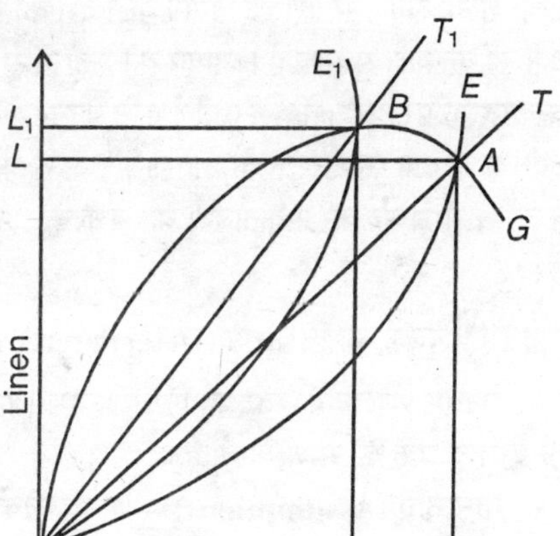

चित्र 9

जाती है।

(ब) प्रतिशोधी अथवा प्रतिकारात्मक अथवा प्रतिरोधात्मक व्यापार की शर्तें (Terms of Trade with Retaliation)— अंतर्राष्ट्रीय व्यापार में साधारण स्थिति यह नहीं होती कि कोई देश प्रशुल्क लगाकार अपनी व्यापार की शर्तें बेहतर बना ले जबकि दूसरा देश प्रतिक्रिया ही न करे और चुपचाप हानि उठा ले। वास्तव में, यदि प्रशुल्क लगाकर इंग्लैंड अपनी व्यापार-शर्तें बेहतर बनाएगा, तो जर्मनी भी बदले में प्रतिशोधी प्रशुल्क लगा देगा। प्रत्येक देश की इस प्रकार की प्रतिक्रिया का प्रभाव चित्र 10 में दिखाया गया है। मुक्त व्यापार के अंतर्गत इंग्लैंड तथा जर्मनी के प्रस्ताव वक्र OE तथा OG हैं जो एक दूसरे को बिन्दु A पर काटते हैं और व्यापार की शर्तें OT रेखा पर तय होती हैं। जब जर्मनी के लिनन पर इंग्लैंड प्रशुल्क लगाता है, तो इंग्लैंड का प्रस्ताव वक्र OE से बाएं OE_1 पर चला जाता है। नई व्यापार की शर्तों का बिन्दु B है जो बताता है कि इंग्लैंड के कल्याण में सुधार हुआ है। अब मानलीजिए कि बदले की भावना से जर्मनी भी इंग्लैंड के कपड़े पर प्रशुल्क लगा देता है। परिणामस्वरूप, जर्मनी का प्रस्ताव वक्र OG_1 पर आ जाएगा। नई व्यापार की शर्तें बिन्दु D पर तय होती हैं। यह D बिन्दु प्रतिशोध से पहले के व्यापार की शर्त बिन्दु B से बहुत नीचे है। अब प्रतिशोध के कारण दोनों देशों में व्यापार की मात्रा बहुत घट गई है। यदि दोनों देश इसी तरह झगड़ते हुए प्रतिशोध प्रशुल्क लगाते रहे, तो व्यापार बिन्दु सरकते हुए क्रमश: D से F पर और F से H पर आ जाएंगे। अत: व्यापार की शर्तें व्यापार रेखा OT के बिन्दु A पर अपरिवर्तित रहेंगी। निष्कर्ष यह निकलता है कि प्रतिशोधी प्रशुल्कों के प्रभावों से दोनों देशों के बीच व्यापार की मात्रा घटती है और व्यापार की शर्तें मुक्त व्यापार स्तर पर ही आ जाती हैं। चित्र में यही दिखाया गया है कि व्यापार की मात्रा क्रमश: घटती हुई $(OC_1 + OL_1)$ से $(OC_2 + OL_2)$ से $(OC_2 + OL_2)$ से $(OC_3 + OL_3)$ रह जाती है तथा व्यापार की शर्तें पलटकर OT रेखा के बिन्दु A पर आ जाती हैं। इस प्रकार, यदि व्यापार की शर्तों को सुधारने के लिए प्रशुल्क लगाया जाए और दूसरा देश भी प्रतिशोध में प्रशुल्क लगाए, तो परिणामस्वरूप दोनों देशों को हानि उठानी पड़ती है।

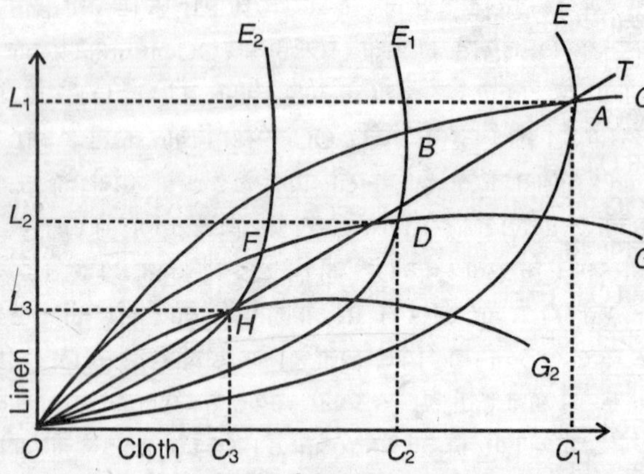

चित्र 10

3. इष्टतम प्रशुल्क तथा कल्याण
(OPTIMUM TARIFF AND WELFARE)

प्राय: शुल्क लगाने से प्रशुल्क लगाने वाले देश की व्यापार की शर्तों में सुधार होता है, व्यापार की मात्रा घटती है और प्रशुल्क लगाने वाले देश का कल्याण सुधरता है। व्यापार की शर्तों में सुधार प्रशुल्क का **धनात्मक** प्रभाव है और व्यापार की मात्रा में कमी होना प्रशुल्क का **ऋणात्मक** प्रभाव है। केवल तभी देश के कल्याण में सुधार होता है जब प्रशुल्क के ऋणात्मक प्रभाव की अपेक्षा उसका धनात्मक प्रभाव अधिक हो। प्रो. **सोडर्स्टन** के अनुसार, "अन्य कोई देश मुक्त व्यापार की स्थिति में हो, तो वह सही प्रशुल्क लगाकर हमेशा अपने कल्याण में सुधार कर सकता है। यह प्रशुल्क, अर्थात जो प्रशुल्क देश के कल्याण को अधिकतम बनाए, इष्टतम प्रशुल्क कहलाता है।[4]"

इष्टतम प्रशुल्क का निर्धारण (Determination of Optimum Tariff)

इष्टतम प्रशुल्क के स्तर का निर्धारण उस बिन्दु पर होता है जहां प्रशुल्क लगाने वाले देश का व्यापार **उदासीनता वक्र** दूसरे देश के **प्रस्ताव** वक्र को स्पर्श करता है।

मान्यताएं (Assumptions)—यह विश्लेषण निम्न मान्यताओं पर आधारित है :

1. दो देश इंग्लैंड और जर्मनी हैं।

4. A country can always improve its welfare by applying the 'right tariff'. This tariff, the tariff that maximises a country's welfare is called the 'optimum tariff.' *Sodersten.*

2. दो वस्तुएं, कपड़ा और लिनन हैं।
3. इंग्लैंड कपड़ा नियात करता है और जर्मनी लिनन निर्यात करता है।
4. इंग्लैंड, जर्मनी से आयात की गई लिनन पर प्रशुल्क लगाता है।
5. इंग्लैंड द्वारा कपड़े के निर्यात पर जर्मनी कोई प्रतिशोध (Retaliation) नहीं करता है।

व्याख्या (Explanation)

ये मान्यताएं दी होने पर इष्टतम प्रशुल्क को चित्र 11 की सहायता से स्पष्ट किया जाता है, जहां OE इंग्लैंड का प्रस्ताव वक्र है, OG जर्मनी का प्रस्ताव वक्र है, और TI_e इंग्लैंड का उदासीनता वक्र है। मुक्त व्यापार के अंतर्गत दोनों देशों की व्यापार की शर्तें मूल बिन्दु से OT रेखा दिखाती हैं। वे बिन्दु A पर संतुलन में हैं जहां उनके प्रस्ताव वक्र OE तथा OG एक-दूसरे को काटते हैं। मानलीजिए कि इंग्लैंड, जर्मनी के लिनन पर प्रशुल्क लगा देता है। परिणामस्वरूप, इंग्लैंड का प्रस्ताव वक्र बाएं को OE_1 पर चला जाता है। OT_1 रेखा नई व्यापार की शर्तें प्रदान करती है और B नया संतुलन बिन्दु है जिसे जर्मनी का मूल प्रस्ताव वक्र OG तथा इंग्लैंड का नया प्रस्ताव वक्र OE_1 निधारित करते हैं। यह प्रशुल्क जिसमें इंग्लैंड के प्रस्ताव वक्र को परिवर्तित कर OE से OE_1 पर पहुंचा दिया है इस देश का **इष्टतम प्रशुल्क** है। बिन्दु B, जहां इंग्लैंड का उदासीनता वक्र TI'_e जर्मनी के प्रस्ताव वक्र OG को स्पर्श करता है, **इष्टतम प्रशुल्क का बिन्दु** है। इंग्लैंड के लोगों का कल्याण, बिन्दु A की अपेक्षा बिन्दु B पर अधिक है। इसका कारण यह कि इंग्लैंड के लोग मुक्त व्यापार के अंतर्गत व्यापार उदासीनता वक्र TI_e के बिन्दु A पर थे और प्रशुल्क लगाने के बाद वे व्यापार उदासीनता वक्र TI'_e के बिन्दु B पर हैं जो बिन्दु ऊंचे उदासीनता वक्र पर स्थित है। इस प्रकार जो प्रशुल्क देश के कल्याण को अधिकतम बनाए, वह इष्टतम प्रशुल्क होता है। **''यह इष्टतम प्रशुल्क वह प्रशुल्क है जो देश को उस व्यापार उदासीनता वक्र पर ले जाए जो दूसरे देश के प्रस्ताव वक्र को स्पर्श करता हो।''**

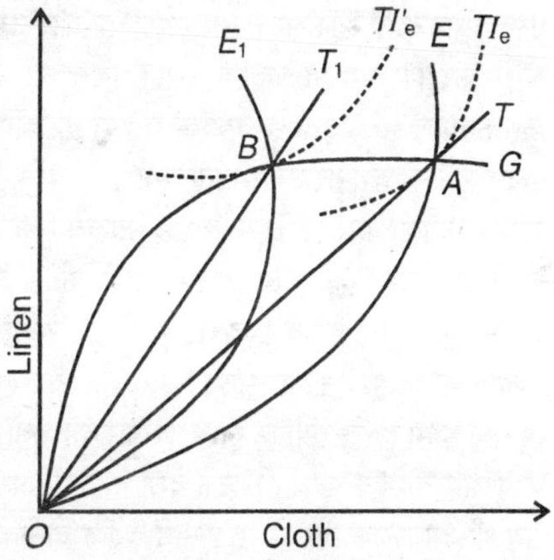

चित्र 11

प्रशुल्क लगाने वाले देश को इष्टतम प्रशुल्क से तभी लाभ हो सकता है जब दूसरे देश का प्रस्ताव वक्र पूर्ण लोचदार से कम हो। यदि दूसरे देश का प्रस्ताव वक्र पूर्णरूप से अथवा अनंतरूप से लोचदार होगा, तो प्रशुल्क लगाने से प्रशुल्क लगाने वाले देश का कल्याण नहीं बढ़ेगा। इसे चित्र 11A में दिखाया गया है जहां जर्मनी का प्रस्ताव वक्र OG सरल रेखा वक्र के रूप में दिखाया गया है और OE इंग्लैंड का प्रस्ताव वक्र है। मुक्त व्यापार के अंतर्गत OG व्यापार की शर्तें प्रदान करता है और संतुलन बिन्दु T पर स्थापित होता है जहां दोनों प्रस्ताव वक्र एक-दूसरे को काटते हैं। जब इंग्लैंड प्रशुल्क लगाता है, तो इंग्लैड का प्रस्ताव वक्र OE_1 पर आ जाता है। नया संतुलन T_1 पर स्थापित होता है। इस स्थिति में व्यापार की शर्तें अपरिवर्तित रहती हैं। परंतु व्यापार की मात्रा OC + OL से घटकर $OC_1 + OL_1$ रह जाती है। यहां प्रशुल्क का **धनात्मक प्रभाव शून्य है क्योंकि व्यापार की शर्तों में कोई सुधार नहीं होता**। प्रशुल्क का ऋणात्मक प्रभाव **अधिक प्रबल है क्योंकि इससे व्यापार की मात्रा बहुत घट जाती है**। इसलिए **इष्टतम प्रशुल्क शून्य है।**

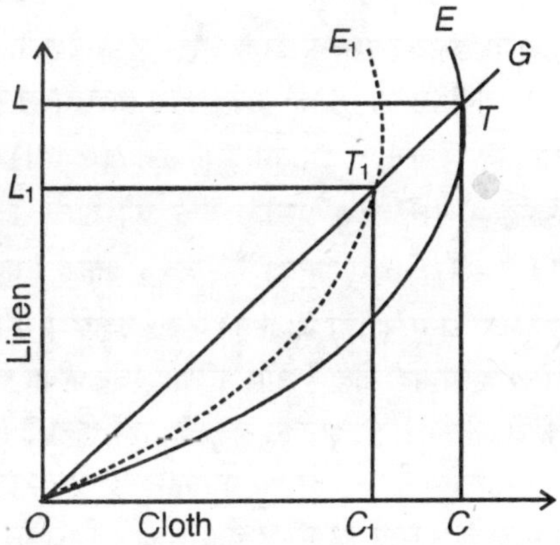

चित्र 11A

प्रतिशोध के साथ इष्टतम प्रशुल्क (Optimum Tariff with Retaliation)

जब एक देश इष्टतम प्रशुल्क लगाता है तो वह मुक्त व्यापार की स्थिति से ऊपर कल्याण को बेहतर करता है। परंतु यह इस मान्यता

पर आधारित है कि दूसरा देश प्रतिशोध नहीं करता है। क्योंकि इष्टतम प्रशुल्क दूसरे देश को हानि पहुंचाता है जिसकी वस्तु पर प्रशुल्क लगाया जाता है, वह अपनी कल्याण स्थिति को सुधारने के लिए प्रशुल्क लगाने वाले देश की वस्तु पर प्रति-प्रशुल्क (Counter tariff) लगा सकता है। इस प्रकार के प्रतिरोधात्मक प्रशुल्कों का प्रत्येक देश के कल्याण पर क्या प्रभाव पड़ेगा वह चित्र 12 में दर्शाया गया है। मानलो जर्मनी की लिनन पर इंग्लैंड प्रशुल्क लगाता है जिससे प्रशुल्क वाली स्थिति B होती है जहां इंग्लैंड का व्यापार उदासीनता वक्र TI'_e जर्मनी के प्रस्ताव वक्र OG को स्पर्श करता है। इससे इंग्लैंड से कपड़े के आयात पर जर्मनी प्रतिशोधात्मक प्रशुल्क लगाता है जिससे उसका जर्मनी का प्रस्ताव वक्र दाईं ओर सरक कर OG_1 पर और उसका व्यापार उदासीनता वक्र भी सरक कर TI'_e पर आ जाता है तथा L बिन्दु पर उसे स्पर्श करता है। इससे जर्मनी का कल्याण भी बढ़ता है क्योंकि वह मुक्त व्यापार स्थिति A के TI'_g वक्र की तुलना में ऊंचे व्यापार उदासीनता वक्र TI'_g पर पहुंच जाता है जो कल्याण के ऊंचे स्तर को व्यक्त करता है। इसका यह मतलब नहीं कि B बिन्दु पर प्रतिशोध समाप्त हो जाएगा। दोनों देश प्रतिशोधात्मक प्रशुल्कों में व्यस्त रह सकते हैं जब तक वे O बिन्दु पर नहीं पहुंच जाते हैं जहां दोनों के बीच कोई व्यापार नहीं होता है। वे चित्र 12 में **स्थिर स्थिति** जैसे S पर भी पहुंच सकते हैं जहां प्रत्येक देश यह समझता है कि वह एक इष्टतम प्रशुल्क लगा रहा है। **जोनसन** (Johnson) निष्कर्ष देता है : ''अंतिम संतुलन बिन्दु कोई भी हो, मुक्त व्यापार की तुलना में एक देश को अवश्य हानि होगी, क्योंकि लाभ व्यापार की शर्तों में पर्याप्त सुधार प्राप्त करने पर निर्भर करता है ताकि व्यापार की मात्रा की हानि से बढ़ जाएं और यह एक साथ ही दोनों देशों के लिए असंभव है और दोनों देशों को हानि होगी, जैसा चित्र 12 की वास्तविक स्थिति में है; परंतु यह भी आवश्यक तौर से सत्य नहीं है कि दोनों देश हानि उठाएंगे।''

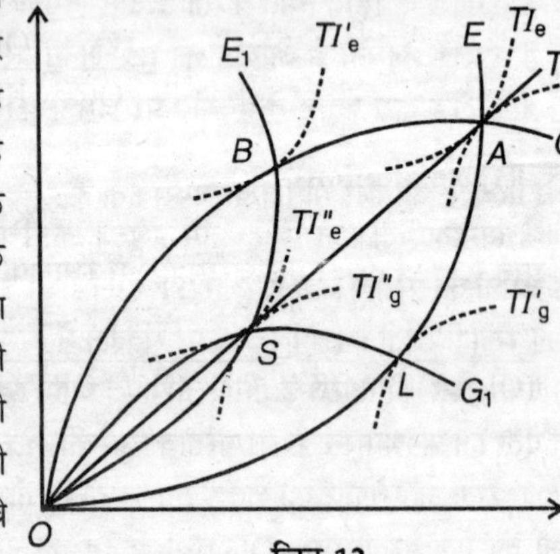

चित्र 12

इष्टतम प्रशुल्क फार्मूला (Optimum Tariff Formula)

प्रो. **किंडलबर्गर** ने इष्टतम प्रशुल्क की दर मापने का निम्न फार्मूला दिया है—

$$T_f = \frac{1}{e-1}$$

जहां T_f इष्टतम प्रशुल्क दर है और e दूसरे देश के प्रस्ताव वक्र की बिन्दु लोच है।

यदि इस फार्मूले को अनंत लोच वाले सरल रेखा प्रस्ताव वक्र की स्थिति पर लागू किया जाए, तो इष्टतम प्रशुल्क $1/(\infty - 1) = 0$ निकलता है। चित्र 13 में, बिन्दु A पर विदेश प्रस्ताव वक्र की लोच 1 (एक) है। इष्टतम प्रशुल्क $1/(1-1) = \infty$ (अनंत) है। जब e इकाई (एक) से अधिक हो, तो इष्टतम प्रशुल्क का मूल्य गिर जाता है। जब e इकाई 1 से कम हो, तो इष्टतम प्रशुल्क का मूल्य ऋणात्मक होता है और परिणामस्वरूप यह बताता है कि विदेश प्रस्ताव वक्र के बेलोच भाग पर इष्टतम प्रशुल्क नहीं होता है।

इष्टतम प्रशुल्क दर की गणना विदेश प्रस्ताव वक्र की लोच के रूप में की जा सकती है।* चित्र 13 में, B वह बिन्दु है जिस पर इष्टतम प्रशुल्क निर्धारित होता है। प्रशुल्क लगाने वाले देश इंग्लैंड में जनता पर आयात शुल्क का OK/KL बोझ

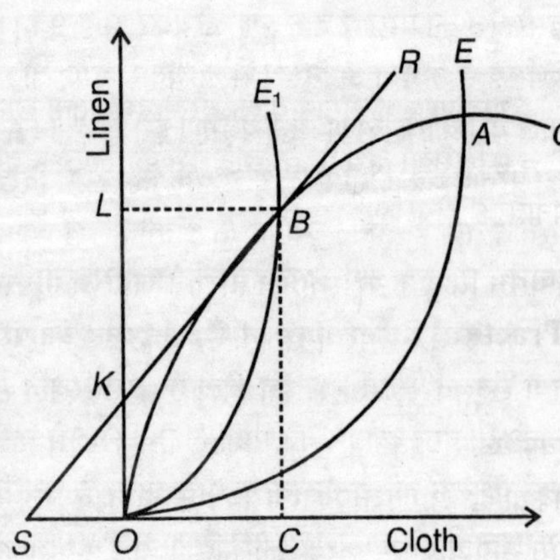

चित्र 13

$$\text{* प्रस्ताव वक्र की लोच} = \frac{-\ (\text{आयात में \% परिवर्तन})}{(\text{निर्यात में \% परिवर्तन ÷ आयात में \% परिवर्तन})} - 1$$

$$= \frac{\text{निर्यात में \% परिवर्तन}}{\text{आयात में \%परिवर्तन}} - 1$$

पड़ता है जब जर्मनी से लिनन की CB (= OL) मात्रा आयात की जाती है। अब बिन्दु B पर इष्टतम प्रशुल्क OS/OC है। परंतु OS/OC = OS/LB, क्योंकि OC = LB जो आगे समरूप त्रिभुजों SOK तथा BLK के कारण OK/KL के बराबर है। इष्टतम प्रशुल्क,

$$T_f = \frac{OS}{OC} = \frac{OK}{KL} = \frac{1}{KL/KO} \quad ...(1)$$

OK/KL को ऐसे भी लिखा जा सकता है : $\frac{1}{KL/KO}$ ....(2)

परंतु KL = OL – OK जिससे (2) में स्थानापन्न करने से,

$$\frac{1}{(OL-OK)/OK} = \frac{1}{OL/OK - OK/OK} = \frac{1}{OL/OK - 1}$$

परंतु OL/OK बिन्दु B पर प्रस्ताव वक्र की लोच है। इसलिए बिन्दु B पर इष्टतम प्रशुल्क OS/OC को यों व्यक्त किया जा सकता है :

$$T_f = \frac{1}{OK/OL - 1} = \frac{1}{e-1}$$

ऊपर दिए गए प्रशुल्क फार्मूले के आधार पर, इष्टतम प्रशुल्क दर की लोच के भिन्न मूल्यों के लिए गणना की जा सकती है, जैसा तालिका 1 में दिखाया गया है।

तालिका 1 : इष्टतम प्रशुल्क दर (Optimum Tariff Rate)

लोच *(Elasticity)*	*इष्टतम प्रशुल्क फार्मूला* *(Optimum Tariff Formula)* *(1/e – 1)`*	*इष्टतम प्रशुल्क दर* *(Optimum Tariff Rate)* T_f
e =	1/(1 – 1) = ∞	अनंत (Infinity)
e = 2	1/(2 – 1) = 1/1 = 1	100%
e = 3	1/(3 – 1) = 1/2 = 0.5	50%
e = 5	1/(5 – 1) = 1/4 = 0.25	25%
e = ∞	1/(∞ – 1) = 0	शून्य

यदि प्रशुल्क लगाने वाला घरेलू देश इतना छोटा है कि वह विश्व कीमत को प्रभावित नहीं कर सकता तो लोच अनंत होगी। अत: $T_f = 0$ जिसका अर्थ है कि छोटे देश के लिए इष्टतम नीति मुक्त व्यापार है। यदि घरेलू देश बड़ा है तो इष्टतम प्रशुल्क फार्मूला का मूल्य धनात्मक होगा।

इष्टतम प्रशुल्क की व्यावहारिक प्रासंगिकता (Practical Relevance of Optimum Tariff)

इष्टतम प्रशुल्क से अभिप्राय एक बड़े देश द्वारा एकाधिकार और क्रय एकाधिकार शक्ति का शोषण है। क्योंकि देश के पास एकाधिकार शक्ति है, इसलिए वह विश्व कीमत को प्रभावित कर सकता है। एकाधिकारी के रूप में देश निर्यात्य वस्तु की पूर्ति रोक सकता है। और इस प्रकार इसकी कीमत जबर्दस्ती बढ़ा सकता है। आयात के लिए मार्किट में एक एकाधिकारी के रूप में, वह प्रशुल्क द्वारा मांग को कम करके कीमत को कम कर सकता है। परंतु यह एक राष्ट्रीय तर्क है जिससे दूसरे देश की लागत पर घरेलू देश के कल्याण में वृद्धि होती है।

जहां तक इष्टतम प्रशुल्क नीति का विकसित देशों के साथ औचित्य है, इस नीति की तुलना में संरक्षण के लिए अन्य उद्देश्य अधिक महत्वपूर्ण हैं। ऐसा इस कारण कि इष्टतम प्रशुल्क नीति व्यावहारिक तौर से उचित नहीं है। यह अपेक्षा की जाती है कि घरेलू देश इस्टतम

प्रशुल्क लगाने को उचित ठहराने के लिए वस्तु की विश्व कीमत को अधिक मात्रा में अवश्य प्रभावित करे। परन्तु प्रतिरोधी विदेशी प्रशुल्क का सदैव भय रहता है और इसके परिणाम स्वरूप प्रशुल्क युद्ध का। ऐसी स्थिति में, इष्टतम प्रशुल्क सर्वश्रेष्ठ नीति नहीं है क्योंकि इससे मुक्त व्यापार की अपेक्षा दोनों देश पहले से खराव स्थिति में होंगे। फिर भी, यदि प्रशुल्क लगाने वाला देश बड़ा है और दूसरे देश छोटा तो प्रतिशोध का कोई भय नहीं है। जहां तक अल्पविकसित देशों की बात है, इष्टतम प्रशुल्क नीति का उनको कोई विशेष लाभ नहीं है। ऐसा इस कारण कि ऐसी अर्थव्यवस्थाएं विश्व व्यापार में परिवर्तनों के प्रति कम बदलने वाली होती हैं। इसलिए वे ऊंचे प्रशुल्कों से अधिक लाभ नहीं उठा सकती हैं तथा विकसित देशों की तुलना में उनके इष्टतम प्रशुल्क काफी नीचे होते हैं।

4. आय वितरण पर प्रशुल्क के प्रभाव : स्टोप्लर-सैम्युअल्सन सिद्धांत (EFFECTS OF A TARIFF ON INCOME DISTRIBUTION : THE STOPLER SAMUELSON THEOREM)

स्टोप्लर और सैम्युअल्सन[5] **ने** 1941 में एक लेख में बताया है कि कुछ प्रतिबंधक मान्यताओं के अंतर्गत, प्रशुल्क लगाने से उत्पादन के सापेक्ष रूप से दुर्लभ साधन की सापेक्ष तथा निरपेक्ष दोनों प्रकार की आय बढ़ सकती है और सापेक्ष रूप से प्रचुर साधन की सापेक्ष तथा निरपेक्ष दोनों प्रकार की आय गिर सकती है। उनका विश्लेषण सामान्य संतुलन सांचे में ढला हुआ है और **स्टोप्लर-सैम्युअल्सन सिद्धांत** कहलाता है।

इसकी मान्यताएं (Its Assumptions)

इससे पहले कि इस सिद्धांत का अध्ययन करें, इसकी मान्यताओं को जानना आवश्यक है :

1. दो देश एक-दूसरे के साथ व्यापार करते हैं लेकिन ज्यामितीय रूप से विश्लेषण एक देश से संबद्ध है।
2. यह देश केवल दो वस्तुएं गेहूं (W) और घड़ियां (W_1) उत्पादित करता है।
3. ये दोनों वस्तुएं केवल पूंजी और श्रम दो साधनों से उत्पादित की जाती हैं।
4. दोनों वस्तुओं के उत्पादन फलन एक रेखीय तथा एक कोटि (Degree) के समरूप हैं अर्थात् उत्पादन पैमाने के स्थिर प्रतिफल के अंतर्गत होता है।
5. दोनों साधनों की पूर्ति स्थिर है।
6. दोनों साधन पूर्ण रोजगार में लगे हैं।
7. दोनों साधन पूर्णतया गतिशील हैं।
8. साधन और वस्तु मार्किटों में पूर्ण प्रतियोगिता है।
9. घड़ियों का उत्पादन सापेक्षतया पूंजी गहन है और गेहूं का उत्पादन सापेक्षतया श्रम गहन है।
10. श्रम उत्पादन का एक प्रचुर (abundant) साधन है तथा पूंजी एक दुर्लभ साधन है।
11. गेहूं निर्यात्य वस्तु है और घड़ियां आयात्य वस्तु हैं।
12. दोनों देशों के बीच व्यापार की शर्तें अपरिवर्तित रहती हैं।

इन मान्यताओं के दिए हुए होने पर, मानलीजिए कि एक देश गेहूं की, जो सापेक्ष रूप से श्रम गहन है, कुछ मात्रा निर्यात करता है और घड़ियों की कुछ मात्रा आयात करता है जो पूंजी गहन हैं। इस मुक्त व्यापार स्थिति को संदूक रेखा चित्र 14 में दिखाया गया है जहां गेहूं के उत्पादन का मूल बिन्दु O तथा घड़ियों के उत्पादन का मूल बिन्दु O_1 है जिनसे OO_1 संविदा वक्र बनता है। *aa* गेहूं का सममात्रा वक्र है और *bb* घड़ियों का सममात्रा वक्र है। वे दोनों एक-दूसरे को मुक्त व्यापार के अंतर्गत *pp* साधन कीमत रेखा के बिन्दु N पर स्पर्श करते हैं।

अब मानलीजिए कि आयात्य वस्तु घड़ियों पर प्रशुल्क लगाया जाता है। परिणामस्वरूप, इसकी घरेलू कीमत बढ़ जाती है और आयात कम हो जाते हैं, जिससे देश इसका उत्पादन बढ़ाता है और गेहूं का उत्पादन कम करता है। इससे पूंजी और श्रम को गेहूं के

5. W.F. Stopler and P.A. Samuelson, "Protection and Real Wages", RES, November 1941 reprinted in *Readings in the Theory of International Trade,* pp. 333-57.

उत्पादन से हटाकर घड़ियों के उत्पादन में लगा दिया जाता है। इसे दिखाने के लिए गेहूं का सममात्रा वक्र *aa* नीचे की ओर सरकाकर a_1a_1 पर ले जाया गया है और घड़ियों का सममात्रा वक्र *bb* सरकाकर ऊपर b_1b_1 पर लाया गया है। नया उत्पादन बिन्दु M है जहां दोनों सममात्रा वक्र एक–दूसरे को साधन कीमत रेखा p_1p_1 पर स्पर्श करते हैं। क्योंकि घड़ियां पूंजी गहन हैं इसलिए पूंजी की सापेक्ष मांग बढ़ती है।

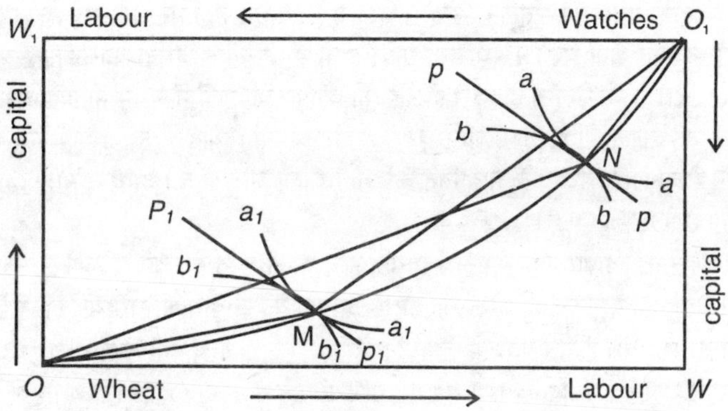

चित्र 14

क्योंकि देश के भीतर साधन पूर्णरूप से गतिशील हैं इसलिए पूंजी तथा श्रम दोनों ही गेहूं उद्योग से घड़ी उद्योग में चले जाएंगे। परंतु श्रम की अपेक्षा पूंजी की मांग अधिक होगी, क्योंकि घड़ियां अपेक्षाकृत अधिक पूंजी गहन हैं। इससे पूंजी की सापेक्ष कीमत बढ़ेगी। इसका परिणाम यह होगा कि दोनों उद्योगों में कम पूंजी तथा अधिक श्रम के उपयोग की स्थानापन्नता की प्रवृत्ति शुरू हो जाएगी। इसका अभिप्राय यह है कि दोनों वस्तुओं के उत्पादन में पूंजी–श्रम अनुपात गिरता है। इसे प्रशुल्क लगाने से पहले की *pp* रेखा की तुलना में साधन कीमत रेखा p_1p_1 की कम तिरछी ढलान द्वारा दिखाया गया है। ज्यों–ज्यों उत्पादन में श्रम का प्रयोग बढ़ता है त्यों–त्यों इसकी सीमांत उत्पादकता गिरती है और श्रम की वास्तविक मजदूरी भी गिरती है। इसके विपरीत पूंजी–श्रम अनुपात में कमी का अर्थ है कि दोनों वस्तुओं के उत्पादन में पूंजी की सीमांत उत्पादकता और पूंजी के वास्तविक प्रतिफल में वृद्धि हुई है।

निष्कर्ष यह निकलता है कि जब प्रशुल्क लगाने पर देश बिन्दु N से बिन्दु M पर आता है तो देश की राष्ट्रीय आय घट जाती है। जब संसाधनों का पुनर्विभाजन होता है तो सापेक्ष तथा निरपेक्ष (absolute) दोनों ही मूल्यों की दृष्टि से दुर्लभ साधन पूंजी का प्रतिफल बढ़ता है और प्रचुर साधन श्रम की मजदूरी गिरती है।

इसकी आलोचनाएं (Its Criticisms)

मैटज़लर, लैंकास्टर तथा **भगवती**[5] ने स्टोपलर–सैम्युअल्सन सिद्धांत की आलोचना की है।

1. मैटज़लर का विरोधाभास (The Metzler Paradox)—मैटज़लर ने स्टोप्लर–सैम्युअलसन सिद्धांत, जिसमें यह माना गया है कि प्रशुल्क लगाने वाले देश में व्यापार की शर्तों में परिवर्तन नहीं आता, की आलोचना की है। उसने दर्शाया है कि प्रशुल्क लगाने से व्यापार की शर्तों में इतना सुधार आता है कि आयात की जाने वाली वस्तुओं की कीमतें गिर जाती हैं तथा निर्यात की जाने वाली वस्तुओं की सापेक्ष कीमतें घरेलू तौर पर बढ़ती हैं। इसका यह अर्थ है कि निर्यात की जाने वाली वस्तुओं का उत्पादन करना अधिक लाभकारी है। इसके फलस्वरूप श्रम तथा पूंजी आयात प्रतियोगी उद्योग से निर्यात उद्योग की ओर गति करते हैं। ऐसी स्थिति में निर्यात उद्योगों में गहनता से प्रयोग में आने वाले साधन का लाभ सापेक्षतया से बढ़ेगा तथा दूसरे साधन का सापेक्षता में गिरेगा। यह आय वितरण प्रचुर साधन के पक्ष में बढ़ेगा तथा दुर्लभ साधन की ओर कम होगा। यह स्टोप्लर–सैम्युअलसन सिद्धांत के प्रतिकूल है तथा **मैटज़लर विरोधाभास** (Metzler Paradox) अथवा **मैटज़लर प्रभाव** (Matzler Effect) कहलाता है।

मैटज़लर विरोधाभास चित्र 15 में स्पष्ट किया गया है जहां OE इंग्लैंड के गेहूं का प्रस्ताव वक्र है तथा OG जर्मनी की घड़ियों का प्रस्ताव वक्र है। बिन्दु A, जहां OE तथा OG वक्र दोनों एक–दूसरे को काटते हैं, स्वतंत्र व्यापार संतुलन को चित्रित करता है। OT व्यापार की शर्तों पर इंग्लैंड OC गेहूं के बदले OL घड़ियां लेता है। जब इंग्लैंड प्रशुल्क लगाता है तब इसका प्रस्ताव वक्र OE सरक कर OE_1

5. L. Metzler, "Tariffs, the Terms of Trade and Distribution of National Income," J.P.E., Feb., 1949; K. Lancaster, Protection and Real Wages," E.J. June 1957; J. Bhagwati, "Protection Real Wages and Incomes in Trade," *Tariff and Growth*, Ch, 7, 1969.

हो जाता है तथा नया संतुलन बिन्दु B पर आ जाता है। जहां पर OC_1 गेहूं के बदले OT_1 व्यापार शर्तों पर OL_1 घड़ियां प्राप्त होती हैं। क्योंकि जर्मनी का प्रस्ताव वक्र OG, AB रेंज में बेलोच है इससे इंग्लैंड की व्यापार की शर्तों में सुधार होता है अर्थात OT_1 की ढलान > OT_1। परिणामस्वरूप इंग्लैंड अपनी निर्यात की जाने वाली गेहूं की कम मात्रा OC_1 के बदले आयातित की जाने वाली घड़ियों की अधिक मात्रा OL_1 लेता है, $OC_1 > OL_1$।

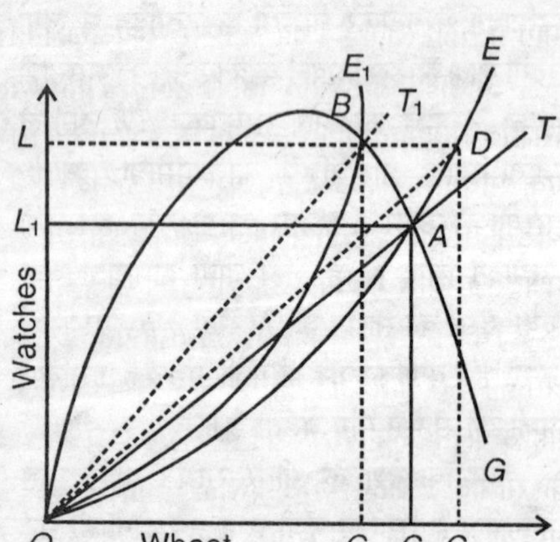

चित्र 15

इन नई व्यापार शर्तों का अर्थ निर्यात होने वाली वस्तु गेहूं की कीमतों में सुधार है। जहां तक प्रशुल्क का घरेलू मार्किट में आयात की जाने वाली घड़ियों की सापेक्ष कीमत से संबंध है यह कम हो जाएगी। क्योंकि कुल प्रशुल्क की कुल राशि DB है इसलिए घरेलू उपभोक्ता आयात्य OL_1 घड़ियां पाने के लिए OC_2 निर्यात्य गेहूं देंगे। इस प्रकार निर्यात की जाने वाली गेहूं की घरेलू सापेक्ष कीमत P_x/P_m = गेहूं की कीमत/घड़ियों की कीमत के बराबर बढ़ जाएगी। इसका अर्थ है कि प्रशुल्क लगने के उपरांत घरेलू मार्किट में निर्यात्य गेहूं की सापेक्ष कीमत बढ़ गई है तथा आयात्य घड़ियों की सापेक्ष कीमत कम हो गई है। अर्थात् $OC_2/OL_1 < OC/OL$ में यह किरण OD की ढलान से भी स्पष्ट होता है जो OA से अधिक तिरछी है। इस प्रकार आयात्य वस्तु की सापेक्ष कीमत में कमी तथा निर्यात्य वस्तु की सापेक्ष कीमत में वृद्धि के साथ घरेलू उद्योग निर्यात्य वस्तु की अधिक मात्रा उत्पादित करेगा। परिणामस्वरूप, श्रम तथा पूंजी आयात प्रतियोगी पूंजी वहन उद्योग से श्रम गहन निर्यात्य उद्योग की ओर गति करेगा। इस कारण पूंजी के प्रतिफल की सापेक्षता में श्रमिकों के वेतन बढ़ेंगे। यह निष्कर्ष स्टोप्लर-सैम्युअलसन सिद्धांत के विपरीत है।

2. लर्नर का विरोधाभास (The Lerner Paradox)—स्टोप्लर-सैम्युअलसन विरोधाभास की भांति लर्नर का विरोधाभास स्थिर व्यापार की शर्तों के रूप में प्रशुल्क के आय वितरण के प्रभावों की व्याख्या करता है। लेकिन पिछले सिद्धांत से अलग परिणाम पर पहुंचता है। जब स्थिर व्यापार की शर्तों पर प्रशुल्क लगाया जाता है तो यह प्रशुल्क लगी वस्तु की घरेलू कीमत बढ़ा देता है।

ऐसा इसलिए कि प्रशुल्क आयात्य वस्तु घड़ियों के लिए अधिक मांग लाता है क्योंकि इनकी घरेलू मांग सापेक्षता बेलोच होती है। अपने विश्लेषण में लर्नर घरेलू मांग में उपभोक्तओं की मांग तथा सरकारी मांग दोनों को सम्मिलित करता है। वह यह मानकर चलता है कि सरकार आयातित वस्तु के प्रशुल्क राजस्व को उसी पर खर्च करती है। लर्नर के मामले में आय वितरण का प्रभाव आय को उपभोक्ताओं से प्रशुल्क राजस्व के रूप में सरकार को स्थानांतरित करना है। इस कारण उपभोक्ताओं में आयात्य वस्तु के उपभोग में कमी आती है लेकिन सरकार द्वारा उपभोग में वृद्धि होती है। लर्नर यह मानता है कि आयात्य वस्तु की सीमांगत उपभोग प्रवृत्ति सरकार में उपभोक्ताओं से अधिक होती है, इसलिए सरकार के पक्ष में आय का वितरण आयात्य वस्तु की मांग में वृद्धि लाएगा। यह निष्कर्ष स्टोप्लर-सैमयुअलसन सिद्धांत के विरुद्ध है कि प्रशुल्क लगाने से आयात्य वस्तु की घरेलू मांग में कमी आती है। लर्नर विरोधाभास को चित्र 16 द्वारा दर्शाया गया है जहां OE इंग्लैंड का प्रस्ताव वक्र है तथा OG जर्मनी का प्रस्ताव वक्र है। OT व्यापार की शर्तों पर बिन्दु A मुक्त व्यापार संतुलन है जहां इंग्लैंड के गेहूं के निर्यात OC तथा घड़ियों के आयात OL पर दोनों वक्र एक-दूसरे को काटते हैं। प्रशुल्क लगने के उपरांत इसका प्रस्ताव वक्र OE बदलकर OE_1 हो जाता है। स्थिर व्यापार की शर्तों OT पर घड़ियों की मांग गेहूं की मांग से अधिक बढ़ जाती है। अर्थात $LL_1 < CC_1$। ऐसा इस कारण कि DB में प्रस्ताव वक्र OE_1 बेलोच है क्योंकि आयातों की मांग बेलोच है इसलिए आयात्य वस्तु की घरेलू कीमत में वृद्धि होती है। नए संतुलन व्यापार की शर्तों की रेखा OT_1 जो रेखा OT के दाईं ओर है प्रशुल्क लगाने वाले देश इंग्लैंड की व्यापार शर्तों में बिगाड़ दिखाती है। घरेलू कीमत में वृद्धि के कारण उपभोक्ता मांग में कमी आती है तथा सरकारी प्रशुल्क राजस्व निर्यात वस्तु की

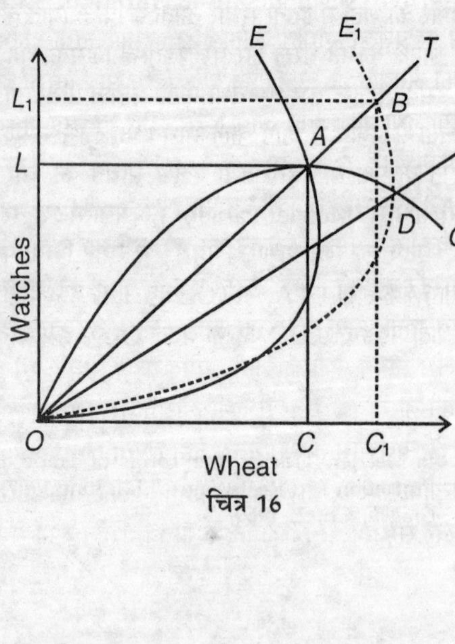

चित्र 16

मांग में वृद्धि लाता है। यह स्टोप्लर सैम्युअलसन सिद्धांत के विरुद्ध है कि प्रशुल्क लगाने से आयात्य वस्तु की मांग में कमी आती है।

3. साधन गतिशील नहीं (Factors not Mobile)—साधनों की पूर्ण गतिशीलता की मान्यता के आधार पर स्टोप्लर-सैम्युअलसन सिद्धांत आय वितरण पर प्रशुल्क के प्रभावों का विश्लेषण करता है। यह दीर्घकाल में तो संभव है लेकिन अल्पकाल में संभव नहीं जहां एक साधन मानलीजिए श्रम पूरी तरह गतिशील है तथा पूंजी दोनों प्रकार की वस्तुओं के उत्पादन के लिए विशेष हो, ऐसी स्थिति में घड़ियों पर लगाया गया प्रशुल्क उद्योग में घड़ियों से संबंधित वास्तविक मजदूरी को कम कर देगा तथा निर्यात्य गेहूं से संबंधित वास्तविक मजदूरी में वृद्धि लाएगा। आय वितरण पर प्रशुल्क के ये प्रभाव स्टोप्लर सैम्युअल्सन सिद्धांत के विरुद्ध जाते हैं।

चित्र 17 को लें जहां घड़ियों तथा गेहूं दोनों के लिए क्षैतिज अक्ष घरेलू देश की श्रम की कुल पूर्ति OL_1 को मापता है तथा अनुलंब अक्ष वास्तविक मजदूरी दर को। गेहूं उत्पादन के लिए श्रम का मांग वक्र DH है। यह रोजगार के प्रत्येक स्तर पर श्रम के सीमांत उत्पादन MPL (Marginal Product of Labour) मापता है। Dw घड़ियों के उत्पादन में श्रम (MPL) का मांग वक्र है। मुक्त व्यापार श्रम बाजार का संतुलन E बिन्दु पर है जहां OR दोनों उद्योगों के लिए गेहूं में वास्तविक मजदूरी का माप है और घड़ी उद्योग में OL श्रमिक तथा गेहूं उद्योग में L_1L श्रमिक रोजगार पर लगाए गए हैं। जब आयात्य घड़ियों पर प्रशुल्क लगता है तो घड़ी उद्योग का श्रम का मांग वक्र, ऊपर की ओर प्रशुल्क की पूर्ण राशि RR_1 (RR_1/OR) के बराबर सरक कर Dw_1 पर चला जाता है। जब घड़ियों के आयात पर प्रतिबंध लगाया जाता है तो देश की घरेलू घड़ियों की मांग बढ़ जाती है जिससे श्रम की मांग में भी वृद्धि होती है। इसके परिणामस्वरूप घड़ी उद्योग में वास्तविक मजदूरी OR से बढ़कर गेहूं के रूप में OR_2 हो जाती है। लेकिन घड़ियों के रूप में गेहूं उद्योग में वास्तविक मजदूरी OR_1 से कम होकर OR हो जाएगी क्योंकि गेहूं उद्योग में श्रम की मांग में कमी से श्रम का सीमांत उत्पादन कम हो जाता है। दूसरी ओर आयात प्रतियोगी उद्योग में श्रम के अंतर्वाह (Inflow) होने से, पूंजी-श्रम अनुपात कम हो जाएगा जो घड़ी उद्योग में श्रम की पूंजी का सीमांत उत्पादन और उसके प्रतिफल मे घड़ी उद्योग के रूप में वृद्धि लाता है। इसके विपरीत गेहूं उद्योग से श्रम का बाह्य प्रवाह पूंजी के सीमांत उत्पादन और उसके प्रतिफल में घड़ी उद्योग के रूप में कमी लाएगा। ये परिणाम **स्टोप्लर-सैम्युअलसन** सिद्धांत के अनुरूप हैं जब श्रम तथा पूंजी दोनों गतिशील हों तो आयात प्रतियोगी उद्योग में श्रम की वास्तविक मजदूरी कम होती है तथा पूंजी के प्रतिफल में वृद्धि होती है।

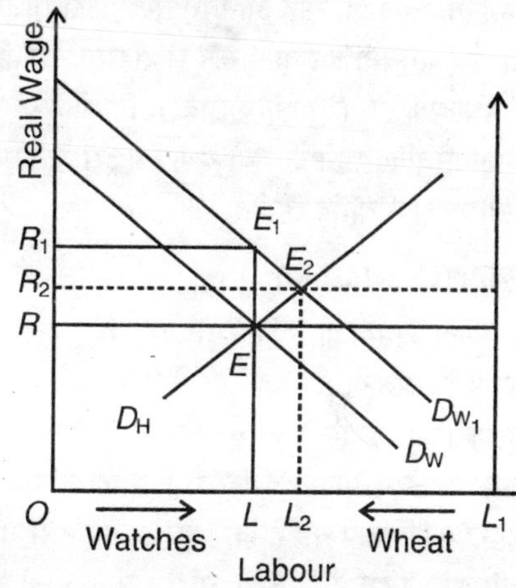

चित्र 17

4. दुर्लभ साधन का अंतर्वाह (Inflow of Scarce Factor)—ऊपर वर्णित सिद्धांत के उपसिद्धांत के रूप में कि आयात्य वस्तु, जिस पर प्रशुल्क लगाया जाता है, वह सापेक्षतया दुर्लभ विशिष्ट साधन (scarce specific factor) में गहन है तो इससे घरेलू देश में उसका अंतर्वाह हो सकता है। यदि दुर्लभ साधन पूंजी हो तथा पूंजी गहन वस्तु के साथ वह देश में आती हो तो साधन कीमतों में बराबरी आएगी तथा शुल्क का आय वितरण पर लगभग शून्य प्रभाव पड़ेगा। **स्टोप्लर-सैम्युअल्सन** सिद्धांत इस संभावना पर ध्यान देने में असफल है।

5. उपभोग ढांचे की उपेक्षा (Neglects Consumption Pattern)—**लैंकास्टर** ने लक्ष्य किया कि **स्टोप्लर** तथा **सैमयुअल्सन** ने सूचकांक समस्या से बचने का प्रयत्न किया है और इस प्रयत्न में वे ''आसमान से गिरकर खजूर में अटकने में ही सफल हुए हैं।'' **लैंकास्टर** का मत है कि उन्होंने देश के नागरिकों के उपयोग ढांचे की उपेक्षा की है। हो सकता है कि श्रम गहन वस्तु के प्रति लोगों का झुकाव इतना प्रबल हो कि तुलनात्मक लाभ के कारण उस वस्तु का आयात जरूरी हो जाए। उस स्थिति में प्रशुल्क लगाने से सापेक्ष रूप से दुर्लभ साधन पूंजी को नहीं अपितु प्रचुर साधन श्रम को लाभ पहुंचेगा। इस प्रकार **लैंकास्टर** ने निष्कर्ष रूप में कहा है ''प्रशुल्क से श्रम की वास्तविक मजदूरी तभी और केवल तभी बढ़ेगी जब देश श्रम गहन वस्तु को आयात करेगा।''

6. सार्वभौम तौर से मान्य नहीं (Not Universally Valid)—भगवती प्रशुल्क के आय वितरण प्रभाव को ''सार्वभौमिक मान्य सामान्यीकरण'' (Universally valid generalisation) नहीं मानता है। उसने साधनों के वास्तविक मजदूरी पर संरक्षण के प्रभाव को **स्टोप्लर सैम्युअल्सन** सिद्धांत के तीन विभिन्न रूपों में प्रस्तुत किया है। **पहले,** को उसने प्रतिबंधात्मक **स्टोप्लर सैम्युअल्सन** सिद्धांत

(Restrictive Stopler-Samuelson Theroem) नाम दिया है। यह सिद्धांत केवल निषेधात्मक (Prohibitive) प्रशुल्क तक सीमित है और अनिषेधात्मक प्रशुल्क को नहीं लेता। यह सिद्धांत कहता है कि निषेधात्मक संरक्षण अवश्य ही दुर्लभ साधन की वास्तविक मजदूरी बढ़ाता है। **दूसरे,** रूप को उसने सामान्य **स्टोप्लर-सैम्युअल्सन** सिद्धांत (General Stopler Samuelson Theorem) कहा है। इस सिद्धांत में निषेधात्मक तथा अनिषेधात्मक दोनों ही प्रकार के प्रशुल्क शामिल हैं। यह सिद्धांत कहता है कि संरक्षण चाहे निषेधात्मक हो चाहे अनिषेधात्मक, यह आवश्यक तौर से दुर्लभ साधन की मजदूरी बढ़ाता है। **तीसरे,** रूप को उसने **स्टोप्लर-सैम्युअल्सन-मैट्जलर-लैंकास्टर** सिद्धांत (Stopler-Samuelson-Metzler-Lancaster Theorem) कहा है। यह सिद्धांत कहता है कि संरक्षण, चाहे निषेधात्मक हो चाहे अनिषेधात्मक, उस साधन की वास्तविक मजदूरी बढ़ाता है जिसमें आयातित वस्तु सापेक्ष रूप से अधिक गहन होती है। **भगवती** इन तीनों रूप से सहमत नहीं है। उसने सिद्धांत का अपनी ओर से यह व्यवस्थित रूप प्रस्तुत किया है : ''संरक्षण (निषेधात्मक हो या अनिषेधात्मक), किसी वस्तु के उत्पादन में गहन रूप से लगे साधन की वास्तविक मजदूरी बढ़ाएगा, घटाएगा या उसे अपरिवर्तित रहने देगा जो यथाक्रम इस बात पर निर्भर करेगा कि संरक्षण से उस वस्तु की आंतरिक (देश में) सापेक्ष कीमत बढ़ती, गिरती या अपरिवर्तित रहती है।''

निष्कर्ष (Conclusion)

कहा जा सकता है कि **स्टोप्लर-सैम्युअलसन** सिद्धांत आय के पुनर्वितरण पर प्रशुल्क के प्रभावों के संबंध में लाभदायक प्रकाश डालता है। अब केवल यह मान लेना संभव नहीं रह गया है कि मुक्त व्यापार से समाज के सभी वर्गों को लाभ होता है। इसके विपरीत, यह माना जाता है कि प्रशुल्क से उत्पादन के साधनों में से एक की कीमत पर दूसरे को लाभ होता है। इतिहास में ऐसे आर्थिक ग्रुपों के अनेक उदाहरण मिलते हैं जिन्होंने अपना स्वार्थ पूरा करने के प्रयत्न में प्रशुल्कों की मांग की है। इस प्रकार **स्टोप्लर-सैम्युअल्सन** सिद्धांत का निष्कर्ष यह है कि प्रशुल्क लगाने से राष्ट्रीय आय गिरती है, परंतु देश के दुर्लभ साधनों को लाभ पहुंचता है। परंतु जिन देशों में श्रम साधन दुर्लभ हैं, उनके मजदूर संघ अपनी मजदूरी बढ़वाने के लिए इसे संरक्षण के पक्ष में मजबूत तर्क के रूप में प्रस्तुत नहीं कर सकते, क्योंकि यह सिद्धांत दो-वस्तु, दो-साधन तथा संसाधनों के पूर्ण रोजगार की कठोर मान्यताओं पर आधारित है। ऐसे देशों में मौद्रिक तथा राजकोषीय उपायों द्वारा श्रम की वास्तविक मजदूरी बेहतर ढंग से बढ़ाई जा सकती है।

प्रश्न

1. विविध प्रकार के प्रशुल्कों की व्याख्या कीजिए। आंशिक संतुलन रेखाचित्र की सहायता से प्रशुल्क के कीमत, संरक्षणात्मक, उपभोग, राजस्व तथा पुनर्वितरणात्मक प्रभाव स्पष्ट कीजिए।
2. प्रशुल्क क्या होते हैं ? सामान्य संतुलन विश्लेषण के अंतर्गत प्रशुल्क के व्यापार की शर्तों पर प्रभावों की व्याख्या कीजिए।
3. ''जो प्रशुल्क व्यापार परिमाण में कमी की अपेक्षा व्यापार शर्तों को बेहतर बनाकर देश के लाभ को अधिकतम बनाते हैं, वे क्या होते हैं ?'' सविस्तार समझाइए। [संकेत : इष्टतम प्रशुल्क]
4. (क) रोजगार के स्तर, तथा (ख) आय पुनर्वितरण पर प्रशुल्कों के प्रभावों का विवेचन कीजिए।
5. इष्टतम प्रशुल्क क्या होता है ? किन स्थितियों में इष्टतम प्रशुल्क अधिक अथवा शून्य हो सकता है ? स्पष्ट कीजिए।
6. प्रशुल्क के आय वितरण प्रभावों की विवेचना कीजिए।
7. निम्नलिखित पर टिप्पणी कीजिए : मैटज़लर विरोधाभास, लर्नर विरोधाभास।

अध्याय 21

संरक्षण की प्रभावी दर
(EFFECTIVE RATE OF PROTECTION)

1. अर्थ
(MEANING)

प्रशुल्क का प्रमुख उद्देश्य आयात को हतोत्साहित करना है ताकि संरक्षित उद्योगों के घरेलू उत्पादन को प्रोत्साहन मिल सके। हाल के समय तक, प्रशुल्क के संरक्षणात्मक प्रभावों को **अंतिम वस्तुओं के आयात** पर लगाए गए प्रशुल्क की सरकारी मूल्यानुसार (nominal) दर के रूप में मापा जाता था। यह समझा जाता था कि प्रशुल्क की ऊंची मूल्यानुसार दर से संरक्षित उद्योग का उत्पादन अधिक मात्रा में बढ़ेगा। परंतु किसी देश द्वारा आयात पर लगाए गए विविध शुल्कों की ऊंचाई से मूल्यानुसार प्रशुल्क दर द्वारा प्रस्तुत संरक्षण की सही तस्वीर सामने नहीं आती। क्योंकि मूल्यानुसार प्रशुल्क उस शुल्क की ऊंचाई पर ध्यान नहीं देता जो उन आयातित मध्यवर्ती वस्तुओं तथा कच्चे माल पर वसूल किया जाता है जिन्हें घरेलू आयात प्रतियोगी उद्योगों में उपयोग किया जाता है। संरक्षण की प्रभावी दर का सिद्धांत इस प्रकार के कच्चे माल तथा मध्यवर्ती वस्तुओं पर लगाए गए शुल्क पर ध्यान देता है। **बलासा** (Balassa) के मतानुसार, ''श्रम तथा पूंजी की अंतर्राष्ट्रीय अगतिशीलता की सामान्य मान्यताओं के अंतर्गत, शुल्क की प्रभावी दर विनिर्माण प्रक्रिया में मूल्य बढ़ाव के संरक्षण की कोटि की ओर संकेत करेगी।''[1] इस प्रकार प्रभावी शुल्क दर वास्तव में प्रशुल्क तथा विनिर्माण द्वारा मूल्य बढ़ाव के बीच संबंध को व्यक्त करती है।[2] यह संरक्षण की वास्तविक दर को मापती है जिसे मूल्यानुसार प्रशुल्क दर घरेलू आयात प्रतियोगी उद्योग को प्रदान करती है।

इसका माप (Its Measurement)

संरक्षण की प्रभावी दर **कोर्डन** (Corden) के संशोधित फार्मूले के अनुसार मापी जाती है :

$$e_t = \frac{t_n - a.t_i}{1 - a}$$

जहां e_t प्रभावी दर है, t_n अंतिम वस्तु पर मूल्यानुसार (nominal) प्रशुल्क दर है, a बिना प्रशुल्क अंतिम वस्तु के मूल्य से आयातित आगत (input) के मूल्य का अनुपात है, और आयातित आगतों $(1 - a)$ पर प्रशुल्क दर t_i अंतिम उत्पादन का वह अनुपात है जिसके लिए मूल्य बढ़ाव (Value added) उत्तरदायी है।

इसकी मान्यताएं (its Assumptions)

संरक्षण की प्रभावी दर का सिद्धांत निम्न मान्यताओं पर आधारित है :

1. प्राथमिक साधन निश्चित मात्राओं में उपलब्ध हैं।
2. वे देशों के बीच अगतिशील हैं।

1. "Under the usual assumption of international mobility of labour and capital, the effective rate of duty will indicate the degree of protection of value added in the manufacturing processs." —*B. Balassa.*
2. The effective rate of protection is the tariff on value added.

3. उचित राजकोषीय तथा मौद्रिक नीतियों के माध्यम से पूर्ण रोजगार कायम रहता है।

4. भौतिक आगत-निर्गत गुणांक (input-output coefficients) स्थिर हैं।

5. सब प्रशुल्क अभेदमूलक (non-discriminatory) तरीके से लगाए जाते हैं।

6. सब निर्यातों की मांग की लोचें तथा सब आयातों की पूर्ति की लोचें अनंत हैं।

7. प्रशुल्क लगाने के बाद भी सब व्यापारिक वस्तुओं का व्यापार होता रहता है जिससे प्रत्येक आयात्य वस्तु की घरेलू कीमत उसकी विदेश कीमत जमा प्रशुल्क के बराबर होती है।

8. सभी आगतों का व्यापार होता है।

इसकी व्याख्या (Its Explanation)

इन मान्यताओं के दिए हुए होने पर, संरक्षण की मूल्यानुसार (nominal) दरों तथा प्रभावी (effective) दरों का अंतर एक उदाहरण से समझा जा सकता है। मानलीजिए अपने देश में विनिर्मित रंगीन टी.वी. सैट की लागत 5,000 रु. है। इसमें घरेलू प्राथमिक साधनों का योगदान अथवा प्रति इकाई मूल्य बढ़ाव (value added) 2,000 रु. अर्थात् कुल अंतिम वस्तु का 40% और आयातित आगतों का 3,000 रु. अर्थात् अंतिम वस्तु का 60% है। मुक्त व्यापार के अंतर्गत सभी आगतें विश्व कीमतों पर आयात की जाती हैं और एक विदेशी टी.वी. सैट भी घरेलू बाजार में 5,000 रु. में ही बिकता है।

अब सरकार यह निर्णय लेती है कि घरेलू टी.वी. उद्योग को संरक्षण प्रदान किया जाए और इसके लिए सरकार आयातित टी.वी. सैट पर 10% मूल्यानुसार (ad valorem) प्रशुल्क लगा देती है। परिणामस्वरूप घरेलू बाजार में इस टी.वी. सैट की कीमत बढ़कर 5,500 रु. हो जाती है (अर्थात 5,000 रु. मूल कीमत **जमा** आयात शुल्क के कारण 500 रु.। इस प्रकार घरेलू टी.वी. उद्योग को 10% मूल्यानुसार संरक्षण प्राप्त होता है।* यह मान लेने पर कि टी.वी. की आयातित आगतों पर कोई शुल्क नहीं है, घरेलू टी.वी. उद्योग के प्रति इकाई मूल्य बढ़ाव में पूरे 500 रु. की बढ़ोतरी हुई है। इस प्रकार प्रति इकाई मूल्य बढ़ाव 2,000 रु. से बढ़कर 2500 रु. (2000 रु. + 500 रु.) हो जाता है, अर्थात 25% वृद्धि। इस स्थिति में संरक्षा की प्रभावी दर 25% है जो संरक्षण की मूल्यानुसार 10% दर से अधिक है। इसी बात को फार्मूले में रख देने पर

$$e_t = \frac{t_n - a\,t_i}{1 - a}$$

$$e_t = \frac{0.10 - (0.6 \times 0)}{1 - 0.6} = \frac{0.10 - 0}{0.4} \times 100 = 25\%$$

जहां 10% मूल्यानुसार शुल्क है, 60% अंतिम वस्तु में आयातित आगतों का मूल्य है। इससे स्पष्ट है कि $t_i = 0, e_t > t_n$.

अब मानलीजिए मूल्यानुसार 10% प्रशुल्क के साथ-साथ, घरेलू उद्योग के लिए आयातित टी.वी. आगतों (उपकरणों) पर 5% प्रशुल्क लगा दिया जाता है। इससे टी.वी. उद्योग को प्रत्येक टी.वी. सैट पर 150 रु. पड़ेंगे, क्योंकि आगतों की घरेलू कीमतें 3000 रु. से बढ़कर 3150 रु. हो जाएंगी। इससे उद्योग का प्रति इकाई मूल्य बढ़ाव 350 रु. बढ़ जाता है। (10% मूल्यानुसार प्रशुल्क से 500 रु. **घटा** आयातित आगतों पर शुल्क से 150 रु. अर्थात रु. 500 – 150 = 350 रु.)।

जब प्रति इकाई मूल्य बढ़ाव 2000 रु. से बढ़कर 2350 रु. हो जाता है तो संरक्षण की प्रभावी दर 17.5% हो जाती है।* फार्मूले की भाषा में :

$$e_t = \frac{0.10 - (0.6 \times 0.05)}{1 - 0.6} = \frac{0.10 - 0.03}{0.4} = 17.5\%$$

* संरक्षण की मूल्यानुसार (nominal) दर का फार्मूला है

$$t_n = \frac{P_1 - P}{P} = \frac{5500 - 5000}{5000} = 10\%$$

जहां P_1 अंतिम वस्तु की प्रशुल्क सहित घरेलू कीमत है और P अंतिम वस्तु की बिना प्रशुल्क विश्व कीमत है।

इससे पता चलता है कि आयातित आगतों पर मूल्यानुसार प्रशुल्क की अपेक्षा अंतिम वस्तु पर मूल्यानुसार प्रशुल्क अधिक है तो दोनों मूल्यानुसार दरों से संरक्षण की प्रभावी दर अधिक है।

$$\text{यदि } t_n > t_i, \text{ तो } e_t > t_n > t_i$$

यदि आयातित आगतों पर मूल्यानुसार प्रशुल्क, अंतिम वस्तु पर 10% मूल्यानुसार प्रशुल्क के बराबर हो, तो संरक्षण की प्रभावी दर भी 10% होगी। फार्मूले की भाषा में :

$$e_t = \frac{0.10 - (0.6 \times 0.10}{1 - 0.6} = \frac{0.10 - 0.06}{0.4} = 10\%$$

इस प्रकार यदि अंतिम उत्पादन और आयातित आगतों पर मूल्यानुसार दरें समान हैं, तो संरक्षण की प्रभावी दरें भी मूल्यानुसार दरों के बराबर होंगी :

$$\text{यदि } t_n = t_i \text{ तो } e_t = t_n = t_i$$

मानलीजिए आयातित आगतों पर प्रशुल्क बढ़ाकर 15% कर दिया जाता है। इससे प्रति इकाई मूल्य बढ़ाव 50 रु. बढ़ जाता है (अंतिम वस्तु पर मूल्यानुसार 10% प्रतिशत प्रशुल्क से 500 रु. घटा 450 रु.) आयातित आगतों पर 15% शुल्क से अर्थात 500 – 450 = 50 रु.। इसलिए जब प्रति इकाई मूल्य बढ़ाव (Value added) 2,000 रु. से बढ़कर 2050 रु.** हो जाता है तो संरक्षण की प्रभावी दर 2.5% है। फार्मूले में :

$$e_t = \frac{0.10 - (0.6 \times 0.15)}{1 - 0.6} = \frac{0.10 - 0.09}{0.5} \times 100 = 2.5\%$$

इससे स्पष्ट है कि यदि अंतिम वस्तु पर मूल्यानुसार प्रशुल्क से आयातित आगतों पर मूल्यानुसार प्रशुल्क अधिक होता है, तो संरक्षण की प्रभावी दर दोनों ही मूल्यानुसार दरों से कम होगी :

$$\text{यदि } t_n < t_i, \text{ तो } e_t < t_n < t_i$$

अंत में, हम ऐसी स्थिति लेते हैं जिसमें संरक्षण की प्रभावी दर ऋणात्मक हो सकती है। मान लीजिए आयातित आगतों पर मूल्यानुसार प्रशुल्क दर 20% है। इसका मतलब है प्रति इकाई मूल्य बढ़ावा 100 रु. गिर गया है (रु. 500 – रु. 600), परिणामस्वरूप संरक्षण की प्रभावी दर ऋणात्मक 5% है।

$$e_t = \frac{0.10 - (0.6 \times 0.2)}{1 - 0.6} = \frac{0.10 - 0.12}{0.4} \times 100 = -5\%$$

यह बताता है कि यदि $t_n < at_1$ तो $e_t < 0$.

संरक्षण की प्रभावी दर आरेखीय रूप से चित्र 1 में दिखाई गई है जहां चित्र को सरल बनाने के उद्देश्य से मांग वक्र नहीं दिखाया गया है क्योंकि प्रशुल्क लगाने से इस पर प्रभाव नहीं पड़ता। क्षैतिज अक्ष श्रम की मात्रा तथा टी.वी. सैटों की मात्रा को मापता है। अनुलंब अक्ष श्रम की मजदूरी और टी.वी. सैटों की कीमत को मापता है।

यह मानकर कि श्रम ही एकमात्र प्राथमिक साधन है, श्रम का पूर्ति वक्र S_L के रूप में दिखाया गया है। अंतिम वस्तु टी.वी. का पूर्ति वक्र S_1 है। OP मुक्त व्यापार के अंतर्गत स्थिर विश्व कीमत है जिस पर टी.वी. का घरेलू उत्पादन और प्रयोग की गई श्रम की मात्रा OL

* इसके लिए फार्मूला है

$$\frac{V_t - V}{V} = \frac{2350 - 2000}{2000} = 17.5\%$$

जहां V_t प्रशुल्क लगने के बाद प्रति इकाई मूल्य बढ़ाव है और V मुक्त व्यापार के अंतर्गत प्रति इकाई मूल्य बढ़ाव है।

** $e_t = \frac{2050 - 2000}{2000} \times 100 = 25\%$

के बराबर हैं। प्रति इकाई मूल्य बढ़ाव LB/LA है। जब अंतिम वस्तु तैयार हुए टी.वी. पर मूल्यानुसार प्रशुल्क लगाया जाता है, तो इसकी घरेलू कीमत OP से बढ़कर OP_2 हो जाता है और टी.वी. का घरेलू उत्पादन OL से बढ़कर OQ_2 पर पहुंच जाता है। जब टी.वी. की आयातित आगतों पर अतिरिक्त मूल्यानुसार प्रशुल्क लगाया जाता है, तो प्रति इकाई लागत बढ़ जाती है जिसे दिखाने के लिए पूर्ति वक्र S_1 को ऊपर की ओर सरकाकर S_2 पर ले जाया गया है। इसके परिणामस्वरूप टी.वी. सैटों का उत्पादन OQ_2 से गिरकर OQ_1 रह जाता है। टी.वी. सैटों के उत्पादन में LQ_1 के बराबर निवल बढ़ोतरी होती है। इसका कारण PP_1 है जो टी.वी. की घरेलू कीमत में वृद्धि (= PP_2) और उत्पादन की प्रति इकाई लागत में वृद्धि (= P_1P_2) के बीच अंतर है अर्थात $PP_1 = PP_2 - P_1P_2$। हमारे द्वारा लिए गए उदाहरण में PP_1 को प्रति इकाई मूल्य बढ़ाव अथवा प्राथमिक साधन श्रम के योगदान से विभाजित करने पर संरक्षण की प्रभावी दर प्राप्त होती है।

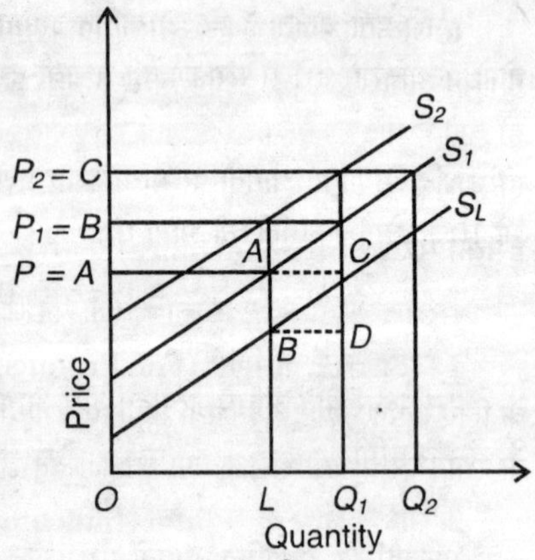

चित्र 1

इस प्रकार :

$$e_t = \frac{PP_1}{LB} = \frac{CD}{Q_1D}$$

इसकी सीमाएं (Its Limitations)

प्रभावी संरक्षण सिद्धांत की निम्नलिखित सैद्धांतिक और व्यावहारिक सीमाएं हैं :

1. प्रतिबंधात्मक मान्यताएं (Restrictive Assumptions)—प्रभावी दर का सिद्धांत प्रतिबंधात्मक मान्यताओं पर आधारित है। यदि कुछ मान्यताओं जैसे स्थिर आगत-निर्गत गुणांकों की मान्यता और प्राथमिक साधनों की स्थिर मात्राओं में उपलब्ध होने की मान्यता में ढील दे दी जाए, तो हो सकता है कि वास्तविक प्रति इकाई मूल्य बढ़ाव उससे भी नीचे गिर जाए जो प्रभावी दर से प्राप्त होता है। फिर बड़े देशों में यह मान्यता भी सही नहीं ठहरती कि आयातित आगतों की पूर्ति अनंत है।

2. आंशिक संतुलन प्रकृति (Partial Equilibrium Nature)—प्रमुख सैद्धांतिक सीमाएं इसकी आंशिक संतुलन प्रकृति से संबंध रखती हैं। यह सिद्धांत प्रभावी दर की गणना करने में पहले से यह मान्यता लेकर चलता है कि प्रत्येक आगत और अंतिम वस्तु में स्थिर संबंध है। परंतु वास्तव में जब सापेक्ष साधन कीमतों में परिवर्तन होता है, तो आगतों के मूल्य भी बदल जाते हैं। इसलिए प्रभावी दर के सही मूल्य की गणना करना संभव नहीं है।

3. सूचक में कमी (Drawback in Index)—प्रभावी दर के संरक्षण सूचक में मूल कमी यह है कि यह उद्योगों पर उनके अप्रत्यक्ष प्रभावों के महत्व पर ध्यान दिए बिना विशेष उद्योगों पर प्रभावी संरक्षण के प्रभाव को मापता है।

4. माप की कठिनाइयां (Difficulties of Measurement)—प्रशुल्क की ऊंचाई को मापने और दूसरे देश से तुलना करने में एक और कठिनाई भी पैदा हो जाती है। यदि भारित (weighted) औसत का तरीका अपनाया जाए तो देश के व्यापार में उस स्थिति पर ध्यान ही नहीं दिया जा सकता जब प्रशुल्क इतना अधिक हो कि इस तरह की वस्तुओं के आयात बिल्कुल ही बंद हो जाएं। यदि अभारित औसत का तरीका अपनाया जाए तो देश के व्यापार में जिन वस्तुओं का कोई महत्व नहीं है, उन पर लगाए गए शुल्क प्रमुख आयातों के लगभग बराबर आ जाते हैं।

5. संसाधनों का कुआवंटन (Malallocation of Resources)—संरक्षण की प्रभावी दरों से संसाधनों का कुवितरण भी हो सकता है। अधिक लाभ प्राप्त होने की संभावना का परिणाम यह हो सकता है कि प्राथमिक साधनों का प्रवाह उन उद्योगों की ओर हो जाए जिनमें संरक्षण दरें अधिकतम हों और उन उद्योगों से हट जाए जिनमें संरक्षण दरें न्यूनतम हैं या जिनमें संरक्षण दरें ऋणात्मक हैं और प्राथमिक साधनों का प्रवाह अव्यापारित सक्रियताओं वाले उद्योगों से भी हट जाए। इस प्रकार संसाधनों के गलत आवंटन की संभावना तो रहती ही है।

6. अव्यापारित आगतों की उपेक्षा (Ignores Non-traded Inputs)—यह धारणा मानती है कि सभी आगतों का व्यापार होता है। यह अवास्तविक है क्योंकि कुछ आगतों में व्यापार नहीं होता है। परिणामस्वरूप, कुल उत्पादन और आगतों के मूल्य उनमें शामिल हो जाते हैं यदि अव्यापारित आगतों पर प्रभावी संरक्षण के प्रभाव की गणना नहीं की जाती तो प्रभावी संरक्षण की दरों का अधिक अनुमान हो जाएगा।

इसका महत्व (Its Importance)

संरक्षण की प्रभावी दर की धारणा का महत्व निम्न में है :

1. उत्पादकों के लिए (For Producers)—जब आयातित आगतों तथा कच्चे माल पर प्रशुल्क लगाया जाता है तो उत्पादकों के लिए अपने उत्पादक निर्णयों के लिए प्रभावी प्रशुल्क महत्वपूर्ण होता है। इसलिए उत्पादक अपने उद्योगों के लिए मूल्यानुसार संरक्षण के स्थान पर प्रभावी संरक्षण का ध्यान रखते हैं।

2. साधन आय के संकेतक (Indicator of Factor Income)—प्रभावी संरक्षण का सिद्धांत उत्पादन के प्राथमिक साधनों द्वारा उत्पन्न मूल्य बढ़ाव को ध्यान में रखता है। संक्षेप में प्रभावी दरें आय वितरण के संकेतक हैं क्योंकि इन साधनों को मूल्य बढ़ाव ही प्राप्त होता है।

3. संरक्षण की श्रेणी (Degree of Protection)—संरक्षण की प्रभावी दर मूल्य बढ़ाव की धारणा पर आधारित है। आगतों तथा निर्गतों के मूल्यों के अंतर को मूल्य बढ़ाव कहते हैं। संरक्षण की प्रभावी दर न केवल निर्गतों बल्कि आगतों के लिए भी संरक्षण की श्रेणी (या कोटि) मापने के लिए आवश्यक है।

4. व्यापार की मात्रा (Volume of Trade)—जब घरेलू उद्योगों में प्रयोग के लिए आयातित प्राथमिक वस्तुओं एवं आगतों पर मूल्यानुसार शुल्क कम किया जाता है तो इसका अभिप्राय व्यापार की मात्रा बढ़ाना है। लेकिन इसे प्रयोग करने वाले उद्योग की प्रभावी शुल्क दर में वृद्धि होती है तब संरक्षित उद्योग की व्यापार की मात्रा पर बुरा प्रभाव पड़ सकता है।

5. प्रशुल्क की संरचना (Tariff Structure)—संरक्षण की प्रभावी दर की धारणा एक देश की प्रशुल्क संरचना की प्रकृति को समझने में सहायक होती है। आमतौर पर मूल्यानुसार प्रशुल्क दरें कच्चे माल के लिए बहुत कम होती हैं तथा तैयार वस्तुओं के लिए बहुत ऊंची होती हैं। उत्पादकों के स्वार्थ का ध्यान रखते हुए कच्चे माल पर प्रभावी शुल्क कम रखा जाता है।

5. शिशु उद्योग (Infant Industries)—शिशु उद्योगों को बढ़ाने तथा संरक्षण देने के लिए प्रभावी प्रशुल्क की धारणा यह सुझाती है कि देश द्वारा आयातित कच्चे माल तथा मध्यवर्ती वस्तुओं पर ऊंचे मूल्यानुसार प्रशुल्क के स्थान पर प्रशुल्क दरों को कम करना चाहिए।

7. संसाधनों का आवंटन (Resource Allocation)—संरक्षण की प्रभावी दर का महत्व एक संरक्षण ढांचे के संसाधान आवंटन प्रभावों की दिशा पर प्रकाश डालता है। एक प्रशुल्क ढांचे का प्रभाव संसाधनों को संरक्षण की कम प्रभावी दरों वाले उद्योगों के स्थान पर ऊंची प्रभावी दरों वाले उद्योगों की ओर स्थानांतरित करना है क्योंकि संसाधन जो भी आय एक उद्योग में अर्जित करते हैं वह मूल्य बढ़ाव होता है। इसलिए एक देश के प्रशुल्क ढांचे के प्रभावों को विभिन्न उद्योगों में संसाधन आवंटन पर मालूम करने के लिए अर्थशास्त्री हर उद्योग की प्रभावी संरक्षित दरों की गणना करते हैं।

8. सरकार के लिए (For Government)—सरकारी अधिकारी, दूसरे देशों के साथ प्रशुल्कों को तय करते समय प्रभावी संरक्षित दर गणना का उपयोग करके विभिन्न उद्योगों पर पड़ने वाले प्रभावों का पता लगाते हैं।

निष्कर्ष (Conclusion)

बलासा (Balassa), **जोनसन** तथा अन्य अर्थशास्त्रियों ने संरक्षण की प्रभावी दर के सिद्धांत का आनुभविक रूप से अध्ययन किया है। **बलासा** के अध्ययन से पता चलता है कि कुछ औद्योगिक देशों में मूल्यानुसार दरों की तुलना में प्रभावी दरें काफी ऊंची हैं। इस प्रकार संरक्षण के लिए औद्योगिक देश अन्य संरक्षण तरीकों की अपेक्षा प्रशुल्कों पर अधिक निर्भर करते हैं। **जोनसन** के अध्ययन से पता चलता है कि प्रभावी शुल्क दरों और मूल्यानुसार प्रशुल्क दरों के बीच अंतर उन वस्तुओं के बारे में विशेष रूप से अधिक होता है जो विकासशील देशों के लिए विशेष महत्व रखती है। विकासशील देशों से कच्चा माल बिना प्रशुल्क या बहुत नीची दरों पर अर्द्ध-विनिर्मित वस्तुएं

अपेक्षाकृत ऊंची दरों पर और पूर्ण विनिर्मित वस्तुएं बहुत ही ऊंची प्रशुल्क दरों पर आने दी जाती हैं। औद्योगिक देशों में पूर्ण विनिर्मित (manufactured) वस्तुओं को संरक्षण की बहुत ऊंची प्रभावी दरें उपलब्ध होती हैं। इस प्रवृत्ति से विकासशील देशों में परिष्करण (Processing) तथा विनिर्माणकारी उद्योग स्वाभाविक रूप से हतोत्साहित होते हैं।

संरक्षण की प्रभावी दर का सिद्धांत यह स्पष्ट करता है कि मूल्यानुसार प्रशुल्क दर में समान प्रतिशत दर की कमी संरक्षण की प्रभावी दरों में अलग-अलग मात्राओं में परिवर्तन लाती है। इसलिए विकासशील देशों के लिए औद्योगिक देशों से संपर्क करते समय सभी वस्तुओं पर खुलमखुल्ला प्रशुल्कों में कमी की मांग का दावा करना उपयुक्त नहीं है। यदि पहले वाले देश अपनी प्राथमिक वस्तुओं पर प्रशुल्क में कमी के लिए जोर देते हैं तो उनके विनिर्माणों के लिए संरक्षण की प्रभावी दर में वृद्धि आएगी। ऐसी स्थिति में वे विकसित देशों के साथ हानि में रहेंगे, क्योंकि उनके लिए दीर्घकालीन विकास हेतु विनिर्माणों के निर्यात अधिक महत्वपूर्ण हैं।

प्रश्न

1. संरक्षण की प्रभावी दर से आप क्या समझते हैं ? उदाहरण सहित व्याख्या करें कि यह मूल्यानुसार संरक्षण की मूल्यानुसार (nominal) दर से भिन्न है।
2. संरक्षण की मूल्यानुसार दरों और प्रभावी दरों का अंतर स्पष्ट कीजिए। संरक्षण की प्रभावी दर की सीमाओं की व्याख्या कीजिए। इसके विकासशील देशों के लिए क्या निहितार्थ हैं ?
3. संरक्षण की प्रभावी दर की धारणा की व्याख्या कीजिए। इसका महत्व दीजिए।

अध्याय 22

गैर-प्रशुल्क बाधाएं
(Non-Tariff Barriers)

1. अर्थ
(MEANING)

प्रशुल्कों के अतिरिक्त आयात के लिए गैर-प्रशुल्क बाधाएं (NTBs) भी होती हैं। घरेलू वस्तुओं के पक्ष में तथा विदेशी वस्तुओं में विभेद करने के लिए सरकार द्वारा ये प्रशासनिक उपाय होते हैं।

2. गैर-प्रशुल्क बाधाओं का वर्गीकरण
(CLASSIFICATION OF NTBs)

गैर-प्रशुल्क बाधाएं अन्तर्राष्ट्रीय व्यापार में बाधक हैं। आयात को रोकने के लिए हाल ही के दशकों में बहुत-सी विधियां उत्पन्न हुई हैं। इन्हें प्राय: निम्नलिखित रूप से वर्गीकृत किया जाता है :

मात्रात्मक व्यापार प्रतिबंधों (Quantitative Trade Restrictions) में आयात कोटा, प्रशुल्क कोटा, स्वैच्छिक निर्यात रुकावटें (Voluntary Export Restraints—VERs), सुव्यवस्थित विपणन व्यवस्था अथवा अनुबंध (Orderly Marketing Arrangement or Agreement—OMAs), बहुतन्तु व्यवस्था (Multi Fibre Arrangement—MFA) आदि आते हैं।

राजकोषीय उपायों (Fiscal Measures) का संबंध निर्यात अथवा उत्पादन सब्सिडियों, निर्यात ऋण सब्सिडियों अथवा निर्यात पर कर राहतों, निर्यात कर, सरकारी वसूली, प्रति राशिपातन शुल्क (Anti-Dumping Duty), प्रतिकार शुल्क (Countervailing Duties) आदि से है।

प्रशासनिक, प्रामाणिक तथा विनियमनों (Administrative, Standards and Regula-tions) का मतलब है स्वास्थ्य, आरोग्य तथा सुरक्षा विनिमय, पर्यावरण (प्रदूषण) नियंत्रण, सीमा मूल्यांकन तथा वर्गीकरण, मार्किंग तथा पैकेजिंग आवश्यकताएं, आयात लाइसेंस कार्रवाई, सरकारी व्यापार एवं एकाधिकार, आयात की सीमाओं पर देरी, सरकारी कर्मचारियों को देश में बनी चीजें खरीदने के आदेश या स्वदेशी खरीद प्रचार अभियान, स्थानीय अन्तर्वस्तु आवश्यकता (local content requirement) आदि।

अन्य बाधाओं में द्वि-पक्षीय व्यापार समझौते, राशिपातन, अंतर्राष्ट्रीय वस्तु समझौते, अन्तर्राष्ट्रीय कार्टल आदि आते हैं। इनकी व्याख्या अलग अध्यायों में की गई है।

3. गैर-प्रशुल्क बाधाओं के प्रकार
(TYPE OF NTBs)

सभी प्रकार की गैर-प्रशुल्क बाधाओं के बारे में विस्तृत जानकारी देना संभव नहीं है, तथापि कुछ मुख्य बाधाओं की संक्षिप्त जानकारी इस अध्याय में दी जा रही है।

1. स्वैच्छिक निर्यात रुकावटें (Voluntary Export Restraints—VERs)

स्वैच्छिक निर्यात रुकावट (VER) एक ऐसा समझौता है जो निर्यातक देश के निर्यातकों अथवा सरकार द्वारा आयातक देश के साथ उसके निर्यातों को सीमित करने के लिए किया जाता है। यह आयातक देश द्वारा तब किया जाता है जब उसका घरेलू उद्योग बड़े पैमाने

पर आयातों द्वारा पीड़ित होता है। आयात की सीमा मात्रा मूल्य अथवा बाजार के अंश के अनुसार निश्चित की जा सकती है। VERs कभी-कभार ही 'स्वैच्छिक' होता है। इन्हें निर्यातकों को विवशता में स्वीकार करना पड़ता है अन्यथा आयातक देश उनपर अधिक शक्तिशाली व्यापार बाधाओं द्वारा प्रतिबंध लगा सकते हैं। फिर भी यदि निर्यातक देश ऊंची कीमतों पर कम निर्यात करके अधिक लाभ कमाने की आशा रखता है तो वह अपने निर्यात पर स्वैच्छिक रुकावटों को स्वीकार कर सकता है। संयुक्त राज्य अमेरिका, यूरोपीय आर्थिक समुदाय (EEC) तथा अन्य औद्योगिक देशों द्वारा VERs का प्रयोग जापान तथा विकासशील देशों से स्टील, टीवी, आटोमोबाइल्स, वस्त्र आदि के आयात पर रोक लगाने के लिए किया गया है। GATT द्वारा प्रशुल्कों तथा कोटों पर रोक लगाने के बाद देशों ने VERs को अपनाया है, परन्तु GATT नियमों के अंतर्गत VERs नहीं आतीं।

आयातक देश पर VER के प्रभावों को चित्र 1 में दर्शाया गया है जहां *Dd* वस्तुओं के लिए घरेलू मांग वक्र है तथा *Sd* वस्तुओं के लिए घरेलू पूर्ति वक्र है जो दूसरे देश को विश्व कीमत *OPw* पर भेजी जाती हैं। इस कीमत पर *OQ* घरेलू उत्पादकों द्वारा निर्यात तथा QQ_3 आयात की जा रही है। अब यदि Q_1Q_2 के आयात कोटे की बजाय किसी निर्यातक देश द्वारा उसी मात्रा में VER अपनाई जाए तो उसके प्रभाव प्रशुल्क अथवा आयात कोटा[1] के बराबर होंगे। VER तथा आयात कोटा के बीच एकमात्र अन्तर किराया अथवा अतिरिक्त लाभ है जो निर्यातक देश के पूर्तिकर्ताओं को जाता है। VER के मामले में घरेलू मांग वक्र *Dd* वहीं रहता है जबकि पूर्ति वक्र *Sd* बदलकर *Sv* हो जाता है ताकि उच्च कीमत *OPv* पर संतुलन पैदा हो जाए। VER के साथ पूर्ति वक्र *Sv* यह दर्शाता है कि *OPv* कीमत पर, मात्रा *OQ* की पूर्ति आयातक देश द्वारा की जाती है तथा Q_1Q_2 इसके आयात पर VER है। यह मात्रा आयातक देश को बेचकर निर्यातक देश के पूर्तिकर्ता VER से किराया प्राप्त कर लेते हैं। यह क्षेत्र *a+R+b* के बराबर होता है जो चित्र 1 के अनुसार आयातक देश की राष्ट्रीय *शुद्ध कल्याण हानि* है। आयातक देश की उपभोक्ता बेशी *की कुल हानि* क्षेत्र *Z+a+R+b* है जो कि प्रशुल्क अथवा आयात कोटा के बराबर है। क्षेत्र *Z* घरेलू उपभोक्ताओं से उत्पादकों को चला जाता है। क्षेत्र *a* तथा *b* प्रतिनिधित्व करने वाले दो त्रिभुज कुल *राष्ट्रीय हानि* हैं। क्षेत्र *R* उस राजस्व का प्रतीक है जो निर्यातक देश के पूर्तिकर्त्ताओं को VER से मिलता है जो आयातक देश की सरकार की हानि है तथा उसकी शुद्ध *कल्याण हानि* है। VER का आयातक देश पर एक अन्य प्रभाव यह पड़ता है कि उसकी व्यापार की शर्तें निर्यातक देश की तुलना में सुधार की बजाय उन्हें और खराब करती हैं। ऐसा इसलिए कि यह निर्यातक देश की वस्तु की कम विश्व कीमत की बजाय उसकी उच्च्च घरेलू कीमत देता है।

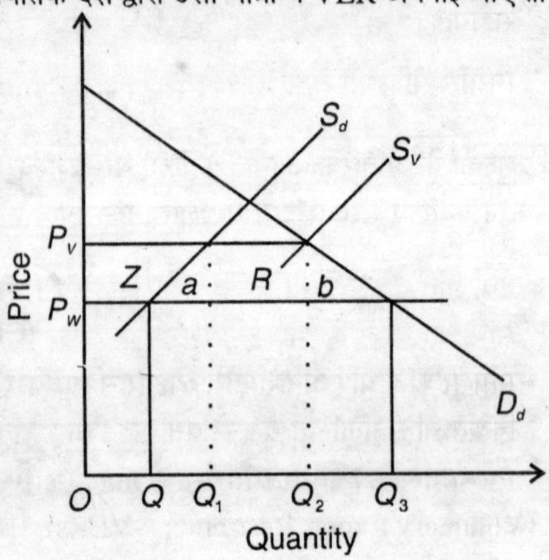

चित्र 1

यही नहीं VERs पक्षपाती होती हैं क्योंकि ये समझौते न्यूनतम लागत निर्यातकों के साथ रखे जाते हैं। परन्तु वे उच्च लागत निर्यातकों से आयात की ओर ले जा सकते हैं जिससे आयातक देश का आयात बिल बढ़ा सकते हैं।

निर्यातक देश पर प्रभाव (Effects on Exporting Country)—जहां तक निर्यातक देश पर VER के प्रभावों का प्रश्न है उसे अतिरिक्त लाभ (किराया) का फायदा तथा व्यापार की शर्तों में सुधार मिलता है। अतः वह आयातक देश द्वारा बराबर का प्रशुल्क अथवा आयात कोटा लागू करवाने की जगह VER को प्राथमिकता देगा। चूंकि VERs स्थाई नहीं हैं, इसलिए निर्यातक देश बाद में इनमें छूट दिए जाने अथवा हटा लिए जाने के लिए आयातक देश पर दबाव डाल सकता है। इस प्रकार यह आयातक देशों को स्थाई प्रशुल्क अथवा कोटा के लिए मना कर सकता है।

जब एक VER निर्यात को रोकती है तो निर्यातकों के पास अधिशेष (surplus) उत्पादन होता है। परिणामस्वरूप, निर्यात योग्य वस्तुओं की कीमत गिर जाती है और आय में कमी तथा हानि होती है। इसके कारण संसाधन अन्य उत्पादक उद्योगों की ओर जा सकते हैं। यदि किसी एक कार्टल अथवा VER से बंधे निर्यातक किसी बड़े उद्योग से संबंधित हैं तो भी VER किसी नये बाजार की खोज तक

1. इसको समझने के लिए विद्यार्थी पहले अध्याय 19 में Equivalence of Tariff and Quotas पढ़ें।

निर्यात को कम करेगी। उससे पुनः संसाधनों का पुनः आवंटन तथा हानि हो सकती है। इस प्रकार VER से निर्यातक देश को कुल मिलाकर आर्थिक हानि का सामना करना पड़ सकता है।

2. निर्यात सब्सिडी (Export Subsidy)

निर्यात सब्सिडी किसी सरकार द्वारा एक निर्यातक फर्म (अथवा उत्पादक) को दी जाने वाली आर्थिक सहायता है ताकि निर्यात वस्तुओं की कीमत में कमी की जा सके। इससे किसी फर्म को घरेलू बाजार की बजाय निर्यात बाजार में अपनी वस्तु अधिक मात्रा तथा कम कीमत में बेचने में आसानी होती है। निर्यात सब्सिडी प्रत्यक्ष और अप्रत्यक्ष दोनों तरह से दी जा सकती है। परन्तु प्रत्यक्ष निर्यात सब्सिडी GATT समझौता के अन्तर्गत प्रतिबंधित है। अतः सरकारें विभिन्न प्रकार की अप्रत्यक्ष निर्यात सब्सिडियां देती हैं जैसे रियायती दरों पर ऋण, उनके द्वारा दिए गये प्रशुल्कों में वापसी, कमी वाले कच्चे माल के आवंटन में उन्हें प्राथमिकता, विदेशी मुद्रा आवंटन में प्राथमिकता, व्यापार मेले जैसी गतिविधियों के प्रोत्साहन में वित्तीय सहायता, बाजार अनुसंधान, विज्ञापन, कर-राहत आदि में वित्तीय सहायता।

निर्यात सब्सिडी के प्रभाव (Effects of Export Subsidy)

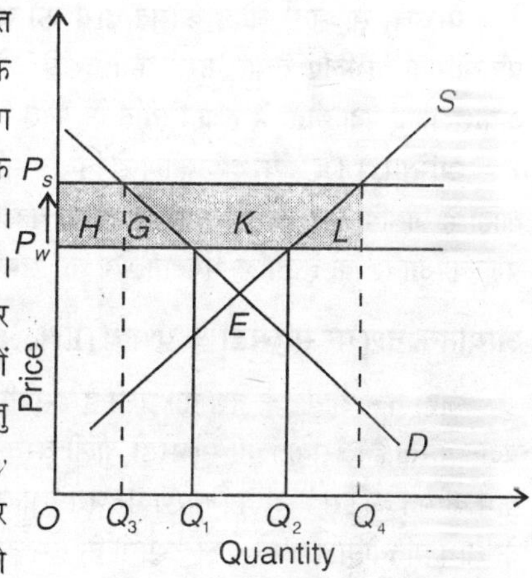

चित्र 2

चित्र 2 में एक छोटे देश के मामले में आंशिक संतुलन के अन्तर्गत निर्यात सब्सिडी के आर्थिक प्रभावों को दर्शाया गया है जिसकी निर्यात सब्सिडी का आयातक देश पर कोई प्रभाव नहीं पड़ता। मान लीजिए *D* और *S* निर्यात योग्य वस्तु के घरेलू मांग तथा पूर्ति वक्र हैं तथा घरेलू बाजार संतुलन *E* बिन्दु पर है। विश्व कीमत *OPw* के साथ, जो घरेलू कीमत (E) से ऊपर है, घरेलू मांग OQ_1 है तथा घरेलू पूर्ति OQ_2 है। मांग से पूर्ति अधिक $OQ_2 > OQ_1$ होने के कारण देश Q_1Q_2 मात्रा निर्यात करता है। निर्यात के विस्तार को प्रोत्साहित करने के लिए सरकार प्रत्येक निर्यातित ईकाई पर *Pw–Ps* सब्सिडी देती है। इससे घरेलू कीमत *OPs* घरेलू उत्पादकों तथा उपभोक्ताओं दोनों के लिए बढ़ती है। इस कीमत पर वस्तुओं की मांग OQ_3 पर गिर जाती है परन्तु पूर्ति Q_3Q_4 तक बढ़ जाती है। विश्व कीमत *OPw* होने के कारण *OPs* तथा *OPw* कीमतों में अन्तर की निर्यातकों को क्षतिपूर्ति सब्सिडी के रूप में मिल जाती है और निर्यात Q_1Q_2 से Q_3Q_4 तक बढ़ जाता है। चूंकि उपभोक्ता को सब्सिडी के बाद जो कीमत देनी पड़ती है वह बढ़ जाती है, इसलिए उपभोक्ता बेशी (Consumer's Surplus) चित्र में H+G क्षेत्र जितना कम हो जाता है। परन्तु उत्पादक बेशी में लाभ H+G+K क्षेत्र होता है। सरकार को पड़ने वाली सब्सिडी की कुल लागत निर्यातित मात्रा की प्रति सब्सिडी इकाई गुना होती है जो G+K+L क्षेत्र होती है। देश को होने वाली शुद्ध कल्याण हानि त्रिभुज *G* तथा *L* हैं। संक्षेप में

उत्पादक की बेशी में लाभ (Gain in Producer's Surplus)	=	H + G + K
उपभोक्ता की बेशी में हानि (Loss in Consumer's Surplus)	=	– H – G
सब्सिडी की लागत	=	– G – K – L
शुद्ध कल्याण हानि (Net Welfare Loss)		– G – L
	=	–(G + L)

देश में होने वाली शुद्ध कल्याण हानि वस्तु पर दी जाने वाली सब्सिडी की लागत निर्यात से मिलने वाले राजस्व से अधिक होने के कारण होती है।

दूसरी ओर यदि देश अपनी वस्तु को बड़े पैमाने पर सब्सिडी दे रहा है तो उसकी सब्सिडी देने की लागत भी बढ़ जाती है। जैसे-जैसे उसके निर्यात में और विस्तार होता है विश्व कीमत कम हो जाती है, परिणामस्वरूप इसकी व्यापार की शर्तों में गिरावट आ जाती है, उसकी शुद्ध कल्याण हानि अधिक हो जाती है।

सब्सिडी बनाम आयात प्रशुल्क (Subsidy v/s Import Tariff)

निर्यात सब्सिडी के प्रभाव आयात प्रशुल्क के बराबर होते हैं तथापि विपरीत होते हैं।

पहला, दोनों में, घरेलू तथा अंतर्राष्ट्रीय कीमतों का अन्तर पैदा हो जाता है। निर्यात सब्सिडी विश्व कीमत से ज्यादा निर्यात की घरेलू कीमत बढ़ा देती है, जबकि आयात प्रशुल्क विश्व कीमत से ज्यादा आयात की कीमत में वृद्धि कर देते हैं।

दूसरा, निर्यात सब्सिडी संसाधनों को निर्यात योग्य वस्तुओं की ओर मोड़ती है। परन्तु आयात प्रशुल्क संसाधनों को घरेलू उपभोग के लिए वस्तुओं के उत्पादन की ओर ले जाते हैं।

तीसरा, निर्यात सब्सिडी से सरकार को शुद्ध राजस्व हानि होती है, जबकि आयात प्रशुल्क से सरकार को शुद्ध राजस्व लाभ प्राप्त होता है। फिर भी दीर्घकाल में, निर्यात योग्य वस्तुओं के उत्पादन में वृद्धि को प्रोत्साहित करने से निर्यात सब्सिडी स्वयं-वित्तपोषक (self-financing) हो सकती है.

चौथा, घरेलू उत्पादकों को दी जाने वाली सब्सिडी आयात की जगह ले लेगी तथा देश में वास्तविक बचत बढ़ेगी। वास्तविक आय में यही लाभ वस्तु की घरेलू कीमत में वृद्धि के साथ उसी प्रतिशत में प्रशुल्क द्वारा पाया जा सकता है। परन्तु वस्तु के उपयोग पर रोक के कारण इससे उपभोक्ता बेशी की हानि होगी।

पांचवें, सब्सिडी घरेलू कीमत ढांचे को बाहरी कीमत ढांचे के अनुसार ढालती है और इस प्रकार निर्यात को विश्व बाजार में प्रतियोगिता के लिए तैयार करती है। दूसरी ओर प्रशुल्क घरेलू कीमत ढांचे को घरेलू लागत ढांचे के अनुसार ढालता है। इससे अकुशलताएं पैदा होती हैं तथा निर्यात के लिए विश्व बाजार में प्रतियोगिता करनी कठिन हो जाती है।

अन्तिम, LDCs के दृष्टिकोण से निर्यात सब्सिडी आयात प्रशुल्क से श्रेष्ठ है क्योंकि यह निर्यात प्रोत्साहन के द्वारा आर्थिक विकास लाता है जबकि प्रशुल्क का उद्देश्य आयात का प्रतिस्थापन (Substitution) है। परन्तु ऐसे देशों के लिए राजस्व कमाने हेतु आयात प्रशुल्क आवश्यक है ताकि भुगतान शेष की समस्या को सुलझा सकें।

आयातक देश पर सब्सिडी के प्रभाव (Effects of Subsidy on Import Countries)

जहां तक आयातक देश का प्रश्न है इसकी व्यापार की शर्तों में तब सुधार होता है जब एक बड़ा देश अपने निर्यात को सब्सिडी प्रदान करता है। उसके लिए सब्सिडी वाली वस्तु की विश्व कीमत कम हो जाती है तथा वह अपने आयात की कम कीमत देता है। परन्तु कम कीमत का इसके आय वितरण पर बुरा प्रभाव पड़ता है। जब कीमतें कम कर दी जाती हैं तो उनका बुरा प्रभाव सब्सिडी युक्त आयात के साथ प्रतियोगिता करने वाले उद्योगों के श्रम तथा पूंजी पर पड़ता है। यद्यपि सब्सिडीयुक्त वस्तुओं को कम कीमत का या वैसे ही वस्तु उपभोक्ताओं को लाभ होता है तथापि आयातक देशों के उत्पादकों को वही या वैसी ही वस्तु पर हानि होती है। अत: निर्यात को सब्सिडी देना अनुचित व्यापार व्यवहार समझा जाता है तथा आयातक देश ऐसी आयातित वस्तुओं पर प्रतिकारी शुल्क लगा देता है।

3. प्रतिकारात्मक शुल्क (Countervailing Duty)

प्रतिकारात्मक शुल्क एक प्रकार का आयात शुल्क अथवा आयातक देश द्वारा सब्सिडी युक्त वस्तु की अपेक्षाकृत कम कीमत को बढ़ाने के लिए लगाया गया प्रशुल्क है।

निर्यातक तथा आयातक देशों पर प्रतिकारात्मक शुल्क के प्रभाव को चित्र 3 में दर्शाया गया है।

मान्यताएं (Assumptions)—इस विश्लेषण की मान्यताएं हैं कि

(क) निर्यात वस्तु सब्सिडी युक्त होती है;

(ख) वस्तुओं की पूर्ति पूर्ण लोचदार होती है;

(ग) आयातक देशों द्वारा इस वस्तु पर लगाया गया शुल्क निर्यात सब्सिडी के बराबर होता है।

व्याख्या (Explanation)—ये मान्यताओं दी होने पर, चित्र में वस्तु की आयात मांग को DM वक्र द्वारा दिखाया गया है तथा पूर्ति वक्र P_wS है। सब्सिडी से पहले वस्तु की OQ मात्रा निर्यात तथा OP_w कीमत पर आयात की जा रही है। वस्तु को सब्सिडी मिलने के बात पूर्ति वक्र P_wS सब्सिडी की पूरी राशि जितना P_sS_1 तक नीचे सरक जाता है। मानलीजिए OP_s तक कीमत गिरने पर आयात की मांग में कोई परिवर्तन नहीं होता है तो नया संतुलन बिन्दु E_1 पर होगा और आयात OQ से OQ_1 तक बढ़ जाएगा। परिणामस्वरूप, विदेशी

उपभोक्ताओं को लाभ के रूप में $F + G = (PwPsE_1E)$ क्षेत्र उपभोक्ता बेशी होगा। निर्यातक देश की सब्सिडी की लागत $F + G + H (= OQ_1 \times Pw\, Ps)$ क्षेत्र है। चूंकि उत्पादक बेशी में लाभ $F+G$ है, इसलिए निर्यात सब्सिडी से हानि त्रिभुज H है।

यद्यपि सब्सिडी विदेशी उपभोक्ताओं को लाभ पहुंचाती है तथापि आयातक देश को क्षेत्र H के बराबर उसकी कम कीमत होने के कारण इस वस्तु के उत्पादन में हानि होती है। इसकी क्षतिपूर्ति के लिए वह निर्यात सब्सिडी के बराबर प्रतिकारात्मक शुल्क लगा देता है। परिणामस्वरूप वस्तु की कीमत OP_s से OP_w तक बढ़ जाती है तथा सब्सिडी-पूर्व स्तर तक वापस चली जाती है। इस प्रकार, सारी उपभोक्ता बेशी आयातक देश में मिट जाती है। परन्तु सरकार F क्षेत्र के बराबर शुल्क से राजस्व प्राप्त करती है, जिससे उपभोक्ता बेशी की कुछ क्षतिपूर्ति हो जाती है। दूसरी ओर, शुल्क द्वारा निर्यातक देश का निर्यात घट जाता है परन्तु सरकार निर्यात सब्सिडी के रूप में $G + H$ क्षेत्र बचा लेती है।

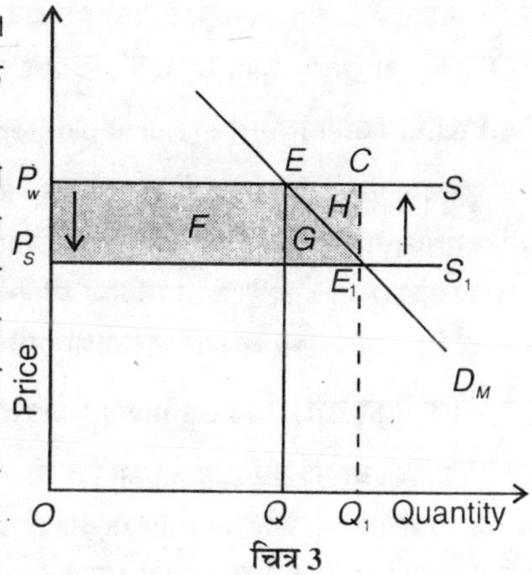

चित्र 3

4. अन्य गैर-प्रशुल्क बाधाएं (Other Non-Tariff Barriers)

आयात कोटा, राशिपातन, विनिमय नियंत्रण, निर्यात सब्सिडी, प्रतिकारी शुल्क, VERs आदि के अतिरिक्त कुछ और गैर-प्रशुल्क बाधाएं होती हैं, जिनका संक्षिप्त वर्णन नीचे किया गया है।

(1) सरकारी वसूली (Government Procurement)

सरकार अपने विभागों की आवश्यकता के लिए वांछित वस्तुओं और सेवाओं के लिए घरेलू तथा विदेशी पूर्तिकर्ताओं के बीच भेद करती है। यह भेद कई तरह का हो सकता है। कुछ देशों में घरेलू वस्तुएं तथा सेवाएं प्राप्त करना कानूनी तौर पर जरूरी है चाहे विदेशों से वे कम कीमतों पर मिलें तो भी। उदाहरणार्थ, अमेरिकी खरीदो अधिनियम (Buy-American Act) के अन्तर्गत अमेरिका के सरकारी निभागों अथवा एजेंसियों को घरेलू निविदाएं (bids) ही स्वीकार करनी होती हैं चाहे घरेलू निविदाएं विदेशी निविदाओं से 12 प्रतिशत तक अधिक क्यों न हो। रक्षा विभाग के मामले में यह 50 प्रतिशत अधिक होने पर भी मान्य होता है। कई अन्य देशों में सरकारी खरीद के लिए निविदाएं घरेलू पूर्तिकर्ताओं से ही आमंत्रित की जाती हैं। जापान सरकार विदेशी निविदाओं पर विचार नहीं करती। विदेशी सप्लायर्स की निविदाएं स्वीकार न करने अथवा अस्वीकार करने में सरकारें अपने विवेकाधिकारों का प्रयोग करती हैं। कई बार निविदाओं के विस्तृत विवरण इस तरह से लिखे जाते हैं कि विदेशी सप्लायर्स को अलग किया जा सके। इसका उद्देश्य घरेलू उद्योग की सहायता करना होता है। इसका प्रभाव प्रशुल्क जैसा होता है परन्तु राजस्व रहित होता है। वास्तव में, सरकार द्वारा वसूली की गई वस्तुओं तथा सेवाओं की कीमत बढ़ जाती है।

(2) सीमा शुल्क मूल्यांकन तथा वर्गीकरण (Customs Valuation and Classification)

प्राय: सीमाशुल्क अधिकारी आयात का मूल्यांकन वस्तुओं के लिए निर्धारित प्रशुल्क दर से अधिक करते हैं। उदाहरण के लिए अप्रैल 1979 तक अमेरिका में कुछ रसायनों के आयात का मूल्यांकन बीजक पर लिखी कीमत के अनुसार लगाने की बजाय अमेरिका में उत्पादित अमेरिकी रसायनों के थोक मूल्य, अथवा जो ज्यादा हो, के अनुसार लगाते थे। सीमा शुल्क मूल्यांकन का एक अन्य तरीका जानबूझकर माल छोड़ने में देरी करना ताकि आयातित वस्तुओं की लागत बढ़ जाए जैसा कि आयात प्रशुल्क करता है। इसके अतिरिवत सीमा शुल्क सूची में बहुत-सी वस्तुओं का वर्णन होता है और प्रत्येक वर्ग के लिए प्रशुल्क दर का अलग निर्धारण होता है। सीमाशुल्क अधिकारी प्राय: वस्तुओं का अपना वर्गीकरण ऊंची दरों पर करके ज्यादा प्रशुल्क लगाते हैं। ऐसी प्रक्रियाएं आयात रोकती हैं क्योंकि इससे वस्तुएं मंहगी तथा घरेलू बाज़ार में गैर-प्रतिस्पर्धात्मक हो जाती हैं। इससे आयातकों में अनिश्चितता पैदा हो जाती है।

(3) आयात लाइसेंसिंग प्रक्रियाएं (Import License Procedure)

बहुत से देश आयात रोकने के लिए जटिल तथा महंगी आयात लाइसेंसिंग प्रक्रियाएं अपना लेते हैं। आयात लाइसेंस प्राय: ऊंची बोली देने वालों को दिए जाते हैं। अन्य मामलों में, आयातकों को आयात लाइसेंस प्राप्त करने के लिए मोटी रकम सरकार के पास जमा

करानी पड़ती है। इसके अलावा प्रशासनिक अड़चने हैं जो आयातकों को लम्बे-लम्बे फार्म भरने, परमिट प्राप्त करने तथा सीमाशुल्क विभाग से माल छुड़ाने आदि में सहनी पड़ती है। यह प्रक्रियाएं प्रशुल्क की तरह ही आयात में रुकावट पैदा करती हैं।

(4) स्थानीय अंश विनियम (Local Content Regulations)

बहुत से विकासशील देशों में कार, टीवी, कम्प्यूटर्स आदि जैसी निर्मित वस्तुओं का आयात प्रतिबंधित होता है यदि वे स्थानीय अंश विनियमों को पूरा नहीं करते। उदाहरण के लिए भारत में विदेशी कार निर्माताओं को भारत में निर्मित स्पेअर पार्टस के रूप में पर्याप्त स्थानीय अंश रखना होता है। ऐसा स्थानीय स्पेअर्स उत्पादकों को विदेशी प्रतिस्पर्धा से बचाने के लिए किया जाता है। इस तरह के स्थानीय अंश के विनिमय व्यापार से अधिक विदेशी निवेश को निरुत्साहित करते हैं।

(5) तकनीकी बाधाएं (Technical Barriers)

तकनीकी बाधाएं कई तरह की होती हैं जो आयात को रोकती हैं। इसमें स्वास्थ्य एवं सुरक्षा विनियम, स्वच्छता विनियम, औद्योगिक मानक, लेबलिंग तथा पैकेजिंग विनियम आदि आते हैं। ये विनियम विदेशी पूर्तिकर्ताओं पर उनके माल का आयात बनाए रखने के लिए अतिरिक्त लागतों का भार लाद देते हैं। उदाहरण के लिए, अमेरिका में विदेशी कार निर्माताओं को वहां उत्पादन के लिए अमेरिकी सुरक्षा एवं धुआं निकासी नियंत्रण नियमों का पालन करना जरूरी है। यही स्वास्थ्य स्टैण्डर्ड के बारे में कहा जा सकता है। खाद्य वस्तुओं के आयातकों को विशेष गुणवत्ता, पैकेजिंग और अन्य स्टैण्डर्ड की आवश्यकता है।

गैर-प्रशुल्क बाधाएं बनाम प्रशुल्क (NTBs v/s Tariffs)

उपर्युक्त सभी गैर-प्रशुल्क बाधाओं में आयात को कम करने की प्रवृत्ति है तथा उनका प्रभाव प्रशुल्कों जैसे ही हैं, फिर भी इनकी तुलना में प्रशुल्कों के कुछ लाभ हैं।

1. प्रशुल्क बाज़ार व्यवस्था में मात्र गड़बड़ी पैदा करते हैं जबकि NTBs उसे विस्थापित कर देती हैं।

2. प्रशुल्क पारदर्शी हैं क्योंकि इन्हें हर व्यक्ति तथा संगठन देख सकता है। जहां तक प्रतिशत अथवा मूल्यानुसार शुल्क का प्रश्न है। परन्तु NTBs लोगों से छुपी रहती हैं जिनके लागू होने का उन्हें पता नहीं चलता।

3. प्रशुल्कों को लागू तथा कार्यान्वित करने में सरलता तथा सुविधा रहती है जबकि कुछ NTBs के बारे में ऐसा नहीं है।

4. प्रशुल्क सरकार के लिए राजस्व पैदा करते हैं जबकि NTBs से बहुत थोड़ा राजस्व प्राप्त होता है।

5. NTBs से प्रशुल्कों की तुलना में संसाधनों का कुआवंटन अधिक होता है।

NTBs से प्रशुल्कों की श्रेष्ठता अधिक होने पर भी सरकारें विदेशी प्रतिस्पर्धा से अर्थव्यवस्थाओं, उपभोक्ताओं तथा उत्पादकों को बचाने के लिए NBTs को प्राथमिकता देती हैं।

आर्थिक विकास को प्रोत्साहित करने में व्यापार बाधाओं की भूमिका
(Role of Trade Restrictions in Promoting Economic Development)

विकासशील देश बहुत-सी व्यापार बाधाएं जैसे आयात लाईसेंस तथा मात्रात्मक प्रतिबंध अपनाते हैं। इसके अतिरिक्त कुछ गुप्त आयात शुल्क होते हैं जैसे स्टाम्प कर, बन्दरगाह शुल्क, अग्रिम न्यूनतम जमाराशि आवश्यकताएं आदि। गैर-प्रशुल्क बाधाओं के अतिरिक्त कुछ प्रशुल्क ऐसे हैं जो व्यापार पर रोक लगाते हैं। कई प्रकार की व्यापार रुकावटें LDCs के विकास को प्रोत्साहित करने में निम्न प्रकार से सहायता करती हैं:

1. संरक्षण (Protection)—प्रशुल्क तथा गैर-प्रशुल्क बाधाएं घरेलू उद्योग को विदेशी प्रतिस्पर्धा विशेषकर बहुराष्ट्रीय निगमों से बचाती हैं। यह ऊंची कीमत वाले घरेलू उत्पादकों को बड़े पैमाने पर उत्पादन की किफायतें सिखाने तथा इस प्रकार प्रति इकाई लागत व कीमतों में कमी करने में सहायक होते हैं। परिणामस्वरूप, वे न केवल घरेलू बाजार के लिए बल्कि निर्यात के लिए अपना उत्पादन आगे चल कर बिना संरक्षक प्रशुल्क के करने योग्य हो जाते हैं।

2. भुगतान संतुलन में सुधार (Improving Balance of Payments)—विकासशील देशों द्वारा व्यापार में खड़ी की गई रुकावटों से भुगतान संतुलन में मदद मिलती है। ऐसे देशों की कच्चे माल के लिए मांग, पूंजीगत उपकरण, उपभोक्ता वस्तुओं आदि की मांग उनके

निर्यात के लिए विदेशी मांग से ज्यादा तेज़ी से बढ़ती है। वे प्राथमिक वस्तुएं निर्यात करते हैं जिनकी विदेशी मांग कम होती है इसलिए वे इनके बदले वस्तुओं का आयात नहीं कर पाते हैं। इस प्रकार भुगतान असंतुलन पैदा होता है। प्रशुल्क, कोटा आदि जैसे व्यापार प्रतिबंध न केवल सरकार के लिए राजस्व जुटाते हैं बल्कि घरेलू उद्योगों के विकास में भी सहायक होते हैं। परिणामस्वरूप आयात कम हो जाता है, निर्यात बढ़ता है और देश विदेशी मुद्रा पैदा करने योग्य हो जाता है, जिससे भुगतान शेष में संतुलन होता है और विदेशी ऋण कम हो जाते हैं।

3. बचत एवं निवेश में वृद्धि (Increase in Savings and Investments)—व्यापार प्रतिबंधों से उच्च बचत दर एवं निवेश प्रोत्साहित होता है। जब प्रशुल्कों, लाइसेंस, कोटा आदि जैसे व्यापार प्रतिबंध, घरेलू उद्योग को विदेशी प्रतिस्पर्धा से बचाने के लिए लगाए जाते हैं तो उत्पादक अपनी वस्तु की कीमत बढ़ाने योग्य हो जाते हैं और ज्यादा लाभ कमाते हैं। जब इस लाभ को बचाकर पुन: निवेश किया जाता है तो उच्च दर पर पूंजी संचय तथा अर्थव्यवस्था में विकास होता है। विदेशी पूंजी जब विकासशील देशों के घरेलू उद्योग के विकास में सहायता करती है तो लाभार्जन होता है जो आंशिक रूप से घरेलू उद्योगों में ही पुन: निवेश कर दिया जाता है।

4. उत्पादकता में वृद्धि (Increase in Productivity)—जब व्यापार प्रतिबंधों के अन्तर्गत प्रत्यक्ष विदेशी पूंजी निवेश की अनुमति दी जाती है तो LDCs को आधुनिक औद्योगिक तकनीक एवं जानकारी का लाभ मिलता है। वे औद्योगिक कुशलता तथा आधुनिक प्रौद्योगिकी के सृजन द्वारा घरेलू उद्योगों की तकनीकी कार्यकुशलता बढ़ा देते हैं जिससे अधिक विशेषीकरण होता है तथा उत्पादकता में वृद्धि होती है।

5. रोज़गार में वृद्धि (Increase in Employment)—जब विभिन्न व्यापार प्रतिबंधों का संरक्षण घरेलू उद्योग को मिलता है तो LDCs में श्रमिक वर्ग को लाभकारी रोज़गार के अवसर मिलने लगते हैं।

6. सार्वजनिक राजस्व में वृद्धि (Increase in Public Revenue)—व्यापार पर प्रशुल्क तथा गैर-प्रशुल्क प्रतिबंधों से सरकारी राजस्व में वृद्धि होती है। बन्दरगाहों तथा सीमा चौकियों पर आयातित वस्तुओं पर लगे मूल्यानुसार तथा प्रतिशत करों से प्राप्त राजस्व सबसे सस्ता तथा सरकारी राजस्व प्राप्त करने का सबसे कुशल एवं सरल तरीका है। व्यापार प्रतिबंधों से अर्जित किये जाने वाले राजस्व के अन्य तरीके आयात लाइसेंस, कोटा नीलामी, आयातकों द्वारा आयात के मूल्य के बराबर सरकारी खजाने में जमा की जाने वाली न्यूनतम जमाराशि। इस प्रकार आयात पर लगाए गए शुल्क LDCs द्वारा आयात पर लगाए करों को एकत्र करने में अपेक्षाकृत सरल होते हैं।

7. आत्मनिर्भरता (Self-Reliance)—LDCs के लिए औद्योगिक आत्मनिर्भरता प्राप्त करने तथा आर्थिक निर्भरता दूर करने के लिए आयात प्रतिबंध सबसे महत्वपूर्ण साधन हैं। घरेलू उद्योग को संरक्षण देकर तथा आयात प्रतिस्थापन उद्योगों की स्थापना करके, बड़ी बचत द्वारा पूंजी सृजन बढ़ा कर, निवेश तथा लाभ, भुगतान संतुलन में सुधार तथा विदेशी ऋण घटाकर, व्यापार प्रतिबंध आत्मनिर्भरता के लक्ष्य की प्राप्ति में LDCs की सहायता करते हैं।

प्रश्न

1. गैर-प्रशुल्क बाधाओं से आपका क्या अभिप्राय है ? संक्षेप में स्पष्ट करें।
2. स्वैच्छिक निर्यात रुकावटें (VERs) क्या हैं ? निर्यातक तथा आयातक देशों पर इनके प्रभावों की व्याख्या करें।
3. निर्यात सब्सिडियां क्या हैं ? आयातक तथा निर्यातक देशों पर निर्यात सब्सिडी के प्रभावों की व्याख्या करें।
4. प्रतिकारी शुल्क क्या है ? निर्यातक तथा आयातक देशों पर इसके प्रभावों का विश्लेषण करें।
5. अल्पविकसित देशों के आर्थिक विकास को प्रोत्साहित करने में व्यापार प्रतिबंधों की भूमिका पर चर्चा करें।
6. VERs, निर्यात सब्सिडी, प्रतिकारी शुल्क पर नोट लिखे।

अध्याय 23

आयात कोटा
(Import Quotas)

1. अर्थ और प्रकार
(MEANING AND TYPES)

संरक्षण विधि के रूप में आयात कोटा (अथवा अभ्यंश) टैरिफ के विकल्प हैं। आयात कोटा के अन्तर्गत प्राय: एक वर्ष के समय के दौरान मूल्य अथवा परिमाण में एक वस्तु की स्थिर मात्रा को देश के अन्दर आयात करने की आज्ञा दी जाती है। इस उद्देश्य के लिए सरकार एक आयात लाइसेन्स जारी कर सकती है जिसे वह या तो प्रतियोगी कीमत पर आयातकर्त्ताओं को बेच सकती है या पहले जो आए और प्राप्त करे के आधार पर आयातकर्त्ताओं को दे सकती है। वैकल्पिक तौर से, आयातकर्त्ताओं द्वारा एक विशेष वस्तु के आयात को खरीदने के लिए सरकार उन्हें सीमित मात्रा में विदेशी विनिमय प्रदान करके आयात के मूल्य को सीमित कर सकती है। आयात कोटा का उद्देश्य विदेशी प्रतियोगिता से घरेलू उद्योगों का संरक्षण तथा भुगतान शेष में असन्तुलन को ठीक करने के लिए आयात का प्रतिबन्ध और नियमन करना है। वे प्रतिशोधात्मक विधि के रूप में भी प्रयोग किए जाते हैं। आयात कोटा पांच प्रकार के होते हैं:

1. टैरिफ कोटा (Tariff Quota)—इस कोटा-प्रणाली के अन्तर्गत एक वस्तु की दी हुई मात्रा को बिना शुल्क या सापेक्षतया नीची शुल्क दर देने पर देश में प्रवेश की आज्ञा दी जाती है। परन्तु उस मात्रा से अधिक आयात पर सापेक्षतया ऊंची शुल्क दर ली जाती है।

2. एकपक्षीय कोटा (Unilateral Quota)—कोटा की इस प्रणाली के अन्तर्गत आयात की जाने वाली वस्तु की कुल मात्रा या मूल्य को अन्य देशों के साथ समझौता किए बिना कानून या डिगरी द्वारा निश्चित किया जाता है। अपने आप निश्चित किया गया कोटा व्यापक या आवंटित हो सकता है। व्यापक (global) कोटा के अन्तर्गत कोटा की पूरी राशि किसी भी एक देश से आयात की जा सकती है जबकि आवंटित कोटा-प्रणाली के अन्तर्गत कोटा की कुल मात्रा विभिन्न देशों के बीच बांट दी जाती है।

3. बहुपक्षीय कोटा (Bilateral Quota)—इस कोटा-प्रणाली के अन्तर्गत कोटा को एक या अधिक देशों के साथ कुछ समझौते के अनुसार निश्चित किया जाता है। हैबरलर इसे सहमत (agreed) कोटा कहता है।

4. मिश्रण कोटा (Mixing Quotas)—इस प्रणाली के अनुसार, कोटा निश्चित करने वाले देश में घरेलू उत्पादक तैयार वस्तुओं का उत्पादन करने के लिए कुछ अनुपात में आयातित कच्चे माल के साथ घरेलू कच्चे माल का प्रयोग करते हैं। इस प्रकार आयात कोटा प्रणाली, कोटा निश्चितकर्त्ता देश को दो प्रकार से लाभ प्रदान करती है: *प्रथम,* यह कच्चे माल के घरेलू उत्पादकों का विदेशी प्रतियोगिता से संरक्षण करती है; और *दूसरे,* यह देश के विदेशी विनिमय की बचत करती है।

5. आयात लाइसेंसिग (Import Licensing)—आयात लासेंसिंग विभिन्न प्रकार की कोटा प्रणालियों को लागू करने की विधि है। इस प्रणाली के अन्तर्गत, आयात की जाने वाली वस्तु की मात्रा पहले ऊपर वर्णित कोटा प्रणालियों के आधार पर निर्धारित की जाती है, तब आयात की जाने वाली वस्तुओं की विशिष्ट मात्राओं के लिए सरकार द्वारा आयात लाइसेंस जारी किए जाते हैं।

2. आयात कोटा के उद्देश्य
(OBJECTIVES OF IMPORT QUOTAS)

एक देश के आयात को नियंत्रित करने के अलावा आयात कोटा के निम्न उद्देश्य होते हैं:

1. भुगतान शेष असंतुलन को ठीक करना (To Correct Balance of Payments Dis-equilibrium)—विकसित देश अक्सर दीर्घकालीन भुगतान शेष असंतुलनों से ग्रस्त होते हैं जिन्हें ठीक करने के लिए आयात कोटा का प्रयोग किया जाता है। इससे आयात कम हो जाते हैं और विदेशी विनिमय की बचत होती है। इस तरह यह विदेशी विनिमय संकट को दूर करने में भी सहायक होते हैं।

2. शिशु उद्योग संरक्षण (To Protect Infant Industry)—अपने शिशु उद्योगों को संरक्षण देकर उनके विकास को प्रोत्साहित करने हेतु उस उद्योग से संबंधित वस्तुओं के लिए आयात कोटा निश्चित किए जाते हैं।

3. अनावश्यक वस्तुओं पर रोक (To Control Non–essential Goods)—आयात-कोटा का एक उद्देश्य विलासिताओं और अनावश्यक वस्तुओं के आयात पर रोक लगाना है।

4. प्रतिकार करना (To Retaliate)—जब एक देश कोटा-प्रणाली का प्रयोग करके दूसरे देश से वस्तुओं का आयात कम कर देता है तो ऐसी स्थिति में दूसरा देश प्रतिकार करने के लिए आयात कोटा प्रणाली प्रारंभ करता है।

5. राशिपातन के विरुद्ध (Against Dumping)—आयात-कोटा का एक और उद्देश्य राशिपातन के प्रभाव को कम करना है। जब एक देश दूसरे देश में अपनी वस्तुएं डम्प कर देता है तो अपने घरेलू उद्योगों की रक्षा हेतु दूसरा देश आयात-कोटा प्रणाली द्वारा राशिपातन का नियंत्रण करता है।

6. सट्टात्मक आयातों को रोकना (To Prevent Speculative Imports)—एक देश में जब टैरिफ का प्रयोग किया जाता है तो उसमें इतनी अधिक मात्रा में वस्तुओं का आयात होता है कि उससे आयात में सट्टात्मक प्रवृत्ति पाई जाती है जिसे रोकने के उद्देश्य से आयात-कोटा प्रणाली चालू की जाती है।

7. आयातों और कीमतों के उतार-चढ़ाव रोकना (To Prevent Fluctuations in Imports and Prices)—कोटा-प्रणाली का एक अन्य उद्देश्य आयात और परिणास्वरूप कीमतों में होने वाले उतार-चढ़ाव को रोकना है। कोटा निश्चित हो जाने से आवश्यक मात्रा में वस्तुओं का आयात होता है जिनसे वस्तुओं की कमी को पूरा करके उनकी कीमतों के भी बढ़ने पर रोक लग जाती है।

3. आयात-कोटा के प्रभाव
(EFFECTS OF IMPORT QUOTAS)

किंडलबर्गर (Kindleberger) ने कुछ आंशिक संतुलन के अन्तर्गत और कुछ सामान्य सन्तुलन विश्लेषण के अन्तर्गत, कुल मिलाकर, आयात कोटा के आठ प्रभावों का विश्लेषण किया है। पहले, हम आंशिक संतुलन विश्लेषण के अन्तर्गत आयात कोटा के प्रभावों की व्याख्या कर रहे हैं।

आंशिक संतुलन विश्लेषण (Partial Equilibrium Analysis)

1. कीमत प्रभाव (Price Effect)—आयात कोटा का लक्ष्य किसी वस्तु की भौतिक मात्रा को सीमित करना है। इसलिए जब आयात कोटा निश्चित किया जाता है, तो इससे वस्तु की कीमत बढ़ती है। कीमत कितनी बढ़ेगी, यह इस बात पर निर्भर है कि घरेलू बाजार के भीतर वस्तु की पूर्ति तथा मांग की स्थिति क्या है और इस बात पर कि कोटा से आयातित वस्तु की पूर्ति किस सीमा तक प्रतिबन्धित होती है। आयात कोटा का कीमत प्रभाव चित्र 1 में दिखाया गया है जहां D तथा S क्रमश: वस्तु के घरेलू मांग तथा पूर्ति वक्र है। PB मुक्त व्यापार के अन्तर्गत विदेश पूर्ति वक्र है जो घरेलू मांग वक्र D को बिन्दु B पर काटता है और OP कीमत निर्धारित होती है। इस प्रकार वस्तु की कुल घरेलू मांग OQ_3 है। परंतु घरेलू पूर्ति OQ है। इसलिए मुक्त व्यापार के अन्तर्गत OP कीमत पर वस्तु की QQ_3 मात्रा आयात की जा रही है।

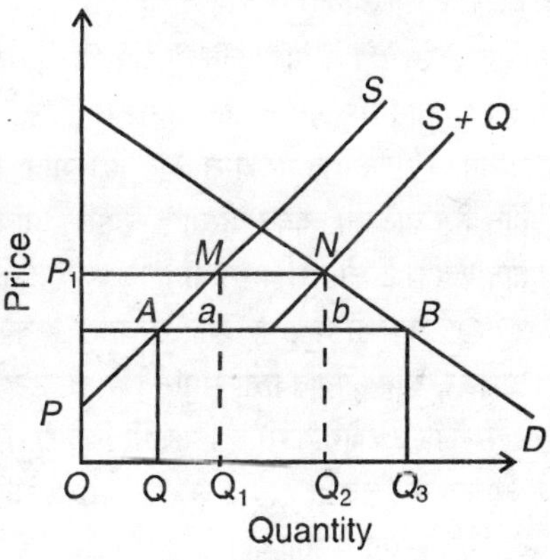

चित्र 1

मानलीजिए कि सरकार आयात कोटा निश्चित कर देती है जिसकी मात्रा Q_1Q_2 है। अब वस्तु की कुल पूर्ति $S + Q$ हो जाती है जिसमें घरेलू पूर्ति तथा आयात कोटा शामिल है। यह $(S + Q)$ पूर्ति वक्र घरेलू मांग वक्र को N पर काटता है और इस प्रकार कोटा से घरेलू कीमत OP से बढ़कर OP_1 हो जाती है। अत: PP_1 कोटा का कीमत प्रभाव है।

2. संरक्षण प्रभाव (Protective Effect)—आयात कोटा जब किसी आयात योग्य वस्तु की मात्रा घटाता है और उस वस्तु के

घरेलू उत्पादकों को विदेशी प्रतियोगिता से बचाता है तो यह आयात कोटा का संरक्षण प्रभाव होता है। चित्र 49.1 में, जब आयात कोटा की Q_1Q_2 मात्रा निश्चित होती है तो वस्तु का घरेलू उत्पादन OQ से OQ_1 तक बढ़ता है। इस प्रकार QQ_1 आयात कोटा का संरक्षण प्रभाव है।

3. उपभोग प्रभाव (Consumption Effect)—जब आयात कोटा निश्चित किया जाता है तो वस्तु की घरेलू कीमत बढ़ जाती है। परिणामस्वरूप, वस्तु का घरेलू उपभोग कम हो जाता है। इसे चित्र 49.1 में दिखाया गया है जहां मुक्त व्यापार के अन्तर्गत वस्तु का कुल घरेलू उपभोग OQ_3 है। जब कोटा की मात्रा Q_1Q_2 निश्चित कर दी जाती है, तो कुल घरेलू उपभोग घटकर OQ_2 रह जाता है। इस प्रकार घरेलू उपभोग में जो $Q_3Q_2 = (OQ_3 - OQ_2)$ कमी हुई है वह आयात कोटा का उपभोग प्रभाव है।

4. राजस्व प्रभाव (Revenue Effect)—किसी आयात कोटा का राजस्व प्रभाव निर्धारित करना बहुत जटिल तथा कठिन है। यदि सरकार आयात कोटा की नीलामी तब करे जब कीमत PP_1 हो और Q_1Q_2 मात्रा आयात करने की अनुमति हो और बोली $PP_1 \times Q_1Q_2$ पर ठहरती है, तो आयात कोटा का राजस्व प्रभाव $aMNb$ क्षेत्र के बराबर होगा। यह आयात प्रशुल्क के बराबर है। परन्तु आजकल सरकारें आयात कोटा नीलाम नहीं करतीं क्योंकि यदि उन्हें नीलाम किया जाए तो राजस्व प्रभाव को आयातकर्त्ता या निर्यातकर्त्ता या दोनों मिलकर ऊंची कीमतों और लाभों के रूप में हड़प जाएंगे। यदि घरेलू आयातकर्त्ता संगठित हैं और एकाधिकारी के रूप में काम करते हैं, तो वे राजस्व प्रभावों को हथिया लेंगे। दूसरी ओर, यदि विदेशी निर्यातकर्त्ता संगठित हैं और घरेलू आयातकर्त्ता संगठित नहीं हैं, तो राजस्व प्रभावों को विदेशी निर्यातकर्ता हड़प लेंगे। यदि घरेलू आयातकर्ता और विदेशी निर्यातकर्ता दोनों ही संगठित होंगे तो द्विपार्श्विक (bilateral) एकाधिकार होगा और राजस्व प्रभाव को दोनों मिल बांट कर खाएंगे। पर, वास्तविक परिणाम अनिश्चित रहेगा, जैसा कि द्विपार्श्विक एकाधिकार के अन्तर्गत होता है।

5. पुनर्वितरणात्मक प्रभाव (Redistributive Effect)—आयात कोटा के निश्चित करने का पुनर्वितरणात्मक प्रभाव भी होता है। यह तब होता है जब वस्तु की कीमत बढ़ने पर घरेलू उत्पादक अधिक लाभ कमाते हैं और वस्तु से उपभोक्ता की बेशी घट जाती है। वास्तव में, पुनर्वितरण प्रभाव उपभोक्ता की बेशी का उत्पादकों को हस्तान्तरण है जो उस वस्तु की कीमत बढ़ने का परिणाम होती है जिसका आयात कोटा निश्चित किया जाता है। इसे चित्र 1 में चतुर्भुज PP_1MA के रूप में दिखाया गया है।

6. भुगतान सन्तुलन प्रभाव (Balance of Payments Effect)—आयात कोटा का भुगतान सन्तुलन प्रभाव उस देश के अनुकूल होता है जो आयात कोटा लगाता है। आयात कोटा निश्चित करने का एक उद्देश्य यह भी है कि आयात इस तरह रोके जाएं कि वे देश के निर्यातों से न बढ़ने पाएं। इस प्रकार आयात कोटा व्यापार सन्तुलन में सुधार लाते हैं। और फिर, जब कोटा से आयात सीमित किए जाते हैं, तो आयात में जाने वाली राष्ट्रीय आय का भाग बच जाता है। इसे आयात स्थानापन्नता के लिए घरेलू उद्योगों में और निर्यात बढ़ाने वाले उद्योगों में निवेश किया जाता है। इसके परिणामस्वरूप, विदेश से होने वाली आय बढ़ती है और आयात कोटा लगाने वाले देश की भुगतान सन्तुलन स्थिति बेहतर बनती है। आयात कोटा का भुगतान संतुलन प्रभाव चित्र 1 में दिखाया गया है जहां मुक्त व्यापार के अन्तर्गत OP कीमत पर वस्तु की QQ_3 मात्रा आयात की जाती है। आयात के कुल मूल्य को चतुर्भुज AQQ_3B व्यक्त करता है। यह भुगतान शेष घाटे को व्यक्त करता है क्योंकि आयातकर्त्ताओं द्वारा भुगतान की गई राशि वह राशि है जिसे दूसरा देश प्राप्त करता है। इस भुगतान शेष घाटे को पूरा करने के लिए आयात कोटा की मात्रा Q_1Q_2 निश्चित की जाती है और परिणामस्वरूप आयात की मात्रा इतनी ही (Q_1Q_2) कम हो जाती है। यदि सरकार यह कोटा आयातकर्त्ताओं को नीलाम करती है, तो इसे $aMNb$ क्षेत्र के बराबर राशि प्राप्त होती है। **अथवा,** यदि आयातकर्त्ता संगठित हैं, तो उन्हें यह राशि लाभ के रूप में प्राप्त होती है और वे इस राशि को पुनः देश के भीतर निवेश करने के लिए उपयोग करते हैं। यह भी विदेशी-विनिमय की बचत है। भुगतान सन्तुलन में भी सुधार होता है क्योंकि कोटा लगाने वाला देश आयात के लिए aQ_1Q_2b क्षेत्र के बराबर राशि का भुगतान करता है। यह भुगतान AQQ_3B राशि से कम है जो उसे मुक्त व्यापार के अन्तर्गत करना पड़ता था।

7. सामान्य संतुलन विश्लेषण के अन्तर्गत व्यापार शर्तों का प्रभाव (Terms of Trade Effect under General Equilibrium Analysis)—आयात कोटा निश्चित करने से देश की व्यापार शर्तें बदल जाती हैं। व्यापार की नई शर्तें उस देश के थोड़ी बहुत अनुकूल हो सकती हैं जो कोटा निश्चित करता है। यह प्रस्ताव वक्र की लोच अथवा आयातकर्त्ता देश या निर्यातकर्त्ता देश की एकाधिकार शक्ति पर निर्भर करेगा। यदि आयात करने वाले देश को वस्तु के आयात का एकाधिकार प्राप्त है (अर्थात्

उसका प्रस्ताव वक्र लोचदार है), तो व्यापार की शर्तें उसके अनुकूल होंगी। दूसरी ओर, यदि निर्यातकर्त्ता देश को उस वस्तु पर एकाधिकार प्राप्त है जिस पर आयात कोटा निश्चित किया जाता है (अथवा यदि उसका प्रस्ताव वक्र लोचदार है), तो व्यापार की शर्तें उस देश के अनुकूल और कोटा लगाने वाले देश के प्रतिकूल होंगी। व्यापार शर्तों का प्रभाव चित्र 2 में दिखाया गया है जहां *OE* इंग्लैंड का प्रस्ताव वक्र है और *OG* जर्मनी का प्रस्ताव वक्र है। इंग्लैंड कपड़ा देकर जर्मनी से लिनन मंगवाने का व्यापार करता है और मुक्त व्यापार के अन्तर्गत व्यापार की शर्तें बिन्दु *A* पर निर्धारित होती हैं। मानलीजिए कि इंग्लैंड लिनन की *OL* मात्रा का आयात कोटा निश्चित कर देता है। व्यापार की शर्तें बदल जाएंगी। व्यापार की नई शर्तें या तो OT_1 रेखा पर होंगी या फिर OT_2 रेखा पर होंगी। यदि वे OT_1 रेखा पर *OM* है, तो व्यापार की शर्तें इंग्लैंड के अनुकूल होंगी क्योंकि वह जर्मनी के *OL* लिनन के बदले *LM* कपड़ा विनिमय करेगा। दूसरी ओर, यदि व्यापार की शर्तें OT_2 रेखा पर *ON* हैं तो व्यापार की शर्तें इंग्लैंड के प्रतिकूल होंगी क्योंकि उसे जर्मनी के *OL* लिनन के बदले अधिक कपड़ा *LN* देना पड़ेगा। जैसाकि द्विपार्श्विक व्यापार की स्थिति में होता है, जहां एकाधिकार क्रेता और एकाधिकार विक्रेता होता है, परिणामत सैद्धान्तिक रूप से अनिश्चित होता है।

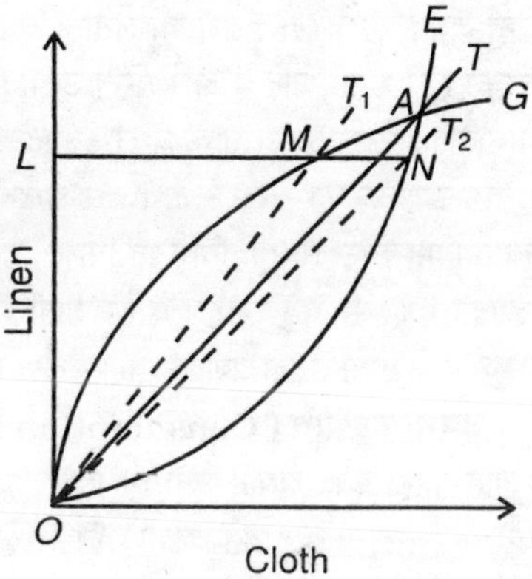

चित्र 2

4. प्रशुल्कों तथा कोटा की समानता (THE EQUIVALENCE OF TARIFFS AND QUOTAS)

प्रशुल्क तथा कोटा में समानता है। दोनों के कुछ प्रभाव एक जैसे हैं। दोनों ही घरेलू कीमत बढ़ाते हैं, दोनों ही आयात्य वस्तु के घरेलू उत्पादन को संरक्षण देते हैं, दोनों ही घरेलू उपभोग घटाते और आयातों की मात्रा प्रतिबन्धित करते हैं।

इसकी मान्यताएं (Its Assumptions)

प्रशुल्क तथा कोटा के बीच समानता विश्लेषण की मान्यताएं हैं कि *(i)* घरेलू बाजार में पूर्ण प्रतियोगिता है; *(ii)* विदेशी पूर्ति प्रतियोगी है; *(iii)* सामूहिक रूप से घरेलू क्रेताओं को उस पूर्ति वक्र का सामना करना पड़ता है जो घरेलू पूर्ति वक्र *जमा* निश्चित कोटा के बराबर है; *(iv)* यदि कोटा पूरी तरह काम में लाया जाए तो कोटा पूर्ण प्रतियोगिता को सुनिश्चित करता है; और *(v)* प्रशुल्क तथा आयात कोटा इस दृष्टि से समान है कि प्रशुल्क ठीक उतना ऊंचा है जो आयात की मात्रा को कोटा द्वारा स्वीकृत राशि के बराबर लाने के लिए पर्याप्त हो।

इसकी व्याख्या (Its Explanation)

इन मान्यताओं के दिया हुआ होने पर, प्रशुल्क तथा आयात कोटा के समान प्रभाव चित्र 3 में प्रदर्शित किए गए हैं जहां *Dd* तथा *Sd* आयात्य वस्तु के घरेलू मांग तथा पूर्ति वक्र हैं। मुक्त व्यापार के अन्तर्गत विश्व कीमत OP_W है और P_FS_F विदेश का पूर्ति वक्र है जो OP_F कीमत पर पूर्णतया लोचदार है। इस प्रकार पूर्ण प्रतियोगिता की परिस्थितियों के अन्तर्गत बिन्दु *B* मुक्त व्यापार सन्तुलन प्रदान करता है जहां *Dd* वक्र OP_W विश्व कीमत पर पूर्ति वक्र P_WS_F को काटता है। वस्तु की कुल मांग OQ_3 है और घरेलू पूर्ति *OQ* है। घरेलू मांग और पूर्ति के अन्तर को OP_F कीमत पर वस्तु की QQ_3 मात्रा के आयात पूरा करते हैं।

कीमत प्रभाव (Price Effect)—जब वस्तु के आयात पर P_WP_T/OP_F की दर से प्रशुल्क लगाया जाता है, तो यह P_WS_F वक्र को ऊपर की ओर $P_TS'_F$ पर सरका देता है और कीमत को बढ़ाकर OP_T पर ले जाता है। इसी प्रकार जब वस्तु की Q_1Q_2 मात्रा के बराबर प्रत्यक्ष आयात कोटा लगाया जाता है, तो घरेलू पूर्ति वक्र दाएं को सरककर $Sd + Q$ पर पहुंच जाता है। यह *Dd* वक्र को *N* पर काटता है और इस तरह कोटा घरेलू कीमत को बढ़ाकर OP_T पर पहुंचा देता है। इस प्रकार प्रशुल्क तथा कोटा का कीमत प्रभाव यह है कि वस्तु की कीमत में समान मात्रा में बढ़ोतरी हो जाए।

संरक्षण प्रभाव (Protective Effect)—प्रशुल्क तथा आयात कोटा दोनों का उद्देश्य आयात्य वस्तु की मात्रा घटाना और वस्तु के घरेलू उत्पादकों को विदेशी प्रतियोगिता से बचाना है। चित्र 3 में प्रशुल्क लगाने से पहले वस्तु की QQ_3 मात्रा आयात की जाती है।

परन्तु जब P_WP_T/OP_T प्रशुल्क लगाया जाता है तो आयात QQ_3 से गिरकर Q_1Q_2 रह जाते हैं और घरेलू उत्पादन OQ से बढ़कर OQ_1 हो जाते हैं। इस प्रकार वस्तु के घरेलू उत्पादन में जो QQ_1 बढ़ोतरी हुई है, वह प्रशुल्क का संरक्षण अथवा उत्पादक प्रभाव है। इसी प्रकार जब आयात कोटा Q_1Q_2 निश्चित किया जाता है, तो वस्तु का घरेलू उत्पादन OQ से बढ़कर QQ_1 हो जाता है जिससे QQ_1 संरक्षण प्रभाव प्राप्त होता है जो प्रशुल्क के सरंक्षण प्रभाव के ही बराबर है।

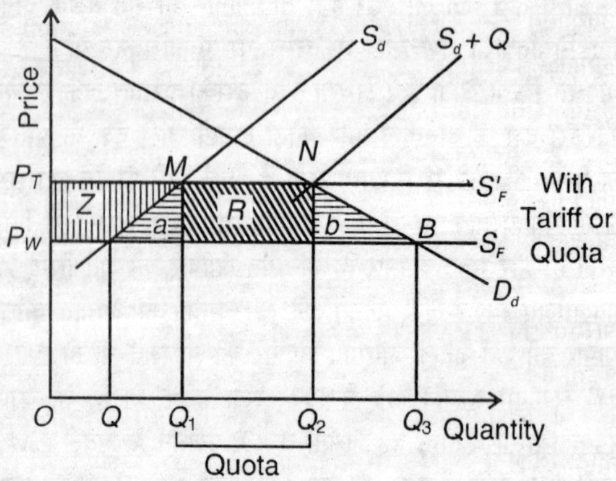

चित्र 3

उपभोग प्रभाव (Consumption Effect)—प्रशुल्क तथा आयात कोटा एक-समान उपभोग प्रभाव प्रदान करते हैं। दोनों ही वस्तु की घरेलू कीमत को बढ़ाते और घरेलू उपभोग को घटाते हैं। चित्र 3 में मुक्त व्यापार के अन्तर्गत वस्तु का घरेलू उपभोग OQ_3 है। जब P_WP_T/OP_T प्रशुल्क लगाया जाता है और कीमत में OP_T बढ़ोतरी होती है, तो आयात में Q_3Q_2 कमी हो जाती है और परिणामस्वरूप वस्तु का कुल उपभोग OQ_3 से घटकर OQ_2 रह जाता है। इस प्रकार प्रशुल्क का उपभोग प्रभाव Q_3Q_2 है। इसी प्रकार जब आयात कोटा की मात्रा Q_1Q_2 निश्चित की जाती है, तो कुल घरेलू उपभोग OQ_3 से गिरकर OQ_2 रह जाता है। इस प्रकार कोटा का उपभोग प्रभाव Q_3Q_2 है जो उसी प्रभाव के बराबर है जो प्रशुल्क के अन्तर्गत था।

निवल राष्ट्रीय हानि (Net National Loss)—प्रशुल्क से उतनी ही निवल राष्ट्रीय हानि होती है जितनी कि आयात कोटा से होती है। जब प्रशुल्क के कारण वस्तु की घरेलू कीमत बढ़कर OP_T हो जाती है, तो उपभोक्ता बेशी की P_TNBP_W (मांग वक्र के अंतर्गत क्षेत्र) निवल हानि होती है।

अब क्षेत्र P_TNBP_W = क्षेत्र $Z + a + R + b$। इसमें क्षेत्र R को राजस्व के रूप में सरकार ले जाती है। क्षेत्र Z उत्पादक को प्रशुल्क से प्राप्त लाभ है। क्षेत्र a तथा b निवल राष्ट्रीय हानि है। इस हानि को दो त्रिभुज व्यक्त करते हैं। पहला त्रिभुज (a) आयात कोटा Q_1Q_2 की निश्चल (dead weight) हानि को और दूसरा त्रिभुज (ब) उपभोक्ता बेशी की समान हानि को व्यक्त करता है जिसे $Z + a + R + b$ प्रदर्शित करता है। इससे उत्पादकों को उतना ही लाभ होता है और उतनी ही निवल राष्ट्रीय हानि होती है जितनी कि प्रशुल्क के अन्तर्गत। क्षेत्र R वह आन्तरिक पुनर्वितरण है जो उपभोक्ताओं से आयात लाइसेन्स धारकों के पास चला जाता है। यह प्रशुल्क का राजस्व प्रभाव है क्योंकि यहां धारणा यह है कि सरकार आयात लाइसेन्स नीलाम करती है।

प्रशुल्क तथा आयात कोटा की यह समानता केवल पूर्ण प्रतियोगिता की स्थितियों के अन्तर्गत ही खरी ठहरती है। भगवती ने अपने "On the Equivalence to Tariffs and Quotas" शीर्षक पेपर में दिखाया है कि, यदि घरेलू उत्पादन में कोई एकाधिकार प्राप्त शक्ति हो, अथवा जब कुछ ही व्यक्तियों को आयात लाइसेन्स दिए जाएं और कोटा धारकों में पूर्ण प्रतियोगिता न हो, तो प्रशुल्कों तथा कोटा में असमानता रहती है। जिस आयातकर्त्ता के पास लाइसेन्स है, वह विश्व कीमत OP_W तथा घरेलू कीमत OP_T के अन्तर को प्रति इकाई लाभ के रूप में वसूल कर सकता है। यदि लाइसेन्स नीलाम किए जाएं तो आयातकर्त्ता इस बात के लिए तैयार रहेंगे कि स्वीकृत आयात की प्रति इकाई तक P_WP_T मात्रा का भुगतान कर दें।

5. आयात कोटा बनाम प्रशुल्क
(IMPORT QUOTAS *VERSUS* TARIFFS)

प्रशुल्क की भांति आयात कोटा भी आयात को घटाता है, कीमत बढ़ाता है और जिस वस्तु पर कोटा लगाया जाता है, उस वस्तु के घरेलू उत्पादन को बढ़ाता है। परन्तु आयात कोटा तथा प्रशुल्क में कुछ महत्वपूर्ण अन्तर हैं जिनकी चर्चा यहां की जा रही है।

1. प्रतिबन्धातमक प्रभाव (Restrictive Effects)—प्रशुल्क की अपेक्षा आयात कोटा का प्रतिबन्धात्मक प्रभाव बहुत अधिक तेजी से पड़ता है और अधिक मजबूत होता है। जहां प्रशुल्क प्रमुख रूप से वस्तु कीमतों को प्रभावित करता है, वहां आयात कोटा

आयातित वस्तु की मात्रा को निर्धारित करता है। आयात कोटा के विपरीत, प्रशुल्क आयातित वस्तुओं की मात्रा पर कोई प्रतिबन्ध नहीं लगाता है। परन्तु, यदि आयात कोटा का मूल उद्देश्य आयातित वस्तुओं की मात्रा को प्रभावित करना है, तो इसका परिणाम यह हो सकता है कि वस्तुएं दुर्लभ हो जाएं और कीमतें तेजी से बढ़ जाएं।

2. आयातों की मात्रा (Quantity of Imports)—प्रशुल्क की अपेक्षा आयात कोटा अधिक कठोरता से उस अधिकतम मात्रा को निश्चित करता है जो आयात की जा सकती है। दूसरी ओर, प्रशुल्क इतने कठोर नहीं होते, क्योंकि प्रारम्भिक प्रावस्था समाप्त हो जाने के बाद यदि विदेश कीमत गिर जाए अथवा संरक्षित वस्तु की घरेलू मांग या कीमत बढ़ जाए तो, आयात बढ़ेंगे।

3. स्थिर बनाम अस्थिर (State *vs.* Unstable)—आयात कोटा अस्थिर होता है क्योंकि नौकरशाही की इच्छानुसार इसमें परिवर्तन किया जा सकता है, जबकि प्रशुल्क स्थिर होता है, क्योंकि यदि प्रशुल्क नीति में परिवर्तन करना हो तो वैधानिक स्वीकृति लेनी पड़ती है।

4. विभेदात्मक बनाम अविभेदात्मक (Discriminatory *vs.* Non-Discriminatory)—प्रशुल्क की अपेक्षा आयात कोटा विभिन्न देशों से वस्तुओं की पूर्ति को प्रतिबन्धित करने में अधिक भेदभाव का बर्ताव करता है। इस प्रकार आयात कोटा से अन्तर्राष्ट्रीय सम्बन्धों में कटुता आती है। क्योंकि प्रशुल्क के अन्तर्गत मांग तथा पूर्ति का बाजार-तंत्र मुक्त रूप से कार्य करता है, इसलिए, दूसरे देशों के साथ भेदभावपूर्ण व्यवहार की कम गुंजाइश रहती है। परन्तु कोटा-प्रणाली के अन्तर्गत, आयात कोटा का आवंटन किसी एक स्वीकृत नियम के आधार पर नहीं होता। इससे प्राय: अन्तर्राष्ट्रीय भेदभाव बढ़ता है।

5. राजस्व बनाम लाभ (Revenue *vs.* Profit)—क्योंकि प्रशुल्क कर लगाने के परिणामस्वरूप अतिरिक्त राजस्व प्राप्त होता है, इसलिए प्रशुल्क से सरकार को लाभ होता है, जबकि आयात कोटा से लाइसेंसधारक, आयातकर्ताओं को लाभ होता है। परन्तु यदि सरकार आयातकर्त्ताओं को आयात लाइसेंस नीलाम करे, तो आयात कोटा से भी सरकार लाभ उठा सकती है।

6. कोटा या आर्थिक लगान (Quota or Economic Rent)—जब प्रशुल्क अथवा आयात कोटा लगाकर आयात नियन्त्रित किया जाता है, तो आयात में दुर्लभता मूल्य पाया जाता है और घरेलू मांग कीमत और विदेशों की पूर्ति कीमत में अन्तर पड़ जाने के परिणामस्वरूप आयात का दुर्लभता मूल्य आर्थिक लगान अथवा सीमा को जन्म देता है। प्रशुल्क के मामले में, आर्थिक लगान सरकार को राजस्व के रूप में प्राप्त होता है। परन्तु आयात कोटा से सरकार, आयातकर्त्ताओं, विदेशी उत्पादकों, घरेलू उपभोक्ताओं और कोटा प्रणाली के प्रशासक कर्मचारियों में से किसी को भी आर्थिक लगान प्राप्त हो सकता है। घरेलू बाजार स्थितियों तथा आयात कोटा के संगठन पर यह बात निर्भर करेगी कि यह आर्थिक लगान किसे प्राप्त होगा? यदि सरकार केवल आयात कोटा शुरू करती है, और यदि घरेलू उत्पादक संगठित हैं तथा विदेश में उत्पादक संगठित नहीं हैं तो लाभ और कीमतें बढ़ाकर घरेलू उत्पादक इस आर्थिक लगान को हथिया लेंगे। परन्तु यदि विदेश में तो उत्पादक संगठित हैं और घरेलू उत्पादक संगठित नहीं हैं तो विदेश के उत्पादक अपनी कीमतें बढ़ाकर और आगे व्यापार की शर्तें देश के प्रतिकूल बनाकर इस लगान का पर्याप्त भाग ले जाएंगे। यदि सरकार इस आर्थिक लगान को स्वयं प्राप्त करना चाहती है, तो आयात लाइसेन्स नीलाम करके वह ऐसा कर सकती है। यदि देश में कठोर कीमत नियंत्रण और राशनिंग है, तो आर्थिक लगान उपभोक्ताओं को प्राप्त होगा। परन्तु, यदि कुछ आयातकर्त्ता स्वयं आयातित वस्तु को प्रयोग नहीं करते और ऊंचे दामों पर अपना राशन दूसरों को बेच देते हैं, तो आर्थिक लगान वास्तविक उपभोक्ताओं को प्राप्त नहीं होगा। यदि प्रशासन ढीला है और आयात कोटा प्रणाली के प्रशासक कर्मचारियों को अपनी मर्जी से कुछ आयात लाइसेन्स देने का अधिकार है, तो वे घूस ले सकते हैं और इस प्रकार इस आर्थिक लगान का कुछ भाग प्राप्त कर सकते हैं।

7. एकाधिकार (Monopoly)—प्रशुल्क की अपेक्षा आयात कोटा विदेशी प्रतियोगिता को समाप्त करता है और घरेलू एकाधिकार को अधिक प्रोत्साहन देता है। जब आयात कोटा एकाधिकार को जन्म देता है, तो वह प्रशुल्क से अधिक बुरा होता है। कुछ आयातकों को आयात कोटा के आवंटन से एकाधिकार शक्ति उत्पन्न होती है। वे मार्केट का शोषण करते हैं और बड़े कोटा लाभ कमाते हैं। जब कोटा से एकाधिकार उत्पन्न होता है, तो देश में कीमतें बढ़ेंगी, उत्पादन गिरेगा और प्रशुल्क की तुलना में कोटा से अधिक राष्ट्रीय हानि होगी, जबकि प्रशुल्क भी उतना ही आयात प्रदान करेगा।

8. भुगतान शेष (Balance of Payments)—आयात कोटा तथा प्रशुल्क प्राय: देश की भुगतान सन्तुलन की स्थिति सुधारने के लिए काम में लाए जाते हैं। परन्तु, आयात कोटा से भुगतान सन्तुलन में आयात की कमी के बराबर सुधार नहीं हो सकता। वे केवल

मांग में परिवर्तन ला सकते हैं। क्योंकि पहले जिन वस्तुओं का निर्यात होता था, अब घरेलू उपभोक्ता उनकी मांग नहीं करेंगे। और फिर, आयातित वस्तुओं की घरेलू तथा विदेशी कीमत में भारी अन्तर लाकर आयात कोटा, आयात को ऊपर तथा नीचे की ओर, दोनों की दिशाओं में कठोर बनाते हैं। दूसरी ओर, प्रशुल्क आयात तथा निर्यात के परिणाम को नियंत्रित नहीं करते बशर्तें कि प्रशुल्क निषेधात्मक रूप से बहुत ऊंचे न हों। इस प्रकार प्रशुल्क भुगतान सन्तुलन की लोचात्मकता में हस्तक्षेप नहीं करते।

9. व्यापार की शर्तें (Terms of Trade)—व्यापार की शर्तों पर प्रशुल्क को प्रभाव निश्चित होता है। परंतु आयात कोटा का व्यापार की शर्तों पर प्रभाव अनिश्चित और अनिर्धारित होता है।

10. सरल बनाम कठिन (Simpe *vs.* Cumbersome)—आयात कोटा की अपेक्षा प्रशुल्क अधिक लोचशील होता है। इसलिए इसे अधिक सरलता से लगाया जा सकता है और अधिक सरलता से हटाया भी जा सकता है। कोटा का संचालन सरकारी अधिकारियों द्वारा किया जाता है और इसमें राजनैति हस्तक्षेप तथा भ्रष्टाचार पाए जाते हैं।

11. प्रतिशोध (Retaliation)—प्रशुल्क और आयात कोटा ायातों को रोकते हैं इसलिए दूसरे देशों द्वारा प्रतिशोध की संभावना पाई जाती है। परन्तु प्रशुल्क की तुलना में कोटा में प्रतिशोध की संभावना अधिक होती है। एक ऊंची प्रशुल्क दर दूसरे देश द्वारा कम प्रतिशोध ही लाती है जो अपनी निर्यात कीमतें कर सकता है। परन्तु एक ऊंचा शुल्क कोटा और कम कोटा दूसरे देश द्वारा अक्सर प्रतिशोध लाता है।

12. प्रभावी संरक्षण (Effective Protection)—जब घरेलू वस्तु के लिए कच्चे माल आयात करने हेतु कोटा लगाया जाता है तो इससे उसकी उत्पादन लागत बढ़ जाती है। इसका प्रशुल्क जैस्। ही प्रभाव होता है। परन्तु जब अन्तिम (बनी हुई) वस्तु निर्यात की जाती है तो उसके कच्चे माल पर निर्यात शुल्क में प्राय: छूट नहीं दी जाती है, जबकि कोटा पर छूट दी जाती है।

13. कीमत भिन्नताएं (Price Differentials)—प्रशुल्क और कोटा घरेलू कीमत और विश्व कीमत के बीच कीमत भिन्नताओं में भी भिन्न होते हैं। प्रशुल्क में घरेलू कीमत हैरिफ शुल्क की मात्रा द्वारा विश्व कीमत से भिन्न होती है। एक आयातकर्त्ता वस्तु की जितनी चाहे मात्रा शुल्क देकर आयात कर सकता है। परन्तु ऐसा कोटा के बारे में नहीं होता है जहां घरेलू कीमत और विश्व कामत में कोई अंतर नहीं होता हे।

6. आयात कोटा और प्रशुल्क के गुण एवं दोष
(MERITS AND DEMERITS OF IMPORT QUOTAS AND TARIFFS)

अब आयात कोटा और प्रशुल्क के गुण और दोषों का विवेचन करते हैं। संरक्षण की इन दोनों विधियों के गुण एवं दोष अलग-अलग नहीं होते बल्कि आयात कोटा के गुण, प्रशुल्क के दोष होते हैं और आयात कोटा के दोष, प्रशुल्क के गुण हैं।

आयात कोटा के गुण और प्रशुल्क के दोष
(Merits of Import Quotas and Demerits of Tariffs)

प्रशुल्क की अपेक्षा आयात कोटा निश्चित करने से एक देश को निम्न लाभ प्राप्त होता हैं:

1. आयात को निश्चित तौर से कम करना (Definite Reduction of Imports)—आयात कोटा द्वारा आयात को निश्चित तौर से कम किया जाता है। ऐसा इसलिए कि आयात की जाने वाली विभिन्न वस्तुओं की मात्रा स्थिर होती है और किसी भी हालत में आयातकर्त्ताओं को उससे अधिक आयात नहीं करने दिया जाता है।

परन्तु प्रशुल्क के अन्तर्गत कोई गारंटी नहीं होती है कि आयात की कटौती कर दी जाएगी जब आयात की मांग बेलोच हो। आयात की मात्राओं को कम करने में प्रशुल्क असफल रहते हैं।

2. विदेशी विनिमय की सही मात्रा निश्चित करना (Fix Correct Quantity of Foreign Exchange)—कोटा प्रणाली के अन्तर्गत आयात की जाने वाली वस्तुओं की मात्रा पहले से ही निर्धारित कर ली जाती है। इसलिए, सरकार इस बात का सही अनुमान लगा सकती है कि आयात के लिए कितने विदेशी मुद्रा की आवश्यकता पड़ेगी। इसका इंतजाम करने के लिए उसे पर्याप्त समय भी मिल जाता है।

परन्तु प्रशुल्क के अन्तर्गत आयात की जाने वाली वस्तुओं के बारे में अनुमान बिल्कुल नहीं लगाया जा सकता और सरकार विदेशी विनिमय की आवश्यकताओं का भी पूर्वानुमान नहीं लगा सकती है।

3. आयातित वस्तुओं की स्थिर मात्रा (Fixed Quantity of Imported Goods)—आयात कोटा प्रणाली के अन्तर्गत, आयात की जाने वाली वस्तुओं की मात्रा स्थिर होती है। इसलिए, घरेलू उत्पादकों को यह मालूम होता है कि उनको कितना उत्पादन करना है और वे समय पर अतिरिक्त निवेश करके अपनी उत्पादन क्षमता को बढ़ा सकते हैं।

प्रशुल्क के अन्तर्गत घरेलू उत्पादकों को यह मालूम नहीं होता कि वस्तुओं की कितनी मात्रा आयातित की जानी है और उनको कितनी वस्तुओं को उत्पादित करना होगा ताकि घरेलू मांग को पूरा किया जा सके। परिणामस्वरूप, अनिश्चितता पाई जाने से वे निवेश करना नहीं चाहते हैं।

4. लोचशील (Flexible)—आयात कोटा लोचशील होते हैं। उन्हें सरकारी कर्मचारियों द्वारा निर्धारित किया जाता है जो विभिन्न परिस्थितियों के अनुसार आयात कोटा में आवश्यक परिवर्तन कर सकते हैं। इसलिए आयात कोटा देश के विदेशी व्यापार में आवश्यक परिवर्तन करने की एक बहुत लाभदायक और प्रभावी विधि है।

प्रशुल्क में परिवर्तन केवल संसद ही कर सकती है। इसलिए, वे कठोर और अलोचशील होते हैं। उनमें तुरन्त परिवर्तन नहीं किए जा सकते और वे विदेशी व्यापार में आवश्यकताओं के अनुसार अपना योगदान देने में असमर्थ होते हैं।

5. विकासशील देश के लिए अधिक उपयुक्त (More Suited for Developing Country)—एक विकासशील देश के लिए आयात कोटा अधिक उपयुक्त होते हैं क्योंकि उसे विकास के लिए पूंजी पदार्थ, कच्चा माल आदि आयात करने पड़ते हैं। इन वस्तुओं की देश के लिए मांग बेलोच होती है। देश की विदेशी विनिमय की स्थिति को ध्यान में रखते हुए आयात कोटा निश्चित किया जाता है। अक्सर आयात कोटा द्वारा आयातित वस्तुओं की मात्रा में कमी की जाती है, यद्यपि इससे घरेलू वस्तुओं की कीमतों में वृद्धि होती है।

आयात की जाने वाली वस्तुओं की मांग बेलोच होने पर जब सरकार प्रशुल्क लगाती है तो आयातकर्ताओं का उन वस्तुओं के लिए अधिक कर देना पड़ता है जिससे उनकी कीमतें बढ़ जाती हैं। परन्तु आयात कोटा की तुलना में प्रशुल्क लगने से कीमतों में अधिक वृद्धि होती है।

6. विलासिताओं पर नियंत्रण (Control over Luxuries)—विकासशील देशों की एक मुख्य समस्या वस्तुओं का दिखावटी उपभोग है, जो विलासिताओं का होता है और जिन्हें अमीरों के लिए आयात किया जाता है। इन वस्तुओं के उपभोग को रोकना आवश्यक होता है। ऐसा आयात कोटा द्वारा ही सम्भव है क्योंकि इसके अन्तर्गत आयात की जाने वाली वस्तुओं की मात्रा निश्चित होती है और अमीर वर्ग दिखावटी उपभोग के लिए इन वस्तुओं को आयात नहीं कर सकता है।

परन्तु प्रशुल्क के अन्तर्गत ऐसा संभव नहीं हो सकता क्योंकि आयात प्रशुल्क लगने के बावजूद धनी वर्ग विलासिताओं के लिए अधिक प्रशुल्क दरें देकर भी इन वस्तुओं का आयात कर सकता है।

7. आयात में सट्टेबाजी संभव नहीं (Speculation Imports not Possible)—आयात कोटा के अन्तर्गत जब वस्तुओं के बारे में कोटा निश्चित कर दिए जाते हैं तो आयात में सट्टेबाजी संभव नहीं हो सकती है।

परन्तु टैरिफ के अन्तर्गत ऐसा संभव होता है, क्योंकि जब आयातकर्त्ता यह समझते हैं कि सरकार वस्तुओं पर टैरिफ की दरों को बढ़ाएगी तो वे अधिक वस्तुओं का आयात करना प्रारंभ कर देते हैं जिससे आयात में सट्टेबाजी होती है।

8. भुगतान शेष को ठीक करने वाली श्रेष्ठ विधि (Better Method of Correcting BOP)—आयात कोटा, भुगतान संतुलन में असंतुलन को ठीक करने के लिए बेहतर विधि है। जब एक देश को चिरकालिक भुगतान शेष में असंतुलन की समस्या का सामना करना पड़ता है तो उसके लिए आयात में कमी एक आवश्यक उपाय है। आयात कोटा के अन्तर्गत आयात में कमी को सरलता से किया जा सकता है।

परन्तु प्रशुल्क लगाने से यह आवश्यक नहीं कि आयात कम किए जाएंगे। इसलिए आयात प्रशुल्क भुगतान शेष की स्थिति को सुधारने के लिए प्रभावी तरीका नहीं है।

9. प्रतिशोध की कम संभावना (Less Possibility of Retaliation)—आयात कोटा के अन्तर्गत जब वस्तुओं का आयात

कोटा निश्चित किया जाता है तो अन्य देशों द्वारा प्रतिशोध की संभावना कम होती है। आयात कोटा लगाने से किसी अन्य देश पर बिना दबाव डाले आयात को दूर किया जा सकता है।

दूसरी ओर, प्रशुल्क की दरों को अधिक नहीं बढ़ाया जा सकता क्योंकि इससे दूसरे देश द्वारा प्रतिशोध करने की संभावना होती है।

आयात कोटा के दोष और प्रशुल्क के गुण (Demerits of Import Quotas and Merits of Tariffs)

प्रशुल्क की अपेक्षा आयात कोटा निश्चित करने से एक देश को निम्न हानियां होती हैं:

1. विभेदात्मक (Discriminatory)—आयात कोटा विभेदात्मक होते हैं क्योंकि जिन देशों से वस्तुएं आयात करनी होती हैं उनके लिए कोटा प्रदान किए जाते हैं। अन्य देशों से वस्तुएं आयात नहीं की जा सकती हैं।

परन्तु प्रशुल्क के अन्तर्गत आयातकर्त्ताओं को वस्तुएं किसी भी देश से आयात करने की बिल्कुल छूट होती है। इसलिए किसी भी देश के आपूर्तिकर्त्ता के साथ विभेद नहीं किया जाता।

2. एकाधिकारात्मक (Monopolistic)—आयात कोटा प्रणाली एकाधिकार को प्रोत्साहित करती है। इस प्रणाली के अन्तर्गत आयातकर्त्ताओं को सरकार से आयात लाइसेंस जारी किये जाते हैं जिन्हें पूर्व स्थापित, बड़े और पुराने लाइसेंसधारक अपने प्रभाव और अनियमित ढंग से प्राप्त करने में सदैव सफल होते हैं। इस प्रकार उनका एकाधिकार स्थापित हो जाता है। परिणास्वरूप, नए और छोटे व्यापारी आयात लाइसेंस प्राप्त नहीं कर पाते।

परन्तु प्रशुल्क के अन्तर्गत कोई भी व्यापारी एक वस्तु की कितनी भी मात्रा किसी भी देश से आयात शुल्क देकर आयात कर सकता है। इसमें छोटे अथवा बड़े व्यापारी का कोई भेद-भाव नहीं होता है और सभी आयातकर्त्ता देश की व्यापार-नीति के अनुसार वस्तुएं मंगवा सकते हैं।

3. भ्रष्टाचार (Corruption)—आयात कोटा प्रणाली के अन्तर्गत सरकारी अधिकारी आयातकर्ताओं को आयात लाइसेंस आवंटित करते हैं जिनको प्राप्त करने के लिए व्यापारी और अधिकारी अनेक प्रकार के भ्रष्ट तरीके अपनाते हैं जैसे भेद-भाव, घूसखोरी आदि।

दूसरी ओर, प्रशुंल्क के अन्तर्गत सरकारी अधिकारियों का कोई हस्तक्षेप नहीं होता क्योंकि प्रशुल्क की दरें सदन द्वारा निश्चित की जाती हैं। इसलिए यह प्रणाली भ्रष्टाचार से मुक्त है।

4. महंगी प्रणाली (Costly System)—आयात कोटा प्रणाली सरकार के लिए महंगी पडती है। सरकार आयात लाइसेंस बेच कर फीस अथवा नीलाम करके कुछ राशि प्राप्त करती है जबकि इस प्रणाली को चलाने हेतु उसे प्रशासकीय व्यय बहुत करना पड़ता है। सरकार को कोई अतिरिक्त राजस्व प्राप्त नहीं होता है। बल्कि आयातकर्त्ता 'कोटा लाभ' अर्जित करते हैं।

इसके विपरीत, प्रशुल्क प्रणाली से सरकार को बहुत राजस्व प्राप्त होता है। जितनी अधिक वस्तुएं आयात होती हैं और जितने उंचे आयात प्रशुल्क होते हैं, उतना ही अधिक सरकार को राजस्व प्राप्त होता है, क्योंकि सरकारी राजस्व = आयातित वस्तुओं की मात्राएं × प्रशुल्क दरें।

5. कीमत वृद्धि (Price Rise)—कोटा प्रणाली के अन्तर्गत देश में वस्तुओं की कीमतों में वृद्धि होती है। जब वस्तुओं की मांग बढ़ती है तो अधिक वस्तुएं आयात करके उनकी पूर्ति को नहीं बढ़ाया जा सकता क्योंकि आयात की जाने वाली वस्तुओं का कोटा निश्चित होता है।

परन्तु प्रशुल्क प्रणाली में मांग के अनुरूप वस्तुओं को आयात करके उनकी पूर्ति बढ़ाई जा सकती है। इसलिए वस्तुओं की कीमतें प्रशुल्क दर के अनुसार ही बढ़ती हैं, परन्तु कोटा प्रणाली से कम। प्रारम्भ में ये अधिक बढ़ती हैं जब तक कि आयातित वस्तुएं मार्केट में नहीं आ जातीं। मार्केट में उनके प्रवेश के बाद कीमतें गिरना प्रारंभ कर देती हैं। परन्तु कोटा प्रणाली में ऐसा संभव नहीं होता है।

6. उपभोक्ता का शोषण (Exploitation of Consumer)—एक ओर तो आयात कोटा के कारण वस्तुओं की कीमतें मार्केट में बढ़ती हैं और दूसरी ओर कोटाधारक एकाधिकार रखने के कारण आयात की गई वस्तुओं की अधिक कीमतें निश्चित करते हैं। इन दोनों प्रवृत्तियों के पाये जाने से उपभोक्ता को वस्तुओं की अत्यधिक कीमतें देनी पड़ती हैं जिससे उनका शोषण होता है।

प्रशुल्क प्रणाली के अन्तर्गत उपभोक्ता का शोषण नहीं होता है क्योंकि आयातकर्त्ता जितनी चाहें वस्तुएं आयात कर सकते हैं और घरेलू

मार्केट में उनको बेचने के लिए प्रतिस्पर्धा होने से अधिक कीमतें नहीं निश्चित करते। फिर, वे ऐसे देशों से वस्तुओं का आयात करते हैं जो न्यूनतम कीमतें लेते हैं। इससे भी देश में वस्तुओं की अधिक पूर्तियां और कम कीमतें होती हैं। अत: उपभोक्ता को लाभ होता है।

7. असमानताओं में वृद्धि (Increase in Inequalites)—ऊपर वर्णित के उप-परिणाम के रूप में जब उपभोक्ता को वस्तुओं के लिए अधिक कीमतें देनी पड़ती हैं और उनका शोषण होता है, तो उनकी वास्तविक आय में कमी होती है जिससे उनकी आर्थिक दशा बिगड़ने से उनका जीवन-स्तर गिरता है। दूसरी ओर, आयात कोटा धारक और व्यापारी जो आयातित वस्तुएं बेचते हैं वे बहुत लाभ कमाते हैं। इस प्रकार आयात कोटा प्रणाली के प्रभावस्वरूप निर्धन अधिक निर्धन और धनी अधिक धनी होते हैं जिससे आय असमानता में वृद्धि होती है।

परन्तु प्रशुल्क के अन्तर्गत आय समानताएं कम होती है। जब सरकार आयात पर प्रशुल्क लगाती है तो उसे राजस्व प्राप्त होता है जिसे सरकार ऐसी कल्याणकारी परियोजनाओं पर व्यय करती है जो गरीबों को लाभ पहुंचाती हैं। इस तरह गरीबों की वास्तविक आय में वृद्धि होती है और असमानताएं कम होती हैं।

8. द्विपक्षीय व्यापार की ओर (Towards Bilateral Trade)—आयात कोटा विश्व को बहुपक्षीय व्यापार की अपेक्षा द्विपक्षीय व्यापार की ओर ले जाता है। कोटा प्रणाली के अन्तर्गत व्यापारियों को प्राय: एक विशेष देश से एक विशेष वस्तु आयात करने हेतु लाइसेंस आवंटित किए जाते हैं। इस प्रकार अन्तर्राष्ट्रीय व्यापार का आधार सीमित होकर द्विपक्षीय बन जाता है।

इससे विपरीत, प्रशुल्क प्रणाली से अन्तर्राष्ट्रीय व्यापार बहुपक्षीय बनता है, क्योंकि आयातकर्ता अपनी सुविधा के अनुसार किसी भी देश से प्रतियोगी कीमतों पर वस्तुएं खरीद सकता है। इससे अन्तर्राष्ट्रीय व्यापार की मात्रा में भी वृद्धि होती है।

निष्कर्ष (Conclusion)

आयात कोटा और प्रशुल्क के गुण और दोषों के अध्ययन से स्पष्ट होता है कि आयात कोटा से प्रशुल्क बेहतर है। इसी कारण गैट इस बात पर बल देता है कि यदि व्यापार नियंत्रण करना अति आवश्यक हो तो टैरिफ का प्रयोग करना अधिक उपयुक्त होता है।[1]

प्रश्न

1. ''संरक्षण एवं पुनर्वितरण प्रभावों की दृष्टि से अभ्यंश (कोटा) बहुत कुछ प्रशुल्कों के समान है''। इस मत का विवेचन कीजिए।
2. आयात शुल्क के प्रत्यक्ष प्रभाव क्या होते हैं ? आरेख की सहायता से अपना उत्तर स्पष्ट कीजिए।
3. शुल्क तथा आयात कोटा के कीमतों पर प्रभावों का अन्तर स्पष्ट कीजिए। दोनों में अन्तर क्यों है ?
4. आयात कोटा किसे कहते हैं ? प्रशुल्क और आयात कोटा में क्या अन्तर है ? प्रभावों की दृष्टि से प्रशुल्क तथा कोटा किन बातों में समान है ?
5. आयात कोटा के विविध प्रभाव स्पष्ट कीजिए। कोटा तथा प्रशुल्कों के समान प्रभावों का विवेचन कीजिए।
6. आयात कोटा के गुण एवं दोषों की प्रशुल्कों के संदर्भ में विवेचना करिए।

1. ऊपर वर्णित गुण और दोषों के आधार पर विद्यार्थी अल्पविकसित देशों के संदर्भ में आयात कोटा और प्रशुल्क के औचित्य पर लिख सकते हैं।

अध्याय 24

राशिपातन
(Dumping)

1. अर्थ
(MEANING)

राशिपातन अथवा डम्पिंग अंतर्राष्ट्रीय कीमत विभेद होता है जिसमें निर्यातक फर्म विदेशी मार्केट में अपनी वस्तु को कम कीमत पर बेचती है और घरेलू मार्केट में अधिक कीमत पर। **हैबर्लर,**[1] राशिपातन को इस प्रकार परिभाषित करता है, ''विदेश में एक वस्तु का विक्रय ऐसी कीमत पर जो उसी समय और उन्हीं घरेलू हालात में, उसी वस्तु की विक्रय कीमत से कम पर होता है, यातायात लागतों में भेद लेते हुए।''[1] *वाइनर* की परिभाषा सरल है। उसके अनुसार, ''राशिपातन दो मार्केट के बीच कीमत विभेद है जिसमें एकाधिकारी अपनी उत्पादित वस्तु का एक भाग विदेशी मार्केट में कम कीमत पर तथा अन्य भाग घरेलू मार्केट में अधिक कीमत पर बेचता है।''[2] इसके अलावा, **वाइनर** दो अन्य प्रकार के राशिपातन का भी वर्णन करता है। एक, विपरीत राशिपातन (reverse dumping) जिसमें घरेलू कीमत से विदेशी मार्केट में कीमत ऊंची होती है। ऐसा घरेलू मार्केट से विदेशी प्रतियोगियों को बाहर निकालने के लिए किया जाता है। जब घरेलू मार्केट में उत्पादन लागत से कम कीमत पर वस्तु बेची जाती है तो यह विपरीत राशिपातन कहलाता है। दूसरे, जब एक वस्तु का घरेलू उपभोग न हो और वस्तु को दो भिन्न विदेशी मार्केटों में बेचा जाए जिनमें से एक देश में उसी वस्तु की कम कीमत और दूसरे में अधिक कीमत ली जाए। परन्तु व्यवहार में राशिपातन को घरेलू मार्केट में अधिक कीमत पर वस्तु को बेचना और कम कीमत पर विदेशी मार्केट में उसी वस्तु को बेचने के अर्थ में लिया जाता है। हम इसी अर्थ में राशिपातन के अंतर्गत कीमत निर्धारण का वर्णन करेंगे।

2. राशिपातन के प्रकार
(TYPES OF DUMPING)

राशिपातन को निम्न तीन प्रकार से बांटा जाता है :

1. आकस्मिक राशिपातन (Sporadic or Intermittent Dumping)—यह आकस्मिक परिस्थितियों में अपनाया जाता है। जब वस्तु का घरेलू उत्पादन लक्ष्य से अधिक हो या बेचने के पश्चात भी वस्तु का स्टॉक बहुत बच जाए। ऐसी स्थिति में उत्पादक कम कीमत पर विदेशी मार्केट में बचे हुए माल को बेचता है। ऐसा तभी संभव होता है यदि उसकी वस्तु की विदेशी मांग लोचदार हो और उत्पादक घरेलू मार्केट में एकाधिकारी हो। इसमें उत्पादक का उद्देश्य यह भी हो सकते है कि नई मार्केट में अपनी वस्तु की पहचान बनाना या अपने-आपको स्थापित करना। इस प्रकार के राशिपातन में उत्पादक अपनी हानि को कम करने के लिए अपनी वस्तु को विदेश में ऐसी कीमत पर बेचता है जो परिवर्तनशील लागतों को पूरा करे और कुछ वर्तमान स्थिर लागतों को भी ले।

1. "The sale of goods abroad at a price which is lower than the selling price of the same goods at the same time and in the same circumstances at home, taking account of differences in transport costs." **—G. Haberler**
2. "Dumping is price discrimination between two markets in which the monopolist sells a portion of his product at a low price and the remaining part at a high price in the domestic market."**—J. Viner**

2. स्थायी राशिपातन (Persistent Dumping)—जब एक एकाधिकारी निरन्तर अपनी वस्तु के कुछ भाग को घरेलू मार्केट में अधिक कीमत पर और बाकी भाग को कम कीमत पर विदेशी मार्केट में बेचता रहे उसे स्थायी राशिपातन कहते हैं। ऐसा तब संभव होता है जब उस वस्तु के लिए घरेलू मांग कम लोचदार और विदेशी मांग अधिक लोचदार हो। उत्पादन बढ़ने के साथ-साथ जब लागतें निरन्तर कम होती जाती हैं तो वस्तु की कीमत को उत्पादक घरेलू मार्केट में अधिक कम नहीं करता क्योंकि घरेलू मांग कम लोचदार होती है। परन्तु विदेशी मार्केट में वह कीमत कम रखता है क्योंकि मांग अधिक लोचदार होती है। इस प्रकार, वह वस्तु की अधिक मात्रा विदेश में बेचकर अधिक लाभ कमाता है। इससे घरेलू उपभोक्ताओं को भी लाभ होता है क्योंकि उन्हें वस्तु की कीमत जो देनी पड़ती है वह राशिपातन न होने की स्थिति से कम होती है।

3. लुटेरा राशिपातन (Predatory Dumping)—लुटेरा राशिपातन तब होता है जब कुछ प्रतियोगियों को समाप्त करने के लिए एकाधिकारी फर्म बहुत कम कीमत या हानि पर विदेशी मार्केट में अपनी वस्तु को बेचती है और जब प्रतियोगियों का अंत हो जाता है तो वस्तु की कीमत बढ़ा देती है। इस प्रकार, वह अपनी हानि को भी पूरा कर लेती है। यदि विदेशी मार्केट में मांग कम लोचदार हो तो लाभ अधिक हो सकता है।

3. राशिपातन के उद्देश्य
(OBJECTIVES OF DUMPING)

राशिपातन के मुख्य उद्देश्य निम्न हैं :

1. विदेशी मार्केट में स्थान पाना (Find a Place in Foreign Market)—एकाधिकारी विदेशी मार्केट में स्थान पाने अथवा अपने आपको कायम रखने के लिए राशिपातन का सहारा लेता है। विदेशी मार्केट में पूर्ण प्रतियोगिता होने के कारण वह अपनी वस्तु की कीमत दूसरे प्रतियोगियों की तुलना में कम रखता है ताकि उसकी वस्तु की मांग बढ़े। इसके लिए वह अक्सर हानि उठाकर भी वह अपनी वस्तु को विदेशी मार्केट में बेचता है।

2. वस्तु के अतिरेक को बेचना (Sell Surplus Commodity)—जब एकाधिकारी की वस्तु का अत्यधिक उत्पादन हो जाता है और वह उसे घरेलू मार्केट में बेचने में असमर्थ होता है तो उस अतिरेक को वह बहुत कम कीमत पर विदेशी मार्केट में बेचना चाहता है। ऐसा कभी-कभी ही होता है।

3. उद्योग का प्रसार (Expansion of Industry)—एकाधिकारी अपने उद्योग का प्रसार करने के लिए भी राशिपातन करता है। जब वह उद्योग का प्रसार करता है तो उसे आंतरिक और बाह्य दोनों प्रकार की बचतें प्राप्त होती हैं जिससे बढ़ते प्रतिफल का नियम लागू होता है। इसके परिणामस्वरूप उसकी वस्तु की उत्पादन लागत कम होती है और वह विदेशी मार्केट में कम कीमत पर अधिक मात्रा बेचकर अधिक लाभ कमा सकता है।

4. नये व्यापार संबंध (New Trade Relations)—एकाधिकारी विदेशों में नये व्यापार संबंध विकसित करने के लिए राशिपातन करता है। इसके लिए वह नई मार्केटों में कम कीमत पर अपनी वस्तु बेचता है जिससे उन देशों से नये मार्केट संबंध स्थापित हो जाते हैं। इससे एकाधिकारी अपना उत्पादन बढ़ाता है, लागतें कम करता है और अधिक लाभ कमाता है।

4. राशिपातन के अंतर्गत कीमत निर्धारण
(PRICE DETERMINATION UNDER DUMPING)

विभेदात्मक एकाधिकार की तरह ही राशिपातन के अंतर्गत कीमत निर्धारण होती है। दोनों में अंतर केवल यह होता है कि विभेदात्मक एकाधिकार में दोनों मार्केट घरेलू होती हैं जबकि राशिपातन में एक घरेलू और दूसरी विदेशी। राशिपातन में एकाधिकारी घरेलू मार्केट में अधिक कीमत पर वस्तु बेचता है और विदेशी मार्केट में कम कीमत पर।

शर्तें (Conditions)—राशिपातन का कीमत निर्धारण निम्न शर्तों अथवा मान्यताओं पर आधारित है :

1. एकाधिकारी का मुख्य उद्देश्य लाभ कमाना है। इसलिए वह उतना उत्पादन करता है जिस पर उसका सीमांत आगम (MR) उसकी सीमांत लागत (MC) के बराबर हो। क्योंकि वह अलग-अलग घरेलू और विदेशी मार्केट में अपनी वस्तु बेचता है, इसलिए वह प्रत्येक मार्केट में इस ढंग से मात्रा का समायोजन (adjustment) करता है कि दोनों मार्केटों में सीमांत आगम बराबर हों। वस्तु के

उत्पादन की सीमांत लागत दी होने पर, एकाधिकारी को अधिकतम लाभ उस बिंदु पर होगा जहां दोनों मार्केटों के सीमांत आगम मिलाकर जो कुल सीमांत आगम आए वह सीमांत लागत के बराबर हो। दूसरे शब्दों में राशिपातन लाभ $=MR_H + MR_F = MC$।

2. दोनों मार्केटों में मांग की लोच भिन्न हो। घरेलू मार्केट में कम लोचदार मांग और विदेशी मार्केट में पूर्ण लोचदार मांग हो। इससे एकाधिकारी घरेलू मार्केट में अधिक कीमत और विदेशी मार्केट में कम कीमत पर वस्तु बेचता है। इस प्रकार, कीमत और MR एक दूसरे के साथ इस समीकरण द्वारा संबद्ध होते हैं :

$MR = P (= AR) (1-1/E)$, जहां E मांग की लोच है।

3. विदेशी मार्केट पूर्ण प्रतियोगी हो और घरेलू मार्केट एकाधिकारात्मक हो।

4. घरेलू मार्केट के क्रेता विदेश से उस सस्ती वस्तु को खरीदकर देश में न ला सकें।

व्याख्या (Explanation)—ये शर्तें दी होने पर, राशिपातन में कुल सीमांत आगम वक्र और वस्तु के उत्पादन के सीमांत लागत वक्र की समानता कीमत और उत्पादन का निर्धारण करेगी। चित्र 1 'डम्पिंग' के अन्तर्गत कीमत-उत्पादन निर्धारण को स्पष्ट करता है। एकाधिकारी के सामने विदेशी मार्केट मांग वक्र क्षैतिज रेखा PD_F है, जो MR वक्र भी है, क्योंकि विदेशी मार्केट को पूर्ण लोचदार मान लिया गया है। घरेलू मार्केट में कम लोचदार मांग वक्र नीचे की ओर ढालू D_H है और इसके अनुरूप सीमान्त आगम वक्र MR_H है। दोनों MR वक्रों के पार्श्वयोग से कुल सीमान्त आगम वक्र $TRED_F$ बन जाता है। एकाधिकारी द्वारा उत्पादित की जाने वाली वस्तु की मात्रा का निर्धारण करने के लिए हम सीमान्त लागत वक्र MC को लेते हैं। E संतुलन बिन्दु है, जहां $MC=MR_H+MR_F=TRED_F$। इस प्रकार, दोनों मार्केटों में विक्रय के लिए OF मात्रा का उत्पादन होगा। अब क्योंकि FE सीमान्त लागत है, इसलिए घरेलू बाजार में R पर संतुलन स्थापित होगा, जहां सीमान्त लागत $(HR = FE)$ सीमान्त आगम (MR_H) के बराबर है। HM कीमत पर OH मात्रा बेची जाएगी और बाकी मात्रा HF विदेशी मार्केट में OP $(=FE)$ कीमत पर बेची जाएगी। इस प्रकार एकाधिकारी अधिक लोचदार मांग वाली विदेशी मार्केट में कम कीमत FE पर अधिक मात्रा HF और कम लोचदार मांग वाली घरेलू मार्केट में अधिक कीमत HM पर कम मात्रा OH बेचता है। उसके कुल लाभ $TREC$ के बराबर हैं।

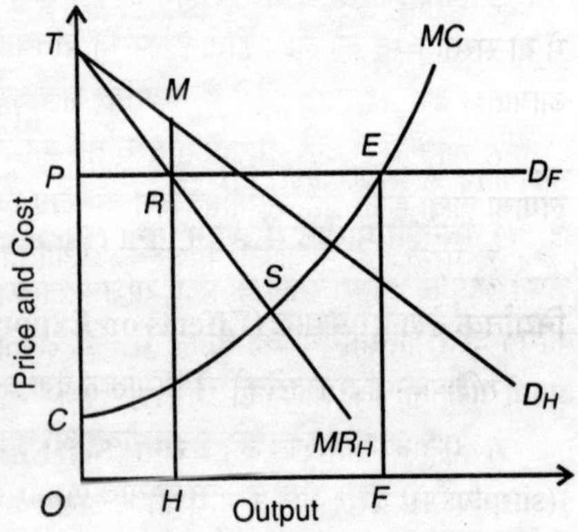

चित्र 1

यदि खुली (विदेशी) मार्केट में प्रतियोगिता के कारण कीमत OP से नीचे गिर जाए, तो पहले से कम मात्रा का उत्पादन होगा। F बाईं ओर को चला जाएगा। दूसरी ओर, खुली मार्केट में कीमत के OP से बढ़ जाने पर, एकाधिकारी अधिक लाभ उठाने के लिए पहले से अधिक उत्पादन करेगा। विदेशी मार्केट में कीमत वृद्धि एकाधिकारी के लिए तब तक लाभदायक रहेगी, जब तक वह उसकी वस्तु की मांग पर प्रतिकूल प्रभाव नहीं डालती, क्योंकि उत्पादन का विस्तार करने से उसे लाभ ही होगा। यदि निर्यात वस्तु की कीमत S से नीचे गिर जाती है, तो एकाधिकारी विदेश में बेचना बन्द कर देगा।

5. राशिपातन के प्रभाव
(EFFECTS OF DUMPING)

राशिपातन आयातक और निर्यातक दोनों देशों को निम्न प्रकार से प्रभावित करता है :

आयातक देश पर प्रभाव (Effects on Importing Country)

आयातक देश जिसमें एकाधिकारी अपनी वस्तु को डम्प करता है उस पर राशिपातन के प्रभाव इस बात पर निर्भर करते हैं कि राशिपातन अल्पकाल के लिए है या दीर्घकालिक तथा वस्तु की प्रकृति क्या है और उसका उद्देश्य क्या है?

1. यदि कोई उत्पादक अपनी वस्तु को अल्पकाल के लिए विदेश में डम्प करता है तो उसका आयातक देश के उद्योग पर अल्पकालिक प्रभाव पड़ता है। डम्प की गई वस्तु की कीमत कम होने से उस देश के उद्योग को कुछ समय के लिए ही हानि उठानी

पड़ती है क्योंकि उसकी वस्तु कम बिकती है। परन्तु डम्प की गई वस्तु के उपभोक्ताओं को लाभ होता है क्योंकि उन्हें सस्ती वस्तु प्राप्त होती है।

2. यदि राशिपातन दीर्घकाल तक रहता है तो वह आयातक देश के लिए हानिकारक होता है। ऐसा इसलिए कि आयातक देश में उत्पादन को परिवर्तित करने में समय लगता है और घरेलू उद्योग प्रतियोगिता को सहन नहीं कर पाता। परन्तु जब सस्ते आयात बंद हो जाते हैं या राशिपातन नहीं रहता तो उत्पादन को पुनः परिवर्तित करना कठिन हो जाता है।

3. यदि डम्प की गई उपभोक्ता वस्तुएं हों तो इससे आयातक देश में लोगों की मांग उन सस्ती वस्तुओं के लिए परिवर्तित हो जाएगी। राशिपातन बंद होने पर यह मांग उलट जाएगी जिससे लोगों की रुचियों में परिवर्तन आएगा जो अर्थव्यवस्था के लिए हानिकारक सिद्ध होगा।

4. परन्तु यदि डम्प की गई सस्ती पूंजीगत वस्तुएं हों तो इससे एक नया उद्योग स्थापित हो जाएगा। परन्तु जब ऐसी वस्तुओं का आयात बंद होगा तो यह उद्योग भी समाप्त हो जाएगा। इस प्रकार, आयातक देश को अन्ततः हानि होगी।

5. यदि विदेशी मार्केट में प्रतियोगियों को समाप्त करने के लिए एकाधिकारी वस्तु को डम्प करता है तो आयातक देश को प्रारंभ में तो सस्ती वस्तु का लाभ होता है, परन्तु प्रतियोगिता समाप्त होने के बाद जब वह ऊंची एकाधिकार कीमत पर वही वस्तु बेचता है तो आयातक देश को हानि होती है, क्योंकि अब उसे अधिक कीमत देनी पड़ती है।

6. यदि घरेलू और आयातित वस्तु की कीमतों को समान करने के लिए राशिपातक (Dumper) पर दबाव डालने हेतु टैरिफ शुल्क लगाया जाता है तो यह आयातित देश के लिए लाभकारी नहीं होगा।

7. परन्तु एक नीचा टैरिफ शुल्क आयातित देश को लाभ देता है, यदि राशिपातक वस्तु को नीची कीमत पर भेजता है।

निर्यातक देश पर प्रभाव (Effects on Exporting Country)

राशिपातन निम्न तरीकों से निर्यातक देश को प्रभावित करता है:

1. राशिपातन से जब घरेलू उपभोक्ताओं को अधिक कीमत पर एकाधिकारात्मक वस्तु खरीदनी पड़ती है तो उनकी उपभोक्ता बेशी (surplus) में हानि होती है। परन्तु यदि एकाधिकारी अन्य देश में अपनी वस्तु को डम्प करने के लिए वस्तु का अधिक उत्पादन करता है तो उपभोक्ताओं को लाभ होता है। ऐसा इसलिए कि वस्तु के अधिक उत्पादन से सीमांत लागत कम होती है जिससे वस्तु की कीमत राशिपातन के बिना एकाधिकार कीमत से कम होगी। परन्तु इस कीमत का एकाधिकार कीमत से कम होना इस बात पर निर्भर करता है कि उद्योग उत्पादन के किस नियम के अंतर्गत कार्यरत है। यदि वह घटते प्रतिफल के नियम के अंतर्गत उत्पादन कर रहा है तो कीमत कम नहीं होगी क्योंकि लागतें बढ़ेंगी और कीमत भी बढ़ेगी। उपभोक्ताओं को हानि होगी और उत्पादक को लाभ। स्थिर लागतों के अंतर्गत कीमत में कोई परिवर्तन नहीं आएगा। केवल बढ़ते प्रतिफल के नियम के अंतर्गत ही जब लागतें कम होंगी तो उपभोक्ताओं और एकाधिकारी दोनों को राशिपातन से लाभ होगा।

2. राशिपातन से निर्यातक देश को इसलिए भी लाभ होता है कि जब एकाधिकारी अधिक वस्तु का उत्पादन करता है तो इससे उस वस्तु के उत्पादन के लिए जो आगतें (inputs) चाहिएं, जैसे कच्चा माल, श्रम, आदि की मांग बढ़ती है जिससे देश में रोजगार के साधनों का प्रसार होता है।

3. राशिपातन से निर्यातक देश विदेशी मार्केट में अपनी वस्तुएं अधिक मात्रा में बेचने से देश के लिए विदेशी मुद्रा अर्जित करता है जिससे उसके व्यापार शेष में भी सुधार होता है।

6. प्रति-राशिपातन उपाय (ANTI-DUMPING MEASURES)

राशिपातन को रोकने के लिए निम्न उपाय अपनाए जाते हैं—

1. टैरिफ शुल्क (Tariff Duty)—राशिपातन को रोकने के लिए आयातित वस्तु पर टैरिफ शुल्क लगाया जाता है। इससे आयातित वस्तु की कीमत बढ़ जाती है और राशिपातन का भय समाप्त हो जाता है। परन्तु यह आवश्यक है कि आयातों पर शुल्क की दर वस्तु की घरेलू कीमत और डम्प की गई वस्तु की कीमत के अन्तर के बराबर हो। प्रायः राशिपातन को समाप्त करने के लिए टैरिफ शुल्क

इस अन्तर से अधिक ही लगाया जाता है, लेकिन इसका प्रभाव अन्य आयातों पर भी पड़ने का भय रहता है।

2. आयात कोटा (Import Quota)—राशिपातन को रोकने के लिए एक अन्य उपाय आयात कोटा है जिसके अंतर्गत केवल एक निश्चित कोटा में ही वस्तु को आयात किया जा सकता है। इसके लिए कोटा निश्चित करने के साथ-साथ शुल्क लगाना, विदेशी मुद्रा की सीमित मात्रा आयातकों को देना आदि भी होता है।

3. आयात रोक (Import Embargoes)—राशिपातन के विरुद्ध एक महत्वपूर्ण प्रतिकारात्मक (retaliatory) उपाय आयात रोक होता है जिसके अनुसार वस्तु को डम्प करने वाले देश की सभी या कुछ वस्तुओं के आयात पर रोक लगा दी जाती है।

4. ऐच्छिक निर्यात रोक (Voluntary Export Restraint)—राशिपातन को रोकने के लिए विकसित देश अन्य देशों के साथ, जिनसे उन्हें वस्तुओं के डम्प होने का भय रहता है, द्विपक्षीय समझौते करते हैं। ये समझौते विशेष वस्तुओं के निर्यात पर रोक लगाते हैं ताकि निर्यातक देश अपनी वस्तुओं को दूसरे देश में डम्प न कर सके। ऐसा द्विपक्षीय VER समझौता भारतीय वस्त्रों के यूरोपीय समुदाय देशों में निर्यात के लिए है।

निष्कर्ष (Conclusion)—उपर वर्णित प्रति-राशिपातन उपायों के बारे में प्राय: पाया जाता है कि वे लाभ की अपेक्षा हानि पहुंचाते हैं। देश के उत्पादक कभी नहीं चाहते कि विदेश से वस्तुएं आयात की जाएं। इसलिए वे वस्तुओं का राशिपातन न होते हुए भी अच्छी और सस्ती विदेशी वस्तुओं के आयात को डम्पिंग कहकर उन पर रोक लगाने के लिए सरकार पर दबाव डालते रहते हैं। इसका कारण है कि राशिपातन का ठीक अर्थ न लेना। गैट 1994 की धारा VI जो अब विश्व व्यापार संगठन (WTO) का भाग है के अनुसार एक देश प्रति-राशिपातन उपाय तभी अपना सकता है, जब डम्प किए गए आयात उस देश के उद्योग को हानि पहुंचाएं। ऐसी वस्तु डम्प की गई समझी जाती है जो उसके सामान्य मूल्य से कम मूल्य पर दूसरे देश को निर्यात की जाए अथवा यदि वस्तु की निर्यात कीमत निर्यातक देश में जो उसके अंतिम उपभोग के लिए तुलनात्मक कीमत से कम हो तो भी वह वस्तु अन्य देश में डम्प की गई समझी जाएगी। इन स्थितियों में आयातक देश प्रति-राशिपातन शुल्क लगा सकता है बशर्ते कि डम्पिंग की सीमा (margin) निर्यात कीमत से 2% से अधिक है या डम्प की गई आयात की मात्रा 7% से अधिक है।

प्रश्न

1. राशिपातन से आपका क्या अभिप्राय है ? राशिपातन कितने प्रकार का होता है ? इसके क्या उद्देश्य हैं ?
2. राशिपातन किसे कहते हैं ? इसके अंतर्गत कीमत निर्धारण कैसे किया जाता है ? राशिपातन के निर्यातक और आयातक देश पर प्रभावों की विवेचना कीजिए।
3. राशिपातन क्या है ? इसके अंतर्गत कीमत-निर्धारण की व्याख्या करिए। राशिपातन को कैसे रोका जा सकता है ? उपाय बताइए।

अध्याय 25

विनिमय नियंत्रण
(Exchange Controls)

1. अर्थ
(MEANING)

अन्तर्राष्ट्रीय व्यापार तथा भुगतान को नियन्त्रित करने की एक महत्वपूर्ण युक्ति विनिमय नियंत्रण है। इसका लक्ष्य विदेशों से प्राप्तियों तथा विदेशों को किए गए भुगतानों को संतुलित करना है। परन्तु वे ऐसा, स्थिर अथवा लोचशील विनिमय दरों जैसी बाजार शक्तियों के माध्यम से नहीं, अपितु विदेशी विनिमय के प्रत्यक्ष या अप्रत्यक्ष नियंत्रण के माध्यम से करते हैं। इस प्रकार विनिमय नियंत्रण का अर्थ है कि सरकार विदेशी करेन्सी के रूप में समस्त विदेशी प्राप्तियों तथा भुगतानों को नियन्त्रित करती है। प्रो. हैबरलर की परिभाषा के अनुसार, ''विदेशी विनिमय बाजार से आर्थिक शक्तियों के मुक्त व्यवहार को छोड़कर राज्य द्वारा नियमन'' विनिमय नियन्त्रण होता है। प्रो. एल्सवर्थ ने इसकी अधिक स्पष्ट व्याख्या की है कि विनिमय नियन्त्रण ''बाजार शक्तियों की परवाह नहीं करता और उनकी जगह सरकारी कर्मचारियों के मनमाने निर्णय स्थानापन्न करता है। अब आयातों तथा अन्तर्राष्ट्रीय भुगतानों को केवल अन्तर्राष्ट्रीय कीमत तुलनाएं ही नहीं अपितु राष्ट्रीय जरूरत की विचारणाएं भी निर्धारित करती हैं।''

2. विशेषताएं
(FEATURES)

विनिमय नियंत्रण प्रणाली की निम्न मुख्य विशेषताएं हैं :

1. इसमें विदेशी विनिमय मार्केट पर सरकार का पूर्ण नियंत्रण होता है।
2. सभी प्रकार की विदेशी करेंसियों को देश के केन्द्रीय बैंक को समर्पित करना पड़ता है।
3. केन्द्रीय बैंक विभिन्न करेंसियों के बारे में सभी विदेशी भुगतानों को स्वीकृत और आवंटित करता है।
4. केन्द्रीय बैंक सरकारी विनिमय दर निश्चित करता है।
5. यह सरकारी विनिमय दर को कायम रखने के लिए विदेशी करेंसियों की मांग और पूर्ति का नियमन करता है।
6. आयातकों को दी जाने वाली करेंसी का नियमन होता है।
7. विदेशी करेंसी को निर्यातकों द्वारा केन्द्रीय बैंक को समर्पित करना पड़ता है।
8. केवल विशिष्ट बैंक और लाईसेंस प्राप्त व्यापारी विदेशी विनिमय में लेन-देन कर सकते हैं।
9. केन्द्रीय बैंक आवश्यक आयात को खरीदने के लिए विनिमय की कम दरें लेकर और विलासिता के आयात को खरीदने के लिए ऊँची दरें लेकर विभेदात्मक एकाधिकारी के रूप में कार्य करता है।
10. जो नागरिक महत्वपूर्ण करेंसियां कमाते हैं, केन्द्रीय बैंक उन्हें लाभदायक दरें अथवा सुविधाएं देकर कुछ देशों में भेजे जाने वाले निर्यातों पर सब्सिडियां प्रदान करता है।

3. विनिमय नियन्त्रण के उद्देश्य
(OBJECTIVES OF EXCHANGE CONTROL)

दूसरे विश्व युद्ध से पहले, इसके दौरान और बाद में सरकारों ने जो विनिमय नियन्त्रण की प्रणाली अपनाई उसके अनेक उद्देश्य रहे हैं। यहां उन उद्देश्यों पर विचार किया जा रहा है।

1. अतिमूल्यन (Over-valuation)—कुछ देश अपनी करेन्सी का अधिक मूल्य बनाए रखने के लिए विनिमय नियन्त्रण अपनाते हैं। इसके अन्तर्गत, करेन्सी का विदेशी विनिमय मूल्य उससे ऊँचे स्तर पर रखा जाता है जिस पर कि बाजार शक्तियां उसे रखने की अनुमति देती हैं। करेन्सी के अतिमूल्यन के तीन कारण हैं: **प्रथम**, कि देश लड़ाई में उलझा है और उसे बड़ी मात्रा में आयात की जरूरत है; **दूसरा**, कि देश विकास प्रक्रिया में से गुजर रहा है और उसे विदेश से कच्चे माल और पूंजी उपकरणों की जरूरत है; **तीसरा**, कि देश को भारी विदेशी ऋण चुकाना है।

जब कोई देश अपनी करेन्सी का अतिमूल्यन करता है, तो अन्य देशों की करेन्सियों की तुलना में उसकी करेन्सी में अपेक्षाकृत कम भुगतान करता है।

पर, करेन्सी के अतिमूल्यन के उद्देश्य के विनिमय नियन्त्रण केवल अल्पकालीन उपाय के रूप में ही अपनाया जा सकता है। दीर्घकाल में, इससे प्रतिकूल भुगतान शेष की स्थिति उत्पन्न हो जाएगी, क्योंकि जब करेन्सी का अवमूल्यन होता है, तो निर्यात महंगे और आयात सस्ते हो जाते हैं।

2. अपमूल्यन (Undervaluation)—कुछ देश अपनी करेन्सी का मूल्य कम रखने के लिए विनिमय नियन्त्रण लागू करते हैं। इसका उद्देश्य निर्यात बढ़ाना, आयात घटाना और देश का सामान्य कीमत-स्तर बढ़ाना होता है। परन्तु इस तरह की नीति किसी ऐसे छोटे देश में ही सफल हो सकती है जिसका अन्तर्राष्ट्रीय व्यापार में मामूली हिस्सा हो। परन्तु, यदि कोई बड़ा देश इस नीति को अपनाएगा, तो दूसरे देशों में इसकी प्रतिक्रिया होगी और वे भी यही नीति अपनाएंगे। यह बात विश्व-अर्थव्यवस्था के लिए बहुत खतरनाक है। क्राउथर मानता है कि जानबूझकर अपमूल्य की नीति अपनाना अनैतिक है। वह लिखता है, ''नितान्त तर्क-संगत जगत् में इतना कहना ही पर्याप्त होना चाहिए कि ऐसा करना स्वार्थपरायणता है।''

3. विनिमय दरों का स्थिरीकरण (Stabilization of Exchange Rates)—विनिमय की दरों को स्थिर करने के लिए विनिमय नियन्त्रण अपनाया जाता है। बढ़ती-घटती विनिमय दरों से वाणिज्य तथा उद्योग को हानि पहुंचती है। इसलिए सरकार इस उद्देश्य से विनिमय नियन्त्रण उपाय अपनाती है, ताकि विनिमय की सरकारी निश्चित दरों की घोषणा करके विनिमय दरों को स्थिर बना सके।

4. पूंजी पलायन को रोकना (Prevention of Capital Flight)—विनिमय नियंत्रण का एक उद्देश्य यह भी है कि पूंजी को देश से विदेश में जाने से रोका जाय। विनिमय नियंत्रण प्राधिकरण की अनुमति के बिना स्वर्ण तथा पूंजी निधियां निर्यात नहीं किए जा सकते। वह प्राधिकरण स्वर्ण तथा पूंजी निधियों के निर्यात पर पूरी पाबन्दी भी लगा सकता है या फिर विशिष्ट उद्देश्यों के लिए पूंजी निर्यात करने के लिए सीमित मात्रा में विदेशी विनिमय प्रदान करता है। इस प्रकार विनिमय नियन्त्रण न केवल पूंजी को विदेश में जाने से रोकता है, अपितु कीमती विदेशी विनिमय की बचत करता है।

5. घरेलू उद्योगों को संरक्षण (Protection to Domestic Industries)—विनिमय नियंत्रण इसलिए भी अपनाया जाता है, ताकि विदेशी उत्पादकों के मुकाबले में घरेलू उद्योगों को संरक्षण प्रदान किया जा सके। विनिमय नियंत्रण प्राधिकरण उन वस्तुओं का आयात नियन्त्रित करता है जो घरेलू उत्पादन से प्रतियोगिता करती हैं और इस प्रकार उन्हें विदेशी प्रतियोगिता से संरक्षण प्रदान करता है।

6. गैर-जरूरी आयात को रोकना (Checking Non-essential Imports)—विनिमय नियन्त्रण का लक्ष्य गैर-जरूरी वस्तुओं के आयात को रोकना है। विनिमय नियन्त्रण प्राधिकरण गैर-जरूरी, विलास तथा हानिकर वस्तुओं के आयात पर विदेशी विनिमय नियंत्रण के माध्यम से प्रतिबन्ध लगाता है। केवल जरूरी वस्तुओं के आयात के लिए लाइसेन्स जारी किए जाते हैं, ताकि विदेशी-विनिमय का सार्थक उपयोग किया जा सके।

7. योजना प्रक्रिया में सहायता देना (Help to the Planning Process)—आयात पर गैर-जरूरी और बेकार खर्च को नियन्त्रित करके और निर्यात को प्रोत्साहन देकर विनिमय नियन्त्रण योजना-प्रक्रिया में सहायक होते हैं। दुर्लभ विदेशी विनिमय संसाधनों का आवंटन करके विनिमय नियन्त्रण प्राधिकरण आवश्यक कच्चा माल, पूंजीगत वस्तुओं तथा तकनीकी ज्ञान के आयात को प्रोत्साहन देता है। योजना तथा परियोजनाओं को पूरा करने के लिए इस तरह के आयात की जरूरत पड़ती है।

8. प्रतिकूल भुगतान शेष सुधारना (Remedying Unfavourable Balance of Payments)—प्रतिकूल भुगतान-शेष

सुधारने के लिए विनिमय नियन्त्रण लागू किया जाता है। आयात तथा विदेशी विनिमय को नियन्त्रित तथा नियमित करके इसे पूरा किया जाता है। जब आयात घटते हैं और विदेशी विनिमय पर नियंत्रण होता है, तो दृश्य एवं अदृश्य आयात घट जाते हैं। परिणामस्वरूप, प्रतिकूल भुगतान शेष ठीक हो जाते हैं।

9. राजस्व कमाना (Earning Revenue)—सरकार राजस्व कमाने के लिए भी विनिमय नियंत्रण को काम में लाती है। देश का केन्द्रीय बैंक, जो प्राय: विनिमय नियन्त्रण प्राधिकरण होता है, अन्तर्राष्ट्रीय बाजार से विदेशी करेन्सियां खरीदता है और क्रय मूल्य से ऊंची दरों पर उन्हें देश के व्यापारियों, व्यवसायियों तथा व्यक्तियों के हाथ बेच देता है। क्रय तथा विक्रय दरों का अन्तर सरकार को राजस्व के रूप में प्राप्त होता है।

10. विदेशी ऋण का पुनर्भुगतान (Repaying Foreign Debt)—विदेशी विनिमय का एक लक्ष्य यह भी है कि विदेशी ऋण के मूल और ब्याज का पुनर्भुगतान करने के लिए विदेशी विनिमय कमाए और उसे सुरक्षित रखे।

11. प्रतिशोध (Retaliation)—व्यापार में दूसरे देशों के साथ सौदेबाजी करने की शक्ति-संग्रह करने के लिए और एक प्रतिरोधी युक्ति के रूप में भी विनिमय नियंत्रण काम में लाया जा सकता है। विनिमय नियंत्रण देश को एकाधिकार शक्ति प्रदान करता है। इससे वह दूसरे देश से अनुकूल दरों पर आवश्यक वस्तुएं प्राप्त कर सकता है। इस प्रकार वह दूसरे देश का शोषण कर सकता है। इन परिस्थितियों के अन्तर्गत, दूसरा देश भी बदले की भावना से विनिमय-नियंत्रण, उपाय अपना सकता है।

4. विनिमय नियन्त्रण के तरीके
(METHODS OF EXCHANGE CONTROL)

विनिमय नियन्त्रण के दो तरीके हैं—एक प्रत्यक्ष और दूसरा अप्रत्यक्ष। क्राउथर (Crowther) ने आगे उनके अनेक उपविभाजन किए है। क्राउथर तथा अन्य अर्थशास्त्रियों द्वारा बताए गए विनिमय नियन्त्रण के तरीकों पर यहां पर विचार किया जा रहा है।

प्रत्यक्ष तरीके (Direct Methods)

देश का केन्द्रीय बैंक विनिमय नियंत्रण प्राधिकरण होता है। वह विदेशी विनिमय के प्रयोग तथा मात्रा को नियंत्रित करने के लिए अनेक तरीके अपनाता है। वे तरीके निम्नलिखित हैं:

1. हस्तक्षेप (Intervention)—हस्तक्षेप का मतलब है कि सरकार अपनी करेन्सी का मूल्य ऊंचा या नीचा रखने के लिए विदेशी विनिमय बाजार में हस्तक्षेप करती है। इस तरीके को कीलित विनिमय दरें (pegging exchange rates) कहते हैं।

यदि सरकार अपनी करेन्सी की विनिमय दर को विदेशी बाजार में प्रचलित विनिमय दर से ऊंचे स्तर पर निश्चित करती है, तो इसे 'ऊपर कीलना' (pegging up) कहते हैं। दूसरी ओर, करेन्सी की विनिमय दर को विदेशी बाजार में प्रचलित विनिमय दर से नीचे स्तर पर निश्चित करने को "नीचे कीलना" (pegging down) कहते हैं। परन्तु ऊपर कीलने या नीचे कीलने में स्थानीय करेन्सी की स्थिर दरें बहुत लम्बे समय तक बनाए रखनी पड़ती हैं। इन दोनों स्थितियों में हस्तक्षेप का मतलब है विदेशी करेन्सियों के बदले स्थानीय करेन्सी को स्थिर दरों पर खरीदना या बेचना। जब कोई देश अपनी करेन्सी को ऊंचा कीलता है, तो इसका मतलब होता है कि ऊंची विनिमय दर पर उसकी करेंसी की मांग उसकी पूर्ति से कम है। इसलिए आवश्यक है कि केन्द्रीय बैंक हस्तक्षेप करे और स्थिर दर पर विदेशी करेन्सियों के बदले स्थानीय करेन्सी खरीदे। दूसरी ओर, करेन्सी को नीचे कीलने की स्थिति में आवश्यक है कि केन्द्रीय बैंक विदेशी करेन्सियों के बदले स्थानीय करेन्सी को स्थिर दरों पर बेचे। इसका कारण यह है कि नीची विनिमय दर पर स्थानीय करेन्सी की मांग उसकी पूर्ति से अधिक होती है।

परन्तु विनिमय नियंत्रण युक्ति के रूप में कीलने की क्रिया की सफलता केन्द्रीय बैंक के संसाधन पर निर्भर करती है। 'ऊंचा कीलने' के लिए विदेशी करेन्सियों के विशाल संसाधनों की जरूरत है जिन्हें प्राप्त कर सकना कठिन है। दूसरी ओर, 'नीचा कीलने' के लिए स्थानीय करेन्सी के विशाल संसाधनों की जरूरत होती है। इन दोनों में से, 'ऊंचा कीलना' की अपेक्षा 'नीचा कीलना' बेहतर है। "परन्तु साथ ही यह उस देश के लिए महंगा और परेशानी भरा तरीका है जो इसे स्थायी तौर पर अपनाता है। अत: निष्कर्ष रूप में यही कहा जा सकता है कि हस्तक्षेप स्थायी तौर पर नहीं अपितु अस्थायी तौर पर ही सम्भव है।" समय की लम्बी अवधियों तक संकीर्ण सीमाओं के भीतर विनिमय दरों को कीलने का विनिमय नियन्त्रण का तरीका प्रथम विश्वयुद्ध से पहले और 1920 के बाद के दशक में अपनाया गया था। यहाँ तक कि प्रारम्भिक IMF समझौतों तक में भी, विनिमय दर को किसी स्थिर दर से एक प्रतिशत ऊपर या एक प्रतिशत नीचे की

रेंज में ही घटने-बढ़ने दिया जाता था। यह प्रणाली अब छोड़ दी गई है।

2. विनिमय प्रतिबन्ध (Exchange Restrictions)—क्राउथर ने विनिमय प्रतिबन्ध की नीति को ऐसी नीति बताया है जिसके अन्तर्गत "सरकार अपनी बाजार में आने वाली करेंसी की पूर्ति अनिवार्य रूप से घटाती है।" इसके अन्तर्गत, सभी विदेशी करेन्सियां केन्द्रीय बैंक में इकट्ठी कर ली जाती हैं और फिर केन्द्रीय बैंक, सरकार द्वारा निर्धारित नियमों के अनुसार मंजूरी देता है और आवंटन करता है। "ऐसे कुछ व्यक्तियों अथवा गुटों को, जो अन्यथा विदेशी करेंसियों के बदले करेन्सी देने को तैयार होते हैं, ऐसा करने से रोक दिया जाता है। इस प्रकार पूर्ति की सापेक्षता में मांग बढ़ाई जाती है और करेन्सी का मूल्य बना रहता है।

विनिमय प्रतिबन्ध अनेक प्रकार के हैं, परन्तु हम यहां केवल तीन की चर्चा करेंगे।

(क) प्राथमिकताओं के अनुसार आवंटन (Allocation According to Priorities)—यह सबसे सरल तरीका है। क्योंकि केन्द्रीय बैंक के पास विदेशी करेन्सियों की मात्रा हमेशा सीमित होती है, इसलिए केन्द्रीय बैंक आयात तथा अन्य विदेशी भुगतानों की वित्त-व्यवस्था करने के लिए उन्हें आवंटित करेगा। ऐसा वह किन्हीं प्राथमिकताओं के नियमों के अनुसार ही करेगा। आयात में जितनी आवश्यक मदें होंगी, जैसे कच्चा माल, पूंजीगत वस्तुएं , मध्यवर्ती वस्तुएं इत्यादि, उन्हें विदेशी विनिमय आवंटन में गैर-जरूरी एवं विलास वस्तुओं के मुकाबले प्राथमिकता दी जाएगी। विनिमय नियन्त्रण की यह प्रणाली इंग्लैंड में प्रचलित थी और अब विकासशील देशों में बहुत व्यवहार की जाती है।

परन्तु यदि प्राथमिकताओं के आधार पर विदेशी विनिमय का आबंटन किया जाएगा, तो वह अवश्य ही मनमानी बन जाएगा, क्योंकि उसके सम्बन्ध में नौकरशाही के अधिकारी ही निर्णय करते हैं। दूसरे, आवेदन-पत्रों पर विचार करने तथा उन्हें मंजूर करने में बहुत समय लगता है और प्रशासनिक लागतें भी बहुत आती हैं। अन्तिम बात यह है कि यह प्रणाली असमानताएं उत्पन्न करती है।

(ख) बहु-विनिमय दरें (Multiple Exchange Rates)—जब कोई देश अनेक प्रकार के आयात, निर्यात तथा पूंजी हस्तान्तरण में से प्रत्येक के लिए अलग-अलग विनिमय दरें स्थापित करता है, तो वह बहु-विनिमय दरों का तरीका कहलाता है। विनिमय नियंत्रण की यह प्रणाली ऐसे ढंग से चलाई जाती है कि आयात का विदेशी मूल्य घट जाता है और निर्यात का विदेशी मूल्य बढ़ जाता है। इसका लक्ष्य आयात घटाकर तथा निर्यात बढ़ाकर देश के लिए भुगतान शेष सन्तुलन उपलब्ध करना है। इसके बावजूद, विभिन्न आयातों के लिए विभिन्न विनिमय दरें निश्चित की जाती हैं। उदाहरणार्थ, केन्द्रीय बैंक, आवश्यक वस्तुओं के आयात के लिए विदेशी करेन्सी की नीची और विलास वस्तुओं के आयात के लिए विदेशी करेन्सी की बहुत ऊंची क्रय दर निश्चित कर सकता है। निर्यात पक्ष में, बहुत ऊंची विनिमय दरें रखकर केन्द्रीय बैंक, निर्यातकों को सहायिकी दे सकता है। परन्तु, अदृश्यों तथा पूंजी हस्तांतरणों की विनिमय दरें प्रायः बहुत ऊंची होती हैं। विदेशी विनिमय दरें केवल वस्तुओं की प्रकृति के आधार पर ही नहीं अपितु उनकी मांग की लोच के आधार पर भी निश्चित की जाती हैं।

बहु-विनिमय दर प्रणाली का ठीक वही प्रभाव पड़ता है जो निर्यात पर सहायिकी और आयात पर कर लगाने का प्रभाव पड़ता है। इसके अतिरिक्त यह प्रणाली उस देश के भुगतान शेष असन्तुलन को नियन्त्रित करती है जो इसे अपनाता है।

परन्तु इसमें कमियां भी हैं। यह बहुत अधिक विभेदमूलक है। यह प्रणाली बहुत जटिल है क्योंकि सही विनिमय दरें निश्चित करने के लिए आवश्यक है कि नियन्त्रक प्राधिकरण को स्थिति की समझ-बूझ और वास्तविक ज्ञान हो। इसलिए यह प्रणाली बहुत कुछ नौकरशाही के निर्णयों पर निर्भर करती है और मनमाना रूप ले सकती है।

जर्मनी पहला देश था जिसने 1930 के बाद के दशक में यह प्रणाली अपनाई थी। 1940 तथा 1950 के दशकों में दक्षिण अमरीका के अनेक देशों ने भी इस प्रणाली का प्रयोग किया। परन्तु बाद में इसे छोड़ दिया गया क्योंकि इस प्रणाली में बहुत जटिलताएं थीं।

(ग) अवरुद्ध लेखे (Blocked Accounts)—विनिमय नियन्त्रण की इस प्रणाली के अन्तर्गत आयात के भुगतान विदेशी निर्यातकर्त्ताओं के अवरुद्ध खातों में जमा कर दिए जाते हैं। इस तरह के खाते ऋणी देश के केन्द्रीय बैंक में रखे जा सकते हैं। ऋणदाताओं को कुछ समय के लिए उन खातों से पैसा निकालने की मनाही कर दी जाती है। पर, जिस नियन्त्रणकर्ता देश में ये खाते स्थित होते हैं, वह उन्हें काम में ले सकता है। जर्मनी पहला देश था जिसने 1931 में यह प्रणाली अपनाई और विदेशी सौदागरों को देय भुगतान अवरुद्ध खातों में हस्तान्तरित कर दिए। कुछ समय बाद ये खाते ऐसी विनिमय दर पर मुक्त कर दिए गए जो विदेशी धारकों के बहुत प्रतिकूल थी। दूसरे विश्वयुद्ध के दौरान इंग्लैंड ने भी यह प्रणाली अपनाई और विदेशी निर्यातकर्ताओं को देय राशियां अवरुद्ध खातों में जमा कर दीं। 1945 के बाद ही उन्हें इन खातों से धीरे-धीरे राशि निकालने की अनुमति दी गई थी।

परन्तु यह प्रणाली अन्तर्राष्ट्रीय व्यापार में बहुत बाधा प्रस्तुत करती है। इससे विदेशी विनिमय का भ्रष्टाचार और काला बाजार

फैलता है।

3. समाशोधन समझौते (Clearing Agreements)—विनिमय नियन्त्रण की इस प्रणाली के अन्तर्गत दो व्यापार करने वाले देश यह समझौता कर लेते हैं कि वे अपने-अपने देश के केन्द्रीय बैंक में खाता खोल लें और केन्द्रीय बैंक के माध्यम से आयात तथा निर्यात के सभी भुगतानों का समाशोधन किया जाए। इस तरीके को द्विपक्षीय समाशोधन अथवा समाशोधन समझौता अथवा विनिमय समाशोधन कहते हैं। जर्मनी पहला देश था जिसने 1930 के बाद के दशक में स्वीडन तथा स्विटजरलैंड से इस तरह के समझौते किए थे और 1952 में इटली ने अर्जेन्टीना से ऐसा समझौता किया था।

इस प्रणाली के अन्तर्गत, यदि देश *B* से देश *A* वस्तुएं आयात करता है, तो आयातकर्त्ताओं को अपने देश की करेन्सी में, अपने देश के केन्द्रीय बैंक में, समाशोधन खाते में भुगतान करना पड़ता है। इसी प्रकार, देश *A* के निर्याकर्त्ताओं को समाशोधन खाते में से उनकी अपनी करेन्सी में भुगतान करना पड़ता है। यही निर्यात व्यापार करने वाले दूसरे देश पर लागू होता है। परन्तु यह आवश्यक नहीं कि दोनों देशों में निर्यात तथा आयात बराबर हों और समाशोधन खातें संतुलित हों। इसलिए दोनों को बराबर करने के लिए केन्द्रीय बैंक किसी निश्चित सीमा तक दूसरे देश की करेंसी के मुकाबले एक स्थिर विनिमय दर पर अपने देश की करेन्सी प्रदान करते हैं। इसे **दोलन सीमा** (swing) कहते हैं। उदाहरणार्थ, मानलीजिए कि दोलन सीमा 100 डालर निश्चित की गई है। इसका मतलब है कि देश *A* के निर्यात उसके आयात से 100 डालर तक अधिक हो सकते हैं या देश *B* के निर्यात उसके आयात से 100 डालर तक बढ़ सकते हैं। यदि इस सीमा से परे कोई बेशी या कमी है तो उसे या तो स्वर्ण के रूप में, या फिर ऐसी विदेशी-विनिमय करेन्सी के रूप में तय किया जाता है जिसे दोनों देश स्वीकार करने को तैयार हों।

परन्तु विनिमय नियंत्रण की यह प्रणाली भी दोष-रहित नहीं है। **प्रथम** बात यह है कि इस तरह के समझौते दो देशों के बीच स्वीकृत विनिमय दरों पर आधारित होते हैं। यदि एक देश मजबूत है और उसकी सौदेबाजी की शक्ति दूसरे के मुकाबले अधिक है, तो वह ऐसी विनिमय दरों पर समझौता करेगा जो इसके अनुकूल होंगी। यह विनिमय दर मनमाने रूप से निश्चित की जाएगी और इससे दूसरे देश को हानि होगी। **दूसरे**, 'दोलन सीमा' की मात्रा दोनों देशों की घरेलू अर्थव्यवस्थाओं पर विनाशकारी प्रभाव डाल सकती है। यदि 'दोलन सीमा' बहुत कम होगी, तो यह सीमा बहुत जल्दी आ जाएगी और दोनों के बीच व्यापार ठप्प हो जाएगा, क्योंकि हो सकता है कि दूसरा देश अपना सोना खोने को तैयार न हो। **अन्तिम** बात यह है कि यदि एक देश के निर्यात से उसके आयात बढ़ जाएंगे, तो आयातकर्त्ता समाशोधन खातों में अधिक स्थानीय करेन्सी जमा करेंगे। इससे मुद्रापूर्ति घटेगी और अवस्फीति आएगी। इसके विपरीत, यदि आयात से निर्यात अधिक होंगे तो स्फीति बढ़ेगी क्योंकि समाशोधन खाते से निर्यातकर्ताओं को अधिक स्थानीय करेन्सी दी जाएगी। यदि समाशोधन खाता दोलन सीमा पर पहुंच जाता है, तो उक्त दोनों ही स्थितियां सम्भव हैं।

4. भुगतान समझौता (Payments Agreement)—द्विपक्षीय समझौतों का एक रूप भुगतान समझौता है। परन्तु समाशोधन समझौतों की अपेक्षा इनका क्षेत्र अधिक विस्तृत है। व्यापार सम्बन्धी लेन-देन के अतिरिक्त इनमें अनेक सेवा विषयक लेन-देन भी शामिल रहते हैं, जैसे जहाजरानी खर्चें, ऋण-सेवा, पर्यटन, आदि जोकि भुगतान शेष में व्यक्त होते हैं। भुगतान समझौता प्राय: इसलिए किया जाता है कि एक देश दूसरे देश के ऋण का पुनर्भुगतान कर देगा। विनिमय नियंत्रण की इस प्रणाली के अन्तर्गत, ऋणदाता देश के आयात के भुगतान का कुछ प्रतिशत उसके ऋण के पुनर्भुगतान के लिए समाशोधन खाते में जमा कर दिया जाता है। ऋणदाता देश तो ऋण लेने वाले देश से आयातों पर कोई प्रतिबन्ध नहीं लगाता, पर ऋण लेने वाला देश ऋणदाता देश से अपने आयात पर प्रतिबन्ध लगा सकता है, ताकि अधिक निर्यात करके वह अपना ऋण चुका सके।

1947 में इंग्लैंड ने भारत, श्रीलंका, मिस्र, अर्जेन्टीना तथा उन अन्य देशों के साथ भुगतान समझौते किए थे जो स्टर्लिंग शेष के धारक थे।[1] भुगतान समझौतों के अन्तर्गत यह व्यवस्था की गई थी कि इंग्लैंड में दो समाशोधन खाते खोले जाएं। एक खाते में चालू प्रयोग के लिए स्टर्लिंग शेष रखे गए, और दूसरे खाते में अस्थायी रूप से भुगतान शेष अवरुद्ध कर दिए गए और पहले के संचित सभी स्टर्लिंग भी इस खाते में रख दिए गए। समझौतों के अन्तर्गत यह व्यवस्था की गई थी कि ऋणदाता देशों के मुक्त प्रयोग के लिए स्टर्लिंग धीरे-धीरे अवरुद्ध खाते से चालू खाते में हस्तांतरित किए जाएंगे।

इस तरह के भुगतान समझौतों से हमेशा मजबूत 'पार्टनर' को लाभ होता है। ऋणदाता से वस्तुएं तथा सेवाएं खरीदने के लिए ही शेष

1. द्वितीय विश्व युद्ध के दौरान इंग्लैंड ने अपनी आवश्यकताएं इन देशों से उधार खरीदीं थीं, और इन देशों को किये जाने वाले भुगतान अवरुद्ध स्टर्लिंग शेष खाते में बैंक ऑफ इंग्लैंड में जमा कर दिए थे।

काम में लाया जा सकता है। इससे ऋणदाता देश की भुगतान शेष स्थिति पर प्रतिकूल प्रभाव पड़ता है। परन्तु कमजोर तथा विकासशील देशों को ऐसे समझौतों से लाभ होता है क्योंकि उनकी भुगतान शेष स्थिति में सुधार हो जाता है।

अप्रत्यक्ष तरीके (Indirect Methods)

विनिमय नियंत्रण के कुछ अप्रत्यक्ष तरीके भी हैं जो विनिमय दरों को प्रभावित करते हैं। वे निम्नलिखित हैं:

1. मात्रात्मक प्रतिबन्ध (Quantitative Restrictions)—मात्रात्मक प्रतिबन्धों अथवा वाणिज्यिक नियंत्रणों के अन्तर्गत आयात प्रतिबन्ध, आयात घाटाबन्दी (import embargoes) , आयात कोटा तथा राज्य व्यापार निगमों की क्रय-नीतियां सम्मिलित हैं। ये सभी आयातों को सीमित करते हैं। मात्रात्मक आयात नियन्त्रण आयात की जाने वाली वस्तु की राशि को (मूल्य अथवा मात्रा के आधार पर) नियन्त्रित करते हैं। इनका लक्ष्य आयात का मूल्य घटाना है ताकि भुगतान शेष स्थिति का असन्तुलन ठीक किया जा सके। दसरी युक्ति है—आयात कोटा। इसके अन्तर्गत आयात की एक निश्चित मात्रा तो बिना शुल्क आयात की जाती है और उस राशि से अधिक आयात पर आयात शुल्क लगाया जाता है। राज्य व्यापार निगम अथवा प्राधिकरण को कुछ वस्तुओं के आयात का एकाधिकार दे दिया जाता है। वह आयात की जाने वाली वस्तुओं की राशि नियमित करता है और देश के भीतर उन वस्तुओं को वितरित करता है। इन मात्रात्मक प्रतिबन्धों का लक्ष्य विनिमय दर को प्रतिबन्ध लगाने वाले देश के अनुकूल बनाना और उसकी प्रतिकूल भुगतान शेष स्थिति को सुधारना है।

2. निर्यात अधिदान (Export Bounties)—इसी प्रकार, निर्यात पर अधिदान का प्रभाव यह पड़ता है कि अधिदान देने वाले देश का बाह्य मूल्य बढ़ जाता है। परन्तु सरकार के पास उपलब्ध निधियों की राशि निर्यात अधिदानों को सीमित कर देती है।

3. ब्याज दरें बढ़ाना (Rising Interest Rates)—देश के भीतर ब्याज दरों में परिवर्तन भी देश की विदेशी विनिमय दर को प्रभावित करते हैं। जब देश में ब्याज दर बढ़ती है तो वह अन्य देशों से पूंजी कोष आकर्षित करती है और घरेलू कोषों को दूसरे देशों में जाने से रोकती है। परिणामस्वरूप, इसकी करेन्सी की मांग बढ़ती है, जो इसकी करेन्सी का विदेश में मूल्य बढ़ा देती हैं और विदेशी विनिमय दर को इसके अनुकूल बना देती है। ब्याज की दर को एक निश्चित सीमा से अधिक नहीं बढ़ाया जा सकता, अन्यथा उसका घरेलू व्यापार पर प्रतिकूल प्रभाव पड़ेगा। हो सकता है कि बाहर के देश भी अपनी घरेलू ब्याज दरें बढ़ा दें और इस प्रकार इस देश की विनिमय दर पर पड़े ब्याज दर वृद्धि के अनुकूल प्रभावों को समाप्त कर दें।

क्राउथर के अनुसार, ''इस प्रकार, यद्यपि अप्रत्यक्ष विनिमय नियन्त्रण के ये तरीके मामूली तो नहीं हैं, फिर भी उस सरकार के मजबूत या पर्याप्त सही औजार भी नहीं हैं, जो विनिमय दरों पर पूरा काबू पाने की लालसा रखती है।''

5. विनिमय नियंत्रण के गुण और दोष
(MERITS AND DEMERITS OF EXCHANGE CONTROL)

विनिमय नियंत्रण प्रणाली के विविध रूपों को कोई-न-कोई देश प्रयोग करता रहा है। इसके निम्न **लाभ** (Benefits) हैं :

1. विनिमय नियंत्रण पूंजी के देश से बाहर अनियमित प्रवाह को रोकता है।
2. आयात को रोककर यह भुगतान शेष को सुधारने में सहायता करता है।
3. यह विदेशी विनिमय की उपलब्धता को सुनिश्चित करके आवश्यक पूंजी वस्तुओं के आयात को संभव बनाता है।
4. यह अनावश्यक उपभोक्ता वस्तुओं के आयात को रोक कर उनके विशिष्ट उपभोग को घटाता है।
5. विनिमय नियंत्रण एक सीमा से आगे विदेशी कंपनियों के प्रसार को रोकता है और उनके कार्यकरण को राष्ट्रीय हित में नियमन करता है।
6. ये विदेशी प्रतियोगिता से घरेलू उद्योगों की रक्षा करने और आयात स्थानापन्नता तथा निर्यात प्रोत्साहन उद्योगों को प्रारंभ करने की एक महत्वपूर्ण विधि है।
7. यह विनिमय दरों में उतार-चढ़ाव को हटाकर विनिमय दर स्थिरता कायम करके सहायता करता है।
8. विनिमय नियंत्रण की सहायता से सरकार अपस्फीति के विरुद्ध नीति को जारी रख सकती है।
9. विदेशी विनिमय में सट्टे को नियंत्रित करने के लिए सरकार विनिमय नियंत्रण अपनाती है।
10. यह सरकार को विदेशी ऋणों का भुगतान करने में सहायक होता है।

11. यह सरकार के लिए राजस्व का स्रोत है, जब सरकार विदेशी विनिमय को कम कीमत पर खरीदती है और उसे अधिक कीमत पर बेचती है।

12. विदेशी विनिमय पर नियंत्रण करके यह उस देश की सुरक्षा, आयोजन आदि महत्वपूर्ण आवश्यकताओं के लिए विदेशी मुद्रा सुरक्षित रखने में सहायता करता है।

13. यह एक देश द्वारा दो देशों के बीच द्विपक्षीय व्यापार संबंधों से लाभ उठाने हेतु एक कारगर विधि है।

14. यदि एक देश विरोधी हो जाता है तो विनिमय नियंत्रण द्वारा उस देश की सभी परिसंपत्तियों को सरकार अपने हाथ में लेकर उसकी निधियों को लौटाने पर रोक लगा सकती है।

दोष (Demerits)—पर विनिमय नियन्त्रण में कुछ **दोष** भी हैं:

प्रथम, विनिमय नियन्त्रण अन्तर्राष्ट्रीय व्यापार की मात्रा तथा मूल्य घटाता है। जब एक देश दूसरे देशों से आयात पर प्रतिबंध लगाता है, तो दूसरे देश भी बदले में उस देश से आयात पर प्रतिबन्ध लगा देते हैं। इससे अन्तर्राष्ट्रीय व्यापार की मात्रा घट जाती है जो सभी देशों के लिए हानिकर है।

दूसरे, विनिमय नियन्त्रण प्रणाली से अदक्षता तथा लालफीतावाद पनपते हैं और इस प्रणाली से सम्बद्ध प्रशासकों और संगठनकर्त्ताओं में भ्रष्टाचार फैलता है।

तीसरे, यह प्रणाली बहुत महंगी है, क्योंकि विनिमय नियन्त्रण प्रणाली को दक्षतापूर्वक चलाने के लिए विनिमय नियन्त्रण प्राधिकरण को बहुत अधिक लोगों की जरूरत पड़ती है।

चौथे, विनिमय नियन्त्रण हमेशा विदेशी विनिमय में काला बाजारी को जन्म देता है। बहुत कठोर तथा दक्ष विनिमय नियन्त्रण प्रणाली तक में विदेशी विनिमय की स्मगलिंग होती है।

पाँचवे, विविध प्रकार के विनिमय नियन्त्रण के लिए निर्धारित कसौटी मनमानी होती है। यह नौकरशाही की धुन पर निर्भर करती है और हो सकता है कि नौकरशाही कुछ के हक में और कुछ के विरुद्ध हो।

छठे, विनिमय नियन्त्रण की प्रणाली देश में निहित स्वार्थों को जन्म देती है जो बाद में अपने को बनाए रखना चाहते हैं। यद्यपि यह भुगतान शेष असन्तुलन दूर करने की ही युक्ति है, फिर भी, इसे घरेलू उद्योगों को विदेशी प्रतियोगिता से संरक्षण प्रदान करने के लिए काम में लाया जाता है। यदि भुगतान शेष की स्थिति सुधर जाने पर इस तरह के नियन्त्रण हटा लिए जाएं तो संरक्षित उद्योग, और विनिमय नियन्त्रण प्रणाली से सम्बन्धित प्रशासक एवं संगठनकर्ता इसके विरुद्ध विरोध करते हैं।

सातवें, ऊपर कही गई बात का स्वाभाविक निष्कर्ष (conclusion) यह निकलता है कि विनिमय-नियन्त्रण प्रणाली के परिणामस्वरूप असमानताएं उत्पन्न होती हैं। कुछ आयातकर्ताओं को अधिक लाभ होता है क्योंकि उनके आयात पर कोई प्रतिबन्ध नहीं होते, जबकि दूसरे आयातकर्ताओं के आयात पर आयात-शुल्क लगाकर उनमें कटौती कर दी जाती है। जिस आयातकर्ता को अपनी जरूरत की वस्तु आयात करने के लिए विदेशी करेन्सी प्रदान की जाती है, वह उन आयातकर्ताओं की अपेक्षा अधिक लाभ कमाता है जिन्हें विदेशी करेंसी नहीं दी जाती । इस प्रकार विनिमय नियन्त्रण प्रणाली अर्थव्यवस्था के भीतर ही असमानताएं उत्पन्न करती है।

इन कमियों को ध्यान में रखकर, संयुक्त राष्ट्र की IMF तथा GATT जैसी कुछ एजेन्सियां विनिमय नियंत्रण को खत्म कर देना चाहती हैं। परन्तु उन्हें इस उद्देश्य में सफलता मिलने की सम्भावना नहीं है क्योंकि कोई भी देश विनिमय नियन्त्रण प्रणाली को समाप्त नहीं करना चाहता।

प्रश्न

1. विनिमय नियन्त्रण के तन्त्र तथा उद्देश्यों की व्याख्या कीजिए।
2. विनिमय नियन्त्रण से क्या तात्पर्य है ? विनिमय नियन्त्रण के विविध तरीकों की संक्षेप में विवेचना कीजिए।
3. विनिमय नियन्त्रण से आप क्या समझते हैं ? इसके गुण तथा दोषों पर प्रकाश डालिए।

अध्याय 26

अंतर्राष्ट्रीय उत्पादक संघ (कार्टल)
(International Cartels)

1. अर्थ
(MEANING)

अंतर्राष्ट्रीय कार्टल (उत्पादक संघ) विभिन्न देशों में एक ही उद्योग से जुड़े उत्पादकों का एक दल होता है जो उच्च लाभ कमाने के लिए उत्पादन तथा बिक्री को नियमित करने तथा प्रतिस्पर्धा को सीमित करने पर सहमत होता है। **किडंलबर्गर** के अनुसार, ''कार्टल, कीमत को नियमित करने, मार्किटों के अथवा उद्यमों के अन्य पहलुओं पर अंतर्राष्ट्रीय व्यावसायिक समझौते होते हैं। ये बाज़ार में बिक्री की प्रतिस्पर्धा को रोकने के समझौते होते हैं।'' चीनी, कॉफी, स्टील, बाक्साइट, तम्बाकू, हीरे, तेल, हवाई तथा रेल सेवाओं जैसी वस्तुओं और सेवाओं से संबंधित कई अंतर्राष्ट्रीय कार्टल मौजूद हैं। परन्तु केवल OPEC (Organisation of Oil Exporting Countries)) ही सफल रहा है।

एक अंतर्राष्ट्रीय कार्टल बनाने के कई कारण हैं : **प्रथम**, विश्व भर में व्यापार की जाने वाली वस्तुओं के उत्पादकों के बीच गला-काट प्रतिस्पर्धा। **द्वितीय,** वर्तमान मांग की तुलना में वस्तु के उत्पादन में वृद्धि होने पर विश्व भर में कीमतें कम होने का भय। **तृतीय,** अधिक लाभ कमाने के लिए एकाधिकार नियंत्रण कायम करना।

2. अंतर्राष्ट्रीय कार्टल के उद्देश्य
(OBJECTIVES OF INTERNATIONAL CARTELS)

अंतर्राष्ट्रीय कार्टल के निम्न उद्देश्य हैं : (1) प्रतिस्पर्धात्मक कीमत के ऊपर वस्तु की विश्व कीमत निर्धारित करना; (2) उच्च एकाधिकार लाभ कमाना; (3) प्रत्येक सदस्य के लिए निर्धारित कोटे के अनुसार उत्पादन तथा पूर्ति पर नियंत्रण रखना; (4) मुकाबले को रेकने के लिए माल की आपूर्ति हेतु प्रत्येक सदस्य को विशेष क्षेत्र का आवंटन; (5) माल की क्वालिटी के बारे में निर्णय लेना; (6) वस्तु के प्रौद्योगिक शोध एवं विकास को नियंत्रित करना; तथा (7) सदस्यों के बीच अन्य किसी प्रकार के प्रतिस्पर्धात्मक दबावों को खत्म करना।

3. कार्टल की सफलता के लिए शर्तें
(CONDITIONS FOR THE SUCCESS OF CARTELS)

किसी कार्टल की सफलता के लिए निम्नलिखित शर्तें जरूरी हैं:

1. वस्तु के विश्व बाज़ारों में कुछ बड़े पूर्तिकर्ता हों।
2. सदस्यों द्वारा वस्तु का उत्पादन बड़े पैमाने पर किया जाना चाहिए ताकि कार्टल कुल पूर्ति का एक बड़ा भाग नियंत्रित कर सके।
3. वस्तु के लिए विश्व मांग की कीमत लोच कम हो।
4. वस्तु का कोई निकट स्थानापन्न न हो।
5. कार्टल सदस्य अपने लिए निर्धारित कार्टल कीमत तथा उत्पादन कोटा का अनुसरण करें।

4. कार्टल द्वारा कीमत, उत्पादन तथा लाभ निर्धारण (PRICE, OUTPUT AND PROFIT DETERMINATION BY A CARTEL)

एक अंतर्राष्ट्रीय कार्टल, जैसे OPEC देश, एकाधिकार की तरह कार्य करता है। इस प्रकार कीमत, उत्पादन तथा लाभ का निर्धारण एक पूर्ण एकाधिकार फर्म की तरह ही होता है।

मान्यताएं (Assumptions)

किसी अंतर्राष्ट्रीय कार्टल की कीमत, उत्पादन तथा लाभ के निर्धारण का विश्लेषण निम्नलिखित मान्यताओं पर आधारित है :

1. वस्तु (तेल) का उत्पादन करने वाले कुछ ही उत्पादक हैं, जो शेष विश्व (Rest of the World-ROW) को निर्यात करते हैं।
2. वस्तु का कोई निकट स्थानापन्न नहीं है।
3. किसी और उत्पादक के प्रवेश का भय नहीं है।
4. वस्तु के लिए विश्व बाज़ार मांगवक्र कार्टल को दिया गया है तथा मालूम है।
5. वस्तु की विश्व मांग की कीमत लोच कम है।
6. कार्टल सीमांत लागत वक्र (MC_c) सभी सदस्य देशों की लागत वक्र का योग है।
7. कार्टल सदस्य कार्टल कीमत नीति का पालन करते हैं।
8. कार्टल का उद्देश्य अधिकतम लाभ कमाना है।

व्याख्या (Explanation)

मान्यताओं के अनुसार, कीमत, उत्पादन तथा लाभ का निर्धारण चित्र 1 में दर्शाया गया है। यहां ROW का मांग वक्र Dw है तथा MC_c तेल निर्यात के लिए कार्टल का पूर्ति वक्र अथवा सीमांत लागत वक्र है। यदि विश्व तेल बाज़ार में पूर्ण प्रतियोगिता हो तो संतुलन E बिन्दु पर स्थापित होगा जहां D_w तथा MC_c काटते हैं। OP_w विश्व कीमत निर्धारित हो जाती है जिस पर शेष विश्व (ROW) को तेल की OQ मात्रा निर्यात की जाती है। तेल उत्पादक देशों की कुल निर्यात आय $QP_w \times OQ = OP_w EQ$ होती है।

जब उत्पादकों का कार्टल बनता है तो वह एकाधिकार फर्म की तरह व्यवहार करता है। अतः कार्टल संतुलन बिंदु C पर निर्धारित होता है जहां MC_c वक्र MR वक्र को काटता है और ROW का मांग वक्र D_w दिया होने पर अब OP_c कार्टल कीमत होती है तथा OQ_c कार्टल उत्पादन है जो शेष विश्व को निर्यात करता है। कार्टल की कुल निर्यात आय $OP_c \times OQ_c = OP_c HQ_c$ तथा कुल लाभ $MP_c HC$ है। कार्टल के निर्माण के कारण निर्यात आय में $GE\,QQ_c$ गिरावट आ गई है, यह निर्यात में OQ से OQ_c की कमी तथा OP_c से OP_w निर्यात कीमत में वृद्धि के साथ ही निर्यात आय में $P_c HGP_w$ वृद्धि है। कार्टल की निर्यात आय में वृद्धि या कमी क्षेत्र $P_c HGP_w$ के अनुपात में क्षेत्र $GEQQ_c$ क्षेत्र के आकार पर निर्भर करती है। उत्पादन में कटौती से कार्टल का कुल लाभ OQ_c तेल उत्पादन की सीमांत लागत तथा इस उत्पादन के विक्रय द्वारा प्राप्त सीमांत राजस्व के बीच अंतर द्वारा मापा जा सकता है। दूसरे शब्दों में यह MC_c तथा MR वक्रों के नीचे क्षेत्र द्वारा दिया गया है। यह क्षेत्र ELC के बराबर होता है जो आगे बराबर है :

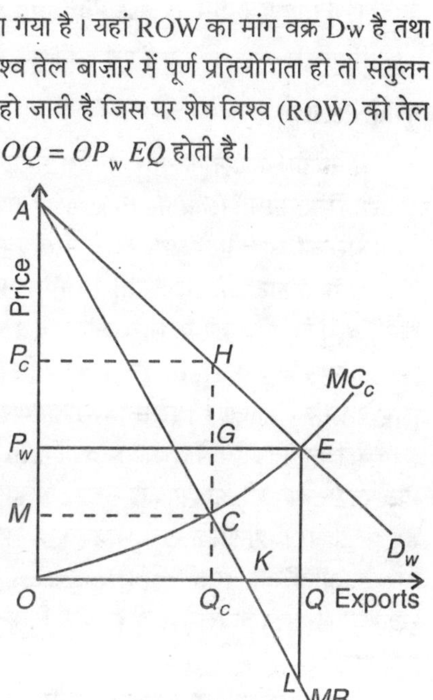

चित्र 1

$$ELC = EQKC + QLK$$

निर्यात आय से शुद्ध हानि का पता लगाने के लिए हम क्षेत्र $GEQQ_c$ से क्षेत्र ELC घटा देते हैं। इस प्रकार

शुद्ध हानि (Net loss) $= GEQQC - ELC$ (1)

परन्तु $ELC = EQKC + QLK$ (2)

$\therefore$ शुद्ध हानि $= GEQQ_c - (EQKC + QLK)$

$= GEQQ_c - EQKC - QLK$

$= (GEQQ_c - EQKC) - QLK \quad (3)$

परन्तु $GEQQ_c - EQKC = GEC + CKQ_c \quad (4)$

समीकरण (3) में (4) को रखने पर,

शुद्ध हानि $= GEC + CKQ_c - QLK$

चित्र से स्पष्ट है कि क्षेत्र $GEC + CKQ_c - QLK$ द्वारा दर्शायी गई निर्यात आय की शुद्ध हानि है जो उत्पादन कटौती तथा कीमत में वृद्धि द्वारा निर्यात आय में वृद्धि वाले $P_c HG P_w$ क्षेत्र से कहीं कम है। इस प्रकार कार्टल ने अपनी समग्र निर्यात आय में वृद्धि की है तथा क्षेत्र $MP_c HC$ के बराबर अधिकतम लाभ कमाया है।

कार्टल अपने सदस्यों के लिए इष्टतम है परन्तु समस्त विश्व के लिए नहीं। प्रतियोगिता कीमत OP_w से ऊपर कीमत OP_c बढ़ाकर कार्टल द्वारा अर्जित अतिरिक्त लाभ की धनराशि $MP_c HC$ है तथा प्रतियोगी उत्पादन OQ से घटाकर OQ_c तक लाने से विश्व कल्याण की शुद्ध हानि हुई है। इसे HEC क्षेत्र द्वारा दर्शाया गया है। इसके साथ-साथ प्रतियोगी विश्व बाज़ार में कुल उपभोक्ता बेशी (Consumer's surplus) क्षेत्र AEP_w होता है। इसे कार्टल उत्पादन कीमत नीति के अन्तर्गत क्षेत्र AHP_c तक कम किया गया है। अत: उपभोक्ता बेशी का कुल हानि क्षेत्र $P_c HEP_w = AEP_w - AHP_c$ है। उपभोक्ता बेशी की उक्त कुल हानि में से कार्टल का क्षेत्र $P_c HGP_w$ है तथा शेष क्षेत्र HGE विश्व की अशोध्य भार हानि (deadweight loss) है। इस प्रकार, हर तरह से अंतर्राष्ट्रीय कार्टल विश्व कल्याण कम करने की प्रवृत्ति रखते हैं।

कार्टल के गुण एवं दोष (Case For and Against Cartels)

अंतर्राष्ट्रीय कार्टल के गुण एवं दोषों पर अर्थशास्त्रियों में निम्न आधारों पर मतभेद हैं :

गुण (Merits)

अंतर्राष्ट्रीय कार्टल के गठन के पक्ष में प्राय: निम्नलिखित तर्क दिए जाते हैं—

1. स्तिर कीमतें (Stable Prices)—अंतर्राष्ट्रीय कार्टल सदस्यों को बड़े पैमाने पर उत्पादन के लिए प्रोत्साहित करते हैं और इस प्रकार वस्तुओं की कीमतें स्थिर रखने में सहायता करते हैं।

2. गलाकाट प्रतिस्पर्धा की समाप्ति (Elimination of Cut-Throat competition)—अंतर्राष्ट्रीय कार्टल के गठन से किसी वस्तु के उत्पादकों के बीच कीमत युद्ध को तथा प्रतिस्पर्धा को समाप्त किया जा सकता है।

3. न्यून प्रशुल्क (Low Tariffs)—किसी वस्तु के लिए गठित कार्टल आयातक देश को उस पर प्रशुल्क कम करने या हटाने के लिए बाध्य कर सकता है। इससे विश्व कल्याण को अधिकतम किया जा सकता है।

4. विज्ञापन व्यय में बचत (Savings in Advertisement Expenditure)—कार्टल के बनने से इसकी वस्तु के प्रचार अथवा विज्ञापन पर व्यय की आवश्यकता बहुत कम हो जाती है क्योंकि खरीदने वाले देशों को पूर्तिकर्ताओं के बारे में पहले से ही जानकारी होती है। इस प्रकार विज्ञापन के खर्च में बचत हो जाती है।

5. अतिरिक्त क्षमता नहीं (No Excess Capacity)—कार्टल के अन्तर्गत वस्तु के प्रत्येक उत्पादक को विश्व मांग को ध्यान में रखते हुए उत्पादन के लिए वस्तु का एक निश्चित कोटा दिया जाता है। अत: किसी प्रकार का अतिरिक्त तथा व्यर्थ उत्पादन कार्टल में नहीं होता।

6. तकनीकी सहायता प्रदान करना (Providing Technical Know how)—अंतर्राष्ट्रीय कार्टल अपने सदस्यों को उत्पादन की लागत कम करने की अत्याधुनिक तकनीकी जानकारी प्रदान करता है। इस प्रकार कम लागत में बेहतर माल तैयार करने में मदद मिलती है।

7. अंतर्राष्ट्रीय सहयोग को प्रोत्साहन (Promote International Co-operation)—अंतर्राष्ट्रीय कार्टल उत्पादकों के आपसी समझौतों पर आधारित है। इस प्रकार ये राष्ट्रों के बीच आर्थिक सहयोग के सूत्र हैं।

दोष (Demerits)

तथापि अधिकांश अर्थशास्त्री निम्नलिखित कारणों से अंतर्राष्ट्रीय कार्टल के निर्माण के पक्ष में नहीं हैं।

1. प्रतिबंधित उत्पादन (Restrict Ouput)—अंतर्राष्ट्रीय कार्टल अनुबंधित वस्तुओं के उत्पादन को जानबूझकर सीमित रखते हैं ताकि आयात करने वाले देशों से ऊंची कीमतें वसूल की जा सकें। ऐसा प्रतिस्पर्धा के अभाव में होता है।

2. निम्नस्तरीय वस्तु (Inferior Commodity)—प्रतिस्पर्धा के अभाव में प्रायः कार्टल के अन्तर्गत निम्नस्तरीय वस्तु का उत्पादन और पूर्ति होती है।

3. संसाधनों का कुआवंटन (Misallocation of Resources)—प्रतियोगिता के अभाव में अंतर्राष्ट्रीय कार्टल विश्व संसाधनों का पूरी तरह उपयोग नहीं कर पाते तथा उनका कुआवंटन होता है। क्योंकि उत्पादन कोटा प्रणाली के अन्तर्गत उत्पादन को प्रतिबंधित कर दिया जाता है।

4. प्रशुल्क कम नहीं करते (Do not Reduce Tariff)—अंतर्राष्ट्रीय कार्टल प्रशुल्कों को कम करने या हटाने में कोई मदद नहीं करते जैसा कि सामान्यतः तर्क दिया जाता है। **हैबर्लर** के अनुसार, "ये टैरिफ की दीवारों को माप्य अवधि में गिराने के लिए उचित नहीं हैं। बहुत से वर्तमान कार्टल तो इन्हीं टैरिफ के कारण हैं। अतः इन्हें टैरिफ की समाप्ति के लिए यदा-कदा ही अपनाया जाता है।"

5. अल्पायु (Short-Lived)—कार्टल प्रायः अल्पायु अर्थात थोड़े समय के लिए ही जीवित रहते हैं क्योंकि आपसी अविश्वास, बड़े उत्पादक सदस्यों का धमकी भरा रवैया तथा सौदेबाजी का रुख इसे शीघ्र समाप्त कर देता है। अतः कार्टल प्रायः अस्थिर प्रकृति के होते हैं।

अन्तर्राष्ट्रीय कार्टल के टूटने के कारण
(Causes of Breakdown of International Cartles)

सैद्धांतिक रूप से अंतर्राष्ट्रीय कार्टल टूटने के निम्नलिखित कारण हो सकते हैं :

1. विश्व मांग बेलोच (Inelastic World Demand)—किसी कार्टल की सफलता उसकी निर्यात के लिए बेलोच विश्व मांग पर निर्भर करती है। और आगे निर्भर करती है : *(i)* इसकी वस्तु के लिए विश्व मांग की लोच पर; *(ii)* पूर्ति की लोच पर, यदि हो तो; *(iii)* वस्तु के लिए विश्व बाज़ार में कार्टल के अंश पर; *(iv)* कार्टल की कुल बिक्री में कार्टल के छोटे सदस्यों की बिक्री के अंश पर। इन तत्वों के आधार पर कार्टल सफल रहेगा यदि *(क)* मांग बेलोच है; *(ख)* प्रतियोगी पूर्ति बेलोच हो; *(ग)* विश्व बाजार का बड़ा अंश हो; *(घ)* छोटे सदस्यों के छोटे अंश हों। परन्तु ऐसी स्थिति निम्न कठिनाइयों की वजह से उत्पन्न होने की सम्भावना कम हो रहती है।

2. बाजार मांग वक्र का अनुमान (Estimate of Market Demand Curve)—बाजार मांग वक्र का सही-सही अनुमान लगाना कठिन है। प्रत्येक उत्पादक यह सोचता है कि उसका मांग वक्र बाजार मांग वक्र से अधिक लोचदार है, क्योंकि उसकी वस्तु उसके प्रतिद्वंद्वी की वस्तु का पूर्ण स्थानापन्न है। इस प्रकार, यदि बाजार मांग वक्र कम आंका जाता है तो इसका अनुरूपी *MR* वक्र भी वैसा ही होगा जो कार्टल द्वारा बाजार कीमत के अनुमान को ग़लत कर देगा।

3. बाजार *MC* वक्र का अनुमान (Estimate of Market MC Curve)—इसी प्रकार बाजार *MC* वक्र का अनुमान ग़लत हो सकता है क्योंकि कार्टल के सदस्य देशों द्वारा गलत आंकड़े प्रस्तुत किए जा सकते हैं। इस बात की भी काफी संभावना होती है कि निजी उत्पादकों द्वारा कार्टल को कम लागत आंकड़े दिए जाएं ताकि उसके उत्पादन और लाभ का वे अधिक अंश प्राप्त कर सकें। इस कारण अंततः कार्टल टूट सकता है।

4. कार्टल धीमी प्रक्रिया (Cartel Slow Process)—कार्टल का निर्माण एक धीमी प्रक्रिया है जिसमें उत्पादकों के बीच समझौता होने में लम्बा समय लगता है। विशेषकर जब उनकी संख्या अधिक हो। इसी बीच वस्तु के लिए लागत ढांचे और बाजार मांग में परिवर्तन हो सकते हैं। इससे कार्टल समझौते बेकार हो जाते हैं और टूट जाते हैं।

5. कोटा से अधिक बेचना (Selling more then the Quota)—यदि उत्पादक की वस्तु कार्टल के सदस्यों की बजाय उपभोक्ताओं प्राथमिकता मिल जाए तो बाजार में मांग निर्धारित कोटा से अधिक हो सकती है। अतः उत्पादक गुप्त रूप से कोटे से अधिक माल बेच दे और यदि दूसरे उत्पादक भी यही अनुकरण करें तो कार्टल टूट जाएगा।

6. अधिक संख्या (Large Number)—कार्टल में सदस्य उत्पादकों की संख्या जितनी अधिक होगी उसके बने रहने के संभावना उतनी ही कम होंगी, क्योंकि आपसी विश्वास में कमी, एक दूसरे की धमकियां तथा सौदेबाजी के कारण कार्टल का जीवित रहना कठिन हो जाता है।

7. लाभ वितरण (Profit Distribution)—सैद्धांतिक रूप से कार्टल-सदस्यों के बीच संयुक्त रूप से अधिकतम लाभ कमाने का समझौता होता है परन्तु व्यावहारिक रूप से वे लाभ वितरण के मामले पर बहुत कम सहमत हो पाते हैं। बड़ी फर्में कम कीमत, अधिक उत्पादन तता ज्यादा लाभ चाहती हैं। अत: जब कार्टल समझौते के अन्तर्गत संयुक्त लाभ वितरण में ऐसी समस्याएं खड़ी हो जाती हैं तो कार्टल टूटने लगता है।

8. कार्टल कीमत (Cartel Price)—कार्टल द्वारा वस्तु की निश्चित की गई कीमत तब भी नहीं बदली जा सकती जब बाजार परिस्थितियों की मांग है। ऐसा कीमत में परिवर्तन पर सदस्यों की सहमति में होने वाली देरी के कारण होता है। कीमत में इस स्थिरता के कारण प्राय: कार्टल टूट जाते हैं।

9. कीमत घटाना (Price Reduction)—कीमत के मामले में सख्ती 'Chislers' को बढ़ावा देती है जो गुप्त रूप से कीमत घटा देते हैं अथवा कोटा समझौते का उल्लंघन करते हैं। इस प्रकार की गुप्त बिक्री से उत्पादकों का अपना लाभ बढ़ जाता है और कार्टल टूट जाता है।

10. बाहरी विघ्न (Outside Disturbance)—जब तक कार्टल के सभी सदस्य सहयोग के लिए पूरी तरह वचनबद्ध न हों, बाहरी विघ्न जैसे मांग में एकाएक गिरावट के कारण कार्टल टूट जाता है।

11. नए सदस्यों का प्रवेश (Entry of New Members)—जब एक कार्टल वस्तु की कीमत बढ़ाता है तथा अपने सदस्यों के लाभ में वृद्धि करता है तो वह नये उत्पादकों को उद्योग में आने के लिए प्रोत्साहित करता है। यदि नये उत्पादकों के प्रवेश पर रोक हो तो भी यह कुछ ही समय तक चल पाते है क्योंकि कार्टल की सफलता ही आगे चलकर नये उत्पादकों के लिए रास्ता खोलती है। इसके कारण भी कार्टल टूट जाते हैं।

12. उच्च लागत उत्पादक (High-cost Producers)—कुछ उच्च लागत वाले गैर-किफायती उत्पादक कार्टल बोर्ड के निवेदन के बावजूद उत्पादन बन्द करने या कार्टल छोड़ने के लिए तैयार नहीं होते। इससे लाभ का अधिकतम स्तर प्रभावित होता है और कार्टल टूट जाता है।

13. स्थानापन्न उभरना (Emergence of Substitutes)—कार्टल की नीति के अन्तर्गत ऊंची कीमत तथा वस्तु की मात्रा पर पाबंदी के कारण दीर्घकाल में उसके स्थानापन्न उत्पन्न हो जाते हैं। अन्य उत्पादक इसका कोई सस्ता स्थानापन्न खोज लेते हैं जिसे उपभोक्ताओं की स्वीकृति मिल सकती है। इससे कार्टल वस्तु की मांग में कमी आ जाएगी और वह अधिक लचीली हो जाएगी तथा संयुक्त लाभ कम हो जाएगा और कार्टल टूट जाएगा।

निष्कर्ष (Conclusion)—इस प्रकार, उत्पादक बहुत से व्यक्तिगत कारणों से अथवा अन्य सदस्यों के व्यवहार से तंग आकर या फिर कोटा तथा लाभ के बंटवारे को लेकर असहमति के कारण कार्टल छोड़ जाते हैं जिससे संयुक्त अधिकतम लाभ पर प्रतिकूल प्रभाव पड़ता है और कार्टल समझौता समाप्त हो जाता है।

प्रश्न

1. अन्तर्राष्ट्रीय उत्पादक संघ क्या है ? यह क्यों बनता है ? इसके गुणों एवं दोषों की व्याख्या कीजिए।
2. अन्तर्राष्ट्रीय उत्पादक संघ से आपका क्या अभिप्राय है ? यह किस प्रकार लाभ को अधिकतम करता है ? यह विश्व कल्याण को बढ़ाता है या घटाता है ? चित्र की सहायता से व्याख्या करें ?
3. अन्तर्राष्ट्रीय उत्पादक संघ की परिभाषा देते हुए इसकी सफलता के लिए आवश्यक परिस्थितियों का विवेचन करें। अन्तराष्ट्रीय उत्पादक संघ के टूटने के कारणों की व्याख्या कीजिए।

अध्याय 27

राज्य व्यापार
(State Trading)

1. प्रस्तावना
(INTRODUCTION)

राज्य व्यापार का अर्थ है विदेश व्यापार में सरकार का आंशिक अथवा पूर्ण नियंत्रण। इसमें किसी सरकारी नियंत्रण वाली अथवा सरकारी स्वामित्व वाली ऐजंसी द्वारा कच्चे माल, उपभोक्ता वस्तुओं तथा पूंजीगत माल का आयात व निर्यात किया जाता है। यह ऐजंसी निजी अथवा/और राज्य घरेलू उपभोक्ताओं तथा उत्पादकों के लिए आयात-निर्यात का लेन-देन करती है। यह आवश्यक कच्चे माल तथा वस्तुओं का बफर स्टॉक रखती है तथा विभिन्न ऐजेंसियों में इनका वितरण करती है। आजकल रक्षा उपकरणों की खरीद-बेच में सरकार का आंशिक अथवा पूर्ण एकाधिकार है।

राज्य व्यापार एक पुरानी विश्वव्यापी परम्परा है। प्रथम विश्व युद्ध से पहले मध्य यूरोप के बहुत से देशों में अल्कोहल तथा तम्बाकू जैसी वस्तुओं के व्यापार पर राज्य एकाधिकार था। पूर्व सोवियत संघ में राज्य व्यापार पर पूर्णतः सरकारी एकाधिकार था। दूसरे विश्व युद्ध के उपरान्त सोवियत संघ, चीन तथा मध्य यूरोपीय देशों जैसे सभी साम्यवादी देशों में राज्य-व्यापार पूरी तरह सरकारी नियंत्रण में था और आज भी वर्तमान रूस तथा अन्य साम्यवादी देशों, चीन आदि में आंशिक रूप से व्यापार पर सरकारी नियंत्रण बना हुआ है। इसी प्रकार, अमेरिका, इंग्लैंड, आस्ट्रेलिया, कनाडा तथा कई यूरोपीय देशों में कुछ वस्तुओं के व्यापार पर सरकारी नियंत्रण है।

2. राज्य व्यापार के उद्देश्य
(OBJECTIVES OF STATE TRADING)

राज्य व्यापार के मुख्य उद्देश्य[1] इस प्रकार हैं :

1. देश की व्यापार की शर्तों में सुधार।
2. विश्व बाज़ार में देश की सौदा शक्ति में वृद्धि।
3. आयात व निर्यात को नियमित व नियंत्रित करना।
4. सरकारी राजस्व में वृद्धि।
5. विदेशी विनिमय रिजर्व का उचित आवंटन तथा भुगतान संतुलन की स्थिति की सुरक्षा।
6. उत्पादकों के लिए उच्च कीमत को सुनिश्चित करना तथा कीमतों में स्थिरता लाना।
7. घरेलू उद्योग को विदेशी प्रतिस्पर्धा से बचाना।
8. घरेलू निर्यातकों के बीच अनावश्यक प्रतिस्पर्धा को समाप्त करना।
9. निर्यात का प्रोत्साहन।
10. घरेलू समर्थन मूल्य योजनाओं के अन्तर्गत खरीदी गई अतिरिक्त कृषि वस्तुओं का निपटान करना।
11. विदेशी क्रेताओं के मुकाबले घरेलू उपभोक्ताओं का पक्ष करना।
12. निजी व्यापारियों की गलत व्यापार प्रथाओं को रोकना।
13. थोक क्रय एवं विक्रय का लाभ उठाना।
14. सामाजवादी देशों के साथ विदेशी व्यापार में विस्तार करना।

1. इस खण्ड का संबंध राज्य व्यापार के औचित्य से भी है।

15. रणनैतिक कारणों के लिए महत्वपूर्ण रक्षात्मक वस्तुओं का आयात व निर्यात करना।

राज्य व्यापार के गुण (Merits of State Trading)

राज्य व्यापार के निम्नलिखित गुण हैं :

1. विदेश व्यापार अंतर्राष्ट्रीय व्यापार की दृष्टि से राजकीय हस्तक्षेप एवं राष्ट्रीय हित की सुरक्षा करता है।
2. बिना राज्य व्यापार के अंतर्राष्ट्रीय टैरिफ समझौते अर्थहीन हो जाते हैं।
3. राज्य व्यापार देश की रणनैतिक शक्ति में वृद्धि करता है।
4. राज्य व्यापार द्वारा किसी देश की व्यापार की शर्तों में सुधार हो सकता है।
5. यह आयात व निर्यात को नियमित करता है। यह कोटा तथा लाईसेंसिंग प्रणाली की बजाय बेहतर एवम प्रभावशाली आयात नियंत्रण उपाय है।
6. राज्य व्यापार सम्पूर्ण तंत्र में समन्वय का काम करता है।
7. राज्य व्यापार के अन्तर्गत देश विश्व बाजार में सौदेबाजी के लिए अधिक स्वतन्त्र होता है और इस प्रकार देश की सौदाकारी शक्ति में वृद्धि होती है।
8. यह सरकारी खज़ाने में राजस्व की वृद्धि करता है।
9. राज्य व्यापार विदेशी विनिमय रिजर्व के आदर्शतम आवंटन तथा भुगतान संतुलन की स्थिति की सुरक्षा देता है।
10. राज्य व्यापार कीमत स्थिरीकरण का एक प्रभावशाली यंत्र है।
11. यह आवश्यक आयात की पर्याप्त पूर्ति को सुनिश्चित करता है तथा विदेश व्यापार में सट्टा-प्रवृत्तियों को समाप्त करता है।
12. यह घरेलू उद्योगों को विदेशी प्रतिस्पर्धा से बचाता है।
13. यह घरेलू निर्यातकों के बीच अनावश्यक प्रतिस्पर्धा को समाप्त करता है।
14. यह निर्यात को प्रोत्साहित करता है।
15. राज्य व्यापार के अन्तर्गत सरकार घरेलू समर्थन कीमत योजनाओं के तहत खरीदे गये अतिरिक्त कृषि उत्पादों का निपटान करती है।
16. विदेशी उपभोक्ताओं के मुकाबले घरेलू उपभोक्ताओं के हित का ध्यान राज्य व्यापार के अन्तर्गत ही रखा जाता है।
17. निजी व्यापारियों द्वारा कई गलत प्रथाओं जैसे कर की चोरी, विदेश विनिमय में गैर-कानूनी लेन-देन, सट्टेबाजी, काला बाजारी आदि को राज्य व्यापार द्वारा दबाया जाता है।
18. थोक क्रय एवं विक्रय का लाभ राज्य व्यापार द्वारा प्राप्त किया जा सकता है।
19. राज्य व्यापार के अन्तर्गत ही सरकार आयात एवं निर्यात को दिशा, मात्रा तथा समय के निर्धारण की विवेकाधिकार शक्तियों का प्रयोग कर सकती है।
20. समाजवादी देशों से विदेश व्यापार के विस्तार में राज्य व्यापार सहायक होता है।
21. रक्षा सौदे प्राय: सभी देशों में आजकल सरकारी एजेंसियों द्वारा ही किए जाते हैं।

राज्य व्यापार के दोष (Demerits of State Trading)

राज्य व्यापार के निम्नलिखित दोष हैं :

1. राज्य व्यापार के अन्तर्गत विदेश व्यापार संबंधों में आर्थिक विचारों की बजाय राजनीतिक विचार अधिक महत्वपूर्ण हो जाते हैं। देश अपने राजनीतिक संबंधों के कारण किसी कम कीमत देने वाले देश को निर्यात तथा अधिक कीमत लेने वाले देश से आयात कर सकता है।

2. राज्य व्यापार विदेश व्यापार में सरकारी एकाधिकार को जन्म देता है। जबकि एकाधिकार स्वयं हानिकारक होता है। बल्कि सरकारी एकाधिकार निजी एकाधिकार से अधिक खतरनाक होता है क्योंकि राज्य के लिए सार्वजनिक आलोचनाओं की उपेक्षा करना आसान है।

3. सरकार प्राय: ऐसे देशों से आयात को प्राथमिकता देती है जो उसका निर्यात स्वीकार करने को तैयार हों। इस प्रकार राज्य व्यापार से द्विपक्षीय व्यापार प्रोत्साहित और बहुपक्षीय व्यापार निरुत्साहित होता है।

4. यदि दूसरा देश भी राज्य व्यापार वाला हो तो कोई देश राज्य व्यापार के अन्तर्गत अपनी व्यापार शर्तों में सुधार नहीं कर सकता।

क्योंकि इससे उसकी सौदाकारी शक्ति कम हो जाएगी।

5. राज्य व्यापार से प्रतिस्पर्धा में कमी, निठल्लापन, अकुशलता, भ्रष्टाचार, लालफीताशाही आदि बढ़ती है। कुशल निजी उद्यमियों की जगह अकुशल प्रशासनिक अधिकारी आ जाते हैं।

6. राज्य व्यापार से बेरोजगारी निजी व्यापारियों पर रोक के कारण बढ़ती है।

7. निजी व्यावसायिक संगठनों की तुलना में राज्य व्यापार मंहगा पड़ता है।

8. राज्य व्यापार विदेश व्यापार में विशिष्टीकरण तथा तुलनात्मक लागत लाभ के सिद्धान्तों की उपेक्षा करता है।

9. राज्य व्यापार विदेश व्यापार के विकास में अवरोध उत्पन्न करता है। एक निजी व्यापारी किसी लालफीताशाही तथा प्रशासनिक जटिलताओं वाली विदेशी सरकार के साथ अनुबंध करने में हिचकिचाएगा।

3. भारत में राज्य व्यापार (STATE TRADING IN INDIA)

भारतीय राज्य व्यापार निगम लिमिटेड (State Trading Corporation of India Ltd.—STC) की स्थापना भारतीय कम्पनी अधिनियम के अन्तर्गत मई 1956 में हुई थी। यह पूर्णत: सरकारी स्वामित्व वाला संगठन है। STC निर्यात, आयात तथा घरेलू व्यापार में बहुत-सी वस्तुओं के लिए निजी व्यापार एवं उद्योग के साथ मुकाबला करता है। घरेलू बाजार में कमी होने पर बहुत-सी आम जरूरतों की बहुतायत में इस्तेमाल होने वाली वस्तुओं का आयात भी करता है। STC ग्रुप में अन्य कई संगठन जैसे हस्तशिल्प एवं हथकरघा निर्यात निगम (HHEC), केंद्रीय कुटीर उद्योग निर्यात निगम (CCIEC), भारतीय काजू निगम (CCI), भारतीय चाय व्यापार निगम (TTCI), भारतीय उपकरण एवं परियोजना निगम (PEC), राज्य रसायन एवं फार्मास्युटिकल निगम (CPC) भारतीय खनिज एवं धातु व्यापार निगम (MMTC) तथा भारतीय माइका व्यापार निगम (MITCO) शामिल हैं।

यह निगम पांच क्षेत्रों में अपने निर्यात संबंधी दायित्वों को पूरा करता है; उपभोक्ता माल निर्यात, चमड़ा निर्यात, औद्योगिक उत्पाद विकास निर्यात तथा उत्पादक निर्यात।

उद्देश्य (Objectives)

STC के उद्देश्य इस प्रकार हैं; (i) निर्यात का विस्तार; (ii) विशिष्ट वस्तुओं के आयात व निर्यात की सुविधा एवं सुगमता; (iii) देश का राजस्व बढ़ाना; (iv) आर्थिक समानता को, प्रोत्साहित करना; (v) साम्यवादी देशों के साथ व्यापार को नियमित करना।

कार्य (Functions)

STC के निम्नलिखित कार्य हैं :

1. मौजूदा निर्यात वस्तुओं के लिए नये बाजारों की तलाश।
2. नई वस्तुओं के विकास एवं निर्यात को प्रोत्साहन।
3. निर्यात का विविधिकरण।
4. कुछ थोक वस्तुओं के विकास व निर्यात को दीर्घकालिक आधार पर प्रोत्साहित करना तथा एजेंसियों के माध्यम से आयातित थोक माल का संचालन।
5. समग्र व्यापार को सरल बनाना।
6. लघु एवं मध्यम आकार के उद्योगों द्वारा निर्मित माल के निर्यात तथा संगठित उत्पादन को प्रोत्साहित करने के लिए स्रोतों में वृद्धि।
7. आवश्यक वस्तुओं के लिए समर्थन कीमत स्वीकार करना।
8. जूट, तम्बाकू तथा रबर जैसी कुछ वस्तुओं के बफर स्टाक का परिचालन करना।
9. जरूरत पड़ने पर घरेलू व्यापार की बागडोर संभालना।
10. विभिन्न वस्तुओं की प्रतिस्पर्धात्मक दरों पर मात्रा तथा गुणवत्ता के संबंध में विदेशी आयातकों को सुनिश्चित करना।
11. भारत से संबंधित आयातकों व निर्यातकों के बीच व्यापार विवादों को सुलझाना।
12. सभी विदेश व्यापार समझौतों तथा वस्तु विनिमय (barter) सौदों को लागू करना।
13. सरकार की व्यापार नीतियों को लागू करना।

14. बहुत-सी पूंजीगत वस्तुओं, कच्चे माल तथा कमी वाली वस्तुओं जैसे सोयाबीन का तेल, पाम आयल, रसायनों, कच्ची ऊन, अखबारों के लिए कागज़, मुद्रण एवं वस्त्र उद्योग में काम आने वाली मशीनों आदि के आयात का प्रबंध करना।

15. विदेशी सहायता कार्यक्रमों वाले माल के आयात का प्रबंध करना।

16. विदेश व्यापार की बदलती प्रवृत्तियों के बारे में लगातार जानकारी रखना।

17. इसके अतिरिक्त STC (क) खनिज धातुओं के सीधे व्यापार; (ख) विभिन्न प्रकार के माल के लिए सरकार के वितरण एजेंट; तथा (ग) बिना एजेंसियों की मदद के निर्यात का विकास आदि जैसे कार्य भी करता है।

आलोचनात्मक मूल्यांकन (Critical Evaluation)

भारत के विदेश व्यापार के विविधिकरण, युक्तिकरण तथा पूरकीकरण में राज्य व्यापार निगम का विशेष योगदान रहा है। धातु खनिजों में व्यापार को संगठित करने तथा एकीकरण में निगम ने बहुत से प्रयास किए हैं। इसने जूतों, हस्तशिल्प, कला, ऊनी वस्त्रों आदि के लिए नये बाज़ार विकसित किए हैं। निगम बड़े पैमाने पर सोयाबीन तेल, रसायन, कच्ची ऊन, रेशम, मुद्रण एवं वस्त्र उद्योग की मशीनों तथा अन्य कई आवश्यक वस्तुओं का आयात करता है। STC राष्ट्रीय तथा अंतर्राष्ट्रीय व्यापार मेलों में भारतीय निर्यात को प्रोत्साहित करने के लिए सक्रिय योगदान देता है। निगम ने विदेशों में बहुत से कार्यालय स्थापित कर अपने कार्य का विस्तार किया है। देश के राष्ट्रीय संसाधनों के विकास में STC के प्रयास सराहनीय रहे हैं। निगम ने कीमतों में उतार-चढ़ाव को रोकने तथा जर्मनी, जापान, अमेरिका, वियतनाम आदि से विशेष व्यापार बनाने का काम किया है।

1998-99 में STC ने 2050 करोड़ रु. का व्यापार किया तथा 31 मार्च, 1999 को 499 करोड़ की निवल संपत्ति वाले इस निगम ने 12.5 करोड़ का शुद्ध लाभ कमाया।

आलोचना (Criticism)

इन उपलब्धियों के बावजूद STC को निम्नलिखित आलोचनाओं का सामना करना पड़ा है :

1. STC शीघ्र निर्णय लेने या शीघ्र कार्रवाई करने योग्य नहीं है।
2. STC प्राय: डिलीवरी में देरी करता है।
3. चूंकि इसके संचालक सरकारी अधिकारी हैं। अत: इनमें व्यावसायिकता की कमी है।
4. STC विदेशी आर्डर पूरा करने में प्राय: देरी करता है।
5. निगम खरीदारों तथा उत्पादकों की तकनीकी समस्याएं दूर करने में असफल रहा है।
6. निगम प्राय : प्रतिस्पर्धात्मक कीमतों पर आयात नहीं कर पाता ?
7. एजेंसियों की मदद के लिए कमीशन के रूप में भारी कीमत अदा करनी पड़ती है। ऐसे मामलों में उद्योगों को सीधे आयात की तुलना में अधिक कीमत देनी पड़ती है।
8. अधिकारियों के समय-समय पर तबादले से उसकी कार्यकुशलता प्रभावित होती है।
9. निगम लाल फीताशाही का शिकार है।
10. यह प्राय: उपभोक्ताओं की आवश्यकताओं के अनुसार वस्तुओं का आयात करने में असफल रहा है।

निष्कर्ष (Conclusion)—अपनी कार्य-प्रणाली में विभिन्न कमजोरियों के बावजूद STC ने देश के निर्यात को एक नया रूप दिया है तथा सामाजिक न्याय के साथ सुनियोजित आर्थिक विकास प्राप्त करने में सहायक रहा है। तथापि, अर्थव्यवस्था में उदारीकरण के साथ-साथ इसका महत्व समाप्त हो रहा है। इसलिए, इस संदर्भ में STC के दृष्टिकोण तथा कार्यप्रणाली के संशोधन और पुर्नगठन की ज़रूरत है। STC को नई वस्तुओं के निर्यात को प्रोत्साहन तथा आयात विकल्प नीतियों की ओर ध्यान देना चाहिए। STC को ऐसे नये बाज़ार खोजने चाहिएं जहां निजी व्यापारी नहीं जाना चाहते। उसे निजी व्यापारियों की समस्याओं को सुलझाना चाहिए। इसके अतिरिक्त, STC के कार्यों में अनावश्यक सरकारी हस्तक्षेप को समाप्त करने की ओर भी ध्यान देना चाहिए।

प्रश्न

1. राज्य व्यापार क्या है ? इसके मुख्य उद्देश्यों का विवेचन करें।
2. आप किस आधार पर राज्य व्यापार को न्यायोचित ठहराएंगे ? इसके गुण और दोषों की व्याख्या करें।
3. भारतीय राज्य व्यापार निगम के क्या कार्य हैं ? यह उन्हें पूरा करने में कहां तक सफल रहा है ?

अध्याय 28

अंतर्राष्ट्रीय आर्थिक एकीकरण : कस्टम यूनियन
(INTERNATIONAL ECONOMIC INTEGRATION : CUSTOMS UNION)

प्रस्तुत अध्याय में हम अंतर्राष्ट्रीय आर्थिक एकीकरण का संक्षेप में तथा इसके सर्वाधिक महत्वपूर्ण रूप अर्थात कस्टम यूनियन सिद्धांत का विस्तृत अध्ययन करेंगे।

1. अंतर्राष्ट्रीय आर्थिक एकीकरण (INTERNATIONAL ECONOMIC INTEGRATION)

टिनबर्जन (Tinbergen) ने अंतर्राष्ट्रीय आर्थिक एकीकरण को इस प्रकार परिभाषित किया है : ''अंतर्राष्ट्रीय अर्थव्यवस्था का सर्वाधिक वांछनीय ढांचा खड़ा करना, इष्टतम कार्यकरण की बनावटी बाधाएं दूर करना और सभी वांछनीय तत्वों के समन्वय अथवा एकीकरण को जानबूझकर प्रस्तुत करना।''[1] यह परिभाषा अस्पष्ट भी है और व्यापक भी । **अस्पष्ट** तो इसलिए है कि यह ''सर्वाधिक वांछनीय ढांचे के निर्माण'' की बात कहती है परंतु अंतर्राष्ट्रीय आर्थिक एकीकरण के ढांचे की प्रकृति का बयान नहीं करती। यह परिभाषा अत्यंत **व्यापक** इसलिए है कि यह आर्थिक एकीकरण को देशों के ग्रुप से नहीं अपितु ''अंतर्राष्ट्रीय अर्थव्यवस्था'' से संबद्ध करती है। **सल्वाटोर** (Salvatore) की परिभाषा सरल है। उसके अनुसार, ''यह केवल आपस में जुड़ने वाले राष्ट्रों के बीच व्यापार बाधाओं को विभेदात्मक तौर से कम या समाप्त करने की व्यापारिक नीति है।''[2] **अतः अंतर्राष्ट्रीय आर्थिक एकीकरण उस निर्णय अथवा प्रक्रिया को व्यक्त करता है जिसके अंतर्गत दो या दो से अधिक देश, वर्तमान राष्ट्रीय सीमाओं की बाधाओं और विभेदों को समाप्त करके, मिल जाते हैं और आपस में एक बड़ा आर्थिक प्रदेश बना लेते हैं।**

बलासा (Balassa) आर्थिक एकीकरण को ''**एक प्रक्रिया** तथा **व्यवसायों की एक स्थिति दोनों का रूप**'' मानता है। **प्रक्रिया के रूप में,** इसमें वे उपाय शामिल हैं जिनका उद्देश्य विभिन्न राष्ट्रों की आर्थिक इकाइयों के बीच विभेद समाप्त करना है। **व्यवसायों की स्थिति के रूप में,** इसे राष्ट्रों के बीच विभिन्न प्रकार के विभेद का न पाया जाना व्यक्त किया जा सकता है।

टिनबर्जन ने **ऋणात्मक** (Negative) तथा **धनात्मक** (Positive) एकीकरण में भेद किया है। **ऋणात्मक एकीकरण** का संबंध आर्थिक एकीकरण के उन पक्षों से है जिनके अंतर्गत भेदभाव समाप्त किए जाते हैं, और सदस्य देशों के बीच वस्तुओं के लाने-ले जाने पर से प्रतिबंध उठा लिए जाते हैं। दूसरी ओर, **धनात्मक एकीकरण** के अंतर्गत वर्तमान संस्थाओं तथा नीति उपकरणों में संशोधन किया जाता है और नए नीति उपकरण अपनाए जाते हैं ताकि आर्थिक प्रदेश के भीतर बाजार विकृतियां समाप्त की जा सकें। वास्तव में, आर्थिक एकीकरण चाहे ऋणात्मक हो, अथवा धनात्मक, उसका उद्देश्य वस्तुओं तथा उत्पादन के साधनों की बेरोकटोक गति कायम रखना और प्रादेशिक ग्रुप के राष्ट्रों में भेदभाव समाप्त करना है।

यह केवल आपस में जुड़ने वाले राष्ट्रों के बीच व्यापार बाधाओं को विभेदात्मक तौर से कम या समाप्त करने की एक दूसरे से आयातों पर प्रशुल्क कम करके सदस्य राष्ट्रों को अधिमानी व्यवहार देना परन्तु राष्ट्रमंडल अधिमानी प्रणाली के बाहर से आयातों पर

1. International economic integration is "the creation of most desirable structure of international economy removing hinderances to the optimum operation and introducing deliberately all desirable elements of co-ordnation or unification"—*J. Tinbergen.*
2. "It is the commercial policy of discriminatively reducing or eliminating trade barriers only among the nations joining together".—*D. Salvatore.*

ऊंचे प्रशुल्क कायम रखना था।

एकीकरण के प्रकार (Types of Integration)

राष्ट्रों में आर्थिक एकीकरण के लिए पांच प्रकार की व्यवस्थाएं हैं जो निम्न हैं :

1. अधिमानी व्यापारिक प्रणाली (Preferential Trading System)—यह 1732 में स्थापित ब्रिटिश राज्य के 48 राष्ट्रमंडल देशों के बीच आर्थिक एकीकरण का सबसे पहला रूप थी। इसका उद्देश्य एक-दूसरे से आयात पर प्रशुल्क कम करके सदस्य राष्ट्रों के अधिमानी व्यवहार देना था, परंतु राष्ट्रमंडल अधिमानी प्रणाली के बाहर से आयात पर ऊंचे प्रशुल्क कायम रखना था। यह आर्थिक एकीकरण की ढीली किस्म थी जो गैट नियमों (GATT Rules) बनाने के बाद समाप्त हो गई।

2. मुक्त व्यापार क्षेत्र (Free Trade Area)—मुक्त व्यापार क्षेत्र आर्थिक एकीकरण का शिथिल रूप है। इसके अंतर्गत ग्रुप के सदस्य, आपस में तो प्रशुल्क तथा अन्य व्यापार बाधाएं समाप्त कर देते हैं, पर प्रत्येक सदस्य देश गैर-सदस्य देशों के साथ अपना प्रशुल्क, व्यापार प्रतिबंध तथा वाणिज्यिक नीतियां बनाए रखता है। मुक्त व्यापार क्षेत्र में सदस्य देशों को आपस में सम्मिलित सीमा रखने की जरूरत नहीं। इसमें आर्थिक एकीकरण केवल अंत:क्षेत्र व्यापार (Intra-area Trade) पर आधारित है। यूरोपीय मुक्त व्यापार एसोसिएशन (European Free Trade Association) —EFTA) तथा दक्षिणी अमेरिकी मुक्त व्यापार क्षेत्र (Latin American Free Trade Area—LAFTA) जिनका स्थान 1980 में लेटिन अमेरिकी एकीकरण एसोसिएशन (Latin American Integration Association) ने ले लिया। ये प्रादेशित आर्थिक एकीकरण के मुक्त व्यापार क्षेत्र के उदाहरण हैं।

3. कस्टम यूनियन (Customs Union)—कस्टम यूनियन में, भाग लेने वाले देश बाहर की दुनिया से आयात पर एक सांझा बाह्य प्रशुल्क और वाणिज्यक नीति अपनाते हैं और आपस के सभी प्रशुल्क तथा व्यापार प्रतिबंध समाप्त कर देते हैं। इस प्रकार कस्टम यूनियन में, गैर-सदस्य देशों के साथ व्यापार संबंधों में यूनियन के सभी सदस्य एक इकाई के रूप में कार्य करते हैं। यूरोपीय समुदाय (European Community—EC) एक कस्टम यूनियन है। मुक्त व्यापार क्षेत्र तथा कस्टम यूनियन एक-दूसरे से इस बात से मिलते-जुलते हैं कि सदस्य देशों के बीच बिना प्रशुल्क वस्तुएं लाई तथा ले जाती जाती हैं। परंतु उनमें भिन्नता यह है कि जहां मुक्त व्यापार क्षेत्र में प्रत्येक देश गैर-सदस्य देशों के साथ अपना-अपना प्रशुल्क लगाता है, वहां कस्टम यूनियन गैर-सदस्य देशों पर सांझा प्रशुल्क लगाती है।

4. सांझा बाजार (Common Market)—सांझा बाजार सदस्य राष्ट्रों का एकीकृत बाजार क्षेत्र है जिसमें वस्तुएं, सेवाएं तथा उत्पादन के साधन बेरोकटोक आ जा सकते हैं। सांझे बाजार में, उत्पादन तथा साधन बाजार एकीकृत होते हैं। वास्तव में, सांझा बाजार कस्टम यूनियम नियम को और आगे बढ़ाता है क्योंकि यह सदस्य देशों में वस्तुओं के साथ-साथ श्रम तथा पूंजी के भी बेरोकटोक आने-जाने की अनुमति देता है।

5. आर्थिक यूनियन (Economic Union)—राष्ट्रों में आर्थिक एकीकरण का उच्चतम रूप आर्थिक यूनियन है। जैसा सांझे बाजार में होता है, वैसे ही आर्थिक यूनियन में भी उत्पादन तथा साधन बाजारों का एकीकरण तो होता ही है, परंतु इसके अतिरिक्त आर्थिक यूनियन ऐसी मौद्रिक, राजकोषीय तथा अन्य नीतियों में सामंजस्य स्थापित करती है जैसे विनिमय दर, परिवहन, औद्योगिक, सामाजिक नीतियां, आदि। इस प्रकार सांझा बाह्य प्रशुल्क तथा सांझी घरेलू नीतियां अपनाने के संबंध में आर्थिक यूनियन के सदस्य देशों के बीच काफी ताल-मेल होता है। यूरोपीय समुदाय (EC) का उद्देश्य अंतत: ऐसी ही आर्थिक यूनियन बनाना है।

एकीकरण के लाभ या उद्देश्य (Benefits or Motives of Integration)

अंतर्राष्ट्रीय आर्थिक एकीकरण के प्रादेशिक ग्रुप के सदस्यों को अनेक प्रकार से लाभ होता है :

(1) इससे सदस्य राष्ट्रों में संसाधनों का बेहतर आवंटन होता है।

(2) इससे प्रौद्योगिकीय परिवर्तन होते हैं और पूंजी का अंतर्वाह बढ़ता है, जिसके परिणामस्वरूप साधन आगतों की क्वालिटी और मात्रा में सुधार होता है।

(3) तुलनात्मक लाभों पर आधारित विशिष्टीकरण के कारण उत्पादन बढ़ता है।

(4) आर्थिक एकीकरण से पैमाने की मिव्ययिताओं का लाभ प्राप्त होता है जिससे उत्पादन बढ़ता है।

(5) इससे सौदा करने की स्थिति बेहतर होने से व्यापार की मात्रा बढ़ती है।

(6) इससे बाकी दुनिया के साथ प्रादेशिक ग्रुप की व्यापार शर्तों में सुधार होता है।

(7) क्योंकि सदस्यों में प्रतियोगिता बढ़ जाती है, इसलिए ग्रुप के भीतर आर्थिक कुशलता बढ़ती है।

(8) सदस्य देशों के बीच साधन गतिशीलता बढ़ती है।

(9) सदस्यों को समन्वित मौद्रिक और राजकोषीय नीतियों से लाभ प्राप्त होते हैं।

(10) जब सस्ती और बढ़िया वस्तुएं मिलती हैं, तो रोजगार के अवसर और आय बढ़ते हैं जिससे लोगों के जीवन स्तर बढ़ते हैं।

(11) सदस्य राष्ट्र पूर्ण रोजगार, आर्थिक वृद्धि की ऊंची दरें और आय असमानताओं के सांझे लक्ष्य प्राप्त करते हैं।

2. कस्टम यूनियन अथवा सीमाशुल्क संघ का सिद्धांत (THE THEORY OF CUSTOMS UNION)

प्रस्तावना (Introduction)

कस्टम यूनियन (अथवा सीमाशुल्क संघ) सिद्धांत का व्यवस्थित विकास पहलेपहल **जैकब वाइनर** (Jacob Viner) ने 1950 में किया था। कस्टम यूनियन के वाइनेरियन विश्लेषण को बेहतर बनाने में **मीड, लिप्सी, जॉनसन, कूपर, वनेक, भगवती** आदि अन्य अर्थशास्त्रियों ने बहुत योगदान दिया। कस्टम यूनियन सिद्धांत का विकास दो रूपों में किया गया है—आंशिक संतुलन सिद्धांत तथा सामान्य संतुलन सिद्धांत। यहां इन दोनों सिद्धांतों का अध्ययन किया जा रहा है और साथ-साथ उन संशोधनों का भी अध्ययन किया जा रहा है जो हाल ही में इन सिद्धांतों में किए गए हैं। इस अध्ययन से पहले कस्टम यूनियन की प्रमुख विशेषताओं पर एक बार नजर डाल लेना श्रेयस्कर होगा।

लिप्सी (Lipsey) कस्टम यूनियन सिद्धांत को इस प्रकार परिभाषित करता है, **''यह प्रशुल्क सिद्धांत की वह शाखा है जिसका संबंध विभेदात्मक प्रशुल्कों के केवल कल्याण प्रभावों से है और भौगोलिक तौर से विभेदात्मक प्रशुल्कों के प्रभावों से नहीं है।''**

हमारा विश्लेषण इसी दृष्टिकोण का अनुसरण करता है।

कस्टम यूनियन सिद्धांत की विशेषताएं (Features of Customs Union Theory)

कस्टम यूनियन की प्रमुख विशेषताएं हैं सदस्य देश बाकी दुनिया से आयात पर सांझा बाह्य प्रशुल्क लगाएं और आपसी आयात पर से सभी प्रशुल्क तथा व्यापार प्रतिबंध समाप्त कर दें। कस्टम यूनियन की स्थापना के परिणामस्वरूप सदस्य देशों के घरेलू बाजारों में वस्तुओं की सापेक्ष कीमतों में परिवर्तन होता है जो आगे व्यापार, उत्पादन तथा उपभोग को प्रभावित करते हैं। कस्टम यूनियन का सिद्धांत इन प्रभावों का विश्लेषण करता है और इस बात का विश्लेषण करता है कि संसाधनों के आवंटन पर, कस्टम यूनियन के सदस्यों के कल्याण पर, तथा बाकी दुनिया पर इन प्रभावों का क्या असर पड़ता है। यह सिद्धांत **वानेरियन** व्यापार निर्माण तथा व्यापार विचलन के रूप में इन स्थैतिक प्रभावों का अध्ययन करता है। इसके अतिरिक्त, कस्टम यूनियन के कुछ गत्यात्मक प्रभाव भी हैं, जैसे पैमाने की मितव्ययिताएं, बढ़ा हुआ निवेश, बढ़ी हुई प्रतियोगिता और तकनीकी परिवर्तनों के माध्यम से तीव्र आर्थिक वृद्धि। यहां हम आंशिक तथा सामान्य संतुलन के सिद्धांत के अंतर्गत कस्टम यूनियन के स्थैतिक प्रभावों का विश्लेषण कर रहे हैं।

कस्टम यूनियमन का आंशिक संतुलन सिद्धांत (Partial Equilibrium Theory of Customs Union)

कस्टम यूनियन सिद्धांत के प्रति आंशिक संतुलन दृष्टिकोण को **वाइनर** ने व्यापार निर्माण (trade creation) तथा व्यापार विचलन (Trade diversion) के रूप में विकसित किया था। वाइनर ने उनके केवल **उत्पाद प्रभावों** का अध्ययन किया था और **लिप्सी** तथा **मीड** ने उनके **उपभोग प्रभावों** पर बल दिया। परंतु **जोनसन** ने आंशिक संतुलन विश्लेषण में इन दोनों सिद्धांतों को व्यवस्थित रूप से मिलाया। वाइनर के व्यापार निर्माण तथा व्यापार विचलन प्रभावों का संबंध अंत:देश प्रतिस्थापन (Inter-country Substitution) से है।

इसकी मान्यताएं (Its Assumptions)

कस्टम यूनियन का आंशिक संतुलन विश्लेषण निम्न मान्यताओं पर आधारित है :

1. दो देश हैं जिनमें से एक का नाम घरेलू (H) देश और दूसरे का साथी (Partner–P) देश है जो कस्टम यूनियन बनाते हैं।
2. एक और देश है जिसका नाम है बाकी दुनिया (W)।
3. कस्टम यूनियन सांझा बाह्य प्रशुल्क लगाता है।
4. किसी और प्रकार का व्यापार प्रतिबंध नहीं है।
5. कस्टम यूनियन केवल एक विशेष प्रशुल्क ही लगाती है।
6. तीनों ही देश केवल एक वस्तु X का ही उत्पादन करते हैं।
7. इस वस्तु का निम्नतम लागत देश W है और उच्चतम लागत देश H है।
8. कीमतें लागत द्वारा निर्धारित होती हैं।
9. इस वस्तु का उत्पादन स्थिर लागतों के अंतर्गत होता है।
10. H तथा W देशों के पूर्ति वक्र पूर्णतया लोचदार हैं।
11. वस्तु तथा साधन बाजारों में पूर्ण प्रतियोगिता है।
12. देश में पूर्ण साधन गतिशीलता है तथा देश की सीमाओं के बाहर साधन पूर्णरूप से अगतिशील हैं।
13. परिवहन लागतें बिल्कुल नहीं हैं।
14. देश के कुल संसाधन स्थिर हैं।
15. संसाधन पूर्ण रोजगार में लगे हैं।
16. प्रौद्योगिकी दी हुई और स्थिर है।
17. घरेलू देश में संतुलित व्यापार है जिसके परिणामस्वरूप निर्यात तथा आयात एक–दूसरे के बराबर हैं।

कस्टम यूनियन के प्रभाव (Effects of Customs Union)

इन मान्यताओं के दिए हुए होने पर, कस्टम यूनियन का सिद्धांत व्यापार निर्माण तथा व्यापार विचलन के रूप में उत्पादन, उपभोग तथा व्यापार पर कस्टम यूनियन के प्रभावों का विश्लेषण करता है।

जब दो देशों अर्थात H तथा P के बीच कस्टम यूनियन बनाई जाती है, तो इन दोनों के आपसी आयातों पर से प्रशुल्क समाप्त कर दिए जाते हैं परंतु बाकी दुनिया (W) के आयातों पर प्रशुल्क लगे रहते हैं। घरेलू देश (H) अब साथी देश (P) से वस्तु का नि:शुल्क आयात करता है। इसके परिणामस्वरूप व्यापार निर्माण तथा व्यापार विचलन होता है।

व्यापार निर्माण (Trade Creation)

व्यापार निर्माण तब होता है जब घरेलू देश के उच्चतम लागत घरेलू वस्तु के उपभोग की जगह साथी देश (P) की निम्नतर लागत वस्तु का स्थानापन्न करती है। इससे आगे उत्पादन प्रभाव तथा उपभोग प्रभाव होता है। जब वस्तु X का उत्पादन घट जाता है या बिल्कुल समाप्त हो जाता है और उसकी बजाय साथी देश से वस्तु आयात की जाती है तो उसे उत्पादन प्रभाव कहते हैं। जब घरेलू वस्तु के स्थान पर साथी देश की स्थानापन्न वस्तु का उपभोग बढ़ जाता है, जो पहले ऊंची लागत पर मिलती थी तो यह उपभोग प्रभाव होता है। उत्पादन प्रभाव तथा उपभोग प्रभाव दोनों मिलकर कस्टम यूनियन के व्यापार निर्माण प्रभाव को व्यक्त करते हैं। उत्पादन प्रभाव तथा उपभोग प्रभाव के अनुरूप, व्यापार निर्माण से दो प्रकार का लाभ होता है : **पहला** यह कि वस्तु की वास्तविक लागत में बचत होती है, जिसका पहले घरेलू वस्तु उत्पादन ऊंची लागत से होता था और अब वही वस्तु साथी देश से कम दामों पर आयात की जाती है; और **दूसरा** यह कि उपभोक्ता बेशी में लाभ होता है क्योंकि उच्चतर लागत वस्तु की जगह कम लागत वस्तु स्थानापन्न की जाती है। इस प्रकार, व्यापार निर्माण विश्व कल्याण में सुधार करता है।

कस्टम यूनियन का व्यापार निर्माण प्रभाव चित्र 1 में दिखाया गया है, जहां D_H घरेलू देश H में वस्तु X का मांग वक्र है और S_H उसका पूर्ति वक्र है। बाकी दुनिया (W) का पूर्ति वक्र क्षैतिज रेखा WS_W के रूप में दिखाया गया है, जिसका मतलब है कि वह OW

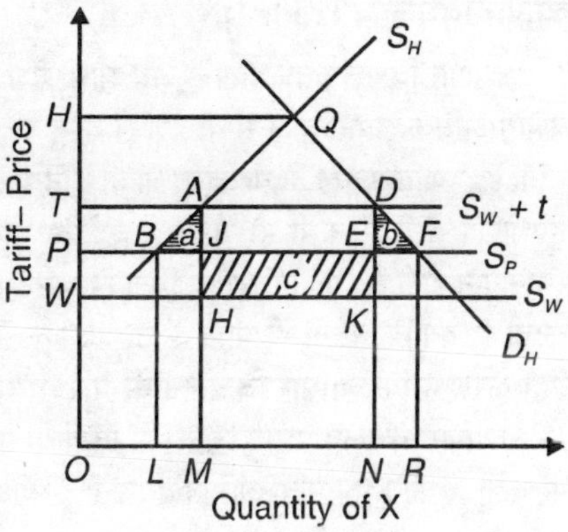

चित्र 1

कीमत पर चाहे जितनी मात्रा में वस्तु X की पूर्ति दे सकता है। इस प्रकार, साथी देश का पूर्ति वक्र क्षैतिज रेखा PS_P रेखा के रूप में दिखाया गया है, जिसका मतलब है कि यह OP कीमत पर चाहे जितनी मात्रा में वस्तु X की पूर्ति दे सकता है। इस प्रकार वस्तु X की कीमत H देश में अधिकतम OH है तथा W देश में निम्नतम OW है, जबकि साथी देश P में कीमत मध्यवर्ती स्तर OP पर है।

कस्टम यूनियन बनने से पहले W देश से आयात पर H देश, WT प्रशुल्क लगा रहा है, इसलिए बाकी दुनिया W का पूर्ति वक्र $TS_W + t$ बन जाता है। प्रशुल्क शामिल कीमत OT पर H देश वस्तु X की ON मात्रा को उपभोग करता है जिसमें से OM मात्रा का उत्पादन घरेलू रूप से होता है और MN मात्रा W देश से आयात की जाती है। देश H को चतुर्भुज ADKH के क्षेत्र के बराबर प्रशुल्क राजस्व प्राप्त होता है। इस कस्टम यूनियन-पूर्व स्थिति में, देश P व्यापार में शामिल नहीं है, क्योंकि इसकी प्रशुल्क पूर्व कीमत OP है जो W देश की OW कीमत से अधिक है, और जब H देश इस देश P की वस्तु पर WT प्रशुल्क लगाता है, तो इसकी वस्तु की कीमत OT से अधिक बढ़ जाएगी (T तथा H के बीच एक क्षैतिज रेखा के विद्यमान होने की कल्पना क़ीजिए)।

मानलीजिए कि H तथा T देश मिलकर कस्टम यूनियन बना लेते हैं और आपस में कोई प्रशुल्क नहीं रखते परन्तु W देश को आयात पर WT प्रशुल्क लगाते हैं। अब देश H केवल देश P से नि:शुल्क (Duty Free) वस्तु X आयात करेगा और देश W से बिल्कुल आयात नहीं करेगा। इस स्थिति से H देश के लिए कस्टम यूनियन के निम्न व्यापार निर्माण प्रभाव उत्पन्न होंगे।

कीमत प्रभाव (Price Effect)—देश H वस्तु X को P देश से अपेक्षाकृत कम कीमत OP पर आयात करता है जबकि कस्टम यूनियन बनने से पहले वह इसे अधिक ऊंची कीमत OT पर आयात करता था तो यह व्यापार निर्माण का कीमत प्रभाव है।

उत्पादन प्रभाव (Production Effect)—यूनियन बनने के बाद जब देश H का घरेलू उत्पादन OM से गिरकर OL रह जाता है और देश P से उसके आयात MN से बढ़कर LR हो जाते हैं। **वाइनर** का विश्लेषण केवल इस व्यापार निर्माण उत्पादन प्रभाव से संबंधित है।

उपभोग प्रभाव (Consumption Effect)—जब देश H में वस्तु X की कीमत OT से गिरकर OP हो जाती है, तो उसका परिणाम यह होता है कि वस्तु X का उपभोग ON से बढ़कर OR पर पहुंच जाता है अर्थात उपभोग की मात्रा NR अधिक हो जाती है जो उपभोग प्रभाव है। **लिप्सी** और **मीड** इस प्रभाव का वर्णन करते हैं।

राजस्व प्रभाव (Revenue Effect)—कस्टम यूनियन बनने से पहले देश H का प्रशुल्क राजस्व ADEJ था। अब यह समाप्त हो जाता है क्योंकि वह देश H से वस्तु की कोई भी मात्रा आयात नहीं करता है।

कल्याण लाभ प्रभाव (Welfare Gain Effect)—उत्पादन, उपभोग और राजस्व प्रभावों से **जॉनसन** उपभोक्ता और उत्पादक बोशियों (Surpluses) का प्रयोग करके व्यापार निर्माण का कुल लाभ निम्न प्रकार से मापता है :

उपभोग प्रभाव के कारण उपभोक्ता की वेशी में लाभ
मांग वक्र D_H के नीचे मापा गया = PTDF
उत्पादक की बेशी में घरेलू उत्पादन में कमी के कारण कमी = PTAB
सरकार के प्रशुल्क राजस्व में कमी जो उपभोक्ताओं को वापस हस्तांतरित की गई = ADEJ

कुल कल्याण लाभ प्रभाव = PTDF – PTAB – ADEJ = ΔAJB + ΔDEF

अथवा छायांकित त्रिभुज $(a + b)$

इन दो त्रिभुजों के आकार का जोड़ जो कस्टम यूनियन के व्यापार निर्माण कल्याण प्रभाव को मापता है, तीन घटकों पर निर्भर करता है : (1) कस्टम यूनियन बनाने से पहले देश H द्वारा लगाए गए प्रारंभिक प्रशुल्क WT की मात्रा; (2) यूनियन-पूर्व उत्पादन बिन्दु A पर पूर्ति वक्र S_H की लोच; और (3) यूनियन-पूर्व उपभोग बिन्दु D पर मांग वक्र D_H की लोच। कुल मिलाकर, प्रारंभिक प्रशुल्क जितना अधिक होगा उतने ही मांग और पूर्ति वक्र अधिक लोचशील होते हैं तथा उतना ही व्यापार निर्माण से कुल कल्याण लाभ अधिक होता है।

व्यापार विचलन (Trade Diversion)

व्यापार विचलन तब होता है जब साथी देश पर से प्रशुल्क हटा लेने पर घरेलू देश निम्नतर लागत वाले बाकी दुनिया देश (W) की बजाय अधिक लागत वाले साथी देश से वस्तु को आयात करता है। इस व्यापार विचलन के दो पहलू हैं : **पहला** वस्तु X की लागत बढ़ जाती है, क्योंकि पहले तो यह वस्तु बाकी दुनिया (W) से आयात की जाती थी और अब साथी देश P से आयत की जाती है; और **दूसरा,** उपभोक्ता बेशी में कमी हो जाती है क्योंकि बाकी दुनिया की निम्नतम लागत वस्तु की जगह उच्चतर लागत साथी देश की वस्तु स्थानापन्न होती है। ये दोनों प्रभाव मिलकर कस्टम यूनियन का व्यापार विचलन प्रभाव व्यक्त करते हैं। इससे विश्व उत्पादन की कुशलता घटती है, क्योंकि उतनी ही मात्रा के उत्पादन के लिए अपेक्षाकृत अधिक मात्रा में संसाधनों की जरूरत पड़ती है। **वाइनर** के मतानुसार, यही करण है कि **व्यापार विचलन के परिणामस्वरूप विश्व का कल्याण घटता है।**

व्यापार विचलन प्रभाव चित्र 1 में दिखाया गया है। कस्टम यूनियन बनने से पहले देश H सर्वाधिक कुशल देश W से OW कीमत पर वस्तु X की MN मात्रा आयात करता है। अपेक्षाकृत कम कुशल उत्पादक देश P बाजार से बाहर रहता है अर्थात व्यापार में भाग नहीं लेता। MN मात्रा के लिए H देश के उपभोक्ता ADNM भुगतान करते हैं। परंतु इस मात्रा को निर्यात करने के लिए W देश की कुल लागत HKNM है। क्षेत्रफल ADNM तथा HKNM का अंतर जो चतुर्भुज ADKH के बराबर है, देश H की सरकार को प्रशुल्क राजस्व के रूप में प्राप्त होता है।

मानलीजिए देश H तथा देश P कस्टम यूनियन बना लेते हैं जिसके परिणामस्वरूप व्यापार निर्माण के अतिरिक्त व्यापार विचलन होता है। व्यापार विचलन तब होता है जब देश H यही MN मात्रा OP कीमत पर साथी देश P से आयात करता है और देश W से समस्त आयात बंद कर देता है। कस्टम यूनियन बनने के बाद देश H उसी MN मात्रा के लिए साथी देश P को क्षेत्रफल JENM के बराबर भुगतान करता है। परंतु कस्टम यूनियन बनने से पहले यह क्षेत्रफल HKNM के बराबर W देश को भुगतान कर रहा था। क्षेत्रफल JENM तथा HKNM का अंतर, जो छायांकित चतुर्भुज JEKH के बराबर है, व्यापार विचलन का परिणाम है। इस प्रकार छायांकित चतुर्भुज c (अर्थात JEKH) देश H की कल्याण हानि को व्यक्त करता है।

निवल कल्याण प्रभाव (Net Welfare Effect)—हम ऊपर यह देख चुके हैं कि जब कस्टम यूनियन बनती है, तो उसके परिणामस्वरूप देश H को व्यापार निर्माण से कल्याण लाभ और व्यापार विचलन से कल्याण हानि होती है। कल्याण लाभ तथा कल्याण हानि का अंतर **निवल कल्याण प्रभाव** होता है। इसे चित्र पर दो त्रिभुजों के योग $(a + b)$ तथा चतुर्भुज c के अंतर द्वारा इस प्रकार मापा गया है :

1. यदि $(a + b) = c$ तो कस्टम यूनियन से देश H के निवल कल्याण में न लाभ होता है और न ही हानि।
2. यदि $(a + b) > c$, तो देश H का निवल कल्याण बढ़ता है।
3. यदि $(a + b) < c$, तो देश H के निवल कल्याण में हानि होती है।

इस प्रकार निवल कल्याण प्रभाव के रूप में यदि व्यापार निर्माण प्रभाव अधिक प्रबल है, तो निवल कल्याण के रूप में कस्टम यूनियन से देश की स्थिति बेहतर हो जाती है। यदि व्यापार विचलन प्रभाव अधिक प्रबल है, तो कस्टम यूनियन से देश का निवल कल्याण अधिक खराब हो जाता है। यदि दोनों प्रभाव बराबर हों तो कल्याण लाभ तथा कल्याण हानि यूनियन के सदस्यों में बराबर-बराबर बंट जाते हैं। निष्कर्ष यह कि कस्टम यूनियन का निवल कल्याण प्रभाव इस बात पर निर्भर करता है कि इन दोनों में से कौन-सा प्रभाव अधिक प्रबल है।

अन्य बातें समान रहने पर देश H को अधिक लाभ की संभावना होती है यदि : *(i)* यूनियन की वस्तु कीमत, विश्व कीमत के बराबर है, *(ii)* यूनियन के बनने से पहले आयात की मात्रा कम है; और *(iii)* घरेलू मांग और पूर्ति कीमत के प्रति अधिक अनुकूल है।

आंशिक संतुलन विश्लेषण की सीमाएं
(Limitations of Partial Equilibrium Analysis)

कस्टम यूनियन के आंशिक संतुलन विश्लेषण की निम्न सीमाएं हैं :

1. यह अपूर्ण विश्लेषण है क्योंकि यह एकल वस्तु मॉडल पर आधारित है। वास्तव में, जब कस्टम यूनियन बनती है, तो वह एक नहीं अपितु बहुत-सी वस्तुओं को प्रभावित करती है।

2. यह विश्लेषण स्थिर व्यापार की शर्तों की मान्यता पर आधारित है ताकि व्यापार संतुलित रहे।

3. यह विश्लेषण बाकी दुनिया पर पड़ने वाले कस्टम यूनियन के प्रभाव का अध्ययन नहीं करता। वास्तव में, जब कस्टम यूनियन बनती है, तो वह साथी देशों के बीच ही नहीं अपितु बाकी दुनिया के साथ भी व्यापार की शर्तों में परिवर्तन कर देती है।

आंशिक संतुलन विश्लेषण की इन सीमाओं के कारण अर्थशास्त्रियों ने कस्टम यूनियन सिद्धांत का सामान्य संतुलन दृष्टिकोण विकसित किया है, जिसका विश्लेषण नीचे वनेक मॉडल के रूप में किया जा रहा है।

3. कस्टम यूनियन का सामान्य संतुलन सिद्धांत (GENERAL EQUILIBRIUM THEORY OF CUSTOMS UNION)

कस्टम यूनियन का सामान्य संतुलन सिद्धांत अनेक अर्थशास्त्रियों द्वारा विकसित किया गया है। परंतु हम केवल दो—सबसे पहले और महत्वपूर्ण मॉडलों का विवेचन करेंगे : पहला, लिप्सी[1] का, और दूसरा वनेक का।

लिप्सी मॉडल : स्थिर अनुपात उपभोग (The Lipsey Model : Fixed Proportion Consumption)

वाइनर का आंशिक संतुलन विश्लेषण इस निष्कर्ष पर पहुंचता है कि व्यापार विचलन से कल्याण कम होता है। लिप्सी पहले यह दर्शाता है कि व्यापार विचलन कैसे सामान्य संतुलन के रूप में कल्याण में हानि लाता है।

इसकी मान्यताएं (Its Assumptions)

इस विश्लेषण के लिए **लिप्सी** निम्नलिखित मान्यताएं लेता है :

1. तीन देश हैं : घरेलू देश (H), साथी देश (P) और बाकी विश्व (W)।
2. तीनों देशों में (H) सबसे छोटा देश है। जिसका लागत ढांचा सबसे ऊंचा है।
3. देश W का सबसे कम लागत ढांचा है।
4. X और Y दो वस्तुएं हैं।
5. देश H वस्तु Y के उत्पादन में विशिष्टीकरण करता है।
6. देश P वस्तु X के उत्पादन में विशिष्टीकरण करता है।
7. देश W भी वस्तु X के उत्पादन में विशिष्टीकरण करता है।
8. दोनों वस्तुएं कुछ स्थिर अनुपात में, सापेक्ष कीमतों के ढांचे से स्वतंत्र उपभोग की जाती हैं।
9. X और Y वस्तुओं की पूर्ति पूर्णतया लोचशील है।
10. दोनों वस्तुएं पैमाने के स्थिर प्रतिफल के अंतर्गत उत्पादित की जाती हैं।

माडल (The Model)

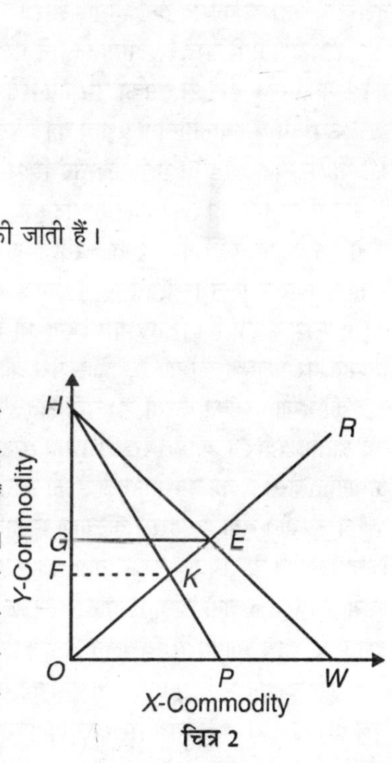

चित्र 2

इन मान्यताओं के दिए हुए होने पर, लिप्सी यह दर्शाता है कि व्यापार विचलन से हमेशा कल्याण में हानि होगी। इसे चित्र 2 में दिखाया गया है, जहां अनुलंब अक्ष पर देश H के द्वारा वस्तु Y के कुल उत्पादन को OH व्यक्त करता है। HW रेखा उन व्यापार शर्तों को प्रदर्शित करती है जिन पर H तथा W देश, दोनों वस्तुओं X तथा Y का विनिमय करेंगे। देश H में X तथा Y वस्तुएं जिस निश्चित अनुपात में उपभोग की जाती हैं उसे OR रेखा की ढलान द्वारा व्यक्त किया गया है। यह OR रेखा सभी कीमतों तथा आय स्तरों के लिए कीमत एवं आय उपभोग रेखा है। कस्टम यूनियन बनने से पहले, देश H का संतुलन बिन्दु E पर होगा जहां पर OR तथा HW आपस में काटती हैं। H देश वस्तु Y की OG मात्रा उपभोग

1. लिप्सी के मॉडल व्यापार विचलन से संबंधित हैं।

करेगा और X की GE मात्रा के बदले Y की GH मात्रा निर्यात करेगा। जब तक HW रेखा द्वारा प्रदर्शित व्यापार शर्तों पर H तथा W देशों के बीच व्यापार चलता रहेगा तब तक प्रशुल्क की परवाह किए बिना संतुलन बिन्दु E पर ही बना रहेगा।

मानलीजिए देश H देश P के साथ मिलकर कस्टम यूनियन बनाता है जिसके परिणामस्वरूप व्यापार विचलन होता है। इसका मतलब है कि अब देश H को अपनी वस्तु X से आयात उससे अधिक कीमत पर खरीदने पड़ेंगे जिस पर वह यूनियन बनने से पहले खरीदता था। HP रेखा नई व्यापार शर्तों को प्रदर्शित करती है। अब H का संतुलन बिन्दु K है जहां OR तथा HP रेखाएं परस्पर काटती हैं। H दोनों वस्तुओं का कम उपभोग करेगा : वह Y की OF मात्रा का उपभोग करेगा (जो OG से कम है) और वस्तु X की FK मात्रा (जो GE से कम है) के बदले Y की FH मात्रा (जो GH से अधिक है) निर्यात करेगा। इस प्रकार, व्यापार विचलन के परिणामस्वरूप देश H का कल्याण स्पष्ट रूप से घट गया है।

यह दिखाने के पश्चात कि व्यापार विचलन सामान्य संतुलन के रूप में किस प्रकार कल्याण को कम करता है, **लिप्सी** ने **वाइनर** की इस मान्यता की आलोचना की कि दो वस्तुओं के स्थिर अनुपात में उपभोग का सापेक्ष कीमतों के ढांचे से कोई संबंध नहीं। वास्तव में, जब कस्टम यूनियन बनती है तो अनिवार्य रूप से दो व्यापारिक वस्तुओं की सापेक्ष कीमतों में परिवर्तन होते हैं। उनके उपभोग का ढांचा भी बदलेगा। परिणामस्वरूप, यूनियन के साथी देश से आयात बढ़ेंगे, बाकी दुनिया से आयात घटेंगे और घरेलू उत्पादित वस्तु का उपभोग घटेगा। इस प्रकार वस्तुओं का स्थिर अनुपात में उपभोग नहीं होगा। अत: **वाइनर** स्थानापन्नता प्रभाव की उपेक्षा करता है।

लिप्सी मॉडल : अंत:वस्तु स्थानापन्नता
(The Lipsey Model : Inter-Commodity Substitution)

वाइनर की उपभोग में स्थानापन्नता प्रभाव की उपेक्षा करने के लिए, **लिप्सी** यह दर्शाता है कि घरेलू देश H पर व्यापार विचलन के कल्याण प्रभावों के दो विपरीत प्रभाव हो सकते हैं:

(1) H और P दोनों देशों के बीच कस्टम यूनियन बनने के बाद, देश H को देश P से वस्तु X आयात करने के लिए, W देश की तुलना में अधिक कीमत देनी होगी; और

(2) देश P से वस्तु X आयात करने पर कोई प्रशुल्क कर न होने के कारण इसकी घरेलू कीमत गिरेगी। वस्तु Y के लिए वस्तु X की स्थानापन्नता होने से इसका उपभोग बढ़ेगा।

उपभोग में स्थानापन्नता प्रभाव का महत्व प्रदर्शित करने के लिए, **लिप्सी** ने **वाइनर** की यह मान्यता छोड़ दी है कि वस्तुएं स्थिर अनुपातों में उपभोग की जाती हैं। चित्र 3 में देश H में वस्तु Y का OH कुल उत्पादन है और HW रेखा की ढलान वस्तु X तथा Y के बीच उन व्यापार शर्तों को व्यक्त करती है जब देश H, देश W के साथ व्यापार करता है। मुक्त व्यापार संतुलन स्थिति बिन्दु E पर है जहां HW रेखा को समुदाय उदासीनता वक्र CLI_1 स्पर्श करता है। E उपभोग बिन्दु भी है। अब देश H यदि देश W से वस्तु X के आयात पर प्रशुल्क लगाता है, तो सापेक्ष कीमतें बदल जाती हैं। इन्हें घरेलू कीमत रेखा TT की ढलान व्यक्त करती है। नया संतुलन बिन्दु D है जहां अपेक्षाकृत नीचा समुदाय उदासीनता वक्र CI_2 कीमत रेखा TT को स्पर्श करता है। प्रशुल्क का प्रभाव यह पड़ा है कि आयातित वस्तु X का उपभोग घटा है जो सस्ती है और उसकी बजाय स्थानापन्न घरेलू वस्तु Y का उपभोग बढ़ा है। इससे कल्याण में हानि हुई क्योंकि आयात प्रशुल्क लगने के बाद बिन्दु D नीचे के समुदाय उदासीनता वक्र CI_2 पर स्थित है। यह मान लिया गया है कि प्रशुल्क ने HW व्यापार शर्तों को प्रभावित नहीं किया है क्योंकि दोनों बिन्दु E और D, HW रेखा पर स्थित हैं। इन परिस्थितियों के अंतर्गत देश H के हित में यह है कि वह किसी अन्य देश P के साथ व्यापार में विचलन लाने वाली कस्टम यूनियन बनाए और परिणामस्वरूप अपना कल्याण बढ़ाए।

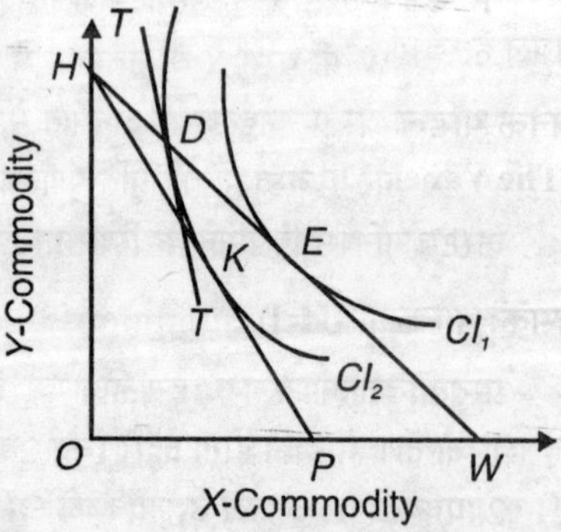

चित्र 3

इसे दिखाने के लिए एक रेखा खींचिए जो H में से गुजरती हुई उदासीनता वक्र CI_2 को स्पर्श करे और X-अक्ष के बिन्दु P पर मिले। जब देश H, देश P के साथ मिलकर व्यापार विचलनकारी कस्टम यूनियन बनाता है, तो नई व्यापार शर्तों को HP रेखा व्यक्त करती है जो यह बताती है कि देश H की व्यापार शर्तें खराब हो गई हैं। परन्तु यह जरूरी नहीं कि इससे H देश का उपभोक्ता कल्याण कम हो।

वास्तव में, कल्याण अपरिवर्तित रहता है क्योंकि व्यापार शर्तें अभी भी उदासीनता वक्र CI_2 पर ही रहती हैं। जब HP रेखा व्यापार शर्तें बताती है तो वह H के घरेलू बाजार में कीमत अनुपात होगा। इस कीमत अनुपात पर वस्तु X की कम कीमत होती है। उससे जो वह प्रशुल्क कीमत अनुपात TT पर प्राप्त होती थी। इसलिए H देश में उपभोक्ता उपभोग में Y की जगह X को अधिक स्थानापन्न करेंगे और उसी समुदाय उदासीनता वक्र CI_2 पर बिन्दु D से बिन्दु K पर आ जाएंगे। इससे स्पष्ट है कि यदि उपभोग में स्थानापन्नता होती है, तो इसका मतलब है कि कस्टम यूनियन बनने से कल्याण बढ़ता है, भले ही कस्टम यूनियन व्यापार विचलन प्रकृति की हो।

इसकी आलोचनाएं (Its Criticisms)

लिप्सी के मॉडल की **भगवती** और अन्य अर्थशास्त्रियों ने कटु आलोचना की है :

1. उपभोग में स्थिर अनुपात पर्याप्त शर्त नहीं (Fixed Proportions in Consumption not a Sufficient Condition)—**वाइनर** का मत था कि जब सापेक्ष कीमतों की परवाह किए बिना वस्तुओं का उपभोग स्थिर अनुपातों में होता है, तो व्यापार विचलनकारी कस्टम यूनियन बनने से कल्याण घटता है। **वाइनर** के इस मत की जो व्याख्या **लिप्सी** ने प्रस्तुत की है उसे **जगदीश भगवती** ने चुनौती दी है। **भगवती** का कहना है कि **वाइनेरियन** प्रस्थापना के लिए स्थिर अनुपातों में उपभोग की शर्त पर्याप्त नहीं है। उसके मतानुसार, व्यापार विचलनकारी यूनियन से कल्याण घटने का कारण यह नहीं कि उपभोग ढांचा अपरिवर्तित रहता है अपितु यह है कि आयातों का स्तर स्थिर रहता है। उसने लक्ष्य किया कि **वाइनर** स्पष्ट रूप से उपभोग ढांचे में स्थिर अनुपातों की मान्यता लेकर चलने की बजाय आयात के स्थिर स्तर की मान्यता लेकर चला है और इस आयातों के स्थिर स्तर की मान्यता के अंतर्गत व्यापार विचलनकारी कस्टम यूनियन कल्याण घटाती है।

2. मिथ्या विवाद (Sham Controversy) : इस विषय पर विवाद करना मिथ्या है कि व्यापार विचलनकारी कस्टम यूनियन बनने से कल्याण घटता है या बढ़ता है। इस विवाद का मूल कारण वह अर्थ है जो व्यापार विचलन से संबद्ध किया जाता है। **एक** ओर इसका मतलब है कि व्यापार निम्न लागत देश W से उच्च लागत साथी देश P की ओर मुड़ जाता है। **दूसरी** ओर, इसका मतलब है कि घरेलू देश H तथा साथी देश P के बीच नए व्यापार का निर्माण होता है जो इन बातों का परिणाम है : (1) देश H के उपभोग का **समायोजन**; (2) घरेलू देश H के उत्पादन को साथी देश P के उत्पादन से स्थानापन्न करना। जब इन दोनों पक्षों को अलग-अलग रखा जाता है, तो गड़बड़ हो जाती है। यही कारण है कि यह समझा जाता है कि व्यापार विचलन से कल्याण हानि होती है और व्यापार निर्माण से कल्याण लाभ होता है। कस्टम यूनियन का निवल कल्याण लाभ इस बात पर निर्भर करता है कि इन दोनों में से कौन-सा प्रभाव अधिक प्रबल है, जैसा चित्र 1 में दो त्रिभुजों के योग $(a + b)$ तथा चतुर्भज c के अंतर द्वारा दिखाया गया है।[1]

वनेक मॉडल
(The Vanek Model)

कस्टम यूनियन सिद्धांत के सामान्य संतुलन सिद्धांत को **वनेक** (Vanek) ने प्रस्ताव वक्रों के रूप में विकसित किया है।

इसकी मान्यताएं (Its Assumptions)

प्रस्तुत विश्लेषण निम्न मान्यताओं पर आधारित है :

1. दो देश हैं, एक घरेलू देश H और दूसरा साथी देश P, जो कस्टम यूनियन बनाते हैं।
2. एक तीसरा देश W है, जो बाकी दुनिया को व्यक्त करता है।
3. प्रत्येक देश दो वस्तुओं X तथा Y का उत्पादन, उपभोग तथा व्यापार करता है।
4. वस्तु X देश H की निर्यात्य वस्तु है।
5. वस्तु Y देश P की निर्यात्य वस्तु है।
6. देश W वस्तु Y का निर्यात करता है।
7. किसी भी सापेक्ष कीमत अथवा आय स्तर पर किसी भी देश में कोई भी वस्तु घटिया नहीं है।

1. विद्यार्थी चित्र 1 देकर उसके साथ व्याख्या करें।

8. कस्टम यूनियन बनने से पहले H तथा P दोनों ही देश परस्पर व्यापार करते हैं।
9. व्यापार में प्रशुल्क अथवा रुकावटें नहीं हैं।
10. मुक्त व्यापार है।

इसकी व्याख्या (Its Explanation)

इन मान्यताओं के दिए हुए होने पर, देश H तथा P के बीच कस्टम यूनियन से पूर्व व्यापार स्थिति चित्र 4 में उनके क्रमशः प्रस्ताव वक्रों OH तथा OP द्वारा दिखाई गई है। इन देशों के बीच कस्टम यूनियन बन जाने के बाद, यूनियन तथा W देश के बीच व्यापार संबंध को **वनेक** ने चित्र में आधिक्य (Excess) प्रस्ताव वक्र OU के द्वारा दिखाया है। यह वक्र वस्तु X की विभिन्न मात्राओं को प्रदर्शित करता है, जिन्हें कस्टम यूनियन विभिन्न व्यापार शर्तों पर देश W द्वारा Y वस्तु की मात्राओं के साथ बदलने को तैयार है। कस्टम यूनियन तथा देश W के बीच व्यापार संबंध क्या रूप लेते हैं और आधिक्य प्रस्ताव वक्र कैसे खींचा गया है, इनकी व्याख्या नीचे की जा रही है।

प्रथम, व्यापार शर्तें OT को लीजिए, जहां दोनों H तथा P देशों के बीच व्यापार E बिन्दु पर संतुलित है। इस स्थिति में, कस्टम यूनियन देश W के साथ व्यापार नहीं करेगी। उनके बीच व्यापार की मात्रा शून्य है। इसलिए आधिक्य प्रस्ताव का प्रारंभिक बिन्दु O है जो चित्र 4 में मूल बिन्दु है। **दूसरे,** अब व्यापार रेखा OT_1 लीजिए जहां देश P अपने प्रस्ताव वक्र OP के बिन्दु A पर और देश H अपने प्रस्ताव वक्र OH के बिन्दु B पर व्यापार करने को तैयार हैं। इस स्थिति में, P देश की Y वस्तु की अधिक मात्रा के विनिमय के मुकाबले देश H वस्तु X की अधिक मात्रा देने को तैयार है। व्यापार शर्त रेखा OT_1 पर AB की दूरी वस्तु Y के बदले प्रस्तावित वस्तु X के आधिक्य को मापती है। अब OT_1 रेखा पर OK = AB मापिए। यह बिन्दु K, पहले बिन्दु O के बाद जिसकी व्याख्या ऊपर की जा चुकी है, यूनियन के आधिक्य प्रस्ताव वक्र पर दूसरा बिन्दु है। इसी प्रकार OT_2 व्यापार शर्त रेखा पर जब CD दूरी मूल बिन्दु से मापी जाती है, तो यूनियन आधिक्य प्रस्ताव वक्र पर तीसरा बिन्दु R प्राप्त होता है (OR = CD)। अब और व्यापार शर्त रेखाएं खींचकर आधिक्य प्रस्ताव वक्र पर और बिन्दु प्राप्त किए जा सकते हैं। जब इस तरह के सब बिन्दुओं O, K, R आदि को ऐसी रेखा से मिलाया जाए जो मूल बिन्दु O में से गुजरे, तो हमें आधिक्य प्रस्ताव वक्र OU प्राप्त होता है। यह प्रस्ताव वक्र वस्तु X के उस प्रस्तावित आधिक्य को व्यक्त करता है, जिसे बाकी दुनिया के देश W के साथ व्यापार में यूनियन के सदस्य (H + P) मिलकर वस्तु Y के बदले देने को तैयार होते हैं।

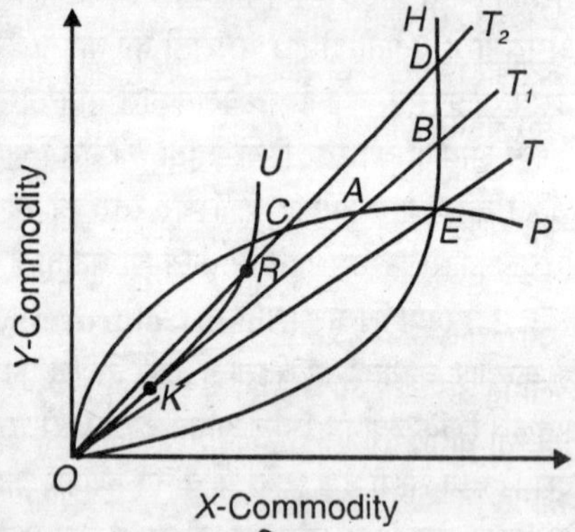

चित्र 4

कस्टम यूनियन का आधिक्य प्रस्ताव वक्र OU चित्र 5 में बाकी दुनिया (देश W) के प्रस्ताव वक्र OW के साथ रखा गया है। दोनों के बीच व्यापार शर्त रेखा OT है जिस पर बिन्दु E उनका संतुलन व्यापार बिन्दु है, जहां वस्तु X तथा Y के बाजारों का यूनियन (H + P) देश और बाकी दुनिया देश W में मुक्त व्यापार स्थितियों के अंतर्गत शोधन (Clear) किया जाता है।

परंतु कस्टम यूनियन सिद्धांत के अंतर्गत, यूनियन तथा बाकी दुनिया के बीच व्यापार संबंध मुक्त व्यापार के आधार पर नहीं चलते। तीसरे देश W के विरुद्ध यूनियन **सांझा बाह्य प्रशुल्क** लगाती है। इसलिए कस्टम यूनियन का आधिक्य प्रस्ताव वक्र OU_1 है जो देश W से वस्तु Y के आयात पर लगाए गए सांझे बाह्य प्रशुल्क को प्रदर्शित करता है। नया व्यापार संतुलन E_1 बिन्दु पर स्थापित होता है जो यूनियन प्रस्ताव वक्र OU_1 तथा बाकी दुनिया वक्र OW के बीच स्थित है। जब संतुलन स्थिति E से E_1 पर आती है, तो देश W के साथ कस्टम यूनियन की व्यापार शर्तों में सुधार होता है अथवा यूनियन के साथ देश W की व्यापार शर्तें खराब हो जाती हैं। यदि यूनियन सांझे व्यापार प्रशुल्क को और बढ़ा देगी, तो इसका आधिक्य प्रस्ताव वक्र OU_1 से बाएं को OU_2 पर चला जाएगा और W देश के साथ नया संतुलन बिन्दु E_2 होगा। संतुलन E_1 से E_2 पर सरकना यह बताता है

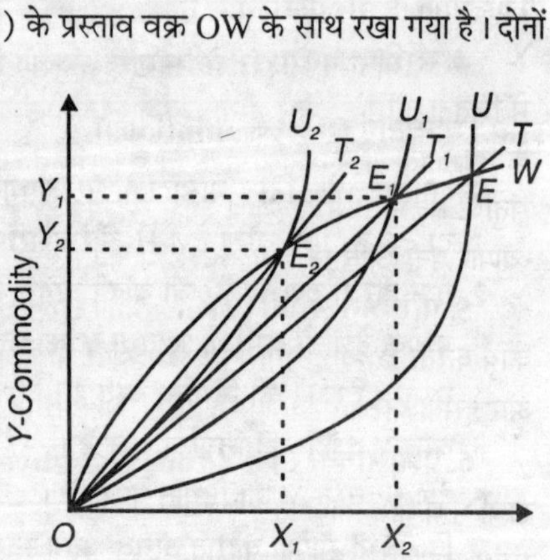

चित्र 5

कि यूनियन की व्यापार शर्तों में ही सुधार नहीं हुआ है बल्कि देश W के विरुद्ध विभेद (discrimination) भी बढ़ा है और इसके परिणामस्वरूप W देश के साथ यूनियन का व्यापार घट गया है। इसे चित्र 5 में दिखाया गया है, जब यूनियन से देश W को वस्तु के निर्यात की मात्रा X_1X_2 घट जाती है जबकि इसके मुकाबले W से आयात की मात्रा में Y_1Y_2 की कमी होती है। W के विरुद्ध विभेद की मात्रा सांझे बाह्यप्रशुल्क के आकार पर निर्भर करेगी। सांझे बाह्य प्रशुल्क का आकार जितना अधिक होगा, बाकी दुनिया (W) के विरुद्ध विभेद भी उतना ही अधिक होगा।

4. कस्टम यूनियन के स्थैतिक प्रभाव (STATIC EFFECTS OF CUSTOMS UNION)

ऊपर के विश्लेषण के अलावा, कस्टम यूनियन बनने से जो कल्याण में लाभ या हानियां होती हैं उनके स्थैतिक प्रभाव निम्नलिखित घटकों पर निर्भर करते हैं :

1. संसाधनों का आवंटन (Allocation of Resources)—यदि कस्टम यूनियन बनाने वाले देशों की संख्या अधिक होगी, तो व्यापार विचलन की बजाय व्यापार निर्माण की गुंजाइश अधिक रहेगी। परिणामस्वरूप, यूनियन बनने से कल्याण बढ़ेगा क्योंकि संसाधनों का बेहतर आवंटन होगा।

2. प्रशुल्क स्तर (Tariff Level)—कस्टम यूनियन के सापेक्ष प्रभाव यूनियन बनने से पहले तथा बाद के औसत प्रशुल्क स्तर से भी संबंध रखते हैं। यदि यूनियन बनने के बाद का प्रशुल्क स्तर अपेक्षाकृत कम होगा, तो इस बात की संभावना अधिक है कि यूनियन बनने से व्यापार निर्माण होगा क्योंकि इससे निम्न लागत उत्पादक को यूनियन से निकालने की संभावना कम रहेगी तथा लाभ होगा। दूसरी ओर, यदि यूनियन बनने के बाद प्रशुल्क ऊंचा होता है, तो यूनियन बनने से व्यापार विचलन की संभावना अधिक रहेगी क्योंकि उसे उच्च लागत उत्पादक को यूनियन में शामिल करना पड़ेगा जिससे हानि होगी। यदि यूनियन बनने से पहले औसत प्रशुल्क का स्तर ऊंचा होता है, तो यूनियन बनने से व्यापार निर्माण होगा क्योंकि यूनियन बनने के बाद जब प्रशुल्क हटाया जाएगा, तो उच्च लागत घरेलू वस्तु की जगह निम्न लागत साथी देश की वस्तु स्थानापन्न होगी और लाभ होगा। यदि पहले औसत प्रशुल्क स्तर कम होगा तो यूनियन बनने से व्यापार विचलन होगा तश हानि होगी।

3. प्रतियोगिता (Competition)—यदि यूनियन के देशों में इस दृष्टि से प्रतियोगिता है कि ये एक जैसी वस्तुओं का उत्पादन करते हैं, तो व्यापार निर्माण होता है और इस प्रकार कल्याण में लाभ होता है। इसका कारण यह है कि यूनियन के एक सदस्य की वस्तु की जगह साथी देश की वस्तु की स्थानापन्नता बहुत बढ़ जाती है। दूसरी ओर, यदि यूनियन के सदस्य ऐसी विभिन्न प्रकार की वस्तुओं का उत्पादन करते हैं जो एक-दूसरी की पूरक हैं, तो उच्च तथा निम्न लागत उत्पादकों की वस्तुओं की स्थानापन्नता की संभावना बहुत कम रह जाएगी। इसलिए कल्याण लाभ अपेक्षाकृत कम होगा।

4. संरक्षित वस्तुएं (Protected Goods)—प्रतियोगी अर्थव्यवस्थाओं में यूनियन होने पर संरक्षित वस्तुओं की प्रति इकाई लागतों में जितना अधिक अंतर होगा, व्यापार निर्माण के प्रबल होने की संभावना भी उतनी ही अधिक रहेगी। **एक** तो इसलिए कि घरेलू देश के उपभोक्ताओं को साथी देश की वस्तु बहुत सस्ते दामों पर उपलब्ध होगी जिससे उपभोग बढ़ेगा और घरेलू देश के उपभोक्ताओं की संतुष्टि बढ़ेगी तथा कल्याण लाभ बढ़ेगा। **दूसरे,** उच्च लागत घरेलू उत्पादन से निम्न लागत साथी देश उत्पादन स्रोतों में संसाधनों के व्यापार पुनः आवंटन होंगे। कुल मिलाकर, कल्याण में अधिक लाभ होगा।

5. परिवहन लागतें (Transport Costs)—एक और महत्वपूर्ण कारक है परिवहन की लागतें जो प्राकृतिक प्रशुल्क प्रतिबंध का कार्य करती हैं। यदि यूनियन के सदस्य देशों के बीच व्यापार में परिवहन लागतें अधिक होंगी, तो अदक्ष उत्पादकों को संरक्षण मिलेगा और इसके परिणामस्वरूप संसाधनों का अधिक दक्ष पुनर्विभाजन नहीं हो सकेगा। इससे वास्तव में कल्याण में हानि हो सकती है।

6. प्रशासनिक खर्चे (Administrative Costs)—कस्टम यूनियन के बीच व्यापार प्रतिबंधों के समाप्त होने से जो प्रशासनिक खर्चों में कमी होती है उससे देशों को लाभ होता है। वे कस्टम अधिकरियों तथा अन्य ऐजेंसियों के वेतनों पर कम व्यय करते हैं जिनका संबंध वस्तुओं और उनकी गुणवत्ताओं की जांच तथा बार्डरों पर तस्करी रोकने के लिए गश्त आदि पर होता है।

7. व्यापार शर्तें (Terms of Trade)—यदि कस्टम यूनियन व्यापार विचलनकारी है तो वह सदस्य देशों की व्यापार शर्तों में सुधार कर सकती है। यदि यूनियन की आयात के लिए मांग की लोच अधिक है तो उन पर एक सांझा प्रशुल्क लगाने पर भी आयात की कीमतें

कम होंगी। निर्यात कीमतों में कोई परिवर्तन न होने पर यूनियन के सदस्यों की व्यापार शर्तों में सुधार होगा तथा उन्हें लाभ होगा।

5. कस्टम यूनियन के गत्यात्मक प्रभाव (DYNAMIC EFFECTS OF CUSTOMS UNION)

कस्टम यूनियन के व्यापार निर्माण तथा व्यापार विचलन प्रभाव, जिनकी चर्चा ऊपर की गई है, स्थौतिक प्रभाव हैं और उनसे कल्याण बढ़ता और घटता है। **स्किटोव्स्की** (Scitovsky), **बलासा** (Balassa) तथा **कोर्डन** (Corden) ने कस्टम यूनियन बनने के स्थैतिक प्रभावों की अपेक्षा गत्यात्मक प्रभावों को अधिक महत्व दिया है। गत्यात्मक प्रभावों के प्रश्न पर अर्थशास्त्रियों में बहुत अधिक मतभेद हैं फिर भी कस्टम यूनियन के लाभ और हानियों का अध्ययन करना शिक्षाप्रद है।

गत्यात्मक लाभ (Dynamic Advantages)

एक कस्टम यूनियन के निम्न गत्यात्मक लाभ हैं :

1. प्रतियोगिता को प्रोत्साहन (Stimulus to Competition)—कस्टम यूनियन बनाने से एक गत्यात्मक लाभ तो यह होता है कि इससे प्रतियोगिता को प्रोत्साहन मिलता है। जब कस्टम यूनियन बनती है, तो सदस्यों के बीच प्रशुल्क समाप्त कर दिया जाता है और उनके उत्पादनों के लिए बाजार विस्तृत हो जाता है इसलिए उत्पादकों में प्रतियोगिता बढ़ती है। जो अल्पाधिकारी तथा एकाधिकारी फर्में, एक सदस्य देश के आश्रय में भारी और सुस्त बन चुकी होती हैं, अब उन्हें यूनियन के अन्य सदस्य देशों की प्रतिद्वंद्वी फर्मों की प्रतियोगिता में आना पड़ता है। इसी प्रकार, अकुशल फर्में तथा इष्टतम से कम आकार पर और प्रतियोगिता की लपेट में आने वाली फर्में निश्चय से प्रबंधकीय कुशलता तथा प्रौद्योगिकीय सुधारों के लिए प्रबल प्रोत्साहन सिद्ध होती हैं। इस प्रकार यूनियन के सदस्य देशों की फर्मों में प्रतियोगिता के परिणामस्वरूप फर्में अपने-आप को कायम रखने के लिए अपने ढांचे को फिर से ऐसा ढालती हैं जिससे उन्हें लागतों तथा कीमतों में लाभ प्राप्त हो। **स्किटोव्स्की** का कहना है कि यूरोपीय आर्थिक समुदाय (EEC) के विकास में इस तर्क का महत्वपूर्ण हाथ रहा है।

2. साधन गतिशीलता (Factor Movements)—जब कस्टम यूनियन एक सांझे बाजार का रूप धारण कर लेती है तो यूनियन के भीतर पूंजी, श्रम तथा उद्यम मुक्त रूप से गति करते हैं। साधनों की गतिशीलता प्रतियोगिता की भावना का पोषण करती है, ज्ञान का प्रसार करती हैं और साधनों की उत्पादकता बढ़ाती है, जिसके परिणामस्वरूप आर्थिक वृद्धि होती है।

3. पैमाने की मितव्ययिताएं (Economies of Scale)—जब कस्टम यूनियन बनती है, तो बाजार का आकार बढ़ता है, प्रतियोगिता बढ़ती है और विशिष्टीकरण की कोटि (degree) बढ़ती है जिसके परिणामस्वरूप लागतें घटती हैं। पैमाने की आंतरिक तथा बाह्य मितव्ययिताओं के कारण ऐसा हो सकता है। अनेक उद्योगों में बहुत सारी फर्में अपनी प्लांट क्षमता का पूरा उपयोग करती हैं और अपने इष्टतम आकार पर पहुंच जाती हैं। वे ऐसा स्पर्द्धा एवं नवप्रवर्तन तथा अपेक्षाकृत बड़े यूनियन बाजार में पूर्ति करने के कारण कर पाती हैं। जब यूनियन बनने से बाजार का विस्तार होता है और पणिामस्वरूप एक पूरा उद्योग बढ़ता है, तो पैमाने की बाह्य मितव्ययिताएं भी प्राप्त होती हैं। वे इसलिए प्राप्त होती हैं कि यूनियन में श्रम, पूंजी, संसाधन, अनुसंधान तथा प्रबंधकर्ता सबका विकास होता है। **लिप्सी** ने कहा है कि यदि संपूर्ण यूनियन बाजार विस्तार करता है तो उसका परिणाम यह होगा कि उद्योग का आकार बढ़ेगा जिससे पैमाने की मितव्ययिताओं के लाभ प्राप्त होंगे।

4. तकनीकी परिवर्तन (Technical Changes)—कस्टम यूनियन का एक और महत्वपूर्ण गत्यात्मक प्रभाव यह है कि जब यूनियन बनने से प्रतियोगिता बढ़ती है और बाजार का विस्तार होता है, तो उनसे स्पर्द्धा, नवप्रवर्तन तथा तकनीकी परिवर्तन को प्रोत्साहन मिलता है। जिन फर्मों को अब तक संरक्षण प्राप्त था, उन्हें अब अपना अस्तित्व बनाए रखने के लिए स्पर्द्धा अथवा नवप्रवर्तन करना पड़ता है। यूनियन में प्रतियोगी फर्मों की स्पर्द्धा के परिणामस्वरूप अनुसंधान तथा नई वस्तुओं का विकास और वर्तमान उत्पादनों में सुधार होता है। जो फर्में तथा उद्योग पैमाने की मितव्ययिताओं का लाभ उठा लेते हैं वे अनुसंधान तथा विकास कार्यों पर खुले हाथ से खर्च कर सकते हैं। इसमें तेजी से तकनीकी परिवर्तन होता है और आर्थिक वृद्धि होती है।

5. निवेश में वृद्धि (Increase in Investment)—क्योंकि कस्टम यूनियन बनने से प्रतियोगिता बढ़ती है, प्रौद्योगिकीय परिवर्तन होते हैं, अपेक्षाकृत अधिक वस्तु विशिष्टीकरण और बाजार का विस्तार होता है। इसलिए यूनियन बनने से निवेश बढ़ता है। कुछ गैर-

सदस्य देश ऊंचे प्रशुल्कों से बचने के लिए कस्टम यूनियन देशों में फैक्टरियां स्थापित करते हैं। ऐसी **टैरिफ फैक्ट्रियां** कस्टम यूनियन में निवेश को और बढ़ाती हैं। परंतु यह अनुमान लगाना कठिन है कि निवेश का **निवल प्रभाव** क्या होगा क्योंकि यूनियन बनने से जहां कुछ उद्योगों में निवेश बढ़ता है, वहां कुछ उद्योगों में निवेश रुक भी सकता है। यदि कस्टम यूनियन बनने से आयात-प्रतियोगी (import-competing) उद्योग बंद हो जाएंगे, तो निवेश रुक जाएगा। परंतु क्योंकि कस्टम यूनियन में अधिकतर फर्मों को तीव्र स्पर्द्धा का सामना करना पड़ता है इसलिए निवेश में निश्चय से पर्याप्त निवल (net) वृद्धि होती है।

6. व्यापार की शर्तों में सुधार (Improvement in Terms of Trade)—जब एक कस्टम यूनियन बनती है तो वह बाकी विश्व के विरुद्ध प्रशुल्क बढ़ाती है। परिणामस्वरूप, आयात कम हो जाते हैं और यूनियन की सौदा करने की शक्ति बढ़ती है। इससे बाकी विश्व से संबद्ध यूनियन सदस्यों की व्यापार की शर्तों में सुधार होता है। आगे, बेहतर व्यापार शर्तें यूनियन सदस्यों की भुगतान संतुलन स्थिति सुधारने में भी सहायक होती हैं।

7. सतत आर्थिक वृद्धि (Sustained Economic Growth)—बढ़ी हुई प्रतियोगिता पैमाने की मितव्ययिताएं, तकनीकी परिवर्तन, और बढ़ी हुई साधन गतिशीलता का परिणाम यह होता है कि कस्टम यूनियन के सदस्य देशों में कुल उत्पादन, आय तथा रोजगार एक ही साथ स्थायी रूप से बढ़ते हैं। इसके परिणामस्वरूप आर्थिक वृद्धि की दर बढ़ जाती है। जब यूनियन देशों में व्यापार संभावनाएं बराबर बदलती रहती हैं, निवेश की दरें बढ़ती जाती हैं और सूचना, ज्ञान तथा नई उत्पादन तकनीकों का प्रसार होता है, तो आर्थिक वृद्धि की ऊंची दरें बनी रहती हैं। इस प्रकार, यूनियन बनने से उत्पन्न स्थायी तथा निरंतर चलने वाले दोनों प्रकार के परिवर्तन, सदस्य देशों में सतत आर्थिक वृद्धि लाते हैं।

8. मौद्रिक यूनियन (Monetary Union)—कस्टम यूनियन का एक गत्यात्मक लाभ एक मौद्रिक यूनियन का निर्माण है, जिसमें एक एकल (Single) करेंसी, विदेशी विनिमय रिजर्वों का एक सांझा संघ तथा एक एकल केन्द्रीय बैंक का होना और सदस्य देशों के बीच मौद्रिक नीतियों का समन्वय करना है।

9. राजकोषीय सामंजस्य (Fiscal Harmonization)—एक कस्टम यूनियन स्फीति को नियंत्रित करने तथा बेरोजगारी को कम करने के लिए सदस्य राष्ट्रों द्वारा समन्वित (Coordinated) बजटरी नीतियां लाती है।

गत्यात्मक हानियां (Dynamic Disadvantages)

एक कस्टम यूनियन की निम्नलिखित गत्यात्मक हानियां हैं :

1. पैमाने की अमितव्ययिताएं (Diseconomies of Scale)—यदि कस्टम यूनियन के कारण बहुत बड़ी कंपनियों की वृद्धि होती है तो वे भारी-भरकम तथा अकुशल हो सकती हैं जिससे पैमाने की मितव्ययिताएं होती हैं।

2. अल्पाधिकारात्मक कपटसंधि (Oligopolistic Collusion)—कुछ बड़ी कंपनियों के कई देशों में कार्यरत रहने के कारण यह उनमें आपस में अल्पाधिकारात्मक कपटसंधि का कारण बन सकती हैं। इससे कंपनियों के विलय (Merger) और अधिकार करने (Takeover) को प्रोत्साहन मिलता है जिससे एकाधिकार शक्ति बढ़ती है। इन दोनों का प्रभाव कस्टम यूनियन में कीमतों को ऊंचे स्तर पर रखना है।

3. संसाधनों का कुआवंटन (Malallocation of Resources)—क्योंकि श्रम तथा पूंजी की यूनियन के सदस्य देशों में आने-जाने की स्वतंत्रता होती है, इस कारण संसाधन कम विकसित सदस्य देशों से अधिक विकसित सदस्य देशों की ओर जा सकते हैं। इससे संसाधनों का कुआवंटन होता है जिससे कम विकसित सदस्य देश भी बुरी हालत में रहते हैं।

4. ध्रुवण प्रभाव (Polarisation Effect)—व्यापार निर्माण के लाभों के एक प्रदेश अथवा क्षेत्र में केन्द्रीयकरण के कारण एक कस्टम यूनियन एक विशेष सदस्य देश की आर्थिक स्थिति को या तो संचित ह्रास की ओर ले जा सकती है अथवा श्रम तथा पूंजी का दूसरे सदस्य देशों से अपनी ओर आकर्षित करने की प्रवृत्ति को बढ़ा सकती है। इसे कस्टम यूनियन का **ध्रुवण प्रभाव** कहते हैं।

5. ऊंची प्रशासनिक लागतें (High Administrative Costs)—कस्टम यूनियन के सदस्य देशों को इसके प्रशासनिक खर्च देने पड़ते हैं। कुछ सदस्य यह जानते हुए कि ये खर्चे सांझी राशि में से दिए जाएंगे, अपने लाभों के लिए विशेष दबाव डालते हैं जिससे खर्च बहुत अधिक बढ़ सकते हैं।

निष्कर्ष (Conclusion)—एक कस्टम यूनियन के ऊपर वर्णित गत्यात्मक प्रभावों (लाभों तथा हानियों) का निष्कर्ष निकालना

मुश्किल है क्योंकि वे यूनियन के आकार, प्रवृत्तियों तथा नीतियों पर और विश्व की घटनाओं पर निर्भर करते हैं।

6. विकासशील देशों में आर्थिक एकीकरण (ECONOMIC INTEGRATION AMONG DEVELOPING COUNTRIES)

आर्थिक एकीकरण की आवश्यकता (Need for Economic Integration)*

विकासशील देशों में उनके आर्थिक एकीकरण की आवश्यकता को तीव्र करने के लिए निम्न तरीकों का सहारा लिया जा सकता है : 1. विनिर्माण उद्योगों की स्थापना तथा वृद्धि को प्रोत्साहित करके; 2. अन्त: प्रादेशिक तथा अतिरिक्त-प्रादेशिक व्यापार द्वारा, 3. व्यापार से लाभों में वृद्धि लाकर; और 4. प्रतियोगी बाजारों के विस्तार के लाभों को प्रदान करके।

विकासशील देश मुख्यत: प्राथमिक वस्तुओं का निर्यात करते हैं जिनका विश्व बाजार में मुक्त रूप से व्यापार होता है। उनके आयात मुख्यतौर पर मध्यवर्ती (Intermediate) तथा निर्मित वस्तुएं होती हैं जिनका उनमें से अधिकतर या तो उत्पादन करते ही नहीं अथवा बहुत कम उत्पादन करते हैं। व्यापार के मौजूदा ढांचे को बदलने के लिए आर्थिक एकीकरण की आवश्यकता है जिसके लिए उत्पादन के वर्तमान ढांचे को बदलना आवश्यक है। लक्ष्य उनकी अर्थव्यवस्थाओं का आधुनिक तरीकों पर औद्योगीकरण करना है।

सदस्य देशों में अकुशल उत्पादक इकाईयों को नष्ट करके व्यापार निर्माण करने की बहुत कम रुचि है। लेकिन विश्व के दूसरे देशों से सदस्य देशों को खरीदारियां स्थानांतरण करके व्यापार विचलन में अधिक रुचि है तथा अधिक रचनात्मक तौर से पैमाने की मिव्ययिताओं की उपलब्धता है।

उद्देश्य औद्योगीकरण द्वारा अपने उपयुक्त संसाधनों को संचालित करके उपयोग में लाने से भी है।

अंतत: कस्टम यूनियन अथवा मुक्त व्यापार क्षेत्र के विकास के लिए विदेशी निवेश को आकर्षित करना तथा इसके लाभप्रद उपयोग की आवश्यकता है।

आर्थिक एकीकरण के लाभ (Benefits from Economic Integration)

विकासशील देशों में आपस में एकीकरण के बहुत प्रत्याशित लाभ हैं। जब विकासशील देश आपस में एक व्यापारिक ब्लाक अथवा कस्टम यूनियन या मुक्त व्यापार क्षेत्र बनाते हैं तो उनके लिए निम्न लाभ उत्पन्न होते हैं :

1. सदस्य देशों में आपस में व्यापारिक प्रतिबंधों के हटने से व्यापार का विस्तार होता है।

2. जब ऊंची लागतों पर वस्तुएं उत्पादन करने वाले साथियों के स्थान पर कम लागतों वाले उत्पादकों का साथ मिलता है तो व्यापार निर्माण होता है।

3. इससे संसाधन कम कार्यकुशल से अधिक कार्यकुशल उत्पादन की ओर जाते हैं। इससे व्यापार के लाभों में और अधिक वृद्धि होती है।

4. क्योंकि विकासशील देशों के विशेष प्रदेशों में उपभोग के ढांचे और स्तर समान होते हैं, इसलिए उनमें क्षेत्रीय व्यापार समझौते उनके बाजारों का विस्तार तथा विकास करने के अधिक अवसर प्रदान करते हैं।

5. नए उद्योगों की स्थापना तथा वर्तमान विनिर्माण उद्योगों के विस्तार के लिए अंतर-देशीय समझौतों के आधार पर सदस्य देश पैमाने की मितव्ययिताओं से लाभ प्राप्त कर सकते हैं। देशों तथा उद्योगों का चुनाव उनकी साधन संपन्नता और विस्तृत व्यवहारिता (feasibility) तथा सामाजिक लागत-लाभ अध्ययनों के आधार पर किया जा सकता है। उत्पादन के ढांचे में वांछित परिवर्तन लाने के लिए विविध उपायों जैसे आयातित निर्मित वस्तुओं पर प्रशुल्कों, राजकोषीय प्रोत्साहनों तथा प्रशासनिक नियंत्रणों की आवश्यकता होगी।

6. विकासशील देश पैमाने की मितव्ययिताओं का लाभ उठाने के लिए तथा अपने वर्तमान प्लांटों या प्रकियाओं की अतिरिक्त क्षमताओं को प्रयोग में लाने के लिए, उनके विकास के लिए पूरक समझौते (complementary agreements) कर सकते हैं। यह मुक्त व्यापार यूनियन के अंदर ऐसे प्लांटों द्वारा उत्पादित वस्तुओं की आंतरिक मांग को पूरा कर देंगे।

* This section also relates to South-South Economic Co-operation. If we were to see a globe, we will find that all the developing countries, with the exception of Australia and Newzealand, are located in the southern hemisphere, while all the developed countries, except Australia and Newzealand are in the North.

7. विकासशील देशों में क्षेत्रीय एकीकरण उनमें आपस में प्रतिस्पर्द्धा को प्रोत्साहित करता है। हर सदस्य देश विशेष उद्योगों में नवप्रवर्तनों तथा उत्पादन के नए तरीकों को अपनाने का प्रयत्न करता है। इससे नई मशीनों तथा उपकरणों के निवेश को बढ़ाकर इसकी तकनीकी तथा उत्पादकीय कुशलता में वृद्धि लाता है। संसाधनों का कम क्षमता से अधिक क्षमता वाले उद्योगों की ओर पुनः आवंटन होता है। परिणामस्वरूप उत्पादन की लागतें कम होती हैं, व्यापारिक ब्लाक में व्यापार के फैलाने से उत्पादन, रोजगार तथा आय में वृद्धि होती है।

8. विकासशील देशों के बीच नए क्षेत्रीय-आधारित निर्माण उद्योग प्रत्यक्ष विदेशी निवेश को आकर्षित करते हैं जिन्हें पैमाने की मितव्ययिताओं के लाभ प्राप्त होते हैं। इसके लिए चुने हुए उद्योगों अथवा प्लांटों की स्थापना के लिए अंत:सरकारी समझौतों और नीति उपायों जैसे विदेशी प्रतियोगिता के विरुद्ध प्रशुल्क लगाने, उनके कार्यान्वयन तथा सफलता के लिए राजकोषीय तथा प्रशासनिक उपायों की आवश्यकता होती है।

9. दीर्घकाल में नए निर्माण उद्योग सदस्य देशों की स्थानीय मांग को पूरा कर लेंगे। बाजार के प्रसार तथा पैमाने की मितव्ययिताओं में वृद्धि के साथ ये उद्योग विश्व बाजारो से प्रतिस्पर्द्धा कर पाएंगे तथा निर्मित वस्तुओं का निर्यात कर सकेंगे।

10. क्षेत्रीय एकीकरण सदस्य देशों की वस्तु व्यापार की शर्तों में सुधार ला सकता है। यह तभी प्राप्त होता है, यदि सदस्यों की आयात की मांग में आयात-स्थानापन्न उत्पादित करके, आयातित वस्तुओं पर प्रशुल्क लगाकर तथा बाहर के देशों को निर्यात बढ़ाकर कमी लाई जा सके। फिर भी ये स्थितियां दीर्घकाल में प्राप्त की जा सकती हैं जब विकासशील देश स्फूर्ति (Take off) की अवस्था में पहुंच गए हों।

आर्थिक एकीकरण की समस्याएं (Problems of Economic Integration)

विकासशील देशों द्वारा कस्टम यूनियन अथवा मुक्त व्यापार क्षेत्र बनाने में बहुत-सी कठिनाइयां हैं। उनका नीचे वर्णन किया गया है :

1. राजनैतिक (Political)—किसी भी क्षेत्रीय एकीकरण में हमेशा छोटे, बड़े तथा कम विकास और अधिक विकास कर रहे देश होते हैं। छोटे, कमजोर तथा कम विकास कर रहे देशों को अपने से बड़े तथा शक्तिशाली पड़ोसियों के साथ कस्टम यूनियन बनाने में अपनी स्वतंत्रता तथा प्रभुसत्ता पर खतरा लगता है। ऐसा विशेष रूप से एशिया तथा अफ्रीका में खासतौर पर होता है, जहां राष्ट्रीय प्रतिद्वंद्विता तथा सीमाओं के झगड़े हैं।

2. प्रशासनिक (Administrative)—कस्टम यूनियन की कुछ प्रशासनिक आवश्यकताएं होती हैं जो गरीब तथा कमजोर सदस्यों की समर्थता से बाहर हो सकती हैं। उनके पास यूनियन की नीतियों के कार्यान्वयन के लिए कुशल तथा पर्याप्त प्रशासनिक कर्मचारी नहीं हो सकते हैं।

3. लाभों का अनियमित वितरण (Uneven Distribution of Benefits)—विकासशील देशों में आपस में कुछ असमानताएं होती हैं जो आय के नयायसंगत वितरण में बाधाएं उत्पन्न करती हैं। पिछड़े तथा कमजोर देश डरते हैं कि आर्थिक रूप से उनसे अच्छे साथी देश आर्थिक विकास में सहायक बनने के स्थान पर उसे बिगाड़ देंगे। इसलिए वे उन देशों के साथ यूनियन बनाने के अनिच्छुक होते हैं।

4. भौगोलिक दूरियां (Geographical Distances)—विकासशील देशों का आमतौर पर एक दूसरे के साथ भौगोलिक निकटता का अभाव होता है। आर्थिक यूनियन की सफलता के लिए निकटता का होना आवश्यक है। यदि उनमें भौगोलिक निकटता होती भी है तो उनके पास अच्छी परिवहन व्यवस्था, संचार, बुनियादी ढांचा तथा एक से दूसरे प्रदेश में व्यापार कर पाने की सुविधाएं नहीं होती हैं।

5. व्यापार विचलन (Trade Diversion)—विकासशील देशों में विदेशी व्यापार की मात्रा स्वदेशी उत्पादन की तुलना में आमतौर पर अधिक होती है। क्षेत्र के कुल विदेशी व्यापार की अपेक्षा अंतरा-क्षेत्रीय (intra-regional) व्यापार की मात्रा बहुत कम होती है। यूनियन बनाने से इन दो विविध व्यापार घटकों के ढांचे से विकासशील देशों में व्यापार विचलन होगा। ऐसा इस कारण कि पुराने व्यापार की दिशा में बाहरी देशों के साथ व्यापार की बजाय एक दूसरे सदस्य देश के साथ व्यापार होगा। इसलिए यूनियन बनाने का कोई लाभ नहीं क्योंकि व्यापार विचलन हमेशा हानिकारक होता है।

6. आर्थिक तौर से भिन्न (Economically Diverse)—अधिकतर विकासशील देश प्राथमिक वस्तुओं का उत्पादन तथा निर्यात करते हैं। क्योंकि वे विश्व बाजारों में अपनी प्राथमिक वस्तुओं के प्रतियोगी होंगे इसलिए आर्थिक यूनियन बनाने से कोई लाभ नहीं होगा। **किंडलबर्गर** (Kindleberger) के अनुसार वे आर्थिक तौर पर एकीकृत नहीं हैं। एक प्रकार से वे पूरक के स्थान पर प्रतियोगी अधिक हैं तथा उनके प्रतियोगी स्वार्थ उनके आपस में आर्थिक यूनियन बनाने में कठिनाई उत्पन्न करते हैं।

7. राजस्व की हानि (Loss of revenue)—क्षेत्रीय यूनियन बनाने के साथ राजस्व में हानि होने का डर भी विकासशील देशों के आर्थिक एकीकरण में बाधा उत्पन्न करता है। ऐसा इसलिए कि आर्थिक एकीकरण के साथ अंतराक्षेत्रीय प्रशुल्क भी समाप्त हो जाएंगे। इसके अतिरिक्त यूनियन बनने तथा सांझा बाह्य प्रशुल्क अपनाने से कमजोर सदस्य अपनी राजस्व की आवश्यकताओं को पूरा करने हेतु स्वयं प्रशुल्कों को बढ़ाने की स्थिति में नहीं होंगे।

निष्कर्ष (Conclusion)—ये कठिनाइयां तथा समस्याएं विकासशील देशों में आर्थिक एकीकरण की असफलता अथवा धीमी प्रगति की व्याख्या करती हैं। उदाहरण के तौर पर सेण्ट्रल अमेरिकी कॉमन मार्केट (CACM) प्रारंभ में कुछ सफलता के उपरांत 1969 में तोड़ दी गई। ईस्ट अफ्रीका कॉमन मार्केट (EACM) भी समाप्त कर दी गई।

विकासशील देशों में आर्थिक एकीकरण को प्रोत्साहित करने के उपाय (Measures to Encourage Economic Integration among Developing Countries)

विकासशील देशों के बीच आर्थिक यूनियन (या मुक्त व्यापार क्षेत्र या क्षेत्रीय ब्लाक) के बनाने तथा सफलता के लिए निम्न उपाय सुझाए जाते हैं :

यह ध्यान देना आवश्यक है कि सभी उपायों का लक्ष्य आर्थिक संबंधों को मजबूत बनाने के अतिरिक्त क्षेत्र के पिछड़े सदस्यों में प्रभावशाली सदस्यों के द्वारा उनके डर का समाधान करके विश्वास उत्पन्न करने की आवश्यकता है।

1. व्यापारिक उदारीकरण (Trade Libralisation)—पहला कदम क्षेत्रीय व्यापार का आंशिक उदारीकरण लाने की ओर उठाया जाना चाहिए। यह विशेष वस्तुओं में ही होना चाहिए ऐसी वस्तुएं जिनमें क्षेत्र के सदस्यों को तुलनात्मक लाभ प्राप्त हैं उनपर व्यापार प्रतिबंधों को धीरे-धीरे समाप्त करना चाहिए। बड़े देशों को कमजोर देशों से व्यापार प्रतिबंधों के बिना वस्तुएं आयात करने को प्राथमिकता देनी चाहिए। दूसरी ओर छोटे देशों को बड़े देशों से आयातित वस्तुओं पर हल्के प्रशुल्क लगाने का अधिकार होना चाहिए ताकि उनको राजस्व की हानि न हो।

2. व्यापार का बुनियादी ढांचा (Trade Infrastructure)—अंतरक्षेत्रीय व्यापार के विकास के लिए, क्षेत्र में प्रभावशाली बुनियादी ढांचा जैसे परिवहन तथा संचार की सुविधाएं चाहिए। सांझी सीमा वाले देश एक दूसरे को सड़क तथा रेल यातायात सुविधाओं द्वारा जोड़ सकते हैं।

3. विदेशी निवेश तथा प्रौद्योगिकी (Foreign Investment and Technology)—क्षेत्र के देशों में विदेशी निवेश तथा प्रौद्योगिकी के प्रवेश के लिए एक क्षेत्रीय समझौता होना चाहिए। ऐसा समझौता विदेशी आपूर्तिकर्ताओं के साथ सभी देशों के लाभ के लिए सौदेबाजी कर सकता है। यह क्षेत्रीय देशों में संयुक्त उद्योगों की स्थापना तथा प्रौद्योगिकी स्थानांतरण के बारे में निर्णय भी ले सकता है। इस विषय में पिछड़े देशों के अधिकारों का संरक्षण आवश्यक है।

4. प्रति व्यापार (Counter-Trade)—अंतराक्षेत्रीय व्यापार को प्रोत्साहन देने तथा बड़े और छोटे देशों में सहयोग के लिए, प्रतिव्यापार अर्थात वस्तुओं की खरीद की बजाय वस्तुओं तथा सेवाओं का विनिमय प्रारंभ किया जाए।

5. क्षेत्रीय संस्थाएं (Regional Institutions)—अंतराक्षेत्रीय व्यापार में वृद्धि लाने के लिए क्षेत्रीय संस्थाएं जैसे संयुक्त व्यापार परिषदें, व्यापार प्रोत्साहन संगठन, क्षेत्रीय व्यापार सूचना केन्द्र, क्षेत्रीय व्यापार संसाधन (Processing) मंडल आदि सहायक बन सकते हैं।

6. भुगतान शेष का सहारा (Balance of Payments Support)—अंतराक्षेत्रीय व्यापार में आर्थिक तौर पर कमजोर देश भुगतान शेष समस्याओं से ग्रस्त होते हैं। ऐसे देशों को भुगतान शेष में सहायता देने के लिए एक क्षेत्रीय यूनियन बनाई जाए जिसके सभी सदस्य देश निधियां प्रदान करें तथा बड़े देशों का अंशदान इस निधि में अधिक हो।

7. ऋण सुविधाएं (Credit Facilities)—निर्यातकों को ऋण सुविधाएं देने के लिए तथा आयातकों के लिए पर्याप्त साख सीमा प्रदान करने के लिए और वर्तमान व्यापारिक वित्तीय संस्थाओं तथा व्यापारिक बैंकों की क्रियाओं में समन्वय के लिए एक क्षेत्रीय केन्द्रीय बैंक स्थापित किया जाना चाहिए। यह अंतराक्षेत्रीय व्यापार की वृद्धि में सहायक होगा।

8. राजकोषीय प्रोत्साहन (Fiscal Incentives)—जब कस्टम यूनियन बनाई जाती है तो छोटे देशों को उनके प्रशुल्क राजस्व में, जो उनके कुल राजस्व का बहुत बड़ा भाग होता है, बहुत अधिक हानि उठानी पड़ती है। इसलिए यूनियन को ऐसे सदस्य देशों के लिए बड़े सदस्य देशों के अंतर-सरकारी बजट अंतरणों (Transfers) द्वारा, उनकी वास्तविक राजस्व हानि की क्षति पूर्ति करनी चाहिए। ऐसा सदस्य देशों में एक समझौता अपनाकर किया जा सकता है ताकि राजकोषीय प्रोत्साहन का समन्वय बना रहे।

वित्तीय प्रोत्साहन कमजोर सदस्य देशों में अंतरदेशी वित्तीय अंतरणों द्वारा नए उद्योग लगाने के लिए भी दिए जा सकते हैं। एक अन्य उपाय क्षेत्रीय विकास बैंक स्थापित किया जाए जो ऐसे देशों के बुनियादी ढांचे तथा उद्योगों में निवेश के लिए अधिमान के आधार पर वित्तीय उधार दे सके।

निष्कर्ष (Conclusion)

अफ्रीका, मध्य तथा दक्षिणी अमेरिका की कुछ आर्थिक यूनियनों के अनुभाविक अध्ययन सुझाते हैं कि विकासशील देशों में आपस में आर्थिक एकीकरण के लाभ पर्याप्त हो सकते हैं। उनके लिए प्रभावी समन्वयन की आवश्यकता है जो विकासशील देशों में आपस में राजनीतिक और सैद्धांतिक मतभेदों के कारण तथा क्षेत्रों में बड़े और शक्तिशाली देशों के प्रभुत्व के डर के कारण नहीं होता। इनके बावजूद कस्टम यूनियन फिर भी एक अंतिम उद्देश्य हो सकता है। फिर भी विकासशील देशों में क्षेत्रीय निवेश नीतियों के सहायक उपायों, क्षेत्रीय व्यापार, उदारीकरण तथा क्षेत्रीय सहायक संस्थाओं से परस्पर सहायता के लिए यह एक बड़ी उपलब्धि होगी।

प्रश्न

1. कस्टम यूनियन क्या होती है ? आंशिक संतुलन विश्लेषण के अंतर्गत कस्टम यूनियन के प्रभावों की विवेचना कीजिए।
2. सीमा शुल्क संघ से आप क्या समझते हैं ? सामान्य संतुलन विश्लेषण द्वारा इसके प्रभावों की व्याख्या कीजिए।
3. एक कस्टम यूनियन के स्थैतिक और गत्यात्मक प्रभावों की व्याख्या कीजिए। क्या वे पूर्णतया परिकल्पित हैं ?
4. सीमा शुल्क संघ के सिद्धांत की व्याख्या करिए। विकासशील देशों के लिए इसकी प्रासंगिकता (relevance) पर टिप्पणी कीजिए। (संकेत : इसकी आवश्यकता दीजिए।)
5. क्या कस्टम यूनियन के निर्माण से संघ सदस्यों और बाकी विश्व के कल्याण में लाभ अथवा हानि होती है ?
6. टिप्पणी कीजिए : व्यापार निर्माण और व्यापार विचलन, (ब) सीमा शुल्क संघ के गत्यात्मक प्रभाव, (स) अंतर्राष्ट्रीय आर्थिक एकीकरण।
7. आर्थिक एकीकरण से विकासशील देश जो लाभ उठा सकते हैं उनकी व्याख्या कीजिए। वे कौन-सी कठिनाईयां हैं जिनका उन्हें एक कस्टम यूनियन के निर्माण में सामना करना पड़ता है।
8. उन समस्याओं की विवेचना कीजिए जिनका विकासशील देशों को एक कस्टम यूनियन के निर्माण में सामना करना पड़ता है। ऐसे उपाय सुझाइए जिनसे वे आर्थिक एकीकरण कर सकते हैं।

भाग तृतीय
भुगतान शेष
(BALANCE OF PAYMENTS)

अध्याय 29
भुगतान शेष :अर्थ और घटक
(BALANCE OF PAYMENTS : MEANING AND COMPONENTS)

1. अर्थ
(MEANING)

किसी देश का भुगतान शेष (या संतुलन) किसी दिए हुए वर्ष में बाहर के देशों से किए गए उसके आर्थिक लेन-देन का व्यवस्थित रिकार्ड है। यह देश के बाकी दुनिया के साथ आर्थिक सम्बन्धों की प्रकृति तथा विस्तार का सांख्यिकीय रिकार्ड होता है। **बो. सोडर्स्टन** के अनुसार, ''भुगतान शेष एक देश के अन्तर्राष्ट्रीय लेन-देनों में प्राप्तियों और भुगतानों को दर्ज करने का तरीका मात्र है।''[1] प्रो. **किंडलबर्गर** के अनुसार, ''एक देश का भुगतान शेष उसके निवासियों और अन्य देशों के निवासियों के बीच सभी आर्थिक लेन-देनों का एक सुव्यवस्थित लेखा है।''[2]

2. भुगतान शेष के घटक
(COMPONENTS OF BALANCE OF PAYMENTS)

किसी देश के भुगतान शेष के घटकों (या तत्त्वों) का अध्ययन करने से पहले, भुगतान शेष लेखा (या खाता) (Balance of Payments Accounts) को समझना आवश्यक है।

एक देश का भुगतान शेष लेखा दोहरी प्रविष्टि (Double entry) बहीखाता के सिद्धांत पर बनाया जाता है। प्रत्येक सौदा तुलन-पत्र (Balance Sheet) के क्रेडिट और डेबिट पक्ष में दर्ज किया जाता है। परन्तु भुगतान शेष लेखांकन एक बात में व्यापार-लेखांकन से भिन्न होता है। व्यापार लेखांकन डेबिट प्रविष्टियां (–) बैलेन्स शीट में बाईं और तथा क्रेडिट प्रविष्टियां (+) बैलेंस शीट में दाईं ओर दिखाई जाती हैं। परन्तु भुगतान शेष लेखांकन में क्रेडिट प्रविष्टियां बैलेन्स शीट के बाईं ओर तथा डेबिट प्रविष्टियां दाईं ओर दिखाने की प्रथा है। जब किसी बाहर के देश से भुगतान प्राप्त होता है तो यह क्रेडिट सौदा है और जब किसी बाहर के देश को भुगतान किया जाता है तो वह डेबिट सौदा होता है। इन क्रेडिट तथा डेबिट मदों को देश के भुगतान शेष लेखे में दोहरी प्रविष्टि बहीखाता के सिद्धांत के अनुसार, अनुलम्ब रूप (Vertically) में दिखाया जाता है।

भुगतान शेष के चार घटक होते हैं जिन्हें तुलन-पत्र में क्षैतिज रूप (Horizontally) से लिखा जाता है। वे हैं चालू लेखा, पूंजी लेखा, सरकारी भुगतान लेखा अथवा सरकारी रिजर्व परिसम्पत्ति लेखा और अशुद्धियां एवं भूलचूक।

1. चालू लेखा (Current Account)—देश के चालू लेखों में वे सब लेन-देन आते हैं जो वस्तुओं तथा सेवाओं के व्यापार तथा एकपक्षीय (या न लौटाये जाने वाले) हस्तान्तरणों से सम्बन्ध रखते हैं। इनमें भौतिक वस्तुओं के निर्यात और आयात दृश्य मदें (Visible

1. "The balance of payments is merely a way of listing receipts and payments in international transactions of a country." — **Bo Sodersten**
2. "The balance of payments of a country is a systematic record of all economic transactions between its residents and residents of foreign countries." **—C.P. Kindleberger**

Items) कहलाते हैं तथा सेवाओं और हस्तांतरण भुगतान और प्राप्तियां अदृश्य मदें (Invisible Items) कहलाती हैं। सेवाओं के लेन-देन में यात्रा तथा परिवहन, विदेशी निवेशों पर आय तथा भुगतान आदि शामिल रहते हैं। हस्तान्तरण भुगतानों का सम्बन्ध उपहारों, पेन्शनों, निजी प्रेषणों (Remittances), विदेशियों द्वारा विदेशों के व्यक्तियों तथा सरकारों से प्राप्त दान, उपहारों से है।

चालू लेखा की मदों की तालिका 1 में दिखाया गया है।

तालिका 1. भुगतान शेष का चालू लेखा
(Current Account of Balance of Payments)

क्रेडिट (+) (प्राप्तियां)	डेबिट (–) (भुगतान)
1. वस्तुओं का निर्यात।	1. वस्तुओं का आयात।
2. स्वदेशी कंपनियों द्वारा दी गई सेवाएं जैसे जहाजरानी, और भाड़ा, बीमा, बैंकिंग आदि सेवाएं।	2. विदेशी कंपनियों द्वारा दी गई सेवाएं जिनमें जहाजरानी एवं भाड़ा, बीमा, बैंकिंग आदि सेवाएं।
3. डाक्टर, इंजीनियर, वैज्ञानिक आदि विशेषज्ञों की सेवाएं।	3. डाक्टर, इंजीनियर, वैज्ञानिक आदि विशेषज्ञों की सेवाएं।
4. विदेशियों द्वारा यात्रा व्यय	4. स्वदेशियों द्वारा विदेशों में यात्रा।
5. स्वदेशियों द्वारा स्वामित्त्व (owned) की विदेशी प्रतिभूतियों (Securities) पर ब्याज और लाभांश (Dividend)।	5. विदेशियों द्वारा स्वामित्व वाली स्वदेशी प्रतिभूतियों पर ब्याज और लाभांश।
6. विदशी सरकारों द्वारा दूतावासों, और उनके स्टॉफ आदि पर व्यय।	6. स्वदेशी सरकार द्वारा विदेशों में अपने दूतावासों और उनके स्टॉफ आदि पर व्यय।
7. विदेशों में किए गये निवेशों से प्राप्त आय।	7. विदेशियों द्वारा स्वदेश में किए गए निवेशों का भुगतान।
8. विदेशों से मिश्रित प्राप्तियां जैसे रायल्टी, किराया, पेटेंट फीस, पत्रिकाओं के शुल्क आदि।	8. स्वदेश से मिश्रित भुगतान जैसे रायल्टी, किराया, पेटेंट फीस, पत्रिकाओं के शुल्क आदि।
9. हस्तांतरण प्राप्तियां जैसे दान, उपहार, पेन्शन, निजी प्रेषण (remittances) आदि।	9. विदेशों को हस्तांतरण भुगतान जैसे दान, उपहार, पेन्शन, प्रेषण आदि।

2. पूंजी लेखा (Capital Account)—देश के पूंजी लेखे के अन्तर्गत देश की वित्तीय परिसम्पत्तियों के लेन-देन आते हैं जो अल्पावधि एवं दीर्घावधि उधार-दान तथा उधार-ग्रहण और निजी तथा सरकारी निवेशों के रूप में पाये जाते हैं। दूसरे शब्दों में, पूंजी लेखा—ऋणों और निवेशों के अन्तर्राष्ट्रीय प्रवाह को दर्शाता है और देश की परिसम्पत्तियों और देयताओं में हुए परिवर्तनों को व्यक्त करता है। दीर्घावधि लेन-देन उन अन्तर्राष्ट्रीय पूंजीगतियों से सम्बन्ध रखते हैं जिनकी परिपक्वता अवधि एक वर्ष या एक वर्ष से अधिक होती है और उनमें प्रत्यक्ष निवेश जैसे विदेशी प्लांट लगाना, विदेशी बांडों और स्टॉकों का क्रय और अन्तर्राष्ट्रीय ऋण शामिल रहते हैं। पूंजी-लेखा की मदों को तालिका 2 में दिखाया गया है।

चालू-लेखे और पूंजी लेखे का जोड़ बुनियादी शेष (Basic Balance) कहलाता है।

तालिका 2. भुगतान शेष का पूंजी लेखा

क्रेडिट (+) (प्राप्तियां)	डेबिट (–) (भुगतान)
1. विदेशों से सरकारी ऋण प्राप्तियां।	1. विदेशों को सरकारी ऋण देन॥
2. विदेशों द्वारा किए गए स्वदेश में प्रत्यक्ष निजी निवेश और बांड, शेयर आदि खरीदना।	2. विदेशों में किए गए प्रत्यक्ष निजी निवेश तथा विदेशी बांड, शेयर आदि खरीदना।
3. अन्तर्राष्ट्रीय संस्थाओं जैसे IMF, World Bank, IFC, आदि से प्राप्त ऋण।	3. अन्तर्राष्ट्रीय संस्थाओं को ऋणों की वापसी।
4. बैंकिंग पूंजी का आंतरिक प्रवाह।	4. बैंकिंग पूंजी का बाह्य प्रवाह॥

3. सरकारी व्यवस्थापन लेखा (Official Settlements Account)—सरकारी व्यवस्थापन लेखा अथवा सरकारी रिजर्व परिसम्पत्ति लेखा आजकल इंग्लैड तथा संयुक्त राज्य अमरीका तथा अन्य विकसित देशों के भुगतान शेष लेखों में अलग दिखाते हैं। यह लेखा सामान्यत: वर्ष के दौरान देश की विदेशी सरकारी धारकों के पास तरल तथा अतरल देयताओं में परिवर्तन को और राष्ट्र की सरकारी रिजर्व परिसम्पत्तियों में परिवर्तन को मापता है। किसी देश की सरकारी रिजर्व परिसम्पत्तियों में उसका स्वर्ण का स्टॉक, उसकी परिवर्तनीय विदेशी करेंसियां तथा विशेष आहरण अधिकार (Special Drawing Rights—SDRs) के धारण और IMF में उसकी निवल स्थिति शामिल हैं। इसकी मदों को तालिका 3 में दर्शाया गया है।

तालिका 3. भुगतान शेष का सरकारी व्यवस्थापन लेखा

क्रेडिट (+) (प्राप्तियां)	डेबिट (–) (भुगतान)
1. स्वर्ण निर्यात।	1. स्वर्ण आयात।
2. परिवर्तनीय विदेशी करेंसियों की प्राप्तियां।	2. विदेशों को स्वदेशी करेंसी का भुगतान।
3. SDRs के धारण।	3. SDR में से भुगतान।
4. IMF में कोटा (Quota)।	4. IMF कोटा में वृद्धि होने पर उसमें भुगतान।

4. अशुद्धियां और भूलचूक (Errors and Omissions)—यह मद प्रत्येक देश के भुगतान संतुलन लेखा में होती है। अशुद्धियां और भूल-चूक संतुलन मद (Balancing Item) है। ताकि दोहरी प्रविष्टि बहीखाता नियमों के अनुसार तीनों लेखों के कुल क्रेडिट और कुल डेबिट अवश्य एक दूसरे के बराबर हों क्योंकि लेखांकन की दृष्टि से किसी देश के भुगतान शेष हमेशा संतुलन में होते हैं।

3. क्या भुगतान शेष हमेशा संतुलन में होते हैं ?
(ARE BALANCE OF PAYMENTS ALWAYS IN EQUILIBRIUM?)

'भुगतान शेष हमेशा संतुलन में होता है' का अर्थ है कि चालू-लेखा, पूंजी लेखा और सरकारी व्यवस्थापन लेखा की निवल क्रेडिट और डेबिट शेषों का बीजगणितीय जोड़ अवश्य शून्य होना चाहिए। भुगतान शेष को निम्न प्रकार लिखा जाता है :

$$B = R_f - P_f$$

जहां B भुगतान शेष, R_f विदेशियों से प्राप्तियों, और Pf विदेशियों को किए गए भुगतानों को व्यक्त करते हैं।

जब $B = R_f - P_f = 0$, तो भुगतान शेष संतुलन में है। जब , $R_f - P_f > 0$, तो इसका मतलब है कि विदेशियों को किए गए भुगतानों की अपेक्षा विदेशियों से हुई प्राप्तियां अधिक हैं और भुगतान शेष में **अतिरेक** (Surplus) है। दूसरी ओर, जब $R_f - P_f < 0$, अथवा $R_f < P_f$ तो भुगतान शेष में **घाटा** है क्योंकि विदेशियों को जो भुगतान किए गए हैं, वे विदेशियों से हुई प्राप्तियों से अधिक हैं।

यदि **निवल** (Net) विदेशी उधार, दान तथा विदेशों में निवेश को लिया जाए, तो लोचदार विनिमयदर निर्यात को आयात से बढ़ा देती है। अन्य करेन्सियों के दामों में घरेलू करेन्सी का मूल्य घट जाता है। आयात की सापेक्षता में निर्यात अधिक सस्ते हो जाते हैं। इसे समीकरण के रूप में यों दिखाया जा सकता है :

$$X + B = M + I_f$$

जहां X निर्यात, M आयात, I_f विदेशी निवेश और B विदेश से उधार लेने को व्यक्त करते हैं

अथवा $$X - M = I_f - B$$

अथवा $$(X - M) - (I_f - B) = 0$$

यह समीकरण बताता है कि भुगतान शेष संतुलन में है। चालू लेखा के घनात्मक शेष का उसके पूंजी लेखा का ऋणात्मक शेष पूर्ण रूप से क्षतिपूर्ति कर देता है, और उलट भी। लेखांकन की दृष्टि से, भुगतान शेष हमेशा संतुलन में होता है। इसे निम्न समीकरण की सहायता से स्पष्ट किया जा सकता है:

$$C + S + T = C + I + G + (X - M)$$

अथवा $$Y = C + I + G + (X - M) \quad [\because Y = C + S + T]$$

जहां C उपभोग व्यय, S घरेलू बचत, T कर प्राप्तियों, I निवेश व्यय, G सरकारी व्यय, X वस्तुओं तथा सेवाओं के निर्यात को और M वस्तुओं तथा सेवाओं के आयात को व्यक्त करते हैं।

ऊपर दिए गए समीकरण में $C + S + T$ सकल राष्ट्रीय आय (GNI) अथवा राष्ट्रीय आय (Y) है; और

$$C + I + G = A$$

जहां A को अवशोषण (absorption) कहा जाता है।

लेखांकन की दृष्टि से यह आवश्यक है कि कुल घरेलू व्यय $(C + I + G)$ और चालू आय $(C + S + T)$ बराबर हों अर्थात् $A = Y$; तो घरेलू बचतें (S_d) और घरेलू निवेश (I_d) भी बराबर होने चाहिएं। इसी तरह, आवश्यक है कि चालू खाते में निर्यात अतिरेक $(X > M)$ को निवेश से बढ़ी हुई घरेलू बचत $(S_d > I_d)$ क्षतिपूर्ति कर दें। इस प्रकार, **लेखांकन की दृष्टि से, भुगतान शेष हमेशा सन्तुलन में होता है।**

लेखांकन प्रणाली में, एक लेन-देन (Transaction) का अन्त:प्रवाह और बाह्य प्रवाह क्रमश: क्रेडिट और डेबिट पक्षों में लिखा जाता है। इसलिए क्रेडिट और डेबिट पक्ष सदैव संतुलन में होते हैं। यदि चालू लेखा में घाटा हो तो इसे पूंजी लेखा में उतने ही अतिरेक द्वारा पूरा करके संतुलन किया जा सकता है। इसके लिए विदेशों से उधार लेकर या/और विदेशी विनिमय रिजर्व से और स्वर्ण निर्यात द्वारा पूंजी लेखा में अतिरेक उत्पन्न किया जा सकता है। चालू लेखा में अतिरेक होने पर इसके विपरीत पूंजी लेखा में घाटे द्वारा संतुलन लाया जा सकता है। अत: **इस दृष्टिकोण से भी भुगतान शेष सदैव संतुलन में होता है।**

भुगतान शेष को मापना (Measuring BOP)

यदि भुगतान शेष हमेशा संतुलित रहता है, तो किसी देश के भुगतान शेष में घाटा या अतिरेक क्यों प्रकट होता है ? घाटे या अतिरेक की सम्भावना केवल उस स्थिति में नहीं होता, जब भुगतान शेष में सब मदें शामिल कर ली जाएं। यदि किसी देश के भुगतान-शेष में से कुछ मदें निकाल दी जाएं, और फिर शेष निकाला जाए तो इसमें घाटा या अतिरेक आ सकता है।

भुगतान-शेष में घाटे या अतिरेक को मापने के तीन तरीके हैं। प्रथम, **बुनियादी शेष** (basic balance) होता है जिसमें चालू लेखा शेष और दीर्घवधिक पूंजी लेखा खेष शामिल हैं। दूसरा, **निवल तरलता शेष** (net liquidity balance) है जिसमें बुनियादी शेष तथा अल्पावधिक निजी अतरल पूंजी शेष शामिल हैं। तीसरा, **सरकारी भूगतान शेष** (official settlements balance) है जिसमें कुल निवल तरल शेष तथा अल्पावधिक निजी तरल पूंजी शेष शामिल हैं।

इन शेषों के बीच सम्बंध को संक्षिप्त रूप में तालिका 2 में दिया गया है।

तालिका 2

व्यापार शेष·······	a
हस्तान्तरण भुगतान शेष·······	b
चालू लेखा शेष······	$c(=a+b)$
दीर्घावधिक पूंजी शेष·······	d
बुनियादी शेष······	$e(=c+d)$
अल्पावधिक निजी अतरल पूंजी·······	f
SDRs आवंटन·······	g
अशुद्धियां और भूल–चूक	h
निवल तरलता शेष······	$i(=e+f+g+h)$
अल्पावधिक निजी तरल पूंजी शेष·······	j
सरकारी भुगतान शेष······	$k(=i+j)$

प्रत्येक शेष, घाटे का अलग अलग तचत्र प्रस्तुत करेगा। जो मदें एक विशिष्ट शेष में शालिम की जाती है, वे 'रेखा के ऊपर' रखी जाती हैं और जो मदें निकाल दी जाती है वे 'रेखा के नीचे' रखी जाती हैं। जो मदें रेखा के नीचे रखी जाती हैं वे निपटारा (settlement) अथवा समायोजक (accommodating) अथवा क्षतिपूरक (compensatory) मदें कहलाती हैं। दूसरी ओर, जो मदें रेखा के नीचे रखी जाती हैं, वे स्वायत्त (autonomous)मदें कहलाती हैं। सैद्धातिक विश्लेषण में, भुगतान शेष में असंतुलन का अर्थ है स्वायत्त मदासें का शेष। अल्पावधिक पूंजी लेन–देन के क्षतिपूरक है ओर कौन सी स्वायत्त है। उदाहरणार्थ,ऊपर दी गई तालिका कमें तीनों शेषों में प्रमुख अंतर इस बात का है कि वे अल्पावधि में पूंजी कगतियों को किस प्रकार लेती हैं क्योंकि ये गतियां भुगतान शेष में घाटे के लिए उत्तरदायी होती हैं। बुनियादी शेष तो अल्पावधि में निजी अतरल पूंजी गतियों को रेखा के नीचे रखता हे जबकि निवल तरल शेष उन्हें रेखा के ऊपर रखता है। इसी प्रकार निवल तरल अल्पावधि में निजी तरल पूंजी गतियों को रेखा के नीचे रखता है और सरकारी भुगतान शेष उन्हें रेखा के ऊपर रखता है।

उपर्युक्त विश्लेषण स्थिर विनियम दरों की मान्यता पर आधारित है। इस प्रकार, स्थिर विनियम दरों की प्रणाली के अन्तर्गत विनियम शेष में घाटा (या अतिरेक) संभव है। परन्तु स्वतन्त्र रूप से कार्यशील विनियम दरों की प्रणाली के अन्तर्गत विनियम शेष में सिद्धांत में कोई घाटा (या अतिरेक) नहीं हो सकता। और फिर लेखांकन के आधारभूत नियम के अनुसान वास्तविक लेखांकन की दृष्टि से, भुगतान शेष हमेशा संतुलन में होता है। अन्तिम बात यह है कि इस तरह का भुगतान–शेष केवल तभी संतुलन में हो सकता है, जब क्षतिपूर्वक लेनदेन न हों।

4. व्यापार शेष और भुगतान शेष
(BALANCE OF TRADE AND BALANCE OF PAYMENTS)

भुगतान शेष (Balance of Payments)—किसी देश के भुगतान शेष उस**के किसी एक वर्ष में किए गए अन्तर्राष्ट्रीय लेन–देन की प्राप्तियों और भुगतानों का व्यवस्थित रिकार्ड होता है।** प्रत्येक लेन–देन को बैलेन्स शीट के क्रेडिट पक्ष और डेबिट पक्ष में दर्ज किया जाता है। क्रेडिट पक्ष में दर्ज की जाने वाली प्रमुख मदें हैं : (1) प्रत्यक्ष निर्यात जो निर्यातित वस्तुओं से संबंध रखते हैं जिनके बदले देश को भुगतान प्राप्त होते हैं। (2) अप्रत्यक्ष निर्यात जो उन सेवाओं को व्यक्त करते हैं जो एक देश अन्य देशों को प्रदान करता है। इस तरह की सेवाओं के अन्तर्गत बैंकिंग, बीमा, जहाजरानी तथा तकनीकी ज्ञान इत्यादि के रूप में प्रदान की गई सेवाएं, देश में आने वाले पर्यटकों तथा विद्यार्थियों द्वारा यात्रा और शिक्षा पर खर्च की गई मुद्रा आती है। (3) विदेशियों से उपहारों के रूप में प्राप्त हस्तान्तरण प्राप्तियां। (4) विदेशों से लिये गए उधार और विदेशियों द्वारा देश में किए गए निवेश। (5) विदेशों तथा अन्तर्राष्ट्रीय संस्थाओं द्वारा किया गया रिजर्व परिसम्पत्तियों का सरकारी विक्रय।

डेबिट पक्ष में प्रमुख मदें निम्न होती हैं : (1) प्रत्यक्ष आयात जो आयातित वस्तुओं से संबंध रखते हैं जिनके बदले में कोई देश विदेशों को भुगतान करता है। (2) विदेशों द्वारा प्रदान की गई सेवाओं के बदले घरेलू देश द्वारा किए गए भुगतान के रूप में अप्रत्यक्ष आयात। इनके अन्तर्गत वे सभी मदें शामिल हैं जिनका ऊपर उल्लेख हुआ है। (3) उपहारों आदि के रूप में विदेशियों को किए गए हस्तान्तरण भुगतान। (4) विदेशों को दिए गए ऋण, विदेशों में आवासियों द्वारा किए गए निवेश, और विदेशों को ऋणों का पुनर्भुगतान। (5) विदेशों तथा अन्तर्राष्ट्रीय संस्थाओं से रिजर्व परिसम्पत्तियां अथवा स्वर्ण का सरकारी क्रय।

यदि क्रेडिट पक्ष में विदेशियों से हुई कुल प्राप्तियां, डेबिट पक्ष में विदेशियों को किए गए भुगतानों से बढ़ जाएं, तो भुगतान शेष अनुकूल होता है। दूसरी ओर, यदि विदेशियों को किए गए भुगतान विदेशियों से हुई प्राप्तियों से बढ़ जाएं तो भुगतान शेष प्रतिकूल होता है।

व्यापार शेष (Balance of Trade)—व्यापार शेष निर्यातित और आयातित वस्तुओं तथा सेवाओं के मूल्य का अन्तर होता है।[1] इसमें भुगतान शेष चालू लेखा के क्रेडिट और डेबिट पक्षों की पहली मदें आती हैं। इसे 'चालू लेखा का भुगतान शेष' कहते हैं। कुछ अर्थशास्त्रियों ने व्यापार शेष की परिभाषा यह दी है—**व्यापार शेष व्यापारिक माल के निर्यात तथा आयात के मूल्य का अन्तर होता है।**[2] **प्रो. मीड** (Meade) के अनुसार, ''देश की राष्ट्रीय आय के दृष्टिकोण से व्यापार-शेष को पारिभाषित करने का यह ढंग गलत है और कम आर्थिक महत्त्व रखता है।'' समीकरण रूप में भुगतान शेष है : $Y = C + I + G + (X - M)$ जिनमें वे सभी लेन-देन शामिल हैं जो राष्ट्रीय आय को उत्पन्न अथवा समाप्त करते हैं। इसी समीकरण में Y राष्ट्रीय आय को, C उपभोग व्यय को, I निवेश व्यय को, G सरकारी व्यय को, X वस्तुओं तथा सेवाओं के निर्यात को और M वस्तुओं तथा सेवाओं के आयात को व्यक्त करते हैं। व्यंजक $(X - M)$ **व्यापार शेष** को व्यक्त करता है। यदि **X और M का अन्तर शून्य है, तो व्यापार शेष संतुलित हो जाता है।** यदि M की अपेक्षा X बड़ा $(X > M)$ है, तो व्यापार शेष अनुकूल है अथवा यों कहिए कि **अतिरेक व्यापार शेष** है। दूसरी ओर, यदि M से X कम $(M > X)$ है, तो **व्यापार शेष में घाटा** है अथवा **व्यापार-शेष प्रतिकूल** है।

5. भुगतान शेष में असंतुलन (DISEQUILIBRIUM IN BALANCE OF PAYMENTS)

एक देश के भुगतान शेष (BOP) में असंतुलन या तो घाटा या अतिरेक हो सकता है। एक देश के BOP में घाटा या अतिरेक तब होता है जब उसकी स्वायत्त प्राप्तियां (Autonomous Receipts) (क्रेडिट) उसके स्वायत्त भुगतान (डेबिट) से गेल नहीं खाते हैं। यदि स्वायत्त डेबिट भुगतानों से स्वायत्त, क्रेडिट प्राप्तियां अधिक हों तो BOP में अतिरेक होता है और असंतुलन **अनुकूल** (Favourable) कहा जाता है। दूसरी ओर, यदि स्वायत्त क्रेडिट प्राप्तियों से स्वायत्त डेबिट भुगतान अधिक हों तो BOP में घाटा होता है और असंतुलन **प्रतिकूल** (Unfavourable) या **विरुद्ध** (Adverse) कहलाता है।[3]

प्रतिकूल (या घाटे का) भुगतान शेष के कारण[4] (CAUSES OF ADVERSE (OR DEFICIT) IN BALANCE OF PAYMENTS)

अनेक कारण हैं, जिनसे प्रतिकूल या घाटे का भुगतान शेष हो सकता है :

1. अस्थायी परिवर्तन या असंतुलन (Temporary Changes or Disequilibrium)—व्यापार में आकस्मिक परिवर्तन, मौसमी उतार-चढ़ाव, कृषि उत्पादों पर मौसम के प्रभाव आदि कुछ ऐसे कारण हैं जो अस्थायी रूप से असंतुलन उत्पन्न कर देते हैं। आशा यह की जाती है कि इस तरह के अस्थायी कारणों से उत्पन्न होने वाले घाटे या अतिरेक थोड़े समय में अपने आप ठीक हो जाएंगे।

2. मौलिक परिवर्तन या असंतुलन (Fundamental Changes or Disequilibrium)—मौलिक परिवर्तनों से अभिप्राय एक

1. The balance of trade is the difference between the value of goods and services exported and imported.
2. The balance of trade is the difference between the value of merchandise exports and imports.
3. BOP में घाटा और असंतुलन में भेद को स्पष्टतया समझ लेना चाहिए। BOP घाटा प्रतिकूल या विरुद्ध होता है जैसी कि ऊपर व्याख्या की गई है जबकि असंतुलन से अभिप्राय BOP में घाटा या अतिरेक है।
4. हम यहाँ BOP के असंतुलन में घाटे का अध्ययन कर रहे हैं।

देश के BOP असंतुलन में दीर्घकालीन और निरंतर परिवर्तन हैं। IMF के अनुसार, यह चिरकालिक (Chronic) BOP घाटा होता है। यह निम्न गत्यात्मक कारकों के कारण होता है :

(1) देश के भीतर या विदेश में उपभोक्ता **रुचियों में परिवर्तन** जो देश के निर्यात कम करते हैं और आयात बढ़ाते हैं।

(2) विदेशी वस्तुओं और सेवाओं के लिए बहुत अधिक मांग और निर्यातों की बेलोच पूर्ति के कारण देश के **विदेशी मुद्रा रिजर्व में निरंतर कमी**।

(3) पूंजी पदार्थों, कच्चे माल, आवश्यक उपभोक्ता वस्तुओं, टैक्नॉलोजी आदि के बड़े आयात तथा बाह्य ऋण-ग्रस्तता के कारण अत्यधिक **पूंजी बाह्य प्रवाह**।

(4) **विश्व मार्किट** में **नीची प्रतियोगिता** शक्ति जो निर्यातों को बुरा प्रभावित करती है।

(5) अर्थव्यवस्था के भीतर **स्फीतिकारी दबाव** जो निर्यात को महंगा करते हैं।

3. संरचनात्मक परिवर्तन या असंतुलन (Structural Changes or Disequilibrium)—संरचनात्मक परिवर्तन दीर्घकाल में BOP में घाटा लाते हैं। वे निम्न कारणों से हो सकते हैं :

(1) घरेलू उद्योगों या विदेशों के उद्योगों में वस्तुओं के उत्पादन के तरीकों में तकनीकी परिवर्तन जो वस्तुओं की लागतों, कीमतों और गुणवत्ता में परिवर्तन लाते हैं।

(2) दूसरे देशों द्वारा सभी प्रकार के निर्यात प्रतिबंध।

(3) देश में संसाधनों की कमी जिन्हें उसे विदेशों से आयात करना पड़ता है।

(4) देश में विदेशी पूंजी के प्रवाह में अनियमितता और पूर्ति में कमी।

4. विनियम दर में परिवर्तन (Change in Exchange Rate)—घरेलू करेंसी के अधिमूल्यन (Overvaluation) से BOP में घाटा होता है, घरेलू करेंसी के अधिमूल्यन से विदेशी वस्तुएं सस्ती और विदेशों में निर्यात महंगे हो जाते हैं। परिणामस्वरूप, देश अधिक वस्तुएं आयात करता है और कम वस्तुएं निर्यात करता है। इससे पूंजी का बाह्य प्रवाह होता है और BOP में घाटा।

5. चक्रीय उतार-चढ़ाव या असंतुलन (Cyclical Fluctuations or Disequilibrium)—व्यवसाय में चक्रीय उतार-चढ़ावों से भी BOP असंतुलन होते हैं। जब देश में मंदी होती है तो दूसरे देशों के साथ निर्यातों और आयातों की मात्राओं में तीव्र गिरावट आती है। परन्तु घरेलू उत्पादन में कमी से आयातों की तुलना में निर्यातों में बहुत अधिक कमी हो जाती है। इससे BOP में घाटा होता है और वह प्रतिकूल हो जाता है।

6. राष्ट्रीय आय में परिवर्तन (Changes in National Income)—देश की राष्ट्रीय आय में परिवर्तन होना भी असंतुलन का एक कारण है। यदि देश की राष्ट्रीय आय बढ़ेगी, तो आयात बढ़ जाएंगे और परिणाम यह होगा कि यदि अन्य बातें समान रहें तो BOP में घाटा उत्पन्न हो जाएगा। यदि देश पहले ही पूर्ण रोजगार के स्तर पर है, तो आय बढ़ने से कीमतों में स्फीतिकारी वृद्धि होगी और देश के आयात बढ़ जाएंगे तो भी BOP घाटा होगा।

7. स्फीति (Inflation)—BOP में असंतुलन उत्पन्न होने का एक अन्य कारण स्फीति है। जब देश में स्फीति आती है तो निर्यात की कीमत बढ़ जाती है। परिणामस्वरूप, निर्यात कम हो जाते हैं। पर साथ ही आयात की मांग भी बढ़ जाती है। इस प्रकार, निर्यात कीमतों के बढ़ने से निर्यात के कम होने और आयात के बढ़ने का परिणाम यह होता है कि BOP घाटा हो जाता है।

8. आर्थिक विकास की अवस्था (Stage of Economic Development)—किसी देश का भुगतान शेष उसके आर्थिक विकास की अवस्था पर भी निर्भर करता है। यदि देश विकास की प्रक्रिया में से गुजर रहा है तो उसके BOP में घाटा होगा क्योंकि वह कच्चे माल, मशीनरी, पूंजी-उपकरण, और विकास प्रक्रिया से सम्बद्ध सेवाओं का आयात करता है और प्राथमिक उत्पादन निर्यात करता है। देश के मंहगे आयात के लिए भुगतान तो अधिक करना पड़ता है और सस्ते निर्यात के बदले प्राप्ति कम होती है। इससे उसके BOP में घाटा हो जाता है।

9. पूंजी गतियां (Capital Movements)—देशों के उधार लेन-देन और उधार से भी BOP असंतुलन पैदा हो जाता है। जो देश दूसरे देशों को बड़े पैमाने पर ऋण और अनुदान देता है, उसके पूंजी लेखे के BOP में घाटा होगा। यदि वह आयात भी अधिक कर रहा है, जैसे संयुक्त राज्य अमरीका, तो उसके BOP में चिरकालिक घाटा रहेगा। दूसरी ओर, जो विकासशील देश दूसरे देशों और

अन्तर्राष्ट्रीय संस्थाओं से बहुत अधिक कोष उधार लेता है, उसका भुगतान-शेष अनुकूल नहीं हो सकता है। क्योंकि वह प्राय: खाद्य सामग्री, कच्चा माल, पूंजी वस्तुएं आदि भारी मात्रा में आयात करता है और प्राथमिक उत्पादन ही निर्यात करता है। इस तरह से उधार लेना केवल BOP के घाटों को कम करने में ही सहायक होता है।

10. राजनीतिक स्थितियां (Political Conditions)—किसी देश में राजनीतिक अस्थिरता भी BOP घाटे का कारण हो सकती है क्योंकि इससे विदेशी निवेशकों में अनिश्चितता उत्पन्न हो जाती है जिससे पूंजी का बाह्य प्रवाह होता है और अंतर्प्रवाह रुक जाता है। युद्ध या युद्ध के भय और देश में उपद्रव और अशांति के कारण भी यही स्थिति उत्पन्न हो जाती है।

6. प्रतिकूल (या घाटे के) भुगतान शेष को ठीक करने के उपाय (MEASURES TO CORRECT DEFICIT OR ADVERSE BOP)

जब किसी देश का भुगतान शेष प्रतिकूल (या घाटा) होता है तो उसे निम्न उपायों द्वारा ठीक किया जा सकता है :

1. विनियम मूल्यह्रास (Exchange Depreciation)—लचीली विनिमय दरों के अन्तर्गत, विदेशी विनिमय की मांग और पूर्ति की शक्तियां अपने आप भुगतान शेष के घाटे को ठीक कर देती हैं। करेंसी के मूल्यह्रास से अभिप्राय है अन्य करेंसियों के सापेक्ष में उसका मूल्य घट जाना। मूल्यह्रास से देश के आयात की क़ीमतें बढ़ जाती हैं और निर्यात की कीमतें कम हो जाती हैं। इस प्रकार, भुगतान शेष घाटा समाप्त हो जाएगा।

2. अवमूल्यन या व्यय-परिवर्तन नीति (Devaluation or Expenditure Switching Policy)—अवमूल्यन को व्यय-परिवर्तन नीति भी कहा जाता है क्योंकि यह व्यय को आयातित वस्तुओं और सेवाओं से घरेलू वस्तुओं और सेवाओं की ओर मोड़ देता है। जब देश की सरकार अपनी करेंसी का अवमूल्यन करती है तो विदेशी करेंसी की कीमत बढ़ जाती है जो आयात को महंगा और निर्यात को सस्ता कर देती है। इसके कारण जब देश के निर्यात में वृद्धि होती है तो व्यय विदेशी वस्तुओं से घरेलू वस्तुओं की ओर मुड़ जाते हैं और आयातों में कटौती से देश घरेलू और विदेशी मांग को पूरा करने के लिए अधिक उत्पादन करता है। परिणामस्वरूप, भुगतान शेष घाटा समाप्त हो जाता है।*

3. प्रत्यक्ष नियंत्रण (Direct Controls)—भुगतान शेष का असन्तुलन ठीक करने के लिए सरकारें प्रत्यक्ष नियंत्रण उपाय अपनाती हैं जो आयात की मात्रा को सीमित करते हैं। सरकार भारी आयात शुल्क (Import Duties), आयात कोटा (Import Quotas) निश्चित कर, टैरिफ (Tariffs) आदि लगाकर अमहत्त्वपूर्ण अथवा अवांछनीय (undesirable) मदों के आयात को रोकती है। उदाहरणार्थ, सरकार पूंजीगत वस्तुओं को शुल्क फ्री करने की अनुमति दे सकती है परन्तु आयात विलासिताओं पर भारी आयात शुल्क लगा सकती है। सरकार आयात कोटा भी निश्चित करती है और आयातकर्त्ताओं को कुछ आवश्यक वस्तुओं को निश्चित मात्रा में आयात करने के लिए अधिकारियों से लाइसेंस लेने पड़ते हैं। इस प्रकार, विपरीत भुगतान शेष को ठीक करने के लिए आयात को कम किया जाता है।

4. पूंजी गतियां (Capital Movements)—पूंजी गतियां भी भुगतान शेष घाटे को दूर करती है। पूंजी गतियों को भुगतान शेष में घाटे की वित्त-व्यवस्था (Financing) के लिए प्रयोग किया जाता है। ये अन्तर्राष्ट्रीय संस्थाओं जैसे IMF विश्व बैंक आदि से **ऋण, सरकारों से ऋण,** प्रत्यक्ष और पोर्टफोलियो निवेश आदि के रूप में देश में आती है विशेषकर पोर्टफोलिया निवेश घरेलू ब्याज दर के विश्व ब्याज दर से अधिक होने से होते हैं जिससे पूंजी के बड़े अन्तर्प्रवाह होते हैं। इसी प्रकार विदेशी निवेश के आने पर नियंत्रण हटाने और उदारीकरण की नीति से भी पूंजी अन्तर्प्रवाह होता है। इन सभी तरीकों से भुगतान शेष घाटा कम हो जाता है।

5. आयात प्रतिस्थापन की नीति (Policy of Import Substitution)—आयात प्रतिस्थापन से देश में ही उन उद्योगों की स्थापना करना है जो वस्तुएं विदेशों से आयात की जाती हैं। इससे आयात कम हो जाते हैं और भुगतान शेष घाटा कम करने में सहायता मिलती है।

6. विदेशी पर्यटकों को प्रोत्साहन (Encouragement to Foreign Tourists)—आजकल विदेशी पर्यटकों के अधिक संख्या में आने से भुगतान शेष घाटा कम किया जाता है। वे विदेशी मुद्रा देश में व्यय करते हैं। इसलिए पर्यटकों को विशेष सुविधाएं देनी

* करेंसी मूल्यह्रास और अवमूल्यन में अन्तर समझिए। मूल्यह्रास अपने आप होता है जब एक देश की करेंसी की मांग उसकी पूर्ति की अपेक्षा कम हो जाती है। परन्तु अवमूल्यन सरकार द्वारा अपनी करेंसी के मूल्य को किसी अन्य करेंसी की सापेक्षता में घटाना है। इसमें घरेलू कीमत स्तर में कोई कमी नहीं होती है।

चाहिएं और पर्यटन स्थलों को सुन्दर बनाना चाहिए। इनके लिए विदेशों में बहुत प्रचार हो।

7. निर्यात को प्रोत्साहन (Stimulation of Exports)—निर्यात को प्रोत्साहन देकर भी भुगतान शेष का घाटा पूरा किया जा सकता है। बढ़िया वस्तुओं का उत्पादन करके, बढ़ते हुए उत्पादन और उत्पादकता के माध्यम से और बेहतर क्रय-विक्रय द्वारा निर्यातों को प्रोत्साहन दिया जा सकता है। निर्यात में वृद्धि विदेशी व्यापार गुणक के कार्यकरण के माध्यम से राष्ट्रीय आय को कई गुणा बढ़ा देती है। विदेशी व्यापार गुणक निर्यात में परिवर्तन द्वारा लाए गए आय-परिवर्तन को व्यक्त करता है। अन्तत: भुगतान शेष का घाटा तब समाप्त होता है जब आयात से निर्यात अधिक तेजी से बढ़ते हैं।

8. विनियम नियन्त्रण (Exchange Control)—विनिमय नियंत्रण द्वारा भी सरकार प्रतिकूल भुगतान शेष को ठीक करती है। इसके अनुसार सरकार विदेशी विनिमय बाजार को नियंत्रित करती है। सभी विदेशी करेंसियां केन्द्रीय बैंक के पास जमा करानी होती हैं जो उनकी आवश्यकताओं के अनुसार वितरण करता है। विनिमय नियंत्रण द्वारा अन्य देशों की करेंसियों के साथ देश की विनिमय दरें स्थिर की जाती हैं जिससे भुगतान शेष में होने वाले उतार-चढ़ाव कम होते हैं। इसके अतिरिक्त, इस नीति के अन्तर्गत विदेशों को पूंजी प्रवाह तथा आयातित वस्तुओं पर व्यय की जाने वाली विदेशी मुद्राओं पर भी नियंत्रण करके भुगतान शेष के घाटे को कम करने का प्रयत्न किया जाता है।

प्रश्न

1. भुगतान संतुलन से आप क्या समझते हैं ? इसके मुख्य तत्त्व क्या है ? व्याख्या करें।
2. व्याख्या कीजिए कि भुगतान शेष सदैव सन्तुलन में होते हैं। भुगतान शेष के घाटे को दूर करने के उपायों की विवेचना कीजिए।
3. भुगतान शेष और व्यापार शेष में अन्तर स्पष्ट कीजिए। भुगतान शेष में असन्तुलन के कारणों की व्याख्या कीजिए।
4. भुगतान शेष से क्या अभिप्राय है ? एक देश के भुगतान शेष में कौन-सी मदें शामिल होती हैं ? उनकी व्याख्या कीजिए।
5. प्रतिकूल भुगतान शेष के कारणों की व्याख्या कीजिए। प्रतिकूल भुगतान शेष को दूर करने के सुझाव दीजिए।

अध्याय 30

भुगतान शेष के समायोजन तंत्र
(ADJUSTMENT MECHANISMS OF BALANCE OF PAYMENTS)

1. प्रस्तावना
(INTRODUCTION)

जब एक देश का भुगतान शेष घाटे या अतिरेक में हो तो उसको निम्न तंत्रों द्वारा समायोजित किया जाता है :

1. कीमत और आय परिवर्तनों द्वारा स्वतः (automatic) समायोजन : *(i)* कीमत परिवर्तनों का स्वर्णमान और लचीली अथवा तिरती विनिमय दरों के अन्तर्गत अध्ययन किया जाता है। *(ii)* आय परिवर्तनों की विदेश व्यापार गुणक के रूप में अगले अध्ययन में व्याख्या की गई है।

2. समायोजन नीतियां एक दी देश की सरकार द्वारा भुगतान शेष असंतुलन को ठीक करने के प्रेरित (induced) परिवर्तन होते हैं। इनमें व्यय परिवर्तन और व्यय बदलावकारी नीतियां, बाह्य और आंतरिक शेष कायम करना, प्रत्यक्ष नियंत्रण आदि शामिल हैं। इनका पृथक अध्याय में विवेचन किया गया है।

2. स्वर्णमान के अन्तर्गत स्वतः कीमत समायोजन
(AUTOMATIC PRICE ADJUSTMENT UNDER GOLD STANDARD)

अन्तर्राष्ट्रीय स्वर्णमान के अन्तर्गत जो 1880-1914 के बीच प्रचलित था, प्रयोग में लाई गई करेंसी सोने की बनी हुई थी या उसे एक निश्चित दर पर सोने में बदला जा सकता था। देश का केन्द्रीय बैंक हमेशा निर्धारित कीमत पर सोना खरीदने और बेचने को तैयार रहता था। जिस दर पर देश की मानक मुद्रा सोने में बदली जा सकती थी, वह दर स्वर्ण की टकसाल दर कीमत (mint price) कहलाती थी। इस दर को **टकसाल दर समता** (mint parity rate) अथवा **विनिमय की टकसाल दर** समता (mint par of exchange) कहा जाता था क्योंकि यह सोने की टकसाल कीमत पर आधारित थी। परन्तु विनिमय की वास्तविक दर टकसाल दर समता से उतनी अधिक कम हो सकती है जितनी दोनों देशों के बीच जहाज में सोना लाने और ले जाने की लागत (परिवहन लागत) पड़ती थी। इसे समझने के लिए, मानलीजिए कि ब्रिटेन के साथ अमेरिका के भुगतान शेष में घाटा है। अमेरिका के आयातकर्ताओं को आयातों तथा निर्यातों के मूल्यों के अन्तर का भुगतान सोना देकर करना होगा क्योंकि पाउण्डों की पूर्ति की अपेक्षा पाउण्डों की मांग बढ़ जाती है। पर सोना भेजने में परिवहन लागत, अन्य रख-रखाव प्रभार, बीमा इत्यादि का खर्च पड़ता है। मानलीजिए अमेरिका से ब्रिटेन सोना भेजने का खर्च 3 सेंट प्रति आउन्स पड़ता है। इसलिए अमेरिका के आयातकर्ताओं को £1 प्राप्त करने के लिए \$ 6.03 (\$6 + .03c) खर्च करने पड़ेंगे। यह विनियम दर हो सकती है जो अमेरिका का **स्वर्ण निर्यात बिन्दु** (gold export point) अथवा **ऊंचा स्वर्ण बिन्दु** (upper specie point) है। अमेरिका का कोई भी आयातकर्ता एक पाउण्ड प्राप्त करने के लिए \$ 6.03 से अधिक भुगतान नहीं करेगा क्योंकि वह \$ 6 का सोना अमेरिका के खजाने से खरीद सकता है और 3 सेंट प्रति आउन्स की लागत से उसे ब्रिटेन भेज सकता है। इसी प्रकार यदि अमेरिका के भुगतान-शेष में अतिरेक हो, तो पाउण्ड का आयात मूल्य \$ 5.97 से नीचे नहीं जा सकता। \$ 5.97 प्रति पाउण्ड की विनियम दर अमरीका में स्वर्ण आयात बिन्दु (gold import point) अथवा नीचा स्वर्ण बिन्दु (lower specie point) है। स्वर्ण मानक के अन्तर्गत विनियम दर को स्वर्ण बिन्दओं के बीच मांग तथा पूर्ति की शक्तियां निर्धारित करती हैं। स्वर्ण के लदान विनियम दर को स्वर्ण बिन्दुओं के बाहर नहीं जाने देते।

मुख्य उद्देश्य भुगतान शेष को संतुलन में रखना था। स्वर्णमान के अन्तर्गत भुगतान शेष में घाटा या अतिरेक कीमत-स्वर्ण-प्रवाह (price-specie-flow) तंत्र द्वारा स्वत: समायोजित हो जाता था। उदाहरणार्थ, एक देश के भुगतान शेष घाटे का अर्थ था उसके विदेशी विनिमय रिजर्व में उसके सोने का एक अतिरेक देश को प्रवाह होने के कारण गिरावट। इससे उसकी मुद्रा पूर्ति कम हो जाती थी जिससे उसके सामान्य कीमत स्तर में गिरावट आ जाती थी। जो आगे, इसके निर्यातों में वृद्धि और आयातों में कमी आती थी। भुगतान शेष में यह समायोजन मुद्रा पूर्ति में कमी के कारण ब्याज दर में वृद्धि द्वारा भी हुआ। इससे भुगतान शेष अतिरेक देश से अल्पकालीन पूंजी का अंतर्प्रवाह होता है। इस प्रकार, घाटे वाले देश को अतिरेक वाले देश में अल्पकालीन पूंजी अंतर्प्रवाह से भुगतान शेष संतुलन स्थापित हो जाता है।[1]

3. लचीली विनिमय दरों के अन्तर्गत स्वत: कीमत समायोजन (कीमत प्रभाव) [AUTOMATIC PRICE ADJUSTMENT UNDER FLEXIBLE EXCHANGE RATES (PRICE EFFECT)]

लचीली विनिमय दरों के अंतर्गत, विदेशी विनिमय की मांग और पूर्ति की शक्तियां अपने आप भुगतान-शेष के असंतुलन को ठीक कर देती हैं। विनिमय दर करेन्सी की कीमत है जिसे अन्य वस्तुओं की कीमत की भांति मांग और पूर्ति निर्धारित करते हैं। "बदलती हुई पूर्ति एवं मांग की स्थितियों के साथ-साथ विनिमय दर बदलती रहती है, परन्तु ऐसी विनिमय दर निकाल पाना सदैव सम्भव है जो विदेशी विनिमय बाजार का समाशोधन करे और बाह्य संतुलन स्थापित करे।"[2] यदि देश के भुगतान-शेष में घाटा हो तो देश की करेंसी का मूल्यह्रास (depreciation) और यदि देश के भुगतान-शेष में अतिरेक हो तो देश की करेंसी की मूल्यवृद्धि करने पर अपने आप संतुलन स्थापित हो जाता है। करेंसी के मूल्यह्रास का मतलब है उसका सापेक्ष मूल्य घट जाता हैं और मूल्य वृद्धि का अर्थ है कि उसका सापेक्ष मूल्य बढ़ जाता है। मूल्यह्रास से निर्यातों को प्रोत्साहन मिलता है और आयात हतोत्साहित होते हैं जबकि मूल्यवृद्धि की स्थिति इसके उलट होती है। जब विनिमय मूल्यह्रास हो तो विदेशी कीमतें घरेलू कीमतों में रूपान्तरित हो जाती हैं। मानलीजिए पाउण्ड के अनुपात में डालर का मूल्यह्रास होता है। इसका मतलब है कि विदेशी विनिमय बाजार में पाउण्ड के अनुपात में डालर की कीमत कम हो जाती है। इससे इंग्लैंड में अमेरिका के निर्यातों की कीमतें गिर जाती हैं और अमेरिका में इंग्लैंड के आयातों की कीमतें बढ़ जाती हैं। जब अमेरिका में आयात कीमतें बढ़ जाएंगी, तो अमेरिको लोग अंग्रेजों से कम वस्तुएं खरीदेंगे। दूसरी ओर, जब अमेरिका के निर्यातों की कीमतें कम होगीं तो इंग्लैंड में उनका विक्रय बढ़ जाएगा। इस प्रकार अमेरिका के निर्यात बढेंगे और आयात कम हो जाएंगे। परिणामस्वरूप भुगतान-शेष में संतुलन आ जाएगा।

इसकी मान्यताएं (Its Assumptions)

यह विश्लेषण निम्न मान्यताओं पर आधारित है :

1. दो देश हैं इंग्लैंड और अमेरिका।
2. दोनों लचीली विनिमय दर प्रणाली पर हैं।
3. भुगतान शेष असंतुलन अपने-आप विनिमय दरों में परिवर्तनों द्वारा समायोजित हो जाता है।
4. दोनों देशों में कीमतें लचीली हैं।
5. दोनों देशों के बीच मुक्त व्यापार है।

इसकी व्याख्या (Its Explanation)

ये मान्यताएं दी होने पर, समायोजन प्रक्रिया को चित्र 1 में स्पष्ट किया गया है जहां D अमेरिका के विदेशी विनिमय का

1. इस सिद्धांत का चित्र, मान्यताओं और आलोचनाओं के लिए अध्याय 35 में टकसाल दर समता सिद्धांत (Mint Par Parity Theory) देखें।
2. Bo Soderston, *International Economics,* p. 215.

मांग वक्र है जो इंग्लैंण्ड के आयातों की मांग को व्यक्त करता हैं और S अमेरिका के विदेशी विनिमय का पूर्ति वक्र है जो इग्लैंण्ड को उसके निर्यात व्यक्त करता हैं। अमेरिका के विदेशी विनिमय की मांग और पूर्ति बिन्दु P पर संतुलन में है जहां अमेरिकी डालर और अंग्रेजी पाउण्ड के बीच विनिमय दर OE है और विनिमय की मात्रा OQ है।

मानलीजिए इंग्लैंण्ड के साथ अमेरिका के भुगतान-शेष में असंतुलन उत्पन्न हो जाता है। इसे मांग वक्र के D से D_1 पर सरकने द्वारा दिखाया गया है और घाटा PP_1 के बराबर है। इसका मतलब है कि अमेरिका में इंग्लैंण्ड के आयातों की मांग बढ़ जाती है जिसके परिणामस्वरूप पाउण्ड की मांग बढ़ती है। इसका मतलब है कि अमेरीकी डालर का मूल्यह्रास हो गया है और अंग्रेजी पाउण्ड की मूल्यवृद्धि हो गई है। परिणामस्वरूप अमेरीका में अंग्रेजी वस्तुओं की आयात कीमतें बढ़ जाती हैं और अमेरीकी निर्यातों की कीमतों गिर जाती हैं। इसका परिणाम यह होता है कि नया संतुलन P_1 पर और नई विनियम दर E_1 पर स्थापित होती है जिससे भुगतान-शेष का घाटा समाप्त हो जाता है। विदेशी विनिमय की मांग OQ_1 पर विदेशी विनिमय की पूर्ति के बराबर हो जाती है और भुगतान-शेष में संतुलन आ जाता है।

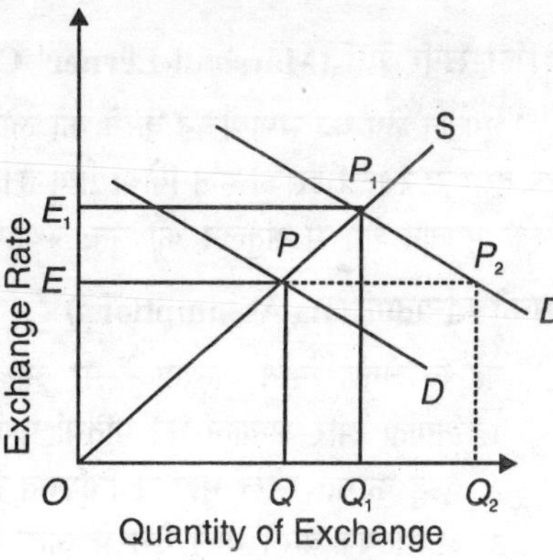

चित्र 1

जब विनिमय दर बढ़कर QE_1 हो जाती है तो अमेरिका की वस्तुएं इंग्लैंण्ड में सस्ती हो जाती हैं और इंग्लैण्ड की वस्तुएं डालर में अमेरिका में मंहगी हो जाती हैं। **सापेक्ष कीमतों में**, परिवर्तनों के कारण, अमेरिकी वस्तुओं की कम कीमतें इंग्लैंड में इनकी मांग बढ़ा देती है जो नए मांग वक्र D_1 द्वारा दिखाई गई हैं। इससे इंग्लैण्ड में अमेरिकी निर्यातें बढ़ जाती हैं जिन्हें S पूर्ति वक्र के साथ P से P_1 बिन्दु पर गति द्वारा दिखाया गया है। साथ ही, डालर में इंग्लैंण्ड की ऊंची कीमत, इंग्लैण्ड की वस्तुओं की मांग कम कर देती है जिसे D मांग वक्र के साथ P_2 से P_1 बिन्दु पर गति द्वारा दिखाया गया है। इस प्रकार, भुगतान शेष में PP_2 घाटा QQ_1 विदेशी करेंसी की पूर्ति में वृद्धि तथा मांगी गई विदेशी करेंसी में Q_2Q_1 कमी द्वारा दूर किया जाता है। इस प्रकार, भुगतान शेष संतुलन OE_1 विनिमय दर पर प्राप्त हो जाता है जिससे OQ_1 विदेशी विनिमय (करेंसी) की मांग और पूर्ति की जाती है।

उपर्युक्त विश्लेषण विनिमय दर की पूर्ति और मांग की सापेक्ष लोच (relative elasticitics) की मान्यता पर आधारित है। परन्तु दोनों देशों में सापेक्ष कीमतों पर मूल्यह्रास का पूरा प्रभाव मापने के लिए, मांग और पूर्ति स्थितियों का सापेक्ष लोचदार होना ही पर्याप्त नहीं है। बल्कि विदेशी विनिमय की मांग तथा पूर्ति की **कम लोचें** महत्वपूर्ण हैं। इसे (2) में दिखाया गया हैं जहां विनियम दर के मूल कम लोचदार मांग और पूर्ति वक्र क्रमशः D और S हैं जो परस्पर P पर काटते हैं और सन्तुलन विनिमय दर OE है। अब भुगतान-शेष में PP_1 के बराबर घाटा उत्पन्न हो जाता है। क्योंकि विदेशी मांग और पूर्ति की **लोचें** बहुत कम होती हैं (बेलोच होती हैं), इसलिए संतुलन को पुनःस्थापित करने के लिए डालर के बहुत अधिक मूल्यह्रास और पाउण्ड की बहुत अधिक मूल्य वृद्धि की जरूरत है। जब विदेशी विनिमय की दर बहुत अधिक बढ़कर OE_1 हो जाती है तब यह संतुलन P_1 पर स्थापित होता है। परन्तु इतने अधिक मूल्यह्रास का परिणाम यह होगा कि दोनों देशों में बहुत अधिक कीमत परिवर्तन होगा और **दोनों अर्थव्यवस्थाएं** छिन्न-भिन्न हो जाएंगी।

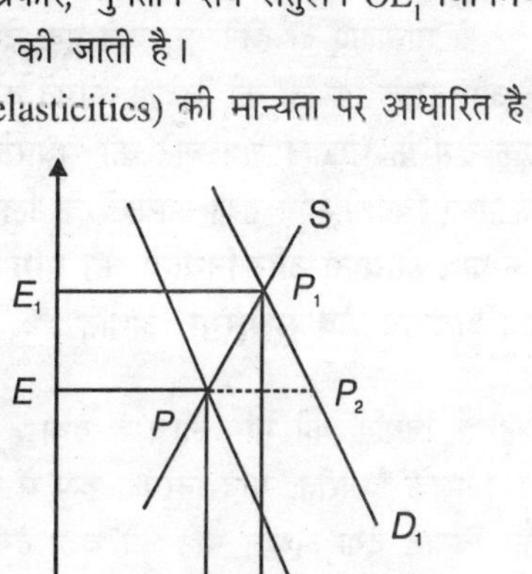

चित्र 2

इसकी आलोचना (Its Criticism)

लचीली विनियम-दरों का व्यावहारिक उपयोग बहुत कम है। जो देश **मूल्यह्रास** और **मूल्यवृद्धि** (appreciation) करते हैं उनमें कीमतें गिरती और बढ़ती हैं। उनके परिणामस्वरूप क्रमशः गम्भीर मंदियां और स्फीतियां आती हैं। और फिर, वे असुरक्षा और अनिश्चितता उत्पन्न करती हैं। इसका अधिक कारण विदेशी विनिमय में सट्टा है जो लचीली विनियम दरें अपनाने वाले देशों की अर्थव्यवस्थाओं को अस्थिर बना देता है। इसलिए सरकारें विनिमय-दरों को स्थिर रखने के पक्ष में हैं जिसके लिए आवश्यक

है कि नीति उपाय अपनाकर भुगतान-शेष समायोजन किया जाए।

4. लोच विधि
(THE ELASTICITY APPROACH)

मार्शल-लर्नर शर्त (Marshall-Lerner[1] Condition)

भुगतान शेष का समायोजन करने की लोच विधि मार्शल-लर्नर शर्त के साथ संबंधित है जिसका इन दोनों अर्थशास्त्रियों द्वारा एक दूसरे से स्वतंत्र इसका हल किया गया है। यह विधि उन शर्तों का अध्ययन करती है जिन्हें एक देश की करेंसी का अवमूल्यन करके भुगतान शेष में संतुलन को पुन: स्थापित किया जाता है। इसका संबंध अवमूल्यन के कीमत प्रभाव से है।

इसकी मान्यताएं (Its Assumptions)

यह विश्लेषण निम्न मान्यताओं पर आधारित है :

1. निर्यातों और आयातों की पूर्तियां पूर्ण लोचदार हैं।
2. वस्तु कीमतें घरेलू मुद्रा में निश्चित हैं।
3. अवमूल्यन करने वाले देश में आय स्तर स्थिर है।
4. पूर्ति लोचें अधिक हैं।
5. निर्यातों और आयातों के लिए मांग की कीमत लोचें, आड़ी लोचें (arc elasticities) हैं।
6. कीमत लोचों से अभिप्राय निरपेक्ष (absolute) मूल्यों से हैं।
7. देश का व्यापार संतुलन प्रारंभ में संतुलित है।
8. देश का चालू खाता शेष व्यापार शेष के बराबर है।

सिद्धांत (The Theory)

ये मान्यताएं दी होने पर, जब एक देश अपनी मुद्रा का अवमूल्यन करता है, तो इसके आयातों की घरेलू कीमतें बढ़ जाती हैं और इसके निर्यातों की विदेशी कीमतें कम हो जाती हैं। इस प्रकार, निर्यातों को बढ़ाकर और आयातों को कम करके अवमूल्यन एक देश के भुगतान शेष घाटे को सुधारने में सहायक होता है। परन्तु किस सीमा तक यह सफल होगा, यह देश के निर्यातों के लिए विदेशी मांग तथा आयातों के लिए घरेलू मांग की कीमत लोचों पर निर्भर करता है। **मार्शल-लर्नर शर्त यह बताती है कि जब आयातों और निर्यातों की मांग की लोचों का जोड़ निरपेक्ष रूप में इकाई से अधिक हो तो अवमूल्यन एक देश को भुगतान शेष सुधारेगा,** अर्थात्

$$e_x + e_m > 1$$

जहां e_x निर्यातों की मांग लोच है तथा e_m आयातों की मांग लोच है।

इसके विपरीत, यदि निरपेक्ष रूप में इन मांग लोचों का जोड़ इकाई से कम है, $e_x + e_m < 1$, तो अवमूल्यन भुगतान शेष को बिगाड़ देगा अर्थात् घाटे को बढ़ा देगा। यदि निरपेक्ष रूप में इन लोचों का जोड़ इकाई के बराबर है, $e_x + e_m = 1$, तो अवमूल्यन का भुगतान शेष स्थिति पर कोई प्रभाव नहीं पड़ेगा जो अपरिवर्तित रहेगा।[2]

अवमूल्यन विदेशी करेंसी में निर्यातों की घरेलू कीमतों को कम करता है। कीमतें कम होने से निर्यात बढ़ते हैं। वे कहां तक बढ़ते हैं यह निर्यातों की मांग की लोच पर निर्भर करता है। यह निर्यात की गई वस्तुओं की प्रकृति और बाजार की अवस्थाओं पर भी निर्भर करता है। यदि देश ही केवल निर्यात करने वाला है तथा कच्चे माल या नाशवान वस्तुएं निर्यात करता है, तो इसके निर्यातों के लिए मांग की लोच कम होगी। यदि यह अन्य देशों के साथ प्रतियोगिता में मशीनरी, औजार और औद्योगिक वस्तुएं

1. A. Marshall, *The Pure Theory of Foreign Trade,* 1930. A.P. Lerner, *The Economics of Control,* 1944.
2. मार्शल-लर्नर शर्त को व्युत्पन्न करने के लिए विद्यार्थी देखें C.P. Kindleberger, *op.cit.,* Appendix II.

निर्यात करता है, तो इसकी वस्तुओं के लिए मांग की लोच ऊंची होगी तथा अवमूल्यन भुगतान-शेष के घाटे को ठीक करने में सफल होगा।

अवमूल्यन का प्रभाव आयातों की घरेलू कीमतों को बढ़ाने पर भी पड़ता है जो वस्तुओं के आयात को कम करती है। आयातों की मात्रा कितनी कम होगी यह आयातों की मांग की लोच पर निर्भर करता हैं। आगे, आयातों का मांग की लोच अवमूल्यन करने वाले देश द्वारा आयातित वस्तुओं की प्रकृति पर निर्भर करती है। यदि यह उपभोक्ता वस्तुएं, कच्चा माल तथा उद्योगों के लिए आगतें (inputs) आयात करता है तो इसकी आयातों के लिए मांग की लोच कम होगी। केवल जब वस्तुओं के लिए मांग की आयात लोच ऊंची हो तो अवमूल्यन भुगतान-शेष के घाटे को ठीक करने में सहायक होगा।

अत: जब निर्यातों की मांग की लोच तथा आयातों की मांग की लोच का जोड़ एक से अधिक होता है तो अपनी करेंसी का अवमूल्यन करने वाले देश के भुगतान-शेष में सुधार होगा।

J वक्र प्रभाव (The J-Curve Effect)

अनुभवसिद्ध प्रमाण यह दर्शाते हैं कि **मार्शल-लर्नर** शर्त अधिकतर विकसित देशों में संतुष्ट होती है। परन्तु अर्थशास्त्रियों में आम सहमति है कि मांग-पूर्ति लोचें दोनों की अल्पकाल की अपेक्षा दीर्घकाल में अधिक होंगी। अवमूल्यन का घरेलू कीमतों तथा निर्यातों और आयातों की मांग पर प्रभाव उपभोक्ताओं और उत्पादकों को अपने-आपको नई स्थिति के साथ समायोजित होने में समय लगेगा। निर्यातों तथा आयातों के लिए मांग की अल्पकालीन कीमत लोचें कम होती हैं और वे मार्शल-लर्नर शर्त को संतुष्ट नहीं करती। इसलिए प्रारंभ में अवमूल्यन अल्पकाल में भुगतान शेष को अधिक बिगाड़ता है तथा दीर्घकाल में सुधारता है। यह कालपर्यन्त एक J-आकार वक्र को ट्रेस करता हैं। इसे अवमूल्यन का J-वक्र प्रभाव कहते हैं। इसे चित्र 3 में दर्शाया गया है जहां समय को क्षैतिज-अक्ष पर और घाटा-अतिरेक को अनुलंब-अक्ष पर लिया गया है। मानलें अवमूल्यन T समय पर होता है। प्रारम्भ में J वक्र का घेरा बड़ा है जो D के बाद भुगतान शेष घाटे में वृद्धि दर्शाता है। केवल T_1 समय के बाद यह ऊपर की ओर चलता है तथा घाटा कम होना शुरू हो जाता है। T_2 समय पर भुगतान शेष में संतुलन होता है और फिर T_2 से J तक अतिरेक होता जाता है। यदि मार्शल-लर्नर संतुष्ट नहीं होती है तो दीर्घकाल में J वक्र T_2 से F पर चपटा हो जाएगा।

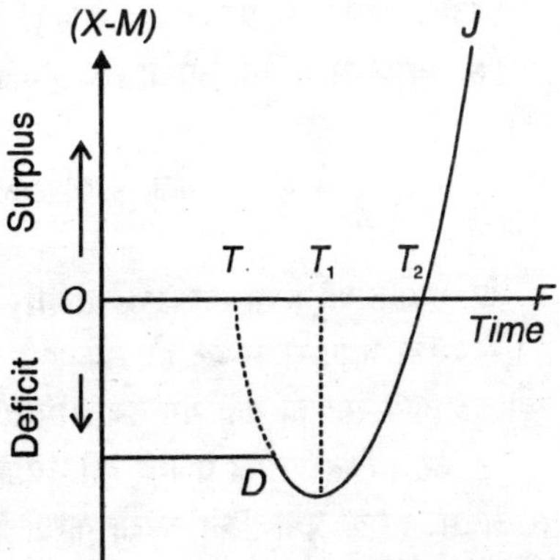

चित्र 3

फिर भी यदि देश लचीली विनियम दर पर हो, तो उसकी करेंसी का अवमूल्यन होने पर भुगतान-शेष बहुत खराब हो जाएगा। अवमूल्यन के कारण विदेशी मुद्रा (विनिमय) बाजार में करेंसी की पूर्ति अधिक हो जाती है, जो करेंसी का अधिमूल्यन (depreciation) कर सकती है। अत: विदेशी मुद्रा बाजार अस्थिर हो जाता हैं और विनियम दर का दीर्घकालीन मूल्य अत्यधिक बढ़ सकता है।

इसकी आलोचनाएं (Its Criticisms)

मार्शल-लर्नर शर्त पर आधारित लोच की धारणा की निम्न कमियां हैं—

1. भ्रामक (Misleading)—लोच की धारणा जो भुगतान-शेष घाटे के समाधान के लिए लोच के संबंध में **मार्शल** की धारणा का प्रयोग करती है, भ्रामक है। इसका कारण हैं कि यह केवल मांग या पूर्ति वक्र पर वृद्धिशील (incremental) परिवर्तनों और इन वक्रों में परिवर्तन से संबंधित समस्याओं से संबंध रखती है। इसके अतिरिक्त, यह मुद्रा की स्थिर क्रय शक्ति मानती है जो देश की करेंसी के अवमूल्यन से संबंधित नहीं होती है।

2. विभिन्न आनुभविक परिणाम (Different Empirical Results)—अनेक अर्थशास्त्रियों ने अन्तर्राष्ट्रीय व्यापार में मांग लोचों को मापने के प्रयत्न किए हैं। कुछ ने कम मांग लोचें पाई जबकि अन्य अर्थशास्त्रियों ने ऊंची मांग लोचें पाईं। परिणामस्वरूप,

पहले वर्ग ने यह सुझाव दिया कि अवमूल्यन भुगतान–शेष को सुधारने की प्रभावी विधि नहीं है जबकि दूसरे वर्ग ने उसे प्रभावी विधि बताया। परन्तु विदेशी व्यापार के ढांचे और मात्रा में भिन्नताएं होने के कारण इन विपरीत आनुभविक परिणामों का सामान्यीकरण करना कठिन है।

3. पूर्ण प्रतियोगिता नहीं (No Perfect Competition)—लोच सिद्धान्त अन्तर्राष्ट्रीय व्यापार में पूर्ण प्रतियोगिता की मान्यता पर आधारित है। परन्तु अन्तर्राष्ट्रीय व्यापार में पूर्ण प्रतियोगिता नहीं पाई जाती बल्कि इसमें अनेक प्रकार के प्रतिबन्ध लगाये जाते हैं जैसे प्रशुल्क, अभ्यंश, विनियम नियंत्रण आदि।

4. पूंजी गतियों की अवहेलना (Neglect of Capital Movements)—लोच विधि भुगतान–शेष के चालू खाते को लेकर अवमूल्यन के प्रभावों का विश्लेषण करती है। इस प्रकार यह विनिमय दर में अवमूल्यन के प्रभावों का विश्लेषण करती है। इस प्रकार यह, विनिमय दर में अवमूल्यन द्वारा परिवर्तन से जो पूंजी–गतियों पर प्रभाव पड़ते हैं, उनकी अवहेलना करती हैं। भुगतान–शेष के संतुलन में इन पूंजी–गतियों का बहुत महत्व होता है।

5. कीमत स्तर स्थिर नहीं (Price Levels not Constant)—यह विश्लेषण इस मान्यता पर आधारित है कि व्यापार की जा रही सभी वस्तुओं की कीमतें स्थिर रहती हैं। परन्तु वास्तविकता यह है कि अवमूल्यन से निर्यातों की घरेलू कीमतें और आयातों की विदेशी कीमतों में परिवर्तन होते हैं।

6. आय प्रभावों की उपेक्षा (Neglect of Income Effects)—**मार्शल–लर्नर** शर्त अवमूल्यन के आय प्रभावों का अध्ययन नहीं करती। अवमूल्यन आयातों और निर्यातों की मात्राओं को परिवर्तित करके देश की आय को प्रभावित करता है। उदाहरणार्थ, अवमूल्यन करने से जब निर्यातों में वृद्धि होती है, तो इससे देश की आय बढ़ती है जो आगे आयातों में वृद्धि करने में सहायक होती है।

7. स्फीति की संभावना (Possibility of Inflation)—अवमूल्यन से देश में स्फीति हो सकती है। यद्यपि अवमूल्यन भुगतान–शेष में सुधार करने में सफल हो सकता है परन्तु इससे देश की आय में निर्यातों द्वारा वृद्धि से बढ़ने की सम्भावना होती हैं। यह बढ़ी हुई आय आयातों की मांग तथा समस्त मांग बढ़ाकर कीमतों में वृद्धि करेगी जिससे भुगतान–शेष पर प्रतिकूल प्रभाव पड़ेगा।

8. आय वितरण पर प्रभाव की उपेक्षा (Ignores the Effect on Income Distribution)—लोच विधि आय वितरण पर अवमूल्यन के प्रभाव की उपेक्षा करती है। अवमूल्यन से संसाधनों का पुनर्वितरण होता है। यह संसाधनों को विदेशी व्यापार में न आने वाली वस्तुओं के उत्पादन से हटाकर निर्यात और आयात–प्रतियोगी उद्योगों के क्षेत्र में लाता है। इससे पहले क्षेत्र में लगे उत्पादन के साधनों की आय कम हो जायेगी और दूसरे क्षेत्र में लगे उत्पादन के साधनों की आय में वृद्धि होगी।

9. आंशिक विश्लेषण (Partial Analysis)—**सिडनी एलैक्जैंडर** के अनुसार मार्शल–लर्नर शर्त एक आंशिक विश्लेषण है जिसमें सापेक्ष कीमतों और आयात–निर्यात की मात्राओं के आधार पर अध्ययन किया गया है। इस सिद्धान्त में अन्य बातें समान मानकर लोचों के भुगतान–शेष पर प्रभाव को दिखाया गया है जहां आंशिक लोचें ली गई हैं जो इसको आंशिक संतुलन का विश्लेषण बना देती हैं। परन्तु अवमूल्यन के प्रभावों का सम्पूर्ण अर्थव्यवस्था पर अध्ययन करने के लिए यह आवश्यक हैं कि कुल लोचों को लिया जाए।

अर्थव्यवस्था में पूर्ण रोजगार मानते हुए **किंडलबर्गर** ने आंशिक लोचों के स्थान पर कुल लोचें लेकर **मार्शल–लर्नर** सिद्धान्त का संशोधन किया है। परन्तु इस प्रकार के विश्लेषण की समस्या यह है कि पूर्ति लोचें स्वयं मांग स्थितियों पर निर्भर करती हैं। परन्तु **मार्शल** की लोच धारणा को, जिसका सम्बन्ध मांग या पूर्ति वक्रों पर केवल वृद्धिशील (incremental) परिवर्तनों से है, इन वक्रों के स्थानांतरण की समस्याओं से सम्बद्ध करना भ्रमपूर्ण है।

10. दीर्घकाल में व्यवहार्य (Applicable in the Long-run)—जैसीकि ऊपर अवमूल्यन के J-वक्र प्रभाव में चर्चा की गई है, मार्शल–लर्नर शर्त अल्पकाल में नहीं बल्कि दीर्घकाल में व्यवहार्य है। इसका कारण है कि जब घरेलू करेंसी का अवमूल्यन होता है तो उपभोक्ताओं और उत्पादकों के लिए अपने आपको इस शर्त के अनुसार समायोजित करने में समय लगता है।

निष्कर्ष (Conclusion)

भुगतान–शेष में सुधारों के लिए मार्शल–लर्नर शर्त पर काफी विवाद रहा है। अर्थशास्त्रियों ने अंतर्राष्ट्रीय व्यापार में मांग की

लोच मापने का प्रयास किया है। कुछ अर्थशास्त्रियों ने इसमें निम्न नीची मांग लोच और कुछ ने ऊंची मांग लोच पाई है। तदनुसार, पहले वर्ग के अर्थशास्त्रियों ने सुझाव दिया कि अवमूल्यन एक प्रभावी विधि नहीं है, जबकि दूसरे वर्ग के अर्थशास्त्रियों के अनुसार यह भुगतान शेष समायोजन का एक संभावित तंत्र है। परन्तु अंतर्राष्ट्रीय व्यापार के परिमाण और ढांचे में भेद हेतु इन विभिन्न निष्कर्षों के कारण इसे लोकप्रिय बनाना कठिन है।

5. अवशोषण की धारणा (THE ABSORPTION APPROACH)

अवमूल्यन का अवशोषण सिद्धान्त सामान्य संतुलन प्रकृति का है तथा **केन्ज** के राष्ट्रीय आय सम्बन्धों पर आधारित है, इसलिए इसे भुगतान-शेष का केन्जीय मार्ग भी कहते हैं। परन्तु यह केन्जीय मॉडल से कुछ भिन्न है। केन्ज का मॉडल अवमूल्यन से निर्यातों के बढ़ने तथा आयातों के कम होने से जो आय में परिवर्तन होते हैं उनका विश्लेषण करता है जबकि अवशोषण सिद्धान्त घरेलू व्यय में परिवर्तन द्वारा विश्लेषण करता है।

सिडनी एलेक्जैंडर (Sydney Alexander) ने केन्जीय शब्दावली और विचारधारा को लेकर अवमूल्यन के आय पर प्रभाव का विश्लेषण किया है।[1] उसके अनुसार, यदि किसी देश के भुगतान-शेष में घाटा हो तो इसका मतलब है कि लोग जितना उत्पादन करते हैं उससे अधिक अवशोषण (absorb) कर रहे हैं। दूसरे शब्दों में, राष्ट्रीय आय से उपभोग और निवेश पर घरेलू व्यय अधिक है। यदि भुगतान-शेष में अतिरेक है तो वे कम अवशोषण कर रहे हैं, अर्थात् राष्ट्रीय आय से उपभोग और निवेश पर घरेलू व्यय कम है। इस प्रकार, इस विधि में भुगतान संतुलन पर राष्ट्रीय आय तथा घरेलू व्यय का अन्तर परिभाषित किया गया है।

इस विश्लेषण को समीकरण रूप में निम्न प्रकार से समझाया जा सकता है :

$$Y = C + I_d + X - M \qquad ...(1)$$

जहां Y राष्ट्रीय आय है, C उपभोग व्यय, I_d कुल घरेलू निवेश, X निर्यात और M आयात हैं।

$C + I_d$ का जोड़ कुल अवशोषण है जिसे A कहा जाता है तथा भुगतान-शेष X – M को B कहा जाता है। इस प्रकार समीकरण (1) बन जाता है :

$$Y = A + B$$

अथवा

$$B = Y - A \qquad ...(2)$$

जिसका अभिप्राय है कि भुगतान-शेष राष्ट्रीय आय Y तथा कुल अवशोषण A का अन्तर है। भुगतान-शेष को घरेलू आय बढ़ाकर अथवा अवशोषण (उपभोग तथा निवेश व्यय) को कम करके सुधारा जा सकता है। एलेक्जैंडर इसके लिए अवमूल्यन करने का सुझाव देता है जो इस तरह से कार्य करता है। अवमूल्यन निर्यातों को बढ़ाता है तथा आयातों को कम करता है जिससे राष्ट्रीय आय बढ़ती है। इस प्रकार बढ़ी हुई अतिरिक्त आय गुणक प्रभाव द्वारा आय को और बढ़ाएगी। इससे घरेलू उपभोग से वृद्धि होगी। इस प्रकार, राष्ट्रीय आय में वृद्धि का भुगतान-शेष पर शुद्ध प्रभाव राष्ट्रीय आय में कुल वृद्धि तथा अवशोषण में प्रेरित वृद्धि का अन्तर है जिसे निम्न समीकरण द्वारा समझाया जा सकता है :

$$\Delta B = \Delta Y - \Delta A \qquad ...(3)$$

अवमूल्यन होने पर कुल अवशोषण (ΔA) अवशोषण की सीमान्त प्रवृत्ति पर निर्भर करता है।[2] इसे *a* के रूप में व्यक्त किया जाता है। अवमूल्यन भी आय में परिवर्तन के द्वारा अवशोषण को प्रत्यक्ष रूप से प्रभावित करता है, जिसे हम D लिखते हैं। इस प्रकार,

$$\Delta A = a\Delta Y + \Delta D \qquad ...(4)$$

समीकरण (3) में से (4) को घटाने पर, हम पाते हैं :

$$\Delta B = \Delta Y - a\Delta Y + \Delta D$$

1. Sydney Alexander, *"Effects of Devaluation on a Trade Balance,"* IMF Staff Papers, April 1952.
2. अवशोषण की सीमान्त प्रवृत्ति (*a*) उपभोग की सीमांत प्रवृत्ति और निवेश की सीमान्त प्रवृत्ति का जोड़ है। इसमें G की कोई भूमिका नहीं होती, क्योंकि यह स्वायत्त सरकारी व्यय होता है।

अथवा, $\Delta B = (1 - a)\ \Delta Y + \Delta D$ ...(5)

यह समीकरण तीन घटकों की ओर संकेत करता हैं जो भुगतान शेष पर अवमूल्यन के प्रभावों की विवेचना करते हैं। ये हैं : (*i*) अवशोषण की सीमान्त प्रवृत्ति (a), (*ii*) आय में परिवर्तन (ΔY), और (*iii*) प्रत्यक्ष अवशोषण में परिवर्तन (ΔD)। यह उल्लेखनीय है कि चूंकि a अवशोषण की सीमान्त प्रवृत्ति (MP) है, $(1 - a)$ बचाने या संग्रह करने की प्रवृत्ति है। ये घटक क्रमश: अवमूल्यन वाले देश में पूर्ण नियोजित (employed) संसाधनों और अनियोजित या निष्क्रिय (idle) संसाधनों के बने रहने से प्रभावित होते हैं।

1. अवशोषण की सीमान्त प्रवृत्ति (MP to Absorb)—अवशोषण की सीमान्त प्रवृत्ति लेने पर, देश में निष्क्रिय संसाधनों के साथ यह इकाई से कम ($a < 1$) होता है तो अवमूल्यन निर्यात बढ़ाएगा और आयात घटाएगा। उत्पादन और आय बढ़ेगी और चालू खाते पर भुगतान शेष में सुधार होगा। दूसरी ओर, यदि $a > 1$ हो तो भुगतान–शेष पर अवमूल्यन का विपरीत प्रभाव पड़ेगा। इसका अर्थ है कि लोग अधिक अवशोषण कर रहे हैं या उपभोग पर अधिक व्यय कर रहें हैं और अधिक निवेश कर रहे हैं। दूसरे शब्दों में वे उत्पादन करने वाले देश की अपेक्षा अधिक व्यय कर रहे हैं। ऐसी स्थिति में, अवमूल्यन निर्यात को न ही बढ़ाएगा, और न ही आयात को कम करेगा और भुगतान शेष की स्थिति खराब होगी।

पूर्ण रोजगार की दशाओं के अन्तर्गत यदि $a > 1$ हो तो सरकार को अवमूल्यन के साथ–साथ व्यय घटाने वाले नीति उपायों को अपनाना होगा जिससे अर्थव्यवस्था के संसाधन इस तरह पुन: आवंटित हो जाए कि निर्यात बढ़े और आयात में कमी हो। अन्ततः भुगतान शेष की स्थिति में सुधार होगा।

2. आय प्रभाव (Income Effects)—अब अवमूल्यन के आय प्रभाव को लें। यदि अर्थव्यवस्था में निष्क्रिय संसाधन होते हैं तो अवमूल्यन, अवमूल्यन करने वाले देश के निर्यात को बढ़ाएगा और आयात को कम करेगा। निर्यात और आयात प्रतियोगी उद्योगों के विस्तार के साथ आय बढ़ती है। इस प्रकार अर्थव्यवस्था में उत्पन्न हुई अतिरिक्त आय, गुणक प्रभाव के माध्यम से आगे भी आय बढ़ाएगी। यह भुगतान–शेष की स्थिति में सुधार लाएगी। यदि अर्थव्यवस्था में संसाधन पूर्ण नियोजित (employed) हों तो अवमूल्यन प्रतिकूल भुगतान–शेष को ठीक नहीं कर सकता है क्योंकि राष्ट्रीय आय नहीं बढ़ पाएगी। बल्कि, इससे कीमतें बढ़ सकती हैं जिससे निर्यात घटेगा और आयात बढ़ेगा। परिणामस्वरूप, भुगतान शेष की स्थिति और खराब होगी।

3. व्यापार शर्त प्रभाव (Terms of Trade Effect)—अवमूल्यन से देश की व्यापार शर्तें प्रतिकूल होती हैं क्योंकि इससे विदेशी करेंसी में निर्यात कीमतें गिर जाती हैं। यह धारणा इस तथ्य पर आधारित है कि सामान्यतौर से एक देश के निर्यात, आयातों की अपेक्षा अधिक विशिष्टीकृत होते हैं। विशिष्टीकरण के परिणामस्वरूप आयात कीमतों की अपेक्षा निर्यात कीमतें अधिक प्रभावित होती हैं। इसलिए अवमूल्यन होने से व्यापार शर्तों के प्रतिकूल होने की अधिक संभावना होती है जिससे आय कम होती है। **एलेक्जेंडर** देश की व्यापार शर्तों के प्रतिकूल होने से संबंधित वास्तविक आय में कमी को t द्वारा मापता है। कम आय में कमी आयातों तथा घरेलू वस्तुओं के लिए मांग को कम कर देगी। इस प्रकार, t अवशोषण में ct राशि द्वारा कमी प्रेरित करेगी। विदेशी संतुलन पर अवमूल्यन का व्यापार–शर्त प्रभाव पहले कम हुई t वास्तविक आय द्वारा अनुभव किया जाता है और फिर ct पर सुधार को प्रोत्साहित करने वाले प्रभाव द्वारा ताकि आय पर प्रारम्भिक व्यापार–शर्त प्रभाव t के साथ संबंधित संतुलन में, $t - ct$ अथवा $(1 - c)$ परिवर्तित होता है। एलेक्जेंडर के अनुसार, जैसा कि माना गया है, यदि t ऋणात्मक है यदि c इकाई से कम है, तो व्यापार की शर्तों में प्रतिकूलता से मतबल है कि विदेशी संतुलन में भी प्रतिकूलता केवल यदि c इकाई से अधिक है तब प्रतिकूल व्यापार शर्त प्रभाव विदेशी संतुलन को सुधारेगा।

4. अवशोषण पर प्रत्यक्ष प्रभाव (Direct Effect on Absorption)—अवशोषण पर अवमूल्यन के प्रत्यक्ष पर प्रभाव को एलेक्जेंडर इस प्रकार परिभाषित करता है : "अवमूल्यन के परिणामस्वरूप जब मुद्रा आय और मुद्रा कीमतें इकट्ठी बढ़ती हैं, तो कोई प्रभाव जो वास्तविक व्यय को कम करता है, वह अवशोषण पर प्रत्यक्ष प्रभाव है।" इस प्रभाव का अध्ययन नकदी शेष प्रभाव, आय पुनर्वितरण प्रभाव, मुद्रा भ्रम प्रभाव तथा फुटकर प्रत्यक्ष अवशोषण प्रभावों के अन्तर्गत किया जा सकता है।

5. नकदी शेष प्रभाव (Cash Balance Effect)—जब एक देश करेंसी का अवमूल्यन करता है तो इसकी घरेलू कीमतों में वृद्धि होती है। कीमतें बढ़ने से लोग अधिक नकदी को इकट्ठा करते हैं। वास्तविक आय स्थिर मान लेने पर, नकदी शेषों में

वृद्धि होने से वास्तविक व्यय कम हो जाएंगे। यदि नकदी धारणों के बढ़ने से अन्य परिसम्पत्तियों की बिक्री प्रारम्भ हो जाती है, तो इससे ब्याज दर में परिवर्तन होते हैं। यह आगे वास्तविक आय की सापेक्षता में वास्तविक उपभोग या निवेश को प्रभावित कर सकता हैं। इस प्रकार, नकदी शेष प्रभाव नकदी बढ़ाने के लिए व्यय को त्याग कर आय-व्यय सम्बन्ध पर प्रत्यक्ष तौर से, अथवा अन्य परिसम्पत्तियों को नकदी में परिवर्तन करने के परिणामस्वरूप ब्याज दर द्वारा अप्रत्यक्ष तौर से कार्यकरण कर सकता है।

यह भी संभव है कि नकदी शेष प्रभाव के कारण अवशोषण में कमी अथवा अन्य अवशोषण प्रभावों को ऐसी घरेलू वस्तुओं और सेवाओं की ओर किया जाए जिसके उत्पादन से आयात स्थानापन्न अथवा निर्यात वस्तुओं के उत्पादन की ओर संसाधनों को स्थानान्तरण करना आसान नहीं है। इससे कुछ बेरोजगारी हो सकती है जिसका कुप्रभाव समस्त अर्थव्यवस्था पर पड़ सकता है। एलेक्जैंडर के अनुसार, यदि c इकाई से कम होता है, तो इसके प्रतिकूल प्रभाव का प्रजनित आय पर शुद्ध परिणाम विदेशी संतुलन को खराब करना होगा जो प्रत्यक्ष अवशोषण प्रभावों से होने वाले सुधार को समाप्त कर देगा।''

6. आय पुनर्वितरण प्रभाव (Income Redistribution Effect)—अवशोषण अपने आप कम होता है यदि अवमूल्यन आय को ऊंची बचत प्रवृत्ति वाले लोगों के पक्ष में और ऊंची उपभोग की प्रवृत्ति वाले लोगों के विरुद्ध वितरित कर देता है। अर्थात् जिस सीमा तक आय को खपाने की ऊंची सीमांत प्रवृत्ति वाले लोगों से कम सीमांत प्रवृत्ति वालों की ओर स्थानान्तरण किया जाता है उसी सीमा तक विदेशी संतुलन अवमूल्यन द्वारा सुधरेगा। इस संबंध में यह जान लेना आवश्यक हैं कि पुनर्वितरण प्रभाव केवल उपभोग वस्तुओं तक ही नहीं फैलता बल्कि निवेश क्षेत्र में भी फैलता है तथा कर प्राप्तियों को सरकारी क्षेत्र की खपाने की सीमांत प्रवृत्ति के सम्बन्ध में विचार करना होगा। आय पुनर्वितरण का अन्तिम प्रभाव इन सभी कारकों का परिणाम होगा।

7. मुद्रा भ्रम प्रभाव (Money Illusion Effect)—लोग अपनी आय, व्यय और बचतों का मुद्रा के रूप में विचार करने की प्रवृत्ति रखते हैं। इस मनोवैज्ञानिक व्यवहार को लेते हुए **एलेक्जैंडर** का यह सुझाव है कि अवमूल्यन के कारण जब कीमतें बढ़ती हैं तो भुगतान-शेष पर अनुकूल प्रभाव पड़ सकता है, यदि लोग बढ़ी हुई कीमतों पर कम खरीदते और उपभोग करते हैं चाहे उनकी मौद्रिक आय अनुपात में नकदी शेष प्रभाव से बढ़ने वाली आय से अधिक बढ़ी हो।

8. फुटकर प्रत्यक्ष अवशोषण प्रभाव (Miscellaneous Direct Absorption Effect)— कीमत प्रत्याशाओं का फुटकर अवशोषण प्रभाव के सम्बन्ध में विचार किया जाता है। जब कीमत वृद्धि की प्रत्याशा निरन्तर विद्यमान रहती है तो इससे अवशोषण बढ़ता है तथा विदेशी संतुलन पर प्रतिकूल प्रभाव पड़ेगा। परन्तु यह अल्पकाल में ही होगा। फिर, जब अवमूल्यन से आयात कीमतें बढ़ती हैं और यदि निवेश वस्तुएं भी इसी श्रेणी में शामिल कर ली जाती हैं, तो आयातित निवेश वस्तुओं का सापेक्ष आकर्षण घरेलू तौर पर उपलब्ध ऐसी वस्तुओं की सापेक्षता में अथवा उनके निकट स्थानापन्नों की सापेक्षता में कम हो जाएगा। इससे अवशोषण बढ़ेगा। परन्तु यह भी संभावना होती है कि घरेलू तौर पर उत्पादित वस्तुओं की कीमतें इतनी ऊंची होंगी कि लोग इन वस्तुओं पर व्यय को कम या स्थगित कर देगें जिससे अधिक बचत अथवा संग्रह होंगे।

9. व्यय घटाने वाली नीतियां (Expenditure Reducing Policies)—यदि सरकार व्यय घटाने वाली मौद्रिक राजकोषीय नीतियों को अपनाती है को प्रत्यक्ष अवशोषण भी कम हो जाता है।

अवशोषण विधि की आलोचना (Criticism of the Absorption Approach)

अवशोषण विधि की अर्थशास्त्रियों ने कटु आलोचना की है :

1. विश्लेषणात्मक तौर से यह लोच विधि से श्रेष्ठ दिखाई देती है परन्तु लोच गुणांकों की तरह इस विधि में उपभोग और निवेश प्रवृत्तियों की सही गणना नहीं की जा सकती।

2. अवशोषण विधि इस बात में कमजोर है कि यह घरेलू अवशोषण को प्रभावित करने वाली घरेलू नीतियों पर बहुत अधिक निर्भर करती है। यह अन्य देशों के अवशोषण पर अवमूल्यन के प्रभावों का अध्ययन नहीं करती।

3. अवशोषण विधि की सबसे बड़ी त्रुटि यह है कि सापेक्ष कीमतों की अपेक्षा यह घरेलू उपभोग के स्तर पर अधिक बल देती है। अवशोषण कम करने के लिए केवल घरेलू उपभोग के स्तर को कम करने का यह अर्थ नहीं कि इस प्रकार छोड़े गए संसाधन भुगतान संतुलन को सुधारने में लगाए जाएंगे।

4. **जोनसन** के अनुसार, अवशोषण विधि वास्तविक आय तथा वास्तविक व्यय द्वारा भुगतान संतुलन पर प्रभावों का अध्ययन

करती है जिस कारण यह कीमत स्तर में परिवर्तन की उपेक्षा करती है। उसका यह सुझाव है कि वास्तविक तत्वों को समझने के लिए Y तथा A को कीमत स्तर से भाग देना चाहिए। इस प्रकार यह विधि कीमत प्रभावों की उपेक्षा करती है।

5. **मैक्लप** के अनुसार, अवमूल्यन का प्रभाव बताने में व्यय प्रवृत्तियां कम विश्वसनीय हैं जबकि मौद्रिक एवं राजस्व नीतियों का अवमूल्यन पर प्रभाव अधिक व्यापक होता है जिनकी अवशोषण विधि उपेक्षा करती है।

6. **कीमत प्रभाव की उपेक्षा (Neglectes Price Effects)**—यह धारणा अवमूल्यन के कीमत प्रभाव की उपेक्षा करती है जो अति महत्वपूर्ण है।

7. **स्थिर विनियम दर प्रणाली में चालू नहीं (Not Operative in a Fixed Exchange Rate System)**—अवशोषण की धारणा, स्थिर विनियम दर प्रणाली के अन्तर्गत भुगतान शेष घाटे को ठीक करने के उपाय के रूप में बिल्कुल असफल है। जब अवमूल्यन के साथ कीमतें बढ़ती हैं तो लोग अपने उपभोग व्यय को घटाते हैं। मुद्रा पूर्ति स्थिर रहने पर ब्याज दर बढ़ती है जिससे अवशोषण के साथ-साथ उत्पादन में कमी होती है। इस प्रकार, अवमूल्यन का भुगतान शेष घाटे पर बहुत कम प्रभाव पड़ेगा।

6. मौद्रिक धारणा
(THE MONETARY APPROACH)

भुगतान शेष का मौद्रिक सिद्धान्त समग्र भुगतान शेष की व्याख्या है। यह मुद्रा की मांग और पूर्ति के रूप में भुगतान शेष के परिवर्तनों का विवेचन करता है। इसी सिद्धान्त के अनुसार, भुगतान शेष घाटा सदैव और सभी स्थानों पर एक मौद्रिक तत्व है। इसलिए यह केवल मौद्रिक उपायों से ही ठीक किया जा सकता है।

इनकी मान्यताएं (Its Assumptions)

भुगतान शेष का मौद्रिक सिद्धान्त चार मान्यताओं पर आधारित है :

1. परिवहन लागतों को लेने के पश्चात, विभिन्न देशों में बेची गई समान वस्तुओं के लिए 'एक कीमत का नियम' लागू होता है।

2. सभी देशों में पूर्ण रोजगार पाया जाता है, इसीलिए, एक देश में बढ़ी हुई मांग को घरेलू उत्पाद में वृद्धि से पूरा नहीं किया जा सकता।

3. यह माना जाता है कि स्थिर विनियम दरों के अन्तर्गत करेंसी प्रवाहों का निष्फल करना (steralisaiton) संभव नहीं है। यह प्रथम मान्यता पर आधारित है कि स्थिर विनियम दर प्रणाली के अन्तर्गत अन्तर्राष्ट्रीय मुद्रा मार्किटों में एक कीमत का नियम लागू होता है।

4. एक अर्थव्यवस्था में मुद्रा की मांग स्थिर फलन है—आय, धन और ब्याज दर जैसे थोड़े से समग्र आर्थिक चरों की। जब आय बढ़ती है तो मुद्रा की मांग (नकद शेष) बढ़ती है और ब्याज दरें बढ़ती हैं तो मुद्रा की मांग गिरती है।

5. वस्तु और पूंजी दोनों बाजारों में उपभोग में पूर्ण स्थानापन्नता होती है जो प्रत्येक वस्तु के लिए एक कीमत और संपूर्ण देश के लिए एक ब्याज दर सुनिश्चित करती है।

6. देश के उत्पादन का स्तर बहिर्जात (exogeneously) माना जाता है।

7. सभी देशों को पूर्ण नियोजित माना जाता है जहां मजदूरी-कीमत लोचशीलता पूर्ण रोजगार स्तर पर उत्पादन को निश्चित करती है।

8. मुद्रा की पूर्ति मौद्रिक आधार का गुणज (multiple) होती है जिसमें घरेलू साख और देश का विदेशी मुद्रा रिजर्व शामिल होते हैं।

9. मुद्रा-रूप मुद्रा शेषों (Nominal money balances) की मांग मुद्रा रूप आय का एक धनात्मक फलन है।

सिद्धान्त (The Theory)—ये मान्यताएं दी होने पर मौद्रिक धारणा को मुद्रा की मांग और मुद्रा की पूर्ति के बीच निम्न संबंध के रूप में व्यक्त किया जा सकता है :

मुद्रा की मांग (M_D), स्थिर फलन है आय (Y), कीमत (P) और ब्याज की दर (*i*) का,

$$M_D = f(Y, P, i) \qquad ...(1)$$

मुद्रा पूर्ति (M_S) मौद्रिक आधार (*m*) का गुणज है, जिसमें घरेलू मुद्रा (साख) (D) और देश का विदेशी मुद्रा रिजर्व (R) शामिल होता है।

सरलता के लिए *m*, जो एक स्थिरांक (constant) है, की उपेक्षा करने पर,

$$M_S = D + R \qquad ...(2)$$

चूंकि संतुलन में मुद्रा की मांग के मुद्रा पूर्ति बराबर होती है,

$$M_D = M_S \qquad ...(3)$$

अथवा $$M_D = D + R \quad [\because\ M_S = D + R] \qquad ...(4)$$

भुगतान शेष घाटा या अतिरेक देश के विदेशी मुद्रा रिजर्व में परिवर्तनों द्वारा व्यक्त किया जा सकता है। इस प्रकार,

$$\Delta R = \Delta M_D - \Delta D \qquad ...(5)$$

अथवा, $$\Delta R = B \qquad ...(6)$$

जहां B भुगतान शेष को व्यक्त करता है जो मुद्रा की मांग में परिवर्तन (ΔM_D) और घरेलू साख में परिवर्तन (ΔD) के बीच अंतर के बराबर होता है।

भुगतान शेष घाटे का अर्थ है एक ऋणात्मक B जो R एवं मुद्रा पूर्ति को कम करता है। दूसरी ओर, एक अतिरेक का अर्थ है एक धनात्मक B जो R और मुद्रा पूर्ति को बढ़ाता है। जब $B = 0$ हो तो इसका अर्थ है, भुगतान शेष संतुलन या भुगतान शेष में असंतुलन नहीं

मौद्रिक धारणाओं में स्वतः समायोजन तंत्र की विवेचना स्थिर और लोचशील दोनों विनिमय दर प्रणालियों के अन्तर्गत की जाती है।

स्थिर विनिमय दर प्रणाली के अन्तर्गत मान लें कि $M_D = M_S$ जिससे भुगतान शेष (या B) शून्य होता है। अब मान लें कि मौद्रिक अधिकारी घरेलू मुद्रा पूर्ति बढ़ाता है जबकि मुद्रा की मांग में कोई परिवर्तन नहीं होता है। परिणामस्वरूप, $M_S > M_D$ और भुगतान शेष घाटा होता है। वे लोग जिनके पास अत्यधिक नकद शेष हैं वे अधिक विदेशी वस्तुओं और प्रतिभूतियों को खरीदकर अपनी खरीदारियां बढ़ाते हैं। ये उनकी कीमतें बढ़ाती हैं और वस्तुओं एवं विदेशी परिसंपत्तियों के आयात में वृद्धि करते हैं। इससे भुगतान शेष में चालू और पूंजी दोनों लेखों में व्यय में वृद्धि होती है जिससे भुगतान शेष में घाटा उत्पन्न होता है। स्थिर विनियम दर कायम रखने के लिए, मौद्रिक अधिकारी को विदेशी विनिमय रिजर्व को बेचना पड़ेगा एवं घरेलू करेंसी को खरीदना पड़ेगा। इस प्रकार, विदेशी मुद्रा रिजर्व के बाह्य प्रवाह का अर्थ है R और घरेली मुद्रा पूर्ति में कमी। यह प्रक्रिया तब तक चलती रहेगी जब तक $M_S = M_D$ नहीं हो जाता तथा भुगतान शेष में पुनः संतुलन स्थापित हो जाएगा।

दूसरी ओर, यदि दी हुई विनियम दर पर $M_S < M_D$ हो तो भुगतान शेष अतिरेक होगा। परिणामस्वरूप, लोग विदेशियों को वस्तुएं और प्रतिभूतियां बेचकर घरेलू करेंसी प्राप्त करते हैं। वे अपनी आय की तुलना में व्यय को सीमित कर अतिरिक्त मुद्रा शेषों (money balances) को प्राप्त करने का प्रयास भी करेंगे। इस संदर्भ में मौद्रिक अधिकारी घरेलू करेंसी के बदले आधिक्य (excess) विदेशी मुद्रा खरीदेंगे। इससे विदेशी मुद्रा रिजर्व का अन्तःप्रवाह (inflow) होगा और घरेलू मुद्रा पूर्ति में वृद्धि होगी। यह प्रक्रिया तब तक जारी रहेगी जब तक $M_S = M_D$ और भुगतान शेष में संतुलन पुनः स्थापित नहीं हो जाता। इस प्रकार, भुगतान शेष घाटा या अतिरेक एक अस्थायी धारणा है जो दीर्घकाल में स्वतः ठीक हो जाता है।

इसकी विवेचना चित्र 4 (A) और (B) में की गई है। चित्र के पेनल (A) में, M_D स्थिर मुद्रा मांग वक्र है और M_S मुद्रा पूर्ति वक्र हैं। क्षैतिज रेखा *m*(D) मौद्रिक आधार व्यक्त करती है जो घरेलू साख D का गुणज है एवं यह भी स्थिरांक है। यह मुद्रा पूर्ति का घरेलू अवयव (component) है। यही कारण है कि M_S वक्र C बिन्दु से प्रारंभ होता है।

M_S और M_D वक्र E बिन्दु पर एक दूसरे को काटते हैं जहां देश का भुगतान शेष संतुलन में होता है और उसका विदेशी मुद्रा रिजर्व OR होता है। चित्र के पेनल (B) में PDC भुगतान असंतुलन वक्र है जो भाग (A) के M_S और M_D वक्रों के बीच अनुलंब अंतर के रूप में खींचा गया है। जैसा चित्र के पेनल (B) में (B_0), पेनल (A) में E बिन्दु के अनुकूलन है, जहां भुगतान

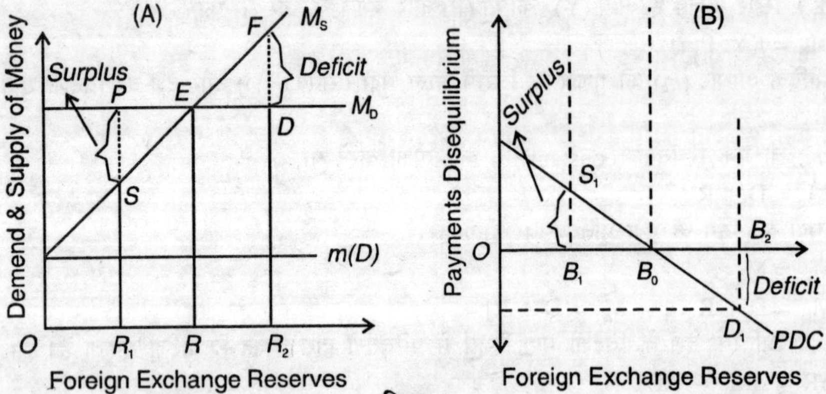

चित्र 4

शेष में कोई असंतुलन नहीं है।

यदि $M_S < M_D$ हो तो पेनल (A) में SP भुगतान शेष अतिरेक होता है। इससे विदेशी मुद्रा रिजर्वों का अंतर्वाह (inflow) होता है जो OR_1 से OR को बढ़ाते हैं और मुद्रा पूर्ति को इस प्रकार बढ़ाते हैं कि E बिन्दु पर भुगतान शेष संतुलन में होता है। दूसरी ओर, यदि $M_S > M_D$ हो तो ΔF के बराबर भुगतान शेष में घाटा होता है। विदेशी मुद्रा रिजर्व का बाह्य प्रवाह होता है जिसमें OR_2 से OR तक कमी होती है और मुद्रा पूर्ति में इस तरह कमी होती है कि E बिन्दु पर भुगतान शेष संतुलन पुनः स्थापित होता है। चित्र के पेनल (B) में इसी प्रक्रिया की विवेचना की गई है जहां भुगतान शेष असंतुलन स्वतः ठीक हो जाता है जब भुगतान शेष अतिरेक B_1S_1 घाटा B_2D_1 बराबर होते हैं।

लोचशील (या तिरती) विनियम दरों की प्रणाली के अन्तर्गत जब B = 0 हो तो विदेशी मुद्रा रिजर्व (R) में कोई परिवर्तन नहीं होता। परन्तु जब भुगतान शेष में घाटा या अतिरेक होता है तो मुद्रा की मांग में परिवर्तन और विनिमय दर विदेशी मुद्रा रिजर्व के किसी अन्तर्प्रवाह या बाह्यप्रवाह के बिना समायोजन प्रक्रिया में एक महत्वपूर्ण भूमिका निभाते हैं। मानलें कि मौद्रिक अधिकारी मुद्रा पूर्ति बढ़ाता हैं ($M_S > M_D$) और भुगतान शेष में घाटा होता है। वे लोग जिनके पास अतिरिक्त नकद शेष है, अधिक वस्तुएं खरीदते हैं जिससे घरेलू और आयातित वस्तुओं की कीमतें बढ़ती हैं। इससे घरेलू करेंसी मूल्यह्रास (depreciation) और विनियम दर में वृद्धि होती है। कीमतों में वृद्धि क्रमशः मुद्रा की मांग बढ़ाती है जिससे विदेशी मुद्रा रिजर्वों में किसी बाह्य प्रवाह (outflow) के बिना M_D और M_S में समानता होती है। इसके विपरीत स्थिति तब उत्पन्न होगी जब $M_D > M_S$ हो तो कीमतों में कमी और घरेलू करेंसी में मूल्यवृद्धि (appreciation) होता हैं जो स्वतः मुद्रा की आधिक्य मांग को समाप्त कर देता है। विनियम दर तब तक गिरती है जब तक $M_D = M_S$ एवं विदेशी मुद्रा रिजर्वों में किसी अन्तर्प्रवाह के बिना भुगतान शेष संतुलन में न हो जाए।

इसकी आलोचनाएं (Its Criticisms)

भुगतान शेष की मौद्रिक धारणा की कई कारणों से आलोचना की गई है :

1. मुद्रा की मांग स्थिर नहीं (Demand for Money not Stable)—आलोचक मुद्रा की स्थिर मांग की मान्यता से सहमत नहीं हैं। मुद्रा की मांग दीर्घकाल में स्थिर होती है परन्तु अल्पकाल में नहीं जब वह कम स्थिरता दर्शाती है।

2. पूर्ण रोजगार संभव नहीं (Full Employment not Possible)—इसी प्रकार, पूर्ण रोजगार की मान्यता स्वीकार्य नहीं, क्योंकि देशों में अनैच्छिक बेरोजगारी पाई जाती है।

3. एक कीमत नियम अमान्य (One Line Law Invalid)—**फ्रेंकल** और **जॉनसन** का यह विचार है कि ''बेची गई समान वस्तुओं के लिए एक कीमत नियम'' अमान्य है। ऐसा इस कारण कि जब उत्पादन के साधनों को गैर-व्यापारी वस्तुओं को उत्पादित करने वाले क्षेत्रों में लगाया जाता है तो गैर-व्यापारकृत वस्तुओं की अधिक मांग व्यापारकृत वस्तुओं की घटी हुई पूर्ति में बिखर जाएगी। इससे आयात बढ़ेंगे और सभी व्यापारकृत वस्तुओं के लिए एक कीमत के नियम में बाधा पड़ेगी।

4. मार्किट अपूर्णताएं (Market Imperfections)—मार्किट अपूर्णताओं के कारण भी अनेक मार्किटों में एक कीमत के नियम को सही ढंग से कार्य करने में विघ्न पड़ता है। फिर, व्यापारियों द्वारा विदेशी कीमतों और व्यापार नियमों के बारे में सूचनाओं के अभाव के कारण कीमत विभेदक हो सकते हैं।

5. करेंसी प्रवाहों का निष्फलन संभव (Sterilisation of Currency Flows Possible)—आलोचकों को यह मान्यता स्वीकार्य नहीं कि स्थिर विनियम दरों के अंतर्गत करेंसी प्रवाहों को निष्फल करना संभव नहीं है। वे तर्क देते हैं कि करेंसी प्रवाहों का निष्फल करना पूरी तरह से संभव है यदि मुद्रा शेषों और बांडों के सापेक्ष महत्व के बारे में निजी क्षेत्र अपने सम्पत्ति पोर्टफोलियो की संरचना को समायोजित करने के लिए इच्छुक है, अथवा यदि सार्वजनिक क्षेत्र ऊंचा बजट घाटा करने को तैयार है, जब भी उसे भुगतान शेष घाटे का सामना करना पड़ता है।

6. भुगतान-शेष और मुद्रा पूर्ति के बीच वैध संबंध नहीं (Link between BoP and Money not valid)—मौद्रिक धारणा किसी देश के भुगतान शेष और उसकी कुल मुद्रा पूर्ति के बीच प्रत्यक्ष संबंध पर आधारित होती है। कई अर्थशास्त्रियों को इसमें संदेह है। इन दोनों के बीच संबंध भुगतान शेष में घाटा या अतिरेक होने पर मौद्रिक अधिकारी द्वारा विदेशी मुद्रा रिजर्वों के अन्तर्प्रवाहों एवं बाह्यप्रवाहों को निष्प्रभाव करने की क्षमता पर निर्भर करता है। इसके लिए बाहरी प्रवाहों के निष्फलन की कुछ आवश्यकता होती है। परन्तु यह वित्तीय बाजारों के वैश्वीकरण (globalisation) के कारण संभव नहीं होता है।

7. अल्पकाल की उपेक्षा (Neglects start-run)—मौद्रिक धारणा भुगतान शेष में स्वत: ठीक होने वाले दीर्घकालीन संतुलन से संबंधित होती है। यह धारणा अवास्तविक है क्योंकि यह अल्पकाल की व्याख्या करने में असफल है जिसके माध्यम से अर्थव्यवस्था नए संतुलन पर पहुंचने के लिए गुजरती है।

8. अन्य घटकों की उपेक्षा (Neglects other Factors)—यह धारणा सभी वास्तविक और ढांचागत घटकों की उपेक्षा करती है जिससे भुगतान शेष में असंतुलन उत्पन्न होता है और यह केवल घरेलू साख पर केन्द्रित करता है।

9. आर्थिक नीति की उपेक्षा (Neglects Economic Policy)—यह धारणा भुगतान शेष संतुलन लाने में घरेलू साख की भूमिका पर जोर देती है और आर्थिक नीति उपायों की उपेक्षा करती है। प्रो. **क्यूरी** (Currie) के अनुसार, भुगतान शेष संतुलन व्यय बदलावकारी (expenditure-switching) नीतियों द्वारा भी प्राप्त किया जा सकता है जो वास्तविक प्रवाहों और सरकारी बजट के माध्यम से कार्य करती है।

निष्कर्ष (Conclusion)

इन आलोचनाओं के बावजूद, भुगतान शेष का आधुनिक मौद्रिक सिद्धान्त **ह्यूम** के कीमत-स्वर्ण-प्रवाह सिद्धान्त से श्रेष्ठ है। ह्यूम के सिद्धान्त के अनुसार, मुद्रा केवल कीमती धातुओं में शामिल थी। घाटे वाले देश में, स्वर्ण बहिर्वाह से मुद्रा पूर्ति में संकुचन आता था और कीमतों में कमी। अतिरेक वाले देश में इसके विपरीत होता था। अत: भुगतान शेष में कीमत परिवर्तनों द्वारा संतुलन पुन: स्थापित होता था। आधुनिक सिद्धान्त में, घरेलू मुद्रा और विदेशी मुद्रा होती है। सापेक्ष कीमत परिवर्तनों पर बल न देकर, इस पर होता है कि किस सीमा तक साख निर्माण द्वारा आंतरिक स्त्रोतों से वास्तविक मुद्रा शेषों के लिए मांग संतुष्ट की जाएगी अथवा बाह्य स्त्रोतों के भुगतान शेष में घाटे या आतिरेक द्वारा। भुगतान शेष में घाटा अथवा आतिरेक मुद्रा पूर्ति में परिवर्तनों और उनके परिणामी आय और व्यय पर या वस्तुओं के उत्पादन और उपभोग पर प्रभावों द्वारा ठीक किया जा सकता है।

प्रश्न

1. भुगतान शेष की समस्या को हल करने हेतु मौद्रिक सिद्धान्त की विवेचना कीजिए।
2. भुगतान शेष के लोच सिद्धान्त की आलोचनात्मक व्याख्या कीजिए।
3. भुगतान शेष के अवशोषण सिद्धान्त का आलोचनात्मक परीक्षण करिए।
4. भुगतान शेष के वैकल्पिक स्वत: समायोजन तंत्रों की व्याख्या कीजिए। इनकी कौन-कौन सी मान्यताए हैं ?
5. किसी देश के भुगतान शेष में घाटे को कम करने में अवमूल्यन की भूमिका की चर्चा कीजिए। इसकी क्या सीमाएं हैं ?
6. प्रभावी अवमूल्यन की मार्शल-लर्नर शर्त की व्याख्या कीजिए।

अध्याय 31

भुगतान शेष नीतियां : आंतरिक तथा बाह्य संतुलन

(BALANCE OF PAYMENTS POLICIES : INTERNAL AND EXTERNAL BALANCE)

1. प्रस्तावना (INTRODUCTION)

इस अध्याय में सरकारों द्वारा भुगतान शेष के असंतुलन को संतुलित करने के तरीकों का विवेचन किया जा रहा है। वे हैं :

1. आंतरिक संतुलन जो कीमत स्थिरता तथा पूर्ण रोजगार का उल्लेख करता है, तथा
2. बाह्य संतुलन या भुगतान शेष संतुलन।

मीड (Meade) ने अपनी पुस्तक **Balance of Payments** में बताया कि आंतरिक तथा बाह्य संतुलन बनाए रखने के लिए हर देश को अपने कुल व्यय तथा विनिमय दर पर नियंत्रण रखना पड़ेगा। फिर **जोनसन** (Johnson) ने दोनों आंतरिक तथा बाह्य संतुलन लाने के लिए नीति उपकरणों के रेंज की ओर संकेत किया। उसने इन नीतियों को **व्यय परिवर्तनकारी** (Expenditure Changing) और **व्यय बदलावकारी**[1] (Expenditure Switching) नीतियां कहा। व्यय परिवर्तनकारी नीतियों की विवेचना आगे की जा रही है।

2. व्यय परिवर्तनकारी मौद्रिक तथा फिस्कल नीतियां (EXPENDITURE CHANGING MONETARY AND FISCAL POLICIES)

व्यय परिवर्तनकारी नीतियों से अभिप्राय भुगतान शेष असंतुलन को उपयुक्त मौद्रिक तथा फिस्कल नीतियों द्वारा प्रभावित करने के लिए अर्थव्यवस्था के कुल व्यय को परिवर्तित करना है।

इन दो नीतियों की व्याख्या करने के लिए IS-LM-BP तकनीक का प्रयोग किया जाता है, जहां LM वक्र मौद्रिक नीति, IS वक्र फिस्कल नीति तथा BP (भुगतान शेष) वक्र अथवा EB (बाह्य संतुलन) अथवा EF (विदेशी विनिमय) वक्र को व्यक्त करते हैं। **BP वक्र ब्याज दर तथा राष्ट्रीय आय के उन संयोगों को प्रस्तुत करता है जो भुगतान शेष (BOP) संतुलन पैदा करते हैं।** आय में वृद्धि आयात में वृद्धि लाएगी और चालू लेखा घाटे को बढ़ाकर भुगतान शेष (BOP) में घाटे को बढ़ाएगी। दूसरी ओर ब्याज दर में वृद्धि विदेशी निवेश आकर्षित करेगी तथा पूंजी का अंतर्वाह होगा जिससे पूंजी लेखा अतिरेक (Surplus) में वृद्धि होगी।

चित्र में BP वक्र के बाईं ओर ऊपर की ओर कोई भी बिन्दु भुगतान शेष में अतिरेक दर्शाता है तथा BP वक्र के दाईं ओर नीचे की तरफ कोई भी बिन्दु भुगतान शेष में घाटा दर्शाता है। भुगतान शेष (BOP) असंतुलन पर प्रभाव डालने वाली मौद्रिक तथा फिस्कल नीतियों द्वारा व्यय परिवर्तन लाने के तरीकों का विवेचन नीचे किया गया है।

व्यय परिवर्तनकारी मौद्रिक नीति (Expenditure Changing Monetary Policy)

व्यय परिवर्तनकारी मौद्रिक नीति मुद्रा पूर्ति तथा ब्याज दर में परिवर्तन द्वारा अर्थव्यवस्था को प्रभावित करती है। एक संकुचनकारी (Contractionary) मौद्रिक नीति भुगतान शेष (BOP) में अतिरेक लाती है तथा विस्तारक (Expansionary) मौद्रिक नीति भुगतान शेष में घाटा लाती है।

1. यह नीति अध्याय के अंतिम खण्ड में दी गई है।

इसकी मान्यताएं (Its Assumptions)

यह विश्लेषण निम्न मान्यताओं पर आधारित है :

(अ) विनिमय दर स्थिर है।

(ब) पूंजी में सापेक्ष गतिशीलता है।

(स) सरकारी व्यय में कोई परिवर्तनकारी नहीं होता, अर्थात IS वक्र (फिस्कल नीति) में कोई परिवर्तन नहीं होता है।

व्यय घटाने वाली मौद्रिक नीति (Expenditure Reducing Monetary Policy)

मानलीजिए देश में भुगतानशेष घाटा है। यह आय से अधिक व्यय की ओर संकेत करता है। इसे सुधारने के लिए मौद्रिक नीति मुद्रा पूर्ति में कमी लाती है जिससे ब्याज दरें बढ़ती हैं तथा निवेश और उत्पादन में कमी आती है। निवेश (व्यय) तथा उत्पादन की कमी आगे आय तथा आयातित वस्तुओं की कुल मांग में कमी लाती है। इसके आंतरिक कीमत स्तर में भी कमी आने से विदेशी वस्तुओं के स्थान पर देशी वस्तुओं की ओर बदलाव आता है। परिणामस्वरूप, देश के आयात कम हो जाते हैं तथा निर्यात बढ़ जाते हैं। इस प्रकार चालू व्यापार घाटा कम हो जाता है। साथ ही आयात में कमी से अल्पकालीन पूंजी का बहिर्वाह (Outflow) घट जाता है, जो भुगतान शेष घाटे को कम करता हे। दूसरी ओर आंतरिक ब्याज दरों में वृद्धि से पूंजी का अंतर्वाह बढ़ता है जिस कारण भुगतान शेष घाटा पूरी तरह समाप्त हो जाता है। जब मौद्रिक अधिकारी भुगतान शेष आतिरेक को ठीक करने के लिए विस्तारक मौद्रिक नीति अपनाते हैं तो समायोजन प्रक्रिया ऊपर हुए वर्णन के बिल्कुल प्रतिकूल होगी। व्यय घटाने वाली मौद्रिक नीति तथा भुगतान शेष पर इसके प्रभावों को चित्र 1 में दिखाया गया है।

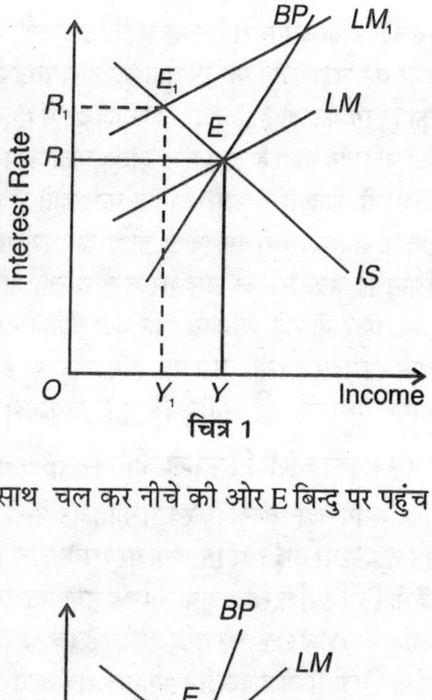

चित्र 1

ऊपर दी गई मान्यताओं के होने पर हम ऐसी स्थिति से प्रारंभ करते हैं जहां ब्याज दर OR तथा आयस्तर OY पर IS-LM-BP वक्रों के कटान बिन्दु E पर अर्थव्यवस्था पूर्ण संतुलन में है। मानलीजिए आंतरिक मुद्रा पूर्ति कम की जाती है। इससे LM वक्र **बाईं तरफ** ऊपर की ओर बदल कर LM_1 पर आ जाता है। नया संतुलन बिन्दु E_1 है क्योंकि बिन्दु E_1 वक्र BP के बाईं तरफ ऊपर की ओर है इसलिए भुगतान शेष आतिरेक है। ब्याज दर में OR से OR_1 की वृद्धि होती है जिससे पूंजी के अंतर्वाह के कारण पूंजी लेखा में आतिरेक होता है। दूसरी ओर आय में OY से OY_1 की कमी से आयात की कमी के कारण चालू लेखा आधिक्य उत्पन्न होगा। इस प्रकार **संकुचनकारी मौद्रिक नीति** से **भुगतान शेष में आतिरेक** होता है। फिर भी E_1 एक स्थायी संतुलन को प्रस्तुत नहीं करता। भुगतान शेष आतिरेक आंतरिक मुद्रा पूर्ति को बढ़ावा देगा तथा धीरे-धीरे LM_1 वक्र को सरका कर दाईं ओर LM वक्र पर ले जाएगा। ताकि E_1 बिन्दु IS वक्र के साथ-साथ चल कर नीचे की ओर E बिन्दु पर पहुंच जाए जब अर्थव्यवस्था दोबारा भुगतान शेष संतुलन पर आ जाए।

व्यय बढ़ाने वाली मौद्रिक नीति (Expenditure Increasing Monetary Policy)

दूसरी ओर एक विस्तारक मौद्रिक नीति, भुगतान शेष में घाटा लाती है, जैसा चित्र 2 में दिखाया गया है। चित्र में पूर्ण संतुलन बिन्दु E से प्रारंभ करते हुए मौद्रिक अधिकारी मुद्रा पूर्ति बढ़ा देता है। इससे LM वक्र नीचे **दाईं ओर** LM_2 पर आ जाता है। नया संतुलन बिन्दु E_2 पर है क्योंकि बिन्दु E_2 वक्र BP के **दाईं ओर नीचे** को है, इसलिए भुगतान शेष घाटा है। ब्याज दर कम होकर OR से OR_2 हो गई है जिससे पूंजी का बहिर्वाह होने से पूंजी लेखा घाटा पैदा होता है। दूसरी ओर आय में OY से OY_2 वृद्धि से आयात बढ़ने के साथ चालू लेखा घाटा पैदा होता है। इस प्रकार एक **विस्तारक मौद्रिक नीति से भुगतान शेष में घाटा पैदा होता है।** फिर भी E_2 स्थाई संतुलन नहीं है। भुगतान शेष घाटा घरेलू मुद्रा पूर्ति को कम करेगा तथा धीरे-धीरे वक्र LM_2 को बाईं ओर ऊपर वक्र LM पर ले जाएगा ताकि E_2 बिन्दु IS वक्र के

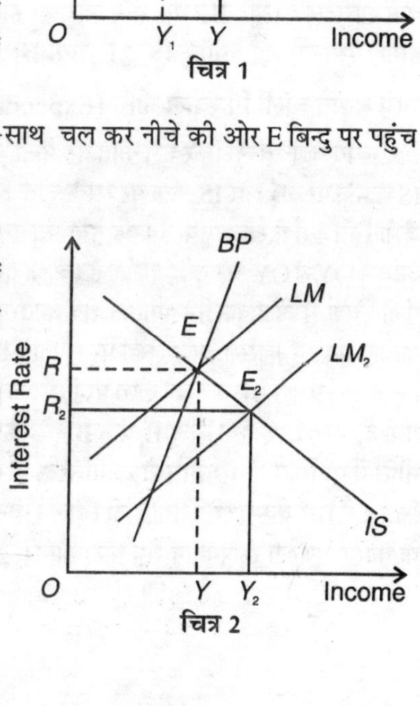

चित्र 2

साथ-साथ चलते हुए बिन्दु E पर ले जाएगा तथा अर्थव्यवस्था दोबारा भुगतान शेष संतुलन में आ जाती है।

व्यय परिवर्तनकारी फिस्कल नीति (Expenditure Changing Fiscal Policy)

फिस्कल नीति से अभिप्राय है सरकारी व्यय या/और कराधान में परिवर्तन करना। एक विस्तारक फिस्कल नीति सरकारी व्यय बढ़ाती है या/और करों में कमी लाती है। दूसरी ओर एक संकुचनकारी फिस्कल नीति सरकारी व्यय या/और करों में वृद्धि से संबंधित है।

व्यय घटाव लाने वाली फिस्कल नीति (Expenditure Reducing Fiscal Policy)

भुगतान शेष में घाटे को ठीक करने के लिए व्यय घटाने वाली फिस्कल नीति के प्रभावों को चित्र 3 में दिखाया गया है।

इसकी मान्यताएं (Its Assumption)

यह विश्लेषण निम्न मान्यताओं पर आधारित है :

1. विनिमय दर स्थिर है।
2. पूंजी में सापेक्ष गतिशीलता है।
3. आर्थिक नीति में कोई परिवर्तन नहीं है जिस कारण LM वक्र अपरिवर्तित रहता है।

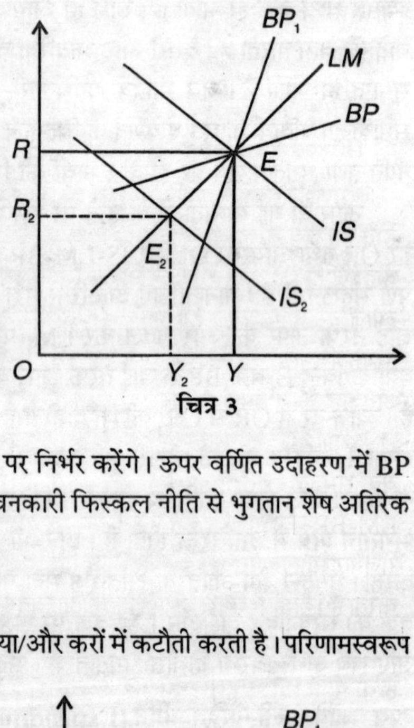

चित्र 3

ऊपर दी गई मान्यताओं के दिए होने पर हम संतुलन स्थिति E से प्रारंभ करते हैं जहां ब्याज दर OR और आयस्तर OY है और वक्र IS-LM-BP काटते हैं। मानलीजिए सरकार **संकुचनकारी फिस्कल नीति** अपनाती है जिससे यह अपना व्यय घटाती है या/और कर बढ़ाती है। यह IS वक्र को नीचे **बाईं ओर** IS_2 वक्र पर ला देती है जो LM वक्र को E_2 पर काटता है। यह बिन्दु ब्याज दर में OR से OR_2 की कमी दर्शाता है जिससे पूंजी का बहिर्वाह होता है तथा पूंजी लेखा घाटा उत्पन्न होता है। आय स्तर भी OY से गिरकर OY_2 हो जाता है जिससे आयात कम होते हैं तथा चालू लेखा घाटा पैदा होता है। इस प्रकार संकुचनकारी फिस्कल नीति का पूर्ण परिणाम भुगतान शेष में घाटा है **क्योंकि बिन्दु E_2 वक्र BP के दाईं तरफ नीचे की ओर है।**

फिर भी संकुचनकारी फिस्कल नीति के भुगतान शेष पर प्रभाव BP वक्र की लोच पर निर्भर करेंगे। ऊपर वर्णित उदाहरण में BP वक्र लोचदार है। यदि BP वक्र कम लोचदार हो जैसा ऊपर चित्र में BP_1 वक्र है तो संकुचनकारी फिस्कल नीति से भुगतान शेष अतिरेक होगा। ऐसा इसलिए क्योंकि **बिन्दु E_2 वक्र BP के ऊपर बाईं ओर है।**

व्यय बढ़ाने वाली फिस्कल नीति (Expenditure Increasing Fiscal Policy)

व्यय बढ़ाने वाली फिस्कल नीति वह मानी जाती है जब सरकार अपना व्यय बढ़ाती है या/और करों में कटौती करती है। परिणामस्वरूप IS वक्र ऊपर बाईं ओर IS_1 वक्र पर सरक जाता है जो LM वक्र को बिन्दु E_1 पर काटता है जैसा चित्र 4 में दिखाया गया है। यह नया संतुलन ब्याज दर में OR से OR_1 की वृद्धि तथा आय में OY से OY_1 की वृद्धि दर्शाता है। ब्याज दर में वृद्धि से पूंजी का अंतर्वाह होता है तथा पूंजी लेखा में अल्पकालीन भुगतान शेष अतिरेक होता है। दूसरी ओर आय में वृद्धि से आयात बढ़ते हैं जिससे चालू लेखा पर भुगतान शेष घाटा होता है। भुगतान शेष पर इसका निवल पूर्ण प्रभाव BP वक्र की लोच पर निर्भर करेगा। यदि BP वक्र जैसा चित्र 4 में दर्शाया गया है, लोचदार है तथा बिन्दु E_1 वक्र **BP के ऊपर बाईं ओर है तो विस्तारक फिस्कल नीति में पूर्णरूप से भुगतान शेष आतिरेक होगा।** यदि BP वक्र **कम लोचदार** है जैसा चित्र 4 में BP_1 वक्र दर्शाया गया है तो संतुलन बिन्दु E_1 वक्र BP_1 के दाईं ओर नीचे को होने के कारण पूर्णरूप से भुगतान शेष घाटा होगा।

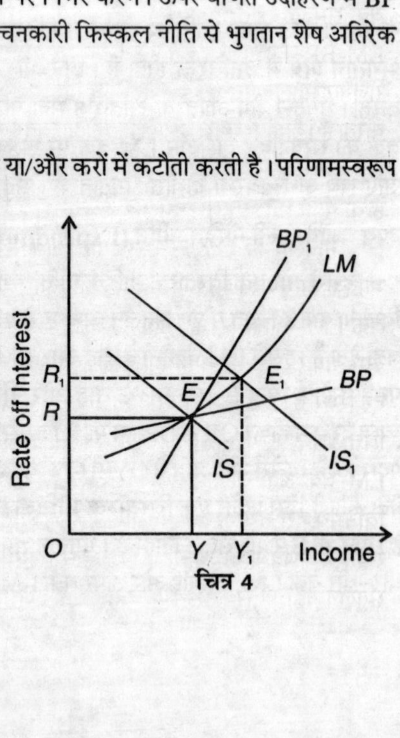

चित्र 4

निष्कर्ष (Conclusion)

ऊपर के विश्लेषण से स्पष्ट होता है कि संकुचनकारी (Contractionary) फिस्कल नीति भुगतान शेष घाटा ठीक करने में प्रभावी होती है। लेकिन विस्तारक फिस्कल नीति भुगतान शेष घाटे को सुधार भी सकती है अथवा बिगाड़ भी सकती है। इस प्रकार इसके भुगतान शेष पर परिणाम अस्पष्ट है। ब्याज दर में वृद्धि अल्पकाल में भुगतान शेष पूंजी आतिरेक उत्पन्न करती है तथा आय में वृद्धि से चालू लेखा घाटा होता है। यदि पहला प्रभाव प्रबल होता है तो विस्तारक फिस्कल नीति आंतरिक तथा बाह्य दोनों संतुलन लाएगी। लेकिन यदि बाद वाला प्रभाव प्रबल होता है तो वैसी ही सफलता नहीं मिल पाएगी। भुगतान शेष समस्या के समाधान के लिए तथा बाह्य तथा आंतरिक दोनों संतुलनों को लाने के लिए नीति निर्धारक मौद्रिक तथा फिस्कल दोनों नीतियों के मिश्रण का सुझाव देते हैं।

3. मौद्रिक-फिस्कल मिश्र : आंतरिक तथा बाह्य संतुलन नीतियां (MONETARY-FISCAL MIX : INTERNAL AND EXTERNAL BALANCE POLICIES)

नीचे हम आंतरिक तथा बाह्य संतुलन मौद्रिक तथा फिस्कल मिश्रित नीतियों में स्थिर तथा लोचदार विनिमय दरों पर पूर्ण तथा सापेक्ष गतिशीलता के साथ देश के भुगतान शेष पर उनके प्रभावों का अध्ययन करते हैं। उनकी नीचे व्याख्या की गई है।

1. पूर्ण पूंजी गतिशीलता के साथ स्थिर विनिमय दरें (Fixed Exchange Rates with Perfect Capital Mobility)

पूंजी गतिशीलता होने पर घरेलू ब्याज दर में थोड़े से परिवर्तन से पूंजी के बड़े प्रवाह होते हैं। जब घरेलू ब्याज दर विश्व ब्याज दर के बराबर होती है तो भुगतान शेष संतुलित कहा जाता है। यदि घरेलू ब्याज दर विश्व ब्याज दर से कम होती है जो विदेश में अच्छी ब्याज दरें प्राप्त करने हेतु पूंजी का अधिक बहिर्वाह होगा जो स्वयं समाप्त हो जाएगा। इसके विपरीत, घरेलू ब्याज दर विश्व ब्याज दर से अधिक हो तो पूंजी का अधिक अंतर्वाह घरेलू ब्याज दर को मूल स्तर पर ला देगा।

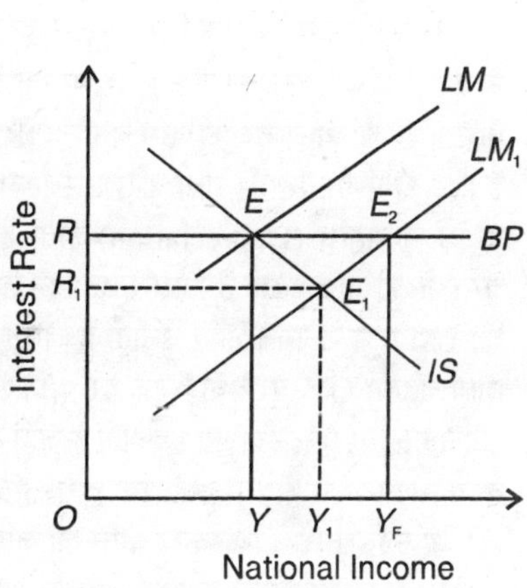

चित्र 5

पूर्ण पूंजी गतिशीलता के नीति निहितार्थ को चित्र 5 तथा 6 में दर्शाया गया है जहां BP वक्र समतल (Horizontal) खींचा गया है। बिन्दु E मूल संतुलन बिन्दु है जिसमें से IS-LM-BP वक्र गुजरते हैं। इस बिन्दु पर भुगतान शेष शून्य है लेकिन अर्थव्यवस्था पूर्ण रोजगार संतुलन पर नहीं है। यह बिन्दु राष्ट्रीय आय स्तर OY तथा ब्याज दर OR का निर्धारण करता है। क्योंकि ब्याज दर में थोड़े से परिवर्तन से बहुत अधिक पूंजी प्रवाह होता है इसलिए BP वक्र को समतल खींचा गया है। **यदि घरेलू ब्याज दर OR के ऊपर है तो पूंजी का देश में अंतर्वाह होगा तथा यदि यह OR के नीचे है तो पूंजी का बहिर्वाह होगा।**

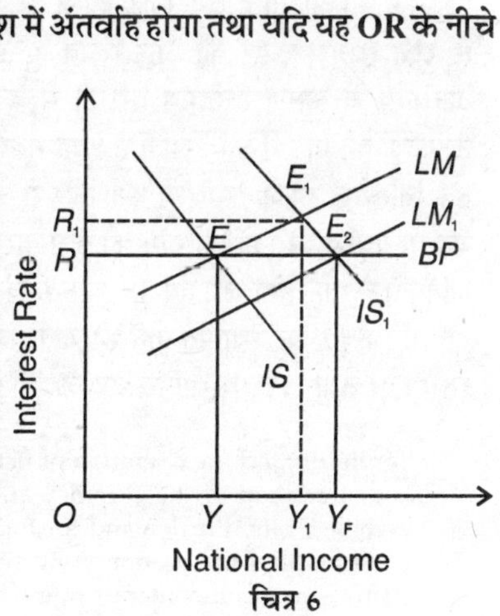

चित्र 6

मानलीजिए OY_F पूर्ण रोजगार आय स्तर है जिसे अर्थव्यवस्था पाना चाहती है। मौद्रिक अधिकारी मुद्रा पूर्ति बढ़ाकर विस्तारक मौद्रिक नीति प्रारंभ करता है। इससे LM वक्र LM_1 स्थान पर आ जाता है जो IS वक्र को E_1 बिन्दु पर काटता है जिससे ब्याज दर कम होकर OR_1 हो जाती है। इससे पूंजी का बर्हिर्वाह होता है। क्योंकि विदेशी विनिमय दर स्थिर है, इसलिए मौद्रिक अधिकारी विदेशी विनिमय को बेचकर पूंजी बहिर्वाह का वित्त प्रबंध करेगा। विदेशी विनिमय की बिक्री मुद्रा पूर्ति कम कर देगी परिणामस्वरूप LM_1 वक्र ऊपर बाईं ओर मूल स्थिति LM पर आ जाता है। इस प्रकार मौद्रिक नीति स्थिर विनिमय दरों तथा स्थिर अंतर्राष्ट्रीय पूंजी गतिशीलता होते हुए आंतरिक संतुलन कायम रखने में पूर्णतया अप्रभावी है। ऐसा इसलिए कि बिन्दु E_2 पर अर्थव्यवस्था पूर्ण रोजगार संतुलन नहीं पा सकती। संकुचनकारी मुद्रा नीति भी अप्रभावी होगी।

दूसरी ओर एक विस्तारक फिस्कल नीति से अंतर्राष्ट्रीय पूंजी गतिशीलता द्वारा आय स्तर बढ़ाने का प्रभाव होता है। यह चित्र 6 में दर्शाया गया है। मान लीजिए आय का पूर्ण रोजगार स्तर OY_F पाने के लिए सरकारी व्यय बढ़ा दिया जाता है। यह IS वक्र को दाईं ओर IS_1 पर ला देता है जो LM वक्र को बिन्दु E_1 पर काटता है इससे ब्याज दर बढ़कर OR हो जाती है तथा आय स्तर गिरकर OY_1 हो जाता है। ब्याज दर के बढ़ने से विदेश से पूंजी का बड़ा अंतर्वाह होता है। इससे विदेशी रिजर्व बढ़ने के साथ मुद्रा पूर्ति में वृद्धि होती है जिससे LM वक्र दाईं ओर LM_1 वक्र पर आ जाता है। अब यह LM_1 वक्र IS_1 वक्र को बिन्दु E_2 पर काटता है जहां स्थिर विनिमय दर पर पूर्ण रोजगार आय स्तर OY_F प्राप्त हो जाता है। इस प्रकार **फिस्कल नीति** मुद्रा पूर्ति बढ़ाकर कुल मांग, आय तथा रोजगार में वृद्धि लाती है। अत: **पूर्ण पूंजी गतिशीलता तथा स्थिर विनिमय दरों के अंतर्गत फिस्कल नीति आंतरिक संतुलन बनाए रखने में प्रभावी है तथा मौद्रिक नीति असमर्थ है।** जहां तक बाह्य संतुलन का संबंध है यह पूर्ण गतिशीलता के कारण अपने आप बना रहता है।

2. पूर्ण पूंजी गतिशीलता के साथ लोचदार दरें
(Flexible Exchange Rates with Perfect Capital Mobility)

जब विनिमय दरें लोचदार[1] हों तो पूर्ण पूंजी गतिशीलता के साथ निकाले जाने वाले निष्कर्ष परिवर्तित हो जाते हैं।

एक **विस्तारक मौद्रिक नीति** लीजिए जिसका प्रभाव ब्याज दरों में कमी करना, पूंजी का बहिर्वाह बढ़ाना और इस प्रकार भुगतान शेष में घाटा लाना है। यह घाटा कैसे ठीक किया जाता है इसे चित्र 7 में दर्शाया गया है।

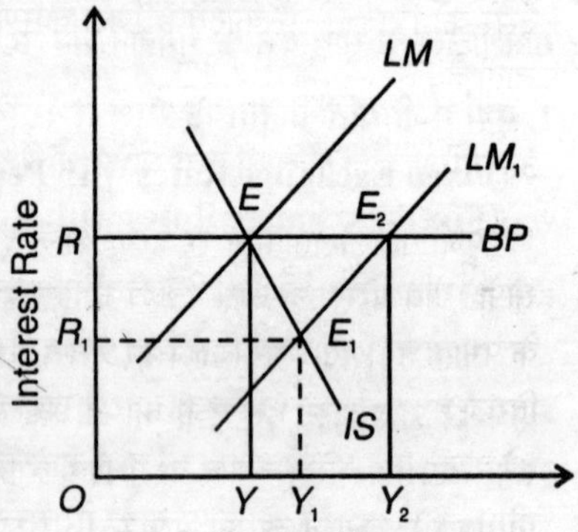

चित्र 7

E से प्रारंभ करके एक विस्तारक मौद्रिक नीति IS वक्र दिया होने पर, वक्र LM को नीचे दाईं ओर सरका कर वक्र LM_1 पर ला देती है। LM_1 वक्र IS वक्र को बिन्दु E_1 पर काटता है जो ब्याज दर को कम करके OR_1 पर तथा आय को बढ़ाकर OY_1 पर लाता है। इस से पूंजी बहिर्वाह तथा परिणामस्वरूप भुगतान शेष में घाटा होता है तथा विनिमय दर में मूल्यह्रास (Depreciation) होता है। मूल्यह्रास के कारण विदेश में स्वदेशी वस्तुओं की मांग बढ़ती है जिससे उत्पादन तथा आय में वृद्धि होती है। यह अर्थव्यवस्था को LM वक्र के साथ ऊपर उठाती है जब तक वह बिन्दु E_2 तक नहीं पहुंच जाती जब आय बढ़कर OY_2 पर तथा ब्याज दर पुराने स्तर OR पर बढ़ जाती है तो भुगतान शेष में संतुलन E_2 पर पुन: स्थापित हो जाता है जहां आय में वृद्धि द्वारा बढ़े हुए आयात मूल्यह्रास के कारण व्यापार शेष में आतिरेक द्वारा क्षतिपूर्ति कर देते हैं।

एक **विस्तारक फिस्कल नीति** लीजिए जो IS वक्र को IS_1 पर सरका देती है। चित्र 8 में LM वक्र दिया होने पर यह अर्थव्यवस्था को E_1 पर संतुलन में लाती है जहां IS_1 वक्र LS वक्र को काटता है तथा OR_1 ब्याज दर और OY_1 आय स्तर होता है। क्योंकि बिन्दु E_1 रेखा BP से ऊपर की ओर स्थित है, इसलिए भुगतान शेष में आतिरेक है। इस आधिक्य के कारण विनिमय दर की मूल्यवृद्धि (Appreciation) होती है जो घरेलू उत्पादक की मांग में कमी लाती है। यह मूल्य वृद्धि की प्रक्रिया तब तक होती रहेगी जब तक कि घरेलू ब्याज दर विश्व ब्याज दर से अधिक है तथा पूंजी अन्तबहि चलता रहेगा। यह मूल्यवृद्धि वस्तुओं की मांग को कम करती रहेगी और फिस्कल नीति के प्रभावों की क्षतिपूर्ति करती रहेगी जब तक IS_1 वक्र सरक कर IS वक्र पर नहीं आ जाता तथा संतुलन दोबारा बिन्दु E पर स्थापित नहीं हो जाता, जहां ब्याज दर और आय वापिस अपने मूल स्तरों OR तथा OY पर वापिस आ जाएंगी। बिन्दु E पर भुगतान शेष तो संतुलन में है

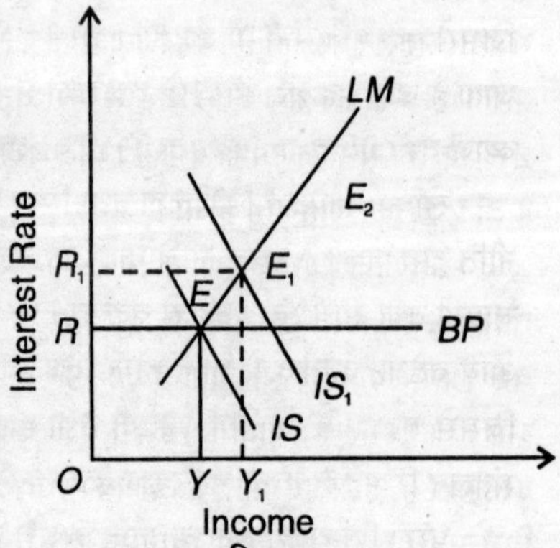

चित्र 8

1. To understand the operation of flexible exchange rates two points are to be noted : (1) When capital outflows, there is depreciation of the currency and when capital inflows, there is appreciation of the currency (2) Under flexible exchange rate, the demand for foreign exchange equals its supply so that there is neither BOP deficit nor surplus. It means that the economy always returns to the original equilibrium position on the BP curve when there are changes in income-interest rate combination and shift in the BP curve.

लेकिन विनिमय मूल्यवृद्धि के कारण व्यापार घाटा है जो विदेशियों के लिए घरेलू वस्तुओं की कीमतें बढ़ाता है तथा आयातित वस्तुओं की कीमतों को कम करता है। इसके परिणामस्वरूप निर्यात में कमी तथा आयात में वृद्धि आएगी। जिस कारण व्यापार घाटा उत्पन्न होगा। पूंजी अंतर्वाह द्वारा व्यापार घाटे का वित्त प्रबंधन करके विस्तारक फिस्कल नीति के अंतर्गत भुगतान शेष में E_1 बिन्दु पर संतुलन कायम रखा जा रहा है।

इस प्रकार पूर्ण पूंजी गतिशीलता के अंतर्गत फिस्कल नीति का आय और रोजगार पर कोई प्रभाव नहीं है। अत: **पूर्ण पूंजी गतिशीलता के साथ लोचदार विनिमय दरों के अंतर्गत आंतरिक तथा बाह्य संतुलन बनाने में मौद्रिक नीति प्रभावी है और फिस्कल नीति अप्रभावी है।**

स्थिर तथा लोचदार विनिमय दरों के अंतर्गत उपरोक्त विश्लेषण में मौद्रिक तथा फिस्कल नीतियों पर अलग-अलग विचार किया गया है। फिर, एक छोटे देश के लिए मौद्रिक विस्तार तथा फिस्कल विस्तार में इस ढंग से मिश्रण करना संभव है कि ये स्थिर तथा लोचदार दरों पर प्रभावी हो जाएंगे। ऐसा इसलिए कि एक छोटे देश के लिए अपनी नीतियों द्वारा संतुलन ब्याज दर OR को परिवर्तित करना संभव नहीं होगा जब पूर्ण पूंजी गतिशीलता हो। परिणामस्वरूप, मौद्रिक तथा फिस्कल नीतियों में इस प्रकार साथ-साथ विस्तार किया जाता है कि LM वक्र सरक कर दाईं ओर LM_1 पर आ जाता है तथा IS वक्र भी सरक कर दाईं ओर IS_1 पर आ जाता है जिससे दोनों वक्र एक-दूसरे को बिन्दु E_2 पर काटते हैं जिस कारण जैसा चित्र 6 में दिखाया गया है, ब्याज दर OR पर स्थिर रहते हुए, आय बढ़कर OY_1 हो जाती है।

3. सापेक्ष पूंजी गतिशीलता के साथ स्थिर विनिमय दरें (Fixed Exchange Rates with Relative Capital Mobility)

सापेक्ष गतिशीलता के साथ स्थिर विनिमय दरों के अंतर्गत मौद्रिक तथा फिस्कल नीतियों के प्रभावों पर विचार करें। इसे चित्र 9 में दर्शाया गया है जहां BP वक्र LM वक्र से अधिक तिरछा है। मूल संतुलन बिन्दु E पर है जहां वक्र IS, वक्र LM तथा वक्र BP एक दूसरे को काटते हैं और ब्याज दर OR तथा आय स्तर OY है। पहले एक **विस्तारक फिस्कल नीति** लें जो IS वक्र को ऊपर दाईं ओर सरकाकर IS_1 पर लाती है जो LM वक्र को E_2 पर काटता है। ब्याज दर OR से बढ़कर OR_2 तथा आय स्तर OY से बढ़कर OY_2 हो जाता है। क्योंकि बिन्दु E_2 वक्र BP के दाईं ओर नीचे को है, इसलिए भुगतान शेष में घाटा आएगा। इस घाटे के कारण मुद्रा अधिकारी विदेशी मुद्रा बेचना प्रारंभ कर देता है, जिससे मुद्रा पूर्ति में कमी आएगी। इससे LM वक्र दाईं ओर सरककर LM_1 वक्र पर आ जाता है जहां यह IS_1 और BP वक्रों को E_1 पर काटता है। परिणामस्वरूप अर्थव्यवस्था ब्याज दर OR_1 तथा आय स्तर OY_1 के साथ आंतरिक तथा बाह्य संतुलन पर है।

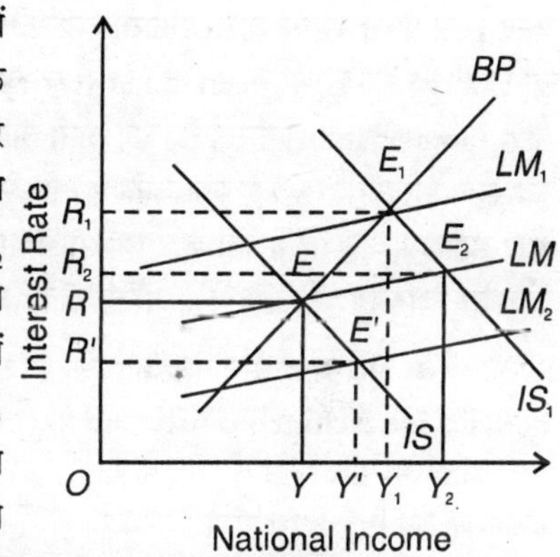

चित्र 9

लेकिन सापेक्ष गतिशीलता तथा स्थिर विनिमय दरों के साथ एक **विस्तारक मौद्रिक नीति** भुगतान शेष में हमेशा घाटा लाएगी। इस नीति द्वारा जब LM वक्र नीचे दाईं ओर सरककर LM_2 वक्र पर चला जाता है जो मुद्रा पूर्ति बढ़ने से ब्याज दर OR से गिरकर OR'हो जाएगी तथा आय स्तर OY से बढ़कर OY' हो जाएगा। ब्याज दर में कमी से पूंजी बहिर्वाह होगा जो पूंजी लेखा घाटा उत्पन्न करेगा और आय बढ़ेगी, आयात में वृद्धि होगी तथा चालू लेखा घाटा होगा। ये घाटे मौद्रिक अधिकारी को विदेशी मुद्रा बेचने के लिए विवश करेंगे जिससे मुद्रा पूर्ति में कमी आएगी तथा इस कारण LM_2 वक्र सरक कर अपने मूल स्थान LM वक्र पर आ जाएगा। परिणामस्वरूप, संतुलन स्थिति E बिन्दु पर रहती है जहां OR ब्याज दर तथा OY आय स्तर है। इस प्रकार **मौद्रिक नीति अप्रभावी** है।

परन्तु फिस्कल-मौद्रिक नीति मिश्रण दोनों आंतरिक तथा बाह्य संतुलन लाती है। यह एक **विस्तारक फिस्कल नीति के साथ एक प्रतिबंधक मौद्रिक नीति** के मिश्रण द्वारा पाया जा सकता है। जब एक विस्तारक फिस्कल नीति IS वक्र को दाईं ओर IS_1 वक्र पर स्थानांतरित करती है तथा संकुचनकारी मौद्रिक नीति LM वक्र को बाईं ओर LM_1 पर, तो चित्र 9 में दोनों BP वक्र को बिन्दु E_1 पर काटते हैं। इस प्रकार अर्थव्यवस्था OR_1 ब्याज दर तथा OY_1 आय स्तर पर, जो मूल स्तर बिन्दु E के मूल से ऊंचा है, पूर्ण रोजगार तथा भुगतान संतुलन प्राप्त कर लेती है।

4. सापेक्ष पूंजी गतिशीलता के साथ लोचदार विनिमय दरें
(Flexible Exchange Rates with Relative Capital Mobility)

चित्र 10 में प्रदर्शित सापेक्ष पूंजी गतिशीलता के साथ लोचदार विनिमय दरों के प्रभावों पर अब हम विचार करेंगे। पहले मौद्रिक नीति के प्रभावों को मूल संतुलन बिन्दु E पर लें जहां तीनों वक्र BS, IS तथ LM एक दूसरे को काटते हैं और ब्याज दर OR तथा आय स्तर OY है। मानलीजिए मौद्रिक अधिकारी एक विस्तारक मौद्रिक नीति का अनुसरण करता है जो LM वक्र को दाईं ओर LM_1 पर सरकाती है जो चित्र 10 में IS वक्र को E_2 पर काटता है। क्योंकि बिन्दु E_2 वक्र **BP के नीचे दाईं ओर** है इसलिए अल्पकाल में भुगतान शेष में घाटा होता है। ब्याज दर के OR से गिरकर OR_2 पर आने से पूंजी का बहिर्वाह होता है जो विदेशी मुद्रा की मांग बढ़ाता है तथा देश की विनिमय दर का मूल्यह्रास (Depreciation) होता है। इससे निर्यात बढ़ते हैं तथा आयात में कमी आती है। इस कारण IS वक्र दाईं ओर IS_1 पर सरक जाता है। भुगतान शेष में सुधार होता है। इससे वक्र BP दाईं ओर BP_1 पर सरक जाता है। नया संतुलन बिन्दु E_1 पर स्थापित होता है जहां तीनों वक्र IS, LM तथा BP एक दूसरे को काटते हैं तथा OY से अधिक ऊंचे OY_1 स्तर पर दोनों बाह्य तथा आंतरिक संतुलन उपलब्ध हो जाते हैं। इस प्रकार **मौद्रिक नीति लोचदार विनिमय दरों के अंतर्गत प्रभावी होती है।**

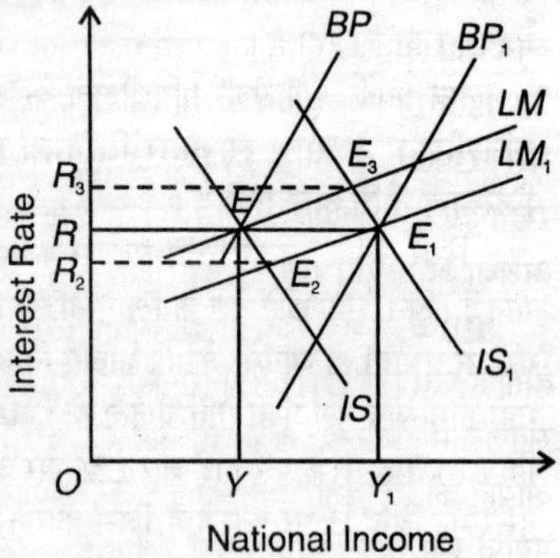

चित्र 10

यदि एक विस्तारक फिस्कल नीति लोचदार विनिमय दरों के साथ अपनाई जाती है तो भुगतान शेष का घाटा होगा। मूल संतुलन बिन्दु E से प्रारंभ करके जब सरकारी व्यय को बढ़ाकर या और करों में कमी करके IS वक्र सरक कर दाईं ओर IS_1 पर चला जाता है जो LM वक्र को E_3 पर काटता है। इससे ब्याज दर OR से बढ़कर OR_3 हो जाती है। इससे पूंजी अंतर्वाह होता है जो करेंसी की मूल्य वृद्धि (appreciation) करता है। यह आगे आयात बढ़ाता है और निर्यात कम करता है तथा करेंसी का मूल्यह्रास लाता है। इससे IS_1 वक्र पुन: सरककर IS पर चला जाता है और मूल संतुलन बिन्दु E प्राप्त हो जाता है। इस प्रकार, फिस्कल नीति लोचदार विनिमय दरों और सापेक्ष पूंजी गतिशीलता के साथ अप्रभावी है। फिर भी एक विस्तारक मौद्रिक नीति तथा संकुचनकारी फिस्कल नीति का मिश्रण लोचदार विनिमय दरों तथा पूंजी गतिशीलता के अंतर्गत आंतरिक तथा बाह्य संतुलन पाने में प्रभावी है।

5. आंतरिक और बाह्य संतुलन को एक साथ प्राप्त करने के लिए मौद्रिक और राजकोषीय नीतियां (Monetary and Fiscal Policies for Achieving Internal and External Balance Simultaneously)

आंतरिक और बाह्य संतुलन के दोनों उद्देश्यों को साथ-साथ प्राप्त करने के लिए, व्यय घटाने वाले और व्यय-परिवर्तन करने वाले उपकरणों का विवेकपूर्ण संयोग आवश्यक होता है। उदाहरण के लिए, यदि अर्थव्यवस्था पहले से ही पूर्णरोजगार स्तर पर होती है तो अवमूल्यन की नीति के कारण अर्थव्यवस्था में स्फीति हो सकती है। इसलिए, अवमूल्यन की व्यय बदलावकारी नीति (Expenditure Switching Policy) के साथ-साथ भुगतान शेष संतुलन और पूर्ण रोजगार कायम रखने के लिए अधिक कठोर वित्तीय और मौद्रिक नियंत्रण की व्यय घटाने वाली नीतियां होनी चाहिएं।

आंतरिक और बाह्य संतुलन के दोनों लक्ष्यों को साथ-साथ प्राप्त करने के लिए नीति उपकरणों के बीच संबंध को चित्र 1 में वर्णित **ट्रेवर स्वैन** (Trevor-Swan) के मॉडल के रूप में विश्लेषित किया गया है।

स्वैन मॉडल (The Swan Model)

स्वैन आंतरिक और बाह्य संतुलन प्राप्त करने के लिए व्यय-परिवर्तन करने वाली और व्यय घटाने वाली नीतियों के उचित संयोगों की विवेचना करता है।

इसकी मान्यताएं (Its Assumptions)

यह मॉडल निम्न मान्यताओं पर आधारित है कि (1) व्यापार प्रतिबंध नहीं होते हैं, (2) पूंजी गतियां नहीं होती हैं, और (3) उत्पादकता, व्यापार की शर्तें और अन्य वित्तीय स्थानान्तरण दिए हुए हैं।

व्याख्या (Explanation)

चित्र 11 में क्षैतिज अक्ष वास्तविक घरेलू व्यय को मापता है, और अनुलंब अक्ष विनिमय दर को। क्षैतिज अक्ष पर बाईं ओर की किसी गति (O की ओर) का अर्थ व्यय बदलावकारी नीति का उपयोग होता है और अनुलंब अक्ष पर ऊपर की ओर किसी गति का अर्थ व्यय बदलावकारी नीति का उपयोग होता है। IB आंतरिक संतुलन वक्र है जो पूर्ण रोजगार तथा स्थिर कीमतों की स्थिति को व्यक्त करता है। यह विनिमय दर और वास्तविक घरेलू व्यय के विभिन्न संयोगों को दर्शाता है। IB वक्र की ढलान ऋणात्मक है जो बताती है कि यदि घरेलू खपत (वास्तविक व्यय या अवशोषण) बढ़ती है, तो उसे देश की विनिमय दर घटाकर संतुलित करना होगा ताकि कीमतों को स्थिर रखते हुए पूर्ण रोजगार बनाए रखने के लिए उसका व्यापार शेष घटाया जाए। स्पष्ट है कि **IB वक्र से ऊपर दाएं को स्थित बिन्दु स्फीति अथवा अति पूर्ण रोजगार से संबध रखते हैं और IB वक्र से नीचे बाएं को स्थित बिन्दु मंदी** अथवा बेरोजगारी से संबंध रखते हैं।

EB वक्र बाह्य संतुलन को व्यक्त करता है जहां पूंजी गतियों के अभाव में, निर्यात तथा आयात बराबर हैं। इसलिए बाह्य संतुलन तब होता है जब निवल (Net) निर्यात शून्य हो। यह वक्र बाएं से दाएं को ऊपर की ओर ढालू है जो बताता है कि यदि अर्थव्यवस्था को बाह्य संतुलन में रहना है, तो अवमूल्यन को घरेलू व्यय में बढ़ोतरी के बराबर संतुलित करना होगा। अवमूल्यन निर्यात को प्रोत्साहन तथा आयात को हतोत्साहित करके देश की व्यापार शेष स्थिति को बेतहर बनाएगा और वास्तविक घरेलू व्यय में बढ़ोतरी देश के आयात को पर्याप्त रूप से बढ़ाएगी। स्पष्ट है कि **EB वक्र से ऊपर स्थित बिन्दु भुगतान शेष के अतिरेक को बताते हैं और इस वक्र से नीचे स्थित बिन्दु भुगतान शेष के घाटे से संबंध रखते हैं।**

IB वक्र जिस बिन्दु पर EB वक्र को काटता है वह बिन्दु आनंद (Bliss) बिन्दु है जहां व्यवस्था एक साथ आंतरिक तथा बाह्य संतुलन में है। चित्र 11 में बिन्दु E ऐसा बिन्दु है जहां विनिमय दर तथा वास्तविक घरेलू व्यय संतुलन में हैं। यदि अर्थव्यवस्था E बिन्दु पर नहीं है, तो वह असंतुलन में है। **स्वैन** के मतानुसार, ''आंतरिक संतुलन तथा बाह्य संतुलन के दोनों वक्र अस्तित्व को चार आर्थिक निराशा के क्षेत्रों में विभक्त करते हैं।'' असंतुलन के चार क्षेत्र निम्न हैं :

क्षेत्र I : स्फीति तथा भुगतान शेष अतिरेक।
क्षेत्र II : स्फीति तथा भुगतान शेष में घाटा।
क्षेत्र III : बेरोजगारी तथा भुगतान शेष घाटा।
क्षेत्र IV : बेरोजगारी तथा भुगतान शेष अतिरेक।

इस बात की व्याख्या करने के लिए कि एक साथ आंतरिक तथा बाह्य संतुलन प्राप्त करने के लिए किस प्रकार के नीति उपाय चाहिएं, हम चित्र 11 में असंतुलन की चार क्षेत्रों में संभव स्थितियां लेते हैं।

क्षेत्र I में बिन्दु G लीजिए जहां भुगतान शेष में अतिरेक के साथ स्फीति है। इस स्थिति में अतिरेक को ठीक करने के लिए विनिमय दर बढ़ाई जाए और स्फीति का मुकाबला करने के लिए व्यय घटाया जाए। परंतु व्यय घटने से अतिरेक बढ़ेगा। यह **दुविधा क्षेत्र** (Dilemma zone) है, क्योंकि कोई समान नीति नहीं अपनाई जा सकती है।

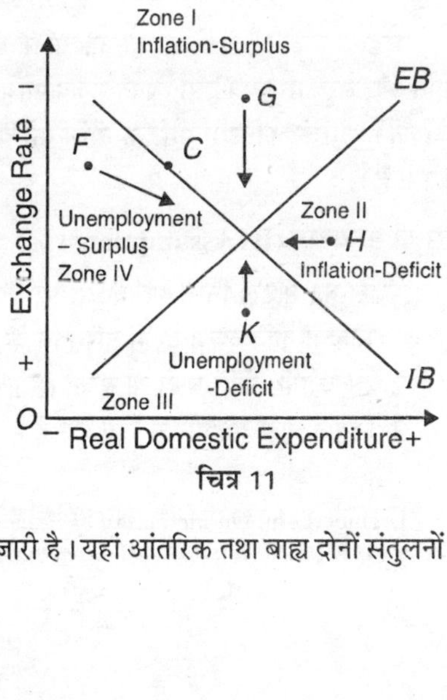

चित्र 11

यदि बेरोजगारी और भुगतान शेष में घाटा दोनों एक साथ विद्यमान हों, जैसा **क्षेत्र III** में बिन्दु K पर, तो बेरोजगारी कम करने के लिए घरेलू व्यय बढ़ाना चाहिए तथा भुगतान शेष घाटा ठीक करने के लिए विनिमय दर कम करनी चाहिए। परंतु एक राजकोषीय विस्तारक नीति आंतरिक आय और मांग बढ़ाती है तथा भुगतान शेष घाटा भी बढ़ता है। यह फिर एक दुविधा क्षेत्र है।

क्षेत्र II में बिन्दु H लीजिए जहां स्फीति के साथ भुगतान शेष में घाटा है। स्फीति का मुकाबला करने के लिए घरेलू व्यय घटाना चाहिए जो विनिमय दर कम करने के साथ भुगतान शेष के घाटे को कम करेगा और अंत में अर्थव्यवस्था संतुलन स्थिति E की ओर बढ़ेगी।

अंतिम बात, **क्षेत्र IV** में बिन्दु F पर आइए जहां भुगतान शेष में अतिरेक के साथ बेरोजारी है। यहां आंतरिक तथा बाह्य दोनों संतुलनों

के लिए घरेलू व्यय तथा विनिमय दर बढ़ाकर अर्थव्यवस्था आंतरिक और बाह्य संतुलन बिन्दु E की ओर बढ़ेगी। **क्षेत्र II** और **IV** सरल क्षेत्र (Simple Zones) हैं।

निष्कर्ष (Conclusion)—ऊपर की गई चर्चा से पता चलता है यदि अर्थव्यवस्था न तो IB (आंतरिक संतुलन) वक्र पर है और न ही EB (बाह्य संतुलन) वक्र पर है, तो चारों में से किसी एक क्षेत्र में है। जब अर्थव्यवस्था व्यय-परिवर्तन करने वाली मौद्रिक और फिस्कल नीतियां आंतरिक संतुलन प्राप्त करने के लिए दुविधा क्षेत्रों I और II में एक साथ अपनाती है तो बाह्य संतुलन से दूर हो जाती हैं। इस दुविधा को दूर करने के लिए **टिनबर्गन** ने एक नियम बनाया जो **टिनबर्गन नियम** (Tinbergen Rule) कहलाता है जो प्रतिभाजन समस्या (Assignment Problem) की ओर ले जाता है। इसका समाधान **रॉबर्ट मंडल** (Robert Mundell) ने सुझाया है जिसकी विवेचना नीचे की जा रही है।

5. आवंटन समस्या : मंडल का आंतरिक और बाह्य संतुलन के लिए मौद्रिक-राजकोषीय नीतियों का मॉडल (The Assignment Problem : The Mundellian Model of Monetary-Fiscal Policies for Internal and External Balance)

आवंटन समस्या (The Assignment Problem)

आर्थिक (मौद्रिक एवं राजकोषीय) नीति का सिद्धांत दो अलग-अलग समस्याओं पर विचार करता है। **प्रथम,** नीति उद्देश्यों की संख्या और नीति उपकरणों की संख्या के बीच सम्बन्ध, और **द्वितीय,** लक्ष्यों की प्राप्ति के लिए नीति उपकरणों का आवंटन।

जॉन टिनबर्गन[1] पहला अर्थशास्त्री था जिसने यह कहा कि नीति उपकरणों की संख्या उद्देश्यों की संख्या के बराबर होनी चाहिए। यदि नीति उपकरणों की अपेक्षा उद्देश्यों की संख्या अधिक है, तो इसका मतलब है कि नीति उद्देश्यों की पूर्ति के लिए पर्याप्त औजार नहीं हैं। दूसरी ओर, यदि उद्देश्यों की संख्या की अपेक्षा नीति उपकरणों की संख्या अधिक है तो इसका मतलब यह है कि उद्देश्यों और औजारों का एक ही संयोग नहीं है जिससे समस्या हल होगी, बल्कि न जाने कितने संयोग हैं। इस प्रकार, आर्थिक नीति की सफलता के लिए आवश्यक है कि नीति औजारों की संख्या नीति लक्ष्यों की संख्या के बराबर हो। यह **टिनबर्गन नियम** या **निश्चित लक्ष्य धारणा** (Fixed Target Approach) के नाम से जाना जाता है।

दूसरी समस्या यह पैदा होती है कि जब नीति उद्देश्यों और नीति उपकरणों की संख्या समान हो, तो दिए हुए उद्देश्य को पूरा करने के लिए उपकरणों का लक्ष्यों में आवंटन कैसे किया जाए। उनके बीच समन्वय के अभाव के बावजूद, आवंटन समस्या के प्रतिपादन से अंततः उद्देश्यों के संतुलन मूल्य प्राप्त होंगे। अतः आवंटन समस्या का संबंध उपकरणों का लक्ष्यों के साथ आवंटन करना है। इस समस्या का हल करने के लिए **रॉबर्ट मंडल ने प्रभावी बाजार वर्गीकरण सिद्धांत** (Principle of Effective Market Classification) प्रस्तुत किया है।

मंडल का मॉडल (The Mundellian Model)

मंडल[2] ने दो औजारों और दो उद्देश्यों के बीच संबंध की स्थिति की चर्चा की है। दो उपकरण हैं, ब्याज की दर द्वारा व्यक्त मौद्रिक नीति और सरकारी व्यय द्वारा व्यक्त राजकोषीय नीति। दो उद्देश्य हैं, पूर्ण रोजगार (आंतरिक संतुलन) और भुगतान-शेष संतुलन (बाह्य संतुलन)। **आवंटन नियम मौद्रिक नीति को बाह्य संतुलन के उद्देश्य के लिए और आंतरिक संतुलन के लिए राजकोषीय नीति का करना है।**

इसकी मान्यताएं (Its Assumptions)

मंडल का मॉडल निम्न मान्यताओं पर आधारित है :

1. मौद्रिक नीति ब्याज दर में परिवर्तन के साथ संबद्ध है।
2. राजकोषीय नीति घाटा या बचत (Surplus) बजट के साथ संबद्ध है।
3. निर्यात बाह्यजात तौर से दिए हुए हैं।

1. J. Tinbergern, *On the Theory of Economic Policy*, 1952.
2. R.A. Mindell, *International Economics*, 1968.

4. आयात आय का घनात्मक फलन हैं।

5. अंतर्राष्ट्रीय पूंजी गतियां घरेलू ब्याज दर परिवर्तनों से प्रभावित होती हैं।

मॉडल (The Model)

ये मान्यताएं दी होने पर, मंडल यह कहता है कि जिन देशों में रोजगार और भुगतान शेष नीतियां मौद्रिक और राजकोषीय उपकरणों तक सीमित होती हैं, भुगतान शेष के इच्छित स्तर को प्राप्त करने के लिए मौद्रिक नीति को आरक्षित रखना चाहिए, और आंतरिक स्थिरता को कायम रखने के लिए राजकोषीय नीति को। यदि मौद्रिक और राजकोषीय नीतियों को बिना दीर्घ समय-अंतराल के निर्बाध और निरंतर समायोजित किया जाता है, तो आवंटन नियम ठीक प्रकार से कार्य कर सकता है और अंततः लक्ष्यों को प्राप्त कर लेगा। आंतरिक और बाह्य संतुलन के लिए मौद्रिक और राजकोषीय नीति के प्रभावी प्रयोग का मंडल का नियम है जिसे वह **प्रभावी बाजार वर्गीकरण सिद्धांत** (Principle of Effective Market Classification) कहाता है।

चित्र 12 में, क्षैतिज अक्ष ब्याज की दर (मौद्रिक नीति) और अनुलंब अक्ष बचत बजट (राजकोषीय नीति) को मापता है। IB आंतरिक संतुलन रेखा है और EB बाह्य संतुलन रेखा है। IB रेखा पूर्ण रोजगार को व्यक्त करती है। इसकी ढलान ऋणात्मक है, क्योंकि पूर्ण रोजगार बनाए रखने के लिए बचत बजट में कटौती[3] को ब्याज दर में वृद्धि[4] द्वारा अवश्य संतुलित करना होगा। इस IB रेखा के नीचे (क्षेत्र III तथा IV में) स्फीति है और इसके ऊपर (क्षेत्र I और II) में सुस्ती है। दूसरी ओर, EB रेखा भुगतान शेष में संतुलन के सभी बिन्दु देती है। इसका ढलान भी ऋणात्मक है क्योंकि बचत बजट में कटौती करने से आयात बढ़ जाते हैं जिन्हें रोकने के लिए ब्याज दर बढ़ाकर पूंजी लेखा में सुधार करना आवश्यक है। इस रेखा के नीचे (क्षेत्र I तथा IV में) भुगतान शेष घाटा है और इस रेखा के ऊपर (क्षेत्र II तथा III में) अतिरेक (Surplus) है। IB रेखा की अपेक्षा EB रेखा की अधिक सीधी ढलान है क्योंकि जब विस्तारशील राजकोषीय नीति (बजट घाटे में वृद्धि या बचत बजट में कटौती) को संतुलित बनाने के लिए ब्याज की दर बढ़ती है, तो वह बाह्य संतुलन के लिए अल्पावधि पूंजी अंतर्प्रवाह को प्रेरित करती है। ब्याज दर परिवर्तनों के प्रति पूंजी गतियां जितनी अधिक सापेक्ष होंगी, IB रेखा की अपेक्षा EB रेखा उतनी ही अधिक सीधी ढलान वाली होगी। इससे बाह्य संतुलन बनाए रखने में मौद्रिक नीति अपेक्षाकृत अधिक प्रभावी बन जाती है।

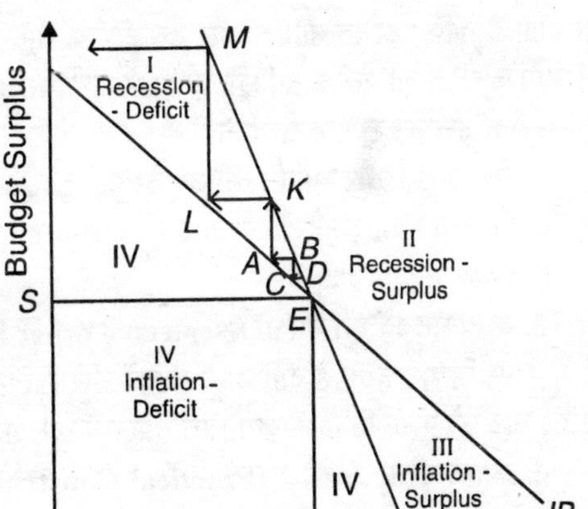

चित्र 12

चित्र 12 बाह्य तथा आंतरिक संतुलन को दर्शाता है और बताता है कि इन दोनों में OR ब्याज दर तथा OS बजट अतिरेक के साथ बिन्दु E पर संतुलन बनाए रखने में मौद्रिक तथा राजकोषीय नीतियां कैसे कार्य करती हैं। दोनों नीति उपाय स्फीति घाटा और मंदी अतिरेक स्थितियों में अर्थव्यवस्था को संतुलन बिन्दु E पर ले जाएंगी। परंतु स्फीति अतिरेक (क्षेत्र-I) और मंदी घाटा (क्षेत्र III) में विरोध है। मानलीजिए अर्थव्यवस्था क्षेत्र I में A बिन्दु पर है जहां अर्थव्यस्था के भीतर पूर्ण रोजगार है और भुगतान शेष में घाटा है। भुगतान शेष का घाटा समाप्त करने के लिए मौद्रिक अधिकारी पहले तो ब्याज की दर में AB की वृद्धि करता है ताकि मुद्रा की पूर्ति घटाई जा सके। मुद्रा की पूर्ति घटने से वस्तुओं की मांग घट जाएगी और इससे, आगे आयात घटेंगे और बिन्दु B पर भुगतान शेष में संतुलन स्थापित हो जाएगा। पर इस बिन्दु पर अर्थव्यवस्था में सुस्ती और बेरोजगारी है। इन्हें ठीक करने और आंतरिक संतुलन लाने के लिए बचत बजट में BC मात्रा की कटौती करनी पड़ेगी। परंतु C बिन्दु पर, पुनः भुगतान शेष में घाटा है, इसलिए जरूरी है कि मुद्रा पूर्ति घटाने के लिए ब्याज की दर में CD की और वृद्धि की जाए। बिन्दु D पर आंतरिक संतुलन फिर गड़बड़ा जाता है जिससे बचत बजट में और कटौती

3. बचत बजट में कटौती का अर्थ है सरकारी व्यय में वृद्धि। यह संकुचनकारी फिस्कल नीति है।

4. ब्याज की दर में वृद्धि से अभिप्राय मुद्रा पूर्ति में कमी। यह संकुचनकारी मौद्रिक नीति है।

होती है। मुद्रा पूर्ति घटने के बाद बचत बजट घटने की इस प्रक्रिया से अंत में अर्थव्यवस्था संतुलन बिन्दु E पर पहुंच जाती है जहां एक साथ आंतरिक तथा बाह्य संतुलन है।

दूसरी ओर, यदि भुगतान शेष में घाटा दूर करने के लिए बचत बजट काम में लाया जाएगा और सुस्ती तथा बेरोजगारी को समाप्त करने के लिए मौद्रिक नीति अपनाई जाएगी, तो न तो आंतरिक संतुलन रहेगा और न ही बाह्य संतुलन रहेगा। यदि A बिन्दु से चलें, तो बचत बजट में वृद्धि होने से अर्थव्यवस्था K पर चली जाएगी जहां बाह्य संतुलन तो उपलब्ध हो जाता है, पर अर्थव्यवस्था में सुस्ती तथा बेरोजगारी होती है। इसे दूर करने के लिए मुद्रा पूर्ति बढ़ाने के लिए ब्याज की दर में KL कमी की जाती है, परंतु L बिन्दु पर, भुगतान शेष में, घाटा अपने पिछले स्तर से बढ़ जाता है। इसके लिए अभी भी LM और अधिक बचत बजट आवश्यक होगा। इससे, जरूरी हो जाएगा कि ब्याज दर में और अधिक कटौती की जाए ताकि सुस्ती और बेरोजगारी दूर हों। इस तरह से, अर्थव्यवस्था E बिन्दु से और दूर हटती चली जाएगी और आंतरिक तथा बाह्य संतुलन एक साथ कभी नहीं आएंगे। इस स्थिति में, आवंटन नियम विस्फोटक अस्थिरता लाता है क्योंकि दोनों नीतियां बुरी तरह से समन्वित हुई हैं।

निष्कर्ष (Conclusion)

वास्तव में, **मंडल** एक विवेकपूर्ण मौद्रिक और वित्तीय मिश्रण के लिए तर्क देता है। क्षेत्र II और IV में मौद्रिक और राजकोषीय दोनों नीतियों के संयुक्त उपयोग में असंगति नहीं है। क्षेत्र II में दोनों नीतियां प्रतिबंधात्मक होनी चाहिएं, और क्षेत्र IV में दोनों नीतियां विस्तारक होनी चाहिएं। बाकी दोनों क्षेत्रों में मौद्रिक और राजकोषीय नीतियां दोनों उद्देश्यों को साथ-साथ प्राप्त करने के लिए अवश्य मिश्रित करनी चाहिएं। **मंडल** के अनुसार जब मौद्रिक नीति बाह्य संतुलन के उद्देश्यों के साथ और राजकोषीय नीति आंतरिक संतुलन के उद्देश्य के साथ जोड़ी जाती है, तो दोनों उद्देश्य प्राप्त हो जाएंगे।

मंडल के मॉडल की आलोचनाएं (Criticisms of Mundel's Model)

परंतु इस विश्लेषण की कई कमियां हैं—

1. अवास्तविक मान्यताएं (Unrealistic Assumptions)—यह मॉडल मानता है कि अधिकारी IB और EB वक्रों को मानते हैं, अर्थव्यवस्था किस क्षेत्र में कार्य कर रही है और उस सीमा को जानते हैं जिस पर अर्थव्यवस्था आंतरिक और बाह्य दोनों संतुलनों से दूर होती है ताकि उचित मौद्रिक और राजकोषीय नीति प्रयोग की जा सके। यह भी पहले से ही मान लिया जाता है कि वे मात्रात्मक परिणाम जानते हैं जो प्रत्येक नीति के प्रयोग से संभावित होते हैं। ये दोनों मान्यताएं वास्तविकता से दूर हैं, क्योंकि असंतुलन की श्रेणी का ठीक-ठीक अनुमान लगाना संभव नहीं है। अत: नीति परिवर्तन इस प्रकार के असंतुलन के लिए उचित नहीं हो सकते हैं।

2. बेरोजगारी और स्फीति की अनदेखी (Ignores of Unemployment and Inflation)—यह विश्लेषण बेरोगजारी और स्फीति की स्थिति की अनदेखी करता है। यह अवास्तविक है क्योंकि यह धारा जो स्टैगफ्लेशन के नाम से जानी जाती है, प्राय: सभी विकसित देशों में पाई जाती है।

3. अन्य घटकों की उपेक्षा (Neglect of other Factors)—यह विश्लेषण पूंजी गतियों के कारण के रूप में केवल ब्याज दरों में अंतर पर विचार करता है और अन्य घटकों जैसे विनिमय दर परिवर्तनों की उपेक्षा करता है। इसके अतिरिक्त यह संभव नहीं है कि निरंतर घाटे को पूंजीगतियों के द्वारा वित्त उपलब्ध कराया जा सके।

4. व्यावहारिक अवरोध (Practical Constraints)—मौद्रिक और राजकोषीय नीतियां निश्चित व्यावहारिक अवरोधों के अंतर्गत कार्य करती हैं। राजनीतिक कारणों से कुछ सरकारें प्रतिबंधात्मक राजकोषीय नीति और उच्च ब्याज दरों वाली मौद्रिक नीति का पालन नहीं कर पातीं। यद्यपि ऐसी नीतियां प्रारंभ की जा सकती हैं, परन्तु वे सफल नहीं हो सकती हैं, क्योंकि पूंजी-प्रवाह ब्याज संवेदनशील नहीं हो सकते हैं।

5. चालू खाता घाटा ठीक नहीं कर सकता (Cannot Correct Current Account Deficit)—नियत नीति मिश्रण चालू लेखा घाटे को ठीक करने में सफल नहीं हो सकता क्योंकि नीति मिश्रण पूंजी प्रवाह और आयात—दोनों को प्रभावित करता है, इसलिए यह सिर्फ इतना सुनिश्चित करता है कि ऋणात्मक व्यापार संतुलन, धनात्मक पूंजी प्रवाह द्वारा क्षतिपूर्तित होता है और विलोमश: भी।

6. यथार्थ समायोजन तंत्र नहीं (Not True Adjustment Mechanism)—मौद्रिक-राजकोषीय मिश्रण यथार्थ समायोजन तंत्र

नहीं है। यह भुगतान संतुलन का समायोजन नहीं करता बल्कि सिर्फ इसे स्थिर करता है। पूंजी प्रवाह कीमतों और आय को अपरिवर्तित छोड़कर केवल विदेशी विनिमय की स्वायत्त मांग और पूर्ति के बीच अंतराल को पूरा करता है।

7. ऋण सेवा आवश्यकताओं पर विचार नहीं (No Consideration on the Debt-Servicing Requirements)—यह विश्लेषण ऋण सेवा आवश्यकताओं पर विचार नहीं करता क्योंकि जब घरेलू ब्याज दर बढ़ाई जाती है तो निरंतर पूंजी प्रवाह भुगतान संतुलन के चालू लेखा पर होगा।

8. पूंजी निर्माण में कमी (Retards Capital Formation)—जब मौद्रिक नीति के माध्यम से ब्याज दर बढ़ाई जाती है तो यह घरेलू निवेश में कमी लाएगी। यह या तो सरकारी व्यय में वृद्धि ह्रास द्वारा या कर कटौतियों द्वारा या दोनों के किसी संयोग द्वारा अवश्य साथ होनी चाहिए। ऐसी मौद्रिक राजकोषीय नीति मिश्रण अर्थव्यवस्था की बचतों को ऋण वित्त प्रबंधित सरकारी व्यय की ओर मोड़कर दुरुपयोग करती है, जो पूंजी-निर्माण को रोकता है। **जोनसन** के अनुसार, ''यह घरेलू बचत संभावना के उपयोग में 'अकुशलता बनाम कुशलता' की समस्या को उत्पन्न करता है।

9. विरोधी नीतियां (Conflicting Policies)—विभिन्न देशों की सरकारों में नियत नीति मिश्रणों के बीच अंतर्विरोधों की संभावना होती है। **जोनसन** ने बताया, ''सभी देशों के साथ-साथ राजकोषीय और मौद्रिक नीतियों के सही संयोग पर पहुंचकर, विशेषकर यदि नीतियों के समायोजन क्रम संबंधी जांच और दोष द्वारा होते हैं, तो यह जटिल प्रक्रिया होगी और कुछ परिस्थितियों में संतुलन की ओर लाने की अपेक्षा उससे दूर ले जा सकती है।''

10. दीर्घ समय अंतराल (Long Time Lags)—मॉडल यह मानता है कि मौद्रिक राजकोषीय नीतियों के कार्यकरण के लिए दीर्घ समय अंतराल नहीं होते। परंतु मौद्रिक और राजकोषीय अंतराल पर्याप्त लंबे होते हैं तथा वे आंतरिक और बाह्य शेष की एक साथ संतुलन प्रक्रिया को रोकते हैं।

6. व्यय बदलावकारी नीतियां
(EXPENDITURE SWITCHING POLICIES)

व्यय बदलावकारी नीतियां एक देश की करेंसी के अवमूल्यन (Devaluation) अथवा पुनर्मूल्यन (Revaluation) से संबंधित हैं ताकि वह आपने व्यय को विदेशी से घरेलू वस्तुओं की ओर अथवा इसके विपरीत मोड़ सकें। इसका उद्देश्य भुगतान शेष असंतुलन को ठीक करना है। लेकिन जोनसन (Johnson) दोनों प्रकार की व्यय बदलावकारी नीतियों में भेद करता है। **प्रथम** अवमूल्यन तथा **दूसरी** आयात को रोकने के लिए तथा भुगतान शेष घाटे को ठीक करने के लिए प्रत्यक्ष नियंत्रणों का प्रयोग है। हम व्यय बदलाबकारी नीतियां की व्याख्या के लिए जॉनसान का अनुसरण करेंगे। इस प्रकार व्यय बदलावकारी नीतियों का उद्देश्य घरेलू वस्तुओं की मांग को बढ़ाकर व्यय को आयातित वस्तुओं से देशी वस्तुओं की ओर बदलना है। **व्यय बदलावकारी नीतियों का उद्देश्य बाह्य संतुलन को बनाए रखना है।**

1. अवमूल्यन (Devaluation)[1]

अवमूल्यन व्यय बदलावकारी नीति से संबंधित है क्योंकि यह व्यय को आयातित से घरेलू वस्तुओं तथा सेवाओं की ओर बदलता है। अवमूल्यन का अर्थ घरेलू करेंसी के बाह्य मूल्य में विदेशी करेंसियों के संबंध में कमी लाना है। लेकिन देश की आंतरिक क्रय शक्ति में कोई परिवर्तन नहीं होता। जब कोई देश भुगतान शेष घाटे को ठीक करने के लिए अपनी करेंसी का अवमूल्यन करता है तो इसके द्वारा आयातित वस्तुओं की घरेलू कीमतें बढ़ जाती हैं तथा इसकी निर्यात की जाने वाली वस्तुओं की विदेशी कीमतें गिर जाती हैं। इससे इसके निर्यात पहले से अधिक सस्ते तथा आयात पहले से अधिक महंगे हो जाते हैं। अब दूसरे देश अवमूल्यन से पहले की अपेक्षा कम करेंसी से अधिक वस्तुएं खरीद सकते हैं। इससे निर्यात को प्रोत्साहन मिलता है। देश के निर्यात बढ़ने से और देश वस्तुओं की घरेलू तथा विदेशी मांग को पूरा करने के लिए अधिक उत्पादन करता है। इस कारण विदेशी वस्तुओं से घरेलू वस्तुओं की ओर व्यय में बदलाव आता है। इसलिए विदेशी के स्थान पर देशी वस्तुओं पर व्यय में अधिकता आती है दूसरी ओर, आयात पहले से महंगे होने से उनमें कमी आती

1. अवमूल्यन का विस्तृत अध्ययन आगे अध्याय में किया गया है।

है। इस प्रकार निर्यात बढ़ने तथा आयात कम होने पर भुगतान शेष घाटा ठीक हो जाता है।

मान्यताएं (Assumptions)—यह विश्लेषण निम्न मान्यताओं पर आधारित है :

1. निर्यात और आयात की मांग लोचशील है।
2. अवमूल्यन के बाद निर्यात की बढ़ी हुई मांग पूरा करने के लिए निर्यात की पूर्ति पर्याप्त है।
3. अवमूल्यन के बाद देशी आंतरिक कीमत स्तर स्थिर रहता है।
4. दूसरा देश अपनी करेंसी का अवमूल्यन उसी समय नहीं करता है।
5. दूसरे देश जवाबी अवमूल्यन के उपाय जैसे टैरिफ शुल्क आदि नहीं अपनाता है।

व्याख्या (Explanation)—ऊपर दी गई मान्यताएं होने पर एक देश के भुगतान शेष घाटे पर अवमूल्यन के प्रभावों की व्याख्या चित्र 13 में की गई है।

अवमूल्यन का भुगतान शेष घाटे पर वास्तविक प्रभाव जानने के लिए उसी देश में निर्यातों तथा आयातों की कीमत गतियों का अध्ययन करना उचित हो जाता है। चित्र 13A तथा 13B में निर्यातों तथा आयातों पर अवमूल्यन के प्रभावों को क्रमशः दिखाया गया है, जहां Dx तथा Sx निर्यातों के मांग तथा पूर्ति वक्र हैं और Dm तथा Sm आयातों के मांग तथा पूर्ति वक्र हैं। मानलीजिए ब्रिटिश पाउंड का अमेरिकी डालर के साथ अवमूल्यन होता है तथा कीमत गतियां अवमूल्यन से पहले तथा बाद में पाउंड में ली गई है। निर्यातों तथा आयातों के मांग तथा पूर्ति वक्र दोनों ही लोचदार हैं।

पहले चित्र 13A में निर्यात को लें। अवमूल्यन से पहले ब्रिटेन OX मात्रा का OPx कीमत पर अमेरिका को निर्यात करता है। पाउंड के अवमूल्यन का पाउंड में निर्यात की पूर्ति पर कोई प्रभाव नहीं पड़ता। इसलिए पूर्ति वक्र Sx में कोई बदलाव नहीं आता। लेकिन अमेरिका के उपभोक्ताओं के लिए पाउंड के अवमूल्यन का अर्थ है ब्रिटिश वस्तुओं का पहले से सस्ता हो जाना। परिणामस्वरूप निर्यात की मांग बढ़ती है तथा निर्यात का मांग वक्र Dx दाईं ओर Dx_1 पर सरक जाता है। अवमूल्यन से पहले की OX निर्यात की कीमत OPx है। पाउंड के अवमूल्यन के बाद निर्यात कीमत बढ़कर OPx हो जाती है। तथा निर्यात की मात्रा बढ़कर OX_1 होती है।

अब अवमूल्यन के आयात पर प्रभाव को लें। अवमूल्यन से पहले ब्रिटेन अमेरिका से OM_1 मात्रा का OPm कीमत पर आयात करता था। अवमूल्यन के बाद पाउंड में आयात महंगे हो जाते हैं और अवमूल्यन से पहले वाली मात्रा में कमी आ जाती है। इस कारण आयात का पूर्ति वक्र Sm सरक कर Sm_1 पर चला जाता है जिसे चित्र (B) में दर्शाया गया है। लेकिन आयात का मांग वक्र Dm लोचदार होने के कारण आयात की कीमतों में OPm से OPm_1 की वृद्धि खरीदी गई मात्रा को OM से OM_1 कम कर देती है।

इस प्रकार, निर्यात में XX_1 की वृद्धि तथा आयात में M_1M की कमी होने से अवमूल्यन करने वाले देश की करेंसी में अवमूयन करने से भुगतान शेष में संतुलन हो जाता है।

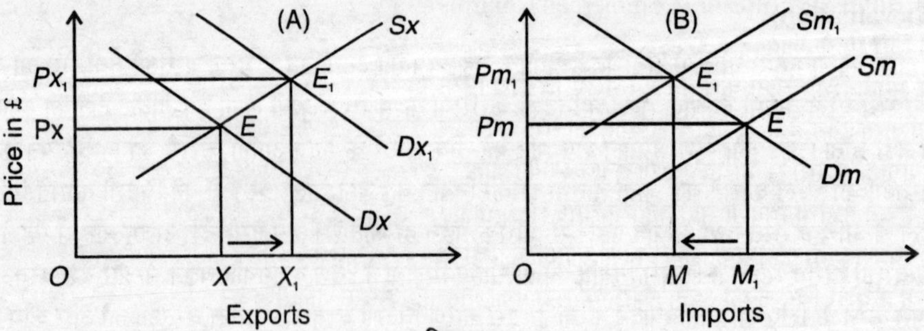

चित्र 13

इसकी सीमाएं (Its Limitations)—एक देश के भुगतान शेष घाटे को ठीक करने के उपाय के रूप में अवमूल्यन की निम्नलिखित सीमाएं हैं :

1. कम लोचदार मांग (Less Elastic Demand)—ऊपर का विश्लेषण यह मानता है कि आयात तथा निर्यात की मांग लोचदार है। वास्तव में निर्यात तथा आयात की मांग कभी भी लोचदार नहीं होती, बल्कि यह हमेशा कम लोचदार होती है। परिणामस्वरूप, भुगतान शेष पर अवमूल्यन का प्रभाव होगा।

2. पूर्ति में कमी (Shortage of Supply)—यह भी माना गया है कि अवमूल्यन के बाद निर्यात के लिए बढ़ी हुई मांग की पर्याप्त पूर्ति है। लेकिन एक अवमूल्यन करने वाले देश के लिए कच्चे माल की कमी निर्यात योग्य वस्तुओं के उत्पादकों तथा निर्यातों को प्रोत्साहन में कमी तथा निर्यात शुल्कों में कमी आने के कारण निर्यात की पूर्ति को बढ़ाना संभव नहीं होता है।

3. कीमत वृद्धि (Price Rise)—यह भी माना गया है कि अवमूल्यन करने वाले देश का आंतरिक कीमत स्तर स्थिर रहता है। लेकिन यह अवास्तविक है क्योंकि जब निर्यात की मांग बढ़ती है तो ऐसी वस्तुओं की घरेलू बाजार में कमी आ जाती है जिससे उनकी कीमतें बढ़ जाती हैं। इसी प्रकार अवमूल्यन के साथ, आयातित वस्तुओं की कीमतें बढ़ती हैं। अत: वस्तुओं की कीमतों में वृद्धि अवमूल्यन के अनुकूल प्रभावों को निष्प्रभावी कर देती है।

4. दूसरे देश अवमूल्यन करते हैं (Other Countries Devalue)—यह माना गया है कि दूसरा देश अपनी करेंसी का अवमूल्यन नहीं करता। लेकिन इसकी हमेशा संभावना होती है कि दूसरा देश जिसके निर्यात पर दुष्प्रभाव पड़ता है, प्रतिशोध लेने हेतु अपनी करेंसी का अवमूल्यन कर सकता है। परिणामस्वरूप अवमूल्यन के प्रोत्साहन प्रभाव निष्प्रभावी हो जाएंगे।

5. जवाबी अवमूल्यन उपाय (Counter Devaluation Measures) : यदि दूसरे देश टैरिफ शुल्क बढ़ा कर तथा दूसरे सीधे नियंत्रण के उपाय अपना लें तो भी अवमूल्यन भुगतान शेष घाटा ठीक करने में असफल होगा। इन सब सीमाओं के बावजूद, अवमूल्यन को देशों के द्वारा भुगतान शेष घाटा ठीक करने का प्रभावशाली उपाय माना जाता है।

2. सीधा नियंत्रण (Direct Control)

भुगतान शेष असंतुलन के घाटे को ठीक करने के लिए व्यय बदलावकारी नीति का दूसरा तरीका सीधे नियंत्रणों के प्रयोग द्वारा वस्तुओं के आयात में कमी लाना है। ऐसी नीति निर्यात के लिए घरेलू उत्पादन बढ़ाती है तथा आयात-स्थानापन्न वस्तुओं के उत्पादन को प्रोत्साहन देती है। यह नीति उपभोक्ता को घरेलू वस्तुओं के स्थानापन्नों को खरीदने के लिए तथा घरेलू उत्पादकों को आयात स्थानापन्न उत्पादित करने के लिए प्रोत्साहित करती है। उत्पादकों को अपने व्यय निर्यात्य वस्तुओं की ओर बदलने की प्रेरणा देने के लिए, सरकार उन्हें उत्पादन तथा निर्यात सब्सिडियां दे सकती है। वह अवांछनीय अथवा महत्वहीन वस्तुओं पर भारी आयात शुल्क, कोटा नियत करके, आदि द्वारा उनके आयात कम कर सकती है। साथ ही वह आवश्यक वस्तुओं को बिना शुल्क अथवा कम शुल्कों अथवा उन पर उदार कोटे द्वारा उनके आयात की स्वीकृति दे सकती है। उदाहरण के तौर पर सरकार पूंजी वस्तुओं के नि:शुल्क आयात की अनुमति दे सकती है लेकिन विलासिता-वस्तुओं पर भारी आयात शुल्क लगा सकती है। कुछ आवश्यक वस्तुओं के निश्चित मात्रा में आयात के लिए आयात कोटे निर्धारित किए जाते हैं तथा आयातकों को संबंधित अधिकारियों से लाईसेंस लेने पड़ते हैं। **जोनसन** (Johnson) इन्हें **वाणिज्यिक नियंत्रण** (Commercial Controls) कहता है। इन तरीकों से भुगतान शेष असंतुलन ठीक करने के लिए आयात को कम किया जाता है।

सरकार भी भुगतान शेष घाटा कम करने के लिए **वित्तीय नियंत्रण** (Financial Controls) अपनाती है। वे मुद्रा के उपयोग पर नियंत्रण द्वारा कार्य करते हैं। इन्हें घरेलू मुद्रा के उपयोग की स्वतंत्रता को कुछ उपयोगों पर नियंत्रण लगाकर (जैसेकि बहु विनिमय दरें) अथवा मुद्रा के कुछ उपयोगों को दूसरों रो अधिक महंगा बनाकर रोका जाता है। ये कठोर विनिमय नियंत्रण उपाय हैं। विनिमय दरों के दोहरे उद्देश्य हैं वे आयात को रोकते हैं तथा विदेशी मुद्रा का विनयमन (Regulate) करते हैं। इनमें मुद्रा अधिकारी द्वारा विदेशी मुद्रा के भुगतान तथा प्राप्तियों पर पूर्ण नियंत्रण शामिल हो सकता है। विदेशी मुद्राओं को विनिमय नियंत्रण अधिकारियों को समर्पित करना पड़ता है। विदेशी मुद्राओं तथा प्रतिभूतियों के क्रय पर विदेशों को अल्पअवधि के सट्टा पूंजी बहिर्वाहों पर; रायल्टियों पर; विदेशियों के ब्याज तथा ऋण भुगतानों पर, विदेशी यात्राओं तथा पर्यटकों के विदेशों में व्यय आदि पर प्रतिबंध लगाए जा सकते हैं। सरकार बहुल विनिमय दरें भी अपना सकती है। यह आवश्यक वस्तुओं जैसे कच्चे माल, मशीनों आदि पर कम विनिमय दरें तथा अनावश्यक वस्तुओं पर अधिक ऊंची विनिमय दरें प्रयोग कर सकती हैं।

इस प्रकार सीधे नियंत्रण दोनों वाणिज्यिक तथा वित्तीय आयातों में कमी करके तथा अर्थव्यवस्था की विदेशी मुद्रा की आवश्यकताओं को नियंत्रित करके, भुगतान शेष असंतुलन ठीक करने में सहायक होते हैं।

सीमाएं (Limitations) : लेकिन सीधे नियंत्रणों की बड़ी सामाजिक लागतें होती हैं। जब लोगों को विदेशी मुद्रा का उपयोग तथा वस्तुएं आयात करने से रोका जाता है तो कल्याण की हानि होती है। उन पर अत्यधिक प्रशासनिक व्यय होते हैं। विनिमय नियंत्रण नियमों की उपेक्षा करके विदेशी मुद्रा विनिमय लाइसेंसों के लिए प्रार्थना-पत्र देकर तथा बोली लगाकर लाईसेंस लेने की प्रक्रिया से भी साधनों की क्षति होती है। दूसरे देशों द्वारा प्रतिशोधात्मक (reetaliatory) उपाय भी अपनाए जा सकते हैं जो इसके लाभों को समाप्त कर सकते हैं। इसके अतिरिक्त सीधे नियंत्रण भुगतान शेष के घाटे को दबाकर उसके लक्षण का उपचार करते हैं न कि रोग का। जब घाटा पूंजी पलायन से है तो दबाव द्वारा उसके मूल कारण को ठीक नहीं किया जा सकता। सीधे नियंत्रण केवल घाटे को ठीक करने की कार्यवाही करते हैं तथा मूल कारण को ठीक करने में असफल रहते हैं। इस प्रकार सीधे नियंत्रण भुगतान शेष घाटे के स्थायी समाधान की बजाय अस्थाई समाधान ही प्रस्तुत करते हैं। यही कारण है कि अधिकतर देश उदार व्यापार व्यवस्था के पक्ष में हैं जहां मौद्रिक-फिस्कल उपायों को भुगतान शेष घाटा ठीक करने के लिए सीधे नियंत्रणों से बेहतर मानते हैं। इसकी सीमाओं के बावजूद अवमूल्यन को सीधे नियंत्रण से श्रेष्ठ माना जाता है।

प्रश्न

1. बाह्य और आंतरिक संतुलन लाने हेतु मौद्रिक और राजकोषीय विधियां किस ढंग से और कहां तक सफलता के साथ प्रयोग की जा सकती हैं ?
2. बाह्य और आंतरिक संतुलनों को कायम करने के लिए आप कौन-सी नीति विषयक विधियां सुझाएंगे ?
3. आंतरिक और बाह्य संतुलनों को IS-LM-BP विधि द्वारा समझाइए।
4. आंतरिक और बाह्य संतुलन की स्वैन मॉडल द्वारा व्याख्या कीजिए।
5. मंडल मॉडल द्वारा आंतरिक और बाह्य संतुलन को कैसे कायम रखा जाता है ? इसकी क्या त्रुटियां हैं ?
6. पूंजी गतियों के होने पर आंतरिक और बाह्य संतुलन कैसे प्राप्त किया जा सकता है। व्याख्या कीजिए।
7. एक देश के भुगतान शेष घाटे को कम करने के लिए अवमूल्यन की भूमिका की विवेचना कीजिए।
8. भुगतान शेष समायोजन के लिए व्यय बदलावकारी (switching) और व्यय परिवर्तनकारी नीतियों में भेद कीजिए। भुगतान शेष घाटे को ठीक करने में अवमूल्यन के प्रभाव की विवेचना करिए।
9. भुगतान शेष घाटे को ठीक करने में व्यय कम करने वाली नीतियों की आलोचनात्मक विवेचना करें।
10. आप आवंटन (प्रतिभाजन) समस्या (Assignment Problem) से क्या समझते हैं ? यह मंडल के मॉडल द्वारा कैसे हल की गई है ? आलोचनात्मक व्याख्या कीजिए।

अध्याय 32

आय समायोजन : विदेश व्यापार गुणक
(Income Adjustment : Foreign Trade Multiplier)

1. विदेश व्यापार गुणक का कार्यकरण (WORKING OF FOREIGN TRADE MULTIPLIER)

विदेश व्यापार गुणक, जो निर्यात गुणक भी कहलाता है, केन्ज़ के निवेश गुणक की तरह कार्यकरण करता है। जब निर्यात बढ़ते हैं तो निर्यात उद्योगों के साथ सम्बन्धित सभी व्यक्तियों की आय में वृद्धि होती है। जो आगे, वस्तुओं के लिए मांग उत्पन्न करती है। परन्तु यह उनकी सीमांत बचत प्रवृत्ति और सीमांत आयात प्रवृत्ति पर निर्भर करता है। यह दोनों सीमांत प्रवृत्तियां जितनी कम होंगी गुणक का मूल्य उतना ही अधिक होगा और विलोमशः भी। विदेश व्यापार गुणक की प्रक्रिया को इस प्रकार समझा जा सकता है।

मानलीजिए देश के निर्यात में वृद्धि होती है। प्रारम्भ में, निर्यातक अपनी वस्तुएं दूसरे देशों को बेचेंगे और अधिक आय प्राप्त करेंगे। विदेशी मांग को पूरा करने के लिए वे अधिक उत्पादन के साधन लगाएंगे ताकि अधिक उत्पादन कर सकें। इससे साधनों के मालिकों की आय बढ़ेगी। यह प्रक्रिया चालू रहेगी और राष्ट्रीय आय गुणक के मूल्य के अनुसार बढ़ेगी। गुणक का मूल्य सीमांत बचत प्रवृत्ति *(MPS)* और सीमांत प्रवृत्ति *(MPM)* के मूल्यों पर निर्भर करता है, जबकि इन दोनों प्रवृत्तियों और निर्यात गुणक में विपरीत सम्बन्ध होता है।

बीजगणितीय रूप में विदेश व्यापार गुणक निम्न प्रकार से निकाला जा सकता है:

$$Y = C + I + X - M$$

जहां Y राष्ट्रीय आय है, C राष्ट्रीय उपभोग, I कुल निवेश, X निर्यात और M आयात है।

ऊपर दिगा सम्बन्ध इस प्रकार हल किया जा सकता है:

$$Y - C = I + X - M$$

$$S = I + X - M \qquad (\therefore S = Y - C)$$

$$S + M = I + X$$

इस प्रकार, आय के सन्तुलन स्तर पर बचत और आयात का जोड़ $(S + M)$ निवेश और निर्यात के जोड़ $(I + X)$ के बराबर है।

खुली अर्थव्यवस्था में निवेश (I) को घरेलू निवेश (I_d) और विदेशी निवेश (I_f) में विभक्त किया जाता है :

$$I = S$$

$$I_d + I_f = S \qquad ...(1)$$

विदेशी निवेश (I_f) वस्तुओं और सेवाओं के निर्यात और आयात का अन्तर होता है:

$$I_f = X - M \qquad ...(2)$$

समीकरण (2) को (1) में स्थानापन्न करने से,

$$I_d + X - M = S$$

या

$$I_d + X = S + M$$

जो एक खुली अर्थव्यवस्था में राष्ट्रीय आय के सन्तुलन की शर्त है। विदेश व्यापार गुणक गुणांक (K) बराबर है,

$$K_f = \frac{\Delta Y}{\Delta X}$$

और

$$\Delta X = \Delta S + \Delta M \qquad [\therefore I_d = 0 \text{ (शून्य)}]$$

दोनों पक्षों को ΔY से भाग देने पर,

$$\frac{\Delta X}{\Delta Y} = \frac{\Delta S + \Delta M}{\Delta Y}$$

या $$\frac{\Delta Y}{\Delta X} = \frac{\Delta Y}{\Delta S + \Delta M} \qquad \left(\therefore K_f = \frac{\Delta Y}{\Delta X}\right)$$

$\because$ $$K_f = \frac{1}{\frac{\Delta S}{\Delta Y} + \frac{\Delta M}{\Delta Y}} \qquad (\Delta Y \text{ से भाग देकर})$$

इसलिए $$K_f = \frac{1}{MPS + MPM}$$

अब इसे एक उदाहरण द्वारा समझते हैं।

मान लें $MPS = 0.3$, $MPM = 0.2$ और ΔX (निर्यात में वृद्धि) = 1000 करोड़ रु. है, तो

$$K_f = \frac{\Delta Y}{\Delta X} = \frac{1}{MPS + MPM}$$

या $$\Delta Y = \frac{1}{MPS + MPM} \Delta X$$

$$= \frac{1}{0.3 + 0.2} \times 1000 = 2000 \text{ करोड़ रु.}$$

इससे स्पष्ट होता है कि 1000 करोड़ रु. की निर्यात में वृद्धि से विदेश व्यापार गुणक द्वारा राष्ट्रीय आय में 2000 करोड़ रु. की वृद्धि हुई है, *MPS* और *MPM* के मूल्य दिए होने पर।

इसकी मान्यताएं (Its Assumptions)

विदेश व्यापार गुणक निम्नलिखित मान्यताओं पर आधारित है:

1. अर्थव्यवस्था में पूर्ण रोजगार पाया जाता है।
2. यह विश्लेषण केवल दो देशों पर ही लागू होता है।
3. यह तात्कालिक प्रक्रिया पर आधारित है।
4. दोनों देशों में टैरिफ और आयात नियन्त्रण या संरक्षण की नीति नहीं अपनाई जाती है।
5. घरेलू निवेश (I_d) स्थिर रहता है।
6. सरकारी व्यय स्थिर माना जाता है।
7. स्थिर विनिमय दर प्रणाली है।
8. त्वरक कार्य नहीं करता है।
9. देश छोटा है जिसमें विदेश प्रति-प्रभाव नहीं है।
10. घरेलू और विदेशी देश के बीच निर्यात और आयात वस्तुएं भेजने में सीधा संबंध है।

आरेखीय विवरण (Diagrammatic Explanation)

ये मान्यताएं दी होने पर, अर्थव्यवस्था में संतुलन आय स्तर चित्र 1 में दिखाया गया है जहां $S(Y)$ बचत फलन है और $(S+M)\,Y$ बचत जमा आयात फलन है। I_d घरेलू निवेश को व्यक्त करता है और $I_d + X$ घरेलू निवेश **जमा** निर्यात को। $(S + M)Y$ और $I_d + X$ फलन राष्ट्रीय आय का सन्तुलन स्तर *OY* बिन्दु *E* पर निर्धारित करते हैं जहां बचतें और घरेलू निवेश बराबर होते हैं और निर्यात और आयात बराबर होते हैं।

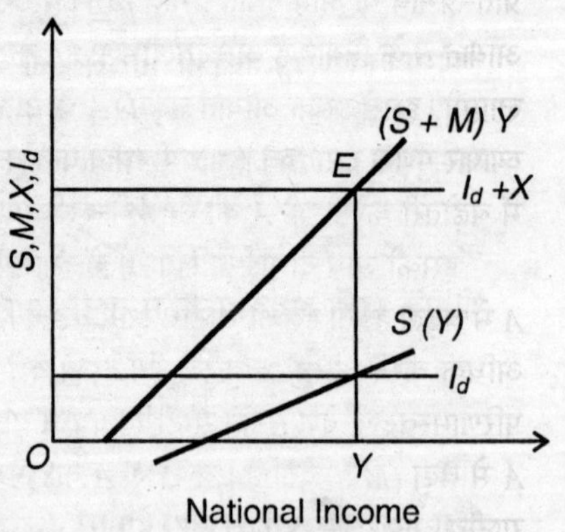

चित्र 1

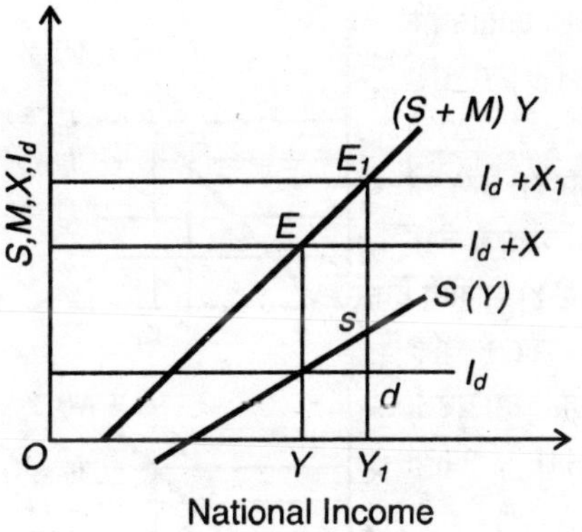

चित्र 2

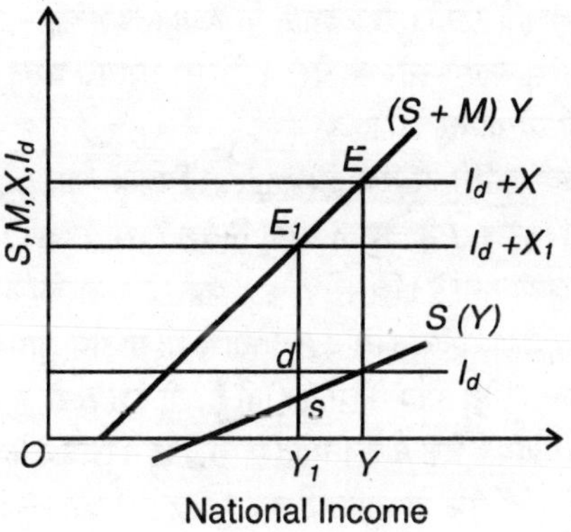

चित्र 3

यदि $I_d + X$ फलन **निर्यात में वृद्धि** के कारण ऊपर $I_d + X_1$ सरक जाता है, तो राष्ट्रीय आय OY से बढ़ कर OY_1 हो जाएगी जैसा चित्र 2 में दिखाया गया है। आय में यह वृद्धि गुणक प्रभाव के कारण होती है, अर्थात् $\Delta Y = K_f \Delta X$ । आयात से निर्यात की मात्रा sd इतनी अधिक होंगी जितनी बचतें घरेलू निवेश से अधिक होंगी। आय का नया सन्तुलन स्तर OY_1 होगा। यह वह स्थिति है जिसमें विदेशी निवेश धनात्मक होता है।

यदि **निर्यात में कमी** हो जाती है तो निर्यात फलन नीचे सरक कर $I_d + X_1$ पर हो जाता है जैसा चित्र 3 में दिखाया गया है। ऐसी स्थिति में, निर्यात से आयात अधिक होंगे और बचतों से घरेलू निवेश ds मात्रा जितना अधिक होगा। राष्ट्रीय आय का स्तर OY से कम होकर OY_1 हो जाता है। यह विदेश व्यापार गुणक का **विपरीत** कार्यकरण है।

विदेश प्रति-प्रभाव या अतिनिर्यात प्रभाव (Foreign Repercussion or Backwash Effect)

ऊपर के विश्लेषण में, विदेश व्यापार गुणक का केवल एक देश के बारे में अध्ययन किया गया है। वास्तव में व्यापार द्वारा एक देश दूसरे देश के साथ संबद्ध रहता है। एक देश के निर्यात या आयात दूसरे देश की राष्ट्रीय आय को प्रभावित करते हैं जो आगे पहले देश के विदेश व्यापार और राष्ट्रीय आय को प्रभावित करती है। इसे *विदेश प्रति-प्रभाव* या *अतिनिर्यात प्रभाव* कहते हैं। एक देश दूसरे देश की अपेक्षा जितना छोटा होगा, विदेश प्रति-प्रभाव उतना ही कम होगा। परन्तु एक बड़े देश के लिए यह अधिक होगा क्योंकि ऐसे देश की राष्ट्रीय आय में परिवर्तन होने से महत्वपूर्ण विदेश प्रति-प्रभाव या अतिनिर्यात प्रभाव होंगे। यह मानकर कि दो बड़े देश A और B हैं। जहां A के आयात B के निर्यात हैं और विलोमशः। A के घरेलू निवेश में वृद्धि इसकी आय में गुणक वृद्धि लाएगी। इससे इसके आयात बढ़ेंगे। A के आयात बढ़ने से B के निर्यात बढ़ेंगे जो B के विदेश व्यापार गुणक द्वारा B की आय में वृद्धि करेंगे। अब B की आय में वृद्धि A देश से इसके आयात में बढ़ोतरी करेगी जो A की आय में दूसरे गुणक चक्र को प्रेरित करेगी।

Table 1

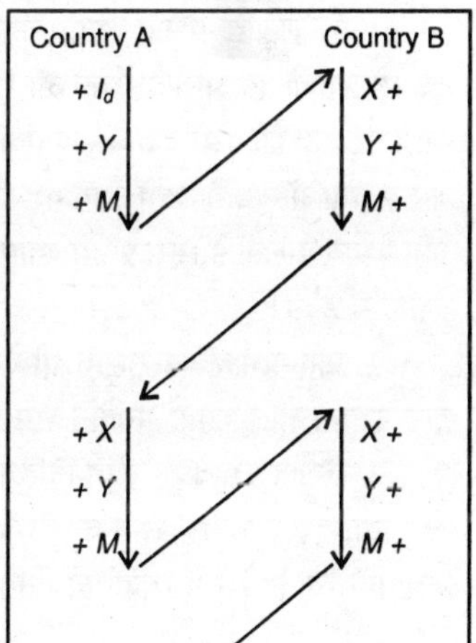

इसकी साथ दी गई तालिका 1 में व्याख्या की गई है। जब स्वायत्त घरेलू निवेश (I_d) देश A में बढ़ता है, तो इसकी राष्ट्रीय आय बढ़ती (+ Y) है। यह स्थिति देश A को देश B से आयात अधिक करने को प्रेरित करती है। इससे देश B के निर्यात की मांग में वृद्धि (X+) होती है। परिणामस्वरूप, देश B की राष्ट्रीय आय में वृद्धि (Y+) होती है। अब यह देश आयात को देश A से बढ़ा (M+) देता है। जब देश A की निर्यात की मांग में वृद्धि (+Y) होती है, तो इसकी राष्ट्रीय आय में और वृद्धि (+X) होती है, जिससे यह देश और अधिक आयात (+M) देश B से करता है। यह प्रक्रिया छोटे चक्रों (small rounds) में चलती रहेगी। यही देश A के लिए विदेश प्रति-प्रभाव या अतिनिर्यात प्रभाव हैं जो रिस जाएंगे और जो देश A में मूल स्वायत्त घरेलू निवेश (I_d) में वृद्धि के प्रभावों को धीमा कर देंगे।

इन प्रभावों की ये अवस्थाएं (stages) चित्र 4 भाग I, II और III द्वारा भी समझाई गई हैं। स्टेज-I में, देश A घरेलू निवेश I_d से बढ़कर I_{d1} हो जाता है जैसा पेनल I में दिखाया गया है। जिससे $I_d + X$ वक्र ऊपर सरक कर $I_{d1} X$ हो जाता है। परिणामस्वरूप, नया सन्तुलन बिन्दु E_1 होता है जो राष्ट्रीय आय में OY से OY_1 वृद्धि दर्शाता है। जब राष्ट्रीय आय में वृद्धि होती है, तो देश B से आयात की मांग बढ़ती है। इसका अभिप्राय है देश B के निर्यात में वृद्धि। इसे चित्र 4 के पेनल II में दिखाया गया है जब $I_d + X$ वक्र ऊपर सरक कर $I_d + X_1$ हो जाता है। इस कारण, देश B में राष्ट्रीय आय OY_0 से बढ़कर OY' पर ऊंचे सन्तुलन स्तर E' पर हो जाती है। जब देश B की आय में वृद्धि होती है तो इसकी देश A से आयात के लिए मांग भी बढ़ती है। यह आगे, देश A की निर्यात की मांग को बढ़ा देता है जो अतिनिर्यात प्रभाव है। इसे चित्र 4 के पेनल III में दर्शाया गया है जहां (भाग I का) $I_{d1} + X$ वक्र और ऊपर सरक कर $I_{d1} + X_1$ हो जाता है, परिणामस्वरूप राष्ट्रीय आय और बढ़कर OY_1 से OY_2 हो जाती है।

ये तीनों चित्र यह स्पष्ट करते हैं कि कैसे एक देश में विदेश प्रति-प्रभाव इसकी अपनी राष्ट्रीय आय और दूसरे देश की राष्ट्रीय आय को प्रभावित करते हैं, जो आगे, अतिनिर्यात प्रभाव की अधिक शक्ति द्वारा इसकी अपनी आय को फिर प्रभावित करते हैं।

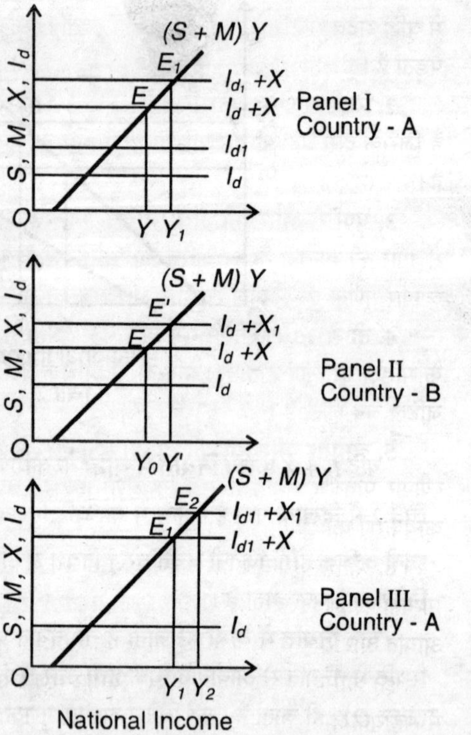

चित्र 4

विदेश प्रति-प्रभाव के निहितार्थ (Implications of Foreign Reperenssion)

विदेश प्रति-प्रभाव के निम्न निहितार्थ है:

1. विदेश प्रति-प्रभाव व्यापार करने वाले देशों के बीच आय गड़बड़ों के स्थानांतरित करने के लिए एक तंत्र का सुझाव देते है। यदि एक देश छोटा है तो वह अन्य देशों की आय में परिवर्तन द्वारा प्रभावित होगा। जो इसके निर्यातों की मांग को प्रभावति करेगा। परंतु वह स्वयं अपनी आय गड़बड़ों को दूसरे देश में स्थानांतरित नहीं कर सकेगा। यदि एक देश बड़ा है तो वह अपनी आय गड़बड़ों को दूसरे देशों में स्थानांतरित कर सकेगा और आगे उनमें आय गड़बड़ों द्वारा प्रभावित हो सकेगा। इसके अर्थ है कि एक देश में तेजी अथवा मंदी दूसरे देशो की आयों पर प्रति प्रभाव डालती है। इस प्रकार व्यापार चक्रों के उतार-चढ़ाव अंतर्राष्टीय स्तर पर संक्रामक होने की संभावना रखते हैं जैसा कि 1930 के दशक में हुआ।

2. प्रति-प्रभाव यह सुझाव भी देते है कि निर्यात प्रभाव अन्ततः समाप्त हो जाते हैं इसलिए स्वतः आय परिवर्तन एक स्वतः गड़बड़ द्वारा उत्पन्न चालू खाता भुगतान शेष घाटा या अतिरेक को पूरी तरह से समाप्त नहीं कर सकते।

3. निर्यात प्रभाव के नीति निहितार्थ यह सुझाव देते है कि निर्यात प्रोत्साहन नीतियां घरेलू निवेश में वृद्धि की तुलना में व्यापार कर रहे साथी देश में राष्ट्रीय आय को कम दर पर बढ़ाती हैं। निर्यात प्रोत्साहन अपाय सरल विदेश व्यापार गुणक द्वारा राष्ट्रीय आय बढ़ाते हैं जबकि घरेलू निवेश में वृद्धि की नीतियां प्रति-प्रभावों द्वारा गुणक दौरों (rounds) में राष्ट्रीय आय को कई गुणा बढ़ाती है।

आलोचनाएं (Criticisms of Foreign Trade Multiplier)

विदेश व्यापार गुणक का मॉडल जो ऊपर प्रदर्शित किया गया है तुलनात्मक स्थैतिकी विश्लेषण और कुछ मान्यताओं पर आधारित है जो इसे अवास्तविक बना देता है।

1. निर्यात और निवेश स्वतन्त्र नहीं (Exports and Investment not Independent)—यह विश्लेषण इस मान्यता पर

आधारित है कि घरेलू और विदेशी निर्यात और निवेश राष्ट्रीय आय के स्तर में परिवर्तन से स्वतन्त्र है। परन्तु वास्तव में ऐसा नहीं है। निर्यात में वृद्धि सदैव राष्ट्रीय आय में वृद्धि नहीं लाती। इसके विपरीत, कुछ आयात जैसे पूंजीगत पदार्थों का प्रभाव, राष्ट्रीय आय को बढ़ाने पर पड़ता है।

2. विश्लेषण पश्चतारहित (Lagless Analysis)—विदेश व्यापार गुणक का विश्लेषण तात्कालिक (instantaneous) प्रक्रिया है जिसके द्वारा यह अन्तिम परिणामों की ओर ले जाता है। इस प्रकार यह पश्चतारहित विश्लेषण है जिससे यह अवास्तविक बन जाता है।

3. पूर्ण रोजगार की अवास्तविक मान्यता (Unrealistic Assumption of Full Employ-ment)—यह विश्लेषण पूर्ण रोजगार की मान्यता पर आधारित है। परन्तु वास्तव में प्रत्येक अर्थव्यवस्था में अपूर्ण रोजगार की स्थिति पाई जाती है। इसलिए, विदेश व्यापार गुणक एक अपूर्ण रोजगार अर्थव्यवस्था में ठीक प्रकार से कार्यक्रम नहीं कर सकता है।

4. दो से अधिक देशों पर लागू नहीं (Not Applicable to more than Two Countries)—यह सारा विश्लेषण दो देशों के मॉडल पर लागू होता है। यदि दो से अधिक देश हों तो इस सिद्धान्त के विदेश अप्रत्यक्ष प्रभावों की व्याख्या और विश्लेषण करना जटिल बन जाता है।

5. व्यापार प्रतिबंधों की उपेक्षा (Neglects Trade Restrictions)—विदेश व्यापार गुणक इस मान्यता पर आधारित है कि व्यापार प्रतिबंध और विनिमय नियंत्रण नहीं है। वास्तव में, ऐसे प्रतिबंध अर्थव्यवस्था में पाए जाते हैं तो विदेश व्यापार गुणक के कार्यकरण को रोकते हैं।

6. मौद्रिक-राजकोषीय उपायों की उपेक्षा (Neglects Monetary-Fiscal Measures)—यह विश्लेषण इस अवास्तविक मान्यता पर आधारित है कि सरकारी व्यय स्थिर है। परन्तु सरकारें सदैव मौद्रिक और राजकोषीय नीतियों द्वारा हस्तक्षेप करती हैं तो निर्यात आयात और राष्ट्रीय आय को प्रभावित करते हैं।

इन कमियों के बावजूद, विदेश व्यापार गुणक आर्थिक विश्लेषण का एक शक्तिशाली औजार है जो नीति उपाय व्यवस्थित बनाने में सहायक होता है।

2. विदेश व्यापार गुणक का अल्पविकसित देशों में महत्व अथवा व्यवहार्यता
(APPLICATION OF FOREIGN TRADE MULTIPLIER TO UNDERDEVELOPED COUNTRIES)

विदेश व्यापार गुणक अल्पविकसित देशों में महत्वपूर्ण स्थान रखता है। गुणक गुणांक का मूल्य विभिन्न प्रकार की नीतियों को कार्यरूप देने में सहायक है। यह ऐसी अर्थव्यवस्था में महत्वपूर्ण है जहां विदेश व्यापार का राष्ट्रीय आय में अधिक योगदान रहता है।

1. निर्यात सम्बन्धी नीतियों का आधार (Basis for Export Promotion Policies)—विदेश व्यापार गुणक अल्पकिसित देशों में निर्यात सम्बन्धी नीतियों का समर्थन करता है। निर्यात को बढ़ावा देने के लिए आयात शुल्क (duties) या आयात कोटा की विधियां व्यवहार में लानी चाहिएं। क्या इस प्रकार निर्यात क्षेत्र को विकसित करने के लिए आयात प्रवृत्तियों को घटाना आवश्यक है ? इस सन्दर्भ में **प्रो. लुईस** इस सम्भावना से इनकार करते हुए कहते हैं कि निर्यात क्षेत्र को एक अग्रणी और विकसित क्षेत्र बनाने के लिए आयात स्थानापन्न की नीति को अपनाना भी आवश्यक है। इस प्रकार दोनों क्षेत्र एक दूसरे के पूरक हैं।[1]

2. भुगतान-शेष में सुधार (Improvement in Balance of Payments)—अल्पविकसित देशों में भुगतान-शेष की समस्या बनी रहती है। ऐसी स्थिति में निर्यात को बढ़ाकर, अथवा आयात को सीमित करकेभुगतान-शेष के चालू खातों में सुधार किया जा सकता है। विदेशी निवेश को बढ़ावा देकर भी भुगतान-शेष में असंतुलन को कम किया जा सकता है।

लेकिन पिछले कुछ दशकों से विश्व बाजार में अल्पविकसित देशों के आ जाने से उनके निर्यात में काफी वृद्धि हुई है। ऐसा अर्थव्यवस्था के दूसरे क्षेत्रों की उपेक्षा करके निर्यात क्षेत्र का विकास हुआ है। दूसरा, निर्यातों पर अत्यधिक निर्भरता ने उन अर्थव्यवस्थाओं की वस्तुओं की मांग और कीमतों को अन्तर्राष्ट्रीय उतार-चढ़ावों के खतरों में डाल दिया है।

1. Aurthur Lewis, *Tata Memorial Lecture*, Bombay, 1973.

3. घरेलू उद्योगों को प्रोत्साहन (Incentive for Domestic Industries)—अल्पविकसित देशों में सरकारें आयात को सीमित करने के लिए घरेलू उद्योगों को विकसित कर सकती हैं। ऐसी स्थिति में सरकारें विभिन्न प्रकार की रियायतें भी देती हैं, जैसे उत्पादन सहायिकी, निर्यात प्रशुल्क आदि। लेकिन ऐसे देश में सिर्फ परम्परागत वस्तुएं ही उत्पादित होती हैं जिनकी मांग भी कम होती जा रही है।

4. विदेशी निवेश को प्रोत्साहन (Encouragement to Foreign Investment)—अल्पविकसित देशों में अधिकतर वस्तुएं विदेशों से आयात की जाती हैं। वस्तुओं के आयात को रोकने के लिए सरकारें विदेशी निवेश को प्रोत्साहित करती हैं। आयात की जाने वाली वस्तुओं के कारखाने दूसरे देशों की सहायता से देश में ही स्थापित किये जाते हैं और उनका अर्थव्यवस्था में ही उत्पादन शुरू हो जाता है। विदेश निवेश प्रमुख रूप से निर्यात वस्तुओं के व्यापार में वृद्धि करते हैं परन्तु अर्थव्यवस्था पर प्रतिकूल प्रभाव डालते हैं। **मायर** (Meier) के शब्दों में ''लाभ का बाह्य प्रवाह, निर्यात के रूप में न होकर, सीधे निकास (withdrawals) के रूप में निश्चय ही अर्थव्यवस्था की सम्भाव्य वास्तविक बचतों को भी सीमित कर देता है।''

संक्षेप में, जहां विदेश व्यापार गुणक अल्पविकसित देशों में निर्यात को बढ़ावा, घरेलू उद्योगों के विकास और विदेशी निवेश को प्रोत्साहन की नीतियों को लागू करने का समर्थन करता है वहीं साथ-साथ अन्तर्राष्ट्रीय शक्तियों के प्रति-प्रभावों की कार्यशीलता की ओर भी ध्यान आकर्षित करता है।

प्रश्न

1. विदेश व्यापार गुणक की धारणा की आलोचनात्मक व्याख्या कीजिए।
2. विदेश व्यापार गुणक की प्रक्रिया को समझाइये। यह कहां तक अल्पविकसित देशों पर लागू होता है?
3. विदेश व्यापार गुणक के कार्यकरण की व्याख्या कीजिए। एक अल्पविकसित देश के दृष्टिकोण से इसके नीति निहितार्थ (implications) बताइए।
4. एक देश की राष्ट्रीय आय और अंतर्राष्ट्रीय व्यापार के बीच परस्पर संबंध की व्याख्या करें।

अध्याय 33

विदेशी विनिमय दर

(Foreign Exchange Rate)

1. विनिमय दर का अर्थ
(MEANING OF EXCHANGE RATE)

विदेशी विनिमय दर अथवा विनिमय दर वह दर होती है जिस पर एक करेंसी का दूसरी करेंसी से विनिमय किया जाता है। यह दर एक करेंसी में दूसरी करेंसी की कीमत होती है। इसे व्यक्त करने का प्रचलित तरीका यह है कि घरेलू करेंसी के रूप में विदेशी करेंसी की एक इकाई की कीमत। डालर तथा पाउण्ड के बीच विनिमय दर बताती है कि एक पाउण्ड खरीदने के लिए कितने डालरों की आवश्यकता पड़ेगी। इस प्रकार डालर तथा पाउण्ड के बीच विनिमय दर संयुक्त राज्य अमेरिका के दृष्टिकोण से यों व्यक्त की जाती है—डालर 2.50 = 1 पाउण्ड ($2.50=£1)। ब्रिटेन के लोग इसे व्यक्त करने लिए कहेंगे कि एक डालर खरीदने के लिए कितने पाउण्ड चाहिएं और ऊपर दी गई विनिमय दर को इस रूप में व्यक्त करेंगे कि 0.40 पाउण्ड = 1 डालर (£0.40=$1)।

विश्व विदेशी विनिमय बाजार में हुंडी-व्यापार (अन्तरपणन) के द्वारा $ 2.50=£1 अथवा £0.40=$ 1 की विनिमय दर स्थिर रखी जाती है। हुंडी-व्यापार (arbitrage) **का मतलब है कि जिस बाजार में विदेशी करेंसी की कीमत कम हो वहां विदेशी करेंसी खरीदी जाए और जहां उसकी कीमत अधिक हो वहां उसे बेच दिया जाए।** हुंडी-व्यापार का परिणाम यह होता है कि करेंसियों की विदेशी विनिमय दर के अन्तर समाप्त हो जाते हैं और विश्व विदेशी विनिमय बाजार में एक ही विनिमय दर विद्यमान रहती है। यदि लन्दन के विनिमय बाजार में विनिमय दर $ 2.48 है और न्यूयार्क के विनिमय बाजार में $ 2.50 है तो विदेशी विनिमय सटोरिए, जिन्हें हुंडी-व्यापारी (arbitrageurs) कहते हैं, लन्दन में पाउण्ड खरीदेंगे और न्यूयार्क में उन्हें बेच देंगे। इस प्रकार प्रत्येक पाउण्ड पर 2 सैण्ट का लाभ प्राप्त करेंगे। इसका परिणाम यह होगा कि लन्दन के बाजार में पाउण्ड की कीमत डालरों के रूप में बढ़ जाएगी और न्यूयार्क के बाजार में गिर जाएगी। अन्त में यह कीमत दोनों बाजरों में बराबर हो जाएगी और हुंडी-व्यापार समाप्त हो जाएगा। यदि कुछ समय बाद डालर तथा पाउण्ड के बीच विनिमय दर बढ़कर $ 2.60=£1 हो जाए, तो कहेंगे कि पाउण्ड के मुकाबले डालर का मूल्यह्रास (अवमूल्यन) हो गया है, (या कि पाउण्ड के मुकाबले डालर की कीमत गिर गई है) क्योंकि अब एक पाउण्ड खरीदने के लिए अधिक डालरों की जरूरत पड़ेगी। यदि डालरों तथा पाउण्ड के बीच विनिमय दर गिरकर $ 2.40=£1 रह जाए, तो कहेंगे कि डालर का भाव बढ़ गया (अधिमूल्यन-Appreciation) है क्योंकि अब एक पाउण्ड खरीदने के लिए कम डालरों की जरूरत पड़ेगी। यदि पहली करेंसी का मूल्य घटेगा, तो दूसरी करेंसी का मूल्य बढ़ेगा और यदि पहली करेंसी का मूल्य बढ़ेगा तो दूसरी करेंसी का मूल्य घटेगा। इस प्रकार यह कहना कि पाउण्ड के मुकाबले डालर का मूल्य गिर गया है और यह कहना कि डालर के मुकाबले पाउण्ड का भाव बढ़ गया है, एक ही बात है और इससे उलट भी वही बात है।

2. तत्काल और अग्रिम विनिमय दर
(SPOT AND FORWARD EXCHAGNGE RATE)

विदेशी विनिमय मार्केट में दो प्रकार की विनिमय दरें होती हैं : तत्काल विनिमय दर और अग्रिम विनिमय दर। इनका संक्षिप्त विवरण निम्न है:

तत्काल विनिमय दर (Spot Exchange Rate)—तत्काल विनिमय दर वह दर है जिस पर एक देश की करेंसी का दूसरे देश की करेंसी से वर्तमान अवधि में विनिमय किया जाता है। 'स्पाट' शब्द से अभिप्राय करेंसियों की तुरंत सुपुर्दगी अथवा विनिमय है। व्यवहार में, सौदा दो दिन में हो जाता है। तत्काल लेन-देन के लिए प्रभावी विनिमय दर को तत्काल दर, और ऐसे सौदों के लिए मार्किट को तत्काल मार्किट कहते हैं।

अग्रिम विनिमय दर (Forward Exchange Rate)—अग्रिम विनिमय दर वह दर है जिस पर भविष्य में विदेशी करेंसी उपलब्ध की जाती है। अग्रिम सौदा दो ग्रुपों के बीच होता है, जिसके अनुसार भविष्य में एक निश्चित तिथि तक विदेशी करेंसी की एक निश्चित राशि को एक पार्टी दूसरी पार्टी के सुपुर्द करती है। यह भुगतान राशि घरेलू करेंसी के बदले अनुबंध में तय की गई कीमत पर दूसरी पार्टी द्वारा देय होती है। अग्रिम अनुबंध पर लागू विनिमय दर, अग्रिम विनिमय दर कहलाती है और अग्रिम सौदों के लिए मार्किट को अग्रिम मार्किट कहते हैं।

अग्रिम विनियम दर के कार्यकरण को समझने के लिए उसका तत्काल विनिमय दर के साथ संबंध जानना आवश्यक है। अनुबंध करते समय यदि अग्रिम विनिमय दर तत्काल दर के बिल्कुल बराबर है को वह अग्रिम विनिमय दर **सममूल्य पर** (at par) कहलाती है। जब अग्रिम मार्किट में एक करेंसी तत्काल मार्किट के मुकाबले दूसरी करेंसी की अधिक इकाइयां खरीदती है तो अग्रिम विनिमय दर को **अधिमूल्य पर** (at a premium) कहते हैं। उदाहरणार्थ, जब एक डॉलर अग्रिम मार्किट में तत्काल मार्किट की अपेक्षा अधिक रुपये में बदला जाता है तो यह डॉलर को अधिमूल्य पर खरीदना है। तत्काल दर से अग्रिम दर का जो अन्तर है वही अधिमूल्य अथवा प्रीमियम है जिसको प्रतिशतता में व्यक्त किया जाता है। इसके विपरीत, यदि अग्रिम मार्किट में तत्काल मार्केट की अपेक्षा एक डॉलर को कम रुपयों में बदला जाता हैं तो अग्रिम दर को **बट्टे पर** (at a discount) कहते हैं। इसे भी तत्काल दर से अग्रिम दर में प्रतिशतता अन्तर द्वारा व्यक्त किया जाता है।

इसके परिचालन (Its Operations)—अग्रिम विनिमय दर, अग्रिम विनिमय की मांग और पूर्ति द्वारा निर्धारित होती है। जब अग्रिम विनिमय की मांग उसकी पूर्ति के अधिक होती है तो अग्रिम दर का अधिमूल्य पर भाव बताया जाता है। इसके विपरीत, जब अग्रिम विनिमय की पूर्ति उसकी मांग से अधिक होती है तो अग्रिम दर का बट्टे पर भाव बताया जाता है। जब अग्रिम विनिमय की मांग उसकी पूर्ति के बराबर होती है, तो अग्रिम दर सममूल्य पर होती है।

अग्रिम विनिमय में व्यापारिक बैंक लेन-देन करते हैं। वे विदेशी विनिमय में अपने कोषों का समायोजन करने के लिए विनिमय परिचालन (swap operations) करते हैं। 'स्वैप' शब्द का अर्थ है तत्काल करेंसी के साथ अग्रिम करेंसी की एक ही समय में अदला-बदली करना। दूसरे शब्दों में, एक करेंसी को तत्काल बेचने अथवा खरीदने के साथ उसी करेंसी को अग्रिम सुपुर्दगी के लिए खरीदना अथवा बेचना। इनको दोतरफा सौदे भी कहते हैं।

अग्रिम विनिमय मार्केट के परिचालन निर्यातकों और आयातकर्ताओं को विदेशी विनिमय दरों में होने वाले उतार-चढ़ाव से उत्पन्न जोखिमों को कम करने में सहायक होते हैं। ऐसी जोखिमों को कैसे कम किया जा सकता है, इसे एक उदाहरण द्वारा समझाया जा सकता है। मानलीजिए एक आयातकर्ता कंपनी अमेरिका से कम्प्यूटर निश्चित विनियम दर 30 रु. = 1 डॉलर पर मंगवाती है। कम्प्यूटरों के भारत में आने की अवधि के बीच विनियम दर 35 रु. = 1 डॉलर हो जाती है। इससे भारत की कम्पनी को अमेरिकी निर्यातक कम्पनी को 5 रुपये प्रति डॉलर अधिक देना होगा। इस जोखिम से होने वाली हानि से बचने के लिए भारतीय कंपनी अपने बैंक द्वारा भविष्य में अग्रिम मार्केट से जितने डॉलर उसको चाहिएं वह पूर्व निश्चित दर 30 रु. = 1 डॉलर पर खरीद लेती है। इसके लिए कंपनी को थोड़ा-सा प्रीमियम बैंक को देना पड़ेगा चाहे विनियम दर में परिवर्तन हो चुका होगा। इस प्रकार अग्रिम विनिमय परिचालन विनिमय दरों में उतार-चढ़ाव से उत्पन्न होने वाले जोखिमों को कम करके व्यापारियों की सहायता करता है।

3. विनिमय दर के सिद्धान्त
(THEORIES OF EXCHANGE RATE)

विदेशी विनिमय दर निर्धारित करने के चार सिद्धान्त हैं: **पहला,** मुक्त बाजार सिद्धान्त; **दूसरा,** टकसाल दर समता सिद्धान्त; **तीसरा,** क्रय-शक्ति समता सिद्धान्त और **चौथा,** भुगतान-शेष सिद्धान्त। यहां क्रमशः प्रत्येक सिद्धान्त की चर्चा की जा रही है।

1. विनिमय दर का मुक्त बाजार सिद्धान्त या संतुलन विनिमय दर निर्धारण
(Free Market Theory of Exchange Rate or Equilibuium Exchange Rate)

खुले (मुक्त) बाजार में विदेशी विनिमय की मांग और पूर्ति विनिमय दर को निर्धारित करती है। संतुलन विनिमय दर वह दर है जिस पर विदेशी विनिमय की मांग विदेशी विनिमय की पूर्ति के बराबर हो। दूसरे शब्दों में, यह वह दर है जो विदेशी विनिमय के लिए बाजार को समाशोधित करती है। **प्रो. नर्क्से** ने संतुलन विनिमय दर की यह परिभाषा दी है, **संतुलन विनिमय दर ''वह दर है जो कुछ समय-**

पर्यन्त भुगतान शेष को संतुलन में रखती है।''[1] संतुलन विनिमय दर निर्धारित करने के दो तरीके हैं। डालर और पाउण्ड के बीच विनिमय की दर को या तो डालर की मांग और पूर्ति निर्धारित करेगी जबकि पाउण्ड की कीमत डालर में होगी, या फिर पाउण्ड की मांग और पूर्ति निर्धारित करेगी जबकि पाउण्ड की कीमत डालर में होगी। इन दोनों में से कोई भी तरीका अपनाया जाए, विनिमय दर वही निकलेगी। जो विश्लेषण यहां प्रस्तुत किया जा रहा है वह दूसरे तरीके पर आधारित है ताकि उसे पाउण्ड के रूप में स्पष्ट किया जा सके।

विदेशी विनिमय की मांग (Demand for Foreign Exchange)

विदेशी विनिमय की मांग पाउण्ड से व्युत्पन्न (derived) मांग है। यह मांग तब पैदा होती है जब संयुक्त राज्य अमेरिका में ब्रिटेन की वस्तुएं तथा सेवाएं आयात होती हैं और अमेरिका से ब्रिटेन को पूंजी भेजी जाती है। वास्तव में, पाउण्ड की मांग का मतलब है, डालर की पूर्ति। जब अमेरिका के व्यापारी ब्रिटेन की वस्तुएं तथा सेवाएं खरीदते हैं और ब्रिटेन को पूंजी हस्तान्तरण भेजते हैं तो वे अमेरिकी डालर के बदले में ब्रिटेन के पाउण्ड की मांग उत्पन्न करते हैं, क्योंकि वे अपनी अमेरिकी (डालर) करेंसी में ब्रिटेन को भुगतान नहीं कर सकते।

चित्र 1 में पाउण्ड का मांग वक्र DD बाएं से दाएं को नीचे की ओर ढालू है। इसका मतलब है कि पाउण्ड पर विनिमय दर जितनी ही कम होगी, विदेशी विनिमय (अमेरिकी) बाजार में पाउण्ड की मांग की मात्रा उतनी ही अधिक होगी, और उलट भी। इसका कारण यह है कि जब पाउण्ड पर विनिमय दर कम होगी, तो ब्रिटेन की वस्तुओं तथा सेवाओं के दाम अमरीकी डालर में सस्ते हो जाएंगे। यदि पाउण्ड पर विनिमय दर अपेक्षाकृत ऊंची होगी तो स्थिति इसके विपरीत होगी। ब्रिटेन की वस्तुएं तथा सेवाएं अमेरिकी डालर में महंगी हो जाएंगी, और विदेशी विनिमय (अमेरिकी) बाजार में पाउण्ड की मांग गिर जाएगी।

परन्तु विदेशी विनिमय के मांग वक्र का रूप आयात की मांग की **लोच** पर निर्भर करेगा। यदि कोई देश **आवश्यक वस्तुएं** तथा **कच्चा माल आयात** करता है, तो हम आशा कर सकते हैं कि आयात की मांग की **लोच** कम होगी और आयातित मात्रा कीमत परिवर्तनों के प्रति बेलोच होगी। दूसरी ओर, यदि देश **विलास की वस्तुओं** तथा ऐसी वस्तुओं का आयात करे जिनके उचित स्थानापन्न विद्यमान हों, तो आयात की मांग-लोच **ऊंची** हो सकती है। अल्पकाल में सम्भव है, आयात की मांग की लोच बहुत ऊंची न हो, पर दीर्घकाल में यह अपेक्षाकृत अधिक लोचदार होगी।

विदेशी विनिमय की पूर्ति (Supply of Foreign Exchange)

हमारे उदाहरण में विदेशी विनिमय की पूर्ति का मतलब है, पाउण्ड की पूर्ति। यह तब पैदा होती है जब ब्रिटेन से वस्तुएं तथा सेवाएं निर्यात की जाती हैं और अमेरिका से ब्रिटेन को पूंजी भेजी जाती है। डालर के बदले पाउण्ड दिए जाते हैं क्योंकि ब्रिटेन के पाउण्ड-धारक डालर में भुगतान करना चाहते हैं। इस प्रकार विदेशी विनिमय पूर्ति का मतलब है पाउण्ड की विविध डालर कीमतों पर विदेशी विनिमय बाजार में कितने पाउण्ड दिए जाएंगे।

पाउण्ड का पूर्ति वक्र *SS* ऊपर की ओर ढालू है, जैसा चित्र 1 में दिखाया गया है। यह पाउण्ड की विनिमय दर का धनात्मक फलन है। ज्यों-ज्यों पाउण्ड पर विनिमय दर बढ़ती है त्यों-त्यों विदेशी विनिमय बाजार में पाउण्ड की पूर्ति की मात्रा बढ़ेगी। इसका कारण यह है कि जब पाउण्ड की डालर कीमत बढ़ती है (डालर की पाउण्ड में कीमत घटती है) तो पाउण्ड धारकों के लिए अमेरिकी वस्तुएं, सेवाएं तथा पूंजी कोष लाभदायक सिद्ध होते हैं। इसलिए जब विनिमय दर बढ़ेगी, तो पाउण्ड के धारक अपेक्षाकृत अधिक पाउण्ड देने को तैयार होंगे।

परन्तु विदेशी विनिमय के पूर्ति वक्र का रूप पूर्ति वक्र की **लोच** निर्धारित करेगी। जब देश की अपनी करेंसी का मूल्य बढ़ता है, तो आयात सापेक्ष रूप से सस्ते हो जाएंगे और आयात बढ़ेगा। जब आयात बढ़ेगा, तो विदेशी विनिमय बाजार में देश की अधिक करेंसी की पूर्ति होगी, बशर्ते कि **लोच इकाई से अधिक** हो। जब आयात अपेक्षाकृत सस्ते होंगे, तो नई वस्तुएं आयात होने लगेंगी और आयात धीरे-धीरे आयात प्रतियोगी उद्योगों को समाप्त कर देंगे। इन दो महत्त्वपूर्ण कारणों से विदेशी विनिमय की पूर्ति लोचदार होगी और फिर समय जितना अधिक होगा, पूर्ति भी उतनी ही अधिक लोचदार होगी।'

1. " It is that rate which over a certain period of time, keeps the balance of payments in equilibuium." **—R. Nurkse**

संतुलन विनिमय दर (Equilibrium Exchange Rate)

विदेशी विनिमय की मांग तथा पूर्ति अनुसूचियां दी हुई होने पर संतुलन विनिमय दर उस बिन्दु पर निर्धारित होती है जहां मांग वक्र DD, पूर्ति वक्र SS को काटे। चित्र 1 में ये दोनों वक्र बिन्दु E पर एक दूसरे को काटते हैं। संतुलन विनिमय दर OR है और विदेशी विनिमय की मांग और पूर्ति की मात्रा OQ है। OR विनिमय दर पर पाउण्ड की अमेरिकी मांग पाउण्ड की ब्रिटिश पूर्ति के बराबर है और विदेशी विनिमय बाजार समाशोधित हो जाता है। चित्र 1 में यदि विनिमय दर संतुलन दर OR से बढ़कर OR_2 हो जाती हैं तो पाउण्ड की पूर्ति R_2B पाउण्ड की मांग R_2A से बढ़ जाती है $R_2B>R_2A$। इससे पाउण्ड की कीमत गिरती है, जिससे पाउण्ड की मांग बढ़ेगी और उसकी पूर्ति कम होगी और संतुलन विनिमय दर OR पर पुन: बिन्दु *E* पर स्थापित हो जाती है। इसके विपरीत, यदि विनिमय दर इस OR दर से नीचे OR_1 पर चली जाएगी, तो पाउण्ड की पूर्ति R_1G से पाउण्ड की मांग R_1H बढ़ जाएगी $R_1H>R_1G$ जिन्हें पाउण्ड की जरूरत है, उनमें से कुछ को पाउण्ड नहीं मिलेंगे। पाउण्ड की कीमत बढ़ेगी जिससे पाउण्ड की मांग गिरेगी और पाउण्ड की पूर्ति बढ़ेगी और परिणामस्वरूप संतुलन विनिमय दर OR पुन: बिन्दु E पर स्थापित हो जाएगी।

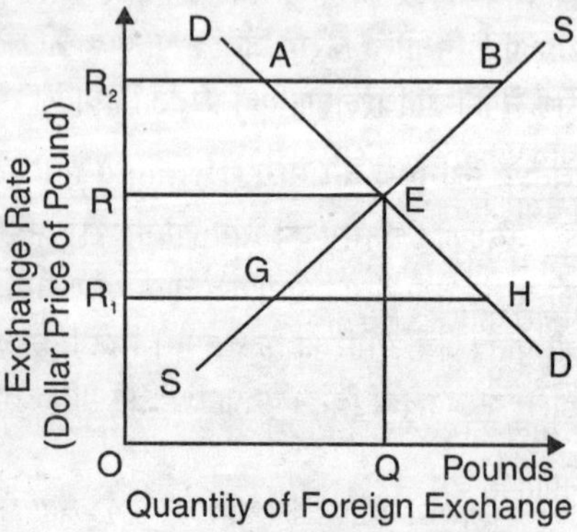

चित्र 1

मानलीजिए अमेरिका में **पाउण्ड की मांग बढ़** जाती है। इसे दिखाने के लिए चित्र 2 (A) में DD वक्र को ऊपर की ओर सरका कर D_1D_1 पर ले जाया गया है। इस मांग के बढ़ने का कारण यह हो सकता है कि ब्रिटेन की वस्तुओं के लिए अमेरिकी रुचि बढ़ गई हो, अमेरिका की राष्ट्रीय आय में बढ़ोतरी हो गई हो आदि, जिन्होंने अमेरिका में आयातित वस्तुओं की मांग बढ़ा दी हो। जब मांग वक्र बढ़कर D_1D_1 पर जाता है, तो अमेरिकी डालर का मूल्य गिर जाता है और पाउण्ड का भाव बढ़ जाता है। इसका परिणाम यह होता है कि नई संतुलन विनिमय दर OR_2, बिन्दु E_2 पर स्थापित होती हैं जहां विदेशी विनिमय की मांग तथा पूर्ति की मात्रा OQ_2 है।

दूसरी ओर, यदि **पाउण्ड की पूर्ति** बढ़ती है, और पूर्ति वक्र SS नीचे की ओर सरककर S_1S_1 पर आ जाता है, जैसा कि चित्र 2 (B) में दिखाया गया है, तो पाउण्ड का मूल्य गिर जाता है और डालर का भाव बढ़ जाता है। इसके परिणामस्वरूप, चित्र 2 (B) में नई संतुलन विनिमय दर OR_1 अपने आप E_1 पर स्थापित हो जाती है जहां S_1S_1 वक्र DD वक्र को काटता है। इस नई संतुलन विनिमय दर OR_1 पर विदेशी विनिमय की मांग तथा पूर्ति की मात्रा OQ_1 है। पाउण्ड की पूर्ति में वृद्धि का कारण यह हो सकता है कि अमेरिकी वस्तुओं के लिए ब्रिटेन के लोगों की रुचियां बढ़ी हों या ब्रिटेन की राष्ट्रीय आय बढ़ी हो, आदि।

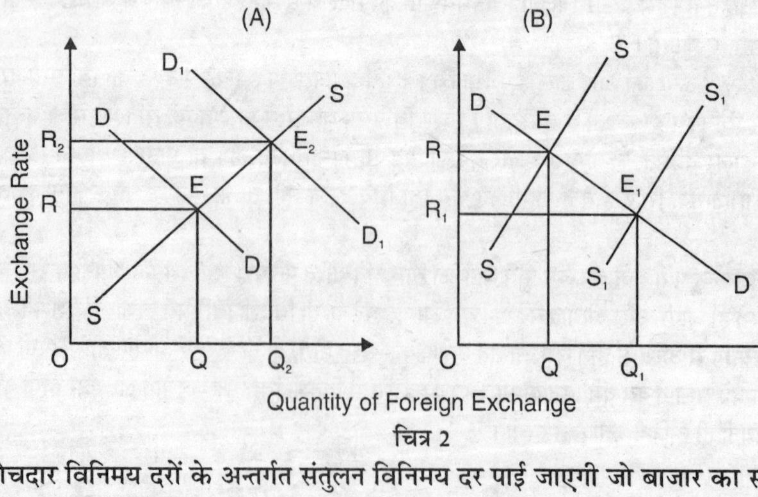

चित्र 2

इस प्रकार, **लोचदार विनिमय दरों के अन्तर्गत संतुलन विनिमय दर पाई जाएगी जो बाजार का समाशोधन करेगी और भुगतान शेष संतुलन को कायम रखेगी।**

2. टकसाल दर समता सिद्धान्त : स्वर्णमान के अन्तर्गत निर्धारण (The Mint Par Parity Theory : Determination under Gold Standard)

यह सिद्धान्त अन्तर्राष्ट्रीय स्वर्ण मानक के कार्यकरण से सम्बन्ध रखता है। इस प्रणाली के अन्तर्गत सोने के सिक्के चलते थे, या जो करेंसी चलती थी उसे एक निश्चित दर पर सोने में बदला जा सकता था। करेंसी की एक इकाई का मूल्य सोने के निश्चित भार में होता था अर्थात् एक रुपये, डालर या पाउण्ड आदि के बदले इतने **ग्रेन** सोना। देश का केन्द्रीय बैंक हमेशा निर्धारित कीमत पर सोना खरीदने और बेचने को तैयार रहता था। जिस दर पर देश की मानक मुद्रा सोने में बदली जा सकती थी, वह दर स्वर्ण की टकसाल दर कीमत कहलाती थी। यदि ब्रिटेन में सोने की सरकारी कीमत £6 प्रति आउन्स थी, तो यह इंग्लैण्ड में सोने की टकसाल दर कीमत थी। यदि अमेरिका में डालर की सरकारी कीमत $ 36 प्रति आउन्स थी, तो यह अमेरिका में सोने की टकसाल दर कीमत थी। डालर तथा पाउण्ड के बीच विनिमय दर $ 36/£6=$6 पर निश्चित होगी। इस दर को टकसाल दर समता अथवा विनिमय की टकसाल दर समता कहा जाता था क्योंकि यह सोने की टकसाल कीमत पर आधारित थी। इस प्रकार स्वर्ण मानक के अन्तर्गत विनिमय की सामान्य या मूल दर उनकी टकसाल दर समता मूल्यों के अनुपात के बराबर (R=$/£) होती थी।

परन्तु विनिमय की वास्तविक दर टकसाल दर समता से उतनी अधिक या कम हो सकती है जितनी दोनों देशों के बीच जहाज में **सोना लाने और ले जाने की लागत** पड़ती थी। इसे निम्न उदाहरण से समझ सकते हैं।

मानलीजिए ब्रिटेन के साथ अमेरिका के भुगतान शेष में घाटा है। अमेरिका के आयातकर्ताओं को आयात तथा निर्यात के मूल्यों के अन्तर का भुगतान सोना देकर करना होगा क्योंकि पाउण्ड की पूर्ति की अपेक्षा पाउण्ड की मांग बढ़ जाती है। पर, सोना भेजने में परिवहन लागत, अन्य रख-रखाव, प्रभार, बीमा इत्यादि का खर्च पड़ता है। मानलीजिए कि अमेरिका से ब्रिटेन सोना भेजने का खर्च 3 सेण्ट प्रति आउन्स पड़ता है। इसलिए अमेरिका के आयातकर्ताओं को £1 प्राप्त करने के लिए $6.03 ($6+.3c) खर्च करने पड़ेंगे। यह विनिमय दर हो सकती है जो अमेरिका का स्वर्ण निर्यात बिन्दु अथवा ऊंचा स्वर्ण बिन्दु है। अमेरिका का कोई भी आयातकर्ता एक पाउण्ड प्राप्त करने के लिए $ 6.03 से अधिक भुगतान नहीं करेगा क्योंकि वह $ 6 का सोना अमेरिका के खजाने से खरीद सकता है और 3 सेण्ट प्रति आउन्स की लागत से उसे ब्रिटेन भेज सकता है। इसी प्रकार यदि अमेरिका के भुगतान-शेष में अतिरेक हो, तो पाउण्ड का आयात मूल्य $ 5.97 से नीचे नहीं जा सकता। $ 5.97 प्रति पाउण्ड की विनिमय दर अमेरिका में **स्वर्ण आयात बिन्दु** (Gold Import Point) अथवा *नीचा स्वर्ण बिन्दु* (Lower Specie Point) है। स्वर्ण मानक के अन्तर्गत विनिमय दर स्वर्ण बिन्दुओं के बीच मांग तथा पूर्ति की शक्तियां निर्धारित करती है। स्वर्ण के लदान विनिमय दर को स्वर्ण बिन्दुओं के बाहर नहीं जाने देते।

इसकी मान्यताएं (Its Assumptions)

यह सिद्धांत निम्नलिखित मान्यताओं पर आधारित है :

1. स्वर्ण की कीमत एक देश द्वारा अपनी करेंसी में निश्चित की गई है।
2. वह उस कीमत पर स्वर्ण की कितनी ही मात्रा बेच और खरीद सकता है।
3. इसकी मुद्रा की पूर्ति स्वर्ण अथवा पेपर करेंसी में होती है और स्वर्ण द्वारा समर्थित है।
4. इसका कीमत स्तर मुद्रा पूर्ति के साथ सीधे परिवर्तित होता है।
5. देशों के बीच स्वर्ण का ले जाना और लाना होता है।
6. देशों के भीतर पूंजी गतिशील है।
7. समायोजन तंत्र स्वत: होता है (adjustment mechanism is automatic)।

इसकी व्याख्या (Its Explanation)

ये मान्यताएं दी होने पर, चित्र 3 में दिखाया गया है कि स्वर्ण मानक के अन्तर्गत विनिमय दर किस प्रकार निर्धारित होती है। विनिमय दर OR बिन्दु E पर निर्धारित होती है जहां मांग वक्र DD_1 पूर्ति वक्र SS_1 को काटता है। यह आवश्यक नहीं कि विनिमय दर, टकसाल दर समता के बराबर हो। विनिमय दर स्वर्ण बिन्दुओं के बीच कहीं भी हो सकती है जो मांग तथा पूर्ति वक्रों के रूप पर निर्भर करेगी। टकसाल दर समता का उद्देश्य तो इतना ही है कि अमेरिका के स्वर्ण निर्यात बिन्दु ($ 6.03) तथा अमेरिका के स्वर्ण आयात बिन्दु ($ 5.97) को

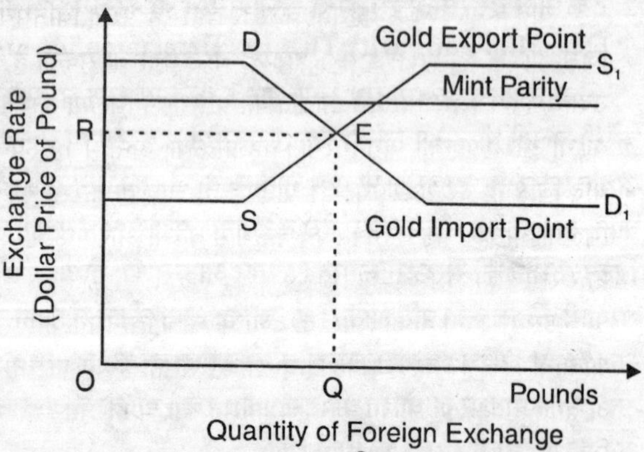

चित्र 3

परिभाषित कर दे। क्योंकि अमेरिका का खज़ाना \$ 36 प्रति आउन्स कीमत पर चाहे जितना सोना बेचने को तैयार है, इसलिए कोई भी अमेरिकी प्रति पाउण्ड के बदले \$ 6.03 से अधिक भुगतान करने को तैयार नहीं होगा, क्योंकि वह स्वर्ण का निर्यात करके इस कीमत पर चाहे जितने पाउण्ड प्राप्त कर सकता है। यही कारण है कि पाउण्ड का अमेरिकी पूर्ति वक्र अमेरिका के **स्वर्ण निर्यात बिन्दु पर पूर्ण लोचदार** या क्षैतिज हो जाता है। इसे SS_1 पूर्ति वक्र के क्षैतिज भाग S_1 द्वारा दिखाया गया है। इसी प्रकार, क्योंकि अमेरिका का खजाना \$ 36 प्रति आउन्स की दर से चाहे जितना सोना खरीदने को तैयार है इसलिए कोई भी अमेरिकी \$ 5.97 प्रति पाउण्ड से कम दर पर पाउण्ड को नहीं बेचेगा, क्योंकि स्वर्ण का आयात करके इस दर पर वह चाहे जितने पाउण्ड बेच सकता है। इस प्रकार अमेरिका के **स्वर्ण आयात** बिन्दु पर पाउण्ड का मांग वक्र पूर्ण लोचदार हो जाता है। इसे मांग वक्र DD_1 के क्षैतिज भाग D_1 द्वारा दिखाया गया है।

इसकी आलोचनाएं (Its Criticisms)

टकसाल दर समता सिद्धांत की निम्न आलोचाएं की गई हैं :

1. अन्तर्राष्ट्रीय स्वर्णमान 1930 की मंदी के बाद समाप्त हो गया और यह अब नहीं पाया जाता है।

2. यह सिद्धांत स्वर्ण के मुक्त रूप से क्रय और विक्रय और देशों के बीच मुक्त रूप से आने-जाने की मान्यताओं पर आधारित है। परन्तु आजकल सरकारें ऐसे क्रय-विक्रय और गतियों की स्वीकृति नहीं देतीं।

3. वर्तमान में देश अपरिवर्ती कागज मानक (Inconvertible Paper Standard) पर होते हैं जिसके अन्तर्गत यह सिद्धांत विनिमय दरों का निर्धारण करने में असफल है।

4. यह सिद्धांत आन्तरिक कीमतों की लोचशीलता की मान्यता पर आधारित है। परन्तु आधुनिक सरकारें स्वतंत्र कीमत नीति का अनुसरण करती हैं जो विनिमय दर में उतार-चढ़ाव से असंबंधित होती है।

निष्कर्ष (Conclusion)

क्योंकि स्वर्ण मानक समाप्त हो गया है, इसलिए टकसाल दर समता सिद्धान्त बहुत पहले रद्द कर दिया गया था। आज किसी भी देश में स्वर्ण मानक नहीं है। अब न तो बेरोक-टोक सोना लाया तथा ले जाया जा सकता है और न ही स्वर्ण समता विद्यमान है। इसलिए अब यह सिद्धान्त केवल शैक्षिक महत्व रखता है।

3. क्रय-शक्ति समता सिद्धान्त (The Purchasing Power Parity Theory)

अपरिवर्ती कागज करेंसी वाले देशों के बीच विनिमय दर निर्धारित करने के लिए **जी.कैसल** (G. Cassel) ने 1920 में क्रय-शक्ति समता सिद्धान्त विकसित किया था। यह सिद्धान्त कहता है कि दो अपरिवर्ती कागज करेंसियों के बीच विनिमय दर, उनकी क्रय-शक्तियों की समता निर्धारित करती है। प्रो. **कुरिहारा** के अनुसार, "स्वायत्त कागज मानों की प्रणाली के अन्तर्गत एक करेंसी का बाह्य मूल्य 'अन्ततः और आवश्यक तौर से' दूसरी करेंसी के सापेक्ष में उस करेंसी की घरेलू क्रय शक्ति पर निर्भर करता है।"[1] दूसरे शब्दों में, दो देशों के बीच विनिमय दर को उनके सापेक्ष कीमत स्तर निर्धारित करते हैं। इस सिद्धान्त को एक उदाहरण से स्पष्ट किया जा सकता है।

मानलीजिए भारत तथा इंग्लैण्ड अपरिवर्ती कागज मानक पर हैं और वस्तुओं का जो बण्डल इंग्लैण्ड में £1 से खरीदा जा सकता है, वही भारत में 18 रुपये में मिलता है। इस प्रकार क्रय शक्ति समता सिद्धान्त के अनुसार विनिमय की दर 18 रुपये =1 पाउण्ड होगी।

1. "Under a system of autonomous paper standards the external value of a currency is said to depend 'ultimately and essentially' on the domestic purchasing power of that currency relative to that of another currency."—**K.K. Kurihara**

यदि दोनों देशों में कीमतों के स्तर वही रहें परन्तु विनिमय दर 16 रुपये = 1 पाउण्ड हो जाए, तो इसका मतलब है कि वस्तुओं के जिस बण्डल को इंग्लैण्ड में 1 पाउण्ड में खरीदा जा सकता है, वही भारत में 16 रुपये में मिलेगा। यह विनिमय दर के अधिमूल्यन का उदाहरण है। इससे भारत में आयात को प्रोत्साहन मिलेगा और भारत से निर्यात हतोत्साहित होंगे। इसके परिणामस्वरूप, पाउण्ड की मांग बढ़ेगी और रुपए की मांग गिरेगी। यह प्रक्रिया, अन्त में 18 रुपये =1 पाउण्ड की विनिमय दर को पुन: स्थापित कर देगी। इसके विपरीत यदि विनिमय दर 20 रुपये = 1 पाउण्ड हो जाए तो करेंसी का मूल्य गिर जाएगा। इसके परिणामस्वरूप भारत से निर्यातों को प्रोत्साहन मिलेगा और आयात घटेंगे। रुपये की मांग बढ़ेगी और पाउण्ड की मांग गिरेगी और अन्त में विनिमय की सामान्य दर 18 रु० = 1 पाउण्ड फिर से स्थापित हो जाएगी।

इस सिद्धान्त के अनुसार, दो देशों के बीच विनिमय की दर उस बिन्दु पर निर्धारित होती है जहां दोनों देशों की अपनी-अपनी क्रय-शक्तियां समान होती हैं। यह क्रय-शक्ति समता है जो परिवर्तनशील समता है यह वैसी निश्चित समता नहीं है जैसी स्वर्ण मानक के अन्तर्गत होती है। इसलिए, जब भी कीमत स्तर में परिवर्तन होता है, तो हर परिवर्तन के साथ विनिमय दर भी बदल जाती है। नई संतुलन विनियम दर निकालने के लिए निम्न सूत्र (Formula) प्रयोग किया जाता है:

$$R = \frac{\text{विदेशी करेंसी की घरेलू कीमत} \times \text{घरेलू कीमत सूचक}}{\text{विदेशी कीमत सूचक}}$$

या $$R = R_o \times \frac{\frac{P_{A_1}}{P_{A_0}}}{\frac{P_{B_1}}{P_{B_0}}}$$

जहां O = आधार अवधि (base period), 1 = अवधि 1, A और B देश, P = कीमत सूचक (Price index), और R_O = आधार अवधि में विनिमय दर।

कैसल (Cassel) के मतानुसार, "क्रय शक्ति समता विभिन्न करेंसियों की क्रय-शक्तियों के भजनफलों (Quotients) द्वारा निर्धारित होती हैं।"[1] यह सूत्र यही बात स्पष्ट करता है। सूत्र को यदि हम अपने उदाहरण द्वारा स्पष्ट करें, तो यों समझा जा सकता है। कीमत स्तर में परिवर्तन से पहले विनिमय दर 60 रुपये =1 पाउण्ड थी। मानलीजिए घरेलू (भारत का) कीमत सूचक बढ़कर 300 हो जाता है और विदेशी (इंग्लैण्ड का) कीमत सूचक बढ़कर 200 हो जाता है। इस प्रकार नई संतुलन विनिमय दर यह होगी:

$$R = \frac{£1 \times 300}{200} = £1.5$$

अथवा 60 रुपये = 1.5 पाउण्ड

दोनों देशों के बीच यही क्रय-शक्ति समता होगी। वास्तव में होगा यह कि वस्तुओं की परिवहन लागत, जिसमें प्रशुल्क, बीमा, बैंकिंग तथा अन्य खर्च शामिल हैं, क्रय-शक्ति समता को संशोधित करेगी। एक देश से दूसरे देश में वस्तुओं के लाने तथा ले जाने की ये परिवहन लागतें, वास्तव में वे सीमाएं हैं जिनके भीतर विनिमय दर बढ़ सकती है जो देश की करेंसी की मांग तथा पूर्ति पर निर्भर करेगी। इसकी ऊपरी सीमा वस्तु निर्यात बिन्दु कहलाती है और नीचे की सीमा वस्तु आयात बिन्दु कहलाती है। ये सीमाएं उतनी सुनिश्चित नहीं होतीं जितनी टकसाल दर समता सिद्धान्त के अन्तर्गत स्वर्ण बिन्दु।

क्रय-शक्ति समता सिद्धान्त को चित्र 4 में स्पष्ट किया गया है जहां DD विदेशी करेंसी का (हमारे उदाहरण में पाउण्ड का) मांग वक्र है और SS करेंसी का पूर्ति वक्र है। OR विनिमय दर है, जो दोनों वक्रों के परस्पर काटने से बिन्दु E पर निर्धारित होती है और विदेशी विनिमय की मांग तथा पूर्ति OQ मात्रा के बराबर है। मान लें भारत में कीमत स्तर बढ़ता है और इंग्लैण्ड में स्थिर रहता है। इससे भारतीय

1. "The purchasing power parity is determined by the quotients of the purchasing powers of the different currencies." **—G. Cassel**

निर्यात इंग्लैण्ड में मंहगे और भारत में इंग्लैंड के आयात सापेक्षतया सस्ते हो जाते हैं। परिणामस्वरूप, पाउण्ड की मांग बढ़ती है और उसकी आपूर्ति कम हो जाती है। अब DD वक्र ऊपर दाईं ओर D_1D_1 पर सरक जाता है और पूर्ति वक्र SS बाईं और S_1S_1 पर ऊपर को सरक जाता है। नई संतुलन विनिमय दर प्रति पाउण्ड रुपये OR_1 पर निर्धारित होती है जो नई क्रयशक्ति समता दर्शाती है। क्रय-शक्ति समता वक्र बताता है कि जब कीमत-स्तर में सापेक्ष परिवर्तन होता है, तो विनिमय दर इस वक्र पर सामान्य दर के ऊपर या नीचे बढ़ती-घटती है। परन्तु क्रय-शक्ति समता वक्र एक सीमा के भीतर ही ऊपर या नीचे जा-आ सकता है। इसकी ऊपरी और नीचे की सीमाओं को क्रमश: वस्तु निर्यात बिन्दु तथा वस्तु आयात बिन्दु निर्धारित करते हैं।

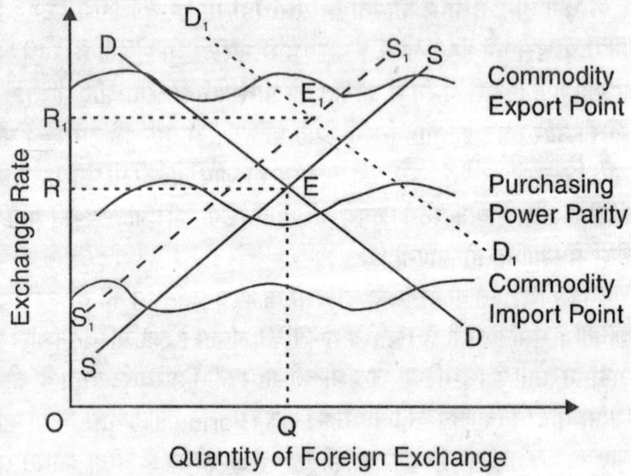

चित्र 4

इसकी आलोचनाएं (Its Criticisms)

कैसल का क्रय-शक्ति समता सिद्धान्त 1914-24 की अवधि में अर्थशास्त्रियों में बहुत लोकप्रिय रहा। इसे अपरिवर्ती कागज करेंसियों के अन्तर्गत विदेशी विनिमय दर निर्धारण की वास्तविक व्याख्या के रूप में स्वीकार किया गया था। परन्तु बाद में इसकी यह कहकर कड़ी आलोचना की गई है कि इसका सैद्धान्तिक आधार बहुत कमजोर है। यहां कुछ आलोचनाओं की चर्चा की जा रही है :

1. कीमत-स्तर की गणना में त्रुटियां (Defects in Calculating Price Level)—इस सिद्धान्त की एक गम्भीर त्रुटि यह है कि इसका दो देशों में कीमत-स्तरों का हिसाब लगाने का तरीका ठीक नहीं है। कीमतों का हिसाब लगाने में सूचकांक का प्रयोग अनेक कठिनाइयां प्रस्तुत करता है जैसे आधार वर्ष, किन और कितनी वस्तुओं को शामिल करना तथा गणना के तरीके से सम्बन्धित कठिनाइयां।

2. सामान्य कीमत-स्तरों की तुलना कठिन समस्या (Comparison of General Price Levels a Difficult Problem)—इस सिद्धान्त के अनुसार दो देशों के सामान्य कीमत-स्तरों की तुलना करके उनकी क्रय-शक्ति समता निर्धारित की जाती है। परन्तु हो सकता है कि कीमत स्तर घरेलू रूप से व्यापारित एवं अन्तर्राष्ट्रीय रूप से व्यापारित वस्तुओं के आधार पर अथवा केवल अन्तर्राष्ट्रीय रूप से व्यापारित वस्तुओं के आधार पर बना हो। **केन्ज** के अनुसार, ''अन्तर्राष्ट्रीय रूप से व्यापारित वस्तुओं तक सीमित रहकर क्रय-शक्ति समता एक बेकार-सी बात हो जाती है।'' दूसरी ओर, यदि कीमत-स्तर में घरेलू रूप से तथा अन्तर्राष्ट्रीय रूप से व्यापारित वस्तुएं सम्मिलित रहें, तो वास्तविक विनिमय दर कीमत समानताओं के आधार पर नहीं चलेगी। फिर यदि कीमत-स्तर में दोनों प्रकार की वस्तुएं शामिल रहेंगी, तो दोनों देशों में लोगों के सामने अलग-अलग ढंग से खर्च करने में तकनीकी कठिनाई आएगी, इसलिए कीमत-स्तरों की पूरी और सही तुलनाओं का कोई आधार ही नहीं रहेगा।

3. पूंजी लेखा पर लागू नहीं (Not Applicable to Capital Account)—क्रय-शक्ति समता सिद्धान्त की एक त्रुटि यह भी है कि यह सिद्धान्त केवल उन देशों पर लागू होता है जिनके भुगतान-शेष को वस्तुओं का **व्यापार लेखा** निर्धारित करता है। यह सिद्धान्त उन देशों पर लागू नहीं होता, जिनकी विनिमय दर को पूंजी लेखा अधिक प्रभावित करता है।

4. आधार वर्ष जानना कठिन (Difficult to Find Base Year)—इस सिद्धान्त की मान्यता है कि नई सन्तुलन विनिमय दर निर्धारित करने की आधार-अवधि में भुगतान-शेष संतुलन में है। यह एक गम्भीर त्रुटि है, क्योंकि उस आधार वर्ष का पता लगा पाना कठिन है, जब विनिमय-दर शुरू में सन्तुलन में थी।

5. साधनों में संरचनात्मक परिवर्तन (Structural Changes in Factors)—यह सिद्धान्त इस मान्यता पर आधारित है कि आधार वर्ष में सन्तुलन के मूल में निहित साधनों में कोई संरचनात्मक परिवर्तन नहीं हुए हैं। ये साधन तकनीक, संसाधनों, रुचियों आदि में परिवर्तनों से सम्बन्ध रखते हैं। यह मान्यता बहुत ही अवास्तविक है, क्योंकि इन साधनों में परिवर्तन अवश्य होंगे जो आगे विनिमय दर को प्रभावित करेंगे।

6. पूंजी गतिशील है (Capital is Mobile)—यह सिद्धान्त इस मान्यता पर आधारित है कि पूंजी बिल्कुल गतिशील नहीं है। भुगतान-शेष में कई मदें ऐसी होती हैं जिन पर सामान्य कीमत-स्तर में परिवर्तन का कोई प्रभाव नहीं पड़ता, उदाहरणार्थ, बीमा, लदान, बैंकिंग लेन-देन, पूंजी-गतियां आदि। परन्तु ये मदें विदेशी करेंसियों की मांग तथा पूर्ति को प्रभावित करके विनिमय दर को प्रभावित करती हैं। इसलिए यह सिद्धान्त दुर्बल है क्योंकि यह विनिमय-दर निर्धारित करने में इन साधनों के प्रभाव की उपेक्षा करता है।

7. विनिमय दरों में परिवर्तन कीमत-स्तर प्रभावित करते हैं (Changes in Exchange Rates affect Price Level)—यह सिद्धान्त यह मान्यता भी लेकर चलता है कि कीमत-स्तर में होने वाले परिवर्तन दरों को भी परिवर्तित करते हैं। परन्तु विनिमय दरों में होने वाले परिवर्तन भी कीमत-स्तर को प्रभावित करते हैं। उदाहरणार्थ, यदि रुपये का विदेश में मूल्य गिर जाएगा, तो आयात महंगे हो जाएंगे। परिणामस्वरूप, आयातित माल का प्रयोग करने वाली वस्तुओं की लागत तथा कीमत बढ़ेगी। इस प्रकार जब विनिमय-दर बदलती है, तो उसका प्रभाव कीमत-स्तर पर अवश्य पड़ता है।

8. वस्तु-विनिमय व्यापार की शर्तें बदलता है (Barter Terms of Trade Change)—इस सिद्धान्त की यह मान्यता भी है कि दो व्यापार करने वाले देशों के बीच वस्तु विनिमय व्यापार की शर्तें नहीं बदलतीं। यह मान्यता अवास्तविक है, क्योंकि वस्तु विनिमय व्यापार की शर्तें बराबर बदलती रहती हैं जिनका कारण है कि विदेशी वस्तुओं की मांग, विदेशी ऋणों की मात्रा, निर्यातित वस्तुओं की पूर्ति, परिवहन लागतों आदि में परिवर्तन होते रहते हैं।

9. मुक्त व्यापार नहीं (No Free Trade)—प्रस्तुत सिद्धान्त मुक्त व्यापार तथा अहस्तक्षेप नीति की मान्यता पर आधारित है। परन्तु आजकल सरकारें इस नीति का अनुसरण नहीं करतीं। बल्कि, वे तो देशों के बीच वस्तुओं के लाने और ले जाने पर अनेक प्रतिबन्ध लगा देती हैं। इनके परिणामस्वरूप, आगे वास्तविक विनिमय-दर तथा क्रय-शक्ति समता द्वारा निर्धारित विनिमय दर के बीच बहुत अन्तर पड़ जाता है।

10. केवल क्रय-शक्ति समता ही विनिमय दर को निर्धारित नहीं करती (Only Purchasing Power Parity does not determine Exchange Rate)—हो सकता है कि दो देशों के बीच क्रयशक्ति समता सन्तुलन विनिमय दर को निर्धारित न कर पाए। बल्कि, हो सकता है कि अचानक एक देश की वस्तुओं की मांग बढ़ जाए जो दूसरे देश की ओर से उसकी करेंसी की मांग को बढ़ा दे। इससे विनिमय दर बढ़ जाएगी।

11. पारस्परिक मांग की लोचों की उपेक्षा (Neglect of Elasticities of Reciprocal Demand)—**केन्ज़** के मतानुसार, इस सिद्धान्त का एक बड़ा दोष यह है कि गह सिद्धान्त पारस्परिक मांग की लोचों पर ध्यान नहीं दे पाता। वास्तव में विनिमय दर को केवल सापेक्ष कीमतों में होने वाले परिवर्तन ही नहीं बल्कि दो व्यापार कर रहे देशों के बीच पारस्परिक मांग की लोच भी निर्धारित करती है।

12. यह एकांगी है (It is One-sided)—**नर्क्से** के अनुसार, यह सिद्धान्त इस बात में एकांगी है कि यह एकमात्र सापेक्ष कीमतों में परिवर्तनों पर आधारित है और उन सभी साधनों की उपेक्षा करता है जो विदेशी विनिमय को प्रभावित करते हैं। यह सिद्धान्त मांग को कीमत का फलन समझता है और विदेशी व्यापार की मात्रा एवं मूल्य पर सकल आय तथा व्यय के प्रभाव की उपेक्षा कर देता है, जबकि ये महत्वपूर्ण घटक हैं जो किसी देश की विनिमय दर को प्रभावित करते हैं।

13. क्रय शक्ति और विनिमय दर में सीधा संबंध नहीं (No Direct Relation Between Exchange Rate and Purchasing Power)—यह सिद्धांत दो देशों की करेंसियों के बीच क्रय शक्तियों और विनिमय दर के सीधे संबंध की मान्यता पर आधारित है। वास्तव में, इनके बीच ऐसा कोई संबंध नहीं पाया जाता है।

14. स्थैतिक सिद्धांत (Static Theory)—यह स्थैतिक सिद्धांत है क्योंकि इसमें रुचियों, आय, तकनीक, टैरिफ आदि में कोई परिवर्तन नहीं होते हैं। इन मान्यताओं से सिद्धांत अवास्तविक बन जाता है।

15. दीर्घकालीन सिद्धांत (Long Run Theory)—यह सिद्धांत दीर्घकाल में लागू होता है तथा अल्पकालिक विनिमय दर निर्धारण में विफल रहता है।

16. द्विपक्षीय व्यापार के लिए (For Bilateral Trade)—यह सिद्धांत केवल द्विपक्षीय व्यापार में विनिमय दर निर्धारण के लिए है और वर्तमान में बहु-पक्षीय व्यापार संबंधों के निर्धारण में असफल है।

17. संतुलन विनिमय दर के लिए नहीं (Not for Equilibrium Exchange Rate)—प्रो. **हॉम** (Halm) के अनुसार, "क्रय शक्ति समता सिद्धांत को संतुलन विनिमय दरों के आगणन (Compute) के लिए प्रयोग नहीं किया जा सकता।"

निष्कर्ष (Conclusion)—इन आलोचनाओं के बावजूद **हैबरलर** मानता है कि यह सिद्धान्त उपयोगी है।

4. भुगतान-शेष सिद्धान्त (The Balance of Payments Theory)

इस सिद्धान्त के अनुसार, मुक्त विनिमय-दरों के अन्तर्गत किसी देश की करेंसी की विनिमय दर उसके भुगतान-शेष पर निर्भर करती है। अनुकूल भुगतान-शेष विनिमय दर को बढ़ाता है जबकि प्रतिकूल भुगतान-शेष विनिमय दर को घटाता है। इस प्रकार, इस सिद्धान्त का मतलब है कि विदेशी विनिमय की मांग तथा पूर्ति, विनिमय दर को निर्धारित करती है।

विदेशी विनिमय की मांग भुगतान-शेष के उधार खाते (debit side) से उत्पन्न होती है। यह मांग बाहर के देश से खरीदी गई वस्तुओं तथा सेवाओं के बदले उसे किए भुगतानों + ऋण तथा विदेश में किए गए निवेशों के मूल्य के बराबर होती है। विदेशी विनिमय की पूर्ति जमा खाते (credit side) से उत्पन्न होती है। यह पूर्ति हमारे देश से खरीदी गई वस्तुओं तथा सेवाओं के बदले बाहर के देश द्वारा हमारे देश को किए गए भुगतानों + हमें लौटाए गए ऋणों तथा हमारे देश में किए गए निवेशों के मूल्य के बराबर होती है। यदि उधारखाता और जमाखाता बराबर हों तो भुगतान-शेष संतुलित होता है। यदि जमा राशि से उधार राशि बढ़ जाए तो भुगतान-शेष प्रतिकूल होता है। इसके विपरीत यदि उधार राशि से जमा राशि बढ़ जाए तो भुगतान-शेष अनुकूल होता है। जब भुगतान-शेष प्रतिकूल हो, तो उसका मतलब होता है कि विदेशी करेंसी की पूर्ति से उसकी मांग अधिक है। इसके परिणामस्वरूप विदेशी करेंसी की तुलना में घरेलू करेंसी का मूल्य विदेश में गिर जाता है, इससे विनिमय दर गिर जाती है। इसके विपरीत, यदि भुगतान-शेष अनुकूल हो तो उसका मतलब होता है कि दी हुई विनिमय दर पर विदेशी करेंसी की पूर्ति से विदेशी करेंसी की मांग अधिक है। इसके परिणामस्वरूप विदेशी करेंसी की तुलना में घरेलू करेंसी का मूल्य विदेश में बढ़ जाता है, इसलिए विनिमय दर बढ़ जाती है।

जब प्रतिकूल भुगतान-शेष की स्थिति में विनिमय-दर गिरकर सन्तुलन विनिमय-दर से नीचे चली जाती है तो निर्यात बढ़ते हैं और प्रतिकूल भुगतान-शेष समाप्त हो जाता है तथा सन्तुलन विनिमय दर पुनःस्थापित हो जाती है। दूसरी ओर, जब अनुकूल भुगतान-शेष स्थिति के अन्तर्गत विनिमय-दर बढ़कर सन्तुलन विनिमय दर से ऊपर चली जाती है तो निर्यात घट जाते हैं और अनुकूल भुगतान-शेष समाप्त हो जाता है तथा सन्तुलन विनिमय-दर पुनःस्थापित हो जाती है। इस प्रकार किसी भी समय विनिमय दर को विदेशी विनिमय की मांग तथा पूर्ति निर्धारित करती है जिन्हें भुगतान-शेष का उधारखाता तथा जमाखाता व्यक्त करते हैं। जब भी मांग अथवा आपूर्ति स्थितियों में कोई परिवर्तन होता है, तो वह अपने को विनिमय की दर में परिवर्तन के माध्यम से व्यक्त करता है और चालू विनिमय दर पर भुगतान-शेष दिन-प्रतिदिन अथवा क्षण-प्रतिक्षण सन्तुलित होता चलता है।

इसकी मान्यताएं (Its Assumptions)

यह सिद्धांत निम्नलिखित मान्यताओं पर आधारित है :

1. विश्व में मुक्त व्यापार (Free trade) होता है।
2. पूर्ण प्रतियोगिता पाई जाती है।
3. व्यापार पर कोई सरकारी नियंत्रण जैसे टैरिफ, सब्सिडी आदि नहीं पाए जाते हैं।
4. कीमत स्तर भुगतान शेष को प्रभावित नहीं करता है।
5. आयातित कच्चे माल की मांग बेलोच है।

इसकी व्याख्या (Its Explanation)

ये मान्यताएं दी होने पर भुगतान-शेष सिद्धान्त के अन्तर्गत विनिमय दर का निर्धारण चित्र 5 में दिखाया गया है। DD विदेशी करेंसी का मांग वक्र है। यह नीचे दाईं ओर को ढालू है। जब विनिमय दर बढ़ती है, तो विदेशी करेंसी की मांग गिर जाती है और जब विनिमय दर गिरती है तो विदेशी करेंसी की मांग बढ़ जाती है। SS विदेशी करेंसी का पूर्ति वक्र है। यह बाईं से दाईं को ऊपर की ओर ढालू है। इसका कारण यह है कि जब विनिमय दर गिरती है, तो विक्रय के लिए प्रस्तुत विदेशी करेंसी की मात्रा अपेक्षाकृत कम होगी और उलट भी। दोनों वक्र बिन्दु E पर कटते हैं जहां सन्तुलन विनिमय दर OR निर्धारित होती है। इस दर पर विदेशी विनिमय की मांग तथा पूर्ति की

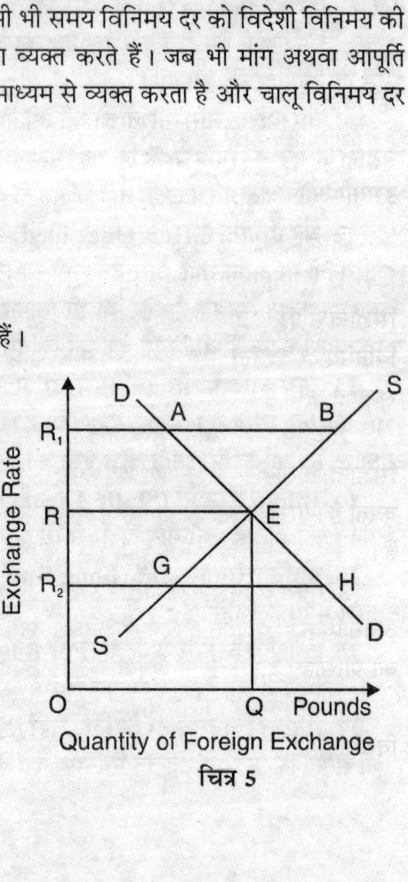

चित्र 5

मात्रा OQ के बराबर है। साथ ही बिन्दु E ऐसा बिन्दु है जहां भुगतान-शेष सन्तुलन में है। यदि विनिमय दर OR से अधिक या कम, ऊपर या नीचे होगी, तो इसका मतलब होगा कि भुगतान-शेष में असन्तुलन है। मानलीजिए कि विनिमय दर बढ़कर OR_1 हो जाती है। विदेशी विनिमय की मांग R_1A विदेशी विनिमय की पूर्ति R_1B से कम है। इसका मतलब है कि भुगतान-शेष अनुकूल है। जब विनिमय दर सन्तुलन दर से अधिक होती है तो निर्यात बढ़ते हैं और आयात कम हो जाते हैं, परिणामस्वरूप, विदेशी विनिमय की मांग बढ़ेगी और पूर्ति घटेगी। अन्त में, सन्तुलन विनिमय दर OR पुन: स्थापित हो जाएगी, जहां विदेशी विनिमय की मांग तथा पूर्ति बिन्दु E पर बराबर हो जाती है। इसके विपरीत स्थिति में, जब विनिमय दर गिरकर सन्तुलन दर से नीचे OR_2 पर चली जाती है तो विदेशी विनिमय की मांग R_2H, विदेशी विनिमय की पूर्ति R_2G से अधिक है। इसका मतलब है कि भुगतान-शेष प्रतिकूल है। परन्तु विनिमय दर के गिर जाने से निर्यात बढ़ते हैं और आयात गिरते हैं। इसके परिणामस्वरूप विदेशी विनिमय की मांग गिरने लगती है और विदेशी विनिमय की पूर्ति बढ़नी शुरू हो जाती है। अन्त में सन्तुलन विनिमय दर OR पुन: स्थापित हो जाती है जहां विदेशी विनिमय की मांग तथा पूर्ति बिन्दु E पर बराबर हो जाते हैं। इस दर पर विदेशी विनिमय की मांग और पूर्ति दोनों OQ के बराबर हैं। बिन्दु E पर भुगतान शेष भी सन्तुलन में है। OR से ऊपर या नीचे भुगतान शेष में असन्तुलन को व्यक्त करता है। मान लें कि विनिमय दर OR से बढ़कर OR_1 हो जाती है। विदेशी विनिमय के लिए मांग R_1A उसकी पूर्ति R_1B से कम होती है। ($R_1A < R_1B$) इसका मतलब यह है कि भुगतान शेष अनुकूल है। जब विनिमय दर सन्तुलन दर से अधिक हो तो, निर्यात कम होते हैं और आयात बढ़ते हैं। परिणामस्वरूप, विदेशी विनिमय के लिए मांग बढ़ेगी और उसकी पूर्ति कम होगी। अन्तत:, सन्तुलन विनिमय दर OR पुन: स्थापित हो जाएगी जहां विदेशी विनिमय की मांग और पूर्ति E बिन्दु पर बराबर होती है। इसके विपरीत, जब विनिमय दर OR से कम होकर OR_2 हो जाती है, तो विदेशी विनिमय के लिए मांग R_2H उसकी पूर्ति R_2G से अधिक होती है। ($R_2H > R_2G$) इसका अभिप्राय यह है कि भुगतान शेष प्रतिकूल है। परन्तु विनिमय दर के कम होने से निर्यात बढ़ते हैं और आयात घटते हैं। परिणामस्वरूप, विदेशी करेंसी के लिए मांग कम होनी शुरू हो जाती है और उसकी पूर्ति बढ़नी प्रारंभ हो जाती है, जब तक सन्तुलन विनिमय दर OR पुन: स्थापित नहीं हो जाती है। इस प्रकार E बिन्दु पर विदेशी विनिमय की मांग और पूर्ति बराबर हो जाती हैं।

पर, विदेशी विनिमय की मांग तथा पूर्ति के वक्रों के रूप विनिमय-दर को निर्धारित करते हैं। इस उद्देश्य के लिए चार लोचें प्रासंगिक हैं: (i) निर्यात की मांग की विदेशी लोच; (ii) निर्यात की पूर्ति की घरेलू लोच; (iii) आयात की मांग की घरेलू लोच; (iv) आयात की पूर्ति की विदेशी लोच।

यदि मांग लोचें ऊंची हों और पूर्ति लोचें नीची, तो सन्तुलन विनिमय दर स्थिर रहती है।

इसकी आलोचनाएं (Its Criticisms)

अर्थशास्त्रियों ने निम्न कारणों से भुगतान-शेष सिद्धान्त की आलोचना की है:

1. भुगतान-शेष विनिमय दर से स्वतन्त्र है (Balance of Payments is Independent of Exchange Rate)—इस सिद्धान्त में प्रमुख दोष यह है कि भुगतान-शेष विनिमय दर पर निर्भर नहीं करता। दूसरे शब्दों में, यह सिद्धान्त कहता है कि भुगतान शेष विनिमय दर को निर्धारित करता है। परन्तु यह बात सही नहीं है क्योंकि विनिमय-दर में होने वाले परिवर्तन ही भुगतान-शेष में सन्तुलन स्थापित करते हैं।

2. कीमत-स्तर की भूमिका की उपेक्षा (Neglect of the Role of Price Level)—इस सिद्धान्त में दूसरा दोष यह है कि यह सिद्धान्त किसी देश के भुगतान शेष को और इसलिए देश की विनिमय-दर को प्रभावित करने में कीमत-स्तर के कार्य-भाग की उपेक्षा करता है। परन्तु वास्तविकता यह है कि कीमत परिवर्तन निश्चय ही भुगतान-शेष और देशों के बीच विनिमय दरों को प्रभावित करते हैं।

3. मुक्त व्यापार नहीं होता (There is no Free Trade)—यह सिद्धान्त मुक्त व्यापार की मान्यता पर आधारित है। यह मान्यता अयथार्थिक है, क्योंकि आजकल कहीं भी मुक्त व्यापार नहीं होता। सरकारें आयात घटाने के लिए अनेक प्रतिबंध लगाती हैं और निर्यात को प्रोत्साहन देने के लिए अनेक कदम उठाती हैं। इस तरीके से वे भुगतान-शेष असन्तुलन को ठीक करती हैं।

4. स्वयं सिद्ध (Truism)—यह सिद्धान्त यह मानकर चलता है कि जब भुगतान-शेष सन्तुलित होता है, तो सन्तुलन विनिमय दर विद्यमान होती है। यह स्वयं-सिद्ध है। परन्तु हो सकता है कि सन्तुलन विनिमय दर भुगतान-शेष सन्तुलन की दर न हो। वास्तव में

भुगतान-शेष में अतिरेक या घाटे की स्थितियों के अन्तर्गत दो देशों के बीच विनिमय की दरें चालू रहती हैं और दीर्घकालीन पर्यन्त भुगतान-शेष प्राय: सन्तुलन में नहीं रहते।

5. आयातित कच्चे माल की मांग बेलोच नहीं (Demand For Imported Raw Materials not Inelastic)—इस सिद्धांत की इस मान्यता पर आलोचना की जाती है कि आयातित कच्चे माल की मांग बेलोच होती है। परन्तु विश्व में ऐसा कोई भी कच्चा माल नहीं होता है जिसकी मांग पूर्णतया बेलोच है।

इसकी श्रेष्ठता (Its Superiority)

इन आलोचनाओं के बावजूद भुगतान-शेष सिद्धान्त ही विनिमय दर निर्धारण की सर्वाधिक सन्तोषजनक व्याख्या करता है। यह मांग तथा पूर्ति की दृष्टि से सामान्य सन्तुलन विश्लेषण के ढाँचे के अन्तर्गत विनिमय दर के निर्धारण की समस्या का अध्ययन करता है। यह उन वास्तविक शक्तियों का अध्ययन करता है जो विदेशी विनिमय की मांग तथा पूर्ति के मूल में निहित रहती हैं जैसे भुगतान-शेष का चालू लेखा तथा पूंजी लेखा। यही कारण है कि इस सिद्धान्त को विनिमय दर के टकसाल दर समता सिद्धान्त तथा क्रय शक्ति समता सिद्धान्त, दोनों से श्रेष्ठ समझा जाता है।

4. विनिमय दर में परिवर्तन के कारण[1]
(CAUSES OF CHANGES IN THE EXCHANGE RATE)

देशों के बीच विनिमय दर में परिवर्तन इसलिए होता है कि विदेशी विनिमय बाजार में मांग अथवा पूर्ति में परिवर्तन होने के कारण देशों के बीच विनिमय की दर में परिवर्तन होता है। जो कारण मांग तथा पूर्ति में परिवर्तन लाते हैं, उनकी चर्चा यहाँ की जा रही है—

1. कीमतों में परिवर्तन (Changes in Prices)—जब सापेक्ष कीमत-स्तरों में परिवर्तन होते हैं, तो विनिमय-दर बदल जाती है। मानलीजिए कि अमेरिका के कीमत-स्तर की सापेक्षता में ब्रिटेन का कीमत-स्तर बढ़ जाता है। इससे ब्रिटेन की वस्तुओं की कीमत पाउण्ड के रूप में बढ़ जाएगी। ब्रिटेन की वस्तुएं अमेरिका में महंगी हो जाएंगी। इसके परिणामस्वरूप अमेरिका को ब्रिटेन के निर्यात घट जाएंगे। इसलिए ब्रिटेन को प्राप्त होने वाले डालर की आपूर्ति घट जाएगी। दूसरी ओर, अमेरिका की वस्तुएं ब्रिटेन में सस्ती हो जाएंगी और ब्रिटेन में अमेरिकी वस्तुओं का आयात बढ़ जाएगा। इसलिए डालर की मांग बढ़ेगी। इससे डालर का पूर्ति वक्र दाएं को सरक जाएगा और अमेरिका के दृष्टिकोण से विनिमय की दर अपेक्षाकृत अधिक ऊंचे स्तर पर स्थापित हो जाएगी। इसका मतलब है कि डालर का भाव बढ़ गया है और पाउण्ड का भाव गिर गया है।

2. ब्याज दरों में परिवर्तन (Changes in Interest Rates)—ब्याज दरों में परिवर्तन से भी विनिमय दर में परिवर्तन होते हैं। यदि घरेलू देश में ब्याज दरें कम होती हैं तो विदेशों से पूंजी का अन्तर्वाह (Inflow) होता है। परिणामस्वरूप, घरेलू करेंसी की विनिमय दर का मूल्य विदेशी करेंसी की सापेक्षता में बढ़ेगा। यदि घरेलू देश में ब्याज दर कम होती है तो स्थिति इसके विपरीत होगी।

3. निर्यात तथा आयात में परिवर्तन (Changes in Exports and Imports)—निर्यात तथा आयात में होने वाले परिवर्तन भी विदेशी विनिमय की मांग तथा पूर्ति को प्रभावित करते हैं। यदि किसी देश के निर्यात उसके आयात से अधिक होंगे, तो उसकी करेंसी की मांग बढ़ जाएगी और परिणामस्वरूप विनिमय की दर उसके अनुकूल हो जाएगी। इसके विपरीत यदि निर्यात से आयात बढ़ जाते हैं, तो विदेशी करेंसी की मांग बढ़ जाएगी और विनिमय की दर उस देश के प्रतिकूल हो जाएगी।

4. पूंजी गतियाँ (Capital Movements)—अल्पकालीन तथा दीर्घकालीन पूंजी गतियाँ भी विनिमय की दर को प्रभावित करती हैं। पूंजी का प्रवाह पूंजी आयात करने वाले देश की करेंसी का मूल्य बढ़ा देता है और पूंजी निर्यातकर्ता देश की करेंसी का मूल्य घटा देता है। विनिमय की दर पूंजी आयातकर्त्ता देश के अनुकूल और पूंजी निर्यातकर्ता देश के प्रतिकूल हो जाएगी। पूंजी आयातकर्ता देश की करेंसी की मांग बढ़ेगी और इसका मांग वक्र दाएं को सरक जाएगा। विदेशी विनिमय का पूर्ति वक्र दिया हुआ होने पर, पूंजी आयातकर्ता देश की दृष्टि से विनिमय की दर अपेक्षाकृत अधिक ऊंचे स्तर पर निर्धारित होगी।

5. बैंकों का प्रभाव (Influence of Banks)—बैंक भी अपने प्रचलन के माध्यम से विनिमय दर को प्रभावित करते हैं। इनमें बैंक ड्राफ्ट, साख पत्रों, विदेशी विनिमय का क्रय-विक्रय और हुण्डियों का व्यापार आदि शामिल हैं। ये बैंक प्रचालन-विदेशी विनिमय

1. यह विनिमय दर को प्रभावित करने वाले तत्त्वों से भी संबंधित है।

की मांग और पूर्ति को प्रभावित करते हैं। यदि कमर्शियल बैंक, विदेशी बैंकों के नाम बहुत अधिक राशि के ड्राफ्ट तथा साख-पत्र जारी कर देते हैं, तो विदेशी करेंसी की मांग बढ़ जाती है। बैंक दर भी विनिमय दर को प्रभावित करती है। यदि अन्य देशों के मुकाबले बैंक दर बढ़ जाती है, तो अधिक ब्याज-दर कमाने के लिए विदेश से देश में अधिक कोष आएंगे। इससे घरेलू करेंसी की मांग बढ़ेगी और विनिमय दर देश के अनुकूल हो जाएगी। यदि बैंक दर गिरेगी, तो स्थिति इसके विपरीत होगी।

6. बैंक दर में परिवर्तन (Changes in Bank Rate)—बैंक दर भी विनिमय दर को प्रभावित करती है। यदि अन्य देशों की तुलना में बैंक दर बढ़ती है तो विदेशों से ऊंची ब्याज दर अर्जित करने के लिए अधिक निधियां (Funds) देश में प्रवाहित होंगी। इससे घरेलू करेंसी की मांग में वृद्धि होगी और विनिमय दर देश के पक्ष में हो जाएगी। जब बैंक दर गिरेगी तो इसके उलट होगा।

7. सट्टे का प्रभाव (Influence of Speculation)—सटोरिया क्रियाओं की वृद्धि भी विनिमय दर को प्रभावित करती है। सट्टा विनिमय दर में अल्पकालीन उतार-चढ़ाव ला देता है। अन्तर्राष्ट्रीय मुद्रा बाजार में अनिश्चितता विदेशी विनिमय सम्बन्धी सट्टे को प्रोत्साहन देती है। यदि सटोरिये यह आशा करते हैं कि निकट भविष्य में करेंसी का मूल्य गिरेगा, तो वे अपनी करेंसी बेचना शुरू कर देंगे और दूसरी करेंसी खरीदने लगेंगे जिसका मूल्य बढ़ने की उन्हें आशा होगी। परिणामस्वरूप, पहले वाली करेंसी की पूर्ति बढ़ेगी और उसकी विनिमय दर गिर जाएगी, जबकि दूसरी करेंसी की मांग बढ़ेगी और उसकी विनिमय दर बढ़ जाएगी।

8. स्टॉक एक्सचेंज प्रभाव (Stock Exchange Influences)—विदेशी प्रतिभूतिय, डिबेंचर, स्टॉक तथा शेयर आदि के स्टॉक एक्सचेंज प्रचालन भी विनिमय दर पर महत्वपूर्ण प्रभाव डालते हैं। यदि स्टॉक एक्सचेंज इस बात में सहायता करते हैं कि विदेशियों को प्रतिभूतियां, डिबेंचर, शेयर आदि बेचे जाएं तो विदेशियों की ओर से घरेलू करेंसी की मांग बढ़ जाएगी और विनिमय दर भी बढ़ने लगेगी। यदि विदेश के लोग अपने घरेलू स्टॉक एक्सचेंज से प्रतिभूतियां, डिबेंचर तथा शेयर आदि खरीदेंगे, तो स्थिति विपरीत होगी।

9. संरचनात्मक प्रभाव (Structural Influences)—संरचनात्मक परिवर्तन भी देश की विनिमय दर को प्रभावित करते हैं। ये परिवर्तन वे होते हैं जो वस्तुओं की उपभोक्ता मांग में परिवर्तन लाते हैं। इनमें प्रौद्योगिकीय परिवर्तन, नवप्रवर्तन आदि शामिल हैं जो वस्तुओं की मांग के साथ-साथ लागत ढाँचे को भी प्रभावित करते हैं। इस प्रकार के संरचनात्मक परिवर्तन घरेलू वस्तुओं की विदेशी मांग बढ़ाते हैं। इसका मतलब है कि निर्यात बढ़ते हैं, घरेलू करेंसी की मांग बढ़ती है, उसका मूल्य बढ़ता है और विनिमय दर बढ़ जाती है।

10. राजनीतिक परिस्थितियां (Political Conditions)—देश की राजनीतिक परिस्थितियां भी विनिमय दर पर महत्वपूर्ण प्रभाव डालती हैं। यदि देश में राजनीतिक स्थिरता है और सरकार मजबूत तथा दक्ष है, तो विदेश के लोग देश में अपने कोषों का निवेश करेंगे। जब पूंजी देश में आएगी, तो घरेलू करेंसी की मांग बढ़ेगी और विनिमय दर देश के अनुकूल हो जाएगी। इसके विपरीत यदि सरकार कमजोर, अदक्ष और बेईमान है और जान तथा माल के लिए कोई सुरक्षा नहीं है तो पूंजी देश के बाहर जाएगी और विनिमय दर देश के प्रतिकूल हो जाएगी।

11. विनिमय नियंत्रण और संरक्षण की नीतियां (Policies of Exchange Control and Protection)—विनिमय नियंत्रण और संरक्षण की नीतियां आयात को हतोत्साहित करती हैं और विदेशी करेंसी की मांग गिर जाएगा। परिणामस्वरूप, विदेशी करेंसी की तुलना में घरेलू देश की विनिमय दर का मूल्य बढ़ जाता है।

12. अर्थव्यवस्था का प्रकार (Type of Economy)—यदि देश विकासशील है तो उसको विकास के लिए बड़ी मात्रा में कच्चे माल और पूंजी पदार्थ आयात करने की आवश्यकता होती है। परन्तु उसकी निर्यात करने की क्षमता कम होती है। इसलिए इसकी विदेशी करेंसी के लिए मांग अधिक होती है, जिससे विकसित देश के साथ उसकी विनिमय दर का मूल्य कम हो जाता है और विकसित देश का बढ़ जाता है।

प्रश्न

1. सन्तुलन विनिमय दर से क्या तात्पर्य है ? सन्तुलन विनिमय दर किस तरह निर्धारित होती है ?
2. स्वर्ण मानक के अन्तर्गत विनिमय की दर किस तरह निर्धारित होती है ?
3. स्पष्ट कीजिए कि अपरिवर्ती कागज करेंसियों के अन्तर्गत विदेशी विनिमय दर किस प्रकार निर्धारित होती है।
4. विनिमय दर के क्रय-शक्ति समता सिद्धान्त का आलोचनात्मक मूल्यांकन कीजिए।
5. विदेशी विनिमय दरों के भुगतान-शेष सिद्धान्त की विवेचना कीजिए।
6. विदेशी विनिमय दर को प्रभावित करने वाले कारकों का विवेचन कीजिए।

अध्याय 34

विदेशी विनिमय दर नीति
(FOREIGN EXCHANGE RATE POLICY)

1. प्रस्तावना
(INTRODUCTION)

पिछले अध्याय में हमने उन विविध सिद्धांतों का विवेचन किया था जो विभिन्न विनिमय दर प्रणालियों के अंतर्गत विनिमय की दर के निर्धारण से संबंध रखते हैं। प्रस्तुत अध्याय में हम उन विनिमय दर समायोजन नीतियों की चर्चा करेंगे जो अंतर्राष्ट्रीय मुद्रा कोष (IMF) की स्थापना के बाद समय-समय पर प्रचलित रही हैं। उनकी चर्चा करने से पहले, स्थिर तथा लोचदार विनिमय दरों के सैद्धांतिक पक्ष को समझ लेना लाभदाय होगा।

2. स्थिर विनिमय दरें
(FIXED EXCHANGE RATES)

स्थिर विनिमय दरों के अंतर्गत सभी विनिमय लेन-देन उस विनिमय दर पर होते हैं जिसे मौद्रिक अधिकारी निर्धारित करता है। ये अधिकारी कानून बनाकर अथवा करेंसी बाजारों में हस्तक्षेप करके विनिमय की दर निश्चित कर सकते हैं। ये देश की जरूरतों के अनुसार करेंसियां खरीद या बेच सकते हैं अथवा देश की करेंसी का मूल्य बढ़ाने (appreciate) या घटाने (depreciate) के लिए नीति निर्णय ले सकते हैं। मौद्रिक अधिकारी (केन्द्रीय बैंक) विदेशी करेंसी रिजर्व अपने पास रखता है ताकि विदेशी मुद्रा बाजार में हस्तक्षेप कर सके, जब स्थिर दर पर विदेशी मुद्रा (मान लो पाउंड) की मांग और पूर्ति बराबर न हो। इसे चित्र 1 में दर्शाया गया है जहां D और S क्रमशः पाउंड के मांग और पूर्ति वक्र हैं। ये OE विनिमय दर निर्धारित करते हैं जिसे मुद्रा अधिकारी कायम रखता है। मान लो पाउंड की मांग उसकी पूर्ति से अधिक है, जिसे पूर्ति (S पूर्ति वक्र) दी हुई होने पर चित्र में PP' द्वारा दिखाया गया है। जब नया मांग वक्र D_1 पूर्ति वक्र S को बिन्दु P_2 पर काटता है जिससे विनिमय दर बढ़कर OE_2 हो जाती है विनिमय दर को स्थिर स्तर OE पर कायम रखने के लिए मौद्रिक अधिकारी अपने रिजर्व से अतिरिक्त पाउंड तब तक मार्किट में सप्लाई करता रहेगा जब तक OE विनिमय दर पहुंच नहीं जाती। इसके विपरीत, यदि मांग (D वक्र) दी होने पर, PP' के बराबर पाउंड की अधिक पूर्ति मार्किट में होती है तो विनिमय दर गिरकर OE_1 हो जाती है जैसा कि पूर्ति वक्र S के दाईं ओर S_1 पर स्थानांतरण द्वारा दिखाया गया है और यह D वक्र को P_1 पर काटता है। मौद्रिक अधिकारी मार्किट से अधिक पाउंड खरीदना शुरू कर देगा जब तक वक्र विनिमय दर E पर नहीं पहुंच जाती है।

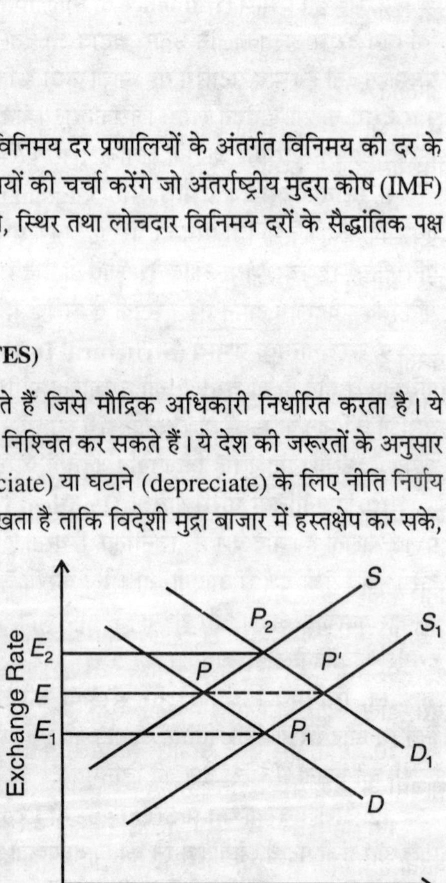

चित्र 1

स्थिर विनिमय दर प्रणाली के पक्ष और विपक्ष में निम्न तर्क दिए जाते हैं।

स्थिर विनिमय दरों के पक्ष में तर्क (Case for Fixed Exchange Rates)

स्थिर विनिमय दरों के निम्न लाभ हैं :

1. सांझी करेंसी पर आधारित (Based on Common Currency)—विभिन्न देशों के बीच स्थिर विनिमय दरों का पक्ष देश

के भीतर सांझी करेंसी के प्रचलन पर आधारित है। जिस देश में स्थिर मूल्य वाली करेंसी प्रचलित होती है वह व्यापार को सुविधाजनक बनाती है, उस देश का उत्पादन बढ़ाती है और अर्थव्यवस्था की अधिक तेजी से वृद्धि होती है। इसी प्रकार, अन्य देशों की करेंसी की सापेक्षता में जिस देश की करेंसी का मूल्य स्थिर होगा, वह देश लाभ में रहेगा। इस प्रकार, विनिमय की स्थिर दरें अन्तर्राष्ट्रीय व्यापार को प्रोत्साहन देती हैं क्योंकि उनसे व्यापार में आने वाली वस्तुओं की कीमतों का सही अनुमान लगाया जा सकता है। वे आर्थिक एकीकरण को बढ़ावा देती हैं।

2. दीर्घकालीन पूंजी प्रवाहों को प्रोत्साहन (Encourages Long term Capital Flows)—स्थिर विनिमय दरों की प्रणाली के पक्ष में दूसरा तर्क यह दिया जाता है कि यह व्यवस्थित तथा अबाध रूप से दीर्घकालीन पूंजी प्रवाहों को प्रोत्साहन देती है। विनिमय की स्थिर दरों की प्रणाली में न तो कोई अनिश्चितता होती है और न ही कोई जोखिम।

3. करेंसी के उतार-चढ़ाव का भय नहीं (No Fear of Currency Fluctuations)—स्थिर विनिमय दरों की प्रणाली के अन्तर्गत करेंसी के भाव घटने या बढ़ने का भय नहीं होता। उदाहरणार्थ, इसके अन्तर्गत यह भय नहीं रहता कि यदि बहुत अधिक मात्रा में विदेशी करेंसी रख ली और करेंसी का भाव गिर गया तो हानि उठानी पड़ेगी। इस प्रकार, यह प्रणाली घरेलू करेंसी की मजबूती में विश्वास उत्पन्न करती है।

4. सट्टे का प्रतिकूल प्रभाव नहीं (No Adverse Effect of Speculation)—सट्टे के परिणामस्वरूप विनिमय दर पर किसी प्रतिकूल प्रभाव पड़ने का भय नहीं रहता, क्योंकि स्थिर विनिमय दरों की प्रणाली के अन्तर्गत मौद्रिक अधिकारी सट्टे सम्बन्धी क्रियाओं को नियंत्रित करता और रोकता है।

5. अनुशासक (Disciplinary)—स्थिर विनिमय दरों की प्रणाली का एक लाभ यह भी है कि यह प्रणाली एक प्रतिबन्ध का काम करती है और मौद्रिक अधिकारियों पर यह अनुशासन लगाती है कि वे देशों के भीतर उत्तरदायित्वपूर्ण वित्तीय नीतियों का अनुसरण करें। **'वे सरकारों को स्फीतिकारी नीतियों का अनुसरण करने से रोकें जो बाकी दुनिया से मेल न खाती हों'।**

6. छोटे देशों के लिए सर्वोत्तम (Best for Small Countries)—प्रो. **जॉनसन** यूरोप के छोटे देशों में इसलिए स्थिर विनिमय दरों के पक्ष में है कि जब विनिमय दर गिरती है, तो लोचदार विनिमय दरों के परिणामस्वरूप स्फीति तथा मूल्यह्रास के बीच शाश्वत होड़ शुरू हो जाती है।

7. निश्चितता (Certainty)—स्थिर विनिमय दरें वस्तुओं के निर्यातकों और आयातकों के बीच विदेशी भुगतानों के विषय में निश्चितता उत्पन्न करती हैं क्योंकि वे जानते हैं कि विदेशी विनिमय में वे क्या प्राप्त करेंगे या क्या भुगतान करेंगे।

8. कम स्फीतिकारी (Less Inflationary)—इससे अधिक मौद्रिक अनुशासन होता है जिससे कम स्फीतिकारी दबाव होते हैं।

9. समान करेंसी क्षेत्र के लिए उपयुक्त (Suitable for Common Currency Area)—यह प्रणाली समान करेंसी क्षेत्र जैसे यूरो, डॉलर आदि के लिए उपयुक्त है जहां स्थिर विनिमय दरें विश्व व्यापार की वृद्धि को प्रोत्साहित करती हैं।

10. मुद्रा और पूंजी बाजार को प्रोत्साहन (Promotes Money and Capital Markets)—यह अन्तर्राष्ट्रीय मुद्रा और पूंजी बाजारों के विकास को प्रोत्साहित करती है और राष्ट्रों के बीच पूंजी के प्रवाह को सहायता पहुंचाती हैं।

11. बहुपक्षीय व्यापार (Multilateral Trade)—यह प्रणाली संसार में विभिन्न देशों के बीच बहुपक्षीय व्यापार को प्रोत्साहित करती है क्योंकि इन्हें विनिमय दरों में व्यापक उतार-चढ़ाव का कोई खतरा नहीं होता।

12. अंतर्राष्ट्रीय मौद्रिक सहयोग (International Monetary Co-operation)—स्थिर विनिमय दर की यह प्रणाली अंतर्राष्ट्रीय मौद्रिक सहयोग को प्रेरित करती है। इस प्रकार IMF, विश्व बैंक, यूरो मार्किट जैसी संस्थाओं के अन्तर्गत अंतर्राष्ट्रीय मौद्रिक प्रणाली के अच्छे कार्यकरण में सहायता देती है।

स्थिर विनिमय दरों के विपक्ष में तर्क (Case against Fixed Exchange Rates)

स्थिर विनिमय दरों की निम्न हानियां हैं:

1. उद्देश्यों की बलि (Sacrifice of Objectives)—स्थिर विनिमय दरों की प्रणाली के कार्यकरण में प्रमुख दोष यह है कि यह स्थिर विनिमय दरों की वेदी पर पूर्ण रोजगार तथा स्थिर कीमतों के उद्देश्यों की बलि दे देती है। उदाहरणार्थ, यदि किसी देश के भुगतान-शेष में अतिरेक है, तो कीमतें बढ़ाकर ही उस अतिरेक का समायोजन किया जा सकता है। इससे देश के भीतर अवश्य भारी सामाजिक

लागतें बढ़ेगीं।

2. असंभावित हलचलें (Unexpected Disturbances)—फिर, स्थिर विनिमय दरों की प्रणाली के अन्तर्गत घरेलू अर्थव्यवस्था की असंभावित हलचलें विदेशों में पहुंच जाती हैं। ''जहां किसी देश को विनिमय दरों द्वारा घरेलू हलचलों के पूर्ण परिणामों और नीति सम्बन्धी गलतियों से बचाया जा सकता है, वहाँ उसे दूसरों की हलचलों और गलतियों का परिणाम भी भुगतना ही पड़ता है।

3. भारी जिम्मेदारी (Heavy Responsibility)—स्थिर विनिमय दरों की प्रणाली के अन्तर्गत विदेशी करेंसियों की भारी आरक्षितियां (Reserves) रखनी पड़ती हैं। जिन देशों के भुगतान-शेष में घाटे हैं, यदि वे अवमूल्यन से बचना चाहते हैं,तो उन्हें भारी मात्रा में विदेशी करेंसियों की आरक्षितियां रखनी होंगी। इसके परिणामस्वरूप मौद्रिक अधिकारियों पर विदेशी विनिमय रिजर्वों की व्यवस्था करने की भारी जिम्मेदारी आ जाती है।

4. संसाधनों का कुविभाजन (Malallocation of Resources)—निश्चित विनिमय दरों की प्रणाली के लिए जटिल विनिमय नियंत्रण उपायों की भी जरूरत पड़ती है। इन उपायों से अर्थव्यवस्था के संसाधनों का कुविभाजन होता है।

5. स्थिर विनिमय दरें सदैव संभव नहीं (Fixed Exchange Rates not always Possible)—विनिमय दर की स्थिरता से एक और समस्या संबद्ध रहती है। एक देश की विनिमय दर दूसरे देश की विनिमय दर के मुकाबले पर्याप्त लम्बी अवधि तक स्थिर नहीं रह सकती। भुगतान-शेष की समस्याएं तथा अन्तर्राष्ट्रीय वस्तु कीमतों में उतार-चढ़ाव प्रायः देशों को विनिमय दरों में परिवर्तन करने पर मजबूर कर देते हैं। इसलिए विनिमय दरों को कड़ाई से स्थिर बनाए रखना सम्भव नहीं है।

6. जटिल प्रणाली (Complex System)—यह प्रणाली अति जटिल है क्योंकि इसे चलाने के लिए कुशल प्रशासकों की आवश्यकता होती है। इस प्रणाली में समय की अधिक खपत होती है और अनिश्चित परिणाम प्राप्त होते हैं।

7. अस्पष्ट तुलनात्मक लाभ (Comparative Advantage Unclear)—इस प्रणाली के अन्तर्गत किसी देश का तुलनात्मक लाभ स्पष्ट नहीं होता। उदाहरण के लिए विनिमय दर इतनी कम हो सकती है कि कोई वस्तु किसी अन्य देश में बहुत सस्ती देखी जा सकती है। परिणामस्वरूप, वह देश उस वस्तु का निर्यात कर सकता है जिसमें उसे कोई तुलनात्मक लाभ नहीं प्राप्त होता है। इसके विपरीत, अत्यधिक विनिमय दर से कोई देश किसी वस्तु में तुलनात्मक लाभ प्राप्त कर सकता है।

8. भुगतान शेष असंतुलन बना रहता है (Balance of Payments Disequilibrium Persists)—यह प्रणाली भुगतान-शेष असंतुलन की समस्या सुलझाने में असफल रही है। इसका समाधान केवल अस्थायी रूप से किया जा सकता है क्योंकि इसका स्थायी समाधान मौद्रिक, राजकोषीय और अन्य उपायों द्वारा संभव है।

9. अंतर्राष्ट्रीय संस्थानों पर निर्भरता (Dependence On International Institutions)—इस प्रणाली के अन्तर्गत कोई देश विदेशी मुद्रा उधार लेने और देने के लिए अंतर्राष्ट्रीय संस्थानों पर निर्भर करता है।

10. अंतर्राष्ट्रीय तरलता की समस्या (Problem of International Liquidity)—अपना व्यापार बढ़ाने के लिए किसी देश के पास पर्याप्त अंतर्राष्ट्रीय तरलता अवश्य होनी चाहिए। स्थिर विनिमय दर कायम रखते हुए भुगतान शेष असंतुलन दूर करने के लिए किसी देश के पास पर्याप्त विदेशी मुद्रा रिजर्व अवश्य होने चाहिएं। दूसरी ओर, अत्यधिक अंतर्राष्ट्रीय तरलता भी देश के लिए अच्छी नहीं है क्योंकि इसके परिणामस्वरूप उत्पन्न होनेवाली अतिरिक्त मांग से अंतर्राष्ट्रीय स्फीति उत्पन्न हो सकती है।

3. लोचदार विनिमय दरें
(FLEXIBLE EXCHANGE RATES)

लोचदार, तैरती (floating) अथवा घटती-बढ़ती विनिमय दरों को बाजार की शक्तियां निर्धारित करती हैं। विनिमय दर को प्रभावित करने के उद्देश्य से मौद्रिक अधिकारी हस्तक्षेप नहीं करते। मुक्त रूप से घटती-बढ़ती विनिमय दरों की प्रणाली के अंतर्गत, यदि किसी करेंसी की अतिपूर्ति होगी, तो विदेशों के विनिमय बाजारों में उस करेंसी का मूल्य गिर जाएगा। इससे विनिमय दर गिर जाएगी। परिणामस्वरूप, विनिमय बाजार में संतुलन पुनः स्थापित हो जाएगा। दूसरी ओर, करेंसी की कमी होने से विनिमय दर बढ़ेगी और विनिमय बाजार में संतुलन पुनः स्थापित हो जाएगा। ये बाजार शक्तियां अपने आप कार्यशील रहती हैं और मौद्रिक अधिकारी इसमें कुछ नहीं करते।

इसे चित्र 2 में दर्शाया गया है जहां D और S पाउंड के मांग और पूर्ति वक्र हैं जो P बिन्दु पर एक दूसरे को काटते हैं तथा OE संतुलन विनिमय दर निर्धारित होती है। मान लें कि विनिमय दर बढ़कर OE_2 हो जाती है। पाउंड की सप्लाई की गई मात्रा OQ_3 उसकी मांगी गई मात्रा OQ_2 से अधिक है। जब पाउंड की पूर्ति अधिक होती है तो विदेशी मुद्रा मार्किट में पाउंड की कीमत गिर जाएगी। डॉलर में पाउंड का मूल्य कम हो जाएगा। अंततः संतुलन विनिमय दर OE बिन्दु P पर पुनः स्थापित हो जाएगी। दूसरी ओर, यदि विनिमय दर गिरकर OE_1 हो जाती है तो पाउंड की मांगी गई मात्रा OQ_4 उसकी पूर्ति OQ_1 से अधिक है। जब विदेशी मुद्रा मार्किट में पाउंड की कमी होती है तो पाउंड की कीमत बढ़ेगी। डॉलर में पाउंड का मूल्य बढ़ जाएगा। पाउंड का डॉलर में मूल्य बढ़ेगा पाउण्ड की कामत में वृद्धि से उस की मांग कम हो जाएगी और पूर्ति बढ़ेगी। यह प्रक्रिया चलती रहेगी जब तक संतुलन विनिमय दर OE बिन्दु P पर पुनः स्थापित नहीं हो जाती है।

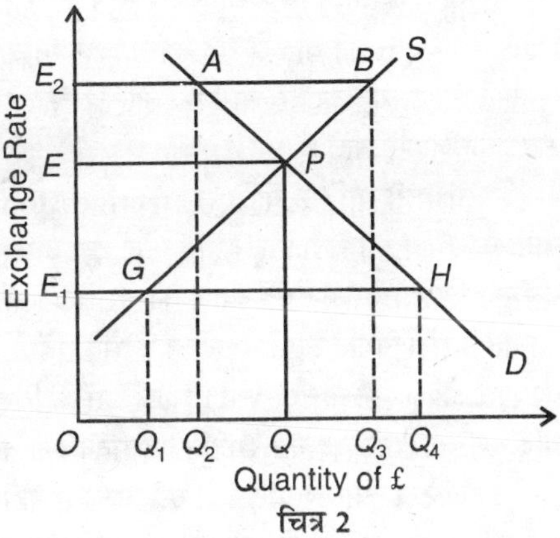

चित्र 2

अब हम लोचदार विनिमय दरों के पक्ष और विपक्ष में तर्क देते हैं।

लोचदार विनिमय दरों के पक्ष में तर्क (Case for Flexible Exchange Rates)

लोचदार विनिमय दरों की प्रणाली के निम्न लाभ बताये जाते हैं :

1. सरल कार्यकरण पद्धति (Simple Operative Mechanism)—लोचदार विनिमय दरों की प्रणाली की कार्यकरण पद्धति सरल है। विनिमय दर अपने आप और मुक्त रूप से बदलती रहती है तथा मांग और पूर्ति में समानता ला देती है, जिसके परिणामस्वरूप विदेशी विनिमय बाजार समाशोधित हो जाता है। यह घाटे या अतिरेक को बढ़ने नहीं देती और किसी एक करेंसी की दुर्लभता अथवा आधिक्य की समस्या को समाप्त कर देती है। यह इस जरूरत से भी छुटकारा दिलाती है कि भुगतान शेष में संतुलन बनाए रखने अथवा पुनःस्थापित करने के लिए कीमतों तथा आय में परिवर्तनों को प्रोत्साहित किया जाए।

2. सरल समायोजन (Smooth Adjustments)—लोचदार विनिमय दरों की प्रणाली के अन्तर्गत, समायोजन निरन्तर होता रहता है। स्थिर विनिमय दर समायोजनों की तुलना में लोचदार विनिमय दर प्रणाली के अन्तर्गत भुगतान-शेष पर दबाव नहीं बढ़ने देती और समय-समय पर उत्पन्न होने वाले उन संकटों को रोकती है जो स्थिर विनिमय दरों की प्रणाली के अन्तर्गत भुगतान-शेष में असंतुलन से उत्पन्न होते हैं। जब कभी विनिमय दरें घटती या बढ़ती हैं और सरकारें उन्हें ठीक करने के लिए जो उपाय करती हैं, उन उपायों से लोचदार विनिमय दर प्रणाली में छुटकारा मिल जाता है।

3. आर्थिक नीतियों की स्वायत्तता (Autonomy of Economic Policies)—लोचदार विनिमय दरों की प्रणाली के अन्तर्गत, घरेलू आर्थिक नीतियों की स्वायत्तता बनी रहती है। आधुनिक सरकारें इस बात के लिए प्रतिबद्ध हैं कि वे पूर्ण रोजगार बनाए रखेंगी और वृद्धि के साथ स्थिरता को बढ़ावा देंगी। लोचदार विनिमय दरों की प्रणाली के अन्तर्गत भुगतानङ्कशेष असंतुलन को समाप्त करने के लिए सरकारें पूर्ण रोजगार बनाए रखेंगी और वृद्धि के इन उद्देश्यों की बलि नहीं देनी पड़ती है।

4. भुगतान-शेष असंतुलन अपने आप ठीक (Disequilibrium in the Balance of Payments Automatically Corrected)—क्योंकि लोचदार विनिमय दरों की प्रणाली के अन्तर्गत भुगतान-शेष असंतुलन अपने आप ठीक हो जाते हैं, इसलिए स्वर्ण गतिविधियों तथा पूंजी प्रवाहों को देश में आने या देश से बाहर जाने के सम्बन्ध में कोई कदम उठाने की जरूरत नहीं होती।

5. विदेशी विनिमय रिजर्व की जरूरत नहीं (No Need of Foreign Exchange Reserves)—जहां विनिमय दरें मुक्त रूप से परिवर्तित होती रहती हों, वहां विदेशी विनिमय रिजर्व रखने की जरूरत नहीं। यदि किसी देश का भुगतान शेष घाटे में है, तो वह स्थिर विनिमय दर बनाए रखने के लिए दूसरे देश को विदेशी विनिमय रिजर्व देकर हस्तक्षेप नहीं करेगा, बल्कि विदेशी करेंसी की सापेक्षता में अपनी करेंसी का अवमूल्यन होने देगा। प्रो. **सोहमन** (Sohmen) के अनुसार लोचदार विनिमय दर प्रणाली अन्तर्राष्ट्रीय तरलता की समस्या को समाप्त कर देती है।

6. अल्पकालीन निधियां उधार लेने या देने की जरूरत नहीं (No Need of Borrowing and Lending Short–term Funds)—ऊपर की बात से यह स्वाभाविक निष्कर्ष निकलता है कि जब विदेशी विनिमय दरों में बेरोक–टोक परिवर्तन होता हो, तो भुगतान शेष असन्तुलन दूर करने के लिए अल्कालीन निधियां उधार लेने अथवा उधार देने हेतु IMF जैसे अन्तर्राष्ट्रीय संस्थानिक प्रबंध रखने की जरूरत नहीं।

7. प्रभावी मौद्रिक नीति (Effective Monetary Policy)—**सोहमन** के मतानुसार, लोचदार विनिमय दरों की प्रणाली मुद्रा नीति के प्रभाव को बढ़ाती है। यदि कोई देश अपना उत्पादन बढ़ाना चाहता है, तो वह अपनी ब्याज दरें घटा देगा। लोचदार विनिमय दरों की प्रणाली के अन्तर्गत ब्याज की दर घटाने से पूंजी विदेश जाने लगेगी, करेंसी की तत्काल दर बढ़ेगी जिससे निर्यात बढ़ेंगे और आयात गिरेंगे। निर्यात बढ़ने पर घरेलू कीमतें बढ़ेंगी, अथवा आय बढ़ेगी अथवा दोनों ही बढ़ेंगी। इस प्रकार, अनुकूल व्यापार शेष घरेलू व्यय पर अपेक्षाकृत नीची (कम) ब्याज दरों के विस्तारक प्रभावों को मजबूत बनाएगा, इसलिए मुद्रा नीति अधिक प्रभावी बन जाएगी। यदि देश ब्याज दरें बढ़ाकर स्फीति का मुकाबला करना चाहता है, तो उक्त प्रक्रिया पलट जाएगी।

8. जटिल व्यापार प्रतिबंधों की जरूरत नहीं (No Need for Complicated Trade Restrictions)—लोचदार विनिमय दरों की प्रणाली के अन्तर्गत जटिल एवं महंगे व्यापार प्रतिबंध तथा विनिमय नियंत्रण लगाने की जरूरत नहीं पड़ती। लोचदार विनिमय दरों के समर्थकों का कहना है कि, "विनिमय दरें स्थिर करने अथवा उनमें हेरा–फेरी करने के प्रयत्न आपत्तिजनक हैं क्योंकि विनिमय दरों के नियन्त्रण का कार्यभार प्राय: उन विशेषज्ञों को सौंपा जाता है जो किसी भी प्रकार के प्रजातन्त्रात्मक नियंत्रण की सफल पहुंच के बाहर होते हैं।"

9. कस्टम यूनियनें तथा करेंसी क्षेत्र बनाने की जरूरत नहीं (No Need of Forming Customs Unions and Currency Areas)—उक्त तर्क का स्वाभाविक निष्कर्ष यह है कि दुनिया के राष्ट्रों को प्रतियोगी विनिमय दर अवमूल्यन तथा प्रशुल्क विषयक झगड़ों से छुटकारा मिल जाएगा और कस्टम यूनियनें एवं करेंसी क्षेत्र बनाने की जरूरत नहीं रहेगी, क्योंकि कस्टम यूनियनें तथा करेंसी क्षेत्र विनिमय दरों की प्रणाली के ही परिणाम होते हैं।

10. अंतर्राष्ट्रीय तरलता की समस्या दूर करती है (Removes Problem of International Liquidity)—लोचदार विनिमय दरों की प्रणाली अंतर्राष्ट्रीय तरलता की समस्या को दूर करती है। अंतर्राष्ट्रीय तरलता की कमी कीलक विनिमय दर और संकुचित सीमाओं के पश्चात उतार–चढ़ाव को रोकने के लिए मौद्रिक अधिकारियों द्वारा हस्तक्षेप का परिणाम होती है। जब विनिमय दर लोचदार होती है तो सट्टेबाज निजी तरलता आवश्यकताओं को पूरा करने के लिए विदेशी मुद्रा की पूर्ति करेगा। व्यक्ति, व्यापारी, बैंक, सरकार और अन्य स्वर्ण या विदेशी मुद्रा के रूप में तरल परिसंपत्तियों को सदैव रखते हैं, परन्तु ये धारण (Holdings) देश की करेन्सी के स्थिर बाह्य मूल्य के अनुरक्षण (Maintenance) के अतिरिक्त उद्देश्यों के लिए कार्यकारी रिजर्व होंगे।

11. गलतियां दूर करता है (Mistakes Avoided)—इसके परिणामस्वरूप, भुगतान शेष के स्वत: समायोजन से मौद्रिक, राजकोषीय और प्रशासनिक नीति संबंधी गलतियां करने की कोई संभावना नहीं होती।

12. मितव्ययी (Economical)—यह प्रणाली अति मितव्ययी है क्योंकि इसके लिए विदेशी मुद्रा के निष्क्रिय धारणों (Idle Holdings) की आवश्यकता नहीं होती। परन्तु, कोई देश अपनी विदेशी आवश्यकताओं को पूरा करने के लिए विदेशी मुद्रा रिजर्वों का प्रयोग कर सकता है।

13. अंतर्राष्ट्रीय व्यापार को प्रोत्साहन (Promotes International Trade)—यह प्रणाली अंतर्राष्ट्रीय व्यापार को प्रोत्साहित करती है क्योंकि यह निरन्तर बाजार समायोजनों द्वारा अपने स्वाभाविक स्तर पर विनिमय दर कायम रखती है। इस प्रकार, देश की करेन्सी के अधिक मूल्यांकन या कम–मूल्यांकन का कोई खतरा नहीं होता।

14. अंतर्राष्ट्रीय आर्थिक घटनाओं से पृथक्करण (Insulation from International Economic Events)—इस प्रणाली के अन्तर्गत, कोई देश अपनी विनिमय दरों में समायोजन कर अन्तर्राष्ट्रीय आर्थिक उतार–चढ़ावों और झटकों (Shocks) से सुरक्षित होता है।

15. तुलनात्मक लाभ (Comparative Advantage)—इस प्रणाली के अन्तर्गत विनिमय दरें सदैव संतुलन में होती हैं। इसलिए, किसी विशेष वस्तु में देश के तुलनात्मक लाभ का मूल्यांकन करना संभव है।

लोचदार विनिमय दरों के विपक्ष में तर्क (Case against Flexible Exchange Rates)

स्थिर विनिमय दरों के समर्थक लोचदार विनिमय दरों की प्रणाली के विरुद्ध निम्नलिखित तर्क प्रस्तुत करते हैं :

1. संसाधनों का कुआवंटन (Malallocation of Resources)—लोचदार विनिमय दरों के आलोचक लक्ष्य करते हैं कि हो सकता है कि बाजार की गतिविधियां समुचित विनिमय दर स्थापित करने में असमर्थ रहें। हो सकता है कि किसी निश्चित समय पर विदेशी विनिमय बाजार की संतुलन विनिमय दर देश की संबंधित पार्टियों को सही संकेत न दे पाए। इसके परिणामस्वरूप देश के भीतर गलत निर्णय लिए जा सकते हैं और संसाधनों का गलत आवण्टन हो सकता है।

2. सरकारी हस्तक्षेप (Official Intervention)—मुक्त रूप से लोचदार विनिमय दर को परिभाषित करना कठिन है। ऐसी विनिमय दर रखना असम्भव है जिसमें सरकारी हस्तक्षेप बिल्कुल न हो। सरकार भले ही विदेशी विनिमय बाजार में प्रत्यक्ष रूप से हस्तक्षेप न करे, परन्तु घरेलू मौद्रिक तथा फिस्कल नीतियां निश्चय से विदेशी विनिमय दरों को प्रभावित करती हैं।

3. विनिमय संबंधी जोखिमें उत्पन्न होना (Creates Exchange Risks)—इस प्रणाली की एक हानि यह है कि जब विनिमय दरें अक्सर बदलती रहती हैं, तो विनिमय सम्बन्धी जोखिमें उत्पन्न हो जाती हैं, अनिश्चतता पनपती है और अन्तर्राष्ट्रीय व्यापार तथा पूंजी की गतियों में बाधाएं खड़ी हो जाती हैं।

4. सट्टे का प्रतिकूल प्रभाव (Adverse Effects of Speculation)—लोचदार विनिमयों दरों में एक प्रमुख दोष यह है कि विदेशी विनिमय की पूर्ति तथा मांग में उतार-चढ़ाव पर सट्टे का प्रतिकूल प्रभाव पड़ता है। आलोचकों ने आनुभाविक प्रमाण के आधार पर तर्क प्रस्तुत किया है कि सट्टा अस्थिरता उत्पन्न करता है जिसका मतलब है कि सट्टे के परिणामस्वरूप विनिमय दर में उतार-चढ़ाव बहुत अधिक होते हैं।

5. स्फीति को बढ़ावा (Encouragement to Inflation)—लोचदार विनिमय दर प्रणाली स्फीति को बढ़ाती है। आलोचकों का कहना है कि लोचदार विनिमय दरों की प्रणाली के अन्तर्गत जब विनिमय दर का मूल्यह्रास होता है, तो उसके परिणामस्वरूप स्फीति का दुश्चक्र प्रारम्भ हो जाता है। विनिमय दर का मूल्यह्रास होने से आयात कीमतें बढ़ जाती हैं। परिणाम यह होता है कि आयातित वस्तुएं महंगी हो जाती हैं। इससे लागत-वर्द्धक स्फीति आती है और परिणाम यह होता है कि आयातित वस्तुएं महंगी हो जाती हैं। इससे लागत-वर्द्धक स्फीति आती है। साथ ही, निर्यात कीमतें बढ़ती हैं। इसके परिणामस्वरूप जब जीवन की लागत बढ़ती है, तो मुद्रा मजदूरी बढ़ती है जो स्फीति को बढ़ा देती है। परन्तु करेंसी का मूल्य बढ़ने से जब आयात कीमतें गिरेंगी, तो मजदूरी तथा कीमतों के गिरने की सम्भावना नहीं होगी। इसका कारण यह है कि मजदूरी तथा कीमतों में घटने की प्रवृत्ति नहीं होती। इससे असमानता उत्पन्न हो जाती है। इसे प्रो. **ट्रिफिन** (Triffin) ने **रैच्ट प्रभाव** (Ratchet Effect) का नाम दिया है जो अर्थव्यवस्था में स्फीति को बढ़ावा देता है।

6. विश्व मार्किट को भंग (Breaks the World Market)—लोचदार विनिमय दर प्रणाली के विरुद्ध प्रमुख तर्क यह दिया जाता है कि यह प्रणाली विश्व बाजार को छिन्न-भिन्न कर देती है। कोई भी ऐसी एक मुद्रा नहीं है जो विनिमय के माध्यम का, लेखा की इकाई का, मूल्य के भण्डार का और स्थगित भुगतान के मानक का काम कर सके। इस प्रणाली के अन्तर्गत वस्तुओं तथा पूंजी का बाजार विभक्त हो जाएगा। संसाधनों का आवंटन इष्टतम से बहुत कम स्तर पर रहेगा। वास्तव में, जैसा प्रो. **किंडलबर्ग** का मत है, यह प्रणाली स्पष्ट रूप से बहुत दिन नहीं चल पाएगी।

7. न्यायसंगत नहीं (No Justification)—इस प्रणाली के परिणामस्वरूप जब सरकार द्वारा कीमत, लगान, मजदूरी, ब्याज दर आदि प्राय: नियंत्रित होते हैं तो अंतर्राष्ट्रीय बाजार शक्तियों के लिए विनिमय दरों के निर्धारण को छोड़ना किसी सरकार के लिए न्यायसंगत नहीं होता है।

8. अल्पविकसित देशों के भुगतान शेष घाटे के समाधान में असफल (Failure to Solve Balance of Payments Deficit Of LDCs)—अल्पविकसित देशों को भुगतान शेष घाटे की समस्या का निरन्तर सामना करना पड़ता है क्योंकि वे अपने विकास के लिए कच्चे माल, मशीनरी, पूंजी उपकरणों आदि का आयात करते हैं। परन्तु उनके निर्यात प्राथमिक और अन्य वस्तुओं तक सीमित होते हैं जिनसे विश्व बाजार में कम कीमतें प्राप्त होती हैं। यदि देश की करेंसी का निरन्तर मूल्य ह्रास होता है तो उनका भुगतान-शेष घाटा लोचदार विनिमय-दर की प्रणाली से दूर किया जा सकता है। परन्तु निरंतर मूल्यह्रास से उनके व्यापार और विकास प्रक्रिया पर बुरा प्रभाव पड़ता है।

यह चित्र 4 में दर्शाया गया है जहां देश का विदेशी विनिमय मांग वक्र D है तथा विदेशी विनिमय पूर्ति वक्र S है। P वह बिन्दु है जिस पर OE विनिमय दर निर्धारित की गई है। मानलीजिए अल्पविकसित देश के पाउंड करेंसी क्षेत्र में भुगतान शेष असंतुलन पैदा हो गया है। इसे चित्र में माग वक्र के D से D_1 पर सरकने द्वारा दर्शाया गया है तथा घाटा PP_1 के बराबर है। इसका अर्थ है कि पाउंड की मांग में वृद्धि हुई है तथा अल्पविकसित देश की करेंसी (मानलीजिए रुपया) का मूल्यह्रास (depreciation) हुआ है। अब रुपए से पाउंड की विनिमय दर OE से बढ़कर OE_1 हो गई है और घाटा P_1P_2 होता है। अल्पविकसित देश की करेंसी के मूल्यह्रास की यह प्रक्रिया चालू रहती है जिससे विनिमय दर OE_1 से बढ़कर OE_2 हो जाती है। निरंतर मूल्यह्रास की ऐसी नीति अल्पविकसित देशों की व्यापार तथा विकास प्रक्रिया पर बुरा प्रभाव डालती है।

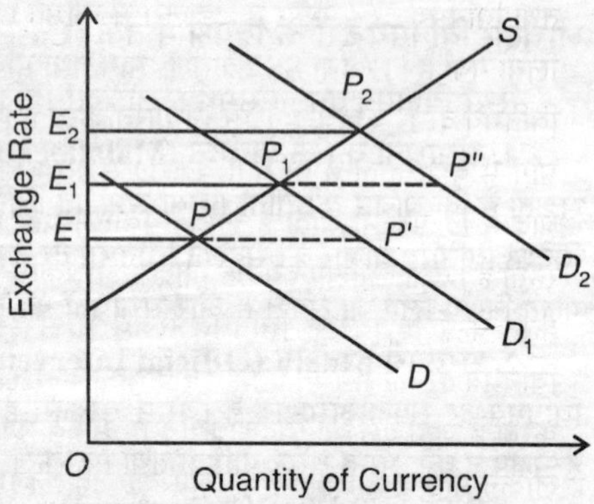

चित्र 4

निष्कर्ष (Conclusion)—लोचदार विनिमय दरों का व्यावहारिक प्रयोग बहुत सीमित है। जो देश इसको अपनाते हैं उनमें मूल्यह्रास और मूल्यवृद्धि कीमतें कम करते तथा बढ़ाते हैं। इनसे क्रमशः तीव्र मंदी और स्फीति आती है। आगे वे असुरक्षा तथा अनिश्चितता पैदा करती हैं। अधिकतर यह विदेशी विनिमय में सट्टेबाजी के कारण हैं जो लोचदार विनिमय दरों को अपनाने वाले देशों की अर्थव्यवस्थाओं में अस्थिरता लाती हैं। इसलिए सरकारें स्थिर विनिमय दरों के पक्ष में हैं जिनमें भुगतान शेष में समायोजन के लिए नीति उपाय अपनाने की आवश्यकता पड़ती है।

4. मिश्रित अथवा मध्यवर्ती विनिमय दर प्रणालियां
(HYBRID OR INTERMEDIATE EXCHANGE RATE SYSTEMS)

कठोरता से स्थिर और मुक्त रूप से तिरती (Floating) (या लोचदार) विनिमय दरों की दो सीमाओं के बीच कई प्रकार की मिश्रित अथवा मध्यवर्ती विनिमय-दर प्रणालियां हैं। अंतर्राष्ट्रीय मुद्रा कोष (IMF) की स्थापना के पश्चात समय-समय पर विनिमय-दर प्रणालियों की इन दोनों सीमाओं की अंतर्निहित कमियों को ठीक करने के लिए इनको कार्यान्वित किया गया है। बीच का रास्ता अपनाते हुए ये नियंत्रित अथवा प्रबंधित तिरती प्रणाली के अंतर्गत आती हैं। इस प्रणाली के अंतर्गत मुद्रा अधिकारी (केन्द्रीय बैंक) विदेशी विनिमय बाजार में विनिमय बाजार में विनिमय दरों के अल्पकालीन उतार-चढ़ावों को ठीक करने के लिए हस्तक्षेप करता है। ऐसा देश के विदेशी मुद्रा रिजर्व की पूर्ति अथवा अवशोषण (Absorb) द्वारा किया जाता है। यदि बाजार की विदेशी मुद्रा की अल्पकालीन मांग उसकी पूर्ति से अधिक है तो मुद्रा अधिकारी विदेशी मुद्रा रिजर्व में से इसे पूरा करते हैं जिससे करेंसी का अवमूल्यन धीमा हो जाता है। दूसरी ओर यदि विदेशी मुद्रा बाजार में विदेशी विनिमय की मांग से उसकी अल्पकालीन पूर्ति अधिक हो तो मुद्रा अधिकारी अधिक पूर्ति को खरीद (खपा) लेगा, इसके रिजर्व बढ़ा देगा जिससे देश की करेंसी का अधिमूल्यन (Appreciation) धीमा होता है। इस प्रबंधित तिरती नीति को **हवा की दिशा के विपरीत झुकाव की नीति** (Policy of floating against the wind) कहते हैं। प्रतिबंधित तिरती नीति के अनेक प्रकार हैं जिनकी विवेचना आगे की जा रही है।

समायोज्य कीलन प्रणाली (Adjustable Peg system)

यह एक ऐसी प्रणाली है जिससे विनिमय दरें निश्चित समय के लिए स्थिर रखी जाती हैं। फिर भी यदि भुगतान शेष घाटा अथवा आधिक्य अधिक हो तो विनिमय दरों का अवमूल्यन अथवा पुनः अधिमूल्यन कर दिया जाता है। इसके द्वारा एक देश एक स्थिर विनिमय दर बनाए रखने का यत्न करता रहता है जब तक उसके विदेशी विनिमय रिजर्व समाप्त नहीं हो जाते। यदि भुगतान शेष में मूल असंतुलन बना रहता है तो करेंसी का नीची या ऊंची विनिमय दर पर कीलन किया जाता है। करेंसी का नीची दर पर समायोजन करना अवमूल्यन कहलाता है और ऊंची दर पर समायोजन करने को अधिमूल्यन कहते हैं। इस प्रकार, इस नीति के अंतर्गत विनिमय दर में स्थिरता के साथ लोचशीलता कायम रखी जाती है।

समायोज्य कीलन प्रणाली के कार्यकरण की व्याख्या चित्र 5 में दर्शाई गई है जहां विदेशी मुद्रा (पाउंड) की मात्रा क्षैतिज अक्ष पर

तथा विनिमय दर (पाउंड की डालरों में कीमतें) को अनुलंब अक्ष पर लिया गया है। D तथा SS[1] क्रमशः मांग तथा पूर्ति वक्र हैं जो कीलित विनिमय दर E को बिन्दु T पर निर्धारित करते हैं। यदि विदेशी मुद्रा की मांग में वृद्धि होती है तो मांग वक्र D से सरक कर पहले D_1 पर तथा बाद में D_2 पर आ जाता है लेकिन विनिमय दर E पर ही स्थिर रखी रहती है। ऐसा इसलिए क्योंकि मौद्रिक अधिकारी बढ़ी हुई मांग को पूरा करने के लिए विदेशी विनिमय रिजर्व में से इसे बेचते हैं तथा इस विनिमय दर को समर्थन देते हैं। पूर्ति वक्र बिन्दु T से U तथा V पर गति करता है जहां देश का विदेशी विनिमय रिजर्व पूर्ण समाप्त हो जाता है। लेकिन मौद्रिक अधिकारी के लिए कीलित की गई E विनिमय दर को समर्थन देना संभव नहीं है, यदि विदेशी मुद्रा की मांग में D_2 से D_3 की और वृद्धि होती है। इसलिए वह करेंसी का अवमूल्यन करके विनिमय दर को E_1 पर पुनः कीलित कर देगा। अब पूर्ति वक्र अनुलंब में V से W पर गति करेगा। यदि विदेशी मुद्रा की मांग D_3 से D_4 और D_5 बढ़ती जाती है तो विदेशी विनिमय रिजर्व के उपयोग द्वारा विनिमय दर E_1 ही रह जाती है तथा मांग वक्र बिन्दु W से X तथा Z पर सरक जाता है। यदि विदेशी मुद्रा की मांग और बढ़कर D_6 हो जाती है तो एक और अवमूल्यन किया जाएगा तथा विनिमय दर अगले अधिक ऊंचे स्तर E_2 पर फिर कीलित की जाएगी। पूर्ति वक्र अनुलंब में Z से बढ़कर S_1 पर चला जाएगा। इस प्रकार समायोज्य कीलन की प्रणाली में मांग वक्र टेढ़ी-मेढ़ी $STUVWXZS_1$ आकार का होगा।

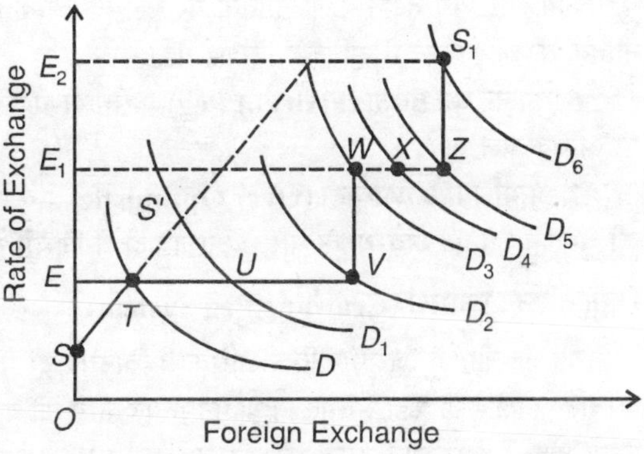

चित्र 5

लाभ (Merits)

समायोज्य कीलन प्रणाली ने 1950 तथा 1960 के दशकों की लम्बी तेजी (Bom) के दौरान अंतर्राष्ट्रीय मुद्रा कोष के सदस्य देशों की सहायता की। पर इससे निम्नलिखित लाभ हुए :

1. अनिश्चितता नहीं (No Uncertainty)—क्योंकि इस प्रणाली में कई वर्षों के लिए विनिमय दरें स्थिर रहती हैं इसलिए अनिश्चितता में कमी आने से व्यापार को बढ़ावा मिलता है।

2. स्फीति की रोकथाम (Check of Inflation)—समायोज्य कीलन की प्रणाली का सभी देशों द्वारा अनुसरण किए जाने के कारण, उनमें आपस में नीतियों का समन्वय होता है। परिणामस्वरूप विश्व स्फीति नियंत्रण में रहती है।

3. मंदी तथा संरक्षण से बचाव (Avoiding Depression and Protection)—अपने भुगतान शेषों में तीव्र घाटे की स्थिति में देश अपनी करेंसियों का अवमूल्यन कर सकते हैं। इस प्रकार वे मंदी से बच सकते हैं। यह उनका संरक्षणकारी नीतियों से बचाव भी करता है।

कमियां (Weaknesses)

समायोज्य कीलन की इस नीति के कार्यकरण में बहुत सी त्रुटियां हैं :

1. अस्पष्ट परिभाषा (Vague Definition) : मूल असंतुलन की कोई भी परिचालन परिभाषा नहीं है। लेकिन अंतर्राष्ट्रीय मुद्रा कोष ने इसे निरंतर चिरकालिक घाटा कहा है जिसे अंत में अवमूल्यन द्वारा ही ठीक किया जा सकता था।

2. विनिमय दरें बदलने में अरुचि (Reluctance to Change Exchanges Rates)—भुगतान संतुलन में घाटे तथा आधिक्य वाले दोनों प्रकार के देशों में विनिमय दरें बदलने से उनके हितों को होने वाली हानि के कारण अरुचि रहती थी।

3. डॉलरों का संचयन (Dollar Accumulation)—अमेरिका के अतिरिक्त सभी देश अपने डालर धारणों के रिजर्व को बढ़ाना चाहते थे जो उनकी आवश्यकता से अधिक हो गए। ऐसा इसलिए हुआ क्योंकि डालर मुद्रा प्रणाली का माध्यम था।

4. अस्थिरताकारी सट्टा (Destablising speculation)—यह नीति जो 1960 के दशक में क्रियाशील हुई उससे अस्थिरताकारी सट्टा उत्पन्न हुआ और फलतः पूंजी गतियों पर नियंत्रण निष्प्रभावी हो गए।

5. व्यय घटाने वाली नीतियां (Expenditure Reducing Policies)—इस नीति की एक मूल कमी यह थी कि अंतराष्ट्रीय

मुद्रा कोष द्वारा व्यय घटाने वाली नीतियों पर बल दिया गया तथा भुगतान शेष असंतुलनों को ठीक करने के लिए व्यय बदलावकारी नीतियों को लागू करने में अनिच्छा दिखाई गई।

6. कीलन की दृढ़ता (Fixity of Peg)—समायोज्य कीलनों की प्रणाली में विनिमय दर के समन्वय की बजाय कीलन की दृढ़ता पर अधिक बल था।

7. अत्यधिक आशावादी (Over Optimistic)—क्योंकि सरकारें भुगतान शेष के घाटों को मूल समझती थीं इसलिए वे भविष्य की भुगतान शेष की अवस्था के बारे में आशावादी थे जिससे यह प्रणाली विफल हुई।

रेंगती कीलन प्रणाली (Crawling Peg System)

यह वह नीति है जिसमें मौद्रिक अधिकारी विनिमय दर में धीरे-धीरे समायोजन करता है। जब इस के अंतर्गत संतुलन विनिमय दर परिवर्तित होती है तो बड़ा अवमूल्यन या पुनर्मूल्यन करने की बजाय छोटी राशियों में निरंतर समय अंतरालों में विनिमय दर को समायोज्य किया जाता है। इसे **रेंगने वाली कीलन** (Trolling Peg) अथवा **सरकती सममूल्य प्रणाली** (Gliding Parity System) भी कहा जाता है।

इसे चित्र 6 में दर्शाया गया है जहां SS' पूर्ति वक्र D मांग वक्र को बिन्दु *k* पर काटता है तथा संतुलन विनिमय दर E है। जब विदेशी मुद्रा की मांग बढ़कर D_1 होती है तो इस दर को बिन्दुओं *k* तथा L के बीच में विदेशी मुद्रा रिजर्व बेचकर कीलित किया गया है। आगे मांग D_2 बढ़ने पर विनिमय दर को दोबारा E_2 पर किया गया है। मुद्रा अधिकारी बिन्दु L से M के बीच छोटा-सा अवमूल्यन करता है। जब विदेशी मुद्रा की मांग और बढ़कर D_3 हो जाती है तो विदेशी मुद्रा रिजर्व बेचकर बिन्दु M तथा N के बीच विनिमय दर को E_1 पर कीलित रखा जाता है। विदेशी मुद्रा की मांग निरंतर D_4, D_5 और D_6 बढ़ने पर विनिमय दर को दोबारा E_2 तथा E_3 पर स्थिर करने की प्रक्रिया विदेशी विनिमय रिजर्व में से थोड़ी-थोड़ी मात्रा बेचकर तथा हर कदम पर छोटे-छोटे अवमूल्यनों द्वारा चलती रहेगी। इस प्रकार रेंगती कीलन प्रणाली के अंतर्गत हम मांग वक्र के साथ-साथ छोटे-छोटे कदम जैसे KLMNPQRS उठाकर चलते हैं।

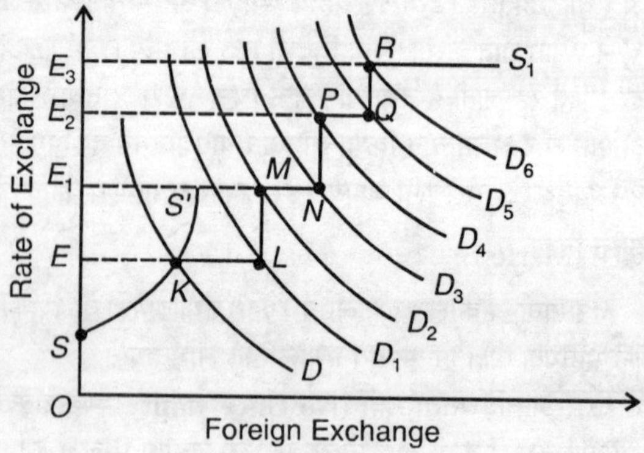

चित्र 6

यह नीति समायोज्य कीलन की प्रणाली से बेहतर है क्योंकि यह बढ़े अवमूल्यनों के स्थान पर थोड़ी-थोड़ी मात्रा में स्फीति का सहारा लेती है।

स्वच्छ तिरण प्रणाली (Clean Float System)

इस प्रणाली में विनिमय दर विदेशी मुद्रा की मांग तथा पूर्ति की मुक्त बाजार शक्तियों द्वारा निर्धारित होती है। मौद्रिक अधिकारी के किसी हस्तक्षेप के बिना विनिमय दर मुक्त रूप से घटती अथवा बढ़ती रहती है। इस प्रकार, यह सरलरूप में मुक्त तिरती विनिमय दर प्रणाली है।

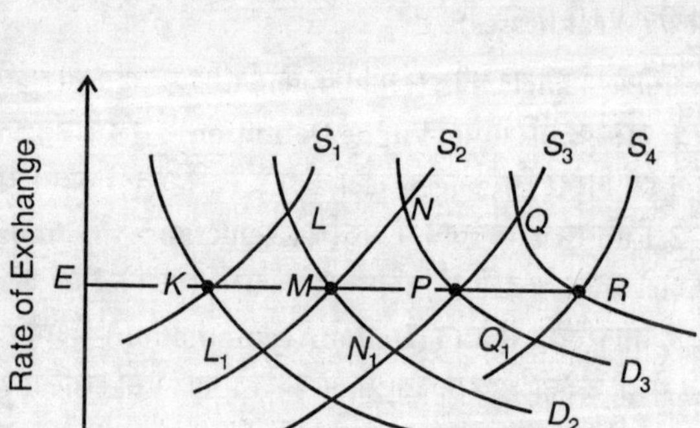

चित्र 7

स्वच्छ तिरण प्रणाली के कार्यकरण को चित्र 7 में दर्शाया गया है जहां विदेशी मुद्रा (पाउंड) के मूल मांग वक्र D_1 तथा पूर्ति वक्र S_1 संतुलित दर E को बिन्दु *k* पर निर्धारित करते हैं। जब भुगतान शेष में आधिक्य अथवा घाटा होता है तो विदेशी मुद्रा मांग तथा पूर्ति वक्र दाईं ओर D_2S_2, D_3S_3 और D_4S_4 तथा ऐसे ही और आगे सरक जाते हैं। परिणामस्वरूष, भुगतान शेष में आधिक्य के कारण विनिमय दर KLMNPQR बिन्दुओं के पथ के साथ ऊपर को जाती है। दूसरी

ओर, भुगतान शेष में घाटे की स्थिति में यह नीचे की ओर KL_1 MN_1 PQ_1 R पथ पर चलती है। दोनों ही स्थितियों में विनिमय दर E स्तर के इर्द–गिर्द ऊपर नीचे गति करती है।

गंदी तिरण प्रणाली (Dirty Float System)

इस प्रणाली के अंतर्गत मूलरूप में विनिमय दर विदेशी मुद्रा की मांग तथा पूर्ति की मुक्त बाजार शक्तियों द्वारा निर्धारित होती है। लेकिन विनिमय दर में अत्यधिक उतार–चढ़ाव को नियंत्रित करने के लिए समय–समय पर मौद्रिक अधिकारी हस्तक्षेप करता है। जब विदेशी मुद्रा की मांग तथा पूर्ति में परिवर्तन होते हैं तो मुद्राधिकारी एक सुव्यवस्थित विनिमय दर समायोजन की स्वीकृति देता है। लेकिन उसी समय यह विनिमय दर के मुक्त चलन के कारण होने वाले तीव्र उतार–चढ़ाव को रोकता है। मौद्रिक अधिकारी बाजार में विदेशी मुद्रा के विक्रय तथा क्रय द्वारा हस्तक्षेप करता है। लेकिन ऐसा करते हुए विनिमय दर में वह परिवर्तन होने देता है।[1] बिन्दु K से M, M से P तथा P से R को सीधी गति करती है जैसा कि चित्र 7 में दर्शाया गया है। जैसे ही विदेशी मुद्रा की मांग बढ़ती है तथा मांग वक्र ऊपर की ओर सरकता है तो मौद्रिक अधिकारी विदेशी मुद्रा को बेचता है। जैसे ही विदेशी मुद्रा की पूर्ति बढ़ती है तथा पूर्ति वक्र ऊपर दाईं ओर सरकता है तो मौद्रिक अधिकारी K और M, M और P तथा P और R के अंतरालों के बराबर विदेशी मुद्रा क्रय कर लेता है। इस प्रकार विनिमय दर को बिन्दु E के सतर पर स्थिर कर देता है।

मैली तिरण प्रणाली (Filthy Float System)

जब मौद्रिक अधिकारी को बारंबार और ऊंचे ऊतार–चढ़ाव के अन्तर्गत भारी हस्तक्षेप करना पड़ता है तो इसे मैली तिरण प्रणाली कहते हैं।

संयुक्त तिरण प्रणाली (Joint Float System)

संयुक्त तिरण प्रणाली के अंतर्गत देशों का एक समूह अपनी करेंसियों के बीच एक समायोज्य कीलन प्रणाली रखता है लेकिन दूसरे देशों के विरुद्ध वे संयुक्त तिरण प्रणाली का प्रयोग करते हैं। यह प्रणाली यूरोपियन मौद्रिक प्रणाली (European Monetary System) द्वारा प्रयुक्त की जा रही है। जहां सदस्य देशों के लिए इसके विनिमय दर तंत्र में एक समायोज्य कीलित विनिमय दर पट्टी (adjustably pegged exchange rate band) है लेकिन विश्व के बाकी देशों के साथ संयुक्त तिरण प्रणाली प्रयुक्त होती है।

विनिमय दर पट्टी (Exchange Rate Band)

एक अन्य प्रणाली विनिमय दर पट्टी कहलाती है। इस प्रणाली में करेंसी को संस्थापित सममूल्य (Par Value) के गिर्द ऊपर और नीची विनिमय दर के बीच घटने–बढ़ने दिया जाता है। लेकिन इसे इस पट्टी से बाहर चलने की अनुमति नहीं होती। मानलीजिए मौद्रिक अधिकारी विनिमय दर का सममूल्य £1 = $2 निश्चित करता है। वह विनिमय दर की एक नीची सीमा £1 = $1.80 तथा ऊंची सीमा £1 = $2.20 निश्चित करता है जिसके बीच उसे घटने–बढ़ने की अनुमति होती है। ये सीमाएं विनिमय दर पट्टी को व्यक्त करती हैं। यह विनिमय दर पट्टी संकुचित अथवा विस्तृत[2] भी हो सकती है।

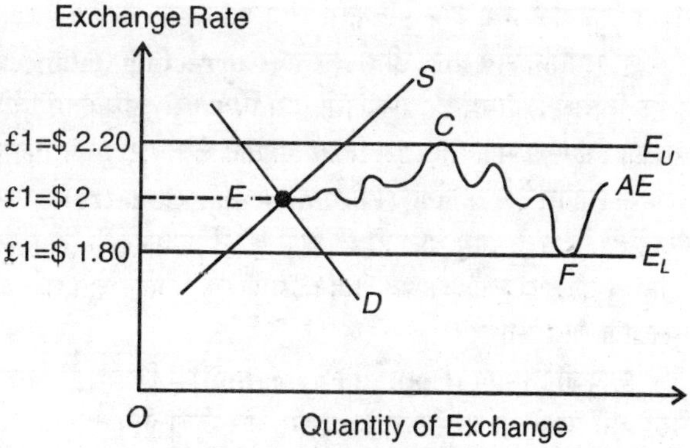

चित्र 8

जब तक विनिमय दर पट्टी के अंदर चलती है, मौद्रिक अधिकारी हस्तक्षेप नहीं करता। वह हस्तक्षेप तभी करता है जब विनिमय दर ऊपरी अथवा निचली सीमाओं पर पहुंचती है। इसे चित्र 8 में दर्शाया गया है जहां बिन्दु E संतुलन विनिमय दर (£1 = $2) है। रेखा E_u इस पट्टी की ऊपरी सीमा तथा रेखा E_L इस पट्टी की नीची सीमा है। वास्तविक विनिमय दर AE को इस पट्टी के भीतर मुक्त रूप से चलने दिया जाता है। जब विनिमय दर पट्टी की ऊपरी सीमा E_u के बिन्दु C पर पहुंचती है तो मुद्रा अधिकारी

1. In the case of a "note" on this system, points LL_1, NN_1 and QQ_1 are not to be shown in the figure.
2. (For Instance Smithsonian Agreement fixed the margin of fluctuations of exchange rates to 2.25% above or below the par values of rates in 1971 and widened them to 4.5% in 1973.

विनिमय दर को पट्टी के अंदर रखने के लिए अपने पास से और पाउंड की पूर्ति करेगा। जब विनिमय दर नीची सीमा E_l के बिन्दु F पर पहुंचती है तो मुद्रा अधिकारी पाउंड की मांग के लिए विदेशी मुद्रा रिजर्व का उपयोग करके विनिमय दर को पट्टी के अंदर रखता है।

ऊपर हमने स्थिर विनिमय दर प्रणाली के अंतर्गत विनिमय दर पट्टी प्रणाली की व्याख्या की है जो समायोज्य कीलन तथा रेंगती कीलन प्रणालियों पर भी लागू की जा सकती है।

सुरंग से सांप नीति (Snake in the Tunnel)

यूरोपीय आर्थिक समुदाय (EEC) के छः मूल सदस्य देशों ने 1972 में संयुक्त तिरण की तरह एक विनिमय दर प्रणाली प्रारंभ की जिसे सुरंग में सांप कहते हैं। इस प्रणाली में पट्टी के भीतर एक पट्टी थी। उन्होंने आपस में अपनी करेंसियों का 2.25% पट्टी के बीच घटने-बढ़ने की अनुमति दी और विश्व की अन्य करेंसियों के साथ 4.5% की। इस कारण ऊंची पट्टी के भीतर उनकी करेंसियों की पट्टी में उतार-चढ़ाव ऐसे प्रकट हुए जैसे एक सुरंग में सांप की चाल हो।*

5. विविध विनिमय दर प्रणाली
(MULTIPLE EXCHANGE RATES SYSTEM)

यह एक ऐसी प्रणाली है जिसमें देश विभिन्न वस्तुओं के आयात तथा निर्यात के लिए अलग-अलग विनिमय दरें अपनाता है। एक देश कुछ वस्तुओं के साथ नियंत्रित विनिमय दरें तथा अन्य देशों के साथ मुक्त विनिमय दरें अपना सकता है। विनिमय दरों में उतार-चढ़ाव नहीं होते हैं परंतु अनेक नियंत्रित विनिमय दरें तथा उनकी श्रेणियां हो सकती हैं। कुछ देशों के साथ पूर्णतया मुक्त तथा तिरती विनिमय दरें भी कुछ सौदों के लिए संभव हो सकती हैं। विविध विनिमय दरों के उद्देश्य, भुगतान शेष घाटे को ठीक करने के लिए निर्यात अधिक करके तथा आयात कम करके, अधिकतम विदेशी मुद्रा प्राप्त करना है।

गुण (Merits)

विविध विनिमय दर प्रणाली के निम्न गुण हैं :

1. निर्यातों में प्रोत्साहन (Promotion of Exports)—यद्यपि अवमूल्यन को भी निर्यात में प्रोत्साहन के लिए प्रयुक्त किया जा सकता है लेकिन यह आयात महंगे तथा निर्यात सस्ते करता है। परंतु विविध विनिमय दर प्रणाली के अंतर्गत निर्यातों और आयातों के लिए बढ़िया विनिमय दरें प्राप्त की जा सकती हैं। देश मांग तथा पूर्ति की लोचों का, जो उस के पक्ष में हो, पूर्ण लाभ उठा सकता है। इस प्रकार यह प्रणाली अवमूल्यन से अधिक प्रभावी है।

2. आयात लाभकारी (Imports Profitable)—एक विकासशील देश के निर्यात बहुत कम होते हैं परंतु इसे बड़े पैमाने पर पूंजी पदार्थ, कच्चे माल, तकनीकी ज्ञान तथा उपभोग वस्तुओं का आयात करना पड़ता है। इसकी आयातों की बेलोच मांग होती है। इसलिए यह ऊपर वर्णित आवश्यक वस्तुओं के आयात बढ़ाना चाहता है जबकि विलासिता और अन्य उपभोक्ता वस्तुओं के आयात रोकना चाहता है तथा अपना विकास संभावित बढ़ाना चाहता है।

3. भुगतान शेष घाटा ठीक करना (Correcting Balance of Payments Deficit)—ऊपर दिए गए विवेचन से स्पष्ट होता है कि विविध विनिमय दर प्रणालियों द्वारा निर्यात से अधिकतम विदेशी मुद्रा कमाई जा सकती है तथा आयात के लिए न्यूनतम संभव भुगतान किए जा सकते हैं। इस प्रकार भुगतान शेष घाटा ठीक किया जा सकता है।

4. विशेष देश के लिए (For Particular Country)—ऐसी परिस्थिति में जहां किसी देश में भुगतान शेष आधिक्य हो लेकिन एक विशेष देश के साथ घाटा हो, तो घाटे को ठीक करने के लिए उस देश को निर्यात की गई तथा वहां से आयात की गई वस्तुओं की विनिमय दरें नीचे लाई जा सकती हैं। इस प्रकार भुगतान शेष घाटे अथवा आधिक्य की समस्या को विविध विनिमय दर प्रणाली द्वारा सुलझाया जा सकता है।

5. पूंजी निर्माण (Capital Formation)—विविध विनिमय दर प्रणाली द्वारा पूंजी वस्तुएं तथा आवश्यक आगतों का आयात सस्ती दरों पर किया जा सकता है। दूसरी ओर ऊंची निर्यात कमाई का भी पूंजी निर्माण के लिए उपयोग किया जा सकता है।

6. पूंजी प्रवाह (Capital Flows)—विविध विनिमय दर प्रणाली एक देश से अधिक ऊंचे अंतर्वाह तथा किसी दूसरे देश को पूंजी के बहिर्वाह को नियंत्रित करने में बहुत सहायक हो सकती है। ऐसी स्थिति में, पहले विवरण के लिए ऊंची विनिमय दर तथा बाद के

* If Fig. 8 one St. line above E_u and another below E_l is drawn at equidistance, the figure will depict this system.

विवरण के लिए नीची विनिमय दर उपयुक्त रहेगी। इसे विदेशी पूंजी को उत्पादन के अनुकूल दिशाओं में लाने के लिए प्रयोग किया जा सकता है।

7. कमजोर उद्योगों के लिए उपयोगी (Helpful for Weak Industries)—विविध विनिमय दर प्रणाली की सहायता से कमजोर या ह्रास हो रहे उद्योगों का उत्थान किया जा सकता है। उन्हें इस प्रणाली के अंतर्गत संरक्षण, निर्यात में सब्सिडी देकर तथा पूंजी वस्तुओं, कच्चे माल और तकनीकी ज्ञान को अधिमान्य तथा अनुकूल विनिमय दरों पर आयात किया जा सकता है।

8. अर्थव्यवस्था का विविधिकरण (Diversifying the Economy)—यह प्रणाली उद्योगों में अनुकूल विनिमय दरों द्वारा विविधिकरण लाती है। यह कमजोर उद्योगों को विदेशी प्रतिस्पर्धा से संरक्षण प्रदान करती है। यह नए निर्यात उद्योगों, तैयार करने वाले तथा रक्षा उद्योगों के विकास में सहायता दे सकती है। व्यापक उपभोग की वस्तुओं का भी उत्पादन किया जा सकता है। इस प्रकार यह अर्थव्यवस्था में विविधता लाती है—उत्पादन, रोजगार तथा आय बढ़ाती है।

9. राजस्व अधिकतमीकरण (Maximising Revenues)—विविध विनिमय दर प्रणाली सरकार को अधिक राजस्व कमाने में सहायता करती है। यह प्रणाली उद्योगों के विस्तार तथा विविधिकरण को प्रोत्साहित करती है तथा उत्पादन रोजगार तथा आय में वृद्धि लाती है। सरकार इन पर उत्पाद शुल्कों, बिक्री कर, निगम कर, व्यक्तिक करों आदि द्वारा अधिक राजस्व कमाती है।

10. अनुकूल व्यापार की शर्तें (Favourable Terms of Trade)—इस प्रणाली के अंतर्गत एक देश व्यापार की अधिक अनुकूल शर्तें प्राप्त कर सकता है। इसी कारण निर्यात की जाने वाली वस्तुओं की कीमतें ऊंचे स्तर पर तथा आयात की जाने वाली वस्तुओं की कीमतें नीचे स्तर पर रखने के लिए इसका उपयोग किया जा सकता है।

11. जीवन स्तर में सुधार (Inprovement in Standard of Living)—क्योंकि इस प्रणाली के अंतर्गत पूंजी वस्तुओं, कच्चे माल आदि को कम कीमतों पर आयात किया जा सकता है, इसलिए उनकी उत्पादन लागत भी कम होती है। इसी प्रकार व्यापक उपभोग की आवश्यक वस्तुएं सस्ती आयात की जाती हैं। वे निर्वाह लागत को कम करती हैं तथा लोगों के जीवन स्तर को उठाती हैं।

हानियां (Demerits)

विविध विनिमय दर प्रणाली में निम्नलिखित दोष हैं :

1. प्रशासनिक कठिनाईयां (Administrative Difficulties)—इस प्रणाली में विभिन्न वस्तुओं के लिए तथा विभिन्न देशों के लिए विविध विनिमय दरें हैं, जिनका संचालन करने के लिए बहुत बड़े प्रशासनिक संगठन की आवश्यकता है। इसके लिए जटिल विनिमय संचालन प्रणाली पाई जाती है जिससे प्रशारानिक योग्यता, लालफीताशाही और भ्रष्टाचार उत्पन्न होते हैं।

2. विभेदात्मक (Discriminatory)—यह प्रणाली विभेदात्मक है क्योंकि यह वस्तुओं, उद्योगों, प्रदेशों, क्षेत्रों तथा देशों के बीच भेद करती है। एक ही वस्तु एक देश को दूसरे देश से अलग दर पर निर्यात की जाती है। इससे दूसरे देश द्वारा प्रतिशोध की संभावना पैदा होती है और व्यापारिक तथा राजनीतिक संबंधों पर प्रतिकूल प्रभाव पड़ता है।

3. घरेलू उद्योगों के लिए हानिदायक (Harmful for Domestic Industries)—जब एक देश कम दरों पर बाहर से वस्तुएं आयात करता है तो घरेलू उद्योगों द्वारा बाह्य प्रतिस्पर्धा का सामना न कर पाने की स्थिति में उन्हें हानि हो सकती है।

4. निर्यात के लिए सहायक नहीं (Not Helpful for Exports)—यदि निर्यात की मांग लोचदार है अथवा यदि निर्यात की घरेलू बाजार में पूर्ति बेलोच है अथवा यदि विदेशी आयातक एक क्रयाधिकार अथवा अल्पाधिकार बना लेते हैं तो विविध विनिमय दरें देश का निर्यात बढ़ाने में सहायक नहीं हो पाएंगी।

5. काला बाजारी (Black Marketing)—इस प्रणाली से विदेशी मुद्रा का काला बाजार पैदा होता है। आवश्यक आयात की विनिमय दर कम होने के कारण आयातक विदेशी मुद्रा कम दर पर क्रय कर लेते हैं। लेकिन वे ऊंची दरों पर विदेशी मुद्रा बाजार में उस मुद्रा को बेच देते हैं।

6. विभिन्न विनिमय दरों की सीमाएं (Limits of Different Rates)—मौद्रिक अधिकारी के लिए बड़ी संख्या में निर्यात तथा आयात वाली वस्तुओं की विभिन्न दरें निश्चित करना संभव नहीं है, इसलिए उन्हें छोटी श्रेणियों में या समूहों में वर्गीकृत किया जाता है। उनका वर्गीकरण मनगढ़न्त हो सकता है तथा उससे भ्रष्टाचार उत्पन्न हो सकता है जिससे प्रत्येक निर्यातक या आयातक अपनी वस्तु के पक्ष में विनियम दर को चाहेगा।

7. भुगतान शेष में कम प्रभावी (Less Effective in BOP)—निर्यात तथा आयात लाईसेंसों, विनिमय नियंत्रणों आदि मात्रात्मक प्रतिबंधों की तुलना में विविध विनिमय दर प्रणाली, भुगतान शेष घाटे को कम करने में, कम प्रभावी होती है।

8. माल सूचियों का संचय (Accumulation of Inventories)—इस प्रणाली से माल सूचियों का संचय होता है। जब मौद्रिक अधिकारी द्वारा निर्यातकों के पक्ष में घोषित की जाने वाली विनिमय दरों के पूर्वानुमान में वे अपनी वस्तुओं का निर्यात नहीं करते हैं तो इससे वस्तुओं का गोदामों में भंडार हो जाता है इससे उत्पादन पर बुरा प्रभाव पड़ता है और हानि होती है।

9. पर्याप्त प्रणाली नहीं (Not a Sufficient System)—विविध विनिमय दरों की प्रणाली अल्पविकसित देशों के विकास के लिए पर्याप्त नहीं है। ऐसे देशों में आवश्यक आयात की मांग बेलोच होती है, इसलिए उनके आयात की विनिमय दरें कम नहीं की जा सकतीं। दूसरी ओर उनकी निर्यात करने की क्षमता सीमित है इसलिए वे अपने निर्यातों की विनिमय दरें बढ़ा नहीं सकते। इस कारण ऐसे देश विदेशी मुद्रा की कमी से ग्रस्त होते हैं।

निष्कर्ष (Conclusion)—कुल मिलाकर विविध विनिमय दर प्रणाली अपनाने वाले देश के संसाधनों का कुआवंटन होता है, आर्थिक दक्षता तथा व्यापार से लाभ कम होते हैं। यही कारण है कि यह प्रणाली अब प्रयोग में नहीं लाई जाती।

6. व्यवहार में विनिमय दर प्रणालियां (EXCHANGE RATE REGIMES IN PRACTICE)

प्रथम विश्वयुद्ध से पहले की अवधि में लगभग सभी प्रमुख राष्ट्रों की करेंसियां अंतर्राष्ट्रीय स्वर्ण मानक के अंतर्गत स्थिर विनिमय दरों की प्रणाली पर चलती थीं। प्रथम विश्वयुद्ध के दौरान यह प्रणाली छोड़नी पड़ी परंतु 1920 के बाद के दशक में अधिकांश राष्ट्रों ने कीलक (Pegged) दरें फिर से अपना लीं।

समायोज्य कीलन (Adjustable Peg)

जब दूसरे विश्वयुद्ध के बाद **ब्रेटन बुड्ज** (Bretton Woods) समझौते के अंतर्गत IMF की स्थापना की गई तो देशों के बीच स्थिर विनिमय दरें स्थापित की गईं अर्थात् स्वर्ण के रूप में अथवा अमेरिकी $ 35 प्रति आउंस की दर पर कीली गईं। इसका संबंध स्थिर विनिमय दर प्रणाली से था जिसके अंतर्गत विनिमय में सममूल्य से एक प्रतिशत अधिक या एक प्रतिशत कम की पट्टी (Band) अथवा रेंज में परिवर्तन हो सकता था परंतु इसकी अनुमति तभी दी जाती थी जब कोई देश IMF अधिकारियों को यह विश्वास दिला देता था कि उसके भुगतान शेष में 'आधारभूत संतुलन' है। कुछ **संक्रमण** (transition) अवधि को छोड़कर, सदस्य देशों को भुगतान तथा व्यापार पर प्रतिबंध लगाने की मनाही थी। उन्हें इस बात की अनुमति थी कि वे अपने मौद्रिक रिजर्व आंशिक रूप से स्वर्ण में तथा आंशिक रूप से डालर एवं स्टर्लिंग में रख सकें। इस रिजर्व का उद्देश्य यह था कि सदस्य देश अपनी विनिमय दर को स्थिर रखते हुए अपने अस्थायी घाटे पूरे कर सकें।

समासोज्य कीलन की प्रणाली में अनेक दोष थे जिनका परिणाम यह हुआ कि जब 1971 में अमरीका के खजाने ने अल्पकालीन देयताओं को स्वर्ण में बदलने से इन्कार कर दिया और डालर को अपरिवर्तित बना दिया, तो ब्रेटन वुड्ज प्रणाली का पतन हो गया।

प्रबंधित तैरती प्रणाली (Managed Floating System)

समायोज्य कीलन प्रणाली 14 अगस्त, 1971 तक प्रचलन में रही। 15 अगस्त, 1971 तथा 18 दिसम्बर, 1971 के **स्मिथसोनियन समझौते** (Smithsonian Agreement) के बीच 48 देशों ने स्थिर विनिमय दरों की प्रणाली छोड़ दी। इन 48 देशों में संयुक्त राज्य अमरीका, जापान तथा बहुत से यूरोपीय देश शामिल थे। 18-19 दिसम्बर, 1971 को दस औद्योगिक देशों की बैठक वाशिंगटन में स्मिथसोनियम संस्थान में हुई। इन दस देशों का समूह इस बात पर सहमत हुआ कि एक नई स्थिर विनिमय दर प्रणाली अपनाई जाए जिसकी पट्टी अधिक व्यापक हो। प्रमुख करेंसियों को फिर से जोड़ने के लिए पहला कदम यह उठाया गया कि अमरीका ने अपने डालर का 8 प्रतिशत अवमूल्यन कर दिया, जापान ने अपने 'येन' का मूल्य 17 प्रतिशत बढ़ा दिया, और जर्मनी ने मार्क का पुनर्मूल्यन कर उसे 14 प्रतिशत बढ़ा दिया। स्मिथसोनियन समझौते के अंतर्गत विनिमय दरों के उतार-चढ़ावों की सीमा केन्द्रीय दरों की नई समानताओं से 2.25 प्रतिशत के घेरे में रखी गई। 1973 में यह पट्टी बढ़ाकर 4.5 प्रतिशत कर दी गई (अर्थात विनिमय दरें केन्द्रीय दरों से 4.5 प्रतिशत अधिक या कम हो सकती थीं)।

यूरोप में एक नई बात यह हुई कि EEC देशों ने अपनी करेंसियों के आपसी उतार-चढ़ाव की सीमा अपेक्षाकृत घटा दी। इसे सुरंग में सांप (Snake in the Tunnel) की संज्ञा दी गई है। इस व्यवस्था के अंतर्गत EEC देशों की करेंसियां परस्पर बांध दी गईं और वे एक-दूसरे की सापेक्षता में तो संकीर्ण सीमाओं के भीतर घट-बढ़ सकती थीं, परंतु अन्य करेंसियों की सापेक्षता में पट्टी सुझावों द्वारा निर्धारित

सीमाओं के भीतर ही घट–बढ़ सकती थीं।

जब 12 फरवरी, 1973 को अमरीका ने डालर का अवमूल्यन किया, तो स्मिथसोनियन समझौता टूट गया। मार्च 1973 में भारत, कनाडा, जापान, स्विटजरलैंड, इंग्लैंड तथा कई छोटे देशों में तैरती (Floating) विनिमय दरें विद्यमान थीं। पर EEC देशों के बीच 'संयुक्त तिरना' (Joint float) मार्च 1973 के बाद भी चलती रही और अब इसे झील में सांप (Snake in the lake) नाम दिया गया, क्योंकि कोई ऐसी पट्टी नहीं थी जिसके भीतर अन्य करेंसियों की सापेक्षता में EEC करेंसियां घट बढ़ सकती थीं। मार्च 1979 में यूरोपीय मुद्रा प्रणाली (European Monetary System) स्थापित की गई। इसने यूरोपीय करेंसी इकाई (European Currency unit) बनाई जो प्रमुख यूरोपीय करेंसियों की बनी लेखा की इकाई की 'टोकरी' (basket) करेंसी है। EMS के अनुसार सदस्य देशों की आंतरिक विनिमय दर के परिवर्तनों पर यह प्रतिबंध रहता है कि वे 'केन्द्रीय दरों' से उनके 2.25 प्रतिशत से अधिक न घटें-बढ़ें, इसमें इटली के लीरा को 6 प्रतिशत तक घटने–बढ़ने की छूट दे दी गई थी।

इसी बीच जनवरी 1976 में जमैका समझौता (Jamaica agreement) हुआ। इस समझौते के परिणामस्वरूप IMF के तत्वावधान में तैरती विनिमय दरों की प्रणाली को मान्यता प्रदान की गई। IMF के अधिकांश सदस्य देशों को अनेक कारणों से विवश होकर अपनी करेंसियां तैरती बनानी पड़ीं। अल्पकालीन पूंजी गतियां बहुत बढ़ गईं और समायोज्य कीलनों की प्रणाली के दौरान केन्द्रीय बैंक करेंसियों के सट्टे को रोकने में असमर्थ रहे। 1973 में जो तेल संकट उत्पन्न हुआ और 1974 में जो तेल की कीमतें बढ़ीं, उनके परिणामस्वरूप 1974-75 में विश्व के औद्योगिक देशों में भारी सुस्ती आई। इसका परिणाम यह हुआ कि ''डालर में तेजी से गिरवट आई और 1978 के अंत में यह इतनी अधिक बढ़ गई कि संयुक्त राज्य अमरीका की सरकार को व्यापक हस्तक्षेप की नीति अपनाने का निर्णय करना पड़ा ताकि डालर की कीमत को आगे उस हद तक गिरने से रोका जा सके जहां वह वित्तीय आतंक न उत्पन्न कर दे।'' अंत में, 1978 तक लोचदार विनिमय दरों की प्रणाली टिक गई।

1978 के IMF के चार्टर के दूसरे संशोधन के अनुसार सदस्य देशों के लिए जरूरी नहीं है कि वे स्वर्ण अथवा डालर मूल्य के बराबर मूल्य बनाए रखें और स्थापित करें। IMF का सदस्य देशों की विनिमय दर समायोजन नीतियों पर कोई नियंत्रण नहीं है परन्तु आशा की जाती है कि सदस्य देशों की विनिमय दर नीतियों के मार्गदर्शन के लिए IMF नियम निर्धारित करेगा। दूसरे शब्दों में, कहा जा सकता है कि IMF अपने सदस्य देशों की विनिमय दर नीतियों पर अंतराष्ट्रीय देख–रेख रखता है।

परंतु तैरती विनिमय दरों की प्रणाली मुक्त रूप से लोचदार प्रणाली नहीं अपितु ''प्रबंधित तैरती'' प्रणाली है। यह सरकारी हस्तक्षेप के बिना कभी नहीं चली। क्योंकि सरकारें समय–समय पर इसमें हस्तक्षेप करती रही हैं इसलिए इसे ''प्रबंधित'' अथवा ''गंदी'' (Dirty) तैरती प्रणाली नाम दिया गया है। 1977 में हस्तक्षेप बहुत बढ़ गया था, तो इसे मैली (Filthy) तैरती प्रणाली का नाम दिया गया। जब सरकारें बिल्कुल हस्तक्षेप न करें, तो यह ''स्वच्छ'' (Clean) प्रणाली कहलाती है। परंतु स्वच्छ तैरती की संभावना बहुत कम है। इस प्रकार प्रबंधित तैरती विनिमय दरों की प्रणाली वहां विकसित हो रही है जहां केन्द्रीय बैंक यह प्रयत्न कर रहे हैं कि विनिमय दरों के उतार–चढ़ाव को किन्हीं 'सामान्य' दरों के आसपास बांधकर रखा जाए; भले ही कोष के दूसरे संशोधन में सामान्य दरों का कोई उल्लेख नहीं है।

तैरती दरों के साथ अंतर्राष्ट्रीय अनुभव का मूल्यांकन करना कठिन है, क्योंकि इनमें बीच–बीच में बड़े धक्के, ऊंची स्फीति दरें और गहरी नदियां पाई गईं। विनिमय दर उतार–चढ़ाव को सीमित करने के सरकारी प्रयत्नों में भी असहमतियां रहीं और वे असफल रहे।

प्रश्न

1. स्थिर विनिमय दर प्रणाली के पक्ष तथा विपक्ष में तर्क प्रस्तुत कीजिए।
2. आप लोचदार विनिमय दरों के पक्ष में हैं अथवा स्थिर विनिमय दरों के पक्ष में? तर्क सहित उत्तर की पुष्टि कीजिए।
3. समायोज्य कीलन (Adjustable peg) प्रणाली की व्याख्या कीजिए। प्रबंधित तैरती विनिमय दर प्रणाली अपनाए जाने के क्या कारण थे?
4. विविध (multiple) विनिमय दरें क्या हैं? उनके गुण और दोष दीजिए।
5. भेद कीजिए : समायोज्य कीलन और रेंगती (Crawling) कीलन; स्वच्छ तिरण और गंदी तिरण (Float); संयुक्त तिरण और सुरंग में सांप प्रणालियां।
6. टिप्पणी लिखिए : विनिमय दर पट्टी; सुरंग में सांप; गंदी तिरण; स्वच्छ तिरण।

अध्याय 35

अवमूल्यन
(DEVALUATION)

1. अर्थ
(MEANING)

अवमूल्यन का अर्थ देश की मुद्रा के बाह्य मूल्य को कम करना है। इसके अंतर्गत मुद्रा की आंतरिक क्रयशक्ति में कोई परिवर्तन नहीं किया जाता। जब अवमूल्यन किया जाता है, तो देश की मुद्रा के बाह्य मूल्य में अन्य देशों की मुद्राओं की अपेक्षा कमी हो जाती है, जबकि विदेशी मुद्राओं के मूल्य में वृद्धि होती है। इसके परिणामस्वरूप, देश के आयात की घरेलू कीमत बढ़ जाती है और निर्यात की विदेशी कीमत गिर जाती है। इससे देश की निर्यात्य वस्तुएं विदेशों में सस्ती हो जाती हैं क्योंकि विदेशी पहले से कम मुद्रा द्वारा अधिक माल खरीद सकते हैं। इससे निर्यात प्रोत्साहित होते हैं। दूसरी ओर, अपने देश में जो आयातित माल आएगा। वह पहले से महंगा होगा। इससे आयात निरुत्साहित होंगे। परिणामस्वरूप, अवमूल्यन से जब निर्यात बढ़ेंगे और आयात कम होंगे तो देश का भुगतान शेष संतुलन की ओर अग्रसर होगा।

इसे एक उदाहरण द्वारा समझा जा सकता है। भारत में जून 1966 के अवमूल्यन से पहले भारतीय रुपए और अमरीकी डालर की विनिमय दर थी : रु. 1 = 21 सेंट। अवमूल्यन के बाद यह दर रु. 1 = 13.3 सेंट हो गई। इसका परिणाम यह हुआ कि भारत के लिए अमरीकी आयात मंहगे हो गए। अवमूल्यन से पहले भारत 1 रु. के बदले 21 सेंट का माल खरीद सकता था लेकिन अवमूल्यन के बाद केवल 13.3 सेंट का माल ही खरीद सकता था। इस कारण अमरीकी आयात महंगे होने के कारण कम हो गए। दूसरी ओर, भारतीय निर्यात अमरीका के लिए सस्ते हो गए क्योंकि अमरीकी व्यापारी 21 सेंट की बजाय केवल 13.3 सेंट देकर भारत से 1 रु. मूल्य का माल खरीद सकते थे। इससे भारतीय निर्यात में वृद्धि हुई। अत: आयात में कमी और निर्यात में वृद्धि से भुगतान शेष का संतुलन कम होता है।[1]

2. अवमूल्यन के प्रभाव
(EFFECTS OF DEVALUATION)

एक अवमूल्यन करने वाले देश के भुगतान शेष पर अवमूल्यन के प्रभावों का पाया जाना निर्यात और आयात बाजारों में मांग और पूर्ति की कीमत लोचों पर निर्भर करता है। इस संबंध में अर्थशास्त्रियों ने अनेक स्थितियों की व्याख्या की है।

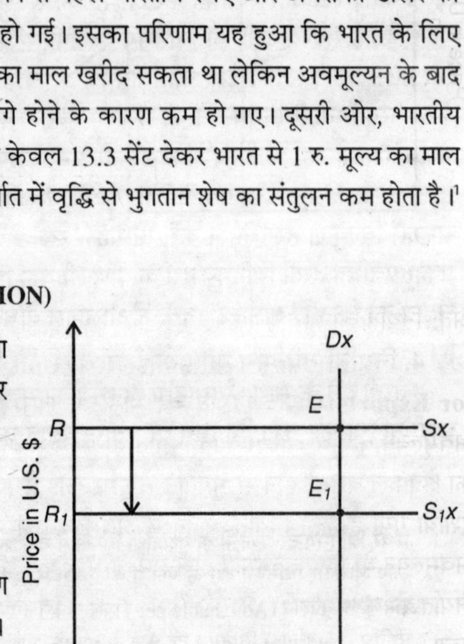

चित्र 1

निर्यातों पर अवमूल्यन का प्रभाव
(Effects of Devaluation on Exports)

निर्यात करने वाले देश की निर्यात के लिए मांग की कीमत लोच का परिमाण यह निर्धारित करता है कि निर्यात अर्जन बढ़ते, गिरते अथवा अपरिवर्तित रहते हैं।

1. निर्यात की बेलाच मांग (Inelastic Demand for Exports)—यदि अवमूल्यन करने वाले देश (भारत) के निर्यात की विदेशी (यू.एस.) मांग की लोच पूर्णतया बेलोच है, तो भुगतान शेष पर अवमूल्यन का प्रतिकूल प्रभाव होगा। इसे चित्र 1 में दर्शाया गया है जहां D*x* वक्र निर्यात की बेलोच मांग को व्यक्त करता है

1. अवमूल्यन को व्यय-बदलावकारी (Expenditure Switching) नीति भी कहते हैं। इसके लिए अध्याय 30 देखें।

और Sx अवमूल्यन से पहले का निर्यात का पूर्ण लोचदार पूर्ति वक्र है। ये दोनों वक्र E बिन्दु पर कटते हैं तथा OR विनिमय दर है और OX अवमूल्यन से पूर्व निर्यात की मात्रा है। अवमूल्यन के बाद निर्यात का पूर्ति वक्र S_1x हो जाता है जो मांग वक्र को E_1 पर काटता है तथा OR_1 विनिमय दर निश्चित होती है। इस प्रकार विदेशी करेंसी ($) में निर्यात की कीमत OR से कम होकर OR_1 हो जाती है। स्पष्ट है कि अवमूल्यन के पश्चात निर्यात मे कोई परिवर्तन नहीं होता और वे पहले जितने ही OX रहते हैं। अवमूल्यन का भुगतान शेष पर प्रभाव मापने के लिए अवमूल्यन से पूर्व और बाद में निर्यात से प्राप्त कुल मूल्य की तुलना की जाती है। निर्यात का अवमूल्यन से पूर्व कुल मूल्य OXER है तथा अवमूल्यन के बाद कुल मूल्य है OXE_1R_1। जैसा कि चित्र से स्पष्ट है, अवमूल्यन से पूर्व निर्यात का कुल मूल्य OXER, अवमूल्यन के पश्चात निर्यात के मूल्य OXE_1R_1 से अधिक है : $OXER > OXE_1R_1$। इससे यह सिद्ध होता है कि अपनी करेंसी का अवमूल्यन करने वाले देश का अवमूल्यन से भुगतान शेष पर प्रतिकूल प्रभाव पड़ा है क्योंकि इसके निर्यात अर्जन में कमी हुई है।

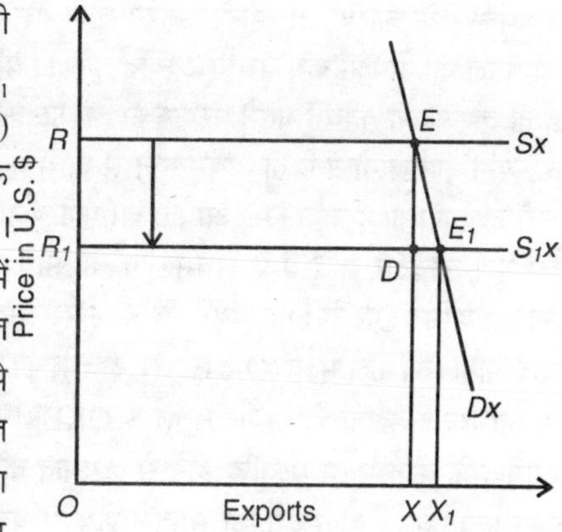

चित्र 2

2. निर्यात की कम लोचदार मांग (Less Elastic Demand for Exports)—यदि निर्यात की कम लोचदार मांग वक्र लें तो परिणाम वही होगा जो ऊपर वर्णित व्यक्त किया गया है। चित्र 2 यह दर्शाता है कि अवमूल्यन से पूर्व कुल निर्यात-अर्जन अवमूल्यन के पश्चात निर्यात-अर्जन से अधिक है : $OXER > OXE_1R_1$ अर्थात् निर्यात अर्जन से कुल हानि RR_1DE (= $OXER - OXE_1R_1$) है। भुगतान शेष पर विपरीत प्रभाव हुआ है।

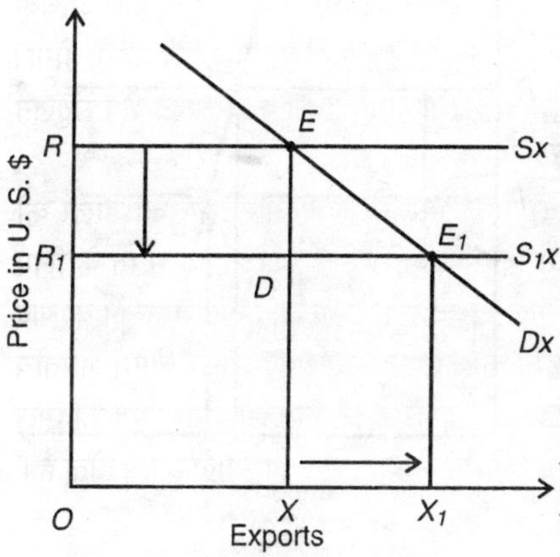

चित्र 3

3. निर्यात की लोचदार मांग (Elastic Demand for Exports)—यदि निर्यात की विदेशी मांग लोचदार अथवा इकाई से अधिक हो तो अवमूल्यन से भुगतान शेष में सुधार होगा जैसा चित्र 3 में दर्शाया गया है। अवगूल्यन से पहले OX मात्रा का निर्यात किया जाता है तथा अवमूल्यन के बाद OX_1 मात्रा का। विनिमय दर के OR से कम होकर OR_1 होने पर, अवमूल्यन के बाद निर्यात का कुल मूल्य ($OX_1E_1R_1$), अवमूल्यन से पहले निर्यात के मूल्य (OXER) से अधिक है $OX_1ER_1 > OXER$. अत: निर्यात की पूर्ति पूर्ण लोच होने पर, यदि निर्यात की मांग लोचदार हो तो अवमूल्यन का भुगतान शेष पर अनुकूल प्रभाव होता है।

4. निर्यातों की मांग की इकाई लोच (Unity Elasticity of Demand for Exports)—यदि निर्यात की मांग की लोच इकाई (अर्थात एक) हो तो अवमूल्यन के पूर्व और पश्चात निर्यात के मूल्य में कोई अंतर नहीं होगा तथा दोनों का क्षेत्रफल बराबर होने से भुगतान शेष पर कोई प्रभाव नहीं पड़ेगा। इसे चित्र 4 में दर्शाया गया है जहां निर्यात अर्जन में अवमूल्यन से पूर्व हानि RR_1DE बराबर है अवमूल्यन के पश्चात निर्यात अर्जन में लाभ XX_1E_1D। अत: अवमूल्यन से पहले निर्यात का कुल मूल्य ($OXER = OX_1E_1R_1$ अवमूल्यन के पश्चात निर्यात का कुल मूल्य।

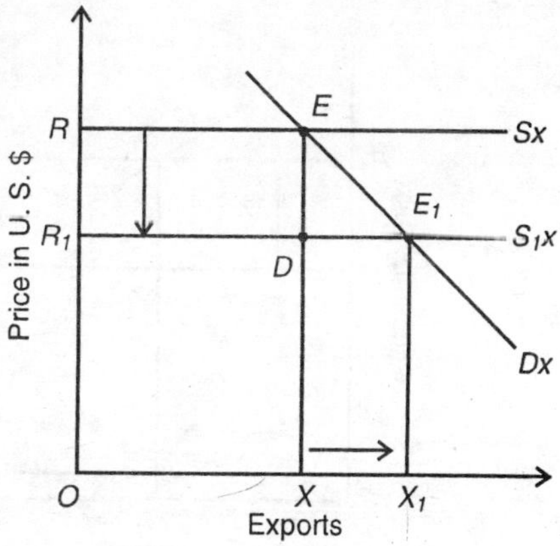

चित्र 4

आयात पर अवमूल्यन के प्रभाव (Effects of Devaluation On Imports)

अब हम आयात की मांग की विभिन्न लोचों के एक विकासशील देश के भुगतान शेष प्रभावों की व्याख्या करते हैं।

1. आयात के लिए बेलोच मांग (Inelastic Demand for Imports)—अवमूल्यन के कारण, अवमूल्यन करने वाले देश में, आयात की कीमतें बढ़ती हैं जो पहले की अपेक्षा कम वस्तुएं आयात करेगा। यदि आयात की मांग **पूर्ण बेलोच** है तो वह उनकी कीमतें बढ़ने पर उनका आयात कम नहीं कर सकेगा। जब आयात की मांग **पूर्ण बेलोच** है तो अवमूल्यन से लाभ के स्थान पर हानि होगी। इसे चित्र 5 में दर्शाया गया है जहां D*m* आयात का पूर्ण बेलोच मांग वक्र है तथा S*m* आयात का पूर्ण लोचदार पूर्ति वक्र अवमूल्यन के साथ पूर्ति वक्र आयात में कमी तथा आयात कीमत OR से OR_1 बढ़ने पर S_1m पर सरक जाता है। इससे अवमूल्यन के बाद आयात का कुल मूल्य (OR_1E_1M), अवमूल्यन से पहले के कुल मूल्य (OREM) से अधिक हो जाता है : $OR_1E_1M > OREM$। इस प्रकार अवमूल्यन के बाद आयात के कुल मूल्य में वृद्धि होने से, आयात की मांग पूर्ण बेलोच होने के साथ अवमूल्यन करने वाले देश का भुगतान शेष अधिक असंतुलित हो जाता है।

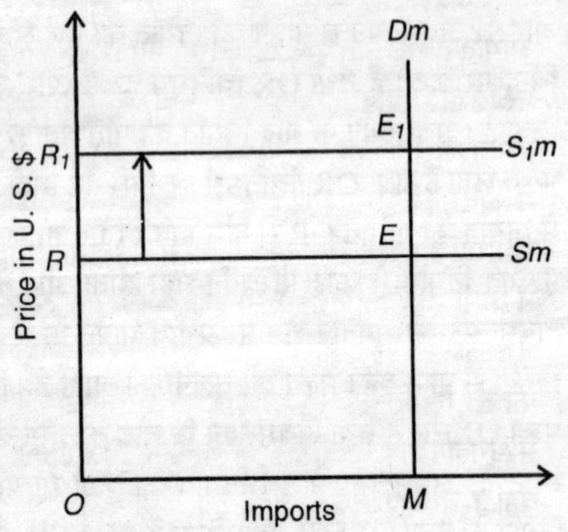

चित्र 5

2. आयात के लिए कम लोचदार मांग (Less Elastic Demand for Imports)—यदि आयात की मांग की लोच एक (units) से कम है, तो अवमूल्यन के बाद भुगतान शेष असंतुलन और बढ़ जाता है। यह चित्र 6 में दर्शाया गया है जहां अवमूल्यन के बाद आयात का कुल मूल्य (ORE_1M_1) अवमूल्यन से पहले के कुल मूल्य (OREM) से अधिक है : $ORE_1M_1 > OREM$।

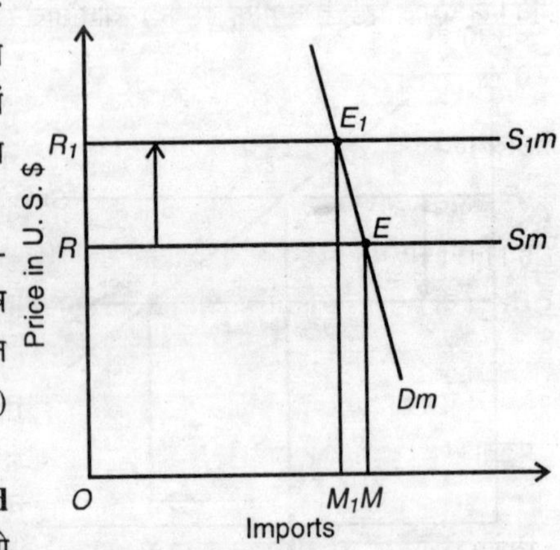

चित्र 6

3. आयात के लिए लोचदार मांग (Elastic Demand for Imports)—यदि आयात की मांग की लोच **एक से अधिक** है, तो अवमूल्यन का भुगतान शेष पर अनुकूल प्रभाव होगा। इसे चित्र 7 में दर्शाया गया है, जहां आयात का अवमूल्यन के बाद का कुल मूल्य ($OR_1E_1M_1$), अवमूल्यन से पहले के कुल मूल्य (OREM) से कम है : $OR_1E_1M_1 < OREM$।

आयात के लिए मांग की इकाई लोच (Unity Elasticity of Demand for Imports)—यदि आयात के लिए **मांग की लोच एक** के बराबर है, तो अवमूल्यन से पहले तथा अवमूल्यन के बाद आयात का कुल मूल्य समान ही रहता है तथा भुगतान शेष असंतुलन पर अवमूल्यन का कोई प्रभाव नहीं पड़ता। इसे चित्र 8 में दर्शाया गया है जहां आयात का अवमूल्यन से पहले का कुल मूल्य $OMER = OM_1E_1R_1$ जो अवमूल्यन के बाद आयात का कुल मूल्य है।

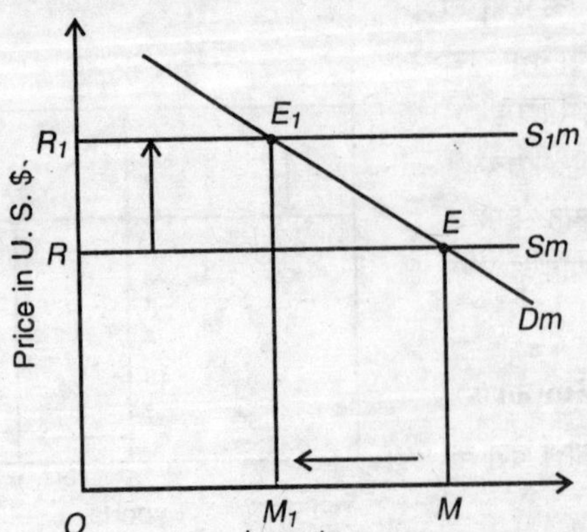

चित्र 7

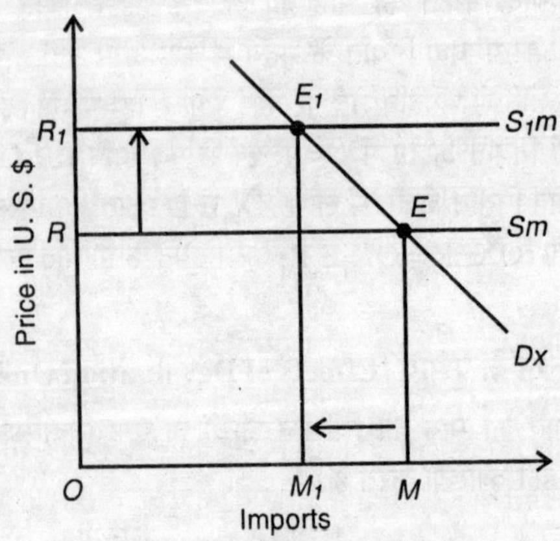

चित्र 8

जे-वक्र प्रभाव (The J-Curve Effect)—अवमूल्यन के प्रभावों, जिनकी ऊपर आयात तथा निर्यात की मांग तथा पूर्ति की लोचों के रूप में विवेचना की गई है, में इस बात पर विचार नहीं किया गया है कि अवमूल्यन किसी समय अवधि के दौरान भुगतान शेष पर प्रभाव डालता है। फिर भी अर्थशास्त्री इस बात के लिए एक मत हैं कि पहले **अल्प अवधि** में अवमूल्यन भुगतान शेष घाटे को और अधिक खराब करता है तथा दीर्घकाल में इसे सुधारता है। ऐसा इसलिए कि प्रारंभ में निर्यात तथा आयात की मांग तथा पूर्ति की लोचताओं में कमी हो सकती है। ऐसा इस कारण कि अवमूल्यन के शीघ्र बाद कुछ अधिक निर्यात बेचे जा सकें तथा आयात के लिए अधिक भुगतान करना पड़ेगा। निर्यात तथा आयत दोनों को नई स्थिति के अनुरूप होने में समय लगेगा। इस प्रकार जब अवमूल्यन के साथ प्रारंभ में भुगतान शेष में अधिक असंतुलन पैदा होता है और फिर इसे सुधारना प्रारंभ करता है तो वहां **J-वक्र प्रभाव** आता है यह चित्र 9 में दिखाया गया है जहां समय को क्षैतिज अक्ष पर तथा घाटा अथवा आतिरेक (Surplus) धक्य को अनुलम्ब अक्ष पर दर्शाया गया है। T समय पर अवमूल्यन किया जाता है। प्रारंभ में वक्र J का घुमाव बड़ा है जो भुगतान शेष में अधिक घाटा दर्शाता है। यह समय T_1 के उपरांत ही ऊपर की ओर ढालू होना शुरू करता है तथा भुगतान शेष घाटा कम होना प्रारंभ होता है। समय T_2 पर भुगतान शेष संतुलन में था, उसके बाद आतिरेक पैदा होता है। इस प्रकार ऐसे बना वक्र J आकृति का है।

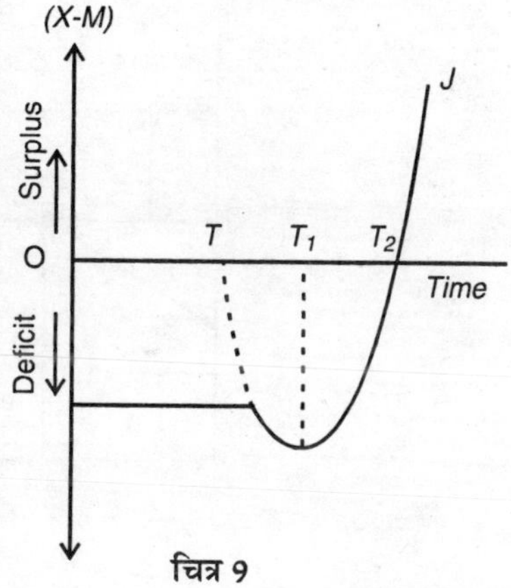

चित्र 9

अवमूल्यन का व्यापार शर्त प्रभाव (Terms of Trade Effect of Devaluation)

अवमूल्यन देश की व्यापार शर्तों को सुधारता है या बिगाड़ता है, यह आयात तथा निर्यात की मांग एवं पूर्ति लोचों पर निर्भर करता है। निम्न संबंध अवमूल्यन के व्यापार शर्तों पर प्रभाव की व्याख्या करते हैं :

(क) यदि निर्यात तथा आयात की मांग लोचें, पूर्ति लोचों से **अधिक** हैं तो अवमूल्यन से व्यापार की शर्तों में **सुधार** आता है।

(ख) यदि निर्यात तथा आयात की मांग लोचें पूर्ति लोचों से **कम** हैं तो अवमूल्यन से व्यापार की शर्तों में **खराबी** आती है।

(ग) यदि निर्यात तथा आयत की मांग लोचें पूर्ति लोचों के **बराबर** होती हैं तो अवमूल्यन का व्यापार शर्तों पर **कोई प्रभाव** नहीं पड़ता।

इस प्रकार मांग एवं पूर्ति लोचों की तुलना द्वारा व्यापार शर्तों पर अवमूल्यन के प्रभाव को समझा जा सकता है। इसलिए हम दो विशेष स्थितियों का अध्ययन करते हैं।

1. क्रेता की करेंसी में निश्चित कीमतें (Prices Fixed in Buyers' Currency)—यदि आयात और निर्यात कीमतें क्रेता (अमेरिका) की करेंसी (डालर) में निश्चित हैं तो अवमूल्यन करने वाले देश (भारत) की व्यापार शर्तों में सुधार होता है जब एक देश अपनी करेंसी का अवमूल्यन करता है तो उसके निर्यात के विदेशी खरीदार एक स्थिर करेंसी कीमत तथा बेची गई निश्चित मात्रा पाता है। परंतु विदेशी करेंसी कीमतों में कमी आने के कारण वह आयात की वस्तुओं पर विदेशी मुद्रा बचाता है। ऐसा अल्पकाल में होता है। परंतु दीर्घकाल में भी यदि कीमतें क्रेताओं की करेंसी में निश्चित की जाती हैं और मांग लोचें अनंत (Infinite) होती हैं, तो निर्यात बढ़ते हैं और आयात कम होते हैं तथा व्यापार की शर्तों में सुधार होता है। जब कीमतें क्रेता की करेंसी (डालर) में निश्चित होती हैं तो अवमूल्यन करने वाले देश (भारत) के निर्यात की विदेशी करेंसी कीमतों पर अवमूल्यन का प्रभाव नहीं पड़ सकता तथा इसके निर्यात बढ़ते हैं। दूसरी ओर, अवमूल्यन की प्रतिशतता के बराबर आयात की विदेशी करेंसी कीमतों में कमी आएगी जो आयात में कमी लाएगी। इस प्रकार निर्यात के बढ़ने और उनकी कीमतें स्थिर होने तथा आयात की कीमतों और मात्रा में कमी होने से व्यापार की शर्तों में सुधार होगा।

यह चित्र 10(A) और (B) में दर्शाया गया है। चित्र के भाग A में Dm आयात का अनंत मांग वक्र है तथा S_m आयात का पूर्ति वक्र है। दोनों एक दूसरे को बिन्दु E पर काटते हैं तथा अवमूल्यन से पहले आयात की मात्रा OM निर्धारित करते हैं। भाग (B) में अवमूल्यन से पहले निर्यात की निर्धारित मात्रा OX दर्शाई गई है। जब निर्यात का मांग वक्र Dx निर्यात के पूर्ति वक्र Sx को बिन्दु E पर काटता है। जब अवमूल्यन होता है तथा कीमतें खरीदने वाले की मुद्रा में निश्चित की गई हैं तो आयात की मांग में कमी आती है जिसे भाग (A) में Dm वक्र को नीचे की ओर

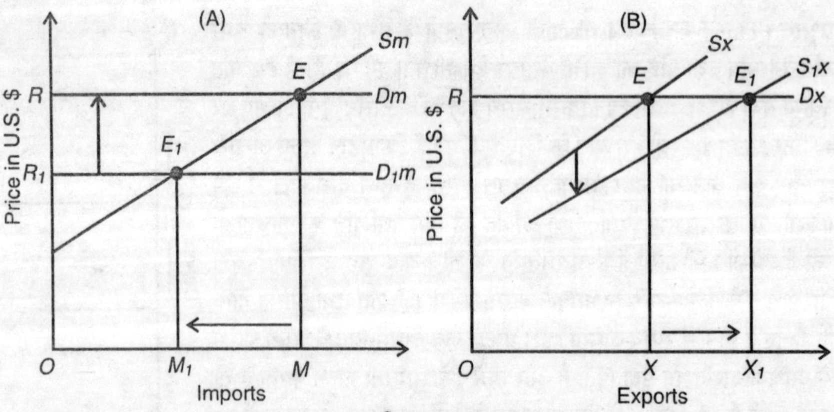

चित्र 10

Dm_1 पर सरकाकर दिखाया गया है। परिणामतः नया संतुलन बिन्दु E_1 पर हुआ है तथा आयात OM से कम होकर OM_1 हो गए हैं। दूसरी ओर अवमूल्यन के कारण निर्यातों की पूर्ति बढ़ती है जो भाग B में निर्यात के पूर्ति वक्र Sx को Sx_1 पर सरका देता है। नया संतुलन बिन्दु E_1 निर्यात में OX से OX_1 की वृद्धि दर्शाता है। इसलिए क्योंकि कीमतें खरीदने वाले की मुद्रा $ में निश्चित की गई हैं इसलिए आयात में MM_1 के बराबर कमी तथा निर्यात में XX_1 की वृद्धि से व्यापार की शर्तों में सुधार आया है जैसा चित्र के भाग (A) और (B) से स्पष्ट होता है।

2. विक्रेता की करेंसी में निश्चित कीमतें (Prices Fiexd in Seller's Currency)—यदि कीमतें बेचने वाले की करेंसी में निश्चित हों तो अवमूल्यन के बाद अवमूल्यन करने वाला देश (भारत) अपने निर्यात की वही कीमत (रुपए) मे कायम रखता है। वह विदेशी मुद्रा (डालर) के संबंध में अपने निर्यात के लिए कम कीमतें स्वीकार करता है तथा आयात के लिए अधिक भुगतान करता है। इस प्रकार व्यापार की शर्तें खराब हो जाती हैं। ऐसा संभव है यदि पूर्ति तथा निर्यात **पूर्ण लोचदार** हैं तथा आयात और निर्यात की मांगें **कम लोचदार** हैं। चित्र 11(A) को लें जहां Sm आयात का **पूर्ण लोचदार पूर्ति वक्र** है और Dm आयात का **कम लोचदार मांग वक्र** है। अवमूल्यन से पहले देश OM मात्रा का आयात करता है। क्योंकि बेचने वाले देश की मुद्रा में निश्चित, विदेशी मुद्रा ($) की कीमत पर अवमूल्यन के बाद भी कोई प्रभाव नहीं है जो OR ही रहती है। लेकिन अवमूल्यन करने वाले देश (भारत में) आयात की मांग में कमी आती है। इसे Dm वक्र के नीचे Dm_1 की ओर सरकने के द्वारा दर्शाया गया है। परिणामस्वरूप आयात OM से कम होकर OM_1 हो जाते हैं। अब आप निर्यात को भाग (B) में लें जहां अवमूल्यन के कारण निर्यात में वृद्धि को निर्यात के पूर्ति वक्र को Sx से Sx_1 पर स्थानांतरण द्वारा दिखाया गया है। यह E_1 पर Dx के साथ नया संतुलन बनाता है तथा निर्यात OX से बढ़कर OX_1 हो जाते हैं। लेकिन भाग B में निर्यात के XX_1 मात्रा में बढ़ने से निर्यात आय इतनी

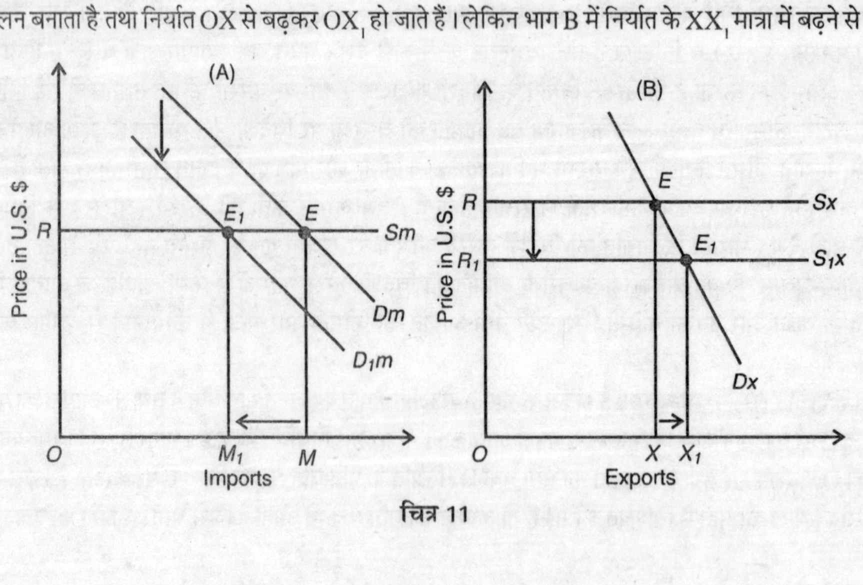

चित्र 11

अधिक नहीं हो पाएगी कि व्यापार की शर्तों में आयात में MM_1 मात्रा की कमी के बराबर सुधार ला पाए। अवमूल्यन से विदेशी मुद्रा की कमाई अवमूल्यन से पहले की स्थिति की तुलना में कम या वही रह सकती है। ऐसी स्थिति में व्यापार की शर्तें और खराब होती हैं। लेकिन यदि निर्यात की मांग **लोचदार** है अथवा मांग वक्र चपटा है, जैसा चित्र 3 में दर्शाया गया है, तो व्यापार की शर्तों में सुधार होगा।

अवमूल्यन का आय प्रभाव (Income Effect of Devaluation)

अवमूल्यन का राष्ट्रीय आय पर जो प्रभाव पड़ता है उसको सही ढंग से मापना कठिन है, क्योंकि यह विश्लेषण अनेक तर्कों पर निर्भर करता है। प्रत्यक्ष तौर से, जब अवमूल्यन किया जाता है तो, अवमूल्यन करने वाले देश के निर्यात की वास्तविक मात्रा में वृद्धि होती है तथा आयात की वास्तविक मात्रा में कमी होती है। इसके परिणामस्वरूप, देश के निर्यात तथा आयात प्रतियोगी उद्योगों के प्रसार से देश की आय बढ़ती है। इस प्रकार उत्पन्न की गई अतिरिक्त आय गुणक प्रभाव द्वारा आय को और बढ़ाएगी। इससे घरेलू उपभोग और बचत में वृद्धि होगी। एक अर्थव्यवस्था में राष्ट्रीय आय की समानिका (identity) है।

$$Y = C + I$$

$$Y = C + I_d + I_f \qquad (\because I = I_d + I_f)$$

जहां $C =$ उपभोग, $I_f =$ विदेशी निवेश और $I_d =$ घरेलू निवेश।

$$Y = C + I_d + (X - M) \qquad (\because I_f = X - M) \qquad (1)$$

या

जहां $X =$ निर्यात और $M =$ आयात।

परंतु $Y = C + S$

इसलिए समीकरण (1) और (2) से

$$C + I_d + (X - M) = C + S$$

या $$I_d + (X - M) = S$$

या $$X - M = S - I_d$$

जहां $(X - M)$ चालू खाता पर भुगतान शेष और $(S - I_d)$ बचत की सीमांत प्रवृत्ति है।

अवमूल्यन के आय प्रभाव को चित्र 12 द्वारा दर्शाया गया है। हम यह जानते हैं कि एक खुली अर्थव्यवस्था में संतुलन की स्थिति होती है—$(X - M) = (S - I_d)$.

मान लीजिए कि अवमूल्यन से पहले अर्थव्यवस्था E बिन्दु पर संतुलन में है जहां $(X - M)$ तथा $(S - Id)$ वक्र एक दूसरे को काटते हैं तथा देश में OB व्यापार संतुलन का घाटा है। इस घाटे को ठीक करने के लिए देश अपनी करेंसी का अवमूल्यन करता है जिससे निर्यात बढ़ते हैं आयात कम होते हैं। इसका प्रभाव होता है कि $(X - M)$ वक्र सरक कर ऊपर $(X - M)_1$ की स्थिति में चला जाता है जो $(S - I_d)$ वक्र को Y_1 बिन्दु पर काटता है। इससे यह स्पष्ट होता है कि अवमूल्यन के परिणामस्वरूप जब निर्यात बढ़ते हैं और आयात कम होते हैं तो व्यापार की शर्तों में सुधार होता है तथा व्यापार संतुलन भी सुधर कर E से Y_1 हो जाता है तथा राष्ट्रीय आय OY से बढ़कर OY_1 हो जाती है।

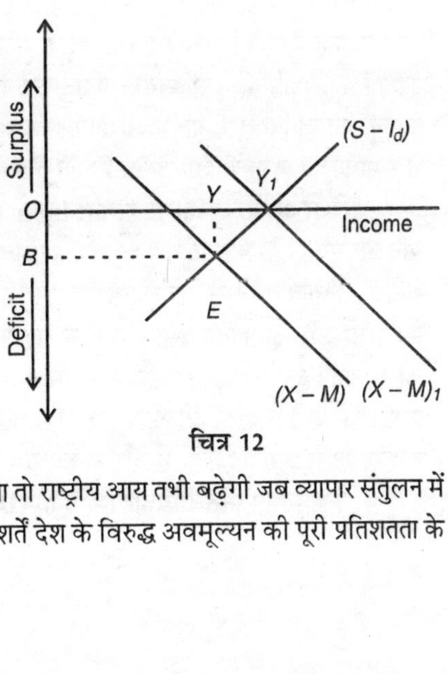

चित्र 12

परंतु राष्ट्रीय आय पर अवमूल्यन के प्रभाव इतने सरल और स्पष्ट नहीं हैं। वास्तव में, अवमूल्यन के कारण राष्ट्रीय आय में वृद्धि का संबंध व्यापार की शर्तों और व्यापार शेष से है।

जिन स्थितियों में अवमूल्यन से व्यापार की शर्तें खराब होती हैं उनसे राष्ट्रीय आय पर बुरा प्रभाव पड़ेगा तथा जिन स्थितियों में व्यापार की शर्तों में सुधार होता है राष्ट्रीय आय भी बढ़ेगी। यदि व्यापार की शर्तों में अवमूल्यन के बाद भी कोई परिवर्तन नहीं होता तो राष्ट्रीय आय तभी बढ़ेगी जब व्यापार संतुलन में सुधार होता है। यदि विक्रेता की करेंसी में कीमतें निश्चित की जाती हैं तो व्यापार की शर्तें देश के विरुद्ध अवमूल्यन की पूरी प्रतिशतता के

बराबर होती हैं, जिससे राष्ट्रीय आय में कम वृद्धि होती है। इस स्थिति में यह मान्यता है कि पूर्ति लोचें अनंत हैं तथा मांच लोचें बहुत कम हैं (देखें ऊपर भाग में चित्र 11)। जब व्यापार की शर्तें खराब होती हैं तो व्यपार शेष भी बिगड़ता है और राष्ट्रीय आय कम होती है।

व्यापार की शर्तें खराब होने से राष्ट्रीय आय में कमी सामाजिक कल्याण पर प्रभाव से भी समझी जा सकती है। यदि अवमूल्यन के बाद आयात को खरीदने के लिए निर्यात की अधिक इकाइयों की लागत आती है और निर्यात्य वस्तुओं के बनाने में अधिक यत्न और संसाधन लगते हैं तो अवमूल्यन लोगों में पहले से गरीब होने की भावना उत्पन्न करता है। बावजूद उनकी आय में अधिक निर्यात और आयात प्रतियोगी वस्तुओं में वृद्धि होने पर। जब लोग अपने को पहले से गरीब अनुभव करते हैं तो वे घरेलू वस्तुओं पर किए जा रहे व्यय को घटा देते हैं। इस प्रकार, व्यापार शर्तों के खराब होने के प्रभाव का अर्थव्यवस्था पर संकुचन प्रभाव पड़ता है जिससे राष्ट्रीय आय और भी कम होती है।

दूसरी ओर, व्यापार की शर्तों में सुधार होने से राष्ट्रीय आय में वृद्धि होती है। मानलीजिए कि अवमूल्यन के पश्चात कीमतें क्रेता की करेंसी में निश्चित की जाती हैं। ऐसी स्थिति में व्यापार की शर्तें अवमूल्यन की पूरी प्रतिशतता में सुधरती हैं क्योंकि निर्यात बढ़ते हैं और आयात कम होते हैं। इससे व्यापार शेष सुधरता है तथा राष्ट्रीय आय में वृद्धि होती है। ऐसा तब होता है जब आयात और निर्यात की मांग लोचें पूर्ण लोचदार हों (देखें चित्र 10)।

अत: राष्ट्रीय आय पर अवमूल्यन का प्रभाव इस बात पर निर्भर करता है कि क्या अवमूल्यन व्यापार शर्तों और व्यापार शेष को बिगाड़ता या सुधारता है। यदि अवमूल्यन से व्यापार शतें बिगड़ती हैं तो राष्ट्रीय आय कम होगी। अवमूल्यन के बाद राष्ट्रीय आय में वृद्धि के लिए पर्याप्त शर्त यह है कि व्यापार की शर्तें सुधरें या पहले जैसी ही रहें।

3. अवमूल्यन की सफलता के लिए शर्तें (CONDITIONS FOR THE SUCCESS OF DEVALUATION)

अवमूल्यन भुगतान असंतुलन को दूर करने का एक महत्वपूर्ण उपाय है, लेकिन इसकी सफलता कुछ आवश्यक शर्तों पर निर्भर करती है, जिनका विवेचन नीचे किया जा रहा है।

1. निर्यात और आयात की इकाई से अधिक लोच (More than Unity Elasticity of Demand of Exports and Imports)—जैसा कि ऊपर के विश्लेषण में अध्ययन किया गया, अवमूल्यन का भुगतान असंतुलन पर अनुकूल प्रभाव तभी पड़ता है जब निर्यात एवं आयात की मांग की लोच इकाई से अधिक हो। यदि निर्यात तथा आयात की माग की लोच इकाई से कम हो तो अवमूल्यन का भुगतान शेष पर प्रतिकूल प्रभाव पड़ेगा।

2. निर्यातों की पर्याप्त पूर्ति (Sufficient Supply of Exports)—अवमूल्यन की सफलता के लिए दूसरी शर्त यह है कि जब अवमूल्यन से देश के निर्यात की मांग में वृद्धि हो तो उनकी पूर्ति भी पर्याप्त होनी चाहिए अन्यथा अवमूल्यन का अनुकूल प्रभाव विफल होगा। इसके लिए देश को निर्यात बढ़ाने के सभी प्रकार के उपाय अपनाने चाहिएं जैसे निर्यात शुल्क को कम या समाप्त करना, निर्यात उद्योगों को सहायिकी (सब्सिडी) प्रदान करना, आदि। निर्यात तभी प्रोत्साहित होंगे यदि वस्तुएं सस्ती, बढ़िया और टिकाऊ हों। श्रम कानून, कीमत नियंत्रण, दुर्लभ औद्योगिक कच्चे माल का वितरण, राजकोषीय प्रोत्साहन प्रदान करना तथा कर सहायिकियां इस प्रकार से समायोजित करने चाहिएं कि ये निर्यात क्षेत्र के सहायक हों और उसे प्रोत्साहित करें।

3. स्थिर आंतरिक कीमत स्तर (Stable Internal Price Level)—अवमूल्यन का भुगतान शेष पर अनुकूल प्रभाव तभी पड़ेगा यदि अवमूल्यन के पश्चात देश के अंदर कीमत स्तर स्थिर रहता है। जब अवमूल्यन होता है, तो निर्यात बढ़ते हैं और आयात महंगे हो जाते हैं। निर्यात बढ़ने से देश में उपभोग वस्तुओं की कमी हो जाती है जिस कारण उनकी देश के अंदर कीमतें बढ़ने की प्रवृत्ति होती है। दूसरी ओर, आयातित वस्तुएं पहले से महंगी होने से उनके आयात पर रोग लगाई जाती हैं और केवल अत्यधिक आवश्यक वस्तुओं का आयात किया जाता है। इसका परिणाम उपभोग वस्तुओं, कच्चे माल आदि की देश में कमी होती है जिससे उनकी कीमतें बढ़ने की प्रवृत्ति हो जाती है। यदि ऐसी वस्तुएं निर्यात्य वस्तुओं के उत्पादन के लिए प्रयोग की जाती हैं, तो निर्यात पर बुरा प्रभाव पड़ेगा और अवमूल्यन के भुगतान शेष पर अनुकूल प्रभाव समाप्त हो जाएंगे।

4. अवमूल्यन प्रतियोगितात्मक न हो (Devaluation Non-competitive)—अवमूल्यन की नीति तभी सफल हो सकती है

यदि अन्य देश एक साथ ही अवमूल्यन न करें। एक देश जब अवमूल्यन करता है तो उसके प्रभाव दूसरे देशों पर भी पड़ते हैं क्योंकि एक देश के आयात किसी अन्य देश के निर्यात होते हैं। जो देश अवमूल्यन करता है उसके निर्यातं में वृद्धि तथा आयात में कमी होती है जिसका अन्य देशों के निर्यात पर बुरा प्रभाव पड़ता है। इसलिए यदि अन्य देश भी अपनी करेंसियों का अवमूल्यन करते हैं तो अवमूल्यन का प्रभाव निष्क्रिय होता है।

5. लोगों में त्याग की भावना (Spirit of Sacrifice by the People)—अवमूल्यन की सफलता के लिए यह आवश्यक है कि देश के लोगों में त्याग की भावना हो। श्रमिकों को उत्पादकता बढ़ाने के लिए हड़तालों और झगड़ों से परहेज करना जरूरी है। आयात को कम किया जाए तथा निर्यात को बढ़ाने के लिए संसाधनों को घरेलू क्षेत्र से हटाकर निर्यात क्षेत्र में लगाया जाए। लोगों को अच्छे रहन-सहन स्तर, निर्यात योग्य वस्तुओं तथा अनावश्यक विदेश यात्रा, आदि पर अपने व्यय को सीमित करना चाहिए।

6. प्रति-अवमूल्यन उपाय (Counter Devaluation Measures)—जब एक देश अपनी करेंसी का अवमूल्यन करता है और अन्य देश इसके प्रभाव को दूर करने के लिए उपाय अपनाते हैं तो अवमूल्यन एक देश के भुगतान शेष घाटे को कम करने में सहायक नहीं होगा। यदि अन्य देश अवमूल्यन करने वाले देश के आयात पर टैरिफ शुल्क लगाते हैं तो उसके आयात महंगे हो जाएंगे तथा अवमूल्यन के लाभकारी प्रभाव समाप्त हो जाएंगे। फिर, यदि अवमूल्यन न करने वाले देश अपने उद्योगों को निर्यात सब्सिडियां देते हैं तो अवमूल्यन करने वाले देश को उनके निर्यात सस्ते हो जाएंगे और पहले देश अपने आयात को कम नहीं कर पाएंगे। परिणामस्वरूप, अवमूल्यन का उद्देश्य ही विफल हो जाएगा।

प्रश्न

1. अवमूल्यन से आप क्या समझते हैं? इसकी सफलताओं की शर्तें बताइए।
2. अवमूल्यन के संभावित कीमत प्रभावों का विश्लेषण करिए।
3. अवमूल्यन के संभावित आय प्रभावों की व्याख्या करिए।
4. अवमूल्यन के व्यापार की शर्तें प्रभाव की विवेचना कीजिए।
5. भुगतान-शेष की समस्या को सुलझाने के लिए अवमूल्यन की नीति की व्याख्या करिए।

अध्याय 36

इष्टतम मुद्रा क्षेत्र
(Optimum Currency Area)

1. प्रस्तावना
(INTRODUCTION)

इष्टतम मुद्रा क्षेत्र का विचार **राबर्ट मण्डल** के साधन गतिशीलता सिद्धान्त के साथ ही उत्पन्न हुआ। जिसका अनुकरण **मैककिनन, केनन, मैगनीफिको, वुड** आदि ने किया, जिन्होंने अपने सिद्धान्त विकसित किए।

इष्टतम मुद्रा क्षेत्र का तात्पर्य ऐसे देशों के समूह से है जिन्होंने अपनी मुद्राओं को एक स्थिर विनिमय दर प्रणाली द्वारा स्थायी रूप से जोड़ दिया हो। परन्तु इन देशों की मुद्राओं की दर गैर-सदस्यीय देशों के साथ लचीली विनिमय दर प्रणाली से जुड़ी होती है। एक सांझा मुद्रा क्षेत्र एक सांझी मुद्रा द्वारा जुड़ा हुआ होता है जैसे यूरोपीय देशों का समूह (EC) 'यूरो' से जुड़ा है।

2. इष्टतम मुद्रा क्षेत्र के सिद्धान्त
(THEORIES OF OPTIMUM CURRENCY AREA)

इष्टतम मुद्रा क्षेत्र से संबंधित कुछ सिद्धान्त हैं जिनकी चर्चा यहां की गई है।

मण्डल का साधन गतिशीलता सिद्धान्त (Mundell's Factor Mobility Theory)

मण्डल (R.A. Mundell) के अनुसार इष्टतम मुद्रा क्षेत्र वह क्षेत्र है जो पूर्ण रोजगार तथा भुगतान शेष संतुलन के रूप में आंतरिक एवं बाहरी संतुलन में स्वत: तालमेल लाता है। इसमें न तो मौद्रिक, राजकोषीय तथा अन्य नीतियों का सरकारी हस्तक्षेप होता है और न ही लचीली विनिमय दरों की नीति का। आंतरिक एवं बाह्य संतुलन की प्राप्ति क्षेत्र के भीतर साधनों की गतिशीलता द्वारा संभव होती है। भुगतान शेष में प्रारंभिक असंतुलन सदस्य देशों के बीच इकाई साधन लागतों (unit factor costs) में अन्तरों के कारण पैदा होता है। यदि साधन जैसे श्रम तथा पूंजी की—देशों के बीच मुक्त गतिशीलता हो तो आंतरिक (पूर्ण रोजगार) तथा बाह्य (भुगतान संतुलन) दोनों संतुलन स्वत: प्राप्त किए जा सकेंगे। यदि गतिशीलता अधिक है तो श्रम तथा पूंजी ऊंची बेरोजगारी वाले देशों से कम बेरोज़गारी वाले देशों की ओर जाएंगी तथा साधन लागतों में समानता की प्रवृत्ति स्फीति दरों को क्षेत्र के भीतर समान कर देगी। आगे यह विनिमय दर में परिवर्तनों के लिए दबाव को कम कर देती है। यदि यह कीलित (pegged) है। इस प्रकार मौद्रिक, राजकोषीय तथा अन्य नीतियों द्वारा आंतरिक एवं बाह्य संतुलन प्राप्त करने की बहुत कम आवश्यकता पड़ेगी।

मण्डल को मुद्राक्षेत्र के सदस्यों के बीच साधन गतिशीलता की मान्यता के लिए आलोचना का सामना करना पड़ा है। देशों के बीच साधनों की गतिशीलता की संभावना नहीं होती। व्यावहारिक तौर पर साधनों की, यहां तक कि यूरोपीय आर्थिक समुदाय (EEC) के देशों के बीच भी मुक्त गतिशीलता की अनुमति नहीं होती।

मैककिनन का खुली अर्थव्यवस्था सिद्धान्त (McKinnon's Open Economy Theory)

मैककिनन ने एक इष्टतम मुद्रा क्षेत्र में आंतरिक कीमत स्थिरता तथा खुली अर्थव्यवस्था के महत्व पर बल दिया है। 'एक अपेक्षाकृत खुली अर्थव्यवस्था में विनिमय दर के प्रभाव का परिवर्तन व्यय की संरचना की अपेक्षा मुख्यत: कीमत स्तर पर होगा।'' **मैककिनन** के अनुसार किसी इष्टतम मुद्रा क्षेत्र का निर्माण इसके सदस्यों के लिए तब लाभकारी होता है जब उनकी अर्थव्यवस्था खुली हो तथा व्यापार की जा रही वस्तुओं का न-व्यापार की जा रही वस्तुओं के साथ अनुपात अथवा विदेश व्यापार का GNP के साथ अनुपात

ऊंचा है। इसके अतिरिक्त ऐसी अर्थव्यवस्थाएं आंतरिक और बाह्य संतुलन प्राप्त करने के लिए मौद्रिक एवं राजकोषीय नीतियों पर निर्भर हों न कि विनिमय दर परिवर्तनों पर।

परन्तु **मैककिनन** का मुद्रा क्षेत्र, निर्माण के लिए आंतरिक कीमत स्थिरता तथा खुली अर्थव्यवस्था के मापदण्ड में टिक नहीं पाएगा यदि गैर-सदस्य देशों में स्फीति हो। आयात की ऊंची कीमतें मुद्रा क्षेत्र में आंतरिक कीमत स्थिरता बनाए रखने में असफल रहेंगी।

केनन का वस्तु विविधिकरण सिद्धान्त (Kennen's Product Diversification Theory)

केनन का मानना है कि इष्टतम मुद्रा क्षेत्र उन देशों के लिए अधिक व्यावहारिक होगा जहां कम खुली परन्तु अधिक विविधिकृत अर्थव्यवस्थाएं हैं। ऐसे देशों में जहां आयात तथा निर्यात में विविधता व्याप्त है वहां भुगतान संतुलन स्थिति में अधिक स्थिरता रहेगी और विनिमय दरें के परिवर्तन पर दबाव कम रहेगा। यदि कम खुली और विविधिकृत अर्थव्यवस्था में किसी एक वस्तु के निर्यात की मांग घटती है तो किसी अन्य वस्तु की निर्यात मांग में वृद्धि इस घाटे को पूरा कर देगी और इस प्रकार अर्थव्यवस्था को किसी गंभीर भुगतान असंतुलन तथा बेरोजगारी का सामना नहीं करना पड़ेगा।

परन्तु ऐसा नहीं होगा क्योंकि गैर-सदस्यीय देशों के आयात व निर्यात की मांग व पूर्ति की प्रवृत्ति तथा वस्तुओं की कीमतों पर उनके प्रभावों के कारण यह स्थिति नहीं आएगी। इनसे भुगतान संतुलन की समस्याएं खड़ी हो सकती हैं।

मैगनीफिको का स्फीति की प्रवृत्ति सिद्धान्त (Magnifico's Propensity to Inflation Theory)

मैगनीफिको का कहना है कि इष्टतम मुद्रा क्षेत्र केवल तभी व्यावहारिक है जब सदस्यों में समान स्फीति की प्रवृत्तियां हों। यह सिद्धान्त *फिलिप्स* के स्फीति तथा बेरोजगारी के बीच विनिमय (trade-off) वक्र पर आधारित है। इष्टतम मुद्रा क्षेत्र का निर्माण सदस्यों द्वारा स्फीति तथा बेरोज़गारी के बीच समान दरों पर समझौते पर निर्भर करता है। यदि देशों में स्फीति की दरों में अंतर है तो भुगतान संतुलन की समस्या उत्पन्न हो जाएगी जिसे विनिमय दरों के माध्यम से समायोजित करना होगा जिसके लिए मौद्रिक तथा राजकोषीय नीतियों की जरूरत होगी। ये सभी इष्टतम मुद्रा क्षेत्र के निर्माण के विरुद्ध जाते हैं जिसके लिए सदस्य देशों के बीच समान स्फीति की प्रवृत्ति तथा स्थिर विनिमय दरों की आवश्यकता होगी।

परन्तु सांझा क्षेत्र के भी देशों के बीच स्फीति तथा बेरोजगारी की सांझी दरें संभव नहीं होतीं। जैसा **मण्डल** ने संकेत किया, "एक मुद्रा क्षेत्र अपने सदस्यों के बीच स्फीति तथा बेरोज़गारी दोनों की रक्षा नहीं कर सका।"

वुड का लागत-लाभ सिद्धान्त (Wood's Cost-Benefit Theory)

वुड एक इष्टतम मुद्रा क्षेत्र की व्यावहारिकता का आधार उसकी लागत तथा लाभों को मानता है। एक मुद्रा क्षेत्र तभी संभव हो सकता है यदि इसके निर्माण के लाभ उसकी लागतों से अधिक हों। इसके भुगतान संतुलनों में असंतुलन को ठीक करने के लिए विनिमय दरों में परिवर्तन की अयोग्यता ऐसे क्षेत्र के निर्माण की संभावित लागत है। इसके संभावित लाभों में ऐसे संसाधनों की बचत से लाभ शामिल हैं जैसे बैंकिंग तथा विदेशी विनिमय लेन-देन; संघ द्वारा सांझा आरक्षण द्वारा संसाधनों के पुन: आवंटन से लाभ; अनिश्चितता में कमी तथा वयापार के विस्तार से उत्पन्न लाभ तथा संघ के भीतर मौद्रिक प्रणाली की बेहतर कार्रवाई से लाभ शामिल हैं।

वुड कोई ठोस सिद्धान्त नहीं देते बल्कि मुद्रा क्षेत्र के निर्माण से पहले लागतों तथा लाभों के अध्ययन का सुझाव देते हैं।

निष्कर्ष (Conclusion)

उपर्युक्त सिद्धान्तों के आधार पर हम इष्टतम मुद्रा क्षेत्र की स्थापना तथा व्यावहारिकता के लिए निम्नलिखित मापदण्डों की स्थापना कर सकते हैं :

1. सदस्य देशों के बीच संसाधनों की अधिक गतिशीलता होनी चाहिए। यह पहले ही मान कर चलना चाहिए कि इन देशों में बुनियादी सुविधाओं का बड़ा नेटवर्क उपलब्ध है।
2. मुद्रा क्षेत्र की लागतों से इसके लाभ अधिक होने चाहिएं।

3. गैर-सदस्य देशों के साथ व्यापार से अधिक लाभ प्राप्त करने के लिए सदस्य देशों के बीच वस्तु विविधिकरण होना चाहिए।

4. सभी देशों के आपसी आर्थिक संबंधों में खुली अर्थव्यवस्थाएं होनी चाहिएं।

5. आंतरिक एवं बाह्य संतुलन बनाए रखने के लिए सदस्य देशों में मौद्रिक, राजकोषीय तथा अन्य नीतियों से संबंधित नीति होनी चाहिए।

6. *गुडहार्ट* (Goodhart) के अनुसार एक इष्टतम मुद्रा क्षेत्र के निर्माण के लिए आर्थिक विचारों में समानता के साथ-साथ सामाजिक एवं राजनीतिक सौहार्दता भी होनी आवश्यक है।

3. इष्टतम मुद्रा क्षेत्र का सामान्य सिद्धान्त (GENERAL THEORY OF OPTIMUM CURRENCY AREA—OCA)

इष्टतम मुद्रा क्षेत्र (OCA) के विभिन्न सिद्धान्तों पर संक्षिप्त चर्चा के बाद हम सामान्य सिद्धान्त की चर्चा करेंगे जो कि **मण्डल तथा वुड** के सिद्धान्तों पर आधारित है।

OCA के सामान्य सिद्धान्त के अनुसार इष्टतम मुद्रा क्षेत्र एक ऐसा क्षेत्र है जिसमें एक मुद्रा की एक मौद्रिक इकाई का स्थिर दर के साथ चलन (circulation) होता है तथा यह व्यापार एवं साधन गतियों द्वारा एकीकृत होता है। सदस्य देशों की मुद्राएं गैर-सदस्य देशों के साथ लचीली विनिमय-दर प्रणाली पर जोड़ी जा सकती है। OCA की सदस्यता लाभ-लागत के आधार पर हो सकती है। OCA अथवा आर्थिक संघ में शामिल होने वाला देश गैर-सदस्यीय देशों के साथ लचीली विनिमय दर की तुलना में स्थिर विनिमय दर के अन्तर्गत अधिक मौद्रिक कुशलता का लाभ प्राप्त करता है। मौद्रिक कुशलता लाभ स्वत: अधिक होगा यदि श्रम तथा पूंजी जैसे साधन OCA में शामिल इसके सभी सदस्य देशों के बीच मुक्त गति कर सकें।

एक स्थिर विनिमय दर के साथ OCA में शामिल होने वाले एक देश के मौद्रिक कुशलता लाभ तथा आर्थिक संघ को कोटि (degree) के बीच संबंध के स्तर को चित्र 1 में ऊपर की ओर ढालू M_G वक्र से दर्शाया गया है। समानांतर अक्ष मुद्रा क्षेत्र तथा आर्थिक संघ देश के बीच की कोटि को मापता है। अनुलंब अक्ष शमिल होने वाले देश के मौद्रिक कौशल के लाभ को मापता है। वक्र की धनात्मक ढलान यह दर्शाती है कि जैसे-जैसे आर्थिक संघ का क्षेत्र बढ़ता है देश का मौद्रिक कुशलता लाभ बढ़ता है। OCA में विनिमय दर में स्थिरता के कारण मौद्रिक कुशलता लाभ अधिक होता है। OCA के भीतर श्रम तथा पूंजी की मुक्त गतिशीलता के कारण कम घरेलू स्फीति तथा अधिक कीमत स्थिरता की संभावनाएं अधिक होती हैं।

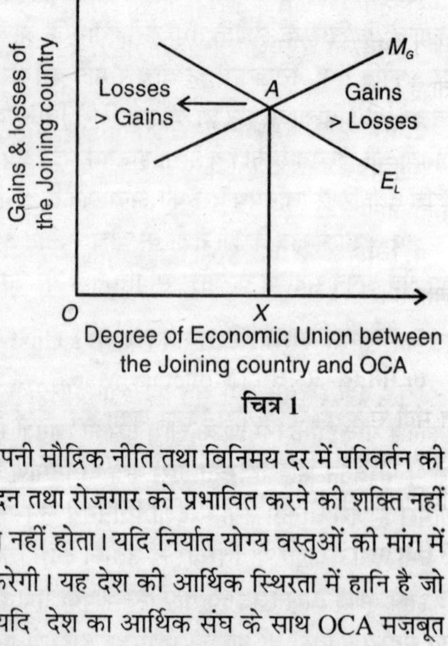

चित्र 1

मुद्रा क्षेत्र में स्फीति दर कम होने पर भी इसकी सदस्यता की लागतें होती हैं। लागतें इसलिए पैदा होती हैं क्योंकि देश उत्पादन तथा रोज़गार की स्थिरता के लिए अपनी मौद्रिक नीति तथा विनिमय दर में परिवर्तन की क्षमता को खो देता है। स्थिर विनिमय दर प्रणाली के अन्तर्गत मौद्रिक नीति में उत्पादन तथा रोज़गार को प्रभावित करने की शक्ति नहीं रहती क्योंकि घरेलू तथा विदेशी वस्तुओं की सापेक्ष कीमतों में परिवर्तन करना संभव नहीं होता। यदि निर्यात योग्य वस्तुओं की मांग में गिरावट आएगी तो यह उत्पादन तथा रोज़गार के संदर्भ में आर्थिक अस्थिरता पैदा करेगी। यह देश की आर्थिक स्थिरता में हानि है जो वस्तु की कीमत तथा मजदूरों के वेतन में कमी के साथ मंदी की ओर ले जाती है। यदि देश का आर्थिक संघ के साथ OCA मज़बूत है तो मंदी का दौर छोटा होगा तथा अर्थव्यवस्थाओं में समायोजन की कीमत कम चुकानी पड़ेगी। यह निम्नलिखित कारणों से हो सकता है : (क) यदि देश मुद्रा क्षेत्र केसाथ गहराई से जुड़ा हो, तो उसकी निर्यात योग्य वस्तुओं की कीमतों में थोड़ी-सी गिरावट से आर्थिक संघ में उसकेमाल की मांग बढ़ जाएगी। इससे देश में उत्पादन तथा रोज़गार बढ़ेंगे। (ख) यदि संघीय क्षेत्र के बीच पूंजी तथा श्रम मुक्त गतिशीलता करते हैं तो बेरोज़गार श्रमिक काम की तलाश में दूसरे सदस्य देशों में जा सकते हैं तथा पूंजी अन्य देशों में लाभदायक योजनाओं में लगाई जा सकती है। अत: OCA में शामिल देशों के बीच मजबूत आर्थिक एकता स्थिर विनिमय दर के कारण आर्थिक स्थिरता की हानि कम कर देती है, जोकि उत्पादन, मांग तथा रोज़गार में गिरावट के कारण होती है।

चित्र 1 में E_L नीचे की ओर ढालू वक्र OCA में शामिल देश की आर्थिक स्थिरता की हानि को दर्शाता है। समानांतर अक्ष से OCA तथा देश के बीच आर्थिक एकता की कोटि को मापता है जबकि अनुलंब अक्ष देश की आर्थिक स्थिरता की हानि को मापता है। E_L वक्र की नीचे की ओर ढलान OCA में शामिल देश की आर्थिक स्थिरता की हानि को दर्शाती है। जब इसका क्षेत्र के साथ आर्थिक संघ मजबूत होता है।

यदि दोनों वक्रों E_L और M_G को मिलाया जाए, जैसा चित्र में दिखाया गया है, तो इससे आर्थिक संघ में शामिल होने पर किसी देश के लाभ और हानि की सीमा का पता चलता है। इसे M_G तथा E_L वक्रों के A बिन्दु पर मिलान द्वारा मापा जाता है। यदि आर्थिक संघ की कोटि को X व्यक्त करता है तो देश को संघ में शामिल होना लाभदायक होगा। यदि आर्थिक संघ का स्तर X के बाईं ओर है तो देश संघ में शामिल होने के बाद कीमत उत्पादन तथा रोज़गार अस्थिरता से पीड़ित होगा। दूसरे शब्दों में, आर्थिक स्थिरता हानि मौद्रिक कुशलता लाभ से अधिक होती है। अत: इसके लिए संघ में शामिल होना उचित नहीं है। परन्तु X के दाईं ओर, आर्थिक संघ में शामिल होना लाभकारी होगा क्योंकि वक्र M_G बिन्दु A के बाद वक्र E_L से ऊपर है, अर्थात् मौद्रिक कुशलता लाभ आर्थिक स्थिरता हानि से अधिक होता है। दूसरे शब्दों में, यदि *OCA* व्यापार तथा साधन गतिशीलता द्वारा गहराई से जुड़ा है तो कीमत स्थिरता तथा उत्पादन व रोज़गार के उच्चस्तर को लेकर आर्थिक संघ में शामिल होने का मौद्रिक लाभ इसकी लागत से अधिक होगा।

3. इष्टतम मुद्रा क्षेत्र के गुण एवं दोष (Merits and Demerits of Optimum Currency Area)

गुण (Merits)

इष्टतम मुद्रा क्षेत्र के निम्नलिखित गुण हैं:

1. अकेला बड़ा बाज़ार (Single Large Market)—सांझा मुद्रा क्षेत्र का सम्पूर्ण क्षेत्र एक अकेले बड़े बाजार के रूप में माना जाता है।

2. पैमाने की किफायतें (Economies of Scale)—इष्टतम मुद्रा क्षेत्र पैमाने की किफायतों से लाभ को सुनिश्चित करता है।

3. निश्चितता (Certainty)—एक इष्टतम मुद्रा क्षेत्र अनिश्चितता को समाप्त करता है जो प्राय: लचीली विनिमय दरों के कारण पैदा हो जाती है।

4. विशिष्टीकरण (Specialisation)—इससे वस्तु विशिष्टीकरण होता है, व्यापार से लाभ में वृद्धि तथा निवेश को प्रोत्साहन मिलता है।

5. कीमत स्थिरता (Price Stability)—मुद्रा क्षेत्र के निर्माण से सदस्य देशों के बीच कीमत स्थिरत आती है।

6. मौद्रिक प्रबंधन (Monetary Management)—इससे कुशल मौद्रिक प्रबंधन मिलता है तथा सदस्य देशों के बीच स्फीति तथा मंदी से बचने का प्रयास किया जाता है।

7. लागतों में न्यूनता (Minimising Costs)—एक बार सांझा मुद्रा क्षेत्र में विनिमय दर बैंड निर्धारित हो जाएं तो इससे मुद्राओं के विनिमय, सदस्यों द्वारा विनिमय दरें कीलन (Pegging) करने और प्रतिरक्षा (hedging) की लागतों की बचत होती है।

दोष (Demerits)

इतने गुणों के बावजूद किसी इष्टतम मुद्रा क्षेत्र का निर्माण उसके सदस्य देशों के बीच मतभेद पैदा कर सकता है। आर्थिक रूप से उन्नत सदस्य नीतियों के मामलों में पिछड़े सदस्यों पर हावी हो जाते हैं। पिछड़े देश अपने हितों की रक्षा के लिए स्वतंत्र मौद्रिक एवं राजकोषीय तथा अन्य नीतियां अपनाना चाह सकते हैं। अत: मुद्रा क्षेत्र के असफल होने अथवा टूटने की पूरी संभावना रहती है। यदि संघ द्वारा अपने सदस्यों के आर्थिक हितों का समान रूप से ध्यान न रखा जाए तो।

निष्कर्ष (Conclusion)

यूरोपीय संघ (EU) जिसे यूरोपीय आर्थिक समुदाय (EEC) भी कहा जाता है, इष्टतम मुद्रा क्षेत्र का सफल उदाहरण है। इस दिशा में सबसे पहला कदम 1972 में विनिमय दर उतार-चढ़ाव के बैंड की स्थापना की दिशा में उठाया गया था जिसे 'Snake in the

Tunnel' के नाम से जाना जाता है। यह प्रबंध 1973 में ब्रेटन वुड्स प्रणाली के टूटने के बाद भी जारी रहा। यह एक सामान्य प्रबंध था न कि कोई समन्वित अथवा संघ की राजकोषीय तथा मौद्रिक नीतियों का सहयोगी प्रयास। सदस्य देश हालतों अथवा परिस्थितियों में परिवर्तन के साथ इसमें शामिल और इससे बाहर होते रहे।

1979 में यूरोपीय मौद्रिक प्रणाली (EMS) की स्थापना के साथ संघ के भीतर अधिकारिक लेन-देन के लिए ECU (European Currency Units) प्रयोग में आए। ECU से अच्छा काम चलता रहा क्योंकि सदस्य अपनी विनिमय दर बैंड किसी नये Snake पर निर्धारित करने के लिए मुक्त थे। 1991 के Maastricht Agreement में सभी 11 सदस्यों द्वारा 1993 के अंत तक संशोधन किया गया। EEC की सांझा मुद्रा यूरो (EURO) का जन्म 1 जनवरी, 1999 को हुआ और वह EU बन गया।

प्रश्न

1. इष्टतम मुद्रा क्षेत्र क्या है ? किस आधार पर एक इष्टतम मौद्रिक क्षेत्र का निर्माण किया जा सकता है ? इस बारे में अर्थशस्त्रियों के विचारों की व्याख्या करिए।
2. विभिन्न सिद्धांतों के संदर्भ में इष्टमतम मौद्रिक क्षेत्र की व्याख्या कीजिए। क्या ऐसा क्षेत्र वर्तमान विश्व में पाया जाता है ? यदि हां, तो संक्षेप में व्याख्या करिए।

अध्याय 37

अंतर्राष्ट्रीय पूंजी चलन
(International Capital Movements)

1. अर्थ
(MEANING)

पूंजी चलन (या प्रवाह) से अभिप्राय एक देश से दूसरे देश को पूंजी के बाह्य प्रवाहों (Outflows) और अन्तर प्रवाहों (Inflows) से है। इन्हें अन्तर्राष्ट्रीय पूंजी चलन भी कहते हैं। दूसरे शब्दों में, यह देशों के बीच उधार लेना और उधार देना से संबद्ध है। परन्तु पूंजी चलनों का संबंध देशों के बीच निर्यात और आयात के लिए भुगतानों या वस्तुओं की गतियों से संबंधित है।

2. पूंजी चलनों के प्रकार
(TYPES OF CAPITAL MOVEMENTS)

पूंजी चलन के प्रकार संक्षेप में चित्र 1 द्वारा दर्शाए गए हैं—

- अंतर्राष्ट्रीय पूंजी चलन
  - गैर-सरकारी
    - दीर्घकालीन
      - पोर्टफोलियो
      - प्रत्यक्ष
    - अल्पकालीन
  - सरकारी

इनकी क्रमशः नीचे व्याख्या की जा रही है।

1. सरकारी पूंजी चलन (Official Capital Movements)—सरकारी पूंजी चलन से अभिप्राय सरकारों के बीच उधार देना और उधार लेना है। ये सीधे सरकार के नियंत्रण में होते हैं जिनका संचालन देश का मौद्रिक अधिकारी जैसे केन्द्रीय बैंक करता है। सरकारी पूंजी चलनों में द्विपक्षीय नरम और कठोर कर्जे, बहुपक्षीय कर्जे और अन्तर्राष्ट्रीय एजेंसियों जैसे IMF, विश्व बैंक, IDA आदि द्वारा ऋण भी शामिल होते हैं। इनमें बद्ध और अबद्ध (Tied and Untied) दोनों प्रकार के कर्जे आते हैं।

2. गैर-सरकारी पूंजी चलन (Non-Official Capital Movements)—ये निजी पूंजी चलन हैं जो व्यक्तियों और संस्थाओं द्वारा विदेशों से उधार लेना और उधार देना से संबंधित होते हैं। निजी पूंजी प्रायः उधार लेने वाले देश के केन्द्रीय बैंक या सरकार द्वारा गारंटी की गई होती है। निजी पूंजी-चलन लाभ उद्देश्य से प्रभावित होते हैं।

(1) अल्पकालीन पूंजी चलन (Short-term Capital Movements)—इनका संबंध एक वर्ष से कम अवधि की अल्पकालीन पूंजी परिसंपत्तियों से होता है। अल्पकालीन पूंजीचलन करेंसी, मांग जमाओं, विनिमय पत्रों, कमर्शियल पेपर, खजाना बिलों आदि द्वारा होते हैं। ये देशों के केन्द्रीय बैंक और कमर्शियल बैंकों द्वारा किए जाते हैं।

(2) दीर्घकालीन पूंजी चलन (Long-term Capital Movements)—ये एक वर्ष से अधिक अवधि की पूंजी परिसंपत्तियों के

चलन होते हैं। इनमें बांड, परिवर्तनीय डिबेंचर, स्टॉक, बैंकों द्वारा सावधि कर्जे आदि शामिल होते हैं।

दीर्घकालीन पूंजी चलनों को आगे पोर्टफोलियो और प्रत्यक्ष निवेश से वर्गीकृत किया जाता है :

(क) पोर्टफोलियो निवेश (Portfolio Investment)—इनमें किसी अन्य देश की हस्तांतरणीय प्रतिभूतियां (Transferable Securities), कंपनियों के शेयर, ऋण पत्र, आदि सम्मिलित होते हैं। परन्तु शेयर और ऋण-पत्र खरीदने वालों का कंपनी पर कोई अधिकार नहीं होता, उन्हें केवल लाभांश या ब्याज ही प्राप्त होता है। इनको जब निजी निवेशक और संस्थाएं खरीदते हैं तो पूंजी का दूसरे देश को प्रवाह होता है। जब वे इन्हें उसी देश में बेच देते हैं तो उस देश से पूंजी का बाह्य प्रवाह होता है। ये अप्रत्यक्ष निवेश भी कहलाते हैं।

(ख) प्रत्यक्ष निवेश (Direct Investments)—प्रत्यक्ष निवेश कई रूपों का हो सकता है : पूंजी आयातकारी देश में निवेशक देश की कम्पनी की उपशाखा खोलना; ऐसी व्यापार संस्था की स्थापना, जिसमें निवेशक की कम्पनी का बहुमत हिस्सा हो; पूंजी आयातकारी देश में ऐसी कम्पनी खोलना जिसका पूर्णरूप से वित्त प्रबन्धन निवेशक देश में स्थित मूल कंपनी करे; दूसरे देश में कार्य करने के विशेष उद्देश्य से निवेशक देश में निगम की स्थापना करना या निवेशक देश के नागरिकों द्वारा दूसरे देश में स्थिर परिसम्पत्तियों का निर्माण करना। ऐसी कंपनियां या संस्थाएं अन्तर्राष्ट्रीय निगम या बहुराष्ट्रीय कंपनियां (Multi-National Corporations—MNCs) कहलाती हैं।

अब हम अल्पकालीन और दीर्घकालीन पूंजी चलनों की व्याख्या करते हैं।

3. अल्पकालीन पूंजी चलन
(SHORT-TERM CAPITAL MOVEMENTS)

अल्पकालीन पूंजी चलनों का संबंध एक वर्ष से कम अवधि के उधार-पत्रों से होता है। ये चलन एक देश के निवासियों से अन्य देश के निवासियों के दावों (claims) में परिवर्तन अथवा देश के निवासियों की विदेश के निवासियों को देयताओं (liabilities) में परिवर्तनों द्वारा होते हैं। देश के निवासियों से अभिप्राय सरकार, केन्द्रीय बैंक, व्यापारिक बैंक, अन्य प्रकार के बैंक एवं वित्तीय संस्थाएं, वित्तीय मध्यस्थ, सटोरिए, औद्योगिक और व्यापारिक फर्में आदि से है। अल्पकालीन पूंजी चलनों में केन्द्रीय बैंक के जमा खाते, व्यावसायिक बैंकों के जमा खाते, हुण्डियां, ओवरड्राफ्ट, बैंक नोट आदि शामिल होते हैं। ये अनेक प्रकार से देश की मुद्रा पूर्ति को प्रभावित करते हैं।

अल्पकालीन पूंजी चलनों का प्रभाव (Effects of Short-term Capital Movements)

अल्पकालीन पूंजी चलन मुद्रा आपूर्ति को निम्न प्रकार से प्रभावित करते हैं :

मुद्रा पूर्ति का संबंध भुगतान शेष के चालू खाता से होता है। क्योंकि अल्पकालीन पूंजी चलन इसके द्वारा ही मुद्रा पूर्ति को प्रभावित करते हैं। जब अल्पकालीन पूंजी चलनों के कारण केन्द्रीय बैंक के दायित्वों तथा परिसम्पतियों में परिवर्तन होते हैं, तो देश की मुद्रा पूर्ति में भी परिवर्तन होते हैं। अल्पकालीन पूंजी के कारण मुद्रा पूर्ति में जो परिवर्तन होते हैं उन्हें तीन भागों में बांटा जा सकता है : प्राथमिक, द्वितीयक तथा तृतीयक।

1. मुद्रा पूर्ति में प्राथमिक परिवर्तन (Primary Changes in Money Supply)—मुद्रा पूर्ति में प्राथमिक प्रसार या संकुचन भुगतान-शेष के चालू खाते में आधिक्य या घाटे द्वारा प्रत्यक्ष होता है। जब देश के आयातों से निर्यात अधिक होते हैं तो निर्यातकों के पास मुद्रा की मात्रा में बढ़ोतरी होती है। इसके विपरीत जब निर्यातों से आयात अधिक होते हैं, तो आयातकों के पास मुद्रा की कमी हो जाती है क्योंकि उन्हें निर्यातकों को, प्राप्त आय से, अधिक भुगतान करने पड़ते हैं जिससे निवल (Net) मुद्रा आपूर्ति में कमी हो जाती है।

2. मुद्रा आपूर्ति में द्वितीयक परिवर्तन (Secondary Changes in Money Supply)—अल्पकालीन पूंजी चलनों के कारण मुद्रा पूर्ति में द्वितीयक परिवर्तन बैंकों के रिजर्व पर प्रभाव द्वारा होते हैं। जब देश के आयातों से निर्यात अधिक होते हैं तो इनका भुगतान विदेशी मौद्रिक संस्थाओं द्वारा देश के केन्द्रीय बैंक में किया जाता है। जिससे देशी बैंकों की जमाओं में वृद्धि होती है। इसके आधार पर ये बैंक अधिक उधार दे सकते है जिससे साख अथवा मुद्रा पूर्ति में द्वितीयक प्रसार होता है। इसके विपरीत, निर्यातों से आयात अधिक होने पर विदेशी बैंकों को अधिक भुगतान करने से देशी बैंकों के रिजर्व में कमी हो जाएगी जिससे इन बैंकों की उधार देने की क्षमता कम हो जाएगी।

3. मुद्रा पूर्ति में तृतीयक परिवर्तन (Tertiary Changes in Money Supply)—जब केन्द्रीय बैंक के रिजर्वों में वृद्धि होती है और यदि वह बैंकों के विनिमय पत्रों का बट्टा करे अथवा खुले बाजार प्रचालनों द्वारा प्रतिभूतियों को खरीदे तो उससे जो मुद्रा प्रसार होता है वह अल्पकालीन पूंजी चलनों का तृतीयक प्रभाव कहलाता है। इसके विपरीत जब केन्द्रीय बैंक की विदेशी देयताएं बढ़ने से **रिजर्वों में कमी** होती है और वह खुले बाजार में प्रतिभूतियों को बेचता है, तो मुद्रा पूर्ति में जो कमी होती है वह भी अल्पकालीन पूंजी चलनों का तृतीयक प्रभाव होता है।

लोचशील विनिमय दरों के अन्तर्गत अल्पकालीन पूंजी चलनों में पर्याप्त जोखिम होता है। यदि विनिमय जोखिम (Exchange risks) नहीं उठाए जाते तो अल्पकालीन पूंजी चलन सम्भव नहीं हो सकते। अस्थिरताकारी सट्टा (Destabilising Speculation) के अन्तर्गत आयातों के निर्यातों से अधिक होने पर पूंजी का बाह्य प्रवाह होता है जिससे केन्द्रीय बैंक के रिजर्व में अत्यधिक कमी होती है तथा मुद्रा पूर्ति का संकुचन होता है। इसके विपरीत, अस्थिरताकारी सट्टा होने पर जब आयातों से निर्यात अधिक होते हैं, तो विनिमय दर के बढ़ने तथा ब्याज दर के कम होने से पूंजी का अन्तर्प्रवाह होता है जिससे बैंक रिजर्व में **वृद्धि** होती है तथा **मुद्रा पूर्ति में प्रसार।** इसी प्रकार परिवर्तनीय कागजी मुद्रामान में स्थिरताकारी सट्टे द्वारा अल्पकालीन पूंजी गतियां हो सकती हैं जिनसे विनिमय दर की समायोजन सीमा निश्चित की जा सकती है अथवा अस्थिरताकारी सट्टे से अल्पकालीन पूंजी चलनों द्वारा विनिमय दर के समायोजन की उच्च-सीमा निश्चित की जा सकती है।

4. दीर्घकालीन पूंजी चलन (LONG-TERM CAPITAL MOVEMENTS)

दीर्घकालीन पूंजी चलन एक वर्ष की परिपक्वता से अधिक उधार-पत्रों द्वारा होते हैं। इनमें बांड, परिवर्तनीय डिबेंचर, स्टॉक, बैंकों द्वारा सावधि कर्जे आदि सम्मिलित होते हैं। ये नई प्रतिभूतियां, विशेषकर बांड प्रवाहित करके अथवा बकाया प्रतिभूतियों में व्यापार द्वारा भी होते हैं। दीर्घकालीन पूंजी चलन निजी और सरकारी दोनों प्रकार के बैंकों, अन्तर्राष्ट्रीय वित्तीय संस्थाओं जैसे विश्व बैंक, यूरोपीय निवेश बैंक, एशियाई विकास बैंक, आदि तथा सरकारों द्वारा स्थापित एजेंसियों के माध्यम से होते हैं।

5. पूंजी चलनों के लाभ (BENEFITS OF CAPITAL MOVEMENTS)

पूंजी चलनों के निम्न लाभ विशेष तौर से अल्पविकसित देशों को होते हैं :

1. भुगतान शेष को संतुलित करना (Balancing BOP)—पूंजी चलनों की आवश्यकता एक देश के भुगतान शेष घाटे या अतिरेक को संतुलित करने के लिए पड़ती है। पूंजी के अन्तर्प्रवाह से देश के BOP घाटे में सुधार होता है जबकि उधारदाता देश का BOP प्रतिकूल हो जाता है। परन्तु उधार देने वाला देश जब ब्याज, लाभांश, रायल्टी आदि प्राप्त करना प्रारंभ करता है तो उसे लाभ होता है क्योंकि वह इसे अपने BOP के चालू लेखा को भरने के लिए प्रयोग कर सकता है।

2. व्यापार की शर्तों का सुधार (Improving Terms of Trade)—पूंजी के अन्तर्प्रवाह से उधार लेने वाले देश में उत्पादन बढ़ता है। इसके निर्यातों में वृद्धि होती है और आयातों में कमी। परिणामस्वरूप, इस देश का उधारदाता देश के साथ व्यापार की शर्तों में सुधार होता है।

3. विकास संबंधी आवश्यकताओं को पूरा करना (Meeting Development Related Requirements)—पूंजी चलन उधार लेने वाले और उधार देने वाले देशों के लोगों की वित्तीय, औद्योगिक और विकास संबंधी आवश्यकताओं को पूरा करते हैं।

4. उत्पादन, आय और रोजगार बढ़ाना (Increasing Output, Income and Employment)—पूंजी चलन पूंजी निर्माण की प्रक्रिया में उत्पादन, आय और रोजगार को बढ़ाते हैं। जब उधार लेने वाला देश द्वारा प्रयोग की गई कर्ज की राशि से कोई उद्योग स्थापित किया जाता है अथवा पूंजी परियोजना का निर्माण करता है, तो देश में उत्पादन, आय और रोजगार म् वृद्धि होती है।

5. साधन अनुपातों में परिवर्तन (Changing Factor Proportions)—पूंजी चलन से देश के साधन अनुपातों में परिवर्तन होते हैं। पूंजी के अधिक आयात से पूंजी-श्रम अनुपात (Capital-Labour Ratio) परिवर्तित होता है।

6. कल्याण अधिकतमीकरण (Welfare Maximisation)—देश के संसाधनों का अधिक तथा सही प्रयोग होता है। आजकल

सरकारें, निजी और अन्तर्राष्ट्रीय वित्तीय संस्थाएं जो दीर्घकालीन पूंजी उधार देती हैं वे यह सुनिश्चित करती हैं कि उधार ली गई पूंजी का उपयुक्त कार्यों, परियोजनाओं एवं उद्योगों में प्रयोग हो। इसलिए पूंजी चलन उन दिशाओं में प्रवाहित होते हैं जहां अधिकतम कल्याण हो।

7. ब्याज दरों में समानता लाना (Equalising Interest Rates)—अन्तर्राष्ट्रीय पूंजी चलनों से देशों के बीच ब्याज दरें समान होने की प्रवृत्ति हो जाती है। यदि अन्तर्राष्ट्रीय पूंजी चलनों में कोई रुकावट न हो तो पूंजी का प्रवाह अधिक पूंजी वाले देश से पूंजी की कमी वाले देश को होगा क्योंकि वहां पूंजी पर अधिक ब्याज प्राप्त होगा। अन्ततः पूंजी-निर्यातक देश में ब्याज दर बढ़ जाएगी और पूंजी-आयातक देश में कम हो जाएगी।

8. लाभों का पुनर्निवेश (Reinvestment of Profits)—उधार देने वाले निगम द्वारा प्राप्त लाभों का एक भाग सामान्य तौर से संबंधित उद्योगों के प्रसार, आधुनिकीकरण अथवा विकास में पुनर्विनियोजित किया जाता है।

9. तकनीकी अन्तराल को कम करना (Narrowing Technological Gap)—जब पूंजी एक देश से दूसरे देश को गति करती है तो उधारदाता देश से प्लांट, उपकरण आदि के साथ तकनीकें भी उधार लेने वाले देश में हस्तांतरित होती हैं। इनसे उधार लेने देश की तकनीकें भी उन्नति करती हैं तथा दोनों देशों के बीच तकनीकी अन्तरल भी कम हो जाता है।

10. देशी उद्यम को प्रोत्साहन (Encouragement to Local Enterprise)—पूंजी चलन देशी उद्यम को प्रोत्साहन देता है ताकि यह सहायक उद्योगों को स्वयं अथवा विदेशी उद्यम के सहयोग में अधिक निवेश करे। वास्तव में, यह दो तरह से देशी उद्यम को प्रोत्साहन देता है : प्रत्यक्ष रूप से तो मनुष्यों, मुद्रा तथा माल से देशी उद्यम की सहायता करके तथा इसके वर्करों को प्रशिक्षण एवं अनुभव प्रदान करके; और अप्रत्यक्ष रूप से सहायक अथवा उप-सेवाओं, जैसे परिवहन तथा प्रशिक्षण एजेंटों के लिए मांग उत्पन्न करके।

11. न्यूनतम विकसित देशों में पूंजी प्रवाह को प्रोत्साहन (Encouragement to Captial Flow in Least Developed Countries)—अन्तिम, विकासशील देश में प्रवाहित होने वाली पूंजी उस देश के उद्यमियों को अन्य अल्पविकसित और न्यूनतम विकसित देशों में पूंजी प्रवाह करने को प्रोत्साहित करते हैं। भारत की फर्मों ने नेपाल, युगांडा, इथियोपिया तथा केनिया में निवेश शुरू कर दिया है, जबकि उसमें विकसित देशों से पूंजी चलन हो रहे हैं।

6. पूंजी चलनों की हानियां (DEMERITS OF CAPITAL MOVEMENTS)

पूंजी चलनों के कुछ अवगुण होते हैं जो प्राप्तकर्ता देश को लागतों के रूप में उठाने पड़ते हैं जो उसके लाभों को निष्प्रभावी कर देते हैं:

1. ऊंची लागतें (High Costs)—पूंजी प्राप्तकर्ता देश को निवेश करने वाली विदेशी फर्मों को भूमि, विद्युत और अन्य सार्वजनिक उपयोगिताएं, तथा सस्ते कच्चे माल, अतिरिक्त मूल्यह्रास भत्ता, अवितरित लाभों पर कर छूट, विकास राहत, आदि मूल सुविधाएं प्रदान करनी पड़ती हैं। ऐसी सुविधाएं एवं छूटें एक अल्पविकसित देश के संसाधनों को खपाने की बहुत ऊंची लागतें होती हैं।

2. विदेशी विनिमय संकट (Foreign Exchange Crisis)—विकसित देशों से पूंजी को प्रोत्साहित करने के लिए अल्पविकसित देशों को लाभों, लाभांशों, ब्याज और मूलधन को स्थानान्तरित करने के लिए बहुत सी सुविधाएं प्रदान करनी पड़ती हैं। यदि ये भुगतान निवल (Net) पूंजी बाह्य प्रवाह लाते हैं, तो उनसे तीव्र भुगतान शेष असंतुलन पैदा होते हैं। इस प्रकार, ऋण सेवा भार की अप्रत्यक्ष लागतें तथा भुगतान शेष के समायोजन तीव्र विदेशी विनिमय संकट लाते हैं जो राष्ट्रीय अर्थव्यवस्था पर बुरा प्रभाव डालते हैं।

3. देशीय उद्यम हतोत्साहित होता है (Local Enterprise Discouraged)—जब विदेशों से पूंजी अन्तर्प्रवाह होता है तो घरेलू निवेश के साथ प्रतिस्पर्धा करता है, जिससे यह आय वितरण पर बुरा प्रभाव डालता है। देशी उद्योगों की अपेक्षा पूंजी और अन्य संसाधन विदेशी उद्यमों में प्रवाहित होते हैं। इससे घरेलू उद्यमों के लाभ कम हो सकते हैं जिनसे वे हतोत्साहित होते हैं।

4. प्रबन्धकीय पद देशवासियों को (Managerial Posts to Nationals)—अल्पविकसित देशों में कार्य कर रही बहुत सी विदेशी कंपनियां सभी प्रमुख प्रबन्धकीय पद अपने देशवासियों के लिए रिजर्व रखती हैं तथा उन्हें अनेक प्रकार की सुविधाओं के साथ बहुत ऊंचे वेतन देती हैं जिससे प्राप्तकर्ता देश के संसाधनों का भारी निकास होता है। अधिकतर, वे देशी लोगों को निम्न और मध्य स्तर के पदों के लिए प्रशिक्षण देते हैं।

5. सामाजिक तनाव (Social Tensions)—विदेशियों की बहुत व्यय करने की आदतें और उनका ऊंचा रहन-सहन का स्तर अल्पविकसित देशों के लोगों पर अवांछनीय प्रदर्शनकारी प्रभाव डालती हैं तथा सामाजिक तनाव उत्पन्न करती हैं।

6. अत्यधिक पूंजी गहन तकनीकें (Highly Capital Intensive Techniques)—विदेशी कंपनियां देश में अत्यधिक पूंजी गहन तकनीकें लाती हैं जो अल्पविकसित देश की साधन सम्पन्नताओं के साथ मेल नहीं खातीं। अक्सर पुरानी, तथा हटाई गई तकनीकें और मशीनें ऐसे देशों को भेजी जाती हैं जिनको कुछ वर्षों के बाद बदलने में ऊंची सामाजिक लागतें आती हैं।

7. घरेलू स्वायत्तता की हानि (Loss of Domestic Autonomy)—पूंजी चलनों से देशी स्वायत्तता की हानि होती है जब विदेशी फर्में एक अल्पविकसित देश की सरकार के नीति निर्माण निर्णयों में विदेशी उद्यमों के पक्ष में दखल देते हैं। ऐसी दखलंदाजी अक्सर बहुराष्ट्रीय निगमों द्वारा की जाती है।

8. असंतुलित विकास (Lopsided Development)—विदेशी कंपनियां बड़े कस्बों और शहरों में उद्योग लगाती हैं जहां बुनियादी सुविधाएं आसानी से उपलब्ध होती हैं। इससे देश का असंतुलित विकास होता है क्योंकि पिछड़े क्षेत्रों में विकास नहीं हो पाता। इस प्रकार, क्षेत्रीय असमानताएं उत्पन्न होती हैं।

9. संकट उत्पन्न होना (Creates Crisis)—विदेशी अन्तर्प्रवाह पूंजी संकट को उत्पन्न करता है। जब लाभ की संभावना अधिक होती है तो अल्पविकसित देशों में उसका अन्तर्प्रवाह बढ़ जाता है। परन्तु जब लाभ की संभावना कम होती है तो विदेशी निवेशक अपनी पूंजी को निकाल लेते हैं। इससे पूंजी प्राप्तकर्त्ता देश में वित्तीय संकट पैदा हो जाते हैं और मंदी छा जाती है। जैसा पूर्व-एशियाई देशों में हुआ है।

7. अन्तर्राष्ट्रीय पूंजी चलनों को प्रभावित करने वाले तत्व (FACTORS AFFECTING INTERNATIONAL CAPITAL MOVEMENTS)

अन्तर्राष्ट्रीय पूंजी चलनों का प्रवाह अनेक तत्वों पर निर्भर करता है जिनकी व्याख्या निम्न है :

1. ब्याज दर (Rate of Interest)—अन्तर्राष्ट्रीय पूंजी चलनों को प्रोत्साहित करने वाला सबसे महत्वपूर्ण तत्व विभिन्न देशों में वर्तमान ब्याज दरों में अन्तर है। जिस देश में ब्याज दर नीची होती है वहां से पूंजी प्रवाहित होकर ऊंची ब्याज दर वाले देश में जाती है क्योंकि वहां पूंजी लगाने से अधिक प्राप्ति होती है।

2. सट्टा (Speculation)—ब्याज दरों अथवा विदेशी विनिमय दरों में संभावित परिवर्तनों से संबंधित सट्टा भी अल्पकालीन पूंजी चलनों को प्रभावित करता है। जब सटोरिए यह अनुभव करते हैं कि भविष्य में घरेलू ब्याज दर में वृद्धि होगी तो वे इसके परिणामस्वरूप बांड कीमतों में कमी की संभावना से लाभ उठाने के लिए अल्पकालीन विदेशी प्रतिभूतियों में निवेश करेंगे जिससे पूंजी का बाह्य प्रवाह होगा। इसके विपरीत, भविष्य में घरेलू ब्याज दर में कमी होने की संभावना होने पर विदेशी सटोरिए वर्तमान में कम कीमत पर प्रतिभूतियों में निवेश करेंगे जिससे पूंजी का देश में अन्तर्प्रवाह होगा। इसी प्रकार, यदि देश की करेंसी के अवमूल्यन की भविष्य में संभावना हो तो देश के सटोरिए करेंसी को विदेशी प्रतिभूतियों में बदलने की कोशिश करेंगे जिससे पूंजी का बाह्य प्रवाह होगा। इसके विपरीत, विदेशी विनिमय दर में वृद्धि की संभावना होने पर पूंजी का देश में अन्तर्प्रवाह होगा।

3. लाभ की संभावना (Expectation of Profit)—कोई भी विदेशी दूसरे देश में पूंजी निवेश करते समय लाभ की संभावना को दृष्टिगोचर रखता है। जिस देश में लाभ की संभावना अधिक होगी वहां पूंजी का अन्तर्प्रवाह होगा। इसी प्रकार विभिन्न परियोजनाओं में पूंजी निवेश करते समय एक विदेशी उद्यमी उनसे सम्भावित लाभ को दृष्टिगोचर रखता है। जिस परियोजना से संभावित लाभ अधिक होगा वह अन्य परियोजनाओं की अपेक्षा उस पर पूंजी निवेश करेगा जिससे पूंजी का अन्तर्प्रवाह अधिक होगा।

4. बैंक दर (Bank Rate)—केन्द्रीय बैंक द्वारा निश्चित बैंक दर भी पूंजी चलनों को प्रभावित करती है क्योंकि मार्किट ब्याज दर इस पर निर्भर करती है। यदि बैंक दर कम होगी तो पूंजी का बाह्य प्रवाह होगा। इसके विपरीत, बैंक दर ऊंची होने पर पूंजी का देश में अन्तर्प्रवाह होगा।

5. उत्पादन लागतें (Production Costs)—पूंजी चलन अन्य देशों में उत्पादन लागतों पर भी निर्भर करते हैं। जिस देश में श्रम, कच्चा माल, आदि सस्ते प्राप्त हो जाते हैं निजी विदेशी पूंजी निवेश उन्हीं देशों में अधिक होते हैं। बहुराष्ट्रीय निगमों द्वारा चीन, कोरिया, सिंगापुर, हांगकांग तथा अन्य विकासशील देशों में विशाल पूंजी निवेश करने का मुख्य कारण वहां कम उत्पादन लागतों का होना है।

6. आर्थिक स्थितियां (Economic Conditions)—देश की आर्थिक स्थितियां विशेषकर मार्किट का आकार, अर्थात् यातायात एवं संचार के साधन विद्युत तथा अन्य संसाधनों का पाया जाना, कुशल श्रम आदि देश में पूंजी के अन्तर्प्रवाह को प्रोत्साहित करते हैं।

7. राजनीतिक स्थिरता (Political Stability)—राजनीतिक स्थिरता, जान और माल की सुरक्षा, अन्य देशों के साथ मैत्री संबंध देश में पूंजी के अन्तर्प्रवाह को बढ़ावा देते हैं।

8. कर नीति (Taxation Policy)—देश की कर नीति भी पूंजी के अन्तर्प्रवाह को प्रभावित करती है। दोहरा कराधान न होना, ऐसी कर नीति जो उद्यमियों पर अत्यधिक कर भार न डाले, नए उद्योगों को कुछ वर्षों के लिए कर से राहत तथा उद्योगों को संरक्षण देने हेतु ऊंची शुल्क व्यवस्था, विदेशी पूंजी के अन्तर्प्रवाह को प्रोत्साहित करते हैं।

9. विदेशी पूंजी (Foreign Capital)—विदेशी पूंजी से संबंधित सरकारी नीति का भी पूंजी चलनों पर प्रभाव पड़ता है। यदि सरकार विदेशी पूंजी पर लाभ, लाभांश, रायल्टी, ब्याज आदि को हस्तान्तरित करने पर सुविधा प्रदान करती है तो देश में पूंजी का अन्तर्प्रवाह होगा। इसी प्रकार, नरम विदेशी विनिमय नियन्त्रण, विदेशी पूंजी को प्रोत्साहित करने वाली राजकोषीय, मौद्रिक तथा अन्य नीतियां पूंजी के अन्तर्प्रवाह में सहायक होती हैं ?

10. पूंजी की सीमांत उत्पादकता (Marginal Efficiency of Capital)—पूंजी की सीमांत उत्पादकता पूंजी के अन्तर्प्रवाह से सकारात्मक तौर से जुड़ी हुई है। विदेशी निवेशक सामान्यतया विभिन्न देशों में पूंजी की सीमांत उत्पादकता की ब्याज दर के साथ तुलना करते हैं और उस देश में निवेश करने को प्राथमिकता देते हैं जहां प्रतिफल की ऊंची दर होने की संभावना होती है।

प्रश्न

1. पूंजी चलनों के प्रकारों की व्याख्या कीजिए। अन्तर्राष्ट्रीय पूंजी चलनों को कौन-से घटक प्रभावित करते हैं ?
2. अल्पकालीन और दीर्घकालीन पूंजी चलन किसी देश की अर्थव्यवस्था को कैसे प्रभावित करते हैं ?
3. अन्तर्राष्ट्रीय पूंजी चलन क्या होते हैं ? पूंजी चलनों के गुण और दोषों की व्याख्या करिए।

अध्याय 38

अंतरण समस्या
(The Transfer Problem)

1. प्रस्तावना
(INTRODUCTION)

अंतरण समस्या से अभिप्राय देनदार देश से लेनदार देश को आय के अंतर्राष्ट्रीय अंतरणों से है अर्थात् दो देशों के बीच लेन देन की समस्या अंतरण समस्या कहलाती है। आय के इस प्रकार के अंतरण '*वास्तविक अंतरण*' भी कहलाते हैं क्योंकि यह देनदार देश द्वारा माल तथा सेवाओं के बदले दी जाने वाली पूंजी तथा ब्याज का लेनदार देश को किया जाने वाला भुगतान है।

पहले अंतरण भुगतान हारने वाले देश पर जीतने वाले देश द्वारा लगाए गये क्षतिपूरक भुगतान (reparation payments) के रूप में होते थे। 1871 में फ्रैंको-प्रूशियन युद्ध जीतने पर जर्मनी ने फ्रांस से इसी प्रकार के क्षतिपूरक भुगतान की मांग की थी और पहले विश्व युद्ध के उपरांत जीतने वाले मित्र राष्ट्रों ने जर्मनी पर भारी क्षतिपूर्ति भुगतान लागू किया था। वर्तमान में, 1970 तथा 1980 के दशक में अंतर्राष्ट्रीय ऋण संकट तथा 1990 के दशक में एशियाई संकट पैदा होने से अंतरण समस्याएं सामने आईं जब ऋणी LDCs को अपने ऋणों का भुगतान करना था जिसके कारण आय का अंतर्राष्ट्रीय अतंरण होना था।

प्रथम विश्व युद्ध के उपरांत जर्मनी से क्षतिपूर्ति भुगतान को लेकर **जे. एम. केन्ज़** (J.M. Keynes) तथा **बर्टिन ओलिन** (Bertin Ohlin) के बीच 1920 के दशक में विवाद का विषय अंतरण समस्या ही थी। यह मुद्दा जर्मनी की अर्थव्यवस्था पर उस भुगतान को लेकर एक बोझ था। आजकल अंतरण की समस्या देनदार LDCs पर ऋण तथा ब्याज के भुगतान का भार है। हम **ओलिन** और **केन्ज़** के विचारों पर प्रकाश डालते हुए इस विषय पर चर्चा करेंगे। **केन्ज़** के अनुसार मित्र राष्ट्रों (Allies) द्वारा जर्मनी पर क्षतिपूर्ति भुगतान लादने से जर्मनी पर न केवल मौद्रिक बल्कि कहीं ज्यादा वास्तविक बड़ा बोझ पड़ेगा। 'मुद्रा अंतरण' के अलावा जर्मनी को अपना निर्यात बढ़ाना तथा आयात घटाना पड़ेगा। इसके लिए उसे निर्यात-योग्य वस्तुओं का उत्पादन बढ़ाना पड़ेगा और आयात के सापेक्ष में उनकी कीमतें कम करनी होंगी। इससे जर्मनी की व्यापार की शर्तें खराब हो जाएंगी और उसकी क्षतिपूर्ति का प्रत्यक्ष भार बढ़ जाएगा।

दूसरी ओर, *ओलिन* का तर्क यह था कि जब जर्मनी क्षतिपूर्ति भुगतान के लिए करों में वृद्धि करेगा तो लोग आयातित वस्तुओं की मांग में कमी कर देंगे। जब मुद्रा का अंतरण मित्रराष्ट्रों को किया जाएगा तो उन देशों की क्रयशक्ति बढ़ जाएगी और उसका कुछ अंश जर्मनी के माल पर खर्च होगा। इस प्रकार जर्मनी के आयात में कमी व निर्यात में वृद्धि होगी और व्यापार की शर्तों पर कोई बुरा असर नहीं पड़ेगा।

2. अंतरण समस्या
(THE TRANSFER PROBLEM)

उपर्युक्त विचारों पर ध्यान देते हुए अब हम LDCs की वर्तमान अंतरण समस्याओं पर विस्तार से चर्चा करेंगे।

ओलिन का विचार (The Ohlin View)

ओलिन के अनुसार जब एक देनदार देश अपने ऋण व ब्याज के भुगतान के लिए लोगों पर कर लगाता है तो उनकी आय कम हो जाती है। घरेलू व आयातित वस्तुओं के लिए उनकी मांग भी आंशिक रूप से घट जाएगी। घरेलू वस्तुओं की मांग घटने से निर्यात के लिए इन वस्तुओं की मात्रा में वृद्धि होगी। इस तरह आयात में कमी तथा निर्यात में वृद्धि से LDCs की व्यापार की शर्तें खराब नहीं होंगी। यह अंतरण समस्या का *प्रत्यक्ष प्रभाव* है।

इसके अतिरिक्त, ओलिन मुद्रा अन्तरण के *अप्रत्यक्ष प्रभाव* की भी व्याख्या करता है। जब देनदार देश अपना ऋण चुकाता है, तो क्रयशक्ति में कमी हो जाने से घरेलू वस्तुओं व आयातों की मांग कम हो जाती है। इससे उत्पादन के साधनों का कुछ भाग घरेलू उद्योगों से निर्यात उद्योगों की ओर चला जाता है। परिणामस्वरूप, निर्यात बढ़ते हैं और आयात घट जाते हैं। आगे, मांग में कमी के कारण घरेलू वस्तुओं की कीमतें कम हो जाती हैं। जहां तक निर्यात की कीमतों का प्रश्न है, कि किस सीमा तक वे कम होती हैं, उनका संबंध देनदार और लेनदार देशों की निर्यात की सापेक्ष कीमतों तथा उनकी मांग में परिवर्तन की दिशा पर निर्भर करता है। अत: यह निर्धारित करना संभव नहीं कि व्यापार की शर्तें किसी देनदार देश के पक्ष में होंगी या विपक्ष में।

ओलिन का विश्लेषण LDCs के वर्तमान संदर्भ में अवास्तविक है क्योंकि यह ऋण भुगतान के केवल आय प्रभाव पर विचार करता है और लेनदार व देनदार, दोनों देशों में पूर्ण रोजगार की धारणा पर आधारित है। यह निर्यातों के लिए मांग और पूर्ति की लोचों की भी उपेक्षा करता है।

आधुनिक विचार (The Modern View)

आधुनिक विचार **केन्ज़ीयन** के क्षतिपूर्ति भुगतान के भार के विश्लेषण का ही विस्तार है। इसमें अन्तरण समस्या के दो पहलू हैं। **पहला,** जिसे **केन्ज़ 'शुद्ध'** (pure) अंतरण समस्या कहता है—जब देश के संसाधनों को ऋण भुगतान के लिए विदेशी विनिमय में परिवर्तित कर दिया जाता है। यह *बाह्य अंतरण समस्या* है। **दूसरा,** *बजट संबंधी समस्या* है। जब सरकार घरेलू स्रोतों का प्रयोग ऋण चुकाने के लिए करती है। इसे *आंतरिक अंतरण समस्या* कहा जाता है।

बाह्य अंतरण समस्या यह है कि किस तरह वस्तुओं तथा सेवाओं के शुद्ध निर्यातों में वृद्धि की जाए जिससे ऋण भुगतान किया जा सके। जब एक ऋणी (देनदार) देश ऋण का भुगतान करता है तो वह केवल ऋणदाता (लेनदार) देश को मुद्रा अंतरित ही नहीं करता बल्कि शुद्ध या वास्तविक संसाधन भी अंतरित करता है। *वास्तविक अंतरण समस्या* निर्यात अधिशेष (surplus) का सृजन है ताकि विदेशी मुद्रा अर्जित कर ऋणदाता देश को अंतरित की जा सके। इसके लिए आयात घटाने तथा निर्यात बढ़ाने की ज़रूरत होती है। और अधिक निर्यात करने के लिए ऋणी देश को आयात के मुकाबले अपने निर्यात की कीमतें कम करनी पड़ेंगी। ऐसा करने से उसके ऋणदाता देश के साथ व्यापार की शर्तें और बिगड़ सकती हैं। इस बात की भी कोई गारंटी नहीं कि निर्यात बढ़ने से निर्यात आय भी बढ़ेगी। यदि निर्यातों की मात्रा उनकी कीमतों में गिरावट के अनुपात में नहीं बढ़तीं। यह देनदार LDCs की सामान्य समस्या है कि जो ऋणदाता विकसित देशों को वस्तुएं निर्यात करने में आपस में मुकाबला करते हैं। परिणामस्वरूप, प्रतिस्पर्धात्मक कीमत में गिरावट उनकी निर्यात आय को अपरिवर्तित रखती है। अत: वे आयातित माल का उपभोग कम कर देते हैं ताकि निर्यात अधिशेष बढ़ाया जा सके। यह उनके उपभोग स्तर में कमी की लागत पर किया जाता है जो पहले ही काफी कम होती है। इससे देनदार देशों पर अंतरण का *वास्तविक* भार बढ़ता है। दूसरी ओर, यदि लेनदार व देनदार देशों के बीच कुल व्यापार स्थिर है तो देनदार देश के निर्यात में वृद्धि लेनदार देश के आयात को कम कर देगी, जिससे ऋणदाता देश में उत्पादन धीमा हो जाएगा। उसके परिणामस्वरूप देनदार देश में निर्यात अधिशेष पैदा होने से इसके उद्योग पर बुरा असर पड़ेगा। इस प्रकार ऋणी देश को व्यापार की शर्तों की हानि नहीं होगी बल्कि इसका ऋणदाता देश पर प्रतिकूल प्रभाव पड़ेगा। जर्मन क्षतिपूर्ति अंतरण समस्या पर यह केन्ज़ के विचार थे।

व्यापार की शर्तों के प्रभाव (Terms of Trade Effects)

जब एक ऋणी देश अपना ऋण चुकाता है तो वह अपनी आय का एक भाग ऋणदाता देश की अंतरित करता है। अंतरण की यह प्रक्रिया देनदार देश में आय तथा व्यय कम करती है तथा लेनदार देश में बढ़ाती है। दोनों देशों के आय तथा व्यय में यह परिवर्तन दोनों देशों में वस्तुओं की सापेक्ष मांग को परिवर्तित कर सकता है और इसका प्रभाव व्यापार की शर्तों पर पड़ सकता है। इस तरह आय के अंतरण का प्रभाव केवल सापेक्ष मांग पर होता है, वस्तुओं की सापेक्ष पूर्ति पर नहीं बशर्ते कि भौतिक संसाधन अंतरित नहीं किए जा रहे हैं।

व्यापार की शर्तें प्रभाव की दिशा दो देशों द्वारा A और B दो वस्तुओं पर *व्यय की सीमांत प्रवृत्ति* (Marginal Propensity to Spend) पर निर्भर करेंगी। मानलीजिए, देनदार देश की निर्यात वस्तु A पर व्यय की सीमांत प्रवृत्ति B से ज्यादा है। A और B की सापेक्ष कीमतें दी होने पर, ऋणदाता (लेनदार) देश को ऋणी (देनदार) देश द्वारा किया जाने वाला आय का अंतरण A की मांग को कम तथा

B की मांग को बढ़ा देगा। A के मूल्य तथा मांग की यह कमी ऋणदाता देश की तुलना में ऋणी देश की व्यापार की शर्तों पर *प्रतिकूल प्रभाव* डालेगी। इसके विपरीत यदि देनदार देश द्वारा निर्यात माल A पर किये गये व्यय की सीमांत प्रवृत्ति अपेक्षाकृत कम है तो आय का अंतरण व्यापार की शर्तों में *सुधार* लाएगा। सामान्य तौर पर यदि देनदार देश की निर्यात वस्तु पर व्यय की सीमांत प्रवृत्ति कम है तो आय का अंतरण इसकी व्यापार की शर्तों में सुधार करेगा। यदि इसकी निर्यात वस्तु पर व्यय की सीमांत प्रवृत्ति अधिक है तो इसका व्यापार की शर्तों पर प्रतिकूल प्रभाव होगा। ऋणदाता देश पर व्यापार प्रभाव की शर्तों का प्रभाव इसके विपरीत होगा।

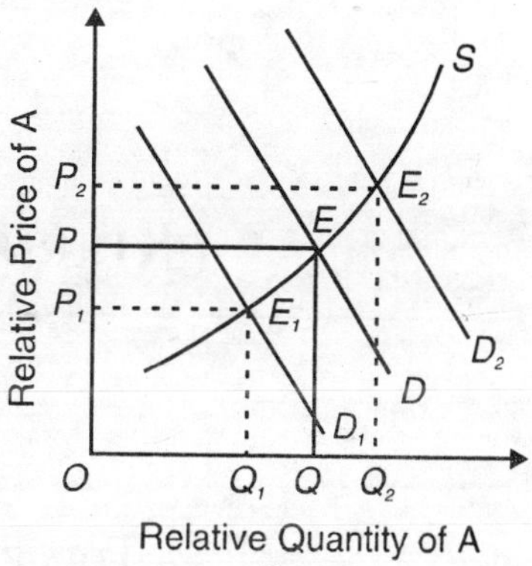

चित्र 1

देनदार देश की व्यापार की शर्तों पर अंतरण के प्रभाव को चित्र 1 में दर्शाया गया है। वक्र D वस्तु A के लिए, वस्तु B की सापेक्षता में, मांग वक्र है। S दिया हुआ पूर्ति वक्र है। B की सापेक्षता में A निर्यात वस्तु पर व्यय की उच्च सीमांत प्रवृत्ति, लेनदार देश को आय के अंतरण के साथ उसकी A के लिए मांग में कमी लाती है। यह चित्र में D वक्र के बाईं ओर D_1 पर सरकने से स्पष्ट है। नया संतुलन E_1 बिन्दु पर होता है। A की सापेक्ष मात्रा OQ से OQ_1 तक कम होती है तथा इसकी सापेक्ष कीमत OP से OP_1 तक। यह खराब व्यापार की शर्तों को दर्शाता है।

दूसरी ओर, यदि देनदार देश की A के लिए व्यय की कम सीमांत प्रवृत्ति है तो लेनदार देश को आय का अंतरण सापेक्ष मांग वक्र को दाईं ओर D से D_2 पर उठाकर परिवर्तित कर देता है तथा A की सापेक्ष कीमत को OP से OP_2 तक बढ़ा देता है। यह व्यापार की शर्तों में सुधार को दर्शाता है।

देनदार देश की *बाह्य अंतरण समस्या* के *बजट संबंधी* पहलू को लें तो खर्च के तरीकों में परिवर्तन करना पड़ेगा अथवा खर्च घटाने को नीतियां अपनानी पड़ेंगी जैसे विनिमय दर अवमूल्यन, राजकोषीय घाटों में कटौती अथवा प्रत्यक्ष नियंत्रण। इन नीतियों से देनदार देश का आयात कम और निर्यात बढ़ता है, जिनसे निर्यात अतिरेक (Surplus) पैदा होता है जो ऋण के भुगतान में काम आता है।

जहां तक अंतरण समस्या के *आंतरिक पहलू* का प्रश्न है उसमें खर्चों में कटौती और राजस्व में वृद्धि शामिल है। यदि सार्वजनिक खर्चों में कटौती तथा राजस्व में वृद्धि बजट-नीतियों में नहीं की जाती तो स्फीति पैदा होती है जिसके कारण ऋण का भुगतान कठिन हो जाता है। क्योंकि उच्च-स्फीति LDCs में निवेश तथा बचत की सीमांत प्रवृत्ति को कम करती है। निर्यात कम और आयात बढ़ जाते हैं। राजकोषीय घाटा बढ़ता है जिससे निजी निवेश तथा सरकारी खर्चों में कटौती की स्थिति आ जाती है। इस प्रकार सार्वजनिक निवेश कम हो जाता है। इन परिस्थितियों के अन्तर्गत एक LDC अपनी ऋण भुगतान की अंतरण समस्या को स्फीति पर नियंत्रण, निर्यात में वृद्धि तथा आयात में वृद्धि के लिए बहुत-सी बाह्य तथा आंतरिक नीति उपायों द्वारा हल कर सकता है।

प्रश्न

1. अंतरण समस्या से क्या अभिप्राय है? ऋणी विकासशील देश अपने ऋणों के भुगतान की समस्या को कैसे हल कर सकते हैं?
2. अंतरण समस्या को स्पष्ट कीजिए। यह ऋणी देश की व्यापार की शर्तों को कैसे प्रभावित करती है?

भाग चतुर्थ

अंतर्राष्ट्रीय आर्थिक संबंध
(INTERNATIONAL ECONOMIC RELATIONS)

अध्याय 39

विदेशी व्यापार तथा आर्थिक विकास
(Foreign Trade and Economic Development)

1. प्रस्तावना
(INTRODUCTION)

आर्थिक विकास में विदेशी व्यापार की भूमिका अत्यन्त महत्त्वपूर्ण है। क्लासिकी तथा नव-क्लासिकी अर्थशास्त्रियों ने देश के विकास में विदेशी व्यापार को इतना अधिक महत्व दिया कि इसे वृद्धि का इंजन माना। इसके विपरीत मत रखने वालों का कहना है कि ऐतिहासिक दृष्टि से विदेशी व्यापार ने अन्तर्राष्ट्रीय असमानता उत्पन्न की है। इसके परिणामस्वरूप दरिद्र देशों के बदले धनी देश और अधिक धनी बने हैं। इसलिए दृढ़तापूर्वक कहा गया है कि यदि अल्पविकसित देशों को अन्तर्राष्ट्रीय विशेषीकरण के लाभों का परित्याग करना पड़े, तो भी, वे आयात-स्थानापन्न नीतियों का अनुसरण करके आर्थिक विकास की दर बढ़ा सकते हैं। हम पहले इस बात पर विचार करेंगे कि अन्तर्राष्ट्रीय व्यापार किस प्रकार आर्थिक विकास में **सहायक** होता है, और फिर, इसके विरोधी मत पर कि वह अल्पविकसित देशों के विकास में कहाँ तक बाधक हुआ है।

2. अन्तर्राष्ट्रीय व्यापार का महत्व
(IMPORTANCE OF INTERNATIONAL TRADE)

अल्पविकसित देशों के लिए विदेशी व्यापार बहुत महत्व रखता है। यह विकास की लालसा उत्पन्न करता है, ज्ञान तथा अनुभव देता है, जो विकास को संभव बनाते हैं और इसे पूरा करने के साधन प्रदान करता है।[1] प्रो. **हैबरलर** का मत है, ''कुल मिलाकर मैं इस निष्कर्ष पर पहुंचा हूं कि अन्तर्राष्ट्रीय व्यापार ने 19वीं तथा 20वीं शताब्दी में कम विकसित देशों में अत्यधिक योगदान दिया है और आशा की जा सकती है कि भविष्य में भी इतना बड़ा योगदान देगा और कि आर्थिक विकास के दृष्टिकोण से सीमान्त, साधारण संशोधनों तथा विचलनों के साथ ठोस मात्रा में विदेशी व्यापार की नीति श्रेष्ठतम है।''[2]

विदेशी व्यापार के अनेक प्रत्यक्ष और अप्रत्यक्ष लाभ हैं।

1. प्रत्यक्ष लाभ (Direct Benefits)

विदेशी व्यापार से निम्नलिखित प्रत्यक्ष लाभ प्राप्त होते हैं:

(i) उत्पादन के स्तर में वृद्धि (Increase in the Level of Output)—जब अन्तर्राष्ट्रीय व्यापार तथा श्रम-विभाजन के कारण कोई देश कुछ वस्तुओं के उत्पादन में विशिष्टीकरण प्राप्त करता है, तो वह जिन वस्तुओं का सस्ता उत्पादन करता है, उन्हें उन वस्तुओं से विनिमय कर लेता है जिनका दूसरे देश कम लागत पर उत्पादन करते हैं। उसे व्यापार से लाभ होता है और राष्ट्रीय आय में वृद्धि होती है, जो आगे उत्पादन के स्तर तथा अर्थव्यवस्था की वृद्धि-दर को बढ़ती है। इस प्रकार, व्यापार के माध्यम से उत्पादन का अधिक ऊंचा स्तर दरिद्रता

1. A. K. Cairncross, *op, cit.*
2. G. Haberler, *International Trade and Economic Development,* 1959.

के दुष्चक्र को तोड़ता है और आर्थिक विकास को बढ़ावा देता है।

(ii) मार्केट के आकार में विस्तार (Expansion in the Size of the Market)—अल्पविकसित देश के मार्ग में उसके घरेलू मार्केट का छोटा आकार बाधक रहता है, जो उत्पादन की पर्याप्त मात्रा को नहीं खपा पाता। इससे निवेश की प्रेरणा घट जाती है। मार्केट का आकार इसलिए छोटा होता है कि प्रति व्यक्ति आय तथा क्रय-शक्ति कम होती है। अन्तर्राष्ट्रीय व्यापार मार्केट का विस्तार करता है और अधिक दक्ष संसाधनों के आवंटन से निवेश आय तथा बचत की प्रेरणा को बढ़ाता है।

(iii) साधनों का दक्ष उपयोग (Efficient Use of Resources)—वर्तमान साधनों को अधिक उत्पादकता से प्रयोग किया जाता है और दिए हुए उत्पादन-फलनों के साथ संसाधनों का आवंटन अधिक दक्ष बन जाता है। **जे. एस. मिल** के अनुसार यह विदेशी व्यापार का सीधा लाभ है।

(iv) उत्पादन लागतों में कमी (Reduction in Production Costs)—मार्केट के विस्तार से अनेक आन्तरिक तथा बाह्य मितव्ययिताएं उत्पन्न होती हैं, इसलिए उत्पादन की लागत घट जाती है।

(v) निर्वाह-क्षेत्र का मौद्रीकृत क्षेत्र में रूपान्तरण (Transformation of Subsistance Sector into Monetized Sector)—विदेशी व्यापार, कृषि उत्पादन के लिए मार्केट प्रदान करके, निर्वाह-क्षेत्र का मौद्रीकृत क्षेत्र में रूपान्तरण करने में सहायक होता है और कृषि वर्ग की आय तथा जीवन-स्तर को बढ़ाता है।

(vi) उत्पादन की तकनीक में सुधार (Improvement in Techniques of Production)—अल्पविकसित देशों में उत्पादन तकनीकें पिछड़ी हुई होती हैं जिसका मुख्य कारण तकनीकी ज्ञान की कमी है। विदेशी प्रतियोगिता के कारण इन देशों में तकनीकी सुधारों को प्राथमिकता दी जाती है, जिससे परंपरागत वस्तुओं में विशिष्टीकरण प्राप्त किया जाता है। परिणामस्वरूप, अन्तर्राष्ट्रीय व्यापार में इन परंपरागत वस्तुओं का योगदान बढ़ता है जिससे देश को लाभ होता है।

(vii) अतिरेक का निर्गम (Vent for Surplus)—मिंत (Myint) ने अन्तर्राष्ट्रीय व्यापार से होने वाले लाभ के प्रभाव को मापने के लिए स्मिथ का **अतिरेक का निर्गम** सिद्धान्त अल्पविकसित देशों पर लागू किया है। विदेशी व्यापार चालू होने से प्राथमिक वस्तुएं उत्पादित करने वाले अल्पविकसित देशों में ''अतिरेक के लिए निर्गम'' (अथवा संभावित अतिरेक) की संभावना खुल जाती है। क्योंकि ऐसे देश के परम्परागत निर्वाह क्षेत्र में श्रम और पूंजी अल्प-प्रयोजित होते हैं, इसलिए जब वह विदेशी व्यापार करना प्रारम्भ करते हैं, तो उसके निर्यात के लिए प्राथमिक वस्तुएं उत्पादित करने के अधिक सुअवसर प्राप्त होते हैं। वह उन विनिर्मित वस्तुओं को, जिन्हें वह उत्पादित नहीं कर सकता है उनके आयात के बदले प्राथमिक वस्तुओं के अतिरेक उत्पादित कर सकता है। इस प्रकार यह अन्तर्राष्ट्रीय व्यापार से लाभ उठाता है। अतिरेक का निर्गम सिद्धान्त जैसाकि यह एक अल्पविकसित देश पर लागू होता है चित्र 1 में समझाया गया है। क्षैतिज अक्ष पर निर्यात्य, जो प्राथमिक वस्तुएं हैं, ली गई हैं तथा अनुलम्ब अक्ष पर आयात्य, जो विनिर्मित वस्तुएं हैं ली गई हैं। AB इनका उत्पादना संभावना वक्र है। विदेशी व्यापार प्रारम्भ होने से पहले देश अल्प-प्रयोजित संसाधनों द्वारा उत्पादन संभावना वक्र AB के अन्दर E बिन्दु पर प्राथमिक वस्तुओं की OX_1 मात्रा तथा विनिर्मित वस्तुओं की X_1E मात्रा का उत्पादन और उपभोग कर रहा है। विदेशी व्यापार खुल जाने से उत्पादन संभावना वक्र AB पर उत्पादन बिन्दु E से सरककर D पर आ जाता है। अब भूमि और श्रम जो पहले अल्प-प्रयोजित थे, उनका पूर्ण उपयोग होने से देश अन्य वस्तुओं और सेवाओं का परित्याग किए बिना, अपनी निर्यात्य प्राथमिक वस्तुओं का उत्पादन OX_1 से OX_2 पर उत्पादन बढ़ाता है। व्यापार की शर्तों की अन्तर्राष्ट्रीय रेखा PP' दी होने पर, देश अधिक आयात्य विनिर्मित वस्तुओं EC के बदले अधिक प्राथमिक वस्तुएं ED $(=X_1X_2)$ निर्यात करता है।

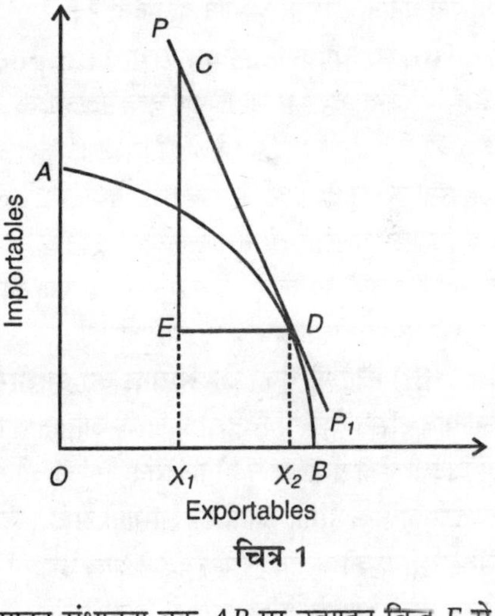

चित्र 1

(viii) तंतु पदार्थ (Staple Commodities)—वाटकिन्स (Watkins) के अनुसार, बहुत से अल्पविकसित देश एक या दो तंतु (रेशे) वाले पदार्थों के उत्पादन में विशिष्टीकरण करते हैं। यदि उन्हें निर्यात किया जाए तो उत्पादन, रोजगार और आय बढ़ेंगे, निर्यात

क्षेत्र का प्रसार होगा जिसमें अधिक साधनों का प्रयोग होगा तथा अर्थव्यवस्था के अन्य क्षेत्रों के साथ अधिक आगे और पीछे अनुबन्ध अथवा लिंक होंगे।

2. अप्रत्यक्ष लाभ (Indirect Benefits)

इसके अतिरिक्त जैसा कि **जे.एस. मिल** ने लक्ष्य किया है, विदेशी व्यापार से उच्चकोटि के **अप्रत्यक्ष गत्यात्मक लाभ** भी प्राप्त होते हैं। मार्केट का आकार और विशेषीकरण का क्षेत्र बढ़ाकर, अन्तर्राष्ट्रीय व्यापार मशीनों का अधिक प्रयोग करता है, आविष्कारों तथा नवप्रवर्तनों को प्रोत्साहन देता है, श्रम की उत्पादकता बढ़ाता है, लागतें घटाता है और आर्थिक विकास लाता है। फिर, विदेशी व्यापार लोगों को नई वस्तुओं से परिचित कराता है और उन्हें अधिक परिश्रम करने, अपनी बचत करने और उनकी अपनी नई इच्छाओं की संतुष्टि के लिए पूंजी-संचय करने का प्रलोभन तथा प्रेरणा देता है। इससे विदेशी पूंजी का आयात भी होता है और नए विचार, तकनीकी ज्ञान, कुशलता, प्रबन्धकीय दक्षता तथा उद्यमता धीरे-धीरे मस्तिष्क में जम जाते हैं। अन्तिम, यह स्वस्थ प्रतियोगिता को पोषित करता है और अदक्ष एकाधिकारों को रोकता है। अब हम अल्पविकसित देशों को विदेशी व्यापार से प्राप्त होने वाले इन अप्रत्यक्ष लाभों का विस्तारपूर्वक अध्ययन करते हैं।

(i) तंतु वस्तुओं के निर्यात से पूंजी पदार्थों का आयात (Import of Capital Goods against the Export of Staple Commodities)—कम वृद्धि संभाव्यता वाली घरेलू वस्तुओं का अधिक वृद्धि संभाव्यता वाली विदेशी वस्तुओं से विनिमय करने में विदेशी व्यापार सहायक होता है। अल्पविकसित देशों की प्रमुख वस्तुएं, जिनमें अधिकतर कच्चा माल होता है, आर्थिक विकास के लिए आवश्यक मशीनरी, पूंजी पदार्थों तथा अर्द्धनिर्मित वस्तुओं से विनिमय की जाती हैं। क्योंकि अल्पविकसित देशों में पूंजी पदार्थों तथा कच्चे माल की कमी होती है, इसलिए उन्नत देशों में उन्हें आयात करके और सामाजिक तथा आर्थिक उपरिव्यय सुविधाओं और प्रत्यक्षत: उत्पादक क्रियाओं की स्थापना करके वे विकास की गति बढ़ा सकते हैं। इस प्रकार अधिक निर्यात उपकरणों के आयातों की मात्रा बढ़ा देते हैं, जिसके लिए भुगतान-शेष को खतरे में डाले बिना ही वित्त प्रबन्धन किया जा सकता है और स्वतन्त्रता की अधिक कोटि विकास के लिए घरेलू निवेश की योजना बनाना अधिक आसान बना देती है।

(ii) महत्वपूर्ण शैक्षणिक प्रभाव (Important Educative Effects)—विदेशी व्यापार का 'शैक्षणिक प्रभाव' भी होता है। अल्पविकसित देशों में महत्वपूर्ण कुशलताओं का अभाव होता है, जो विकास में पूंजीगत वस्तुओं की दुर्लभता की अपेक्षा अधिक बड़ी रुकावट है। अल्पविकसित देशों में विचारों, कुशलताओं और तकनीकी ज्ञान का **आयात** प्रौद्योगिकीय प्रगति के लिए बड़ा प्रोत्साहन है। यह उन्हें उन्नत देशों की सफलताओं तथा असफलताओं से सीखने का अवसर प्रदान करता है। विदेशी व्यापार, विकसित देशों से चुने हुए विचार, कुशलताओं तथा तकनीकी ज्ञान को ग्रहण करने की सुविधाएं देकर और दरिद्र देशों की साधन-सम्पन्नता के अनुकूल उन्हें ढालकर, उनके विकास को बढ़ाने में सहायक होता है। संयुक्त राज्य अमरीका, जापान तथा सोवियत रूस का तेज विकास भी विदेशी व्यापार के शैक्षणिक प्रभाव का परिणाम है।

(iii) विदेशी पूंजी के आयात का आधार (Basis for the Importation of Foreign Capital)—विदेशी व्यापार अल्पविकसित देशों में विदेशी पूंजी के आयात को आधार प्रदान करता है। यदि विदेशी व्यापार ही न होता तो धनी देशों से दरिद्र देशों में विदेशी पूंजी प्रवाहित न होती। विदेशी पूंजी की मात्रा, अन्य साधनों के रहते हुए, व्यापार की मात्रा पर निर्भर करती है। व्यापार की मात्रा जितनी अधिक होगी, उतनी ही आसानी से देश ब्याज तथा मूलधन को वापिस चुका सकेगा। पर आयात स्थानापन्नता तथा सार्वजनिक सेवा उद्योगों की बजाय निर्यात बढ़ाने वाले उद्योगों के लिए विदेशी पूंजी प्राप्त करना अपेक्षाकृत अधिक आसान होता हैं। लेकिन आयात करने वाले देश के दृष्टिकोण से विदेशी पूंजी के केवल निर्यात प्रोत्साहन की बजाय, आयात स्थानापन्नता, सार्वजनिक सेवाओं, निर्माणकारी उद्योगों के लिए प्रयोग, विकास को बढ़ाने में अधिक लाभदायक होता है। विदेशी पूंजी केवल रोजगार, उत्पादन तथा आय बढ़ाने में ही सहायक नहीं होती बल्कि भुगतान-शेष और स्फीतिकारी दबावों को भी कम करती है। फिर, यह पूंजी, मशीनें, उपकरण, तकनीकी ज्ञान, कुशलताएं, विचार तथा बहुत अधिक मात्रा में देशी श्रम भी प्रदान करती हैं।

(iv) अदक्ष एकाधिकारों की रोक करना (Checking of Inefficient Monopolies)— विदेशी व्यापार, स्वस्थ प्रतियोगिता का पोषण करके और अदक्ष एकाधिकारों को रोककर, अल्पविकसित देश को अप्रत्यक्ष रूप से लाभ पहुंचाता है। ऐसी अर्थव्यवस्थाओं के निर्यात-क्षेत्र के विकास के लिए और आमतौर पर **शिशु-उद्योग संरक्षण** का आधार लेकर स्थापित, अदक्ष

शोषणकारी एकाधिकारों को रोकने के लिए स्वस्थ प्रतियोगिता का होना आवश्यक है। यही विदेशी व्यापार प्रदान करता है।

निष्कर्ष (Conclusion)

इस प्रकार, विदेशी व्यापार, दिए हुए उत्पादन-फलनों के साथ दक्ष संसाधन आवंटन से उत्पन्न होने वाले स्थैतिक लाभों के अतिरिक्त, ऊपर बताए चार तरह से वर्तमान उत्पादन फलनों का रूपान्तरण करके और उन्हें ऊपर की ओर तथा बाहर को धकेलकर सशक्त रूप से योगदान देता है।

आलोचनाएं (Criticisms)

तुलनात्मक लागत सिद्धान्त पर आधारित ऊपर के विश्लेषण की रॉल प्रेबिश (Raul Prebisch), हैंस सिंगर (Hans Singer) तथा गुन्नार मिर्डल (Gunnar Myrdal) जैसे अर्थशास्त्रियों ने कड़ी आलोचना की है। उनका मत है कि ऐतिहासिक दृष्टि से अन्तर्राष्ट्रीय व्यापार ने अल्पविकसित देशों के विकास को रोका है। इस मत के समर्थन में, कि अन्तर्राष्ट्रीय व्यापार ने विकास में बाधा बहुंचाई है, प्राय: तीन तर्क दिये जाते हैं—

1. प्रबल अतिनिर्यात प्रभाव (Strong Backwash Effects)—मिर्डल के अनुसार, अन्तर्राष्ट्रीय व्यापार के अल्पविकसित देशों पर प्रबल अतिनिर्यात प्रभाव हो सकते हैं। वह लिखता है: "(नियम अनुसार) व्यापार धनी तथा प्रगतिशील प्रदेशों के पक्ष में आधारभूत पक्षपात लेकर तथा कम विकसित देशों के प्रतिकूल कार्य करता (और जारी रहता) है।" यदि दो देशों में से एक औद्योगिक हो और दूसरा अल्पविकसित, तो उन दोनों देशों में बेरोक-टोक व्यापार औद्योगिक देश को बल देगा और अल्पविकसित देश को कंगाल बना देगा। धनी देशों में प्रबल प्रसरण (spread) प्रभाव वाले निर्माण उद्योगों का विस्तृत आधार होता है। अपने औद्योगिक उत्पादनों को सस्ती दरों पर अल्पविकसित देशों में निर्यात करके उन्होंने अल्पविकसित देशों के लघु उद्योगों तथा दस्तकारी को परे धकेल दिया है। इसका परिणाम यह हुआ है कि पिछड़े हुए देश निर्यात की प्राथमिक वस्तुओं के उत्पादक बनकर रह गए हैं। क्योंकि निर्यात बाजार में प्राथमिक उत्पादनों की मांग लोचरहित होती है, इसलिए उन्हें कीमतों के बहुत अधिक उतार-चढ़ावों से हानि सहनी पड़ती है। परिणामस्वरूप वे अपने निर्यात की विश्व कीमतों के गिरने या चढ़ने से लाभ नहीं उठा पाते। अपने निर्यातों के लिए लोचरहित बाजार के कारण आयात करने वाले देश अपने उत्पादन के सस्ते हो जाने का लाभ उठा सकते हैं। इसकी तरह का लाभ वहां भी होता है जहां उनके निर्यात-उत्पादन में किसी प्रकार का प्रौद्योगिक सुधार होता है। जब उनके उत्पादनों की विश्व कीमतें बढ़ती हैं, तब भी वे उससे लाभ नहीं उठा पाते। बढ़े हुए निर्यात-अर्जनों से स्फीतिकारी दबाव आते हैं, निवेश व्यय का कुआवंटन होता हैऔर भुगतान-शेष की कठिनाइयां सामने आती हैं क्योंकि वे सट्टे, प्रदर्शन उपभोग, वास्तविक सम्पदा, विदेशी मुद्रा धारणों आदि में व्यर्थ जाती हैं।

2. अन्तर्राष्ट्रीय प्रदर्शनकारी प्रभाव का प्रतिकूल प्रभाव (Adverse Effect of International Demonstration Effect)—दृढ़तापूर्वक कहा गया है कि विदेशी व्यापार के माध्यम से अन्तर्राष्ट्रीय प्रदर्शनकारी प्रभाव ने अल्पविकसित देशों में पूंजी-निर्माण पर प्रतिकूल प्रभाव डाला है।

3. व्यापार की शर्तों में दीर्घकालीन ह्रास (Secular Deterioration in the Terms of Trade)—रॉल प्रेबिश की राय में अल्पविकसित देशों की व्यापार-शर्तों में दीर्घकालीन ह्रास हुआ है। उनकी धारणा है कि "पिछले सत्तर वर्षों में, परिधीय अल्पविकसित देशों को अपनी आयात क्षमता में निरन्तर दुर्बल होते जाने के घातक प्रभाव सहन करने पड़े हैं। इसके परिणामस्वरूप उनकी अपनी बढ़ती जनसंख्या का भरण-पोषण करने के प्राथमिक-उत्पादन उद्योगों की क्षमता दुर्बल पड़ गई है। इसका परिणाम यह हुआ कि वह उन तक तकनीकी प्रगति के लाभों का प्रसार करने में असफल रही हैं। इसने हर व्यक्तिगत देश के अपने प्राथमिक उत्पादनकारी क्षेत्र की उत्पादकता बढ़ाने के स्वतन्त्र प्रयत्न करने के परिणाम में उनकी व्यापार-शर्तों का ह्रास, बेकारी, भुगतान-शेष का असंतुलन ला दिया है। अन्ततः इसने उनकी पूंजी-निर्माण की दरों को और इस प्रकार उनकी आर्थिक वृद्धि को घटा दिया है।" इसलिए अल्पविकसित देशों की व्यापार शर्तों के दीर्घकालीन ह्रास का मतलब है कि दरिद्र देशों से धनी देशों को आय का अन्तर्राष्ट्रीय हस्तान्तरण होता रहा है, और अन्तर्राष्ट्रीय व्यापार से गरीब देशों की लागत पर विकसित देशों को अधिक लाभ प्राप्त हुए हैं, जिससे वास्तविक आय का स्तर और विकास की क्षमता घट गई है।

निष्कर्ष (Conclusion)

परन्तु यह सभी आलोचनाएं निराधार हैं। इस बात को सिद्ध करने के लिए कोई अनुभवजन्य प्रमाण नहीं मिलता कि घरेलू क्षेत्र की हानि उठाकर निर्यात क्षेत्र का विकास हुआ है। विदेशी निवेश कभी घरेलू निवेश के मार्ग में बाधक नहीं रहा। पर, अल्पविकसित देशों में, घरेलू मार्केट में छोटे आकार और पर्याप्त सहयोगी साधनों के अभाव ने विदेशी निवेशक को निर्यात क्षेत्र में निवेश करने की प्रेरणा दी है। फिर भी, जैसा कि **नर्क्स** ने कहा है: ''बिल्कुल भी वृद्धि न होने की अपेक्षा तो विदेशी व्यापार के माध्यम से होने वाली अस्थिर वृद्धि भी निश्चय ही श्रेष्ठ है।''

प्रदर्शनकारी प्रभाव के प्रतिकूल प्रभाव भी बढ़ा-चढ़ाकर प्रस्तुत किए जाते हैं। ऊंचे जीवन-स्तर और श्रेष्ठ उपभोक्ता वस्तुओं का अनुकरण अल्पविकसित देशों के लोगों के लिए अधिक प्रयत्न तथा उत्पादकता के प्रेरक का काम करती है। यह श्रेष्ठ वस्तुओं की पूर्ति के लिए सेवा-व्यवसायों के विकास को प्रोत्साहन देता है। यह स्थानीय उपक्रम तथा उद्यम को प्रेरित करने में भी स्वस्थ प्रभाव डालता है। फिर, पश्चिमी उपभोक्ता स्तरों को अपनाने का निर्वाह-क्षेत्र पर अनुकूल प्रभाव पड़ता है। खुराक में दूध, अण्डा, सब्जी और फलों को शामिल करना, कृषकों को इस बात का प्रोत्साहन देता है कि वे निर्वाह-उत्पादन के अतिरिक्त मार्केट के लिए भी उनका अधिक उत्पादन करें। इसमें अधिक पूंजी का निवेश तथा कृषि, दूध तथा अण्डे के उत्पादन में सुधार करना शामिल है। यह अधिक रोजगार और आय भी प्रदान करती है और इससे आगे पूंजी-संचय बढ़ता है। निर्वाह-क्षेत्र अपने आप धीरे-धीरे विनिमय-अर्थव्यवस्था में बदलने लगता है। सरकार को प्रोत्साहन मिलता है कि वह सुधारे हुए परिवहन साधनों, संचार, सिंचाई, विद्युत आदि के रूप में अधिक सुख-सुविधाएं प्रदान करे। लोगों की यह भी प्रवृत्ति होती है कि वे नई उपभोक्ता वस्तुओं तथा सेवाओं का उत्पादन करने वाले द्वितीयक तथा सेवा-व्यंवसायों में नौकरियां प्राप्त करने के लिए गांव से शहर में चले जाएं। उन्नत उत्पादन विधियों का अनुकरण अल्पविकसित देशों में पूंजी-संचय की दर बढ़ाने में और अधिक सहायक होता है। ऐसे देशों में, सरकारों ने सुधरी हुई तकनीक के प्रसार को प्रोत्साहन दिया है, जैसे कि इस्पात उत्पादन की L-D प्रक्रिया को, अधिक उपज वाली संकर मक्का, मैक्सिकन गेहूं, चावल-काश्त की जापानी विधि, सुधारे हुए बीज, और खाद इत्यादि को। इसलिए यह कहना पूरी तरह सही नहीं है कि अन्तर्राष्ट्रीय प्रदर्शनकारी प्रभाव अल्पविकसित देशों में बचत प्रवृत्ति तथा पूंजी निर्माण की दर में विघ्न डालते हैं। वास्तव में, उन्नत देशों के उपभोग तथा निवेश ढांचों का अनुकरण करके वे आर्थिक प्रगति की गति बढा सके हैं।

जहां तक अल्पविकसित देशों की व्यापार की शर्तों में ह्रास की समस्या है, यह कल्पित है और पुराने आंकड़ों पर आधारित है। पहले तो, प्रत्येक अल्पविकसित देश प्राथमिक वस्तुओं के निर्यात पर बहुत कम सीमा तक निर्भर रहता है। फिर, ऐसे देश दुनिया के खनिज तथा कृषि वस्तुओं के कुल निर्यात के एक भाग का ही उत्पादन करते हैं।

अन्तिम, यह मत अल्पविकसित देशों के निर्यात तथा आयात के ढांचे में परिवर्तन पर ध्यान देने में असफल रहता है। अब अल्पविकसित देश प्राथमिक वस्तुओं के निर्यातक और निर्मित वस्तुओं के आयातक नहीं रह गए हैं। GATT के अनुसार, वे निर्मित वस्तुओं के अपने कुल उपभोग का केवल एक-तिहाई भाग का आयात करते हैं और यह अनुपात भी घटता जा रहा है। शेष **दो-तिहाई** का उत्पादन वे अपने घर में ही करते हैं। अल्पविकसित देशों की व्यापार-शर्तों में ह्रास का कारण यह नहीं रहा है कि उनकी प्राथमिक वस्तुओं की विश्व मांग घटती गई है बल्कि स्फीतिकारी दबाव रहे हैं जिनसे लागतें तथा कीमतें बढ़ी हैं और बड़ा बाह्य घाटा उत्पन्न हुआ है। ये सभी उनके निर्यात में बाधक हैं।

इस प्रकार यह दृष्टिकोण गलत है कि अन्तर्राष्ट्रीय व्यापार ने अन्तर्राष्ट्रीय असमानता के तन्त्र का कार्य किया है और अल्पविकसित देशों के विकास को रोका है बल्कि विदेशी व्यापार तो अल्पविकसित देशों के लिए वृद्धि का इंजन रहा है।

प्रश्न

1. एक अल्पविकसित देश के आर्थिक विकास में अंतर्राष्ट्रीय व्यापार के महत्व की विवेचना कीजिए।
2. ''विदेशी व्यापार अल्पविकसित देशों के लिए वृद्धि का इंजन हैं।'' क्या आप इस कथन से सहमत हैं ? इसकी आलोचनात्मक विवेचना कीजिए।

अध्याय 40

वाणिज्य नीति और आन्तरिक अभिमुख एवं बाह्य अभिमुख नीतियां
(COMMERCIAL POLICY AND INWARD LOOKING AND OUTWARD LOOKING POLICIES)

1. अर्थ
(MEANING)

वाणिज्य नीति एक अल्पविकसित देश के आर्थिक विकास में महत्वपूर्ण कार्य करती है। वाणिज्य नीति आर्थिक विकास को तीव्र करने में इस प्रकार सहायक होती है : (अ) अल्पविकसित देश को व्यापार से प्राप्त लाभों का अधिक बड़ा भाग लेने योग्य बनाकर, (ब) पूंजी-निर्माण की दर बढ़ाकर, (स) औद्योगीकरण को बढ़ावा देकर, और (द) भुगतान-शेष में सन्तुलन बनाए रखकर।

2. कमर्शियल नीति और आर्थिक विकास
(COMMERCIAL POLICY AND ECONOMIC DEVELOPMENT)

ऐसी कमर्शियल नीति के समर्थन में विविध तर्क प्रस्तुत किए गए हैं जिसका अनिवार्य लक्ष्य संरक्षण को अपनाना हैं।

1. व्यापार की शर्तों का तर्क (The Terms of Trade Argument)

व्यापार से अल्पविकसित देशों के लाभों में वृद्धि का तर्क व्यापार की शर्तों पर आधारित है। व्यापार शर्तों की अल्पविकसित देश के पक्ष में स्थानान्तरण उसकी राष्ट्रीय आय में वृद्धि के समान है। यदि कोई देश ऐसा प्रशुल्क लगा दे जिससे आयात कीमतों में कमी या निर्यात कीमतों में वृद्धि हो जाए, तो इसके परिणामस्वरूप उसकी व्यापार की शर्तों में सुधार हो जाएगा। स्वाभाविक है कि यह आर्थिक विकास के वित्त-प्रबन्धन में सहायक होगा क्योंकि उसकी आय बढ़ेगी और वह इस स्थिति में होगा कि पूंजी वस्तुओं की अधिक बड़ी मात्रा आयात कर सके।

इसकी सीमाएं (Its Limitations)

देखने में यह दलील तर्कसंगत प्रतीत होती है परन्तु यह कुछ त्रुटियों के बिना नहीं है :

(1) यदि बढ़ी हुई आय को बचाया नहीं जाता और उसे घरेलू तथा आयातित वस्तुओं पर अपव्यय कर दिया जाता है, तो व्यापार की शर्तों में सुधार की पूंजी-निर्माण से कोई सम्बद्धता नहीं होगी। केवल बचत करना ही काफी नहीं है। जरूरत तो इस बात की है कि उसे पूंजी-वस्तुओं में निवेश किया जाए।

(2) इस प्रकार की प्रशुल्क नीति की सफलता के लिए आवश्यक है कि प्रशुल्क लगाने वाले देश के पास पर्याप्त एकाधिकार शक्ति हो। परन्तु यह तब तक सम्भव नहीं, जब तक अल्पविकसित देश एक संगठित आर्थिक वर्ग के रूप में कार्य न करें। वास्तविकता में आयात योग्य वस्तु के लिए घरेलू मार्केट के छोटे आकार और विकसित देशों की ऐसे देशों के राष्ट्रीय उत्पादनों के लिए स्थानीय स्थानापन्नों का विकास करने की योग्यता के कारण, इस प्रकार की नीति अव्यवहार्य रहती है।

(3) इस प्रकार की प्रशुल्क नीति तभी प्रभावपूर्ण हो सकती है, जब 'विदेशी-प्रस्तावना वक्र' (foreign-offer curve) लोचरहित हो। परन्तु अल्पविकसित देशों के सम्बन्ध में विदेशी-प्रस्तावना वक्र प्राय: लोचदार होता है। परिणामत: जब आयातों की कीमत बढ़ती है, तो वे कम निर्यातों की पूर्ति करते हैं और कम आयातों की मांग करते हैं। यह लोच जितनी अधिक होगी, प्रशुल्क लागू करने के परिणामस्वरूप व्यापार की मात्रा में उतनी ही अधिक कमी होगी। इस प्रकार, पूर्ति तथा मांग की लोचें व्यापार-शर्तों के तर्क

पर एक महत्वपूर्ण परिसीमा के रूप में कार्य करती हैं।

पर, इन सब परिसीमाओं के बावजूद, ''यह सम्भावना है कि व्यापार से प्राप्त होने वाला लाभ केवल अल्पकालीन लाभ होगा, जिसे अन्य देश ऐसी प्रतिशोधात्मक विधियां अपनाकर शीघ्र ही समाप्त कर देंगे जैसा लोचों में परिवर्तन या सरकार के सीमाशुल्क राजस्व के व्ययों में परिवर्तन, या आय का आन्तरिक पुनर्वितरण।''[1]

2. बचत-अनुपात तर्क (The Saving-ratio Argument)

पूंजी-निर्माण का एक प्रमुख स्रोत यह है कि घरेलू बचतें बढ़ाकर निवेश के वेग में वृद्धि की जाए, प्रत्यक्ष नियन्त्रणों अथवा प्रतिरोधात्मक शुल्कों (prohibitive duties) के माध्यम से पूंजीगत वस्तुओं के आयात को नियन्त्रित करके घरेलू बचतें बढ़ाई जा सकती हैं। इससे उपभोग-व्यय घट जाता है जो बचतों में वृद्धि होने के बराबर है। बचतों की यह वृद्धि आगे पूंजीगत-वस्तुओं के आयात के लिए उपयोग होती है। इसलिए पूंजी-निर्माण के लिए आवश्यक शर्त यह है कि उपभोक्ता वस्तुओं के आयातों में कमी के बाद उतने की मूल्य की पूंजी-वस्तुओं के आयातों में वृद्धि हो।

इसकी सीमाएं (Its Limitations)

परन्तु यह तर्क भी सीमाओं से मुक्त नहीं।

(1) यदि आयात नियन्त्रणों के परिणामस्वरूप उपभोक्ता का व्यय नहीं घटता बल्कि व्यय आयातित वस्तुओं से सरककर घरेलू उपभोक्ता वस्तुओं पर आ जाता है, तो उपभोक्ता वस्तुओं की पूर्ति की सापेक्षता में उनकी मांग बढ़ जाएगी और कीमतों तथा लागतों पर स्फीतिकारी दबाव पड़ेगा। इस सम्बन्ध में **नर्क्से** ने उचित ही कहा है, ''जब उपभोग-योग्य आतायों का निकास वाल्व बन्द कर दिया जाता है, तो व्यवस्था में भाप का दबाब बढ़ जाता है और वह कीमतों की स्तर को उपर धकेलने लगती है।''[2]

(2) घरेलू निवेश की लागत पर भी घरेलू उपभोग में वृद्धि होगी क्योंकि बढ़ा हुआ उपभोग पूंजी-निर्माण या रख-रखाव से घरेलू साधनों को खींच लेता है। यदि ऐच्छिक बचतों को अलग छोड़ दिया जाए तो, फिर भी, स्फीति से उत्पन्न बाह्य बचतों के माध्यम से आयातित पूंजीगत-वस्तुओं को खरीदकर पूंजी-निर्माण हो सकता है।

(3) यदि विलास उपभोक्ता वस्तुओं पर आयात-प्रतिबन्ध के साथ-साथ इन वस्तुओं के घरेलू उत्पादन पर इसी प्रकार के प्रतिबन्ध न लगाए गए, तो घरेलू बचतें अनावश्यक दिशाओं में घुस जाएंगी। इस प्रकार, ''अर्थव्यवस्था को जो कुछ प्रत्यक्ष द्वार से प्राप्त होता है, वह चोर दरवाजे से खो देती है।'' इस बात से इन्कार नहीं किया जा सकता कि इस ढंग से आर्थिक वृद्धि नहीं होती बल्कि वह ''अनावश्यक रूप से दुखदायी तथा विकृत मार्ग'' अपनाती है।

(4) यह तर्क इस धारणा को लेकर चलता है कि उपभोक्ता वस्तुओं पर प्रतिबन्ध की नीति निर्यातों पर प्रतिकूल प्रभाव नहीं डालती। यदि घरेलू आयात-प्रतियोगी उद्योगों को संरक्षण प्रदान करने के लिए आयात-प्रतिबन्ध लगाए जाएंगे, तो वे निर्यात-उद्योगों से साधनों को खींच लेंगे। तब निर्यातों पर प्रतिकूल प्रभाव पड़ेगा। यह भी सम्भव है कि आयातित उपभोग वस्तुओं के न मिलने के कृषकों के लिए निर्यात-योग्य फसलों के उत्पादन की प्रेरणा धीमी पड़ जाए।

(*v*) घरेलू लागतों तथा कीमतों में वृद्धि लाने वाली आयात-प्रतिबन्ध नीति का निर्यातों पर बुरा प्रभाव भी पड़ सकता है। इस प्रकार **नर्क्से** का कहना है, ''यह साधारण विचार, कि केवल विदेशी-व्यापार क्षेत्र की कांट-छांट और तोड़-मरोड़ द्वारा ही देश के लिए अधिक पूंजी प्राप्त की जा सकती है, मुझे भ्रष्ट दृढ़ता का भ्रमजाल प्रतीत होता है।''[3]

3. विदेशी निवेश तर्क (The Foreign Investment Argument)

अल्पविकसित देशों में विदेशी निवेश को आकर्षित करके, संरक्षण भी पूंजी-निर्माण के स्रोत का कार्य करता है। एक तरीका तो यह है कि आयात नियन्त्रणों से बचने के लिए विदेशी निर्माता, प्रशुल्क लगाने वाले देश में, प्रशुल्क फैक्ट्रियां लगाएं। प्रशुल्क-दीवार के पीछे, विदेशी निर्माता अपनी फर्म की, अकेले अथवा स्थानीय उद्यम के सहयोग से, शाखा या उपशाखा स्थापित कर

1. Meier adn Baldwin, *op. cit.*, p. 404, Italics Supplied.
2. R. Nurkse, *op.cit.*, p. 112.
3. *Op.cit.*, p. 115.

सकता है, जब निर्मित वस्तुओं पर रोक हो और कच्चे माल तथा आवश्यक पुर्जे उत्पादन शुल्क मुक्त हों। भारत में हाल के वर्षों में कुछ विदेशी औद्योगिक निवेश इसी ढंग का रहा है। अल्पविकसित देशों में प्रतिबन्धित आयातों के लिए मार्केट का छोटा आकार, प्रत्यक्ष विदेशी पूंजी के प्रवाह में प्रमुख बाधा रही है। विदेशी पूंजी को आकर्षित करने में विस्तृत घरेलू मार्केट एक बड़ी प्रेरणा का काम करता है। जैसा **नर्क्से** ने स्पष्ट कहा है, ''यदि प्रशुल्क संरक्षण कुछ सहायता दे सकता हैं तो शक्तिशाली को ही, कमजोरों को नहीं।''[4]

4. शिशु उद्योग तर्क (The Infant Industry Argument)

संरक्षण के पक्ष में **लिस्ट** का प्रसिद्ध ''शिशु उद्योग'' तर्क अल्पविकसित देशों को उनके औद्योगीकरण की गति बढ़ाने में काफी प्रेरणा देता है। कुछ उद्योग ऐसे हैं कि यदि उन्हें विदेशी प्रतियोगिता से संरक्षण प्रदान कर दिया जाए तो अल्पविकसित देशों में उन्हें सफलतापूर्वक विकसित किया जा सकता है। हो सकता है कि कुछ आधारभूत सुविधाओं के अभाव के कारण अभी तो, उनकी उत्पादन लागतें अधिक हों, परन्तु कुछ समय बाद, जब प्रारम्भिक कठिनाइयां पार कर ली जाएं, तो उनके उत्पादनों में कम लागतें पड़ें। औद्योगीकरण के भावी फल उस क्षति से बहुत अधिक होंगे, जो वर्तमान में ऊंची कीमतों के रूप में कुर्बानी करके उठानी पड़ेगी। इस प्रकार, तर्क यह है कि 'शिशु' उद्योगों को विदेशी प्रतियोगिता से तब तक संरक्षण की जरूरत है, जब तक कि वे जवान न हो जाएं। कृषि से औद्योगिक अवस्था तक संक्रमण, सामान्य रूप से बचपन तथा जवानी के बीच की अवधि को विशिष्टता प्रदान करता है। **प्रो. मिर्डल** ने अल्पविकसित देशों में औद्योगिक संरक्षण के लिए चार विशिष्ट कारण बताए हैं—नई पूर्ति के मुकाबले मांग खोजने की कठिनाइयां, अतिरेक श्रम का अस्तित्व, बाह्य मितव्ययिताओं के निर्माण में व्यक्तिगत निवेश के बड़े पुरस्कार, और उद्योग के प्रतिकूल एक ओर झुका हुआ आन्तरिक कीमत ढांचा।''[5] ये कारण परस्पर सम्बद्ध है और अल्पविकसित देश के समक्ष संरक्षण के लिए 'शिशु अर्थव्यवस्था' के पक्ष में तर्क प्रदान करते हैं।

इसकी सीमाएं (Its Limitations)

परन्तु इसकी कुछ सीमाएं भी हैं :

(1) **नर्क्से** के अनुसार आर्थिक विकास को बढ़ावा देने के लिए अकेला शिशु उद्योग संरक्षण एक बे-असर साधन है क्योंकि यह पूंजी-पूर्ति की समस्या की उपेक्षा कर देता है।

(2) शिशु-उद्योग संरक्षण तब तक न दिया जाए, जब तक उद्योग वास्तव में स्थापित न हो जाए। जैसा **नर्क्से** ने कहा है, ''शिशु-संरक्षण से पहले शिशु का जन्म तो हो।''

(3) प्रशुल्क संरक्षण शिशु-उद्योग के लिए आवश्यक पूंजी का निर्माण या उसकी पूर्ति में वृद्धि नहीं कर सकता। हां, संरक्षित उद्योग में निवेश की प्रेरणा बढ़ाकर यह मांग पक्ष में योगदान दे सकता। परन्तु यह तर्क आयात-स्थानापन्नों के लिए मांग उत्पन्न करने तक सीमित है।

(4) इस बात में भी शक है कि आयात-स्थानापन्नों पर बल ही अर्थव्यवस्था की संतुलित वृद्धि करने के लिए पर्याप्त होगा क्योंकि अर्थव्यवस्था तो सर्वतोमुखी वृद्धि न होने पर आयात-प्रतियोगी उद्योगों में बहुत थोड़ा निवेश होगा। **नर्क्से** ने चेतावनी दी है कि आयात-प्रतिबन्धों पर बहुत अधिक भरोसा नहीं करना चाहिए, क्योंकि देश में उत्पादित आयात-स्थानापन्न महंगे होते हैं और वास्तविक आय घटा देते हैं।

(5) यह मान लेने पर कि शिशु उद्योग का निर्माण किया जा चुका है, संरक्षण नीति की सफलता के लिए अनेक शर्तों को पूरा करना आवश्यक है। यह तो निश्चित है कि संरक्षण की सहायता के बिना उद्योग का विकास नहीं होगा और अन्त में जब यह अपने पैरों पर खड़ा हो जाए, तो संरक्षण हटाया जा सकता है। सबसे बढ़कर, इसे चाहिए कि कम लागतों पर उत्पादन करने की पर्याप्त कुशलता तथा अनुभव प्राप्त करे। इसका मतलब है कि यद्यपि प्रारम्भिक अवस्थाओं में हानि हो सकती है, फिर भी, भविष्य में उद्योग ऐसी स्थिति में पहुंच जाए कि लागतों में पर्याप्त बचत कर सके।

4. *Ibid.*, p. 106.
5. G. Myrdal, *An International Economy Problem and Prospects,* p. 279

(6) शिशु-उद्योग को दी जाने वाले संरक्षण की **मात्रा** तथा अवधि का निर्णय करना भी कठिन है। ये निर्णय करने के लिए **लकड़ावाला** का मत है, ''यह आवश्यक है कि केवल घरेलू मांग तथा पूर्ति की स्थितियों के सम्बन्ध में ही नहीं बल्कि बाकी दुनिया की मांग-पूर्ति स्थितियों को भी जाना जाए और उनका पूर्वानुमान किया जाए। क्योंकि उलटाव (reversal) की सम्भावनाएं सीमित होती है, इसीलिए निर्णय-सम्बन्धी भूल महंगी पड़ सकती है। जब एक बार संरक्षण प्राप्त उद्योग अस्तित्व में आ जाता है, तो भले ही वह अपनी शिशुता से न बढ़े, पर उसे सहन करना ही पड़ेगा और विशिष्ट रूप में ऐसे देशों में, जहां रोजगार की समस्या चिन्ता का विषय बनी हुई है। असफलता की संभावनाओं को न्यूनतम करने के लिए यह आवश्यक है कि न केवल पूर्ववर्ती शर्त के रूप में सक्षम निष्पक्ष जांच पर जोर दिया जाए, बल्कि सरकार को भी सतर्क प्रहरी के रूप में कार्य करना चाहिए ताकि संरक्षित उद्योगों की पूर्ण दक्षता तथा उत्पादकता सुनिश्चित हो सके।''[6]

(7) यह मान लेने पर, कि ये शर्तें पूरी कर दी गई हैं, शिशु-उद्योगों का सही चुनाव करना कुछ-कुछ अनिश्चित रहता है क्योंकि भविष्य में, लागतों तथा बाह्य मितव्ययिताओं की सीमाओं में होने वाले परिवर्तनों का पूर्वानुमान करना कठिन है। इसलिए उचित यह है कि विशिष्ट उद्योगों के विकास को प्रोत्साहन देने के उद्देश्य से, भारी चयनात्मक प्रशुल्कों की बजाय सब निर्मित वस्तुओं पर एकरूप **यथामूल्य** (as valorem) प्रशुल्क लगाया जाए।

5. बाह्य मितव्ययिता तर्क (External Economies Argument)

संरक्षण के पक्ष में एक और तर्क यह है कि हर नए उद्योग की स्थापना या विकास बाह्य मितव्ययिताओं के रूप में लाभ देता है। ये बाह्य मितव्ययिताएं निजी लाभ तथा सामाजिक लाभ के बीच विभेद ला देती है और जब इस प्रकार का विभेद उत्पन्न हो जाता है, तो इस विभेद को कम करने के लिए आयात-प्रतिबन्ध या सहायिकी देने का समर्थन किया जा सकता है। **स्किटोवस्की**[7] का निश्चित मत है कि अल्पविकसित देशों में प्रसंग के बाह्य मितव्ययिताओं के सिद्धान्त का प्रयोग वैकल्पिक निवेश में अवसरों की बचतों के आंबटन की समस्या के सम्बन्ध में किया जाता है।

बाह्य मितव्ययिताओं का वर्गीकरण प्राय: ''प्रौद्योगिकीय'' तथा ''आर्थिक'' बाह्य मितव्ययिताओं के रूप में किया जाता है। वे उत्पादकों की प्रत्यक्ष परस्पर-निर्भरता के कारण उत्पन्न होती है। ''प्रौद्योगिकीय बाह्य मितव्ययिताएँ तब रहती हैं, जब कभी फर्म का उत्पादन केवल उस फर्म के द्वारा उपयोग में लाए गए उत्पादन के साधनों पर ही नहीं बल्कि अन्य फर्म या फर्मों के वर्ग के उत्पादन तथा साधन उपयोग पर भी निर्भर रहता है। ये ''प्रौद्योगिकीय बाह्य मिव्ययिताएं'' फर्म के उत्पादन को उसके उत्पादन फलन में परिवर्तनों के माध्यम से प्रभावित करती हैं। **स्किटोवस्की** के अनुसार, ''आर्थिक बाह्य मितव्ययिताओं से तब सहयाता ली जाती है, जब एक उत्पादक के लाभों को अन्य उत्पादकों के कार्य प्रभावित करते हैं।'' वह आगे स्पष्ट करता है कि निवेश के परिणामस्वरूप उद्योग की क्षमता में विस्तार हो जाने पर इसके उत्पादनों की कीमतें गिर जाती हैं और इसके द्वारा प्रयुक्त साधनों की कीमतें बढ़ जाती हैं। उत्पादनों की कीमतें घटने से उपभोक्ताओं को लाभ होता हैं और साधनों की कीमतें बढ़ने से उनकी पूर्ति करने वालों को जब ये लाभ फर्मों को लाभों के रूप में प्राप्त होते हैं, तो वे आर्थिक बाह्य मितव्ययिताएं हैं।

इसकी सीमाएं (Its Limitations)

बाह्य मितव्ययिता तर्क की निम्न सीमाएं हैं :

(1) यदि तकनीकी या आर्थिक बाह्य मितव्ययिताओं के प्रकट होने के कारण, संरक्षित उद्योग की क्षमता में विस्तार होने के फलस्वरूप अन्य उद्योगों में फर्मों की उत्पादन लागतें घट जाएं, ''इस स्थिति में निजी लाभदायकता इसकी सामाजिक वांछनीयता को कम बतलाती है।'' परिणामत: वस्तुओं का उत्पादन अनुकूलतम से कम रहेगा। दूसरे शब्दों में, यदि संरक्षित उद्योग में निवेश से अन्य उद्योग की लाभदायकता बढ़ती है, तो निवेश के निर्णय अनुकूलतम से कम होंगे। इस प्रकार, पूरक उद्योगों के क्षेत्र में प्रदान किया गया संरक्षण सामाजिक दृष्टि से अधिक वांछनीय होता है, जबकि एकाकी (isolated) उद्योगों की स्थिति में हो सकता है कि यह कम लाभदायक हो। जैसा **स्किटोवस्की** ने कहा है, ''यदि उद्योगों में विस्तार को केवल इकट्ठे एकीकृत तथा योजनाबद्ध किया जा

6. D. T. Lakdawala, "Commercial Policy and Economic Growth" in *Trade Theory and Commercial Policy in Relation to Underdeveloped Countries,* (ed.) A.K. Dass Gupta, p. 31, F.N. 5.
7. Tibor Scitovsky, *Two Concepts of External Economics* in Aggarwal and Singh (ed.), pp. 295-303.

सकता, तो उसमें से प्रत्येक में निवेश की लाभदायकता सामाजिक वांछनीयता की सूचक होती।''

(2) मिर्डल का मत है कि निर्यात तथा आयात-प्रतियोगी क्षेत्रों में अपेक्षाकृत अधिक बाह्य मितव्ययिताएं प्राप्त हो सकती हैं।

(3) वास्तव में हमें चाहिए कि केवल उन्हीं शुद्ध बाह्य मितव्ययिताओं अर्थात् बाह्य मितव्ययिताएं **घटा** मितव्ययिताएं को गिनें, जो देशीय नागरिकों को प्राप्त होती हैं और उन आर्थिक बाह्य मितव्ययिताओं को छोड़ दें जो निर्यात-उद्योगों के विस्तार से विदेशी क्रेताओं को प्राप्त होती हैं, और उन अमितव्ययिताओं को भी छोड़ दें जो आयात-प्रतियोगी उद्योगों के विस्तार से विदेशी प्रतियोगियों को उठानी पड़ती हैं। परिणामतः स्किटोवस्की यह निष्कर्ष देता है कि राष्ट्रीय दृष्टिकोण से निर्यात उद्योगों में निवेश हमेशा कम वांछनीय, और आयात प्रतियोगी उद्योगों में वह हमेशा अधिक वांछनीय होता है।

6. साधन पुनर्वितरण तर्क (Factor Re-distribution Argument)

कहा जाता है कि कृषि तथा उद्योग के बीच कीमतों तथा लागतों में अन्तर इतना अधिक होता है कि वह उद्योग के विकास में बाधा पहुंचाता है। यह मत सबसे पहले **एम. मैनिलैस्को**[8] ने प्रस्तुत किया था, जिसने उद्योग को संरक्षण प्रदान करने का इसलिए समर्थन किया कि कृषि की अपेक्षा उद्योग अधिक उत्पादक है। **प्रो. लुइस** तथा **मिर्डल** ने इस तर्क को पुनः प्रस्तुत किया है।

अति जनसंख्या वाले अल्पविकसित देशों में उद्योग में श्रम की मुद्रा मजदूरी वैकल्पिक प्रयोगों में श्रम की सामाजिक लागत से बढ़ जाती है। ग्रामीण क्षेत्रों में विस्तृत परिवार-व्यवस्था तथा अल्परोजगार के कारण, मजदूरी कृषि में कम और उद्योगों में अधिक होती है। ग्रामीण क्षेत्र का अल्परोजगार या बेरोजगार श्रमिक तब तक नगर में नौकरी को तैयार न होगा, जब तक उसे दी जाने वाली मजदूरी उसके परिवार-आय के भाग से नहीं बढ़ती। क्योंकि वह श्रमिक अल्प-रोजगार में है या बेरोजगार है, इसलिए इसका सीमान्त उत्पादन या तो नगण्य होगा या शून्य, और परिणामतः समाज के दृष्टिकोण से उस श्रमिक उत्पादन का मूल्य उस मजदूरी से अपेक्षाकृत कम है, जिसे वह नगर में वैकल्पिक नौकरी में स्वीकार करने को तैयार है। इस प्रकार, उद्योग-संरक्षण की नीति आवश्यक है ताकि मुद्रा और सामाजिक लागतों में इस अन्तर की क्षतिपूर्ति हो सके और अतिरेक श्रमशक्ति के लिए विकास श्रम-रोजगार अवसर भी प्रदान किए जा सकें। **मिर्डल** का कथन है कि अल्पविकसित देश में, निर्माणकारी उद्योग और कृषि मजदूरी के बीच का विस्तार विशिष्ट रूप से अधिक होता है। इससे उद्योग में बाधा पहुंचेगी बशर्ते कि उसे तदनुरूप कोटि का संरक्षण न दिया जाए। फिर उद्योग में श्रम की सामाजिक लागतें वास्तव में मुद्रा लागतों से कम होती है और कृषि तथा उद्योग के बीच की श्रम लागतों में इस अन्तर की क्षतिपूर्ति संरक्षण कर देगा। धारणा यह है कि उद्योग की अपेक्षा कृषि कम उत्पादक है, इसलिए संरक्षण की नीति के माध्यम से साधनों के पुनर्वितरण द्वारा वास्तविक आय बढ़ायी जा सकती है।

इसकी सीमाएं (Its Limitations)

यह तर्क भी सीमारहित नहीं है।

(1) जब यह तर्क अल्पविकसित देशों में वर्तमान अदृश्य बेकारी की समस्या पर लागू किया जाता है, तो यह अधिक विश्वासप्रद ठहरता है। यदि अतिरेक कार्यकारी शक्ति का एक भाग (जिसकी सीमान्त उत्पादकता कृषि में शून्य है) कृषि से हटा लिया जाए और लाभदायक रूप से उद्योग में लगा दिया जाए, तो वह देश की वास्तविक आय बढ़ा देगा। इस उद्देश्य के लिए उद्योगों को विदेशी प्रतियोगी के विरुद्ध संरक्षण प्रदान करना है।

(2) यह मान लेने पर कि अदृश्य बेकारी पाई जाती है, क्या अतिरेक श्रम-शक्ति को कृषि से उद्योग में स्थानान्तरण करने के लिए संरक्षण दिया जाए। **नर्क्से** के अनुसार, औद्योगीकरण के माध्यम से नहीं बल्कि अतिरेक श्रग की पूर्ति परियोजनाओं में लगाने से यह समस्या हल होती है। समस्या उद्योग संरक्षण की नहीं है, बल्कि सामाजिक तथा संस्थानिक बाधाएं दूर करके श्रम की गतिशीलता को प्रेरणा देने की है।

(3) पर आर्थिक वृद्धि के प्रसंग में 'उद्योग की श्रेष्ठता' का यह तर्क अमान्य है। कोई देश अपनी अर्थव्यवस्था के कृषि झुकाव के कारण नहीं बल्कि कम कृषि-उत्पादकता के कारण दरिद्र होता है। वास्तव में, तीव्र आर्थिक विकास के लिए कृषि-विकास को औद्योगिक विकास के साथ कदम मिलाकर बढ़ना होगा। कृषि-उत्पादकता बढ़ती रहनी चाहिए ताकि बढ़ती हुई जनसंख्या को

8. M. Manoilesco, *Theory of Protection and International Trade,* (Eng. Ed). 1931.

खाद्यान्न प्रदान किए जाएं, विस्तारशील घरेलू उद्योगों को कच्चे माल की पूर्ति की जाए, अधिक विदेशी विनिमय अर्जन हो और सबसे बढ़क पूंजी-निर्माण की दर बढ़ाई जाए। इसलिए उद्योग पर अत्यधिक बल देने से कृषि तथा निर्यातों पर प्रतिकूल प्रभाव पड़ने की संभावना है। इस प्रकार, प्राथमिक उत्पादन को दरिद्रता की स्थिति नहीं माना जा सकता। यह दरिद्रता से सम्बन्धित विशिष्टता तो है, पर कारणात्मक विशिष्ता नहीं है।

7. भुगतान-शेष तर्क (The Balance of Payments Argument)

विकास के आयोजित लक्ष्यों को पूरा करने के लिए अल्पविकसित देश भुगतान-शेष की गम्भीर कठिनाइयों में फंस जाते हैं। आयातों तथा निर्यातों में असंतुलन उत्पन्न हो जाता है, जो विकास के साथ-साथ बढ़ता जाता है। ऐसा आयातों में वृद्धि और निर्यातों में कमी के कारण होता है। विद्युत, सिंचाई, परिवहन आदि परियोजनाओं जैसे आर्थिक आधारिक संरचना तथा प्रत्यक्षतः उत्पादक क्रियाओं जैसे लोहा और इस्पात, सीमेंट, बिजली का सामान आदि को स्थापित करने के लिए अल्पविकसित देशों को पूंजीगत उपकरण, मशीनरी, कच्चे माल, पुर्जे आदि बड़ी मात्रा में आयात करने पड़ते हैं, जिससे उनके विदेशी व्यापार का आयात अंश बढ़ जाता है।

आयातों के बढ़ने का एक अन्य कारण शीघ्रता से बढ़ रही जनसंख्या के लिए खाद्यान्न की वृद्धिशील मांग होता है। अतः खुराक का आयात अल्पविकसित देशों में भुगतान-शेष में असंतुलन उत्पन्न करने का एक महत्वपूर्ण तत्व होता है।

खाद्यान्नों के अतिरिक्त, बहुत-सी आवश्यक उपभोक्ता वस्तुओं की घरेलू मांग को पूरा करने के लिए उन्हें आयात किया जाता हैं क्योंकि देशी उत्पादन से उस मांग को पर्याप्त रूप से पूरा नहीं किया जा सकता यह बात समान रूप से अर्थव्यवस्था के निजी क्षेत्र द्वारा आवश्यक पूंजीगत उपकरण पर भी लागू होती है।

ऐसे देशों के बढ़ रहे आयातों का अन्य महत्वपूर्ण कारण आयात स्थानापन्नता की नीति है। यह अर्थव्यवस्था ऐसे उद्योग की स्थापना की अपेक्षा रखती है, जो अन्ततः आयातों को स्थापन्न करते हैं। ऐसी नीति अपने आप में, ऐसे उद्योगों को स्थापित और चालू करने के लिए बड़ी मात्राओं में मशीनरी, पूंजी उपकरण, पुर्जे, कच्चा माल आदि की आयातों की आवश्यकताओं पर जोर देती है।

लगभग सभी अल्पविकसित देश दीर्घकाल तक उपनिवेशवाद के अन्तर्गत रहने के बाद स्वतन्त्र राष्ट्र के रूप में उभरे हैं। इसलिए वे कठिनाई और संघर्ष से जीति स्वतंत्रता को कायम रखना अपना प्रथम कर्त्तव्य समझते हैं। इसके लिए वे किसी भी प्रकार के आन्तरिक विद्रोह और विदेशी आक्रमण से बचने के लिए अपने आपको सदैव तैयार रखते हैं। इससे प्रतिरक्षा के समान के भारी आयातों की आवश्यकता पड़ती है।

ऐसी अर्थव्यवस्था में भुगतान-शेष की कठिनाइयों का एक अन्य महत्वपूर्ण कारण स्फीति है। जैसे-जैसे अर्थव्यवस्था विकास के पथ पर चलती है, घाटे के वित्त-प्रबन्धन द्वारा होने वाले भारी निवेश खर्चों से सशक्त स्फीतिकारी दबाव उत्पन्न होते हैं। घरेलू आय, लागतों और कीमतें बढ़ने से आयात प्रोत्साहित और निर्यात हतोत्साहित होते हैं। ये भुगतान-शेष की स्थिति को गम्भीर बना देती है।

इसके अतिरिक्त भुगतान-शेष में असंतुलन उस समय उत्पन्न होता है, जब एक विकासशील देश को विदेशी ऋण को वापस करने के लिए विदेशी विनियम की आवश्यकता पड़ती है। ऐसी अर्थव्यवस्थाओं को विकसित अर्थव्यवस्थाओं से उधार ली गई राशि पर मूलधन तथा ब्याज वापिस करना होता है। फिर, इन्हें आयातित वस्तुओं की अदृश्य मदों जैसे परिवहन, बीमा आदि सेवाओं के लिए भी विदेशों को भुगतान करना पड़ता है। इन सभी के लिए अधिक विदेशी मुद्रा चाहिए, जो पहले से ही दुर्लभ होने के कारण, भुगतान-शेष की स्थिति को और खराब कर देते हैं।

दूसरी ओर, **निर्यात** आयातों के पीछे रह जाते हैं। अल्पविकसित देशों के निर्यातों में विविधता और लोचशीलता का अभाव पाया जाता है। ये देश मुख्यतः कच्चे माल और कृषि पदार्थों जैसी प्राथमिक वस्तुओं का उत्पादन करते हैं। इसलिए उनके सीमित और बहुत प्रतियोगी बाजार होते हैं। फिर वे, बढ़ रही आय और उपभोक्ता वस्तुओं के लिए मांग की आय लोच बढ़ने से निर्यात-योग्य वस्तुओं के बढ़े हुए उपभोग के कारण अधिक निर्यात करने में असमर्थ होते हैं। एक अन्य समस्या स्फीति के दबावों के कारण उनकी ऊंची उत्पादन लागत होती है। अत्यन्त प्रतियोगी **अन्तर्राष्ट्रीय मार्किटों** के होते हुए ऊंची लागत निर्यातों के रास्ते में बड़ी बाधा होती है। फिर प्रशुल्क प्रतिरोध, कोटा प्रतिबन्ध और प्रादेशिक आर्थिक संगठन भी अल्पविकसित देशों के निर्यातों को निम्न

रखते हैं। **अन्तिम,** निर्यात-योग्य वस्तुओं की घटिया किस्म और विदेशों में वस्तुएं बेचने के लिए उपयुक्त साख-सुविधाओं का अभाव उनके निर्यातों को निम्न रखने का कारण हैं।

इस प्रकार ऊपर चर्चित तत्वों के कारण अल्पविकसित देशों के निर्यात कम और आयात ऊंचे रहने की प्रवृत्ति पाई जाती है, जिससे उनमें भुगतान-शेष की समस्या चिरस्थाई बन गई है।

भुगतान-शेष की कठिनाईयों को दूर करने के उपाय : आन्तरिक अभिमुख बनाम बाह्य अभिमुख नीतियां (Measures to Overcome Balance of Payments Difficulties : Inward-Looking vs. Outward-Looking Policies)

आयातों और नियातों के अन्तर को निर्यात बढ़ाकर तथा आयात कम करके दूर किया जा सकता है। इस उद्देश्य के लिए एक अल्पविकसित देश दो व्यापार कूटनीतियों पर विश्वास करता है—निर्यात प्रोत्साहन और आयात स्थानापन्न। निर्यात प्रोत्साहन नीति को बाह्य अभिमुख निर्यात प्रेरित कूटनीति और आयात स्थानापन्न नीति को आन्तरिक अभिमुख कूटनीति कहते हैं। हम इनकी विवेचना आगे करते हैं।

1. बाह्य-अभिमुख या निर्यात प्रोत्साहन कूटनीति (Outward-Looking or Export Promotion Strategy)

बाह्य अभिमुख (या निर्यात प्रेरित) कूटनीति वह होती है जिसमें व्यापार नीतियां घरेलू मार्किट के लिए उत्पादन और निर्यातों के बीच भेद नहीं करतीं। इस कूटनीति के अन्तर्गत व्यापार नियंत्रण एवं लाईसेंसिंग व्यवस्था या तो सीमित होते हैं या नहीं होते हैं। परन्तु निर्यात प्रेरणाएं (incentives) निर्यात वस्तुओं के उत्पादकों को प्रदान किए जाते हैं। इसका उद्देश्य परंपरागत तथा गैर-परंपरागत वस्तुओं के उत्पादन एवं निर्यात वस्तुओं के विनिर्माण का विस्तार करना है। निर्यात क्षेत्र को शेष अर्थव्यवस्था से अलग नहीं माना जाता, बल्कि इसे संपूर्ण अर्थव्यवस्था की उत्पादन प्रक्रिया का एक अभिन्न अंग माना जाता है। निर्यातों के उत्पादन से पैमाने की बड़ी मितव्ययिताएं प्राप्त होती हैं और निर्यात मार्किट के विस्तार से उत्पादन की लागतों में कमी होती है। ये विदेशी मुद्रा आय, क्षमता उपयोग एवं साधन उत्पादकता में भी वृद्धि करती हैं। परिणामस्वरूप, निर्यातों के उत्पादनों का दोनों अग्रवर्ती (forward) और पश्चवर्ती (backward) अनुबंधन प्रभाव होगा। उत्पादन की आधुनिक तकनीक और विधियों के प्रयोग से तकनीकी ज्ञान, श्रमिक प्रशिक्षण आदि के विस्तार के माध्यम से बाह्य मितव्ययिताएं प्राप्त होती हैं। इनसे अर्थव्यवस्था में अन्य क्रियाओं को लाभ होगा। निर्यात क्षेत्र की वृद्धि का भी महत्वपूर्ण पश्चवर्ती अनुबंधन होगा। निर्यात वस्तुओं का उत्पादन अर्थव्यवस्था में आगत (input) पूर्ति करने वाले उद्योगों के विस्तार के लिए एक प्रबल प्रोत्साहन प्रदान करता है। इसके अतिरिक्त, निर्यात क्षेत्र की वृद्धि से अर्थव्यवस्था के बुनियादी क्षेत्र का विकास होगा।

अन्त में, बाह्य-अभिमुख व्यापार कूटनीति गुणक प्रभावों के माध्यम से आय बढ़ाकर बचतों की ऊंची दर को प्रोत्साहित करती है। क्योंकि बढ़ते निर्यातों से संसाधनों का बेहतर और अधिक क्षमता उपयोग होगा। अल्पविकसित देशों में घरेलू बचतें और बढ़ती हैं। क्योंकि निर्यातों द्वारा उत्पन्न आय का एक बड़ा भाग बचा लिया जाता है। इसके अतिरिक्त, घरेलू उपभोग पर एक अधिक बड़े करारोपण और बचत के रूप में निर्यातों द्वारा एकत्र किया जाता है। विदेशी पूंजी के साथ इसकी निवेश एवं आय को और बढ़ाने की संभावना अधिक होती है। इससे श्रम-प्रधान निर्यातों के विस्तार के माध्यम से आय का अधिक समान वितरण होता है। परिणामस्वरूप, अधिक रोजगार उत्पन्न होता है।

ऊंची उपलब्धि वाली एशियाई अर्थव्यवस्थाएं, जो हांगकांग, ताइवान, दक्षिण कोरिया और सिंगापुर (ये चार 'टाइगर'), मलेशिया, थाईलैंड और इंडोनेशिया हैं, का दीर्घकालिक आर्थिक विकास, निर्यात-प्रेरित बाह्य अभिमुख व्यापार कूटनीति के कारण हुआ है।

अब हम उन उपायों का वर्णन करते हैं जो अल्पविकसित देशों द्वारा इस कूटनीति को लागू करने हेतु निर्यात प्रोत्साहन के लिए अपनाए जाते हैं।

निर्यात-प्रोत्साहन (Export Promotion)—भुगतान-शेष के असंतुलन को दूर करने के लिए निर्यात-प्रोत्साहन अनिवार्य है। **प्रथम** पग के रूप में विकसित देशों में प्रस्तुत वस्तु-सर्वेक्षण करने चाहिएं ताकि उनमें भावी मार्किट निर्धारित की जा सके। इन सर्वेक्षणों के आधार पर निर्यात संभावनाओं वाली वस्तुओं के उत्पादन को बढ़ाना चाहिए। अपरम्परागत मदों के निर्यातों को प्रोत्साहित

करना चाहिए क्योंकि उनकी आवश्यकता विकासशील और विकसित दोनों प्रकार के देशों को होती है। इस सम्बन्ध में **मिर्डन** का यह विचार है कि यह अल्पविकसित देशों के हित में नहीं कि वे अपने परम्परागत निर्यातों को चालू रखें। इसलिए वह यह सुझाव देता है कि ''वे इन निर्यातों की बनावट तथा उनकी विश्व मार्केट में संभाव्यताओं की ओर अच्छी दृष्टि दौड़ाएं और तब इस बारे में निश्चय करें कि किन निर्यातों को उन्हें बढ़ाने का यत्न करना चाहिए और किन निर्यातों को उन्हें कम कर देना या अकेला छोड़ देना चाहिए। उन्हें ऊंची आय और कीमत लोचताओं तथा बढ़ रही मांग प्रवृत्तियों वाली गत्यात्मक वस्तुओं को स्वयं अपने लिए ढूंढना चाहिए और उनसे दूर रहने का प्रयत्न करना चाहिए, जिसका भविष्य संदिग्ध हो।'' आगे यह नीति निम्नलिखित उपाय अपनाने की अपेक्षा रखती है :

(*i*) निर्यात प्रोग्राम को पूरा करने की एक आवश्यक पूर्व-शर्त, कृषि, खनिज और औद्योगिक क्षेत्रों में निश्चित उत्पादन लक्ष्यों की प्राप्ति है।

(*ii*) पर्याप्त निर्यात अतिरेक उत्पन्न करने के लिए राजकोषीय या अन्य विधियों द्वारा वस्तुओं के घरेलू उपभोग की वृद्धि को रोकना।

(*iii*) उचित आन्तरिक कीमत स्थिरता को कायम रखना।

(*iv*) निर्यात-अनुस्थापित उद्योगों का आधुनिकीकरण करना।

(*v*) निर्यात-योग्य वस्तुओं के उत्पादन के लिए आवश्यक कच्चे माल और पूंजी उपकरणों का समय पर आयात तथा उत्पादन द्वारा कम कीमत पर भी उनकी पूर्ति करना।

(*vi*) निर्यात-योग्य वस्तुओं पर निर्यात प्रतिबन्धों को हटाना या ढीला करना।

(*vii*) निर्यातकों को साख, बीमा और परिवहन सुविधाएं देना। भारत में निर्यातकों को रिजर्व बैंक, स्टेट बैंक और रिफाइनैंस निगम साख सुविधाएं प्रदान करते हैं। इसके अतिरिक्त, निर्यात बीमा निगम जो सभी निर्यात जोखिमों का बीमा करता है, निर्यातकों की ओर से साख-सुविधाओं के लिए बैंकों को गारंटी देता है और निर्यात प्रोत्साहन के लिए सहायक साख-सुविधाएं प्रदान करता है जबकि भारतीय रेलवे सस्ती और अधिमान्य परिवहन सुविधाएं देती है।

(*viii*) निर्यात-योग्य वस्तुओं के उत्पादन में आयातित कच्चे माल, अर्द्ध-निर्मित वस्तुओं या घटकों को प्रयोग करने वाले निर्यातकों को करों में रियायतें देना।

(*ix*) निर्यात-योग्य वस्तुओं की कीमतों का स्थिरीकरण।

(*x*) विभिन्न वस्तुओं के गुणवत्ता नियन्त्रण को प्रारम्भ और लागू करने तथा जहाज में लाने से पहले अनिवार्य परीक्षण करने की विधियां अपनाना। भारत में, **निर्यात परीक्षण परिषद्** इन दोनों कार्यों को निभाती है।

(*xi*) निर्यातकों और विदेशी आयात करने वाली फर्मों के लिए सूचना एकत्रित और प्रदान करने हेतु वाणिज्य सूचना सेवा स्थापित करना।

(*xii*) विदेशों में निर्यातकों के व्यापारिक हितों का प्रतिनिधित्व करने के लिए एक व्यापारिक कम्पनी की स्थापना करना जिसकी विश्व के मुख्य केन्द्रों में शाखाएं हों।

(*xiii*) विदेशी व्यापारिक और औद्योगिक मेलों को चलाना और उनमें भाग लेना और निर्यात प्रोत्साहन के लिए दृष्टि वाणिज्य प्रचार करना।

(*xiv*) मुख्य निर्यात वस्तुओं के लिए निर्यात प्रोत्साहन परिषदें स्थापित करना। भारत में अनेक निर्यात प्रोत्साहन परिषदें हैं, जो विभिन्न वस्तुओं से सम्बन्धित परामर्श और कार्यकारी दोनों ही कार्य करती हैं। वे देश के निर्यात प्रोत्साहन के लिए कृषकों, उत्पादकों और निर्यातकों का सक्रिय सहयोग प्राप्त करने हेतु स्थापित की गई हैं। कई परिषदों ने विदेशों और भारत के महत्वपूर्ण स्थानों पर प्रादेशिक केन्द्र खोले हैं।

(*xv*) विकसित देशों के साथ द्विपक्षीय व्यापार समझौते करना।

(*xvi*) विदेशी व्यापार के क्षेत्र में विकासशील देशों का परस्पर सहयोग। क्योंकि अधिकांश अल्पविकसित देश लगभग एक ही किस्म की वस्तुओं का निर्यात करते हैं, इसलिए वे एक-दूसरे के साथ प्रतियोगिता में आ जाते हैं, जो उनके लिए हानिकर सिद्ध होती

हैं। इसलिए **नर्क्से, मिर्डल** तथा दूसरों ने सुझाया है कि अन्तर्राष्ट्रीय व्यापार के क्षेत्र में उनमें अपसी सहयोग होना चाहिए। यह सहयोग एक विशिष्ट क्षेत्र में, या फिर समान प्रकृति के देशों में, सामान्य-मार्किट के निर्माण में हो सकता है। अल्पविकसित देशों के व्यापार में वृद्धि करने का केवल एक यही तरीका है कि विश्व मार्किट में उनकी सौदेबाजी की शक्ति बढ़ाई जाए। यदि विकासशील देशों द्वारा 'सहयोग' की नीति नहीं अपनाई जाती है तो इससे निर्यात निराशावाद बढ़ता है अर्थात् भविष्य में होनेवाली विश्व मांग विकसित देशों को उनके निर्यात का समर्थन नहीं करेगी। परन्तु **बेला बलासा** (Bela Ballasa) के अनुसार, आनुभविक अध्ययन से स्पष्ट हुआ है कि विकासशील देशों के साथ विकसित देशों का अन्तरा-उद्योग (intra industry) व्यापार अन्य विकसित देशों के साथ व्यापार की तुलना में बहुत अधिक तेजी से बढ़ा है।

2. आन्तरिक अभिमुख या आयात स्थानापन्न कूटनीति
(Inward-Looking or Import Substitition Strategy)

आन्तरिक अभिमुख व्यापार कूटनीति वह है जिसमें व्यापार घरेलू बाजार के लिए उत्पादन के पक्ष में और निर्यात बाजार के विरुद्ध झुका होता है। इसकी कूटनीति यह है कि उपभोक्ता वस्तुओं के आयात में कटौती करो और उन्हें देश में ही उत्पादित करो। जैसा **मिर्डल** ने संकेत किया है, ''विदेशी विनिमय के समक्ष खतरे ऐसी वस्तुओं के उत्पादन की ओर उद्योगों में निवेश को निर्देशित करने का कारण प्रदान करते हैं, जो आयातों के स्थानापन्न होते हैं।'' **हर्षमैन** के अनुसार, आयात स्थानापन्न औद्योगीकरण के **चार आवेग** (Impluses) होते हैं। वे हैं : भुगतान-शेष की कठिनाईयां, युद्ध, आय में धीरे-धीरे वृद्धि और आयोजित विकास नीति। पहला अनावश्यक उद्योगों के पक्ष में झुकाव लाता है और अन्तिम पूर्णतया विपरीत झुकाव पैदा करता है। आयात स्थानापन्नता द्वारा औद्योगीकरण के लिए विकासशील देशों में भुगतान-शेष की कठिनाइयाँ और आयोजित विकास नीति दो प्रेरणात्मक शक्तियां हैं। औद्योगीकरण की इस नीति के पालन में जो तरीके अपनाए जाते हैं, वे कीमत-संरक्षक विधियों के रूप में आयात प्रशुल्क, कोटा, आयात या विनिमय अधि-प्रभार और बहु विनिमय दरें हैं, जबकि आयात प्रतियोगी उद्योगों में लागतें कम करने के लिए कर-छूटें और सहायिकी प्रयोग किए जाते हैं। आयात स्थानापन्नता अनिवार्यतः उत्पादन के अन्तिम चरणों में टिकाऊ उपभोक्ता वस्तुओं के निर्माण से प्रारम्भ होती है। देश बहुत से परिवर्तन, एकीकरण और मिश्रित करने वाले प्लांटों को आयात करता है और पहले आयातित की जाने वाली तैयार उपभोक्ता वस्तुओं का उत्पादन करता है और फिर प्रायः शीघ्रता और सफलता के साथ, उत्पादन के ऊंचे स्तरों पर और पश्यवर्ती अनुबंधन प्रभावों (backward linkage effects) द्वारा गध्यवर्ती वस्तुओं की ओर चला जाता है।[9]

आयात-स्थानापन्नता के पक्ष में तर्क (Case for Import Substitution)

आयात स्थानापन्नता के पक्ष में तर्क इस तथ्य पर आधारित हैं कि ऐतिहासिक तौर से व्यापार अन्तर्राष्ट्रीय असमानता यन्त्र के रूप में पिछड़े हुए देशों के अहित में चालित रहा है। इसलिए वह दीर्घकाल में आत्म-निर्भरता और आयातों को घरेलू उत्पादन द्वारा स्थानापन्न करके विदेशी मुद्रा बचाने के उद्देश्य से आयात-स्थानापन्नता द्वारा औद्योगीकरण की कूटनीति को अपनाने में उचित है।

आयात-स्थानापन्नता के पक्ष में विकसित देशों के अनुभव को भी दिया जाता है। कुछ देशों के ऐतिहासिक अध्ययन के आधार पर **चेनरी** (H.B. Chenery) ने यह दिखाया है कि विकास के साथ केवल औद्योगिक उत्पादन का भाग ही नहीं बढ़ता बल्कि औद्योगिक उत्पादन में कुल वृद्धि का एक बड़ा अनुपात, आयात स्थानापन्नता पर आधारित उद्योगों की वृद्धि का कारण होता है।

आयात स्थानापन्नता की नीति के पक्ष में एक प्रमुख तर्क यह है कि यह आयात स्थापनापन्नता उद्योगों के लिए मार्किट ढूंढने की अनिश्चितताओं और जोखिम से दूर रहती है क्योंकि जब आयातों को रोक दिया जाता है, तो नए उद्योगों को पहले से ही स्थापित मार्केट प्राप्त हो जाती है।

एक अन्य तर्क इस आधार पर आधारित है कि एक विकासशील देश की औद्योगिक आयातों के लिए मांग इसके निर्यातों के लिए विदेशी मांग की अपेक्षा बहुत तेजी से बढ़ती है। ऐसे देश प्राथमिक वस्तुओं का निर्यात करते हैं जिनकी विदेशी मांग मन्द होती है तथा इसलिए वे निर्यातों के बदले में पर्याप्त औद्योगिक वस्तुएं आयात नहीं कर पाते। अतः घरेलू मांग को पूरा करने के लिए देश

9. A.O. Hirachman, *"The Political Economy of Import Substitution Industrialisation in Latin America,"* *Q.J.E.*, Feburary 1968.

में औद्योगिक वस्तुओं के उत्पादन की आवश्यकता पड़ती है।

फिर, यह भी तर्क दिया जाता है कि आयात स्थानापन्न औद्योगीकरण घरेलू बचत और निवेश की दर को बढ़ाता है। जब राज्य विदेशी प्रतियोगिता से आयात स्थानापन्न उद्योगों की रक्षा करने के लिए प्रशुल्क, लाइसेंस, कोटा आदि प्रतिबन्धात्मक विधियां अपनाता है, तो उत्पादक अपनी वस्तुओं की कीमतें बढ़ा लेते हैं और इस प्रकार ऊंचे लाभ कमाते हैं। जब यह लाभ बचाकर पुनर्विनियोजित किए जाते हैं, तो विकास की गति तेज होती है। फिर, यह भी तर्क दिया जाता है कि आयात स्थानापन्न उद्योगों की शर्तें संरक्षण व्यापार की शर्तों को असंरक्षित क्षेत्रों के विरुद्ध कर देगीं और आय वितरण को इस ढंग से परिवर्तित करेंगी कि बचतें और निवेश अर्थव्यवस्था में प्रोत्साहित हो जाते हैं।

औद्योगीकरण द्वारा आयात स्थानापन्नता के पक्ष में रोजगार का तर्क भी दिया जाता है। जनसंख्या वृद्धि के साथ बढ़ रही श्रम शक्ति को काम पर लगाने के लिए, आधुनिक श्रम-बचत तकनीकों के प्रयोग द्वारा कृषि उत्पादकता से बढ़ रहा अतिरेक मानव शक्ति को खपाने और वर्तमान अल्प-रोजगार में लगे लोगों को लाभदायक रोजगार के साधन प्रदान करने के लिए आयात-स्थानापन्न औद्योगीकरण आवश्यक है।

आयात-स्थानापन्न औद्योगीकरण के पक्ष में एक अन्य तर्क अल्पविकसित देश में दीर्घकालिक **आर्थिक कल्याण** के दृष्टिकोण से है। यदि आयात-स्थानापन्नता की नीति प्रत्यक्ष विदेशी निवेशों द्वारा चलाई जाती है, जैसाकि साधारणतया होता है, तो आधुनिक औद्योगिक तकनीक और ज्ञान से देश लाभ उठाता है। उन्नत देशों के प्रौद्योगिकीय ज्ञान में प्रत्यक्षत: भाग लेकर यह अपनी पूंजी-संचय की दर को तीव्र करने में समर्थ हो जाता है।

आयात-स्थानापन्नता द्वारा औद्योगीकरण का अन्तिम उद्देश्य दो तरह का है : (*i*) तैयार उपभोक्ता वस्तुओं, मध्यवर्ती वस्तुओं और मशीनरी के उत्पादन में आत्म-निर्भरता प्राप्त करना, और (*ii*) उन्हें विकासशील और विकसित देशों को निर्यात करना।

आयात-स्थानापन्नता के विपक्ष में तर्क (Case against Import Substitution)—भारत, पाकिस्तान और बहुत से लेटिन अमरीकी देशों में आयात-स्थानापन्नता की नीति सही ढंग से नहीं चल रही है, बल्कि इसने अल्पविकसित देशों की अर्थव्यवस्थाओं में गड़बढ़ पैदा कर दी है जिससे उनकी औद्योगीकरण की प्रक्रिया मंहगी हो गई है। सैंटियागो मकैरियो (Santiago Macario) नाम का एक लेटिन अमरीकी अर्थशास्त्री इस बारे में लिखता है कि विदेशी विनिमय की चिरस्थायी कमी से मुक्ति पाने की चिन्ता ने बहुत से लेटिन अमरीकी देशों को आयात-स्थानापन्नता से अनिवार्यत: सम्बन्धित नीति अपनाने को प्रेरित किया है, और कि स्थानापन्नता की प्रक्रिया एक योजना और विकास आवश्यकताओं की प्रत्याशा के अनुसार धीरे-धीरे प्रभावित नहीं हुई है बल्कि अक्सर आपात-स्थितियों से निपटने के लिए, और अत्यधिक एवं अभेदकारी संरक्षण के आधार पर काम चलाऊ ढंग से प्रभावित हुई है। परिणामस्वरूप, कई दशाओं में इसे आर्थिक दृष्टि से उचित सीमाओं के काफी बाहर ले जाया गया है, जिस कारण से इन देशों के आर्थिक ढांचे में गंभीर बिगाड़ उत्पन्न हुए हैं तथा निर्यात संभाव्यताओं की विशेष हानि के प्रति अधिक दक्ष और उत्पादकीय क्रियाओं के विकास पर कुप्रभाव पड़ा है।[10] ये अवलोकन भारत पर भी समान रूप से लागू होते हैं, जैसा कि बाद में दिखाया जाएगा। अब हम इस नीति के गुणों के संदर्भ में आयात स्थानापन्नता के विपक्ष में तर्कों का विवेचन करते हैं।

आयात स्थानापन्नता की नीति का विदेशी मुद्रा बचाने का मुख्य उद्देश्य विफल रहा है। ऐसे उद्योग स्थापित नहीं किए गए जिन्होंने विदेशी मुद्रा की बचत की हो। वास्तव में, स्थापित उद्योग किसी प्रकार की वास्तविक बचतें करने में असफल रहे हैं बल्कि उनसे विदेशी मुद्रा निर्बचित हुई है। अल्पविकसित देशों में आयात-स्थानापन्नता उद्योग प्रारम्भ करने के लिए कच्चे माल, मध्यवर्ती वस्तुओं और पूंजी उपकरणों का अभाव होता है। इसलिए इस नीति में आयातों की अधिक आवश्यकता पड़ती है, अपेक्षा किसी और नीति के। अत: आयात स्थानापन्न उद्योगों के लिए आगतों और पूंजी पदार्थों पर विदेशी मुद्रा का अप्रत्यक्ष व्यय, विदेशी मुद्रा की प्रत्यक्ष बचतों की अपेक्षा, अधिक होता है। इनसे निर्बचत (dissaving) भी हो सकती है—नए उद्योगों के लिए आयातित आगतों का मूल्य, घरेलू उत्पादन द्वारा स्थापन्न की गई वस्तुओं के मूल्य से बहुत अधिक होने के कारण।

आयात स्थानापन्नता द्वारा औद्योगीकरण के पक्ष में **चेनरी** द्वारा दिया गया ऐतिहासिक प्रमाण सभी विकासशील देशों पर लागू नहीं हो सकता। यह दलील दी जाती है कि औद्योगिक उत्पादन में वृद्धि आयातों में वृद्धि से हुई है। कच्चा माल, मध्यवर्ती वस्तुएं और

10. S. Macario, "Protectionism and Industrialisation in Latin America, *Economic Bulletin for Latin America,* March 1965.

पूंजी उपकरणों का आयात, अल्पविकसित देश में घरेलू उद्योग स्थापित करने में सहायक होते हैं। वास्तव में, निर्यात अर्थव्यवस्था के भीतर उद्यमीय क्रियाओं को प्रोत्साहित करने, मांग पैदा करने, और अल्प रोजगार में लगे साधनों को उत्पादकीय तौर से प्रयोग करने में सहायक होते हैं। ये आयातें ही हैं, जो अन्तत: उनके लिए आधार बनाकर, आयात स्थानापन्नता उद्योगों के लिए मार्ग दिखाती हैं।

आयातों को बन्द करके, औद्योगिक वस्तुओं की घरेलू मांग को आयात स्थानापन्नता औद्योगीकरण द्वारा पूरा करने का तर्क, अधिक आयातों की आवश्यकता की उपेक्षा करता है। **हर्षमैन** के अनुसार, ''विकासशील देशों में ढेर सारे उद्योग उपभोक्ता वस्तुओं के क्षेत्र में हैं और क्योंकि वे जानी हुई प्रक्रियाओं से, आयतित आगतों और मशीनों के आधार पर शुरू किए जाते हैं, आयात स्थानापन्नता द्वारा औद्योगीकरण एक 'अत्यन्त अनुक्रमिक' (sequential) या 'दृढ़तापूर्वक अभिनीत मामला' (tightly staged affair) बन जाता है।'' इस प्रकार आयात स्थानापन्नता की नीति विभिन्न प्रकार से आयातों के लिए मांग उत्पन्न करती है और जिस उद्देश्य के लिए अपनाई जाती है, उसे विफल करती है।

इसके अतिरिक्त, आगे आयातों की मांग पैदा करने के लिए आयात स्थानापन्नता की प्रवृत्ति के कई महत्वपूर्ण परिणाम होते हैं। **प्रथम,** यह आयातों पर अर्थव्यवस्था की निर्भरता को घटाने के बजाय बढ़ाती है। **द्वितीय,** कभी-कभी अर्थव्यवस्था विदेशी मुद्रा के अभाव या इसके आयातित मालों और पुर्जों पर इसके अपर्याप्त आवंटन के कारण कच्चे मालों, पूंजी उपकरणों और पुर्जों का आयात नहीं कर पाती हैं। परिणामस्वरूप, विनिर्माण करने की क्षमता का कम उपयोग होता हैं जिससे काम में रुकावट, बेरोजगारी और आय में कमी हो जाती है। **तृतीय,** आयात स्थानापन्नता की शहरी क्षेत्र और उच्च आय वर्गों के पक्ष में आय के वितरण को सरकाने की प्रवृत्ति होती हैं, जिनकी व्यय पद्धति में विशेष रूप से आयातों का उच्चतम अवयव (component) होता है। जो आयातों की मांग को और आगे बढ़ाती है। इस प्रकार, एक व्यापक रेंज की वस्तुओं के लिए स्थानापन्नता का विस्तार अर्थव्यवस्था पर बुरे प्रभावों के साथ और आयातों की मांग पैदा करता है या बढ़ाता है।

जॉन पावर (John Power) ने यह तर्क दिया है कि तैयार उपभोक्ता वस्तुओं की आयात स्थानापन्नता घरेलू बचतों और निवेश को बढ़ाने की अपेक्षा कम करती है। घरेलू प्रयोग के लिए उपभोक्ता वस्तुओं के उत्पादन पर बल उनके उपभोग को बढ़ाने की प्रवृत्ति रखता है और इस प्रकार उनके निर्यात को आघात पहुंचाता है। ऐसी नीति आर्थिक और तकनीकी दक्षता पर बुरा प्रभाव डालती है जिससे आय, लाभ और बचत कम होते हैं। इसलिए, और विकास के लिए राष्ट्रीय आय, बचत और निवेश की दरें बढ़ाने के लिए, **जॉन पावर** उपभोक्ता वस्तु क्षेत्र की अपेक्षा पूंजी पदार्थ और निर्यात क्षेत्रों में निवेश का पक्षपात करता है।[11]

यह तर्क कि अल्पविकसित देशों में आयात स्थानापन्नता उद्योगों की स्थापना से अतिरेक श्रम खप जाता है, इसमें कोई सन्देह नहीं कि आयात स्थानापन्नता निर्माणकारी क्षेत्र में उत्पादन बढ़ाता हैं परन्तु यह ऐसे देशों में बढ़ रही श्रमशक्ति के लिए नौकरियां उत्पन्न करने में असफल रहा है। **ग्रिफिन** और **एनोज** ने यह व्यक्त किया है कि निर्माणकारी उद्योगों में रोजगार की वृद्धि किसी भी तरह उत्पादन में वृद्धि के साथ तुलना योग्य नहीं है। वास्तव में, रोजगार में वृद्धि उतनी देर तक नहीं होती, जब तक कि निर्माणकारी उत्पादन 4 प्रतिशत प्रतिवर्ष की दर से नहीं बढ़ता है। दूसरे, औद्योगिक रोजगार जनसंख्या की अपेक्षा कम तेजी से बढ़ता है।[12] उदाहरणार्थ, 1960-67 की समय-अवधि में चिली में उत्पादन की वार्षिक औसत वृद्धि-दर 5-6 प्रतिशत थी, जबकि रोजगार की वृद्धि-दर 1.1 प्रतिशत थी। ऐसी ही स्थिति फिलीपीन्ज में थी, जहां रोजगार की वृद्धि-दर केवल 1.5 प्रतिशत थी, जबकि उत्पादन की दर 6.1 प्रतिशत थी। यह सिद्ध करता है कि आयात स्थानापन्नता द्वारा औद्योगीकरण फालतू श्रम को खपाने के लिए नौकरियां उत्पन्न करने में असफल रहता है।

फिर, औद्योगिक उत्पादन में आत्म-निर्भरता प्राप्त करने के साधन के रूप में आयात-स्थापन्नता की कूटनीति के प्रयोग से साधनों का कुवितरण और औद्योगिक उत्पादकता पर बहुत बुरा प्रभाव हुआ है। आत्म-निर्भरता प्राप्त करने के जोश में अल्पविकसित देशों ने अदक्ष और निम्न प्राथमिकता वाले उद्योगों को अभेदपूर्ण संरक्षण प्रदान किया है। परिणामस्वरूप, ऊंची लागत पर प्राप्त किए गए कच्चे माल, मध्यवर्ती पदार्थ और पूंजी उपकरणों का दुरुपयोग हुआ है। अत: इस नीति से अति- संरक्षण के अन्तर्गत ऊंची उत्पादन लागतों के साथ अदक्ष उद्योगों की स्थापना हुई है। आयात स्थानापन्नता के क्षेत्र में भारत का यही अनुभव रहा है। **वी.वी.**

11. J. Power, "Import Substitution as an industrialisation Strategy," *Philippines Economic Journal,* Vol. No. 2, 1966.
12. *Planning Development,* 1970.

देसाई (V.V. Desai) के अनुसार आत्म-निर्भरता के उद्देश्य ने यह भावना ला दी है कि जो भी आयातों को स्थानापन्न करता है, वह अर्थव्यवस्था के लिए अच्छा है। परिणामस्वरूप, भारी मात्रा में दुर्लभ साधनों का प्रयोग ऐसी वस्तुओं के उत्पादन में किया गया, जो निम्न प्राथमिकता मदें समझी जा सकती हैं। उसने अनुमान लगाया कि ऐसे अनावश्यक उत्पादन की वृद्धि से 1954-55 और 1963-64 की अवधि में 800 करोड़ रु. की संभाव्य बचतों की हानि हुई। इससे प्राप्यता से अधिक विदेशी विनिमय की आवश्यकता पड़ी, जिससे बहुत से उद्योगों को विवश होकर क्षमता से नीचे चलना पड़ा। वह निष्कर्ष देता है कि निम्न प्राथमिकता उद्योगों में काफी गलत निवेश हुआ है और सदैव बढ़ रही विदेशी मुद्रा आवश्यकताएं आयात स्थानापन्नता द्वारा औद्योगिक क्षेत्र में आत्मनिर्भरता के उद्देश्य को प्राप्त करने में भी असफल रही हैं।[13] यही कहानी अधिकांश लेटिन अमरीकी देशों में दोहराई गई है।

रॉल प्रैबिश[14] (Raul Prebisch) के अनुसार ऐसे देशों में अतिसंरक्षण ने साधारण तौर से राष्ट्रीय मार्किटों को विदेशी प्रतियोगिताओं से अलग कर दिया है। इसने उनकी वस्तुओं की किस्म को सुधारने और लागतें कम करने की प्रेरणा को कमजोर नहीं किया बल्कि समाप्त भी कर दिया है। ऊंची उत्पादन लागत ने अति-संरक्षण को अपनाना आवश्यक बना दिया है। आगे इसने औद्योगिक ढांचे पर कुप्रभाव डाला है क्योंकि इसने छोटी अनार्थिक इकाईयों की स्थापना को प्रोत्साहित किया है, आधुनिक तकनीकों को प्रारम्भ करने की प्रेरणा को कमजोर किया है और उत्पादकता में वृद्धि को धीमा किया है। अत: निर्मित वस्तुओं के निर्यात के बारे में एक कुचक्र का निर्माण हुआ है। इन निर्यातों को बहुत कठिनाईयों का सामना करना पड़ता है क्योंकि आन्तरिक लागतें ऊंची हैं। क्योंकि और कारणों में, जो निर्यात मार्किटों को फैलाएंगी, उनका अभाव है। इस प्रकार आयात स्थानापन्न औद्योगीकरण विकासशील देशों के निर्यातों को प्रोत्साहित करने में असफल रहा है।

निष्कर्ष (Conclusion)—निष्कर्ष में, ऐसा प्रतीत होता है कि आयात स्थानापन्नता की नीति विदेशी मुद्रा को बचाने में असफल रही है बल्कि कई देशों में इसने कमी को बढ़ाया है। उपभोक्ता वस्तुओं की आयात-स्थानापन्नता पर बल उत्पादन, बचत और निवेश को बढ़ाने में सफल नहीं रहा है। यह औद्योगिक उत्पादन में अर्थव्यवस्था को कहीं भी आत्म-निर्भरता के उद्देश्य के पास लाने में भी असफल रही है। न तो यह बढ़ रही श्रम शक्ति को खपाने के इलए पर्याप्त रोज़गार के अवसर पैदा करने में सफल रही है न ही निर्यात क्षेत्र में उत्तरोत्तर वृद्धि हुई है।

परन्तु भारत जैसे देशों ने जो व्यवहारकुशल मशीनरी और उपकरण बनाने के लिए उद्योग स्थापित किए हैं, उन्होंने आयात स्थानापन्नता में महत्वपूर्ण प्रगति की है। इसने भावी निवेश प्रोग्रामों और सुरक्षा सामर्थ्य सम्बन्धी आत्म-निर्भरता के लिए काफी अच्छी नींव रखने में देश की सहायता की है। बाईसिकल, पंखें, सिलाई मशीनें आदि अनेक टिकाऊ उपभोक्ता वस्तुएं—जो यह देश निर्यात करता है—के अलावा कई प्रकार की मशीनरी, लोहा और इस्पात, कच्चा पेट्रोल और पैट्रोल वस्तुओं, रासायनिक खाद, भारी रसायन आदि आधारभूत उद्योगों के बारे में महत्वपूर्ण सफलता प्राप्त हुई है। आयात स्थानापन्नता की नीति द्वारा भारत अपने विकास प्रोगामों के लिए अब तीन-चौथाई पूंजी उपकरण उत्पादित करता है।

निर्यात प्रोत्साहन बनाम आयात स्थानापन्नता (Export Promotion vs. Import Substitution)

एक प्रसंगानुकूल प्रश्न है : निर्यात प्रोत्साहन और आयात स्थानापन्नता में से कौन-सी नीति एक अल्पविकसित देश को अपनानी चाहिए? दोनों नीतियों का एक ही उद्देश्य है अर्थात् विदेशी विनिमय की कठिनाइयों को दूर करना। ऊपर हमने आयात स्थानापन्नता की नीति की त्रुटियों की विवेचना की है। विदेशी मुद्रा को बचाने की बजाय, इसने आयातित मशीनरी, पुर्जों और उपकरणों की मांग को बढ़ाया है। अति-संरक्षण से ऊंची लागतों और निम्नकोटि की वस्तुओं वाली अदक्ष इकाइयों की स्थापना हुई है, जिन्होंने निर्यातों की वृद्धि में गम्भीर रुकावटों का काम किया है। इस प्रकार, आयात स्थानापन्नता द्वारा औद्योगीकरण हेतु देश को बहुत अधिक कीमत देनी पड़ रही है, इसलिए निर्यात प्रोत्साहन की नीति की आवश्यकता है। लेकिन "आयात-स्थानापन्नता एक प्रभावशाली औजार है, यदि यह अति-संरक्षित, अदक्ष और ऊंची लागत उद्योगों का निर्माण किए बिना किया जा सके ... दूसरी ओर, एक

13. V.V. Desai, "Important Substitution and Growth of Consumer Industries," *Economic and Political Weekly* 15 March, 1969 and July 1971.
14. *Towards a New Trade Policy for Development* (1964).

अर्थव्यवस्था जो निर्यात विकास पर बल देती है, वह दक्ष उत्पादन के लिए अनुकूल स्थितियों का निर्माण करने योग्य होती है क्योंकि अन्तर्राष्ट्रीय प्रतियोगिता समाविष्ट निर्यातों में सतत् वृद्धि, अधिक लागत और गुणवत्ता चेतनता की अपेक्षा होती है।''

विवेचन के उद्देश्य से हम विकासशील देशों को दो भागों में बाटतें हैं : (*i*) वे देश जो अति-जनसंख्या दबावों से पीड़ित नहीं, और (*ii*) अति जनसंख्या वाले देश। प्रथम श्रेणी में देशों को अपने परम्परागत निर्यातों को कायम रखना और फैलाना चाहिए। उन्हें अधिक पूंजी और अच्छी तकनीक का प्रयोग करके अपने प्राथमिक उत्पादन में सुधार करना चाहिए। उन्हें ऐसे आयातों को स्थानापन्न करना चाहिए जिनका उत्पादन पूंजी की अपेक्षा अधिक श्रम खपाता है। आयात स्थानापन्नता की प्रक्रिया धीरे-धीरे और विदेशी उद्यम के सहयोग से होनी चाहिए।

दूसरी ओर, भारत जैसे अति जनसंख्या वाले देश को घरेलू उपभोग और निर्यात दोनों के लिए निर्मित वस्तुओं पर जोर देना चाहिए। ऐसा इसलिए आवश्यक है क्योंकि चाय, पटसन की वस्तुएं और सूती कपड़ों जैसे भारत के परम्परागत निर्यातें या तो स्थिर हो गई हैं या बहुत धीरे-धीरे बढ़ रही हैं। चाय जैसी वस्तुओं की व्यय मांग-लोच स्थिर होने के कारण उनके निर्यातों के फैलने की संभावना नहीं है। पटसन की वस्तुएं अपनी विदेशी मार्किटें कृत्रिम पदार्थों के विकास के कारण खो रही हैं। सूती कपड़ों के लिए भी मार्किट कम हो रही है क्योंकि टेरीलीन जैसे मानव-निर्मित धागों का विकास हुआ है। एक अन्य कारण यह है कि हर नया देश सूती कपड़ा उद्योग प्रारम्भ करता है जिससे विकासशील देशों में आपसी कड़ी प्रतियोगिता होती है। इन तत्वों को दृष्टिगोचर रखते हुए विकासशील देशों को ऐसी टिकाऊ उपभोक्ता वस्तुओं को प्रोत्साहित करना चाहिए, जिनकी विकसित देशों में बहुत मांग है। ऐसी वस्तुएं, कार, स्कूटर, टेपरिकार्डर, वातनुकूलन, रैफ्रीजरेटर, टी.वी., कैमरा आदि हैं। श्रेष्ठ उदाहरण जापान का है जिसने आस्ट्रेलिया, न्यूजीलैंड, अमरीका और कनाडा के इन वस्तुओं के घरेलू उत्पादकों के साथ कड़ी प्रतियोगिता के बावजूद उनके मार्किटों पर विजय पा ली है। परन्तु इस क्षेत्र में भारत जैसे विकासशील देशों के लिए बड़ी रुकावटें इनकी निम्न किस्म और ऊंची उत्पादन लागत हैं। ऐसी अपरम्परागत मदों के लिए मार्किटों के विकास के उद्देश्य से विकासशील देशों को उपर वर्णित प्रोत्साहन विधियां अपनानी चाहिएं।

लेकिन विकसित देशों को ऐसी अपरम्परागत मदों का निर्यात शक्तिशाली संरक्षणात्मक प्रतिरोधों से जकड़ा हुआ है, जिनको विकासशील देशों को दूर करना होगा। इस सम्बन्ध में **प्रो. हेरॅड** का परामर्श ध्यान देने योग्य है। वह लिखता है : ''उन्नत देशों की चाहे कोई भी नीतियां हों, विकासशील देशों को इतनी प्रतियोगितात्मक कीमतों पर अपने निर्यात-योग्य विनिर्माणों के उत्पादन को फैलाने का उद्देश्य रखना चाहिए कि वे उन देशों के संरक्षणात्मक प्रतिरोधों को पार कर सकें।''[15] यह तर्क पैमाने की किफायतों, मध्यवर्ती वस्तुओं और मशीनरी उद्योग की एक साथ स्थापना अपेक्षित रखता है। इसका सम्बन्ध गहन ढंग से आयात स्थानापन्नता द्वारा औद्योगीकरण से है। अत: भारत जैसे विकासशील देश को भुगतान-शेष की कठिनाइयां दूर करने तथा विकास की गति तो तीव्र करने के लिए निर्यात प्रोत्साहन की नीति को गहन आयात स्थानापन्नता के साथ जोड़ना चाहिए।

निष्कर्ष (Conclusion)

वाणिज्य नीति का आधारभूत सिद्धान्त विदेशी व्यापार का नियमन है, क्योंकि अपने विदेशी व्यापार के कठोर नियमन के बिना अल्पविकसित देश आर्थिक विकास के मार्ग पर नहीं बढ़ सकता। इसलिए पूंजी-निर्माण की दर बढ़ाने, औद्योगीकरण को बढ़ावा देने और भुगतान-शेष असन्तुलन को समाप्त करने के उद्देश्य से संरक्षण आवश्यक हो जाता है। पर इस सम्बन्ध में मतभेद है कि अल्पविकसित देश प्रतिबन्धित अथवा उदार व्यापार नीति में किसे अपनाएं। **प्रो. सर मिर्डल** का मत है कि अल्पविकसित देशों में आयात प्रतिबन्ध कुछ वस्तुओं की आयात मांगों का दूसरी ओर सामान्य रूप से ऐसी वस्तुओं पर स्थानान्तरण मात्र है जिनकी आर्थिक विकास के लिए जरूरत पड़ती है। इसलिए उनके आयात प्रतिबन्ध और निर्यात सहायिकी (subsidy) से कुल विश्व व्यापार नहीं घटता। अन्यत्र वह और भी स्पष्टतया कहता है कि आजकल अल्पविकसित देशों को अक्सर मुफ्त में दी जाने वाली नसीहत, कि वे विदेशी व्यापार में हस्तक्षेप न करें, उन्हें अपनी विकास नीति छोड़ने का उपदेश देने के बराबर है। उनके विदेशी व्यापार का कठोर नियमन आवश्यक है, पर इन नियमनों से आमतौर पर इस बात का युक्तियुक्त आधार है कि वे उन्नत देशों को कहें कि वे अपने

15. R. Harrod, "Economic Development and Asian Regional Co-operation," *Pakistan Development Review*, Spring 1962.

व्यापार को एकतरफा उदार बनाएं। उन्हें पक्के स्वतन्त्र व्यापारी बनने की जरूरत है, परन्तु निर्यात सहायिकी देने और आयातों को प्रतिबन्धित करने का अधिकार अपने हाथ में रखना चाहिए और उनके पास ऐसे किसी भी व्यक्ति के विरुद्ध बड़े उचित तर्क हैं, जो उनकी इस वृत्ति तो तार्किक दृष्टि से असंगत बता सकते हैं।[16]

दूसरा मत **मायर** तथा **वाल्डविन** का है, जो यह तर्क देते हैं कि **संरक्षणात्मक वाणिज्य नीति** विश्व व्यापार के अनुकूलतम ढांचे में हस्तक्षेप करेगी और हो सकता है कि उससे अनार्थिक उत्पादक प्रथाएं चल पड़ें तथा विदेशी पूंजी का प्रवाह रुक जाए। दूसरी ओर, **उदार व्यापार नीति** देश के विकास की दर निर्धारित करने में जीवनप्रद शक्ति सिद्ध हो सकती है। इस प्रकार अन्तर्राष्ट्रीय व्यापार के लाभों को छोड़ने वाला अल्पविकसित देश केवल अपनी ही दरिद्रता को बनाए रखता है। यह तर्क इस धारणा पर आधारित है कि संरक्षण की नीति अपनाना आत्मनिर्भरता का मार्ग प्रशस्त करना है। परन्तु एक आयोजित संरक्षणात्मक नीति से निष्क्रिय साधनों का पूरा-पूरा उपयोग होता है जिसके परिणामस्वरूप अर्थव्यवस्था विस्तार करती है और बहुविध बनती हैं और अन्ततः विदेशी व्यापार फैलता है।

यदि अल्पविकसित देश को आर्थिक विकास तथा विदेशी व्यापार में से एक को चुनना पड़े, तो वह हमेशा पहले को चुनेगा और आर्थिक विकास को तेज करने के लिए वाणिज्य नीति सबसे आसान मार्ग प्रतीत होता हैं। जैसा **नर्क्से** ने कहा है, ''जब (औद्योगिक अर्थव्यवस्था में) रोजगार को बढ़ावा देने का सवाल हो, तो इसका बहुत आसान तरीका यह है कि आयात बन्द कर दिए जाएं। जब सरकार के लिए कर इकट्ठे करने की समस्या हो, तो राजस्व प्रशुल्क लगाना कठिन नहीं है, और कम विकसित देशों में बहुत लोकप्रिय रहे हैं। जब शिशु उद्योगों के लिए संरक्षण की जरूरत पड़े, तो आयातों पर प्रतिबन्ध लगाना उन कोषों को इकट्ठा करने से अधिक आसान होता है जिनसे संरक्षित उद्योगों को प्रत्यक्ष उपदान दिया जाए। इन स्थितियों में वाणिज्य नीति, अधिकतम सफल तथा न्यायसंगत तो नहीं, पर सबसे सुगम मार्ग अवश्य है। इसी प्रकार राजकोषीय नीति जैसी विधियों से घरेलू उपभोक्ता मांग को रोकने की बजाय वाणिज्य नीति अधिक आसान है। परन्तु यह समस्या की जड़ तक नहीं पहुंचती। शायद अधिक से अधिक यही हो सकता है। समस्या की जड़ का हल सम्भव नहीं प्रतीत होता।''[17]

प्रश्न

1. आर्थिक विकास में भुगतान-शेष असन्तुलन के क्या कारण होते हैं ? उसको सन्तुलित करने हेतु क्या उपाय अपनाने चाहिएं ? उनकी व्याख्या कीजिए।
2. विकासशील अर्थव्यवस्था के संदर्भ में वाणिज्य नीति की विवेचना कीजिए।
3. एक अविकसित देश में विपरीत भुगतान-शेष के क्या कारण हैं। इस समस्या के समाधान के लिए उपाय बताइए।
4. क्या आप किसी विकासशील देश की भुगतान-शेष समस्या से बचने के लिए आयात-स्थानापन्न या निर्यात-प्रेरित नीति के पक्ष में हैं। अपने उत्तर के समर्थन में तर्क दीजिए।
5. अविकसित देश निर्यात प्रोत्साहन की बाह्य अभिमुख नीति के पक्ष में क्यों रहते हैं ? अपने उत्तर के पक्ष में तर्क दीजिए।
6. व्यापार की बाह्य-अभिमुख और आन्तरिक-अभिमुख नीतियों में से आप किसे विकासशील देश के लिए उपयुक्त मानते हैं ?

16. G. Myrdal, *Economic Theory and Underdeveloped Regions,* pp. 94-97.
17. R. Nurkse, *op.cit.,* pp. 118-19.

अध्याय 41

आर्थिक विकास में विदेशी पूंजी या सहायता
(FOREIGN CAPITAL IN ECONOMIC DEVELOPMENT)

1. प्रस्तावना
(INTRODUCTION)

आर्थिक विकास में विदेशी पूंजी का अध्ययन करने से पहले यह समझना जरुरी है कि विदेशी पूंजी क्या है और किन रूपों में LDCs में आती है।

अल्पविकसित देश पिछड़े होने के कारण उनमें तीव्र आर्थिक विकास करने हेतु विकसित देशों से जो निधियां, पूंजी पदार्थ, उपकरण, कच्चा माल, उत्पादन तकनीकें, विशेषज्ञ आदि आते हैं वे विदेशी पूंजी में सम्मिलित होते हैं।

2. विदेशी पूंजी या सहायता के प्रकार
(TYPES OF FOREIGN CAPITAL OR AIR)

विदेशी पूंजी एक अल्पविकसित देश में निम्न रूपों में प्रवेश करती है :

1. निजी विदेशी निवेश (Private Foreign Investment)—निजी विदेशी निवेश प्रत्यक्ष और अप्रत्यक्ष निवेशों का रूप ले सकता है।

(*i*) प्रत्यक्ष निवेश (Direct Investment)—प्रत्यक्ष निवेश का मतलब है कि निवेश करने वाले देश के उद्यमी और कंपनियां उस निवेश के माध्यम से LDC में निर्मित परिसम्पत्तियों या कंपनियों पर वास्तविक (de facto) या कानूनी (de jure) नियंत्रण करती हैं। प्रत्यक्ष निवेश कई रूप ले सकते हैं : पूंजी आयातकारी देश में निवेशक देश की कंपनी की उपशाखा खोलना; ऐसी व्यापार संस्था की स्थापना, जिसमें निवेशक की कम्पनी का बहुमत धारण हो; पूंजी आयातकारी देश में ऐसी कम्पनी खोलना जिसका पूर्णरूप से वित्त-प्रबन्धन निवेशक देश में स्थित मूल कंपनी करे; दूसरे देश में कार्यकरण के विशिष्ट उद्देश्य से निवेशक देश में निगम की स्थापना करना; या निवेशक देश के नागरिकों द्वारा दूसरे देश में स्थिर पूंजी परिसम्पत्तियों जैसे पुल, बिजली घर, इस्पात आदि के कारखानों का निर्माण करना। ऐसी कंपनियां या संस्थाएं अन्तर्राष्ट्रीय निगमें या बहुराष्ट्रीय निगमें (Multinational Corporations–MNCs) कहलाती हैं।

2. अप्रत्यक्ष निवेश (Indirect Investment)—अप्रत्यक्ष निवेशों को 'निवेश सूची' (port-folio) अथवा 'किराया-जीवी' (rentier) निवेश कहते हैं। इनमें प्रमुखतः हस्तांतरणीय प्रतिभूतियां, हिस्से अथवा ऋण-पत्र सम्मिलित होते हैं, जिन्हें किसी अन्य देश के नागरिक लेते हैं। इन धारणों से देशी कंपनी पर निवेशकों को नियंत्रण का अधिकार प्राप्त नहीं होता है। शेयर होल्डर केवल लाभांश प्राप्त कर सकते हैं। आजकल बहुपक्षीय (Multilateral) अप्रत्यक्ष निवेश भी होते हैं। किसी देश के नागरिक किसी अल्पविकसित देश में एक विशेष परियोजना का वित्त प्रबन्धन करने के लिए विश्व बैंक द्वारा जारी किए गए ऋण-पत्रों को खरीदते हैं।

3. बाह्य व्यापारिक ऋण (External Commercial Borrowings)—बाह्य व्यापारिक ऋणों में वाणिज्यिक बैंकों तथा दूसरी वित्तीय संस्थाओं से, बांडों से, अंतर्राष्ट्रीय वित्तीय निगम (IFC) और ADB आदि से LDCs को निजी क्षेत्र, सार्वजनिक क्षेत्र, वित्तीय संस्थाओं आदि के लिए ऋण शामिल होते हैं। ये LDCs कंपनियों को अपनी वर्तमान क्षमता के विस्तार और नए निवेशों के लिए अतिरिक्त निधियां प्रदान करते हैं, तथा इनसे अंतर्राष्ट्रीय मार्किट की नीची ब्याज दरों का लाभ प्राप्त होता है।

4. अप्रवासीय जमा खाते (Non-Resident Deposits)—अल्पविकसित देश के नागरिक जो विकसित देशों में रहते हैं वे विदेशी मुद्रा अपने देश में भेजते हैं। ऐसे अनेक उद्यमी नये घरेलू उद्योगों में निवेश करते हैं।

5. सार्वजनिक विदेशी निवेश (Public Foreign Investment)—सार्वजनिक विदेशी निवेश निम्नलिखित प्रकार का होता है :

***(i)* द्विपक्षीय कठोर कर्जे (Bilateral Hard Loans)**—ये ऋण एक विकसित देश एक LDC को अल्पकाल के लिए ऊंची ब्याज दर पर देता है।

***(ii)* द्विपक्षीय नरम कर्जे (Bilateral Soft Loans)**—ये ऋण कम ब्याज दर पर दीर्घकाल के लिए एक LDC को दिए जाते हैं।

***(iii)* बहुपक्षीय कर्जे (Multilateral Loans)**—अनेक विकसित देश मिलकर किसी LDC जैसे भारत को Aid India Consortium के अन्तर्गत दीर्घकालीन ऋण उसके आर्थिक विकास के लिए प्रदान करते हैं। इस वर्ग के अन्तर्गत वे कर्जें भी आते हैं जिन्हें संयुक्त राष्ट्र की विविध एजेंसियां जैसे, IMF, IBRD, IDA, SUNFED, UNDP आदि उपलब्ध कराती हैं।

***(iv)* बद्ध कर्जे (Tied Loans)**—इन्हें परियोजना ऋण (Project Loans) भी कहते हैं और ये सशर्त होते हैं। LDC को विकसित देश से निधियां मशीनरी, पुर्जे, कच्चा माल, विशेषज्ञ आदि किसी विशेष परियोजना के लिए ही प्राप्त होते हैं।

6. अबद्ध कर्जे (Untied Loans)—ये गैर-परियोजना ऋण (Non-Project Loans) भी कहलाते हैं। ऐसे कर्जे एक LDC अपनी विकास आवश्यकताओं के अनुसार, भुगतान शेष घाटा कम करने, किसी भी देश से कच्चा माल, पुर्जे, उपकरण आदि के आयात के लिए प्रयोग कर सकता है।

7. अन्तर-सरकारी अनुदान (Inter-Government Grants)—विकसित देशों की सरकारें LDCs की सरकारों को अनुदान के रूप में बद्ध और अबद्ध दोनों प्रकार की मुफ्त सहायता प्रदान करती हैं।

3. अल्पविकसित देशों में विदेशी पूंजी की आवश्यकताओं के पक्ष में तर्क (ARGUMENTS FOR FOREIGN CAPITAL REQUIREMENTS OF LDCS)

विदेशी पूंजी अल्पविकसित देशों के विकास के लिए आवश्यक होती है क्योंकि इनमें निम्न आय, कम बचत और कम निवेश के कारण पूंजी निर्माण की दर बहुत नीची होती है। इससे पर्याप्त पूंजी का अभाव पाया जाता है। उद्यम और उपक्रम की कमी होती है। पिछड़ी तकनीकों का प्रयोग किया जाता है जिससे प्रति व्यक्ति उत्पादन बहुत कम होता है। बुनियादी ढांचा जिस पर मुख्यतौर से तीव्र आर्थिक विकास निर्भर करता है केवल नाममात्र ही होता है क्योंकि यातायात और परिवहन के साधन, बांध, विद्युत आदि के लिए न तो मशीनें, माल आदि और न ही तकनीकी विशेषज्ञ होते हैं। इन सभी कमियों को पूरा करने हेतु विदेशी पूंजी की LDCs को बहुत आवश्यकता होती है।

विदेशी पूंजी के पक्ष में विस्तार से निम्न तर्क दिए जाते हैं :

1. घरेलू बचतों को अनुपूरित करना (To Supplement Domestic Savings)—अल्पविकसित देशों की विशेषता यह है कि वे 'पूंजी दरिद्र' (Capital Poor) या 'कम बचत तथा कम निवेश करने वाली' अर्थव्यवस्थाएं हैं। न केवल उनका पूंजी स्टॉक अत्यन्त थोड़ा होता है बल्कि पूंजी निर्माण की चालू दर भी बहुत कम होती है। औसतन, इन अर्थव्यवस्थाओं में, सकल निवेश सकल राष्ट्रीय आय का केवल 5 से 6% तक होता है, जबकि उन्नत देशों में वह 15 से 20% तक होता है। नई पूंजी परियोजनाओं में निवेश का तो कहना ही क्या, बचत की इतनी नीची दर तो 2 से 2½% की दर पर तेजी से बढ़ती हुई जनसंख्या के लिए भी व्यवस्था नहीं कर सकती। वास्तव में, बचत की वर्तमान दर से वे पूंजी के मूल्यह्रास (Depreciation) को भी पूरा नहीं कर सकते, और न ही, वर्तमान पूंजी उपकरण को बदल सकते हैं। कराधान तथा सार्वजनिक उधारग्रहण (Taxation and Public Borrowings) के माध्यम से घरेलू बचतों को जुटाने के प्रयत्न पर्याप्त नहीं होते बल्कि इन विधियों से तो उपभोग स्तरों में कमी होती है और लोगों को बहुत कठिनाइयों का सामना करना पड़ता है। विदेशी पूंजी का आयात, पूंजी उपकरण तथा कच्चे माल को प्रवाहित करके घरेलू बचतों की कमी को अनुपूरित करने में सहायक होता है जिससे बचतों की सीमांत दर और घरेलू पूंजी निर्माण की दर बढ़ जाती है।

2. प्रौद्योगिकीय पिछड़ेपन की कमी को दूर करना (To Overcome the Deficiency of Technological Backwardness)—इसके अतिरिक्त, कम बचत तथा कम निवेश का मतलब है कि पूंजी की कमी और इसके साथ-साथ अल्पविकसित देशों का प्रौद्योगिकीय पिछड़ेपन में ग्रस्त होना। तकनीकी पिछड़ापन, उत्पादन की ऊंची औसत लागत तथा श्रम की निम्न उत्पादकता में झलकता है। इनका कारण अकुशल श्रम तथा पुराने पूंजी उपकरण हैं। सबसे बढ़कर, वह ऊंचे पूंजी-उत्पादन अनुपात में प्रकट होता है। उत्पादन

की एक इकाई का उत्पादन करने के लिए अधिक पूंजी की जरूरत पड़ती है। विदेशी पूंजी का उपयोग केवल पूंजी की कमी को ही नहीं बल्कि प्रौद्योगिकीय पिछड़ेपन को भी दूर करता है। तकनीकी ज्ञान, विशेषज्ञ, संगठनात्मक अनुभव, मार्किट सूचना, उन्नत उत्पादन तकनीकों, उत्पादन में नवप्रवर्तकों के साथ-साथ विदेशी पूंजी पर्याप्त भौतिक तथा वित्तीय पूंजी भी लाती है। यह देशीय श्रम को नई कुशलताओं में प्रशिक्षित भी करती है। इन सबसे आर्थिक विकास की गति बढ़ती है।

3. उपरि पूंजी की कमी को दूर करना (To Overcome the Deficiency of Overhead Capital)—अल्पविकसित देशों में आर्थिक उपरि पूंजी का अत्यन्त अभाव होता है, जिसके लिए अधिक निवेश की आवश्यकता होती है। रेल मार्ग, सड़कें, नहरें, विद्युत परियोजनाएं आर्थिक विकास के लिए आवश्यक बुनियादी ढांचा (Infrastructure) प्रदान करती हैं। परन्तु क्योंकि उनके लिए बहुत बड़े निवेश की आवश्यकता होती है और उनकी प्रतिफल देने की अवधि भी लंबी होती है, इसलिए ऐसे देश विदेशी पूंजी के बिना उन्हें शुरू नहीं कर सकते।

4. आधारभूत तथा मूल उद्योग स्थापित करने के लिए (To Establish Basic and Key Industries)—इसी प्रकार अल्पविकसित देश इस स्थिति में नहीं होते कि आधारभूत तथा मूल उद्योग अपने आप शुरू करें। विदेशी पूंजी के माध्यम से ही वे इस्पात, मशीनों, औजारों, भारी विद्युत तथा रासायनिक प्लांटों आदि को स्थापित कर सकते हैं। फिर, एक उद्योग में विदेशी पूंजी का प्रयोग अन्य उद्योगों में लागतें घटाकर देशी उद्यम को प्रोत्साहन दे सकता है, जिससे अन्य संबद्ध उद्योगों का श्रृंखला (चेन) की तरह विस्तार हो सकता है। इस प्रकार, विदेशी पूंजी, अर्थव्यस्था के औद्योगीकरण में सहायक होती है।

5. प्राकृतिक संसाधनों तथा नए क्षेत्रों का उपयोग करना (To Exploit New Areas and Natural Resources)—अल्पविकसित देशों में निजी उद्यम ऐसे जोखिम के काम हाथ में नहीं लेना चाहता जैसा प्राकृतिक साधनों और नए क्षेत्रों का उपयोग। विदेशी पूंजी प्रारम्भिक अवस्था की, सभी जोखिम तथा हानियां उठा लेती है। यह दुर्गम क्षेत्रों में पहुंचती है, नए प्राकृतिक साधनों की खोज करती है और इस प्रकार देश के प्राकृतिक संसाधनों को बढ़ावा देने और क्षेत्रीय असंतुलन को दूर करने में सहायक होती है।

6. सामाजिक लाभ प्राप्त करने के लिए (To Obtain Social Benefits)—जो कुछ ऊपर कहा गया है, उसके स्वाभाविक परिणाम के रूप में हम यह कह सकते हैं कि देश के बुनियादी ढांचे का निर्माण, नए उद्योगों की स्थापना, नए संसाधनों का उपयोग तथा नए क्षेत्रों का विकास, ये सब अर्थव्यवस्था के भीतर रोजगार के सुअवसर बढ़ाते हैं। दूसरे शब्दों में, पूंजी का आयात शहरी क्षेत्र में अधिक रोजगार का निर्माण करता है। इससे ग्रामीण क्षेत्र से शहरी क्षेत्र में अतिरेक श्रम का स्थानान्तरण होता है। भूमि पर जनसंख्या का दबाव घट जाता है और हो सकता है कि अदृश्य बेकारी दूर हो जाए। विदेशी पूंजी से यह सामाजिक लाभ है।

7. रहन-सहन का स्तर ऊंचा करने के लिए (To Raise Standard of Living)—ऊपर जो वर्णित किया गया है, उस सबका मतलब है अप्रत्यक्ष रूप से विदेशी पूंजी, राष्ट्रीय उत्पादकता, आय तथा रोजगार के स्तरों को बढ़ाती है, जो आगे श्रम के लिए अधिक ऊंची वास्तविक मजदूरी, उपभोक्ताओं के लिए कम कीमतों पर अधिक वस्तुएं प्रदान करते हैं। विदेशी पूंजी के प्रवाह से जब देशी श्रम कुशल बन जाता है, तो उसकी सीमांत उत्पादकता बढ़ जाती है जिससे श्रम की कुल वास्तविक मजदूरी बढ़ती है। दूसरे, जब श्रेष्ठ तकनीकी ज्ञान, प्रबन्ध, मशीनों तथा उपकरणों का आयात करके नए उद्योग शुरू किए जाते हैं, तो उपभोक्ताओं को नई तथा गुणवत्ता वाली वस्तुओं की अधिक मात्राएं अपेक्षाकृत कम कीमतों पर प्राप्त होती हैं। इस प्रकार विदेशी पूंजी से लोगों का रहन-सहन का स्तर ऊंचा होता है।

8. सरकार के राजस्व में वृद्धि करने हेतु (To Increase State Revenues)—जब निजी विदेशी निवेशक एक LDC में विभिन्न उद्योगों तथा व्यवसायों में पूंजी लगाते हैं, तो उन्हें कुछ लाभ प्राप्त होते हैं जिन पर देशी सरकार कर लगाती है तथा अधिक शुल्क प्राप्त होता है। इस प्रकार, विदेशी निवेशकों के लाभों और रायल्टियों पर कर लगाने से देशी सरकार का राजस्व बढ़ता है।

9. स्फीतिकारी दबावों को कम करने के लिए (To Reduce Inflationary Pressures)—बड़े सार्वजनिक निवेश प्रोग्रामों के शुरू होने के परिणामस्वरूप घरेलू वस्तुओं की मांग तथा पूर्ति में असंतुलन होने के कारण LDCs में स्फीतिकारी दबावों का प्रकट होना अनिवार्य है। बड़े सार्वजनिक निवेश प्रोग्रामों के प्रभाव से वस्तुओं तथा सेवाओं के लिए मांग, उनकी पूर्ति की सापेक्षता में बढ़ती है। इससे स्फीतिकारी दबाव उत्पन्न होते हैं। अर्थव्यवस्था में संरचनात्मक (Structural) रुकावटों के कारण खाद्यान्नों तथा अन्य उपभोक्ता वस्तुओं की पूर्तियां नहीं बढ़ाई जा सकती हैं। जब खाद्यान्न तथा अन्य आवश्यक उपभोक्ता-वस्तुओं का विदेशी पूंजी की सहायता से देश

में उत्पादन होता है, तो ऐसे स्फीतिकारी दबाव कम हो जाते हैं।

10. भुगतान-शेष की समस्या हल करने के लिए (To Solve the Problem of Balance of Payments)—विदेशी पूंजी भुगतान-शेष की उन कठिनाइयों को दूर करती है जिन्हें एक अल्पविकसित देश विकास की प्रक्रिया में अनुभव करता है। विकास की दर बढ़ने के लिए, इसे पूंजी वस्तुओं, कच्चे माल, तकनीकी ज्ञान संयंत्रों आदि के आयात की जरूरत पड़ती है। इसके अतिरिक्त, जनसंख्या के दबावों के साथ इसकी खाद्यान्नों की आयात आवश्यकताएं तेजी से बढ़ती हैं। परन्तु इसके विकसित देशों को निर्यात या तो स्थिर रहते हैं या घटने लगते हैं। आयात और निर्यात के बीच का अन्तर भुगतान शेष की कठिनाइयां उत्पन्न करता है। विदेशी पूंजी के माध्यम से ही एक अल्पविकसित देश अपनी **आयात आवश्यकताओं** को पूरा कर सकता है और साथ ही भुगतान-शेष की कठिनाइयों से बच सकता है। फिर, **विदेशी ऋण** तथा **ब्याज लौटाने** के लिए भी अतिरिक्त विदेशी मुद्रा की जरूरत होती है। इससे भुगतान-शेष की समस्या और बिगड़ती है, जिसे पूंजी का आयात करके ही हल किया जा सकता है।

11. दोहरे अन्तराल को भरने के लिए (To Fill Dual Gap)—एक अल्पविकसित देश में (I – S) **बचत अन्तराल** (Saving Gap) और (M – X) **विदेशी विनिमय अन्तराल** (Foreign Exchange Gap) पाए जाते हैं जो इसकी वृद्धि दर के बढ़ने में रुकावट होते हैं। विदेशी पूंजी के अन्तर्प्रवाह (Inflow) से जब देश में आय बढ़ती है तो निवेश में वृद्धि और बचत में वृद्धि होती है जिससे यह अन्तराल भर जाता है तथा अर्थव्यवस्था अपनी लक्ष्य वृद्धि दर प्राप्त कर लेती है। इसी प्रकार, विदेशी पूंजी की सहायता से जब देश में उत्पादन बढ़ने से निर्यात में वृद्धि आयातों के बराबर हो जाती है तो विदेशी विनिमय अन्तराल समाप्त हो जाता है और अर्थव्यवस्था अपनी लक्षित वृद्धि को प्राप्त करती है।

अत: एक अल्पविकसित अर्थव्यवस्था के तीव्र विकास के लिए विदेशी पूंजी का प्रयोग नितान्त आवश्यक है।

4. विदेशी पूंजी अल्पविकसित देशों के विकास में बाधक
(FOREIGN CAPITAL AS AN OBSTACLE TO DEVELOPMENT OF LDCs)

कुछ अर्थशास्त्री विदेशी पूंजी के विपक्ष में निम्न तर्क देते हैं :

1. विदेशी पूंजी विकास के लिए आवश्यक शर्त नहीं (Foreign Capital not a Necessary Condition for Development)—प्रो. **बोर** (Bauer) अल्पविकसित देशों के आर्थिक विकास के लिए विदेशी सहायता को अनिवार्य नहीं समझता। उसके शब्दों में, 'विदेशी सहायता गरीबी से ऊपर उठने के लिए स्पष्टतया न तो सामान्यत: आवश्यक और न ही पर्याप्त शर्त है।"[1] यह आर्थिक विकास के लिए आवश्यक नहीं है क्योंकि बहुत से नए विकसित देश प्रारम्भ में अल्पविकसित थे तथा बिना विदेशी पूंजी के विकसित हुए। फिर, सुदूर-पूर्व, दक्षिण-पूर्व एशिया, पूर्व और पश्चिम अफ्रीका तथा लेटिन अमरीका में बहुत से अल्पविकसित देशों ने बड़ी शीघ्रता के साथ बिना विदेशी पूंजी के पिछली आधी शताब्दी में उन्नति की है। फिर भी यह सत्य है कि सहायता लेने वाला एक देश मुफ्त या सस्ती पूंजी के रूप में लाभ उठाता है, परन्तु यह किसी तरह भी विदेशी सहायता को विकास के लिए अनिवार्य नहीं बनाता।

2. विदेशी पूंजी फिजूलखर्ची परियोजनाओं के लिए प्रयोग की जाती है (Foreign Capital is used for Wasteful Projects)—विदेशी पूंजी अक्सर अत्यन्त फिजूलखर्ची परियोजनाओं के लिए प्रयोग की जाती है जो निरन्तर कई वर्ष बड़ी हानियां उत्पन्न करती हैं। वे उत्पादन की तुलना में अधिक मूल्य के बहुत अधिक स्थानीय संसाधनों को खपाती हैं, जिससे परियोजनाओं के लिए लगाई गई स्थिर परिसंपत्तियों के प्रतिस्थापन, रख-रखाव तथा प्रशासन की लागतों में वृद्धि होती है।

3. विदेशी पूंजी से निबल निवेश में वृद्धि नहीं होती (Foreign Capital does not Increase Net Investment)—विदेशी पूंजी सदैव निवल निवेश में वृद्धि नहीं करती। वास्तव में, विदेशी पूंजी प्राप्त करने वाले सभी अल्वविकसित देश विदेशी पूंजी के अन्तर्प्रवाह तथा प्रयोग पर कड़े प्रतिबन्ध लगाते हैं। ये प्रतिबन्ध अर्थव्यवस्था के भीतर निजी उद्यम के कार्यकरण और प्रसार को रोकते हैं। परिणामस्वरूप, घरेलू और विदेशी निजी उद्यमों को मजबूरन क्षमता के नीचे कार्य करना पड़ता है। अत: प्राप्तकर्ता देश में विदेशी पूंजी निवल निवेश बढ़ाने की अपेक्षा उसे कम करती है।

1. "Foreign aid is plainly neither a general necessary nor a sufficient condition for emergence from poverty."—**P.T. Bauer**

4. विदेशी पूंजी आय-अर्जन क्षमता को नहीं सुधारती (Foreign Capital does not Improve Income-Earning Capacity)—विदेशी पूंजी अल्पविकसित देशों की आय-अर्जन क्षमता को सुधारने में विफल रही है और वे विशाल बाह्य सार्वजनिक ऋणों से दबे हुए हैं।

5. असुरक्षा और संकट की भावना (Feeling of Insecurity and Crisis)—पूंजी अल्पविकसित देशों की सरकारों को विशाल योजनाएं चालू करने के लिए स्फीतिकारी मौद्रिक तथा राजकोषीय नीतियों द्वारा बड़े खर्चों का वित्त प्रबन्धन करके प्रोत्साहित करती है तथा उनके विदेशी विनिमय रिजर्वों को कम करती है। परन्तु स्फीतिकारी नीतियां, भुगतान-शेष की कठिनाइयां तथा विस्तृत आर्थिक नियन्त्रण, असुरक्षा की भावना और आर्थिक संकट का वातावरण उत्पन्न करते हैं। ये घरेलू बचतों तथा निवेश में बाधक होते हैं तथा पूंजी का विदेशों में पलायन (Flight) भी लाते हैं। आगे, ये फिर विदेशी पूंजी प्राप्त करने का तर्क बनाते हैं।

6. नीतियों को असंगत दिशा की ओर प्रभावित करता है (Influence Policies towards Inappropriate Directions)—विदेशी पूंजी अक्सर नीतियों को असंगत दिशाओं की ओर प्रभावित करती है। ऐसा यह बेमेल बाहरी मॉडलों को प्रोत्साहित करके करती है जैसे पश्चिमी प्रकार के विश्वविद्यालय जिनके स्नातक नौकरियां प्राप्त नहीं कर सकते, पश्चिमी प्रकार की ट्रेड यूनियन जो केवल राजनीतिज्ञों को स्वयं को बढ़ाने का मार्ग होती हैं तथा पश्चिमी ढांचे के पूंजी-गहन उद्योग जो LACs के बिल्कुल असंगत होते हैं जिससे बेरोजगारी बढ़ती है।

7. अलाभकारी उद्यम या क्रियाओं का वित्तप्रबंधन (Finance Uneconomic Enterprises or Activities)—ऐसा तर्क दिया जाता है कि विदेशी पूंजी निर्यात के लिए खाद्यान्न तथा कच्चा माल बढ़ाने तथा आयात स्थानापन्न उत्पादित करने में सहायक होती है। परन्तु बहुत से अल्पविकसित देशों का अनुभव यह है कि अधिकतर सहायता प्रत्यक्ष अथवा अप्रत्यक्ष अलाभकारी उद्यमों या क्रियाओं का वित्त प्रबन्धन करती है जो न तो निर्यात के लिए खाद्यान्न अथवा कच्चे माल और न ही आयात स्थानापन्न उत्पादित करती हैं।

8. सार्वजनिक जीवन को राजनीतिक रंग (Politicises Public Life)—विदेशी पूंजी अक्सर अल्पविकसित देशों में सार्वजनिक जीवन को राजनीतिक रंग देती है जिससे सामाजिक और राजनीतिक तनावों को बल मिलता है। देश की राजनीति में हस्तक्षेप करती है। उनकी घरेलू राजकोषीय और मौद्रिक नीतियों को अपने अनुसार प्रभावित करती है। इसी प्रकार की नीतियां चालू तथा भविष्य में बचत, निवेश तथा आय को कम करती हैं।

9. विदेशी पूंजी निर्भरता लाती है (Foreign Capital leads to Dependency)—विदेशी पूंजी निर्भरता लाती है क्योंकि ऋणदाता बद्ध (tied) सहायता पर बल देते हैं जिसके अनुसार प्रतियोगी विश्व कीमतों की अपेक्षा वे वस्तुओं और सेवाओं की ऊंची लागतों पर बेचते हैं, तथा ऐसी मौद्रिक और राजकोषीय नीतियां अपनाने को कहते हैं जो LDCs के राष्ट्रीय हितों के विरुद्ध होती हैं। उदाहरणार्थ, प्राप्तकर्ता को अधिमूल्यन वाली विनिमय दर एवं नीची वास्तविक ब्याज दरें रखनी पड़ सकती हैं तथा निर्यात प्रोत्साहन एवं राजकोषीय प्रतिबन्ध की उपेक्षा करनी पड़ सकती है।

10. घरेलू बचतों में कमी (Reduction in Domestic Savings)—**ग्रिफिन एवं एनोस** (Griffin and Enos) ने 32 अल्पविकसित देशों के सांख्यिकीय प्रमाण के आधार पर निष्कर्ष दिया है कि विदेशी सहायता का केवल 25 प्रतिशत आयात और निवेश में वृद्धि करता है जबकि 75 प्रतिशत उपभोग के लिए प्रयोग किया जाता है। अत: विदेशी सहायता घरेलू बचतों में कमी करती है। यह घरेलू बचतों के स्थानापन्न के रूप में प्रयोग की जाती है न कि पूरक के रूप में।

5. बद्ध बनाम अबद्ध सहायता
(TIED *VS.* UNITED AID)

प्राय: बद्ध (या सशर्त) तथा अबद्ध सहायता में भेद किया जाता है। स्रोत, परियोजना और वस्तुओं के साथ सहायता बद्ध हो सकती है या परियोजना और स्रोत दोनों द्वारा भी बद्ध हो सकती है और इस प्रकार दोहरी बद्ध सहायता बन सकती हैं। अबद्ध सहायता सामान्य उद्देश्य सहायता (General Purpose Aid) होती है और यह प्रोग्राम सहायता या अपरियोजना सहायता भी कहलाती है। हम भारत के अनुभव के संदर्भ में इनकी विवेचना करते हैं।

बद्ध सहायता (Tied Aid)

स्रोत द्वारा बद्ध सहायता करना जर्मनी, ब्रिटेन और अमेरिकी सरकार एवं Exim बैंक ऋणों से दी जाती है। अमेरिकी सहायता

प्रोग्राम प्राप्तकर्ता से अपेक्षा रखता है कि वह सहायता को अमेरिकी वस्तुओं एवं सेवाओं पर व्यय करे। सभी उधार अपने-आप अमेरिकी निर्यातों से जुड़े हुए हैं। स्रोत-बद्धता से परे हटने का अर्थ है सहायता का बन्द हो जाना। एक अन्य तरीका, जो समाजवादी देशों द्वारा अपनाया जाता है, यह है कि सहायता-प्रवाह को समस्त व्यापार व्यवस्था का भाग समझना। फिर एक और तरीका यह है कि केवल उन्हीं वस्तुओं और/अथवा परियोजनाओं का वित्त-प्रबन्धन करना, जहां दाता देश दी हुई मदों की निविदा (tender) करने से निश्चित लाभ रखता है। यह विधि जर्मनी द्वारा अपनाई जाती है।

अनुमान लगाया गया है कि स्रोत द्वारा बद्ध सहायता प्राप्तकर्ता देश के लिए परियोजनाओं की लागत को 30 प्रतिशत से अधिक बढ़ा देती है। दोहरी बद्ध सहायता प्राप्त करने की लागत को और भी बढ़ाती है। यह इस बात से स्पष्ट है कि सहायता प्राप्तकर्ता देश को अपनी आवश्यकताओं के लिए दाता देश को प्रतियोगी विश्व मार्केट कीमत से अधिक कीमत देनी पड़ती है। यह और भी बढ़ जाती है, जब प्राप्तकर्ता देश को दाता देश के जहाजों में ही मशीनरी, पुर्जे, कच्चे माल आदि लाने पड़ते हैं,जैसाकि अमेरिकी पूर्तियों के बारे में होता है। इससे सहायता का वास्तविक मूल्य कम हो जाता है। इसके अतिरिक्त, स्रोत द्वारा बद्ध सहायता प्राप्तकर्ता देश के निवेश संसाधनों के वितरण को बिगाड़ देती है। विकास प्रोग्राम का उन परियोजनाओं के प्रति झुकाव हो जाता है, जिसमें बद्ध सहायता की शर्तों के अन्तर्गत विशेष आयात वस्तुओं का ऊंचा अंश होता है। स्रोत द्वारा बद्ध सहायता निवेश परियोजनाओं में प्रयोग की जाने वाली तकनीक के चुनाव को सीमित कर देती है। स्रोत द्वारा बद्ध सहायता निवेश परियोजनाओं में प्रयोग की जाने वाली तकनीक के चुनाव को सीमित कर देती है और प्राप्तकर्ता देश की अत्यधिक पूंजी-गहन तकनीक या परियोजना अपनाने में विवश कर सकती है, जो कि एक श्रम अतिरेक अर्थव्यवस्था के लिए उपयुक्त न हो।

परियोजना सहायता (Project Aid)—एलन कार्लाइन के अनुसार ''परियोजना सहायता जिसका वितरण एक पृथक-योग्य उत्पादकीय क्रिया में पूंजी निवेश से बद्ध होता है।''[1] भारत को समस्त रूसी सहायता इसी प्रकार की प्राप्त होती है।

इसके लाभ (Its Merits)

परियोजना सहायता की दाता और प्राप्तकर्ता दोनों के दृष्टिकोण से कई लाभ होते है :

(*i*) कुछ हालत में प्राप्तकर्ता द्वारा परियोजनाओं के चुनाव में प्रत्यक्ष नियन्त्रण होता है,

(*ii*) दाता द्वारा सामान्यतौर से वित्त-प्रबन्धन की गई ऐसी परियोजनाओं के डिजाइन और कार्यान्वित देशों को प्रभावित करने का अधिक अवसर,

(*iii*) प्राप्तकर्ता की अर्थव्यवस्था के उन क्षेत्रों के प्राप्तकर्ता द्वारा अपनी नीतियां प्रभावित करने में अधिक सुविधा, जिनके लिए परियोजना सहायता उपलब्ध की गई है,

(*iv*) परियोजनाओं की मात्रा और गुणवत्ता को सुधारने के प्रोत्साहन,

(*v*) दाता के सहायता प्रोग्रोमों को छापने के अच्छे अवसर,

(*vi*) जिन परियोजनाओं का वित्त-प्रबन्धन किया गया है, प्राप्तकर्ता अर्थव्यवस्था के उन क्षेत्रों के बारे में सूचना तक अधिक पहुंच, और

(*vii*) जब परियोजना सहायता स्रोतबद्धता के साथ जुड़ी हुआ हो, तो दाता के भुगतान शेष पर कम बुरा प्रभाव।

इसकी त्रुटियां (Its Demerits)

परियोजना सहायता की कुछ त्रुटियां भी है :

(*i*) परियोजना सहायता प्राप्तकर्ता देश के लिए लाभदायक नहीं हो सकती, यदि रख-रखाव आयातों को कम किया जाता है,

(*ii*) दाता देश द्वारा व्यष्टिगत या परियोजना प्रभाव डालने का प्रयत्न ऐसी सहायता को प्राप्तकर्ता के लिए कम आकर्षक बना देगा,

(*iii*) परियोजना सहायता परियोजना की रूपरेखा बनाने और कार्यान्वित करने के लिए विस्तृत निरीक्षण द्वारा उत्पन्न अन्त:

1. "Project aid is assistance whose disbursement is tied to capital investment in a separate productive activity." *Alan Carline.*

सरकारी-नौकरशाही झगड़ों को जन्म देती है,

(*iv*) विशेष परियोजनाओं के साथ बद्ध सहायता प्राप्तकर्ता देश की निवेश प्राथमिकताओं को विकृत कर देती है जिसे समान रूप से अन्य महत्वपूर्ण परियोजनाओं को स्थगित करना पड़ता है,

(*v*) विशेष मशीनरी, उपकरण आदि के साथ अत्यधिक बद्ध सहायता श्रम जैसा घरेलू स्रोतों का अल्प-प्रयोग करती है क्योंकि यह आयात-गहन परियोजनाओं के प्रति झुकाव उत्पन्न करती है, और

(*vi*) स्रोत सहायताबद्ध की तरह, परियोजना सहायता प्राप्तकर्ता देश के लिए कर्जों की वास्तविक लागतों को बढ़ाती है, जब उसे मशीनरी और पुर्जे सहायता देने वाले देश की ऊंची कीमत पर खरीदने पड़ते हैं। **जगदीश भगवती** (Jagdish Bhagwati) के अनुसार, यह कुल बद्ध सहायता का पांचवा भाग है और विशेष अवस्थाओं में कीमत अन्तर 100 प्रतिशत या उससे भी अधिक होता है।

अबद्ध सहायता (Untied Aid)

अबद्ध या प्रोग्राम सहायता **कार्लिन** (Carlin) द्वारा इस प्रकार परिभाषित की गई है कि वह ''सहायता, जिसका वितरण किसी विशेष परियोजना की अपेक्षा विशाल विविध मदों पर प्राप्तकर्ता के खर्चों के साथ बद्ध होता है, जिस देश की कुल आवश्यकताओं और विकास योजना के रूप में उचित सिद्ध किया जाता है।''[2] भुगतान शेष की सहायता, ऋण राहत और कच्चे माल, उपकरणों और पुर्जों के आयात के रूप में भारत अपरियोजना सहातया ब्रिटेन एवं जर्मनी से प्राप्त करता है। स्वाभाविक तौर से, विकासशील देशों द्वारा ऐसी सहायता को अधिमान दिया जाता है क्योंकि वे मुक्त रूप से कृषि, उद्योग, परिवहन और/या किसी अन्य बुनियादी ढांचा में अपने विकास प्रोगामों के अनुसार प्रयोग कर सकते हैं। प्रोग्राम सहायता, सहायता की वास्तविक लागतों को भी कम करती है क्योंकि प्राप्तकर्ता देश अपनी आवश्यकताओं को प्रतियोगी दरों पर विश्व मार्केट से खरीद सकता है और कोई अन्तः नौकरशाही झगड़े भी उत्पन्न नहीं होते जैसाकि बद्ध सहायता में होता है। फिर, प्राप्तकर्ता देश बद्ध सहायता की अपेक्षा अपनी साधन संपन्नताओं के अनुकूल उपयुक्त तकनीकों का प्रयोग और उनका वितरण अधिक अच्छे ढंग से कर सकता है। **अन्तिम,** जैसाकि **प्रो. सिंगर** (Singer) ने बताया है, ''परियोजना सहायता की अपेक्षा योजना सहायता प्राप्तकर्ता देशों में अधिक लोकप्रिय दिखाई देती है। यह योजना सहायता का लाभ समझने की होगी क्योंकि यह प्राप्तकर्ता देश को सहायता प्राप्त करने के लिए अधिक यत्न करने पर उत्तेजित करती है, सहायतादाता और प्राप्तकर्ता में संबंध समान करने के अलावा, जो संभवतया सहायता का एक उद्देश्य भी है। ... यह भी कहा जा सकता कि विशेष परियोजनाओं के साथ बद्ध सहायता प्राप्तकर्ता देशों के लिए विकास को ठोस परियोजनाओं के रूप में सोचने की प्रेरणा है। ...वास्तव में, विकास इससे बहुत कुछ अधिक है और बहुत से व्यय, जो चालू या उपभोग वर्गीकृत किए जाते हैं, उन खर्चों से अधिक विकासात्मक होते हैं जिन्हें ''परियोजनाओं'' या पूंजी व्यय में वर्गीकृत किया जाता है। इसके बाद के दृष्टिकोण से, योजना सहायता और अधिक वार्षिक बजट सहायता भी, स्पष्ट तौर से अधिमानित होती है, यदि दाता प्राप्तकर्ता के साथ विकासात्मक नीतियों और प्राथमिकताओं पर सहमत हो जाता है।''

6. आर्थिक विकास के लिए विदेशी सहायता की मात्रा निर्धारित करने वाले तत्व (FACTORS DETERMINING THE AMOUNT OF FOREIGN AID FOR ECONOMIC DEVELOPMENT)

अल्पविकसित देशों में प्रवाहित होने वाली विदेशी सहायता की मात्रा निम्नलिखित तत्वों पर निर्भर रहती है :

1. कोषों की प्राप्यता (Availability of Funds)—उन्नत देशों के पास निर्यात करने के लिए काफी अतिरेक पूंजी होनी चाहिए। ऐसे देशों में अतिरेक पूंजी की अधिकता नहीं प्रतीत होती॥ अमेरिका को छोड़कर बहुत कम देश ऐसे हैं, जो अल्पविकसित देशों के लिए आवश्यक 10-15 बिलियन डॉलर की मात्रा में पूंजी प्रतिवर्ष दे सकें। कनाडा तथा आस्ट्रेलिया जैसे कुछ उन्नत देश स्वयं अपनी विकास परियोजनाओं का वित्त-प्रबन्धन करने के लिए अमेरिका तथा बर्तानिया से उधार लेते है। पर, धनी देशों

2. Programme aid is that "assistance whose disbursement is tied to the recipient's expenditures on a wide variety of items justified in terms of the total needs and development plan of the country rather than any particular project." *Alan Carlin.*

की ओर से अतिरेक पूंजी को एकत्रित करने के लिए वास्तविक प्रयत्न अल्पविकसित देशों की आवश्यकताएं पूरी कर सकता है।

2. पूंजी खपाने की क्षमता (Capacity to Absorb Capital)—दूसरा साधन विदेशी पूंजी के खपाने की क्षमता है। अल्पविकसित देशों को उतनी सहायता लेनी चाहिए जितनी कि वे लाभदायकता से निवेश कर सकें। खपाने की क्षमता में वे सभी ढंग शामिल होते हैं जिसमें विकास परियोजनाओं के आयोजन एवं कार्यान्वित करने की क्षमता, अर्थव्यवस्था की संरचना को बदलना तथा संसाधनों का पुनआंवंटन करना, प्रमुख साधनों की कमी, संस्थानिक संस्थाओं अथवा अनुप्रयुक्त संगठन द्वारा सीमित होता है। अर्थव्यवस्था की संरचना उसकी वर्तमान क्षमता के उपयोग के साथ देश की खपाने की क्षमता पर महत्वपूर्ण प्रभाव डालती है। विदेशी पूंजी के खपाने की क्षमता अनन्त नहीं होती। **विश्व बैंक की वार्षिक रिपोर्ट** में कहा गया है, ''विकास क्षेत्र में बैंक वित्त-प्रबन्धन की प्रमुख सीमाएं मुद्रा की नहीं बल्कि तुरन्त पूरी की जाने वाली सुनिर्मित तथा सुयोजनाबद्ध परियोजनाओं का अभाव रहा है। परियोजनाओं का केवल निर्माण करना ही पर्याप्त नहीं है, खपाने के लिए उनका उत्पादक होना भी आवश्यक है।'' अल्पविकसिक देश द्वारा उपयोग की जा सकने वाली पूंजी की मात्रा को पूरक साधनों की प्राप्यता निर्धारित करती है। यदि पूरक साधन उपलब्ध नहीं होते, तो उसका उपयोग नहीं हो सकेगा। अल्पविकसित देशों में विद्युत, परिवहन आदि बुनियादी सुविधाओं की कमी के कारण उनमें विदेशी सहायता को खपाने की क्षमता कम होती है। अन्य कारक जो उत्पादकीय निवेश के लिए खपाने की क्षमता को कम रखते हैं वे हैं : कुशल उद्यमता का अभाव, प्रशासकीय एवं संस्थानिक कठिनाइयां प्रशिक्षित सेविवर्ग का अभाव, भौगोलिक तथा व्यवसायिक गतिशीलता का अभाव तथा घरेलू मार्केट का छोटा आकार। ये बाधाएं अल्पविकसित देशों में पूंजी की सीमांत उत्पादकता को नीचा रखती हैं तथा विकास परियोजनाओं के चालू और पूरा करने के लिए विदेशी सहायता के उचित प्रयोग को रोकती हैं। एक बार जब ये बाधाएं पार कर ली जाती हैं, तो खपाने की क्षमता बढ़ती है और अर्थव्यवस्था परियोजनाओं को समय पर पूरा कर लेती है तथा विकास की गति तेज होती है। उनकी पूंजी खपाने की क्षमता बढ़ाने के उद्देश्य से अल्पविकसित देशों को चाहिए कि समुचित तथा पर्याप्त पूर्व-निवेश परियोजनाएं शुरू करें। इसमें, वे उस सहायता का लाभ उठा सकते हैं, जो 'स्पेशल फण्ड' जैसी अन्तर्राष्ट्रीय एजेंसियों द्वारा दी जा रही है।'' सबसे बढ़कर, विदेशी सहायता के सफल प्रयोग के लिए **डॉ राव** (V.K.R.V. Rao) के अनुसार, उसे ''परियोजनाओं की बजाय प्रोग्रामों से अधिक जोड़ा जाए। इससे स्वीकृत सहायता के उपयोग में विलम्ब समाप्त हो जाएगा और उपयोगीकरण का प्रवेश तथा आकार बढ़ जाएगा।'' **प्रो. हिग्गन्ज़** (Higgins) ने किसी देश की पूंजी खपाने की क्षमता के प्रमाण के रूप में निम्नलिखित साधन प्रस्तुत किए हैं : किसी प्रकार अप्रयुक्त क्षमता, प्रौद्योगिकी में सुधार के सुअवसर, सुनिर्मित विकास योजना, घरेलू वित्तीय साधन, परियोजनाओं को शीघ्रता तथा दक्षता से चालू करने की क्षमता वाले लोक तथा व्यापार प्रशासक, मजबूत तथा एकीकृत सरकार, जिसे जनसाधारण का समर्थन प्राप्त हो, तरल तथा लोचशील समाज जिसमें पहले ही सांस्कृतिक परिवर्तन हो रहा हो जो कृषि से औद्योगिक व्यवसायों में जाने को तैयार हो, साक्षरता का ऊंचा स्तर तथा प्रभावशाली शिक्षा-प्रणाली, और प्रौद्योगिकी-लीन तथा विकास-लीन जनता।'' ये कारक दिए होने पर उत्पादकीय निवेश के लिए बाहरी संसाधनों को खपाने की क्षमता ऊंची होती है।

3. संसाधनों की प्राप्यता (Availability of Resources)—यदि किसी अल्पविकसित देश के पास अपर्याप्त रूप से विकसित मानवीय तथा प्राकृतिक संसाधन हैं तो वे विदेशी सहायता के सफल प्रयोग में बाधक होगें। और यदि उसमें मानवीय तथा प्राकृतिक संसाधनों का अभाव होगा तो ऐसे देश के लिए उपलब्ध विदेशी सहायता का उपयोग करना और कठिन होगा।

4. ऋण-प्राप्तकर्ता देश की ऋण लौटाने की क्षमता (Capacity of the Recipient Country to Repay Loans)—यह बहुत वास्तविक समस्या है क्योंकि ऋण सेवा का बोझ अल्पविकसित देशों द्वारा बड़े कोष उधार लेने में बाधक है। इसका कारण उनकी अपनी अत्यधिक दरिद्रता को माना जा सकता है। पर उनकी ऋण लौटाने की क्षमता उनकी निर्यात करने की क्षमता और अपने विदेशी विनिमय साधनों को बढ़ाने की योग्यता पर निर्भर रहती हैं। **वी.के.आर.वी. राव** और **धर्मनारायण** लक्ष्य करते

हैं कि, ''अल्पकाल में, ऋण लौटाने की क्षमता को विदेशी मुद्रा का प्रभाव अथवा किया गया निवेश शासित करता है, चाहे वह निर्यात बढ़ाने वाला ही, चाहे आयात घटाने वाला। कालपर्यन्त, ऋण-लौटाने की क्षमता का एकमात्र निर्धारक ऋण का समस्त अर्थव्यवस्था की उत्पादकता में योगदान, और उस उत्पादकता के आवश्यक भागों को करों अथवा कीमत निर्धारण में मथ लेने की और संसाधनों के पुनर्आवंटन करने की अर्थव्यवस्था की क्षमताएं ताकि ऋण-सेवा विदेश में स्थानान्तरण की जा सके। ऋण लौटाने के लिए आवश्यक है कि राजकोषीय व्यवस्था आवश्यक कोष इकट्ठे करे और संसाधनों को निर्यात बढ़ाने या आयात घटाने की दिशा में स्थानान्तरण करने के लिए रूपान्तरण हो।'' यदि ऋण नियमित तथा बढ़ती धारा के रूप में बहुत लम्बी अवधि के लिए ऋण लौटाने की उदार शर्तों के साथ प्रवाहित हो, तो लौटाने की समस्या आसान हो जाती है। क्योंकि बहुत लम्बी अवधि में, ऋण लेने वाले देश अपने उत्पादन को इतना बढ़ा लेंगे तथा शुद्ध पुनर्भुगतान कर सकेंगे। परन्तु दूरदर्शिता की मांग है कि ऋणों को अपने-आप कर्जा चुकाने वाले निमार्ण-कार्यों से संबद्ध किया जाए जबकि विशिष्ट सामाजिक बुनियादी-सुविधाओं जैसे अनुसंधान, शिक्षा, लोक स्वास्थ्य और सामुदायिक विकास के लिए अनुदान उपलब्ध किए जाएं।

5. विकास करने का संकल्प तथा प्रयत्न (The Will and Effort to Develop)—सम्भवत: अधिकतर महत्वपूर्ण साधन, ऋण प्राप्तकर्ता देश की ओर विकास करने का संकल्प तथा प्रयत्न हैं। विदेश से प्राप्त पूंजी तब तक फल नहीं देती, जब तक कि ऋण प्राप्तकर्ता देश उसकी आकांक्षा न करे और उसके समकक्ष प्रयत्न न करे। **नर्क्से** ने ठीक ही कहा है कि, ''पूंजी का निर्माण देश में होता है।'' इसलिए विदेशी पूंजी का कार्य, देश का संकल्प जुटाने में सफल एजेंट बनाना है।

7. सहायता या व्यापार
(AID OR TRADE)

पिछले कुछ वर्षों में कम विकसित देशों (LDC) में यह विचार प्रबल होता जा रहा है कि उनके तीव्र विकास के लिए व्यापार, न कि सहायता आवश्यक है। दलील दी जाती है कि 1970 तथा 1980 की विकास दशाब्दियों में विकसित देश विकासशील देशों की सहायता-आवश्यकताओं को पूरा करने में विफल रहे हैं। एक UNCTAD प्रस्ताव, जो विकसित देशों के एक बड़े बहुमत ने स्वीकार किया था, एक प्रकार से उनके लिए अनिवार्य कर दिया था कि वे अपनी राष्ट्रीय आय का शुद्ध एक प्रतिशत प्रतिवर्ष LDC को विदेशी पूंजी के निकासों (withdrawals) को घटाकर दें, जिसमें वापसी अदायगी और ऋण-परिशोधन (amortisation) शामिल हों। लेकिन वे अपनी राष्ट्रीय आय का 0.5 प्रतिशत से अधिक देने में असफल रहे। यह विशेषतौर से दुखदायी है, जबकि विकासशील देशों की अधिक सहायता खपा करने की क्षमता बढ़ती जा रही है और सहायता द्वारा उनका आर्थिक कार्यकरण भी काफी सुधर गया है। **प्रो. मायर** (G.M. Meier) ने सही कहा हैं कि, ''विकसित देशों से LDC को विदेशी सहायता का प्रवाहित समतल हो गया है और बाह्य ऋण-सेवा की समस्या प्रबल हो गई है। इसलिए विदेशी सहायता द्वारा समर्पित आयात अतिरेक हाल के वर्षों में बहुत गिर गया है तथा निर्यातों पर आधारित आयातों से परे, संसाधनों का शुद्ध हस्तांतरण बहुत से LDC के लिए अपेक्षाकृत अमहत्वपूर्ण हो गया है। जिस सीमा तक इसका विदेशी विनिमय प्रतिबन्ध हटाया नहीं जाता, एक LDC अपने विकास प्रोग्राम की आयात आवश्यकताओं को पूरा नहीं कर सकता। इसलिए LDC को अनिवार्यत: ऐसी नीतियां अपनानी चाहिएं, जो निम्नलिखित में से एक या अन्य का मिश्रण करेंगी : देश की विकास दर को कम करे, आयातों का स्थानापन्न करे, निर्यातों का प्रसार करे, देश की व्यापार-शर्तों को सुधारे, विदेशी सहायता के बड़े अंतर्प्रवाह को प्रोत्साहित करे।''

कम विकसित देशों के लिए विदेशी सहायता का बड़ा अंतर्प्रवाह न तो संभव है और न ही वांछनीय है। विदेशी सहायता ने निसंकोच ऐसे देशों की विकास योजनाओं को महत्वपूर्ण सहायता प्रदान की है, परन्तु विकसित देश कम विकसित देशों की आवश्यकताओं के अनुसार सहायता की पूर्ति करने को तैयार नहीं हैं। दूसरी ओर, दाताओं द्वारा रखी गई कड़ी शर्तों पर LDC बद्ध सहायता लेने के इच्छुक भी नहीं। UNCTAD प्रथम की 1964 में मीटिंग से पहले, आयात स्थानापन्नता की नीति का अल्पविकसित

देशों द्वारा बहुत समर्थन किया जाता था परन्तु यह उनकी समस्याओं को हल करने में असफल रहा। तब से विभिन्न UNCTAD सम्मेलनों में उन्होंने अल्पविकसित देशों के लिए निर्यात प्रोत्साहन की बाह्य अभिमुख (outward looking) नीतियों और व्यापार शर्तों में सुधार पर बल दिया है। UNCTAD कम विकसित देशों के निर्मित और अर्द्ध-निर्मित निर्यातों के अधिमान्य प्रशुल्कों (preferential tariffs) के लिए समर्थन करता रहा है और UNCTAD तृतीय अधिमानों की सामान्यकृत प्रणालियां (Generalised Systems of Preferences—GSP) विकसित करने में सफल रहा, जिसके अन्तर्गत OECD[3] राष्ट्रों की मार्किटों में प्रवेश के लिए 88 कम विकसित देशों की वस्तुओं को रियायतें बढ़ा दी गईं।

अतः भारत और अन्य विकासशील देशों को अपने-निर्यात बढ़ाने के लिए बहुत यत्न करने चाहिएं ताकि एक दशक या उससे अधिक समय में उनका अतिरेक व्यापार हो। बढ़ रही आयातों का भुगतान करने के लिए भी उन्हें निर्यातों का प्रसार करना आवश्यक है। ऋण-सेवा अदायगियां करने के लिए भी अधिक निर्यात चाहिए।

परन्तु जो नीति 'व्यापार,' न कि 'सहायता' (Trade not aid), का पक्षपात करती है, वह तभी सफल हो सकती है जब घरेलू बचतों में निर्यात-अर्जनों के बराबर वृद्धि हो। व्यापार, सहायता का स्थानापन्न करेगा, जब अधिक निर्यात अर्जन राष्ट्रीय आय को बढ़ाते हैं और इससे बचतों में वृद्धि होती है। परन्तु व्यापार के अधिक सुअवसर बड़े सहायता प्रवाहों की तरह होते हैं। निवेश के लिए वास्तविक संसाधनों का हस्तांतरण करने के लिए भी व्यापार सहायता करता है, जब अधिमान्य व्यापारिक समझौतों (Preferential Trading Agreements) के अन्तर्गत कम विकसित देश विकसित देशों से अपनी निर्यातों के लिए ऊंची कीमतें लेते हैं। विकास के ऊंचे स्तर पर भारत और ब्राजील जैसे विकासशील देश आगे के पूंजी-निर्माण के लिए अपने निर्यात अर्जनों का प्रयोग कर सकते हैं, परन्तु कोई भी विकसित देश विश्व मार्किट की कीमतों पर खरीदने को तैयार होगा। इसलिए, आवश्यकता विकासशील देशों में कीमतों को स्थिर रखने की है और तभी व्यापार श्रेष्ठ ढंग से सहायता की स्थानापन्नता कर सकता है।

फिर भी, वे देश जो विकास की प्रारम्भिक अवस्था में हैं, उन्हें सहायता को व्यापार द्वारा स्थानापन्न नहीं करना चाहिए, क्योंकि वे दीर्घकाल में अपने व्यापार का केवल सहायता द्वारा ही विकास कर सकते हैं। ऐसे देशों में व्यापार और सहायता अधिकतर एक दूसरे के पूरक होते हैं न कि स्थानापन्न। विकास के लिए व्यापार और सहायता दोनों चाहिए।

प्रश्न

1. अल्पविकसित देशों में विदेशी सहायता की क्यों आवश्यकता होती है ? व्याख्या कीजिए।
2. विदेशी सहायता किन-किन रूपों में अल्पविकसित देशों में प्रवेश करती है ?
3. विदेशी पूंजी किसे कहते हैं ? इसके आर्थिक विकास में योगदान की व्याख्या कीजिए। इसके अल्प-विकसित देशों के लिए क्या गुण और दोष हैं ?
4. क्या आप अल्पविकसित देश के विकास के लिए विदेशी सहायता अथवा विदेशी व्यापार को अधिमान देते हैं ?
5. विदेशी पूंजी के एक देश में प्रवाह के अल्पकालीन तथा दीर्घकालीन प्रभावों का निरीक्षण कीजिए।
6. एक देश के आर्थिक विकास में सहायता के कार्यभाग की विवेचना करिए। ऐसे देश में विदेशी सहायता की मात्रा कैसे निर्धारित होती हैं ?

3. Organisation for Economic Co-operation and Development, 14 दिसम्बर, 1970 को 22 विकसित देशों द्वारा पेरिस में स्थापित की गई थी और इसमें सभी यूरोपीय देश, अमेरिका, कनाडा और जापान सम्मिलित है।

अध्याय 42

निर्यात अस्थिरता तथा अंतर्राष्ट्रीय वस्तु समझौते (EXPORT INSTABILITY & INTERNATIONAL COMMODITY AGREEMENTS–ICAs)

1. प्रस्तावना (INTRODUCTION)

इस अध्याय में निर्यात अस्थिरता तथा अंतर्राष्ट्रीय वस्तु समझौतों की परस्पर संबंधित समस्याओं का विस्तृत अध्ययन किया गया है। अल्पविकसित देशों (LDCs) की निर्यात अर्जन (earnings) अस्थिरता की समस्या की 1950 के दशक से अंतर्राष्ट्रीय गोष्ठियों में विवेचना की गई है तथा इसके समाधान के लिए अंतर्राष्ट्रीय वस्तु समझौते सबसे महत्वपूर्ण उपचार सुझाए गए हैं।

2. निर्यात अस्थिरता समस्या (EXPORT INSTABILITY PROBLEM)

निर्यात अस्थिरता समस्या से अभिप्राय प्राथमिक वस्तुओं के लिए मार्किटों की अल्पकालीन अस्थिरता से है जो अल्पविकसित देशों की कीमतों, निर्यात की मात्राओं और निर्यात अर्जनों में वर्ष प्रतिवर्ष विस्तृत उतार-चढ़ाव में प्रतिबिंबित होती है। प्रो. **मैकबीन** (Macbean)[1] निर्यात अस्थिरता को **निर्यात अर्जनों में अल्पकालीन उतार-चढ़ाव के रूप में परिभाषित करता है।** (Export instability is short-run fluctuation in export earnings.)

अल्प विकसित देश थोड़ी-सी प्राथमिक वस्तुओं के निर्यात पर ध्यान केन्द्रित करते हैं जो उनके निर्यात अर्जनों का 80 से 90 प्रतिशत होता है। परंतु उनकी कीमतों और मात्राओं में अल्पकालीन विस्तृत उतार-चढ़ाव होने के कारण उनके निर्यात अर्जनों में अस्थिरता पाई जाती है।

निर्यात अस्थिरता के कारण (Causes of Export Instability)

अल्पविकसित देशों की प्राथमिक वस्तुओं की कीमतों तथा मात्राओं और निर्यात अर्जनों में निर्यात अस्थिरता के मुख्य कारण एक ओर तो अप्रत्याशित पूर्ति तथा मांग के घटक ओर दूसरी ओर मांग तथा पूर्ति की अलोचनाओं (inelasticities) के कारण होते हैं। हम उनका कुछ दूसरे घटकों के साथ विवेचन करते हैं।

1. पूर्ति पक्ष (Supply Side)—छोटी अवधि की प्राथमिक वस्तुओं की पूर्ति बेलोच होती है, तथा सूखा, बाढ़, फसलों की बीमारियों, कीड़ों तथा दूसरे विनाशकारी जीवों जैसी प्राकृतिक शक्तियों के परिणामस्वरूप अनिश्चित परिवर्तनों के पराधीन हैं। वे फसलों को नष्ट कर देते हैं, उनकी पूर्ति तथा निर्यात मात्रा में कमी लाते हैं, लेकिन कीमतें बढ़ा देते हैं। दूसरी ओर यदि मौसम ठीक रहे तथा वर्षा समय पर हो तो भरपूर फसल होती है, निर्यात पूर्ति बढ़ती है लेकिन विश्व कीमतों में कमी आती है। इसके अतिरवत लंबी वहनता की अवस्था में रबड़, काफी और कोको आदि के वृक्षों में पिछड़ी पूर्ति प्रतिक्रियाओं के कारण वहां शक्तिशाली मकड़जाल अस्थिरताएं होती हैं। यदि अच्छी विश्व कीमतों को ध्यान में रख कर ऐसी फसलों का आज और पौधारोपण किया जाता है तो पांच वर्ष के उपरांत जब उनकी विश्व बाजार में पूर्ति प्रारंभ होगी तो कीमतें गिर सकती हैं। इसके अतिरिक्त हड़तालें और राजनीतिक घटक अथवा लड़ाई

1. A.I. MacBean प्रथम अर्थशास्त्री है जिस ने इस समस्या का अनुभाविक विश्लेषण अपनी पुस्तक Export Instability and Economic Development, 1966 में किया।

भी वस्तुओं की पूर्ति में बाधा डालने की महत्त्वपूर्ण भूमिका अदा करती हैं। **योटोपोलस** (Yotopoulos) तथा **न्यूजैंट** (Nugent) ने अपने अनुभाविक अध्ययन में पाया कि प्राथमिक वस्तुओं की घरेलू कीमतों की तुलना में ऐसे अस्थिरताकारी घटक निर्यात कीमतों की अस्थिरता में पाए जाते हैं। लेकिन **मैकबीन** (MacBean) के निष्कर्षों के अनुसार, अल्पविकसित देशों में निर्यात कीमतों में परिवर्तनों की अपेक्षा मात्रा उतार चढ़ावों के कारण निर्यात अस्थिरता उत्पन्न होती है। अस्थिर निर्यात पूर्ति से निर्यात अर्जन पर प्रभाव चित्र 1 में दर्शाया गया है जहां D और S कुछ कृषि वस्तुओं के क्रमशः प्रारंभिक मांग तथा पूर्ति वक्र हैं जिनकी कीमत OP है तथा बेची गई मात्रा OQ है। जब सूखे के कारण पूर्ति OQ से घटकर OQ_1 हो जाती है तो S पूर्ति वक्र बाईं ओर सरककर S_1 पर आ जाता है। मांग दी होने पर नया संतुलन बिन्दु E_1 पर स्थिर हो जाता है। परिणामस्वरूप कीमत OP से बढ़कर OP_1 हो जाती है तथा देश के निर्यात अर्जन $(OP \times OQ)$ से गिरकर $(OP_1 \times OQ_1)$ हो जाते हैं।

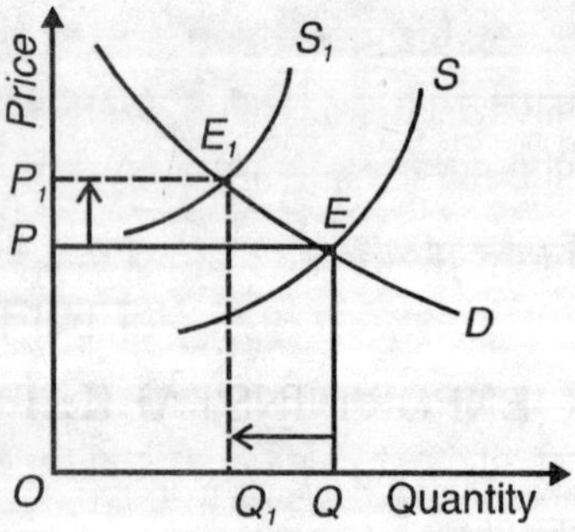

चित्र 1

2. मांग पक्ष (Demand Side)—द्वितीय विश्व युद्ध के पश्चात तथा 1980 के दशक में अल्पविकसित देशों की निर्यात अस्थिरता पूर्ति के स्थान पर प्रायः मांग में परिवर्तन के कारण अधिक हुई है। कारण यह कि बहुत कम फसलें अधिकतर एक ही देश में उपजाई जाती हैं। ऐसा संभव नहीं है कि बहुत से देशों में उपजाई जा रही एक विशेष फसल सभी देशों में एक साथ बीमारी अथवा सूखे से प्रभावित होगी। इस प्रकार उस फसल की पूर्ति में एक देश में आई कमी का प्रभाव उसकी विश्व बाजार कीमत पर पड़ता है। दूसरी ओर विश्व बाजार में प्राथमिक वस्तुओं की मांग मंद है और कीमत लोच नीची है। उनकी मांग में कमी से निर्यात अर्जनों में बड़ी गिरावट आती है। विकसित देशों में मांग में कमी मंदी के कारण हो सकती है जिससे अल्पविकसित देशों की प्राथमिक वस्तुओं की विश्व कीमतें गिर सकती हैं। इसके अतिरिक्त प्रतियोगी वस्तुओं, जिनमें स्थानापन्न भी शामिल है, की कीमतों में परिवर्तन प्राथमिक वस्तुओं की विश्व मांग को प्रभावित करते हैं। लेकिन खनिजों के लिए निर्यात अस्थिरता मांग के चक्रीय घुमाव तथा विश्व बाजार में सट्टा उत्पन्न होती है। इसके अतिरिक्त विकसित देशों द्वारा कुछ खाद्य वस्तुओं के आयात पर प्रतिबंधों से भी अल्पविकसित देशों के निर्यात की मांग और अन्ततः उनके निर्यात अर्जन से कुप्रभावित होते हैं। अस्थिर निर्यात मांग के निर्यात अर्जनों पर प्रभाव को चित्र 2 में दिखाया गया है। जहां संतुलन कीमत OP और बेची गई मात्रा OQ है। जब विश्व बाजार में मांग गिरकर OQ से OQ_1 हो जाती है तो मांग वक्र नीचे की ओर D_1 पर सरक जाता है। पूर्ति दी होने पर, नया संतुलन बिन्दु E_1 पर है। कीमत के OP_1 पर गिरने तथा मांग मात्रा OQ_1 हो जाने पर देश के निर्यात अर्जन $(OP \times OQ)$ से कम होकर $(OP_1 \times OQ_1)$ हो जाते हैं। ध्यान दें कि निर्यात अर्जनों में कमी दोनों में से एक पूर्ति अथवा कीमतों से ज्यादा अधिक है।

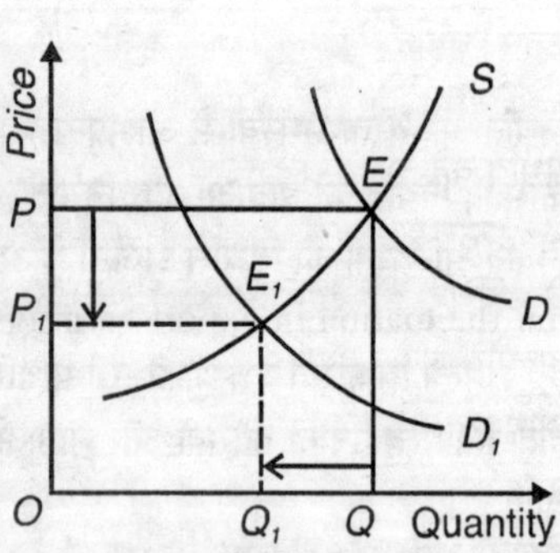

चित्र 2

3. वस्तु केन्द्रीयकरण (Commodity Concentration)—निर्यात अस्थिरता का एक अन्य कारण अल्पविकसित देश का निर्यात के लिए एक अथवा दो प्राथमिक वस्तुओं के निर्यात पर निर्भरता अथवा केन्द्रीयकरण है। दूसरे शब्दों में प्राथमिक वस्तुओं में विविधता का अभाव अल्पविकसित देशों को निर्यात मात्रा तथा कीमत अस्थिरता में अत्यधिक असुरक्षित बनाता है।

4. भौगोलिक केन्द्रीयकरण (Geographical Concentration)—निर्यात अस्थिरता अल्पविकसित देश के निर्यात के भौगोलिक गम्यस्थान (destination) द्वारा प्रभावित होती है। एक अल्पविकसित देश जो अपनी प्राथमिक वस्तुओं के निर्यात के लिए केवल एक ही भौगोलिक बाजार पर आश्रित होता है, अपनी निर्यात अस्थिरता के लिए एक–दूसरे देश से जो विभिन्न भौगोलिक क्षेत्रों को निर्यात करता है, से अधिक असुरक्षित है।

5. निर्यात मार्किट का अंश (Export Market Share)—निर्यात अस्थिरता किसी अल्पविकसित देश के निर्यात बाजार अंश से भी उत्पन्न होती है। वह देश जिसका निर्यात बाजार का अंश देशीय बाजार के अनुपात में बड़ा होता है, इसकी निर्यात कीमतों तथा अर्जनों में अनिश्चितता तथा अस्थिरता हो सकती हैं।

6. प्राथमिक वस्तुओं का अंश (Primary Goods Share)—एक अल्पविकसित देश में निर्यात में अस्थिरता का एक अन्य कारण उसके कुल निर्यात में प्राथमिक वस्तुओं का अनुपात है। यदि प्राथमिक वस्तुओं का देश के कुल निर्यात में बड़ा अंश है तो उनकी पूर्ति, मांग तथा कीमतों में उतार-चढ़ाव हो सकते हैं जो उसके निर्यात अर्जनों में उतार-चढ़ाव लाएंगे।

निर्यात अस्थिरता के प्रभाव (Effects of Export Instability)

अल्पविकसित देशों की निर्यात अस्थिरता के प्रभावों के अनुभाविक अध्ययनों से अर्थशास्त्रियों में आपस में भिन्न विचार पाए जाते हैं। सामान्य तथा पारम्परिक विचार यह है कि निर्यात अर्जनों में उतार-चढ़ाव देशीय अर्थव्यवस्था को स्थानांतरित होते हैं। निर्यात अर्जनों की अनिश्चितता अथवा अस्थिरता देशीय मांग को अस्थिर बनाती है तथा निर्यात क्षेत्र में संसाधनों को आवंटित करने के प्रोत्साहन को कम करती है। निर्यात अर्जनों में अस्थिरता आयातित माल को प्राप्त करना अनिश्चित बनाती है तथा इससे पूंजी लगाने वालों और उत्पादकों के लिए जोखिम बढ़ जाते हैं। परिणामस्वरूप निर्यात अस्थिरता पूंजी को हतोत्साहित करती है तथा अर्थव्यवस्था के विकास को कम करती है।

लेकिन **मैकबीन** (MacBean) का 1966 का अनुभाविक अध्ययन बताता है कि अल्पविकसित देशों की निर्यात अस्थिरता से निवेश तथा विकास हतोत्साहित नहीं हुए हैं बल्कि वे इससे प्रोत्साहित हुए हैं। उपभोग में कमी की प्रवृत्तियों को जब अस्थिरता के ऊंचे स्तरों के अंतर्गत मापने से कुल बचतों में वृद्धि हुई है, इनके कारण आगे कुल निवेश बढ़ा है।

मैकबीन का अध्ययन और स्पष्ट करता है कि 'आय में उतार-चढ़ाव की मात्रा तथा निर्यात में तउार-चढ़ाव के बीच संबध का कोई प्रमाण नहीं है।' इसका अर्थ यह है कि निर्यात अर्जनों में उतार-चढ़ाव के कारण.निर्यातक देश की राष्ट्रीय आय में उनके अनुरूप उतार-चढ़ाव नहीं होते हैं। **मैकबीन** के अनुसार अपेक्षाकृत स्थिर आय वाले देशों में बहुत अस्थिर निर्यात होते हैं और इसके विपरीत भी।

दूसरी ओर **एडम्ज** (Adams) तथा **बहोमैन** (Behoman) का अध्ययन निर्यात अस्थिरता के आर्थिक विकास पर नगन्य (negligible) प्रभाव की ओर संकेत करता है।

कनूडसन (Kanudsen) तथा **पारनेज** (Parnes) अपने अध्ययन में **मैकबीन** के अध्ययन का समर्थन करते प्रतीत होते हैं। लेकिन वे आर्थिक विकास पर निर्यात से अर्जन के उतार-चढ़ाव के प्रभावों की व्याख्या स्थाई आय परिकल्पना के आधार पर करते हैं। अल्पविकसित देशों में आय कमाने वाले अपेक्षाकृत स्थाई आय के किसी स्तर पर निर्भर करते हैं और अपने उपभोग ढांचे को उसी पर आधारित रखने का प्रयत्न करते हैं। परंतु लोग निर्यात अर्जनों के अनिश्चित तथा घटते-बढ़ते घटक में से और अधिक बचत करते हैं। उनका निर्यात अर्जन जितना अधिक अस्थिर होगा उतना ही अधिक अंश वे बचाएंगे तथा निवेश करेंगे। इस प्रकार निर्यात अस्थिरता जितनी अधिक होगी उतनी ही लोगों की बचत तथा निवेश करने की प्रवृत्ति होगी जिससे आर्थिक वृद्धि होती है।

इसके अतिरिक्त औद्योगिक वस्तुओं की सापेक्षता में प्राथमिक वस्तुओं की कीमतों की अस्थिरता अल्पविकसित देशों की आय में कमी लाती है। **थरलवाल** (Thirlwall) तथा **बर्गविन** (Bergewin) ने अपने अध्ययन में पाया कि 1960 से औद्योगिक वस्तुओं की कीमतों में प्रत्येक प्रतिशत वृद्धि या कमी से प्राथमिक वस्तुओं की कीमतों में 2.4% का उतार-चढ़ाव हुआ है। कीमतों में यह परिवर्तन अल्पविकसित देशों के निर्यात अर्जनों में अस्थिरता तथा भुगतान शेष समस्या लाता है जो उनमें निवेश तथा आय को कुप्रभवित करते हैं। **दूसरा,** जब प्राथमिक वस्तुओं की कीमतें गिरती हैं तो वे औद्योगिक वस्तुओं की मांग में कमी लाती हैं। लेकिन उनकी कीमतें नीचे की ओर अगतिशील होती हैं। इनसे गतिहीन स्फीति होती है। दूसरी ओर जब प्राथमिक वस्तुओं की कीमतें बढ़ती हैं तो औद्योगिक वस्तुओं की कीमतें शीघ्र ही उनका अनुसरण करती हैं तथा स्फीति होती है। परंतु जब सरकार मांग में कमी द्वारा स्थिति को नियंत्रित करने का प्रयत्न करती है तो फिर गतिहीन स्फीति (Stagflation) आती है। दोनों व्यवस्थाओं में निवेश और आय कुप्रभावित होती है।

निर्यात अस्थिरता को दूर करने के उपचारी उपाय
(Remedial Measures to Remove Export Instability)

चुने हुए अल्पविकसित देशों के निर्यात अस्थिरता कारण संबंधी घटकों के आधार पर **मैकबीन** ने अपने अध्ययन में पाया कि कीमतों में परिवर्तन की अपेक्षा मात्रा उतार-चढ़ावों के कारण निर्यात अस्थिरता अधिक उत्पन्न हुई है। इससे संकेत मिलता है कि वे नीतियां जिनका लक्ष्य कीमत स्थिरता होती है वे निर्यात अस्थिरता में संभवत: अपेक्षाकृत थोड़ी-सी कमी लाएं तथा कुछ स्थितियों में कुल अर्जन में उतार-चढ़ाव को बढ़ाएं। यदि अस्थिरता पूर्ति की ओर जाती है तो कीमत स्थिरता निर्यात अर्जन को स्थिर नहीं करेगी। यह

दुर्लभता के दौरान उन्हें कम करेगी तथा तेजी (Boom) में इन्हें बढ़ाएगी। फिर भी अर्थशास्त्री **मैकबीन** से पूर्णतया सहमत नहीं हैं तथा अल्पविकसित देशों के निर्यात अर्जन में उतार-चढ़ाव को दूर करने के लिए प्राथमिक वस्तुओं की कीमतों में स्थिरता लाने के लिए अन्य घरेलू तथा अंतर्राष्ट्रीय उपायों का सुझाव देते हैं।

1. घरेलू उपाय (Domestic Measures)

अल्पविकसित देशों की सरकारों द्वारा ऐसे घरेलू उपाय जैसे कर, राजकोषीय तथा मौद्रिक नीतियां निर्यात अर्जन के उतार-चढ़ाव को दूर करने में सहायक हो सकते हैं। वे तेजी के समय में निर्यात कीमतों के आधार पर निर्यात पर आय के अनुपात में कर हो सकते हैं। सरकार बढ़ी हुई विदेशी मुद्रा अर्जनों से भी आय प्राप्त करेगी। केन्द्रीय बैंक दृढ़ (tight) मौद्रिक नीति का पालन कर सकता है। दूसरी ओर सुस्ती (recession) के दौरान सरकार आय करों में कमी करके तथा निवेश बढ़ाने के लिए अधिक व्यय करके उसको दूर कर सकती है। केन्द्रीय बैंक सस्ती (Cheap) मौद्रिक नीति की पालना कर सकता है। तेजी के दौरान इन नीतियों का उद्देश्य निर्यात को बढ़ावा देने के लिए निवेश या उपयोग व्यय को बढ़ाना है। लेकिन सुस्ती के दौरान बढ़े हुए सरकारी खर्च का प्रभाव अर्थव्यवस्था के दूसरे क्षेत्रों पर अधिक होगा ताकि अर्थव्यवस्था में निवेश तथा आय को व्यापक स्तर पर बढ़ा सके।

निर्यात कीमतों तथा आमदनियों में उतार-चढ़ाव को हटाने का अन्य महत्वपूर्ण उपाय अल्पविकसित देशों में **विपणन बोर्ड** (Marketing Board) बनाना है। ऐसे बोर्ड निर्यात में कीमत उतार-चढ़ाव को खपा लेते हैं। प्राथमिक वस्तुओं में निर्यात व्यापार को अपने हाथ में लेकर वे कीमतों को स्थिर रखने में सहायक होते हैं। अच्छी फसल होने पर वे वस्तुओं की बड़ी मात्रा की खरीद करके कीमतों को कम नहीं होने देते हैं। दूसरी ओर फसलों के निष्फल होने पर वे अपने भंडारों में से वस्तुओं के स्टाक खोल देते हैं तथा इस प्रकार कीमतों में अधिक वृद्धि को रोक देते हैं। इस प्रकार वे उत्पादकों, व्यापारियों तथा निर्यातकों की वस्तुओं की कीमतों को स्थिर रखने में महत्वपूर्ण भूमिका अदा करते हैं। वस्तुओं के खरीदने तथा बेचने की क्रिया द्वारा भी वे सरकार के लिए राजस्व उत्पन्न करते हैं।

2. अंतर्राष्ट्रीय वस्तु समझौते (International Commodity Agreements)

प्राथमिक वस्तुओं के निर्यातक देश मुख्यत: अपनी वस्तुओं की कीमतों में स्थिरता से अपने निर्यात अर्जन में स्थिरता लाने के लिए अंतर्राष्ट्रीय वस्तु समझौते बनाने हेतु आपस में मिल जाते हैं। वे तर्क देते हैं कि कीमत तंत्र उनकी वस्तुओं के लिए विश्व बाजारों में दक्षता के साथ कार्य नहीं करता है। प्राथमिक वस्तुओं के उत्पादन में दीर्घ गर्भावधि (gestation period) होती है तथा उनकी पूर्ति को मांग में अल्पावधि उतार-चढ़ाव के साथ समायोजित करना कठिन है। यह उनकी कीमतों में गैर- आनुपातिक बड़े परिवर्तन उत्पन्न करता है। उनकी कीमतों में मुक्त विश्व बाजारों में स्थिरता लाने के लिए कुछ हस्तक्षेप की आवश्यकता है। ICAs यह कार्य करते हैं। वे प्राथमिक वस्तुओं के निर्यातक देशों को विश्व में अत्यधिक प्रतिस्पर्द्धा तथा ऐसी वस्तुओं के अति उत्पादन से संरक्षित करते हैं। उनकी अति पूर्ति उनकी कीमतों में कमी लाती है तथा इन देशों के निर्यात अर्जन में कमी लाती है। ICAs न केवल प्राथमिक वस्तुओं की विश्व कीमतों में स्थिरता लाते हैं बल्कि निर्यातक देशों को विश्व की निर्यात अर्जन के अपेक्षाकृत बड़े तथा निश्चित अंश की गारंटी प्रदान करते हैं।

अंतर्राष्ट्रीय वस्तु समझौतों के उद्देश्य (Objectives of ICAs)

अंतर्राष्ट्रीय वस्तु समझौतों के दो प्रमुख उद्देश्य हैं :

1. विश्व बाजार में व्यापारिक कीमतों तथा मात्राओं में उतार-चढ़ाव को रोकना अथवा कम करना है, और
2. उत्पादन तथा उपभोग के बीच समायोजन सरल बनाने के लिए कीमतों में दीर्घावधि प्रवृत्ति को बढ़ाना अथवा कायम रखना।

दोनों स्थितियों में पूर्ति तथा मांग की शक्तियों के बीच दीर्घावधि संतुलन को प्राप्त करने का लक्ष्य है।

अंतर्राष्ट्रीय वस्तु समझौतों के प्रकार तथा अंतर्राष्ट्रीय कीमत स्थिरीकरण योजनाएं (Types of ICAs and International Price Stabilisation Schemes)

अन्तर्राष्ट्रीय वस्तु समझौते (ICAs) प्राय: निम्न प्रकार के होते हैं :

1. बफर स्टाक समझौते (Buffer Stock Agreements) एवं एकीकृत वस्तु कार्यक्रम (Integrated Programme for Commodities (IPC))

संयुक्त राष्ट्र व्यापार एवं विकास सम्मेलन की 1976 की नैरोबी में हुई अंकटाड-IV बैठक (UNCTAD-IV) में एक एकीकृत वस्तु कार्यक्रम तथा बफर स्टाक वित्त प्रबंधन के लिए एक सांझा कोष स्थापित करने का प्रस्ताव किया गया। 18 वस्तुओं की कीमतों को स्थिर करने के लिए अंतर्राष्ट्रीय वस्तु समझौते करने का प्रस्ताव था जिनमें से दस वस्तुओं को प्रारंभ में बफर स्टाक स्कीम में शामिल किया जाना था। इस कार्यक्रम से केवल कोको 1981 तथा रबड़ 1980 के लिए उसकी 1983 में बेलग्रेड में हुए सम्मेलन (UNCTAD-VI) में अंतर्राष्ट्रीय वस्तु समझौते हुए। इसमें 10 वस्तुओं के अंतर्राष्ट्रीय वस्तु समझौतों पर बातचीत करने के महत्व पर भी बल दिया गया। पांच वस्तुओं कोको, काफी, चीनी, टिन तथा रबड़ के समझौतों में से केवल रबड़ पर ही समझौता चालू है।

अंकटाड IV ने 1976 में 10 भंडारित वस्तुओं के लिए 6 अरब डालर के सांझा कोष का प्रस्ताव किया ताकि उनके लिए अंतर्राष्ट्रीय बफर स्टाक स्थापित तथा वित्त प्रबंधन किया जा सके। अंकटाड VII में जेनेवा में IPC के अंतर्गत सांझा कोष चालू हुआ। इसके लिए सदस्य देशों ने 4.7 अरब डालर पूंजी के 66.9 प्रतिशत का वचन दिया जिससे कोष चालू हुआ।

अंतर्राष्ट्रीय बफर स्टाक समझौतों का संचालन (Operation of International Buffer Stock Agreements)—नीचे हम अंतर्राष्ट्रीय बफर स्टाक समझौतों के संचालन का अध्ययन करते हैं।

अंतर्राष्ट्रीय बफर स्टाक समझौते एक वस्तु की विश्व कीमतों में स्थिरता के लिए बफर स्टाक स्थापित करने से संबंधित होते हैं। जब कभी इसकी विश्व कीमत एक निश्चित सीमा से नीचे गिरती है तो बफर स्टाक एजेंसी इसकी कीमत में कमी को नियंत्रित करने के लिए वस्तु के स्टाक को खुले बाजार से क्रय कर लेती है। दूसरी ओर जब कभी कीमत सहमति द्वारा निश्चित अधिकतम कीमत से ऊपर बढ़ती है तो कीमत को और बढ़ने से रोकने के लिए यह वस्तु को बेच देगी।

एक अंतर्राष्ट्रीय बफर स्टाक के संचालन के लिए दो प्रकार के स्टाकों की आवश्यकता होती है: **पहला** वस्तु का पर्याप्त स्टाक; तथा **दूसरा** पर्याप्त वित्त की व्यवस्था।

अंतर्राष्ट्रीय बफर स्टाक के संचालन को चित्र 3 में दर्शाया गया है जहां क्षैतिज अक्ष पर मात्रा तथा अनुलंब अक्ष पर वस्तु की कीमत को मापा गया है। D तथा S प्रारंभिक मांग तथा पूर्ति और P संतुलन बिन्दु हैं तथा OP_B कीमत और OQ स्टाक की मात्रा है जो बफर स्टाक एजेंसी को रखनी होती है। वस्तु का पूर्ति वक्र स्थिर मान लिया गया है। जब वस्तु की मांग D से कम होकर D_1 हो जाती है तब वस्तु की विश्व कीमत में गिरावट रोकने के लिए तथा कीमत OP_B कायम रखने के लिए बफर स्टाक के लिए OQ_1 वस्तु की मात्रा खरीदनी पड़ेगी। दूसरी ओर यदि मांग D से D_2 बढ़ जाती है तो QQ_2 वस्तु की मात्रा बफर स्टाक से निकालनी पड़ेगी ताकि कीमत में वृद्धि को रोककर OP_B स्तर पर रखा जाए। इस प्रकार वस्तु की मांग में किसी प्रकार की गिरावट अथवा वृद्धि को बफर स्टाक से वस्तु को खरीदकर अथवा बेचकर समान रूप से अनुकूल किया जाता है ताकि कीमत अंतर्राष्ट्रीय वस्तु समझौते द्वारा निश्चित स्तर पर स्थिर रहे।

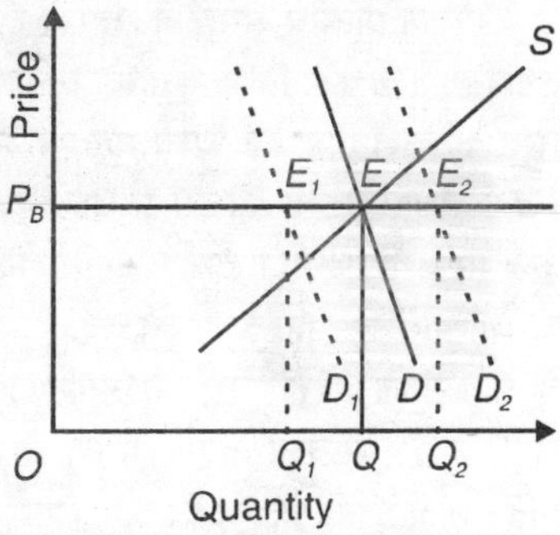

चित्र 3

ऊपर बफर स्टाक का संचालन कैसे किया जाता है की सैद्धांतिक व्याख्या की गई है। व्यवहार में बफर स्टाक एजेंसी वस्तु की न्यूनतम सीमा अथवा न्यूनतम कीमत तथा अधिकतम सीमा अथवा अधिकतम कीमत निश्चित करती है। **पहली** स्थिति में वह यदि यह पाती है कि कीमतें निश्चित न्यूनतम स्तर से कम होने की ओर अग्रसर हैं तो यह वस्तु को अपने बफर स्टाक के लिए क्रय करती है। **दूसरी** ओर यदि कीमतें निश्चित अधिकतम स्तर से ऊपर बढ़ने को अग्रसर होती हैं तो यह अपने बफर स्टाक में से वस्तु को बेच देगी। इन संचालनों द्वारा वस्तु की कीमतों में अस्थिरता कम होती है।

बफर स्टॉक के गुण (Merits of Buffer Stock)—अंतर्राष्ट्रीय बफर स्टॉक समझौते से कीमतों में स्थिरता से निम्नलिखित गुण पाए जाते हैं :

(1) वस्तु के उत्पादकों तथा उपभोक्तओं की जोखिमों में कमी लाते हैं।

(2) वे निर्यात अर्जन अनिश्चितताओं तथा अस्थिरता में कमी लाते हैं।

(3) वे उत्पादकों की आय में विस्तृत उतार-चढ़ाव को कम करते हैं।

(4) वे उत्पादक देशों की सरकारों के राजस्व में वृद्धि लाते हैं।

(5) वे राष्ट्रीय आय, निवेश तथा आर्थिक वृद्धि को बढ़ाते हैं।

समस्याएं (Problems)—अंतर्राष्ट्रीय बफर स्टाक समझौतों को आमतौर पर निम्न समस्याओं का सामना करना पड़ता है :

1. वस्तु तथा धन दोनों को पर्याप्त मात्रा में कायम रखने के लिए निश्चित लागतें आती हैं। प्रमुख समस्या सरकारों द्वारा वस्तु के भंडारण के लिए स्थान, श्रम, बीमा आदि पर खर्चों को आपस में बांटने की है।

2. इसमें वस्तु की विश्व कीमत की दीर्घावधि प्रवृत्ति का सही अनुमान लगाने की समस्या है जो मांग तथा पूर्ति में संतुलन कायम रखती हो। यदि वस्तु की कीमत की प्रवृत्ति बहुत ऊंची हो तो बफर स्टाक बहुत शीघ्र समाप्त हो जाएंगे। इससे कीमत में और वृद्धि होगी। दूसरी ओर यदि बफर स्टाक एजेंसी वस्तु के नीचे की ओर जाने की प्रवृत्ति का सही पूर्वानुमान लगाने में असफल रहती है तो उसके स्टाक में अत्यधिक वृद्धि हो जाने से कीमत में और अधिक कमी जाएगी तथा यह समझौते के सदस्य के लिए हानि लाएंगे।

3. ऐसे समझौते गैर-नाशवान वस्तुओं के लिए संभव होते हैं जो आसानी से भंडारित हो सकती हैं। अंतर्राष्ट्रीय टिन समझौता, कीमत स्थिरता के लिए बफर स्टॉक समझौते का एक उदाहरण था। यह जुलाई 1956 से पांच वर्षों के लिए संचालित रहा तथा बाद के वर्षों में दोबारा नवीन किया जाता रहा। लेकिन 1985 में यह फेल हो गया जब इस के संसाधन विश्व कीमतों में आई कमी को रोकने के लिए अपर्याप्त थे। बफर स्टाक के प्रबंधन ने अपने सभी नकद संसाधनों को बिना कीमत में स्थिरता लाए टीन खरीदने पर व्यय कर दिया।

4. जहां तक क्रेताओं तथा विक्रेताओं के बीच वस्तु की कीमत स्थिरता से लाभ की समस्या का संबंध है, दोनों सफल कीमत स्थिरता लाने से शुद्ध लाभ अनुभव करते हैं बशर्ते बफर स्टाक प्रबंधन कीमत को दीर्घावधि संतुलन प्रवृत्ति पर रखता है। परंतु अंतर्राष्ट्रीय टिन समझौते का अनुभव इसे सिद्ध नहीं करता। फिर भी अपने-अपने लाभों का क्रेताओं तथा विक्रताओं में वितरण एक युक्तिपूर्ण तथा जटिल बात है। वस्तु के लिए कीमत अस्थिरता इस पर निर्भर करती है कि यह विश्व बाजार में मांग की ओर से है अथवा पूर्ति की ओर से।

2. निर्यात प्रतिबंध समझौता (Export Restriction Agreement)

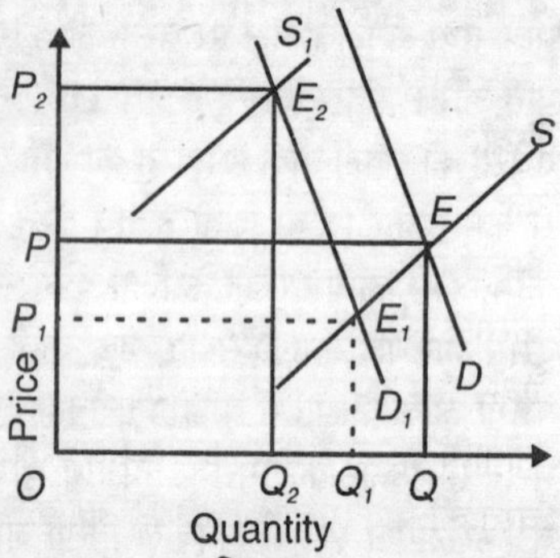

चित्र 4

निर्यात प्रतिबंध समझौता सदस्यों द्वारा वस्तु, जिसकी कीमत गिर रही है, के उत्पादन तथा निर्यात के कोटे निश्चित करके निर्यात अर्जनों में स्थिरता लाने हेतु होता है। इसका उद्देश्य वस्तु की कुल मात्रा को विश्व मांग के अनुरूप समायोजित करके निर्यात अर्जन को कायम रखना अथवा बढ़ाना है। इस समझौते का संचालन चित्र 4 द्वारा दर्शाया गया है जहां क्षैतिज अक्ष पर बेची गई मात्रा तथा अनुलंब अक्ष पर कीमत को प्रदर्शित किया गया है। D तथा S क्रमश: प्रारंभिक मांग तथा पूर्ति वक्र हैं जो बिन्दु E पर OP कीमत तथा OQ बेची गई मात्रा के साथ संतुलन में हैं। प्रारंभिक निर्यात OQEP क्षेत्र है। यदि मांग में कमी आती है तो वक्र D सरक कर D_1 पर चला जाएगा। परिणामस्वरूप कीमत गिरकर OP_1 हो जाती है। वक्र S दी हुई पूर्ति दर्शाता है। निर्यात अर्जन कम होकर OQE_1P_1 हो जाते हैं। पर निर्यात प्रतिबंध समझौते के सदस्यों द्वारा छोटे कोटे निश्चित करके पूर्ति में कमी लाना आवश्यक होगा। इसे चित्र में वक्र S_1 द्वारा दर्शाया गया है जो D_1 वक्र को बिन्दु E_2 पर काटता है। निर्यात की मात्रा OQ से कम करके OQ_2 कर दी गई है। कीमत OP से बढ़कर OP_2 तथा निर्यात अर्जन अपने प्रारंभिक स्तर ($OQEP = OQ_2E_2P_2$ पर (चूंकि क्षेत्र $OQ_2E_2P_2$ = क्षेत्र OQEP) स्थिर रहता है।

इसकी सीमाएं (Its Limitations)—सैद्धांतिक तौर पर इस प्रकार का अनुबंध निर्यात कीमतों में अस्थिरता की समस्या का हल करता दिखाई पड़ता है, परंतु व्यवहार में इसमें निम्न सीमाएं हैं।

1. निर्यात प्रतिबंध समझौते की सफलता बहुत-सी शर्तों पर निर्भर करती है। *(i)* वह कहां तक निर्यात के वास्तविक तथा संभावित संसाधनों को लाने की क्षमता रखता है। *(ii)* कहां तक वस्तु के स्थानापन्न पाए जाते हैं। *(iii)* विश्व के उत्पादन तथा उपभोग से संबंधित अंतर्राष्ट्रीय व्यापार में वस्तु का अंश। *(iv)* सदस्य देशों के व्यक्तिगत उत्पादकों तथा निर्यातकों द्वारा वस्तु के उत्पादन पर नियंत्रण तथा नियमन। लेकिन सदस्य देशों द्वारा इन शर्तों का पालन करना संभव नहीं है।

2. मांग का दीर्घकालीन बेलोच रहना संभव नहीं है, ऐसी स्थिति में वस्तु की पूर्ति को रोकने से कमी आ सकती है।

3. वस्तु का निर्यात रोकने से दीर्घावधि स्थानापन्न उत्पन्न हो सकते हैं। परिणामस्वरूप इसके निर्यात में कमी आएगी तथा अर्जन

भी कम होंगे।

4. कठोर कोटा नियमों के साथ वस्तु के उत्पादन का नियंत्रण तथा नियमन उद्योग की वृद्धि को कुप्रभावित कर सकता है। ऊंची लागत वाले उत्पादकों को संरक्षण होने से वे निम्न गुणवत्ता की वस्तु उत्पादित करना प्रारंभ कर सकते हैं।

5. इस प्रकार का समझौता सदस्य देशों के बीच कोटों के मनमाने आवंटन तथा एक देश के अंदर उत्पादकों के बीच उत्पादन कोटा द्वारा संसाधनों में कुआवंटन आ सकता है।

निष्कर्ष (Conclusion)—ऐसे समझौतों की सफलता के लिए, देशों के भीतर तथा सदस्य देशों के बीच कोटों को वास्तविकता से स्थापित करना चाहिए। इन के आवंटन में प्रर्याप्त लोच होनी चाहिए। प्राथमिक वस्तु निर्यातक देशों की उत्पादन तथा कीमत नीतियों में समन्वयन को प्रोत्साहित करने के प्रयास करने चाहिएं।

3. बहुपक्षीय संविदा समझौता (Multilateral Contract Agreement)

बहुपक्षीय संविदा समझौता आयातकों तथा निर्यातकों दोनों को वस्तु की निश्चित मात्राएं खरीदने तथा बेचने से संबद्ध होता है। निर्यातक देश वस्तु की निश्चित विशेष मात्रा को तय की गई अधिकतम कीमत पर बेचने को बाध्य होते हैं। दूसरी ओर आयातक देश वस्तु की निश्चित विशेष मात्रा को तय की गई न्यूनतम कीमत पर खरीदने को बाध्य होते हैं। ये विक्रय तथा क्रय उस समय किए जाते हैं जब मुक्त बाजार कीमत सीमाओं पर पहुंचती है या उससे बढ़ती है।

ऐसा संविदा समझौता केवल तब ही सफल होता है, यदि यह सदस्यों के कुल व्यापार के बड़े अनुपात को शामिल करता है, तथा अधिकतम और न्यूनतम कीमत में बहुत अंतर नहीं होता। इस प्रकार का समझौता उत्पादन तथा उपभोग करने वाले दोनों देशों को वस्तु की विश्व कीमत में उतार-चढ़ाव के बुरे प्रभावों से सुरक्षा प्रदान करता है। 1949 का अंतर्राष्ट्रीय गेहूं समझौता जो चार बार परिवर्तनों के साथ नवीनीकरण किया गया है। यह एक बहुपक्षीय संविदा समझौता है।

4. कीमत क्षतिपूर्ति समझौता (Price Compensation Agreement)

कीमत क्षतिपूर्ति समझौते विकसित तथा अल्पविकसित देशों के बीच प्राथमिक वस्तुओं के बारे में द्विपक्षीय व्यवस्थाएं होती हैं। निर्यातक तथा आयातक देश वस्तु की एक सामान्य बाजार कीमत पर सहमत होते हैं। यदि वस्तु की वास्तविक कीमत सामान्य कीमत से नीचे गिरती है तो आयातक विकसित देश निर्यातक अल्पविकसित देश के निर्यात अर्जन में वस्तु की मांग पहले से कम होने की स्थिति में क्षति की पूर्ति करेगा। इसे चित्र 5 द्वारा दिखाया गया है जहां बाजार पूर्ति वक्र QS है तथा मांग वक्र D है। दोनों एक-दूसरे को बिन्दु E पर काटते हैं तथा संतुलित कीमत OP है। यह दोनों देशों के बीच सहमत सामान्य कीमत है। अल्पविकसित देशों के निर्यात अर्जन OQEP हैं। मानलीजिए विकसित देश में वस्तु की मांग गिरती है जो वस्तु की कीमत में गिरावट लाती है। इसे मांग वक्र D के D_1 पर सरकने से दिखाया गया है। नया संतुलन बिन्दु E_1 पर होता है तथा कीमत गिर कर OP_1 हो जाती है। परिणामस्वरूप, अल्पविकसित देश के निर्यात अर्जन OQEP से गिरकर OQE_1P_1 हो जाते हैं।

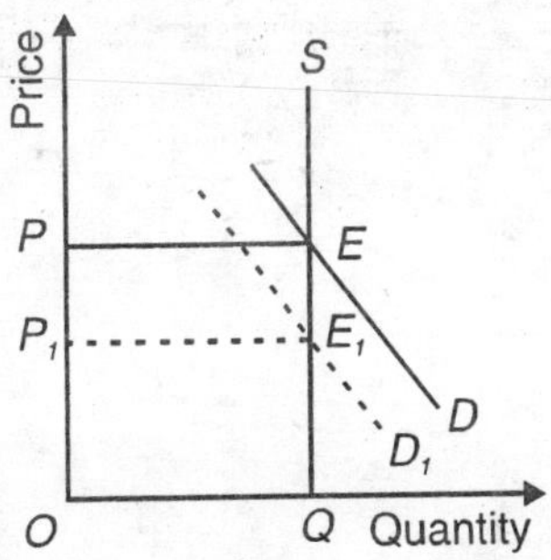

चित्र 5

क्योंकि OP कीमत क्षति पूर्ति समझौते के अन्तर्गत सहमत सामान्य कीमत है, इसलिए विकसित देश अल्पविकसित देश को P_1E_1EP क्षेत्र की कीमत के बराबर क्षतिपूर्ति करेगा।

इस प्रकार का समझौता अल्पविकसित देशों के लिए बहुत लाभदायक है तथा दूसरी प्रकार के अंतर्राष्ट्रीय वस्तु समझौतों के साथ-साथ चल सकता है। लेकिन समस्या तब पैदा होती है जब वस्तु की कीमत में लगातार गिरावट आती है। ऐसी स्थिति में निर्यातक देश को कीमत की क्षति पूर्ति में दी जाने वाली धनराशि निश्चित करना कठिन है। इसलिए अल्पविकसित देशों को निर्यात अर्जनों में हानि की क्षतिपूर्ति के लिए निचली सीमा, जहां तक उन्हें क्षतिपूर्ति की जाएगी, लगानी पड़ती है। इसके अतिरिक्त वस्तु की विश्व बाजार में मांग तथा पूर्ति में परिवर्तन की स्थिति पर निर्भर करते हुए सामान्य बाजार कीमत भी संशोधित करनी पड़ेगी।

5. क्षतिपूर्ति वित्त स्कीमें (Compensatory Finance Schemes)

प्राथमिक वस्तुओं की कीमत तथा पूर्ति में परिवर्तनों के कारण अल्पविकसित देशों के निर्यात अर्जनों में तीव्र अप्रत्याशित गिरावट की क्षतिपूर्ति के लिए दो क्षतिपूर्ति वित्त स्कीमें हैं। पहली स्कीम, अंतर्राष्ट्रीय मुद्रा कोष IMF की 1963 की क्षतिपूर्ति वित्तप्रबंधन सुविधा

[Compensatory and Contingency Finance Facility(CCFF)] है जिसे 1988 में क्षतिपूर्ति तथा आकस्मिकता वित्त प्रबंधन सुविधा [Compersatory and Contigency Financing facility (CCFF)] नामित किया गया है। इसके अंतर्गत एक अल्पविकसित देश कोष से अपने कोटे की कुल अधिकतम सीमा के बीच 95% उधार ले सकता है यदि उसके निर्यात अर्जन उसके नियंत्रण से बाहर कम हो जाते हैं और यदि हानि इतनी अधिक हो जाती है कि क्षतिपूर्ति की आवश्यकता पड़ती है।

दूसरी स्कीम स्टेबैक्स (STABEX) के नाम से जानी जाती है जो यूरोपीय समुदाय (EC) तथा 52 अफ्रीकी, कैरेबियन और पैसिफिक (ACP) देशों के बीच हस्ताक्षरित है। इसमें 17 कृषि वस्तुएं तथा कच्चा लोहा शामिल है। स्टेबैक्स उनके निर्यात अर्जनों में एक वर्ष की न्यूनता को पिछले चार वर्षों के औसत मूल्य से तुलना करके क्षतिपूर्ति प्रदान करता है। यह क्षतिपूर्ति एसीपी (ACP) देशों को आसान शर्तों पर ऋण न होकर अनुदान के रूप में होती है।

निष्कर्ष (Conclusion)

विभिन्न **अंतर्राष्ट्रीय वस्तु समझौते** (ICAs) तथा **अंतर्राष्ट्रीय कीमत स्थिरता स्कीमें** जिनकी ऊपर विवेचना की गई है वे निर्यात अस्थिरता कम करने तथा अल्पविकसित देशों की प्राथमिक वस्तुओं की कीमतों में स्थिरता लाने में सहायक होंगे। लेकिन विभिन्न उपायों की सफलता विकसित देशों के रवैये पर निर्भर करती है कि वे अल्पविकसित देशों से किस हद तक सहयोग करने तथा प्राथमिक वस्तुओं पर से व्यापार प्रतिबंधों को हटाने को तैयार हैं।

प्रश्न

1. आप निर्यात अस्थिरता से क्या समझते हैं ? कारणों की व्याख्या कीजिए जो विकसित देशों के लिए निर्यात अस्थिरता उत्पन्न करते हैं। यह ऐसे देशों की अर्थव्यवस्थाओं को कैसे प्रभावित करते हैं ?
2. निर्यात अस्थिरता की समस्या की व्याख्या कीजिए। अंतर्राष्ट्रीय वस्तु समझौते इस समस्या को कैसे हल करते हैं ?
3. निम्न पर टिप्पणी लिखिए :
   1. बफर स्टाक समझौता
   2. कीमत क्षतिपूर्ति समझौता
   3. निर्यात।

अध्याय 43

निजी विदेशी निवेश तथा बहुर्राष्ट्रीय निगम

(PRIVATE FOREIGN INVESTMENT AND MULTINATIONAL CORPORATIONS)

1. प्रकृति
(NATURE)

वर्तमान शताब्दी के शुरू में, निजी विदेशी पूंजी अधिकतर अप्रत्यक्ष निवेशों के रूप में यूरोप से अल्पविकसित देशों को गई। इस शताब्दी के तीसरे दशक में, अल्पविकसित देशों में प्रत्यक्ष निवेश के रूप में प्रवाहित होने वाली ऐसी पूंजी अधिकतर निर्यातों के उत्पादन में लगी। इसका बहुत थोड़ा भाग घरेलू मार्किट के लिए निर्माणकारी उद्योगों में निवेशित हुआ। परन्तु द्वितीय विश्व युद्ध के बाद से आधे से अधिक निजी निवेश प्रत्यक्ष रहा है। प्रत्यक्ष निवेश प्रमुख रूप से लोहा, अशोधित तेल, मैंगनीज, अभरक, ताँबा, विद्युत-शक्ति आदि के निष्कासन में संकेन्द्रित रहा है। विनियम तथा वितरण में इसकी बहुत थोड़ी प्रतिशतता निवेशित हुई है। जब तक अर्थव्यवस्था में तेजी (Boom) उत्कृष नहीं होता, तब तक निर्माणकारी उद्योगों में प्रत्यक्ष निवेश नहीं होते। यही कारण है कि निर्माणकारी उद्योगों में प्रत्यक्ष निवेश उन देशों की ओर प्रवाहित होते हैं, जो औद्योगिक दृष्टि से कुछ उन्नत हों और जिनका घरेलू मार्किट बड़ी हो।

2. निजी विदेशी निवेश के लाभ और हानियां
(MERITS AND DEMERITS OF PRIVATE FOREIGN INVESTMENT)

निजी विदेशी निवेश के निम्नलिखित लाभ और हानियां पाए जाते हैं :

लाभ (Merits)

निजी विदेशी निवेश के अनेक लाभ हैं जिनकी नीचे व्याख्या की गई है :

1. आधुनिक तकनीकों का प्रयोग (Use of Modern Techniques)—निजी विदेशी निवेश न केवल वित्त प्रदान करता है बल्कि वस्तुओं एवं उत्पादन की तकनीकों में प्रबन्धकीय, प्रशासकीय तथा तकनीकी सेविवर्ग, नई प्रौद्योगिकी अनुसंधान और नवप्रवर्तन भी प्रदान करता है जो अल्पविकसित देशों में दुर्लभ होते हैं।

2. दो अन्तरालों को भरना (Filling the Two Gaps)—पूंजी तथा विदेशी विनिमय लाकर निजी विदेशी निवेश अल्पविकसित देशों में राष्ट्रीय आर्थिक विकास का उद्देश्य पूरा करने हेतु बचत और विदेशी अन्तरालों को भरने में सहायक होता है।

3. लाभों का पुनर्निवेश (Reinvestment of Profits)—निजी विदेशी निवेश से प्राप्त लाभों का एक भाग सामान्य तौर से सम्बन्धित उद्योगों के प्रसार, आधुनिकीकरण अथवा विकास में पुर्ननिवेश किया जाता है।

4. आधिक सामाजिक प्रतिफल (Greater Social Returns)—निजी विदेशी निवेश पूंजी प्राप्तकर्ता देश में पूंजी पर

1. निजी विदेशी पूंजी के प्रकार के लिए अध्याय 41 देखें।

प्रतिफल की अपेक्षा विदेशी निवेश से उत्पादन में अधिक मूल्य बढ़ाव (value added) को जोड़ता है। इस दृष्टि से, विदेशी निवेश पर निजी प्रतिफलों की अपेक्षा सामाजिक प्रतिफल बहुत अधिक होते हैं।

5. सरकार को राजस्व (Revenue to the Government)—निजी विदेशी निवेश सरकार को राजस्व भी प्रदान करता है जब अल्पविकसित देश में सरकार विदेशी फर्मों के लाभों पर कर लगाती है अथवा फर्मों के साथ समझौतों से रायल्टियां प्राप्त करती है।

6. उत्पादकता में वृद्धि (Increase in Productivity)—निजी विदेशी निवेश उत्पादकता बढ़ाता है तथा देशी श्रम की वास्तविक मजदूरी भी। जब विदेशी निवेश से प्रेरित औद्योगीकरण होता है, तो अर्थव्यवस्था के ग्रामीण क्षेत्र में श्रमिकों की वास्तविक मजदूरी की तुलना में रोजगार पर लगाए गए नए श्रमिकों की वास्तविक मजदूरी अधिक होती है। यदि निजी विदेशी निवेश निर्यात उद्योगों में होता है, तो इससे आयात-स्थानापन्न उद्योगों की अपेक्षा बहुत अधिक सामाजिक लाभ होता है क्योंकि निर्यात उद्योगों में आगे और पीछे दोनों ओर शृंखला प्रभाव होते हैं। यदि निर्यात उद्योग गहन हों तो वे रोजगार के अधिक अवसर भी प्रदान करते हैं।

7. देशीय उद्यम को प्रोत्साहन (Encouragement to Local Enterprise)—यह देशीय उद्यम को प्रोत्साहन देता है ताकि यह सहायक उद्योगों को स्वयं अथवा विदेशी उद्यम के सहयोग में अधिक निवेश करे। वास्तव में, विदेशी उद्यम दो तरह से देशीय उद्यम को प्रोत्साहन देता है: प्रत्यक्ष रूप से तो मनुष्यों, मुद्रा तथा माल से देशीय उद्यम को पोषित करके तथा इसके सेविवर्ग (Personnel) को प्रशिक्षण एवं अनुभव प्रदान करके, और प्रत्यक्ष रूप से सहायक अथवा उप-सेवाओं, जैसे परिवहन तथा प्रशिक्षण एजेन्टों के लिए मांग उत्पन्न करके।

8. भुगतान-शेष का कम भार (Less Burden of Balance of Payments)—निजी विदेशी निवेश अल्पविकसित देशों के विकास की प्रारम्भिक अवस्थाओं पर भी भुगतान शेष का कम बोझ डालता है क्योंकि नई व्यापार संस्थाओं के प्रारम्भ करने और उनके लाभ प्राप्त करने के बीच काफी विलम्ब रहता है। फिर, उत्पादन की प्रारंभिक अवस्थाओं में लाभ भी थोड़े होते है। इसलिए ऐसे निवेशों से प्राप्त लाभों को भेजने में भुगतान शेष पर कम बोझ पड़ता है। दीर्घकाल में जब देश विदेशी मार्किटों के लिए भी उत्पादन करता है तो इसका भुगतान शेष पर अनुकूल प्रभाव पड़ता है।

क्योंकि प्रत्यक्ष विदेशी निवेश प्रमुख रूप से ऐसे कृषि तथा निस्सारक उद्योगों (Extractive Industries) में प्रवाहित होते हैं जो निर्यात के लिए प्राथमिक वस्तुओं का उत्पादन करते हैं, इसलिए वे अल्पविकसित देशों के भुगतान शेष की स्थिति सुधारने पर अधिक सहायता देते हैं। भारत जैसे विकासशील देश की स्थिति में, ऐसे निवेश भुगतान शेष की स्थिति पर अधिक लाभकारी प्रभाव डालते हैं, क्योंकि न केवल घरेलू मार्किट के लिए बल्कि विदेशी मार्किट के लिए भी वे निर्मित वस्तुओं के उत्पादन में सहायक होते हैं।

9. कम विकसित देशों में निवेश को प्रोत्साहन (Encouragement to Investment in Less Developed Countries)—विकासशील देश में प्रवाहित होने वाले निवेश कभी-कभी उस देश के उद्यमियों को अन्य अल्पविकसित देशों में निवेश को प्रोत्साहित करते हैं। भारत की फर्मों में नेपाल, युगांडा, इथियोपिया तथा केनिया में निवेश शुरू कर दिया है, जबकि वह स्वयं अब भी विदेशों से उधार लेता है।

10. विविधीकरण (Diversification)—जब निजी विदेशी निवेश एक अल्पविकसित देश में तेल, खनिज आदि जैसे कच्चे माल निकालने में, रबड़, कॉफी, चाय आदि जैसे बागान को चलाने में, विद्युत, सड़क आदि बुनियादी ढांचों में, तथा उपभोक्ता वस्तुओं में निवेश करता है तो उससे अल्पविकसित देश में विस्तृत विविधीकरण होता है।

11. रोजगार बढ़ाना (Increasing Employment)—निजी विदेशी निवेश द्वारा जब देश में सभी ओर विविधीकरण होता है तो उससे रोजगार और आय बढ़ते है और अल्पविकसित देशों में रहन-सहन का स्तर ऊंचा होता है।

12. विस्तृत मार्किट (Widespread Market)—जब विदेशी निवेशक अल्पविकसित देशों में विभिन्न प्रकार के उद्योग स्थापित करते हैं तो वे विभिन्न प्रकार की विपणन (Marketing) तकनीकें भी लाते हैं। जिनके परिणामस्वरूप, देश के अन्दर और बाहर वस्तुओं के लिए मार्किटों का प्रसार होता है।

अवगुण (Demerits)

निजी विदेशी के कुछ अवगुण हैं जो प्राप्तकर्ता देश को लागतों के रूप में उठाने पड़ते हैं जो उसके लाभों को निष्प्रभावी कर देते हैं।

1. उच्च लागत (High Cost)—प्राप्तकर्ता देश को निवेश करने वाली विदेशी फर्मों को भूमि, विद्युत और अन्य सार्वजनिक उपयोगिताएं, तथा सस्ते कच्चे माल, अतिरिक्त अवमूल्यन भत्ता, अवितरित लाभों पर कर छूट, विकास राहत, कर में कुछ समय के लिए छुट्टी आदि मूल सुविधाएं प्रदान करनी पड़ती हैं। ऐसी सुविधाएं एवं छूटें एक अल्पविकसित देश के संसाधनों को खपाने की लागतें होती हैं जिनको सरकार अन्य स्थान एवं उद्योगों में प्रयोग कर सकती है।

2. विदेशी विनियम संकट (Foreign Exchange Crisis)—निजी विदेशी निवेश को देश में प्रोत्साहित करने के लिए अल्पविकसित देशों को लाभों, लाभांशों, ब्याज और मूलधन को स्थानान्तरित करने के लिए बहुत सी सुविधाएं प्रदान करनी पड़ती हैं। यदि ये भुगतान निवल पूंजी बाह्य प्रवाह लाते हैं, तो उनसे तीव्र भुगतान शेष असंतुलन पैदा होता हैं। इस प्रकार, ऋण सेवा भार की अप्रत्यक्ष लागतें तथा भुगतान शेष के समायोजन तीव्र विदेशी विनिमय संकट लाते हैं जो राष्ट्रीय अर्थव्यवस्था पर बुरा प्रभाव डालते हैं।

3. देशी उद्यम हतोत्साहित होना (Local Enterprise Discouraged)—इसमें कोई संशय नहीं कि निजी विदेशी निवेश अल्पविकसित देशों में निवेश, रोजगार, आय तथा बचत को बढ़ाता है लेकिन यह देशीय उद्यम को हतोत्साहित भी करता है। जब यह घरेलू निवेश के साथ प्रतिस्पर्धा करता है, तो यह आय वितरण पर बुरा प्रभाव डालता है। देशीय उद्यमों के लाभ कम हो सकते हैं जिनसे वे हतोत्साहित हो सकते हैं।

4. प्रबंधकीय पद देशवासियों को (Managerial Posts to Nationals)—अल्पविकसित देशों में कार्य कर रहीं बहुत सी विदेशी कम्पनियां सभी प्रमुख प्रबंधकीय पद अपने देशवासियों के लिए आरक्षित रखती हैं तथा उन्हें अनेक प्रकार की सुविधाओं के साथ बहुत ऊंचे वेतन देती हैं। जिससे प्राप्तकर्ता देश के संसाधनों का भारी निकास होता है। अधिकतर, वे देशीय लोगों को निम्न और मध्य स्तर के पदों के लिए प्रशिक्षण देते हैं। ऐसे पदों पर स्वतन्त्र निर्णय लेने की कम संभावना होती है। फिर, विदेशियों की बहुत व्यय करने की आदतें अल्पविकसित देशों के लोगों पर अवांछनीय प्रदर्शनकारी प्रभाव डालती हैं तथा सामाजिक तनाव उत्पन्न करती हैं।

5. सामाजिक तनाव (Social Tensions)—विदेशियों की फिजूलखर्च करने की आदतों का अल्पविकसित देशों के नागरिकों पर बुरा **प्रदर्शनकारी प्रभाव** पड़ता है जिससे सामाजिक तनाव उत्पन्न होते हैं।

6. अत्याधिक पूंजी गहन प्रौद्योगिकी (Highly Capital Intensive Technology)—निजी विदेशी निवेश देश में अत्याधिक पूंजी गहन प्रौद्योगिकी लाता है जो कि अल्पविकसित देश की साधन सम्पन्नताओं के साथ मेल नहीं खातीं। अक्सर पुरानी, हटाई गई तकनीकें और मशीनें ऐसे देशों को भेज दी जाती हैं जिनको कुछ वर्षों के बाद बदलने में ऊंची सामाजिक लागतें आती हैं।

7. घरेलू स्वायत्तता की हानि (Loss of Domestic Autonomy)—निजी विदेशी निवेश में घरेलू स्वायत्तता की हानि होती है जब विदेशी फर्में एक अल्पविकसित देश की सरकार के नीति निर्माण निर्णयों में विदेशी उद्यमों के पक्ष में दखल देती हैं। ऐसी दखलदांजी अक्सर बहुराष्ट्रीय निगमों द्वारा की जाती है।

8. असंतुलित विकास (Lopsided Development)—विदेशी निवेशक बड़े शहरों और नगरों में उद्योग स्थापित करते हैं जहां बुनियादी ढांचा सुविधाएं आसानी से उपलब्ध होती हैं। इससे देश में असंतुलित विकास होता है क्योंकि पिछड़े हुए क्षेत्र पिछड़े ही रह जाते है। इससे क्षेत्रीय असमानताएं बढ़ती है।

9. एकाधिकार उत्पन्न होना (Creation of Monopolies)—निजी विदेशी निवेश उत्पादन के कुछ क्षेत्रों में एकाधिकारियों को उत्पन्न करते हैं, जिससे देशीय उद्यम समाप्त हो जाता है। एकाधिकारी वस्तुओं की कीमतें बढ़ाकर घरेलू उपभोक्ताओं का शोषण करते हैं।

10. संकट होना (Lead to Crisis)—निजी विदेशी निवेश अल्पविकसित देशों में अपनी नीतियों द्वारा संकट भी लाते हैं। वे उस समय निवेश करते हैं जब ऊंचे लाभों की संभावना हो। परन्तु जब लाभ कम होने की संभावना हो तो वे अपनी पूंजी

को निकाल लेते हैं। ऐसी स्थिति में घरेलू देश वित्तीय संकट और मंदी में फंस जाता है, जैसा कि पूर्व एशिया देशों में 1990 के दशक में हुआ।

3. बहुराष्ट्रीय निगम तथा अल्पविकसित देश*
(MULTINATIONAL CORPORATIONS AND LDCS)

अर्थ (Meaning)

एक बहुराष्ट्रीय निगम[1], कम्पनी, फर्म या उद्योग है जिसका मुख्यालय अमेरिका, ब्रिटेन, जर्मनी, जापान आदि किसी विकसित देश में होता है तथा यह अन्य विकसित तथा विकासशील देशों में भी कार्यरत होती है। ये केवल एशिया, अफ्रीका तथा लेटिन अमेरिका जैसे अल्पविकसित देशों में ही नहीं अपितु यूरोप महाद्वीप के देशों, आस्ट्रेलिया, न्यूजीलैंड तथा दक्षिणी अमेरिका में भी फैले हुए हैं। ये खनन, चाय, रबड़, कॉफी तथा कोको वृक्षारोपण, तेल निकालना तथा शोधन, और घरेलू उत्पादनों तथा निर्यात वस्तुओं, आदि में कार्यरत हैं। इनके कार्यों में बैकिंग, बीमा, जलयान, होटल आदि सेवाएं भी शामिल हैं। इस प्रकार एक चिड़ियाघर के पशुओं के समान MNCs अनेक आकारों तथा प्रकारों में आते हैं, विभिन्न गतिविधियों को विभिन्न प्रकारों से करते हैं तथा उनके वातावरण पर अपनी ही प्रभाव छोड़ते हैं।

संजय लाल तथा स्ट्रीटन (Sanjay Lal and Streeten) ने MNCs को आर्थिक, संगठनात्मक तथा प्रेरणात्मक दृष्टिकोणों से परिभाषित किया है। **आर्थिक परिभाषा** आकार, भौगोलिक फैलाव और MNC के विदेशी संयुक्तीकरण के फैलाव को महत्व देती है। इस परिभाषा के अनुसार एक विशिष्ट बहुराष्ट्रीय निगम वह है जो 100 मिलियन डालर से कई हजार मिलियन डालर तक की शुद्ध बिक्री होती है। इसका विनिर्माण में प्रत्यक्ष विदेशी निवेश होता है जो सामान्यत: कम्पनी के कुल निवेश का 15 से 20 प्रतिशत तक होता है। प्रत्यक्ष विदेशी निवेश से तात्पर्य है विदेशी उद्यम की शेयर पूंजी का कम से कम 25 प्रतिशत भागीदार होना।

आर्थिक परिभाषा के अतिरिक्त MNCs की **संगठनात्मक परिभाषा** (Organisational Definition) कुछ संगठनात्मक तथ्यों पर बल देती है। इस बारे में एक सच्चा MNCs वह है (अ) जो एक संगठनात्मक अधिकतमकरण के रूप में सभी यूनिटों के एक विशेष प्रबल उद्देश्य को लेकर चलता है। (ब) सम्पूर्ण विश्व (या इसके खुले भाग) को अपना कार्यक्षेत्र मानता है, तथा (स) 'अ' अथवा 'ब' को प्राप्त करने के लिए अपने सभी कार्यक्षेत्र का संयोजन करना।

प्रेरणात्मक परिभाषा (Motivational Definition) के अनुसार, ''कम्पनी दर्शन तथा प्रेरणा को बहुराष्ट्रीयता के लिए मापदंड स्थापित करने को उजागर करना है। इस प्रकार सामान्यत: 'सत्य' बहुराष्ट्रीयता राष्ट्रीयता की कमी द्वारा दिखाई जाती है या एक फर्म की सम्पूर्णता से सम्बन्ध रखने वाले उद्यम के साथ न कि इसकी सहायक यूनिटों तथा इसके कार्य में रत किसी देश के साथ नहीं।'' इस आधार पर फर्मों को उनके व्यवस्थापकों द्वारा प्रतिपादित विचारधारा के आधार पर गृह–अनुस्थापित (home oriented), मेजबान–अनुस्थापित तथा विश्व–अनुस्थापित के रूप में पहचाना जाता है।

लाल तथा स्ट्रीटन ने MNCs को परिभाषित करते हुए कहा है कि ये सामान्यत: वे विशाल फर्में हैं जिनका कार्यक्षेत्र दूर–दराज तक विस्तृत है तथा वे स्पष्टत: अन्तर्राष्ट्रीय प्रकार की हैं और पांच से अधिक विदेशी सहायक फर्में या विदेशों में उत्पन्न की गई कुल बिक्री का 15 प्रतिशत उत्पादन करती हैं तथा अधिकतम उत्पादन तथा लाभ कमाने के लिए एकतात्मक प्रयास करती हैं।

बहुराष्ट्रीय निगमें न केवल विश्व निवेश में ही प्रभावशाली नहीं होतीं अपितु अन्तर्राष्ट्रीय उत्पादन, व्यापार, वित्त तथा तकलीफ में भी अपना महत्व रखती है। किन्तु बहुराष्ट्रीय निगमों की शाखाओं, उत्पादन, व्यापार, वित्त तथा तकनीक के क्षेत्र में उचित,

* यह खण्ड मेरे लेख "Multinational Corporations—The Harms They are doing to Developing Countries," *The Welfare Economist*, March 1976 पर आधारित है।

1. MNCs को Transnational Corporations (TNCs) तथा International or Global Corporations भी कहते है।

विश्वसनीय तथा नवीनतम आंकड़े प्राय: प्रकाशित नहीं होते। इसलिए ये उपलब्ध नहीं होते। भारत में कार्यरत कुछ बहुराष्ट्रीय निगमें हैं: हिन्दुस्तान लीवर, प्रोक्टर एण्ड गैम्बल, नैस्ले (उपभोक्ता वस्तुएं); गलैक्सो, पीफाइज़र (दवाइयां); बी पी एल, सैमसंग, फिलिप्स, एल जी (एलक्ट्रानिक्स); सीयट, एम और एफ, (टायर); सुजुकी, हौंडा, फोर्ड (कारें); पीटर इग्लैंड, एरो, बाइफोर्ड (बने हुए कपड़े); रीबोक, नाइक (जूते) आदि।

बहुराष्ट्रीय निगमों के लाभ (Merits of MNCs)

बहुराष्ट्रीय निगमों से अल्पविकसित देशों को प्रवाहित होने वाले प्रत्यक्ष विदेशी निवेश के सिद्धान्तों पर निर्भर करते हैं। ये सिद्धान्त MNCs के अल्प-एकाधिकारात्मक परस्परनिर्भरता तथा एकाधिकारात्मक व्यवहार से सम्बन्धित हैं। इसलिए वे MNCs पर निम्नलिखित लाभ प्रदान करते हैं :

1. वृहत पूंजी प्रवाह (Large Capital Flows)—MNCs वित्तीय दृष्टि से बहुत शक्तिशाली होते हैं। अत: वे प्रत्यक्ष निवेश के माध्यम से अल्पविकसित देशों को अधिक तथा सस्ती पूंजी उपलब्ध कराते है।

2. जोखिम उठाना (Risk Undertaking)—वे अल्पविकसित देशों पर अपने फंड़ों को अपूर्ण बुनियादी सुविधाओं जैसे शक्ति, यातायात, कुशल श्रमिक आदि नीची बाजार मांग तथा आगतों की न्यून पूर्ति के होते भी निवेश का भारी जोखिम लेते हैं।

3. प्रबन्धकीय लाभ (Managerial Benefits)—वे नए साहसिक कार्य प्रारम्भ करते हैं तथा उच्च प्रशिक्षण, शिक्षा तथा उद्यमीय योग्ताओं के लाभ अल्पविकसित देशों को प्रदान करते हैं।

4. बेहतर तकनीक (Superior Technology)—वे R & D पर आधारित वर्तमान फर्मों से उच्च तकनीकों को अल्पविकसित देशों को स्थानान्तरित करते हैं क्योंकि वे R & D पर बड़े फंडों को खर्च करने की क्षमता रखते हैं। इस कारण अनुसंधान तथा नई प्रक्रियाओं को चालू किया जा सकता है तथा अल्पविकसित देशों में नए भिन्नित उत्पादन होते हैं जो उनके जीवन स्तर को बढ़ाने में सहायक सिद्ध होते हैं।

5. विपणन तकनीकें (Marketing Techniques)—MNCs अपने मुख्यालयों में किए जा रहे बाजार अनुसंधान के माध्यम से अल्पविकसित देशों में नई तकनीकों को लाते हैं। वे अनोखे विज्ञापन तथा प्रोत्साहन सम्बन्धी विधियों को अपनाते हैं जो क्रेताओं को सूचना देते हैं तथा किसी विशेष ब्रांड तथा उत्पादकों की मांग पैदा करते हैं। इससे प्रतियोगिता को प्रोत्साहन मिलता है।

6. सामाजिकतौर से वांछनीय (Socially Desirable)—इन सबसे अधिक MNCs का अल्पविकसित देशों में होना सामाजिक दृष्टि से भी आवश्यक है क्योंकि यह पूंजी के निर्माण, उत्पादन तथा रोजगार में शुद्ध वृद्धि करने में सहायता करते हैं।[2]

बहुराष्ट्रीय निगमों की कमियां (Demerits of MNCs)

MNCs को अल्पविकसित देशों में उनके ईर्ष्यालु व्यवहार, जो कि उनकी कार्य प्रणाली में बताया गया है, के कारण शोषण का एजेंट माना जाता है।

1. उच्च लाभ (High Profits)—अमेरिका-आधारित MNCs अल्पविकसित देशों में शत-प्रतिशत स्वामित्व पर बल देते हैं तथा वे सिंगापुर, मैक्सिको, हांगकांग, ब्राजील तथा ताईवान में सफल भी हो चुके है। इन देशों की नीची कराधान दरों से वे अमेरिका को अधिक लाभों के द्वारा स्वार्थ सिद्ध करा रहे हैं।

2. ऊंची कीमतें (High Prices)—MNCs आयातित उपक्रमों के लिए अल्पविकसित देशों से बहुत ऊंची कीमतें लेते हैं जो अन्तर्राष्ट्रीय बाजार से 30 से 40 प्रतिशत अधिक होती है।

3. उच्च वेतन प्राप्त प्रशासक (High Paid Executives)—इसके अतिरिक्त, जो स्टाफ MNCs में नियुक्त किया जाता है उसे बहुत उच्च वेतन दिया जाता है। उनमें से कुछ को उस राज्य में नियुक्त उच्च प्रशासक को दिये जाने वाले वेतन से भी कहीं अधिक वेतन मिलता है।

2. MNCs के अन्य लाभों के लिए 'निजी विदेशी निवेश' के लाभों का भी अध्ययन करिए।

4. सामाजिक असमानता (Social Inequality)—MNCs स्थानीय नियुक्त श्रमिक को दुगुने या तिगुने से भी अधिक वेतन देते हैं जो कि उन्हें स्थानीय फर्मों से प्राप्त होता है। इससे केवल सामाजिक असमानता ही नहीं बढ़ती अपितु देशीय उद्योग में कार्यरत श्रमिकों में असन्तोष तथा असुविधा भी पैदा होती है।

5. बचतों को समाप्त करना (Pre-empt Savings)—MNCs अल्पविकसित देशों में आयातों की अधिक कीमत करके तथा निर्यातों की नीची कीमत करके सबसे पहले स्थानीय बचतों को रिक्त करते हैं। यदि स्थानीय उद्योगों में भारी प्रतियोगिता होती है, तो MNCs अपनी वस्तुओं की कम कीमत लेकर उनको हटा देते हैं। परिणामस्वरूप, स्थानीय फर्में व्यापार में से हटा दी जाती हैं। किन्तु बहुत कम स्थानीय फर्में इस प्रकार की होती हैं जो होड़ कर सकें क्योंकि MNCs उनके सभी हिस्से खरीद लेती हैं या उनको नियन्त्रित करने के लिए मिला लेती है।

6. पुरानी पूंजी गहन तकनीकें (Outmoded Capital Intensive Techniques)—MNCs अल्पविकसित देशों को द्वितीय श्रेणी तथा अधिक कीमती तकनीक स्थानान्तरित करती हैं।[3] प्राय: वे इस प्रकार के देशों को तकनीक स्थानान्तरण के कम करने का निम्नलिखित प्रयास करते हैं:

(अ) मुख्यालयों पर स्थित पैतृक कम्पनियों में R & D को ले जाना, (ब) R & D पदों के लिए स्थानीय सेविवर्ग के प्रशिक्षण के प्रति उपेक्षा बरतना, (स) अपने आप ही तकनीक को करीब से रोके रखना। इसके अतिरिक्त, वह तकनीक जिसे MNCs अल्पविकसित देशों को स्थानान्तरित करती हैं वे पूंजी गहन हैं तथा उनकी पूंजी दुलर्भ तथा श्रम-अतिरेक अर्थव्यवस्थाओं के लिए उपर्युक्त नहीं है।

7. क्षेत्रीय असमानताएं (Sectoral Inequatities)—MNCs उन अल्पविकसित देशों के बड़े शहरों तथा नगरों में अपने प्लांट को विकसित करती हैं जहां बुनियादी सुविधाएं आसानी से उपलब्ध हैं। इस प्रकार वे इन देशों में क्षेत्रीय असमानताओं और द्वैतवाद (dualism) को बढ़ावा देती हैं।

8. प्रतिकूल भुगतान शेष (Adverse Balance of Payments)—MNCs विधायकों को प्रत्यक्ष तथा अप्रत्यक्ष रूप में प्रभावित करके या घूस देकर अल्पविकसित देशों के अहित में उनकी आंतरिक राजनीति में हस्तक्षेप करते हैं। वे अपने कम्पनियों के उच्च पदों पर समाज के विशेषाधिकार वर्ग को स्थान देते हैं, विशेषकर स्थानीय राजनीतिज्ञों के मित्रों तथा सम्बन्धियों को, शासकवर्ग को तथा आर्थिक एकाधिकार वाले तत्वों को। वे अल्पविकसित देशों में घरेलू राजकोषीय एवं मौद्रिक नीतियों को भी विध्वंस करते हैं।

निष्कर्ष (Conclusion)

वास्तव में ऐसा नहीं है कि MNCs मात्र शोषण के ऐजेंट हैं अपितु वे विकास के भी एजेंट हैं। निर्माण के प्लांटों की स्थापना करके, उत्पादन उपलब्ध कराकर, प्रबंधकीय तकनीकी, संगठनात्मक और बाजार सम्बन्धी कुशलताओं को प्राप्त कराकर, उनके संसाधनों को प्रतिदिन के कार्यों में लगाकर, MNCs ने सिंगापुर, हांगकांग, ताईवान तथा कनाडा के GNP की वृद्धि में सहायता की है। किन्तु जैसे कि पहले ध्यान दिलाया गया है, इस प्रकार के लाभ केवल उन्हीं देशों को दिए जा रहे हैं जो MNCs के अपने स्वयं की रूचि के हैं यानी वे यू.एस. के घरेलू बाजार की आवश्यकताओं को पूरा करने के लिए हैं।

भारत जैसे अन्य विकासशील देशों के सामने समस्या यह है कि MNCs के हानिकारक प्रभावों को किस प्रकार नियंत्रित और कम किया जाय तथा उनको अधिकतम लाभ के लिए उपयुक्त बनाया जाए। यह सब इन विश्वव्यापी विशाल MNCs को नियंत्रित करने के ''संकल्प'' पर निर्भर करता है। ये दिये होने पर, अल्पविकसित देशों का कठोर विपरीत-ट्रस्ट नियम (Anti-trust Laws) बनाने चाहिए जैसा कि भारत में एकाधिकार कमीशन तथा MRTP एक्ट हैं। बहुराष्ट्रीय निगमों को 'लाइसेंस-एग्रीमेन्ट्स' के लिए प्रोत्साहित किया जाना चाहिए ताकि वे स्थानीय निर्माता को स्थाई रॉयल्टी पर पेटेंट प्रक्रिया के उपयोग के बारे में बता सकें।

अल्पविकसित देशों को चाहिए कि वे MNCs को विशिष्ट तथा बेहतर तकनीकों तथा कार्यविधियों के बारे में Turnkey

3. जिन देशों में अमेरिकी निवासियों के लिए/वस्तुएं बनाते हैं उनमें आधुनिक तकनीकों के प्लांट लगाए जाते हैं।

Agreements में भाग लेकर जानकारी प्राप्त करे। उनके साथ एक विदेशी कम्पनी जो एक प्लांट बनाना चाहती है या उनके प्राकृतिक स्रोतों को निकालने में सहायता करना चाहती है, स्थानीय सेविवर्ग को प्रशिक्षित करना चाहती है, तकनीकी जानकरी देना, उत्पादन प्रारम्भ करना तथा अन्त में किसी स्थानीय फर्म को सम्पूर्ण कार्यविधि सौंपकर अपने देश को लौट जाना चाहते हैं, समझौता करे। इन सेवाओं के बदले में, MNCs को एक स्थाई शुल्क या लागत-जमा (cost plus) शुल्क दिया जाना चाहिए। भारत ने अपने तट-दूरवर्ती तेल स्रोतों का उपयोग करने के लिए इस प्रकार का समझौता किया।

स्थानीय फर्मों का MNCs के साथ अधिकतम 60-40 आधार पर सामूहिक समझौता होना चाहिए। विदेशी फर्मों के साथ सभी संयुक्त कार्य विशिष्ट समझौतों पर आधारित होने चाहिएं। जिनमें देश में ही उत्पादित तथा उपलब्ध कच्चे माल (यदि वे उपलब्ध हैं तो) से देश के अन्दर ही वस्तु का निर्माण करना, नागरिकों को ऊंचे कार्यों में प्रशिक्षित करना और लगाना, मेजबान देश में R & D को प्रचलित रखना तथा इसी में निश्चित लाभ प्रतिशत को लगाना सम्मिलित हैं।

स्ट्रीटन के द्वारा परामर्श दिया गया है कि अल्पविकसित देशों की सरकारों को MNCs पर स्थानीय श्रमिकों को विशिष्ट उच्च मजदूरी देने के लिए दबाव नहीं डालना चाहिए, अपितु MNCs को उसी कार्य के लिए नियुक्त देशीय स्थानीय लोगों को प्रचलित दरों पर नियुक्त करने को कहा जाना चाहिए। इसके अलावा उन्हें MNCs पर भारी कर लगाना चाहिए जिससे उनके लिए काम करने वाले गिने-चुने लोगों को बुनियादी बड़ी सुविधाएं प्राप्त करने पर खर्च किया जाना चाहिए ताकि समाज के सभी वर्गों तथा MNCs को भी इससे लाभ मिले। जिन विदेशियों को स्थानीय सहकर्मियों की अपेक्षा अधिक वेतन तथा सुविधाएं प्राप्त हैं उन पर समान रूप से कर लगाया जाना चाहिए।

ऊपर दी गई स्थितियों की उपस्थिति में MNCs को अल्पविकसित देशों के पिछड़े क्षेत्रों या भागों में प्लांट स्थापित करने के लिए प्रोत्साहित किया जाना चाहिए ताकि क्षेत्रीय अस्थिरता समाप्त की जा सके।

अन्त में, MNCs की गतिविधियों की देखभाल करने वाली 'अनुशासन कार्यवाही' पर किसी प्रकार का समझौता करने वाली अन्तर्राष्ट्रीय योजना का कोई प्रावधान नहीं है। अत: प्रत्येक अल्पविकसित देश को MNCs की उस देश में प्रचलित कार्यविधि की रिपोर्ट करने वाली एक अपनी स्वतन्त्र एजेंसी बनानी चाहिए जो भूल करने वाले MNCs के प्रति कठोर कार्यवाही करने में न हिचकिचाए और यदि आवश्यकता पड़े तो राष्ट्रीयकरण करने के लिए भी सुझाव दें।

प्रश्न

1. निजी विदेशी निवेश के अल्पविकसित देश के आर्थिक विकास में महत्व का विवेचन करिए।
2. अल्पविकसित देशों में बहुराष्ट्रीय निगमों के प्रसार के कारणों की व्याख्या कीजिए। ऐसे देशों में वे शोषण के एजेंट क्यों समझ जाते है?
3. क्या बहुराष्ट्रीय निगम अल्पविकसित देशों में शोषण अथवा विकास के एजेंट हैं ? अपने उत्तर के पक्ष में कारण दीजिए। ऐसे देशों में वे कैसे अधिक उपयोगी बनाए जा सकते हैं ?

अध्याय 44

अन्तर्राष्ट्रीय मुद्रा कोष
(The International Monetary Fund)

1. प्रस्तावना
(INTRODUCTION)

अन्तर्राष्ट्रीय मुद्रा कोष, जिसे केवल कोष भी कहते हैं, एक अन्तर्राष्ट्रीय मौद्रिक संस्था है। जुलाई, 1944 के ब्रैटन-वुड्ज समझौते के अनुसार 44 राष्ट्रों ने इस कोष की स्थापना की थी। इसका प्रमुख उद्देश्य यह था कि 1920 और 1930 के दशकों में जो आर्थिक गलतियां हुई थीं, उनसे बचा जाए। प्रथम विश्व युद्ध के बाद बहुत-से देशों ने पुरानी स्वर्ण प्रणाली को वापिस लाने के प्रयत्न किए, परन्तु वे बुरी तरह असफल हुए। 1930 के दशक की विश्वव्यापी मन्दी ने हर देश को स्वर्ण मानक छोड़ने पर मजबूर कर दिया। परिणामस्वरूप, राष्ट्रवादी नीतियां अपनाई गईं, जिनके अन्तर्गत लगभग प्रत्येक देश ने निर्यात को प्रोत्साहन देने के लिए व्यापार प्रतिबन्ध, विनिमय नियन्त्रण लगाए और विनिमय मूल्यहास का सहारा लिया। इससे विश्व-व्यापार में और अधिक गिरावट आई और मंदी फैली। इस पृष्ठभूमि को लेकर 44 राष्ट्र ब्रैटन वुड्ज (न्यू हैम्पशायर-संयुक्त राज्य अमरीका) में 1 जुलाई से 22 जुलाई, 1944 तक संयुक्त राष्ट्र मौद्रिक एवं वित्तीय सम्मेलन में सम्मिलित हुए। इस प्रकार, IMF की स्थापना इसके सदस्यों में आर्थिक तथा वित्तीय सहयोग को बढ़ावा देने के लिए हुई, ताकि विश्व व्यापार का विस्तार और आर्थिक वृद्धि आसानी से हो सके। इसने 1 मार्च, 1947 से कार्य करना शुरू किया। 2003 में कोष के सदस्यों की संख्या 182 थी।

2. कोष के उद्देश्य
(OBJECTIVES OF THE FUND)

कोष के उद्देश्य और लक्ष्य समझौते के मूल नियमों में नियम 1 के अन्तर्गत व्यक्त किए गए थे और उन्हें दो संशोधनों में कायम रखा गया है जो कोष के आधारभूत चार्टर में 1969 और 1978 में किए गए। ये उद्देश्य ऐसा ढांचा प्रदान करते हैं जिसके भीतर यह कोष कार्य करता है। वे उद्देश्य निम्न हैं:

1. ऐसी स्थायी संस्था के माध्यम से अन्तर्राष्ट्रीय मौद्रिक सहयोग को बढ़ावा देना जो अन्तर्राष्ट्रीय मौद्रिक समस्याओं के सम्बन्ध में विचार-विमर्श और सहयोग की मशीनरी प्रदान करे।

2. अन्तर्राष्ट्रीय व्यापार के विस्तार एवं संतुलित वृद्धि को सुगम बनाना और परिणामस्वरूप आर्थिक नीति के प्राथमिक उद्देश्यों के रूप में सब सदस्यों के रोजगार तथा वास्तविक आय के ऊंचे स्तरों को बढ़ावा देने और बनाए रखने में तथा सदस्यों के उत्पादक संसाधनों के विकास में योगदान देना।

3. विनिमय स्थिरता को बढ़ावा देना, सदस्यों में सुव्यवस्थित विनिमय प्रबंध बनाए रखना और प्रतियोगी विनिमय मूल्य ह्रास (depreciation) से बचना।

4. सदस्यों के चालू लेन-देन के सम्बन्ध में भुगतान की बहु-देशीय प्रणाली की स्थापना करने में और उन विदेशी विनिमय प्रतिबन्धों को समाप्त करने में सहायता देना, जो विश्व-व्यापार की वृद्धि में बाधा पहुंचाते हैं।

5. सदस्यों को उचित संरक्षण के अन्तर्गत कोष के संसाधन उपलब्ध कराकर उनमें विश्वास जगाना और इस प्रकार उन्हें यह अवसर प्रदान करना कि वे राष्ट्रीय अथवा अन्तर्राष्ट्रीय समृद्धि को तबाह करने वाले उपायों का आश्रय लिए बिना ही अपने भुगतान-शेष कुसमायोजनों (maladjustments) को ठीक कर सकें।

6. उक्त उद्देश्यों के अनुरूप, सदस्यों के अन्तर्राष्ट्रीय भुगतान-शेष असंतुलन की अवधि घटाना और उसकी मात्रा को कम करना।

3. कोष के कार्य (FUNCTIONS OF THE FUND)

ऊपर वर्णित उद्देश्यों को पूरा करने हेतु IMF निम्न कार्य करता है—

1. IMF ऐसे ढंग से कार्य करता है कि ब्रैटन-वुड्ज समझौते के नियमों में निर्धारित अपने उद्देश्यों को पूरा कर सके। यह देखना कोष का कर्त्तव्य है कि सभी सदस्य देश इन नियमों का पालन करें। अन्तर्राष्ट्रीय मौद्रिक घटनाओं के कारण, मूल नियमों के कुछ प्रावधान लुप्त हो गए हैं, जैसे विनिमय दरों से संबंधित प्रावधान। तदनुसार, उचित समायोजन करने के लिए कोष ने अपने समझौते के नियमों में संशोधन कर दिए हैं। अप प्रबंधित तिरती प्रणाली (managed floating system) लागू है।

2. कोष सदस्यों को अल्पकालीन ऋण प्रदान करता है ताकि वे अपने अस्थायी भुगतान-शेष संतुलन को ठीक कर सकें।

3. भुगतान-शेष के क्षेत्र में कोष को 'सदाचरण का संरक्षक' समझा जाता है। इसका लक्ष्य सदस्य देशों के प्रशुल्क (टेरिफ) और अन्य व्यापार प्रतिबंध घटाना है। चार्टर के सातवें नियम में यह प्रावधान है कि कोष की अनुमति के बिना भुगतान करने पर प्रतिबंध नहीं लगाएगा अथवा विभेदक करेंसी प्रबंध नहीं करेगा अथवा बहु-करेंसी व्यवहारों में संलग्न नहीं होगा। सदस्य देशों द्वारा अपनाई जा रही नीति की निगरानी करना कोष का कार्य है।

4. कोष अपने सदस्यों को मौद्रिक एवं राजकोषीय नीतियों के संबंध में तकनीकी सलाह भी देता है। यह शोधनात्मक अध्ययन करता है और उन्हें प्रकाशित करता है। जिन देशों को भुगतान-शेष विषयक कठिनाइयां हों, कोष उन्हें तकनीकी विशेषज्ञ प्रदान करता है। यह अपने केन्द्रीय बैंकिंग सेवा विभाग, राजकोषीय मामलों के विभाग, सांख्यिकीय विभाग और IMF संस्थान के माध्यम से सदस्य राष्ट्रों के कर्मचारी वर्ग के लिए राजकोषीय, मौद्रिक एवं भुगतान-शेष पर अल्प-प्रशिक्षण पाठ्यक्रम भी चलाता है।

इस प्रकार, कोष—नियंत्रक, वित्तीय और निरीक्षणात्मक कार्य करता है।

4. कोष का संगठन एवं ढांचा (ORGANIZATION AND STRUCTURE OF THE FUND)

'समझौतों के नियमों' के दूसरे संशोधन में कोष के संगठन एवं ढांचे में महत्त्वपूर्ण परिवर्तन किए गए। उसी रूप में, कोष का ढांचा इस प्रकार है: इसका एक शासक मंडल (Board of Governors), कार्यकारी मंडल, एक प्रबंध निदेशक, एक परिषद् और स्टाफ है जिसका मुख्य कार्यालय संयुक्त राज्य अमरीका में वाशिंगटन में है। शासक मंडल तथा कार्यकारी मंडल द्वारा नियुक्त की गई तदर्थ (adhoc) एवं स्थायी समितियां हैं। शासक मंडल द्वारा नियुक्त की गई एक अन्तरिम समिति भी है। शासक मंडल तथा कार्यकारी मंडल इस कोष के मामलों में निर्णय लेने वाले अंग हैं। वे अधिकारों का प्रयोग करते हैं और निर्णय लेते हैं जो सदस्यों तथा कोष के लिए अवश्य पालनीय होते हैं। कोष के ढांचे में शासक मंडल सर्वोपरि होता है। इस मंडल में प्रत्येक सदस्य द्वारा नियुक्त किया गया एक-एक गवर्नर और एक-एक वैकल्पिक गवर्नर (Alternat Governor) होता है। सामान्य तौर से सदस्य देश अपने वित्तमन्त्री को अथवा अपने केन्द्रीय बैंक के गवर्नर को अपनी ओर से इस कोष का गवर्नर नियुक्त कर देता है। वैकल्पिक गवर्नर बोर्ड की मीटिंग में भाग ले सकता है परन्तु उसे केवल गवर्नर की अनुपस्थिति में ही मतदान करने का अधिकार है।

हर वर्ष शासक मंडल (Board of Governors) की बैठक होती है। वार्षिक बैठक में कोष की नीतियों के सम्बन्ध में भी कुछ निर्णय लिये जाते हैं। कोई पांच सदस्य, जिन्हें 25 प्रतिशत कुल मताधिकार प्राप्त हैं, कोष की विशेष मीटिंग कर सकते हैं। व्यवहार में, शासक मंडल के निर्णय लेने के अधिकांश अधिकार कार्यकारी निदेशक मंडल (Board of Executive Directors) को सौंप दिए गए हैं। ये निर्णय सदस्यों द्वारा कोष के संसाधनों तक पहुंच के सम्बन्ध में, प्रभारों (charges) तथा पारिश्रमिक के सम्बन्ध में और कोष तथा इसके सदस्यों में विचार-विमर्श पर पुनर्विचार के सम्बन्ध में होते हैं।

इस कार्यकारी मंडल (Executive Board) के 21 सदस्य हैं। पांच कार्यकारी निदेशक उन पांच सदस्यों (संयुक्त राज्य अमरीका, इंग्लैंड, पश्चिमी जर्मनी, फ्रांस तथा जापान) द्वारा नियुक्त किए गए हैं जिनके 'कोटे' अधिकतम हैं। कोष में अधिकतम चन्दा देने वाले दो देशों में से एक होने के नाते, सऊदी अरब ने छठा कार्यकारी निदेशक नियुक्त किया है। हर दो वर्ष के बाद 15 कार्यकारी निदेशक

निर्वाचित किए जाते हैं जिन्हें मोटे रूप से भौगोलिक आधार पर बने क्षेत्रों के अनुसार बाकी सदस्य निवार्चित करते हैं।

कोष का एक प्रबंध निदेशक (Managing Director) होता है जिसका निर्वाचन कार्यकारी निदेशक करते हैं। वह प्राय: कोई राजनीतिज्ञ अथवा महत्त्वपूर्ण अन्तर्राष्ट्रीय अधिकारी होता है। वह कार्यकारी बोर्ड का अध्यक्ष होता है, परन्तु उसे मतदान का अधिकार नहीं है।

कार्यकारी बोर्ड कोष का सर्वाधिक शक्तिशाली अंग है और समझौते के नियमों तथा शासक मंडल द्वारा प्रदत्त विशाल अधिकारों का प्रयोग करता है। इसलिए इसकी शक्तियां, कोष की सभी क्रियाओं से संबंध रखती हैं जिनमें नियंत्रक, निरीक्षणात्मक एवं वित्तीय क्रियाएं शामिल हैं। कार्यकारी बोर्ड के अध्यक्ष के रूप में कार्य करने के अतिरिक्त, प्रबन्ध निदेशक कोष के स्टाफ का भी अध्यक्ष होता है और स्टाफ के संगठन, नियुक्ति और बर्खास्तगी के लिए उत्तरदायी है।

अन्तरिम समिति (Interim Committee) अक्टूबर, 1974 में स्थापित की गई थी। इसका काम अन्तर्राष्ट्रीय मौद्रिक प्रणाली से संबंधित सुधारों के बारे में शासक मंडल को परामर्श देना है। इस समय इसके 22 सदस्य हैं।

विकास समिति (Development Committee) भी अक्तूबर, 1974 में स्थापित की गई तथा इसके भी 22 सदस्य हैं। यह शासक मंडल को विकासशील देशों के सभी पहलुओं से संबंधित वास्तविक संसाधनों को स्थानान्तरण करने हेतु परामर्श देती है तथा उनके कार्यान्वयन के लिए सुझाव देती है।

5. IMF का कार्यकरण (WORKING OF THE FUND)

IMF ने विश्व आर्थिक परिस्थितियों में समय-समय पर हो रहे परिवर्तनों के अनुसार अपनी पूंजी, कोटे (अभ्यंश), उधार देने की प्रक्रिया, विनिमय दरों और अन्य नीतियों में संशोधन किए हैं। इनका संक्षिप्त विवरण नीचे दिए गया है—

1. वित्तीय संसाधन (Financial Resources)

कोष की पूंजी में सदस्य देशों का कोटा, सोना बेचने से प्राप्त राशि, GAB तथा सदस्य देशों से उधार शामिल हैं।

कोटा और उनका निर्धारण (Quotas and their Fixation)—कोष के सदस्यों के आवंटित कोटे के आधार पर कोष का एक सामान्य लेखा होता है। जब कोई देश कोष में शामिल होता है, तो उसका कोटा नियत कर दिया जाता है, जो उसके अंशदान की मात्रा, मताधिकार और निकासी अधिकारों को निर्धारित करता है। जब IMF बनाया गया था तब प्रत्येक सदस्य के लिए आवश्यक था कि वह अपने कोटे का 25 प्रतिशत स्वर्ण के रूप में रखे, जिसे 1978 में समाप्त कर दिया गया। अब यह अंतर्राष्ट्रीय रिजर्व परिसम्पत्तियों में दिया जाता है। कोटा का शेष 75 प्रतिशत भाग देश की अपनी करेंसी में अदा किया जाता है।

कोष की वित्तीय आवश्यकताओं को पूरा करने के लिए हर पांच वर्ष के बाद कोटे का पुनरीक्षण किया जाता है और उसे समय-समय पर बढ़ा दिया जाता है। परन्तु कोटा तभी बढ़ाया जा सकता है जब कोष के सदस्यों की कुल मतदान शक्ति के 85 प्रतिशत बहुमत से प्रस्ताव पारित हो। जब मार्च, 1947 में कोष ने कार्य शुरू किया, तब कुल कोटे 7.6 बिलियन डालर थे जो 30 अप्रैल, 1994 को कोटा के दसवें सामान्य पुनरीक्षण (general review of quotas) तक बढ़ाकर SDR 146 बिलियन कर दिया गया। यह वृद्धि सदस्यों के कोटे में 50% वृद्धि करके की गई है। ग्यारहवां पुनरीक्षण जो मार्च, 1998 में कार्यान्वित हुआ, उसके अन्तर्गत कोष के कोटे का 45% बढ़ाकर SDR 212 बिलियन कर दिया गया।

इस प्रकार, कोष के एक मैम्बर देश का कोटा—उसका कोष को अंशदान, संसाधनों की भारी राशि सदस्य देशों के कोटा अंशदानों से प्राप्त होती है, उसकी सापेक्ष वोट देने की शक्ति, SDRs का आवंटन और कोष से उधार लेने की सीमा को निर्धारित करता है। एक मैम्बर की वोट देने की शक्ति, प्रत्येक मैम्बर के 250 मूल वोट देने के अतिरिक्त, हर SDR 1,00,000 के लिए वोट पर आधारित है। जब कोई नया मैम्बर कोष में शामिल होता है, तो उसे कोटा प्रदान किया जाता है जिससे कोष के कुल संसाधनों में वृद्धि होती है।

2. कोष का उधार लेना (Fund Borrowings)

कोटा अंशदानों के अतिरिक्त, IMF सदस्यों को सोना बेचकर अपना कोष बढ़ाता है, यह सरकारों, केन्द्रीय बैंकों अथवा औद्योगिक देशों की निजी संस्थाओं से, अन्तर्राष्ट्रीय परिशोधन बैंक से और सऊदी अरब जैसे OPEC देशों तक से भी उधार लेता है।

कोष उधार की सामान्य व्यवस्थाओं (General Arrangements to Borrow—गैब) के अन्तर्गत अपने 11 औद्योगिक सदस्यों से अपनी अन्तर्राष्ट्रीय मुद्रा व्यवस्था की आकस्मिक आवश्यकताओं को पूरा करने अथवा सामना करने के लिए उधार लेता है। अक्तूबर, 1962 को गैब प्रारंभ हुआ और उसको कई बार बढ़ाया गया। दिसम्बर, 1983 में इसके साझेदारों और कोष के बीच समझौते के तहत इसके विस्तार और पुनरीक्षण से कोष की उधार देने की क्षमता को सुदृढ़ करने हेतु इसकी SDR 6.4 बिलियन से बढ़ाकर वर्तमान राशि SDR 17 बिलियन डालर कर दी गई है। गैब को 26 दिसम्बर, 1993 से 25 दिसम्बर, 1998 तक पांच वर्ष की अवधि के लिए बढ़ा दिया गया। IMF की उधार की नई सामान्य व्यवस्थाओं (New Arrangements to Borrow) के अन्तर्गत 25 बिलियन डालर विकसित देशों द्वारा उधार स्वीकृत किया गया है।

3. कोष का उधार देना (Fund Lendings)

कोष अपने सदस्यों को अपने संसाधन उधार देने की अनेक प्रकार की सुविधाएं हैं। कोष की ओर से सदस्यों को उधार उनके चालू खाते में भुगतान-शेषों के असंतुलनों को वित्त, अस्थायी सहायता करने के लिए दिया जाता है। यदि किसी सदस्य की कोष के पास राशि उसके कोटा से कम है, तो यह अन्तर रिजर्व भाग (reserve tranche) कहलाता है। वह देश कोष को आवेदन देकर अपनी भुगतान-शेष आवश्यकताओं के लिए अपने आप रिजर्व भाग में से 25 प्रतिशत तक निकाल सकता है। उसे इस प्रकार के निकासों पर कोई ब्याज नहीं देना पड़ता परन्तु राशि तीन से पांच वर्ष के भीतर लौटानी पड़ती है।

कोई सदस्य इसके बाद भी अपने शेष कोटा में से 4 किश्तों में अपने कोटा का 25 प्रतिशत निकाल सकता है। ऋण भागों (credit tranches) में से निकास शर्तपूर्ण होते हैं क्योंकि सदस्यों को कोष को संतुष्ट करना पड़ता है कि वे वित्तीय स्थिरता सुनिश्चित करने के लिए एक विकास क्रम प्रोग्राम अपना रहे हैं। भुगतान-शेष की गंभीर समस्याओं को हल करने के लिए ऋण भाग के अन्तर्गत कोष के संसाधनों के कुल निवल प्रयोग में से अपने कोटा के 300 प्रतिशत के बराबर तक निकाल सकते हैं। ये सीमाएं CCFF, BSAF, SAF, STF और ESAF के अन्तर्गत लागू नहीं होतीं। इस समय प्रशासनिक मंडल ने समर्थित अथवा विस्तृत वित्तपोषक प्रबंधों को स्वीकृत करने का अधिकार अपने पास रखा हुआ है। इस सीमा तक उधार स्वीकृत किए जाते हैं—यदि एक सदस्य देश अपने भुगतान-शेष असंतुलनों को ठीक करने तथा अपनी अर्थव्यवस्था का समायोजन करने के लिए विशेषतौर से जोरदार प्रयत्न कर रहा है। 1960 के दशक से बैंक ने अपने सदस्यों के लिए अनेक ऋण सुविधाएं निर्मित की हैं। इन सुविधाओं से कर्जे, ऋण भागों से भिन्न हैं तथा दीर्घ अवधि के लिए उपलब्ध होते हैं। ये निम्नलिखित हैं:

1. बफर स्टॉक वित्तपोषक सुविधा (Buffer Stock Financing Facility—BSFF)—सदस्य देशों के वस्तु बफर स्टॉक के वित्त की व्यवस्था करने लिए बफर स्टॉक वित्तपोषक सुविधा 1969 में स्थापित की गई थी। यह सुविधा उधार लेने वाले सदस्य के कोटा के 30 प्रतिशत के बराबर तक है। पुन: क्रय $3\frac{1}{4}$ से 5 वर्षों में किए जाते हैं। परन्तु सदस्य से यह आशा की जाती है कि वह अपने देश के भीतर वस्तु कीमतें स्थिर करने में कोष को सहयोग प्रदान करेगा।

2. विस्तृत वित्तपोषक सुविधा (Extended Fund Facility—EFF)—यह भी एक विशिष्ट सुविधा है जो 1974 में बनाई गई थी। EFF के अन्तर्गत, सदस्य देशों को कोष इस उद्देश्य के लिए ऋण प्रदान करता है कि वे अपेक्षाकृत लम्बी अवधियों के अपने भुगतान-शेष घाटों को पूरा कर सकें। इन ऋणों की राशि सामान्य ऋण सुविधाओं के अन्तर्गत उनके निर्धारित कोटे से अधिक होती है। EFF दस वर्ष के लिए ऋण प्रदान करती है तथा सदस्य के कोटा के 300 प्रतिशत तक कर्जे स्वीकृत किये जाते हैं। यह कार्य कसौटी और निकासी किश्तों पर आधारित है। विकासशील देश इसका उपयोग कर रहे हैं।

3. पूरक वित्तपोषक सुविधा (Supplementary Financing Facility—SFF)—इसकी स्थापना 1977 में हुई थी। इसका उद्देश्य था कि सदस्य को विस्तृत या उद्यत प्रबंधों के अन्तर्गत पूरक वित्तपोषक व्यवस्था प्रदान की जाए ताकि वे अपने उन गम्भीर भुगतान-शेष घाटों को पूरा कर सकें जो उनकी अर्थव्यवस्थाओं और उनके कोटों की तुलना में बहुत अधिक हों। यह सुविधा कोष के निम्न-आय विकासशील सदस्य देशों को प्रदान की जा रही है। इस तरह देशों की SFF के अन्तर्गत उधार लेने की लागत घटाने के लिए कोष ने 1980 में सब्सिडी लेखा खोला था जिसके माध्यम से कोष उधार लेने वाले देशों को सब्सिडी भुगतान करता है।

4. संगठनिक समायोजन सुविधा (Structural Adjustment Facility—SAF)—कोष ने मार्च, 1986 में दरिद्रतम विकासशील

देशों को रियायती समायोजन प्रदान करने के लिए SAF की स्थापना की। इसके अन्तर्गत उन्हें भुगतान-शेष समस्याओं को सुलझाने तथा मध्य अवधि समष्टि-आर्थिक एवं संगठनिक समायोजन प्रोग्रामों को कार्यान्वित करने के लिए ऋण दिए जाते हैं। SAF को SDR 2.7 बिलियन संसाधनों द्वारा निर्मित किया गया था जो ट्रस्ट फंड से लिए गए कर्जों पर पुनर्भुगतानों से मुख्य तौर से आते हैं। संसाधनों को अत्यधिक रियायती दरों-आधे से एक प्रतिशत ब्याज दर- पर साथ में मूल के $5\frac{1}{2}$ से 10 वर्षों में पुनर्भुगतान जिसमें पहले पांच वर्षों की छूट होती है, दरिद्रतम देशों को उपलब्ध कराए जाते हैं, वार्षिक वितरण किए जाते हैं और वे वार्षिक प्रबंधों की मंजूरी के साथ जुड़े होते हैं, जिसके अनुसार प्रथम वार्षिक प्रबंध के अन्तर्गत सदस्य 15 प्रतिशत कोटा के बराबर ऋण प्राप्त करते हैं, 20 प्रतिशत दूसरे वार्षिक प्रबंध के अन्तर्गत तथा 15 प्रतिशत तीसरे के अन्तर्गत।

5. वर्धित संगठनिक समायोजन सुविधा (Enhanced Structural Adjustment Facility—ESAF)—कोष ने दिसम्बर, 1987 में SDR 6 बिलियन के संसाधनों से निम्न-आय देशों की मध्य अवधि की वित्तपोषक आवश्यकताओं की पूर्ति के लिए ESAF की स्थापना की। इसके उद्देश्य पात्रता तथा मूल प्रोग्रामों की विशेषताएं SAF के समान हैं। परन्तु पात्र सदस्य SAF की अपेक्षा ESAF के अन्तर्गत बहुत अधिक सहायता प्राप्त कर सकते हैं, जो तीन वर्षीय प्रोग्राम अवधि में कोटे का 100 प्रतिशत तक तथा विशेष परिस्थितियों में 250 प्रतिशत तक का प्रावधान है। इस सुविधा के अन्तर्गत वितरण वार्षिक की बजाय अर्द्धवार्षिक है।

6. क्षतिपूरक एवं आकस्मिकता वित्तपोषक सुविधा (Compensating and Contingency Financing Facility—CCFF)—क्षतिपूरक एवं आकस्मिक वित्तपोषक सुविधा अगस्त, 1988 में निर्मित की गई थी। इसका उद्देश्य आयातित अनाज की लागतों में अस्थायी कमियों या आधिक्य के लिए समय पर क्षतिपूर्ति प्रदान करना है जो सदस्यों के नियंत्रण के बाहर कारकों के कारण होती है और आकस्मिक वित्तपोषक का उद्देश्य बाह्य झटकों के होने पर कोष-समर्थित समायोजन प्रोग्रामों की गति कायम रखने के लिए सदस्यों को सहायता करना है जो सदस्यों के नियंत्रण के बाहर कारकों के कारण उत्पन्न होते हैं। 1990 में, कोष ने खाड़ी युद्ध संकट को पार करने हेतु सदस्यों की सहायता के लिए 1991 के अन्त तक की अस्थायी अवधि के लिए CCFF में आयात अंश शामिल किया। तेल आयात सुविधा के अन्तर्गत क्रय प्रवेश CCFF के लिए कोटे की कुल प्रवेश सीमा के 95 प्रतिशत के अन्दर प्रदान की गई थी। कोष ने CCFF के क्षेत्र का भी प्रसार करने का निश्चय किया। यात्रा प्राप्तियों एवं वर्करों द्वारा प्रेषित धनराशियों के अलावा, अन्य सेवाओं में कमियां जैसे पैट्रोल नलियों, नहरों, जहाजों, परिवहन, निर्माण एवं बीमा प्राप्तियों को क्षतिपूरक वित्तपोषण के अन्तर्गत निर्यात-कमियों की गणना में भी शामिल किया गया।

7. व्यवस्थित रूपांतरण सुविधा (Systematic Transformation Facility—STF)—अप्रैल 1993 में कोष ने रूस तथा अन्य केन्द्रीय एशियाई गणतंत्रों के लिए एक विशेष व्यवस्थित रूपांतरण सुविधा स्थापित की जिसमें 6 बिलियन डॉलर निश्चित किए गए हैं। यह सुविधा उन सदस्यों के लिए स्थापित की गई है जिन्हें व्यापार और भुगतान व्यवस्थाओं में गड़बड़ होने के कारण तीव्र भुगतान शेष संकट का सामना करना पड़ता है।

8. आपात संरचनात्मक समायोजना ऋण (Emergency Structural Adjustment Loans—ESAL)—1999 के प्रारम्भ में कोष ने एशिया और लैटिन अमेरिका के वित्तीय संकट से ग्रस्त देशों की सहायता के लिए ESAL सुविधा स्थापित की है। इसके अन्तर्गत ऐसे देशों को कोष की साधारण ब्याज दर से 3 से 5% अधिक दर पर अल्पकालीन ऋण शीघ्रतम दिए जाएंगे जिनकी वापसी भी अल्पकालीन समय में होगी।

3. विनिमय दरें (Exchange Rates)

मूल कोष समझौते में यह प्रावधान था कि प्रत्येक सदस्य देश का सममूल्य स्वर्ण अथवा नियत भार एवं विशुद्धता को अमरीकी डॉलर में व्यक्त किया जाए। इसके मूल में निहित विचार यह था कि सुव्यवस्थित प्रति दर (cross rate) वाली स्थिर विनिमय दरों की प्रणाली बनाई जाए। परन्तु कोष को विवश होकर विनिमय दरों में वे परिवर्तन स्वीकार करने पड़े जो सममूल्य से ($\pm$1) प्रतिशत से अधिक नहीं थे। इससे आगे यदि ($\pm$1) प्रतिशत परिवर्तन और करना हो तो कोष की अनुमति प्राप्त करना आवश्यक था। 1971 से इन प्रावधानों में परिवर्तन कर दिए गए हैं और अन्तर्राष्ट्रीय मौद्रिक प्रणाली स्थिर विनिमय दरों से हटकर लचीली विनिमय दरों पर आ गई है। नई प्रणाली के अन्तर्गत सदस्य देशों के लिए यह आवश्यक नहीं कि वे स्वर्ण या डालर के साथ सममूल्य बनाए रखें और स्थापित करें।

कोष का सदस्य देशों की विनिमय दर समायोजन नीतियों पर कोई नियंत्रण नहीं है। परन्तु वह विनिमय दर से संबंधित समस्या को हल करने हेतु किसी भी सदस्य देश को सलाह दे सकता है।

4. अन्य सुविधाएं (Other Facilities)

IMF अपने सदस्य देशों को विभिन्न प्रकार की परामर्श सहायता देता है। यह भुगतान शेष एवं विनिमय दर से संबंधित समस्याओं को सुलझाने के लिए अपने विशेषज्ञ दल ऐसे देशों में भेजता है जो स्थानीय अधिकारियों के साथ विचार-विमर्श करते हैं और फिर अपनी रिपोर्ट में मौद्रिक, रोजकोषीय और अन्य उपाय सुझाते हैं। कोष ने सदस्य देशों की बैंकिंग और फिस्कल समस्याओं को सुलझाने हेतु तीन पृथक विभाग स्थापित किए हुए हैं। प्रथम *केन्द्रीय बैंकिंग सेवा विभाग (Central Banking Service Department)* है जो सदस्य देशों को उनके केन्द्रीय बैंकों के कार्यकरण और प्रबंधन से संबद्ध विशेषज्ञों की सेवाएं प्रदान करता है। ऐसी सेवाएं विकासशील देशों को विशेषरूप से उनकी बैंकिंग प्रणाली में सुधार और अधिनियम बनाने के लिए भी दी जाती हैं। दूसरा, *फिस्कल मामले विभाग (Fiscal Affairs Department)* है जो सदस्य देशों को राजकोषीय समस्याओं के बारे में परामर्श देता है। तीसरा, *IMF संस्थान (IMF Institute)* है जो विभिन्न सदस्य देशों विशेषकर अल्पविकसित देशों के कर्मचारियों के लिए मौद्रिक, राजकोषीय, बैंकिग, विनिमय तथा भुगतान-शेष विषयक नीतियों पर अल्पावधि प्रशिक्षण पाठ्यक्रमों की व्यवस्था करता है। इनके अतिरिक्त कोष का रिसर्च विभाग वर्ष में अनेक रिपोर्ट प्रकाशित करता है जिनमें विभिन्न नीति विषयक सामग्री होती है। इन प्रकाशनों में IMF वार्षिक रिपोर्ट और IMF स्टाफ पेपर्स महत्त्वपूर्ण हैं।

अन्तर्राष्ट्रीय मुद्रा कोष : उपलब्धियां और असफलताएं
(Achievements and Failures of IMF)

अंतर्राष्ट्रीय मुद्रा कोष की उपलब्धियों और असफलताओं की विवेचना निम्न प्रकार की जा रही है।

उपलब्धियां (Achievements)

IMF की मुख्य उपलब्धियां निम्न हैं :

1. सुरक्षित कोष की स्थापना (Establishment of Reserve Fund)—मुद्रा-कोष के प्रावधान के अंतर्गत प्रत्येक सदस्य देश को अपने कोटे का एक बड़ा भाग अपनी मुद्रा में जमा करना पड़ता है। इससे मुद्रा-कोष के पास सभी सदस्य देशों की मुद्राओं का अच्छा सुरक्षित कोष बन गया है। विदेशी मुद्रा के इस स्टॉक से मुद्रा-कोष सदस्य देशों की विदेशी मुद्राओं की मांग को पूरा करता है। यदि किसी देश की मुद्रा की पूर्ति उसकी मांग की तुलना में कम हो जाती है तो मुद्रा-कोष उसे **'दुर्लभ मुद्रा'** (Scarce Currency) घोषित कर देता है तथा उसका नियंत्रित मात्रा में सदस्य देशों में वितरण करता है।

2. विदेशी व्यापार का विस्तार (Expansion of Foreign Trade)—अंतर्राष्ट्रीय मुद्रा-कोष के कारण अंतर्राष्ट्रीय व्यापार का पर्याप्त विस्तार हुआ है। इसका प्रमुख कारण यह है कि इसने सदस्य देशों की भुगतान संबंधी कठिनाइयों को दूर करने में महत्वपूर्ण योगदान किया है।

3. विदेशी विनिमय दरों में स्थिरता (Stability in Foreign Exchange Rates)—अंतर्राष्ट्रीय मुद्रा-कोष की स्थापना से पहले विभिन्न देशों की मुद्राओं के बीच विनिमय दर में अत्यधिक उतार-चढ़ाव होते थे। किन्तु मुद्रा-कोष की स्थापना के बाद विदेशी विनिमय दरों में पर्याप्त स्थिरता रही है। विदेशी विनिमय दरों में स्थिरता रहने से अंतर्राष्ट्रीय व्यापार को काफी बढ़ावा मिला है।

4. भुगतान शेष असंतुलन में सुधार (Improvement in Disequilibrium in Balance of Payment)—मुद्रा-कोष ने भुगतान संतुलन में उत्पन्न अल्पकालीन असंतुलन को दूर करने के लिए सदस्य देशों को वित्तीय सहायता प्रदान की है। इससे सदस्य देशों को अपने अल्पकालीन भुगतान शेष के असंतुलन को दूर करने में पर्याप्त सहयोग प्राप्त हुआ है।

5. मुद्रा अवमूल्यन पर रोक (Check on Currency Devaluation)—मुद्रा-कोष की स्थापना के पहले विभिन्न देशों ने अपने निर्यात में वृद्धि करने के लिए मुद्रा अवमूल्यन का सहारा लिया था। इससे प्रतिस्पर्धात्मक मुद्रा अवमूल्यन में बहुत वृद्धि हो गई थी। किन्तु अंतर्राष्ट्रीय मुद्रा-कोष की स्थापना से इसमें उल्लेखनीय रोक लगी है। इसका मुख्य कारण यह है कि आज कोई भी सदस्य देश मुद्रा-

कोष से सहमति लिए बिना अपनी मुद्रा का अवमूल्यन नहीं कर सकता।

6. घरेलू आर्थिक मामलों में हस्तक्षेप नहीं (No Interference in Domestic Economic Affairs)—मुद्रा-कोष सदस्य देशों के घरेलू मामलों में कोई हस्तक्षेप नहीं करता है। मुद्रा-कोष द्वारा विनिमय दर के निर्धारण में 'प्रबंधित लोचशीलता' (Managed Flexibility) की नीति अपनाने से सदस्य देशों को अपनी आंतरिक स्थिति के अनुसार विनिमय दरों में परिवर्तन करने का अधिकार मिल गया है।

7. तकनीकी सहायता एवं वित्तीय परामर्श (Technical Assistance and Financial Advices)—अंतर्राष्ट्रीय मुद्रा-कोष की स्थापना से सदस्य देशों को अपनी अर्थव्यवस्था में सुधार करने के लिए तकनीकी सहायता एवं विशेषज्ञों के महत्त्वपूर्ण वित्तीय परामर्श प्राप्त हुए हैं।

8. स्वर्णमान के लाभ (Gains of Gold Standard)—यद्यपि विश्व में स्वर्णमान तो समाप्त हो चुका है, किन्तु मुद्रा-कोष की स्थापना से स्वर्णमान को अपनाए बिना भी इसके लाभ प्राप्त हो रहे हैं। मुद्रा-कोष की नई व्यवस्था कम खर्चीली किन्तु अत्यधिक लोचशील है। **प्रो. हॉम** (Halm) ने मुद्रा- कोष के महत्त्व को देखते हुए इसे **'अंतर्राष्ट्रीय रिजर्व बैंक'** (International Reserve Bank) कहा है।

9. बहुमुखी भुगतान प्रणाली को प्रोत्साहन (Inducement to Multilateral Payment System)—मुद्रा-कोष की स्थापना से विश्व के देशों के बीच बहुमुखी व्यापार एवं भुगतान प्रणाली को पर्याप्त प्रोत्साहन मिला है।

असफलताएं (Drawbacks)

उपरोक्त उपलब्धियों के बावजूद यह नहीं कहा जा सकता कि कुल मिलाकर यह अपना उद्देश्य पूरा करने में सफल हुआ है। आलोचकों ने मुद्रा-कोष के कार्यों की निम्न प्रकार से आलोचना की है :

1. सीमित क्षेत्र (Limited Scope)—मुद्रा-कोष मुख्य रूप से सदस्य देशों के चालू लेन-देनों में उत्पन्न होने वाली विदेशी विनिमय की समस्याओं को दूर करने के लिए अल्पकालीन सहायता देता है। यह युद्ध संबंधी आवश्यकताओं को पूरा करने के लिए ऋण नहीं देता और न ही पूंजी के आयात-निर्यात के लिए कोई सहायता देता है। अत: कोष का क्षेत्र सीमित है।

2. कोटे का निर्धाण वैज्ञानिक नहीं (Unscientific Fixation of Quotas)—सदस्य देशों के कोटे का निर्धारण किसी वैज्ञानिक आधार पर नहीं किया गया है। सदस्य देशों के कोटे का निर्धारण करते समय अमेरिका एवं इंग्लैण्ड के राजनीतिक एवं आर्थिक हितों की रक्षा की गई है। इसीलिए इन दोनों देशों का मुद्रा-कोष के कार्यों में अत्यधिक प्रभाव है।

3. विभेदात्मक नीतियां (Discriminatory Policies)—अंतर्राष्ट्रीय मुद्रा-कोष का व्यवहार पिछड़े एवं विकासशील देशों के प्रति उदार एवं सहयोगपूर्ण नहीं है। इसका कार्य मुख्य रूप से पश्चिमी यूरोपीय देशों, जैसे अमेरिका, इंग्लैड, फ्रांस तथा अन्य धनी देशों के निर्देशानुसार होता है। इसीलिए इसकी **'धनी व्यक्तियों का क्लब'** (Rich Men's Club) कहकर आलोचना की जाती है।

4. विनियम नियंत्रण को समाप्त करने में असफल (Failure to Remove Exchange Control)—मुद्रा-कोष का एक प्रमुख उद्देश्य विनिमय नियंत्रण को समाप्त कर अंतर्राष्ट्रीय व्यापार को बढ़ावा देना है। किन्तु वर्तमान में अमेरिका जैसा विकसित देश भी अपने भुगतान संतुलन को अनुकूल बनाये रखने के लिए संरक्षण व्यापार नीति को अपनाये हुए है। अत: विनिमय नियंत्रण को समाप्त करने में मुद्रा-कोष असफल रहा है।

5. विनिमय स्थिरता सफल नहीं (No Success in Exchange Stability)—सदस्य देशों की मुद्राओं को उनकी विदेशी विनिमय दर का निर्धारण करने के लिए अंतर्राष्ट्रीय बाजार में तिरने (Floating) के लिए छोड़ दिए जाने के कारण कोष का विनिमय स्थिरता बनाए रखने का उद्देश्य समात हो गया है। वर्तमान में राष्ट्रीय स्तर पर व्यवस्थित कोई संयुक्त रूप से चालित और आधरित विनिमय दरों की प्रणाली नहीं है।

6. बहुमुखी विनिमय दर समाप्त करने में विफल (Failure to Eliminate Multiple Exchange Rates)—मुद्रा-कोष का एक प्रमुख उद्देश्य बहुमुखी विनिमय दरों को समाप्त करना था, किन्तु विश्व के अनेक देश अपने आयात-निर्यातों में विभिन्न प्रकार की विनिमय दरें अपनाते हैं, इससे कोष का उद्देश्य ही समाप्त हो जाता है।

7. विकासशील देशों को पर्याप्त प्रतिनिधित्व नहीं (Inadequate Representation to Developing Countries)—मुद्रा-कोष के सदस्य देशों में से 90% सदस्य विकासशील देश हैं। ये एशिया, अफ्रीका एवं लैटिन अमेरिका के देश हैं। इन्हें कोष में कुल 38% मताधिकार (Voting Power) प्राप्त है, जबकि विकसित राष्ट्रों का मताधिकार 62% है। इसीलिए कोष में निर्णय विकसित देशों के हित में होते हैं तथा विकासशील देशों की उपेक्षा होती है।

8. विकासशील देशों के लिए अपर्याप्त साधनों की व्यवस्था (Inadequate Provision of Resources for Developing Countries)—विकासशील देशों को आर्थिक विकास एवं पुराने ऋणों के भुगतान के लिए वित्तीय सहायता की आवश्यकता होती है। अत: विकासशील देशों की ऋण संबंधी मांग बहुत अधिक है। किन्तु उन्हें मुद्रा-कोष से जो ऋण प्राप्त होता है, वह उनकी आवश्यकताओं की तुलना में बहुत कम है।

9. कोष शर्तबन्धिताएं (Fund Conditionalities)—मुद्रा-कोष ने पिछले चार दशकों में शर्तबन्धी प्रथाएं चला दी हैं। कोष से उधार लेनेवाले देश को वे शर्तें पूरी करनी पड़ती हैं। यह ऐसी शर्तें रखता है जिन्हें स्वीकार करने पर विकासशील देशों की राजनीतिक प्रभुता खतरे में पड़ जाती है। उदाहरणार्थ, 1979 और 1991 में भारत को ऋण देते समय भी कोष ने कड़ी शर्तें अथवा कार्यकरण कसौटियां रखी थीं जैसे बचत, निर्यात तथा आयात से संबंधित उन कार्यक्रमों, नीतियों और उपायों को कार्यान्वित करना जिन्हें कोष ने निर्धारित किया था।

10. ऊंची ब्याज दर (High Interest Rate)—इन शर्तों के अलावा कोष ऋण पर ऊंची ब्याज दर भी लेता है जिससे ऋणी देशों पर बहुत दबाव पड़ता है।

11. गौण कार्य (Secondary Role)—अंतर्राष्ट्रीय मौद्रिक संबंधों में कोष प्रमुख भूमिका निभाने की बजाय गौण कार्य करता रहा है। यह अल्पावधि ऋण प्रबंधों के लिए कम सुविधाएं प्रदान करता है। परिणामस्वरूप, प्रमुख दस विकसित देशों के वर्ग के केंद्रीय बैंकों ने आपस में विनिमय प्रबंध कर लिए हैं। इन विनिमय प्रबंधों से यूरोपियन करेंसी बाजार की वृद्धि हुई है। इनसे कोष का महत्त्व घट गया है।

12. एशियाई संकट और कोष (Asian Crisis and IMF)—पूर्व एशिया के पांच देशों फिलीपीन, दक्षिण कोरिया, थाईलैंड, इंडोनेशिया और मलयेशिया में आकस्मिक और अप्रत्याशित आर्थिक संकट ने IMF की कार्य-प्रणाली पर प्रश्नचिह्न लगा दिया है। प्रो. **फ्रीडमैन** ने वर्तमान विश्व आर्थिक संकट के लिए IMF को दोषी ठहराया है क्योंकि यह आंतरिक रूप से मार्किट में ऋणों, सब्सिडियों या करों द्वारा सरकारी हस्तक्षेप और बाहरी तौर से IMF और अन्य एजेंसियों द्वारा हस्तक्षेप के कारण हुआ।

इन आलोचनाओं के बावजूद IMF अपने को बदलती अंतर्राष्ट्रीय आर्थिक स्थितियों के अनुरूप ढालने में पर्याप्त रूप से लचीला रहा है।

6. सुधार के सुझाव
(SUGGESTIONS TO IMPROVE IMF)

प्रो. सैम्यूल्सन ने 1997 में अपने एक लेख Three Cheers for the IMF में कोष के कार्यकरण और उपलब्धियों की बहुत प्रशंसा की और लिखा कि मैक्सिको में वित्तीय संकट का कारण यह था कि जब उसमें विदेशी मुद्रा का अंतर्वाह (inflow) हो रहा था तो कोष द्वारा दी गई चेतावनी को उसने नजरंदाज किया और यही कारण पूर्व एशियाई देशों के आर्थिक संकट का है। दूसरी ओर प्रो. फ्रीडमैन ने अक्तूबर, 1995 में एक लेख में कोष को विश्व आर्थिक संकट का दोषी ठहराते हुए उसे समाप्त करने के लिए कहा क्योंकि इसने लाभ की अपेक्षा हानि अधिक पहुंचाई है। प्रो. श्वार्टज ने भी अक्तूबर में एक लेख Time to Terminate the ESF and the IMF में, जो 1998 में प्रकाशित हुआ, कोष की नीतियों को दोषी ठहराते हुए यह विचार प्रकट किया कि वर्तमान संकट का हल IMF का सुधार नहीं। इसलिए, इसे बन्द कर देना चाहिए। फ्रीडमैन और श्वार्ट्ज के उग्र विचार हैं। कोष जैसी संस्था जिसने पांच दशकों से अधिक समय में विश्व की आर्थिक वृद्धि में महत्त्वपूर्ण योगदान दिया हो, उसे बंद या समाप्त करने की अपेक्षा उसकी नीतियों को सुधारना अधिक उपयुक्त होगा ताकि वर्तमान आर्थिक संकट के छूत प्रभाव (contagion effect) को और भविष्य में ऐसे संकटों को रोका जा सके। इसके लिए विभिन्न विश्व आर्थिक मंचों पर निम्न सुझाव दिए गए हैं—

1. पूर्व एशिया, रूस, लेटिन अमेरिका और अन्य विकासशील देशों को, जो आर्थिक संकट से ग्रस्त हैं अथवा जिन्हें छूत प्रभाव का भय है, आसान शर्तों पर वित्तीय सहायता देने के लिए कोष द्वारा प्रावधान करना चाहिए।

2. कोष को एक ऐसा प्रोग्राम बनाना चाहिए जो आर्थिक संकट में देशों के लिए सुरक्षा जाल (safety net) का काम करे।

3. एक ऐसी मुक्त अन्तर्राष्ट्रीय व्यापार प्रणाली कायम की जाए जो विकासशील देशों के प्रति उचित और न्यायसंगत हो।

4. विश्व के विकसित देशों की समष्टि आर्थिक नीतियां इस तरह चलाई जाएं कि वे विश्व उत्पाद और व्यापार वृद्धि को सुरक्षा प्रदान करें, इस तरह विश्व-अर्थव्यवस्था के लिए बहुत प्रभावी सुरक्षा जाल का कार्य करें।

5. कोष को यह प्रयत्न करना चाहिए कि सरकारी विकास सहायता की विश्व के देशों द्वारा वचनबद्धता में वृद्धि हो।

6. विकासशील देशों के बैंकिंग सिस्टम और निगम क्षेत्रों की पुनर्संरचना करने के लिए कोष को परामर्श देना और सहायता करनी चाहिए।

7. देशों को संरक्षणवाद से दूर रहने और खुली मार्किट प्रक्रिया को चालू रखने के लिए कोष को नीति उपाय सुझाने चाहिए।

8. सभी देशों और अन्तर्राष्ट्रीय वित्तीय संस्थाओं को इस बात के लिए कोष को बलपूर्वक अनुरोध करना चाहिए कि वे भ्रष्टाचार को समाप्त करें तथा अच्छे शासन को प्रोत्साहित करें।

9. कोष को चाहिए कि विकासशील देशों को ऐसे नीति उपाय सुझाए और ऐसी वित्तीय सहायता दे जिससे वे आंतरिक संसाधनों को बढ़ाकर अपनी विकास कार्यक्रमों का स्वयं वित्त-प्रबंध करें।

10. छूत प्रभाव से बचने के लिए कोष की विकास कमेटी ने विकासशील देशों को यह कहा है कि वे मार्किट को खुला करके, संरक्षण हटाकर, बैंकिंग प्रणाली में सुधार करके, तथा भ्रष्टाचार को समाप्त कर, शासन में सुधार द्वारा अपनी नीतियों और संस्थाओं को सुदृढ़ करें। दूसरी ओर, उसने विकसित देशों को यह सलाह दी है कि वे शीघ्र और निश्चित कार्यवाहियां करें जिनसे विश्व वित्तीय स्थिरता और वृद्धि की उच्च गतिमात्रा कायम की जाए।

7. भारत तथा मुद्रा कोष
(INDIA AND THE IMF)

भारत IMF के संस्थापक सदस्यों में से एक है। इसने 27 दिसम्बर, 1945 को कोष समझौते पर हस्ताक्षर किए थे। 1970 तक भारत का कोटा पांचवां भाग था और इसे एक स्थायी अधिशासी निदेशक नियुक्त करने का अधिकार था। जब मई, 1970 के बाद कोष का कोटा बढ़ाया गया तो जापान, कनाडा और इटली के कोटे भारत से बढ़ गये। तदनुसार, कोष के प्रशासनिक निदेशक के रूप में भारत का स्थायी पद समाप्त हो गया। कोटे के ग्यारहवें पुनरीक्षण के साथ, भारत का कोष में कोटा 2. 09 प्रतिशत से कम होकर 1.96 प्रतिशत हो गया। परिणामस्वरूप, भारत का कोष में स्थान 13वां हो गया। परन्तु वास्तव में, भारत का कोटा SDR 3.56 बिलियन से SDR 4.16 बिलियन हो गया।

जब भारत कोष का सदस्य बना तो भारतीय रुपये का सममूल्य 0.268601 ग्राम सोना अथवा 30.225 अमरीकी 'सेण्ट' नियत किया गया था। जब 18 सितम्बर, 1949 को रुपये का अवमूल्यन किया गया तो इसका सममूल्य और घटाकर 0.186621 ग्राम सोना अथवा 21 अमरीकी सेण्ट के बराबर कर दिया गया। जब 6 जून, 1966 को पुनः रुपये का अवमूल्यन किया गया तो इसका सममूल्य और घटाकर 0.118489 ग्राम सोने अथवा 13.33 अमरीकी सैण्टों के बराबर कर दिया गया। मई, 1972 में डालर का अवमूल्यन होने के बाद से, रुपये का सममूल्य और गिर गया। परन्तु जब से कोष समझौते में दूसरा संशोधन हुआ है, तब से अन्य करेंसियों की भांति रुपये की विनिमय दर परिवर्तनशील और SDR से जुड़ी है।

भारत उन देशों में से है जिन्हें कोष की सहायता से बहुत लाभ हुआ है। यह कोष की विविध एजेन्सियों से समय-समय पर सहायता पाता रहा है और नियमित रूप से अपने ऋण का पुनर्भुगतान करता रहा है। 1947 से 1955 के बीच भारत ने अपनी भुगतान-शेष कठिनाइयों पर काबू पाने के लिए कोष से 100 मिलियन डालर दो बार उधार लिये। भारत ने 1957 से 1975 के बीच आठ बार कुल 1764 मिलियन डालर की राशि उधार ली। भारत ने IMF ट्रस्ट कोष के अन्तर्गत, 1 जुलाई, 1978 से 21 फरवरी, 1981 की अवधि में अपनी भुगतान शेष कठिनाइयों पर काबू पाने के लिए रियायती दरों पर SDR 529 मिलियन के कर्जे भी प्राप्त किये।

1979 में भारत ने 5.6 बिलियन डालर अथवा 5220 करोड़ रुपये का कर्ज लेने के लिए EFF के अन्तर्गत समझौता किया। इसने 9 नवम्बर, 1981 से त्रि–वर्षीय अवधि के लिए किश्तों में ऋण प्राप्त करना शुरू कर दिया। अप्रैल, 1984 तक भारत ने 3.9 बिलियन डालर ले लिए और फिर IMF को सूचित किया कि वह शेष राशि बिल्कुल नहीं लेगा। अप्रैल, 1984 के बाद, भारत ने दिसम्बर, 1990 तक कोष का सहारा भी लिया जब खाड़ी संकट से उत्पन्न भुगतान–शेष की स्थिति का सामना करने के लिए इसने संशोधित CCFF के अन्तर्गत संसाधन प्राप्त करने हेतु कोष से कहा। जनवरी, 1991 में भारत ने तीन महीने के लिए 0.79 बिलियन डालर समर्थित प्रबंधों का प्रथम ऋण प्राप्त किया। उस समय भारत ने CCFF के अन्तर्गत 1.09 बिलियन डालर का प्रथम ऋण प्राप्त किया। इसके पश्चात् जुलाई, 1991 में 220 मिलियन डालर का दूसरा तथा सितम्बर, 1991में 635 मिलियन डालर का तीसरा कर्जा लिया। 31 अक्तूबर, 1991 को कोष ने 2.2 बिलियन डालर का उद्यत ऋण मंजूर किया जो नवम्बर, 1991 से जून1993 के दौरान 8 भागों में वितरित किया गया। सामान्यतौर से सदस्य देश अपने कोटे का केवल 50 से 60 प्रतिशत ऋण में प्राप्त करते हैं परन्तु भारत ने अपने कोटा का 100 प्रतिशत से भी अधिक ऋण प्राप्त किया। कोष में भारत का कोटा 3.01 बिलियन डालर (या SDR 2.2 बिलियन) है तथा इसके कोष में से जनवरी, 1991 से जून, 1993 तक कुल निकास 3.05 बिलियन डालर था। यह भारतीय अर्थव्यवस्था में कोष के विश्वास को व्यक्त करता है क्योंकि भारत अपने कोटे से अधिक ऋण प्राप्त कर रहा है।

अपने भुगतान–शेष के घाटे को पूरा करने के लिए ऋण लेने के अतिरिक्त,भारत को कोष की सदस्यता से कई और प्रकार से भी लाभ हुआ है। कोष का सदस्य होने के नाते भारत IBRD अथवा विश्व बैंक का भी सदस्य है और अपनी विविध विकास परियोजनाओं के लिए विश्व बैंक से वित्तीय सहायता प्राप्त करता रहा है। कोष निगरानी की शर्त के अन्तर्गत भारत को कोष से परामर्श सहायता भी मिलती रही है। कोष के चार या पांच अर्थशास्त्रियों का एक दल प्रायः भारत आता रहता है। ये अर्थशास्त्री भारत की भुगतान–शेष एवं विनिमय दर समस्याओं के सम्बन्ध में भारतीय अधिकारियों से विचार–विनिमय करते हैं और उन्हें हल करने के मौद्रिक, राजकोषीय तथा अन्य उपाय सुझाते हैं। कोष अपने केन्द्रीय बैंक सेवा विभाग, राजकोषीय मामले विभाग और IMF संस्थान के माध्यम से भारतीय कर्मचारियों के लिए मौद्रिक, राजकोषीय, बैंकिंग, विनिमय तथा भुगतान–शेष विषयक नीतियों पर अल्पावधि प्रशिक्षण पाठ्यक्रमों की व्यवस्था करता रहा है।

8. विशेष आहरण अधिकार (SPECIAL DRAWING RIGHTS—SDRS)

1970 के प्रारम्भ में, IMF ने विशेष आहरण अधिकार (SDRs) के निर्माण और जारी करने की एक स्कीम चलाई। SDRs को *कागजी सोना* भी कहते हैं। 1969 में कोष के समझौता नियमों में पहला संशोधन करके SDRs का निर्माण किया गया। ये SDRs विश्व रिजर्वों के स्टॉक को बढ़ाने के लिए शर्तरहित रिजर्व परिसम्पत्तियों के रूप में निर्मित किये गये थे ताकि अन्तर्राष्ट्रीय तरलता की समस्या हल की जा सके। ये भाग लेने वाले सदस्यों को उनके कोष कोटों के अनुपात में आवंटित किए जाते हैं। इस मतलब के लिए कोष ने एक विशेष आहरण लेखा स्थापित किया है।

शुरू में देश SDRs को अपने रिजर्वों के भाग के रूप में धारण करते थे और भुगतान–शेष की कठिनाइयां उत्पन्न होने पर उन्हें अपनी करेंसियों में बदलाव लेते थे। एक SDR 0.888671 ग्राम सोने के बराबर होता था जो एक अमरीकी डालर का मूल्य था। जब 1973 के बाद कोष की सममूल्य प्रणाली छोड़ दी गई और अमरीकी डालर तथा अन्य प्रमुख करेंसियों को प्रचलित होने दिया गया तो SDR के विनिमय मूल्य को स्थिर करने का निर्णय हुआ। तदनुसार, कोष के सदस्य देशों के व्यापकतम रूप से प्रयोग में आने वाली 16 करेंसियों के समूह के आधार पर SDR का मूल्य हर रोज आकलित किया जाता था। वे करेंसियां थीं: अमरीकी डालर, जर्मन मार्क, अंग्रेजी पाउण्ड, फ्रांसीसी फ्रैंक, जापानी येन, कनाडियाई डालर, इटालियन लीरा, नीदरलैण्ड् का गिल्डर, बेल्जियाई फ्रैंक, स्विट्जरलैण्ड का क्रोन, आस्ट्रेलियाई डालर, स्पेन का पेसेटा, नार्वे का क्रोन, आस्ट्रियाई शिलिंग और दक्षिण अफ्रीकी रैण्ड 1978 में दक्षिण अफ्रीका और डेनमार्क की करेंसियां छोड़ दी गईं और सऊदी अरब तथा ईरान की करेंसिया शामिल कर ली गईं। प्रत्येक देश को उसके अन्तर्राष्ट्रीय व्यापार और वित्तीय बाजारों में महत्त्व के अनुरूप देशों के समूह के भार दिया गया। 1978 में कोष के समझौता नियमों में दूसरा संशोधन होने के बाद से SDRs लेखा की अन्तर्राष्ट्रीय इकाई बन गई। इसके मूल्यन की सुगमता के लिए जनवरी 1981 में समूह में करेंसियों की संख्या घटाकर पांच कर दी गई। इन करेंसियों में अमरीकी डालर, जर्मन मार्क, अंग्रेजी पाउण्ड, फ्रांसीसी फ्रैंक और

जापानी येन ही रखे गए। अक्तूबर, 1984 को एक SDR 1.1031 अमरीकी डालर के बराबर था। 1 जनवरी, 1986 से शुरू करके हर पांच वर्ष बाद SDR की वर्तमान करेंसी संरचना और भारण पैटर्न पर पुनरीक्षण किया जाता है। यह पुनरीक्षण दो बातों पर आधारित होता है। एक तो वस्तुओं एवं सेवाओं के निर्यात के मूल्य पर और दूसरे अन्य सदस्यों द्वारा धारित उनकी करेंसियों के शेषों पर। 1 अक्टूबर, 1997 को एक SDR 1. 35610 अमरीकी डालर के बराबर था।

SDR के लाभ (Uses of SDRs)

SDR लेखा की अन्तर्राष्ट्रीय इकाई है जो 'कोष विशेष आहरण लेखा' में रखी जाती हैं। 'कोष सामान्य लेखा' में सभी करेंसियों के कोटों का मूल्य-निर्धारण SDR में किया जाता है। अन्तरिष्ट्रीय मौद्रिक परिसम्पत्ति के रूप में, SDR केन्द्रीय बैंकों और सरकारों के अन्तर्राष्ट्रीय रिजर्वों में रखे जाते हैं ताकि वे अपने भुगतान-शेषों की कमियों या अतिरेकों के लिए वित्त की व्यवस्था कर सकें। कोष द्वारा कर्जों और पुनर्भुगतान के रूप में किए गए सब लेन-देन, कोष के तरल रिजर्व, कोष की पूंजी आदि को SDR में व्यक्त किया जाता है। बहुत-से देश अपनी करेंसियों को SDR से जोड़ रहे हैं। इससे अनेक विकासशील देशों को इस बात में सहायता मिली है कि वे अपनी बाह्य एवं आर्थिक स्थितियों को स्थिर बनाएं और अन्तर्राष्ट्रीय मौद्रिक लेन-देन में उत्पन्न होने वाली अस्थिरता से अपनी अर्थव्यवस्थाओं की रक्षा कर सकें।

जब SDR स्कीम शुरू की गई थी, तब प्रत्येक भागीदार के लिए आवश्यक था कि वह अपने SDRs के औसत दैनिक धारणों की क्रमिक पांच वर्ष की अवधि तक अपने निवल संचयी आवंटनों को 30 प्रतिशत के बराबर रखे। SDRs के आवश्यक औसत धारणों को 1 जनवरी, 1979 से निवल संचयी आवंटनों के 30 प्रतिशत से घटाकर 15 प्रतिशत कर दिया गया। 30 अप्रैल, 1981 से इसे बिल्कुल समाप्त कर दिया गया।

कोष, विशेष आहरण लेखा में रखे गए SDRs के समस्त धारणों पर ब्याज देता है और भागीदारों को किये गए सब आवंटनों पर उसी दर से ब्याज वसूल करता है। इस प्रकार जिन भागीदारों के धारण उनके आवंटनों से बढ़ जाते हैं, वे चालू ब्याज दर पर निवल ब्याज कमाते हैं और जिनके धारण आवंटनों से कम होते हैं वे चालू ब्याज दर पर निवल भुगतान करते हैं। शुरू-शुरू में, 1969 में SDR ब्याज दर 1.5 प्रतिशत वार्षिक निश्चित की गई थी और 30 जून, 1974 तक इसी स्तर पर रही। इसे 1 जुलाई, 1974 से बढ़ाकर 5 प्रतिशत कर दिया गया जो 7 जुलाई, 1975 तक चलती रही। इसके बाद इस हर छः महीने के बाद उस स्तर पर समायोजित कर दिया जाने लगा जो करेंसियों के समूह की मिश्रित ब्याज दर के आधे के बराबर होता था। 1 जुलाई, 1976 से इसे त्रैमासिक रूप से उस स्तर पर नियत किया जाने लगा जो मिश्रित बाजार दर के स्तर के बराबर होता था। 1 जुलाई, 1985 से यह दर 14.04 प्रतिशत नियत की गई थी।

SDR के तीन प्रमुख प्रयोग हैं। *प्रथम,* प्रयोग निर्देशानुसार लेन-देन है (transaction with designation)। इसके अन्तर्गत, कोष SDR स्कीम के किसी ऐसे भागीदार को, जिसकी भुगतान-शेष एवं रिजर्व स्थिति मजबूत हो, यह निर्देश देता है कि वह किसी जरूरतमन्द दूसरे भागीदार को SDRs के बदले करेंसी प्रदान करे। यह हो सकता है कि SDRs के बदले में दी जाने वाली करेंसी उस भागीदार की अथवा/तथा किसी दूसरे भागीदार की ही हो। जब तक भागीदारों के धारण उनके कुल आवंटनों के तीन गुणा से कम रहते हैं, तब तक उन्हें इस तरीके से SDRs स्वीकार करने की इजाजत है। *दूसरे,* कोष के साथ सब लेन-देन में (transactions with the fund) SDRs काम में लाए जाते हैं। *तीसरे,* SDRs का प्रयोग सहमति से किये जाने वाले लेन-देनों (transactions by agreement) में होता है। कोष इस बात की अनुमति देता है कि किसी दूसरे भागीदार से समझौता करके करेंसी के बदले SDRs बेच दिए जाएं। 1976 से पहले सहमति से लेन-देन तभी हो सकता था जब भुगतान-शेष की जरूरत आ पड़े। कोष के समझौता नियम में 1978 में हुए दूसरे संशोधन के अन्तर्गत, SDR को समझौता लेन-देन में स्वतन्त्रतापूर्वक भागीदारों में प्रयोग किया जा सकता है।

SDRs के प्रयोगों को और व्यापक बनाने के लिए दूसरे संशोधन के अन्तर्गत कोष को यह अधिकार दिया गया कि वह SDRs के ऐसे प्रयोग भी निर्धारित करे जिन्हें अभी तक तय नहीं किया गया है। तदनुसार, कोष ने अनेक निर्णय लिए जिसके अन्तर्गत SDRs के निम्नलिखित अतिरिक्त उद्देश्य माने गए: (i) विनिमय प्रबंधों में; (ii) वायदा प्रचलनों (forward operations) में; (iii) ऋणों में; (iv) वित्तीय एतराजों को दूर करने में; (v) वित्तीय उत्तरदायित्व पूरा करने के लिए जमानत के रूप में और (vi) दान अथवा उपहारों में।

कोष कुछ संस्थाओं को भी SDRs के 'अन्य धारकों' के अधिकार प्रदान करता है। विश्व बैंक तथा उसकी सम्बद्ध संस्थाओं के अतिरिक्त, SDRs के कुछ 'अन्य धारक' हैं — बैंक फार इण्टरनेशनल सैटलमैण्ट्स, अफ्रीकन डवलपमेण्ट बैंक, अरब मोनिटरी बैंक (अरब मौद्रिक बैंक) और नोर्डिक इन्वेस्टमैण्ट बैंक। ये 'अन्य धारक' सहमति से SDRs प्राप्त करते हैं और लेन-देन तथा कार्यकरण

में SDRs का उन्हीं शर्तों पर प्रयोग करते हैं जो भागीदारों पर लागू होती हैं। कोष प्रयत्न कर रहा है कि निजी लेन-देन में और विश्व के वित्तीय बाजारों में SDR का लेखा-इकाई के रूप में अधिक प्रयोग किया जाए।

जिन प्रयोगों का उल्लेख ऊपर हुआ है, उन प्रयोगों के लिए कोष भागीदारों को उनके कोटे के अनुपात में SDRs आवंटित करता है। शुरू में, 1970-72 की तीन वर्षों की अवधि में, कोष ने 9.3 बिलियन SDR निर्मित किए थे और उन्हें SDR स्कीम के 112 भागीदारों में आवंटित किया था। 1978 तक SDRs के कुल धारण 9.3 बिलियन ही रहे। 1978 में कोष ने उनमें 1979, 1980, 1981 में हर वर्ष 4 बिलियन SDRs की वृद्धि करने का निर्णय किया। परिणामस्वरूप कोष के कुल SDR धारण 1979 में 13.1 बिलियन SDR ,1980 में 17.3 बिलियन SDR, और 1981 में 21.4 बिलियन SDR हो गए। 1981 के बाद कोष ने आगे SDRs का कोई और आवंटन नहीं किया। SDRs की मात्रा को IMF के सदस्य नियंत्रित करते हैं। यह तभी बढ़ाई जा सकती है जब कि IMF के 85 प्रतिशत वोट इस प्रस्ताव के पक्ष में हों।

समीक्षात्मक मूल्यांकन (A Critical Appraisal)

SDRs की नई किस्म के अन्तर्राष्ट्रीय मौद्रिक रिजर्व हैं। इनका निर्माण इसलिए किया गया है कि अन्तर्राष्ट्रीय मुद्रा प्रणाली एकमात्र डालर और सोने की कीमतों में उतार-चढ़ाव पर ही निर्भर न रहे। अन्तर्राष्ट्रीय तरलता में सुधार लाने के लिए इनका निर्माण किया गया है, ताकि कोष के सदस्यों के भुगतान-शेष में आधारभूत असंतुलनों को ठीक किया जा सके। SDR स्कीम के भागीदारों को 'निर्दिष्ट लेन-देन,' और 'समझौतागत लेन-देन' के अन्तर्गत बिना किसी शर्त के SDRs प्राप्त होते हैं। उनसे अपनी घरेलू आर्थिक नीतियों में परिवर्तन करने की अपेक्षा नहीं की जाती, जबकि कोष सहायता प्रोग्रामों के अन्तर्गत उनसे नीतियों में परिवर्तन की आशा की जाती है। कोष स्कीमों के मुकाबले विशेष आहरण लेखा से SDRs का भुगतान और पुनर्भुगतान अधिक आसान और लोचदार है।

इन खूबियों के बावजूद SDR स्कीम की यह आलोचना की गई है कि वह धनी राष्ट्रों का पक्षपात करती है। यह एक असंगत स्कीम है जिसने अन्तर्राष्ट्रीय तरलता के वितरण को अनुचित बना दिया है। SDRs का आवंटन भागीदार देशों के कोटे के अनुपात में होता है। इस दृष्टि से, विकासशील देशों को SDRs का आवंटन उनकी जरूरतों के मुकाबले बहुत ही कम है। SDRs का कम आवंटन इस तरह के देशों की उधार लेने की क्षमता को घटा देता है।

फिर, SDR स्कीम, SDRs के रूप में अन्तर्राष्ट्रीय रिजर्वों के निर्माण को विकासशील देशों के विकास वित्त की जरूरतों के साथ नहीं जोड़ती है। विकासशील देशों की तरलता की जरूरतें अधिक होती हैं, क्योंकि उनकी समायोजन लागतें अधिक होती हैं, उनकी निजी बैंकिंग तथा पूंजी बाजारों तक पहुंच सीमित होती है, उनके विनिमय अर्जनों में अधिक परिवर्तनीयता होती है और विदेशी विनिमय रिजर्वों के धारण की अवसर लागत अधिक होती है।'' इन परिस्थितियों के अन्तर्गत जरूरत इस बात की है कि न्यायपूर्ण वितरण पूर्वक अधिक SDRs का निर्माण किया जाए ताकि विकासशील देशों की अधिक बढ़ी जरूरतों के लिए बिना शर्त अधिक तरलता उपलब्ध कराई जा सके।

दुर्भाग्यवश, संयुक्त राज्य अमरीका तथा कुछ अन्य विकसित देशों के कठोर रवैये के कारण, विकासशील देशों के अनेक वर्षों के बार-बार आग्रह के बावजूद कोष जनवरी 1982 से SDRs के आवंटन का काम फिर से शुरू नहीं कर सका है। इसलिए कहा जा सकता है कि कोष SDRs के माध्यम से अन्तर्राष्ट्रीय तरलता बढ़ाने का अपना उद्देश्य पूरा करने में असफल रहा है।

प्रश्न

1. अन्तर्राष्ट्रीय मुद्रा कोष (IMF) की स्थापना का प्रमुख उद्देश्य क्या था? कोष अपने उद्देश्य पूरा करने में कहां तक सफल हुआ है?
2. अन्तर्राष्ट्रीय मुद्रा कोष के उद्देश्यों तथा कार्यों पर प्रकाश डालिए। एशियाई आर्थिक संकट में इसकी भूमिका पर प्रकाश डालिए। कोष इसे कैसे दूर कर सकता है?
3. अन्तर्राष्ट्रीय मुद्रा कोष की उपलब्धियों व विफलताओं का वर्णन करें।
4. अन्तर्राष्ट्रीय मुद्रा कोष के उद्देश्यों और कार्यों का उल्लेख कीजिए और बताइए कि इसका सदस्य होने के नाते भारत को क्या-क्या लाभ हुए हैं?
5. विशेष आहरण अधिकार (SDRs) की प्रकृति और अन्तर्राष्ट्रीय मुद्रा कोष के सदस्यों द्वारा इसके प्रयोगों का विवेचन कीजिए। क्या SDRs के निर्माण से अन्तर्राष्ट्रीय तरलता की समस्या हल हो गई है?
6. निम्न पर टिप्पणी लिखिए:
   IMF की शर्तबंधिताएं, विशेष आहरण अधिकार (SDRs)।

अध्याय 45

विश्व बैंक
(The World Bank)

अन्तर्राष्ट्रीय पुनर्निर्माण तथा विकास बैंक (International Bank for Reconstruction and Development—IBRD) तथा विश्व बैंक की स्थापना 1944 के ब्रेटन-वुड्ज समझौते के अन्तर्गत 1945 में इस उद्देश्य से हुई थी कि युद्धकालीन अर्थव्यवस्था को शान्तिमय ढंग से सामान्य-स्तर पर लाने में सहायता दी जाए। यह अन्तर्राष्ट्रीय मुद्रा कोष की सह-संस्था है।

1. कार्य
(FUNCTIONS)

IBRD, जिसे बैंक भी कहते हैं, निम्नलिखित कार्य करता है:

1. उत्पादक उद्देश्य के लिए पूंजी के निवेश की सुविधा प्रदान करके अपने सदस्यों के क्षेत्रों के पुनर्निर्माण तथा विकास में सहायता देना, और अपेक्षाकृत कम विकसित देशों में उत्पादक सुविधाओं और संसाधनों के विकास को प्रोत्साहन देना।

2. प्रतिभूतियां देकर निजी विदेशी निवेश को बढ़ावा देना अथवा निजी निवेशकों द्वारा ऋणों तथा अन्य निवेश में भागीदारी को बढ़ावा देना और जब उचित शर्तों पर पूंजी उपलब्ध न हो तो अपने संसाधनों से या उधार लिए गए संसाधनों से, उत्पादक उद्देश्य के लिए वित्त की व्यवस्था करके निजी निवेश को सम्पूर्ण करना।

3. अन्तर्राष्ट्रीय व्यापार की दीर्घ स्थायी संतुलित वृद्धि को बढ़ावा देना और सदस्य देशों के उत्पादक संसाधनों के विकास के लिए अन्तर्राष्ट्रीय निवेश को प्रोत्साहन देकर, सदस्य देशों के भुगतान-शेष में संतुलन बनाए रखना और परिणामस्वरूप उनके क्षेत्रों में वर्करों की उत्पादकता और उनका जीवन-स्तर और परिस्थितियों को बेहतर बनाने में सहायता देना।

4. अन्य माध्यमों से अन्तर्राष्ट्रीय ऋणों के अनुपात में इसके द्वारा दिए अथवा गारंटी-शुदा ऋणों की व्यवस्था करना ताकि अधिक उपयोगी और जरूरी छोटी-बड़ी परियोजनाओं पर पहले ध्यान दिया जा सके।

2. सदस्यता
(MEMBERSHIP)

अन्तर्राष्ट्रीय मुद्रा कोष के सदस्य ही विश्व बैंक के भी सदस्य हैं। 2003 में इसके 182 सदस्य थे। यदि कोई देश इसकी सदस्यता छोड़ता है, तो उसे देय तिथियों पर ब्याज सहित सारे ऋण लौटाने पड़ते हैं। जिस वर्ष में कोई सदस्य त्याग-पत्र देता है, यदि उस वर्ष में बैंक को कोई हानि होती है तो मांग पर उसे हानि के अपने हिस्से का भी भुगतान करना पड़ता है।

3. संगठन
(ORGANISATION)

अन्तर्राष्ट्रीय मुद्रा कोष की भांति विश्व बैंक का ढांचा भी त्रि-स्तरीय है। इसका एक अध्यक्ष होता है, दूसरे स्तर पर अधिशासी निदेशक होते हैं और तीसरे स्तर पर शासक मंडल होता है। जुलाई, 1986 को बार्बर कोनेबल (Barber Conable) विश्व बैंक ग्रुप (IBRD, IDA, IFC) का सातवां अध्यक्ष बना। उसका निर्वाचन अधिशासी निदेशकों ने किया था जिनकी संख्या 21 थी। इसमें से 5 वे हैं जिनकी नियुक्ति विश्व बैंक के 5 सबसे बड़े हिस्सेदार करते हैं। वे हैं: संयुक्त राज्य अमरीका, इंग्लैंड, पश्चिमी जर्मनी, फ्रांस तथा जापान। शेष 16 प्रशासनिक निदेशकों को शासक मंडल निर्वाचित करता है। विकल्प निदेशक भी होते हैं। इनमें से

5 तो उन्हीं स्थायी सदस्य देशों के होते हैं जिनके प्रशासनिक निदेशक होते हैं परन्तु उनका चुनाव उन देशों के ग्रुप में से होता है जो अपने क्षेत्रों से संबंध रखने वाले 16 प्रशासनिक निदेशकों को चुनने के लिए मत डालते हैं।

प्रशासनिक निदेशक बोर्ड की मीटिंग नियमित रूप से एक महीने में एक बार होती है जिसकी अध्यक्षता शासक मंडल का अध्यक्ष करता है। प्रशासनिक निदेशक समझौते के नियमों के ढांचे में नीति के बारे में निर्णय लेते हैं। वे अध्यक्ष द्वारा दिये गए ऋण तथा साख संबंधी सुझावों पर विचार करते हैं और निर्णय लेते हैं। वे शासक मंडल की वार्षिक मीटिंगों में आडिट शुदा हिसाब-किताब, प्रशासकीय बजट, और बैंक के प्रचालनों एवं नीतियों की वार्षिक रिपोर्ट भी प्रस्तुत करते हैं। अध्यक्ष के स्टाफ में 6,000 से अधिक व्यक्ति होते हैं जो विश्व बैंक का कार्य चलाते हैं। कई वरिष्ठ उपाध्यक्ष तथा विविध विभागों एवं क्षेत्रों के निदेशक उसके काम में सहायता करते हैं। शासक मंडल अंग बैंक की सर्वोच्च संस्था हैं। प्रत्येक सदस्य देश 5 वर्ष की अवधि के लिए एक गवर्नर और एक वैकल्पित गवर्नर की नियुक्ति करता है। प्रत्येक गवर्नर के मतदान की शक्ति उसके देश की सरकार के वित्तीय योगदान से सम्बद्ध रहती है।

4. पूंजी संरचना
(CAPITAL STRUCTURE)

विश्व बैंक की अधिकृत पूंजी 10 बिलियन डॉलर है जो एक-एक लाख डालर के एक लाख हिस्सों में विभक्त है। इसमें से 9400 मिलियन डालर वास्तव में अभिदत्त (subscribed) थे। 30 जून, 1985 को IBRD के पास एक-एक लाख SDR सममूल्य के 7,16,500 अधिकृत हिस्सों का अधिकृत पूंजी स्टाक था। जुलाई, 1992 को बैंक की कुल अधिकृत पूंजी 184.1 बिलियन डालर थी जो पूर्व सोवियत गणराज्यों के बैंक में शामिल होने से उनमें 9.3 बिलियन डालर अथवा 77,159 शेयर बांटे गए।

5. निधीयन कूटनीति
(FUNDING STRATEGY)

IBRD की निधीयन कूटनीति के निम्नलिखित चार आधारभूत उद्देश्य हैं :

प्रथम तो यह सुनिश्चित करना कि बैंक को कोष उपलब्ध होते रहें। इस उद्देश्य के लिए बैंक यह प्रयत्न करता है कि जिन बाजारों से वह उधार लेता है उनमें कोषों तक अप्रयोगित पहुंच बनाए रखे। *दूसरा* उद्देश्य यह है की बैंक अपने उधार लेने वालों के लिए कोषों की प्रभावी लागत न्यूनतम बनाए। इसे बैंक अपने कर्जो के करेन्सी मिश्रण और कर्जों के समय के माध्यम से पूरा करता है। करेन्सी मिश्रण के लिए बैंक उन करेन्सियों में अधिकतर उधार लेता है जिनकी मुद्रा ब्याज दरें कम हों। कर्जे लेने का काल निर्धारण दो तरह से किया जाता है : (क) जब यह आशा हो कि ब्याज दरें बढ़ेंगी, तो बैंक अधिक उधार लेने का प्रयत्न करता है; और (ख) जब यह आशा हो कि ब्याज दरें गिरेंगी, तो यह अपने कर्जे लेने स्थगित करने का प्रयत्न करता है। *तीसरा* उद्देश्य शुद्ध आय तथा कुल ऋण प्रभारों की परिवर्तनशीलता को नियंत्रित करता है। इस उद्देश्य के लिए बैंक ने जुलाई, 1982 में एक पूल-आधारित परिवर्ती ऋण दर प्रणाली शुरू की जो इस प्रणाली के अन्तर्गत दिए गए सब ऋणों की बकाया राशि पर लागू होने वाले ब्याज संबंधी खर्चों को अपने आप समायोजित कर देती है। पहले के वर्तमान ऋणों पर इस ऋण प्रणाली का कोई प्रभाव नहीं पड़ा। जब अधिकांश कर्जे और उधार भविष्य में नई प्रणाली में शामिल कर दिये जाएंगे, तो ब्याज दरों की परिवर्तनशीलता बहुत घट जाएगी। *चौथा* उद्देश्य इसके उधार लेने तथा उधार देने के बीच परिपक्वता रूपान्तरण की समुचित कोटि प्रदान करना है। परिपक्वता रूपान्तरण से तात्पर्य है कि बैंक जितनी अवधि के लिए धार लेता है उससे अधिक लम्बी अवधि के लिए उधार देने की क्षमता रखता है, और साथ ही यह अपने उधार लेने वालों को परिपक्वता रूपान्तरण की सामान्य कोटि प्रदान करता है।

6. उधार लेने तथा उधार देने की क्रियाएं
(BORROWING AND LENDING ACTIVITIES)

विश्व बैंक एक निगमित संस्था है। इसके सदस्य इसकी पूंजी अभिदान करते हैं। यह अपने उधारदान कार्यों के लिए वित्तव्यवस्था प्रमुख रूप से अपने ही माध्यम से और अन्तर्राष्ट्रीय पूंजी बाजारों से दीर्घावधि उधार ग्रहणों द्वारा तथा करेन्सी विनिमय प्रबंधों के माध्यम से करता है। करेन्सी विनिमय प्रबंधों के अन्तर्गत उधार लेने वाले देश की प्राप्तियां विभिन्न करेन्सी में बदल दी जाती हैं और साथ ही एक आगामी विनिमय समझौता किया जाता है जिसमें दोनों करेन्सियों के भविष्य में विनिमय की अनुसूची का प्रावधान रहता है ताकि परिवर्तित

करेन्सी आसानी से वसूल की जा सके। करेन्सी विनिमय का प्रभाव यह पड़ता है कि मूल उधार लेने की लागत ऐसी लागत में रूपान्तरित हो जाती है जो बदलने में प्राप्त करेन्सी की बाजार प्राप्ति को व्यक्त करती है।

बैंक बट्टा-नोट-प्रोग्रम के अन्तर्गत भी उधार लेता है। *प्रथम,* यह अपने बांड और नोट सीधे अपने सदस्यों की सरकारों, सरकारी एजेन्सियों और केन्द्रीय बैंकों के पास रख देता है। *दूसरे,* यह निवेशक बैंकिंग फर्मों, सौदागर बैंकों और कमर्शियल बैंकों के माध्यम से निवेशकों और जनता को निर्गम पेश करता है।

विश्व बैंक ने उधार ग्रहण के दो नए साधनों का विकास किया है : *प्रथम,* केन्द्रीय बैंक सुविधा (Central Bank Facility) जो सरकारी स्रोतों से विशेष रूप से केन्द्रीय बैंकों से उधार लेने की अमरीकी डालर प्रभुत्व युक्त सुविधा है। इसका उद्देश्य 1970 से विश्व बैंक के द्वारा उधार लेने में गिरावट की प्रवृत्ति को पलटता है। 1984 में प्रशासनिक निदेशकों ने बैंक को यह अधिकार दिया कि वह इस सुविधा के अन्तर्गत एक वर्ष की परिपक्वता अवधि के जमा एक मास परिपक्वता अवधि के कोष 750 मिलियन डालर तक उधार ले ले। *दूसरे,* तिरती दर-नोट (Floating Rate Notes—FRNs) है जिसका उद्देश्य विश्व बैंक की अपनी कूटनीति के उद्देश्यों को पूरा करने में सहायता देना है। FRN मार्किट के माध्यम से बैंक कुछ ऐसे निवेश वर्ग जैसे कमर्शियल बैंक तथा कुछ अन्य वित्तीय संस्थाओं तक पहुंच सकता है जिन्होंने परम्परागत रूप से विश्व बैंक नोट नहीं खरीदे हैं। FRNs की परिपक्वता की अवधि मध्यम और दीर्घ होती है। बैंक के संसाधनों की पर्याप्त राशि उसके रखे गए अर्जनों और ऋणों के पुनर्भुगतानों के प्रवाहों से प्राप्त होती है।

बैंक अपने सदस्य देशों को निम्नलिखित तरीकों में से किसी भी तरीके से उधार देता है: (i) इसके अपने ही कोषों में से विपणन करके या ऋणों में भाग लेकर; (ii) सदस्य देश के बाजार में इकट्ठे किये गए अथवा बैंक द्वारा अन्यथा उधार लिए गए कोषों में प्रत्यक्ष ऋण देकर या ऋणों में भाग लेकर; (iii) सामान्य निवेश मार्गों के माध्यम से निजी निवेशकों के द्वारा दिये गए ऋणों की पूरी अथवा आंशिक गारंटी देकर।

ऋणों में भाग लेने, प्रत्यक्ष ऋणों और ऋणों की गारंटियों की कुल बकाया राशि बैंक की समर्थ अभिदत्त पूंजी, रिजर्वों और आधिक्य के 100 प्रतिशत से नहीं बढ़नी चाहिए। यह अपने सदस्यों को निम्नलिखित शर्तों पर ऋण या ऋणों की गारंटी देता है या ऋणों में भाग लेता है : (i) यह तसल्ली की जाती है कि वर्तमान बाजार स्थितियों के अन्तर्गत उधार लेने वाला देश उन शर्तों पर ऋण नहीं प्राप्त कर सकता जो बैंक की राय में उधार लेने वाले के लिए न्यायसंगत हों; (ii) विशेष परिस्थितियों को छोड़कर यह आवश्यक है कि ऋण पुनर्निर्माण अथवा विकास की विशिष्ट परियोजनाओं के लिए है; (iii) यदि परियोजना किसी ऐसे सदस्य के क्षेत्र में स्थित है जो स्वयं उधार नहीं ले रहा, तो आवश्यक है कि वह सदस्य देश या उसका केन्द्रीय बैंक ऋण के मूलधन के पुनर्भुगतान और ऋण पर ब्याज तथा अन्य प्रभारों के भुगतान की पूरी गारंटी दे; (iv) जिस परियोजना के लिए ऋण की जरूरत है, एक समर्थ समिति उसके प्रस्ताव के गुण-दोषों के सतर्क अध्ययन के बाद एक लिखित रिपोर्ट के रूप में उस परियोजना की सिफारिश करे; (v) उधार लेने वाला अथवा गारंटी देने वाला ऋण का दायित्व पूरा करने की स्थिति में हो।

1981 में बैंक प्रशासनिक मंडल ने विश्व बैंक की पुनर्भुगतान शर्तों में संशोधन को मंजूरी दी जिनमें निम्न आय देशों के लिए नये कर्जों पर माफी अवधि, उसे 5 वर्षों तक बढ़ाना तथा 3 वर्षों के अन्दर मध्य आय देशों के लिए पुनर्भुगतान शर्तों का पुनर्निरीक्षण करना शामिल हैं। विश्व बैंक सदस्य देशों को निम्न सुविधाएं प्रदान करता है:

संगठनिक समायोजन सुविधा (Structural Adjustment Facility—SAF)—विश्व बैंक ने 1985 से उधार लेने वाले देशों के लिए SAF चालू किया ताकि वे उस अवधि में अपने भुगतान-शेष के घाटे कम कर सकें जिसमें वे अपनी आर्थिक वृद्धि को बनाए रख रहे हों या पुन: प्राप्त कर रहे हों। SAF कोषों का प्रयोग सामान्य आयातों का वित्तपोषण करने के लिए किया जाता है। उन आयातों में कुछ अपवाद भी रहते हैं जैसे विलास वस्तुओं और सैन्य सामग्री सम्बन्धी आयात। SAF दो हिस्सों में दिए जाते हैं और वे बैंक द्वारा निर्धारित अधिक कठोर शर्तों पर आधारित होते हैं। बैंक का लक्ष्य यह होता है कि वह पांच से सात वर्ष तक चलने वाले प्रोग्रामों के लिए SAFs की पांच श्रेणियों तक में उधार लेने वाले देश को सहायता प्रदान करे।

वर्धित संगठनिक समायोजन सुविधा (Enhanced Structural Adjustment Facility—ESAF)—दिसम्बर 1987 में विश्व बैंक ने निम्न-आय सदस्य देशों को रियायती संसाधनों की उपलब्धता बढ़ाने के लिए ESAF की स्थापना की है। यह SDR 6 बिलियन के बराबर नये रियायती संसाधन प्रदान करता है जो विकसित एवं *OPEC* देशों से प्राप्त विशेष कर्जों और अंशदानों द्वारा वित्तपोषित किए जाएंगे। SAF की तरह ही ESAF का उद्देश्य उधार लेने वाले देशों को सहायता देना है ताकि वे अपना भुगतान-शेष घाटा

कम कर सकें और उनकी वृद्धि प्रोत्साहित हो। इसकी उधार शर्तें भी SAF के समान हैं। ब्याज दर 0.5 प्रतिशत है तथा पुनर्भुगतान वितरण के 5½ वर्षों के बाद दस अर्द्ध-वार्षिक किश्तों में प्रारंभ होते हैं।

बैंक मध्यावधि तथा दीर्घावधि ऋण देता है जो प्राय: परियोजना के पूर्ण होने तक चलते हैं। ऋणों की छूट अवधि सामान्य तौर से 5 वर्ष होती है और इनका पुनर्भुगतान 20 या कुछ कम वर्षों में करना होता है। बैंक ऋणों पर जो ब्याज वसूल करता है उसकी दर का हिसाब बैंक के उधार लेने की लागत से सम्बद्ध मार्गदर्शक पद्धति के अनुरूप लगाया जाता है। इसलिए अलग-अलग ब्याज दरों पर ऋण उपलब्ध होते हैं। यह अवितरित शेषों पर 0.75 प्रतिशत प्रतिबद्धता प्रभार और ऋणों की राशि पर एक कालिक अग्रान्त फीस (front end fee) वसूल करता है।

जब बैंक शुरू हुआ तब से दो दशक तक बैंक के उधारदान प्रचालन भारी रूप से ऐसे पूंजी- आधारिक परियोजनाओं पर केन्द्रित थे जैसे शक्ति प्रजनन एवं वितरण, सिचाईं परियोजनाएं, रेल और सड़क मार्ग आदि। 1970 के दशक से आधारिक निवेश के लिए कर्जों में कमी हुई। इसके बजाय इसने विकासशील देशों में शिक्षा प्रणाली में परिवर्तन करने के लिए, औद्योगिक निवेशों की वित्तव्यवस्था करने वाली संस्थाओं की स्थापना के लिए, औद्योगिक परियोजनाओं के चयन एवं मूल्यांकन के निमित्त तकनीकी सहायता प्रदान करने के लिए और कृषि परियोजनाएं तैयार करने में सहायता देने के लिए वित्त प्रदान करना है। इसकी वर्तमान विकास कूटनीति उन निवेशों पर अधिक बल देती है जो विकासशील देशों के गरीब लोगों की उत्पादकता और जीवन-स्तर बढ़ाकर उनके कल्याण को प्रभावित करते हैं। इस उद्देश्य को पूरा करने के लिए बैंक कृषि एवं ग्राम विकास, शिक्षा, परिवार कल्याण, पौष्टिक आहार, कम लागत के आवास, गृह, पेय जल और सीवर संबंधी परियोजनाओं के लिए वित्त की व्यवस्था करता रहा है। देश-आय ग्रुप और क्षेत्रों के आधार पर विश्व बैंक के कोषों का वितरण विकासशील देशों को किया जाता है।

विशेष कार्यवाही प्रोग्राम (Special Action Programme)—विशेष कार्यवाही प्रोग्राम (SAP) 1983 में शुरू किया गया था। इसका उद्देश्य सदस्य देशों को चालू आर्थिक वातावरण से समायोजन करने में विश्व बैंक की सहायता देने की योग्यता बढ़ाना है। इसके चार प्रमुख तत्त्व हैं: (i) उच्च-प्राथमिकता वाले उन प्रचालनों के लिए उधार देने में विस्तार करना जो संरचनात्मक समायोजन, नीति परिवर्तनों, निर्यात के लिए उत्पादन, वर्तमान क्षमता के अधिक पूर्ण उपयोग और महत्त्वपूर्ण आधारिक परियोजनाओं के रख-रखाव का समर्थन करते हैं। (ii) वर्तमान और नए निवेश से संबंधित प्रतिबद्धताओं के अन्तर्गत तेजी से सहायता बांटना ताकि उच्च प्राथमिकता वाली परियोजनाओं को समय पर कार्यान्वित किया जा सके। (iii) उचित नीतियों के निर्धारण और कार्यान्वित करने पर सलाहकार सेवाओं का विस्तार करना। इनमें राज्य उद्यमों के पुनर्निरीक्षण, विकास अनुस्थापित तथा परियोजना कार्यान्वयन क्षमताओं को मजबूत बनाने के लिए अध्ययन, घरेलू संसाधनों को जुटाने में बढ़ोतरी से संबंधित अध्ययन, निर्यात विविधिकरण के प्रोत्साहनों पर पुनर्विचार, और ऋण-प्रबन्धन क्षमताओं को मजबूत बनाने के तरीकों का अनुसंधान शामिल है। (iv) बैंक तथा IMF के कार्यक्रमों के समर्थन में शीघ्र वितरण सहायता देने वाले अन्य दाताओं के परिचित प्रयत्नों को सूचीबद्ध करना।

7. अन्य सक्रियताएं (OTHER ACTIVITIES)

विश्व बैंक की अन्य सक्रियताएं ये हैं: प्रशिक्षण तकनीकी सहायता, अन्त: संगठनात्मक सहयोग, आर्थिक अनुसंधान एवं अध्ययन, प्रचालनों का मूल्यांकन और अपने सदस्यों के निवेश संबंधी झगड़े सुलझाना।

बैंक ने 1956 में एक स्टाफ कॉलिज की स्थापना की थी जिसका नाम आर्थिक विकास संस्थान (Economic Development Institute—EDI) है। यह अपने विकासशील सदस्य देशों के वरिष्ठ अधिकारियों को प्रशिक्षित करता है। यह उनकी अर्थव्यवस्थाओं के प्रबंध को सुधारने और उनके निवेश प्रोग्रामों की दक्षता बढ़ाने में सहायता करता है। इसकी प्रशिक्षण सामग्री की सीमा विस्तार समष्टि अर्थशास्त्रीय आयोजन, कीमत-निर्धारण और विकास नीतियों से लेकर कृषि अनुसंधान, ग्रामीण स्वास्थ्य देखरेख, औद्योगिक नीति, ऊर्जा नीति, रेल मार्ग इत्यादि के प्रबंध तक है। EDI वाशिंगटन में, तथा क्षेत्रीय संस्थाओं के सहयोग से विश्व के विभिन्न क्षेत्रों में गोष्ठियों का भी आयोजन करता है।

जब से बैंक शुरू हुआ है तब से तकनीकी सहायता देना बैंक के प्रचालनों का अंतरंग भाग रहा है। मोटे तौर पर इसके दो वर्ग हैं: (i) इंजीनियरिंग से संबंधित वर्ग, जैसे संभाव्यता या व्यवहार्यता के विषय में अध्ययन, इंजीनियरिंग डिजाइन और निर्माण संबंधी देख-रेख;

और (ii) संस्था से संबद्ध वर्ग जैसे नैदानिक (diagnostic) नीति और संस्थापिक अध्ययन, प्रबंध विषयक समर्थन एवं प्रशिक्षण तकनीकी सहायता प्रदान करने का प्राथमिक तरीका यह है कि विशिष्ट क्षेत्रों के लिए ऋण दिए जाते हैं या पूंजी आधारिक ढांचे के लिए दिये गए ऋणों के कुछ भाग दिए जाते हैं। इस तरह की तकनीकी सहायता के अन्तर्गत वे कोष सम्मिलित हैं जो देख-रेख, कार्यान्वयन और इंजीनियरिंग सेवाओं, ऊर्जा, परिवहन, जलपूर्ति उद्योग इत्यादि के लिए होते हैं।

परियोजना के तैयार होने और संस्था के निर्माण के बीच के समय को पूरा करने के लिए बैंक परियोजना तैयारी सुविधा (Project Preparation Facility—PPF) के अन्तर्गत भावी क्रेताओं को कोष प्रदान करता है। PPF का 1975 में निर्माण किया गया था। बैंक उन परियोजनाओं की कार्यान्वयन एजेन्सी का भी काम करता है जिनके लिए वित्त की व्यवस्था संयुक्त राष्ट्र विकास प्रोग्राम (UNDP) के अन्तर्गत की जाती है। और फिर यह कुछ तकनीकी सहायताएं भी प्रदान करता है जैसे अल्पावधि प्रशिक्षण, सलाहकारों का अनुमोदन, मूल्यांकन एवं बाधक पैनलों के संबंध में प्रौद्योगिकीय सेवा के हस्तांतरण और परियोजना तैयार करने के सिलसिले में जनांकिकीय, वित्तीय तथा आर्थिक सलाह देना।

विश्व बैंक अन्त:संगठनात्मक सहयोग में भी संलग्न रहता है। यह तथा अन्य अन्तर्राष्ट्रीय संगठनों में सहयोग और औपचारिकता ऐसे समझौतों पर आधारित होती है जैसे इसके और FAO, UNESCO, WHO, GATT, UNCTAD,संयुक्त राष्ट्र पर्यावरण प्रोग्राम (UNEP), NUDP, संयुक्त राष्ट्र औद्योगिक विकास संगठन (UNIDO), कृषि विकास अन्तर्राष्ट्रीय कोष (IFAD), ILO, अफ्रीकन विकास बैंक, एशियन विकास बैंक इत्यादि के बीच सहकारी प्रोग्राम।

बैंक अपने प्रशासनिक बजट का लगभग 3 प्रतिशत भाग आर्थिक एवं सामाजिक अनुसंधान पर खर्च करता है। अनुसंधान कार्यक्रम 1971 में शुरू किया गया था। तब से 165 अनुसंधान परियोजनाएं तो पूरी की चुकी हैं और 180 परियोजनाएं चल रही हैं। इनके अतिरिक्त बैंक विभागों की इच्छा पर 100 से अधिक सामान्यत: छोटे अनुसंधानात्मक अध्ययन किये जा रहे हैं। 1983 में बैंक ने अनुसंधान नीति परिषद (Research Policy Council—RPC) की स्थापना की थी जिसका उद्देश्य मार्गदर्शन, ताल-मेल तथा समस्त बैंक अनुसंधान-मूल्यांकन में नेतृत्व प्रदान करना है। RPC को सलाह देने के लिए बैंक अनुसंधान सलाहकार ग्रुप भी बनाया गया है। एक छोटी और अधिक तकनीकी रूप से अनुस्थापित अनुसंधान परियोजना अनुमोदन समिति (Research Project Approval Committee) भी बनाई गई है। अनुसंधान विषय कार्यों को बैंक का अपना रिसर्च स्टाफ स्वयं और बाहर के अनुसंधानकर्त्ताओं के सहयोग से करता है। जो परियोजनाएं पूरी हो जाती हैं, उनके परिणाम अन्तर्राष्ट्रीय अर्थशास्त्रीय पत्रिकाओं में, पुस्तकों में, विश्व बैंक स्टाफ वर्किंग पेपर्स में और बैंक की अपनी *Finance and Development* नामक पत्रिका में लेखों के रूप में प्रकाशित किए जाते हैं। जो अनुसंधान परियोजनाएं चल रही हैं, उनका विवरण एवं वार्षिक प्रकाशन में दिया जाता है। इस प्रकाशन का नाम है: *World Bank Research Programme : Abstracts of Current Studies.* बैंक अपने सदस्य विकासशील देशों में देशीय अनुसंधान क्षमता को मजबूत बनाने में भी सहायता देता है।

बैंक उधार लेने वालों को उनकी बैंक सहायता प्राप्त परियोजनाओं के बाद के मूल्यांकन में भी सहायता देता है। इस मतलब के लिए बैंक ने प्रचालन मूल्यांकन विभाग (Operations Evaluation Department—OED) बनाया है। जिन परियोजनाओं पर पुनर्विचार किया जा चुका होता है, उनके कार्य का आडिट OED स्टाफ करता है। उधार लेने वालों के स्टाफ के सदस्य परियोजना समाप्ति रिपोर्ट तैयार करने में सहायता लेने के लिए विभाग में आते हैं। EDI में वह पाठ्यक्रम भी सम्मिलित है जो उधार लेने वालों के द्वारा कार्यान्वयन और मूल्यांकन से संबंध रखता है और जिसे बैंक EDI स्टाफ के सहयोग से चलाता है।

बैंक ने राज्यों और अन्य राज्यों के नागरिकों के निवेश संबंधी झगड़े सुलझाने के लिए एक अन्तर्राष्ट्रीय केन्द्र की स्थापना की है जिसका नाम International Centre of Settlement of Investment Disputes (ICSID) है। बैंक के सभी सदस्यों ने इस पर हस्ताक्षर कर दिए हैं और इससे संबंधित पुष्टिकरण के साधन जमा करा दिये हैं। बैंक ने बहुत से अन्तर्राष्ट्रीय निवेश झगड़े सुलझाने में, जैसे भारत और पाकिस्तान के बीच दरिया के पानी का झगड़ा औ मिस्र तथा इंग्लैंड में स्वेज नहर का झगड़ा, सफलपूर्वक मध्यस्थता की है।

बैंक का समस्त निष्पादन केवल उसके उधार देने से ही आंकना नहीं चाहिए परन्तु उसकी परामर्श एवं तकनीकी सहायता देने की सफलता द्वारा भी बैंक मानव संसाधन जैसे शिक्षा, जनसंख्या, स्वास्थ्य और पोषाहार, तथा पर्यावरण के विकार पर अधिक बल दे रहा है। बैंक के पर्यावरण विभाग में कुछ वर्ष पहले थोड़े से स्टाफ की अपेक्षा, 1998 में 106 व्यवसायी तथा 34 सहायक

स्टाफ था।

विश्व बैंक ने 30 जून, 2000 को समाप्त वित्त वर्ष में 18.5 बिलियन डॉलर की सहायता के कर्जे वितरित किए।

8. विश्व बैंक के कार्यों की आलोचना (CRITICISMS OF THE FUNCTIONS OF WORLD BANK)

विश्व बैंक के कार्यों एवं नीतियों की विभिन्न आधारों पर आलोचना की जाती है जिनमें प्रमुख निम्न हैं :

1. ऊंची ब्याज दर (High Interest Rate)—बैंक ऋण पर बहुत अधिक ब्याज दर वसूल करता है, साथ ही उसने अवितरित शेषों पर प्रतिबद्धता प्रभार (Commitment Charge) अपनाया है जो ब्याज दर और अग्रांत फीस (Front End Fee) भी लेता है। ऋण पर अभी भी यह 7.61 % ब्याज ले रहा है।

2. अपर्याप्त संसाधन (Insufficient Resources)—बैंक के विरुद्ध यह आलोचना की गई है कि यह विकासशील देशों की वित्तीय जरूरतों को पूरा करने में पूर्णत: असफल रहा है। इसके ऋणों की मात्रा उन देशों के आर्थिक और सामाजिक उत्थान की कुल पूंजी आवश्यकताओं की सीमाओं को छू भर सकी है। 1998 वित्त वर्ष में दरिद्रतम देशों को जो ऋण दिए गए वे कुल ऋणों का 3.5% ही थे और शुद्ध हस्तांतरण ऋणात्मक1.7 बिलियन डालर थे।

3. दोषपूर्ण विधि (Defective Method)—बैंक का उधार देने का तरीका दोषपूर्ण है। यह कोई भी ऋण मंजूर करने से पहले उधार लेने वाले देश की पुनर्भुगतान क्षमता पर बल देता है। विकासशील देशों के लिए इस तरह की शर्त कठोर और विभेदात्मक है क्योंकि वे देश गरीब होते हैं और उन्हें बड़े पैमाने पर वित्तीय सहायता की जरूरत होती है।

4. विभेदात्मक व्यवहार (Discriminatory Treatment)—यह अपने सदस्यों को उद्देश्य तथा क्षेत्र के अनुरूप सहायता देने में विभेदात्मक व्यवहार करता है। वर्ष 1990 से बैंक की उधार देने की नीति यह है कि विकासशील देशों को अधिक उधार दिया जाए और वह भी कृषि के विकास और ग्राम विकास, ऊर्जा, परिवहन, संचार, जलपूर्ति, सीवरेज, मानव संसाधन विकास, पर्यावरण, आदि के विकास के लिए।

5. कठोर शर्तें (Strict Conditions)—प्रत्येक उधार लेने वाले देश को विकास नीतियों के पत्र में निर्धारित एक्शन प्रोग्राम का अनुसरण करना पड़ता है। इनमें खुला व्यापार, सार्वजनिक बजट बनाने और ऋण का प्रबंध करने में सुधार, कीमत नीतियों में परिवर्तन, सार्वजनिक निवेश का बेहतर आयोजन और सार्वजनिक उद्यमों का बेहतर प्रबंध आदि शामिल हैं। सुधार कार्यक्रमों का एक निश्चित तिथि को पूरा किया जाना आवश्यक होता है और उन सुधार कार्यक्रमों का पुन:निरीक्षण करने के बाद ही कर्जों का दूसरा भाग दिया जाता है।

6. ऋणदाता की मुद्रा में भुगतान (Payment in Lender's Currency)—विश्व बैंक ऋणी देश की उस देश की मुद्रा में भुगतान करने पर बल देता है, जिस मुद्रा में वह संबंधित देश से अथवा बैंक से ऋण प्राप्त करता है। अत: ऋणी देश के लिए ऋण का भुगतान करना, एक कठिन समस्या पैदा कर देता है।

7. आधारभूत उद्योगों के लिए ऋण नहीं (No Loan for Infrastructure)—विकासशील देशों को मुख्यतया कृषि, सिंचाई एवं संबंधित क्षेत्रों के विकास के लिए अधिकांश ऋण दिए गए हैं, जबकि इन देशों को तीव्रगति से आर्थिक विकास करने के लिए आधारभूत एवं भारी उद्योगों की स्थापना एवं विकास के लिए बड़ी मात्रा में ऋण की आवश्यकता है। विश्व बैंक ने इस दिशा में ठोस कार्य नहीं किया है।

8. सार्वजनिक क्षेत्र को महत्व नहीं (No Importance to Public Sector)—विश्व बैंक सदस्य देशों में सार्वजनिक क्षेत्र के विकास की तुलना में निजी क्षेत्र के विकास पर अधिक बल देता है। किंतु अधिकांश विकासशील देश आर्थिक नियोजन के माध्यम से आर्थिक विकास में लगे हुए हैं। अत: इन देशों की अर्थव्यवस्था में सार्वजनिक क्षेत्र का महत्त्व निजी क्षेत्र की तुलना में अधिक है। विश्व बैंक द्वारा निजी क्षेत्र की बढ़ावा दिए जाने से विकासशील देशों की अर्थव्यवस्था के ढांचे पर सीधा प्रहार होता है।

उपर्युक्त आलोचनाओं के बावजूद विश्व बैंक का विकासशील देशों के आर्थिक विकास में महत्त्वपूर्ण योगदान है। विगत वर्षों में विश्व बैंक का महत्व बढ़ा है। इसके द्वारा दी गई सहायता राशि एवं सहायता प्राप्त करने वाले देशों की संख्या में पर्याप्त वृद्धि हुई है। विश्व

बैंक ने अपने कार्यों से यह सिद्ध कर दिया है कि अंतर्राष्ट्रीय सहयोग एक कल्पना मात्र न होकर वास्तविक है। वास्तव में, विकासशील देशों में गरीबी, कुपोषण, अशिक्षा, विषमता की समस्याएं इतनी व्यापक हैं कि विश्व बैंक को अपने उद्देश्य की प्राप्ति के लिए अभी भी बहुत कार्य करना शेष है।

9. भारत तथा विश्व बैंक (INDIA AND THE WORLD BANK)

भारत, बैंक के संस्थापक सदस्यों में से एक है। इसे अधिशासी निदेश बोर्ड पर बहुत वर्षों तक स्थायी स्थान प्राप्त था। बैंक भारत को ऋण देकर, क्षेत्र सर्वेक्षण करके, विशेषज्ञतापूर्ण सलाह देकर, मिशन तथा अध्ययन दल भेजकर और EDI में भारतीय कर्मचारियों को प्रशिक्षण देकर, भारत के योजनाबद्ध आर्थिक विकास में सहायता देता रहा है। बैंक के मिशन का नई दिल्ली में एक प्रमुख अधिकारी भी है जो भारत में सहायतादत्त परियोजनाओं की देखभाल और परामर्श के लिए बैंक का प्रतिनिधित्व करता है।

30 जून, 1999 को समाप्त वित्त वर्ष में भारत विश्व बैंक से उधार लेने वाले देशों में तीसरे स्थान पर था जिसे 1.5 बिलियन डॉलर प्राप्त हुए। जून 2000 से कुल $ 2.5 से $ 2.8 बिलियन उधार देने का निर्णय लिया गया जिसकी प्रथम खेप $ 516 मिलियन 2000-01 के लिए अनुमोदित की गई।

विश्व बैंक भारत को इस तरह की योजनाओं में सहायता देता रहा है जैसे बन्दरगाहों का विकास, तेल अन्वेषण जिसमें 'बाम्बे हाई' एवं गैस शक्ति परियोजनाएं शामिल हैं, वायुयान, कोयला, लोहा, अल्यूमीनियम, उर्वरक, रेलों का आधुनिकीकरण, तकनीकी सहायता, औद्योगिक विकास वित्त निगम, आदि।

बाहर विकसित देशों को भारत सहायता संघ विश्व बैंक के कहने पर भारत की विकास योजनाओं के लिए भारत को सहायता देता रहा है। विश्व बैंक ने भारत को पाकिस्तान से अपना नदियों के पानी का झगड़ा मैत्रीपूर्ण ढंग से सुलझाने में भी सहायता दी है।

इस प्रकार विश्व बैंक का सदस्य होने के नाते भारत ने कृषि, उद्योग, ऊर्जा और परिवहन के विकास में बहुत लाभ उठाया है। परन्तु अब क्योंकि IDA से प्राप्त होने वाली राशि घट गई है इसलिए भविष्य में भारत को बैंक से अधिक उधार लेना पड़ेगा। इससे भारत के संसाधनों पर भारी बोझ पड़ेगा क्योंकि IDA ऋणों की अपेक्षा बैंक के ऋणों की शर्तें बहुत अधिक कठोर हैं।

प्रश्न

1. अन्तर्राष्ट्रीय पुनर्निर्माण एवं विकास बैंक के विविध कार्यों तथा सक्रियताओं पर प्रकाश डालिए। यह उन्हें पूरा करने में कहां तक सफल हुआ है?
2. विश्व बैंक के कार्यकरण का संक्षेप में परिचय दीजिए। भारत के आर्थिक विकास में इसने क्या योगदान दिया है?

अध्याय 46

विश्व बैंक ग्रुप

(The World Bank Group)

विश्व बैंक से संबद्ध तीन संस्थाएं हैं जो विश्व बैंक के परिवार के रूप में कार्य करती हैं। ये हैं: अन्तर्राष्ट्रीय विकास परिषद् (IDA), अन्तर्राष्ट्रीय वित्त निगम (IFC), और बहुपक्षीय निवेश गारंटी एजेंसी (MIGA)। इनकी व्याख्या नीचे की गई है।

1. अन्तर्राष्ट्रीय विकास परिषद्
(INTERNATIONAL DEVELOPMENT ASSOCIATION)

अन्तर्राष्ट्रीय विकास परिषद् अथवा संघ, विश्व बैंक से संबद्ध संस्था है जो 1960 में स्थापित की गई थी। कानूनी और वित्तीय तौर से यह संस्था विश्व बैंक से अलग है परन्तु वास्तव में यह विश्व बैंक की सहयोगी संस्था है। विश्व बैंक का अध्यक्ष ही इसका अध्यक्ष होता है।

उद्देश्य (objectives)

इस परिषद् के मुख्य उद्देश्य इस प्रकार हैं:

1. विश्व के दरिद्रतम देशों को गरीबी हटाने के लिए सहायता प्रदान करना।

2. आर्थिक विकास के लिए ऐसे देशों को रियायती सहायता देना जिससे लोगों का जीवन-स्तर ऊंचा हो। इनका संबंध जनसंख्या नियंत्रण, शिक्षा, स्वास्थ्य सेवाओं, पोषण आहार आदि से है।

1. सदस्यता (Membership)—आई.डी.ए. की सदस्यता विश्व बैंक के सभी सदस्यों के लिए खुली है। केवल विश्व बैंक के सदस्य ही इसके सदस्य बन सकेहैं। यदि कोई देश विश्व बैंक की सदस्यता से हट जाता है तो उसकी परिषद् की सदस्यता भी अपने आप समाप्त हो जाती है। विकास संघ के समझौते की धाराओं के अनुसार सदस्यों को दो भागों में बांटा गया है। भाग-I में विकसित देश और भाग-II में विकासशील देश हैं। 2003 में इसकी सदस्य संख्या 182 थी।

2. संगठन (Organisation)—आई. डी. ए. का संगठन विश्व बैंक की तरह है।[1] कुछ एक विभागों को छोड़कर इसका बाकी स्टाफ विश्व बैंक का ही है। विश्व बैंक के सभी उच्च अधिकारी इसके भी अधिकारी हैं और विश्व बैंक का अध्यक्ष इस परिषद् का भी अध्यक्ष है। इसकी वार्षिक रिपोर्ट विश्व बैंक की रिपोर्ट का ही अंग होती है और दोनों को इकट्ठे ही पेश किया जाता है।

3. पूंजी संसाधन (Capital Resources)—विकास परिषद् को पूंजी-संसाधन सदस्यों से अंशदान, सदस्य विकसित देशों द्वारा सामान्य आपूर्तियों (replenishments) और विश्व बैंक के शुद्ध अर्जनों के हस्तांतरणों से प्राप्त होते हैं। इसके भाग-I के सदस्य देशों के अंशदान पूर्णतया परिवर्तनीय मुद्रा में होते हैं जो दरिद्र राष्ट्रों को ऋण देने के लिए उपयोग किए जाते हैं। भाग-II के सदस्य विकास-शील देश अपने अंशदान का 1% परिवर्तनीय मुद्रा अथवा सोने में और 90% अपनी मुद्रा में देते हैं।

वर्तमान में आई. डी. ए. के 32 दाता देश हैं जिन्होंने 30 जून, 1993 को समाप्त तीन-वर्षीय आई. डी. ए.-9 आपूर्तियां 15.50 बिलियन डॉलर प्रदान की। आई. डी. ए.-10 आपूर्तियों के लिए जो 1 जुलाई, 1993 से प्रारंभ हुईं, 18 बिलियन डॉलर थीं। 1 जुलाई,

1. इसके संगठन के विस्तृत अध्ययन के लिए विश्व बैंक का संगठन देखिए।

1996 से प्रारंभ आई. डी. ए.-11 आपूर्तियां अगले तीन वर्षों के लिए 22 बिलियन डॉलर निश्चित की गईं। इसके कुल संसाधन 91 बिलियन डॉलर हैं।

कार्यकरण (Working)

आई.डी.ए. विश्व बैंक की 'नरम ऋण खिड़की' कहलाती है जो अपने दरिद्र सदस्यों को, जिनकी इस समय प्रतिव्यक्ति आय 865 डॉलर प्रति वर्ष से कम है, को 'नरम कर्जे' प्रदान करती है। इसके द्वारा दिए गए ऋणों को 'क्रेडिटस' कहते हैं। ये ऐसी परियोजनाओं के लिए दिए जाते हैं जिन्हें विश्व बैंक प्रदान नहीं करता है। ये केवल सहायता प्राप्तकर्त्ता देश की सरकार को दिए जाते हैं। प्रत्येक ऋण अनुमोदित करने से पहले परिषद् की विशेषज्ञ समिति तीन कसौटियों की ओर ध्यान देती है :

(क) गरीबी टैस्ट (Poverty test)—परिषद् की सहायता केवल दरिद्रतम देशों को ही प्राप्त हो सकती है जिनकी वर्तमान में प्रतिव्यक्ति आय 865 डॉलर से कम है।

(ख) निष्पादन टैस्ट (Performance test)—पूर्व की परियोजनाओं को कार्यान्वित करने में सफलता और संतोषजनक आर्थिक नीतियां।

(ग) परियोजना टैस्ट (Project test)—परियोजना मूल्यांकन के अनुसार प्रस्तावित परियोजनाएं इतने वित्तीय और आर्थिक प्रतिफल प्रदान करती हैं कि उनसे दुर्लभ पूंजी का उपयोग उचित सिद्ध हो सके।

इनके आधार पर परिषद् अल्पविकसित देशों को कृषि, ग्रामीण विकास, परिवहन, शक्ति, शिक्षा, शहरीकरण, जल आपूर्ति, स्वास्थ्य, विकास वित्त कंपनियों आदि के लिए वित्तीय सहायता प्रदान करती है। यह सहायता ऋणों के रूप में होती है जो 'नरम ऋण' कहलाते हैं, जो निम्न शर्तों पर होते हैं : (i) इन ऋणों की भुगतान अवधि 35-40 वर्ष होती है; (ii) ऋणों की अदायगी में प्रथम 10 वर्ष की छूट होती है; (iii) इन ऋणों पर 0 से 0.5% तक ब्याज दर ली जाती है जिसे वचनबद्धता फी (commitment fee) कहते हैं। व्यवहार में, पिछले कुछ वर्षों से ऋणों पर कोई वचनबद्धता फी नहीं ली गई है; (iv) आवंटित राशि पर 0.75% प्रतिवर्ष की प्रशासकीय फी ली जाती है; (v) गैर-परियोजना और परियोजना दोनों प्रकार के ऋण प्रदान किए जाते हैं।

1998 वित्त वर्ष में दक्षिण एवं पूर्व एशियाई और प्रशांत क्षेत्र के देशों को आई. डी. ए. से 7.5 बिलियन डॉलर की ऋण वचनबद्धता स्वीकृत हुई।

भारत और आई. डी. ए. (India and IDA)

अन्तर्राष्ट्रीय विकास परिषद् के संस्थापक सदस्यों में से भारत है जो इससे बहुत विस्तृत आर्थिक सहायता प्राप्त कर रहा है। इस संस्था से ऊर्जा, उद्योग, आधारिक ढांचा, सिंचाई, सामाजिक सेवाओं, कृषि और ग्रामीण विकास, शहरी विकास, संरचनात्मक समायोजनों, आति के लिए भारत ऋण प्राप्त कर रहा है। प्रारंभ से लेकर जून, 1998 तक भारत ने 224 ऋण, जिनकी कुल राशि 25.5 बिलियन डॉलर थी, आईं. डी. ए. से प्राप्त किए थे। 1998-99 के दौरान उसने 4 परियोजनाओं के लिए भारत को 654 मिलियन डॉलर के कर्जे स्वीकृत किए, जिनमें सामाजिक सुरक्षा कार्यक्रम (social safety programme) के अन्तर्गत सबसे अधिक राशि 595 मिलियन डॉलर थी। इस कार्यक्रम के अन्तर्गत प्राथमिक शिक्षा, स्वास्थ्य की देख-रेख, छूत की बीमारियों की रोकथाम, पोषाहार और खाद्य सुरक्षा आते हैं। यह देश में प्रारंभ किए गए संरचनात्मक समायोजन प्रोग्रामों के संभावित बुरे प्रभावों को दूर करने के लिए रखा गया है।

1979-80 तक भारत आई. डी. ए. की सहायता का 40% तक प्राप्त करता रहा। 1980 में जब चीन इसका सदस्य बना तब से भारत को इसकी कुल सहायता का अंश निरन्तर कम होता गया है। 1981-85 में भारत को 30.5% सहायता प्राप्त हुई। उसके पश्चात् यह दर कम होती जा रही है जो पिछले कुछ वर्षों से लगभग आई. डी. ए. की कुल सहायता का 15-20% प्रति वर्ष होती है।

मूल्यांकन (Evaluation)

पिछले 30 वर्षों में आई. डी. ए. ने दरिद्रतम सदस्य राष्ट्रों में गरीबी दूर करने हेतु विकास और गैर-विकास परियोजनाओं के लिए नरम कर्जों के रूप में अद्वितीय सहायता की है। इसके सहायता प्रयत्नों के फलस्वरूप दरिद्र राष्ट्रों में शिशु मृत्यु-दर पहले से आधी रह गई है। औसत जीवन प्रत्याशा 13% बढ़ गई है, और प्रौढ़ शिक्षा दर बढ़कर 60% हो गई है।

इन उपलब्धियों के बावजूद आई. डी. ए. वित्तीय कमियों के कारण दरिद्र राष्ट्रों की पूरी सहायता करने में सफल नहीं हुआ है। समृद्ध राष्ट्र, विशेषकर अमरीका, आई. डी. ए. को आपूर्तियां (replenishments) बढ़ाने में सदैव बाधक रहे हैं।

जब तक जी-7 के देश आवश्यकतानुसार आई. डी. ए. को प्रत्येक तीन वर्ष पश्चात् आपूर्तियां नहीं बढ़ाते, यह संस्था अपने उद्देश्यों में सफल नहीं हो सकेगी।

2. अन्तर्राष्ट्रीय वित्त निगम (INTERNATIONAL FINANCE CORPORATION)

अन्तर्राष्ट्रीय वित्त निगम विश्व बैंक से संबद्ध एक अन्य संस्था है जो जुलाई, 1956 में प्रारंभ की गई थी। इसके स्थापित करने के दो मुख्य कारण थे : प्रथम, विश्व बैंक केवल एक सदस्य देश की सरकार को अथवा उसकी गारंटी पर ऋण देता है। यह निजी क्षेत्र को बिना उस देश की सरकार की गारंटी के ऋण नहीं देता है। द्वितीय, विश्व बैंक ईक्विटी अथवा उद्यम (जोखिम) पूंजी निजी क्षेत्र को प्रदान नहीं करता है। यह केवल परोक्ष रूप में विकास वित्त कंपनियों के माध्यम से निजी क्षेत्र की वित्तीय आवश्यकताएं पूरी करता है। अन्तर्राष्ट्रीय वित्त निगम इन दोनों कमियों को दूर करने हेतु विश्व बैंक की संबद्ध संस्था के रूप में स्थापित किया गया।

सदस्यता (Membership)—इस निगम के करार की धाराएं विश्व बैंक के करार के ढांचे के अनुरूप हैं। निगम का सदस्य बनने के लिए एक देश को विश्व बैंक का सदस्य होना अनिवार्य है। 2001 के अन्त में इसकी सदस्य संख्या 174 थी।

उद्देश्य (Objectives)

आई.एफ.सी. के मुख्य उद्देश्य समझौते के अनुच्छेदों में धारा 1 में वर्णन किए गए हैं, जो निम्न हैं:

निगम का उद्देश्य देशों, विशेषकर कम विकसित क्षेत्रों, में उत्पादकीय निजी उपक्रम की वृद्धि को प्रोत्साहित करके आर्थिक विकास की गति को बढ़ाना है। इस प्रकार, विश्व बैंक के कार्यों का पूरक बनना है। निगम के निम्न उद्देश्य हैं:

1. निगम का निजी निवेशकों के साथ मिलकर उत्पादकीय निजी उपक्रम की स्थापना, सुधार और प्रसार के वित्त-प्रबंधन में सहायता करना है। इसके लिए इसका उद्देश्य सदस्य देश की सरकार की पुनर्भुगतान की गांरटी के बिना उस देश में निवेश करना है।
2. घरेलू और विदेशी निजी पूंजी के निवेश सुअवसरों तथा अनुभवी प्रबंधन को इकट्ठा करना है।
3. सदस्य देशों में घरेलू और विदेशी पूंजी उत्पादकीय निवेश में प्रवाहित करने के लिए प्रोत्साहन देना और उसके लिए स्थितियां निर्मित करने में प्रेरक होना है।

संगठन (Organisation)

आई. एफ. सी., विश्व बैंक से भिन्न परन्तु इसकी सहायक संस्था है। इसका अपना स्टॉफ है परन्तु प्रशासकीय सेवाओं के लिए यह विश्व बैंक से सहायता लेता है। इसका संगठनात्मक ढांचा है जिसमें एक अध्यक्ष, एक सभापति, शासक मंडल और अधिशासी निदेशक, विश्व बैंक के ढांचे के अनुसार हैं। विश्व बैंक का अध्यक्ष ही इस निगम का अध्यक्ष होता है परन्तु निगम की सभी प्रशासकीय शक्तियां उपाध्यक्ष में केन्द्रित होती हैं। निगम के आठ विभाग हैं, जिनमें से चार निवेश से संबद्ध हैं जो भौगोलिक आधार पर कार्य करते हैं। बाकी के चार विभाग पूंजी मार्केटों, वित्त और प्रबंधन, कानूनी विषयों और इंजीनियरिंग से संबंधित हैं जो कार्यात्मक आधार पर परिचालन करते हैं।

पूंजी संसाधन (Capital Resources)

प्रारंभ में आई. एफ. सी. की अधिकृत पूंजी 100 मिलियन डालर थी जो 1000 डालर के प्रत्येक शेयर में 1,00,000 शेयरों में विभाजित थी। इस समय यह 1,300 मिलियन डॉलर है। निगम विश्व बैंक से अपनी अभिदत्त पूंजी और अतिरेकों का चार गुणा उधार ले सकता है। यह विश्व मुद्रा बाजार से भी उधार ले सकता है।

कार्यकरण (Working)

निगम अपने उद्देश्यों की पूर्ति के लिए सदस्य देशों में निजी उपक्रमों को निम्न प्रकार से सहायता प्रदान करता है:

(1) निवेश (Investment)—आई. एफ. सी. तीन प्रकार से विकासशील देशों में उत्पादकीय निजी निवेश को प्रोत्साहन देता है: (क) प्रत्यक्ष निवेश द्वारा; (ख) स्थानीय और विदेशी पूंजी प्राप्त करके; और (ग) मार्गदर्शन और तकनीकी सहायता प्रदान करके। यह पूंजी निर्यातक देश और/अथवा जिस देश में उपक्रम स्थित है, से निजी निवेशक के साथ साझेदारी में निवेश करता है। परन्तु इसके निवेश उपक्रम की पूंजी आवश्कताओं से आधे (50%) से अधिक नहीं होते। एक उपक्रम में निगम का न्यूनतम निवेश 10 लाख डालर से कम नहीं होता, लेकिन उच्चतर सीमा कोई नहीं है। निगम से कर्ज मांगने वाला उपक्रम औद्योगिक होना चाहिए और एक विकासशील देश में स्थित हो। उसे आर्थिक विकास और पर्याप्त व्यावसायिक प्रतिफल की कसौटियों को पूरा करना चाहिए। निगम द्वारा निवेश— मशीनें और अन्य सामान खरीदने पर, स्थानीय लागतों, कार्यकारी पूंजी, विदेशी विनिमय और कोई अन्य तर्कसंगत व्यावसायिक खर्चे पर प्रयोग होता है। यह निवेश करने और ऋणों के पुनर्भुगतान के लिए किसी भी प्रकार की गारन्टी न तो स्वीकार करता है और न ही मांगता है, सिवाय जब एक देश के कानून द्वारा आवश्यक हो।

(2) विदेशी और स्थानीय पूंजी प्राप्त करना (Secure Foreign and Local Capital)—आई. एफ. सी. विकासशील देशों में ईक्विटी और/अथवा ऋण निवेश द्वारा उत्पादकीय निजी निवेश प्रोत्साहित करने में भाग लेता है। यह ईक्विटी पूंजी का जिम्मा लेता है और नये उपक्रमों का समर्थन करता है तथा निवेशकों को इकट्ठा करता है। इस प्रकार यह स्थानीय और विदेशी उपक्रमों का सहयोग प्राप्त करता है। यह प्रस्तावित परियोजनाओं के सम्भाव्य अध्ययनों को तैयार करने में उनकी सहायता करता है।

(3) तकनीकी सहायता (Technical Assistance)—यह निगम परियोजना समर्थन करने वालों को आवश्यक तकनीकी सहायता प्रदान करता है ताकि उनके उपक्रम संभावित तौर से उत्पादक और वित्तीय तौर से सही हों। इस कार्य के लिए, यह वित्तीय अध्ययन और विश्लेषण का भार अपने ऊपर लेता है। यह सदस्य सरकारों को नीति विषयक सहायता भी प्रदान करता है ताकि वे स्थानीय और विदेशी निजी उपक्रम आकर्षित करने के लिए आवश्यक निवेश वातावरण विकसित कर सकें।

(4) पूंजी मार्केट विकास (Capital Markets Development)—निगम का एक पूंजी मार्केट विभाग है जो विकासशील देशों को वित्तीय मार्केटों की समस्याओं और आवश्यकताओं के अध्ययन करने के लिए विशिष्ट साधन प्रदान करता है। यह वित्तीय संस्थाओं के विकास के लिए परामर्श और वित्तीय सहायता प्रदान करता है और कानून, वित्तीय एवं ढांचा विकसित करने में सहायता करता है जो विकासशील देशों में स्थानीय और विदेशी पूंजी प्रोत्साहित कर सकें। निगम विकासशील देशों को तकनीकी सहायता देकर वित्तीय संस्थाओं, विकास वित्त कंपनियों, पट्टा (leasing) और उद्यमी (venture) पूंजी कंपनियों, पारस्परिक (mutual) फंड आदि को प्रोत्साहित करने में सहायक होता है।

यह 7 से 12 वर्षों में परिपक्व होने वाले दीर्घकालीन ऋण और जोखिम पूंजी, व्यापारिक दर पर विकासशील देशों में निजी उपक्रम को उत्पादक निवेश के लिए देता है।

निगम केवल विनिर्माण उद्योगों को ऋण देता है लेकिन सामाजिक सेवाओं के लिए ऋण नहीं दे सकता।

वर्ष 1998 में, वित्त निगम ने विकासशील देशों में निजी क्षेत्र में 265 परियोजनाओं को 3.2 बिलियन डालर के ऋण स्वीकृत किए।

भारत और अन्तर्राष्ट्रीय वित्त निगम (India and IFC)

भारत वित्त निगम की स्थापना से ही इसका सदस्य है। 1959 से निगम ने भारत के लिए लगभग एक बिलियन डॉलर के निवेश स्वीकृत किए हैं जो अधिकतर दीर्घकालीन कर्जों के रूप में हैं। भारत में इसके निवेश मुख्य तौर से शक्ति, लोहा और इस्पात, मोटर, उद्योग, रसायन और पेट्रो-रसायन, तथा सामान्य निर्माण जैसे उद्योगों में हुए है। 2002 में इसने भारत में 2034 लाख डॉलर के ऋण दिए।

मूल्यांकन (Evaluation)

जब से अन्तर्राष्ट्रीय वित्त निगम स्थापित हुआ है, इसने विकासशील देशों में उत्पादक निजी निवेश को प्रोत्साहित करने में महत्त्वपूर्ण भूमिका निभाई है। इसने विदेशी और स्थानीय उपक्रम को इकट्ठा करके उनके सहयोग द्वारा अनेक नई औद्योगिक परियोजनाएं प्रारंभ करने में सहायता की है। इसने ऐसी परियोजनाओं के लिए ऋण और ईक्विटी पूंजी प्रदान की है और पूंजी तथा मुद्रा बाजार प्रोत्साहित करने में तकनीकी परामर्श दिया है। इसकी मुख्य आलोचना यह है कि इसके द्वारा सहायता अधिकतर

विकासशील देशों को दी गई है और न्यूनतम विकासशील देशों को बहुत कम दी गई है।

3. बहुपक्षीय निवेश गारंटी एजेंसी (MULTILATERAL INVESTMENT GUARANTEE AGENCY)

बहुपक्षीय निवेश गारंटी एजेंसी (मिगा) विश्व बैंक ग्रुप की नवीनतम संबद्ध संस्था है जो अप्रैल, 1988 में स्थापित हुई। यह अन्तर्राष्ट्रीय वित्त निगम के साथ संयुक्त उपक्रम है। इसकी अधिकृत पूंजी 1.08 बिलियन डॉलर है।

उद्देश्य (Objectives)

मिगा के मुख्य उद्देश्य निम्न हैं :

1. इसका प्राथमिक उद्देश्य सदस्य विकासशील देशों में प्रत्यक्ष विदेशी निवेश के प्रवाह को प्रोत्साहित करना है।

2. अपने गारंटी प्रोग्राम के द्वारा यह राजनीतिक जोखिम दूर करने के लिए निवेश बीमा प्रदान करती है।

3. मिगा का गारंटी प्रोग्राम निवेशकों को चार प्रकार की गैर-व्यावसायिक जोखिमों से उत्पन्न होने वाली हानियों के विरुद्ध बीमा सुरक्षा प्रदान करता है। ये जोखिम—करेंसी हस्तांतरण, स्वामित्व हरण युद्ध और नागरिक गड़बड़ी, और सरकारों द्वारा ठेका-भंग से संबद्ध है—

4. मिगा केवल नए निवेशों का बीमा कर सकता है जिसमें वर्तमान निवेशों का प्रसार, निजीकरण और वित्तीय पुनर्संरचना करना शामिल है।

5. यह विकासशील देशों की सरकारों को प्रोत्साहन और परामर्श देने वाली सेवाएं भी प्रदान करती है ताकि उनके निवेश वातावरण का आकर्षण बढ़ाया जा सके।

कार्यकरण (Working)

मिगा से सहायता प्राप्त करने के लिए एक देश को उसका सदस्य बनना अनिवार्य है जिसके लिए मिगा के समझौते पर उसे हस्ताक्षर करने होते हैं। 30 जून, 1998 तक 152 देशों ने समझौते पर हस्ताक्षर कर दिए थे। इसका पूर्ण सदस्य बनने के लिए एक देश को अपना पूंजी-अंशदान भी मिगा को देना होता है। इस प्रकार, 152 देशों में से 128 देश पूर्ण सदस्य बन चुके थे।

निवेश करने से पहले परियोजनाओं का मिगा के पास रजिस्टर्ड होना जरूरी है। निवेश राशि का 90% तक मिगा बीमा कर सकती है जिसकी प्रत्येक परियोजना की सीमा 50 मिलियन डॉलर है। इसमें वांछनीय निवेशों में ईक्विटी, ईक्विटी धारकों द्वारा दिए गए कर्ज या गारंटी और कुछ अन्य प्रकार के प्रत्यक्ष निवेश शामिल होते हैं। एक वित्तीय संस्था द्वारा दिए गए कर्जे का भी मिगा बीमा कर सकती है बशर्ते यह एजेंसी परियोजना में शेयर धारक के निवेश का भी बीमा कर रही हो।

मिगा की स्टैंडर्ड नीति 15 वर्ष के लिए निवेश की व्यवस्था करने की है परन्तु विशेष स्थितियों में इसे 20 वर्ष तक बढ़ाया जा सकता है। यह किसी देश की राष्ट्रीय और निजी बीमा एजेंसियों के साथ भी सहयोग करती है। मिगा द्वारा सहायता प्राप्त परियोजनाओं को विश्व बैंक ग्रुप के पर्यावरण संबंधी और विकास उद्देश्यों का समर्थन करना आवश्यक होता है।

अपने विकासशील सदस्य देशों द्वारा अधिक प्रत्यक्ष विदेशी निवेश आकर्षित करने के लिए मिगा प्रोत्साहन और परामर्श देने वाली सेवाएं प्रदान करती है। इन सेवाओं में निवेश-प्रोत्साहन सम्मेलनों का संगठन, प्रशासक-विकास प्रोग्राम, विदेशी-निवेश नीति, गोलमेज सम्मेलन, अन्वेषण और सरकारों को विशेषीकृत परामर्शी सहायता शामिल हैं। मिगा की परामर्शी सहायता में सदस्य राष्ट्रों में प्रत्यक्ष विदेशी निवेश के लिए कानूनी ढांचे से संबंधित महत्त्वपूर्ण कार्य सम्मिलित है। इस एजेंसी की विदेशी निवेश परामर्शी सेवा, सदस्य देशों की सरकारों को प्रत्यक्ष विदेशी निवेश को प्रभावित करने वाले नीति और संस्थागत मामलों के बारे में परामर्श प्रदान करती है। यह ऐसी नीतियों और प्रोग्रामों को भी खोजती है जो विदेशी निवेशकों और स्थानीय आपूर्तिकर्ताओं के बीच पश्चगामी अनुबंधों (backward linkages) को सुविधा और प्रोत्साहन देने में सहायता करते हैं।

प्रगति (Progress)

मिगा ने वित्त वर्ष 1996 में 41 विकासशील देशों में 2.3 बिलियन डालर निवेश के लिए 223 ठेकों की गारंटी दी। इसने IPA-Net

नाम की एक Internet आधारित सूचना एक्सचेंज, संचार नेटवर्क और मार्केट प्लेस को चालू करने में समर्थन दिया है जो विश्व निवेश समुदाय को सदस्यों के बीच सूचना के लेन-देन में सहायता करती है। इस प्रकार, मिगा की गारंटी बहुपक्षीय निवेशकों के लिए उत्प्रेरक (catalyst) का काम करती है।

भारत और मिगा (India and MIGA)

अन्य देशों की तरह भारत ने भी प्रत्यक्ष विदेशी निवेश की सुरक्षा के लिए मिगा के समझौते पर 13 अप्रैल, 1992 को हस्ताक्षर किए। इससे विदेशी निवेशकों को अनेक प्रकार की जोखिमों से, जिनका वर्णन ऊपर किया गया है, बीमा सुरक्षा प्राप्त होगी। प्रत्यक्ष विदेशी निवेश आकर्षित करने हेतु भारत ने अनेक प्रकार के संरचनात्मक समायोजन प्रोग्राम और उदारीकरण उपाय अपनाए हैं। इस प्रकार, मिगा से भारत के औद्योगीकरण में बहुत लाभ होने की संभावना है।

प्रश्न

1. अन्तर्राष्ट्रीय विकास परिषद् के उद्देश्यों का वर्णन करिए। वह अपने उद्देश्यों में विकासशील देशों की सहायता करने में कहाँ तक सफल हुई है ?
2. अन्तर्राष्ट्रीय वित्त निगम के कार्यों का आलोचनात्मक विवेचना कीजिए।
3. बहुपक्षीय निवेश गारंटी एजेंसी की स्थापना क्यों की गई ? इसके कार्यों पर प्रकाश डालिए।

अध्याय 47

अन्तर्राष्ट्रीय तरलता
(International Liquidity)

1. अर्थ
(MEANING)

अन्तर्राष्ट्रीय तरलता, एक देश के भुगतान-शेष घाटे को ठीक करने के लिए उसके केन्द्रीय बैंक द्वारा रखे गए अन्तर्राष्ट्रीय तौर से स्वीकार्य परिसम्पत्तियों के समस्त भण्डार हैं। दूसरे शब्दों में, अन्तर्राष्ट्रीय तरलता, बिना समायोजन नीतियां अपनाए, एक देश को अपने भुगतान-शेष के घाटे की वित्त व्यवस्था करने की क्षमता प्रदान करती है। अन्तर्राष्ट्रीय तरलता शब्द सामान्य तौर से अन्तर्राष्ट्रीय आरक्षणों (रिजर्व) के पर्यायवाची के रूप में प्रयोग होता है। ऐसे आरक्षणों में एक देश के अधिकृत स्वर्ण भण्डार, विनिमय, विदेशी करेन्सियों तथा SDR के धारण और IMF में इसकी निवल स्थिति शामिल होते हैं। हैलर और मैककिनोन जैसे अर्थशास्त्री अन्तर्राष्ट्रीय तरलता की विस्तृत परिभाषा में एक देश के आरक्षणों में अन्तर्राष्ट्रीय उधार ग्रहण, व्यापारिक साख प्रचालन तथा अन्तर्राष्ट्रीय वित्तीय ढांचा सम्मिलित करते हैं। इस परिभाषा का अभिप्राय है—तरलता की अन्तर्राष्ट्रीय प्राप्यता अन्तर्राष्ट्रीय वित्तीय मार्किटों में कार्य कर रही वित्तीय संस्थाओं से प्राप्त करने की संभावना। अत: विस्तृत रूप में अन्तर्राष्ट्रीय तरलता में अन्तर्राष्ट्रीय तरल परिसम्पत्तियों के निजी और अधिकृत (official) धारण शामिल हैं।

अन्तर्राष्ट्रीय तरलता के साहित्य में स्वाधिकृत (owned) उधार लिए गए (उधारकृत) तथा शर्त या प्रतिबंधित (conditional) एवं बिना शर्त (अप्रतिबंधित) आरक्षणों में भेद किया जाता है। बाकी विश्व के साथ देश की सभी चालू और पूंजी लेखा देयताएं पूरी करने के बाद विदेशी विनिमय अतिरेक स्वाधिकृत आरक्षण होते हैं। इसी प्रकार, देश के अधिकृत स्वर्ण भंडार उसके स्वाधिकृत आरक्षण हैं। विदेशों से पूंजी आयातों के रूप में उधार-ग्रहण और दूसरे देशों द्वारा देश में किए गए प्रत्यक्ष निवेश उधारकृत आरक्षण हैं। स्वाधिकृत और उधारकृत आरक्षण दोनों ही अन्तर्राष्ट्रीय तरलता के स्रोत हैं।

बिना शर्त अन्तर्राष्ट्रीय तरलता में एक देश के अधिकृत स्वर्ण भंडार, विदेशी करेन्सियों और SDR के धारण, IMF में इसकी निवल स्थिति तथा अन्तर्राष्ट्रीय परिसम्पत्तियों के निजी धारण सम्मिलित होते हैं। सभी तरल परिसम्पत्तियां उनके प्रयोग पर बिना किसी प्रतिबंध या शर्तों के देश को उपलब्ध होती हैं। परंतु उधारकृत आरक्षणों के बारे में, उधार देने वाला देश उधार लेने वाले देश पर तरल परिसम्पत्तियों के प्रयोग पर शर्तें या प्रतिबंध लगा सकता है। बहुत-सी अन्तर्राष्ट्रीय वित्तीय संस्थाएं विशिष्ट परियोजनाओं एवं विशिष्ट पुनर्भुगतान शर्तों पर प्रतिबंधात्मक कोष प्रदान करती हैं। ये सभी प्रतिबंधित तरलता से संबंध रखते हैं। ऐसा उधार लेने वाले देश द्वारा तरलता के दुरुपयोग से बचने के लिए किया जाता है।

2. अन्तर्राष्ट्रीय तरलता की समस्या और आवश्यकता
(NEED AND PROBLEM OF INTERNATIONAL LIQUIDITY)

अन्तर्राष्ट्रीय तरलता की समस्या इस कारण उत्पन्न हुई है कि अन्तर्राष्ट्रीय तरलता (या आरक्षणों) की मांग उनकी पूर्ति के अनुपात से अधिक बढ़ रही है जिससे अन्तर्राष्ट्रीय तरलता की कमी हो गई है। यह आगे, विश्व के अधिकतर देशों के बढ़ते हुए भुगतान शेष घाटों के कारण है। विशेषकर अल्पविकसित देशों का विश्व मार्किटों के साथ व्यापार खुल जाने के बाद, ये देश अपने भुगतान-शेषों में

निरन्तर घाटों का सामना कर रहे हैं। निर्यातों पर अत्यधिक निर्भरता होने से ये अर्थव्यवस्थाएं अपनी वस्तुओं की मांग और कीमतों में अन्तर्राष्ट्रीय उतार-चढ़ावों से प्रभावित होती हैं। वे अन्तर्राष्ट्रीय चक्रीय अस्थिरता के कारण अस्थिर हो गई हैं। दूसरी ओर, विकास करने के लिए उनकी आयात आवश्यकताएं बढ़ रही हैं। परिणामस्वरूप, उन्हें विदेशी विनिमय की कठिनाइयों का सामना करना पड़ता है। इसने अधिक विदेशी सहायता और निवेश के अन्त:प्रवाह की आवश्यकता को बढ़ा दिया है। इस कारण, उनके ऋण भुगतान ऋण पर ब्याज तथा निजी प्रत्यक्ष विदेशी निवेश पर लाभांश, लाभ एवं रायल्टी भुगतानों में वृद्धि हुई है जिससे विदेशी पूंजी का निवल अन्त:प्रवाह कम हो रहा है। इन सभी कारणों से उनके विदेशी विनिमय आरक्षणों में कमी हो गई है।

अल्पविकसित देशों के निर्यातों का प्रसार न होने का एक कारण विकसित देशों द्वारा उनके निर्यातों पर ऊँचे टैरिफ प्रतिबंध लगाना है। इसके साथ, अल्पविकसित देश, विकसित देशों से अपने आवश्यक आयातों को विनिमय नियंत्रणों, ऊँचे प्रशुल्कों, आयात कोटा और इसी प्रकार की संरक्षणात्मक विधियों द्वारा कम करके विदेशी विनिमय बचाने का प्रयत्न कर रहे हैं।

दूसरी ओर, अधिकतर विकसित देशों के भुगतान-शेषों में अतिरेक पाए जाते हैं। वे अल्पविकसित देशों के उधारदाता हैं और अन्तर्राष्ट्रीय तरलता में वृद्धि करने के लिए अपने अतिरेकों को कम करने में कोई दिलचस्पी नहीं लेते हैं।

अंतर्राष्ट्रीय आरक्षण (International Reserves)

अंतर्राष्ट्रीय आरक्षणों की मुख्य विशेषताएं निम्न हैं:

1. विश्व के देशों के स्वर्ण आरक्षण 1951 में 33.9 बिलियन डालर से बढ़कर 1997 में SDR 224.1 बिलियन हो गए।
2. विदेशी विनिमय आरक्षणों में इस अवधि में अत्यधिक वृद्धि हुई—1951 में 13.7 बिलियन डालर से 1997 में SDR 1078.2 बिलियन।
3. IMF की आरक्षण स्थिति1951 में 1.7 बिलियन डालर से 1997 में SDR 36.2 बिलियन।
4. 1972 में SDR के आने से SDR 8.7 बिलियन से बढ़कर 1997 में SDR 18.7 बिलियन।

इस प्रकार, ऊपर की चारों मदें कुल अंतर्राष्ट्रीय आरक्षणों में शामिल हैं जो 1951 में 49.3 बिलियन डालर से बढ़कर 1997 में SDR 1357.2 बिलियन हो गईं।

यद्यपि अन्तर्राष्ट्रीय आरक्षणों में वृद्धि हो रही है लेकिन वे विश्व व्यापार के मूल्य और मात्रा में वृद्धि के अनुरूप नहीं बढ़ रहे हैं। विशेषकर, अल्पविकसित देशों में जिनकी आवश्यकताएं औद्योगिक देशों की अपेक्षा बहुत अधिक तथा आवश्यक हैं।

3. अन्तर्राष्ट्रीय मुद्रा कोष और अन्तर्राष्ट्रीय तरलता (IMF AND INTERNATIONAL LIQUIDITY)

1960 से पहले अन्तर्राष्ट्रीय तरलता की कोई समस्या नहीं थी। ऐसा इसलिए कि ब्रैटन-वड्ज समझौते के अन्तर्गत देशों की विनिमय दरें स्वर्ण या यू. एस. डालर के रूप में डालर 35 प्रति आउन्स स्वर्ण में निश्चित थीं। सदस्य देशों को, संक्रमण अवधि को छोड़कर, भुगतानों और व्यापार पर प्रतिबंध लगाने की रोक थी। वे अपने मौद्रिक आरक्षणों को कुछ सोने में और कुछ डालर एवं स्टर्लिंग में रख सकते थे। वे अपनी विनिमय दरों को स्थिर रखते हुए भुगतान-शेषों के अस्थायी घाटों के लिए इन आरक्षणों का प्रयोग करते थे। भुगतान-शेष के घाटे को ठीक करने के लिए कोष, व्यय-कटौती नीतियों तथा अवमूल्यन पर बल देता था। इसलिए, कोष द्वारा अस्थायी कर्जे देने के अतिरिक्त, विश्व व्यापार के प्रसार की वित्त-व्यवस्था के लिए तरलता में वृद्धि की जो आवश्यकता पड़ती थी उसे स्वर्ण के प्रसार तथा डालर एवं स्टर्लिंग की पूर्ति में ढूंढना पड़ता था। परन्तु स्वर्ण की भौतिक पूर्ति सोवियत संघ और दक्षिणी अफ्रीका में खानों के उत्पादन पर वास्तविकता में सीमित है। क्योंकि डालर कोष-प्रणाली का विनिमय का माध्यम, लेखा की इकाई और मूल्य का भंडार के कार्य करता था, इसलिए प्रत्येक देश अपने डालर आरक्षणों को बढ़ाना चाहते थे जिससे आवश्यकता से अधिक डालर रखे गए। परिणामस्वरूप, यू. एस. स्वर्ण भण्डार कम होते गए और यू. एस. भुगतान शेष बिगड़ते गए। 1959 में राबर्ट ट्रिफिन ने यह चेतावनी दी कि विश्व तरलता की मांग उसकी पूर्ति की अपेक्षा द्रुत-गति से बढ़ रही है, क्योंकि स्वर्ण की अतिरिक्त पूर्ति बिल्कुल नहीं बढ़ रही। डालर के स्वर्ण में परिवर्तनीय होने से यू. एस. डालर की पूर्ति देशों की तरलता आवश्यकताओं के लिए पर्याप्त नहीं होगी। इससे देश भुगतान-शेषों में अतिरेक लाने और आरक्षणों को एकत्रित करने के लिए व्यापार रुकावटें चालू करेंगे। अत: ट्रिफिन के अनुसार, तरलता की बढ़ रही कमी सशक्त संकुचन की शक्तियां उत्पन्न कर देगी जो विश्व अर्थव्यस्था के प्रसार को रोकेगी और 1931 की तरह की विश्व मंदी ला

देगी।

विश्वास का संकट पहले से पैदा हो चुका था। नवम्बर 1967 में पाउण्ड का अवमूल्यन कर दिया गया था। खुले मार्किट में स्वर्ण की अलग कीमत उत्पन्न होने के कारण विश्व स्वर्ण मार्किट के ऊपर कोई नियंत्रण नहीं रह गया था। 15 अगस्त, 1970 को संयुक्त राज्य अमेरिका ने डालर की स्वर्ण में परिवर्तनीयता रोक दी थी और स्थिर विनिमय दर कायम रखने के लिए विदेशी विनिमय बाजारों में हस्तक्षेप करने से इंकार कर दिया था। दिसम्बर, 1971 में दस औद्योगिक देशों का ग्रुप स्मिथसोनियन संस्थान, वाशिंगटन में मिला और मुख्य करेन्सियों को पुन: व्यवस्थित करने पर सहमत हो गया जिसके अनुसार डालर का 10 प्रतिशत अवमूल्यन और बाकी करेन्सियों का पुनर्मूल्यन किया गया। फरवरी, 1973 में यू. एस. डालर का पुन: अवमूल्यन होने पर स्मिथसोनियन समझौता टूट गया और मार्च, 1973 में कई देश तिरती (floating) विनिमय दरों पर हो गए और EEC देशों ने अपनी करेन्सियों के 'संयुक्त तिरत' (joint float) किए। जनवरी, 1976 के जमैका (Jamaica) समझौते ने तिरती विनिमय दरों की प्रणाली को विधिवत् कर दिया। 1978 में IMF के चार्टर के द्वितीय संशोधन द्वारा, सदस्य देशों को स्वर्ण या डालर के साथ सममूल्य निश्चित और स्थापित करना अपेक्षित नहीं है। कोष का सदस्य देश देशों की विनिमय दर समायोजित नीतियों पर कोई नियंत्रण नहीं है। परन्तु यह सदस्य देश की विनिमय दर नीतियों पर निगरानी रखता है। तिरती विनिमय दर प्रणाली ने अधिक आरक्षणों की आवश्यकता को कम कर दिया है।

विश्व तरलता को बढ़ाने में कोष की भूमिका
(Role of the Fund in Increasing World Liquidity)

IMF एक अन्तर्राष्ट्रीय मुद्रा संस्था है जो अपने 173 सदस्यों के लिए विश्व तरलता पूर्ति का मुख्य स्रोत है। 1970 के प्रारंभ में इसने SDRs के निर्माण और जारी करने की एक स्कीम चलाई। SDRs बिना शर्त रिजर्व परिसम्पत्तियां हैं जो विश्व आरक्षणों के स्तर को प्रभावित करने तथा अन्तर्राष्ट्रीय तरलता की समस्या को सुलझाने के लिए हैं। कोष के सामान्य लेखा में SDR 146 बिलियन हैं। कोष SDR का निर्माण भी करता है और अपने सदस्यों को उनके कोटा के अनुपात में आवंटित करता है। इस उद्देश्य के लिए कोष ने एक विशेष आहरण लेखा स्थापित किया है। SDRs नई प्रकार के अन्तर्राष्ट्रीय मुद्रा रिजर्व हैं जिनका निर्माण अन्तर्राष्ट्रीय मुद्रा प्रणाली के एकमात्र आधार यू. एस. डालर और सोने के कीमतों में उतार-चढ़ाव पर निर्भरता से मुक्त रखने के लिए किया गया है। इनका निर्माण अन्तर्राष्ट्रीय तरलता को सुधारने के लिए किया गया ताकि कोष के सदस्यों के भुगतान-शेषों में मूल असंतुलनों को ठीक किया जा सके। SDR स्कीम के भागीदारों को 'निर्दिष्ट लेन-देनों' और 'समझौतागत लेन-देनों' के अन्तर्गत बिना शर्त SDRs प्राप्त होते हैं।

कोष को वित्तीय संसाधनों की भारी राशि सदस्य देशों के कोटा चन्दों से प्राप्त होती है। इसके अतिरिक्त, यह सदस्यों को स्वर्ण बेचकर अपना कोष बढ़ता है। यह सरकारों, केन्द्रीय बैंकों या औद्योगिक देशों की निजी संस्थाओं, अन्तर्राष्ट्रीय परिशोधन बैंक और सऊदी अरब से उधार लेता है।

कोष के पास अपने सदस्यों की तरलता बढ़ाने की अनेक प्रकार की सुविधाएं हैं। कोष की ओर से सदस्यों को उधार उनके चालू खाते में भुगतान-शेष के असंतुलन को वित्त अस्थायी सहायता करने के लिए दिया जाता है। यदि एक सदस्य की, कोष के पास उसके कोटे से कम करेन्सी है, तो यह अन्तर रिजर्व भाग (reserve tranche) कहलाता है। वह देश अपनी भुगतान-शेष आवश्यकताओं के लिए अपने आप ही रिजर्व भाग से 25 प्रतिशत तक निकाल सकता है। उसे इस प्रकार के निकास पर कोई ब्याज नहीं देना पड़ता, परन्तु यह राशि तीन से पांच वर्ष के भीतर लौटानी पड़ती है। कोई सदस्य, इसके बाद भी, चार किश्तों में उसके कोटा का 25 प्रतिशत ऋण भागों में से निकाल सकता है। भुगतान-शेष की गंभीर समस्या को हल करने के लिए ऋण भाग के अन्तर्गत कोष पिछले वर्षों में अपने सदस्यों की ऋण सीमा को धीरे-धीरे बढ़ाता रहा है। अब सदस्य देश, कोष के संसाधनों के कुल निवल प्रयोग में से अपने कोटे का 300 प्रतिशत के बराबर तक निकाल सकते हैं। 1960 के दशक से कोष ने अपने सदस्यों के लिए अनेक नई ऋण सुविधाएं निर्मित की हैं। इन सुविधाओं में से कर्जे ऋण भागों से भिन्न हैं तथा वे लम्बी अवधि के लिए उपलब्ध हैं। ये हैं:

1. बफर स्टॉक वित्तीय सुविधा (Buffer Stock Financing Facility—BSFF)—सदस्य देशों के वस्तु बफर स्टॉक के वित्त की व्यवस्था करने के लिए बफर स्टॉक वित्तीय सुविधा (BSFF) 1969 में शुरु की गई थी। यह सुविधा उधार लेने वाले सदस्य के कोटे के 30 प्रतिशत के बराबर तक है। पुन: क्रय $3\frac{1}{4}$ से 5 वर्षों में किए जाते हैं। परन्तु सदस्य से यह आशा जाती है कि वह अपने देश के भीतर वस्तु कीमतें स्थिर करने में कोष को सहयोग प्रदान करेगा।

2. विस्तृत वित्तपोषक सुविधा (Extended Fund Financing Facility—EFFF)—यह भी एक विशिष्ट सुविधा है जो 1974 में बनाई गई थी। EFFF के अन्तर्गत, कोष सदस्य देशों को इस उद्देश्य के लिए साख प्रदान करता है कि वे अपने अपेक्षाकृत लम्बी अवधियों के भुगतान-शेष घाटे को पूरा कर सकें और इन ऋणों की राशि सामान्य साख-सुविधाओं के अन्तर्गत उसके निर्धारित कोटों से अधिक होती है। EFFF दस वर्ष तक के लिए साख प्रदान करती है तथा सदस्य के कोटे का 300 प्रतिशत तक ऋण दिए जाते हैं। यह निष्पादन (performance) कसौटी और निकासी किश्तों पर आधारित है। विकासशील देश इसका प्रयोग कर रहे हैं।

3. पूरक वित्तपोषक सुविधा (Supplementary Financing Facility—SFF)—इसकी स्थापना 1977 में हुई। इसका उद्देश्य था कि सदस्यों को विस्तारित या तैयार प्रबंधों के अन्तर्गत पूरक वित्त-व्यवस्था प्रदान की जाए ताकि वे अपने उन गम्भीर भुगतान-शेष घाटों को पूरा कर सकें जो उनकी अर्थव्यवस्थाओं और उनके कोटों की तुलना में बहुत अधिक हों। यह सुविधा कोष के निम्न-आय विकासशील सदस्य देशों को प्रदान की जाती है। इस तरह के देशों की SFF के अन्तर्गत उधार लेने की लागत घटाने के लिए कोष ने 1980 में सहायिकी लेखा (subsidy account) खोला था जिसके माध्यम से कोष उधार लेने वाले देशों को सहायिकी भुगतान करता है।

इसके अतिरिक्त, कोष ने 1986 में संगठित समायोजन सुविधा (SAF) ,1987 में वर्धित संगठनिक समायोजन सुविधा (ESAF) तथा 1988 में क्षतिपूर्ति एवं आकस्मिक वित्तपोषक सुविधा (CCFF) का निर्माण किया। ये सुविधाएं निम्न आय देशों के लिए हैं जिनके अन्तर्गत उन्हें विशेष ऋण सुविधाएं प्राप्त होती हैं। इनके द्वारा भी कोष अन्तर्राष्ट्रीय तरलता बढ़ाने में सहायक हुआ है।

अन्तर्राष्ट्रीय तरलता का एक अन्य स्रोत अन्तर्राष्ट्रीय विकास संस्था (IDA) द्वारा तीन वर्ष के लिए विकसित देशों द्वारा दरिद्र विकासशील देशों को उधार देने हेतु IDA आपूर्तियां (replenishments) हैं। वर्तमान में, IDA-9 आपूर्ति ने 15.50 बिलियन डालर प्रदान किये जो 30 जून, 1993 को समाप्त हो गई। 1 जुलाई, 1993 से IDA-10 आपूर्ति ने 18 बिलियन डालर दिए तथा 1 जुलाई, 1996 से IDA-11 आपूर्ति ने अगले तीन वर्षों के लिए 22 बिलियन डॉलर निश्चित किए।

आलोचनाएं (Criticisms)

कोष की तरलता स्कीम की यह आलोचना की गई है कि यह धनी राष्ट्रों का पक्षपात करती है। यह एक अन्यायपूर्ण स्कीम है जिसने अन्तर्राष्ट्रीय तरलता के वितरण को अनुचित बना दिया है। SDRs का आवंटन भागीदार देशों के कोटों के अनुपात में होता है। इस दृष्टि से विकासशील देशों को SDRs का आवंटन उनकी आवश्यकताओं की तुलना में बहुत ही कम है। SDRs का कम आवंटन इस तरह के देशों की उधार लेने की क्षमता को घटा देता है।

फिर, SDR स्कीम, SDRs के रूप में अन्तर्राष्ट्रीय रिजर्वों के निर्माण को विकासशील देशों के विकास वित्त की जरूरतों के साथ नहीं जोड़ती है। विकासशील देशों की तरलता की जरूरत अधिक होती है क्योंकि उनकी समायोजन लागतें अधिक होती हैं, उनकी निजी बैंकिंग तथा पूंजी बाजारों तक पहुंच सीमित होती है, उनके विनिमय अर्जनों में अधिक परिवर्तनीयता होती है और उनके विदेशी विनिमय रिजर्वों के धारण की अवसर लागत अधिक होती है।'' इन परिस्थितियों के अन्तर्गत जरूरत इस बात की है कि न्यायपूर्ण वितरण पूर्वक अधिक SDRs का निर्माण किया जाए ताकि विकासशील देशों की अधिक बढ़ी जरूरतों के लिए बिना शर्त अधिक तरलता उपलब्ध कराई जा सके।

दुर्भाग्यवश, संयुक्त राज्य अमरीका तथा कुछ अन्य विकसित देशों के कठोर रवैये के कारण विकासशील देशों द्वारा अनेक वर्षों से बार-बार आग्रह के बावजूद, कोष जनवरी, 1982 से SDRs के आवंटन का काम फिर से शुरू नहीं कर सका है। इसलिए कहा जा सकता है कि कोष SDRs के माध्यम से अन्तर्राष्ट्रीय तरलता बढ़ाने का अपना उद्देश्य पूरा करने में असफल रहा है। परिणामस्वरूप, विश्व में सुस्ती के होते हुए, और रियायती सहायता के अपर्याप्त प्रवाह तथा वस्तुओं एवं कच्चे माल की गिरती कीमतों के कारण विकासशील देशों को गंभीर भुगतान-शेष तथा ऋण समस्याओं का सामना करना पड़ रहा है।

प्रश्न

1. अन्तर्राष्ट्रीय तरलता से आपका क्या अभिप्राय है ? इसको सुलझाने के लिए अन्तर्राष्ट्रीय मुद्रा कोष ने जो प्रयत्न किए हैं उन पर टिप्पणी लिखिये।
2. अन्तर्राष्ट्रीय तरलता की समस्या और उसके समाधान पर प्रस्ताव लिखिये।
3. अन्तर्राष्ट्रीय तरलता का क्या अर्थ है ? इस समस्या के कारण और इसे हल करने के लिए जो उपाय अपनाए गए हैं उनकी विवेचना कीजिए।

अध्याय 48

अन्तर्राष्ट्रीय ऋण समस्या
(INTERNATIONAL DEBT PROBLEM)

1. प्रस्तावना
(INTRODUCTION)

अल्पविकसित देशों की विदेशी ऋण की समस्या बहुत गंभीर है क्योंकि वे अपनी विकास की समस्याओं के वित्त प्रबंधन हेतु पूंजी के विदेशों से अंतर्वाह पर निर्भर करते हैं। अल्पविकसित देश गरीब होने के कारण उनकी घरेलू बचत तथा निवेश की दरें कम होती हैं। उनमें आर्थिक तथा सामाजिक उपरि-पूंजी तथा आधारभूत और मूल उद्योगों का अत्यंत अभाव है। आर्थिक विकास की दर को तीव्र करने के लिए वे पूंजी पदार्थ, उपकरण, कच्चे माल तथा तकनीकी जानकारी के आयात के लिए उधार लेते हैं। इसके अतिरिक्त वे अपनी बढ़ती आबादी की आवश्यकताओं की पूर्ति के लिए उपभोक्ता वस्तुओं के वित्त प्रबंधन के लिए भी उधार लेते हैं। क्योंकि उनके निर्यात कुछ प्राथमिक वस्तुओं तक सीमित होते हैं इसलिए वे अपने घरेलू संसाधनों की पूरकता और वृद्धि के लिए उधार लेते हैं। इनसे चालू लेखा भुगतान शेष घाटा उत्पन्न होता है। चालू लेखा भुगतान शेष घाटे का अर्थ है कि देश, विदेश से उधार ले रहा है। अपने भुगतान-शेष घाटे के वित्त प्रबंधन के लिए अल्पविकसित देश विदेशों में बांड बेचकर, विदेशी व्यापारिक बैंकों, अंतर्राष्ट्रीय वित्तीय संस्थाओं जैसे विश्व बैंक, अंतर्राष्ट्रीय वित्त निगम (IFC) आदि तथा निजी विदेशी फर्मों से उधार लेते हैं। इस प्रकार के सभी मामलों में देश बाह्य ऋण का संचय करता है जिसका भविष्य में मूल और ब्याज के रूप में भुगतान करना होता है।

2. ऋण संकट
(THE DEBT CRISES)

1970 के दशक के तेल आघात तथा उन पर विकसित देशों की प्रतिक्रियाओं के कारण अल्पविकसित देशों को भारी ऋण संकट का सामना करना पड़ा। ऐसी अर्थव्यवस्थाओं में ब्याज तथा पूंजी रूप में ऋण को लौटाने की गंभीर समस्याएं उत्पन्न हुईं। 1980 के दशक के प्रारंभ में यह समस्या बहुत गंभीर हो गई थी जिसके कारण ऋण सेवा भुगतान 1973 में 18 मिलियन डालर से बढ़कर 140 मिलियन डालर हो गया। परिणामस्वरूप बहुत से अल्पविकसित देशों को ऋणों को चुकाने में कठिनाई अनुभव हुई तथा यह भय हुआ कि उनके भुगतान में चूक करने से अंतर्राष्ट्रीय संकट उत्पन्न हो जाएगा।

ऋण संकट स्थिति के कारण (Causes of Debt Crises)

अंतर्राष्ट्रीय ऋण संकट के निम्न कारण हुए हैं :

1. तेल कीमतों के आघात (Oil Prices Shocks)—1970 तथा 1980 दशकों के अंतर्राष्ट्रीय ऋण संकट का मुख्य कारण 1973 तथा 1979 में तेल की कीमतों में वृद्धि थी। अंतर्राष्ट्रीय अर्थव्यवस्था का पहला तेल आघात तेल कीमतों में चार गुणा से अधिक की वृद्धि थी तथा दूसरे ने इनको दुगना कर दिया इससे गैर तेल उत्पादक अल्पविकसित देशों के आयात बिलों में बहुत वृद्धि हुई। इसके साथ ही उनके निर्यात अर्जन में विकसित देशों में मंदी के कारण मंदी आई। परिणामस्वरूप अल्पविकसित देशों के चालू भुगतान शेष लेखा के घाटे में बहुत वृद्धि हुई। उनकी GNP से ऋण का अनुपात 1974 में 15.4% से बढ़कर 37.6% हो गया।

2. खराब समष्टि-आर्थिक प्रबंधन (Bad Macro-Economic Management)—भुगतान शेष घाटे की समस्या का सामना करने के लिए अल्पविकसित देशों ने अपनी अर्थव्यवस्थाओं का समष्टि-आर्थिक प्रबंधन प्रारंभ किया। उन्होंने अपने आर्थिक विकास के खर्चों को पूरा करने के लिए अपने खर्चों का बढ़ाना जारी रखा। इसके लिए उन्होंने विस्तारक राजकोषीय तथा मौद्रिक उपाय अपनाए

तथा विदेशों से बहुत अधिक उधार लेना प्रारंभ किया। इसके परिणामस्वरूप स्फीति तथा बाह्य ऋण आए। क्योंकि **ब्रैटन वुड्स प्रणाली** (Bretton Woods System) की स्थिर विनिमय दरों की नीति का 1973 में पतन हो गया था इसलिए अल्पविकसित देशों ने नई रेंगती कीलन (Crawling Peg) तथा प्रबंधित तिरती (managed floating) विनिमय दर जैसी कूटनीतियों को स्फीति के चलते अपने **वास्तविक** अधिमूल्यन को टालने के लिए अपनाया। उनका उद्देश्य डालर के मुकाबले गिरती अवमूल्यन दर पर था। इसके लिए उन्होंने निर्यात बढ़ाने के लिए व्यापार सुधार उपाय अपनाए तथा अंतर्राष्ट्रीय बैंकों द्वारा निजी पूंजी के अंतर्वाह को प्रोत्साहित किया। इनसे बाह्य ऋण बढ़े।

3. विकसित देशों की नीतियां तथा उनके बैंक (Policies of Developed Countries and their Banks)—विकसित देशों तथा उनके बैंकों द्वारा अपनाई गई नीतियां ऋण संकट उत्पन्न करने में सहायक थीं। तेल कीमतों में वृद्धि ने तेल निर्यातक देशों के राजस्व बढ़ाए थे। लेकिन वे उन्हें अपनी अर्थव्यवस्थाओं में खपा सकने में असमर्थ थे। उन्होंने पैट्रोल बेचकर कमाए डालरों (Petro-dollars) की बड़ी मात्रा विकसित देशों के व्यापारिक बैंकों में जमा कराईं। इस प्रकार विशाल निधियां इन बैंकों में एकत्र हो गईं जो विकसित देश प्रयुक्त न कर सके क्योंकि वे सुस्ती (Recession) से जूझ रहे थे। लेकिन अल्पविकसित देशों को अपने आर्थिक विकास प्रोग्रामों के लिए निधियों की आवश्यकता थी जो इन बैंकों ने अल्पविकसित देशों को ऋणों के रूप में देना चालू कर दिया।

4. बढ़ रही ब्याज दरें (Rising Interest Rates)—ब्याज दरों में वृद्धि ने भी ऋण संकट को और बढ़ाया। प्रथम तेल कीमत वृद्धि के दौरान, विकसित देशों में स्फीति के कारण, वास्तविक ब्याज दरें कम तथा ऋणात्मक भी थीं। इसने अल्पविकसित देशों के वास्तविक ऋण बोझ कम किए। लेकिन दूसरे तेल आघात ने 1979-82 के बीच मुद्रा तथा वास्तविक ब्याज दरों दोनों में वृद्धि लाई। तेल कीमतों में वृद्धि से विकसित देशों में स्फीति आई जिन्होंने स्फीति नियंत्रण के लिए प्रतिबंधक मौद्रिक नीतियां अपनाईं। इनसे मुद्रा तथा वास्तविक ब्याज दरों में तीव्र वृद्धि आई। परिणामस्वरूप अल्पविकसित देशों के लिए पिछले ऋणों तथा नए ऋणों की सेवा की लागतें बढ़ीं। विकसित देशों के व्यापारिक बैंकों से कर्जों के रूप में परिवर्ती ब्याज दरों पर ऋण के अनुपात में वृद्धि से ऋण सेवा की लागतें और भी खराब हुईं। उदाहरणार्थ सभी अल्पविकसित देशों का ऋण सेवा से निर्यात का अनुपात 1980 में 13.2% से बढ़कर 1986 में 25.9% हो गया।

5. व्यापार नीतियां (Trade Policies)—व्यापार से संबंधित अल्पविकसित तथा विकसित दोनों तरह के देशों की नीतियों से भी अल्पविकसित देशों के बाह्य ऋण में वृद्धि हुई। 1970 के दशक तक अल्पविकसित देशों ने अंतर्मुख आयात स्थानापन्न (Inward import Substitution) औद्योगीकरण का अनुसरण किया। यह नीति प्रारंभिक लाभ तो लाई लेकिन अंत में निर्मित वस्तुओं के उत्पादन में अयोग्यताएं लाई। इससे कृषि तथा प्राथमिक उत्पादन क्रियाएं उपेक्षित हुईं। दोनों तेल कीमत वृद्धियां विकसित देशों में सुस्ती लाईं तथा उनके द्वारा गैर-प्रशुल्क प्रतिबंधों में वृद्धि से अल्पविकसित देशों की निर्यात तथा आयात कीमतों में कमी आई। 1981 से 1986 के दौरान उनके निर्यात अर्जन में कमी के कारण उन्हें 8 बिलियन डालर की वार्षिक औसत हानि हुई। अपनी प्राथमिक वस्तुओं की कीमतों में कमी के कारण अल्पविकसित देशों की व्यापार शर्तें भी खराब हुईं। इस अवधि में उनके द्वारा संचित क्षति 95 बिलियन डालर थी।

6. तात्कालिक कारण (Immediate Causes)—1979 के बाद बहुत से अल्पविकसित देशों ने अत्यधिक बाह्य ऋण संचित कर लिए थे जिन्हें ब्याज तथा मूल के रूप में लौटाने में उन्होंने कठिनाई अनुभव की। इससे 1980 के दशक में अंतराष्ट्रीय ऋण संकट आया। यह संकट अगस्त 1982 में उत्पन्न हुआ जब मैक्सिको के केन्द्रीय बैंक ने घोषणा की कि इसके विदेशी विनिमय रिजर्व मे कमी आ गई है और यह 80 बिलियन डालर के विदेशी ऋण का भुगतान नहीं कर सकता। इससे डरते हुए कि कहीं अर्जेनटीना, ब्राजील तथा चिली भी मैक्सिको का अनुसरण न कर लें विकसित देशों के ऋण देने वाले बैंकों ने इनको तथा दूसरे लैटिन अमेरिकी देशों को नए ऋण देने अस्वीकार करने प्रारंभ कर दिए तथा पुराने ऋणों को शीघ्र लौटाने की मांग की। यह प्रवृत्ति अफ्रीका तथा पूर्व एशिया के कुछ अल्पविकसित देशों में भी फैल गई। 1986 के अंत तक 40 से अधिक देश ऋण संकट की चपेट में आ चुके थे।

3. ऋण संकट सुलझाने के उपाय
(MEASURES TO SOLVE THE DEBT CRISES)

अल्पविकसित देश द्वि-पक्षीय आधार पर औपचारिक विश्व संस्थाओं जैसे विश्वकोष, विश्व बैंक, दूसरे वाणिज्यक बैंकों तथा अलग-अलग देशों से ऋण लेते रहते हैं, इसलिए उनकी ऋण लौटाने की समस्याओं का एक सुस्पष्ट समाधान नहीं हो सकता। ऐसा थोड़ा-थोड़ा

करके स्थिति पर आधारित ही हो सकता है। इसके अतिरिक्त इन्हें घरेलू मौद्रिक तथा वित्तीय उपायों द्वारा सहायता देकर सुलझाने की आवश्यकता है। नीचे हम समय-समय पर सुझाए गए तथा अपनाए गए विभिन्न उपायों का विवेचन करते हैं :

1. विश्व कोष की दोहरी मार्ग कूटनीति (Twin Track IMF Strategy)

विश्व कोष को डर हुआ कि मैक्सिको द्वारा अगस्त 1982 में अपने ऋण भार के भुगतान को अस्वीकार करने से अल्पविकसित देशों द्वारा ऋण लौटाने की चूक से अंतर्राष्ट्रीय बैंक प्रणाली की स्थिरता में संकट होगा। इसलिए इसने एक दोहरी मार्ग कूटनीति का सुझाव दिया ताकि अल्पविकसित देश अपने ऋणों को पूर्णतया लौटा सकें। इस कूटनीति के अनुसार उन्हें उनकी ऋण समस्याओं से निकलने का समय देने के लिए वह सीधी वित्तीय सहायता देना जारी रखेगा। और **दूसरे** उनकी दीर्घावधि में ऋण सेवा क्षमता को बढ़ाने के लिए उनमें संरचनात्मक समायोजन योजनाओं को प्रोत्साहित करता रहेगा।

क्योंकि छोटे अल्पविकसित देशों के उनके कोटा अंशदान के अनुसार विश्वकोष में लगभग 120 बिलियन डालर थे इसने बड़े अल्पविकसित देशों के ऋण संकट समाधान के लिए अंतर्राष्ट्रीय व्यापारिक बैंकों की सहायता लेनी चाही। हम इन प्रयासों की नीचे व्याख्या करते हैं :

(क) व्यापारिक बैंकों द्वारा ऋणों का पुन:निर्धारण करना (Debt Rescheduling by Commercial Banks)—जब मैक्सिको तथा दूसरे लेटिन अमेरिकी देशों ने अपने ऋणों को लौटाने में असमर्थता व्यक्त की तो अंतर्राष्ट्रीय व्यापारिक बैंकों ने लेन-देन संकट के निवारण के लिए तरीके निकाले। ऋण देने वाले बैंकों ने एक बैंक सलाहकार समिति (Bank Advisory Committee) बनाई, जिसे **लंदन क्लब** के नाम से जाना जाता है। यह कर्जदार देश के साथ एक समझौता करती है जिसके अनुसार ऋण के आकार तथा चुकता करने पर निर्भर करते हुए कुछ महीनों अथवा वर्षों के बीच ऋण के पुनर्भुगतान को दोबारा नियत करना है। परंतु ऋण का पुन:निर्धारण करना विश्वकोष के अंतर्गत संरचनात्मक समायोजन प्रोग्राम पर निर्भर करता है।

1983 के प्रारंभ में ऋणों का पुन:निर्धारण करना दो वर्षों तक की छोटी अवधि के लिए था। इसके अनुसार ऋणों को बार-बार पुन:सुनिश्चित करने की आवश्यकता थी। इसे छोटी डोरी मार्ग (Short Leash Approach) कहते थे। अत: 1984 में बहुवर्षीय पुन: संरचनात्मक समझौते (Multi-year Restructuring Agreements) चालू किए गए जिनमें 14 वर्षों तक की लम्बी अवधि के लिए ऋणों को पुन:निर्धारित करना शामिल था।

विश्वकोष की यह कूटनीति 1983 तथा 1984 के दौरान सफल प्रतीत हुई। लेकिन इससे अथवा बैंकों द्वारा अनैच्छिक उधार देने से अल्पविकसित देशों के बकाया ऋणों के भुगतान देर से हुए। इनसे बैंकों के तुलना-पत्र और कमजोर हो गए अत: उन्होंने अल्पविकसित देशों को अपने अनैच्छिक उधार देने में कमी लानी प्रारंभ कर दी।

(ख) बेकर योजना (Baker's Plan)—इस समस्या के समाधान के लिए उस समय के अमेरिकी कोषागार सचिव **जेम्स बेकर** ने 1985 में निधियों के लिए दोहरी मार्ग कूटनीति प्रस्तावित की जिसे **बेकर प्लान** कहते हैं। इसने 20 मिलियन डालर बैंकों द्वारा 3 से 15 वर्षों के लिए नए ऋण तथा 9 बिलियन बहुपक्षीय 15 बहुत अधिकता से ऋणी अल्पविकसित देशों को बहुपक्षीय ऋण प्रदान किए। इनके बदले में इन देशों को विकास अभिमुख संरचनात्मक समायोजन योजनाओं पर कार्य करना था। लेकिन यह योजना इन देशों के ऋणों को पुन: निर्धारित करने की आवश्यकताओं को पूरा करने में असफल रही। इनके ऋणों को कम करने के लिए और अधिक ऋण देने को बैंक अनिच्छुक थे क्योंकि इनकी और बढ़ने की संभावना थी। वे इन देशों की लम्बी अवधियों में भी ऋण लौटाने की असमर्थता को आंक चुके थे। इसलिए अतिरिक्त ऋण 20 मिलियन डालर के लक्ष्य से बहुत कम दिए गए। ऋणी देशों ने अपनी ओर से विश्व कोष की समायोजन योजनाओं को कार्यान्वित करना कठिन तथा दु:खदायी पाया तथा उनका परित्याग कर दिया।

(ग) ब्रैडी योजना (The Brady Plan)—1989 में अमेरिका के नए कोषागार सचिव **निकोलस ब्रैडी** (Nicholas Brady) ने अल्पविकसित देशों के ऋणों में कमी लाने के लिए नए उपाय सुझाए। ब्रैडी की योजना के तीन मुख्य घटक थे—**प्रथम,** इसमें विश्व कोष तथा विश्व बैंक को ऋणी देशों को बैंकों से लिए हुए ऋणों को वापिस लौटाने के लिए निधियां प्रदान करने के लिए कहा गया। लेकिन ऋणी देशों को विश्व कोष तथा विश्व बैंक द्वारा निर्धारित विकास अभिमुख समायोजन योजनाओं को कार्यान्वित करना था। **द्वितीय,** इसने बैंकों को ऋण की पूर्ण से कम राशि वापिस स्वीकार करने का अनुरोध किया ताकि ऋण सेवा कटौतियों तथा ऋण माफी को शामिल किया जाए। **तृतीय,** इसने विकसित देशों की सरकारों से अपील की कि वे अपने बैंकिंग कानूनों में, अपने बैंक लेखा नियमों

में ऋण माफी का प्रावधान करें। ब्रैडी की योजना कुछ सीमा तक सफल रही है। बैंकों तथा ऋणी देशों के बीच 44% से 84% कटौती दर की रेंज में ऋणों को वापिस खरीदने के लिए समझौते किए गए। सबसे बढ़ा समझौता मैक्सिको के साथ 19 बिलियन डालर ऋण को पुन: निर्धारित करने का हुआ।

2. ऋण विनिमय (Debt Swaps)

अल्पविकसित देशों की ऋण समस्या का एक और समाधान ऋण का लेन-देन करना है जिसे ऋण विनिमय कहते हैं। बहुत से बैंक ऋणी देशों के साथ उनके ऋण लौटाने के बोझ को कम करने वाले समझौतों में कई प्रकार के विकल्पों जैसे ऋण के लिए ऋण विनिमय, ऋण के लिए इक्विटी विनिमय, ऋण के लिए नकदी विनिमय, ऋण के लिए-प्रकृति विनिमय, ऋण के लिए विकास विनिमय, ऋण के लिए निर्यात विनिमय तथा ऋण के लिए स्थानीय ऋण विनिमय (अर्थात बाहरी ऋण स्थानीय मुद्रा में परिवर्तन)। 1985 से 1992 के बीच विभिन्न प्रकार के 90 बिलियन डालर के ऋण विनिमयों के ऋणी देशों तथा बैंकों के बीच समझौते हुए।

3. सरकारी ऋणों का पुन: निर्धारण (Rescheduling of Official Loans)

अल्पविकसित देशों को ऋण देने वाले विकसित देशों को **पेरिस क्लब** (Paris Club) कहते हैं। यह सरकारी ऋणों का पुननिर्धारण करने के लिए विश्व कोष से परामर्श द्वारा उनके लौटाने की तिथियों तथा समय निर्धारण का निर्णय करता है। 1982 से 1987 के बीच अल्पविकसित देशों को ऋण देने वाले देशों ने उनके सदस्यों द्वारा दिए गए ऋणों के पुन: निर्धारण के लिए पेरिस क्लब ने प्रबंध किया है।

इसने 1982 में अंतर्राष्ट्रीय व्यवस्थाओं के लिए बैंक (Bank of International Settlements) के द्वारा आपातकाल वित्त प्रबंधन उपलब्ध करवाया। जनवरी 1982 में विश्वकोष ने कुल जमा एस.डी.आर. (SDR) 17 बिलियन डालर का उधार का सामान्य समझौता (General Agreement to Borrow) के अंतर्गत एक आपातकाल कोष स्थापित किया।

1. टोरोण्टो शर्तें (Toronto Terms)—1988 के टोरोण्टो में हुए आर्थिक शीर्ष सम्मेलन में निर्णय लिया गया कि सबसे निर्धन ऋणी देशों जिनकी GNP प्रतिव्यक्ति आय 600 डालर से कम है, को ऋण में राहत दी जाए। टोरेन्टो की शर्तों के अधीन रियायती ऋण (कम व्याज दरों के साथ), 14 वर्षों की माफी अवधि के साथ 25 वर्षों से अधिक समय में वापिस लौटाया जा सकता था। गैर राहत ऋण के लिए तीन विकल्प थे—(1) 14 वर्षों की माफी अवधि के साथ 25 वर्षों में बाजार की ब्याज दरों पर लौटाना, (2) 8 वर्षों की माफी अवधि के साथ 14 वर्षों में रियायती ब्याज दरों पर लौटाना, (3) 8 वषों की माफी अवधि के साथ बाजार ब्याज दरों पर 14 वर्षों में लौटाना तथा साथ ही ऋण का 1/3 भाग रद्द करना।

2. ह्यस्टन शर्तें (The Houston Terms)—पेरिस क्लब ने 1990 में निम्नतर मध्यम उधार देने वाले देशों के लिए हूस्टन शर्तों को प्रारंभ किया। उनकी ऋण लौटाने की अवधि को बाजार ब्याज दरों पर 20 वर्षों में 10 वर्षों की माफी अवधि के साथ फैलाया गया।

3. बढ़ी हुई टोरंटो शर्तें (Enhanced Toranto Terms)—1991 में पेरिस क्लब ने अत्यधिक ऋणी अल्प आय वाले देशों के लिए टोरंटो शर्तों को संशोधित किया। इसने एक देश के 50 प्रतिशत ऋण को रद्द करने तथा बकाया ऋण को 23 वर्ष से अधिक समय में 6 वर्षों की माफी अवधि के साथ, जहां ऋण पूर्ति की दर 25% से अधिक थी, को रियायती ब्याज दरों पर पुन:निर्धारित करने का प्रस्ताव प्रस्तुत किया। अफ्रीका के 18 तथा लेटिन अमेरिका के दो देशों ने टोरोण्टो की शर्तों के अंतर्गत 1991 तक अपने ऋणों को पुन:निर्धारित करके लाभ उठाया था।

टोरोन्टो तथा हूस्टन शर्तों के अतिरिक्त बहुत से ऋणदाता देश अपने आप ऋणों को रद्द कर रहे हैं।

निष्कर्ष (Conclusion)—ऊपर विवेचन किए गए ऋणों के पुन: नियत करने के विभिन्न प्रस्ताव बहुत अधिक सफल नहीं हो पाए हैं क्योंकि वे उनको कार्यान्वित करने के लिए निजी अंतर्राष्ट्रीय बैंकों पर निर्भर हैं। उनमें से अधिकतर ऐसे उपाय अपनाने के इच्छुक नहीं जो उनके तुलन-पत्रों को प्रतिकूल प्रभावित करते हैं। ये प्रस्ताव अल्पविकसित देशों की ऋण समस्याओं का स्थायी तौर से समाधान नहीं करते हैं लेकिन केवल थोड़े समय के लिए ही, इसलिए वे पुन: प्रकट हो जाएंगी।

4. दीर्घावधि सुझाव (Long Term Suggestions)

अल्पविकसित देशों की ऋण समस्या के दीर्घकालीन समाधान के लिए तीन मोर्चों पर संगठित प्रयासों की आवश्यकता है। हम

इनकी नीचे विवेचना करते हैं :

1. विश्वकोष समाधान (IMF Solutions)—विश्वकोष वित्तीय सहायता प्राप्त ऋणी अल्पविकसित देशों द्वारा उससे वित्तीय सहायता प्राप्त करने के लिए बाजार अभिमुख समायोजन (Market Oriented adjustments) योजनाओं को अपनाने पर बल देता है। इसमें *(i)* कठोर मौद्रिक तथा फिस्कल नीतियां जैसे सरकारी खर्च में कमी लाना, ब्याज दरों तथा स्फीति में कमी द्वारा बजट घाटे को कम करना, *(ii)* आंतरिक तथा बाह्य दोनों प्रकार के नियंत्रण हटाकर विदेशी निवेश को प्रोत्साहित करना तथा विदेशियों को अधिक प्रोत्साहन देना, *(iii)* अधिक निर्यात प्रोत्साहित करने के लिए तथा अधिक खुली व्यापार नीति द्वारा अधिक बड़ी प्रतिस्पर्द्धा के लिए मुद्रा का अवमूल्यन करना।

परंतु अल्पविकसित देशों द्वारा ऐसी नीतियों को अपनाने के कारण एशियाई संकट उत्पन्न हुआ। इससे अधिक गरीबी तथा बेरोजगारी आई है तथा उनकी विकास दर में कमी हुई है। उनमें पूंजी पलायन (Capital flight) हुआ है तथा भुगतान शेष समस्या बिगड़ी हुई है। उनके ऋणों में कमी आने की बजाय उनमें वृद्धि हुई है। इन उपायों से सार्वजनिक दंगे हुए हैं तथा एशिया तथा लैटिन अमेरिका में कुछ सरकारें भी गिरी हैं।

2. विकसित देशों द्वारा उपाय (Measures Adopeted by Developed Countries): क्योंकि विकसित देश अल्पविकसित देशों के ऋणदाता हैं इसलिए **प्रथम,** उन्हें गरीब अल्पविकसित देशों को विकास सहायता में ऋणों के स्थान पर अनुदान (grants) प्रदान करने चाहिए। **द्वितीय,** उन्हें अल्पविकसित देशों को दिए गए ऋणों के बड़े हिस्सों को टाल (Wave) देना चाहिए। **तृतीय,** उन्हें एक कोष स्थापित करना चाहिए जो ऋण चुकता न कर सकने की स्थिति में विकसित देशों के निगमों तथा बैंकों द्वारा दिए गए निजी ऋणों की गारंटी दे सके। **चतुर्थ,** अल्पविकसित देशों के ऋणों का बड़ा भाग उनकी निर्यात कीमतों में कमी तथा इसलिए उनकी व्यापार शर्तों पर कुप्रभाव के कारण है। विकसित देशों को उनकी प्राथमिक वस्तुओं की कीमतों की अस्थिरता को हल करने के लिए अंतर्राष्ट्रीय बफर भंडारों, वस्तु समझौतों, क्षतिपूर्ति वित्त प्रबंधन द्वारा उचित उपाय अपनाने चाहिएं। ऊपरलिखित उपाय अल्पविकसित देशों की ऋण समस्या के समाधान में काफी सहायक होंगे।

3. ऋणी अल्पविकसित देशों द्वारा उपाय (Measures by Debtor LDCs)—अल्पविकसित देशों को अपनी ओर से अपने ऋणों में कमी लाने के लिए निम्न उपाय करने चाहिएं—

1. विदेशी निवेश को प्रोत्साहित करने के लिए बुनियादी सुविधाओं को बढ़ाना तथा विकसित करना,

2. अंतर्राष्ट्रीय व्यापार संगठन (WTO) के प्रावधानों के भीतर व्यापारिक नियंत्रणों द्वारा आयात को कम करना।

3. राष्ट्रीय उपभोग के अतिरिक्त सब प्रकार के निर्यात के लिए उच्चगुणवत्ता की और अधिक वस्तुओं का उत्पादन करना। निर्यात तथा घरेलू उपभोग के लिए गुणवत्ता वाली वस्तुओं का अधिक विविधिकरण आवश्यक है ताकि राष्ट्रीय तथा अंतर्राष्ट्रीय दोनों बाजारों में विदेशी प्रतिस्पर्द्धा का सामना किया जा सके।

4. मौद्रिक तथा फिस्कल नीतियां विकास के साथ स्थिरता के व्यापक उद्देश्य के अनुसार होनी चाहिएं ताकि देश आत्मनिर्भर बन जाए तथा उसे विदेशी ऋण की आवश्यकता न रहे।

प्रश्न

1. अल्पविकसित देशों के विदेशी ऋण के क्या कारण रहे हैं ? इस समस्या के समाधान के लिए अपनाए गए उपायों की विवेचना कीजिए।
2. विकासशील देशों की ऋण समस्या की व्याख्या कीजिए। इसके समाधान के लिए विकसित देशों द्वारा किए गए प्रयासों के संदर्भ में इसे सुलझाने के उपाय बताएं।

अध्याय 49

अंतर्राष्ट्रीय मौद्रिक प्रणाली
(International Monetary System)

1. अर्थ
(MEANING)

अंतर्राष्ट्रीय मौद्रिक प्रणाली से आशय विश्व विदेशी मुद्रा बाजार में चालू उस प्रणाली से है जिसके द्वारा अंतर्राष्ट्रीय व्यापार और पूंजी गतियों को वित्त प्रदान किया जाता है और विनिमय दर निर्धारित की जाती है। हम यहाँ द्वितीय विश्वयुद्ध के बाद से अंतर्राष्ट्रीय मौद्रिक प्रणाली की चर्चा करेंगे।

2. ब्रेटन वुड्ज प्रणाली
(THE BRETTON WOODS SYSTEM)

प्रथम विश्व युद्ध से पहले की अवधि के दौरान प्राय: सभी प्रमुख देशों की मुद्राएं अंतर्राष्ट्रीय स्वर्ण मानक (Gold Standard) के अन्तर्गत स्थिर विनिमय दर प्रणाली पर आधारित थीं। इस प्रणाली को प्रथम विश्व युद्ध के दौरान त्याग दिया गया था। इस युद्ध के अन्त से लेकर 1925 तक लोचदार विनिमय दर प्रणाली थी। 1925 से स्वर्ण मानक की ओर लौटने के प्रयास किए जा रहे थे, परन्तु यह प्रयास महामंदी के आने से समाप्त हो गए। अनेक देशों ने संरक्षणवाद (Protection) और प्रतियोगी अवमूल्यनों (Competitive Devaluations) का सहारा लिया जिसके परिणामस्वरूप विश्व व्यापार घटकर लगभग आधा हो गया। परन्तु द्वितीय विश्व युद्ध के दौरान मंदी पूर्ण रूप से समाप्त हो गई।

जुलाई 1944 में, सम्बद्ध देश स्वर्ण मानक की दृढ़ता और अंतर्राष्ट्रीय व्यापार एवं वित्त में 1930 के दशक की अव्यवस्था को दूर करने तथा स्वतंत्र व्यापार को प्रोत्साहित करने के लिए अमेरिका के ब्रेटन वुड्ज में एकत्रित हुए। नई प्रणाली वर्तमान अंतर्राष्ट्रीय मुद्रा कोष (International Monetary Fund-IMF) थी जिसने समायोज्य कीलन प्रणाली (Adjustable Peg System) बनाई।

ब्रेटन वुड्ज प्रणाली के अन्तर्गत विभिन्न देशों के बीच विनिमय दरें स्वर्ण के रूप में या 35 अमेरिकी डॉलर प्रति आउन्स स्वर्ण की दर पर कीलित या निर्धारित की गई थीं। इसका संबंध स्थिर विनिमय दर प्रणाली से था जिसके अन्तर्गत विनिमय में सममूल्य (Par Value) से एक प्रतिशत अधिक या एक प्रतिशत कम की पट्टी (Band) अथवा रेंज में परिवर्तन हो सकता था। परन्तु ये समायोजन अमेरिका के लिए उपलब्ध नहीं थे जिसे डॉलर का स्वर्ण मूल्य कायम रखना था। यदि विनिमय दर दोनों पट्टियों से किसी एक को छूती तो मौद्रिक अधिकारी अपनी मुद्राओं के विरुद्ध डॉलरों की खरीद या बिक्री के लिए बाध्य थे। बड़े समायोजन वहां किए जा सकते थे जहां IMF और अन्य देशों की स्वीकृति से भुगतान शेष में आधारभूत असंतुलन (Fundamental Disequilibrium) (अर्थात् निरन्तर और व्यापक घाटा अथवा अतिरेक) थे। सदस्य देशों को संक्रमण अवधि (Transitional Period) को छोड़कर भुगतान और व्यापार पर प्रतिबंध लगाने के लिए रोक थी। उन्हें अंशत: (Partially) स्वर्ण और अंशत: डॉलर में विदेशी मुद्रा रखने की अनुमति दी गई थी। ये रिजर्व सदस्य देशों द्वारा अपनी विनिमय दर स्थिर रखते हुए अस्थायी घाटा या अतिरेक उठाने से संबंधित थे। भुगतान-शेष घाटे की स्थिति में डॉलर बेचकर रिजर्व बाह्य प्रवाह (Outflow) और भुगतान शेष अतिरेक की स्थिति में रिजर्व अन्त:प्रवाह (Inflow) होता था।

ब्रेटन वुड्ज प्रणाली के अन्तर्गत रिजर्व बाह्यप्रवाह एक विचारणीय विषय था, इसलिए IMF ने भुगतान शेष घाटा ठीक करने के लिए अवमूल्यन और व्यय घटानेवाली नीतियों पर बल दिया। अस्थायी भुगतान शेष घाटे भी 3 से 5 वर्षों की अवधि के लिए IMF से ऋण लेकर पूरे किए गए। प्रत्येक देश अपने कोटा (Quota) के आकार के आधार पर IMF से ऋण ले सकता था। IMF द्वारा दिए गए ऋण

परिवर्तनशील मुद्राओं में थे।

इसके कोटा का प्रथम 25% स्वर्ण भाग (Gold Tranche) में था जो स्वायत्त था और शेष ऋण भागों (Credit Tranches) के अन्तर्गत था जिस पर ऊंची ब्याज दरें होती थीं। दीर्घकालीन ऋण प्रदान करने के लिए 1946 में विश्व बैंक तथा उसके पश्चात 1956 में इसके दो सहयोगियों, अंतर्राष्ट्रीय वित्त निगम (International Finance Corporation-IFC) और 1960 में अंतर्राष्ट्रीय विकास संगठन (International Development Association-IDA) की स्थापना की गई थी। व्यापार प्रतिबंधों को हटाने के लिए जनवरी 1948 में गैट (GATT) का उदय हुआ। अपने संसाधनों को बढ़ाने हेतु अक्टूबर, 1962 से IMF ने उधार के सामान्य समझौते (General Agreement to Borrow-GAB) के अन्तर्गत अंतर्राष्ट्रीय मौद्रिक प्रणाली की आवश्यकताओं को पूरा करने के लिए 10 औद्योगिक देशों से ऋण लेना प्रारंभ किया। आगे, इसने अपने सदस्यों की तरलता आवश्यकताओं को पूरा करने हेतु अंतर्राष्ट्रीय रिजर्व बढ़ाने के लिए जनवरी 1970 में SDRs (Special Drawing Rights) का निर्माण किया। ब्रेटन वुड्ज प्रणाली ने 1950 के दशक से लेकर 1960 के दशक के मध्य तक अच्छी तरह काम किया। इस अवधि के दौरान विश्व उत्पादन बढ़ा और गैट के अन्तर्गत प्रशुल्कों में कमी के साथ विश्व व्यापार में भी वृद्धि हुई।

3. ब्रेटन वुड्ज प्रणाली का भंग होना (THE BREAKDOWN OF THE BRETTON WOODS SYSTEM)

ब्रेटन वुड्ज प्रणाली के भंग होने के प्रमुख कारण और क्रम निम्न हैं :

1. आभ्यंतरिक अस्थिरता (Built-in Instability)—ब्रेटन वुड्ज प्रणाली में आभ्यंतरिक अस्थिरता थी, जिसके परिणामस्वरूप यह भंग हो गई। यह 35 डॉलर के सममूल्य का जमा या घटा 1% के अन्दर एक समायोज्य कीलन प्रणाली थी। आधारभूत असंतुलन की स्थिति में एक देश IMF की स्वीकृति से अपनी मुद्रा का अवमूल्यन कर सकता था। परन्तु सदस्य देश अपनी मुद्राओं का अवमूल्यन नहीं करना चाहते थे क्योंकि उन्हें अन्य देशों से महंगे आयात के भुगतान के लिए अधिक वस्तुएं निर्यात करनी पड़ती थीं। इससे देश भुगतान शेष घाटा ठीक करने के लिए व्यय घटाने वाली मौद्रिक-राजकोषीय नीतियों के बदले अवस्फीति पर अधिक विश्वास करने लगे। इंग्लैंड ने इसके लिए प्राय: अवस्फीति का ही सहारा लिया था, जैसे 1949, 1957 और 1967 में।

2. ट्रिफिन की द्विविधा (The Triffin Dilemma)—चूंकि डॉलर IMF प्रणाली का विनिमय का माध्यम, लेखा की इकाई और मूल्य के भंडार के रूप में कार्य करता था, इसलिए प्रत्येक देश डॉलर का अपना रिजर्व बढ़ाना चाहता था जिससे डालर रिजर्व स्टॉक में आवश्यकता से बहुत अधिक हो गए। परिणामस्वरूप, अमेरिका स्वर्ण भण्डार निरन्तर घटता गया और अमेरिका का भुगतान शेष निरंतर बिगड़ता गया। प्रो. **राबर्ट ट्रिफिन** (Robert Triffin) ने 1960 में चेतावनी दी थी कि विश्व तरलता की मांग उसकी पूर्ति की अपेक्षा तेजी से बढ़ती जा रही है, क्योंकि स्वर्ण की वृद्धिशील (Incremental) पूर्ति में थोड़ी-सी वृद्धि हो रही है। ट्रिफिन के अनुसार, चूंकि डॉलर स्वर्ण में परिवर्तनशील होता था इसलिए अमरीकी डॉलर की पूर्ति देश की तरलता आवश्यकताओं की तुलना में अपर्याप्त होगी। यह अमेरिका को अपने डॉलर को स्वर्ण में परिवर्तित करने की उसकी वचनबद्धता को त्यागने के लिए बाध्य करेगी। यह **ट्रिफिन दुविधा** है जो वास्तव में अगस्त, 1971 में ब्रेटन वुड्ज प्रणाली की समाप्ति का महत्वपूर्ण कारण थी।

3. अंतर्राष्ट्रीय तरलता की कमी (Lack of International Liquidity)—विश्व मौद्रिक बाजारों में डॉलर की मांग बढ़ने से अंतर्राष्ट्रीय तरलता की कमी निरंतर बढ़ रही थी। विश्व व्यापार के विस्तार के साथ सदस्य देशों के भुगतान शेष घाटे (और अतिरेक) बढ़ गए। इसने स्वर्ण और डॉलर की पूर्ति को आवश्यक बना दिया। परन्तु अफ्रीका में स्वर्ण का उत्पादन बहुत धीरे-धीरे बढ़ रहा था। इससे डॉलर की मांग और धारण (Holdings) अधिक हो गए। सदस्य देश ब्याज कमाने के कारण डॉलर धारणों को भी अधिक चाहने लगे। क्योंकि देशों की तरलता आवश्यकताओं की तुलना में डॉलर की पूर्ति अपर्याप्त थी, इसलिए अमेरिका ने कमियों को पूरा करने के लिए अधिक डॉलरों का मुद्रण किया जिसे अन्य देशों ने रिजर्व के रूप में स्वीकार किया।

4. अमरीकी नीतियों में गलतियां (Mistakes in US Policies)—अमेरिका का भुगतान शेष घाटा 1960 के दशक में धीरे-धीरे अत्यधिक खराब हो गया। इससे उबरने के लिए अमरीकी सरकार द्वारा अपनायी गई नीतियों से अन्तत: विश्व संकट उत्पन्न हो गया। वियतनाम युद्ध में बढ़ता अमरीकी सरकारी व्यय, अमरीकी अंतरिक्ष कार्यक्रम को वित्त प्रदान करना और 1960 के दशक में **महान समाज** (Great Society) (सामाजिक कल्याण) **कार्यक्रम** की स्थापना के कारण अमेरिका से बड़े पैमाने पर डालर का बाह्यप्रवाह

हो गया। परन्तु अमरीकी मौद्रिक अधिकारी (Federal Monetary Authority) ने डालर का अवमूल्यन नहीं किया। बल्कि, इसने भुगतान शेष घाटे को समाप्त करने के लिए मौद्रिक और राज-कोषीय उपाय अपनाए।

5. अस्थिरकारी सट्टा (Destabilising Speculation)—क्योंकि भुगतान शेष में आधारभूत असंतुलन वाले देश अपनी मुद्राओं के अवमूल्यन के लिए तैयार नहीं थे और IMF की स्वीकृति पाने के लिए कुछ समय भी लगा, इसलिए इसने सट्टेबाजों को डॉलरों में सट्टा करने का एक अवसर प्रदान कर दिया। वास्तव में जब अवमूल्यन किया गया तो अवमूल्यन का आकार मूल रूप से अनुमानित आकार की अपेक्षा काफी अधिक था। ऐसा अस्थिरकारी सट्टा के कारण हुआ था जिसने मौद्रिक-राजकोषीय उपायों के बावजूद पूंजी प्रवाहों पर नियंत्रण अप्रभावी रखा। 1967 में इंग्लैंड द्वारा पाउंड के अवमूल्यन का यही तुरन्त कारण था।

6. विश्वास का संकट और समाप्ति (Crisis of Confidence and Collapse)—ब्रेटन वुड्ज प्रणाली की समाप्ति का तुरंत कारण अमरीकी डालर में विश्वास के संकट का उत्पन्न होना था। नवम्बर 1967 में पाउंड का अवमूल्यन किया गया था। खुले बाजार में पृथक कीमत होने से विश्व स्वर्ण बाजार पर कोई नियंत्रण नहीं था। ब्रेटन वुड्ज प्रणाली की समाप्ति का तुरंत कारण मार्च 1971 में उठा। यह अफवाह थी कि अमेरिका डॉलर का अवमूल्यन करनेवाला है। इसके फलस्वरूप अमेरिका से पूंजी का व्यापक बाह्यप्रवाह हुआ। 15 अगस्त, 1971 को जब अमेरिका में कुछ छोटे यूरोपियन केन्द्रीय बैंकों ने अपने डॉलर रिजर्वों को स्वर्ण में परिवर्तित करना चाहा तो अमेरिका ने डॉलरों का स्वर्ण में परिवर्तन स्थगित कर दिया। इसने विनिमय दर स्थिरता कायम रखने के लिए विदेशी मुद्रा बाजारों में हस्तक्षेप करना बंद कर दिया और 10% आयात अधिभार (Surcharge) लगा दिया।

इस प्रकार, ब्रेटन वुडज प्रणाली के भंग होने का मुख्य कारण तरलता, समायोजन और विश्वास का अभाव थे। तरलता (अंतर्राष्ट्रीय रिजर्व) में वृद्धि अमेरिका के भुगतान शेष घाटे से उत्पन्न होने वाले डॉलरों के रूप में थी। परन्तु क्योंकि अमेरिका विदेशों में संचित अत्यधिक डॉलरों और अपने भुगतान शेष घाटे को समायोजित करने में सक्षम नहीं था, इसलिए डॉलर में विश्वास का संकट उत्पन्न हो गया और ब्रेटन वुड्ज प्रणाली भंग हो गई।

15 अगस्त, 1971 तथा 18 दिसम्बर, 1971 के **स्मिथसोनियन समझौते** (Smithsonian Agreement) के बीच 48 देशों ने स्थिर विनिमय दरों की प्रणाली छोड़ दी। इन 48 देशों में अमेरिका, जापान तथा बहुत सारे यूरोपीय देश शामिल थे। 18-19 दिसम्बर, 1971 को दस औद्योगिक देशों की बैठक वाशिंगटन में स्मिथसोनियन संस्थान में हुई। इन दस देशों का समूह इस बात पर सहमत हुआ कि एक नई स्थिर विनिमय दर प्रणाली अपनाई जाए जिसकी पट्टी (Band) अधिक व्यापक हो। प्रमुख करेंसियों को फिर से जोड़ने के लिए पहला कदम यह उठाया गया कि अमेरिका ने अपने डालर का 8 प्रतिशत अवमूल्यन कर दिया, जापान ने अपने येन का मूल्य 17 प्रतिशत बढ़ा दिया, और जर्मनी ने मार्क का पुनर्मूल्यन कर उसे 14 प्रतिशत बढ़ा दिया। स्मिथसोनियन समझौते के अन्तर्गत विनिमय दरों के उतार-चढ़ावों की सीमा केन्द्रीय दरों की नई दरों की समानताओं से 2.25 प्रतिशत के घेरे में रखी गई। इसने आधिकारिक रूप से स्वर्ण के विरुद्ध डॉलर का अवमूल्यन 35 डॉलर से 38 डॉलर प्रति आउन्स किया 1973 में यह पट्टी बढ़ाकर 4.5 प्रतिशत कर दी गई (अर्थात् विनिमय दरें केन्द्रीय दरों से 4.5 प्रतिशत अधिक या कम हो सकती थीं)। स्मिथसोनियन समझौता फरवरी 1973 में 10% तक अमरीकी डॉलर के अवमूल्यन के बाद भंग हो गया।

यूरोप में एक नई बात यह हुई कि यूरोपीय संघ (EC) देशों ने अपनी मुद्राओं के आपसी उतार-चढ़ावों की सीमा अपेक्षाकृत घटा दी। इसे **सुरंग में सांप** (Snake in the Tunnel) की संज्ञा दी गई है। इस व्यवस्था के अन्तर्गत EC देशों की मुद्राएं परस्पर बांध दी गईं और वे एक दूसरे की सापेक्षता में तो संकीर्ण सीमाओं के भीतर घट-बढ़ सकती थीं, परन्तु अन्य मुद्राओं की सापेक्षता में पट्टी सुझावों द्वारा निर्धारित सीमाओं के भीतर घट-बढ़ सकती थीं।

4. वर्तमान अंतर्राष्ट्रीय मौद्रिक प्रणाली
(PRESENT INTERNATIONAL MONETARY SYSTEM)

मार्च 1973 के प्रारंभ में भारत, कनाडा, जापान, स्विट्जरलैंड, इंग्लैंड और कई छोटे-छोटे देशों में तिरती (Floating) विनिमय दरें चलती थीं। परन्तु EC देशों की 'संयुक्त तिरण' (Joint Float) मार्च 1973 के बाद भी जारी रही। अब इसे **झील में सांप** (Snake in the Lake) नाम दिया गया, क्योंकि कोई ऐसी पट्टी नहीं थी जिसके भीतर अन्य करेंसियों की सापेक्षता में EC करेंसियां घट-बढ़ सकती थीं। मार्च 1979 में **यूरोपीय मुद्रा प्रणाली** (European Monetary System-EMS) स्थापित की गई। इसने **यूरोपीय करेंसी इकाई**

(European Currency Unit) बनाई जो प्रमुख यूरोपीय मुद्राओं की बनी लेखा की इकाई की 'टोकरी' (Basket) मुद्रा है। EMS के अनुसार सदस्य देशों की आन्तरिक विनिमय दर के परिवर्तन पर यह प्रतिबन्ध रहता है कि वे 'केन्द्रीय दरों' से उनके 2.25 प्रतिशत से अधिक न घटें-बढ़ें। इसमें केवल इटली के लीरा को 6 प्रतिशत तक घटने-बढ़ने की छूट दी गई थी।

इस बीच जनवरी 1976 में **जमैका समझौता** (Jamaica Agreement) हुआ। इस समझौते के परिणामस्वरूप IMF के तत्वावधान में तिरती (Floating) विनिमय दरों की प्रणाली को मान्यता प्रदान की गई। IMF के अधिकांश सदस्य देशों को अनेक कारणों से विवश होकर अपनी करेंसियां तिरती बनानी पड़ीं। अल्पकालीन पूंजी गतियां बहुत बढ़ गईं और समायोज्य कीलनों की प्रणाली के दौरान केन्द्रीय बैंक करेंसियों के सट्टे को रोकने में असमर्थ रहे। 1973 में जो तेल संकट उत्पन्न हुआ और 1974 में जो तेल की कीमतें बढ़ीं उनके परिणामस्वरूप 1974-75 में विश्व के औद्योगिक देशों में भारी सुस्ती (Recession) आई। इसका परिणाम यह हुआ कि डालर में तेजी से गिरावट आई और 1978 के अन्त में यह इतनी अधिक बढ़ गई कि संयुक्त राज्य अमेरिका की सरकार को व्यापक हस्तक्षेप की नीति अपनाने का निर्णय करना पड़ा ताकि डालर की कीमत को आगे उस हद तक गिरने से रोका जा सके जहां वह वित्तीय आतंक न उत्पन्न कर दे। अन्त में, 1978 तक लोचदार विनिमय दरों की प्रणाली टिक गई।

1978 के **IMF चार्टर के दूसरे संशोधन** (Second Amendment of the IMF Charter) के अनुसार सदस्य देशों के लिए जरूरी नहीं है कि वे स्वर्ण अथवा डालर मूल्य के बराबर मूल्य बनाए रखें और स्थापित करें। IMF का सदस्य देशों की विनिमय दर सामायोजन नीतियों पर कोई नियंत्रण नहीं है परन्तु IMF अपने सदस्य देशों की विनिमय दर नीतियों पर अन्तर्राष्ट्रीय देख-रेख रखता है।

द्वितीय संशोधन ने विश्व मौद्रिक प्रणाली में स्वर्ण के महत्व को निम्न प्रकार से घटाया है :

(i) IMF द्वारा निर्धारित स्वर्ण की कीमत को समाप्त करना; (ii) विनिमय व्यवस्थाओं में डॉलर के साथ इसके संबंध को तोड़ना; (iii) स्वर्ण प्राप्त करने या हस्तांतरण करने के लिए IMF की बाध्यताओं को समाप्त करना; और (iv) IMF के स्वर्ण धारणों के एक भाग की बिक्री।

द्वितीय संशोधन ने SDR को विश्व मौद्रिक प्रणाली की मुख्य रिजर्व परिसंपत्तियों के रूप में महत्त्व दिया है, जिसका मूल्य स्वर्ण में नहीं, बल्कि मुद्राओं में व्यक्त किया जाता है। अब यह लेखा की एक इकाई, **एक करेंसी कीलन** (Currency Peg) और लेन-देन का एक माध्यम है। तिरती विनिमय दरों की वर्तमान अंतर्राष्ट्रीय मौद्रिक प्रणाली मुक्त लोचदार दरों की प्रणाली नहीं अपितु **'प्रबंधित तिरती'** (Managed Floating) प्रणाली है। यह सरकारी हस्तक्षेप के बिना कभी नहीं चली। क्योंकि सरकारें समय-समय पर इसमें हस्तक्षेप करती रही हैं, इसलिए इसे **'प्रबंधित'** अथवा **'गंदी'** (Dirty) तिरती प्रणाली नाम दिया गया। 1977 में जब हस्तक्षेप बहुत बढ़ गया था, तो इसे **'मैली'** (Filthy) तिरती प्रणाली नाम दिया गया। जब सरकारें बिल्कुल हस्तक्षेप न करें तो यह **'स्वच्छ'** (Clean) प्रणाली कहलाती है। परन्तु स्वच्छ तिरती की सम्भावना बहुत कम है। इस प्रकार प्रबंधित तिरती विनिमय दरों की प्रणाली वहां विकसित हो रही है जहां केन्द्रीय बैंक यह प्रयत्न कर रहे हैं कि विनिमय दरों के उतार-चढ़ाव को किन्हीं 'सामान्य' दरों के आस-पास बांधकर रखा जाए, भले ही कोष के दूसरे संशोधन में सामान्य दरों का कोई उल्लेख नहीं है।

वर्तमान अंतर्राष्ट्रीय मौद्रिक प्रणाली ने कई महत्वपूर्ण तरीके प्रस्तुत किए हैं, जिनमें SDR का नया आवंटन, IMF में देश के कोटे में वृद्धि, IMF उधार के सामान्य समझौतों (GAB) का नवीनीकरण, IMF स्वर्ण कीमत का उन्मूलन, और यूरोपीय मौद्रिक प्रणाली (EMS) और यूरो मुद्रा का निर्माण।

अमेरिका विश्व मौद्रिक प्रणाली को प्रभावित करनेवाला एक प्रमुख देश है। जब डॉलर का मूल्य अत्यधिक ऊंचाइयों या गिरावटों पर पहुंचता है तो इसने समय-समय पर हस्तक्षेपों के साथ अन्य मुद्राओं की तुलना में डालर को तिरणें (Float) की अनुमति दी है। जब डॉलर का मूल्य अत्यधिक ऊंचा (बढ़ रहा) था तो G-5 (अमेरिका, इंग्लैण्ड, जर्मनी, जापान और फ्रांस) देश सितम्बर 1985 में **प्लाजा समझौता** (Plaza Accord) द्वारा डॉलर का मूल्य नीचे लाने के लिए हस्तक्षेप करने पर सहमत हो गए। परिणामस्वरूप, डॉलर का मूल्य पर्याप्त रूप से घटा, येन की तुलना में 50% से अधिक। 1987 के पूर्वार्द्ध तक डॉलर का अधोमूल्यन (Undervaluation) हो गया था और **लुवरे समझौता** (Louvre Accord) से G-7 देश (G -5 के अतिरिक्त कनाडा और इटली) अपनी विनिमय दरों को उस समय के अपने चालू स्तरों के आस-पास रखने में सहयोग देने के लिए सहमत हो गए। लुवरे समझौता विनिमय दरों को शेष बचे वर्ष के लिए स्थिर रखने में सफल था। तब से एक सर्वसम्मति लगने लगी है कि विनिमय दरों को व्यापक रूप से स्थिर किया जाना

चाहिए। परन्तु विभिन्न देशों के बीच प्रत्यक्ष सहयोग बहुत कम है।

इसकी समस्याएं (Its Problems)

वर्तमान अंतर्राष्ट्रीय मौद्रिक प्रणाली विनिमय दरों में बड़े असंतुलन और अत्यधिक उतार-चढ़ाव की समस्या से जूझ रही है। प्राय: विकसित और विकासशील देश डॉलर की तुलना में अपनी मुद्राओं के अत्यधिक मूल्यवृद्धि (Appreciation) या मूल्यह्रास (Depreciation) का सामना कर रहे हैं, जबकि डॉलर विश्व मौद्रिक प्रणाली में सदैव प्रबल रहा है। यूरोपीय संघ (EU) द्वारा नव-निर्मित **यूरो** में भी इसके प्रारंभ से ही डॉलर के मुकाबले पर्याप्त रूप से मूल्यह्रास हो रहा है जबकि इसे एक मजबूत करेंसी माना जाता है। इससे विश्व व्यापार विपरीत रूप से प्रभावित हुआ है।

वर्तमान मौद्रिक प्रणाली में सुधार के सुझाव
(Suggestions to Reform the Present Monetary System)

अर्थशास्त्रियों ने वर्तमान विश्व मौद्रिक प्रणाली को सुधारने के लिए विनिमय दरों में बड़े असंतुलन और अत्यधिक उतार-चढ़ाव को दूर करने के कई उपाय सुझाए हैं।

1. **नीतियों का समन्वय और सहयोग** (Coordination and Cooperation of Policies)—कुछ अर्थशास्त्री, विशेषकर **मैकिनन** (Mckinnon) ने विनिमय दर स्थिरता के लिए प्रमुख विकसित देशों के बीच नीतियों के अंतर्राष्ट्रीय सहयोग और समन्वय का सुझाव दिया। मैकिनन के अनुसार, अमेरिका, जर्मनी और जापान को क्रय-शक्ति समता (Purchasing Power Parity) पर आधारित संतुलन स्तर पर अपनी करेंसियों में विनिमय दरों के निर्धारण द्वारा विनिमय दर स्थिरता की इष्टतम कोटि (Optimal Degree) रखनी चाहिए। इस प्रकार, इन्हें विनिमय दर स्थिरता के लिए अपनी मौद्रिक नीतियों में समन्वय लाना चाहिए।

2. **लक्ष्य क्षेत्रों को स्थापित करना** (Establishing Target Zones)—**विलियमसन** (Williamson) ने लक्ष्य क्षेत्रों की स्थापना को आवश्यक बताया है जिसके अन्तर्गत प्रमुख करेंसियों की विनिमय दरों में उतार-चढ़ाव की अनुमति दी जा सकती है। उसके अनुसार, मांग और पूर्ति की शक्तियों को विनिमय दर संतुलन निर्धारित करना चाहिए। संतुलन दर के ऊपर 10% का एक ऊपरी लक्ष्य क्षेत्र और संतुलन विनिमय दर के नीचे 10% का एक निम्न लक्ष्य क्षेत्र होना चाहिए। विनिमय दर को सरकारी हस्तक्षेप द्वारा दोनों लक्ष्य क्षेत्रों के बाहर गति करने की अनुमति नहीं दी जानी चाहिए। फरवरी 1987 में, प्रमुख पांच विकसित देश **लुवरे समझौते** के अन्तर्गत अपनी मुद्राओं में विनिमय दरों की स्थिरता के लिए कुछ एक लक्ष्य क्षेत्र रखने को सहमत हुए। इन देशों द्वारा सरकारी हस्तक्षेप के बावजूद, विनिमय दरों में लुवरे समझौते में स्वीकृत हुई दरों की तुलना में व्यापक मार्जिनों के भीतर उतार-चढ़ाव होते रहे। इस प्रकार, विलियमसन का प्रस्ताव अव्यावाहरिक होने के कारण रद्द कर दिया गया।

3. **विश्व तरलता में सुधार करना** (Improving Global Liquidity)—वर्तमान विश्व मौद्रिक प्रणाली के सुधार पैकेज को विश्व तरलता में सुधार करना चाहिए। **प्रथम,** भुगतान शेष घाटा और अतिरेक वाले दोनों प्रकार के देशों को आन्तरिक नीतिगत उपायों के माध्यम से विनिमय दर परिवर्तनों द्वारा निरंतर असंतुलन को घटाने के उपाय करने चाहिएं। **द्वितीय,** उन्हें गर्म मुद्रा (Hot Money) के विस्तृत प्रवाहों को नियंत्रित करने में भी सहयोग देना चाहिए जो उनकी मुद्राओं को अस्थिर करती है। **तृतीय,** उन्हें भुगतान शेष असंतुलनों को रिजर्व परिसंपत्तियों के रूप में स्वर्ण या डालर की अपेक्षा SDR द्वारा ठीक करने के इच्छुक होना चाहिए। **चतुर्थ,** विकासशील देशों के लिए संसाधनों का बढ़ता प्रवाह होना चाहिए।

4. **हवा के विरुद्ध झुकाव** (Leaning Against the Wind)—विनिमय दरों में उतार-चढ़ाव घटाने हेतु IMF Guidelines for the Management of Floating Exchange Rates 1974 ने हवा के विरुद्ध झुकाव के विचार का सुझाव दिया। इसका अर्थ है कि केन्द्रीय बैंकों को विनिमय दरों में अल्पकालीन उतार-चढ़ाव घटाने के लिए हस्तक्षेप करना चाहिए, परन्तु दीर्घकालीन उतार-चढ़ावों को बाजार शक्तियों द्वारा समायोजित होने के लिए छोड़ देना चाहिए।

5. **रिचर्ड कूपर** (Richard Cooper) ने एक विश्व करेंसी वाला एक विश्व केन्द्रीय बैंक का सुझाव दिया जिसे विश्व के अंतिम ऋणदाता के रूप में कार्य करना चाहिए।

6. **जाफरी साच्स** (Jaffrey Sachs) एक अंतर्राष्ट्रीय दिवालिया कोर्ट के निर्माण का प्रस्ताव देता है जो इन देशों के विवादित मामलों को सुलझाए।

7. **जॉर्ज सोरोज** (George Soros) के विचार में IMF को प्रत्येक देश के बाह्य वित्त के लिए उच्चतम सीमाएं निर्धारित करनी चाहिएं जिसके पश्चात निजी पूंजी की प्राप्ति का बीमा कराने की आवश्यकता नहीं है। परन्तु अंतर्राष्ट्रीय ऋण बीमा निगम द्वारा अनिवार्य बीमा होना चाहिए।

8. **पॉल क्रुगमैन** (Paul Krugman) अंतर्राष्ट्रीय संकट के लिए ''न्यूनतम बुरे प्रत्युतर'' (Least Bad Response) के रूप में पूंजी नियंत्रणों को दुबारा चालू करने का सुझाव देता है।

9. **वस्तुनिष्ठ संकेतक** (Objective Indicators)—विनिमय दर उतार-चढ़ावों को दूर करने के लिए **IMF अन्तरिम समिति** ने स्फीति-बेरोजगारी, मुद्रा पूर्ति की वृद्धि, GNP की वृद्धि, राजकोषीय शेष, व्यापार शेष और अंतर्राष्ट्रीय रिजर्वों जैसे वस्तुनिष्ठ संकेतकों को अपनाने का सुझाव दिया। इन संकेतकों में परिवर्तन के लिए विनिमय दरों में स्थिरता लाने हेतु प्रतिबंधित मौद्रिक राजकोषीय उपाय अपनाने की आवश्यकता होती है।

निष्कर्ष (Conclusion)

वर्तमान मौद्रिक प्रणाली में सुधार के लिए दिए गए विभिन्न सुझाव घनिष्ठ रूप से एक-दूसरे से जुड़े हैं। परन्तु देशों के बीच विभिन्न प्रस्तावों के ऊपर सहमति का अभाव है। विकसित और विकासशील देशों के बीच भी विचारों का अन्तर दिए होने पर इसकी कोई आशा नहीं है कि विश्व मौद्रिक प्रणाली में सुधार के लिए कोई ठोस प्रस्ताव इन देशों को स्वीकार्य होगा। इसलिए प्रबंधित तिरती विनिमय दर की वर्त्तमान प्रणाली के ही कायम रहने की संभावना है।

प्रश्न

1. ब्रेटन वुड्ज प्रणाली के कार्यकरण का संक्षिप्त वर्णन करें। इसके भंग होने के क्या कारण रहे?
2. ब्रेटन वुड्ज प्रणाली के भंग होने के क्या कारण रहे हैं? वर्तमान अंतर्राष्ट्रीय मौद्रिक प्रणाली का संक्षिप्त वर्णन करें।
3. वर्तमान अंतर्राष्ट्रीय मौद्रिक प्रणाली की मुख्य समस्याएं क्या हैं? इन समस्याओं को दूर करने के लिए सुझाव दीजिए।

अध्याय 51

यूरोपीय डालर बाजार
(The Euro-Dollar Market)

1. अर्थ
(MEANING)

यूरोपीय डालर बाजार अंतर्राष्ट्रीय मुद्रा प्रणाली में सबसे बड़ा बाजार है। यह अंतर्राष्ट्रीय वित्त में प्रमुख भूमिका अदा करता रहा है। यूरोपीय डालर वास्तव में अमेरिकी डालर से भिन्न करेंसी नहीं है। परंतु ये वे अमेरिकी डालर होते हैं जो उन बैंकों में जमा रहते हैं जो अमेरिका से बाहर होते हैं और यूरोपीय बैंक कहलाते हैं। ये डालर प्राय: लंदन या पेरिस, फ्रैंकफर्ट, एमस्टर्डम, अथवा ज्यूरिख के किसी बैंक में जमा किए जाते हैं। वास्तव में यूरोपीय डालर बाजार नाम अब गलत ही है क्योंकि यूरोप के बाहर के देशों में भी जैसे जापान, कनाडा, हांगकांग, सिंगापुर तथा अन्य देशों में बहुत मात्रा में डालर जमा हो चुके हैं, और फिर यूरोपीय बैंक अन्य करेंसियों का लेन-देन करते रहे हैं जैसे ब्रिटेन का पौंड स्टर्लिंग, जर्मनी का मार्क, स्विटजरलैंड का फ्रैंक, हॉलैंड का गिलडर आदि। इसलिए अब यह यूरोपीय डालर बाजार नहीं रह गया है अपितु यूरोपीय करेंसी बाजार बन गया है।

2. उद्भव एवं विकास
(ORIGIN AND GROWTH)

यूरो डालर बाजार का उद्भव 1920 की दशाब्दी में हुआ जब यू.एस. डालर यूरोपीय बैंकों में जमा करवाए जाते थे जो उधार देने हेतु उन्हें स्थानीय करेंसी में परिवर्तित करते थे। परंतु यूरो बाजार का वास्तविक विकास दूसरे विश्व युद्ध के पश्चात प्रारंभ हुआ। इसके विकास के निम्न कारण थे :

1. यू.एस. सहायता का प्रवाह (Flow of U.S. Aid)—युद्ध के बाद की अवधि में अमेरिका दुनिया का सबसे अधिक शक्तिशाली राष्ट्र बना तथा उसने आर्थिक तथा सैनिक सहायता के रूप में यूरोप के पुनर्वास पर बहुत अधिक धन खर्च किया। इसके परिणामस्वरूप यूरोप के बैंकों में बहुत बड़ी मात्रा में डालर हस्तांतरित हुए।

2. शीत युद्ध (Cold War)—1950 के बाद के दशक में जो शीतयुद्ध प्रारंभ हुआ उसके परिणामस्वरूप रूस तथा पूर्वी यूरोपीय सरकारों ने अपने जमा डालर अमेरिका से यूरोप के बैंकों में इस भय से हस्तांतरित कर दिए कि कहीं अमेरिका की सरकार उनके हस्तांतरण पर रोक न लगा दे।

3. स्टर्लिंग के महत्व में गिरावट (Decline in the Importance of Sterling)—युद्ध के बाद की अवधि में ब्रिटेन एक कर्जई देश बन गया। इसका परिणाम यह हुआ कि जहां युद्ध से पहले की अवधि में ब्रिटेन का स्टर्लिंग जो कि अंतर्राष्ट्रीय वित्तीय बाजार में अधिकार जमाए था, युद्ध के बाद की अवधि में उसका स्थान डालर ने ले लिया। इसके बाद स्टर्लिंग का महत्व तब और भी घट गया जब युद्ध के बाद के प्रारंभिक काल में ब्रिटिश विनिमय नियंत्रण एक्ट (British Exchange Control Act) के अंतर्गत ब्रिटेन की सरकार ने स्टर्लिंग क्षेत्र के बाहर के केंद्रीय बैंकों को स्टर्लिंग अनुदान पर कठोर प्रतिबंध लगा दिया।

4. Q नियम (Regulation-Q)—अमेरिकी फैडरल रिजर्व प्रणाली का नियम 'Q' एक प्रमुख कारण था जिसके परिणामस्वरूप 1960 के बाद के दशक के अंतिम वर्षों में यूरोपीय डालर बाजार विकसित हुआ। नियम Q के अंतर्गत अमेरिका के बैंकों में सावधि जमा पर दी जाने वाली ब्याज दर की ऊपरी सीमा निर्धारित कर दी गई थी और साथ ही इस नियम के अंतर्गत 30 दिन तक की अवधि के लिए जमा पर कोई ब्याज नहीं दिया जाता था। इससे अमेरिका के बैंकों को प्रोत्साहन मिला कि वे यूरोप में अपनी शाखाएं खोलें ताकि

अंतर्राष्ट्रीय व्यापार चलाने के लिए डालर जमा करने के लिए आकर्षित किए जा सकें। विशेषरूप से ऐसा 1968 तथा 1969 में और फिर 1979 के बाद तब हुआ जब नियम Q के अंतर्गत सावधि जमा पर ब्याज दर की अधिकतम सीमा नीची रखी गई। इसका परिणाम यह हुआ कि अमेरिका के नागरिकों ने तथा विदेशियों ने वे डालर यूरोप के बैंकों में हस्तांतरित कर दिए जो उनकी लेन-देन की जरूरतों के बढ़ गए थे, क्योंकि अमेरिका के बैंकों की अपेक्षा यूरोप के बैंक अधिक ब्याज देते थे। इसके परिणामस्वरूप यूरोप के उधार देने और उधार लेने वालों को भी प्रोत्साहन मिला कि वे न्यूयार्क की बजाय लंदन तथा अन्य यूरोपीय वित्तीय बाजारों में डालर का व्यापार करें।

5. अन्य यू.एस. उपाय (Other U.S. Measures)—इनके अतिरिक्त अमेरिका द्वारा कुछ और कदम भी उठाए गए जिनके परिणामस्वरूप अंतर्राष्ट्रीय व्यापार की प्रतियोगिता में अमेरिकी बैंकों के ठहर सकने की क्षमता में रुकावट हुई। जो कदम उठाए गए उनमें ये भी शामिल थे—अमेरिका में विदेशियों द्वारा कमाए गए लाभ पर कर को मुक्त करने पर प्रतिबंध लगाना, 1964 में ब्याज दर समानीकरण कर (Interest Equalisation Act) लगाना, अमेरिका के विदेशों में प्रत्यक्ष निवेश पर नियंत्रण और स्फीतिकारी दबावों को महंगी मौद्रिक नीति द्वारा नियंत्रित करना। इनके कारण अमेरिकी बैंकों ने अमेरिका में डालर की मांग पूरी करने के लिए यूरो डालर बाजार से भारी उधार लेना शुरू किया।

6. यू.एस. में भुगतान शेष के घाटे (BOP Deficits in U.S.)—अमेरिका में बड़े और निरंतर भुगतान शेष घाटे होने से अमेरिकी डालर का बहिर्वाह उन देशों के यूरो बैंकों में हुआ जिनमें भुगतान शेष अतिरेक था।

7. पैट्रो-डालर (Petro-Dollars)—1973 से तेल की कीमतों में वृद्धि के कारण विश्व के तेल उत्पादक देशों की आय में अत्यधिक वृद्धि हुई जिन्हें पैट्रो-डालर कहते हैं। ये यूरोपीय बैंकों में जमा करवाए जाते हैं, इनसे भी यूरो डालर बाजार विस्तृत हुआ है।

8. नवप्रवर्तक बैंकिंग (Innovative Banking)—1950 के दशक में जो विशेष परिस्थितियां विद्यमान थीं, उनके कारण ऐसी बैंकिंग प्रणाली अस्तित्व में आई जो यूरोष की बैंकिंग प्रणाली से भिन्न परंतु उसकी पूरक थी। किसी भी अन्य बैंकिंग प्रणाली की भांति इस प्रणाली के तत्व भी रिजर्व, जमा तथा कर्जे हैं जो सबके सब अमेरिकी डालरों में हैं और यूरोप के बैंकों में दर्ज हैं। इसके परिणामस्वरूप यूरोपीय डालर बाजार की बहुत तेजी से वृद्धि हुई है जिसमें अन्य देशों की करेंसियों में जमा प्राप्त किए जाते हैं और कर्जे दिए जाते हैं। अब यूरो करेंसी बाजार में अंतर्राष्ट्रीय लेन-देन और परंपरागत विदेशी बैंकिंग खाते प्रमुख रूप से पाए जाते हैं।

3. यूरो डालर बाजार की विशेषताएं
(FEATURES OF EURO DOLLAR MARKET)

यूरो डालर बाजार की निम्न विशेषताएं हैं :

1. अंतर्राष्ट्रीय बाजार (International Market)—यूरो डालर बाजार अंतर्राष्ट्रीय बाजार है जो समस्त विश्व से डालर जमा करना स्वीकार करता है और डालर में उधार देता है।

2. स्वतंत्र बाजार (Independent Market)—यह मुक्त और स्वतंत्र बाजार है जो किसी मौद्रिक अधिकारी के नियंत्रण में कार्य नहीं करता।

3. थोक बाजार (Wholesale Market)—यह एक थोक बाजार है जिसमें प्रायः 1 मिलियन डालर से ऊपर अमेरिकी डालर खरीदे और बेचे जाते हैं।

4. प्रतियोगी बाजार (Competitive Market)—यह एक अत्यधिक प्रतियोगी बाजार है जिसमें डालर की पूर्ति और मांग यूरोपीय बैंकों के ब्याज की दर में परिवर्तनों पर निर्भर करती है।

5. अल्पकालीन बाजार (Short Term Market)—यह एक अल्पकालीन मुद्रा बाजार है जिसमें डालर जमा राशियां प्रायः थोड़े दिन से लेकर एक वर्ष की अवधि में स्वीकृत की जाती है और उन पर ब्याज दिया जाता है।

6. अंतर बैंक बाजार (Inter Bank Market) : यह एक अंतर-बैंक बाजार है जिसमें यूरोपीय बैंक एक-दूसरे से डालर तथा यूरो और यरो करंसियां उधार लेते और देते हैं।

4. इसकी कार्य पद्धति
(HOW DOES IT FUNCTION)

यूरोपीय डालर बाजार बहुत व्यापक तथा जटिल है। जो कि अल्पकालीन तथा मध्यकालीन कोषों को एक देश से दूसरे देश में हस्तांतरित करने का साधन है। जब कभी (i) अमेरिका के कमर्शियल बैंकों अथवा निवासियों से, (ii) अन्य देशों के कमर्शियल बैंकों अथवा निवासियों के हस्तांतरणों से, तथा (iii) अंतर्राष्ट्रीय निपटारे (settlements) पूरा करने के लिए केन्द्रीय बैंक से प्रत्यक्षत: अथवा बैंक के माध्यम से जमाओं के रूप में यूरोपीय बैंकों में कोष आते हैं तभी यूरोपीय डालर जमाओं तथा कर्जों का विस्तार हो जाता है। अमेरिका से प्रथम प्रकार के प्रवाह (कोष आने) के लिए निम्नलिखित में से एक या अधिक कारण उत्तरदायी हो सकते हैं : (1) यूरोपीय डालर ब्याज दरों की तुलना में अमेरिकी ब्याज दरों का गिरना; (2) परिसंपत्ति प्रसार की इच्छा बढ़ना; (3) विदेशी परिसंपत्तियों का व्याप्त प्रतिफल बढ़ना; अथवा (4) अमेरिकी डालर का मूल्य बढ़ने (appreciation) की आशा।

कमर्शियल बैंकों अथवा अमेरिका के बाहर के निवासियों से डालरों के प्रवाह का कारण यह है कि लोग घरेलू करेंसी परिसंपत्तियों में से पोर्टफोलियो को अमेरिकी डालरों में बदलना चाहते हैं। और फिर, इस प्रवाह का एक कारण यह भी है कि बहुत से केंद्रीय बैंक यूरोपीय बाजार से प्राप्त अपने रिजर्व लाभों का बड़ा भाग पुन: जमा करा देते हैं।

यूरो बाजार विदेशी मुद्रा बाजार से निकटता से संबंधित है क्योंकि बैंक अपनी विदेशी करेंसी स्थितियों का दो प्रकार से प्रबंध करते हैं : (1) वे तत्काल (spot) और अग्रिम (forward) विनिमय बाजार में करेंसियां पूर्णतया खरीद और बेच सकते हैं, (2) वे अंतर-बैंक (Inter-bank) बाजार में करेंसियां खरीद और बेच सकते हैं। फिर भी, यूरो-करेंसी कर्जे गैर-बैंक उधार लेने वालों को भी दिए जाते हैं।

अब हम यूरोपीय बाजार के कार्यकरण का विश्लेषण करते हैं।

5. अंतर्राष्ट्रीय वित्तीय प्रणाली में भूमिका (ROLE IN INTERNATIONAL FINANCIAL SYSTEM)

यूरोपीय डालर बाजार अंतर्राष्ट्रीय वित्तीय प्रणाली में महत्वपूर्ण कार्य करता रहा है। यूरोपीय करेंसी बाजार का प्रमुख कार्य अमेरिकी डालरों का निवेश तथा उधार लेना है। यह अल्पकालीन एवं मध्यकालीन कोषों को समस्त संसार में हस्तांतरित करता है, और इस प्रकार अंतर्राष्ट्रीय पूंजी की गतिशीलता बढ़ाता है। यह न केवल व्यक्तिगत बैंकों को उनके पोर्टफोलियो आवंटन सुधारने में सहायता देता है अपितु गैर-बैंक निजी क्षेत्र को भी महत्वपूर्ण सेवाएं प्रदान करता है। क्योंकि यूरोपीय करेंसी बाजार अन्य अल्पकालीन पूंजी बाजारों की अपेक्षा ऊंची दरें, परिपक्वताओं की अधिक लोच और निवेश क्वालिटी की अधिक व्यापक रेंज प्रदान करता है, इसलिए यूरोपीय करेंसी बाजार कोषों को आकर्षित करता है। उधार लेने वालों को यह इसलिए आकर्षित करता है कि यह अपेक्षाकृत कम ब्याज दर पर कोष उधार देता है। जो ब्याज दरें यह वसूल या प्राप्त करता है उनमें यह प्रतियोगी है। इसका एक कारण तो यह है कि थोक लेन-देन पर बदलने से पैमाने की मितव्ययताएं प्राप्त होती हैं और दूसरा कारण यह है कि यूरोपीय बैंक उन नियमों के अधीन नहीं हैं जो घरेलू बैंकिंग में लागतें बढ़ाते हैं। यूरोपीय करेंसी बाजार से उधार लेने वाले और उसे उधार देने वाले कमर्शियल बैंक, केंद्रीय बैंक, सरकारी खजाने, बैंक ऑफ इंटरनेशनल सैटलमेंट जैसे अंतर्राष्ट्रीय बैंक तथा बहुत से बहुराष्ट्रीय निगम हैं।

धनात्मक प्रभाव (Positive Effects)—यूरोपीय डालर बाजार के निम्न धनात्मक आर्थिक प्रभाव हुए हैं :

1. यूरोपीय डालर बाजार का विस्तार होने से अंतर्राष्ट्रीय पूंजी की गतिशीलता बहुत बढ़ गई है और यह विश्व तरलता समस्या सरल करने में सहायक हुआ है।

2. यह अंतर्राष्ट्रीय पूंजी बाजारों के एकीकरण में सहायक हुआ है।

3. भुगतान शेष आतिरेक वाले देशों से भुगतान शेष घाटे वाले देशों के प्रति कोषों के पुनर्चक्र (recycling) में यूरोपीय डालर बाजार ने महत्वपूर्ण भूमिका अदा की है।

4. यूरोपीय डालरों के अंतर्राष्ट्रीय प्रवाहों ने राष्ट्रों में ब्याज भिन्नक (differential) घटाकर आर्थिक कुशलता में सुधार किया है।

5. यूरोपीय डालर बाजार ने उन देशों की समस्याएं भी हल की हैं जिनकी नीति उद्देश्यों का लक्ष्य यूरोपीय बैंकों से दूसरों की अंतर्राष्ट्रीय पूंजी गतिशीलताओं का नियंत्रित करना है।

6. यह यूरोपीय डालर बाजार से अन्य करेंसियों के साथ डालर उधार लेकर और देकर उनके भुगतान शेष घाटे और आतिरेक का वित्त प्रबंध करने में सहायक हुआ है।

विपरीत प्रभाव (Adverse Effects)—यूरो डालर प्रवाहों के तीन विपरीत प्रभाव भी हुए हैं :

1. जब किसी देश का मौद्रिक अधिकारी प्रतिबंधात्मक मौद्रिक नीति के माध्यम से स्फीति को रोकने का प्रयत्न कर रहा हो, तो अल्पकालीन पूंजी के अंतर्प्रवाह इस तरह की नीति को निष्फल बना देते हैं। फिर जब कोई देश बेरोजगारी का मुकाबला करने के लिए सुलभ मौद्रिक नीति का अनुसरण कर रहा है और पूंजी का बहिर्प्रवाह होने लगे, तो परिणामस्वरूप वह नीति भी निष्फल हो जाएगी। ऐसा इस कारण कि यूरो डालर बाजार किसी भी अधिकारी के नियमों के अंतर्गत कार्य नहीं करता।

2. यूरो डालर तरल संसाधनों के विस्तृत कोष प्रदान करते हैं जो सट्टायुक्त पूंजी गतियों के लिए प्रयोग किए जाते हैं। ये संबंधित देशों की अर्थव्यवस्थाअें के आकस्मिक और बड़ी जमा राशियों के तीव्र निकासों (Withdrawals) के गंभीर तनावों को प्रकट करते हैं। ऐसी वित्तीय उथल-पुथल और गड़बड़ियाँ समस्त अंतर्राष्ट्रीय मौद्रिक प्रणाली को भी प्रभावित करती हैं, विशेषकर तब जब संबंधित देश विनिमय नियंत्रणों या व्यापार प्रतिबंधों द्वारा संरक्षित नहीं होते हैं।

3. **प्रो. फ्रीडमैन** के अनुसार, ''यूरो डालर बाजार ने लगभग निश्चय से विश्व की नाममात्र मुद्रा पूर्ति (डालर में व्यक्त की गई) को बढ़ाया है तथा विश्व कीमत स्तर (डालर में व्यक्त किया गया) को भी ऊंचा किया है, जितना यह अन्यथा हो सकेगा।''

विकासशील देशों में इसकी भूमिका (Its Role in Developing Countries)

विकासशील देशों ने भी यूरोपीय डालर बाजार से लाभ उठाए हैं। वे मध्यम अवधि के सिंडीकेट कर्जे यूरोपीय बैंकों से उधार ले रहे हैं। यूरो करेंसी और यूरो बांड उनके लिए वित्त के महत्वपूर्ण स्रोत हैं। इन्होंने भारत, ब्राजील, मैक्सिको, चिले[1] आदि विकासशील देशों के भुगतान शेष घाटों को पूरा करने में सहायता दी है। विकासशील देशों की केवल सरकारें ही नहीं बल्कि उनके व्यवसायी निगम भी यूरोपीय बैंकों से यूरोपीय निधियां प्राप्त कर रहे हैं। फिर भी, न्यूनतम विकासशील देश यूरोपीय बाजार से अधिक उधार नहीं ले सके हैं। बावजूद इसके, यूरोपीय डालर बाजार, सट्टायुक्त पूंजी गतियां विकसित देशों की तुलना में विकासशील देशों की अर्थव्यवस्थाओं पर अधिक प्रतिकूल प्रभाव डाल रही हैं। इसका कारण यह है कि विकासशील देश यूरोपीय बाजार और लंदन स्टॉक एक्सचेंज जैसे वित्तीय केंद्रों और अंतर्राष्ट्रीय पूंजी बाजारों पर अधिक निर्भर हैं।

प्रश्न

1. यूरोपीय करेंसी बाजार क्या है ? इसकी कार्य-पद्धति क्या है ? अंतर्राष्ट्रीय वित्तीय प्रणाली में यह क्या हिस्सा अदा करता है ?
2. यूरो-डालर बाजार क्या है ? इसके कार्यकरण तथा आर्थिक परिणामों की व्याख्या कीजिए।

1. Chile का सही उच्चारण है।

अध्याय 51

यूरोपीय आर्थिक समुदाय या यूरोपीय संघ
(The European Economic Community or European Union)

1. इतिहास
(HISTORY)

यूरोपीय आर्थिक समुदाय अथवा **यूरोपीय समुदाय** (European Community—EC) की स्थापना वर्ष 1957 में रोम की संधि के अंतर्गत फ्रांस, पश्चिमी जर्मनी, इटली, बेल्जियम, लक्जमबर्ग और नीदरलैंड आदि देशों द्वारा की गई। प्रारंभिक 6 सदस्यों वाले इस समुदाय का 1 जनवरी, 1973 से विस्तार किया गया और इसमें आयरलैंड, डेनमार्क तथा ब्रिटेन को शामिल किया गया। 1981 में ग्रीस को एवं तत्पश्चात 1984 में पुर्तगाल तथा स्पेन को भी शामिल कर लिया गया। इस समुदाय के अब 15 सदस्य हैं। 1995 से यह **यूरोपीय संघ** (European Union-EU) कहलाता है।

यूरोपीय समुदाय की अगुआ यूरोपीय कोयला और इस्पात समुदाय (European Coal and Steel Community–ECSC) सन्धि थी जिसका अनुमोदन 1952 में पश्चिमी जर्मनी, फ्रांस, इटली, बेल्जियम, लक्जमबर्ग और नीदरलैंड ने किया। इसने सभी आयात-शुल्कों तथा कोयला, कच्चा लोहा, इस्पात और समुदाय के देशों के परस्पर व्यापार पर कोटा प्रतिबंधों को समाप्त किया। इसका उद्देश्य इन उद्योगों में पैमाने की मितव्ययिताओं को प्राप्त करना था ताकि वे यू.एस. तथा अन्य विदेशी उत्पादकों के साथ प्रभावी तौर से प्रतियोगिता कर सकें।

यूरोपीय कोयला और इस्पात समुदाय के 6 सदस्यों के इस आंशिक एकीकरण को 1957 में रोम की संधि से और विस्तृत कर दिया गया ताकि सभी वस्तुओं के लिए एक सांझा बाजार की स्थापना की जा सके और परमाणु शक्ति का विस्तार किया जा सके।

2. उद्देश्य
(OBJECTIVES)

यूरोपीय समुदाय के 3 संगठन हैं जो 6 सदस्य देशों द्वारा वास्तव में हस्ताक्षरित पृथक संधियों पर आधारित हैं : **पहला**, यूरोपीय कोयला और इस्पात समुदाय (ECSC) जिसे 1951 में पेरिस की संधि द्वारा स्थापित किया गया जो 50 वर्ष के लिए वैध है। **दूसरा**, यूरोपीय आर्थिक समुदाय (EEC) जिसे 1957 में रोम की संधि द्वारा स्थापित किया गया और यह अनिश्चितकाल के लिए है। **तीसरा**, यूरोपीय परमाणु ऊर्जा समुदाय (European Atomic Energy Community–Euretam) जिसकी स्थापना 1957 में रोम में द्वितीय संधि द्वारा की गई। यह भी निश्चितकाल के लिए है। पहली संधि जुलाई 1952 में पहले से ही लागू थी एवं अन्य दो संधियां जनवरी 1958 से लागू की गईं। 1986 के एकल यूरोपीय एक्ट (Single European Act) द्वारा EC में एकल आंतरिक बाजार स्थापित किया गया।

समुदाय के निम्न कार्य हैं :

(i) सदस्य देशों के बीच सीमा शुल्क खत्म करना एवं वस्तुओं के आयात एवं निर्यात के बारे में मात्रात्मक प्रतिबंधों को समाप्त करना तथा इसी तरह के प्रभाव डालने वाले अन्य उपाय करना।

(ii) सांझा सीमा शुल्क टैरिफ की स्थापना और विकासशील देशों के लिए सांझी व्यापारिक नीति बनाना।

(iii) सदस्य देशों के बीच परस्पर व्यक्तियों, सेवाओं और पूंजी के आवागमन पर लगी रोक को खत्म करना।

(iv) कृषि क्षेत्र में सांझा नीति बनाना।

(v) परिवहन के क्षेत्र में सांझा नीति अपनाना।

(vi) ऐसी व्यवस्था की स्थापना करना जिससे यह सुनिश्चित हो सके कि सांझा बाजार की प्रतियोगिता में कोई गड़बड़ न हो।

(vii) ऐसे तरीके लागू करना जिनसे सदस्य देशों की आर्थिक नीतियों में समन्वय हो सके तथा उनके भुगतान संतुलन की अस्थिरता को दूर किया जा सके।

(viii) एक समान सदस्य देशों के कानूनों को इस अनुरूप ढालना जिससे कि सांझा बाजार का कार्य सही तरह से चल सके।

(ix) कामगारों के लिए रोजगार की संभावनाएं बढ़ाने के लिए **यूरोपीय समाज कोष** (European Social Fund) का गठन तथा उनके जीवन-स्तर को ऊंचा उठाने में योगदान।

(x) नए संसाधनों की शुरुआत से समुदाय के आर्थिक विस्तार को सुविधाजनक बनाने के लिए यूरोपीय निवेश बैंक (European Investment Bank) की स्थापना।

(xi) व्यापार बढ़ाने और आर्थिक तथा सामाजिक विकास उन्नत करने के लिए समुद्रपार देशों और क्षेत्रों के साथ संघ बनाना।

अत: यूरोपीय समुदाय का प्रमुख उद्देश्य सदस्य यूरोपीय देशों के बीच वस्तुओं, सेवाओं, पूंजी और श्रम के खुले आवागमन में आने वाली बाधाओं को खत्म करना तथा कृषि और परिवहन के क्षेत्र में समान नीतियां बनाना तथा समान बाहरी व्यापारिक नीतियां बनाना है। सांझा बाजार को प्रभावशाली बनाने के लिए विभिन्न राष्ट्रीय नीतियां प्रतियोगिता, राजस्व मामलों और क्षेत्रीय सहायता से संबंधित होती हैं।

3. संगठन
(ORGANIZATION)

आर्थिक समुदाय का संगठनात्मक ढांचा निम्न है :

यूरोपीय परिषद् (European Council)—यूरोपीय समुदाय का मुख्य प्रशासनिक अंग यूरोपीय परिषद है जिसमें प्रत्येक सदस्य देश से एक मंत्री लिया जाता है। इसके निर्णय सर्वसम्मत अथवा बहुमत से लिए जाते हैं। परिषद की अध्यक्षता प्रत्येक सदस्य देश द्वारा बारी-बारी से की जाती है। परिषद का अपना एक सचिवालय है, जिसका महत्वपूर्ण अंग स्थायी प्रतिनिधियों की समिति (Committee of Permanent Representatives—Coreper) है। इस कोर्पर के सदस्य राजनयिक श्रेणी के होते हैं जिनकी सहायता अनेक विशेषज्ञ और अधीनस्थ समितियां करती हैं। परिषद् द्वारा प्रारंभिक चर्चाओं से लेकर निर्णय लेने तक सभी मुख्य नीति विषयक निर्णय कोर्पर द्वारा लिए जाते हैं। यूरोपीय समुदाय और सदस्य सरकारों के बीच यह एक आवश्यक संबंध है। इस प्रकार परिषद प्रतिदिन के निर्णयों, आचार नियमों को तैयार करने, नए विधान बनाने तथा संधि के प्रावधानों की अनुपालना करने हेतु सदस्यों के लिए समुदाय की एक कार्यकारी एजेंसी है।

यूरोपीय आयोग (European Commission)—परिषद के कार्यों में यूरोपीय आयोग सहायता करता है। इसमें 20 आयुक्त (Commissioners) शामिल हैं, प्रत्येक दो पांच बड़े देशों से और प्रत्येक एक छोटे देशों से। यह यूरोपीय समुदाय का एक कार्यकारी निकाय है जिसके सदस्यों की नियुक्ति 4 वर्ष की अवधि के लिए की जाती है और इस नियुक्ति को पुन: स्थापित किया जा सकता है। इसके अध्यक्ष और उपाध्यक्ष का चयन सदस्य सरकारों द्वारा किया जाता है और इस नियुक्ति का 2 वर्ष के लिए पुन: नवीकरण किया जा सकता है। प्रत्येक आयुक्त एक अथवा अधिक विशिष्ट समुदाय नीतियों के लिए उत्तरदायी होता है। आयोग में 10 हजार से अधिक का स्टॉफ होता है जिसमें अनुवादक और दुभाषिए शामिल होते हैं। आयोग का कार्य संधि तथा इसके नियमों की अनुपालना करना है और नई नीतियों का सुझाव देना है।

न्याय अदालत (Court of Justice)—न्याय अदालत कृषि, प्रतियोगिता नीति से संबंधित झगड़ों तथा सदस्य देशों के बीच अप्रवासी लोगों की सामाजिक सुरक्षा के बारे में फैसले सुनाती है। यह अदालत सदस्य देशों के विरुद्ध अथवा परिषद या आयोग या कर्म या व्यक्ति द्वारा समुदाय के खिलाफ निर्णयों से संबंधित मामलों पर निर्णय लेती है। यह अदालत संधि तथा इसके नियमों की भी व्याख्या करती है तथा इन नियमों का उल्लंघन करने पर दंड लगाती है। अदालत के निर्णय की अनुपालना करने के लिए सदस्य देशों के लिए रोम की संधि का पालन करना आवश्यक है।

लेखा परीक्षा अदालत (Court of Auditors)—यह समुदाय के बजट की लेखा परीक्षा करती है तथा इसके संपूर्ण व्यय की निगरानी करती है तथा शुल्क एवं वसूलियों को एकत्र करने के लिए बेहतर तरीके निर्धारित करती है।

यूरोपीय संसद (European Parliament)—सदस्य देशों के निर्वाचन मंडल यूरोपीय संसद के सदस्य निर्वाचित करते हैं। इसकी भूमिका सामान्य परामर्शदायी और सूचना स्वरूप की है। परंतु यह आयोग द्वारा बनाए गए बजट प्रारूप को स्वीकार अथवा अस्वीकार कर सकती है, यह आयोग को हटा भी सकती है। परंतु इस बारे में अंतिम निर्णय लेने से पूर्व परिषद से परामर्श करना जरूरी है। संसद सामान्य तौर से मुख्य संसदीय समिति के माध्यम से कार्य करती है।

सलाहकारी संस्थाएं (Advisory Institutions)—सलाहकारी संस्थाओं में आर्थिक और सामाजिक समिति, मौद्रिक समिति तथा कोयला और इस्पात की परामर्शदायी समिति शामिल है।

4. कार्य और उपलब्धियां (WORKING AND ACHIEVEMENTS)

यूरोपीय समुदाय ने आंतरिक टैरिफ के बिना तथा बाहरी टैरिफ के साथ एक कस्टम यूनियन के निर्माण की ओर कार्य किया है। यह एक **सांझा बाजार** (Common Market) के लिए निम्न विशेष समान आर्थिक नीतियां अपनाता है।

कस्टम यूनियन (Custom Union)—यूरोपीय समुदाय का मुख्य उद्देश्य कस्टम यूनियन बनाना था। इसे प्राप्त करने के लिए आंतरिक टैरिफ और व्यापार बाधाओं को समाप्त करने तथा औद्योगिक वस्तुओं के लिए समान बाहरी टैरिफ अपनाने के लिए रोम की संधि ने 12 वर्ष का समय दिया। ये दोनों लक्ष्य 1 जुलाई, 1968 को प्राप्त कर लिए गए और पूर्ण कस्टम यूनियन एक वास्तविकता बन गई।

समान कृषि नीति (Common Agricultural Policy—CAP)

कृषि के क्षेत्र में यूरोपीय समुदाय ने समान कृषि नीति (कैप) को अपनाया है। कैप की कार्य-प्रणाली भिन्न उत्पादों के लिए भिन्न है। विभिन्न उत्पादों के लिए कृषि समर्थन मूल्य, परिषद् द्वारा लेखा इकाइयों में निर्धारित किए जाते हैं। प्रत्येक सदस्य देश के लिए 'ग्रीन रेट' होता है जिस पर समर्थन मूल्यों को राष्ट्रीय मूल्यों में परिवर्तित किया जाता है। सभी सदस्य देशों के किसान समर्थन मूल्यों पर इच्छानुसार उत्पादन करने के लिए स्वतंत्र हैं। एक सदस्य देश से दूसरे सदस्य देश में कृषि उत्पादों के लाने-ले-जाने पर कोई व्यापारिक बाधा नहीं है। बाहरी विश्व से आयात की अनुमति तभी दी जाती है यदि देश में कृषि उत्पाद के घरेलू उत्पादन से भी अधिक मांग है। आयात को सीमित रखने के लिए एक परिवर्तनशील आयात कर प्रयोग में लाया जाता है जिसे बढ़ाया-घटाया जा सकता है ताकि आयातकों द्वारा उठाए जाने वाले मूल्य लाभ को संतुलित किया जा सके। जिन कृषि उत्पादों का उत्पादन समुदाय की आवश्यकता से अधिक है, उनके निर्यात अथवा समुदाय के बीच अतिरिक्त उपभोग के लिए सब्सिडी प्रदान की जाती है।

कैप को अपनाने से यूरोपीय समुदाय कृषि के क्षेत्र में आत्मनिर्भर हो गया है तथा कस्टम यूनियन की दिशा में एक और उपलब्धि भी प्राप्त कर ली है। परंतु कैप की कुछ असफलताएं भी हैं। **पहली,** कैप रोम संधि के उद्देश्य के अनुसार किसानों को वैकल्पिक धंधों की ओर उन्मुख करने के लिए प्रोत्साहित नहीं कर पाया है। **दूसरी,** इससे अमीर किसान और अधिक अमीर हुए हैं परंतु अधिक निर्धन किसानों के लिए यह कुछ नहीं कर पाया है। **तीसरी,** यह उपभोक्ताओं को कृषि उत्पाद उचित और स्थिर मूल्यों पर उपलब्ध कराने में कामयाब नहीं हुआ है क्योंकि इनके समर्थन मूल्य अधिक निर्धारित किए गए हैं। अंत में, कैप से मक्खन और गोमांस के पहाड़; शराब की झीलें; इससे पूर्व गेहूं और शक्कर के आधिक्य और अभी हाल ही में 'दूध की झीलों' के रूप में विशाल भंडार हो गए हैं। यूरोपीय समुदाय उन्हें विश्व बाजार मूल्यों पर बेचता है।

समान मत्स्यपालन नीति (Common Fisheries Policy)—इसके अंतर्गत ताजा जमी हुई और परिरक्षित (Preserved) मछलियों की बिक्री होती है। यह सदस्य देशों के बीच समान बाजार स्तर और व्यापार की सुविधाएं लागू करती है। इस नीति के अंतर्गत यूरोपीय समुदाय के सभी देशों को मछली वाले क्षेत्रों पर समान अधिकार प्रदान किया जाता है जिसमें विशेष प्रकार की समुद्र तट से दूर मछलियों की भी व्यवस्था होती है। परंतु यह नीति प्रचलित नहीं है क्योंकि यह भिन्न सदस्य देशों में तदर्थ समझौतों और रियायतों पर आधारित है।

साधन गतिशीलता (Factor Mobility)—श्रमिक और उनके परिवार एक सदस्य देश से दूसरे सदस्य देश में बिना परमिट के घूम-फिर सकते हैं और उन्हें कार्य तथा सामाजिक सुरक्षा के समान अधिकार प्राप्त हैं तथा उन पर संबंधित देश के नागरिकों की तरह

समान कराधान नीति लागू है। जहां तक पूंजी गतिशीलता का सम्बन्ध है, यह अन्तर्राष्ट्रीय मौद्रिक गड़बड़ों द्वारा अवरुद्ध हुई है। परिणामस्वरूप, पूंजी गतिशीलता तथा अन्तर्राष्ट्रीय निवेश सुगमता और सरलता से नहीं हुए हैं।

क्षेत्रीय विकास नीति (Regional Development Policy)—यूरोपीय समुदाय की क्षेत्रीय नीति सदस्य देशों के पिछड़े क्षेत्रों को वित्तीय सहायता प्रदान करने से संबंधित है। यह यूरोपीय निवेश बैंक (EIB), यूरोपीय सामाजिक कोष (ESF) और यूरोपीय क्षेत्रीय विकास कोष (ERDF) के द्वारा क्षेत्रीय सहायता प्रदान करती है। **यूरोपीय निवेश बैंक** गैर-लाभ वाली संस्था है जिसके तीन महत्वपूर्ण कार्य हैं : **पहला,** यह सदस्य देशों और संबद्ध देशों के अविकसित क्षेत्रों में मुख्य सामान्य सुविधाओं में सुधार करने के लिए ऋण और गारंटी देता है। **दूसरा,** यह उन परियोजनाओं के आधुनिकीकरण, परिवर्तन और विकास के लिए वित्तीय सहायता प्रदान करता है जो अधिक विशाल होने के कारण विशेष सदस्य राष्ट्रों द्वारा नहीं चलाई जा सकतीं। **तीसरा,** यह उन परियोजनाओं के लिए वित्तीय सहायता प्रदान करता है जिनमें सदस्य देशों का समान हित जुड़ा होता है। **यूरोपीय सामाजिक कोष** यूरोपीय समुदाय की नीतियों के परिणामस्वरूप काम से हटाए गए श्रमिकों को पुन: रोजगार प्रदान करने के लिए वित्तीय सहायता देता है। **यूरोपीय क्षेत्रीय विकास कोष** सदस्य देशों के पिछड़े क्षेत्रों के विकास के लिए अनुदान तथा उधार देता है। औद्योगिक और सेवा क्षेत्रों में निवेश करने के लिए अनुपूरक अनुदानों की सहायता करता है। यह बुनियादी ढांचे में निवेश करता है जिससे नए रोजगार का सृजन होता है, मौजूदा रोजगारों को बनाए रखा जाता है एवं पिछड़े ग्रामीण क्षेत्रों में बुनियादी ढांचे का निर्माण किया जाता है।

इन उपायों के बावजूद, समुदाय की क्षेत्रीय विकास नीति, आय असमानताओं को समाप्त करने में सफल नहीं हुई है। इसके विपरीत सदस्य देशों की अर्थव्यवस्थाओं में असमानताएं बढ़ रही हैं।

समान परिवहन नीति (Common Transport Policy)—रोम की संधि में यह निर्धारित किया गया है कि समुदाय के देशों में समान परिवहन नीति अपनाई जाए जिसमें शामिल है : (क) परिवहन की ऐसी बाधाओं को दूर करना जो संपूर्ण सांझा बाजार की स्थापना में खड़ी हो सकती हैं, (ख) समुदाय स्तर पर परिवहन का एकीकरण करना ताकि सदस्य देशों में परिवहन सेवाओं का स्वतंत्र आवागमन हो सके, एवं (ग) समुदाय के भीतर परिवहन का सामान्य संगठन करना।

पहले उद्देश्य के अलावा एक समान परिवहन नीति के लिए अन्य दो उद्देश्य प्राप्त करने में थोड़ी प्रगति हुई है। इसका कारण रेल और सड़क परिवहन द्वारा वस्तुओं को ढोने से संबंधित विभिन्न सदस्यों की आधारभूत ढांचे की कीमतें, प्रवेश नियंत्रण और दर-नियंत्रण जैसी जटिल समस्याएं हैं।

एकाधिकार तथा नियंत्रक व्यापार रीतियां (Monopoly and Restrictive Trade Practices)—यह नीतियां मुख्य तौर से उन कंपनियों पर लागू होती हैं जो एक से अधिक सदस्य देश में कार्य करती हैं। यह फर्मों के बीच समझौतों को रोकती हैं जो सदस्य देशों के बीच व्यापार में प्रतिस्पर्द्धा पर बुरा प्रभाव डालती हैं।

कराधान का संगतीकरण (Harmonisation of Taxation)—वस्तुएं एक सदस्य देश से दूसरे में बिना किसी सीमा नियंत्रण के आ-जा सकती हैं। परंतु कर की स्टैंडर्ड किस्म VAT है जो माल पहुंचने वाले देश में लिया जाता है जब वस्तुएं एक EU देश से दूसरे में सीमा को पार करती हैं। जिस देश में वे उत्पादित होती हैं उसमें उन्हें VAT से छूट होती है। फिर भी, सदस्य देशों के बीच VAT दरों में अंतर पाए जाते हैं। परंतु EU में अन्य परोक्ष करों तथा प्रत्यक्ष करों का संगतीकरण नहीं है।

समान सामाजिक नीति (Common Social Policy)—इसका संबध रोजगार, काम के समय, स्वास्थ्य और सुरक्षा, एक ही काम के लिए स्त्रियों और पुरुषों को समान वेतन और सामूहिक सौदेबाजी अधिकारों के नियमों से है। 1989 में **सामाजिक चार्टर** (Social Charter) अपनाने तक इस ओर कोई विशेष प्रगति नहीं हुई थी। सामाजिक चार्टर ने वर्करों के अधिकारों तथा सामाजिक न्याय से संबंधित 12 नियम स्थापित किए। इनमें से सदस्य देशों द्वारा निम्न अपनाए गए हैं :

(1) एक देश के नागरिकों का दूसरे सदस्य देश में समान मजदूरी तथा समान कार्यकारी स्थितियों के अंतर्गत रहने और कार्य करने का अधिकार,

(2) विभिन्न प्रकार के समान सुअवसर कानून पास करना जैसे कार्यकारी माता-पिता के शिशु की देखभाल,

(3) 48 घंटों का अधिकतम कार्यकारी (Working) सप्ताह, जिसमें प्रत्येक सप्ताह में एक अवकाश तथा न्यूनतम चार सप्ताह की वार्षिक छुट्टी,

(4) एक सदस्य देश से दूसरे में जाने वाले वर्करों को पेंशन तथा सामाजिक सुरक्षा का अधिकार,

(5) काम के स्थान पर स्वास्थ्य और सुरक्षा उपाय,

(6) यूरोपीय रोजगार सेवा (European Employment Service) का निर्माण; और

(7) नौकरियों के लिए यूरोपीय सूचना नेटवर्क।

आर्थिक तथा मौद्रिक संघ (Economic and Monetary Union)—रोम की संधि में यूरोपीय मौद्रिक संघ के बारे में विशेष उल्लेख नहीं किया गया। परंतु 1970 के मौद्रिक उतार-चढ़ावों ने समुदाय के मंत्रियों को हेग में एक आर्थिक और मौद्रिक यूनियन की स्थापना पर सहमत होने के लिए प्रेरित किया। तदनुसार **वर्नर रिपोर्ट** ने यूरोपीय मौद्रिक संघ की चरणबद्ध रूप में स्थापना करने तथा 1980 तक पूर्ण मौद्रिक एकीकरण की सिफारिश की। सदस्य देशों की विनिमय दर के नियंत्रण के लिए ''यूरोपीय करंट स्नेक'' में शामिल होने के लिए कहा गया। परंतु जुलाई 1978 में **बेमन घोषणा** तक यूरोपीय परिषद् ने यूरोपीय मौद्रिक व्यवस्था (European Monetary System—EMS) की स्थापना करने का निर्णय किया। EMS मार्च 1979 से प्रारंभ की गई। इसकी चार मुख्य विशेषताएं थीं :

(i) विनिमय दर तंत्र Exchange Rate Mechanism-ERM),

(ii) यूरोपीय करेंसी इकाई (European Currency Unit-ECU);

(iii) यूरोपीय मौद्रिक सहयोग कोष (European Monetary Cooperation Fund-EMCF), और

(iv) वित्त प्रबंधन सुविधाएं।

ERM और यूरोपीय मौद्रिक व्यवस्था ने ठीक तरह से कार्य किया तथा सदस्य देशों के बीच मौद्रिक सहयोग लाने में बहुत सफल रहे। ERM की सफलता ने यूरोपीय समुदाय को एकल करेंसी अपनाने के लिए प्रोत्साहित किया जो **मास्ट्रिक्ट संधि** (Maastricht Treaty) की ओर ले गई।

यूरो (Euro)—फरवरी 1992 में यूरोपीय संघ के 15 सदस्यों ने मास्ट्रिक्ट के स्थान पर **यूरोपीय मौद्रिक संघ** (European Monetary Union-EMU) बनाने के लिए एक संधि पर हस्ताक्षर किए। परंतु केवल 11 सदस्य देशों ने संधि का अनुमोदन किया। इसको तीन चरणों में लागू किया गया।

प्रथम चरण में, सदस्य देशों की करेंसियों की यूरो की एक मौद्रिक इकाई परिवर्तित करने के लिए 30 जून, 1998 को यूरोपीय सैंट्रल बैंक का फ्रैंकर्फट (जर्मनी) में उद्घाटन किया गया। 1 जुलाई, 2002 को यूरो सिक्के और नोट चालू होने पर बैंक का मुख्य कार्य स्फीति को कम करना तथा नई करेंसी यूरो में विश्व के वित्तीय बाजारों में विश्वास उत्पन्न करना था। **दूसरे चरण में,** 1 जनवरी, 1999 को 11 देशों के केंद्रीय बैंकों ने यूरो को एक एकल मौद्रिक इकाई अपनाया। **तीसरे चरण में,** 1 जुलाई, 2002 से यूरो सिक्के और बैंकनोट किए गए तथा सदस्य देशों की करेंसियां समाप्त कर दी गईं। यूरो सिक्के और नोट चालू जारी होने से यूरोप के 300 मिलियन नागरिकों को एक एकल करेंसी का लाभ प्राप्त हो गया है। उनको अब सदस्य देशों की करेंसियों में परिवर्तन करने तथा इसके लिए फीस देने की आवश्यकता से छुटकारा मिल गया है। अब यूरो विश्व पूंजी और वित्तीय बाजारों में एक सुदृढ़ मुद्रा के रूप में स्थान रखता है।

परंतु EMU की सफलता यूरोपीय समुदाय की **अर्थव्यवस्थाओं की विकाससमानिता** (Convergence) पर निर्भर करती है। इसका अर्थ है कि ये देश वृद्धि, स्फीति, भुगतान शेष, GDP की प्रतिशतता के रूप में बजट घाटे आदि के समान स्तर प्राप्त करें। EMU के कार्यकरण से यह मालूम हुआ है कि अभी तक इन अर्थव्यवस्थाओं में बहुत कम विकाससमानिता है। विशेषकर इनमें ब्याज दरों, बजट घाटों, स्फीति की दरों आदि में बहुत अंतर पाए जाते हैं।

एकल अथवा सांझा बाजार (Single or Common Market)—1980 के दशक तक यूरोपीय यूनियन एक कस्टम यूनियन थी जिसकी ऊपर वर्णित विशेषताएं थीं। परंतु यह एक सांझा बाजार नहीं था क्योंकि इनमें अनेक प्रकार के गैर-टैरिफ प्रतिबंध पाए जाते थे। **एकल यूरोपीय एक्ट,** (Single European Act), 1986 द्वारा 31 दिसंबर, 1992 तक सभी प्रतिबंध हटाने की सिफारिश की गई तथा 1 जनवरी, 1993 को यूरोपीय यूनियन 345 मिलियन व्यक्तियों का एक एकल सीमा-मुक्त (Frontier-free) बन गया जो 1 जनवरी, 1995 से क्रियाशील हो गया। एकल मार्केट की विशेषताएं हैं :

(1) यूरोपीय यूनियन के अंदर वस्तुओं, पूंजी, सेवाओं तथा व्यक्तियों का मुक्त आवागमन,

(2) सदस्य देशों द्वारा आयात पर लगाए गए प्रतिबंधों का एक **समुदाय टैरिफ प्रणाली** द्वारा प्रतिस्थापन;

(3) प्रत्येक नागरिक को अन्य सदस्य देश में रहने का हक;

(4) अन्य सदस्य देश में व्यावसायिक योग्यताओं की मान्यता;

(5) लेखाकारों, इंजीनियरों, डाक्टरों, अध्यापकों और अन्य व्यवसायियों का समस्त यूनियन में कार्य करने का हक;

(6) समान व्यापारिक कानून जिनके अनुसार एक देश के कानून और उनकी मान्यताएं समस्त यूनियन में लागू हों। झगड़ा होने पर, व्यक्तियों और फर्मों को नियमों और विनियमों को चुनने और मानने की स्वतंत्रता है; और

(7) नियमों और विनियमों के संगतीकरण से संबंधित बहुमत वोटिंग के नियम को स्वीकारना।

एकल यूरोपीय एक्ट में 282 प्रस्ताव थे जिनको समस्त यूनियन में अपनाया गया था। इस प्रकार, यूरोपीय यूनियन केवल कस्टम यूनियन ही नहीं बल्कि एक सांझा बाजार भी है।

आलोचना मूल्यांकन (Critical Appraisal)

यूरोपीय समुदाय ने सदस्य देशों के बीच वस्तुओं,सेवाओं, पूंजी तथा श्रम के स्वतंत्र आवागमन में आने वाली बाधाओं को दूर करने से संबधित तथा कृषि एवं समान बाहरी व्यापारिक नीति के क्षेत्र में एक समान नीतियों की स्थापना करके कुछ मुख्य उद्देश्यों को प्राप्त किया है। इसके परिणामस्वरूप, एक विस्तृत समान बाजार की स्थापना हुई है तथा व्यापार में पर्याप्त वृद्धि हुई है। पिछले कुछ वर्षों में सदस्य देशों ने निवेश तथा आय की बढ़ोतरी में उच्च दर प्राप्त की है। डॉलर के आधिपत्य के खिलाफ बचाव के रूप में आर्थिक और मौद्रिक यूनियन (EMU) बनाने में सफल हुआ है। यूरोपीय समुदाय के गठन से सदस्य देशों के भुगतान संतुलन की स्थिति और सुदृढ़ हुई है। यह अमेरिका, जापान और कनाडा के उत्पादों पर मानक दरों पर शुल्क लगाने में समर्थ हुआ है। इसने इस मुद्दे पर बिना कोई समझौता किए अमरीकन धमकी का भी सामना किया है। यूरोपीय संघ की विभिन्न क्षेत्रों में सफलता से प्रोत्साहित होकर यूरोपीय कमीशन पूर्व यूरोपीय देशों को मध्य 2004 वर्ष तक समुदाय में सम्मिलित करने पर विचार कर रहा है।

इन सब उपलब्धियों के बावजूद, यूरोपीय समुदाय संपूर्ण आर्थिक और राजनीतिक एकता प्राप्त करने में सफल नहीं हुआ है। यह एक समान परिवहन नीति तैयार करने में सफल नहीं हुआ हैं। मौद्रिक और राजकोषीय उपायों में कोई सामंजस्यता नहीं आई है। सदस्य देशों के बीच नीति भेद उत्पन्न हो रहे हैं। सदस्य देशों में क्षेत्रीय असमानताएं विद्यमान हैं। प्रयोगसिद्ध अध्ययनों से पता चला है कि कुछ व्यापार विचलन (Trade Diversion) प्रभाव हुए हैं। परंतु व्यापार सृजन (Trade Creation) प्रभाव अधिक सुदृढ़ हुए हैं। जिससे समुदाय का कुल व्यापार शेष विश्व के साथ कई गुणा बढ़ा है।

5. यूरोपीय आर्थिक समुदाय और विकासशील देश (ECC AND DEVELOPING COUNTRIES)

यूरोपीय समुदाय के विकासशील देशों के साथ संबंध 1957 में रोम की संधि से पाए जाते हैं। यूरोपीय समुदाय के छ: मूल हस्ताक्षरकर्ता उन गैर यूरोपीय देशों और क्षेत्रों के साथ संबंध करने के लिए सहमत हो गए जिनके फ्रांस, बेल्जियम, इटली और नीदरलैंड के साथ विशेष संबंध थे। संबद्ध सदस्यों के आयात और निर्यात को समुदाय के सदस्यों में बराबर का माना जाता है। 1973 में ग्रेट ब्रिटेन के यूरोपीय समुदाय में प्रवेश होने से उसके पर्याप्त पूर्व उपनिवेश भी यूरोपीय समुदाय के संबद्ध सदस्य बन गए हैं। प्रारंभ में ऐसे विकासशील देशों के साथ पृथक करारों पर हस्ताक्षर किए गए थे जो समुदाय के संबद्ध सदस्य बन गए। परंतु 1975 में **लोम सम्मेलन** (Lome Convention) के अंतर्गत 45 अफ्रीका, कैरेबियन और प्रशांत (African, Caribbean and Pacific–ACP) देशों के साथ एक करार पर हस्ताक्षर किए गए। इस समय प्रशांत क्षेत्र में 12 देश और अफ्रीकी, कैरेबियन तथा प्रशांत क्षेत्र के 66 देशों ने तीसरे लोम सम्मेलन पर हस्ताक्षर किए हैं। लोम समझौते में कुछ **गैर टैरिफ** प्रतिबंधों की छूट, कुछ व्यापार नियमों को कम सख्ती से लागू करना, तथा MFA (Multi Fibre Arrangement) जैसे कुछ द्विपक्षीय व्यापार करारों से छूट शामिल हैं। परंतु इसमें ऐसे नियम लागू होते हैं जो लाभकर्ताओं के निर्यात के लिए मुक्त पहुंच को बहुत सीमित करते हैं जिसमें एक सुरक्षा धारा भी शामिल है जो EC को किसी भी छूट को एकतरफा स्थगित करने की अनुमति देती है। यद्यपि ACP देश एक ग्रुप के रूप में MFA से अधिमानी टैरिफ दरें और रियायतें प्राप्त कर रहे हैं, तथापि आनुभाविक प्रमाण स्पष्ट करता है कि वास्तव में ACP देशों और EC के बीच व्यापार कम हुआ है। परंतु कुछ व्यापार

निर्माण करने वाले प्रभाव ACP देशों स निर्यात के रूप में हुए हैं जैसे विनिर्मित और संसाधित (Procesed) कृषि और उष्णकटिबंधीय कृषि पदार्थों के रूप में।

जहां तक एशिया, लैटिन अमेरिका तथा खाड़ी तथा दक्षिणी प्रशांत के अन्य विकासशील देशों का संबंध है, यूरोपीय आर्थिक समुदाय और इन देशों के बीच संपर्क 1 जुलाई, 1971 को सामान्य अधिमानी व्यवस्था (General System of Preferences—GSP) प्रारंभ करके किया गया। GSP विकासशील देशों द्वारा कुछ निर्मित वस्तुओं के EC को निर्यात करने के लिए उनके स्वतंत्र प्रवेश की अनुमति देती है और उन्हें औद्योगीकरण करने में सहायता प्रदान करती है। GSP योजना के अंतर्गत EC 56 एशियाई, लेटिन अमरीकी और मध्य पूर्व देशों से आयात कर रहा है। वास्तव में ऐसे सभी देशों ने यूरोपीय आर्थिक समुदाय से व्यापारिक और आर्थिक सहयोग के करारों पर व्यक्तिगत रूप से हस्ताक्षर किए हैं। उन विकासशील देशों को छोड़कर, जो समुदाय के सह-सदस्य हैं, अन्य विकासशील देशों को GSP से कोई विशेष लाभ नहीं हुआ है। वे EC के साथ अपने व्यापार संबंधों में बढ़ रहे संरक्षणवाद से निरंतर हानि उठा रहे हैं। समुदाय के कुल आयात में से केवल 10 प्रतिशत ही GSP के अंतर्गत आते हैं। साथ ही विकासशील देशों को वित्तीय सहायता बढ़ाने के रास्ते में समुदाय की बजटीय रुकावटें सामने आती हैं। अंकटाड के बाहर रहने से EC इन देशों को अधिक सहायता देने में विफल रहा है। फिर भी EU Trade Commission द्वारा मार्च 2001 में विश्व के दरिद्रतम देशों के लिए शून्य टैरिफ तथा शून्य शुल्क पैकेज की घोषणा समुदाय का विकासशील देशों के प्रति मुख्य योगदान है।

संसार में EC पहनावे की सबसे बड़ी मार्केट है। इसने गैट MFA धाराओं के अंतर्गत सभी दक्षिण एशियाई और लेटिन अमरीकी देशों तथा अन्य कम-मजदूरी पहनावा निर्यातक देशों के साथ द्विपक्षीय व्यापार समझौते किए हैं। जब एकल मार्केट पूरी तरह कार्यरत होगा तो कपड़ा और पहनावे के निर्यात को प्रोत्साहन मिलेगा। EC ने गैट उरुग्वे दौर वार्ताओं के अंतर्गत तीन स्टेजों में 1 जनवरी, 2005 तक MFA के समाप्त करने को मान लिया था। तब तक द्विपक्षीय समझौतों को विकासशील देशों के लाभ के लिए बढ़ाया जाएगा।

समुदाय, विकासशील देशों को दूरसंचार, विज्ञान और प्रौद्योगिकी, ऊर्जा तथा मानव संसाधन विकास को उन्नत करने के लिए सहायता करता है। यह विकासशील देशों में जीव-प्रौद्योगिकी, स्वास्थ्य, पर्यावरण, भौतिक विज्ञान, ऊर्जा, कृषि और खाद्य प्रौद्योगिकी में संयुक्त अनुसंधान परियोजनाएं चलाता है। यह ऐसे देशों में व्यापार प्रोत्साहनों, निर्यात अर्जनों के स्थिरीकरण और उनमें क्षेत्रीय एकीकरण को प्रोत्साहित करता है। EC द्वारा वित्त पोषित विकास परियोजनाएं अधिकतर ग्रामीण क्षेत्रों में हैं। इनमें ग्रामीण विद्युतिकरण, सिंचाई, प्राथमिक शिक्षा और समुदायिक विकास शामिल हैं।

EC अंतर्राष्ट्रीय स्तर पर नशीली औषधियों के नियंत्रण में मुख्य भूमिका निभा रहा है। इसने 1987 में औषधियों के दुरुपयोग पर एक विशेष प्रोग्राम प्रारंभ किया जिसका उद्देश्य विकासशील देशों द्वारा नशीली औषधियों की मांग और उत्पादन को कम करने के प्रयत्नों को समर्थन देना था। अभी तक EC ने एशिया, लेटिन अमरीका, अफ्रीका और कैरीबियन में औषधियों के उपभोग/उत्पादन को कम करने से संबद्ध वित्त प्रबंधन किया है।

यूरोनीय समुदाय ने 1988 में एशिया, लेटिन अमरीका और विकासशील भूमध्यसागरीय देशों में आर्थिक विकास को बढ़ाने हेतु ई.सी. निवेश साझेदार (EC Investment Partners–ECIP) स्कीम प्रारंभ की। यह स्कीम EC कंपनियों को, जो विकासशील देशों में प्रत्यक्ष निवेश करने की इच्छुक हैं, वित्तीय सहायता प्रदान करती है। ECIP पूंजी और प्रौद्योगिकी के स्थानांतरण को प्रोत्साहित करने के लिए संयुक्त निवेश परियोजनाएं प्रोत्साहित करता है और नए औद्योगिक क्षेत्रों में नौकरियों को उत्पन्न करने में सहायता करता है। यह उन कंपनियों की भी सहायता करता है जो लाईसेंसिंग और तकनीकी सहायता करारों द्वारा विकासशील देशों में कार्य करना चाहती हैं। लघु और मध्यम उपक्रमों के प्रोत्साहन पर बल दिया जाता है। यह अर्थव्यवस्था के सभी क्षेत्रों का प्रबंध करता है जिसमें उद्योग, सेवाएं, कृषि और खनन शामिल हैं। यह EC और विकासशील देशों में वित्तीय संस्थाओं के माध्यम से कार्य करता है। ये वित्तीय संस्थाएं EC के एजेंट के रूप में कार्य करती हैं। वे परियोजनाओं का विश्लेषण करती हैं, संयुक्त उपक्रमों को स्वीकृत अथवा रद्द करने की सिफारिश करती हैं, ठेकों का प्रारूप तैयार करती हैं और भुगतान करती हैं। यह परियोजना पहचान अध्ययनों, मानव संसाधन विकास, और संयुक्त उपक्रमों में शेयर साझेदारी के लिए निधियां प्रदान करता है। यह ''जो पहले आए, पहले सेवा प्राप्त करे'' के सिद्धांत पर कार्य करता है तथा विशेष विकासशील देशों के लिए कोटा निर्धारित नहीं करता है।

6. भारत और यूरोपीय समुदाय (INDIA AND THE EC)

भारत ने 15 देशीय यूरोपीय समुदाय से व्यापारिक तथा आर्थिक सहयोग करार किया है। भारत-ई.सी. संयुक्त आयोग (Indo-EC Joint Commission) पर एक राजदूत द्वारा भारत का प्रतिनिधित्व किया जाता है। भारतीय विदेश व्यापार में यूरोपीय आर्थिक समुदाय के हिस्से में पिछले वर्षों में कोई विशेष परिवर्तन नहीं हुआ है। वर्ष 1970-71 में भारत के कुल निर्यात का 18.4 प्रतिशत समुदाय को निर्यात किया गया जो 1996-97 में बढ़कर 25.0 प्रतिशत हो गया। परंतु आयात का हिस्सा और बढ़ गया है। वर्ष 1970-71 में यह 19.6 प्रतिशत था जो वर्ष 1996-97 में 25.6 प्रतिशत तक बढ़ गया। इसके परिणामस्वरूप भारत का व्यापार घाटा निरंतर बढ़ रहा है। यूरोपीय आर्थिक समुदाय को भारत के धीमे निर्यात के कारणों का पता लगाना सरल है। दस्तावेजों ने GSP के अंतर्गत भारतीय निर्यातों को प्राथमिकता दी जाती है। लगभग 60 प्रतिशत भारतीय निर्यात समुदाय की विभिन्न प्रकार की गैर-टैरिफ बाधाओं के अंतर्गत होता है। वास्तव में, भारतीय निर्यात में कमी और विशेषतौर पर कृषि और समुद्री-उत्पाद, रसायन, सिले-सिलाए वस्त्र तथा इंजीनियरिंग वस्तुओं में कमी का मुख्य कारण बढ़ता हुआ संरक्षणवाद है।

समुदाय के भारत के साथ संबंधों में दो मुख्य तत्व हैं। **पहला,** व्यापार सहयोग और दूसरा विकास सहायता। पहले के अंतर्गत, समुदाय ने एम.एफ.ए. (Multifibre Arrangement) के अंतर्गत वस्त्रों के आयात के लिए भारत के साथ एक व्यापारिक करार किया है। इसके अंतर्गत भारत कपड़ा और पहनावे EC को निर्यात करता है। इस ओर भारत EC का सबसे बड़ा स्रोत है। दिसम्बर, 1992 में, समुदाय ने भारत के साथ द्विपक्षीय करार को दो वर्षों के लिए बढ़ाया और उसे आगे एक वर्ष और बढ़ाने की संभावना रखी। गैट उरुग्वे दौर की वार्ताओं के अंतर्गत एम.एफ.ए. की स्टेजों में 1 जनवरी, 2005 तक समाप्त हो जाने से भारत के कपड़ों और पहनावों के निर्यात आने वाले वर्षों में बढ़ने की संभावना है।

विकास सहायता में विज्ञान और प्रौद्योगिकी, ऊर्जा तथा मानव संसाधनों में सहयोग को शामिल किया गया है। भारत को सहायता के एक महत्वपूर्ण तत्व में मलाई उतारे दुग्ध पाउडर और आप्रेशन फ्लड के लिए मक्खन-तेल के रूप में खाद्य सहायता तथा उर्वरकों की खरीद के लिए वित्तीय सहायता शामिल है। इसकी बिक्री से प्राप्त निधियों को ग्राम विकास परियोजनाओं की वित्तीय सहायता के लिए इस्तेमाल किया जाता है। इसमें ग्रामीण विद्युतिकरण, सिंचाई तथा प्राथमिक शिक्षा शामिल हैं। समुदाय ने अनेक प्रशिक्षण कार्यक्रम तथा भारतीय वस्तुओं के व्यापार प्रोत्साहन के कार्यक्रमों के लिए भी वित्तीय सहायता दी है। इसका उद्देश्य भारतीय उद्योग की सहायता करना है ताकि उद्योग अपनी प्रौद्योगिकी उन्नत करके यूरोपीय क्रेताओं को स्वीकार्य स्तर का उत्पादन कर सके, उत्पादन लागत घटा सकें, तथा यूरोपीय व्यवसाय संस्कृति में अपनी अधिक पहचान बना सकें। समुदाय और भारत के बीच औद्योगिक सहयोग कार्यक्रम के अंतर्गत भारतीय विशेषज्ञ सदस्य देशों की मानक संस्थाओं तथा इन मानकों को लागू करने वाली कंपनियों के स्थान पर ही प्रशिक्षण और अध्ययन के लिए जाते हैं। यूरोपीय आयोग भी इंजीनियरिंग वस्तुओं, मशीनी पुर्जे और चिकित्सा तथा शल्य चिकित्सा उपकरणों जैसे विभिन्न नए क्षेत्रों में विस्तृत संबंधों को बढ़ावा दे रहा है।

भारत को यूरोपीय समुदाय, पर्यावरण संबंधी प्रोग्रामों और ऊर्जा प्रबंधन एवं नियोजन में सहायता कर रहा है। 1989 में समुदाय के फंड से एफ.ई.सी. भारत ऊर्जा प्रबंधन केंद्र (EC-India Energy Management Centre) स्थापित किया गया। इसका मुख्य उद्देश्य विश्वसनीय समुदाय की ऊर्जा प्रौद्योगिकी के हस्तांतरण को प्रोत्साहित करना है। इसके अतिरिक्त, नशीली औषधियों के प्रयोग को रोकने के लिए समुदाय द्वारा स्वीकृत परियोजनाओं में नई दिल्ली और मुम्बई में नशीली वस्तुओं के विष हटाने के केंद्र और मुम्बई के स्कूलों में नशीली औषधियों के प्रयोग के विरुद्ध शिक्षा के प्रोग्राम शामिल हैं।

भारतीय अर्थव्यवस्था की उदारीकरण की प्रक्रिया से भारत और समुदाय के निजी क्षेत्रों के बीच सीधे संपर्क और सहयोग पर अधिक बल दिया जा रहा है। ECIP स्कीम के अंतर्गत इसको और अधिक प्रोत्साहन मिला है जिसके अंतर्गत भारत को इसके एजेंटों—आयात-निर्यात बैंक, ICICI और IDBI के माध्यम से पूंजी और तकनीकी सहायता प्राप्त हो रही है। हाल ही में स्थापित ''भारत-ई.सी. व्यवसाय फोरम'' (Indo-EC Business Forum) दोनों देशों के व्यापारियों और उद्योगपतियों के बीच परस्पर व्यावसायिक मुद्दों पर निकट संपर्क स्थापित करता है।

सरकारी स्तर पर दिसम्बर 1992 में ''भारत ई.सी. साझेदारी और विकास पर सहयोग समझौता'' (Indo-EC Cooperation

Agreement on Partnership and Development) हस्ताक्षरित किया गया। भारत पहला देश है जिसके साथ ई.सी. ऐसे समझौते में शामिल हुआ है। समझौता स्पष्ट करता है कि ई.सी. और भारत के बीच व्यापार संबंध एम.एफ.एन. आधार पर चलते रहेंगे। परंतु मार्केट पहुंच को संभावित उच्चतम स्तर तक बढ़ाया जाएगा, जिसके लिए गैर–टैरिफ प्रतिबंध दूर किए जाएंगे और झगड़ों को निपटाया जाएगा। प्रौद्योगिकी के क्षेत्रों में अधिक सहयोग किया जाएगा। यह समझौता भारत के आर्थिक और व्यापारिक वातावरण को सुधारने में सहायक होगा।

यूरोपीय समुदाय ने एक कानून पारित किया है जिसके अनुसार खाद्य पदार्थों, दवाइयों और लगभग सभी टिकाऊ उपभोक्ता वस्तुओं को EC स्टैंडर्ड और प्रमाणीकरण पूरा करना जरूरी है। भारतीय फर्मों को ISO 9000 अथवा EC के EN 29000 के गुणवत्ता स्टैंडर्ड के अनुसार वस्तुएं बनानी आवश्यक हैं। जो निर्माता अपनी वस्तुओं को इन स्टैंडर्ड के अनुसार नहीं बनाते और प्रमाण–पत्र प्राप्त नहीं करते उनकी वस्तुएं यूरोपीय समुदाय के देशों में प्रवेश नहीं कर सकती है। इनको दूर करने के लिए भारतीय मानक संस्थान (ISI) के विशेषज्ञों को यूरोपीय टैस्ट करने वाली प्रयोगशालाओं में प्रशिक्षण दिया जाता है जबकि EC विशेषज्ञ विनिर्माताओं और टैस्ट करने वाली प्रयोगशालाओं में परामर्श देने के लिए आते हैं। भारतीय प्रयोगशालाओं को EC स्टैंडर्ड तक लाने के लिए एक आधुनिकीकरण प्रोग्राम भी चालू है। EC राष्ट्रीय राज्य और जिला स्तरों पर क्षेत्र विकास को भी वित्तीय सहायता देता है, जैसे प्रबंधकीय कुशलताओं, प्रवृत्तियां, परिवर्तनों, प्राथमिक स्वास्थ्य सिस्टम, विकेंद्रीकरण प्रक्रिया आदि को प्रोत्साहन देना।

प्रश्न

1. उद्देश्यों के संदर्भ में यूरोपीय समुदाय की सफलताओं का विवेचन कीजिए।
2. यूरोपीय समुदाय के कार्य तथा सफलताओं की विवेचना करिए। यह एक सांझा बाजार के उद्देश्य पूरे करने में कहां तक सफल हुआ है ?
3. यूरोपीय आर्थिक समुदाय के उद्देश्यों का संक्षिप्त वर्णन कीएिज। इसकी विकासशील देशों में क्या भूमिका है ? भारत के संदर्भ में वर्णन करिए।
4. निम्न पर टिप्पणी लिखिए : ई.सी. आर्थिक और मौद्रिक संघ; ई.सी. और विकासशील देश; ई.सी. और भारत।

अध्याय 52

प्रशुल्क एवं व्यापार सम्बन्धी सामान्य करार (गैट)
(General Agreement on Tariffs and Trade—GATT)

1. प्रस्तावना
(INTRODUCTION)

प्रशुल्क एवं व्यापार सम्बन्धी सामान्य करार (गैट) हवाना चार्टर की राख से विकसित हुआ। विश्व में 1930 के दशक और द्वितीय विश्वयुद्ध के दौरान व्यापार की व्यापक पद्धति को कड़ी समस्याओं का सामना करना पड़ा था। अत: सम्बद्ध शक्तियों ने द्वितीय विश्वयुद्ध के पश्चात उदार विश्व व्यापार व्यवस्था अपनाने की सोची। इस उद्देश्य के लिए हजाना में 1947-48 के शीतकाल में व्यापार और रोजगार का अन्तर्राष्ट्रीय सम्मेलन आयोजित करने का निर्णय लिया। 53 देशों ने इस सम्मेलन में भाग लिया और एक अन्तर्राष्ट्रीय व्यापार संगठन का गठन करने के लिए एक चार्टर पर हस्ताक्षर किये। परन्तु अमरीकी कांग्रेस ने हवाना चार्टर का कभी समर्थन नहीं किया जिसके परिणामस्वरूप अन्तर्राष्ट्रीय व्यापार संगठन गठित नहीं किया जा सका। इसके साथ-साथ 23 देश जेनेवा में व्यापार-रियायतों के लिए व्यापक टैरिफ बातचीत जारी रखने के लिए सहमत हो गए जिन्हें गैट में शामिल किया गया। इस करार पर 30 अक्टूबर, 1947 को हस्ताक्षर किये गए और जब अन्य देशों ने भी इस पर हस्ताक्षर कर दिए थे तो 1 जनवरी, 1948 को यह लागू हुआ। 1 जनवरी 1995 को गैट समाप्त हो गया और विश्व व्यापार संगठन में शामिल कर दिया गया।

2. गैट क्या है?
(WHAT IS GATT?)

गैट एक बहुपक्षीय संधि थी जिस पर 96 देशों ने हस्ताक्षर किए थे, 31 अन्य देशों ने गैट नियम अपनाए थे। गैट न तो कोई संगठन था और न ही न्यायालय। यह सामान्यत: एक बहुराष्ट्रीय संधि थी जो विश्व-व्यापार का 80 प्रतिशत पूरा करती थी। अन्तर्राष्ट्रीय व्यापार के आचार नियमों की एक संहिता वाली और व्यापार उदारीकरण की कार्यप्रणालीयुक्त यह एक निर्णय लेने वाली संस्था थी। यह एक मंच थी जहां अनुबन्ध करने वाले विभिन्न देश अपनी व्यापार समस्याओं पर बातचीत करने और उनका हल ढूंढ़ने तथा अपने व्यापार को बढ़ाने की सम्भावनाओं पर वार्ता करने के लिए समय-समय पर एकत्र होते थे। गैट के नियमों में व्यापार सम्बन्धी विवादों का निपटान करने, व्यापार दायित्वों का त्याग करने और यहां तक कि प्रतिशोधात्मक उपायों को अपनाने की व्यवस्था थी।

गैट एक स्थायी अन्तर्राष्ट्रीय संगठन था जिसके प्रतिनिधियों की स्थायी परिषद् का मुख्यालय जेनेवा में था। इसका कार्य बहुपक्षीय आधार पर व्यापार उदारीकरण के बारे में अन्तर्राष्ट्रीय सम्मेलन आयोजित करना था।

3. गैट के उद्देश्य
(OBJECTIVES OF GATT)

गैट के उद्देश्य अन्तर्राष्ट्रीय व्यापार आचार-संहिता में उल्लिखित कुछ मौलिक सिद्धान्तों पर आधारित थे:

(1) परममित्र राष्ट्र (एम. एफ. एन.) सिद्धान्त का बिना शर्त अनुसरण करना।

(2) व्यापार को बिना किसी भेदभाव, आदान-प्रदान और निष्कपट होकर करना।

(3) घरेलू उद्योगों को केवल टैरिफ के जरिए ही संरक्षण देना।

(4) बहुपक्षीय वार्ताओं के जरिए टैरिफ और गैर-टैरिफ उपायों को उदार बनाना।

इन उद्देश्यों की प्राप्ति के लिए, करार में यह व्यवस्था की गई है : (क) बहुपक्षीय व्यापार-वार्ताएं; (ख) विवादों पर परामर्श, सुलह-सफाई और निपटान; तथा (ग) अपवादात्मक मामलों में छूट की अनुमति।

उदार विश्व व्यापार व्यवस्था स्थापित करने का अन्तिम उद्देश्य जीवन-स्तर में सुधार करना, निरन्तर बढ़ती हुई प्रभावशाली मांग और वास्तविक मांग के जरिए पूर्ण रोजगार सुनिश्चित करना, विश्व के संसाधनों का पूर्णतया विकास तथा विश्व-स्तर पर उत्पादन और वस्तुओं के विनिमय को बढ़ाना था।

4. गैट के प्रावधान
(PROVISIONS OF GATT)

गैट के उद्देश्यों और मूल सिद्धान्तों को इसके विभिन्न अनुच्छेदों से देखा जा सकता है, जिनकी यहां चर्चा की गई है :

1. परममित्र राष्ट्र धारा (Most Favoured Nation Clause)—भेदभाव न होने देने को सुनिश्चित करने के लिए अनुच्छेद 1 सभी आयात और निर्यात शुल्कों के बिना शर्त परममित्र राष्ट्रधारा से सम्बन्धित थे। इस प्रकार परममित्र राष्ट्र का नियम एक देश द्वारा दूसरे देश के लिए दी गई टैरिफ अधिमान व्यापार सम्बन्ध रखने वाले अन्य सभी देशों पर लागू होते थे। यह, अनुबन्ध करने वाले नए देशों को नए अधिमानों की अनुमति प्रदान नहीं करता था।

2. टैरिफ रियायतों की सारणियां (Schedules of Tariff Concessions)—गैट का अत्यन्त मूलघटक अनुबन्ध करने वाले देशों के बीच परस्पर टैरिफ रियायतों का एक वार्ताकृत संतुलन था। अनुबन्ध करने वाले देश करार के अनुच्छेद 11 में उल्लिखित रियायतों की सारणियों में निर्धारित वार्ताकृत दरों से अधिक आयात सीमाशुल्क न लेने के लिए प्रतिबद्ध होते थे। वार्ताकृत निर्धारित टैरिफ दरों को परममित्र राष्ट्र के सिद्धान्त के जरिए सभी अनुबन्ध करने वाले देशों में सामान्यकृत किया जाता था। इस प्रकार अनुबन्ध करने वाले देशों में आदान-प्रदान और परस्पर लाभप्रद व्यवस्थाओं पर जोर देता था।

3. मात्रात्मक प्रतिबन्धों का सामान्य उन्मूलन (General Elimination of Quantitative Restrictions)—करार का 11वां अनुच्छेद व्यापार के मात्रात्मक व्यापार प्रतिबन्धों पर रोक लगाता था। गैट विभिन्न देशों को उनके आयात-शुल्कों पर न्यूनतम संभव स्तर पर अधिकतम सीमा निर्धारित करने के लिए प्रोत्साहित करता था।

4. आपात सुरक्षा संहिता (Emergency Safeguard Code)—गैट का 19वां अनुच्छेद आयात सुरक्षा संहिता प्रदान करता था। इसके अन्तर्गत एक देश आयात को रोकने हेतु टैरिफ या कोटा लगा सकता था जो आयात घरेलू उत्पादनकर्त्ताओं को गंभीर क्षति पहुंचाते या आशंका रखते थे।

5. अपवाद (Exceptions)—अनुच्छेद 20 और 21 में अनुबन्ध करने वाले देशों द्वारा आयात कोटे पर रोक के लिए 'सामान्य' और 'सुरक्षा' अपवादों की व्यवस्था की गई थी। वे देश स्थानीय उद्योगों को संरक्षण देने के लिए प्रत्यक्ष रूप से सम्बन्धित नहीं थे। 6 महत्त्वपूर्ण अपवाद ये थे:

पहला, भुगतान संतुलन की कठिनाई वाला देश अस्थायी तौर पर मात्रात्मक प्रतिबंध लगा सकता था परन्तु परममित्र राष्ट्र नियम के अन्तर्गत ये प्रतिबन्ध सभी स्त्रोतों से प्राप्त आयात पर समान रूप से लागू होते थे। तथापि, ऐसे प्रतिबन्धों की गंभीर गिरावट को रोकने, कोषों में होने वाली संकटपूर्ण कमी की रोकथाम करने अथवा असामान्य रूप से कम कोषों में उपयुक्त बढ़ोतरी करने के लिए ही प्रयोग में लाना था।

दूसरा, अल्पविकसित देशों को मात्रात्मक प्रतिबन्ध लागू करने की अनुमति प्रदान की गई थी ताकि वे अपना आर्थिक विकास और अधिक कर सकें, परन्तु वे ऐसा गैट द्वारा अनुमोदित कार्यविधि के तहत ही कर सकते थे।

तीसरा, मात्रात्मक प्रतिबंध कृषि अथवा मत्स्यपालन सम्बन्धी वस्तुओं पर भी लागू हो सकते थे यदि इन वस्तुओं का घरेलू वस्तु उत्पादन समान तौर पर प्रतिबन्धात्मक अथवा विपणन नियन्त्रणों के अनुसार हो।

चौथा, यदि अन्य देशों की वस्तुएं बनावटी तौर पर कम अथवा रियायती मूल्यों पर आयात की जातीं तो गैट सम्बन्धित देश को कार्यवाही करने की अनुमति भी प्रदान करता था।

पांचवां, जब आयात में हुई अकस्मात वृद्धि से उद्योग बीमार हो जाते तो गैट प्रभावित देश को संरक्षण में अस्थायी 'सुरक्षा उपाय' अपनाने की अनुमति भी देता था।

छठा, अनुच्छेद 24 में देशों को परस्पर रूढ़ियां अथवा व्यापार मुक्त क्षेत्र बनाने की अनुमति इस शर्त पर दी गई कि इससे सदस्य क्षेत्रों के बीच व्यापार बढ़े और अन्य अनुबन्ध करने वाले देशों से भी व्यापार सम्बन्धी बाधाएं न खड़ी हों।

6. सब्सिडियों और प्रतिकारी शुल्कों के नियम (Rules on Subsidies and Countervailing Duties)—सब्सिडियों और प्रतिकारी शुल्कों के वर्तमान नियमों को 1970 के टोकियो दौर में हुई वार्ता में एक पृथक नियमावली में रखा गया था। इन नियमों के अन्तर्गत विकासशील देशों को छोड़कर निर्मित वस्तुओं के निर्यात शुल्कों पर प्रतिबन्ध लगा दिये गए। प्राथमिक वस्तुओं की निर्यात सब्सिडी केवल इस शर्त के अनुसार थी कि इसके अन्तर्गत वे देश विश्व निर्यात व्यापार के समान अंश से अधिक न प्राप्त कर सकें। इस करार में ऐसी व्यवस्था की गई जिसके अन्तर्गत आयातक देशों को व्यापार करने वाले उन देशों के विरुद्ध क्षतिपूरक कार्यवाई करने का अधिकार दिया गया था जो आयातक देशों के बाजारों में राशिपातन वस्तुओं अथवा निर्यात सब्सिडी के जरिए बढ़े हुए मूल्यों की वस्तुएं प्रविष्ट कर देते थे। राशिपातन की स्थिति में, आयातक देश राशिपातन के विरुद्ध और प्रतिकारी शुल्क इस सीमा तक लगा सकते थे कि आयातित वस्तुओं की बिक्री आयातक देश के बाजार में उक्त वस्तु के 'सामान्य मूल्य' से कम पर हो तथा इसके परिणामस्वरूप घरेलू उद्योग को आर्थिक हानि हो। इसी प्रकार करार में आयातक देश के लिए यह व्यवस्था की गई थी कि उत्पादन से लाभ देने वाली वस्तुओं पर क्षतिपूर्ति करने वाले प्रतिकारी शुल्क अथवा निर्यातक देशों में निर्यात सब्सिडियां लगा सकता था, जिसके परिणामस्वरूप घरेलू उद्योग को भौतिक हानि होती है। परन्तु ऐसे राशिपातन के विरुद्ध अथवा प्रतिकारी शुल्कों से आयातक देश में प्रभावित उद्योग को निवल अतिरिक्त संरक्षण नहीं होना चाहिए। दूसरे शब्दों में ये शुल्क राशिपातन अथवा आर्थिक सहायताकरण की गुंजाइशों की क्षतिपूर्ति हेतु आवश्यक दरों से अधिक नहीं होने चाहिएं।

7. झगड़ों का निपटान (Settlement of Disputes)—गैट झगड़ा निपटान प्रक्रियाओं के अन्तर्गत उन कार्यवाईयों के विरुद्ध शिकायत की जा सकती थी जिनमें नियमों का उल्लंघन किया गया हो अथवा सामान्य करार के उद्देश्यों में रुकावट उत्पन्न हुई हो। गैट 3 अथवा 5 स्वतन्त्र विशेषज्ञों के पैनल पर निर्भर थी जो गैट परिषद् द्वारा अपनाने के लिए निष्कर्ष और सिफारिशें तैयार करते थे। अन्य देश द्वारा न्याय और वार्ता को शामिल करने वाली इस प्रक्रिया से अनुबन्ध करने वाले देशों के झगड़ों का सफलतापूर्वक हल निकाला गया।

5. विश्व-व्यापार वार्ताओं के गैट 'दौर' (GATT 'ROUNDS' OF GLOBAL TRADE NEGOTIATIONS)

1947 से गैट के अन्तर्गत विश्व-व्यापार वार्ताओं के सात 'दौर' (सम्मेलन) आयोजित किये गए हैं और आठवां सम्मेलन पंटा डेल ऐस्टे (उरुगवे) में सितम्बर, 1986 में शुरू हुआ जो 15 अप्रैल 1994 को पूरा हुआ।

व्यापार वार्ताओं का पहला सम्मेलन जेनेवा (1947), दूसरा एन्नेसी (फ्रांस) (1949), तीसरा टोरक्वाय (इंग्लैंड) (1950-51), चौथा जेनेवा (स्विटजरलैंड) (1955-56), (पांचवां) जेनेवा (डिलान दौर) (1954-62), छठा जेनेवा (कैनेडी दौर) (1963-67) के बीच, सातवां टोकियो (जापान) (1973-79) आयोजित किया गया। इन सम्मेलनों से 60,000 से अधिक टैरिफ दरों में कमी आई तथा लगभग 80 प्रतिशत विश्व-व्यापार में लगे एवं अनुबन्ध करने वाले देशों में अनेक गैर-टैरिफ करार हुए। तथापि, हम संक्षेप में कैनेडी, टोकियो और उरुगवे सम्मेलनों के बारे में चर्चा करेंगे।

कैनेडी दौर (The Kennedy Round)

गैट के गठन से लेकर 1962 तक गैट के तत्वाधान में 5 टैरिफ-कटौती सम्मेलन अयोजित किए गए। ये सम्मेलन द्विपक्षीय रूप से वस्तु-दर-वस्तु के आधार पर आयोजित किए गए। यह एक जटिल प्रक्रिया थी और इस कारण इसमें धीमी प्रगति हुई। यूरोपीय आर्थिक समुदाय के गठन से अमरीका अपने व्यापार सम्बन्धों में नुकसान की स्थिति मे आ गया। इस प्रतिक्रिया के रूप में, अमरीकी कांग्रेस ने अक्टूबर, 1962 में व्यापार विस्तार अधिनियम पारित किया जिसमें कैनेडी प्रशासन को सभी वस्तुओं पर 50 प्रतिशत टैरिफ कटौती लगाने का अधिकार दिया गया। इससे मई, 1964 में जेनेवा में व्यापार वार्ताओं के कैनेडी दौर के प्रारम्भ होने का मार्ग प्रशस्त हो गया जो 30 जून, 1967 तक पूरे हो जाने थे। वार्ताओं के परिणामों को व्यापार के सामान्य करार (1967) के जेनेवा समझौते की अनुसूचियों में शामिल किया गया है।

इन टैरिफ-कटौतियों को अमल में लाने में 37 देशों ने भाग लिया और इस प्रकार विश्व-व्यापार के लगभग 40 बिलियन डालर अथवा 80 प्रतिशत व्यापार को शामिल कर लिया गया। इस समूह के बड़े औद्योगिक देशों ने इन कटौतियों को वहां तक लागू किया जहां तक अमरीका ने अपने शुल्क-योग्य आयातों को 64 प्रतिशत तक किया। औसत कटौतियां ब्रिटेन के मामले में 38 प्रतिशत, जापान के मामले में 30 प्रतिशत और कनाडा के मामले में 24 प्रतिशत के बीच रहीं। उन देशों ने निर्मित वस्तुओं पर अमरीका और यूरोपियन टैरिफ को 5-15 प्रतिशत के बीच छोड़ दिया। ये टैरिफ रियायतें विकसित देशों द्वारा निर्मित वस्तुओं तक सीमित थीं। कृषि-उत्पादों से वार्ताकारों को कम सफलता मिली। वे देश कृषि-मदों पर 25 प्रतिशत की औसत शुल्क कटौती करने तथा इन्हें सामान्य टैरिफों से संरक्षित करने के लिए सहमत हो गये परन्तु डेयरी वस्तुओं पर कोई प्रगति नहीं हुई। व्यापार की गैर-टैरिफ बाधाएं दूर नहीं हुईं और विकासशील देशों की समस्याओं की ओर बहुत कम ध्यान दिया गया।

अन्तर्राष्ट्रीय मुद्रा कोष के अध्ययन से पता चला कि कैनेडी दौर के अन्त तक बड़े व्यापारिक देशों का भारित औसत टैरिफ सभी औद्योगिक वस्तुओं पर 7.7 प्रतिशत, पूर्ण एवं निर्मित वस्तुओं पर 9.8 प्रतिशत, अर्द्धनिर्मित वस्तुओं पर 8 प्रतिशत और कच्चे माल पर 2 प्रतिशत तक कम हो गया। इस प्रकार कैनेडी दौर पूर्ण होने के बाद औद्योगिक उत्पादों का व्यापार पर्याप्त रूप से प्रतिबन्ध-मुक्त था।

टोकियो दौर (Tokyo Round)

बहुपक्षीय व्यापार वार्ताओं का सातवां दौर गैट के तत्वावधान में सितम्बर, 1973 में शुरू किया गया। इसके उद्देश्यों को टोकियो घोषणा में निर्धारित किया गया। घोषणा में वार्ताकारों के लिए छह क्षेत्रों में दूरगामी कार्यक्रम बनाए गये: टैरिफ कटौतियां; गैर-टैरिफ बाधाओं में कटौती या उन्मूलन; चुनिंदा क्षेत्रों में सभी व्यापार बाधाओं में समन्वित कमी; बहुपक्षीय सुरक्षा प्रणाली पर चर्चा; कृषि क्षेत्र में विशिष्ट विशेषताओं और समस्याओं को ध्यान में रखते हुए व्यापार उदारीकरण; और उष्ण कटिबन्धीय उत्पादों का विशेष उपचार। टोकियो घोषणा में इस बात पर भी बल दिया गया कि बहुपक्षीय वार्ताओं में विकासशील देशों की विशेष रुचियों और समस्याओं का भी ध्यान रखा जाए।

12 अप्रैल, 1979 को टोकियो दौर की समाप्ति पर विशिष्ट गैर-टैरिफ उपायों और कृषि उत्पादों पर अनेक करारों पर सहमति हुई और इन्हें 1 जनवरी, 1980 से लागू किया गया। वे ये थे:

1. सब्सिडियों और प्रतिकार शुल्क के करार (The Agreement on Subsidies and Countervailing Duties)—इसमें औद्योगिक कृषि, मत्स्य पालन और वानिकी उत्पाद एवं अनुबन्ध करने वाले देशों के विवादों के निपटान की प्रक्रिया को शामिल किया गया।

2. कस्टम मूल्यांकन सम्बन्धी करार (The Agreement on Customs Valuation)—इस करार में कस्टम उद्देश्यों के लिए वस्तुओं के मूल्यांकन हेतु निष्पक्ष, समरूप और स्वाभाविक प्रणाली का प्रावधान है।

3. सरकारी वसूली सम्बन्धी करार (The Agreement on Government Procure-ment)—इस करार का उद्देश्य अधिक अन्तर्राष्ट्रीय प्रतियोगिता करना है जिससे सरकारों द्वारा अपने इस्तेमाल के लिए खरीद करते समय व्यावसायिक विचारों को लागू करने के जरिए राजस्व-करों और अन्य सार्वजनिक निधियों का प्रभावशाली इस्तेमाल हो सके। इस करार में गैर-विभेदात्मक और राष्ट्रीय व्यवहार के सिद्धान्तों को भी निर्धारित किया गया।

4. व्यापार की तकनीकी बाधाओं सम्बन्धी करार (The Agreement on Technical Barriers to Trade)—इस करार में तकनीकी स्तरों के रूप में मौजूदा व्यापार की अनावश्यक बाधाओं को हटाने एवं हस्ताक्षरकर्ताओं द्वारा तकनीकी मानकों की संहिता के उल्लंघन पर सरकारों के बीच शिकायत और उनका समाधान पाने के लिए कानूनी तौर पर बाध्य नियमों का प्रावधान किया गया।

5. आयात लाइसेंसिंग प्रक्रियाओं सम्बन्धी करार (The Agreement on Import Licensing Procedures)—यह करार वस्तुओं के अन्तर्प्रवाह के आवेदनों के स्वत: अनुमोदन, कोटे के मामले में अपने-आप न होने वाली आयात-लाइसेंसिंग तथा अन्य प्रकार के आयात प्रतिबन्ध और संस्थाएं एवं विवादों पर परामर्श एवं निपटान की प्रक्रियाओं से संबंधित हैं।

6. डेयरी उत्पादों सम्बन्धी करार (The Agreement on Dairy Products)—यह प्रारम्भ में 1 जनवरी, 1980 को 3 वर्ष के लिए शुरू किया गया तथा इसमें 3 वर्ष की वृद्धि का और प्रावधान था। इस करार में अन्तर्राष्ट्रीय डेयरी उत्पादन परिषद् की स्थापना

की व्यवस्था की गई। इस परिषद् की बैठक वर्ष में दो बार आयोजित करने का निर्णय लिया गया। यह करार विकासशील देशों को खाद्य सहायता के रूप में डेयरी उत्पादों की व्यवस्था और मलाई रहित, सम्पूर्ण तथा मक्खन दूध पाउडर, निर्जलीय दूध फैट तथा पनीर के तीन समझौतों से सम्बन्धित था।

7. गोजातीय मांस सम्बन्धी करार (The Agreement on Bovine Meat)—इसमें गोमांस, बछड़े का मांस और जीवित पशुओं को शामिल किया गया। यह करार भी 1 जनवरी, 1980 से शुरू होकर तीन वर्ष के लिए था और इसमें तीन वर्ष और वृद्धि की व्यवस्था थी। इस करार में अन्तर्राष्ट्रीय मांस परिषद् की स्थापना की व्यवस्था थी जिसकी बैठक वर्ष में दो बार होनी थी।

8. नागरिक विमान व्यापार सम्बन्धी करार (The Agreement on Trade in Civil Aircraft)—इस करार के अन्तर्गत सभी नागरिक विमान, उनके इंजिन, हिस्से-पुर्जे और सभी भूमि उड़ान सिम्युलेटर तथा उनके हिस्से-पुर्जे शामिल हैं। इस करार में उपरोक्त मदों के आयात पर सभी कस्टम शुल्क तथा इसी प्रकार के अन्य प्रभारों को समाप्त कर दिया गया है तथा नागरिक विमानों की मरम्मत के प्रभार को भी समाप्त कर दिया गया। इस करार में नागरिक विमान व्यापार समिति बनाई गई जिसकी बैठक वर्ष में एक बार होनी थी।

यद्यपि टोकियो दौर ने अपने क्षेत्र का विस्तार गैर-टैरिफ मामलों तक ही किया है फिर भी इन करारों की कानूनी स्थिति विशिष्ट रूप में ऐसी तैयार की गई थी जिससे अमरीका, यूरोपीय आर्थिक समुदाय और अन्य विकसित देशों द्वारा स्थापित उद्देश्यों को प्राप्त किया जा सके। तथापि इन करारों में उन विकासशील देशों के लिए विशेष प्रावधान किये गए जो इन प्रावधानों को अपनाना चाहते थे।

उरुगवे दौर (The Uruguay Round)

गैट वार्ताओं का आठवां दौर जो सितम्बर 1986 में उरुगवे में पांटा डेल एस्टा में शुरू हुआ था उसे 1990 के अन्त तक पूरा हो जाना चाहिए था। परन्तु दिसम्बर 1990 में ब्रूसेल्ज में हुई मंत्रीस्तरीय बैठक में कृषि-क्षेत्र पर गतिरोध हो जाने से वार्ता भंग हो गई। फरवरी, 1991 में वार्ता पुन: प्रारम्भ की गई जो अगस्त 1991 तक चली। 20 दिसम्बर, 1991 को गैट के तत्कालीन डाइरेक्टर जनरल आर्थर डंकल ने उरुगवे दौर का एक अंतिम प्रारूप रखा जो डंकल प्रारूप कहलाया। यह एक 'इसे-स्वीकारो या इसे-छोड़ो' दस्तावेज था जो विभिन्न मंचों पर 1992 से जुलाई 1993 तक सक्रिय रूप से विवादित रहा। तब तत्कालीन डाइरेक्टर जनरल सदरलैंड ने जेनेवा में उसे पुनर्विचार के लिए प्रतिपादित किया। 31 अगस्त, 1993 को व्यापार विनिमय समिति (Trade Negotiations Committee-TNC) में उरुगवे दौर की 15 दिसम्बर, 1993 को अंतिम बैठक में सभापति सदरलैंड ने घोषणा की कि सात-वर्षीय उरुगवे दौर की बातचीत समाप्त हो गई। अंतत: 15 अप्रैल, 1994 को 123 सदस्य देशों के मंत्रियों ने उरुगवे दौर के परिणामों को माराकेश (मोरक्को) में स्वीकृति दे दी। गैट समाप्त हो गया, इतिहास का एक भाग बन गया और 1 जनवरी, 1995 को विश्व व्यापार संगठन (WTO) में विलीन हो गया।

उरुगवे दौर के व्यापार विनिमय का, जिसे 1947 में स्थापित गैट ने स्वीकृत किया था, एक विस्तृत क्षेत्र था। गैट मूलभूत रूप में अंतर्राष्ट्रीय व्यापार के वस्तु क्षेत्र तक ही सीमित था। राष्ट्रीय नीतियां गैट के क्षेत्र से बाहर थीं, और यह केवल अंतराष्ट्रीय सीमाओं पर ही लागू होता था। उरुगवे दौर में गैट तीन नए क्षेत्रों पर लागू हुआ—बौद्धिक संपत्ति अधिकार (Intellectual Property Rights), सेवाएं और निवेश। इसमें कृषि, कपड़ा भी शामिल किए गये जो गैट की परिधि से बाहर थे।

उरुगवे दौर के बहु-पक्षीय व्यापार विनिमयों के अंतिम एक्ट में 28 अनुबन्ध थे। इसके दो भाग थे—WTO समझौता और मंत्रीस्तरीय निर्णय और घोषणाएं। विश्व व्यापार संगठन समझौते के अंतर्गत इस संस्था का गठन और इसकी कार्य-प्रणाली के नियम थे। इसके परिशिष्टों में वस्तुओं में व्यापार, सेवाएं, बौद्धिक सम्पत्ति के अधिकार, बहुपार्श्विक (Plurilateral) व्यापार, गैट के नियम 1994, झगड़ा निपटान और व्यापारिक नीतियों के नियम की समीक्षा के समझौते दिए हुए हैं।

उरुगवे दौर का संबंध वस्तुओं के व्यापार और सेवाओं के दो पहलुओं से था। पहला, व्यापारिक रुकावटों को कम करके अथवा पूर्णरूपेण हटाकर बाजारों में इनकी पहुंच को बढ़ावा देने से संबद्ध था। इसको टैरिफ में कमी, कृषि में टैरिफ-सहित सहायता में कटौतियां, द्विपक्षीय मात्रात्मक रुकावटों में कमी और सेवाओं में व्यापार पर रुकावटों में कटौतियों द्वारा पूरा किया गया। दूसरे में, बाजारों की नई पहुंच के नियमों, कार्य-प्रणालियां तथा संस्थाओं के विस्तार और शक्ति-प्रदान द्वारा न्यायिक सुरक्षा का प्रसारण शामिल थे।

उरुगवे दौर के लाभ (Gains from Uruguay Round)

गैट सचिवालय ने उरुगवे दौरे के समझौतों और उनके लागू करने से निम्न लाभों का अनुमान लगाया:

1. आय तथा व्यापार (Income and Trade)

अनुमानित लाभ निम्न हैं:

(1) सन् 2005 तक 510 बिलियन डालर की विश्व आय में वृद्धि।

(2) सन् 2005 तक वस्तुओं में विश्व व्यापार की 745 बिलियन डालर की वृद्धि।

(3) वस्तुओं में विश्व व्यापार की अधिकतम वृद्धि—वस्त्रों में 60%, कृषि, वन तथा मत्स्य पदार्थों में 20% तथा संसाधित खाद्य (processed food) और पेय पदार्थों में 19% की।

(4) विकासशील तथा संक्रमण अर्थव्यवस्थाओं (भूतपूर्व साम्यवादी पूर्व-यूरोपीय देशों तथा रूस) की एक ग्रुप के रूप में कुल विश्व व्यापार में औसत वृद्धि के अनुपात में उनके आयात और निर्यात में 50% से अधिक की वृद्धि।

2. टैरिफ में कमी (Tariff Reduction)

उरुगवे दौर के अंतर्गत विकसित तथा विकासशील देशों ने कई बाधक तथा विवेकाधीन (restrictive and discretionary) व्यापार तथा उद्योग संबंधी नीतियों को छोड़ दिया। परिणामस्वरूप, उच्चस्तरीय टैरिफ बंधन (bindings) हो गए हैं। बंधन का अर्थ है कि उन्होंने पुराने संरक्षणवादी नियमों के उपयोग की स्वतन्त्रता को त्याग दिया है।

टैरिफ में कमी और बंधन निम्न प्रकार के थे:

(1) औद्योगिक वस्तुओं पर विकसित देशों में करों के बन्धन 78% से 99% तक बढ़े तथा विकासशील देशों में यह 22% से 72% तक बढ़े।

(2) कृषि में विकसित देशों में यह बन्धन 81% से 100% तक बढ़े और विकासशील देशों में 22% से 100% तक।

(3) औद्योगिक वस्तुओं पर विकसित देशों में टैरिफ 6.3% से 3.9% तक कम हुए।

(4) टैरिफ की वृद्धि में कमी हुई जिसका लाभ विकासशील देशों को होगा जो अधिक संसाधित (processed) प्राथमिक वस्तुओं का निर्यात करना चाहते हैं।

(5) विकासशील देशों में निर्यात-योग्य बहुत-सी वस्तुओं से औसत से अधिक टैरिफ में कमी।

3. मार्केट पहुंच (Market Access)

उरुगवे दौर में मार्केट पहुंच संबंधी कई क्षेत्र थे। उनमें मुख्य टैरिफ, कपड़ा और वस्त्र तथा कृषि थे।

1. टैरिफ (Tariffs)—विकसित देशों में औद्योगिक टैरिफ औसतन 4% तक किए कम गये। अब यह व्यापार में महत्वपूर्ण रुकावटें नहीं हैं। विकासशील देशों ने भी टैरिफ मे काफी कमी की। उरुगवे दौर के अन्तर्गत कुल टैरिफ की कटौती का औसत एक-तिहाई था। जो औद्योगिक वस्तुएं परम मित्र राष्ट्र (Most Favoured Nation) के अन्तर्गत कर-मुक्त रूप में विकसित देशों में प्रवेश करती हैं, उनका मूल्य 20% से 44% तक बढ़ा। सब स्रोतों से विकसित देशों में आयातित वस्तुओं का अनुपात, जिनपर टैरिफ 15% से अधिक था, 7% से 5% तक गिरा तथा विकासशील देशों से आयात पर 9% से 5% तक गिरा। औद्योगिक वस्तुओं पर विकसित देशों में मार्केट पहुँच टैरिफ बंधनों के ऊँचे स्तरों के फलस्वरूप 78% से 99% तक बढ़ी और विकासशील देशों में 22% से 72% तक।

2. कपड़ा और वस्त्र (Clothing and Textiles)—'कपड़ा और वस्त्र समझौता' मार्केट पहुँच का ही एक अंग है। उरुगवे दौर की एक मुख्य उपलब्धि इस क्षेत्र का बहुपक्षीय ढांचे में एकीकरण था। 1 जनवरी, 2005 तक इस क्षेत्र का ''गैट नियम 1994'' में एकीकरण चार अवस्थाओं में होगा, जब सब वस्तुएँ इसमें शामिल हो जाएंगी। 31 दिसम्बर, 1994 तक के सब *MFA* (Multi Fibre Agreement) बहुतंतु समझौते के प्रतिबन्ध *WTO* समझौते में शामिल कर लिए गए थे। 1 जनवरी, 2005 तक ये हटा लिए जाएंगे, जब सब वस्तुएं धीरे-धीरे गैट में शामिल हो जाएंगी। फलस्वरूप, विकासशील देशों का कपड़े और वस्त्रों का निर्यात कई गुना बढ़ जायेगा बशर्ते वे प्रतियोगी हों।

3. कृषि (Agriculture)—'कृषि समझौते' में कृषि वस्तुओं पर न्यूनतम मार्केट पहुंच का प्रावधान है। इसमें *(i)* बगैर-टैरिफ प्रतिबन्धों के स्थान पर साधारण कस्टम ड्यूटी लगाकर राष्ट्रीय मार्केट को खोलना, *(ii)* धीरे-धीरे सरकारी सहायता कम करके

अत्यधिक उत्पादन को रोकना, और *(iii)* सब्सिडी दिए गए निर्यातों की मात्रा और सब्सिडी को कम करना शामिल है।

गैट सचिवालय द्वारा किए गए अनुमानों के अनुसार टैरिफीकरण के अंतर्गत कृषि वस्तुओं की न्यूनतम मार्केट पहुंच विस्तृत मार्केट सम्भावनाओं को इस प्रकार बढ़ाएगी—मोटे अनाजों में 18 लाख टन, चावल 11 लाख टन, गेहूं 8 लाख टन और दुग्ध उत्पादों में 7 लाख टन। दूसरे, निर्यात सब्सिडी में 36% की कमी और घरेलू कृषि उत्पादकों की सहायता में 18% की कमी से मार्केट पहुँच में और भी वृद्धि होगी। अंतिम, टैरिफ बंधनों की विकसित देशों में 81% से 100% की वृद्धि, विकासशील देशों में 22% से 100% की वृद्धि, तथा कृषि उत्पादों पर गैर-टैरिफ अवरोध हटाने से इन वस्तुओं की मार्केट पहुंच में और भी वृद्धि होगी। इस प्रकार, कृषि उत्पादों पर टैरिफ के, और विकसित देशों द्वारा कृषि के ऊपर से सब्सिडी घटाने के फलस्वरूप विकासशील देशों का निर्यात और भी अधिक लाभकारी होगा। इनसे व्यापार की शर्तें कृषि के पक्ष में होंगी।

4. नियम और अनुशासन*—(Rules and Disciplines)—उरुगवे दौर से बहुपक्षीय नियमों और अनुशासनों को भी बल मिला। इनमें प्रमुख संबंधित थे सब्सिडी से, प्रतिकारी उपायों (counter-vailing) से, प्रति-राशिपातन (anti-dumping) से, तथा सुरक्षाओं और झगड़ा निपटान से। झगड़ा निपटान के नियमों को समयबद्ध, स्वचालित और *WTO* के अन्तर्गत न्यायिक बनाया गया है।

5. ट्रिम्स (TRIMs)**— व्यापार संबंधी निवेश उपाय (Trade Related Investment Measures) उन निवेश उपायों को रोकते हैं, जो राष्ट्रीय व्यवहार के अथवा मात्रात्मक प्रतिबन्धों को हटाने के अनुरूप नहीं हैं। असंगत ट्रिम्स को धीरे-धीरे हटाने के लिए विकासशील देशों को 5 वर्ष और विकसित देशों को 2 वर्ष का समय दिया गया है। ट्रिम्स समझौता विदेशी निवेश के किसी विशेष सेक्टर में प्रवेश पर कोई जिम्मेदारी नहीं थोपता।

6. गैट्स (Gats)—सेवाओं में व्यापार का सामान्य समझौता (General Agreement on Trade in Services) उरुगवे के दौर की उपलब्धि थी। यह अंतर्राष्ट्रीय सेवाओं में व्यापार से संबंधित बहुपक्षीय सम्मत और न्याय द्वारा लागू नियमों का पहला समूह है। सेवाओं में वित्तीय, दूरसंचार तथा साधारण जनता की सेवाएं सम्मिलित हैं। गैट्स इस बात पर बल देता है कि प्रत्येक राष्ट्र *MFN* के आधार पर विभिन्न राष्ट्रों में सेवाओं में व्यापार से संबंधित भेद-भाव न करे तथा सभी प्रासंगिक कानूनों (विधियों) तथा अधिनियमों के प्रकाशन में पारदर्शिता बरतें।

7. ट्रिप्स—व्यापार-संबंधित बौद्धिक संपत्ति अधिकार (Trade Related Intellectual Property Rights—TRIPS)—उरुगवे दौर के अन्तर्गत व्यापार संबंधित बौद्धिक सम्पत्ति अधिकार भी आते हैं। इनमें प्रकाशनाधिकार के मानक तथा मानदण्ड तथा तत्संबंधी अधिकार, ट्रेडमार्क, भौगोलिक लक्षण, औद्योगिक डिजाइन, पेटेंट, डिजाइनों में व्यापार रहस्य और गुप्त सूचनाओं के संरक्षण आदि शामिल हैं। ट्रिप्स के कार्यान्वयन के लिए विकसित देशों के लिए एक वर्ष, विकासशील देशों के लिए 5 वर्ष और न्यूनतम अविकसित देशों के लिए 11 वर्ष का समय अपने कानूनों में तदनुकूल परिवर्तन करने के लिए दिया गया है।

पेटेंट पर ट्रिप्स समझौता अमेरिका में जातिगत (generic) मार्केट पर प्रभाव डालेगा और शताब्दी की समाप्ति तक अरबों डालर के नए व्यापार को जन्म देगा। ऐसा ही भारत जैसे विकासशील देशों के लिए यूरोपीय संघ *(EC)* में अवसर प्रदान करेगा। वे उन्नत प्रौद्योगिकी (technology) के अंतर्वाह तथा कृषि तथा औषधियों के क्षेत्र में शोध-प्रभावी वातावरण के विस्तार से लाभान्वित होंगे। फलस्वरूप मार्केट में उपलब्ध सामान की गुणवत्ता का विकास होगा। उदाहरणार्थ, यदि किसान को बहु-राष्ट्रीय स्रोतों से, अधिक मूल्य पर ही सही, उन्नत बीज मिलते हैं, तो उनकी उपज कहीं अधिक होगी और फलस्वरूप लाभ भी बढ़ेगा। इसी प्रकार, विकासशील देशों के जातीय औषधि निर्माताओं में भी अन्य राष्ट्रों में औषधियों में हो रही नई खोजों के विकास के लिए महत्वपूर्ण अनुबंध (linkages) करेंगे।***

6. गैट और विकासशील देश
(GATT AND DEVELOPING COUNTRIES)

कैनेडी दौर (1964-67) से पहले विकासशील देशों को कुछ अपवादों को छोड़कर बहुत कम लाभ पहुंचा जैसाकि वे भुगतान संतुलन

* उरुगवे दौर के समझौते पर आलोचना के लिए अगले अध्याय का अंतिम भाग देखें।

** उरुगवे दौर के समझौते पर आलोचना के लिए अगले अध्याय का अंतिम भाग देखें।

*** आलोचनाओ के लिए अगले अध्याय का खण्ड 8 देखें।

के असंतुलन को ठीक करने के लिए मात्रात्मक प्रतिबन्धों का इस्तेमाल कर सकते थे और विकसित देशों की टैरिफ कटौतियों से लाभान्वित हो सकते थे। परन्तु व्यापार-रियायतों के आदान-प्रदान का सिद्धान्त विकासशील देशों के विरुद्ध गया क्योंकि वे विकसित देशों को समान लाभ उपलब्ध कराने में असमर्थ थे। उदाहरणार्थ, विकसित देशों द्वारा कुल निर्मित आयातित वस्तुओं पर टैरिफ औसतन 11 प्रतिशत परन्तु विकासशील देशों का यही औसत 17 प्रतिशत था। इसके अलावा गैट ने विकासशील देशों के कृषि और उष्णकटिबंधीय उत्पादों की व्यापार बाधाओं के सम्बन्ध में कोई शुरुआत नहीं की।

विकासशील देशों के लिए 'विशेष और अधिमानी' धारणा सामान्य समझौते में औपचारिक रूप से 1957 में शुरू की गई। इसके अन्तर्गत वार्ताओं में टैरिफ संरक्षण के अधिक लोचशील इस्तेमाल के लिए अल्पविकसित देशों की आवश्यकताओं को ध्यान में रखा गया ताकि वे अपना आर्थिक विकास कर सकें और उन्हें राजस्व उद्देश्यों के लिए टैरिफ को बनाए रखने की विशेष आवश्यकताओं में मदद मिल सके। हैबरलर की सिफारिशों पर गैट ने 1958 में एक कार्यवाई कार्यक्रम शुरू किया जिसमें यह सिफारिश की गई कि विकसित देशों द्वारा विकासशील देशों के औद्योगिक और प्राथमिक उत्पादों पर कराधान और व्यापार बाधाएं कम करनी चाहिएं।

1963 में, अनुबन्ध करने वाले देश, अल्पविकसित देशों के लिए अधिक उदार रवैया अपनाने पर सहमत हो गए। तदनुसार विकसित राष्ट्रों द्वारा चाय और ईंधन जैसे कुछ उष्णकटिबंधीय उत्पादों पर टैरिफ समाप्त कर दिया गया या कम कर दिया गया।

1965 में सामान्य करार में व्यापार और विकास सम्बन्धी एक नये भाग 4 को शामिल किया गया जो विकासशील देशों के लिए गैर-आदान-प्रदान के सिद्धान्त से सम्बन्धित है। इसमें कहा गया कि अनुबन्ध करने वाले विकसित देश अनुबंध करने वाले कम विकसित देशों से टैरिफ और अन्य बाधाओं को कम करने अथवा खत्म करने के लिए व्यापार-वार्ताओं में दी गई वचनबद्धताओं के बदले में कुछ आशा नहीं करते। इसमें आगे कहा गया कि विकसित देशों को व्यापार-वार्ताओं के दौरान पिछले व्यापार विकास को ध्यान में रखते हुए ऐसे योगदान की आशा नहीं करनी चाहिए जो उनके निजी विकास, वित्तीय और व्यापार आवश्यकताओं के अनुरूप नहीं थे।

कैनेडी दौर (1964-67) में विकासशील देशों को कुछ लाभ प्रदान किए गए जब 37 विकसित देशों ने निर्मित वस्तुओं पर टैरिफ कम कर दिए। परन्तु विकासशील देशों की समस्याओं की ओर कुछ विशेष ध्यान नहीं दिया गया।

1970 में, अधिमानी सामान्यकृत व्यवस्था (Generalised System of Preferences-GSP) शुरू की गई जिसमें विकसित देशों ने विकासशील देशों को एकपक्षीय टैरिफ प्राथमिकताओं की अनुमति दी। जून 1971 में, गैट ने 10 वर्ष की अवधि के लिए विकसित देशों के लिए परममित्र राष्ट्र व्यवहार दायित्व की छूट को *GSP* के अन्तर्गत अधिमानी व्यवहार की आवश्यकता तक कर दिया, जिसे अब और बढ़ा दिया गया है।

तथापि, टोकियो दौर (1973-79) में कृषि, मत्स्यपालन और वानिकी उत्पादों को शामिल करते हुए सब्सिडियों और प्रतिकारी शुल्कों के सम्बन्ध में, सरकारी वसूली सम्बन्धी, व्यापार की तकनीकी बाधाओं सम्बन्धी, आयात लाइसेन्सिंग, डेयरी उत्पाद, बछड़े का मांस तथा नागरिक विमान सम्बन्धी अनेक करार किये गए। विकासशील देशों के लिए यह एक विजय थी क्योंकि इन करारों में विकासशील देशों के लिए विशेष व्यवस्था की गई थी। टोकियो दौर में विकसित देशों द्वारा विकासशील देशों के उष्णकटिबंधीय कच्चे, तैयार और अर्द्ध-तैयार उत्पादों के निर्यात को व्यापार-रियायतें दी गईं।

इसके अलावा, गैट के नियमों में विकसित देशों के निर्मित उत्पादों पर निर्यात सब्सिडी देने पर भी प्रतिबन्ध है। दूसरी ओर, गैट के नियमों में विकासशील देशों को आर्थिक विकास और औद्योगीकरण के लिए निर्यात सब्सिडियों की अनुमति दी गई।

तथापि, विकसित देशों ने कपड़े और पहनावे के व्यापार में गैट नियमों से हटकर लगभग चार दशकों से विशेष प्रतिबंध लगाए हैं। इन वस्तुओं का मुख्य निर्यातक होने के कारण विकासशील देशों को इस सम्बन्ध में हानि हुई है। 1960 के दशक के शुरू में 1961-62 में सूती कपड़े में अल्पावधि व्यवस्था का आना देखा गया और 1962-73 की दीर्घकालीन व्यवस्थाओं में सूती कपड़े के व्यापार पर प्रतिबन्ध इस दलील पर लगा दिया गया कि विकसित देश जो प्रमुख निर्यातक होते हैं, उन्हें कम लागत के विकासशील देश के आपूर्तिकर्ताओं द्वारा की गई "बाजार विघटन" से विशेष संरक्षण की आवश्यकता होती है। विकसित देशों द्वारा बाजार विघटन का दावा अनुच्छेद 19 के तहत किया जाता था। वर्ष 1974 में पहली बहुतन्तु व्यवस्था (Multifibre Arrangement-I) पर विकसित और विकासशील देशों में चार वर्ष की अवधि के लिए वार्ता हुई थी जिसे 1978 (एम. एफ. ओ. -II) और 1986 (एम. एफ. ए. -III) में नवीनीकृत कर दिया गया था। एम. एफ. ए. - III पांच वर्षों के लिए 1968 में नवीनीकृत किया गया। नवीनीकृत एम. एफ. ए. संभाव्य

रूप से पहले से अधिक प्रतिबन्धात्मक था। इसमें विकसित निर्यातक देशों को इस बात का अधिकार दिया गया था कि वे चयनात्मक आधार पर उन विशेष विकासशील देशों के विशिष्ट उत्पादों के आयात में कटौती कम कर दें, जब यह भय हो कि अत्यधिक आयात से स्थानीय उत्पादों का बाजार–विघटन हो सकता था। एम. एफ. ए. –IV में अति महत्त्वपूर्ण परिवर्तन यह था कि इसे सूती, ऊनी और मानव द्वारा तैयार किए तन्तुओं से लेकर सभी वनस्पति तन्तुओं और रेशम युक्त सूती धागे तक विस्तृत कर दिया गया। पहली बार, एम. एफ. ए. में गैट नियमों की वापसी की ओर लिखा गया। परन्तु इसमें एम. एफ. ए. को कालान्तर समाप्त करने अथवा ऐसी समय-सीमा निर्धारित करने का कोई उल्लेख नहीं किया गया था जिसके भीतर कपड़ा व्यापार के गैट नियमों को लागू करने का अन्तिम उद्देश्य प्राप्त हो जाएगा।

गैट नियमों में विकासशील देशों के लिए प्रदान किये गए विशेष और अधिमानी व्यवहार के बावजूद गैट के 'बचाव धारा' और 'सुरक्षा' नियमों के अन्तर्गत इन देशों से भेदभाव किया जा रहा है। इसके अलावा 'स्वैच्छिक निर्यात रुकावटों' और 'सुव्यवस्थित विपणन करारों' जैसे गैट के नियमों के अन्तर्गत न आने वाले व्यापार प्रतिबन्धों के अधिक होने से विकासशील देशों के हितों को हानि होती है और सामान्य करार की उपयोगिता में कमी आती है। अब गैट नियम WTO के भाग हैं।

7. गैट की आलोचनाएं
(CRITICISMS OF GATT)

पिछले अनेक वर्षों से अनुबन्ध करने वाले देशों द्वारा गैट नियमों का उल्लंघन बड़े पैमाने पर किया गया जिससे गैट एक उपहास बनकर रह गया।

1. गैट के प्रारम्भ से ही कृषि को एक विशेष मामले के रूप में माना गया जिस पर गैट के नियम लागू ही नहीं होते थे। लगभग प्रत्येक विकसित देश ने ऐसी कृषि व्यापार नीति का अनुसरण किया जो गैट के नियमों के अनुरूप नहीं थी। केवल कैनेडी दौर और टोकियो दौर में कृषि और डेयरी–उत्पादों से सम्बन्धित कुछ करार किए गए। परन्तु कृषि उत्पादों के लिए व्यापार उदारीकरण निर्मित वस्तुओं की अपेक्षा बहुत कम है। कृषि उत्पादों के उत्पादक घरेलू समर्थन नीतियों को सुरक्षा दे रहे हैं जिससे अतिरिक्त उत्पादन हो रहा हैं और इसे अत्यधिक सब्सिडियों की सहायता से ही निर्यात किया जा सकता है। उदाहरण के लिए यूरोपीय देश रियायती मूल्यों पर गेहूं का निर्यात कर रहे हैं जबकि अमरीका ने डेयरी–उत्पादों पर आयात प्रतिबंध लगा दिया है। अब कृषि को WTO में शामिल किया गया है।

2. इसमें कोई सन्देह नहीं कि अधिकांश विकसित देशों ने टैरिफ बाधाएं हटा ली हैं तो भी वे अन्य बाधाओं को नहीं हटाना चाहते। इसकी अपेक्षा उन्होंने 'स्वैच्छिक निर्यात रुकावटें', 'कम लागत आपूर्तिकारक', 'बाजार विघटन' इत्यादि के रूप में नए व्यापार प्रतिबन्ध बनाए हैं। इन प्रतिबन्धों को विकासशील और राज्य व्यापार देशों तथा जापान के लिए लागू किया जाता है।

3. गैट के नियमों से हटकर द्विपक्षीय, विभेदात्मक और प्रतिबन्धात्मक व्यवस्थाओं के निर्णयों से गैट की भूमिका को कम किया गया। यूरोपीय आर्थिक समुदाय और अमरीका ने द्विपक्षीय वार्ताओं के बाद ब्राजील, हांगकांग, कोरिया तथा जापान के अलावा अन्य विकासशील देशों के असंख्य उत्पादों पर अनेक अयात प्रतिबन्ध लगाए। इस समय 100 से अधिक एम. एफ. ए. श्रेणी के द्विपक्षीय करार विश्व में लागू हैं जो विकासशील देशों से विकसित देशों को होने वाले निर्यात पर प्रतिबंध लगाते हैं।

4. गैट को टालने में दूसरा महत्त्वपूर्ण कारक सब्सिडियों का बढ़ता हुआ इस्तेमाल था। ऐसा इसलिए कि सब्सिडी के सम्बन्ध में गैट के नियम स्पष्ट नहीं थे। गैट के नियम घरेलू सब्सिडी की अनुमति प्रदान करते हैं परन्तु यदि इससे अन्य देशों के व्यापार हितों को हानि होती है, तो प्रतिशोध की भावना भी उभरकर आती है। परिणामस्वरूप, खुले व्यापार की स्थिति और खराब हो रही है।

5. गैट के अनुच्छेद 19 के 'सुरक्षा' नियमों के अन्तर्गत अनुबन्ध करने वाले देशों को हानिकारक, आयातित वस्तुओं के ढेर या रियायती दरों पर आयातित वस्तुओं अथवा जटिल भुगतान–सन्तुलन की कठिनाइयों जैसी आवश्यकताओं में संरक्षण की अनुमति प्रदान करता था। परन्तु 'बचाव धारा' के अन्तर्गत अनुमति प्राप्त सभी अस्थायी प्रतिबन्ध विश्व व्यापार व्यवस्था की स्थायी विशेषताएं बन चुके हैं।

6. अनुच्छेद 24, गैट के नियमों में कस्टम संघों और मुक्त व्यापार क्षेत्रों के गठन की अनुमति दी गई है लेकिन इन नियमों को तोड़ा-मरोड़ा और इनका दुरुपयोग किया जा रहा है। इन नियमों में अनेक संदिग्धताएं हैं जिससे गैट गम्भीर रूप से कमजोर हो गया था। इन

नियमों से अन्य विशेष आदान–प्रदानों, व्यापारिक पद्धति के विखण्डन के लिए एक खतरनाक उदाहरण स्थापित हुआ है तथा इससे गैर–भागीदारों के व्यापारिक हितों को हानि पहुंचती है। इसके परिणामस्वरूप परममित्र राष्ट्र के लाभ अनुबन्ध करने वाले देशों में समान रूप से नहीं पहुंच सके हैं।

7. चूंकि गैट एक आदेश प्राप्त संस्था थी, इसलिए इसकी अपनी कोई ऐसी व्यवस्था नहीं थी जिससे अनुबन्ध करने वाले देश इसके नियमों पर अमल कर सकें। विवाद–निपटान की प्रक्रिया के लिए 3 या 5 स्वतन्त्र विशेषज्ञों का एक पेनल होता था जिसकी सिफारिशों के लिए कोई कानूनी बन्धन नहीं था। गैट की यह एक गम्भीर कमजोरी थी। WTO में एक स्थायी व्यवस्था की गई है।

सम्भवत: गैट की कार्यशीलता में निहित यही कमियां थीं जिन्हें WTO में दूर किया गया है।

इन आलोचनाओं के बावजूद 125 देश गैट नियमों के अन्तर्गत कार्य करते थे जबकि विश्व के शेष परमित्र राष्ट्र नियम की छत्रछाया में इन नियमों से लाभ उठाते थे।

प्रश्न

1. एक अल्पविकसित देश के दृष्टिकोण से गैट में विद्यमान नियमों का परीक्षण कीजिए।
2. गैट अपने उद्देश्यों को उपलब्ध करने में कहां तक सफल हुआ ? आलोचनात्मक विवेचन कीजिए।
3. गैट के उद्देश्यों और उपलब्धियों की आलोचनात्मक विवेचना कीजिए।
4. गैट ने विकासशील देशों के लिए क्या किया ? आलोचनात्मक परीक्षण कीजिए।
5. गैट के उरुगवे दौर की उपलब्धियों की विवेचना कीजिए।

अध्याय 53

विश्व व्यापार संगठन

(World Trade Organisation)

1. प्रस्तावना (INTRODUCTION)

उरुगवे दौर के गैट विचार-विमर्श 15 अप्रैल, 1994 को माराकेश (मोरक्को) में समाप्त हो गए। यूरोपीय संघ देशों के अतिरिक्त भारत तथा 123 देशों के मंत्रियों ने अंतिम एक्ट पर हस्ताक्षर किए जिसमें बहुपक्षीय व्यापार विमर्शों का आठवां दौर शामिल था। अंतिम एक्ट में (1) WTO समझौता, जिसमें इस संस्था का जन्म और उसकी कार्य-प्रणाली के नियम, और (2) मंत्रिस्तरीय निर्णय और घोषणाएं—जिसमें महत्वपूर्ण समझौते, वस्तुओं, सेवाओं और बौद्धिक सम्पत्ति में व्यापार तथा बहुपार्श्विक (plurilateral) व्यापार सम्मिलित है। उसमें झगड़ा निपटान संबंधी नियम और व्यापारिक नीति का पुनरावलोकन तंत्र भी शामिल है। वास्तव में WTO समझौता उरुगवे समझौता ही है, जिसके द्वारा प्रारम्भिक गैट अब WTO समझौते का ही एक भाग बन गया है जो 1 जनवरी, 1995 से लागू हुआ।

2. विश्व व्यापार संगठन (WORLD TRADE ORGANIZATION)

WTO गैट का ही उत्तराधिकारी है। गैट एक मंच था जहां सदस्य देश समय-समय पर एकत्रित होते थे और विश्व व्यापार की समस्याओं पर वार्तालाप करते थे और उनको सुलझाते थे। परन्तु WTO एक सुव्यवस्थित और स्थायी विश्व व्यापार की संस्था है। इसकी एक कानूनी स्थिति है और यह विश्व बैंक तथा अन्तर्राष्ट्रीय मुद्रा कोष के समकक्ष ही स्थान रखता है। इसमें (1) उरुगवे दौर द्वारा संशोधित गैट, (2) गैट के अन्तर्गत स्वीकृत सब समझौते और व्यवस्थाएं, तथा (3) उरुगवे दौर के सम्पूर्ण परिणाम सम्मिलित हैं।

1 जनवरी, 1995 को WTO के सदस्य 77 देश थे, जिनकी संख्या अगस्त 1999 तक बढ़कर 134 हो गई। भारत संस्थापक देशों में से एक है।

3. गैट तथा विश्व व्यापार संगठन में अन्तर (DIFFERENCE BETWEEN GATT AND WTO)

WTO गैट का विस्तार नहीं है, परन्तु उसका उत्तराधिकारी है। उसने गैट को पूर्णतः प्रतिस्थापित कर दिया है और इसका एक भिन्न स्वरूप है। दोनों में निम्न अंतर हैं:

1. गैट की कोई कानूनी स्थिति नहीं थी। WTO की कानूनी स्थिति है। इसका जन्म अंतर्राष्ट्रीय संधि के अंतर्गत हुआ है, जिसकी पुष्टि सदस्य देशों की सरकारों और विधान मण्डलों ने की है। इसकी IMF तथा विश्व बैंक जैसी ही विश्व स्थिति है। परन्तु इसके विपरीत यह UN की शाखा नहीं है, यद्यपि इसका UN के साथ 'सहकारी संबंध' है।

2. गैट केवल कुछ चयनात्मक (selective) बहुपक्षीय समझौतों के बारे में नियमों और प्रणालियों का समूह था। अलग-अलग विषयों पर अलग-अलग समझौते थे जो सदस्यों पर बाध्य नहीं थे। कोई भी सदस्य किसी भी समझौते में सम्मिलित होने से इन्कार कर सकता था। केवल वे ही सदस्य जिन्होंने किसी समझैते पर हस्ताक्षर किए हों, उसका पालन न करने पर दंडित हो सकते थे। परन्तु जो समझौते WTO का अंग बन चुके हैं, वह स्थायी हैं और सभी सदस्यों पर बाध्य हैं। किसी सदस्य के नियम पालन न करने पर अन्य सब सदस्य देश उस के विरुद्ध कार्यवाही कर सकते हैं।

3. गैट झगड़ा निपटान प्रणाली विलम्बकारी थी और झगड़े से संबंधित सदस्यों पर बाध्य नहीं थी। WTO झगड़ा निपटान प्रणाली स्वचालित, शीघ्रगामी तथा सदस्यों पर पूर्णत: लागू है। WTO के झगड़ा निपटान बोर्ड ने अपने पहले ही फैसले के द्वारा शक्तिशाली अमेरिका को उसे स्वीकार करने पर बाध्य कर दिया। इस प्रकार, WTO शक्तिशाली है, जबकि गैट नितान्त शक्तिहीन था।

4. गैट एक ऐसा मंच था जिस पर सदस्य देश, विश्व व्यापार समस्याओं पर विचार करने और उन्हें सुलझाने के लिए दशक में केवल एक बार मिलते थे। लम्बे और दीर्घकालिक विवादों के परिणाम कई दशकों में निकलते थे। दूसरी ओर, WTO सुस्थापित, नियमबद्ध विश्व व्यापार संगठन है जहां समझौतों पर निर्णय समयबद्ध होते हैं। दिनांक अवधि केवल सदस्यों के एकमत द्वारा ही बढ़ाई जा सकता है।

5. गैट के नियम केवल वस्तुओं के व्यापार पर ही लागू होते थे। उरुगवे दौर में सेवाओं का व्यापार भी शामिल किया गया, परन्तु उस पर कुछ समझौता नहीं हो सका। WTO के अन्तर्गत केवल वस्तुओं तथा सेवाओं का व्यापार ही नहीं आता, वरन् बौद्धिक सम्पत्ति अधिकार के व्यापार संबंधी विषय तथा कई और समझौते भी आते हैं।

6. गैट का एक छोटा कार्यालय था जिसे एक डाइरेक्टर जनरल देखता था। WTO का एक विशाल कार्यालय और विराट कर्मचारी तंत्र है।

4. संरचना
(STRUCTURE)

WTO की संरचना अथवा संगठन एक मंत्रीय सम्मेलन (Ministerial Conference) द्वारा संचालित होता है जिसमें सब सदस्यों के प्रतिनिधि होते हैं जो कम-से-कम दो वर्ष में एक बार मिलते हैं। यह WTO की सम्पूर्ण कार्यप्रणाली को चलाता है और तदनुरूप आवश्यक कदम उठाता है। यह किसी भी बहुपक्षीय समझौते के अन्तर्गत सभी मामलों पर निर्णय लेता हैं। मंत्रीय सम्मेलन WTO की शीर्षस्थ अधिकारिणी समिति है।

सब सदस्यों के प्रतिनिधियों वाली सामान्य काउन्सिल (General Council) WTO की कार्य-प्रणाली पर और मंत्रीय निर्णयों पर नियमित रूप से दृष्टि रखती है। यह झगड़ा निपटान संस्था (Dispute Settlement Body) और व्यापार-नीति-पुनरावलोकन संस्था (Trade Policy Review Body) के रूप में भी कार्य करती है, जिनके अलग-अलग अपने अध्यक्ष हैं। सामान्य काउन्सिल जेनेवा में औसतन प्रति मास मिलती है।

सामान्य काउन्सिल के अधीन ये संस्थाएं भी हैं—वस्तुओं के व्यापार की काउन्सिल (Council for Trade in Goods), सेवाओं के व्यापार की काउन्सिल (Council for Trade in Services), बौद्धिक सम्पत्ति अधिकारों के व्यापार संबंधी विषयों की काउन्सिल (Council for Trade Related Aspects of Intellectual Property Rights—TRIPS)।

इन काउन्सिलों की अपनी सहायक संस्थाएं हैं। ये काउन्सिल और उनकी सहायक संस्थाएं अपने-अपने कार्य के लिए आवश्यकतानुसार अपनी बैठकें करती हैं। फिर व्यापार और विकास समिति, भुगतान-शेष रुकावटों की समिति, तथा बजट, वित्त और प्रशासन समिति भी हैं जो WTO समझौते द्वारा प्रदत्त कार्य, बहुपक्षीय व्यापार समझौता, तथा सामान्य काउन्सिल के बताए हुए कार्य करती हैं।

WTO सचिवालय (Secretariat) के शीर्ष पर डाइरेक्टर जनरल होता है। मंत्रीय सम्मेलन डाइरेक्टर जनरल का चयन करता है और उसके अधिकार, कर्त्तव्य, सेवा की शर्तें और पद की शर्तें निर्धारित करता है। डाइरेक्टर जनरल का कार्यकाल 4 वर्ष का होता है। उसके विभिन्न देशों से चुने हुए 4 सहायक होते हैं।

डाइरेक्टर जनरल, कार्यालय के कर्मियों की नियुक्ति करता है और उनके कार्यों तथा सेवा के नियमों का निर्धारण करता है जो मंत्रीय सम्मेलन द्वारा निश्चित नियमनों (regulations) के अन्तर्गत ही होते हैं।

डाइरेक्टर जनरल बजट, वित्त और प्रशासन समिति को वार्षिक बजट के अनुमान और वित्तीय विवरण देता है और सामान्य काउन्सिल की अंतिम स्वीकृति के लिए सिफरिश करता है। सामान्य काउन्सिल दो-तिहाई बहुमत से, जिसमें WTO के आधे से अधिक सदस्य शामिल हों, वार्षिक बजट के अनुमान और वित्तीय विवरण को पारित करती है। अंशदान का अनुपात तथा बजट संबंधी वित्तीय नियमन गैट के नियमों और परिपाटियों पर आधारित है।

WTO एकमत द्वारा निर्णय की पद्धति का अनुसरण करता है, जिसे गैट 1947 द्वारा निर्धारित किया गया था। जब एकमत द्वारा निर्णय

सम्भव नहीं होता, तब विचाराधीन प्रश्न का हल "एक देश एक वोट" के आधार पर 2/3 बहुमत द्वारा किया जाता है। परन्तु समझौतों के प्रावधानों की व्याख्या में मतभेद और किसी सदस्य के दायित्वों में छूट की दशा में सदस्यों का बहुमत 3/4 का होता है। तथापि सामान्य नियमों में संशोधन जैसे MFN व्यवहार, केवल सदस्यों की सर्व-सम्मति से ही किया जा सकता है।

5. उद्देश्य
(OBJECTIVES)

WTO के स्थापन समझौते की प्रस्तावना में निम्न उद्देश्य वर्णित हैं:

1. व्यापार और वित्तीय प्रयासों के क्षेत्र में इसके संबंध इस प्रकार चलाए जाएंगे जिससे रोजगार सुनिश्चित होना और विस्तृत वास्तविक आय और प्रभावी मांग में लगातार वृद्धि द्वारा रहन-सहन के स्तर में सुधार हो तथा वस्तुओं और सेवाओं के उत्पादन और व्यापार का प्रसार हो।

2. विश्व के साधनों का इष्टतम उपयोग सततीय (Sustainable) की दृष्टि से करना। इसका उद्देश्य (क) पर्यावरण की रक्षा और संरक्षण करना, और (ख) पर्यावरण रक्षा के साधनों का विस्तार आर्थिक विकास के विभिन्न स्तरों की आवश्यकताओं ओर समस्यायों के अनुरूप हो।

3. निश्चयात्मक प्रयत्न करना जिससे विकासशील देश, विशेषत: निम्नतम विकसित देश अपने आर्थिक विकास की आवश्यकताओं के अनुसार अन्तर्राष्ट्रीय व्यापार की वृद्धि में अपना उचित भाग पा सकें।

4. पारस्परिक और परस्पर लाभकारी व्यवस्थाएं जिनके द्वारा टैरिफ और व्यापार की रुकावटें तथा अंतर्राष्ट्रीय व्यापार संबंधों में पक्षपातकारी व्यवहार को हटाकर इन उद्देश्यों की प्राप्ति करना।

5. गैट में सम्मिलित, भूतकालीन व्यापार उदारीकरण के परिणाम और उरुगवे दौर की सभी बहुपक्षीय व्यापार वार्ताओं के फलस्वरूप अधिक स्थायी और व्यवहार्य बहुपक्षीय संगठित व्यापार प्रणाली को विकसित करना।

6. व्यापारिक नीतियों, पर्यावरण संबंधी नीतियों और सततीय विकास से संबंध स्थापित करना।

6. कार्य
(FUNCTIONS)

WTO के निम्न कार्य हैं:

1. यह समझौते और बहुपक्षीय व्यापार समझौतों के कार्यान्वयन, प्रबंधन और संचालन को सरल बनाता है।

2. यह नागरिक विमानन, सरकारी खरीदारी, दुग्धोत्पाद व्यापार और गोमांस संबंधी बहुपक्षीय व्यापार समझौतों के कार्यान्वयन, प्रशासन और परिचालन के लिए उचित ढांचे का प्रबंध करता है।

3. यह सदस्यों के लिए मंत्रीस्तरीय कान्फ्रेंस द्वारा स्वीकृत समझौतों संबंधी, बहुपक्षीय व्यापार संबंधी वार्ताओं तथा इनके द्वारा किए गए निर्णयों के कार्यान्वयन के लिए एक मंच प्रस्तुत करता है।

4. यह समझौते के झगड़ा-निपटान नियमों तथा प्रक्रियाओं की व्याख्या का प्रबंध-संचालन करता है।

5. यह IMF, विश्व बैंक तथा इसकी सहयोगी शाखाओं के मध्य विश्व व्यापार के लिए नीति निर्धारण में अधिकतर संगति उत्पन्न करता है।

7. विश्व व्यापार समझौता
(WTO AGREEMENT)

उरुगवे दौर की बहुपक्षीय वार्ताओं के परिणामों पर आधारित WTO के मूलभूत समझौते में निम्न शामिल हैं:

1. वस्तुओं में व्यापार के बहुपक्षीय समझौते।

2. सेवाओं में व्यापार का सामान्य समझौता (GATS)।

3. बौद्धिक सम्पत्ति अधिकारों के व्यापार संबंधी समझौता (TRIPS)

4. झगड़ों के निपटान से संबंधित नियमों और प्रक्रियाओं का समझौता।

5. बहुपक्षीय व्यापार समझौते।
6. व्यापार नीति पुनरावलोकन तंत्र।

इनका विवेचन नीचे किया गया है।

1. वस्तुओं में व्यापार के बहुपक्षीय समझौते (Multilateral Agreements on Trade in Goods)

वस्तुओं में व्यापार का सामान्य समझौता गैट 1994 को परिभाषित करता है। इसमें वस्तुओं में व्यापार संबंधी विभिन्न पहलुओं के बारे में सब समझौते शामिल हैं।

1. गैट 1994 (GATT 1994)—गैट 1994 में 1 जनवरी, 1995 तक (जब WTO का जन्म हुआ) संशोधित GATT 1947 शामिल है। इसमें उल्लिखित कानूनी प्रपत्रों के प्रावधान, गैट 1994 की माराकेश विज्ञप्ति और निम्न व्याख्याएं भी शामिल हैं:

(क) अनुच्छेद II (Article II) : गैट 1994 का 1 (b)—कानूनी अधिकारों और अनुबन्धों में तथा किन्हीं अन्य शुल्कों और प्रभारों के प्रकार और स्तर, जो रियायतों की मदों में वर्णित बंधित टैरिफ वाली वस्तुओं पर 15 अप्रैल, 1995 से लागू है, में पारदर्शिता लाना।

(ख) गैट का अनुच्छेद XVII—सरकारी व्यापारिक संस्थाओं की कार्य-प्रणाली में पारदर्शिता सुनिश्चित करने के लिए सदस्यों को यह आवश्यक है कि वे ऐसी संस्थाओं की सूचना वस्तुओं के व्यापार की समिति (Council for Trade in Goods) को दें, जिसका कार्यकारी दल वर्ष में कम से कम एक बार उनके कार्यों का पुनरावलोकन करके काउन्सिल को सूचित करे।

(ग) गैट के भुगतान-शेष के प्रावधानों पर समझौता—जो सदस्य भुगतान-शेष के लिए रुकावटें डालते हैं वे उन्हें न्यूनतम विघटनकारी ढंग से करें। वे कीमत-आधारित उपायों को ही प्राथमिकता दें जैसे, आयात अधिभार, आयात जमा या अन्य उपाय जो आयातित वस्तुओं की कीमतों को प्रभावित करते हों। वह नई परिमाणात्मक रुकावटों को लागू करने से भी दूर रहें, और ''शीघ्रातिशीघ्र'' सार्वजनिक रूप से सारणियों की घोषणाएं करें जिनके अनुसार वह भुगतान-शेष संबंधी आयात-विरोधी रुकावटों को दूर करने में प्रयत्नशील होंगे। भुगतान-शेष अवरोधों की समिति (Committee on Balance of Payments Restrictions) परामर्शों के द्वारा सभी आयात-अवरोधी उपायों का भुगतान-शेष के दृष्टिकोण से पुनरावलोकन करती है।

(घ) गैट 1994 का अनुच्छेद XXIV—कस्टम-संघों और मुक्त व्यापार क्षेत्रों का समझौता, मापदण्ड और कार्य-विधियां निश्चित करता है जिसके द्वारा वह मुक्त व्यापार क्षेत्रों और नए अथवा वर्धित कस्टम संघों का पुनरावलोकन करता है और उसका तीसरे सदस्यों पर पड़ने वाले प्रभावों का भी। यदि अनुबंधित सदस्य बंधित टैरिफ की वृद्धि के लिए कस्टम संघ बनाना चाहें तो ऐसा समझौता आवश्यक क्षतिपूरक समायोजन को भी स्पष्ट करता है।

(च) अनुच्छेद XXVIII की व्याख्या का समझौता—अनुच्छेद XXVIII गैट की सारणियों के संशोधन से संबंधित है। जब टैरिफ के बंधनों में परिवर्तन हो या वे हटा दिये जाएं तो क्षतिपूर्ति की वार्ताओं की प्रणाली इसके द्वारा निर्धारित की जाती है।

2. कृषि संबंधी समझौता (Agreement on Agriculture)—कृषि संबंधी समझौता घरेलू सब्सिडी से, निर्यात सब्सिडी (जिसमें सब्सिडी प्राप्त निर्यात की मात्रा सम्मिलित है), न्यूनतम मार्केट-प्रवेश की वचनबद्धता, घरेलू प्रोत्साहन, स्वास्थ्य, वनस्पति और खाद्य सहायक कार्यों से संबद्ध है।

प्रथम, यह समझौता गैर-टैरिफ उपायों के स्थान पर साधारण कस्टम ड्यूटी लगाकर, जो धीरे-धीरे कम की जायेगी, राष्ट्रीय मार्केट को अन्तर्राष्ट्रीय प्रतिस्पर्धा के लिए खोलता है।

दूसरे, यह सरकारी सहायता को धीरे-धीरे कम करके अति-उत्पादन को नियंत्रित करने का प्रयास करता है और परिणामस्वरूप अतिरेकों (surpluses) को भी, जो या तो निर्यात सब्सिडी के द्वारा बेचे अथवा नष्ट किए जाते हैं।

तीसरे, यह निर्यात प्रतिस्पर्धा पर नई नियमावलियों को लागू करने, और सब्सिडी तथा सब्सिडी-प्राप्त निर्यात की मात्रा को कम करने के प्रयत्नों को भी प्रेरित करता है।

(क) घरेलू सब्सिडियां (Domestic Subsidies)—घरेलू सब्सिडी के दो अंग हैं: (i) गैर-वस्तु विशेष सब्सिडियां जो सभी फसलों को दी जाती हैं, जो उर्वरक, पानी, बिजली, बीज और ऋण के लिए होती हैं, और (ii) विशेष उत्पाद संबंधी सब्सिडियां जो विशेष

फसलों के लिए होती हैं, जैसे भारत में कुछ कृषि-उत्पादों के लिए न्यूनतम सहायक मूल्य।

किसानों को दी जाने वाली सब्सिडी, जिसे कुल समग्र सहायता (Total AMS) भी कहते हैं, का पूर्ण मूल्यांकन करने के लिए उपरिलिखित दोनों सब्सिडियों का योग करना चाहिए। किसी वर्ष में यह योग, अर्थात् चालू कुल AMS (Current Total AMS), विकासशील देशों में उस वर्ष में कुल कृषि उत्पादन के मूल्य के 10% से अधिक नहीं होना चाहिए, जिसे सब्सिडी को कम करने की अनिवार्यता से मुक्त किया जाए। इस सब्सिडी का आगणन उस वस्तु की अंतर्राष्ट्रीय कीमत पर किया जाएगा।

(ख) निर्यात सब्सिडियां (Export Subsidies)—WTO सदस्यों के लिए आवश्यक है कि वे 6 वर्ष के कार्यान्वयन काल में प्रत्यक्ष निर्यात सब्सिडियों के मूल्य को कम करके 1986-90 की आधार अवधि स्तर के नीचे 36% पर ले जाएं और सब्सिडी-प्राप्त निर्यात की मात्रा को उसी अवधि के 21% के। विकासशील देशों के लिए यह कटौतियां 10 वर्ष के काल में, विकसित देशों की कटौतियों का 2/3 होंगी। न्यूनतम विकसित देशों के लिए कमी नहीं की जायेगी।

(ग) न्यूनतम मार्केट-प्रवेश वचनबद्धता (Minimum Market Access Commit-ment)—न्यूनतम मार्केट-प्रवेश वचनबद्धता उन्हीं देशों पर लागू है जो कृषि संबंधी आयात में भिन्न प्रकार की रुकावटों का प्रयोग करते हैं और तदनुसार ही इन रुकावटों को टैरिफ का रूप देने, तथा इन टैरिफों को 6 वर्ष के काल में 36% कम करने को बाध्य हैं। इन देशों के लिए यह भी आवश्यक है कि वे 6 वर्ष के लिए विदेशी कृषि उत्पादों की खपत की न्यूनतम 3% मार्केट प्रवेश सुविधा विदेशी कृषि उत्पादों को दें जो 6 वर्ष के बाद बढ़कर 5% हो जाएगी। ये शर्तें उन्हीं देशों पर लागू होंगी जो आयात को अनिवार्यत: टैरिफ के द्वारा ही नियंत्रित करते हैं। विकासशील देशों में कृषि उत्पादों का टैरिफ 10 वर्ष के काल में 24% कम किया जाएगा। न्यूनतम-विकसित देशों में टैरिफ में कोई कमी नहीं की जाएगी।

(घ) घरेलू सहायता (Domestic Support)—उन घरेलू सहायता के उपायों में, जिनके द्वारा व्यापार पर न्यूनतम प्रभाव पड़ता है, जिन्हें हरित बकस (Green Box) नीतियां कहते हैं, यह कटौती लागू नहीं होती। इन नीतियों में सामान्य सरकारी सेवाएं सम्मिलित हैं, जैसे अनुसंधान, रोग-नियंत्रण, बुनियादी ढांचा और खाद्य सुरक्षा के क्षेत्र। इसमें उत्पादकों को आय सहायता, संरचनात्मक समायोजन सहायता, पर्यावरणीय और क्षेत्रीय सहायता प्रोग्रामों के अंतर्गत सहायता के रूप में सीधे भुगतान भी शामिल हैं।

इनके अलावा कुछ दूसरी नीतियां भी हैं जो सहायता के कुल औसत मापक (total average measurement of support) कटौती वचनबद्धता में सम्मिलित नहीं हैं। वे विकासशील देशों में उत्पादन सीमित प्रोग्रामों के अन्तर्गत सीधे भुगतान, कृषि और ग्रामीण विकास को प्रोत्साहन देने के लिए कुछ सरकारी सहायता उपाय तथा कुछ अन्य सहायता उपाय हैं। यह किसी एक वस्तु के उत्पादन मूल्य या विकासशील देशों के कुल कृषि उत्पादन का 10% होगा और विकसित देशों का 5% ।

(च) स्वास्थ और पशु-स्वास्थ्य के उपाय (Sanitary and Phytosanitary Measures)—स्वास्थ्य और पशु-स्वास्थ्य के उपायों में खाद्य-सुरक्षा तथा पशु और वनस्पति स्वास्थ्य के उपाय सम्मिलित हैं। समझौता स्वीकृत करता है कि विभिन्न देशों की सरकारों को पूर्णाधिकार है कि वे मनुष्य, पशु और वनस्पति के जीवन और स्वास्थ्य की रक्षा के लिए उचित उपाय करें। परन्तु यह भी आवश्यक है कि वे मनमाने ढंग से अथवा अनुचित रूप से अन्य सदस्यों के बीच, जहां स्थिति समरूप अथवा एक जैसी हो, भेदभाव न करें। समझौता यह भी सुनिश्चित करने का प्रयत्न करता है कि पशु और वनस्पति स्वास्थ्य के उपाय व्यापार में अनुचित बाधा न डालें। समझौता मनुष्य और पशु स्वास्थ्य की सुरक्षा के उचित स्तरों के निर्धारण और जोखिमों के मूल्यांकन की प्रक्रियाओं और मापदण्डों का वर्णन करता है।

(छ) खाद्य भंडारण और खाद्य सहायता (Food Stocking and Food Aid)—समझौते में मान्य है कि अंतरिम काल में न्यूनतम विकसित और खाद्य-आयाती विकासशील देश खाद्य आयात में ऋणात्मक प्रभावों का अनुभव कर सकते हैं। अतएव, इसने कृषि विकास के लिए खाद्य सहायता और मूल खाद्यान्नों में पूर्ण अनुदान और सहायता के लक्ष्य रखे हैं। यह IMF और विश्व बैंक द्वारा वाणिज्यिक खाद्य आयात के लिए अल्पकालीन वित्तीय सहायता की संभावना को मानता है।

कृषि समझौते के प्रावधानों के कार्यान्वयन के पुनरावलोकन के लिए एक कृषि समिति भी बनाई गई है।

3. कपड़ा और वस्त्रों का समझौता (Agreement on Textiles and Clothing)—इस समझौते का उद्देश्य कपड़ा और वस्त्र क्षेत्र का गैट 1994 में एकीकरण है। यह एकीकरण 4 चरणों में होगा—

प्रथम चरण में 1 जनवरी, 1995 को प्रत्येक सदस्य इस समझौते की विशेष सूची में सम्मिलित गैट उत्पादों में शामिल किया गया जो 1990 में उसके आयात की कुल मात्रा का कम से कम 16% था।

द्वितीय, चरण में 1 जनवरी, 1998 से वे उत्पाद शामिल हुए जो 1990 के आयात से 17% से कम न थे।

तृतीय, चरण में 1 जनवरी, 2002 से वे उत्पाद शामिल होंगे जो 1990 के आयात से 18% से कम न थे।

चर्तुथ चरण में 1 जनवरी, 2005 को संक्रमणकाल की समाप्ति पर शेष सब उत्पाद इस में शामिल होंगे। शामिल का अर्थ है कि अधोवस्त्र (tops), सूत, कपड़ा, और सिले हुए वस्त्र गैट के साधारण नियमों द्वारा संचालित होंगे। सब बहुतंत्रीय समझौते *(Multi-Fibre Agreements-MFA)* की 31 दिसम्बर, 1994 को स्वीकृत रुकावटें नए समझौते में शामिल कर ली गई हैं और उस समय तक रहेंगी जब तक या तो रुकावटें हटा ली जाएं अथवा गैट में शामिल कर ली जाएं। कुछ सदस्यों द्वारा लगाई गई गैर-बहुतंत्रीय रुकावटें भी समझौते के लागू होने के एक वर्ष के भीतर गैट 1994 में शामिल कर ली गईं या 2005 तक धीरे-धीरे समाप्त कर दी जाएंगी।

जो उत्पाद गैट 1994 में किसी रूप में शामिल नहीं हुए हैं, उनके लिए एक विशेष संक्रमणिक सुरक्षा तंत्र (transitional safeguard mechanism) का प्रावधान है। यदि आयातकर्ता देश को ज्ञात हो जाय कि देश में कोई उत्पाद इतनी अधिक मात्रा में आयात हुआ है जिससे उसके घरेलू उद्योग को गंभीर क्षति पहुंची है, तो उस वस्तु के निर्यातकर्त्ता पर कार्यवाही की जा सकती है। सुरक्षातन्त्र के अंतर्गत या तो विचार-विमर्श द्वारा या पारस्परिक समझौते द्वारा, कार्यवाही हो सकती है या एक-पक्षीय ही, परन्तु यह कपड़ा मानीटरिंग संस्था (Textile Monitoring Body) द्वारा पुनरावलोकित होगी। सुरक्षा बंधन तीन वर्ष तक बिना विस्तार के प्रभावी रहेंगे अथवा जबतक कि वस्तु गैट में शामिल नहीं की जाती है। एकीकरण प्रक्रिया के भाग के रूप में अंगस्वरूप, सब सदस्य कपड़ा और वस्त्र के क्षेत्र में गैट नियमों के अनुरूप कार्य करेंगे जिससे मार्केट प्रवेश में सुधार हो तथा न्यायोचित तथा उचित व्यापार नीतियों का पालन हो और आयात-विरोधी विभेद उत्पन्न न हों।

4. व्यापार में तकनीकी बाधाओं का समझौता (Agreement on Technical Barriers to Trade)—यह समझौता टोकियो दौर में स्वीकृत व्यापार में तकनीकी बाधाओं के समझौते का विस्तारण और स्पष्टीकरण ही है। यह सुनिश्चित करने की चेष्टा करता है कि तकनीकी विमर्श और मानक (standard), परीक्षण और प्रमाणन (certification) प्रणालियां व्यापार के मार्ग में अनावश्यक रुकावट न बनें। तथापि यह स्वीकार करता है कि देशों को मानवीय, पशु या वनस्पतीय स्वास्थ्य तथा पर्यावरण की रक्षा का अधिकार है। समझौते में मानकीकरण संस्थाओं द्वारा मानकों की संरचना, स्वीकृति और उपयोग की संहिता (code) सम्मिलित है।

5. व्यापार संबंधी निवेश उपायों के पहलुओं का समझौता (TRIMs)—यह 5 वर्ष में सभी व्यापार संबंधी निवेश उपायों को हटाने का निर्देश देता है। यह उपाय मात्रात्मक रुकावटें और राष्ट्रीय व्यवहार तक ही सीमित हैं। वस्तुतः यह जिन उपायों पर लागू होता है वे हैं —चुने हुए क्षेत्रों में निवेश, विदेशी कंपनियों को राष्ट्रीय कंपनियों के बराबर रखने के लिए विदेशी निवेश का स्तर, निर्यात दायित्व (obligations) और घरेलू कच्चे माल का उपयोग। यह विदेशी विनिमय के अर्जनों, विदेशी ईक्विटी हिस्सेदारी और तकनीकी स्थानान्तरण से संबद्ध विदेशी निवेशकों पर कोई पालन शर्त लगाने का निषेध करता है। यह आदेश देता है कि विदेशी निवेश कंपनियों को घरेलू कंपनियों के बराबर ही रखा जाए। यह निवेश के क्षेत्र में रुकावटें लगाने को रोकता है। यह कच्चे माल, कल पुर्जों और मध्यवर्तियों के मुक्त आयात की अपेक्षा रखता हैं।

यह समझौता स्वीकार करता है कि कुछ निवेश उपाय व्यापार में रुकावट डालते हैं और उसे विकृत कर देते हैं। इसलिए यह अपेक्षा रखता है कि विकसित देश 2 वर्ष में, विकासशील देश 5 वर्ष में और न्यूनतम विकसित देश 7 वर्ष में सब गैर-अनुरूप TRIMs को अनिवार्य रूप से सूचित करेंगे और उन्हें समाप्त कर देंगे। इसने TRIMs पर एक समिति का गठन किया है जो इन वचनबद्धताओं के पालन को मानीटर करेगी और इसकी रिपोर्ट वस्तुओं में व्यापार की काउन्सिल को प्रतिवर्ष देगी।

6. प्रति-राशिपातन पर समझौता (Agreement on Anti-Dumping)—गैट के अनुच्छेद VI के अनुसार, यदि राशिपातन आयात, आयातकर्ता देश के घरेलू उद्योग को हानि पहुंचाता है तो अनुबंधित सदस्य को अधिकार है कि वे राशिपातन-विरोधी उपायों को अपनाएं। संशोधित समझौता टोकियो दौर के समझौते का परिवर्धित रूप है। यह राशिपातित आयात से घरेलू उद्योग की क्षति का मूल्यांकन, राशिपातन विरोधी छानबीन प्रारम्भ करने और उसे कार्यरूप देने, घरेलू अधिकारियों द्वारा की गई राशिपातन के झगड़े निपटान की कार्यवाही करने की प्रक्रिया में अधिक स्पष्टता, अधिक विस्तृत नियम और मापदण्ड निर्धारित करता है। नए नियमों के

अन्तर्गत राशिपातन विरोधी छानबीन तुरन्त बन्द कर दी जाएगी यदि ''डम्पिग की सीमा'' निर्यात कीमत के 2% से कम है, या किसी विशेष देश से डम्प किए आयात की मात्रा उस उत्पाद के कुल आयात से 3% से कम है बशर्ते कि यह ऐसे कुल डम्प किए आयात की 7% की सीमा के अन्तर्गत हो।

वस्तुओं में व्यापार के बहुपक्षीय समझौते के अन्तर्गत कस्टम मूल्यांकन, लदान-पूर्व निरीक्षण, स्रोत के नियम, आयात लाइसेंस प्रक्रिया और सुरक्षाएं भी आती हैं।

2. सेवाओं में व्यापार का सामान्य समझौता (GATS)

इस समझौते के अन्तर्गत सब अंतर्राष्ट्रीय व्यापार-योग्य सेवाएं आती हैं। विदेशी सेवाएं और सेवा-प्रदाता, घरेलू सेवाओं और सेवा-प्रदाताओं के बराबर समझे जाएगें तथापि सरकारें विशिष्ट परम-मित्र राष्ट्र (MFN) की छूट की सूचना देंगी, जिसका 5 वर्ष के पश्चात् पुनरावलोकन किया जाएगा। इसकी सीमा साधारणतः 10 वर्ष की होगी। यह पारदर्शिता पर बल देता है, जिसमें सेवाओं के व्यापार संबंधी कानून नियमनों का प्रकाशन सम्मिलित है। सेवाओं के व्यापार सम्बन्धी अंतर्राष्ट्रीय भुगतान और हस्तांतरण में रुकावट नहीं डाली जायगी, सिवाय भुगतान शेष की कठिनाइयों के जहां ऐसी रुकावटें अस्थायी, सीमित और कुछ शर्तों के अन्तर्गत होंगी। सेवाओं में व्यापार का उदारीकरण उत्तरोत्तर (progressive) होगा। सेवाओं के व्यापार में प्रतिकूल प्रभावों की कटौती अथवा नितान्त समाप्ति तथा सरकारों द्वारा विशिष्ट वचनबद्धताओं के सामान्य स्तर को ऊंचा करना, ये सब प्रति 5 वर्ष के अंतराल में वार्ताओं के द्वारा किया जाएगा।

इस समझौते में खास क्षेत्रों से संबंधित विशेष शर्तें भी दी गई हैं। जहां तक देशी (natural) मनुष्यों के आवागमन का संबंध है, इसके अनुसार देशों की सरकारों को अनुमति है कि अपनी सेवाएं देने के लिए उनकी अस्थायी निवास संबंधी विशेष वचनबद्धताओं के लिए परस्पर बातचीत करें। यह उन मनुष्यों पर लागू नहीं होगा जो स्थायी निवास अथवा नौकरी के इच्छुक हों।

वित्तीय सेवाओं के संबंध में यह देशों की सरकारों को अधिकार देता है कि निवेशकों, जमाकर्ताओं और पालिसी-धारकों के लिए उचित उपाय करें और आर्थिक प्रणाली की अखण्डता और स्थिरता को सुनिश्चित करें। ये WTO के प्रभावी होने के 6 मास पश्चात् लागू हुए।

दूरसंचार के क्षेत्र में यह देशों को निर्देश देता है कि वे दूर-संचार वहन तंत्रों का स्थापन, निर्माण, अधिग्रहण, पट्टे पर देना, संचालन या पूर्ति सुनिश्चित करें और जनता को उपलब्ध कराएं। तथापि एक विकासशील देश अपने घरेलू दूरसंचार ढांचे और सेवाओं की और सेवा-सीमाओं की पुष्टता, तथा अंतर्राष्ट्रीय दूरसंचार संघ (International Tele-communication Union) और अंतर्राष्ट्रीय मानकीकरण संगठन (International Organisation for Standardisation) के सहयोग से दूरसंचार सेवाओं के अतंर्राष्ट्रीय व्यापार में सहयोग की वृद्धि के लिए उपाय करे। गैट्स *विमानों* की मरम्मत और रख-रखाव सेवाओं, वायु यातायात सेवाओं का विपणन और कम्प्यूटर आरक्षण सेवाओं पर भी लागू होता है।

व्यावसायिक सेवाओं के क्षेत्र में देशों की सरकारें संचालन-दलों की नियुक्ति के लिए भी तत्पर हो गई हैं जो ये कार्य करेंगे: (1) सेवाओं में व्यापार और पर्यावरण के बीच संबंधों का परीक्षण, रिपोर्ट और संस्तुतियां (recommendations) जिनमें दीर्घकालीन विकास की समस्या भी शामिल है। (2) व्यावसायिक सेवाओं पर आवश्यक शिक्षा की शाखाओं पर संस्तुतियों के साथ परीक्षण और रिपोर्ट करना। ऐसा सुनिश्चित करने के लिए कि व्यावसायिक सेवाओं के क्षेत्र में योग्यताएं आवश्यकताएं और प्रक्रियाएं तथा तकनीकी मानक और लाइसेंसिग आवश्यकताएं इनके व्यापार में अनावश्यक बाधाएं नहीं होती हैं।

गैट्स में मंत्रणाएं, झगड़ा निपटान और एक सेवाओं की काउन्सिल की स्थापना का भी प्रावधान है।

3. बौद्धिक सम्पत्ति अधिकारों के व्यापार संबंधी पक्ष का समझौता (Agreement on Trade Related Aspects of Intellectual Property Rights-TRIPS)

TRIPs समझौते के अन्तर्गत 7 प्रकार की बौद्धिक सम्पत्ति आती है: (1) कॉपीराइट तथा तत्सम्बन्धी अधिकार, (2) ट्रेडमार्क, (3) भौगोलिक संकेत, (4) औद्योगिक डिजाइन, (5) पेटेंट, जिनमें सम्मिलित हैं सूक्ष्म जीवाणु और पौधों की विभिन्न जातियां, (6) संघटित सर्किट और (7) व्यापारिक रहस्य। इनका संक्षिप्त वर्णन इस प्रकार है:

1. कॉपीराइट और तत्सम्बन्धी अधिकार (Copyright and Related Rights)—सदस्यों को आवश्यक है कि वे साहित्यिक

और कलात्मक रचनाओं के संरक्षण के लिए बर्न *(Berne)* समझौते का पालन करें। साहित्यिक रचनाओं में कम्प्यूटर प्रोग्राम भी सम्मिलित है। कम्प्यूटर-प्रोग्रामों के रचयिताओं, फोनोग्राम, ध्वनि रिकार्डिंग और प्रसारण संस्थाओं को अपनी रचनाओं को जनता को वाणिज्यिक किराए पर देने अथवा न देने का अधिकार दिया जाए। ऐसा ही एकमात्र अधिकार फिल्मों पर भी लागू होता है। यह संरक्षण ध्वनि रिकार्डिंग के निर्माताओं और अभिनयकर्ताओं के लिए कम से कम 50 वर्ष और प्रसारण संस्थाओं के लिए कम से कम 20 वर्ष के समय के लिए होगा।

2. ट्रेडमार्क (Trademarks)—कोई चिह्न या चिह्नों का समूह, जो किसी संस्थान के पदार्थों अथवा सेवाओं में दूसरे संस्थानों के पदार्थों अथवा सेवाओं से भिन्नता दर्शाता है, ट्रेडमार्क के अन्तर्गत आता है। ऐसे सूचना चिह्न विशेषतया शब्द, जिनमें वैयक्तिक अक्षर, संख्या, व्याख्यात्मक विवरण और रंगों का संयोजन तथा ऐसे चिह्नों का समूह ट्रेडमार्क रजिस्ट्रेशन की परिधि में आते हैं। किसी रजिस्टर्ड ट्रेडमार्क के स्वामी को अन्य सब पार्टियों को ऐसे ही अथवा इसी प्रकार के पदार्थों अथवा सेवाओं के चिह्नों का दुरुपयोग करने से रोकने का एकमात्र अधिकार है। किसी ट्रेडमार्क के प्राथमिक रजिस्ट्रेशन और प्रत्येक नवीनीकरण की अवधि 7 वर्ष से कम की नहीं होगी। ट्रेडमार्क का रजिस्ट्रेशन अनिश्चितकाल तक बढ़ाया जा सकता है।

3. भौगोलिक संकेत (Geographical Indications)—किसी सदस्य के क्षेत्र में उत्पादित वस्तु की पहचान, अथवा उस क्षेत्र, प्रदेश या स्थान, जिसमें, उसके भौगोलिक उत्पादन की गुणवत्ता या प्रसिद्धि है, अथवा ख्याति है, उसका भौगोलिक संकेत देता है। सदस्यों को यह आवश्यक है कि वे रुचि रखने वाले लोगों को ऐसे कानूनी साधन प्राप्त कराएं, जिनके द्वारा ऐसा कोई संकेत न मिले जिससे ग्राहकों को पदार्थों के उत्पत्ति-स्थल के बारे में गलतफहमी हो अथवा जिससे अनुचित प्रतियोगिता संभव हो। शराब और स्पिरिट की भौगोलिक पहचान का विशेष संरक्षण आवश्यक है।

4. औद्योगिक डिजाइन (Industrial Designs)—औद्योगिक डिजाइनों का संरक्षण 10 वर्ष की अवधि के लिए होता है। सुरक्षित डिजाइनों के स्वामियों को, ऐसी वस्तुओं के उत्पादन, बिक्री अथवा आयात को रोकने की समर्थ होगी जो ऐसे डिजाइनों पर आधारित हों जो वाणिज्यिक कार्यों के लिए संरक्षित डिजाइनों की नकल हों। ऐसे संरक्षण कम से कम 10 वर्ष के लिए होंगे।

5. पेटेंट (Patents)—पेटेंट, प्रौद्योगिकी के सब क्षेत्रों में किसी भी आविष्कार पर हो सकता है, चाहे वह वस्तु का हो या प्रक्रियाओं का, बशर्तें कि वह नवीन हो, आविष्कार-परक हो और जिसको औद्योगिक क्षेत्र में लागू किया जा सके। पेटेंट-धारियों को उन्हें देने, उत्तराधिकार द्वारा हस्तांतरण अथवा लाइसेंसिंग समझौता करने का अधिकार होगा। समझौते के अनुसार पेटेंट संरक्षण 20 वर्ष के लिए आवश्यक होगा।

यदि जनहित अथवा नैतिक कारणों से किसी आविष्कार का उपयोग नहीं किया जा सकता तो उसका पेटेंट नहीं किया जाएगा। मनुष्यों या पशुओं, पौधों और सूक्ष्मजीवों को छोड़कर अन्य प्राणियों, विशेषत: अजीव विज्ञानीय और सूक्ष्म जीव-विज्ञानीय प्रक्रियाओं के अलावा पौधों और पशुओं के उत्पादन की रोग-निदानीय, चिकित्सकीय और शल्य-चिकित्सकीय प्रक्रियाओं को पेटेंट प्रणाली से वंचित रखा गया है, तथापि सदस्यगण पेटेटों के द्वारा Suigeneris प्रणाली (पशु-प्रजनिकों के अधिकार) द्वारा अथवा इनकी किसी मिश्रित प्रणाली द्वारा पौधों की जातियों के संरक्षण के उपाय करेंगे। ये प्रावधान 1 जनवरी, 1995 से 4 वर्ष के उपरांत पुनरावलोकित किए जाने थे।

6. संघटित सर्किट (Integrated Circuits)—TRIPs समझौते में संघटित सर्किटों के खाका डिजाइनों का 10 वर्ष की अवधि के लिए संरक्षण का प्रावधान है। परन्तु यह खाका डिजाइन बनाने के समय से 15 वर्ष के पश्चात संरक्षण समाप्त हो जायेगा।

7. व्यापारिक रहस्य (Trade Secrets)—वाणिज्यिक मूल्य वाले व्यापारिक रहस्य तथा जानकारियों का विश्वासघातकता तथा अन्य कुकार्यों से संरक्षण किया जाएगा। औषधियों तथा कृषि-रसायनों की व्यापारिक स्वीकृति के लिए भेजे गए परीक्षण-फलों को अनैतिक प्रयोग से संरक्षित किया जाएगा।

अंतत: बौद्धिक सम्पत्ति के अधिकारों से संबंधित संविदात्मक लाइसेन्सों के अप्रतियोगी कार्यों के रोकने का भी इस समझौते में प्रावधान है। यह बौद्धिक सम्पत्ति अधिकारों के दुरुपयोग को रोकने के उद्देश्य से विभिन्न देशों की सरकारों के मध्य विचार-विमर्श को भी प्रेरित करता है।

यह समझौता TRIPs के कार्यान्वयन के लिए उचित विधि निर्माण और अन्य उपायों के लिए विकसित देशों के 1 वर्ष का संक्रमणकाल स्वीकृत करता है। विकासशील देशों, पूर्व-यूरोपीय देशों और रूस को 5 वर्ष का और न्यूनतम-विकासित देशों को 11 वर्ष

का संक्रमणकाल देता है। जिन विकासशील देशों में वस्तु पेटेंट संरक्षण नहीं है उन्हें 10 वर्ष दिए गए हैं।

समझौते का यह भी निर्देश है कि एक "बौद्धिक सम्पत्ति अधिकारों के व्यापार संबंधी पहलुओं की काउन्सिल" (Council for Trade-Related Aspects of Intellectual Property Rights) की स्थापना की जाएगी जो इस समझौते के कार्यान्वयन का तथा देशों की सरकारों द्वारा इसके पालन को मानिटर करेगी।

4. झगड़ा निपटान प्रणाली (Dispute Settlement System)

WTO के स्थापन समझौते के प्रावधानों के अन्तर्गत सदस्य देशों के अधिकार और कर्त्तव्य संबंधित अधिकारों के लिए विचार विमर्श और झगड़े के निपटान का प्रावधान झगड़ा निपटान निर्धारण नियमों और प्रणालियों के समझौते में किया गया है। इसके लिए एक झगड़ा निपटान संस्था (Dispute Settlement Body—DSB) स्थापित की गई है। झगड़ा निपटान का पहला चरण संबंधित सदस्यों के मध्य विचार-विमर्श हैं। यदि यह वार्ता सफल न हो तो WTO का डाइरेक्टर जनरल मध्यस्थता और समाधान के लिए अपनी सेवाएं अर्पित करता है। शिकायती सदस्य DSB से 30 दिन के भीतर 3 विशेषज्ञों की नाम सूची के लिए प्रार्थना कर सकता है। यह भी विधान है कि DSB द्वारा मनोनीत एक 7 सदस्यों की अपील समिति उसका पुनरावलोकन करके DSB को 60 से 90 दिन के भीतर अपनी रिपोर्ट समर्पित करेगी। DSB इस रिपोर्ट को 30 दिन के भीतर अनुमोदित करेगी और यह बिना शर्त दोनों पक्षों को मान्य होगी।

5. बहुपार्श्विक व्यापार समझौते (Plurilateral Trade Agreements—PTA)

बहुपार्श्विक व्यापार समझौतों में शामिल हैं—नागरिक विमानन व्यापार समझौता, सरकारी खरीद का समझौता, अन्तर्राष्ट्रीय दुग्धोत्पादन समझौता तथा अंतर्राष्ट्रीय गोमांस समझौता। इनमें पहला समझौता जेनेवा में अप्रैल, 1979 में हुआ जो बाद में संशोधित, परिवर्द्धित और ठीक किया गया। अंतिम तीन समझौते माराकेश में 15 अप्रैल, 1994 को हुए थे।

6. व्यापार-नीति पुनरावलोकन तंत्र (Trade Policy Review Mechanism—TPRM)

यह बहुपक्षीय व्यापार तंत्र के सुचारू रूप से चलने के लिए बहुपक्षीय और अनेक पक्षीय व्यापार समझौतों के अंतर्गत व्यापार नीतियों और प्रक्रियाओं का पुनरावलोकन करता है। इस उद्देश्य के लिए यह व्यापार नीति पुनरावलोकन संस्था (Trade Policy Review Body—TPRB) के स्थापन का संकेत देता है। पूर्ण पारदर्शिता प्राप्त करने के लिए प्रत्येक सदस्य TPRM को निरंतर अपने द्वारा जारी व्यापार नीतियों और प्रक्रियाओं की रिपोर्ट देता रहेगा। TPRB बहुपक्षीय व्यापार तंत्र पर प्रभावशील अंतर्राष्ट्रीय व्यापारीय वातावरण में वर्तमान प्रवृत्तियों का वार्षिक अति-निरीक्षण करेगा।

डाइरेक्टर जनरल द्वारा समर्पित वार्षिक रिपोर्ट इस अति-निरीक्षण में सहायक होगी, जो WTO के मुख्य कार्यों की व्याख्या करेगी और बहुपक्षीय व्यापार तंत्र पर प्रभाव डालने वाले नीति विषयों पर विशेष प्रकाश डालेगी।

8. उरुगवे दौर और विश्व व्यापार समझौते का आलोचनात्मक मूल्यांकन (CRITICAL APPRAISAL OF URUGUAY ROUND AND WTO AGREEMENT)

उरुगवे दौर अनुबंधित देशों द्वारा 8 लम्बे वर्षों की वार्ताओं का परिणाम था। इन वार्ताओं के फलस्वरूप अंतिम एक्ट के वैधानिक प्रलेखों में 28 समझौतों का समावेश है।

पहले दौरों की अपेक्षा उरुगवे दौर का क्षेत्र और विस्तार अधिक बड़ा था। इसमें सेवाएं, कृषि और बौद्धिक अधिकार और निवेशों को प्रथम बार शामिल किया गया। इसमें WTO द्वारा व्यापार नीतियों, पर्यावरण नीतियों और सततीय (Sustainable) विकास में संबंध पर भी बल दिया गया। उरुगवे दौर की एक चमत्कारिक उपलब्धि थी—गैट के विचार-विमर्श-मंच के स्थान पर WTO का एक स्थायी विश्व-व्यापार संगठन के रूप में स्थापन। उरुगवे दौर में केवल इस दौर द्वारा संशोधित मूल गैट ही नहीं था, वरन् उपरवर्णित कई नए समझौते भी थे। यह समझौते संभवत: विकासशील देशों तथा अल्प-विकसित देशों को दीर्घकालीन लाभ देंगे, बशर्ते कि उन्हें विकसित देशों से उनके विश्वव्यापीकरण में पूर्ण सहयोग मिले। तथापि, इन समझौतों में कई कमियां हैं जो इन विकासशील देशों को हानिकारक हो सकती हैं। हम प्रत्येक समझौते का नीचे एक संक्षिप्त विवेचन करते हैं।

1. कृषि (Agriculture)

कृषि समझौता विकासशील देशों के किसानों के लिए हानिप्रद होगा। यह खाद्य सुरक्षा की उन्नति और आत्मनिर्भरता के लिए दी हुई सब्सिडियों तथा कृषि उत्पादों के निर्यात में वृद्धि के लिए सब्सिडी में कोई भेद नहीं करता, क्योंकि यह विकासशील देशों के उत्पाद के मूल्य के 10% तक की ही सब्सिडी की स्वीकृत देता है। अतएव उन देशों की सरकारों के लिए विशेष कृषि वस्तुओं में कीमत–सहायता देना लगभग असम्भव हो जाएगा। यही बात निवेश–सब्सिडियों की भी है जो केवल अल्प आय वाले किसानों तक ही सीमित हैं। इस प्रकार किसानों के कुल आगतों जैसे ईंधन, बिजली, खाद, माल की ढुलाई, बीज आदि पर तथा उपभोक्ता के जनवितरण इत्यादि के रूप में सब्सिडियां समाप्त ही करनी पड़ेगी। सब्सिडियों में कटौती और बिल्कुल हटाने के साथ–साथ यदि विवेकी कीमत नीति नहीं अपनाई गई तो विकासशील देशों के किसानों की अपार क्षति होगी।

फिर, मुक्त मार्केट प्रवेश और आयात की समस्त रुकावटों को हटाने से भी कृषक वर्ग को हानि पहुंचेगी। कृषि उत्पादों के सस्ते निर्यात से किसानों का उत्पादन ठप्प पड़ जाएगा। कृषि उत्पादों का अंतर्राष्ट्रीय मार्केट कीमत निर्धारण प्रतियोगियों द्वारा नहीं किया जाता, वरन् उन्नत देशों के उन निगमों द्वारा किया जाता हैं जो उन वस्तुओं को खरीदते और बेचते हैं। इसके फलस्वरूप विदेशी ऋण में वृद्धि होगी और भुगतान–शेष की स्थिति और भी बिगड़ जाएगी।

इस समझौते में विकासशील देशों के कृषि उत्पादों पर स्वास्थ्य औ वनस्पति स्वास्थ्य क्रियाओं के प्रयोग का भी प्रावधान है। ये Codus Alimentarious अंतर्राष्ट्रीय संगठनों द्वारा स्थापित नियमों पर आधारित होंगे जो (संगठन) किसी प्रजातांत्रिक प्रक्रिया के अधीन नहीं होते हैं। ऐसा संगठन विकसित देशों के उत्पादों को सुरक्षित और विकासशील देशों के उत्पादों को 'असुरक्षित' घोषित कर सकता है।

इनके बावजूद इस समझौते से विकासशील देशों में अपनी बढ़ती हुई घरेलू मांग की पूर्ति के पश्चात् भी निर्यात अतिरेक की वृद्धि द्वारा अधिक लाभ होने की संभावना है। इसको अनाज, रुई आदि की ऊंची कीमतों के द्वारा तथा उद्यान–कृषि, पुष्प–कृषि, डेरी उत्पादन और अन्य कार्यों के विविधीकरण द्वारा, जो कृषि–उत्पादों की टैरिफ–सीमा वृद्धि 100% तक होने से सम्भव होगा, को भी लाभ होने की सम्भावना है। फिर, विकसित देशों में कृषि के ऊपर उन सब्सिडियों की कटौती के कारण विकासशील देशों का निर्यात अधिक लाभकारी हो सकता है।

2. कपड़ा और वस्त्र (Textiles and Clothing)

संक्रमणकाल में इस समझौते से अधिकतर विकासशील देशों को लाभ होगा। परन्तु इन लाभों में विलम्ब होने की सम्भावना है क्योंकि MFA की विलीनीकरण प्रक्रिया में दो कारणों से देर हो सकती है—

प्रथम, जब कोई विकसित देश कुछ प्रकार का कपड़ा और वस्त्र MFA से अलग करता है, यह अभेदात्मक MFN के आधार पर सभी निर्यातक देशों पर लागू हो जाएगा।

द्वितीय, 10 वर्ष में संक्रमणकाल के अंतिम दिन सब उत्पादों का केवल *40%* ही गैट में सम्मिलित होगा। यह समाप्तिकाल बहुत लम्बा है और WTO पर इस संक्रमणकाल को बढ़ाने का दबाव डाला जा सकता है। फिर, 'उत्पाद–आवरण' (product coverage) के लिए विलीनीकरण (phasing out) इतना विस्तृत हैं कि वह सब "कपड़ा और वस्त्र" के पदार्थ जो कोटा–प्रणाली के अन्तर्गत नहीं हैं, इसमें आ जाते हैं। इस प्रकार कोटा पदार्थों का 10 वर्ष के विलीनीकरण के काल के अन्त तक नाम–मात्र का विलीनीकरण होगा।

यह समझौता छोटे वितरकों और रुई–उत्पादक निर्यातकारी विकासशील देशों को लाभकारी होगा।

3. TRIMs

TRIMs का समझौता शक्तिहीन है। समझौते के अनुच्छेद IV के अनुसार उन्नतिशील देश इन प्रावधानों से अस्थायी रूप से हट सकते हैं। इस विचलन (deviation) की मात्रा और प्रणाली अनुबंधित देशों की इसकी व्याख्या पर निर्भर है। इस पलायन धारा (escape clause) के अन्तर्गत विदेशी कंपनियों के नियंत्रण और उनके व्यापार–संतुलन उपायों के नियमन के अधिकार किसी प्रकार से कम नहीं किए गए हैं, यदि प्रतिकूल भुगतान–शेष जैसे ठोस कारण हों।

इन सुरक्षाओं के अतिरिक्त TRIMs समझौता विदेशी निवेश का नियंत्रण भी हटाएगा। यद्यपि प्रत्यक्ष विदेशी निवेश का नाम नहीं

लिया गया है, तथापि आशंका है कि MNCs विकासशील देशों में उच्च प्राथमिकता वाले क्षेत्रों पर नियंत्रण करने की चेष्टा करेंगे। आगे वर्णित TRIMs वह हैं जो विदेशी स्वामित्व वाले उद्यमों पर पक्षपाती ढंग से लगाए जाते हैं, जबकि वही शर्तें घरेलू उद्यमों पर लागू नहीं हैं। समझौता पक्षपातपूर्ण आयात रुकावटों का भी वर्णन करता है।

कुल मिलाकर TRIMs समझौते से राष्ट्रीय सरकारों की निर्णयात्मक शक्ति कम हो गई है। उदाहरणस्वरूप, वे घरेलू विनिर्माण में देशी (local) अंशों का विवरण नहीं बता सकतीं और न ही अपनी निर्यातित वस्तुओं में आगतों की प्रतिशतता सीमित कर सकती हैं, या किसी विशेष वस्तु के निर्यात।

4. गैट नियमावली (GATT Rules)

मात्रात्मक रुकावटों (QRs) के विलीनीकरण और अधिमान संबंधी गैट नियम 1994 अस्पष्ट हैं। अपनी भुगतान-शेष संबंधी कठिनाइयों को दूर करने के लिए QRs का प्रयोग विकासशील देशों के लिए अप्रभावकारी बना दिया गया है क्योंकि इसे केवल न्यूनतम विकसित देशों तक सीमित कर दिया गया है। QRs को समाप्त कर दिया जायगा और इसके स्थान पर कीमत आधारित उपाय लागू किए जाएंगे। केवल अविकसित देश ही QRs को लागू कर सकेंगे, परन्तु इसका यह रूप अस्थायी ही रहेगा। जो देश QRs लगाएंगे, वह शीघ्रातिशीघ्र सार्वजानिक रूप से इन्हें हटाने की समय-तालिका घोषित करेंगे। परन्तु विकासशील देशों को भिन्न वस्तुओं पर भिन्न ड्यूटी-दरें लगाने का अधिकार होगा जिससे वे अनावश्यक वस्तुओं के बहुत अधिक आयात को निरुत्साहित कर सकें। इससे उन्नतिशील देशों के लिए सम्भव होगा कि वे आवश्यक वस्तुओं और पूंजीगत माल के आयात को प्रोत्साहित और अनावश्यक वस्तुओं के आयात को निरुत्साहित कर सकें।

टैरिफ अधिमान विश्व प्रणाली (Global System of Tarrif Preferences—GSTP) के अन्तर्गत एक विकसित देश दूसरे देशों को टैरिफ अधिमान दे सकता है। इसी प्रकार सामान्यीकृत अधिमान प्रणाली (Generalised System of Preferences-GSP) के अन्तर्गत एक विकसित देश किसी विकासशील देश को टैरिफ अधिमान दे सकता है। यह टैरिफ कटौतियां उन टैरिफ अधिमानों के अतिरिक्त होंगी जो WTO के अन्तर्गत MFN देशों को दी गई हैं। फलस्वरूप, विकासशील देशों में साधारणतः कुछ क्षेत्रों में अधिमान सीमाएं पूर्णरूपेण समाप्त हो जाएंगी OECD का अनुमान है कि 2002 तक अफ्रीका को अपने अधिमानों में कटौती के कारण औसतन 30% की हानि होगी। अफ्रीका, कैरीबियन और प्रशांत सागर देशों के कटिबंधीय उत्पादों के निर्यात में 51% तक की कमी होगी।

उरुगवे दौर में विकासशील देशों ने स्वयं को वचनबद्ध कर लिया है कि वे आपने औद्योगिक टैरिफ को 72% तक "बंधित" कर लेंगे तथा कृषि उत्पादों को 100% तक। सब्सिडी समझौते द्वारा विकासशील देश वचनबद्ध हैं कि वे उन सब्सिडियों को समाप्त कर देंगे जो निर्यात कीमतों पर प्रभावी हैं। परिणामस्वरूप, वे निर्यात-द्वारा वृद्धि की नीति का परित्याग कर देंगे।

प्रति-राशिपातन के गैट नियम राष्ट्रीय सरकारों के विवेक को इतना स्वच्छन्द बनाते हैं कि बहुत ही कम कार्य उनको वास्तव में इन नियमों के उल्लंघन का दोषी ठहरा सकेंगे। इस प्रकार कुछ तो गैट नियमों के, और कुछ आर्थिक परिस्थितियों के कारण प्रति-राशिपातन ड्यूटियों का प्रयोग संभवतः अमेरिका और यूरोपीय संघ देशों के व्यापार को सीमित करने में ही प्रयुक्त होगा।

फिर, विकासशील देशों के लिए व्यापार में गैट तकनीकी रुकावटें, जैसे पर्यावरण, स्वास्थ्य, सफाई आदि गैट-टैरिफ रुकावटों के रूप में कार्य करते हैं।

5. गैट्स (GATS)

गैट्स विकासशील देशों के हितों के विरुद्ध जाता है। यह उन्हीं सेवाओं के उदारीकरण पर जोर देता है जिनमें विकसित देशों को निश्चित लाभ है, जैसे आर्थिक, जलपोत संबंधी, परिवहन और संचार सेवाएं, स्वास्थ्य, शिक्षा, व्यवसाय और मीडिया सेवाएं। सेवाओं के व्यापार में उदारीकरण द्वारा विकसित देशों का मुख्य ध्येय विकासशील देशों के उत्पादन और सेवाओं के प्रयोग पर नियन्त्रण की चेष्टा करना ही है।

विकासशील देशों के सेवा-क्षेत्र को विकसित देशों की फर्मों के विशाल संसाधनों की प्रतिस्पर्धा का सामना करना पड़ेगा। कुछ विकासशील देशों के पास कुशल और अकुशल कर्मियों का तुलनात्मक अधिक लाभ है, परन्तु उनके स्वतन्त्र आवागमन के विरुद्ध विकसित देशों ने कठोर आप्रवासिक कानून बना रखे हैं। सेवा क्षेत्र के इस पहलू पर कोई सुझाव नहीं दिया गया क्योंकि चयनात्मक

बुद्धिजीवी पलायन से विकसित देशों को ही लाभ होता है।

6. ट्रिप्स (TRIPs)

ट्रिप्स समझौता विशेषत: पक्षपातपूर्ण है। यह निम्न कारणों से विकसित देशों के हित में होगा और विकासशील देशों को अहितकर। यह औषधियों, कृषि पौधे और पशु आदि सम्बंधी पेटेंट प्रणाली के अंतर्गत प्रभावी क्षेत्र का विस्तार करेगा। क्योंकि विकसित देशों और उनकी बहुदेशीय कंपनियों के पास अनुसंधान और विकास के असीम साधन और सुविधाएं हैं, इसलिए उन्हें निवेश करने और प्रक्रियाओं तथा वस्तुओं को पेटेंट करवाने की अधिक सुविधा होगी। ऐसी सब स्थितियों में विकासशील देशों को रॉयल्टी देनी पड़ेगी। ऐसे सब पदार्थों, विशेषतया औषधियों तथा मशीनों की कीमतें बढ़ जाएंगी और उपभोक्ता पर अधिक भार पड़ेगा। विकासशील देशों में पेटेंट किए हुए कच्चे माल और पदार्थों का और अधिक आयात होगा, और निर्यात को आघात पहुंचेगा। परिणामस्वरूप, भुगतान–शेष और अधिक बिगड़ेगा।

विकसित देश भी ट्रिप्स से प्रभावित होंगे। एक अनुमान के अनुसार, यदि ट्रिप्स समझौते का पूर्णतया पालन किया गया तो औषधियों की कीमतों में आकाशभेदी वृद्धि होगी और विश्व की 90% आबादी पर इसका कुप्रभाव पड़ेगा।

भारत की भांति बहुत–से विकासशील देश औषधि, कृषि–उत्पाद रसायन आदि क्षेत्रों में अनुसंधान और विकास कार्यों में संलग्न हैं। यह सब मृतप्राय हो जायगा क्योंकि 10 वर्ष के संक्रमणकाल के पश्चात पेटेंट कानूनों में परिवर्तन होगा।

ट्रिप्स समझौते की स्वीकृति से विकासशील देशों के पेटेंट कानूनों में दूरगामी परिवर्तन आवश्यक हो जाएंगे।

ट्रिप्स समझौते के अनुसार विकासशील देशों के पेटेंट कानूनों में परिवर्तन से बुद्धिजीवी पलायन में भारी वृद्धि होगी जो इन देशों के लिए बहुत हानिकारक होगा।

पेटेंट अधिकारों की अवधि का 20 वर्ष के लिए बढ़ाना विकासशील देशों के लिए और भी हानिकारक होगा। केवल विकसित देशों में ही पेटेंट अधिकारों की अवधि 20 वर्ष है। बेशक, विकासशील देशों को अपने मौजूदा कानूनों को बदलने के लिए 10 वर्ष का समय दिया जाएगा, लेकिन ट्रिप्स समझौता इस रियायत को भी क्लासिकी पाइप लाइन सुरक्षा धारा द्वारा छीन लेता है। इस धारा के अनुसार सम्बद्ध अधिकारी औषधियों तथा कृषि पदार्थों के पेटेंट प्रार्थना–पत्र, 1 जनवरी, 1995 को समझौते के प्रभावी होने के पश्चात भी स्वीकार करेंगे, चाहे राष्ट्रीय कानूनों में वस्तु पेटेंटों की स्वीकृति का प्रावधान हो या नहीं। उदाहरणार्थ, औषधियों के संबंध में पेटेंट प्रार्थना–पत्र देने से उसके मार्केट प्रवेश तक साधारणत: 10 वर्ष का समय लगता है। अत: ऐसी वस्तुओं पर पेटेंट सुरक्षा की आवश्यकता केवल 2005 के आगे से ही होगी। यद्यपि पेटेंट की अवधि केवल 20 वर्ष की ही होगी, परन्तु कोई भी नई वस्तुओं पर निवेश नहीं करेगा।

फिर समझौते का प्रावधान है कि प्रार्थी को किसी दूसरे देश में एकमात्र मार्केटिंग अधिकार अधिकाधिक 5 वर्ष के लिए होगा। पेटेंट स्वीकृत के बिना भी ऐसे नव–प्रवर्तन (innovation) संबंधी सूचना गोपनीय रखी जाएगी। यह प्रावधान विकासशील देशों के हितों के विरुद्ध है, क्योंकि यह पेटेंटधारी को अधिकार देता है कि वह इस पेटेंट वस्तु अथवा प्रक्रिया का निर्यात मार्केट में उपयोग पर रोक लगावे। इस प्रकार पेटेंट की हुई प्रौद्योगिकी एक MNC द्वारा किसी विकासशील देश के घरेलू मार्केट के शोषण के लिए प्रयुक्त की जा सकती है।

पेटेंट के कार्यान्वयन के लिए पेटेंटधारी को स्वतन्त्रता होगी कि वह वस्तु को निर्यात करे, न कि उसकी उत्पादन–इकाई को दूसरे देशों में लगाए। विकसित देशों और उनके MNC पर कोई बन्धन नहीं होगा कि वे विकासशील देशों को अपनी प्रौद्योगिकियों को उनकी कार्य–संचालन की आवश्यकतापूर्ति के लिए स्थानान्तरित करें। बल्कि उन देशों का उपयोग उनकी वस्तुओं के मार्केट के रूप में किया जाएगा।

''प्रमाण के दायित्व का व्युत्क्रम'' (reversal of the burden of proof) वाली धारा तो न्याय के कानूनों के सर्वथा विरुद्ध है। इसके अनुसार नई वस्तुओं और प्रक्रियाओं के उत्पादकों का उत्तरदायित्व होगा कि वे अपने पेटेंट अधिकारों के अनतिक्रमण (non-infringement) को सिद्ध करें। अतएव यह पेटेंटधारी को अपनी प्रक्रिया और वस्तु पेटेंट के अतिक्रमण को सिद्ध करने से मुक्ति देता है। यह स्वेच्छाचारितापूर्ण है।

ट्रिप्स नियम स्व–विरोधाभासी भी हैं। वे किसी विशिष्ट प्रणाली का प्रावधान नहीं करते जिसके द्वारा सततीय (Sustainable) विकास और पर्यावरण रक्षण के ध्येयों को प्राप्त किया जा सके। बौद्धिक सम्पत्ति अधिकारों और पर्यावरण में संबंध का प्रश्न इसलिए

उठाता है क्योंकि कुछ सुरक्षित प्रौद्योगिकियों का पर्यावरण पर भले या बुरे रूप में, सीधा प्रभाव पड़ता है। यथार्थ में पर्यावरण को प्रभावित करने वाली प्रौद्योगिकियों का पेटेंट प्रणाली से अलग रखना या उनके प्रयोग पर, वाणिज्यिक शोषण पर, प्रतिबन्ध प्रत्यक्षतः आवश्यक प्रतीत होगा। ट्रिप्स समझौता स्पष्ट नहीं करता कि सदस्य पेटेंट सुरक्षा स्वीकृत करते समय पर्यावरणीय-हानिकर तकनीकों के वाणिज्यिक प्रतिबन्ध लगा सकते हैं या क्या यह अनतिक्रमण (non-violation) रूपी शिकायतों को जन्म देगा।

डॉ० दीपक नय्यर के अनुसार, ''यदि नव-प्रवर्तन को छोड़ भी दें, तो भी विकासशील देशों के लिए ट्रिप्स समझौते के प्रौद्योगिकियों के समावेशन (absorption), प्रसारण (diffusion) और अनुकूलन (adaptation) के आशय दूरगामी है। अतिआवश्यक तकनीकें अब सुलभ लागतों पर उपलब्ध नहीं हो सकेगी। घरेलू तकनीक का उद्भव शायद पहले से ही प्राप्त हो जाए। तकनीकों का स्थानांतरण धीमा पड़ जाए। MNC द्वारा प्रतिबंधित व्यावसायिक पद्धतियों के प्रभावों में वृद्धि हो। ट्रिप्स समझौते के आशय और निष्कर्षों से अनुमान लगता है कि बौद्धिक सम्पत्ति अधिकारों के संरक्षण की उमड़ रही अंतर्राष्ट्रीय प्रणाली विकासशील देशों के लिए अन्यायसंगत और प्रतिकूल होगी''।

7. झगड़ा-निपटान (Dispute Settlement)

WTO की झगड़ा निपटान प्रणाली के द्वारा सदस्य देशों की आन्तरिक नीतियों से संबंधित समस्याओं पर निर्णय लिया जाता है। परन्तु इससे देशों की प्रभुसत्ता पर धमकी का भय उत्पन्न होता है। उदाहरणस्वरूप, झगड़े की दशा में यदि WTO मंत्रालय से एक नामावली मनोनीत करने की प्रार्थना की जाती है तो WTO मंत्रालय को नामावली मनोनीत करने का पूर्ण अधिकार प्राप्त है। सम्बद्ध सदस्य इस मनोनयन को अस्वीकार नहीं कर सकता। अतएव इसके निर्णय पर झगड़े से संबंधित सदस्य कोई आपत्ति नहीं उठा सकता। इसका अर्थ है उसके प्रभुत्वाधिकारों में हस्तक्षेप।

फिर शक्तिशाली विकसित देश झगड़ा-निपटान-प्रक्रिया के ढोंग से उल्टा प्रतिशोधात्मक उपाय अपना सकते हैं जो विकासशील देशों के लिए अहितकर हो सकते हैं।

निष्कर्ष (Conclusion)

इन अलोचनाओं के बावजूद WTO और GATT नियमों की रचना से विकासशील देशों के अन्तर्राष्ट्रीय व्यापार संबंधों से अधिक पारदर्शिता, भविष्य-सूचकता और सुरक्षा की भावना का निर्माण हुआ है।*

9. विश्व व्यापार संगठन का कार्यकरण (WORKING OF WTO)

WTO का प्रथम द्विवार्षिक अधिवेशन सिंगापुर के सन्टैक नगर में 9 से 13 दिसम्बर, 1996 तक हुआ। सदस्य देशों ने एक सर्वसम्मत घोषणा की जिसमें बहुपक्षीय व्यापार-तंत्र द्वारा मुक्त विश्व व्यापार की उन्नति में अपने विश्वास का पुनः समर्थन किया। इस घोषणा में उन्होंने अपनी वचनबद्धता इन संदर्भों में दुहराई: (1) एक उचित, न्यायसंगत और अधिक खुली नियम आधारित प्रणाली; (2) वस्तुओं के व्यापार पर टैरिफ और गैर-टैरिफ रुकावटों का धीरे-धीरे उदारीकरण और अंततः समाप्ति; (3) सेवाओं के व्यापार में निरंतर उदारीकरण, (4) सब प्रकार के संरक्षणों का अस्वीकार, (5) अंतर्राष्ट्रीय व्यापार संबंधों में पक्षपातपूर्ण व्यवहार का निष्कासन; (6) विकासशील और अल्पविकासशील देशों और संक्रमण में अर्थव्यवस्थाओं का बहुपक्षीय प्रणाली में एकीकरण, और (7) अधिकतम संभव पारदर्शिता।

मंत्रियों ने व्यापार की कुछ नई समस्याओं पर भी विचार-किया जैसे प्रतिस्पर्धा-नीति, श्रम संबंधी मानक, बहुपक्षीय निवेश समझौता और सरकारी खरीद। अपनी घोषणा में उन्होंने श्रम संबंधी मानकों का संरक्षण के लिए प्रयोग वर्जित कर दिया। व्यापार और निवेश के बीच संबंधों की समस्याओं के निरीक्षण के लिए, व्यापार और प्रतियोगिता में पारस्परिक प्रभाव संबंधी समस्याओं का अध्ययन जिसमें अप्रतियोगितात्मक कार्य भी सम्मिलित हैं, और सरकारी खरीद प्रक्रिया में पारदर्शिता का अध्ययन करने के लिए अलग-अलग कार्यकारी ग्रुपों की स्थापन पर सहमत हुए। उन्होंने स्वीकार किया कि वित्तीय सेवाओं, समुद्रीय सेवाओं, और आधारभूत दूरसंचार संबंधी विश्व-

* विकासशील देशों के लिए लाभों के विषय में उरुगवे दौर वाला पिछला अध्याय देखिए।

मार्किट के उदारीकरण पर वार्ताओं में प्रगति असंतोषजनक रही है। यह 1997 के अन्त तक पूर्ण हो जाएगी।

इस अधिवेशन का एक ही रचनात्मक पक्ष था—28 देशों द्वारा स्वीकृत सूचना तकनीक समझौते का प्रारंभ, जिसका उद्देश्य है, सूचना तकनीक पर टैरिफों का सन् 2000 तक नितान्त उन्मूलन। यह सहमति हुई कि इस पर वार्ता जेनेवा में 1 जनवरी, 1997 में प्रारम्भ होगी और समझौता जुलाई, 1997 तक लागू हो जाएगा। टैरिफ कटौतियों का दूसरा चरण जनवरी, 1998 में शुरु होगा, तीसरा जनवरी, 1999 में, और शून्य तक अंतिम कटौती 2000 के आरम्भ में। इस समझौते के अन्तर्गत बहुत-सी वस्तुएं आएंगी जैसे कम्प्यूटर और सॉफ्टवेयर, सेमीकंडक्टर, फाइबर औप्टिक केबल, फोटो-प्रतिलिपिक और कैपैसिटर।

जिस प्रकार पहली मंत्रीय मीटिंग ने निर्णय लिए, उसकी तीव्र आलोचना की गई, क्योंकि अधिकतर विकासशील देशों को निर्णयकारी प्रक्रिया से दूर रखा गया था। निर्णय प्रक्रिया दिखावट-मात्र थी। अधिकतर देशों को अनौपचारिक विचार-विमर्श में भाग लेने के लिए भी नियंत्रित नहीं किया गया जैसाकि सूचना तकनीक समझौते के लिए किया गया था। यह समझौता, जो विकसित देशों के लिए अत्यधिक लाभकारी है, जबरदस्ती गठित किया गया है, जबकि उरुगवे दौर के समझौते के उन भागों पर, जो विकासशील देशों के लिए विशेषत: लाभप्रद थे, जैसे कपड़ा और कृषि के समझौते, जिन पर इस अधिवेशन में विचार-विमर्श ही नहीं हुआ।

आलोचक कहते हैं कि सिंगापुर अधिवेशन के निर्णयों ने स्पष्ट कर दिया कि WTO केवल एक ''धनपतियों का क्लब'' ही है, जहां दो वर्ष पुराना WTO विकसित देशों द्वारा विकासशील देशों तथा न्यूनतम विकसित देशों पर प्रभुत्व का साधन-मात्र था, जैसा कि गैट था।

मंत्रीय मीटिंग के अतिरिक्त WTO का झगड़ा निपटान बोर्ड (DSB) अपना कार्य सुचारू रूप से कर रहा है। अभी तक इसके सम्मुख 100 झगड़े लाए गए हैं। इसका पहला निर्णय अमेरिका के पैट्रोल टैक्स विषयक था, जिसके फलस्वरूप वाशिंगटन ने अपने कानून को सुधारने का निश्चय किया। दिसम्बर 1996 में इसने अमेरिका के विरुद्ध भारत के पक्ष में भारत-निर्मित ऊनी वस्त्रों की अमेरिकी मार्केट में बिक्री के विषय में निर्णय दिया। नवम्बर 1996 में कोस्टारिका ने इसी प्रकार अमेरिका से सूती कमीज की बिक्री संबंधी मुकदमा जीता। अमेरिका ने, एक-पक्षीय दण्ड देने की बजाय, जापानी फिल्म मार्केट के विषय में जापान को DSB में घसीटा है। अमेरिका के विरुद्ध तीन निर्णयों ने WTO सदस्यों में, विशेषकर विकासशील देशों में, विश्वास जागृत किया है कि DSB ऐसे झगड़ों में उचित और न्यायसंगत निर्णय लेने में सक्षम है।

प्रश्न

1. विश्व व्यापार संगठन क्या है ? इसके उद्देश्यों और कार्यों का वर्णन करें।
2. उरुगवे दौर के अन्तर्गत व्यापार संबंधी बौद्धिक संपत्ति अधिकारों के समझौते (TRIPs) की मुख्य विशेषताओं का वर्णन करें। इसका विकासशील देशों पर क्या प्रभाव पड़ेगा ?
3. उरुगवे दौर के अन्तर्गत इन समझौतों में से किन्हीं दो पर अपनी टिप्पणी दीजिए तथा बताइए कि उनका विकासशील देशों पर क्या प्रभाव पड़ेगा— कृषि समझौता, कपड़ा और वस्त्र का समझौता, सेवाओं में व्यापार का सामान्य समझौता (GATS)
4. विश्व व्यापार संगठन की मुख्य विशेषताओं का वर्णन करें। यह GATT से किस प्रकार भिन्न है ?
5. गैट के उरुगवे दौर के परिणामों सहित WTO समझौते का वर्णन करें।

अध्याय 54

संयुक्तराष्ट्र व्यापार एवं विकास सम्मेलन
(UN CONFERENCE ON TRADE AND DEVELOPMENT)

1. उत्पत्ति
(ORIGIN)

संयुक्त राष्ट्र व्यापार और विकास सम्मेलन अंकटाड (UNCTAD) की स्थापना अन्तर्राष्ट्रीय मुद्रा कोष तथा गैट (GATT) जैसी अन्तर्राष्ट्रीय संस्थाओं के असंतोषजनक कार्य के कारण 1964 में की गई थी। इसका कारण यह था कि इन संस्थाओं ने विकसित देशों का पक्ष लिया तथा अल्पविकसित देशों की विशेष व्यापार और विकास समस्याओं का निदान करने में असफल रही। विशेषकर गैट ने स्वतंत्र व्यापार, टैरिफ में कटौती तथा प्राथमिकताओं और आयात प्रतिबन्धों के उन्मूलन हेतु कटिबद्ध होने के कारण वस्तु-मूल्य की स्थिरता और अल्पविकसित देशों के विकसित देशों के साथ होने वाले व्यापार में प्राथमिकता देने के प्रस्तावों की ओर कोई ध्यान नहीं दिया।

अंकटाड की स्थापना का पहला कदम तब उठाया गया था जब संयुक्तराष्ट्र महासभा ने दिसम्बर 1961 में 1960 के दशक को संयुक्त राष्ट्र विकास दशक घोषित कर दिया। ऐसा करने से संयुक्तराष्ट्रसंघ ने विकसित देशों द्वारा गरीब और अमीर देशों के बीच के अन्तर को समाप्त करने के लिए व्यापार और सहायता के जरिए उपाय करने की आवश्यकता को मान्यता प्रदान कर दी। संयुक्त राष्ट्र आर्थिक और सामाजिक परिषद ने जुलाई 1963 में व्यापार और विकास सम्मेलन बुलाने की सिफारिश की तथा परिणामस्वरूप संयुक्त राष्ट्र महासभा ने 1964 में जेनेवा में प्रथम अंकटाड की बैठक बुलाई। तदनुसार, अंकटाड की पहली बैठक 1964 में जेनेवा में आयोजित की गई। तब से ऐसे सम्मेलन 4 वर्ष के लगभग नियमित अंतराल में आयोजित किए गए हैं। अंकटाड-2, नई दिल्ली में 1968 में, अंकटाड-3, सांतियागो में 1972 में, अंकटाड-4 नैरोबी में 1976 में, अंकटाड-5 मनीला में 1979 में, अंकटाड-6, बेलग्रेड 1983 में, अंकटाड-7 जेनेवा में 1987 में, अंकटाड-8 कार्टाजीना कोलम्बिया में 1992 में और अंकटाड-9 मिडरेंड (दक्षिण अफ्रीका) में 1996 में।

2. संगठन
(ORGANISATION)

अंकटाड संयुक्त राष्ट्र महासभा का एक स्थायी अंग है जिसका मुख्यालय जेनेवा में है। इसका एक सचिवालय है। अंकटाड VIII ने अंकटाड के लिए नया संगठनात्मक ढांचा प्रस्तावित किया जो अप्रैल 1992 से कार्यरत हैं। इसमें निम्नलिखित सम्मिलित हैं—

सम्मेलन (Conference)—अंकटाड सम्मेलन के अप्रैल 1996 में 188 मेम्बर थे जब इसका आठवां सम्मेलन कार्टाजीना, कोलम्बिया में हुआ।

सचिवालय (Secretariat)—अंकटाड एक सचिवालय द्वारा चलाया जाता है जिसके प्रमुख महासचिव (Secretary-General) होते हैं जो सदस्यों द्वारा चुने जाते हैं। सचिवालय के संगठनात्मक कार्य-कार्यकारिणी निर्देशन और प्रबंधन, प्रशासनिक सेवा एवं अंतर-सरकारी सहायक (support) सेवाएं हैं। सचिवालय की अन्य संगठनात्मक संस्थाओं की चर्चा नीचे की गई है।

व्यापार और विकास बोर्ड (Trade and Development Board)—व्यापार और विकास बोर्ड नाम की एक कार्यकारिणी संस्था है जो नियमित अधिवेशन में साल में दो बार बैठक करती है, और विशेष अधिवेशन में जब आवश्यकता हो तो इसकी बैठक होती है। जब सम्मेलन अधिवेशन में नहीं होता तो बोर्ड नीति विषयक निर्णय लेता है। इसके 55 मेम्बर हैं जो समान भौगोलिक

वितरण के आधार पर सम्मेलन के मेम्बरों में से चुने जाते हैं।

कार्यकारिणी कमेटी (Executive Committee)—बोर्ड की एक कार्यकारिणी कमेटी है जो जेनेवा में अंकटाड में नियुक्त बर राज्यों के स्थायी प्रतिनिधियों से संघटित की जाती है। यह समय-समय पर, सामान्यत: प्रत्येक मास बैठती है।

स्थायी कमेटियां (Permanent Committees)—बोर्ड को, उसके कार्यों में चार नई कमेटियां सहायता करती हैं जो वस्तुओं, ारीबी हटाने, विकासशील देशों में आर्थिक सहयोग और सेवाओं से संबद्ध होती हैं। ये कमेटियां विशेषकर आने वाले सम्मेलन के लिए अध्ययन करती हैं तथा समय-समय पर रिपोर्ट तैयार करती हैं।

विशेष कमेटी (Special Committee)—अधिमानों पर एक विशेष कमेटी है—

विभाग (Divisions)—अंकटाड IX के परिणामस्वरूप अंकटाड सचिवालय को अधिक क्रियाशील बनाने एवं इसकी सेवा की गुणवत्ता में सुधार करने के लिए इसे पुन:संगठित किया गया है। इस सचिवालय में पूर्व के नौ ग्रुप दलों के बदले अब चार डिवीजन (या ग्रुप) शामिल हैं। ये हैं :

(1) वैश्वीकरण और विकास कूटनीति विभाग (Division on Globalisation and Development Strategies),

(2) वस्तुओं और सेवाओं में अन्तर्राष्ट्रीय व्यापार पर विभाग (Division on International Trade in Goods, Services and Commodities),

(3) निवेश, उद्यम विकास और तकनीकी विभाग (Division on Investment Enterprise Development and Technology), और

(4) विकास और व्यापार कुशलता के लिए बुनियादी विभाग (Division on Services Infrastructure for Development and Trade Efficiency)।

ये विभाग विकासशील देशों को सतत् (sustainable) विकास के लिए वैश्वीकरण लाभ प्राप्त करने के लिए सहायता हेतु उत्तरदायी हैं।

इसके अतिरिक्त, अंकटाड के महासचिव ने न्यूनतम विकसित, **स्थल-रुद्ध** और **द्वीप** विकासशील देशों के लिए विशेष कोऑर्डिनेटर का एक कार्यालय स्थापित किया है। इसका उद्देश्य विश्व अर्थव्यवस्था में न्यूनतम विकसित देशों के सीमांतवादिता (marginalism) को रोकना और उनकी विशिष्ट समस्याओं का समाधान करना है।

विभिन्न कमेटियों और कार्यकारी ग्रुपों की नियमित समय अवधियां होती हैं। कार्यकारी ग्रुप अपने राष्ट्रीय विशेषज्ञ ला सकते हैं ताकि ग्रुपों के विचार-विमर्श आनुभविक प्रमाण और राष्ट्रीय अनुभव से समृद्ध हो सकें। गैर सरकारी विशेषज्ञ कार्यकारी ग्रुपों और बोर्ड के आम अधिवेशनों दोनों में भाग लेने के लिए निमंत्रित किए जाते है। वे कमेटी के प्रति सलाहकार के रूप में कार्य करते हैं।

सचिवालय, कमेटियों द्वारा किए गए अध्ययनों पर आधारित एक वार्षिक रिपोर्ट प्रकाशित करता है।

3. अंकटाड के कार्य
(FUNCTIONS OF UNCTAD)

अंकटाड से संयुक्तराष्ट्र महासभा द्वारा निर्धारित निम्न कार्यों की अपेक्षा की जाती है :

1. भिन्न सामाजिक-आर्थिक व्यवस्थाओं वाले, विशेषकर अल्पविकसित देशों, के आर्थिक विकास को तीव्र करने के लिए अन्तर्राष्ट्रीय व्यापार को बढ़ाना।

2. अन्तर्राष्ट्रीय व्यापार और आर्थिक विकास से सम्बन्धित समस्याओं के लिए सिद्धान्त और नीति बनाना।

3. उक्त सिद्धातों और नीतियों को प्रभावी बनाने के लिए प्रस्ताव तैयार करना तथा ऐसा उपाय करना जो इस उद्देश्य के लिए संगत हों।

4. सामान्यतया, अन्तर्राष्ट्रीय व्यापार और आर्थिक विकास से सम्बन्धित समस्याओं के क्षेत्र में संयुक्त राष्ट्र व्यवस्था के भीतर अन्य संस्थानों के क्रिया-कलापों में समन्वय करना तथा उसकी समीक्षा करना।

5. समान व्यापार, सरकारों की तत्सम्बन्धी विकास नीति और क्षेत्रीय आर्थिक समूह के लिए एक केन्द्र के रूप में मौजूद होना।

4. अंकटाड के उद्देश्य और उपलब्धियां
(OBJECTIVES AND ACHIEVEMENTS OF UNCTAD)

अंकटाड से विभिन्न सम्मेलमों में, निरन्तर तैयार किए गए निम्न उद्देश्यों की पूर्ति की अपेक्षा की जाती है : (1) प्राथमिक वस्तुओं में व्यापार, (2) निर्मित वस्तुओं में व्यापार, (3) विकास वित्त, (4) प्रौद्योगिकी स्थानांतरण, और (5) विकासशील देशों में आर्थिक सहयोग।

हम अब विवेचना करते हैं कि अंकटाड इन उद्देश्यों की प्राप्ति में कहां तक सफल हुआ है।

1. प्राथमिक वस्तुओं में व्यापार (Trade in Primary Commodities)

अंकटाड प्रारम्भ से ही अन्तर्राष्ट्रीय वस्तुओं की व्यवस्था में सक्रिय रहा है। अल्पविकसित देश प्राथमिक वस्तुओं के पारम्परिक निर्यात के लिए बाजार को विस्तृत करना चाहते हैं। विकसित देश इन देशों के निर्यातों पर लाइसेंस, कोटा, टैरिफ, स्वास्थ्य और पैकेजिंग, विनियमों इत्यादि के रूप में प्रतिबन्ध लगा देते हैं और घरेलू उत्पादकों को सब्सिडी प्रदान करते हैं। ऐसे व्यापार-प्रतिबन्ध गैर-तैयार वस्तुओं (कच्चे माल) की अपेक्षा तैयार के लिए अधिक होते हैं। इसके अलावा, अल्पविकसित देशों के निर्यातों में काफी उतार-चढ़ाव होते हैं। इसके परिणामस्वरूप, विकसित देशों से निर्मित वस्तुओं के निर्यात की तुलना में अल्पविकसित देशों की प्राथमिक वस्तुओं की व्यापार शर्तों की स्थिति निरन्तर बिगड़ी है।

अंकटाड-2 से ही अल्पविकसित देश अपनी प्राथमिक वस्तुओं की कीमतों और बाजार की स्थिरता के लिए अन्तर्राष्ट्रीय वस्तु करारों पर बल देते रहे हैं। इन करारों के उद्देश्य ये हैं :

(1) सम्बन्धित वस्तु की कीमतें स्थिर करना ताकि कीमतों के उतार-चढ़ाव तथा परिणामस्वरूप अल्पविकसित देशों की अर्थव्यवस्थाओं में होने वाली अस्थिरता को कम किया जा सके।

(2) अल्पविकसित देशों की व्यापार-शर्तों में होने वाली खराब स्थिति को सही करने के लिए इनकी कीमतें बढ़ा देना।

नैरोबी में अंकटाड-4 में 1976 में एक एकीकृत वस्तु कार्यक्रम तथा बफर स्टॉक के वित्तप्रबंधक के लिए एक **सांझा कोष** बनाने का प्रस्ताव किया गया। 18 वस्तुओं की कीमतों को स्थिर करने के लिए अन्तर्राष्ट्रीय वस्तु करार करने का प्रस्ताव था जिनमें से 10 को प्रांरभ में बफर स्टॉक स्कीम में शामिल किया जाना था। इस कार्यक्रम से केवल कोको (1981) और रबड़ (1980) के लिए ही राष्ट्रीय वस्तु करार हुआ। अंकटाड-6 (बैलग्रेड) में 1983 में 10 उपयोगी वस्तुओं के लिए अन्तर्राष्ट्रीय वस्तु करार के महत्व पर बल दिया गया। वस्तुओं पर पांच करारों—कॉफी, कोको, चीनी, टिन और रबड़—में से केवल रबड़ के लिए ही चालू है।

अंकटाड-7 की वस्तुओं पर एक सहायक कमेटी थी और अंकटाड-8 ने व्यापार और विकास बोर्ड को सिफारिश करने के लिए वस्तुओं पर एक स्थायी कमेटी स्थापित की।

अंकटाड-4 ने नैरोबी में 10 भण्डार योग्य वस्तुओं का अन्तर्राष्ट्रीय बफर स्टॉक बनाने तथा इसके लिए वित्तीय सहायता देने हेतु 1976 में 6 बिलियन डालर का सांझा कोष बनाने का प्रस्ताव किया। अंकटाड-7 (जेनेवा) पर वस्तुओं के लिए सांझा कोष चालू हुआ। इसके लिए मेम्बर देशों ने 4.7 बिलियन डालर कोष के लिए कुल पूंजी के 66.9 प्रतिशत का वचन दिया जिससे यह चालू किया जा सका।

2. निर्मित वस्तुओं में व्यापार (Trade in Manufactured Goods)

अल्पविकसित देशों ने अपनी निर्मित और अर्द्धनिर्मित वस्तुओं पर विकसित देशों से टैरिफ प्राथमिकता देने का अनुरोध किया है। प्रथम अंकटाड में '77 देशों के समूह' ने विकसित देशों को अपील की कि वे ऐसी वस्तुओं के निर्यात के लिए विकासशील देशों को सामान्यकृत अधिमान व्यवस्था (Generalised System of Preferences) की अनुमति प्रदान करें। अंकटाड-2 नई (दिल्ली) में 1968 में सभी सदस्य परस्पर स्वीकार्य गैर-पारस्परिक और गैर-विभेदात्मक जी.एस.पी. की शीघ्र स्थापना के लिए सर्वसम्मति से सहमत हो गए। जी.एस.पी. के निर्धारित उद्देश्य ये थे : (क) अल्पविकसित देशों के निर्यात-अर्जनों को बढ़ाना, (ख) उनके औद्योगीकरण को उन्नत करना, तथा (ग) उनकी विकास दर को तीव्र करना।

जून 1971 में, गैट ने परममित्र राष्ट्र (Most Favoured Nation) धारा जिसमें अल्पविकसित देशों से आयातित वस्तुओं को

10 वर्ष की अवधि के लिए विकसित देशों द्वारा अधिक पक्षपातपूर्ण टैरिफ रवैया अपनाने के लिए कहा गया था, त्यागने का निर्णय लिया। यूरोपीय आर्थिक समुदाय, जापान और नार्वे 1971 में जी.एस.पी. योजना को लागू करने वाले पहले देश थे। उनके बाद डेनमार्क, फिनलैंड, न्यूजीलैंड, स्वीडन, स्विटजरलैंड और आस्ट्रिया ने 1972 में, आस्ट्रेलिया और कनाडा ने 1974 में, और अन्त में 1976 में अमरीका ने अपनाया। अंकटाड ने 1980 में जी.एस.पी. की सामान्य समीक्षा की, और इस बात के लिए सहमति दी कि उद्देश्यों को पूर्णयता प्राप्त नहीं किया गया था तथा इस व्यवस्था को इसकी प्रारम्भिक अवधि से अधिक समय तक जारी रखा जाना चाहिए। तदनुसार, जी.एस.पी. की योजना को 1981 में 10 वर्ष के लिए पुनः नवीकृत कर दिया गया। अभी जी.एस.पी. कार्यरत है। परन्तु बहुत से विकसित देशों ने अपने व्यापार नियमों में एकतरफा परिवर्तन किए हैं जो उनका पक्षपात करते हैं।

अंकटाड IX , जो मई 1996 में मिड्रैंट (दक्षिण अफ्रीका) में हुआ था, ने विकसित देशों से विकासशील देशों के लिए गैर-विभेदकारी और विश्वव्यापी GSP अपनाने के लिए कहा। साथ ही उसने इसे उरुग्वे दौर के बाद भी कायम रखने को कहा। इसे सबल बनाना चाहिए एवं प्रक्रियाओं को सरल बनाना चाहिए। साथ ही, विकासशील देशों के निर्यात की अधिक मदों को शामिल करने के लिए वस्तु विस्तार (Coverage) बढ़ाना चाहिए।

जी.एस.पी. के अन्तर्गत अल्पविकसित देशों से विकसित देशों को निर्मित और अर्द्ध-निर्मित वस्तुओं के निर्यात में टैरिफ में कमी और कस्टम शुल्क से छूट मिलती है। अधिकांश विकसित देश जी.एस.पी. के अन्तर्गत सभी अथवा बहुत-सी वस्तुओं को शुल्क-रहित विकासशील देशों से स्वीकार करते हैं। अमरीका, स्वीडन, नार्वे और फिनलैंड ज़ी.एस.पी. योजनाओं के अन्तर्गत पूर्णतया शुल्क रहित वस्तुओं को स्वीकार करते हैं। अल्पविकसित देशों से भिन्न-भिन्न वस्तुओं के लिए परममित्र राष्ट्र (एम.एफ.एन.) की धारा के अन्तर्गत जापान और स्विट्जरलैण्ड 50 प्रतिशत से कम विभिन्न दर वाले शुल्क-रहित व्यवहार की अनुमति देते हैं। यूरोपीय आर्थिक समुदाय भी जी.एस.पी. से प्राप्त सभी औद्योगिक वस्तुओं के लिए शुल्क-रहित व्यवहार प्रदान करता है।

1970 के दौरान, जी.एस.पी. के क्षेत्र को विस्तृत करने के लिए निरन्तर प्रयास किए गए। परन्तु विश्व-मन्दी, बढ़ते हुए संरक्षणवाद और अन्तर्राष्ट्रीय बाजारों में बढ़ती हुई पहुंच के मार्ग में अन्य बाधाओं से अल्पविकसित देशों ने वर्ष 1980-82 के दौरान निर्मित और अर्द्ध-निर्मित वस्तुओं के निर्यातों में काफी धक्के को झेला। वर्ष 1983-84 के दौरान विकसित देशों और विश्व-व्यापार में धीमे विकास से अन्तर्राष्ट्रीय वस्तु कीमतों में आई गिरावट के कारण अल्पविकसित देशों के निर्यात की विकास दर कम हो गई। तथापि, 1985 से अल्पविकसित देशों की निर्मित वस्तुओं के निर्यात मूल्यों में थोड़ा पुनरुत्थान हुआ है।

GSP के संबंध में अंकटाड की 1993 की समीक्षा के अनुसार कुल वस्तुओं का लगभग 50% अधिमानित व्यवहार (preferential treatment) के अर्न्गत आया। इनमें से तीन प्रमुख आयात करने वाले देशों—यूरोपीय समुदाय, जापान और अमेरिका का 90% से अधिक हिस्सा होता है। यूरोपीय समुदाय के 15 सदस्यों सहित अधिमान देनेवाले 29 देशों में 14 GSP योजनाएं थीं।

अप्रैल 1996 में भारत ने प्रशुल्क अधिमानों की विश्व प्रणाली (Global System of Tariff Preferences-GSTP) के अन्तर्गत 8 विकासशील देशों के लिए पहली बार प्रशुल्क अधिमानों का विस्तार किया। GSTP और GSP में अंतर है। GSTP एक विकासशील देश द्वारा दूसरे विकासशील देश को प्रदान किए जाते हैं। जबकि GSP किसी विकसित देश द्वारा किसी विकासशील देश को दिए जाते हैं। ये WTO के MFN अनुबंधों (obligations) के अन्तर्गत कई देशों को दिए जाने वाले प्रशुल्क अधिमानों से श्रेष्ठ हैं। भारत GSTP के अन्तर्गत विकासशील देशों को 22 वस्तुओं के लिए प्रशुल्क अधिमान प्रदान करता था जबकि उसे 32 वस्तुओं के लिए अधिमान प्राप्त हुआ।

GSP की सीमाएं (Limitations of GSP)

तथापि, जी.एस.पी. की कुछ सीमाएं हैं :

1. जी.एस.पी. के अन्तर्गत अधिक वस्तुओं को शामिल करने के बावजूद, कपड़े, पहनावे, चमड़ा और चमड़े की वस्तुएं, स्टील और जूते आदि अनेक मदें कई विकसित देशों द्वारा वर्जित हैं। ये वे वस्तुएं हैं जिसमें अधिक औद्योगीकृत विकासशील देशों ने विशिष्टीकरण किया है।

2. बहुत से विकसित देशों ने अपनी स्कीमें तैयार की हैं जो अधिमानों पर अनेक प्रकार के प्रतिबंध लगाती हैं। कुछ ऐसे अल्पविकसित देशों को अधिमानी टैरिफ व्यवहार देते हैं जो 'ऐच्छिक निर्यात प्रतिबंध' (VER) का पालन करते हैं। अन्य, टैरिफ

कोटा के रूप में जी.एस.पी. व्यवहार प्रदान करते हैं जिससे आयातों की एक निश्चित मात्रा पर सीमा निर्धारित की जाती है जो शुल्क के बिना विकसित देश में प्रवेश होती है लेकिन इससे अधिक मात्रा पर एम.एफ.एन. शुल्क लगाया जाता है। आयातों के मूल्य पर भी सीमाएं होती हैं। जिनको अधिमानी व्यवहार उपलब्ध हो सकता है।

3. जी.एस.पी. छूटों के बारे में कोई दीर्घकालीन गारंटी नहीं है जिसे थोड़े नोटिस पर हटाया अथवा परिवर्तित किया जा सकता है। उदाहरणार्थ, यूरोपीय आर्थिक समुदाय और अमरीका ने अनेक अधिक विकासशील देशों से जी.एस.पी. छूटें 1981 में इस दलील पर हटा लीं कि उन्हें अधिमानी व्यवहारों की कोई आवश्यकता नहीं रही।

4. अल्पविकसित देशों में जी.एस.पी. के लाभ कुछ अधिक उन्नत विकासशील देशों तक ही सीमित रहे हैं। 1980 में ग्यारह उन्नत विकासशील देश सभी अल्पविकसित देशों का 80 प्रतिशत थे। तब से स्थिति में कोई परिवर्तन नहीं हुआ है क्योंकि जी.एस.पी. में शामिल की गई वस्तुएं देशों द्वारा वास्तव में निर्यात के लिए उत्पादित वस्तुओं के ही अनुरूप होती हैं।

5. अल्पविकसित देश वास्तविक जी.एस.पी. के लाभार्थी तब तक नहीं बन सकते जब तक उन्होंने सम्बन्धित विकसित देश को संगठनों और प्राधिकारियों के नाम अधिसूचित नहीं किए हैं जिन्हें मौलिक प्रमाण–पत्र जारी करने की शक्तियाँ प्रदान की गई हैं। अधिकांश अल्पविकसित देशों ने इस पूर्व शर्त को पूरा नहीं किया है। परिणामस्वरूप, अधिमानी अवसरों की महत्वपूर्ण संख्या आवश्यक प्रशासनिक कारणों से अप्रयुक्त रही है।

6. जी.एस.पी. के विस्तार के लिए क्षेत्र सीमित है। क्योंकि अल्पविकसित देशों में वस्तु–उत्पादकों की विश्व मार्किटों में सशक्त प्रतियोगी स्थिति होती हैं।

3. विकास वित्त (Development Finance)

अंकटाड–3 के प्रारम्भ से ही अल्पविकसित देश अपने सन्तुलन घाटों और ऋणग्रस्तताओं की बढ़ती समस्याओं पर चिन्ता प्रकट करते रहे हैं। सांतियागो में मई 1972 में आयोजित तीसरी अंकटाड में एक प्रस्ताव पास किया गया जिसमें विशेष आहरण अधिकारों (एस.डी.आर.) को विकास वित्त से जोड़ने के लिए अन्तर्राष्ट्रीय मुद्रा कोष को एक योजना तैयार करने के लिए कहा गया। यह आवश्यक था क्योंकि विशेष आहरण अधिकार अन्तर्राष्ट्रीय मुद्रा कोष में भिन्न–भिन्न सदस्यों के कोटे से जुड़े हैं। चूंकि अल्पविकसित देशों का कोटा कम था, इसलिए उन्हें विशेष आहरण अधिकार का बहुत थोड़ा हिस्सा मिला। एक अन्य प्रस्ताव से अंकटाड–3 ने अन्तर्राष्ट्रीय मुद्रा कोष से मुद्रा सुधारों के लिए एक समिति बनाने के लिए कहा जिसमें अल्पविकसित देशों के सदस्य भी विकसित देशों के बराबर होने चाहिएं। अंकटाड–3 से यह अपील भी की गई कि वह ऋणग्रस्तता और विकास के सम्बन्धों की गहन जांच करे और उपयुक्त उपचारी उपायों की सिफारिश करे। इसके अलावा, अल्पविकसित देशों ने अंकटाड–3 में यह सुझाव भी दिया कि विकसित देशों द्वारा अन्तर्राष्ट्रीय विकास कूटनीति में सहमत विकास सहायता के एक प्रतिशत लक्ष्य में सहायता से भिन्न घटकों जैसे निजी निवेश, तथा विक्रेताओं और क्रेताओं के ऋणों को शामिल नहीं करना चाहिए, और साथ ही यह ब्याज–भुगतानों के विपरीत प्रवाहों वाला नहीं होना चाहिए। परन्तु अंकटाड–3 इन सभी मुद्दों पर कोई उपलब्धि प्राप्त करने में सफल नहीं हुआ।

मई 1976 में नैरोबी में आयोजित अंकटाड–4 भी अल्पविकसित देशों की ऋण और विकास वित्त समस्याओं का हल निकालने में सफल नहीं हुआ। इस सम्मेलन ने इस संबंध में तीन प्रस्ताव पास किए। **प्रथम** प्रस्ताव अल्पविकसित देशों की ऋण समस्याओं के बारे में था जिसमें विकसित देशों से ओ.डी.ए. ऋणों को अनुदान में शामिल करने तथा एक ऐसा ढांचा तैयार करने के लिए कहा गया जिसके भीतर भविष्य की ऋण समस्याएं सुलझाई जा सकें। **दूसरा** प्रस्ताव अन्तर्राष्ट्रीय वित्त सहयोग की प्रभावशाली व्यवस्था से संबंधित था जिसमें अल्पविकसित देशों से संबधित अन्तर्राष्ट्रीय मुद्रा कोष की कार्यप्रणाली में सुधार करने के लिए अनेक उपायों का सुझाव दिया गया था। तीसरा प्रस्ताव बहुपक्षीय गारन्टी सुविधा को स्थापित करने से संबंधित था। सम्मेलन में विकसित देशों से अपील की गई कि वे अल्पविकसित देशों के विकास के लिए 0.7 प्रतिशत सहायता का लक्ष्य प्राप्त करें। उन्हें ओ.डी.ए. सहायता की घोषणा पहले करनी चाहिए जो निम्नतर अल्पविकसित देशों के लिए अनुदान के रूप में और अन्य अल्पविकसित देशों के लिए अधिक रियायती सहायता के रूप में होनी चाहिए।

मई–जून 1979 में मनीला में आयोजित अंकटाड–5 में अल्पविकसित देशों की वित्त और ऋण समस्याओं से सम्बन्धित अनेक प्रस्ताव पास किए गए। **पहला,** इस सम्मेलन में अन्तर्राष्ट्रीय मुद्रा कोष से कहा गया कि वह अपने सदस्यों के विश्व–व्यापार और

भुगतान–सन्तुलन के घाटे से सम्बन्धित व्यापकता की तुलना में अपने कुल कोटे की जांच करे तथा अल्पविकसित देशों का कोटा–हिस्सा बढ़ाए। **दूसरा,** अन्तर्राष्ट्रीय मुद्रा कोष से घरेलू, सामाजिक और राजनीतिक और ऋणी अल्पविकसित देशों की आर्थिक प्राथमिकताओं को ध्यान में रखते हुए लोचशील और उपयुक्त ढंग से प्रतिबंधता लागू करने के लिए कहा गया ताकि कोष की सुविधाओं को प्रोत्साहन मिले और इसके संसाधनों का उपयोग अधिक ऊंची दर पर हो सके। **तीसरा,** इसमें अन्तर्राष्ट्रीय मुद्रा कोष को उन साधनों का पता लगाने पर जोर दिया जिससे शर्तों में सुधार हो तथा अल्पविकसित देशों को दी गई सुविधाओं का उपयोग हो सके। **चौथा,** सम्मेलन में अन्तर्राष्ट्रीय मुद्रा कोष से मौजूदा क्षतिपूरक सुविधाओं में सुधार करने एवं उदार करने पर बल दिया। **पांचवा,** इस सम्मेलन में अन्तर्राष्ट्रीय मुद्रा कोष से अल्पविकसित देशों के लिए एक ब्याज सब्सिडी खाते पर विचार करने के लिए कहा गया ताकि अनुपूरक वित्त सुविधाओं का उपयोग किया जा सके। सम्मेलन ने विशेषज्ञों का एक अंतर–सरकारी समूह भी स्थापित किया जो अल्पविकसित देशों को उनकी ऋण–समस्याओं पर काबू पाने के लिए अन्तर्राष्ट्रीय मुद्रा व्यवस्था में सुधारों के सुझाव दे सके। इससे पहले, विकसित देशों ने ''77 देशों के समूह'' के एक अन्तर्राष्ट्रीय ऋण आयोग स्थापित करने के प्रस्ताव को रद्द कर दिया।

जून 1983 में अंकटाड–6 में जो बैलग्रेड में हुआ पुनः अल्पविकसित देशों के विकास वित्त, ऋण पुननिर्धारण, ऋणों को अनुदान में परिवर्तित करने से सम्बन्धित तथा विकसित देशों द्वारा सरकारी ओ.डी.ए. सहायता को 0.7 प्रतिशत तक बढ़ाने के प्रस्ताव पास किए। सम्मेलन ने पुनः अल्पविकसित देशों के हित में अन्तर्राष्ट्रीय मुद्रा कोष और विश्व बैंक में संरचनात्मक सुधार लाने की आवश्यकता पर बल दिया।

1987 में जेनेवा में अंकटाड–7 में अल्पविकसित देशों के लिए अधिक विकास वित्त, ऋण पुनर्निर्धारण और ऋण को अनुदान में परिवर्तित करने पर बल दिया।

फरवरी 1992 में अंकटाड–8 के कार्टाजीना में हुए सम्मेलन की कार्यसूची पर 'विकास के लिए संसाधन' विषय था। इसने निम्न पर तदर्थ कार्यकारी ग्रुप नियुक्त किए : निवेश और पूंजी प्रवाह, विकास के लिए ऋण रहित वित्त, निवेश बढ़ाने के लिए नया तंत्र और विकासशील देशों के लिए वित्तीय प्रवाह। मई 1996 में अंकटाड–9 ने अप्पविकसित देशों LDCs को ऋण से राहत देने पर बल दिया।

पिछले अनेक वर्षों में अंकटाड की विभिन्न बैठकें अल्पविकसित देशों की ऋण और विकास की समस्याओं का हल निकालने में सफल नहीं हुई हैं। अधिक से अधिक, ये बैठकें कार्यों के कार्यान्वित होने की बजाय विचारों के आदान–प्रदान का एक मंच सिद्ध हुई हैं। 'दि इकानामिस्ट' लंदन के अनुसार अंकटाड अन्तर्राष्ट्रीय मुद्राकोष से ऋण और विश्व बैंक से विकास की पहल पर पीछे रह गया है। अन्तर्राष्ट्रीय मुद्रा कोष द्वारा ऋण मुद्दा इसलिए अपनाया गया है क्योंकि यह स्वयंमेव एक बैंक के रूप में कार्य करता है तथा इस बैंक को पश्चिमी बैंकरों और सरकारों का विश्वास प्राप्त है। अंकटाड के विपरीत, विश्व बैंक के पास विकास प्रोत्साहन के लिए मुद्रा और प्रभावी–परामर्श दोनों हैं।

4. प्रौद्योगिकी हस्तांतरण (Technology Transfer)

नैरोबी में 1976 में अंकटाड–4 में हुई बैठक में ऐसे उपायों पर बल दिया गया जिनसे अल्पविकसित देशों की प्रौद्योगिकीय क्षमता सुदृढ़ हो। यह उल्लेख किया गया कि बेहतर अनुसंधान सुविधाएं, प्रशिक्षण कार्यक्रम तथा स्थानीय एवं क्षेत्रीय प्रौद्योगिकी केन्द्रों की स्थापना से इस उद्देश्य को पूरा करने में मदद मिलेगी। सम्मेलन ने प्रौद्योगिकी हस्तांतरण पर एक आचार–संहिता का प्रारूप बनाने के लिए विशेषज्ञ दल की भी स्थापना की। इसके अलावा सम्मेलन ने अन्तर्राष्ट्रीय पेटेंट व्यवस्था में संशोधन करने की अपील की।

बैलग्रेड में जून 1983 में आयोजित अंकटाड–6 में अल्पविकसित देशों को प्रौद्योगिकी हस्तांतरण की आवश्यकता पर बल दिया गया जिससे उनके तीव्र और आत्मनिर्भर विकास को प्रोत्साहित किया जा सके। सम्मेलन ने अंकटाड सचिवालय द्वारा तैयार किये गये नीति दस्तावेज ''विकसित देशों की प्रौद्योगिकीय परिवर्तन की कूटनीति'' पर चर्चा की और उसे अपनी स्वीकृति प्रदान की। इस अध्ययन में यह बताया गया कि द्वितीय विश्वयुद्ध के बाद के समय में अनेक अल्पविकसित देशों पर उनकी आर्थिक और प्रौद्योगिकीय निर्भरता ने इस स्वतंत्रता को बहुत अवरुद्ध किया। इस असमान विश्व में अल्पविकसति देश कमजोर भागीदार हैं। पिछले तीन

दशकों के दौरान अल्पविकसित देशों में हुई पर्याप्त प्रगति के बावजूद उनमें और विकासशील देशों में प्रौद्योगिकीय अन्तर और बढ़ा है। अध्ययन में इस बात पर बल दिया गया कि अल्पविकसित देशों को विदेशी प्रौद्योगिकी पर अपनी निर्भरता कम करके और स्वायत्त प्रौद्योगिकीय विकास की राष्ट्रीय क्षमता को सुदृढ़ करके प्रौद्योगिकीय परिवर्तन प्राप्त करना चाहिए। इसके लिए कृषि-क्षेत्र और आमतौर पर प्राथमिक उत्पादन पर होने वाली निर्भरता में कमी करनी चाहिए। प्रौद्योगिकीय परिवर्तन की कूटनीति के नेतृत्व को औद्योगिकीकरण की तीव्र गति बनाना है। प्राथमिक वस्तुओं को विपणन करने से पूर्व तैयार करने से विभिन्नीकरण के द्वारा औद्योगिकीकरण और व्यापक होगा। चूंकि प्रौद्योगिकी में पूंजी-प्रधान वस्तुओं तथा मानवीय कौशल दोनों को ही शामिल किया जाता है इसलिए अपेक्षित पूंजी-प्रधान वस्तुओं तथा कुशल मानव-शक्ति के उत्पादन के लिए घरेलू क्षमता के तीव्र विस्तार की आवश्यकता है।

तकनीकी विकास और स्थानांतरण से संबंधित नीति निर्माण एक देश से दूसरे देश के बीच अंतर रखते हैं। इसलिए तकनीकी स्थानांतरण पर व्यवहार का अन्तर्राष्ट्रीय नियम अंकटाड में समझौतों के अधीन रहा है। व्यवहार का नियम (Code of conduct) तकनीकी स्थानांतरणों के लिए राष्ट्रीय नीतियों के डिजाइन और विकास हेतु महत्वपूर्ण तत्व प्रदान करेगा।

अंकटाड-7 ने अल्पविकसित देशों को प्रौद्योगिकी हस्तांतरण करने संबंधी एक प्रस्ताव पास किया जो अंकटाड-6 में अनुमोदित नीति-पत्र के अनुसार था।

अंकटाड-8 ने एक तदर्थ कार्यकारी ग्रुप स्थापित किया जो 'निवेश और प्रौद्योगिकी हस्तांतरण' के बीच परस्पर संबंधों से संबंधित था जिसे दो वर्षों के भीतर अपनी रिपोर्ट व्यापार और विकास बोर्ड को पेश करनी थी।

मई 1996 में अंकटाड-9 ने विकसित देशों से अनुरोध किया कि वे विकासशील देशों को उच्च प्रौद्योगिकी प्राप्त कराएं जो उनके विकास के लिए महत्वपूर्ण है।

अंकटाड ने अन्तर-सरकारों के स्तर पर सार्वजनिक रूप से वित्त प्रबंधित प्रौद्योगिकियों के हस्तांतरण के लिए विस्तृत सिद्धांत निर्धारित किए हैं। इससे सूचना के स्रोत तक स्वतन्त्र पहुंच तथा प्रौद्योगिकी के अधिक खुले प्रवाह की बाधाओं को कम करने से प्रौद्योगिकी हस्तांतरण की प्रक्रिया में आसानी हो सकती है। इसमें कोई सन्देह नहीं कि इस दिशा में सरकारी नीतियों की महत्वपूर्ण भूमिका है परन्तु सच तो यह है कि प्रौद्योगिकी हस्तांतरण केवल उद्योग-स्तर पर ही करना पड़ेगा। ऐसा इसलिए कि विकसित देशों में अधिकांश प्रौद्योगिकी बहुराष्ट्रीय निगमों द्वारा नियंत्रित है।

5. अल्पविकसित देशों में आर्थिक सहयोग (Economic Cooperations among LDCs)

नई दिल्ली में 1968 में आयोजित अंकटाड-2 में पहली बार अल्पविकसित देशों में अन्तर्राष्ट्रीय सहयोग और आत्मनिर्भरता को उन्नत करने पर बल दिया गया।

जून 1983 में बैलग्राड में आयोजित छठे अंकटाड में अधिमानी व्यापार व्यवस्थाओं के क्षेत्र को व्यापक करके, बुनियादी सुविधाओं विशेषकर समान समाशोधक व्यवस्था के अंतर्गत पोतलदान (shipping) सेवाओं और सरल भुगतान-विधि के जरिए औद्योगिक विकास कार्यक्रमों में सामंजस्य करके अल्पविकसित देशों में सामूहिक प्रयासों की आवश्यकता पर पुनः बल दिया गया।

अल्पविकसित देशों द्वारा आर्थिक सहयोग के लिए पहला कदम अक्तूबर 1982 में न्यूयार्क में ''77 देशों के समूह'' की मन्त्रीस्तरीय बैठक में लिया गया था जब इन्होंने टैरिफ अधिमानों की विश्व व्यवस्था (जी.एस.टी.पी.) को शुरू करने का निर्णय लिया। वर्ष 1984 में अंकटाड ने दो बैठकें आयोजित कीं जिसमें जी.एस.टी.पी. (Global System of Tariff Preferences) की बातचीत के लिए मूल नियम और तरीकों का प्रारूप बनाने के लिए गहन तकनीकी स्तरीय चर्चा की गई। जुलाई, 1985 में नई दिल्ली में आयोजित दूसरे मन्त्रीस्तरीय सम्मेलन में यह निर्णय लिया गया कि जी.एस.टी.पी. की विश्व की बातचीत के प्रथम दौर को मई, 1987 में अंकटाड-7 की पूर्व सन्ध्या पर पूरा कर लिया जाए। टैरिफ और गैर-टैरिफ रियायतों का दिया जाना तथा अंकटाड के अंतर्गत अन्य उपायों जैसे दीर्घकालिक अनुबंधों के जरिए परस्पर व्यापार बढ़ाने के लिए जी.एस.टी.पी., विकासशील देशों के लिए एक बड़ी शुरूआत है।

व्यापार बढ़ाने के अलावा अंकाटड-6 ने अल्पविकसित देशों में डिजाइन और इंजीनियरिंग तथा अनुसंधान और विकास के क्षेत्र में अनेक सहयोगी उपाय शुरू करने तथा उन्हें सुदृढ़ करने की सिफारिश की है। अल्पविकसित देशों की नीतियों, नियमों, विनियमों, कानूनों और परम्पराओं को निर्धारित करने वाली प्रौद्योगिकी के सामंजस्यीकरण में ये सभी पहलू हैं—कर्मिक और कार्मिकों का

आदान-प्रदान तथा कौशलों का सहयोगी आदान-प्रदान, प्रौद्योगिकी के हस्तांतरण और विकास के लिए अधिमानी व्यवस्थाओं की स्थापना, विशिष्ट क्षेत्रों और अत्यन्त महत्वपूर्ण क्षेत्रों में प्रौद्योगिकीय सहयोग। अल्पविकसित देशों में प्रौद्योगिकीय हस्तांतरण की विशेषकर निम्नलिखित चार क्षेत्रों में सम्भावनाएं हैं—पूंजीप्रधान वस्तुएं, मानव-कौशतलाएं, ऊर्जा और खाद्यान्न उत्पादन एवं संसाधित करने (Processing)। तथापि, उनकी अर्थव्यवस्थाओं के अन्य क्षेत्रों में सम्भावनाओं से इन्कार नहीं किया जा सकता।

मई-जून, 1979 में मनीला में आयोजित अंकटाड-5 में लाइनर समुद्री परिवहन से सम्बन्धित एक प्रस्ताव पास किया गया। अन्य बातों के अलावा इस प्रस्ताव में इस बात की व्यवस्था की गई थी जिसका उद्देश्य अल्पविकसित देशों की लाइनर समुद्री परिवहन में प्रदान करने वाले और इस्तेमाल करने वाली स्थिति में और सुधार करना था। इस प्रस्ताव में अल्पविकसित देशों को जलयान के आवागमन तथा सेवा आवश्यकताएं तथा राष्ट्रीय और क्षेत्रीय जलयान-मालिकों के संगठन की स्थापना अथवा उसे सुदृढ़ करने में क्षेत्रीय स्तर पर जानकारी एकत्र करने में सहयोग करने की अपील की। बेलग्राड सम्मेलन (अंकटाड-6) ने अंकटाड सचिवालय को जलपोत और बन्दरगाह वित्त, विश्व जलयान उद्योग के ढांचे, निवेश और जलयानों इत्यादि की सहायता में सरकार की नीतियों और परम्पराओं पर अध्ययन करने का कार्य सौंपा।

अंकटाड-6 में समान समाशोधक (clearing) व्यवस्था के अन्तर्गत एक सरलतर भुगतान विधि की ओर इंगित किया। यह एक दूसरा क्षेत्र है जो अल्पविकसित देशों को परस्पर सहयोग करने के लिए पर्याप्त उत्साह प्रदान कर सकता है। विकसित देश इस बात पर जोर देते हैं कि अन्तर्राष्ट्रीय मुद्रा कोष और विश्व बैंक जैसी मौजूदा अन्तर्राष्ट्रीय संस्थाओं को वित्तीय रूप से सुदृढ़ करना चाहिए। ताकि ये संस्थाएं अल्पविकसित देशों को उनके भुगतान-संतुलन और ऋण समस्याओं पर काबू पाने में और सहायता प्रदान कर सकें। परन्तु अल्पविकसित देशों की मांग है कि नई वित्तीय संस्था की स्थापना की जाए जो संयुक्त उद्यम विकास परियोजनाएं, निर्यात ऋण, वस्तु मूल्य स्थिरीकरण, क्षेत्रीय भुगतान समर्थन तथा खाद्य और प्राथमिक वस्तुओं में व्यापार का प्रसार करने के लिए दीर्घकालीन निवेश, भण्डारण, परिवहन और संसाधित करना जैसे क्षेत्रों में विशेष वित्तीय आवश्यकताओं की पूर्ति करे।

अंकटाड-7 ने भी पिछले सम्मेलनों की नीतियों पर विकासशील देशों के बीच आर्थिक सहयोग के महत्व पर बल दिया। अंकटाड-8 ने विकासशील देशों के बीच आर्थिक सहयोग पर एक नयी स्थायी कमेटी स्थापित की है जो सहयोग के सभी पहलुओं का अध्ययन करके व्यापार और विकास बोर्ड को अपनी रिपोर्ट पेश करेगी।

अल्पविकसित देशों के बीच आर्थिक सहयोग में अनेक बाधाएं हैं। अल्पविकसित देशों की अर्थव्यवस्था अत्यधिक प्रतिस्पर्द्धा स्वरूप की होती है, उनकी आयात-निर्यात क्षमता सीमित होती है, ऋण सुविधाएं अपर्याप्त होती हैं, विदेशी मुद्रा की अत्यन्त कमी होती है तथा परस्पर व्यापार की जाने वाली वस्तुओं के प्रतिकूल प्रभाव होते हैं, इसके परिणामस्वरूप वे विकसित देशों से व्यापार करना अधिक पसन्द करते हैं। यद्यपि, अल्पविकसित देशों द्वारा निर्मित वस्तुएं अधिक सस्ती और उच्च क्वालिटी की होती हैं तथापि कुछ अल्पविकसित देश ऐसी सीमाओं से बंधे हैं जो उन्हें अन्य अल्पविकसित देशों से व्यापार करने से रोकती है, उनमें प्रौद्योगिकी पिछड़ापन, मुख्य आगतों की कमी, उत्पादन-लागत अधिक, प्रतिस्पर्धात्मक शक्ति का अभाव तथा विपणन का ढांचा कमजोर होता है। ऊपर गिनाई गई विभिन्न समस्याएं अल्पविकसित देशों में परस्पर क्षेत्रीय सहायता और विश्वास से तथा निकट सहयोग से नियन्त्रित की जा सकती हैं। अंकटाड एक ऐसा मंच है जहां मिल-बैठकर चर्चा कर सकते हैं तथा क्षेत्रीय आर्थिक सहयोग के लिए नीतियां बना सकते हैं।

6. नये विषय (New Issues)

1980 के दशक के अन्तिम वर्षों में बहुत से विकासशील देशों ने अपनी नीतियों को मार्किट अनुस्थापित (oriented) में परिवर्तित किया और संरचनात्मक समायोजनों की प्रक्रिया प्रारंभ हुई जिसमें उनकी विनियम दरों को ठीक करना तथा अपनी अर्थव्यवस्थाओं का बाह्य-अभिमुख उदारीकरण करना शामिल था। 1990 के दशक के प्रारंभ में पूर्वीय यूरोप और सोवियत रूस के देश विघटित हो गए और उन्होंने मार्किट अनुस्थापित सुधार अपनाए।

इस पृष्ठभूमि में अंकटाड-8 की बैठक कार्ताजीना में फरवरी 1992 में हुई। यह सम्मेलन पहले की बैठकों के विपरीत पूर्व और पश्चिम तथा उत्तर और दक्षिण के बीच लंबे वाद-विवादों एवं वार्तालापों से लगभग मुक्त था। सोवियत रूस और केन्द्रीय एवं यूरोपीय राष्ट्रों के विघटन के साथ पूर्व-पश्चिम में तनाव समाप्त होने के कारण ऐसा हुआ और ओ.इ.सी.डी. ग्रुप (इ.इ.सी. मेम्बरों

के अलावा) तथा विकासशील देशों के ग्रुप-77 के राष्ट्र अपनी-अपनी राष्ट्रीय प्राथमिकताओं के लिए बोलने के इच्छुक थे। परिणामस्वरूप, अंकटाड-8 की कार्यवाही में वाद-विवाद करने की बजाय विश्व सहयोग पर, समझौते की आवश्यकता पर और ज्ञान-आधारित नीतियों के समर्थन पर बल दिया।

अंकटाड-8 की कार्यसूची पर पांच मुख्य मुद्दे थे : विकास के लिए संसाधन, अन्तर्राष्ट्रीय व्यापार, प्रौद्योगिकी, सेवाएं और वस्तुएं। इन मुद्दों पर सर्वसम्मति उत्पन्न करने के लिए, सम्मेलन ने यह निर्णय लिया कि इनका सकेंद्रण (focus) विश्लेषण पर होना चाहिए न कि समझौतों पर। इसलिए यह सहमति हुई कि अंकटाड का OECD के सचिवालय के आधार पर एक नया ढांचा तैयार होना चाहिए ताकि यह मुद्दों के विश्लेषण पर ध्यान दे सके। परिणामस्वरूप, एक तीन-तल वाला संगठनात्मक ढांचा स्थापित किया गया : *(i)* व्यापार और विकास बोर्ड की एक कार्यकारिणी कमेटी जिसमें तैयार मैम्बर देशों के अंकटाड पर जेनेवा में स्थित स्थायी प्रतिनिधि शामिल हैं, *(ii)* वस्तुओं, गरीबी उन्मूलन, विकासशील देशों के बीच आर्थिक सहयोग और सेवाओं पर चार नयी स्थायी कमेटियां स्थापित करना, और *(iii)* कमेटियों और व्यापार एवं विकास बोर्ड को समर्थन देने हेतु पांच तदर्थ कार्यकारी ग्रुपों का निर्माण करना। इस प्रकार अंकटाड-8 ने नये मुद्दों जैसे सेवाओं और सतत विकास और इसके नये संगठनात्मक ढांचे पर केन्द्रित किया ताकि वह भविष्य में विश्व व्यापार व्यवस्था में अधिक अर्थपूर्ण भूमिका निंभा सके। मई 1996 में अंकटाड-9 ने अपने सदस्यों से अनुरोध किया कि सततीय विकास (sustainable development) और विकासशील देशों को ऋण राहत देने के लिए अधिक संसाधन प्रदान करें तथा गैट के WTO समझौता 1994 के सदंर्भ में प्रौद्योगिकी, सेवाओं और वस्तुओं से संबंधित विषयों को जारी रखे।

अंकटाड का मूल्यांकन
(AN APPRAISAL OF UNCTAD)

अंकटाड एक अन्तर्राष्ट्रीय मंच के रूप में 1964 में स्थापित किया गया था। इसका मुख्य उद्देश्य व्यापार से संबंधित विकास मुद्दों का विवेचन और विश्लेषण करना है जिससे विकसित और अल्पविकसित देशों के बीच समझौते की बातचीत हो सके। क्योंकि अंकटाड एक सम्मेलन है इसलिए इसने बातचीत के लिए ग्रुप मार्ग अपनाया। अंकटाड-7 तक चार ग्रुप थे : विकसित देशों का ग्रुप-ए, विकासशील देशों का ग्रुप-77, चीन का ग्रुप-सी, तथा पूर्वी यूरोप के समाजवादी देशों का ग्रुप-डी। प्रायः हर चार वर्षों बाद ये ग्रुप एक विशाल सम्मेलन में एक दूसरे के विरुद्ध डटे रहते थे।

1970 के दशक में ब्रैटन वुड्स सिस्टम के भंग होने, तेल संकट, स्फीतिकारी दबाव और अनेक अल्पविकसित देशों द्वारा ऋण के संचय होने से अंकटाड उत्तर और दक्षिण के बीत एक विशाल वाद-विवाद करने वाला मंच बन गया।

1980 के दशक के दौरान कुछ नये औद्योगीकृत विकासशील देशों में प्रभावशाली वृद्धि दरें हुईं, जबकि अन्य में निराशापूर्ण कम वृद्धि दरें हुईं। विकासशील देशों ने अपनी वस्तु कीमतों और व्यापार की शर्तों में गिरावट अनुभव की। उनके ऋणों में अत्यधिक वृद्धियां हुईं और अन्तर्राष्ट्रीय सहायता प्रवाह अपर्याप्त थे। दूसरी ओर, बहुत से विकसित देशों को मंदी की प्रवृत्तियों का सामना करना पड़ा। परिणामस्वरूप, अंकटाड सम्मेलनों में गर्मा-गर्मी के सिवाय कुछ भी नहीं था। विकासशील देशों में निराशा थी क्योंकि सम्मेलनों में उनके द्वारा उठाए गए प्रत्येक मुद्दे पर विकसित देशों का लगभग कड़ा रवैया था। जैसाकि 'दि इकनामिस्ट' लन्दन ने सकेंत किया ''अंकटाड एक राजनीतिक सर्कस'' था। अतः प्रत्येक अंकटाड एक अघटना थी जो किसी भी समझौते पर आने में असफल रहा।

प्रत्येक सम्मेलन में लम्बे वाद-विवादों और असहमतियों के बावजूद, अंकटाड ने जी.एस.पी., समुद्र परिवहन नियमावली, अल्पविकसित देशों को सहायता देने के विशेष अन्तर्राष्ट्रीय प्रोग्रामों तथा अन्तर्राष्ट्रीय सहायता लक्ष्यों के उद्भव में मुख्य भूमिका निभाई।

निष्कर्ष (Conclusion)

इन कमियों के बावजूद अंकटाड सचिवालय अल्पविकसित देशों के व्यापार, वित्त और ऋण की समस्याओं से सम्बन्धित वार्षिक और अन्य रिपोर्टों के द्वारा प्रशंसनीय कार्य कर रहा हैं। वास्तव में, सचिवालय द्वारा प्रत्येक सम्मेलन के पूर्व तैयार की गई

रिपोर्टों से अल्पविकसित देशों की समस्याओं और आवश्यकताओं के बारे में विचारों का एक नया माहौल तैयार होता है। अन्तर्राष्ट्रीय मुद्रा कोष, विश्व बैंक, ओ.ई.सी.डी., यूरोपीय आर्थिक समुदाय, गुटनिरपेक्ष देशों जैसे अन्तर्राष्ट्रीय मंचों पर इनकी चर्चा की जाती है। प्राय: विश्व बैंक और ओ.ई.सी.डी. द्वारा अधिक सहायता, यूरोपीय आर्थिक समुदाय द्वारा अल्पविकसित देशों को अधिक व्यापार रियायतें देकर सकारात्मक उपाय किए जाते हैं। इस प्रकार अंकटाड उस विश्व में अल्पविकसित देशों की भावनाओं, आशाओं और आकांक्षाओं को प्रदर्शित करता है जिस पर अभी भी राजनीतिक और आर्थिक रूप से विकसित देशों का प्रभुत्व है।

प्रश्न

1. संक्षेप में अंकटाड के उद्देश्यों की व्याख्या करिए। ये सम्मेलन कहां तक विकासशील देशों के व्यापार और विकास को प्रोत्साहित करने में सफल हुए हैं ?
2. अंकटाड के उद्देश्यों और कार्यों पर संक्षेप में प्रकाश डालिए। यह विकासशील देशों की समस्याएं सुलझाने में कहां तक सफल रहा है ?
3. अधिमानों की सामान्यकृत प्रणाली (GSP) क्या है ? अपने उद्देश्यों को प्राप्त करने में यह कहां तक सफल रहा है ?

अध्याय 55

एशियाई विकास बैंक
(Asian Development Bank—ADB)

1. प्रस्तावना
(INTRODUCTION)

एशियाई विकास बैंक की स्थापना के बारे में 1950 के दशक से यह विचार प्रबल हो गया कि इस क्षेत्र की आवश्यकताओं को पूरा करने के लिए विश्व बैंक की तरह एक संस्था होनी चाहिए। परन्तु इस विचार को कार्यान्वित करने के लिए एशियाई आर्थिक सहयोग पर प्रथम मंत्री-स्तरीय सम्मेलन में, जो दिसम्बर, 1963 में मनीला में हुआ, सुझाव दिया गया। इसके अनुसार विशेषज्ञों के एक कार्यकारी दल ने मार्च, 1965 में इकाफे (ECAFE) की वेलिंगटन में हुई बैठक में अपनी रिपोर्ट प्रस्तुत की। इसके अनुसार एशियाई विकास बैंक स्थापित करने के प्रारूप पर समझौता हुआ जिसे एशियाई आर्थिक सहयोग पर दूसरे मंत्री-स्तरीय सम्मेलन में अपना लिया गया। जनवरी, 1966 तक 31 देशों ने इसके चार्टर पर हस्ताक्षर किये तथा एशियाइ विकास बैंक 19 दिसम्बर, 1966 को मनीला (फिलीपीन) में स्थापित हो गया।

2. इसके उद्देश्य
(ITS OBJECTIVES)

एशियाई विकास बैंक की स्थापना का मुख्य उद्देश्य विश्व बैंक द्वारा दिए जा रहे कार्य की एशियाई देशों में आपूर्ति करना है। तदनुसार इसके उद्देश्य निम्नलिखित हैं:

1. पूंजी निवेश (Capital Investment)—इकाफे क्षेत्र में विकास के लिए सार्वजनिक और निजी पूंजी निवेश को प्रोत्साहित करना।

2. उपलब्ध संसाधनों का उपयोग (Utilisation of Available Resources)—विकास के वित्त प्रबंधन के लिए उपलब्ध संसाधनों का उपयोग करना। इसके लिए उन क्षेत्रीय और उप-क्षेत्रीय तथा राष्ट्रीय परियोजनाओं एवं प्रोग्रामों को प्राथमिकता देना जो समस्त क्षेत्र के समान आर्थिक विकास की ओर अधिक सुचारू रूप से योगदान दें।

3. विकास के लिए योजनाओं एवं नीतियों का समन्वय (Co-ordination of Plans and Policies for Development)—उनके संसाधनों का बेहतर उपयोग करने के लिए क्षेत्रीय सदस्य देशों की योजनाओं एवं नीतियों के समन्वय में सहायता करना।

4. तकनीकी सहायता (Technical Assistance)—विकास परियोजनाओं तथा प्रोग्रामों को तैयार तथा कार्यान्वित करने के लिए तकनीकी सहायता प्रदान करना, जिसमें विशिष्ट प्रोजेक्ट प्रस्तावों का निर्माण भी शामिल है।

5. अन्य संगठनों से सहयोग (Co-operation with Other Organisations)—संयुक्त राष्ट्र संघ के संगठनों तथा सहायक संस्थाओं के साथ सहयोग करके क्षेत्र में विकास कोषों का निवेश करना।

6.ऊपर वर्णित उद्देश्यों की पूर्ति के लिए सभी क्रियाएं अपनाना और सेवाएं प्रदान करना।

3. इसके कार्य
(ITS FUNCTIONS)

एशियाई विकास बैंक निम्न कार्य करता है :

1. वित्तीय सहायता (Financial Assistance)—यह अनुदानों और कर्जे के रूप में वित्तीय सहायता प्रदान करता है। यह तीन प्रकार के कर्जे देता है : परियोजना उधारदान, क्षेत्र उधारदान, तथा प्रोग्राम उधारदान।

परियोजना उधारदान में ऋण एक विशिष्ट परियोजना के साथ बद्ध होता हैं। क्षेत्र उधारदान में एक विशेष क्षेत्र में अनेक संबद्ध परियोजनाओं को वित्त प्रदान किया जाता है। प्रोग्राम उधारदान के अन्तर्गत एक से अधिक क्षेत्र आता है तथा कुछ परिवर्तन लाने के लिए एक नीति अथवा प्रोग्राम को कार्यान्वित किया जाता है।

एशियाई विकास बैंक द्वारा कर्जे सामान्य कोष तथा विशेष कोषों में से प्रदान किए जाते हैं। सामान्य कोष का अभिप्राय बैंक के सामान्य पूंजी संसाधनों से है जिनमें से प्रत्यक्ष कर्जे विकास परियोजनाओं अथवा विशिष्ट परियोजनाओं के लिए दिए जाते हैं। ये कठोर कर्जे कहलाते हैं।

विशिष्ट उधारदान के लिए बैंक ने कुछ विशेष कोष स्थापित किए हुए हैं : एशियाई विकास कोष, कृषि विशेष कोष तथा बहुउद्देश्यी विशेष कोष। इन कोषों में से दिए जाने वाले कर्जे नरम कर्जे कहलाते हैं। इन कोषों में से उच्च विकास प्राथमिकता वाली परियोजनाओं को दीर्घकालीन कर्ज चुकता करने तथा कम ब्याज पर उधार दिए जाते हैं। ये विशेष कोष बैंक के सामान्य पूंजी संसाधनों से भिन्न हैं जिनमें अन्य देश योगदान करते हैं उनमें अमेरिका, जापान, ब्रिटेन, जर्मनी, कनाडा, स्विटजरलैंड, डेनमार्क, भारत, पाकिस्तान आदि देश हैं। इन विशेष कोषों में से उधार देने के लिए बैंक के कुल गवर्नरों में से 2/3 की मंजूरी आवश्यक है।

बैंक द्वारा उधार देने की कुछ कसौटियां हैं। जैसे—परियोजनाओं का उनके गुणों के आधार पर मूल्यांकन करना। परियोजनाओं का मूल्यांकन करते समय बैंक उनकी आर्थिक, तकनीकी तथा वित्तीय व्यावहारिकता को दृष्टिगत रखता है, संबद्ध देश की सामान्य क्रियाओं पर क्या प्रभाव पड़ता है, उनका आर्थिक कठिनाइयों को दूर करने में क्या योगदान है, तथा वे अतिरिक्त कर्जों को कहां तक लौटाने में सहायक होती हैं।

2. तकनीकी सहायता (Technical Assistance)—तकनीकी सहायता प्रदान करने के लिए ए.डी.वी. ने एक तकनीकी सहायता विशेष कोष स्थापित किया है। यह इकाफे क्षेत्र के मेम्बर देशों की सरकारों, उनकी एजेन्सियों, क्षेत्रीय संस्थाओं तथा निजी फर्मों को तकनीकी सहायता प्रदान करता है। बैंक की तकनीकी सहायता दो उद्देश्यों के लिए होती है : *प्रथम,* विशिष्ट राष्ट्रीय अथवा क्षेत्रीय विकास परियोजनाओं एवं योजनाओं को तैयार, वित्त प्रबन्धन और कार्यान्वित करने के लिए। *दूसरा,* कृषि, उद्योग तथा लोक प्रशासन जैसे क्षेत्रों में राष्ट्रीय अथवा क्षेत्रीय स्तर पर नई संस्थाएं स्थापित करने अथवा वर्तमान संस्थाओं के कार्यकरण के लिए।

बैंक तकनीकी सहायता, परामर्श सेवाओं के रूप में अपने मुख्य कार्यालय से प्रदान करता है। यह अपने विशेषज्ञ भेजता है, अथवा परियोजनाओं के कार्यावन्यन के लिए या संस्थाओं को स्थापित या पुनर्गठित करने के लिए अल्प या दीर्घ मिशनों पर अन्य अन्तर्राष्ट्रीय संगठनों में परामर्शदाता किराए पर लेता है।

3. सर्वेक्षण और शोध (Surveys and Research)—ए.डी.बी. का एक अन्य कार्य क्षेत्रीय आर्थिक एकीकरण को प्रोत्साहित करना तथा इससे संबंधित सर्वेक्षण और शोध करना है ताकि भविष्य के लिए नीति निर्धारित किया जा सके। यह एक वार्षिक रिपोर्ट निकालता है जिसमें इकाफे क्षेत्र के सदस्य देशों के आर्थिक विकास से संबंधित उपलब्धियों, संभावनाओं और विफलताओं का उल्लेख करता है।

4. गरीबी कम करना (Poverty Reduction)—1990 के दशक से बैंक गरीबी कम करने, सामाजिक बुनियादी ढांचे और प्राकृतिक वातावरण को सुरक्षित रखने पर अधिक बल दे रहा है। आर्थिक वृद्धि को प्रोत्साहित करने के लिए बैंक उत्पादकता बढ़ाने पर जोर देता है। उत्पादकता का सुधार, नये निवेशों जिनका कुशलता के साथ नई और वर्तमान पूंजी का प्रयोग किया जाता है और प्रौद्योगिकीय परिवर्तनों को शामिल करने पर निर्भर करता है। बैंक नये निवेशों को वित्त देने के लिए घरेलू संसाधन जुटाने को प्रोत्साहित करता है। जहाँ निजी क्षेत्र के लिए वित्त की कमी है वहां बैंक सहायता करता है। अब बैंक मानव संसाधन विकास की ओर अधिक ध्यान देता है ताकि विकासशील सदस्य देशों में उचित तौर से कुशल और योग्य मानव शक्ति का विकास हो।

4. इसकी सदस्यता
(ITS MEMBERSHIP)

एशियाई विकास बैंक की सहायता निम्नलिखित देशों के लिए खुली है : (1) इकाफे के सदस्य; (2) इकाफे के सहचर सदस्य; (3) इकाफे क्षेत्र के अन्य देश जो संयुक्तराष्ट्र संघ अथवा इसकी विशिष्ट एजेंसियों के सदस्य हैं, तथा (4) इकाफे क्षेत्र के बाहर के विकसित देश जो संयुक्तराष्ट्र संघ अथवा इसकी विशिष्ट एजेंसियों के सदस्य हैं। इस समय इसके 52 सदस्य देश हैं। कोई भी देश इसका सदस्य बन सकता है जब गवर्नरों के मंडल की दो-तिहाई संख्या उस देश के पक्ष में मत दे।

5. इसका प्रबंध
(ITS MANAGEMENT)

बैंक का एक अध्यक्ष, एक उपाध्यक्ष और अन्य प्रशासकीय स्टाफ है। इसका एक गवर्नर मंडल है जो एक उच्च नीति निर्धारण संस्था है। प्रत्येक देश एक गवर्नर और एक वैकल्पिक गवर्नर नामजद करता है। गवर्नर मंडल की वर्ष में एक बैठक अवश्य होती है। बैंक का एक प्रबंधक मंडल है जिसके 10 सदस्य हैं जिनमें से 7 क्षेत्रीय तथा 3 गैर-सदस्य होते हैं। प्रबंधक मंडल बैंक से संबंधित सभी कार्यों के बारे में निर्णय लेता है, वार्षिक बजट को पास करता है तथा गवर्नर मंडल के अनुमोदन के लिए लेखा प्रस्तुत करता है।

6. इसके वित्तीय स्रोत
(ITS FINANCIAL RESOURCES)

प्रारंभ में एशियाई विकास बैंक की अधिकृत पूंजी 2.9 बिलियन डॉलर थी जो 1992 में बढ़कर 25 बिलियन डॉलर हो गई है। इसमें से 50% से अधिक अंशदान जापान का है और बाकी अन्य सदस्य देशों का। अपनी पूंजी को बढ़ाने के लिए बैंक ऋण-पत्र जारी करता है तथा अपने विशेष कोषों में सदस्य देशों से जमा स्वीकार करता है। यह सदस्यों का अधिकृत पूंजी में अंशदान भी बढ़ाता है।

7. इसकी प्रगति
(ITS PROGRESS)

एशिया विकास बैंक, जो 1966 में स्थापित हुआ, सर्वप्रथम 1968 में उसने 41.6 मिलियन डॉलर के ऋण स्वीकृत किए। यह बैंक कृषि और कृषि-आधारित उद्योगों, ऊर्जा, उद्योग और गैर-ईंधन खनिजों, विकास बैंकिंग, परिवहन और संचार, जल आपूर्ति, शहरी विकास, शिक्षा, स्वास्थ्य और परिवार नियोजन, आदि क्षेत्रों के लिए सहायता प्रदान करता है।

1998 में बैंक ने 21 देशों को 6 बिलियन डॉलर के ऋण दिए। बैंक ने 1968 से ही भारत को ऋण देने प्रारंभ कर दिए थे। 1998 तक भारत को बैंक से वित्तीय, बुनियादी और ऊर्जा क्षेत्रों के लिए 7.55 बिलियन डॉलर के ऋण प्राप्त हुए।

8. इसका मूल्यांकन
(ITS EVALUATION)

एशियाई विकास बैंक को क्षेत्रीय देशों की विकास समस्याओं का समाधान करने में विशेष सफलता नहीं मिली है, क्योंकि इन देशों की आवश्यकताओं की तुलना में इसके वित्तीय स्रोत कम हैं। यद्यपि विकसित देश इस ओर प्रारम्भ से सहायता कर रहे हैं फिर भी क्षेत्र के अधिकतर देश गरीब होने के कारण अधिक योगदान देने में असमर्थ रहे हैं। इन सबके बावजूद, बैंक ने 1968 से निरन्तर नए ऋण स्वीकृत किए और बांटे जिससे क्षेत्रीय सदस्य देशों को अधिक सहायता प्राप्त हो रही है। इसके दो मुख्य कारण हैं।

प्रथम, बैंक की स्थापना के समय भारत ने यह मान लिया था कि वह बैंक से उधार नहीं लेगा ताकि छोटे सदस्य देशों को अधिक सहायता प्राप्त हो सके। जब चीन बैंक का सदस्य बना तो भारत ने भी सहायता लेनी प्रारम्भ कर दी। इसी कारण बैंक के ऋणों में वृद्धि हुई है। बैंक के ऋणों में वृद्धि का *दूसरा* कारण गैर-परियोजना प्रोग्राम ऋणों का प्रारंभ करना है। ये ऋण सदस्य देशों की भुगतान शेष समस्याओं को सुधारने के लिए है और इनके साथ यह शर्त होती है कि उधार लेने वाला देश बैंक द्वारा बताई गई आर्थिक नीतियों का अनुसरण करेंगे। ऐसे ऋणों का वितरण शीघ्र होता है जबकि परियोजना कर्जे धीरे-धीरे वितरित होते हैं। भारत और चीन अभी तक

एशियाई विकास बैंक से सीधे उधार ले रहे हैं। उन्हें एशियाई विकास कोष से ऋण प्राप्त नहीं होता जो नाममात्र की ब्याज दर पर नरम कर्जे प्रदान करता है।

1980 के दशक से बैंक शहरी विकास पर अधिक बल दे रहा है जिसमें ऊर्जा, उद्योग, परिवहन और संचार तथा वित्तीय संस्थाओं के सुधार शामिल हैं। बैंक द्वारा ऋण और अनुदान देने से विकासशील सदस्य देशों के विभिन्न क्षेत्रों में प्रगति तो हुई है लेकिन फिर भी विस्तृत गरीबी में कोई कमी नहीं आई।

कुछ कमियां (Some Drawbacks)

बैंक के कार्यकरण में कुछ कमियां भी पाई जाती हैं—(1) इसके वित्तीय स्रोत सीमित हैं क्योंकि क्षेत्रीय सदस्य अधिकतर गरीब हैं। जापान के अतिरिक्त विकसित देश, जिनमें अमरीका भी है अधिक वित्त देने को तैयार नहीं हैं। (2) पिछले कुछ वर्षों से कुछ देशों जैसे फिजी, मलेशिया तथा फिलीपींस से ऋणात्मक हस्तांतरण हुए हैं। (3) यद्यपि एशियाई विकास कोष से ऋण स्वीकृतियां बढ़ी हैं, परन्तु आवंटन कम हुए हैं। इसका कारण विकासशील देशों की खपत क्षमताएं कम होना बताया जाता है। बैंक को चाहिए कि वह ऐसी नीतियां अपनाए जिनसे ऐसे सदस्य देशों की ऋण खपाने की क्षमता बढ़े। (4) यह केवल वृहत (मेगा) परियोजनाओं के लिए सहायता देता है और सस्ती समुदाय-आधारित वैकल्पिक परियोजनाओं के बारे में विचार नहीं करता।

इन कमियों के बावजूद, एशियाई विकास बैंक का क्षेत्रीय विकास में महत्त्वपूर्ण योगदान रहा है।

प्रश्न

1. एशियाई विकास बैंक के कार्यों की विवेचना कीजिए। इसका क्षेत्रीय विकास में क्या योगदान है?
2. एशियाई विकास बैंक पर एक आलोचनात्मक प्रस्ताव लिखिए।

अध्याय 56

दक्षिण एशियाई क्षेत्रीय सहयोग संघ (दक्षेस)
(South Asian Association For Regional Co-operation: SAARC)

1. प्रस्तावना (INTRODUCTION)

दक्षिण एशियाई क्षेत्रीय सहयोग संघ (दक्षेस) के अन्तर्गत बांग्लादेश, भूटान, भारत, मालदीव, नेपाल, पाकिस्तान और श्रीलंका आते हैं। इसका मुख्य उद्देश्य सहयोग के सहमत क्षेत्रों में सदस्य देशों के सामूहिक प्रयास से आर्थिक और सामाजिक विकास की प्रक्रिया को तेज करना है।

दक्षिण एशिया में क्षेत्रीय सहयोग का विचार सबसे पहले नवम्बर 1980 में आया। विचार-विमर्श के बाद, अप्रैल 1981 में पहली बार कोलम्बो में सात देशों के विदेश सचिवों की बैठक हुई। इसके कुछ महीनों बाद, पूरी समिति के सम्मेलन में क्षेत्रीय सहयोग के पांच व्यापक क्षेत्रों की पहचान की गई। 1 और 2 अगस्त, 1983 को नई दिल्ली में विदेश मंत्रियों की पहली बैठक में दक्षिण एशियाई सहयोग संघ की उद्घोषणा पर सहमति द्वारा कार्यवाही के एकीकृत कार्यक्रम (Integrated Programme of Action—IPA) को औपचारिक रूप से आरम्भ किया गया।

दक्षिण एशिया क्षेत्र के देशों के सात प्रधानों की पहली ऐतिहासिक बैठक 7 और 8 दिसम्बर, 1985 को ढाका में हुई तथा एक नए अंतर्राष्ट्रीय संगठन का जन्म, ''दक्षिण एशियाई क्षेत्रीय सहयोग संघ (SAARC)'' के नाम से हुआ। इसी सम्मेलन में 1983 में सार्क घोषणा-पत्र पर आधारित इसके चार्टर को भी अपनाया गया। सार्क चार्टर में वर्णित इसके उद्देश्य, सिद्धान्त एवं सामान्य धाराएं निम्न प्रकार हैं।

2. उद्देश्य (OBJECTIVES)

दक्षिण एशियाई क्षेत्रीय सहयोग संघ (सार्क) के निम्न उद्देश्य हैं—

1. दक्षिण एशिया के लोगों का कल्याण एवं उत्थान करना एवं उनके जीवन-यापन के स्तर को सुधारना।
2. क्षेत्र में आर्थिक विकास, सामाजिक प्रगति एवं सांस्कृतिक विकास की गति को तेज करना। साथ ही सभी व्यक्तियों को आत्मसम्मान से जीने का मौका उपलब्ध कराना एवं उन्हें उनकी पूरी क्षमताओं का अहसास करना।
3. दक्षिण एशिया के देशों में पारस्परिक आत्म-विश्वास को बढ़ावा एवं मजबूती देना।
4. एक-दूसरे की समस्याओं को समझना एवं पारस्परिक विश्वास बढ़ाने में योगदान देना।
5. आर्थिक, सामाजिक, सांस्कृतिक, तकनीकी एवं वैज्ञानिक क्षेत्रों में त्वरित संयोग एवं पारस्परिक सहायता को बढ़ावा देना।
6. दूसरे विकासशील देशों के साथ सहयोग को मजबूती प्रदान करना।
7. सामान्य अभिरुचियों (common interests) के मुद्दों पर अंतर्राष्ट्रीय मंचों पर आपसी सहयोग को मजबूती देना।
8. समान लक्ष्यों एवं अभिप्रायों के साथ अंतर्राष्ट्रीय एवं क्षेत्रीय संगठनों के साथ सहयोग करना।

3. सिद्धान्त (PRINCIPLES)

सार्क निम्न सिद्धान्तों पर आधारित है:

1. संघ के क्रिया-कलाप के ढांचों के अंतर्गत समान सम्प्रभुता के सिद्धान्तों के प्रति आदर, प्रादेशिक एकजुटता, राजनीतिक स्वतंत्रता, दूसरे देशों के आन्तरिक मामलों में कोई हस्तक्षेप नहीं करना तथा पारस्परिक लाभ पर आधारित सहयोग होगा।
2. ऐसा सहयोग द्विपक्षीय या बहुपक्षीय सहयोग के एक विकल्प के रूप में नहीं होगा बल्कि पूरक के रूप में होगा।
3. ऐसा सहयोग द्विपक्षीय या बहुपक्षीय जिम्मेवारियों के प्रति सामंजस्य-विहीन या परस्पर-विरोधी नहीं होगा।

4. सामान्य धाराएं (GENERAL PROVISIONS)

सार्क की निम्न सामान्य धाराएं है:

1. सभी स्तरों पर निर्णय सर्वसम्मति के आधार पर लिया जाएगा।
2. विचार-विमर्श से द्विपक्षीय एवं विवादास्पद मुद्दे अलग होंगे।

5. संगठन (ORGANISATION)

सार्क संगठन के ढांचे को व्यवस्थित करने के लिए पहला व्यावहारिक कदम अगस्त, 1983 की मंत्री-परिषद की बैठक में लिया गया। इस बैठक में एक दो-मुखी ढांचे को तकनीकी समिति (Technical Committee) एवं स्थायी समिति (Standing Committee) के रूप में स्थापित किया गया। तकनीकी समिति में कई अध्ययन एवं काम-काजी दल शामिल किये गए तथा स्थायी समिति में सार्क के सदस्य देशों के सभी विदेश सचिव आते हैं।

इस दिशा में दूसरी महत्वपूर्ण स्थिति 1985 में तब आई जब ढाका में सदस्य देशों के प्रधानों की पहली बैठक हुई। इस ढाका सम्मेलन मे सार्क चार्टर स्वीकार किया गया। सार्क चार्टर की धारा VIII में एक सचिवालय की स्थापना का उद्देश्य शामिल किया गया।

इस समय संगठन में एक स्थायी सचिवालय के साथ निम्न ढांचा सम्मिलित है:

1. सम्मेलन (Summits)

संघ के सर्वोच्च अधिकारी प्रत्येक सदस्य देश के प्रधान होते हैं। यह संगठन का नीति-निर्माण करने वाला सर्वोच्च अधिकारी-वर्ग होता है। इसकी बैठकें प्राय: प्रत्येक वर्ष बारी-बारी से सदस्य देशों में होती हैं। 1985 से 1998 के बीच सदस्य देशों के अध्यक्षों की दस बैठकें हुई हैं : ढाका (1985), बंगलौर (1986), काठमाण्डू (1987), इस्लामाबाद (1988), माले (1990), कोलम्बो (1991), ढाका (1993), नई दिल्ली (1995), माले (1997) तथा कोलम्बो (1998)।

2. सार्क सचिवालय (SAARC Secretariat)

सार्क सचिवालय की स्थापना काठमाण्डू (नेपाल) में 16 जनवरी, 1987 को हुई। यह सार्क गतिविधियों के लागू होने की देख-रेख तथा अन्य गतिविधियों के बीच ताल-मेल रखने, संघ की बैठकों की सेवा तथा सार्क एवं अन्य अंतर्राष्ट्रीय संगठनों के बीच संचार-तंत्र के रूप में सेवा करने का कार्य करता है।

सचिवालय का एक प्रधान महासचिव (Secretary-General) होता है। महासचिव की नियुक्ति विदेश मंत्रियों की परिषद् द्वारा होती है। महासचिव की नियुक्ति सदस्य देशों के बीच वर्णानुक्रम के अनुसार (alphabetical order) बारी-बारी से होती है। यह नियुक्ति दो वर्ष के लिए होती है जिसका दुबारा नवीनीकरण नहीं होता। सचिवालय में एक महासचिव, सात निदेशक तथा सामान्य सेवा कर्मचारी होते हैं। निदेशकों की नियुक्ति सार्क के सदस्य देशों के नामजदगी **(nomination)** पर महासचिव द्वारा होती है। यह नियुक्ति तीन वर्ष के लिए होती है, जिसे विशेष स्थितियों में संबंधित सदस्य देशों के साथ विचार-विमर्श के बाद महासचिव द्वारा अधिक से अधिक तीन वर्ष के लिए बढ़ाया जा सकता है।

सचिवालय स्थापित करने की प्रारम्भिक लागत नेपाल द्वारा उपलब्ध कराई गई तथा आगे आने वाले खर्चों को सदस्य देशों द्वारा सहमत नियमों के आधार पर बांटा गया। परिणामस्वरूप, भारत खर्च का 32%, पाकिस्तान 25% तथा बांग्लादेश, नेपाल तथा श्रीलंका प्रत्येक 11% एवं भूटान तथा मालदीव प्रत्येक 5% का अपना योगदान दे रहे हैं।

3. मंत्री परिषद् (Council of Ministers)

मंत्री परिषद में सदस्य देशों के सभी विदेश मंत्री शामिल होते हैं। यह परिषद निम्न कार्यों के लिए उत्तरदायी हैं—

नीतियों का निर्माण करना, प्रगति की समीक्षा करना, सहयोग के नये क्षेत्रों का निर्धारण करना, आवश्यकता समझने पर अतिरिक्त तंत्र स्थापित करना तथा संघ की सामान्य अभिरुचि (general interest) के अन्य मामलों पर निर्णय करना। यह परिषद वर्ष में दो बार बैठक करती है। साथ ही सदस्य देशों की सहमति पर यह असामान्य बैठक भी कर सकती है।

4. स्थायी समिति (Standing Committee)

स्थायी समिति में सदस्य देशों के विदेश सचिव होते हैं। स्थायी समिति को निम्न कार्य सौंपा गया है।

प्रोग्रामों में सह-संबंध एवं उनकी देख-रेख करना, वित्तीय विधियों पर नजर रखना, अन्तर-क्षेत्रीय प्राथमिकताओं को निर्धारित करना, आन्तरिक एवं बाह्य संसाधनों को गतिमान करना तथा उचित अध्ययन के आधार पर सहयोग के नये क्षेत्रों की पहचान करना। यह आवश्यकतानुसार अपनी कई बैठकें कर सकती है। लेकिन व्यवहार में यह साल में दो बैठकें करती है तथा अपनी रिपोर्ट मंत्री-परिषद को सौंपती है।

यह सदस्य देशों द्वारा प्रोजेक्ट के लागू करने से संबंधित कार्यवाही समिति स्थापित कर सकती है। इसमें दो से अधिक सदस्य देश शामिल हो सकते हैं। लेकिन सभी सदस्य देश शामिल नहीं हो सकते।

5. कार्यक्रम निर्माण समिति (Programming Committee)

इसमें वरिष्ठ कर्मचारी शामिल होते हैं। यह सचिवालय के बजट को सही करने, कार्य-कलापों की वार्षिक-सूची को अंतिम रूप देने तथा स्थायी समिति द्वारा सौंपे गए किन्हीं अन्य मामलों को निपटाने का काम करती है। यह स्थायी समिति के सत्रों से पहले अपनी बैठकें करती है।

6. तकनीक समिति (Technical Committee)

इसमें सभी सदस्य देशों के प्रतिनिधि शामिल होते हैं। यह प्रोग्रामों को सूत्रबद्ध करने तथा सम्बन्धित क्षेत्रों में प्रोजेक्ट तैयार करने का काम करती है। क्रियाकलापों के लागू करने तथा देख-रेख करने के लिए भी यह जिम्मेदार होती है तथा अपनी रिपोर्ट स्थायी समिति को सौंपती है। प्रत्येक तकनीक समिति की अध्यक्षता प्राय: प्रत्येक दो वर्षों के अन्तराल पर वर्णानुक्रम के अनुसार सदस्य देशों के बीच घूमती रहती है। इस समय 12 तकनीकी समीतियां हैं: जैसे कृषि, संचार, वातावरण, स्वास्थ और जनसंख्या क्रियाएं, ग्रामीण विकास, विज्ञान और प्रौद्योगिकी, पर्यटन, परिवहन आदि। ये समितियां सार्क सहयोग के स्वीकृत क्षेत्रों को व्यक्त करती हैं और SPA के अंतर्गत आती हैं जो सार्क प्रक्रिया का एक मुख्य अंग हैं।

6. अन्य संस्थाओं के साथ सहयोग
(CO-OPERATION WITH OTHER ORGANISATIONS)

सार्क ने अंतर्राष्ट्रीय एवं क्षेत्रीय संगठनों के साथ सहयोग स्थापित किया है। यह सहयोग की व्यवस्था विभिन्न संस्थाओं के साथ राजीनामे में पर हस्ताक्षर तथा MOUs द्वारा होती है। फरवरी, 1993 में व्यापार-विश्लेषण तथा सूचना पद्धति पर सार्क-अंकटाड समझौता प्रपत्र (MOU) पर हस्ताक्षर किए गए। यह सार्क का एक अंतर्राष्ट्रीय संगठन के साथ सहयोग का पहली राजीनामा था। इसी तरह फरवरी 1994 में सार्क और ESCAP के बीच सहयोग का राजीनामा हुआ। इसका उद्देश्य संयुक्त अध्ययन द्वारा विकास के मुद्दों पर सहयोग, गरीबी उन्मूलन, मानव संसाधन विकास, व्यापार-प्रोत्साहन, विदेशी प्रत्यक्ष निवेश, पर्यावरण-संरक्षण, मद्य-निषेध तथा आधारभूत ढांचे के विकास में सूचना तथा प्रमाण का आदान-प्रदान एवं सम्मेलन इत्यादि करना था। इसी तरह इसने UNDP के साथ जुलाई, 1995

में, UNDCP के साथ 18 अगस्त, 1995 को तथा दिसम्बर, 1995 में कोलम्बो योजना (Colombo Plan) एवं जुलाई, 1996 में यूरोपीय समुदाय (EU) के साथ महत्त्वपूर्ण आर्थिक समझौते किये।

7. सार्क कोष
(SAARC FUNDS)

वित्तीय कठिनाईयों को दूर करने के उद्देश्य से संघ ने निम्न कोष स्थापित किए हैं:

1. सार्क-जापान विशेष कोष (SAARC-Japan Special Fund)

इसकी स्थापना सार्क क्षेत्र से संबंधित कार्यवाही एवं कार्यक्रमों को वित्त प्रदान करने पर जापान सरकार के राजी होने के साथ ही हुई। 27 सितम्बर, 1993 को काठमाण्डू में सार्क महासचिव एवं जापान के राजदूत के बीच इस कोष की रूप-रेखा से संबंधित पत्रों का आदान-प्रदान हुआ। इस कोष में 5 लाख अमरीकी डालर हैं। इसके दो भाग हैं—प्रथम के अनुसार, सदस्य देशों द्वारा पहचान की गई एवं व्यवस्थित चुने हुए कार्यक्रमों एवं कार्यवाहियों को वित्त प्रदान करने के लिए राशि खर्च की जाएगी। दूसरे भाग के अनुसार, राशि जापान सरकार द्वारा चिह्नित एवं व्यवस्थित कार्यक्रमों एवं कार्यवाहियों पर खर्च की जाएगी।

2. दक्षिण एशियाई विकास कोष (South Asian Development Fund-SADF)

सन् 1991 में क्षेत्रीय प्रोजेक्ट के लिए सार्क कोष (SAARC Fund for Regional Projects—SFRP) 50 लाख डॉलर की प्रारम्भिक पूंजी के साथ स्थापित किया गया। साथ ही सार्क क्षेत्रीय कोष (SAARC Regional Fund—SRF) की स्थापनी भी की गई। जिसका उद्देश्य IPA के अन्तर्गत उन कार्यवाहियों एवं कार्यक्रमों को वित्त उपलब्ध कराना था जो वित्तीय कठिनाईयों के कारण पूरी नहीं हो पाई। इधर आठवें सार्क सम्मेलन के दौरान दक्षिण एशियाई विकास कोष (SADF) की स्थापना का निर्णय लिया गया, जिसमें पहले के दोनों कोषों को मिला दिया गया। इसकी तीन शाखाएं हैं:

प्रथम, प्रोजक्ट की पहचान एवं विकास करने के लिए,

द्वितीय, संस्थागत तथा मानव संसाधन विकास प्रोजेक्टों के लिए, तथा

तृतीय, सामाजिक विकास तथा आधारभूत ढांचे के विकास से संबंधित प्रोजेक्टें के लिए।

8. व्यापार और आर्थिक सहयोग
(TRADE AND ECONOMIC CO-OPERATION)

सार्क ने सदस्य देशों के बीच महत्त्वपूर्ण क्षेत्रों में अर्थिक सहयोग और व्यापार के लिए कदम उठाए हैं जिनमें सार्क अधिमानी व्यापार व्यवस्था (साप्ता) सबसे महत्वपूर्ण है।[1]

सार्क अधिमानी व्यापार व्यवस्था
(SAARC Preferential Trading Arrangement—SAPTA)

सार्क देशों के बीच व्यापार सहयोग करने हेतु 7 दिसम्बर, 1995 से साप्ता समझौता लागू हुआ। उसकी उत्पत्ति 1991 में व्यापार, विनिमय, विनिर्माण और सेवाओं के क्षेत्र में एक क्षेत्रीय अध्ययन (Regional Study on Trade, Manufactures and Services) से हुई जिसमें महत्वपूर्ण आर्थिक क्षेत्रों में क्षेत्रीय सहयोग को प्रोत्साहित करने के लिए अनेक सिफारिशें की गईं। इस अध्ययन को एक प्रारूप के रूप में अंतर-सरकारी ग्रुप (IGP) ने अन्तिम रूप दिया जिसे आर्थिक सहयोग समिति और अन्य उच्च सार्क समितियों ने अनुमोदित किया। परिणामस्वरूप, ढाका में सातवें सार्क सम्मेलन के दौरान 11 अप्रैल, 1993 को सदस्य देशों के मंत्रियों ने साप्ता समझौते पर हस्ताक्षर किए, जिसमें 1 प्रस्तावना और 25 धाराएं हैं।

1. अन्य क्षेत्रीय आर्थिक सहयोगों के लिए अध्याय के अंतिम खण्ड 'सार्क की उपलब्धियां' का अध्ययन कीजिए।

साप्ता की मुख्य विशेषताएं (Main Features of SAPTA)

साप्ता की निम्न विशेषताएं हैं—

1. उद्देश्य (Objectives)—साप्ता एक संविदात्मक (contractual) समझौता है जो सार्क सदस्य देशों के बीच अंतर-क्षेत्रीय व्यापार का धीरे-धीरे उदारीकरण करने से संबंधित नियमों का एक ढांचा प्रस्तुत करता है। इसका मुख्य उद्देश्य टैरिफ परा-टैरिफ, और गैर-टैरिफ उपायों पर रियायतों के लेन-देन द्वारा सार्क राज्यों के बीच परस्पर व्यापार और आर्थिक सहयोग को प्रोत्साहित और कायम रखना है।

2. सिद्धान्त (Principles)—समझौते की धारा 3 समझौते को शासित करने वाले निम्न मूल सिद्धांतों का उल्लेख करती है :

(क) सभी राज्यों को पारस्परिकता और आदान-प्रदान के आधार पर समान लाभ प्रदान होंगे। परन्तु इसके लिए उनके अपने-अपने आर्थिक और औद्योगिक विकास के स्तरों, विदेश व्यापार ढांचे, व्यापार और टैरिफ नीतियों और प्रणालियों का ध्यान रखा जाएगा।

(ख) साप्ता समझौते का क्रमिक अवस्थाओं में धीरे-धीरे सुधार और विस्तार किया जाएगा। जिसका थोड़े-थोड़े समय में पुनरीक्षण भी होगा।

(ग) साप्ता समझौता न्यूनतम विकसित सदस्य देशों के लिए विशेष और अधिमानी व्यवहार को प्रदान करने पर बल देता है।

3. क्षेत्र (Scope)—साप्ता समझौते के अनुसार, सदस्य देशों द्वारा एक-दूसरे को दी गई रियायतों में सभी प्रकार की वस्तुएं जैसे विनिर्मित, कच्चे, अर्द्ध-संसाधित और संसाधित रूपों में, शामिल होंगी।

इसमें व्यापार, उदारीकरण टैरिफ, परा-टैरिफ और प्रत्यक्ष व्यापार उपायों से संबंधित अधिमानिक व्यवस्थाओं द्वारा किया जाएगा।

यह व्यापार-वार्ताओं के विभिन्न तरीकों की ओर संकेत करता है, जैसे वस्तु-दर-वस्तु सम्पूर्ण टैरिफ कटौतियां, क्षेत्रीय व्यवस्थाएं, आदि।

4. न्यूनतम विकसित देशों के लिए विशेष अधिमानी व्यवहार (Special Preferential Treatment for LDCs)—साप्ता अपने न्यूनतम विकसित सदस्य देशों को, समझौते से समान लाभ प्राप्त कराने के, लिए विशेष और अधिक सहायता प्रदान करने हेतु अतिरिक्त उपायों का वर्णन करता है। (i) अन्य सदस्य देशों द्वारा उनकी उत्पादन क्षमताएं बढ़ाकर और औद्योगिक सहयोग द्वारा उनकी निर्यात संभावनाओं को प्रोत्सान देकर सहायता से। (ii) प्रशिक्षण, निर्यात प्रोत्साहन, विपणन सहायता, साख-सुविधाओं आदि से इन देशों की व्यापार सुविधाएं बढ़ाकर। (iii) शुल्क-मुक्त पहुंच, विशिष्ट टैरिफ अधिमानों, परा-टैरिफ और गैर-टैरिफ उपायों आदि द्वारा विशेष व्यवहार प्रदान करके। (iv) निर्यात के स्तर को निरंतर कायम रखने के लिए दीर्घकालीन संविदाओं (contracts) के समझौतों द्वारा। (v) अन्य सदस्य देश अपने लिए सुरक्षा उपाय अपना कर, LDCs के निर्यात पर विशेष ध्यान देकर। (vi) LDCs द्वारा आपात स्थितियों के दौरान और अस्थायी तौर पर व्यापार रुकावटों को प्रारंभ और चालू रखने में अधिक लोचशीलता अपना कर।

5. व्यापार शेष और सुरक्षा उपाय (Balance of Payments and Safeguard Measures)—एक सदस्य राज्य को यह अधिकार प्राप्त है कि जब वह गंभीर आर्थिक समस्याओं, जिनमें व्यापार-शेष कठिनाइयां भी शामिल हैं, में घिरा हो, तो वह साप्ता के अंतर्गत प्राप्त रियायतों को अस्थायी तौर से स्थगित कर सकता है।

साप्ता समझौते में सदस्य देशों के लिए कुछ सुरक्षा उपाय भी दिए गये हैं—

प्रथम, यदि किसी वस्तु को इस समझौते के अंतर्गत रियायत प्राप्त है और वह किसी अन्य सदस्य देश में इस ढंग से है तथा इतनी मात्रा में आयात की जाती है जिससे आयातक देश को गंभीर हानि होती है तो वह उस वस्तु को दी गई रियायत को अस्थायी तौर से स्थगित कर सकता है।

द्वितीय, व्यापार शेष और सुरक्षा उपायों को किसी सदस्य देश द्वारा अपनाने के लिए सगझौता सूचना, विचार-विमर्श और झगड़ा निपटाने की विधियों का उल्लेख करता है ताकि कोई सदस्य देश मनमानी न कर सके।

6. समझौता की हुई रियायतों का विस्तार (Extention of Negotiated Conce-ssions)—साप्ता के अंतर्गत स्वीकृत रियायतें, सिवाय उनके जो विशेषत: LDCs को दी गई हों, सभी सदस्य राज्यों को बिना शर्त दी जाएंगी।

7. भागीदारों की समिति (Committee of Participants)—साप्ता के भागीदारों की एक समिति है जो इस समझौते के कार्यान्वयन में हुई उन्नति का पुनरीक्षण करने के लिए वर्ष में कम-से- कम एक बार मिलती है। यह इस समझौते से उत्पन्न होने वाले व्यापार प्रसार के लाभ के बारे में सुनिश्चित करती है कि वे समान रूप से सभी सदस्य देशों को प्राप्त हो।

8. समझौते का न लागू होना (Non-Application of the Agreement)—इस समझौते की धाराएं सदस्य देशों पर निम्न स्थितियों में लागू नहीं होंगी—

यदि किसी सदस्य देश ने समझौता होने से पहले किसी अन्य सदस्य देश को व्यापार अधिमान दिए हुए हैं या दिए जाने हैं और किसी तीसरे देश के साथ द्विपक्षीय, बहुपार्श्विक और बहुपक्षीय समझौते और इसी तरह की व्यवस्थाएं हैं।

9. रियायतों को वापस लेना और उनका संशोधन (Modification and Wthdrawal of Concessions)—कोई भी सदस्य देश, जिसने रियायतें दी हुई हों, वह तीन वर्षों की अवधि के पश्चात आर्थिक सहयोग पर समिति (Committee on Economic Co-operation—CEC) को रियायतों के वापिस लेने अथवा संशोधित करने के लिए सूचित करेगा। इसके लिए वह देश दूसरे देश के साथ विचार-विमर्श करेगा और यदि आवश्यक हो तो उचित मुआवजे पर समझौता करेगा। यदि दोनों में छः महीने के अन्दर कोई समझौता नहीं होता तो जो देश रियायातों को वापिस लेने से प्रभावित होता है, उसे CEC समान रियायतें पहले देश से वापिस अथवा संशोधित करने के लिए कह सकती है। परन्तु यदि कोई देश साप्ता को छोड़ देता है जो अन्य सदस्य देश उसे दी गई सभी रियायतें समाप्त करने के लिए स्वतंत्र होंगे।

10. साप्ता को छोड़ना (Withdrawal from SAPTA)—कोई भी सदस्य देश साप्ता को छोड़ सकता है। लेकिन ऐसा करने के लिए सार्क सचिवालय को छः- महीने का नोटिस देना आवश्यक है और साथ ही CEC को सूचित करना भी आवश्यक है।

निष्कर्ष (Conclusion)

इस प्रकार साप्ता अंतर-क्षेत्रीय व्यापार का प्रसार करने के लिए गठित एक संस्था है। जिसका उद्देश्य सार्क देशों के बीच धीरे-धीरे व्यापार रुकावटों को समाप्त करके वर्ष 2005 तक साफ्टा (दक्षिण एशियाई मुक्त व्यापार क्षेत्र- (South Asian Free Trade Area) स्थापित करना है। साफ्टा की घोषणा 18 दिसंबर को सार्क देशों के विदेश मंत्रियों द्वारा नई दिल्ली में की गई थी।

साप्ता व्यापार वार्ता तथा रियायतें (SAPTA Trade Talks and Concessions)

साप्ता के अंतर्गत व्यापार रियायतों के लिए वार्ताएं एक अंतर-शासकीय ग्रुप (Inter-Governmental Group—IGG) द्वारा की जाती हैं। यह व्यवस्था लाभ के आदान-प्रदान और पारस्परिकता के आधार पर कार्य करती है। इसमें सदस्य देशों का विकास स्तर, विदेश व्यापार का ढांचा और व्यापार-संबंधित नीतियों पर विचार किया जाता है। सार्क देशों के बीच व्यापार प्रवाहों के मार्ग में आने वाली टैरिफ और गैर-टैरिफ रुकावटों को दूर करने की ओर प्रयत्न किए जाते हैं।

साप्ता के प्रारंभ से अभी तक व्यापार समझौतों के दो दौर समाप्त हो चुके हैं और तीसरा दौर चल रहा है। प्रथम दौर में सदस्य देशों ने परस्पर टैरिफ रियायतों के लिए 226 मदों को लिया। सबसे बड़ा देश होने के कारण भारत ने 106 वस्तुओं पर टैरिफ रियायतें दीं जो 10% और 100% के बीच थीं। पाकिस्तान ने 35 पर, श्रीलंका ने 31 पर, मालदीव ने 17 पर, नेपाल ने 14 पर, बांगलादेश ने 12 पर, और भूटान ने 11 वस्तुओं पर टैरिफ रियायतें अन्य सदस्यों को दीं। बदले में भारत को पाकिस्तान से 24 वस्तुओं पर, श्रीलंका से 14 वस्तुओं पर, और बांग्लादेश से 5 वस्तुओं पर टैरिफ रियायतें प्राप्त हुईं जो अधिकतर चालू टैरिफ का 10% थीं। सभी टैरिफ रियायतें 7 दिसंबर, 1995 से लागू हुईं। दूसरे दौर की वार्ताओं में 1975 से वस्तुओं पर टैरिफ रियायतों का आदान-प्रदान हुआ। ये रियायतें 1 मार्च, 1997 से लागू हो गईं। वार्ताओं के दोनों दौर में भारत ने 1000 वस्तुओं पर व्यापार रियायतें प्रदान कीं।

तीसरे दौर की वार्ताएं जुलाई, 1997 से चालू हैं। इन वार्ताओं में 6000 से 7000 मदें रियायतों के लिए चुने जाने का उद्देश्य है। जुलाई 1998 में सम्पन्न कोलम्बो में सार्क के दसवें सम्मेलन में भारत ने 2000 वस्तु ग्रुपों पर आयात रुकावटें हटाने की घोषणा की। तदनुसार, 1 अगस्त, 1998 से विभिन्न प्रकार की उपभोक्ता और टिकाऊ वस्तुओं को सदस्य देशों से बिना-लाइसेंस और बिना टैरिफ भारत में आने की अनुमति दी गई। परन्तु शर्त यह है कि सूचित मदें/वस्तुएं नई हों और सार्क देश में ही बनाई/उत्पन्न की गई हों।

कोलम्बो सम्मेलन में दक्षिण एशियाई मुक्त व्यापार क्षेत्र (SAFTA) समझौते को लागू करने के वर्ष को 2005 से 2000 पर करने की भी घोषणा की गई, जब सार्क देशों के बीच मुक्त व्यापार स्थापित हो जाएगा।

1. ये बाधाएं वर्ष 2005 तक मुक्त व्यापार क्षेत्र (साफ्टा) स्थापित होने पर भी लागू होती हैं।

साप्ता की आलोचनाएं (Criticisms of SAPTA)

यद्यपि सार्क देशों के बीच व्यापार उदारीकरण की अच्छी प्रक्रिया प्रारंभ हुई है, फिर भी इसकी सफलता में निम्न बाधाएं हैं:[1]

1. बहुत-सी वस्तुओं, जिनमें अंतर-व्यापार अधिक होता है उनका व्यापार रियायतें दी जाने वाली साप्टा सूची में उल्लेख नहीं है।

2. बहुत-सी वस्तुएं जिन पर व्यापार रियायतें दी गई हैं उनका सार्क सदस्य देशों के बीच व्यापार नहीं होता है। ऐसा भारत और पाकिस्तान के बीच अनेक वस्तुओं पर दी गई रियायतों के बारे में है।

3. सदस्य देश अक्सर प्रत्येक वस्तु की स्थिति के आधार पर टैरिफ रुकावटों को हटाने के लिए सौदेबाजी करते हैं।

4. कुछ सदस्य देश अन्य क्षेत्रीय अधिमानी समझौतों से लाभ उठाते हैं जिससे अधिमानों का द्विगुणीकरण (Duplication) होता है। उदाहरणार्थ, भूटान और नेपाल द्वि-पक्षीय आधार पर बहुत ऊंची टैरिफ रियायतों का लाभ उठाते हैं। कई वस्तुओं पर जो टैरिफ रियायतें भारत, श्रीलंका, पाकिस्तान और बांग्लादेश साप्ता के अंतर्गत दे रहे हैं वे द्वि-पक्षीय समझौतों के अंतर्गत पहले से दी जा चुकी हैं।

5. साप्ता के अतंर्गत वस्तु-प्रति-वस्तु के आधार पर रियायतें दी जाती हैं जो व्यापार उदारीकरण के मार्ग में बड़ी बाधा है। जब तक विस्तृत-तौर पर क्षेत्रों के आधार पर रियायतें नहीं दी जार्ती, साप्ता को साफ्टा में परिवर्तित करना संभव नहीं है।

6. साप्ता के तीन बड़े सदस्य देश भारत, पाकिस्तान और श्रीलंका एक दूसरे को अधिकतर पारस्परिकता के आधार पर टैरिफ रियायतें देना चाहते हैं। इसका कारण एक दूसरे के साथ अविश्वास की भावना है। उदाहरणार्थ, पाकिस्तान भारत को परममित्र राष्ट्र (Most Favoured Nation) की मान्यता देने को तैयार नहीं है जो इसे WTO दायित्व के अंतर्गत प्रदान करना अनिवार्य है। यही भावना साप्ता को साफ्टा की ओर ले जाने में बाधक है।

7. सार्क के चार देशों—भारत, पाकिस्तान, श्रीलंका और बांग्लादेश— की टैरिफ दरें कई वस्तुओं पर काफी ऊंची हैं। पाकिस्तान और बांग्लादेश सभी आयातित वस्तुओं पर VAT भी लगाते हैं। इसके अतिरिक्त, गैर-टैरिफ रुकावटें जैसे प्रतिबंधक लाइसेंस, मात्रात्मक रुकावटें आदि भी सभी सार्क देश लगाते हैं। जब तक इन्हें पूरी तरह समाप्त नहीं किया जाता है, साप्टा सफल नहीं हो सकता।

8. बावजूद परिवहन पर तकनीकी कमेटी स्थापित करने के, सार्क देशों के बीच भूमि और जल मार्गों से परिवहन सुविधाएं सदस्य देशों को उपलब्ध नहीं हैं। बुनियादी परिवहन सुविधाओं का अभाव, उच्च प्रवेश कर, आदि रुकावटें के कारण अंतर-क्षेत्रीय व्यापार बढ़ नहीं रहा है, विशेषकर भारत, पाकिस्तान और बांग्लादेश के बीच।

9. सार्क देशों के बीच बैंकिंग संबंध भी विकसित नहीं हैं। प्रत्येक देश में साख-पत्रों की विधियां दूसरे से भिन्न हैं जिससे वस्तुओं के बेचने और खरीदने में देरी और रुकावटें पैदा होती हैं। न तो समय पर भुगतान होते हैं और न ही समाशोधन (clearing)। ये सार्क व्यापार के बढ़ने में एक मुख्य रुकावटें हैं।

10. सार्क व्यापार के न बढ़ने का एक कारण यह है कि इसके सभी देश भारत के प्रभुत्व से भय करते हैं, क्योंकि क्षेत्र में सबसे अधिक प्राकृतिक, वित्तीय, तकनीकी और मानव-संसाधन होने से भारत में वस्तुओं का उत्पादन और उसकी निर्यात क्षमता सबसे अधिक है। भारत का सार्क देशों के साथ व्यापार शेष अनुकूल है।

9. सार्क में क्षेत्रीय व्यापार और आर्थिक सहयोग बढ़ाने के सुझाव (SUGGESTIONS TO INCREASE ECONOMIC CO-OPERATION AND TRADE IN SAARC)

सार्क देशों के बीच व्यापार और आर्थिक सहयोग बढ़ाने के लिए निम्न उपाय सुझाए जाते हैं:

1. टैरिफ और गैर-टैरिफ रुकावटों को और अधिक रियायतों द्वारा समाप्त करना चाहिए, विशेषकर औसत आयात टैरिफ जो भार, पाकिस्तान, बांग्लादेश और श्रीलंका द्वारा अधिक रखे गए हैं।

2. सार्क देशों के बीच व्यापार को परिवहन सुविधाओं द्वारा बढ़ाया जा सकता है। इसके लिए रेल, सड़क और परिवहन साधनों के ढांचे को सुदृढ़ करना चाहिए। इसके साथ विसा (Visa) प्रदान करने, वस्तुओं का परिवहन, और प्रवेश स्थानों पर वस्तुओं की निकासी में सुधार की आवश्यकता है।

3. साप्टा में वस्तुओं के उद्भव (origin) के बारे में मान (norms) हैं उनमें ढील देनी चाहिए। वर्तमान में, यदि एक सार्क देश में निर्मित या उत्पादित वस्तु का अंश या आयातित आगत का अनुपात *50%* से अधिक है तो वह वस्तु उस देश में उत्पादित नहीं समझी जाएगी और उसे व्यापार में रियायतें नहीं दी जाएंगी। परन्तु सार्क देशों के बीच व्यापार बढ़ाने के लिए यह आवश्यक है कि वस्तु उत्पादन का अंतिम स्थान एक वस्तु के उद्भव को निर्धारित करने वाली एकमात्र कसौटी होनी चाहिए।

4. सार्क देशों से अधिकतर प्राथमिक (primary) वस्तुओं के निर्यात होते हैं। आने वाले वर्षों में उन्हें विनिर्माण निर्यातों से संबंधित उद्योग स्थापित करने चाहिएं। इसके लिए विशेष निर्यात क्षेत्रों की स्थापना करनी चाहिए। विदेशी निवेश को प्रोत्साहित करने हेतु वापिस खरीद (buy back) समझौतों के साथ राजकोषीय और अन्य सुविधाएं देनी चाहिएं।

5. सार्क देशों के निर्यातकों, आयातकों और निजी क्षेत्र के प्रतिनिधियों के बीच थोड़े-थोड़े समय के बाद बैठकें होनी चाहिएं ताकि वे व्यापार योग्य वस्तुओं के बारे में एक-दूसरे को सूचनाएं प्रदान कर सकें और व्यापार में आने वाली बाधाओं को दूर करने पर विचार कर सकें ।

6. सार्क के तीन बड़े और विकसित देशों को अपारस्परिकता (non-reciprocity) के नियम के आधार पर चार छोटे न्यूनतम विकसित देशों को एक-तरफा रियायतें देकर अपने बाजारों में प्रवेश करवाना चाहिए।

7. सार्क देशों में सहयोग द्वारा क्षेत्रीय स्तर पर क्षमताओं को बढ़ाना चाहिए ताकि अंतर-क्षेत्रीय और बाहर के देशों के साथ व्यापार बढ़े।

8. इसके लिए यह आवश्यक है कि समीप के क्षेत्रों में बुनियादी ढांचे के विकास के लिए विशेष क्षेत्रों में निवेश किया जाए।

9. ऊपर के संदर्भ में, सार्क क्षेत्र में निवेश का मुक्त प्रवाह होना अनिवार्य है। इसके लिए सार्क निवेश क्षेत्र को स्थापित करना चाहिए। सार्क निवेश क्षेत्र से दो लाभ होंगे। **एक,** सार्क देशों के बीच निवेश प्रवाहों से छोटे सदस्य देशों को विकास के लिए साख-सुविधाएं प्राप्त होंगी। **दो,** इससे सार्क देशों में विदेशी प्रत्यक्ष निवेश को प्रोत्साहन मिलेगा।

10. छोटे सार्क देशों में विशेष प्रोजेक्टों के लिए ऊर्जा, परिवहन, बुनियादी ढांचा, संचार का विकास और संसाधन विकास के क्षेत्रों में बड़े सदस्यों को सहयोग देना चाहिए जिससे उनकी आर्थिक क्षमताओं में वृद्धि और विविधिकरण हो। ऐसा होने पर ही सभी सदस्य पूर्णरूप से व्यापार को बढ़ाने में सक्षम होंगे।

11. सार्क के सदस्य देशों को एक-दूसरे के देशों में संयुक्त उपक्रम (joint ventures) प्रारंभ करने चाहिएं, विशेषकर न्यूनतम विकसित देशों में, जिससे उनका औद्योगिक आधार विकसित हो, उनकी उत्पादन क्षमता में वृद्धि हो और अंतर-क्षेत्रीय तथा विश्व के देशों के साथ व्यापार बढ़े।

12. सार्क का साप्ता से साफ्टा तक पहुंचना अधिकतर भारत और पाकिस्तान के बीच संबंधों पर निर्भर करता है। दोनों में परस्पर व्यापार, रियायतें देना, भारत को परम मित्र राष्ट्र (MFN) की पाकिस्तान द्वारा मान्यता और पाकिस्तान द्वारा भारत के प्रति राजनीतिक गतिरोध को त्यागने से ही यह संभव हो सकता है।

10. सार्क का मूल्यांकन
(APPRAISAL OF SAARC)

सार्क विश्व का सबसे छोटा व्यापार संगठन है जिसका उद्देश्य अपने सदस्य देशों की सामाजिक और आर्थिक उन्नति करना है। यह विश्व का सबसे दरिद्रतम व्यापार गठन है जिसके सात सदस्य देशों में से चार—बांग्लादेश, नेपाल, भूटान और मालदीव—न्यूनतम विकसित देशों में आते हैं। सार्क देशों का कुल विश्व व्यापार 1997 में $109.7 बिलियन था जो कुल विश्व व्यापार का 3% से भी कम था और सार्क देशों के बीच परस्पर व्यापार $ 3,000 मिलियन था। वर्ष 2005 तक जब सार्क एक मुक्त व्यापार क्षेत्र बन जाएगा तो इसके व्यापार के बढ़ने की आशा की जा सकती है।

सार्क की उपलब्धियां (Achievements of SAARC)

अभी तक सार्क की निम्न उपलब्धियां हैं:

1. साप्ता की स्थापना और उसके अंतर्गत आयात पर मात्रात्मक नियंत्रण, टैरिफ और गैर-टैरिफ रुकावटों को कम करके रियायतें

देना।[2]

2. सार्क देशों के बीच विभिन्न क्षेत्रों में आर्थिक सहयोग करने के लिए तकनीकी समितियां स्थापित करना जैसे कृषि, संचार, शिक्षा और संस्कृति, पर्यावरण, स्वास्थ्य और जनसंख्या, ग्रामीण विकास, विज्ञान और प्रौद्योगिकी, पर्यटन, परिवहन आदि क्षेत्रों में।

3. सार्क का उद्देश्य वर्ष 2002 तक सदस्य देशों में गरीबी उन्मूलन करना है, जिसके लिए एक कार्य-सूची बनाई गई है। इसमें सामाजिक संग्रह करने की कूटनीति, विकेंद्रीकृत (decentralised) कृषि विकास की नीति, छोटे पैमाने का श्रम-गहन औद्योगीकरण तथा मानव विकास पर बल दिया गया है। इस कार्य-सूची के अनुसार, प्रत्येक गरीब व्यक्ति के कार्य करने के अधिकार और प्राथमिक शिक्षा को प्राथमिकता दी गई है। सार्क देशों में गरीबी को कम करने के लिए विश्व बैंक, UNDP और ESCAP से भी सहयोग लिया जा रहा है। सार्क देशों के वित्त एवं योजना मंत्रियों ने एक तीन-श्रेणी तंत्र स्थापित किया है जो गरीबी-उन्मूलन कार्यक्रमों को लागू करने में अपने अनुभवों की सूचना सभी सदस्य देशों को देता है।

4. सार्क देशों में आपातकाल के लिए खाद्यान्न के एक सुरक्षित भण्डार (SFSR) का प्रबंध किया गया है। जिसका आकार 2,41,580 टन है। इसके संचालन के लिए एक सार्क खाद्य सुरक्षा रिज़र्व बोर्ड है जिसमें प्रत्येक सदस्य देश का एक प्रतिनिधि है और इसकी हर वर्ष बैठक होती है। बोर्ड का मुख्य कार्य खाद्य समस्या का समय-समय पर पुनरीक्षण और मूल्यांकन करना तथा क्षेत्र में खाद्यान्न की संभावनाओं को देखना है जिनमें उत्पादन, उपभोग, व्यापार, कीमतें, गुणवत्ता और उनके भण्डारण जैसे घटक शामिल हैं।

5. वर्ष 1992 में सार्क वाणिज्य और उद्योग मण्डल (SAARC Chamber of Commerce and Industry) की स्थापना की गई है जिसका मुख्यालय कराची में है और इसकी राष्ट्रीय इकाइयां सात सार्क देशों में हैं। इसका मुख्य उद्देश्य व्यापार और आर्थिक संबंधों के क्षेत्रों में सार्क देशों के बीच सहयोग और व्यापार बढ़ाना है। इसका कार्य सातों देशों के वाणिज्य और उद्योग मण्डलों के बीच तालमेल स्थापित करना तथा विश्व के अन्य देशों और संगठनों के साथ सार्क का व्यापार बढ़ाने के लिए विचार-विमर्श करना है।

6. सार्क ने 1988 में सार्क कृषि सूचना केन्द्र (SAARC Agricultural Information Centre—SAIC) स्थापित किया जो सदस्य देशों के लिए कृषि से संबंधित क्षेत्रीय सूचना की संस्था का कार्य करता है। इसके सभी सात देशों में राष्ट्रीय सूचना केन्द्र हैं, जो क्षेत्रीय स्तर पर कृषि अनुसंधान और विकास क्रियाओं से संबद्ध तकनीकी सूचनाओं का आदान-प्रदान करते हैं। SAIC समय-समय पर सार्क देशों में कृषि संस्थाओं द्वारा कृषि सम्बन्धी किए जा रहे अनुसंधान और प्रयोगों की सूचनाएं प्रकाशित करता है। यह एक त्रैमासिक सूचना-पत्र भी प्रकाशित करता है।

7. सदस्य देशों की वित्तीय कठिनाइयां दूर करने हेतु सार्क ने दो कोषों की स्थापना की है। ये हैं-सार्क-जापान विशेष कोष और दक्षिण एशियाई विकास कोष (SADF)[3]।

विस्तृत विवरण के लिए ऊपर देखें।

निष्कर्ष (Conclusion)

अपनी स्थापना के थोड़े से वर्षों में ही सार्क ने ऊपर वर्णित उपलब्धियां प्राप्त कर ली हैं। परन्तु सार्क का अंतिम उद्देश्य साफ्टा तक पहुंचना है जिसे वास्तविक बनाने के लिए सदस्य देशों के बीच परस्पर विश्वास की भावना होनी आवश्यक है। इसके लिए राजनीतिक-स्तर पर सार्क देशों को वातावरण सुधारना और अधिक आर्थिक सहयोग करना होगा।

प्रश्न

1. सार्क के उद्देश्य और संगठन के बारे में वर्णन कीजिए। सार्क ने क्षेत्रीय व्यापार और सहयोग बढ़ाने के लिए क्या उपाय किए हैं ? उनकी व्याख्या करिए।
2. साप्ता समझौता की मुख्य विशेषताएं बताइए। उसके सफल होने में क्या बाधाएं हैं ?
3. साप्ता समझौते की मुख्य विशेषताओं की व्याख्या कीजिए। क्या वह सार्क देशों को साफ्टा की ओर ले जा सकता है ? इस पर अपने विचार प्रकट कीजिए।

1. विस्तृत अध्ययन के लिए व्यापार और आर्थिक सहयोग खण्ड देखें।

अध्याय 57

नई अन्तर्राष्ट्रीय आर्थिक व्यवस्था
(NEW INTERNATIONAL ECONOMIC ORDER (NIEO)

1. उत्पत्ति
(ORIGIN)

विकासशील देशों द्वारा नई अंतर्राष्ट्रीय आर्थिक व्यवस्था की मांग 1964 में संयुक्त राष्ट्र के व्यापार तथा विकास सम्मेलन (UNCTAD) के प्रथम अधिवेशन में हुई। अंकटाड के बाद के अधिवेशनों में अपनाए गए विभिन्न प्रस्ताव NIEO के विभिन्न घटकों का क्रमबद्ध लेखा रखते हैं। NIEO के लिए आह्वान के मूल में विकसित देशों का अल्पविकसित देशों के प्रति व्यापार, वित्तीय, तकनीकी तथा दूसरी नीतियों के पालन से संबंधित असंतोष झलकता है। विकसित देशों ने अल्पविकसित देशों को उत्पीड़ित किया है, उनके विरुद्ध भेद किया है, उनकी आय का निष्कासन किया है तथा उन्हें उन्नत तकनीकों से वंचित किया है। ऐसी नीतियों ने उनके विकास के प्रयासों में बाधा पहुंचाई है, धन और आय में विषमताएं पैदा की हैं तथा इनमें से बेरोजगारी तथा गरीबी को बढ़ाया है। लेकिन 1970 के दशक के प्रारंभ में तीन तत्व थे जिन्होंने NIEO की मांग को तुरंत प्रोत्साहन दिया। वे थे : *(i)* एक गंभीर शक्ति संकट; *(ii)* 1973 में ब्रैटन वुड्ज प्रणाली ध्वस्त होना; *(iii)* विकास सहायता के प्रति निराशा जो संयुक्त राष्ट्र संघ के विकसित देशों के लिए GNP के 0.7% लक्ष्य से बहुत कम होने के कारण पैदा हुई; *(iv)* OPEC (पेट्रोल निर्यात करने वाले देशों का संगठन) का 1973 में गठन तथा इसके द्वारा तेल की कीमतों को बढ़ाने की सफलता; तथा *(v)* अल्पविकसित देशों में स्फीति तथा बेरोजगारी की असाधारण ऊंची दरों का पाया जाना।

सितम्बर 1973 में अल्जीयर्स में हुए गुटनिपरेक्ष देशों के शीर्ष सम्मेलन में NIEO के लिए विशेष प्रस्ताव प्रस्तुत किए गए। अप्रैल 1974 में OPEC की सफलता के कारण विकासशील देशों ने संयुक्त राष्ट्र संघ का छठा अधिवेशन बुलाया। इस अधिवेशन में बिना वोट डाले एक घोषणा-पत्र तथा नई अंतर्राष्ट्रीय अर्थव्यवस्था की स्थापना के लिए कार्यवाही का एक कार्यक्रम बनाया गया जो विकसित तथा विकासशील देशों के बीच बढ़ते अंतराल को दूर करे और वर्तमान तथा भविष्य की पुश्तों के लिए आर्थिक और सामाजिक विकास तथा शांति और न्याय सुनिश्चित करते हुए निष्पक्षता, प्रभुसत्ता, सम्पन्नता, एक दूसरे पर निर्भरता के रहते सामान्य लाभों और सहयोगों वाले कार्यक्रमों के लिए कार्यवाही वाले कार्यक्रम, जो सब देशों में आपस में, उनकी आर्थिक व्यवस्थाओं तथा सामाजिक प्रणालियों पर ध्यान दिए बिना असमानताओं को ठीक करें तथा वर्तमान अन्यायों को सुधारे।'' दिसम्बर 1974 में संयुक्त राष्ट्र महासभा ने राज्यों के आर्थिक अधिकारों तथा कर्त्तव्यों का घोषणा-पत्र (Charter of Economic Rights and Duties) स्वीकृत किया। यह सभी तीनों प्रस्ताव नई अंतर्राष्ट्रीय आर्थिक व्यवस्था (NIEO) के दस्तावेज हैं।

2. नई अंतर्राष्ट्रीय आर्थिक व्यवस्था के उद्देश्य (अथवा विशेषताएं)
[OBJECTIVES (OR FEATURES) OF NIEO]

संयुक्त राष्ट्र के प्रस्तावों पर आधारित नई अंतर्राष्ट्रीय आर्थिक व्यवस्था (NIEO) के महत्वपूर्ण उद्देश्य नीचे दिए गए हैं :

1. अंतर्राष्ट्रीय व्यापार (International trade)—NIEO अंतर्राष्ट्रीय व्यापार में अल्पविकसित देशों द्वारा निम्न उपाय अपनाकर उनके लिए बड़ी भूमिका पर बल देता है, जिनका उद्देश्य अल्पविकसित देशों की व्यापार शर्तों को सुधारना है :

(i) प्राकृतिक तथा विशेषत: खनिज साधनों के निर्यात पर विकासशील देशों की प्रभुसत्ता की स्थापना, *(ii)* निर्यात के लिए कच्चे मालों के संसाधनों (Processing) को प्रोत्साहित करना, *(iii)* वस्तुओं के लिए एकीकृत कार्यक्रम, क्षतिपूरक वित्त प्रबंधन, अंतर्राष्ट्रीय बफर स्टाक की स्थापना तथा संग्रहों (Stocks) के वित्त प्रबंधन के लिए सामान्य कोष की स्थापना और उत्पादकों की संस्थाओं की

स्थापना द्वारा अल्पविकसित देशों के निर्यातों की सापेक्ष कीमतों में वृद्धि करना, *(iv)* कच्चे मालों तथा प्राथमिक वस्तुओं की कीमतों में स्थिरता लाने के लिए उचित ढांचा प्रदान करना ताकि निर्यात से अर्जन में स्थिरता आए, *(v)* विकसित देशों द्वारा निर्मित निर्यातित वस्तुओं की ऊंची आयात कीमतों के लिए अल्पविकसित देशों की निर्यात कीमतों का सूचकांकित (indexation) करना ताकि वे उनके बराबर हो सकें, *(vi)* विनिर्मित वस्तुओं के उत्पादन में वृद्धि करना, तथा *(vii)* प्रशुल्कों तथा गैर -प्रशुल्क रुकावटों और प्रतिबंधित व्यापार पद्धतियों को धीरे-धीरे हटा कर विकसित देशों के बाजारों में प्रवेश को सुधारना।

2. प्रौद्योगिकी स्थानांतरण (Technology Transfer)—NIEO के प्रस्ताव अल्पविकसित देशों को उनकी आवश्यकताओं तथा उनमें प्रचलित स्थितियों पर आधारित प्रौद्योगिकी स्थानांतरण की क्रियाविधि की स्थापना पर बल देते हैं। इस संदर्भ में विशेष बल दिया गया है :

(i) प्रौद्योगिकी स्थानांतरणों को व्यवस्थित करने के लिए एक कानूनी बाध्य अंतर्राष्ट्रीय नियमावली का निर्माण,

(ii) प्रौद्योगिकी के विक्रय तथा लाइसेंस प्राप्त करने के लिए उचित शर्तों तथा कीमतों की स्थापना,

(iii) अल्पविकसित देशों को प्रौद्योगिकियों के अनुसंधान और विकास तथा देशी प्रौद्योगिकी की स्थापना में सहायता और प्रसार, और

(iv) अल्पविकसित देशों की आवश्यकतानुसार प्रौद्योगिकी स्थानांतरण का संचालन करने वाली व्यापारिक प्रक्रियाओं को अपनाना।

3. बहुराष्ट्रीय कंपनियों की गतिविधियों का नियमन तथा नियंत्रण (Regulation and Control of the Activities of MNC's)—बहुराष्ट्रीय कंपनियों के लिए एक अंतर्राष्ट्रीय आचरण नियमावली बनाने,अपनाने तथा कार्यान्वयन के लिए भी NIEO घोषणापत्र में निम्न आधारों पर बल दिया गया है :

(i) अल्पविकसित देशों में प्रतिबंधक व्यापार प्रक्रियाओं को समाप्त करने के लिए मेजबान देशों में उनकी गतिविधियों का नियंत्रण करना;

(ii) न्यायसंगत और अनुकूल शर्तों पर अल्पविकसित देशों में सहायता, प्रौद्योगिकी स्थानांतरण एवं प्रबंधकीय कौशल लाना;

(iii) उनके लाभों को लौटाने का नियमन करना;

(iv) उनके लाभों को अल्पविकसित देशों में पुनर्निवेश करने को प्रोत्साहित करना।

4. अंतर्राष्ट्रीय मुद्रा प्रणाली तथा विशेष सहायता प्रोग्राम सुधारना (Reforming the International Monetary System and Special Aid Programme)—NIEO घोषणा-पत्र अंतर्राष्ट्रीय मुद्रा प्रणाली में निम्न रूपरेखाओं द्वारा सुधार लाने का प्रस्ताव करता है : *(i)* विनिमय दरों में अनिश्चितता के कारण अंतर्राष्ट्रीय मुद्रा प्रणाली में अस्थिरता को समाप्त करना, *(ii)* स्फीति तथा विनिमय दर मूल्य ह्रास के परिणामस्वरूप अल्पविकसित देशों के करेंसी रिजर्वों के वास्तविक मूल्य को कायम रखना, *(iii)* अंतराष्ट्रीय मुद्रा कोष तथा विश्व बैंक के निर्णयों में अल्पविकसित देशों का पूर्ण तथा प्रभावी सहयोग देना, *(iv)* विकास सहायता का अतिरिक्त SDRs के निर्माण के साथ संबंध स्थापित करना, *(v)* अल्पविकसित देशों की विकास सहायता के लिए विकसित देशों के GNP के 0.7% लक्ष्य को प्राप्त करना, *(vi)* ऋण रद्द् करने, ऋण स्थगित करने अथवा ऋण पुन:निर्धारित करने पर समझौतों के लिए प्रत्येक मामले के आधार पर ऋणों के बारे में पुन:वार्ता करना, *(vii)* अनिवार्य वस्तुओं के सभी अथवा कुछ अंशों का विलंबित भुगतान करना, *(viii)* अल्पविकसित देशों के निर्यातों को कुप्रभावित किए बिना अनुदान के आधार पर वस्तु सहायता देना, जिसमें खाद्य सहायता शामिल है, *(ix)* असान शर्तों पर दीर्घावधि के संभरक (Suppliers) ऋण देना, *(x)* रियायती दरों पर लम्बी अवधि की वित्तीय सहायता देना, *(xi)* अल्पविकसित देशों के औद्योगीकरण में तीव्रता लाने के लिए अधिकारिक अनुकूल शर्तों पर पूंजी वस्तुओं तथा तकनीकी सहायता का प्रबंधन करना, और *(xii)* औद्योगिक तथा विकास परियोजनाओं के लिए अनुकूल शर्तों पर निवेश करना।

5. परस्पर निर्भरता तथा सहयोग (Interdependence and Co-operation)—सबसे ऊपर NIEO का घोषणा-पत्र विश्व अर्थव्यवस्था की परस्पर निर्भरता के अधिक कुशल तथा न्यायसंगत प्रबंधन पर बल देता है। यह इस वास्तविकता को स्पष्ट करता है कि विकसित देशों की समृद्धि तथा अल्पविकसित देशों की वृद्धि तथा विकास के बीच घनिष्ठ आपसी संबंध तथा परस्पर निर्भरता है। इसके लिए अल्पविकसित देशों को एक बाह्य आर्थिक वातावरण की आवश्यकता है, जो उनका सामाजिक तथा आर्थिक विकास तीव्र करे। इसके अतिरिक्त अल्पविकसित देशों में मुख्यत: अधिमान के आधार पर परस्पर आर्थिक, व्यापारिक, वित्तीय तथा तकनीकी सहयोग को

मजबूत करने की आवश्यकता है।

3. NIEO कार्यक्रम का कार्यान्वयन
(IMPLEMENTATION OF NIEO PROGRAMME)

अल्पविकसित देश NIEO कार्यक्रम को विभिन्न अंतर्राष्ट्रीय मंचों पर विकसित देशों के सहयोग से कार्यान्वित करवाने के लिए अत्यधिक संघर्षशील हैं। लेकिन वे केवल सीमित क्षेत्रों में ही सफल हुए हैं:

1. व्यापार (Trade)—अंतर्राष्ट्रीय व्यापार को पुन:समायोजित करने के प्रस्तावों के पैकेज में कोई सार्थक प्रगति नहीं हुई है। वस्तुओं के एकीकृत कार्यक्रम (Integrated Programmes for Commodities) का कार्यान्वयन बहुत धीमा रहा है। इस कार्यक्रम का मुख्य तत्व अंतर्राष्ट्रीय बफर स्टाकों के वित्त प्रबंधन के लिए एक सामान्य कोष की स्थापना करना है। अंकटाड (UNCTAD) की विभिन्न बैंठकों में अनेक वर्षों की वार्ताओं के उपरांत वस्तुओं के लिए 4.7 बिलियन डालर का एक सामान्य कोष स्थापित किया गया जो 1987 में अंकटाड VII (UNCTAD-VII) में 66.9% की प्रतिभूति पूंजी की स्वीकृति से चालू किया गया। क्या यह कोष अल्पविकसित देशों की वस्तुओं की विकसित देशों द्वारा प्रभावित बाजारों में कीमतों को पर्याप्त समर्थन देने में सफल होगा अत्यन्त अनिश्चित है।

जहां तक अंतर्राष्ट्रीय वस्तु समझौतों का संबंध है, NIEO प्रस्तावों का संबंध 18 वस्तुओं से है जिनमें से दस प्रारंभ में ही बफर स्टाक स्कीम में शामिल थीं। इनमें से काफी, कोको, चीनी, टिन तथा रबड़ के पांच समझौतों पर वार्ता हुई। लेकिन केवल रबड़ पर समझौता अभी तक चालू है।

अल्पविकसित देशों के निर्यात अर्जन में स्थिरता के लिए कच्चे माल तथा संसाधित (Processed) प्राथमिक वस्तुओं की कीमतों की स्थिरता के लिए एक उपयुक्त ढांचा प्रदान करने के लिए कुछ भी नहीं किया गया है। इसी तरह विकसित देशों की वस्तुओं की ऊंची आयात कीमतों के लिए अल्पविकसित देशों की निर्यात कीमतों के सूचकांकित (Indexation) करने के प्रस्ताव को कार्यान्वित करने के लिए कोई कदम नहीं उठाए गए हैं।

इसमें कोई शक नहीं है कि अल्पविकसित देशों से निर्मित वस्तुओं के निर्यात में तेजी से वृद्धि हुई है। फिर भी विश्व बाजार में उनका अभी भी बहुत कम हिस्सा है। विकसित देश अल्पविकसित देशों की निर्मित तथा अर्धनिर्मित वस्तुओं पर अधिमानों की सामान्यकृत प्रणाली [Generated System of Preferences (GSP)] के अंतर्गत प्रशुल्क देने को सहमत हो गए हैं। GSP स्कीमें 29 अधिमान देने वाले देशों में, जिनमें में 15 यूरोपियन समुदाय (EC) के सदस्य हैं, में चालू हैं।

जहां तक अल्पविकसित देशों की प्राथमिक तथा अन्य वस्तुओं पर प्रशुल्कों में कटौतियों का संबंध है उरुग्वे दौर (Uruguay Round) के उपरांत उनमें व्यापार करने में प्रत्यक्षत: कोई महत्वपूर्ण रुकावटें नहीं हैं। अल्पविकसित देशों की वस्तुएं विकसित देशों में विशिष्ट परममित्र [Most Favoured Nation (MNF)] के अंतर्गत बिना शुल्क प्रवेश पाती हैं। लेकिन बहुत-सी अल्पविकसित देशों की कृषि वस्तुएं जो विकसित देशों की उन्हीं वस्तुओं से प्रतिस्पर्द्धा करती हैं उनके लिए प्रशुल्कों में नाममात्र कटौतियां हुई हैं। जो विकसित देश कृषि वस्तुओं का उत्पादन करते हैं वे अपनी वस्तुओं को सब्सिडी देते हैं जबकि अन्य अल्पविकसित देशों से आयात पर रुकावटें लगाते हैं। विकसित देशों में अल्पविकसित देशों की वस्तुओं पर व्यापार रुकावटों के नए तरीके निकाले हैं जैसे ऐच्छिक निर्यात नियंत्रण (VER), क्रमबद्ध विपणन समझौते (OMA) कम कीमत संभरक (Low Cost Supplies), बाजार विघटन (Market Disruption) आदि। इसके अतिरिक्त विकसित देश अल्पविकसित देशों के निर्यातों को व्यापार की गैर-तकनीकी रुकावटों जैसे पर्यावरण, स्वास्थ्य तथा सफाई आदि की शर्तों द्वारा प्रतिबंधित कर रहे हैं।

जहां तक गैर-प्रशुल्क रुकावटों का संबंध है गैट नियमावली (GATT Rules) के अंतर्गत सब्सिडियों, शुल्कों को बराबर करने, कस्टम के मूल्यांकनों, व्यापार की तकनीकी रुकावटों आदि पर नियमों के लिए समझौते हुए हैं। परंतु बच निकलने की धाराओं (Escape Clauses) तथा सुरक्षा बचाव नियमों (Safeguard Rules) के अंतर्गत अल्पविकसित देशों के साथ भेद किया जा रहा है।

2. प्रौद्योगिकी का स्थानांतरण (Transfer of Technology)—प्रौद्योगिकी स्थानांतरण के क्षेत्र में 1976 में अंकटाड IV(UNCTAD-I) एक नीति दस्तावेज प्रौद्योगिकी स्थानांतरण पर अनुमोदित किया गया। मसौदे की नियमावली सीमित व्यापार व्यवहारों का निषेध करती है। इसमें अल्पविकसित देशों, जो निर्यात-अभिमुख वस्तुओं के उत्पादन के लिए विशेष प्रौद्योगिकी प्राप्त करते हैं, को

प्रौद्योगिकी में अपने परिवर्तनों को समाविष्ट करने तथा उसे समझौते में उल्लिखित उद्देश्यों के अतिरिक्त दूसरे उद्देश्यों के लिए प्रयोग करने आदि से वर्जित करने की धाराएं हैं। ऐसी धाराएं प्रौद्योगिकी को अपने हितों के लिए प्रयोग करने का निषेध करती हैं। नीति दस्तावेज प्रौद्योगिकी के एक ही प्लांट, उपकरणों,सामग्रियों तथा प्रबंधकीय सेवाओं आदि के पैकेज के आकार में स्थानांतरित करने की प्रक्रिया को त्याग देता है। यह प्रौद्योगिकी की 'सहीकीमतों' को निर्धारित करने के लिए कसौटियां भी प्रदान करता है।

अंकटाड (UNCTAD) की बाद की बैठकों में इस नीति दस्तावेज को मामूली संशोधनों के साथ अपनाए जाने के लिए केवल प्रस्ताव किया जा रहा है जिन्हें अल्पविकसित देशों द्वारा नामंजूर कर दिया गया है। 1992 में अंकटाड VIII (UNCTAD-VIII) द्वारा स्थापित किया गया निवेश तथा प्रौद्योगिकी स्थानांतरण से संबंधित तदर्थ संचालन ग्रुप (Adhoc Working Group) का बनाया जाना भी अल्पविकसित देशों को स्वीकृत आचरण संहिता (Code of Conduct) में लाने में असफल रहा। 1996 में अंकटाड-IX (UNCTAD-IX) ने भी विकसित देशों को अल्पविकसित देशों के विकास के लिए निर्णायक उच्च प्रौद्योगिकी पहुंच प्रदान करने के लिए प्रेरित किया। लेकिन विकसित देशों द्वारा प्रौद्योगिकी स्थानांतरण के लिए आचरण संहिता तैयार करने में काई प्रगति नहीं हुई है। फिर भी 1979 में **'विकास के लिए विज्ञान तथा प्रौद्योगिकी की संयुक्त राष्ट्र वित्त प्रबंधन प्रणाली'** की स्थापना के लिए एक समझौता हुआ। प्रारम्भ में अल्पविकसित देशों के वित्तीय साधनों को बढ़ाने के लिए एक अंतरिम कोष (Interim Fund) प्रस्तावित किया गया। लेकिन कुछ भी महत्वपूर्ण अभी तक नहीं हो पाया है।

3. बहुराष्ट्रीय निगम (MNCs)—बहुराष्ट्रीय निगमों के विषय में महत्वपूर्ण प्रगति केवल यह हुई है कि बहुराष्ट्रीय निगमों के संचालनों के लिए **संयुक्त राष्ट्र के पराराष्ट्रीय निगमों के आयोग** (UN Commission of Transnational Corporations) द्वारा संचालन नियमावली तैयार की गई। यह इन निगमों के आचरण तथा उनके साथ स्वदेशी तथा विदेशी सरकारों के व्यवहारों के लिए विस्तृत मापदंड लगाता है। इसके अतिरिक्त अल्पविकसित देशों के स्थानांतरण तथा प्रौद्योगिक विकास योग्यताओं के लिए एक व्यापक तथा सार्वभौमिक कानूनी ढांचा स्थापित करने के लिए आचरण संहिता बनाने की बातचीत चल रही है।

4. अंतर्राष्ट्रीय मौद्रिक नीति तथा विकास सहायता (International Monetary System and Development Aid)—ब्रैटन वुड्स प्रणाली की विफलता के बाद वर्तमान अंतर्राष्ट्रीय मौद्रिक प्रणाली अल्पविकसित देशों के हितों के संरक्षण में असफल हुई है। मार्किट शक्तियों पर अत्यधिक निर्भरता के साथ विनिमय दर में अधिक उतार-चढ़ाव के कारण कुछ एशियाई तथा लैटिन अमेरिकी विकासशील देशों के वित्तीय संकट के लिए उत्तरदायी है। अंतर्राष्ट्रीय मुद्रा कोष (IMF) के एसडीआर (SDRs) के आवंटन को बढ़ाने में असफल रहने के कारण अंतर्राष्ट्रीय तरलता की मात्रा अल्पविकसित देशों की आवश्यकताओं को पूरा करने में असफल रही है। सकारात्मक लाभ केवल अंतर्राष्ट्रीय मुद्रा कोष के 10वें तथा 11वें कोटा पुनरावलोकनों द्वारा SDRs में 212 अरब डालर की वृद्धि करने से हुआ है। अंतर्राष्ट्रीय मुद्रा कोष द्वारा 1999 में एशिया तथा लैटिन अमेरिका के वित्तीय संकट से पीड़ित देशों की सहायता के लिए तथा अप्रैल 1999 में आकस्मिक ऋण रेखा (Contingency Credit Lines) द्वारा दूसरे अल्पविकसित देशों की संक्रामक संकट स्थितियों से संरक्षण के लिए **आपात काल संरचनात्मक समायोजन ऋणों** (Emergency Structural Adjustment Loans) की स्थापना अच्छे उपाय हैं। इनके बावजूद अंतर्राष्ट्रीय मौद्रिक निधि का अंतर्राष्ट्रीय मुद्रा कोष, विश्व बैंक तथा इनकी सहायक संस्थाओं द्वारा अंतर्राष्ट्रीय मौद्रिक प्रणाली का प्रबंधन तदर्थता द्वारा संचालित है।

बहुत वर्षों के बाद भी अंकटाड (UNCTAD) के कई अधिवेशन अल्पविकसित देशों की ऋण तथा विकास के लिए सहायता की समस्याओं के समाधान में असफल रहे हैं। अधिक से अधिक वे केवल विचारों के आदान-प्रदान तथा प्रस्तावों के पास करने के मंच रहे हैं न कि समस्याओं के समाधान करने के। जहां तक विकसित देशों द्वारा अल्पविकसित देशों को दी जाने वाली सरकारी विकास सहायता के प्रवाह का संबंध है यह जीएनपी (GNP) के 0.7% लक्ष्य के लगभग आधे पर टिकी हुई है। उनके पास कोषों के अभाव तथा कठोर अनुबंधिताओं के कारण अंतर्राष्ट्रीय मुद्रा कोष तथा विश्व बैंक अल्पविकसित देशों की ऋण समस्या के समाधान के लिए की जाने वाली कोशिशों में बहुत कम सफल हुए हैं। फिर भी यूरोप के कुछ बैंक ऋणों को पुन: निर्धारित कर रहे हैं तथा कुछ सरकारों के ऋणों को रद्द करना प्रारंभ कर दिया है। बद्ध सहायता अथवा योजना सहायता पर भी बल दिया जा रहा है। अनेक दाता देश अपनी सहायता को अधिकतर अपने निर्यात को प्रोत्साहित करने के लिए साधन के तौर पर प्रयोग कर रहे हैं।

5. परस्पर निर्भरता तथा सहयोग (Interdependence and Cooperation)—अक्टूबर 1982 में न्यूयार्क में जी-77 (G-77)

के मंत्रीस्तरीय सम्मेलन में अल्पविकसित देशों द्वारा आपस में आर्थिक सहयोग के लिए प्रथम पग उठाया गया जब इसने टैरिफ अधिमानों की विश्व व्यवस्था (Global System of Tariff Preferences-GSTP) चलाने का निर्णय लिया। जीएसटीपी विकासशील देशों द्वारा 1987 में आपस में व्यापार को टैरिफ और गैर टैरिफ छूटों और अन्य उपायों द्वारा बढ़ाने का मुख्य प्रयास है। यह एसियान (ASIAN), सार्क (SAARC) तथा नाफ्टा (NAFTA) देशों द्वारा प्राप्त किया जा रहा है।

व्यापार बढ़ाने के अलावा अंकटाड-VI ने अल्पविकसित देशों में डिजाइन और इंजीनियरिंग तथा अनुसंधान और विकास के क्षेत्र में अनेक सहयोगी उपाय शुरू करने तथा उन्हें सुदृढ़ करने की सिफारिश की। अल्पविकसित देशों के बीच प्रौद्योगिकी हस्तांतरण की विशेषकर निम्न चार क्षेत्रों में संभावनाएं हैं—पूंजी प्रधान वस्तुएं, मानव कौशलताएं, ऊर्जा और खाद्यान्न एवं संसाधित करने (Processing) की।

इसने समान समाशोधन प्रणाली (Common Clearing System) के अंतर्गत एक सरलतम भुगतान तंत्र का भी प्रस्ताव रखा। यह एक अन्य क्षेत्र है जो अल्पविकसित देशों को परस्पर सहयोग करने के लिए पर्याप्त उत्साह प्रदान करता है। विकसित देश इस बात पर जोर देते हैं कि अंतर्राष्ट्रीय मुद्रा कोष ओर विश्व बैंक जैसी मौजूदा अंतर्राष्ट्रीय संस्थाओं को वित्तीय रूप से सुदृढ़ करना चाहिए ताकि ये संस्थाएं अल्पविकसित देशों को उनके भुगतान संतुलन और ऋण समस्याओं पर काबू पाने में और सहायता प्रदान कर सकें। परंतु अल्पविकसित देशों की मांग है कि एक नई वित्तीय संस्था की स्थापना की जाए जो संयुक्त उपक्रम विकास परियोजनाएं निर्यात ऋण वस्तु कीमत स्थिरीकरण, क्षेत्रीय भुगतान समर्थन तथा खाद्य और प्राथमिक वस्तुओं में व्यापार का प्रसार करने के लिए दीर्घकालीन निवेश, भंडारण, परिवहन और संसाधित करना जैसे क्षेत्रों में विशेष वित्तीय आवश्यकताओं की पूर्ति करे। अभी तक इस दिशा में कोई प्रगति नहीं हुई है।

अंकटाड-VIII ने विकासशील देशों के आर्थिक सहयोग पर एक नई स्थायी समिति (New Standing Committee on Economic Co-operation) स्थापित की जो सहयोग के सभी पहलुओं के विवरणों का अध्ययन करेगी। लेकिन उससे कुछ नहीं हो पाया।

अल्पविकसित देशों के बीच आर्थिक सहयोग में अनेक बाधाएं हैं। अल्पविकसित देशों की अर्थव्यवस्था अत्यधिक प्रतिस्पर्द्धी स्वरूप होती है उनकी आयात-निर्यात क्षमता सीमित होती है, ऋण सुविधाएं अपर्याप्त होती हैं, विदेशी मुद्रा की अत्यन्त कमी होती है, तथा परस्पर व्यापार की जाने वाली वस्तुओं के प्रतिकूल प्रभाव होते हैं। इसके परिणामस्वरूप वे विकसित देशों से व्यापार करना अधिक पसंद करते हैं। यद्यपि अल्पविकसित देशों द्वारा निर्मित वस्तुएं अधिक सस्ती और उच्च क्वालिटी की होती हैं तथापि कुछ अल्पविकसित देश ऐसी सीमाओं से बंधे हैं जो उन्हें अन्य अल्पविकसित देशों से व्यापार करने से रोकती हैं। उनमें प्रौद्योगिकी पिछड़ापन, मुख्य आगतों की कमी, उत्पादन लागत अधिक, प्रतिस्पर्द्धात्मक शक्ति का अभाव तथा विपणन का ढांचा कमजोर होता है। ऊपर गिनाई गई विभिन्न समस्याएं अल्पविकसित देशों में परस्पर क्षेत्रीय सहायता और विश्वास से तथा निकट सहयोग से नियंत्रित की जा सकती हैं।

निष्कर्ष (Conclusion)—अल्पविकसित देशों में आपस में सहयोग के अभाव के अतिरिक्त विकसित देशों ने भी NIEO कार्यक्रमों का अस्पष्टतया विरोध करने की कोशिश की है। यह उरुग्वे दौर में गैट नियमों और समझौतों में विकासशील देशों को दिए गए विशेष तथा अधिमानी व्यवहार तथा छूटों के बावजूद गैट की 'बच निकलने की धारा' (Escape Clause) और सुरक्षा नियमों के अंतर्गत से स्पष्ट होता है।

अल्प विकसित देशों द्वारा एनआईईओ (NIEO) के लिए सभी अंतर्राष्ट्रीय मंचों पर संघर्ष के लिए अधिक एकता, परस्पर निर्भरता तथा सभी प्रकार के विस्तृत सहयोग की आवश्यकता है।

प्रश्न

1. नई अंतर्राष्ट्रीय आर्थिक व्यवस्था से आप क्या समझते हैं ? इसके उद्देश्यों की व्याख्या कीजिए और वे कहां तक प्राप्त किए जा सके हैं ?
2. नई अंतर्राष्ट्रीय आर्थिक व्यवस्था की क्या आवश्यकता है ? इसे प्राप्त करने के लिए कौन से उद्देश्यों को पूरा करने की आवश्यकता है ? उनका वर्णन कीजिए।
3. नई अंतर्राष्ट्रीय आर्थिक व्यवस्था के उद्गम तथा उद्देश्यों का वर्णन कीजिए।

अध्याय 58

भारत में विदेशी व्यापार एवं भुगतान-शेष
(FOREIGN TRADE AND BALANCE OF PAYMENTS IN INDIA)

1. प्रस्तावना
(INTRODUCTION)

प्रस्तुत अध्याय में हम इस बात पर विचार करेंगे कि आयोजन के युग में प्रारंभ से अब तक विदेशी व्यापार का भारत के आर्थिक विकास में क्या योगदान रहा है। 1950-51 में भारत योजनाबद्ध आर्थिक विकास के पथ पर अग्रसर हुआ था। तब से अब तक लगभग पांच दशक का समय बीत चुका है। इस अवधि के दौरान भारत के विदेशी व्यापार के आकार, संरचना तथा दिशा में महत्वपूर्ण परिवर्तन हुए हैं।

2. व्यापार का परिमाण
(VOLUME OF TRADE)

आयातों तथा निर्यातों के कुल मूल्य की दृष्टि से भारत के विदेशी व्यापार का परिमाण 1950-51 से पर्याप्त रूप से बढ़ता रहा है जैसा तालिका 1 में दिखाया गया है। भारत के विदेशी व्यापार का कुल मूल्य 1950-51 से 1960-61 की अवधि में 43.5% बढ़ा, 1960-61 से 1969-70 तक 69.7%, 1970-71 से 1979-80 तक 391.0%, 1980-81 से 1990-91 तक 293.3%, और 1990-91 से 1999-2000 तक 385.2% बढ़ा। निरपेक्ष रूप में 1950-51 में इसका कुल मूल्य 1,214 करोड़ रु. मात्र था जो 1999-2000 में 3,67,508 करोड़ रु. हो गया।

आयात (Imports)—1950 के दशक में भारत के विदेशी व्यापार का मूल्य धीमी गति से बढ़ा। निर्यात लगभग स्थिर और परम्परागत प्राथमिक वस्तुओं तक ही सीमित रहा। परन्तु खाद्यान्नों, कच्चा माल, पूंजी उपस्कर तथा मशीनरी के बढ़ते आयातों के कारण 1950-51 से 1960-61 की अवधि में आयातों में 84.5 प्रतिशत की वृद्धि हुई। दूसरी योजना में भारी उद्योगों पर बल दिया गया, अत: मशीनरी तथा पूंजी उपस्कर का आयात जरूरी हो गया जिससे आयातों का मूल्य बढ़ा। तीसरी योजना तथा तीन वार्षिक योजनाओं के दौरान भी भारी उद्योगों पर बल जारी रहा, जिससे मशीनरी एवं उपस्कर के आयात और बढ़े। खराब मौसम की स्थितियों के कारण भी कृषि के कच्चे माल और खाद्यान्नों के आयात और बढ़े। इन कारणों के साथ-साथ जून 1966 में भारतीय रुपये का भी अवमूल्यन हुआ जिससे आयातों का मूल्य और बढ़ा। परिणामत: 1960-61 से 1969-70 तक की अवधि में आयातों का मूल्य 41% बढ़ गया।

1970 के दशक में निर्यात की तुलना में आयात अधिक तेजी से बढ़े। मूल्य की दृष्टि से 1970-71 के मुकाबले 1980-81 में आयात 668% बढ़ा जबकि निर्यात 337% ही बढ़ सका। पेट्रोलियम तथा पेट्रोलियम उत्पादों के आयातों का मूल्य इसलिए बहुत बढ़ा क्योंकि तेल एवं पेट्रोलियम निर्यात करने वाले देशों (OPEC) ने पहले 1973-74 में और फिर 1979 में तथा 1980 में इनकी कीमतें बढ़ा दीं। इसके अतिरिक्त, सारे संसार में स्फीतिकारी प्रवृत्तियों के कारण भी अन्य आयातों की कीमतें बढ़ीं। 1980-81 में आयातों का मूल्य 37 प्रतिशत बढ़ा। जिस एक प्रमुख मद के कारण इतनी अधिक वृद्धि हुई, वह पेट्रोलियम तथा पेट्रोलियम उत्पादों का आयात था जिनका मूल्य पूर्ववर्ती वर्ष के मुकाबले 1980-81 में 58% बढ़ा। कच्चे तेल के घरेलू उत्पादन में वृद्धि होने से, कुल आयातों में भारत के POL का भाग 1980-81 में 42% कम हुआ तथा 1999-2000 में 63.8% की कमी

हुई। छठी योजना के दौरान आयात 13.4%, सातवीं योजना में 16% और आठवीं योजना में 18% वार्षिक दर से बढ़े।

तालिका 1 : भारत का विदेशी व्यापार
(Foreign Trade of India)

(करोड़ रु. में)

वर्ष *(1)*	*आयात* *(2)*	*निर्यात* *(3)*	*कुल* *(4)*	*व्यापार शेष* *(5) = (2) – (3)*
1950–51	608	606	1214	–2
1955–56	774	609	1383	–165
1960–61	1122	642	1764	–480
1965–66	1409	810	2219	–599
1969–70	1582	1413	2995	–169
1970–71	1634	1535	3169	–99
1974–75	4519	3329	7848	–1190
1979–80	9143	6418	15561	–2725
1980–81	12459	6711	19260	–5838
1990–91	43193	32553	75746	–10640
1999–2000	204583	162925	367508	–41658

1992–93 से 1999–2000 के दौरान आयातों की औसत वार्षिक वृद्धि दर 13.2% थी जो 1980–81 से 1991–92 के दौरान 6.6% से काफी अधिक थी।

आयातों में इतनी अधिक वृद्धि पूंजीगत पदार्थों की बढ़ोतरी के कारण थी। उदारीकरण से भारतीय उद्योग अपनी तकनीकों का सुधार कर रहे हैं ताकि वे अंतर्राष्ट्रीय स्तर पर प्रतियोगिता कर सकें। अन्य कारक POL, उर्वरकों, खाद्य तेलों और गैर-POL आयातों में वृद्धि थीं। आयातों में वृद्धि आयात/GDP अनुपात द्वारा भी स्पष्ट होती है जो 1990–91 में 8.8% से बढ़कर 1999-2000 में 12.3% हो गई।

निर्यात (Exports)—तीस वर्षों (1950–51 से 1980–81) की अवधि में भारत के निर्यातों में 11 गुणा के अधिक की वृद्धि हुई। प्रथम और दूसरी योजनाओं के दौरान भारत के निर्यात लगभग स्थिर रहे जो औसतन 600 करोड़ रु. के आस-पास थे। तीसरी योजना के दौरान निर्यातों को बढ़ावा देने के लिए अनेक कदम उठाए गए जिससे स्थिरता का दौर समाप्त हुआ और निर्यात बढ़ने लगे जो 1965–66 में अवमूल्यनोपरान्त दरों पर 810 करोड़ रु. के रहे। जून 1966 में अवमूल्यन के बाद, कच्चा लोहा, चमड़ा और चमड़े की विनिर्मित वस्तुओं, काजू गिरी, इन्जीनियरिंग वस्तुओं, लोहा तथा इस्पात, रसायन एवं संबद्ध उत्पादों आदि के निर्यात को और प्रोत्साहन मिला। 1969–70 में निर्यात बढ़कर 1413 करोड़ रु. तक जा पहुंचे, अर्थात् 1960 के दशक के मुकाबले अवमूल्यनोत्तर दरों पर उनमें 96% की वृद्धि हुई। 1960–70 की अवधि की वार्षिक औसत वृद्धि दर 3.6% निकलती है जिसे सन्तोषजनक नहीं कहा जा सकता।

पर, 1970 के दशक में निर्यातों की वृद्धि दर पर्याप्त रूप से बढ़ी। 1970–71 तथा 1971–72 में निर्यात क्रमश: 8.6% तथा 4.8% बढ़े। इसके बाद अगले पांच वर्षों 1972–73 से 1976–77 तक निर्यातों में आश्चर्यजनक वृद्धि हुई जो औसतन 26.4% थी। इसके बाद निर्यातों की इस वृद्धि में आकस्मिक ह्रास हुआ और यह 1977–78 से 1980–81 के बीच मात्र 6.9% रही। छठी योजना में निर्यात 13% वार्षिक दर से बढ़े और सातवीं योजना में 19.8% की दर से। परन्तु आठवीं योजना के दौरान निर्यात 13.7% प्रतिवर्ष बढ़े। औसत वार्षिक वृद्धि दर के आधार पर, 1992–93 से 1999–2000 के बीच निर्यात वृद्धि 10% थी जो 1980–81 से 1991–92 के बीच 7.6% से अधिक थी।

अर्थव्यवस्था के विकास में भारत के निर्यातों का योगदान निर्धारित करने के लिए अनेक सूचकों पर विचार किया जाता है।

पहला सूचक है **विश्व निर्यातों में भारत का भाग**। यह 1950 में 2% था जो 1960 में गिरकर 1.4%, 1970 में 0.7% और 1985-92 के दौरान 0.5% था। इसके बाद यह 0.6% पर स्थिर रहा है। **दूसरा** सूचक **GNP की प्रतिशतता** के रूप में **निर्यातों का भाग** हैं, जो 1950 में 6.3% था और 1970 में गिरकर 4.2% हो गया। इसके बाद यह बढ़ने लगा और सातवीं योजना में 5% हो गया तथा 1990-91 में 6.2% से बढ़कर 1999-2000 में 9.1% हो गया

किसी देश की निर्यात स्थिति इस बात से भी निर्धारित होती है कि उसके निर्यात कितने प्रतिशत आयातों की **वित्त व्यवस्था** करते हैं। भारत में 1950-51 में यह प्रतिशतता 90% थी, जो तीसरी योजना में गिरकर 61% पर आ गई, 1970-71 में बढ़कर 94% पर पहुंची परंतु फिर गिरकर 1980-81 में 51.8% और 1990-91 में बढ़कर 66.2% एवं 1999-2000 में 69.1% हो गई।

3. भारत के विदेशी व्यापार में ढांचागत परिवर्तन (STRUCTURAL CHANGES IN INDIA'S FOREIGN TRADE)

भारत के विदेशी व्यापार में ढांचागत परिवर्तन से अभिप्राय उन परिवर्तनों से है जो पिछले कई वर्षों के दौरान भारत के आयातों और निर्यातों की बनावट, भारत के आयातों और निर्यातों की दिशा और विश्व व्यापार में भारत के कुल व्यापार का भाग हुए हैं। उनके संदर्भ में अपनाए जाने वाले नीतिगत उपायों के प्रकाश में उनकी चर्चा करते हैं।

व्यापार की संरचना (Composition of Trade)

किसी देश के आयात तथा निर्यात मूल्य में वृद्धि मात्र उस देश के आर्थिक विकास के स्तर की सूचक नहीं होती। इस दृष्टि से व्यापार की संरचना अधिक महत्व रखती है। किसी देश की आयातित तथा निर्यातित वस्तुओं के प्रकार से पता चलता है कि देश औद्योगिक दृष्टि से उन्नत है अथवा पिछड़ा हुआ। अनेक वर्षों तक व्यापार की संरचना में जो परिवर्तन होते रहते हैं, उनसे भी देश के आर्थिक रूपान्तरण (transformation) का पता चलता है।

आयात (Imports)—प्रथम पंचवर्षीय योजना के दौरान भारत से आयातों में प्रमुख रूप से थोड़ी मात्रा में खाद्यान्न, कच्चा पटसन एवं कपास, मशीनरी, परिवहन, उपस्कर, लोहा एवं इस्पात, पैट्रोलियम तथा पैट्रोलियम उत्पाद आदि सम्मिलित थे जिनका कुल आयात-मूल्य 650 करोड़ रु. था।

दूसरी योजना में जब औद्योगीकरण का लक्ष्य अपनाया गया और भारी तथा आधारिक उद्योगों के विकास पर विशेष बल दिया गया तब भारत के आयातों की संरचना बदलने लगी। इसके साथ-साथ आयात स्थानापन्न उद्योग स्थापित करने की नीति के परिणामस्वरूप भी आयातों की प्रकृति में परिवर्तन हुआ। लगभग 300 आयातित वस्तुएं ऐसी हैं जिन्हें घरेलू उत्पादन ने पूर्णरूप से स्थानापन्न कर दिया है। उनमें से कुछ ये हैं : मशीन-औजार, चीनी-कारखाने की मशीनरी, सीमेंट की मशीनरी, रेलगाड़ी के माल-डिब्बे, ट्रक, कारें, जीपें, मोटर साईकिलें, स्कूटर, बाईसिकल, सिलाई मशीनें, बिजली के पंखे, बिजली लैम्प, रेफ्रिजरेटर, टायर-ट्यूब, अल्यूमीनियम, सोडा एश, कास्टिक सोडा, अमोनियम सल्फेट आदि।

उपभोक्ता वस्तुओं के क्षेत्र में भारत प्रमुख रूप से अनाज और अनाज से विनिर्मित पदार्थों का आयात करता है। भारत के कुल आयातों में खाद्यान्न के आयात का अनुपात 1950-51 में 15.3%, 1960-61 में 16%, 1969-70 में 16.5% और 1974-75 में 17% था। अत: सामान्य वर्षों में उनका अनुपात भारत के आयात का 15% से 17% के बीच रहा। परंतु जिन अवधियों में फसलें खराब हो गईं, उनमें इनका अनुपात 20% से अधिक था। किन्तु बफर स्टॉकों के निर्माण के साथ उनके आयातों में महत्वपूर्ण कमी हुई। उदाहरणार्थ, कुल आयातों में उनका औसत हिस्सा 1987-88 से 1990-91 के बीच 4.3% था जो 1992-93 और 1998-99 के बीच 3.6% और 1999-2000 में 5.6% रहा।

ज्यों-ज्यों विकास हुआ, त्यों-त्यों कच्चे माल तथा मध्यवर्ती विनिर्माणों का आयात भी बढ़ते गए इससे पता चलता है कि देश औद्योगीकरण के क्षेत्र में बहुविध विस्तार कर रहा है जिसके लिए ऐसी वस्तुओं का उत्पादन बढ़ाना जरूरी होता जा रहा है, जैसे POL, उर्वरक एवं रासायनिक उत्पादन, लोहा एवं इस्पात, अलौह-धातुएं आदि।

सबसे अधिक वृद्धि POL के आयातों के मूल्य में हुई है। 1950-51 में POL के आयात कुल आयातों का 9% थे, 1960-61 में 6%, 1970-71 में 8%। 1973-74 और फिर 1980-81 में POL की कीमतों में जो वृद्धि हुई, उससे इनके आयातों के मूल्य बहुत बढ़ गये। परिणामत: कुल आयात बिल में इनका अनुपात 1974-75 में 25.6%, 1980-81 में 42%, 1990-91 में

60% तथा 1999–2000 में 63.8% था। यह इस ओर संकेत करता है कि बावजूद कच्चे तेल के घरेलू उत्पादन में देशीय मांग बढ़ती जा रही है। 1990 के दशक के दौरान POL उपभोग की औसत वृद्धि दर 6.8% प्रतिवर्ष थी।

जहाँ तक लोहा और इस्पात तथा अलौहिक धातुओं का संबंध है, उनके मूल्यों में हुए परिवर्तन से कभी तो घरेलू कमियों अथवा वस्तु उत्पादन की झलक मिलती हैं और कभी उद्योग एवं स्टॉक बनाने के लिए उनकी अधिक मांग भी प्रकट होती है। उदाहरण के लिए, 1960–61 में लोहा एवं इस्पात का आयात कुल आयातों का 11%, 1970–71 में 9%, 1980–81 में 7%, 1990–91 में 5% और 1999–2000 में 2% था।

ठीक ऐसी ही स्थिति अलौह धातुओं के संबंध में रही। कुल आयातों में इनके आयातों का प्रतिशत 1960–61 में 4% था जो 1970–71 में बढ़कर 7% हो गया। परन्तु 1980–81 में यह गिरकर 4% और 1990–91 में 2.5% तथा 1999–2000 में 1.2% तक हो गया।

आयातों की अगली महत्वपूर्ण श्रेणी पूंजीगत वस्तुएं हैं। मूल्य की दृष्टि से पूंजीगत वस्तुओं के आयात 1960–61 में 560.5 करोड़ रु. के थे जो 1965–66 में बढ़कर 804 करोड़ रु. के हो गये। पूंजी गहन उद्योग स्थापित करने की नीति के कारण यह वृद्धि हुई। परन्तु 1969–70 तथा 1970–71 में इनके आयात 1965–66 में आयातों से आधे रह गये। इसका कारण यह था कि घरेलू औद्योगिक उत्पादन की रफ्तार धीमी पड़ गई और आयात नीति में प्रतिबन्ध लगा दिए गए। 1980 के दशक में मूल्य की दृष्टि से आयात बढ़ने लगे। इसके अनेक कारण थे। **प्रथम,** निर्यातकारी देशों ने पूंजीगत वस्तुओं की कीमतें बहुत बढ़ा दीं। **दूसरे,** मशीनरी एवं उपस्कर के आयातों में उत्तरोत्तर उदारता बरती गई। **तीसरे,** अनेक मशीनरी मदों पर आयात शुल्क घटा दिये गये। परिणामत: पूंजीगत वस्तुओं के कुल आयात, जो 1980–81 में कुल आयातों के 15.2% थे 1990–91 में बढ़कर 24.2% और 1992–1999 में 26.0% हो गए। परन्तु 1999–2000 में गिरकर 11.4% हो गए।

1970 के दशक से, आयातों की दो नई मदों का विकास हुआ है। वे कागज, कागज बोर्ड, लुगदी (pulp) आदि और कीमती पत्थर हैं। 1970–71 में 1960–61 की तुलना में कागज–लुगदी आदि के आयात मूल्य में 20% की वृद्धि हुई। परन्तु 1980–81 में 1970–71 की तुलना में 438% की अत्यधिक वृद्धि हुई जो कागज और अखबारी कागज की मांग एवं मूल्य आदि में तीव्र वृद्धि के कारण थी। कागज और कागज की वस्तुओं आदि के घरेलू उत्पादन में वृद्धि से उनके आयात का मूल्य 1980–81 की तुलना में 1990–91 में कम होकर 97% और 1990–91 की तुलना में 1999–2000 में कम होकर 29% हो गया।

जहाँ तक रत्न और अन्य कीमती पत्थरों की बात है, उनके आयात का मूल्य 1970–71 की तुलना में 1980–81 में 16 गुणा बढ़ा, 1980–81 की तुलना में 1990–91 में 4 गुणा और 1990–91 की तुलना में 1999–2000 में 3 गुणा बढ़ा।

नई वस्तुओं में स्वर्ण नियंत्रण आदेश 1991 के निरस्त होने और उसके बाद स्वर्ण आयात के उदारीकरण से स्वर्ण और चांदी के आयातों में वृद्धि हुई है। स्वर्ण का आयात 1992–93 से 1998–99 के दौरान 616% तक बढ़ा। परन्तु 1999–2000 में 13.2% तक कम हो गया। यह कमी सोना–चांदी व्यापार के उदारीकरण, स्वर्ण आयात शुल्क में वृद्धि, आयातों पर निर्भरता कम करने के लिए स्वर्ण जमा योजना लाने और 1999–2000 में विश्व स्वर्ण बाजार में अनिश्चितता के कारण हुआ है।

निष्कर्ष (Conclusion)

निष्कर्ष रूप में कहा जा सकता है कि आयातों की कुल मिलाकर प्रवृत्तियों से पता चलता है कि भारत एक उद्योग–सम्पन्न देश बनता जा रहा है जिसमें अनाज और अनाज निर्मित वस्तुओं को छोड़कर भारत की उपभोक्ता वस्तुओं पर निर्भरता समाप्त हो गई है और उसके आयात की जरूरतें अधिकांश कच्चे माल तथा मध्यवर्ती विनिर्माणों तक सीमित हैं जिनका भाग इस समय कुल आयातों में 65% है और पूंजीगत वस्तुओं का आयात लगभग 2.8% है।

निर्यात (Exports)—भारत के विदेशी व्यापार की एक और उल्लेखनीय विशेषता उसके निर्यातों की संरचना है। 1950–51 में भारत से चाय, पटसन, सूती कपड़ा आदि के जो परंपरागत निर्यात थे, वे कुल निर्यात व्यापार का 55% थे। 1990 के दशक तक आयात स्थानापन्नता द्वारा औद्योगीकरण की नीति और साथ ही अर्थव्यवस्था को आत्मनिर्भर बनाने के उद्देश्य के परिणामस्वरूप भारत की परम्परागत निर्यातों पर निर्भरता समाप्त हो गई है। 1990 के दशक के प्रारंभ से आयात स्थानापन्नता की नीति की निर्यात प्रोत्साहन की नीति अपनाई गई। उनसे भारत के निर्यातों का वस्तु–मिश्रण बहुत ही विस्तृत हो गया। अब निर्यातों के अंतर्गत परम्परागत मदों के अतिरिक्त बहुत सारी अपरम्परागत मदें भी शामिल हैं। प्रमुख अपरम्परागत मदें ये हैं–तेल खली, चमड़ा और चमड़े के

उत्पाद एवं जूते, काजू की गिरी, इन्जीनियरिंग वस्तुएं, लौह और इस्पात, रसायन और सम्बद्ध उत्पादन, मछली के बने पदार्थ, रेडीमेड कपड़े, मसाले, दस्तकारी की वस्तुएं आदि। फिर घर में काम आने वाली उपभोक्ता वस्तुएं बाईसिकलें, सिलाई मशीने, पंखे, एयरकण्डीशनर, रेफ्रीजरेटर,स्कूटर, और बिजली के विविध उपकरण भी हैं।

1996-61 में तीन प्रमुख मदों, पटसन-विनिर्माण, चाय तथा सूती कपड़े का कुल निर्यातों में भाग 48 प्रतिशत था जो गिरकर 1970-72 में 27%, 1980-81 में 15.4%, 1990-91 में 10.6% और 1999-2000 में 9.8% रह गया। दूसरी ओर, कुछ नई मदों में अभूतपूर्व वृद्धि हुई, विशेषकर 1960 और 1970 के दशक में। विश्व अर्थव्यवस्थाओं में सुस्ती की प्रवृत्ति के कारण उनके निर्यात 1985-86 तक कुछ धीमे पड़ गए परंतु अगले वर्ष से फिर बढ़ने लगे। कुछ महत्वपूर्ण नई मदों की वृद्धि इस प्रकार थी : काजू की गिरी का निर्यात मूल्य 1970-71 में 1960-61 की अपेक्षा 200% बढ़ा, 1980-81 में 1970-71 की तुलना में 145.6%, 1990-91 में 1980-81 की अपेक्षा 219%, और 1999-2000 में, 1990-91 की तुलना में 488%; मछली और मछली से बने पदार्थ इसी अवधि में क्रमश: 520%, 600%, 342% और 252%; कपड़ा क्रमश: 50%, 543%, 632% और 493%; चमड़ा और चमड़े के उत्पादज क्रमश: 185.7%, 387.5%, 567% और 150%; रेडिमेड कपड़े क्रमश: 118.5%, 543%, 630% और 433% और रत्न और गहने क्रमश: 4400%, 1273%, 749% और 531% तथा मशीनरी और उपस्कर क्रमश: 800%, 317.6%, 368% और 454%।

निष्कर्ष (Conclusion)

भारत के निर्यातों की संरचना कृषि और संबंधित वस्तुओं से बदल कर विनिर्मित वस्तुओं की ओर हुई हैं। विनिर्मित वस्तुओं का कुल निर्यातों में भाग 1960-61 में 45% से बढ़कर 1999-2000 में 77% हो गया, जबकि कृषि और संबंधित वस्तुओं के निर्यात 1960-61 में 44% से कम होकर 1999-2000 में 15% हो गये। विनिर्मित वस्तुओं में केवल पाँच मदें—चमड़ा और वस्तुएं, रत्न, कपड़ा, रेडीमेड कपड़े और दस्तकारी की वस्तुएं का निर्यात कुल विनिर्माणों का 1999-2000 में 92% था।

व्यापार की दिशा (Direction of Trade)

1950-51 से 1999-2000 तक भारत के विदेश व्यापार की दिशा में महत्वपूर्ण परिवर्तन हुए हैं। 1950-51 में भारत के निर्यात व्यापार में इग्लैंड का भाग 21 प्रतिशत, संयुक्त राज्य अमेरिका का 10%, जापान का 1.5%, रूस का 2% और तेल निर्यात करने वाले विकासशील देशों का 4% था। जहाँ तक भारत के आयात में इन देशों के भाग का संबंध है, इंग्लैड का 26%, संयुक्त राज्य अमेरिका का 20.3%, जापान का 1.8 प्रतिशत, तेल निर्यात करने वाले विकासशील देशों का 4 प्रतिशत और रूस का भाग शून्य था।

अब भारत के व्यापारिक संबंध कुछ देशों तक ही सीमित नहीं हैं, बल्कि बहुत बढ़ गए हैं। विशेष रूप से 1970 के दशक में भारत के व्यापार-संबंध यूरोपीय आर्थिक समुदाय (EEC), ओशिआनिया (Oceania) देशों, तेल एवं पैट्रोलियम निर्यात करने वाले देशों (OPEC) और पूर्व-यूरोपीय देशों से स्थापित हो गए हैं।

निर्यात (Exports)—भारत के निर्यात के मार्किट के अनुसार वितरण से पता चलता है कि 1960-61 और 1999-2000 की अवधि में भारत के कुल निर्यात में अमेरिका का भाग 16% से बढ़कर 22.7% हो गया। परन्तु, अमेरिका को किए जाने वाले निर्यातों का मूल्य इस अवधि में लगभगग 359 गुणा से अधिक हो गया। परंतु यूरोपीय संघ (European Union) का भारतीय निर्यातों में भाग जो 1960-61 में 36% था 1999-2000 में कम होकर 25% रह गया। इसमें इंग्लैंड का भाग जो 26.9% था अत्याधिक कम 6.0% हुआ। परन्तु निरपेक्ष रूप में यूरोपीय संघ (EEC) का भाग 176 गुणा और इंग्लैंड का भाग 56 गुणा से अधिक बढ़ा। जापान का भाग इस अवधि में 5.5% से गिरकर 4.5% हो गया। अफ्रीका, एशिया अ‍ौ लैटिन अमेरिका एवं कैरेबियन के विकासशील देशों को भारत का निर्यात 14.8% से बढ़कर 25.1% हो गया। पूर्वी यूरोपीय देशों को निर्यात रूस अ‍ौ यूगोस्लाविया के विघटन एवं जर्मनी के एकीकरण के कारण इस अवधि में अत्यधिक घटकर 7% से 3% हो गया। OPEC देशों को भी निर्यात 1960-61 में 4.1% से बढ़कर 1999-2000 में 10.6% हो गया।

आयात (Imports)—भारत के आयातों की दिशा में भी महत्वपूर्ण परिवर्तन हुए हैं। भारत के कुल आयात में अमेरिका का भाग कुछ गिरा। यह 1960-61 में 29 प्रतिशत से गिरकर 1999-2000 में 7.7% हुआ, यूरोपीय संघ देशों का भाग 37.1%

से गिरकर 21.9% और यू.के. का भाग इसी अवधि में 19.4% से गिरकर 4.8% हो गया। इस अवधि में जापान से 5.4% से कम होकर 5.0% हो गया, ओपेक देशों से 4.6% से बढ़कर 23.8% हुआ। इतनी अधिक वृद्धि का कारण इन देशों से पैट्रोल, तेल आदि की मात्रा में वृद्धि और इन पदार्थों की कीमतों का बढ़ना था। रूस और पूर्व यूरोपीय देशों से आयात इसी अवधि में 3.4% से कम होकर 1.7% तथा अफ्रीका, एशिया और लैटिन अमरीका के विकासशील देशों से 11.8% से बढ़कर 22.6% हो गए।

निष्कर्ष (Conclusion)

भारत के विदेश-व्यापार की दिशा का जो विश्लेषण ऊपर प्रस्तुत किया गया है, उससे पता चलता हैं कि भारत ने भौगोलिक दृष्टि से अपने व्यापार-संबंध बहुत बढ़ा लिए है। इसके निर्यात के स्रोत बढ़ गए हैं और आयात के विविध स्रोत बने हैं। इस प्रकार भारत ने निर्यात एवं आयात के संबंध में कुछ देशों पर निर्भर रहने से छुटकारा पा लिया है और वास्तव में बहुमुखी व्यापार के क्षेत्र में प्रवेश कर लिया है।

4. व्यापार शेष (BALANCE OF TRADE)

1972-73 तथा 1976-77 को छोड़कर भारत का विदेश-व्यापार सदा घाटे में रहा है। व्यापार-घाटा आर्थिक विकास का सहवर्ती परिणाम है। विकास के लिए देश पूंजीगत वस्तुओं, कच्चा माल, मध्यवर्ती उत्पादों और खाद्य वस्तुओं तक का भी आयात करता रहा है।

1950-51 में भारत का व्यापार-घाटा 2 करोड़ रु. था, जो हर पंचवर्षीय योजना के साथ बढ़ता गया और जैसा कि तालिका 1 में दिखाया गया है, 1965-66 में भारत का व्यापार घाटा 599 करोड़ रु. हो गया था। इसका कारण यह था कि भारत द्वारा भारी तथा आयात-स्थानापन्न उद्योग स्थापित करने के लिए पूंजीगत वस्तुएं, कच्चा माल तथा मध्यवर्ती वस्तुएँ आयात की गईं। 1966 के अवमूल्यन के बाद निर्यात बढ़ने लगा और खाद्य वस्तुओं का आयात भी कुछ घटा। परिणामत: व्यापार घाटा गिरकर 1970-71 में 99 करोड़ रु. रह गया और 1972-73 में तो व्यापार-शेष में 104 करोड़ रु. का अतिरेक (surplus) था।

1973-74 में 1972-73 वर्ष की अपेक्षा आयात-बिल में 58% की एकदम वृद्धि हुई और निर्यात बहुत नहीं बढ़े, जिसका परिणाम यह हुआ कि उस वर्ष 423 करोड़ रु. का व्यापार घाटा रहा। आयातों का मूल्य बढ़ने का प्रमुख कारण यह था कि पी.ओ.एल. की कीमतें बढ़ीं और साथ ही उर्वरकों, अलौह धातुओं और लोहा एवं इस्पात की कीमतों में वृद्धि हुई। इसके अतिरिक्त खाद्यान्न तथा वनस्पति तेलों की कीमतें और आयात भी बढ़े। इसके बाद व्यापार घाटा बढ़कर 1974-75 में 1190 करोड़ रु. और 1975-76 में 1229 करोड़ रु. तक पहुंच गया।

1976-77 का वर्ष तो भारत के व्यापार शेष का मोड़ बिन्दु था। क्योंकि पिछले वर्ष के रिकार्ड घाटे के बाद इस वर्ष व्यापार-संतुलन 68 करोड़ रु. था। इसका कारण यह था कि पिछले वर्ष की अपेक्षा इस वर्ष निर्यातों के मूल्य में 27% वृद्धि हुई और आयातों में 3.6% की कमी हुई।

इस वर्ष के बाद व्यापार घाटा भारी मात्रा में बढ़ा क्योंकि निर्यातों की वृद्धि धीमी रही और आयात तेजी से बढ़े। पूर्ववर्ती वर्ष की अपेक्षा आयात बिल में 1977-78 में 19%, 1978-79 में 13%, 1979-80 में 34% और 1980-81 में 37% की वृद्धि हुई। दूसरी ओर, पूववर्ती वर्ष के मुकाबले निर्यात बिल 1977-78 में 5%, 1978-79 में 6%, 1979-80 में 12% और 1980-81 में 4.6% बढ़े, परिणामत: व्यापार-घाटा बराबर बढ़ाता गया। यह 1977-78 में 612 करोड़ रु. था, जो बढ़कर 1978-79 में 1085 करोड़ रु., 1979-80 में 2725 करोड़ रु., 1980-81 में 5838 करोड़ रु., 1989-90 में 7735 करोड़ रु. पर पहुंच गया। इन वर्षों में आयातों के बढ़ने का प्रमुख कारण यह रहा कि आयातों की मात्रा और आयात का इकाई मूल्य दोनों ही बढ़े, क्योंकि एक तो भारत की आयात नीति उदार रही और दूसरे पैट्रोलियम तथा पैट्रोलियम उत्पादों की मांग पूरी करने की जरूरत थी। दूसरी ओर, अन्तर्राष्ट्रीय मांग कम हो गई, उन्नत देशों ने संरक्षण की नीति अपना ली और घरेलू उत्पादन पर आपूर्ति प्रतिबंध लगा दिए गए, इसलिए निर्यात नहीं बढ़ सके।

परन्तु 1990-91 में व्यापार घाटा अब तक का सबसे अधिक 10640 करोड़ रु. था। यह आयातों में 22% की ऊँची वृद्धि

दर के कारण था। इसका मुख्य कारण पी.ओ.एल. के अधिक आयात थे जो डॉलर में 60% बढ़े। इसके दो कारण थे : एक खाड़ी संकट के कारण तेल की कीमतों में वृद्धि, और दूसरा, आपूर्ति कठिनाईयों द्वारा घरेलू उत्पादन में रुकावट से तेल आयात की मात्रा की वृद्धि। दूसरी ओर, 1990-91 में 17.7% की निर्यातों में कमी हुई। निर्यातों में कमी के कारण थे :

(क) विश्व व्यापार के प्रसार में धीमा गति जो 1991 में केवल 0.9% बढ़ा,
(ख) कुछ मुख्य औद्योगिक अर्थव्यवस्थाओं में सुस्ती की स्थितियां,
(ग) खाड़ी संकट के कारण मध्य पूर्व में निर्यात मार्किटों में हानि,
(घ) पूर्वी यूरोप में राजनीतिक और आर्थिक उथल-पुथल,
(च) विदेशी विनिमय की कमी के कारण 1990-91 में आयात प्रतिबंध लागू करना, और
(छ) कुछ राज्यों में आंतरिक कानून और व्यवस्था की समस्याएं।

1991-92 में व्यापार घाटा कम होकर 3809 करोड़ रु. हो गया। यह पिछले वर्ष में निर्यातों में 35.3% की वृद्धि और आयातों में 10.8% की वृद्धि के कारण हुआ। व्यापार घाटे में यह कमी व्यापार नीति में 1991-92 में नए परिवर्तनों के कारण थी। इन नीति परिवर्तनों का उद्देश्य निर्यात प्रोत्साहन को सुदृढ़ करना तथा साथ ही विदेश-व्यापार पर काफी मात्रा में आयात लाईसेंस और नियमन को कम करना था। इसने स्वयं-संतुलन करने वाला तंत्र प्रारंभ किया जहाँ निर्यात अर्जनों द्वारा आयात-निर्यात पावती-पत्र (Exim Scrips) उपलब्धता से आयातों का अपने-आप नियमन होता है।

इसके बाद 1993-94 को छोड़कर जब व्यापार घाटा 3,350 करोड़ रु. था, यह बढ़ता गया और 1999-2000 में 41,658 करोड़ रु. के शिखर पर पहुंच गया। व्यापार घाटे का यह विस्तार 1996-97 से 1998-99 के बीच सुस्त निर्यात वृद्धि दरों का नतीजा था। BOP आधार पर निर्यात 1996-97 में 5.6% और 1997-98 में 5.4% की दर से बढ़े। 1998-99 में 3.9% की ऋणात्मक वृद्धि दर थी। 1999-2000 में निर्यात 11.6% की वृद्धि दर के साथ पुनः बढ़े। दूसरी ओर, BOP के आधार पर आयात इन वर्षों में अत्यधिक ऊंची दर से बढ़े। ये 1996-97 से 12.1%, 1997-98 में 4.6% की दर से बढ़े और 1998-99 में 7.1 की दर से कम हुए। 1999-2000 में मुख्यतः तेल आयात बिल में 63.8% की वृद्धि के कारण इनमें 16.5% की तीव्र वृद्धि हुई। 1990 के दशक के दौरान ऊंची आयात वृद्धि दर आयातों में QRs (परिमाणात्मक प्रतिबंधों) की धीरे-धीरे समाप्ति, औद्योगिक क्षेत्र में तेजी विशेषकर भारतीय अर्थव्यवस्था के उदारीकरण के बाद पूंजी वस्तुओं और आगतों में वृद्धि के कारण भी हुई थी। जहां तक निर्यात की बात है लगता है कि व्यापार उदारीकरण के प्रारंभिक प्रभाव विलीन हो गए हैं। इसके अतिरिक्त जब से आर्थिक सुधार प्रारम्भ हुआ है, भारतीय निर्यातों की बनावट में कोई बोधगम्य परिवर्तन नहीं हुआ है।

5. व्यापार की शर्तें (TERMS OF TRADE)

व्यापार की शर्तें आयात की एक इकाई के विनिमय की शर्तों को मापती हैं। TOT को मापने के लिए साधारणः दो प्रणालियां हैं—शुद्ध व्यापार की शर्तें (Net Terms of Trade—NTT) और व्यापार की आय शर्तें (Income Terms of Trade—ITT). निर्यात की इकाई मूल्य सूचक और आयात की इकाई मूल्य सूचक के बीच अनुपात NTT है। 1950 के दशक में, 1960 के दशक में और 1970 के दशक के आरंभ में NTT कुल मिलाकर संतोषजनक रही। उदाहरणार्थ, 1954-55 में यह 110 (1951-53 = 100), 1960-61 में यह 115 (1958 = 100) तक गिरी और 1970-71 में 127 (1978-79 = 100) थी, 1974-75 में 92 तक गिरी, 1975-76 में 85 तक और 1980-81 में सर्वाधिक 81 तक गिरी। इतने नीचे NTT मूल्यों के गिरने का कारण था, आयात के इकाई मूल्य सूचक में निर्यात इकाई मूल्य सूचक की अपेक्षा असाधारण वृद्धि। 1974-75 में निर्यात इकाई मूल्य सूचक की 1973-74 से 25% तक वृद्धि हुई, जबकि आयात इकाई मूल्य सूचक तेजी से 73% बढ़ा। इसी प्रकार, निर्यात इकाई सूचक मूल्य 1980-81 में 1979-80 की अपेक्षा नाम मात्र 3% बढ़ा जबकि अपेक्षाकृत आयात इकाई मूल्य सूचक 18% बढ़ा। इससे ज्ञात होता है कि 1970 के दशक से भारतीय निर्यातों की कीमतें धीरे-धीरे बढ़ रही थीं, जबकि अपेक्षाकृत आयातों की कीमतें अधिक बढ़ रही थीं।

1981-82 और 1983-84 में NTT में नाममात्र का सुधार हुआ। लेकिन यह 1983-84 में 120 तक पहुंच गया। इसका कारण

था पिछले वर्ष की अपेक्षा निर्यात के इकाई मूल्य सूचक में 14% की वृद्धि और आयात के इकाई मूल्य सूचक में 8% की कमी। 1986–87 से 1989–90 तक NTT लगातार 120 से ऊपर रहीं। 1990–91 में ये 109 तक गिरीं और फिर 1994–95 में 152 तक बढ़ी। फिर ये 1996–97 में 126 तक गिरीं। परन्तु इन वर्षों में निर्यातों और आयातों के इकाई मूल्य में वृद्धि के कारण 1997–98 और 1998–99 में क्रमश: 146 और 150 तक बढ़ीं।

जहाँ तक भारत की व्यापार की आय शर्तों (IIT) का प्रश्न है, यह लगातार 1986–87 से बढ़ रही हैं। ITT का अर्थ है किसी देश की निर्यात क्षमता के विनिमय में उसकी आयात क्षमता। ITT सूचक में सुधार का अर्थ है कि भारत की आयात क्षमता में वृद्धि हुई है। इसकी वृद्धि 1986–87 में 156 से 1998–99 में 599 हुई।

मात्रा की दृष्टि से भारत के आयात और निर्यात दोनों के मात्रा सूचक 1986–87 से लगातार बढ़ रहे हैं। निर्यात का मात्रा सूचक 1986–87 में 121 से बढ़कर 1998–99 में 399 हो गया। इसी काल में आयात का मात्रा सूचक 212 से बढ़कर 642 हो गया। परन्तु निर्यात का सूचक आयात के सूचक से काफी कम रहा। इसका अर्थ है की आयात की मात्रा निर्यात की मात्रा से अधिक तेजी के साथ बढ़ रही थी। जैसा ITT से स्पष्ट है, यद्यपि भारत को निर्यात की अपेक्षाकृत अच्छी कीमत मिल रही थी।

पी.आर. पंचमुखी के शब्दों में ''भारत की व्यापार शर्तें चाहे अन्धाधुन्ध सट्टेबाजी की हों, अथवा महत्वपूर्ण गिरावट की— एक दयनीय दृश्य प्रस्तुत करती हैं। इन व्यापार की शर्तों के व्यवहार से ज्ञात होता है कि किस प्रकार आयात और निर्यात की कीमतों की गतियों के बीच अंतर के कारण व्यापार का असंतुलित आबंटन हुआ।*''

अनुकूल व्यापार की शर्तें उत्पन्न करने के लिए भारत को चाहिए कि वह अपने आयात स्थानापन्नों को बढ़ावा दे और अपनी घरेलू क्षमताओं को उद्योगों की ओर ढाले। अन्तत: अनिवार्य आयातों में आत्मनिर्भरता प्राप्त करके ही भारत अपनी विपरीत व्यापार की शर्तों को दूर कर सकता है।

6. 1951 से भारत की भुगतान-शेष की स्थिति
(INDIA'S BALANCE OF PAYMENTS POSITION SINCE 1951)

यदि पूर्णरूप से विचार किया जाए तो जब से (1951 में) प्रथम पंचवर्षीय योजना शुरू हुई, तब से भारतीय अर्थव्यवस्था को अपने भुगतान-शेष के मामले में घाटे का सामना करना पड़ा है। तालिका 2 में देश के चालू खाते में योजनावार व्यापार-शेष तथा भुगतान-शेष का सारांश दिया गया है।

तालिका 2 : भारत के भुगतान-शेष
(India's Balance of Payments)

(करोड़ रु. में)

योजनाकाल	*व्यापार-शेष*	*भुगतान-शेष*
प्रथम योजना (1951–52 से 1955–56)	–514.9	–42.3
दूसरी योजना (1956–57 से 1960–61)	–2339.0	–1712.6
तीसरी योजना (1961–62 से 1965–66)	–2400.0	–1972.5
वार्षिक योजनाएं (1966–67 से 1968–69)	–1967.6	–1982.4
चौथी योजना (1969–70 से 1973–74)	–1563.9	–2221.0
पांचवी योजना (1974–75 से 1978–79)	–4043.0	+ 1404.3
छठी योजना (1980–81 से 1984–85)	–30137	–11886
सातवीं योजना (1985–86 से 1989–90)	–54205	–39848

* P.R. Brahmanand and V.R. Panchmukhi, (ed.) *The Development Process of Indian Economy,* 1987.

प्रथम योजना के दौरान भुगतान-शेष की स्थिति अनुमान से अधिक संतोषजनक रही। योजना के अनुसार अनुमान यह था कि औसतन 180 से 220 करोड़ रु. का वार्षिक घाटा होगा। परंतु योजना की समस्त अवधि में 42.3 करोड़ रु. का घाटा हुआ। इसका कारण यह था कि यह योजना साधारण थी और इसमें नई स्कीमें नहीं चलाई गईं। अच्छी मानसून के कारण खाद्यान्न एवं कृषि के कच्चे माल के आयातों की जरूरत नहीं पड़ी। कृषि एवं औद्योगिक उत्पादन में ठोस वृद्धि हुई।

दूसरी योजना साहसिक योजना थी। उसका लक्ष्य परिवहन तथा उद्योगों का विकास करना था। अत: भारी मशीनरी, उपस्कर तथा आवश्यक कच्चे माल का आयात जरूरी हो गया। मानसून की अनिश्चितता के कारण खाद्यान्न एवं कृषि-संबंधी कच्चे माल का भी आयात करना पड़ा। परिणामत: भारी विदेशी विनिमय संकट उत्पन्न हो गया जिसके कारण व्यापार में 2339 करोड़ रु. का और भुगतान शेष में 1712.6 करोड़ रु. का भारी घाटा था?

तीसरी योजना के दौरान भुगतान-शेष की हालत कठिन रही। भुगतान-शेष में 1972.5 करोड़ रु. का भारी घाटा रहा। इसके मुख्य कारण ये थे—औद्योगिक कच्चे माल, मशीनरी तथा रख-रखाव संबंधी आयातों में वृद्धि; और 1962 में चीनी आक्रमण तथा 1965 में भारत-पाकिस्तान युद्ध के कारण रक्षा सामान का आयात बढ़ा, तथा सूती कपड़ा तथा पटसन उत्पादों जैसी परम्परागत मदों का निर्यात गिर गया। इनके अतिरिक्त, ऋण-सेवा का भार भी बहुत अधिक बढ़ गया।

इस योजना के दौरान भारी व्यापार घाटे तथा ऋण-देयताओं के परिणामस्वरूप जून 1966 में रुपये का अवमूल्यन हुआ। बावजूद इस बात के कि रुपये का अवमूल्यन हुआ और उदार आयात नीति अपनाई गई तथा उसके अनुसरण में निर्यात को प्रोत्साहन दिया गया, भुगतान-शेष की स्थिति गम्भीर बनी रही। फिर, मानसून धोखा दे गया, इसलिए 1966-67 तथा 1967-68 की पहली दो वार्षिक योजनाओं के दौरान भारी मात्रा में खाद्यान्न आयात करने पड़े। साथ ही मशीनरी; प्लांटों तथा कच्चे माल का आयात भी सामान्यत: होता रहा। यद्यपि 1968-69 की तीसरी वार्षिक योजना के दौरान निर्यात 13.5% बढ़े और आयात भी सीमान्त रूप से घटे, फिर भी भुगतान-शेष की समग्र स्थिति में सुधार नहीं हुआ क्योंकि आयातों का मूल्य बढ़ गया था और अवमूल्यन के कारण निर्यातों का मूल्य गिर गया था। परिणामत: 1966-67 से 1968-69 के दौरान 1982.4 करोड़ रुपये का भुगतान-शेष घाटा रहा।

चौथा योजना के दौरान निर्यात की औसतन वार्षिक वृद्धि दर 12.8 प्रतिशत थी, जो काफी ऊंची मानी जा सकती है। इसके बावजूद योजना की अवधि के दौरान भुगतान शेष में 2221 करोड़ रु. का घाटा रहा। 1972-73 में भारी तथा दूर-व्यापी सूखा पड़ा। अत: देश को अज्ञात पूर्व ऊंची कीमत पर भारी मात्रा में खाद्यान्न आयात करने पड़े। पैट्रोलियम, तेल इस्पात, अलौह धातुओं, अखबारी कागज आदि अनेक प्रमुख मदों की विश्व-कीमतें बहुत अधिक बढ़ गईं। फिर इनमें, तीसरी योजना के दौरान लिए गए 2443 करोड़ रु. के भारी ऋण-सेवा भी जुड़ गए।

पांचवी योजना के दौरान, कुल मिलाकर भुगतान-शेष की स्थिति बहुत संतोषजनक रही। पहली बार ऐसा हुआ कि समस्त योजना अवधि के दौरान चालू खाते में भुगतान-शेष में जमा 1404.3 करोड़ रु. निकले। इसका कारण यह था कि व्यापार-वस्तुओं के निर्यात में निरन्तर वृद्धि के परिणामस्वरूप 1976-77 तथा 1977-78 में भारत की भुगतान स्थिति में विशेष सुधार हुआ। इसके साथ ही क्योंकि खाद्यान्न एवं उर्वरक आयात बहुत घट गये, इसलिए कुल आयातों में थोड़ी ही वृद्धि हुई। 1976-77 में पिछले वर्ष के मुकाबले आयात 3.6% गिरे और निर्यात 27% बढ़े। इसके साथ ही व्यापार-शेष में भी सुधार हुआ, अत: चालू खाते के शुद्ध अदृश्यों में भारी वृद्धि हुई। इस योजना के दौरान विदेशी मुद्रा रिजर्व जो 1974-75 में 1,022 करोड़ रु. थे, 1978-79 में 5,821 करोड़ रु. हो गए। परन्तु योजना के अंतिम वर्ष 1978-79 में, विशेष रूप से आयात नीति के उदारीकरण से आयात पर्याप्त रूप से बढ़े। दूसरी ओर, क्योंकि विश्व-मार्किट में मंदी आ गई और प्रमुख औद्योगिकृत देशों ने संरक्षण नीति अपना ली, इसलिए निर्यात धीमे पड़ गये।

छठी योजना (1980-85) की अवधि में 9,100 करोड़ रु. का भुगतान-शेष घाटे का तथा 17,773 करोड़ रु. व्यापार-शेष घाटे का अनुमान लगाया था। परन्तु इस योजना अवधि में भुगतान-शेष की स्थिति अनुमान से बहुत असंतोषजनक रही। चालू खाते पर भुगतान शेष घाटे की अनुमानित राशि 9,100 करोड़ रु. की तुलना में 11.836 करोड़ रु. थी जो GDP का 1.6% थी। छठी योजना के दौरान इस विशाल घाटे का मुख्य कारण था 30,137 करोड़ रु. का विशाल व्यापार घाटा जो पी.ओ.एल., उर्वरक, रसायन, कच्चा माल, मध्यवर्ती वस्तुओं तथा पूंजीगत पदार्थों के आयातों में वृद्धि के कारण था। साथ ही, निर्यातों में घरेलू आपूर्ति प्रतिबंधों, विपरीत विश्व वातावरण तथा विकसित देशों द्वारा संरक्षणवाद में वृद्धि के कारण धीमी गति से प्रसार हुआ। शुद्ध अदृश्य

मदों में कमी होने की प्रवृत्ति भी पाई गई। ऐसा मुख्यत: सकल अदृश्य प्राप्तियों में 15.2% दर से वृद्धि होने तथा अदृश्य भुगतानों में अधिक ऊंची 25.5% दर से वृद्धि होने के कारण हुआ। गैर-साधन सेवाओं के अंतर्गत विदेश यात्रा प्राप्तियों तथा निवेश आय प्राप्तियों में कमी हुई। फिर, विदेशी विनिमय रिजर्व, जिसमें स्वर्ण और एस.डी.आर. भी शामिल हैं, योजना अवधि में केवल 1,699 करोड़ रु. के बढ़े। इस प्रकार भुगतान-शेष की स्थिति छठी योजना के दौरान बहुत खराब रही।

सातवीं योजना (1985-90) के दौरान भुगतान शेष की स्थिति कठिन रही, जबकि चालू खाता घाटा 1.6% के अनुमान के मुकाबले औसतन GDP का 2.3% था। निरपेक्ष रूप में, योजना अवधि में चालू खाता घाटा औसतन 7.970 करोड़ रु. प्रतिवर्ष था। व्यापार घाटा अब तक का सबसे अधिक 54,205 करोड़ रु. और कुल भुगतान शेष घाटा 39,848 करोड़ रु. था। योजना अवधि के दौरान, आई.डी.ए. सहायता कम होने और विश्व बैंक से ऋण बढ़ने से बहुपक्षीय सहायता की औसत लागत बढ़ी। द्विपक्षीय रियायती स्त्रोतों से सहायता की शुद्ध उपलब्धता भी कम हुई। परिणामस्वरूप, भुगतान शेष में चालू खाता घाटे के वित्त प्रबंधन, कर्जों के रूप में पर्याप्त पूंजी अंतर्वाहों द्वारा करने पड़े—बहुपक्षीय और द्विपक्षीय स्त्रोतों से 28%, वाणिज्यिक उधारों से 25%, प्रवासी भारतीयों से निधियों के अंतर्वाह से 23% अन्य पूंजी लेन-देनों सें 13% और रिजर्वों के प्रयोग से 11%। यह उल्लेखनीय है कि विदेशी मुद्रा रिजर्व वस्तुत: 1985-86 7,820 करोड़ रु. से घटकर 1989-90 में 6,215 करोड़ रु. हो गए।

7. 1990 से भुगतान शेष
(BALANCE OF PAYMENTS SINCE 1990)

तलिका 3, 1990-91 से भुगतान-शेष की स्थिति को व्यक्त करती है।

तालिका 3: 1990-91 से भुगतान शेष
(Balance of Payments since 1990-91)

(billian US$)

वर्ष (Years)	*व्यापार शेष (Trade Balance)*	*शुद्ध अदृश्य (Net Invisibles)*	*चालू खता शेष (Current A/c Balance)*	*GDP के % रूप में भुगतान शेष (BOP as % GDP)*	*निर्यात/आयात (%) में (Exports/ Imports (%))*
1990-91	(–)9438	(–)242	(–)9680	(–)3.1	66.2
1991-92	–2798	1620	–1178	–0.3	86.7
1992-93	–5447	1921	–3526	–1.7	77.6
1993-94	–4056	2898	–1158	–0.4	84.8
1994-95	–9049	5680	–3369	–1.0	74.8
1995-96	–11359	5449	5910	–1.7	74.0
1996-97	–14815	10196	–4619	–1.2	69.7
1997-98	–15507	10007	–5500	–1.4	69.7
1998-99	–13264	9226	–4038	–1.0	72.1
1999-2000	–17098	12935	–4163	–0.9	69.1

Sources : G.O.I., Economic Survey.

भुगतान-शेष घाटा जो 1989-90 में $6.8 बिलियन था 1990-91 में बढ़कर $9.7 बिलियन हो गया। यह खाड़ी संकट के कारण था जिससे POL की कीमतों में वृद्धि हुई, खाड़ी देशों को निर्यात कम हुए तथा इराक एवं कुवैत से कम राशियां प्राप्त हुई। खाड़ी संकट ने बाहरी ऋणों को भी कठिन बना दिया।

1991-92 से उदारीकरण की नीति प्रारंभ होने से BOP में बहुत सुधार हुआ है। GDP के प्रतिशत के रूप में भारत का चालू खाता शेष जो 1990-91 में बहुत ऊँचा 3.1% था 1999-2000 में गिरकर 0.9% हो गया। खाड़ी संकट के बाद यह इन

सभी वर्षों में औसतन GDP के 2.1% के नीचे ही रहा जो निजी हस्तांतरणों और सॉफ्टवेयर निर्यातों सहित शुद्ध अदृश्यों (invisibles) के व्यापक अन्तर्प्रवाहों के कारण हुआ था। इन वर्षों में BOP स्थिति में सुधार के कुछ कारक थे : BOP के प्रतिशत के रूप में निर्यातों की आयातों के साथ अनुपात में वृद्धि जो 1990-91 में 66% थी इन वर्षों में औसतन 7.5% से अधिक हो गई। 1991-92 की ऋणात्मक (-) 1.5% निर्यात वृद्धि की तुलना में आठवीं योजना (1992-97) के दौरान औसत निर्यात वृद्धि 13.5% हुई। योजना के प्रथम और अंतिम वर्षों में निर्यात वृद्धि बहुत कम रही—क्रमशः 3.8% और 4%, परंतु बाकी के तीन वर्षों में औसत 20% की वृद्धि हुई। दूसरी ओर, 1991-92 में आयात वृद्धि ऋणात्मक (-) 19.4% थी और आठवीं योजना में औसत वृद्धि 15.4% हुई।

इसने भारत के निर्यात और आयात उपलब्धि के बीच बढ़ती पंक्तिबद्धता (alingment) को प्रकट किया है। इसके अतिरिक्त निर्यात मूल्य के रूप में पर्याप्त रूप से वसूली की थी। अदृश्यों के शुद्ध अन्तर्प्रवाह में असाधारण वृद्धि भी हुई थी जो 1999-2000 में 12,935 मिलियन अमेरिकी डॉलर के शिखर पर पहुंच गई।

शुद्ध अदृश्य खाता (Net invisible account) का 1990-91 में शुद्ध बहिर्वाह (outflow) 0.24 बिलियन अमेरिकी डॉलर था परंतु 1991-92 से शुद्ध अन्तर्वाह (inflow) प्रारंभ गुआ जो 1999-2000 में 12.9 बिलियन डॉलर के शिखर पर पहुंच गया। कुल मिलाकर 1991-92 से 1999-2000 के बीच अदृश्य प्राप्तियों की वृद्धि दर 71.7% प्रति वर्ष थी। अदृश्यों में वृद्धि को पर्यटन अर्जनों में बढ़ोत्तरी तथा निजी हस्तांतरण प्राप्तियों में वृद्धि से भी सहायता प्राप्त हुई। निजी हस्तांतरणों का अन्तर्वाह 1990-91 में 2.1 बिलियन डॉलर से बढ़कर 1999-2000 में 12.3 बिलियन डॉलर हो गया।

विदेशी मुद्रा रिजर्व जो 1990-91 में 5.8 बिलियन डॉलर था, 1999-2000 में बढ़कर 38.0 बिलियन डॉलर हो गए। रिजर्वों की प्रवृत्ति विदेशी मुद्रा परिसंपत्ति अवयव (component) की प्रवृत्ति पर निर्भर करती है जिसमें दिन-प्रतिदिन के आधार पर किसी भी दिशा में चलने की प्रवृत्ति होती है। विदेशी मुद्रा परिसंपत्तियों के स्तर को आयात और चालू भुगतानों के लिए प्रयोग किया जाता है।

विदेशियों को ऊंचे लाभांश, लाभ और रायल्टी के रूप में दी जानेवाली निवेश आय में भी वृद्धि हुई। वे अदृश्य भुगतानों का एक मुख्य अंश हैं। ये बहिर्वाह 1990-91 में 3.7 बिलियन डालर से कम होकर 1993-94 में 3.3 बिलियन डॉलर हो गया। फिर 1999-2000 में बढ़कर 3.6 बिलियन डॉलर हो गया। ये बहिर्वाह BOP में ऋणात्मक मद हैं।

अब हम चालू खाता घाटों के वित्तप्रबंधन के तरीके को लेते हैं। विदेशी व्यावसायिक उधार (ECB's) और विदेशी सहायता को इकठ्ठा शुद्ध आधार पर लें तो वे 1990-91 में 22.5 बिलियन डॉलर से बढ़कर 1998-99 में 43.6 बिलियन डॉलर हो गए जो मुख्यतः भारतीय विकास बांड (1991-92) और रिसर्जेंट इण्डिया बांड (1998-99) से मिली प्राप्तियों के कारण हुआ था। परन्तु 1999-2000 में ये रिसर्जेंट इण्डिया बांड को छोड़कर 3.1 बिलियन डॉलर हो गया। शुद्ध बाह्य सहायता (Net external assistance) निरन्तर घटती जा रही थी। यह मुख्यतः पोखरन परमाणु विस्फोट के बाद लगे आर्थिक प्रतिबन्धों (sanctions) और पिछले ऋणों पर मूलधन के पुनर्भुगतान के कारण 1990-91 में 22.1 बिलियन डॉलर से कम होकर 9.0 बिलियन डॉलर हो गया। परन्तु NRI जमा (शुद्ध) RBI द्वारा इन्हें आकर्षित करने के लिए अपनाए गए विभिन्न उपायों के कारण बढ़ता जा रहा था। इसमें 1990-91 में 1.5 बिलियन डॉलर से 1999-2000 में 2.1 बिलियन डॉलर की वृद्धि हुई।

भारत ने जनवरी 1991 और जून 1993 के बीच IMF से 3.5 बिलियन डॉलर उधार लिये। यह मूलधन के पुनर्भुगतान और IMF के ब्याज के कारण 1994-95 से चालू खाता शेष में एक ऋणात्मक मद रही थी।

विदेशी निवेश अन्तर्प्रवाह संपूर्ण भुगतान शेष पर दबाव कम करने में मदद करते हैं। इनमें विदेशी प्रत्यक्ष निवेश, विदेशी निवेश संस्थानों (FIIs) द्वारा निवेश और यूरो इक्विटीज एवं शेयर शामिल होते हैं। ये 1990-93 के दौरान औसतन 0.8 बिलियन डॉलर थे। परन्तु 1993-2000 के दौरान इनमें औसतन 46.1 बिलियन डॉलर प्रविवर्ष की वृद्धि हुई।

8. प्रतिकूल भुगतान शेष के कारण
(CAUSES OF ADVERSE BALANCE OF PAYMENTS)

भारत के प्रतिकूल भुगतान शेष की स्थिति के मुख्य कारण निम्न रहे हैं :

1. विकासात्मक आयात (Development Imports)—भारत को अपनी विकास योजनाओं के लक्ष्यों को पूरा करने के

लिए कई वस्तुओं का आयात करना पड़ता है। विद्युत, सिंचाई, परिवहन आदि परियोजनाओं जैसे आर्थिक आधारिक संरचना तथा प्रत्यक्षत: उत्पादक क्रियाओं जैसे लोहा और इस्पात, सीमेंट, बिजली का सामान आदि को स्थापित करने के लिए देश को पूंजी उपकरण, मशीनरी, कच्चा माल, पुर्जे आदि बड़ी मात्रा में आयात करने पड़ते हैं, जिससे उसके विदेशी व्यापार का आयात अंश बढ़ रहा है।

2. उपभोक्ता वस्तुएं (Consumer Goods)—यद्यपि भारत खाद्यान्नों में लगभग आत्मनिर्भर हो चुका है, परन्तु इसे तेजी से बढ़ रही जनसंख्या की बढ़ती मांग को पूरा करने के लिए कई प्रकार की उपभोक्ता वस्तुएं जैसे चीनी, दाल, खाद्य तेल आदि का आयात करना पड़ता है।

3. रक्षा उपकरण (Defence Equipments)—पाकिस्तान के साथ युद्धों और हमारे विरोधी पड़ोसियों से निरन्तर धमकी के कारण देश के भीतर विद्रोह और बाहर से आक्रमण का खतरा बना रहता है। परिणामस्वरूप, भारत को रक्षा उपकरण आयात करने पड़ते हैं।

4. POL आयात (POL Import)—एक अन्य महत्वपूर्ण कारण 1973-74, 1980-81, 1990-91 (खाड़ी युद्ध के कारण) और 1999-2000 में पेट्रोलियम, तेल एवं ल्यूब्रिकेन्टस (POL) की कीमतों में वृद्धि रहा है। इसके अतिरिक्त, देश के भीतर POL के उत्पादन में वृद्धि के बावजूद इनकी घरेलू मांग में तीव्र वृद्धि हुई है, जिसने इनके बड़े आयातों को आवश्यक बना दिया है।

5. बाह्य ऋण (External Debt)—भारत ने 98 बिलियन डॉलर से अधिक का विशाल बाह्य ऋण एकत्र किया है जिसे मूलधन और ब्याज के रूप में प्रतिवर्ष किश्त में चुकाना पड़ता है। यह भुगतान शेष को प्रतिकूल बना देता है।

6. स्फीतिकारी दबाव (Inflationary Pressures)—एक अन्य कारण अर्थव्यवस्था में स्फीतिकारी दबावों के कारण भारतीय निर्यातों की ऊंची उत्पादन लागत है। अत्यन्त प्रतियोगी अन्तर्राष्ट्रीय मार्किटों के होते हुए ऊंची लागत निर्यातों के रास्ते में बड़ी बाधा होती है। इसलिए भारत अपनी वस्तुओं के निर्यात में चीन, श्रीलंका आदि के साथ प्रतियोगिता नहीं कर सकता।

7. निर्यात की खराब गुणवत्ता (Bad Quality of Exports)—भारत द्वारा किया जानेवाला कुछ वस्तुओं का निर्यात कम गुणवत्ता का होता है जो अपने प्रतियोगिता की बेहतर गुणवत्ता वाली वस्तुओं के साथ प्रतियोगिता नहीं कर सकता है। परिणामस्वरूप, हमारे कई अपरंपरागत निर्यातों में कमी हुई है।

8. नव-संरक्षणवाद (Neo-Protectionsim)—यद्यपि WTO समझौते के अन्तर्गत QRs (परिमाणात्मक प्रतिबंध) पूर्णत: समाप्त होते जा रहे हैं, फिर भी विकसित देश कई प्रकार के गैर-प्रशुल्क अवरोध जैसे VERs (ऐच्छिक निर्यात प्रबिन्ध), अपनी वस्तुओं के लिए निर्यात सब्सिडी, निर्यातों पर तकनीकी, स्वास्थ्य और अन्य नियमन आदि अपनाकर भारत से निर्यातों को प्रतिबंधित कर रहे हैं एवं क्षेत्रीय ग्रुपों या संस्थाओं का निर्माण कर रहे हैं।

9. सोवियत रूस और पूर्वी यूरोपीय समाजवादी देशों का विघटन (Disintegration of USSR and East European Socialist Counrties)—पूर्वी यूरोपीय देशों और रूस को की गई निर्यातों में सोवियत रूस और यूगोस्लाविया के विघटन और जर्मनी के एकीकरण के कारण 1960-61 में 7.1% से घटकर 1999-2000 में 3% की कमी हो गई।

9. भुगतान शेष असन्तुलन को दूर करने के उपाय (MEASURES TO CORRECT ADVERSE BALANCE OF PAYMENTS)

भुगतान शेष के बड़े घाटे को दूर करने के लिए सरकार द्वारा निम्न उपाय अपनाए गए हैं :

राजकोषीय तथा मौद्रिक (Fiscal and Monetary)

अर्थव्यवस्था के अंतर्गत कुल मांग को नियंत्रित करने के लिए दृढ़ राजकोषीय तथा मौद्रिक अनुशासन अपनाकर भुगतान शेष के घाटे को पूरा किया जा सकता है। जब तक राजकोषीय घाटा नियंत्रण में रहेगा, भुगतान शेष सन्तुलन की स्थिति और ज्यादा नहीं बिगड़ेगी। उदाहरण के लिए, पांचवी योजनाकाल में भुगतान शेष +1,404 करोड़ रु. था। इसका मुख्य कारण कम राजकोषीय घाटा था जो कुल घरेलू उत्पाद का 4% था। छठी योजना में यह 6.3%, सातवीं योजना में 8% तथा 1990-91 में 8.3% था। इन वर्षों में भुगतान शेष की स्थिति बिगड़ती गई। उसके बाद 1993-94 में राजकोषीय घाटा घटकर 7.4% तथा 1999-2000 में 5.5% हो गया।

इसके अतिरिक्त, मुद्रा पूर्ति की वृद्धि में गिरावट के कारण कुल मांग में कमी की प्रवृत्ति होती है, जिसके कारण मुद्रास्फीति में भी कमी होती है। पहली तीन पंचवर्षीय योजनाओं के दौरान मुद्रा-पूर्ति में वृद्धि 10% से कम ही रही जिसके परिणामस्वरूप मुद्रास्फीति नियंत्रण में रही। आगे के वर्षों में मुद्रा पूर्ति में वृद्धि को 15% प्रतिवर्ष के नीचे रखने के प्रयास किए गए। परन्तु जब अर्थव्यवस्था ने इस अंक को पार कर लिया तो कुल मांग बढ़ गई। जिस के कारण मुद्रा स्फीति की दर भी बढ़ गई और इससे भुगतान शेष की स्थिति और बिगड़ गई सरकार साख नियंत्रण के मात्रात्मक तथा गुणात्मक दोनों प्रकार के उपायों द्वारा मुद्रा पूर्ति की वृद्धि को नियंत्रित करने का प्रयास कर रही है।

संरचनात्मक सुधार (Structural Reforms)

सुधार युग से पूर्व उच्च टैरिक अवरोधों तथा अन्य मात्रात्मक नियंत्रणों के साथ एक जटिल नियंत्रण व्यवस्था थी। उदारीकरण की नीति के साथ चलने के लिए कुछ उपभोक्ता वस्तुओं को छोड़कर आयात तथा निर्यात व्यापार को उदार बनाया गया और औद्योगिक क्षेत्र में कई उद्योगों को लाइसेंस से मुक्त कर दिया गया। सार्वजनिक क्षेत्र के लिए आरक्षित कई क्षेत्रों को निजी तथा विदेशी संस्थाओं के लिए खोल दिया गया। विदेशी प्रत्यक्ष निवेश तथा विदेशी पोर्टफोलियो निवेश को आकर्षित करने के लिए नए नीतिगत उपाय अपनाए गए। खुलेपन तथा बाह्य अभिमुखीकरण की नीति के साथ वित्तीय क्षेत्र में व्यापक पैमाने पर सुधार किए गए। ये संरचनात्मर सुधार भारतीय अर्थव्यवस्था की कार्यक्षमता में और सुधार लाकर इसे और प्रतियोगी बनाएँगे तथा दीर्घकालीन विकास में सहयोग के लिए आवश्यक निर्यात के विस्तार तथा वस्तुओं एवं सेवाओं की आपूर्ति को बढ़ाएंगे और इस प्रकार भुगतान शेष के घाटे को नियंत्रित करेंगे।

विनियम दर समायोजन (Exchange Rate Adjustment)

भारतीय रिजर्व बैंक भुगतान शेष के घाटे को दूर करने के लिए देश के विदेशी विनिमय का प्रबंधन तथा नियंत्रण करता है। निर्यातकों को एकमुश्त साधारण विदेशी विनिमय परमिट जारी किए जाते हैं। उन्हें निर्यात प्राप्तियों को सामान्य बैंकिंग चैनल से प्राप्त करने की अनुमति दी गई है। विदेशी सरकारों/विदेशी निवेश संस्थानों द्वारा विदेशी मुद्रा में उपलब्ध कराए गए ऋण/साख के बदले आयात के लिए भुगतान या तो सीधे भुगतान की विधि द्वारा जिसे प्रतिज्ञा-पत्र विधि भी कहा जाता है या अदायगी विधि द्वारा किया जाता है।

1991 से विनियम दर प्रणाली में महत्वपूर्ण परिवर्तन किए गए हैं। जुलाई 1991 में अमेरिकी डॉलर की तुलना में रुपए का लगभग 20% अवमूल्यन दो चरणों में किया गया जिसके बाद निर्यात प्रोत्साहनों में वृद्धि तथा उनमें एकरूपता लाने के लिए निर्यात सब्सिडियां दी गईं। इससे निर्यातों की लाभदायकता में वृद्धि हुई।

इसके साथ ही निर्यात-आयात पावती-प्रणाली (Exim-Scrip Scheme) आरंभ की गई जिसके अंतर्गत निर्यात के बदले कुछ निश्चित आयातों की अनुमति दी गई। इसके बाद मार्च 1992 में रुपए को 60:40 के अनुपात में आंशिक परिवर्तनीय बनाया गया। इसे उदारीकृत विनिमय-दर प्रबंधक प्रणाली (LERMS) के नाम से जाना गया। इसके अंतर्गत वर्तमान खाता विनिमय पर सभी विदेशी विनिमय प्राप्तियों को खुले बाजार की दर पर डीलरों के पास जमा करना होता था जो इसके बदले में विदेशी मुद्रा की खरीद का 40% RBI में जमा करवाते थे और 60% खुले बाजार में सभी निर्यातकों तथा विदेश जाने वाले व्यक्तियों को बेच देते थे। मार्च 1993 से दोहरी विनिमय दर प्रणाली का स्थान एकीकृत विनिमय दर प्रणाली (UERS) ने ले लिया। इस प्रणाली के अंतर्गत बाजार दरों पर केवल सभी निर्यात तथा आयात की वस्तुओं के लिए 60:40 के अनुपात को बढ़ाकर रुपए को 100% परिवर्तनीय बना दिया गया। परन्तु चालू खाते की अप्रत्यक्ष मदों तथा सभी पूंजीगत खाता भुगतानों के लिए सरकारी विनिमय परिवर्तन दर जारी रखी गई। मार्च, 1994 से रुपए की चालू खाता परिवर्तनीयता आरंभ की गई। परिणामस्वरूप, अप्रत्यक्ष मदों पर विनिमय नियंत्रण विनिमयों में ढील दी गई। वर्तमान में चालू खाता के अन्तर्राष्ट्रीय सौदों पर कोई विनिमय दर नहीं है। पर पूंजीगत खाते पर नियंत्रण अभी भी जारी है।

बाह्य वित्त प्रबंधन (External Financing)

विदेशी विनिमय रिजर्व, प्रत्यक्ष और पोर्टफोलियो निवेश, अप्रवासी खाते, बाहरी व्यावसायिक उधार तथा द्विपक्षीय एवं बहुपक्षीय कर्जें और विश्व बैंक, IMF, ADB एवं अन्य अंतर्राष्ट्रीय संस्थाओं से ऋण और ग्रांट भारत के भुगतान शेष के अंतर को कम करने के मुख्य स्रोत हैं।

निर्यात प्रोत्साहन या बाह्य अभिमुख नीति
(Export Promotion or Outward Oriented Policy)

निर्यात बढ़ाना ऐसा साधन है जिससे भुगतान-शेष का अन्तर पूरा करने के लिए अधिक विदेशी विनिमय अर्जित किया जाता है।

क्योंकि गत वर्षों में हमारे निर्यातों में पर्याप्त अनेकरूपता आई है, इसलिए जरूरत इस बात की है कि उन समस्याओं के अनुरूप निर्यात प्रोत्साहन उपाय अपनाए जाएँ जिन समस्याओं का सामना निर्यातकों की प्रत्येक श्रेणी को करना पड़ता है। कुछ ऐसी वस्तुएं हैं जो मांग प्रतिबंधों से प्रभावित होने वाली हैं, जैसे पटसन, तम्बाकू, चाय आदि। उन्हें उन्नत देशों की संरक्षणात्मक नीति का सामना करना पड़ता है। कुछ ऐसी मदें हैं जिनपर उत्पादन की ऊँची लागत, प्रतियोगी कीमतों तथा घटिया क्वालिटी आदि के रूप में आपूर्ति प्रतिबंध रहते हैं। इस श्रेणी में अनेक तथा नाना रूप वस्तुएं आती हैं जैसे कच्चा लोहा, समुद्री उत्पाद, इंजीनियरिंग तथा रासायनिक पदार्थ, चीनी, हल्का बिजली का सामान, प्लास्टिक की वस्तुएं, काजू, कॉफी, कृषि एवं संबद्ध क्रियाओं से संबंधित वस्तुएं आदि। फिर, कुछ अन्य ऐसी वस्तुएं भी हैं जिन पर मांग तथा पूर्ति, दोनों के प्रतिबंध रहते हैं जैसे कपड़ा, चमड़ा और चमड़े से विनिर्मित वस्तुएं, गलीचे, दस्तकारी की चीजें तथा सिले हुए कपड़े। जिन वस्तुओं पर मांग प्रतिबन्ध हैं, उन्हें ऐसी प्रतियोगी कीमतों की जरूरत है जो प्रोत्साहनों, उनकी क्वालिटी सुधारने, आकर्षक प्रस्तुतिकरण और लेन-देन के पैमाने की मितव्ययताओं पर आधारित हों। दूसरी ओर निर्यात की स्थिति में, जिनके लिए पूर्ति ही प्रमुख प्रतिबंध है, ऐसे घरेलू साधन अधिक महत्वपूर्ण हैं जैसे उत्पादन में पैमाने की मितव्ययताएं, परिवहन और पर्याप्त मात्रा में उत्कृष्ट उत्पादन। हमारे निर्यात प्रयत्नों की एक कमजोरी मार्केटिंग की है। प्राय: ऐसा होता हैं कि हमारे निर्यातक संसार के टेण्डरों में भाग लेने का मौका चूक जाते हैं, क्योंकि उन्हें सूचना ही देर से मिलती है। कभी-कभी समुद्र पार देशों की नीतियों और विधियों में परिवर्तन की सूचना भी उन्हें समय पर नहीं मिल पाती। इसलिए एक ऐसे संग़ठन की जरूरत है जो हमारे निर्यातकों को नियमित रूप से निर्यात बाजार संबंधी सूचना प्रदान करता रहे।

निर्यात प्रोत्साहन के लिए समय-समय पर अनेक कदम उठाए जाते रहे हैं जो निम्न हैं :

(1) विदेशी व्यापार करने वाले अनेक संगठन जिनके कुछ निश्चित उद्देश्य हों,

(2) निर्यात इकाईयों के लिए आयात शुल्क मुक्त अथवा रियायती दरों पर कच्चा माल, मशीनरी तथा पूंजी उपस्कर के आयात हेतु उत्प्रेकक स्कीमें,

(3) राजकोषीय प्रोत्साहन जैसे उत्पाद शुल्क हटाना, उत्पादन शुल्क में छूट की स्कीमें, नकद क्षतिपूरक सहायता तथा प्रत्यक्ष करों में रियायतें,

(4) 100 प्रतिशत निर्यात अनुस्थापित इकाइयों की स्कीम जिसमें पूंजीगत वस्तुओं, प्लांट एवं उपस्कर, कच्चा माल तथा साज-सामान का आयात पूर्णरूप से आयात शुल्क से मुक्त हो, और देश के भीतर उपलब्ध पूंजीगत वस्तुओं, कच्चे माल आदि पर कोई केन्द्रीय-उत्पाद शुल्क न हो तथा तैयार वस्तुओं पर कोई उत्पाद-शुल्क अथवा अन्य शुल्क न लगाये जाएं,

(5) विशेष रेल एवं पोत-परिवहन सुविधाएं,

(6) समय-समय पर वस्तुओं पर निर्यात शुल्क समाप्त करके तथा/अथवा घटाकर निर्यात को उदार बनाना और निर्यातकर्ताओं को उदार साख-सुविधाएं प्रदान करना।

(7) मुक्त व्यापार क्षेत्रों (FTZ) और विशेष आर्थिक क्षेत्रों (SEZ) का निर्माण,

(8) निर्यात परिष्करण (processing) क्षेत्र (EPZ), निर्यात अनुकूल क्षेत्र और निर्यात प्रोत्साहन पूंजी वस्तु योजनाएं,

(9) निर्यात और व्यापार गृहों एवं स्टार व्यापार गृहों को अनेक प्रोत्साहन प्रदान करना, और

(10) 2001-02 की आयात निर्यात नीति में घोषित कृषि-निर्यातों को प्रोत्साहन देने के लिए कृषि निर्यात क्षेत्र की स्थापना।

इसके अतिरिक्त एक और निर्यात कूटनीति हैं 'प्रति व्यापार' (counter trade) जिसके अंतर्गत विविध प्रकार के कच्चे माल तथा अन्य आगतों के आयात का भुगतान अन्य देशों को घरेलू विनिर्मित वस्तुओं के निर्यात के माध्यम से किया जाता है।

निर्यात को बढ़ावा देने के संबंध में हमारी नीति की एक समस्या यह है कि उसमें ढेर सारी स्कीमें एवं संगठन हैं जिनके परिणामस्वरूप अनावश्यक दोहरापन होता है। सरकार तथा निर्यातकों दोनों को चाहिए कि विविध मदों तथा क्षेत्रों के संबंध में वे संयुक्त रूप से एक गतिशील निर्यात क्रय-विक्रय कूटनीति बनाएं। इस तरह की कूटनीति के अंतर्गत उचित कीमत निर्धारण,

प्रतियोगी उत्पादन, विदेशों में वितरणात्मक ढाँचा स्थापित करने और विदेशों में प्रोत्साहन का समुचित बाजार मिश्र हो।

जरूरत इस बात की है कि निर्यात के लिए ऐसी समन्वित विकास योजना बनाई जाए जो देश के समग्र विकास कार्यक्रम के अनुरूप हो। निर्यात प्रोत्साहन नीति का लक्ष्य न केवल यह हो कि विदेशी विनिमय बढ़ाए जाएं अपितु यह भो हो कि अर्थव्यवस्था के भीतर आय एवं रोजगार बढ़ाए जाएं।

इनके अलावा, निर्यातों की शीघ्र और सतत वृद्धि के लिए तीन प्रकार के समायोजनों की आवश्यकता है :

(क) घरेलू बढ़ती मांग में कमी और निर्यात के लिए वस्तुओं और सेवाओं की पूर्ति में वृद्धि।

(ख) अंतर्राष्ट्रीय मार्किट में प्रतियोगिता को बढ़ाने हेतु व्यापार प्रतिबंधों को और कम करना।

(ग) प्रौद्योगिकीय और प्रबंधकीय सुधारों द्वारा भारतीय कृषिगत और औद्योगिक पदार्थों की प्रतियोगी स्थिति को निरंतर सुधारना और अंतर्राष्ट्रीय मार्किट स्थितियों में परिवर्तन को अनुकूल शीघ्रता से ढालना। इसके लिए अनुकूलन (adaptation) और नवप्रवर्त्तन हेतु क्षमताओं के विकास की आवश्यकता होती है।

आयात स्थानापन्नता या आंतरिक अभिमुख नीति (Import Substitution or Inward Oriented Policy)

आयात स्थानापन्नता भी भुगतान-शेष का अन्तर पूरा करने का एक उपाय है। इसका लक्ष्य विदेशी विनिमय बचाना है। द्वितीय योजना के प्रारंभ से लगभग तीन दशकों तक आयात स्थानापन्नता भारत की विदेश व्यापार नीति का मुख्य अंग रहा है। इस आंतरिक अभिमुख कूटनीति का उद्देश्य या तो आयातों अथवा घरेलू उत्पादन द्वारा विलासिता वस्तुओं की प्राप्यता को न्यूनतम तक सीमित करना, आयात स्थानापन्नता द्वारा पूंजीगत वस्तुओं के आधार का प्रसार करना ताकि किसी भविष्य की तिथि पर अर्थव्यवस्था की उपभोक्ता और पूंजीगत वस्तुएं दोनों के उत्पादित करने की क्षमता बहुत ऊंची हो सके। बाद में, आयात स्थानापन्नता की नीति को निर्यात के लिए भी सभी प्रकार की उपभोक्ता वस्तुओं पर बढ़ा दिया गया। अत: इस नीति के अंतर्गत सभी प्रकार की उपभोक्ता वस्तुओं में खाद्यान्न, पूंजीगत वस्तुएं और देश के भीतर ही अनुसंधान एवं प्रौद्योगिकी का विकास करना शामिल था। इसके अतिरिक्त, भारत ऐसी अनेक प्रकार की टिकाऊ उपभोक्ता वस्तुओं का निर्माण तथा निर्यात करता है, जिन्हें स्वतन्त्रता प्राप्ति से पहले वह आयात किया करता था। फिर भी हमारे बहुत सारे आयातों में अलौह धातुएं, उर्वरक तथा POL सम्मिलित रहते हैं। इसलिए इन क्षेत्रों में भी उत्पादन बढ़ाने की जरूरत है ताकि विदेशी विनिमय बचाया जा सके और समग्र रूप से उत्पादन की वृद्धि दर बढ़े।

परंतु आयात स्थानापन्नता की नीति के परिणामस्वरूप अतिशय संरक्षणवाद के अंतर्गत अनेक ऐसे उद्योगों का विकास हुआ है जो सामाजिक आवश्यकता की कसौटी पर खरे नहीं उतरते। फिर, इस नीति का एक परिणाम यह भी हुआ कि आयातित वस्तुओं की तुलना में घटिया किस्म की तथा अधिक लागत वाली वस्तुओं का उत्पादन हुआ। इससे प्रौद्योगिकी अंतराल (technological gap) उत्पन्न हुआ। परिणामस्वरूप, निर्यात की वृद्धि में कमी आई। इस नीति के इन पहलुओं को 1990 के दशक से निर्यात प्रोत्साहन की बाह्यअभिमुखी नीति और उदारीकरण द्वारा ठीक किया जा रहा है।

निष्कर्ष (Conclusion)

किसी भी नीति की सफलता चाहे वह निर्यात प्रोत्साहन से संबंध रखती हो या आयात स्थानापन्नता से—इस बात पर निर्भर करती है कि घरेलू आवश्यकताओं तथा अंतर्राष्ट्रीय मांग, दोनों को पूरा करने के लिए अर्थव्यवस्था में उत्पादन बढ़ाने की कितनी क्षमता है। इसके लिए निवेश की ऊंची दरों, बुनियादी ढांचे की समुचित वृद्धि, जोरदार साधन जुटाव, दृढ़ मांग प्रबंधन, निर्यातों को रुकावटों और नियमों से स्वतंत्र करना, उत्पादकता में सुधार तथा स्वस्थ औद्योगिक संबंधों का होना जरूरी है। 'निर्यात अथवा विनाश' का नारा लगाते रहने की बजाय भारत को चाहिए कि भविष्य में मार्गदर्शक नियम के रूप में 'निर्यात तथा समृद्धि' का नारा अपनाए।

10. भारत की विदेश व्यापार नीति (INDIA'S FOREIGN TRADE POLICY)

भारत में दूसरे योजनाकाल से योजनाबद्ध विकास में आयात-प्रतिस्थापन पर बल दिया जाने लगा। इस नीति को कार्यान्वित करने के लिए सरकार द्वारा 1959 में आयात पर कड़े नियंत्रण की व्यवस्था की गई और आयात के लिए लाइसेंसिंग, कोटा तथा निषेध

एवं संरक्षण प्रदान करने के लिए, कुछ टैरिफ तथा गैर-टैरिफ उपाय अपनाए गए। यह ''निर्यात निराशावाद'' की नीति थी जिसके अन्तर्गत विदेश-व्यापार को भारतीय अर्थव्यवस्था के विकास के इंजन के रूप में नहीं देखा जाता था। 1962 से आयात-प्रतिस्थापन नीतियों को जारी रखने के साथ-साथ निर्यात प्रोत्साहन के उपाय भी अपनाए जाने लगे। आयात तथा निर्यात पर नियंत्रण की प्रणाली सभी के लिए न होकर, चयनात्मक तथा विवेकाधीन थी और यह बाजार-कीमतों को प्रभावित करने वाले नीति उपकरणों की बजाय मात्रात्मक प्रतिबंधों (Quantitative Restrictions—QRs) पर आधारित थी। फिर भी, 1970 के अंत तक निर्यात को संसाधनों के आवंटन का प्रभावशाली साधन मानने की बजाय विदेशी विनिमय का एक साधन माना जाता रहा। आयात-प्रतिस्थापन विस्तृत क्षेत्र में विकास की कूटनीति का मुख्य आधार बना रहा।

जून, 1996 में रुपए के अवमूल्यन के साथ निर्यात सब्सिडियों को समाप्त कर दिया गया और निर्यात पर शुल्कों को कम कर दिया गया। पर यह थोड़े ही समय तक रह पाया और 1968 तथा इसके बाद आयात नियंत्रण की प्रणाली, लाइसेंसिंग तथा मात्रात्मक प्रतिबंधों को फिर से शुरू कर दिया गया और कई निर्यात प्रोत्साहन नीतियां आरंभ की गईं। 1975-76 में खुली सामान्य लाइसेंस (OGL) प्रणाली आरंभ की गई और 1978 से, आयात के लिए निषेधात्मक (banned) वस्तुओं की सूची की नीति को त्याग दिया गया और उन्हें OGL मदों के रूप में माना गया। आयात आवंटन से संबंधित नीतियों को आगे और आसान बना दिया गया और गैर-प्रतियोगी आवश्यक आयात को उदार बनाया गया। किन्तु संरक्षणात्मक कोटा प्रणाली को समाप्त नहीं किया गया।

''अस्सी के प्रारंभिक दशक में विदेश व्यापार की नीति गहन विचार-विमर्श का विषय बन गई। यह माना जाने लगा कि आयात लाइसेंसिंग की नीति अक्षमता की ओर ही ले जा सकती है। इस विचार ने जोर पकड़ा कि पूंजीगत वस्तुओं तथा तकनीक के आयात की अधिक उदार नीति भारत को अंतर्राष्ट्रीय श्रम-विभाजन के लाभ को उठाने योग्य बना सकती है। अतः आयात-प्रतिस्थापन की मूलभूत नीति से कुशल आयात प्रतिस्थापन की ओर जाने का प्रयास किया गया। धीरे-धीरे यह भी स्पष्ट होता गया कि निर्यात के लिए उत्पादन को घरेलू बचत के लिए उत्पादन से बिल्कुल अलग नहीं किया जा सकता और व्यापार नीति को घरेलू औद्योगिकीकरण की नीति के साथ जोड़ा जाना चाहिए।''

ये विचार एलेक्जेंडर कमेटी (1978), टंडन कमेटी (1982) तथा हुसैन कमेटी (1984)द्वारा व्यक्त किए गए थे। इस समितियों की सिफारिशों को सरकार से मार्च 1985-88 तथा 1990 के आगामी वर्षों में घोषित वार्षिक दीर्घकालीन आयात तथा निर्यात नीति में क्रियान्वित करने की मांग की गई। इनका लक्ष्य आयात, विशेषकर पूंजीगत वस्तुओं तथा कच्चे पदार्थों के आयात के उदारीकरण तथा अधिमानी (preferential) आयात लाइसेंस द्वारा निर्यात प्रोत्साहन पर बल दिया जाना था। सबसे **पहले,** आयात की OGL सूची में लाइसेंस सूची की अनेक वस्तुओं को शामिल कर उसका विस्तार किया गया। **दूसरा,** पूंजीगत वस्तुओं तथा कच्चे पदार्थों के आयात को प्राथमिकता के आधार पर उदारीकृत करने के लिए उन्हें OGL सूची में शामिल किया गया और शुल्क में कमी की गई। **तीसरा,** निर्यात को बढ़ाने के लिए निर्यात प्रोत्साहन पर अधिक ध्यान दिया गया।

लालफीताशाही तथा स्वेच्छाचारिता वर्षों तक चली आयात की लाइसेंसिंग नीति की मुख्य विशेषताएं थीं। इसने भ्रष्टाचार और दुरुपयोग को जन्म दिया। जुलाई 1991 में Exim Scrips आरंभ किए जाने के साथ इसका सरलीकरण कर दिया गया, जिसके अन्तर्गत निर्यातकों को अन्य आयात लाइसेंसों के समान एक प्रीमियम पर निर्यात के 30% के बराबर व्यापार-योग्य आयात लाइसेंस दिए गए। मार्च 1992 में Exim Scrips प्रणाली को समाप्त कर दिया गया और इसका स्थान उदारीकृत विनिमय दर प्रबंधन प्रणाली (LERMS) ने ले लिया जिसके अन्तर्गत सभी पूंजीगत वस्तुएं तथा कच्चा माल एवं उपकरण मुक्त रूप से तब तक आयात किए जा सकते थे जब तक कि वे टैरिफ संरक्षण की इस शर्त को पूरा करते हों कि इन आयातों के लिए आवश्यक विदेशी मुद्रा, बाजार से विदेशी मुद्रा अर्जन के 60:40 के अनुपात पर प्राप्त किए गए हों। मार्च 1993 में LERMS का स्थान एकीकृत विनिमय दर प्रणाली (UERS) ने ले लिया जिसमें सभी निर्यात तथा आयात वस्तुओं के लिए रुपए की 100% परिवर्तनीयता की अनुमति दी गई। मार्च 1994 में इसका स्थान रुपए के चालू परिवर्तनीय खाता (current account convertibility) ने ले लिया और बाद में विनिमय नियंत्रण अधिनियमों में और ढील दी गई।

व्यापार नीति सुधारों में निर्यात प्रोत्साहन पर अत्यधिक बल दिया गया है जिससे निर्यातकों को लगभग प्रतिवर्ष विभिन्न प्रकार के प्रोत्साहन प्रदान किए जाते रहे हैं। ''आयात-निर्यात नीति में महत्वपूर्ण परिवर्तनों ने गुणवत्ता और तकनीकी उन्नति एवं प्रतियोगिता में सुधार करने पर बल दिया है। इसके अतिरिक्त निर्यात उत्पादन आधार को मजबूत बनाने, प्रक्रियात्मक रुकावटों को हटाने, तथा साधन उपलब्धता को सरल बनाने में सहायता की है। बहुपक्षीय और द्विपक्षीय प्रयत्नों, ग्रामीण प्रवेश क्षेत्रों और केन्द्रीभूत

क्षेत्रों की पहचान के माध्यम से निर्यात प्रोत्साहन के लिए कई कदम भी उठाए गए हैं।

परिमाणात्मक प्रतिबंधों की समाप्ति (Removal of Quantitative Restrictions—QRs)—भारत की व्यापार नीति का एक महत्त्वपूर्ण पहलू QRs की धीरे-धीरे समाप्ति रहा है। WTO समझौते के अन्तर्गत कमजोर भुगतान-शेष की स्थिति वाले देशों को छोड़कर प्रत्येक सदस्य देश के लिए QRs हटाना आवश्यक होता है। भारत 2003 तक सभी QRs हटाने पर राजी हो गया है। अमेरिका द्वारा मई 1997 में WTO विवाद समझौता बोर्ड (WTO Dispute Settlement Board) में दायर किए गए केस पर बोर्ड ने इन्हें न्यायसंगत नहीं माना और भारत से 1 अप्रैल 2001 तक सभी QRs हटाने को कहा। मई 1997 में भारत के पास 2,714 आयात मदें थीं जिन पर QRs थे। इनमें से 1,285 मदें 1 अप्रैल, 1999 को, 714 मदें 1 अप्रैल, 2000 को और शेष 715 मदें 1 अप्रैल, 2001 को परिमाणात्मक प्रतिबंधों से मुक्त कर दी गईं। इन मदों में रेडीमेड वस्त्र, कपड़े, इलेक्ट्रानिक वस्तुएं, परिवहन वाहन, संसाधित खाद्य, शराब, मांस और मुर्गे, कृषि वस्तुएं, स्टेशनरी जैसी उपभोक्ता वस्तुएं शामिल होती है। परिमाणात्मक प्रतिबंधों को समाप्त करने के बावजूद 2001-2002 के लिए आयात-निर्यात नीति में 59 मदें प्रतिबंधित सूची में थीं और जीवित पशुओं, जीवित मुर्गियों जैसी 518 आयात मदों की एक प्रतिबंधित सूची भी है। अन्य गैर-प्रशुल्क प्रतिबंध कच्चे तेल तथा कृषि वस्तुएं जैसे—गेहूं, चावल, मक्का, गरी और नारियल तेल जैसी वस्तुओं को प्राप्त करने से संबंधित है जो केवल नामजद (nominated) राज्य व्यापार एजेंसियों द्वारा आयातित हो सकते हैं। इस प्रकार QRs की समाप्ति केवल उपभोक्ता वस्तुओं की विशिष्ट सूची को प्रभावित करती है।

लोग इस बात से डरते हैं कि सभी QRs की समाप्ति, सस्ती विदेशी वस्तुओं का मुक्त प्रवाह होने से भारतीय उद्योगों को विपरीत रूप से प्रभावित करेगी। यह सत्य है कि कुछ आयात-प्रतियोगी उद्योग विदेशी प्रतियोगिता का सामना करने में सक्षम नहीं होंगे और वर्करों की छंटनी के लिए बाध्य होंगे, इसलिए मार्किट में कायम रहने के लिए भारतीय उद्यमियों को अपनी वस्तुओं की गुणवत्ता विश्व मानकों (global standards) के अनुसार बढ़ानी होगी। हां, कीमत विभेदक (differentials) भारतीय उपभोक्ताओं के लिए अवश्य विचारणीय बात है। बहुत कम भारतीय ऐसे हैं जो महंगी विदेशी वस्तुओं का खर्च वहन कर सकते हैं। यदि विदेशी वस्तुएं अपनी भारतीय प्रति वस्तुओं (counterparts) से सस्ती हैं तो सरकार घरेलू उत्पादकों को संरक्षण देने के लिए सदैव टैरिफ शुल्क लगा सकती है। राशिपातन की स्थिति में सदृश शुल्क (countervailing duties) लगाती है और विशेष आयात लाइसेंस भी जारी करती है। 2000-01 में 714 आयात मदें मुक्त कर दी गईं जिनमें से कुल 249 मदों में कुछ भी आयातित नहीं हुईं और अन्य का हमारे घरेलू उद्योग पर कोई विशेष प्रभाव नहीं पड़ा।

निष्कर्ष (Conclusion)

उपर्युक्त विवेचित नई व्यापार नीति के परिणामस्वरूप निर्यात के क्षेत्र में संरक्षणात्मक उपायों को हटाने की अनुकूल प्रतिक्रिया हुई है। आयात आगतों तथा पूंजीगत वस्तुओं की अधिक उपलब्धता के कारण घरेलू उद्योग अंतर्राष्ट्रीय बाजार में प्रतियोगिता की चुनौती का सामना करने के लिए प्रेरित हुए हैं।

प्रश्न

1. भारत के विदेशी व्यापार के परिमाण, संरचना तथा दिशा में हाल में हुए परिवर्तनों की विवेचना कीजिए।
2. 1980 के दशक में भारत के विदेशी व्यापार में कौन-कौन से ढांचागत परिवर्तन हुए हैं ?
3. भारत की भुगतान शेष दशा सुधारने के लिए आप कौन-कौन से उपायों का सुझाव देते हैं ?
4. 1990 से भारत के भुगतान शेष स्थिति की विवेचना कीजिए। इसे ठीक करने के लिए कौन कौन से उपाय अपनाए गए हैं ?
5. भारत की व्यापार नीति की आलोचनात्मक व्याख्या करें। परिमाणात्मक प्रतिबंधों (QRs) की समाप्ति के प्रभाव की व्याख्या करें।

अध्याय 59

भारत में विदेशी पूंजी
(FOREIGN CAPITAL IN INDIA)

1. प्रस्तावना
(INTRODUCTION)

भारत को विदेशी पूंजी निम्न रूप में प्राप्त होती है :

(क) बहुराष्ट्रीय निगमों (MNCs) द्वारा किया गया **प्रत्यक्ष विदेशी निवेश,**

(ख) अप्रत्यक्ष निवेश-इन्हें सूची (portfolio) अथवा किराया भोगी भी कहते हैं। जब विदेशी फर्में अथवा व्यक्ति भारतीय कम्पनियों के हिस्से, अथवा डिबेंचर (ऋण-पत्र) खरीदते हैं, तो वह अप्रत्यक्ष निवेश होता है,

(ग) निजी भारतीय एवं विदेशी फर्मों में, भारत सरकार तथा विदेशी फर्मों में अथवा भारत सरकार तथा विदेशी सरकारों में विदेशी सहयोग, और

(घ) सार्वजनिक विदेशी पूंजी जिसे विदेशी सहायता अथवा बाह्य सहातया भी कहते हैं।

यह पूंजी या तो उन्नत देशों से द्विपक्षीय आधार पर या फिर बहुपक्षीय आधार पर Aid India Consortium, I.B.R.D., I.M.F. तथा अन्य संयुक्तराष्ट्र एजेंसियों से अनुदान तथा ऋण के रूप में प्राप्त होती है।

2. विदेशी पूंजी और प्रौद्योगिकी संबंधित सरकार की नीति
(GOVERNMENT POLICY TOWARDS FOREIGN CAPITAL)

विदेशी पूंजी के संबंध में भारत सरकार की नीति की घोषणा पहले 6 अप्रैल, 1948 के औद्योगिक नीति प्रस्ताव में और फिर अप्रैल, 1949 में संविधान सभा में प्रधानमंत्री के बयान में कर दी गई थी। प्रधानमंत्री के बयान में कहा गया था,

(क) 'राष्ट्रीय हित को ध्यान में रखकर विदेशी पूंजी एवं उद्यम की सहभागिता का बहुत सावधानी से नियमन करना होगा, और इसके लिए यह सुनिश्चित करना आवश्यक होगा कि कुछ विशिष्ट स्थितियों को छोड़कर, स्वामित्व और वास्तविक नियंत्रण के प्रमुख हित सदैव भारतीयों के हाथों में रहें, और फिर इन स्थितियों में यह आग्रह रहेगा कि अन्ततः विदेशी विशेषज्ञों का स्थान लेने के लिए उपयुक्त भारतीय कामगारों को प्रशिक्षण दिया जाए;

(ख) सामान्य औद्योगिक नीति लागू करने में विदेशी तथा भारतीय उपक्रमों में कोई भेदभाव नहीं किया जाएगा;

(ग) देश की विदेशी विनियम स्थिति के अनुरूप, लाभों की राशि भेजने और पूंजी वापिस ले जाने के लिए उचित सुविधाएं प्रदान की जाएंगी; और

(घ) यदि राष्ट्रीकरण किया जाएगा, तो उचित तथा न्यायसंगत मुआवजा दिया जाएगा।''

तब से सरकार इस घोषित नीति का निष्ठापूर्वक पालन करती आई है और विदेशियों की उन-उन क्षेत्रों में निवेश करने तथा सहयोग करने की सुविधाएं प्रदान करती रही है जो देश के विकास के लिए अत्यावश्यक समझे जाते हैं—उन क्षेत्रों में जो आयात-निर्यात स्थानापन्नकारी तथा निर्यात-अनुस्थापित वस्तुओं के उत्पादन में सहायक हैं; उन क्षेत्रों में जो उद्यम को चलाने के लिए भारतीय उद्यमकर्ताओं, शिल्पियों तथा श्रम को प्रशिक्षित करते हैं, और उन क्षेत्रों में जो देश के विदेशी विनिमय साधनों को सुधारने में सहायक हैं।

पर, **1973 के औद्योगिक नीति** कथन में पहली बार विदेशी फर्मों तथा विदेशी कम्पनियों की सहायक कम्पनियों और ब्रांचों के संबंध में एक सुस्पष्ट नीति प्रस्तुत की गई। इस प्रकार की सब कम्पनियाँ उन 19 उद्योगों के उस ग्रुप में शामिल हो सकती थीं जो

परिशिष्ट I में दिया गया था। परंतु साधारणतः अन्य उद्योगों से उनका बहिष्कार कर दिया गया था। सामान्य हिस्सा पूंजी, तकनीकी ज्ञान तथा प्रौद्योगिकी के क्षेत्र में भारतीय उद्यमकर्ताओं से विदेशी सहयोग के आधार पर वे कम्पनियाँ उन 19 उद्योगों में भाग ले सकती थीं। **1977 के औद्योगिक नीति कथन** में विदेशी कम्पनियों की साझेदारी एकदम **विदेशी विनिमय नियमन एक्ट** (FERA) के अनुसार नियन्त्रित कर दी गई। यह भी निर्धारित हुआ कि सरकार ऐसे उद्योगों की सूची जारी करेगी जिनमें विदेशी सहयोग जरूरी नहीं समझा जाएगा।

जो **औद्योगिक नीति 1980** में प्रस्तुत की गई, उसमें विदेशी सहयोग एवं प्रौद्योगिकी के संबंध में निम्न आदर्श रखे गए। सरकार ने प्रौद्योगिकीय आत्म-निर्भरता को बढ़ावा देने हेतु जटिल एवं उच्च प्राथमिकता क्षेत्रों में प्रौद्योगिकी का निरन्तर अन्तर्प्रवाह करने की आवश्यकता को स्वीकार किया। उन क्षेत्रों में जहाँ भारतीय कुशलताएं एवं प्रौद्योगिकी पर्याप्त रूप से विकसित नहीं है वहीं उत्कृष्टतम उपलब्ध प्रौद्योगिकी एकदम खरीद ली जाएगी ताकि उसे देश की जरूरतों के अनुरूप ढाला जा सके। जिन भारतीय फर्मों को विदेशी प्रौद्योगिकी आयात करने की अनुमति दी गई थी उन्हें समुचित अन्वेषण और विकास (R & D) सुविधाएं स्थापित करनी थीं ताकि देश में आयातित प्रौद्योगिकी समुचित रूप से अपनाई तथा खपाई जा सके।

समस्त वित्तीय तथा/अथवा प्रौद्योगिकीय अनुमोदित विदेशी निवेशों को लाभ, रायल्टी तथा लाभाश को भेजने और पूंजी वापिस ले जाने की भी पूरी स्वतंत्रता दी गई, बशर्तें कि सबके लिए निर्धारित सामान्य नियमों तथा धाराओं का पालन हो। सिद्धान्त रूप में यह निश्चित है कि स्वामित्व का प्रमुख अधिकार तथा वास्तविक नियंत्रण भारतीयों के हाथ में रखा जाए। हां, अत्यधिक निर्यात-अनुस्थापित (export-oriented) तथा अथवा जटिल प्रौद्योगिकी क्षेत्रों के मामले में छूट दी गई। शत-प्रतिशत निर्यात-अनुस्थापित क्षेत्रों में, पूरे विदेशी स्वामित्व वाली कम्पनी की भी अनुमति दी गई।

1991 के औद्योगिक नीति कथन में सरकार ने अधिक उदार विदेशी निवेश नीति की घोषणा की। इसकी कुछ बाद के वर्षों में परिवर्तन के साथ मुख्य विशेषताएं ये हैं :

(*i*) नई नीति 51 प्रतिशत तक विदेशी ईक्विटी धारणों पर प्रत्यक्ष निवेश को स्वतः (automatic) अनुमोदन प्रदान करती है।

(*ii*) 34 उच्च प्राथमिकता, पूंजी-गहन, उच्च-प्रौद्योगिकी वाले उद्योगों को विदेशी प्रत्यक्ष निवेश के लिए स्वतः अनुमोदन प्रदान करती है बशर्तें विदेशी ईक्विटी में पूंजी पदार्थों का आयात करने में विदेशी विनियम शामिल हो और लाभांश भुगतानों से संबंधित बहिर्वाह उत्पादन के प्रारंभ होने से 7 वर्षों में अर्जनों द्वारा संतुलित हो।

(*iii*) ऐसे उद्योगों के लिए प्रौद्योगिकी के आयात घरेलू विक्रयों के 5% रायल्टी भुगतानों और निर्यात विक्रयों के 8% तक अथवा एक करोड़ रु. के एकमुश्त भुगतान के लिए स्वतः अनुमोदित किए जाते हैं।

(*iv*) 34 उद्योगों के विदेशी प्रौद्योगिकी करारों का भी उदारीकरण किया गया है। इनमें फर्मों को स्वतंत्रता है कि वे विदेशी तकनीशियनों को भाड़े पर रखने और देशीय विकसित प्रौद्योगिकियों को विदेश में टैस्ट करवाने के लिए सरकार की पूर्ण अनुमति के बिना और अपने व्यावसायिक निर्णय के आधार पर प्रौद्योगिकी हस्तांतरण की शर्तों के लिए समझौता कर सकती हैं।

(*v*) विदेशी ईक्विटी धारणों को व्यापारिक कंपनियों के लिए भी 51% तक स्वतः अनुमोदन प्रदान किए गए हैं।

(*vi*) गैर-प्राथमिक उद्योगों में निवेश की कार्यविधियों को सरल और कारगर बना दिया गया है। विदेशी निवेश प्रोत्साहन बोर्ड (FIPB) नाम का एक विशेष बोर्ड बड़ी अन्तर्राष्ट्रीय फर्मों के साथ समझौता करने और आवश्यक अनुमतियों को निपटाने के लिए स्थापित किया गया है। यह बोर्ड 51 प्रतिशत से अधिक विदेशी ईक्विटी साझेदारी वाले व्यक्तिगत मामलों पर भी विचार करता है।

(*vii*) वर्तमान विदेशी कंपनियों को 51% तक अपनी ईक्विटी बिना अनुमोदन के बढ़ाने की स्वीकृति दी गई है।

(*viii*) अप्रवासी भारतीयों और विदेशों में उनके द्वारा पूर्णरूप से स्वामित्व वाली कंपनियों को उच्च प्राथमिकता वाले उद्योगों में 100% ईक्विटी निवेश करने की अनुमति दी गई है जिसके साथ-साथ वे अपनी पूंजी और आय को भी वापिस ले जा सकते हैं। उन्हें निर्यात गृह, व्यापार गृह, स्टार ट्रेडिंग गृह, EOUs, अस्पतालों, बीमार उद्योगों, होटलों और पर्यटन से संबंधित उद्योगों और बुनियादी ढांचे पर 100% निवेश करने की अनुमति भी दी गई है।

(*ix*) विदेशी कंपनियों को स्टॉक एक्सचेंजों में मार्किट दरों पर ईक्विटी के विनिवेश (disinvestment) करने की अनुमति है जिसके साथ-साथ वे इनसे प्राप्त राशियां भी ले जा सकते हैं।

(*x*) विद्युत, तेलशोधन, गैस विपणन, इलेक्ट्रॉनिक और इलेक्ट्रानिक साज-समान, रसायन, दूरसंचार, औद्योगिक मशीनरी, आदि प्राथमिक क्षेत्रों में विदेशी प्रत्यक्ष निवेश की अनुमति हैं।

(*xi*) FERA की धाराओं का उदारीकरण किया गया है जिसमें 40% से अधिक विदेशी ईक्विटी वाली कंपनियों को भारतीय स्वामित्व वाली कंपनियों के बराबर समझा जाता है।

(*xii*) विदेशी निवेशों का संरक्षण करने के लिए भारत MIGA का सदस्य बन गया है।

(*xiii*) विदेशी कंपनियां भारतीय मार्किट में अपने टेड मार्क का प्रयोग कर सकती हैं।

(*xiv*) सेबी (SEBI) के पास रजिस्टर करवाने के बाद FIIs भारतीय पूंजी बाजार में एक कंपनी की प्रदत्त पूंजी में 30% तक निवेश कर सकते हैं।

(*xv*) NRIs और विदेशी वित्तीय संस्थाएं, भारतीय कंपनियों के शेयर और डिबेंचर खरीद सकते हैं।

(*xvi*) भारतीय कम्पनियां यूरो ईक्विटी शेयरों द्वारा अंतर्राष्ट्रीय पूंजी बाजारों में कार्य कर सकती हैं।

9 मई, 2001 को सरकार ने विदेशी निवेश के लिए निम्न नये क्षेत्रों को खोला है :

(*a*) रक्षा उत्पादन में 26% विदेशी ईक्विटी की अनुमति दी गई थी जिसे निजी भारतीय कंपनियों के लिए 100% खोल दिया गया है,

(*b*) बैंकिंग क्षेत्र में FDI सीमा को 49% बढ़ा दिया गया, दवाई क्षेत्र, एयरपोर्टस, नगर-विकास, होटल और टूरिज्म, कोरियर सेवा एवं जन (mass) तीव्र परिवहन प्रणाली को 100% FDI खोल दिया गया,

(*c*) दूरसंचार क्षेत्र में इन्टरनेट सेवा प्रदान करने वालों के लिए 74% तक FDI की अनुमति दी गई, और

(*d*) NRI निवेशकों को विदेशी मुद्रा स्वदेश भेजने की अनुमति दी गई।

3. भारत में विदेशी पूंजी
(FOREIGN CAPITAL IN INDIA)

भारत, प्रत्यक्ष एवं पोर्टफोलियो विदेशी निवेश, बाह्य वाणिज्यिक ऋणों (ECBs), NRI जमाओं और विदेशी सहायता के रूप में विदेशी पूंजी प्राप्त कर रहा है।

तालिका 1 : योजना आवधियों में सकल एवं शुद्ध सहायता

(करोड़ रु. में)

अवधि	*विदेशी सहायता का उपयोग*	*परशोधन एवं ब्याज भुगतान*	*शुद्ध सहायता*	*योजना व्यय के % रूप में शुद्ध सहायता*
(1)	*(2)*	*(3)*	*(4)*	*(5)*
पहली योजना (1950–51 से 1955–56)	201	24	177	9.1
दूसरी योजना (1956–57 से 1960–61)	1430	119	1311	28.1
तीसरी योजना (1961–62 से 1965–66)	2877	542	2325	27.2
वार्षिक योजनाएं (1966–67 से 1968–69)	3230	983	2247	33.9
चौथी योजना (1969–70 से 1973–74)	4184	2445	1739	11.2
पांचवी योजना (1974–75 से 1978–79)	7259	3684	3575	9.1
1979–80	1353	801	552	—
छठी योजना (1980–81 से 1984–85)	10904	4809	6095	5.5
सातवीं योजना (1985–86 से 1989–90)	22699	12652	10047	4.6

1990–91	6704	2750	3954	—
1991–92	11615	4235	7380	—
आठवीं योजना (1992–93 से 1996–95)	56644	32911	23733	6.2
कुल	129100	65955	63135	—

विदेशी सहायता (External Assistance)

भारत को ऋण तथा अनुदान के रूप में विदेशी सरकारों, संस्थाओं और अंतर्राष्ट्रीय संगठनों से सहायता प्राप्त होती है। विभिन्न योजना अवधियों में प्राप्त सकल एवं शुद्ध विदेशी सहायता का विवरण तालिका 1 में दिया गया है। इस तालिता से स्पष्ट हैं कि शुद्ध सहायता की राशि प्रथम योजना में व्यय का 9.1% थी जो दूसरी योजना में बढ़कर 28.1%, तीसरी योजना में 27.2%, तीन वार्षिक योजनाओं में 33.9%, तक पहुँची और इसके बाद घटनी शुरू हुई और चौथी योजना में 11.2%, पांचवी योजना में 9.1%, छठी योजना में 5.5% और सातवी योजना में 4.6% रह गई। परन्तु निरपेक्ष रूप में, उपयोग में लाई गई सहायता और शुद्ध सहायता योजना अवधियों में बढ़ती ही रही है।

प्रथम योजना में उपयोग में लाई गई सहायता की राशि केवल 201 करोड़ रु. थी जो आठवीं योजना में 56,644 करोड़ रु. हो गई। इसी प्रकार प्रथम योजना में शुद्ध सहायता 177 करोड़ रु. थी जो आठवीं योजना में बढ़कर 23,733 करोड़ रु. तक जा पहुँची। 1950–51 से 1996–97 की समस्त अवधि की सहायता लेने से यह ज्ञात होता है कि प्राप्त शुद्ध सहायता 49% थी। इसका अभिप्राय यह है कि भारत द्वारा कुल उपयोगिता सहायता में से 51% राशि ऋण परिशोधन एवं ब्याज भुगतान में वापिस चली गई और केवल 49% ही विकास कार्यों पर उपयोग हुई।

तालिका 2 विदेशी सहायता अनुमोदन (authorisation) और उपयोगीकरण को दर्शाती है।

तालिका 2 : विदेशी सहायता अनुमोदन तथा उपयोगीकरण
(Foreign Assistance Autorisation and Ultilization)

(करोड़ रु. में)

अवधि	*अनुमोदित*	*उपयोगिता*	*उपयोगीकरण की दर %*
प्रथम योजना	362	201	55
दूसरी योजना	2539	1430	56
तीसरी योजना	2810	2877	102
वार्षिक योजनाएं	3172	3230	102
चौथी योजना	4172	4184	100.3
पांचवी योजना	9844	7259	94
1979–80	1860	1353	—
छठी योजना	16761	10904	65
सातवी योजना	44971	22699	50
1990–91	8123	6704	83
1991–92	12708	11615	91
आठवीं योजना	70892	56644	80
कुल	178214	129100	72

अप्रैल 1951 से मार्च 1997 तक भारत की कुल अधिकृत विदेशी सहायता की राशि 1,78,214 करोड़ रु. थी। इसमें से 1,29,100

करोड़ रु. काम में लाए गए। इसका मतलब है कि उपयोगीकरण की दर 72% रही। इसकी अर्थ है कि अर्थव्यवस्था में खपाने की क्षमता काफी अधिक नहीं है। परन्तु सभी वर्षों में उपयोगीकरण की दर समान नहीं रही बल्कि इसकी दर में उतार-चढ़ाव आते रहे हैं। कभी तो यह शत-प्रतिशत तक पहुंची जैसा चौथी योजना में हुआ, और अन्य समयों पर यह शत-प्रतिशत से बढ़ गई जैसे तीसरी योजना में (102%), वार्षिक योजनाओं में (102%) और चौथी योजना में (100.3%) जैसा तालिका 2 से प्रकट होता है। पंरतु पहली दो याजनाओं के दौरान सहायता उपयोगीकरण की दर क्रमश: 55% तथा 56% रही। इसका कारण एक तो दाता देशों की परियोजना सहायता थी और दूसरी भारत में पूर्व परियोजना सर्वेक्षणों की समय खाने वाली औपचारिकताएं, सरकार की औद्योगिक एवं आयात लाईसेंस देने की विधियों के कारण हुए विलम्ब तथा विविध सरकारी एजेंसियों में तालमेल का अभाव था। पर उपयोगीकरण की ऊंची दरें अविश्वसनीय हैं और उनकी सावधानी से व्याख्या करना आवश्यक है। उदाहरण के लिए, दूसरी योजना में उपयोगीकरण की नीची दर इस तथ्य को छुपाती है कि तीसरी योजना में उपयोग की जाने वाली वस्तु सहायता के अधिकार दूसरी योजना के अन्त में एकत्रित हुए थे। यह एक ऐसा तथ्य है जो योजना अवधियों पर आधारित उपयोगीकरण की दरों की भ्रामक प्रकृति को प्रकाश में लाता है। 1964 में विदेशी सहायता के उपयोगीकरण के विषय में वी.के.आर.वी. राव समिति की सिफारिशों के बाद उपयोगीकरण की विधियां दोषरहित बना दी गई हैं। परिणामत: उपयोगीकरण की दर काफी ऊंची रही है। छठी योजना में यह गिरकर 65% रह गई तथा सातवीं योजना में यह 50% थी। इसका प्रमुख कारण अंतर्राष्ट्रीय सहयोग के देशों की ओपर से अनुमोदन करने में हुआ विलम्ब था। पंरतु बाद के वर्षों और विशेषकर आठवीं योजना में यह 80% से अधिक थी।

भारत द्वारा कुल उपयोगित सहायता में ऋणों का अंश मुख्य है। उदाहरणार्थ, 1999-2000 में कुल उपयोगित सहायता का 93% ऋणों के रूप में था और अनुदान लगभग 7%। ऋणों का 30% अबद्ध रूप में और शेष बद्ध ऋणों के रूप में था। क्योंकि अधिकतर ऋण बद्ध थे, इसलिए वे परियोजनाओं की लागत को 30% से अधिक मात्रा में बढ़ा देते हैं क्योंकि देश को प्रतियोगी विश्व-बाजार कीमतों की अपेक्षा ऋणदाता देशों को अधिक भुगतान करना पड़ता है। जैसाकि संयुक्त राज्य अमेरिका की आपूर्तियों की स्थिति में होता है, भारत जब अमेरिकी जहाजों में मशीनरी, अतिरिक्त पुर्जे, कच्चा माल आदि लेने पर विवश होता है, तो यह लागत और भी बढ़ जाती है। इससे न केवल देश को प्राप्त सहायता का वास्तविक मूल्य घटता है, अपितु देश के भीतर साधनों का आवंटन भी बिगड़ जाता है।

बाह्य वाणिज्यिक ऋण (External Commercial Borrowing—ECBs)

बाह्य वाणिज्यिक ऋणों में वाणिज्यिक बैंकों तथा दूसरी वित्तीय संस्थाओं से, बांडों से, अंतर्राष्ट्रीय वित्तीय निगम और ADB आदि से, भारतीय निजी क्षेत्र, सार्वजनिक क्षेत्र और वित्तीय संस्थाओं आदि से ऋण शामिल होते हैं। ये भारतीय कंपनियों को अपनी वर्तमान क्षमता के विस्तार और नए निवेशों के लिए अतिरिक्त निधियां प्रदान करते हैं, तथा इनसे अंतर्राष्ट्रीय मार्किट की नीची ब्याज दरों का लाभ प्राप्त होता है। 1980 के दशक से भारत की ECBs पर निर्भरता बढ़ती रही है। सकल उधार 1985-86 में 1.5 बिलियन डॉलर से बढ़कर 1998-99 में 2.8 बिलियन डॉलर एवं 1999-2000 में 3.2 बिलियन डॉलर हो गया।

अ-प्रवासी जमा खाते (NRI Deposits)

भारत में पूंजी-प्रवाह के अप्रवासी जमा खाते एक मुख्य स्रोत हैं। भारतीय नागरिक और विदेशों में रहने वाले भारतीय मूल के नागरिक भारत के अपने खाते विदेशों से भेजी गई या भारत में अपने द्वारा लाई गई विदेशी मुद्रा में खोल सकते हैं। सभी NR जमा खाता योजनाओं के अंतर्गत कुल शेष राशियां 1985-86 में 4.6 बिलियन डालर से बढ़कर 1990-91 में 9.8 बिलियन डालर हो गईं। परन्तु खाड़ी युद्ध के कारण यह 1991-92 में घटकर 7.8 बिलियन डालर रह गई। तदनन्तर रिजर्व आवश्यकताओं में ढील, और अगले वर्षों में जमा खातों पर ब्याज-दरों में युक्तिकरण (rationalisation) के कारण इनके प्रवाहों ने गति पकड़ी। फलस्वरूप, यह 1999-2000 में 23.1 बिलियन डालर तक पहुंच गई।

विदेशी निवेश)Foreign Investment)

भारत में विदेशी प्रत्यक्ष निवेश (FDI) और पोर्टफोलियो निवेश के रूप में विदेशी निवेश आता है। उदारीकरण की नीति के प्रारंभ से पहले विदेशी निवेश भारत में बहुत कम रहा है। यह 1990-91 में 113 मिलियन डॉलर था। इनमें से 107 मिलियन डॉलर

FDI और 6 मिलियन डॉलर पोर्टफोलियो निवेश था। उदारीकरण के साथ पोर्टफोलियो निवेश जिसमें विदेशी संस्थागत निवेशकों (FIIs) एवं ADRI, GDR आदि शामिल है, FDI से बहुत अधिक हैं। उदाहरणार्थ, 1999–2000 में 2.2 बिलियन डॉलर पोर्टफोलियों निवेश FDI की तुलना में 9.9 बिलियन डॉलर था।

विश्व बैंक की **विश्व निवेश रिपोर्ट** (World Investment Report), 2000 दर्शाती है कि भारत में FDI अन्तर्प्रवाह वस्तुत: 1998 में 2.6 बिलियन डॉलर से कम हुआ है जिसे उदारीकरण की प्रक्रिया को तेज करके सुधारना चाहिए। वास्तविक समस्या FDI नीति से नहीं बल्कि इसे लागू करने से है। 1991–99 के बीच FDI स्वीकृतियां 58 बिलियन डॉलर थीं परन्तु इसके वास्तविक अन्तर्प्रवाह केवल 31% थे। वास्तविक अवरोध, बढ़ती आन्तरिक और बाह्य प्रतियोगिता एवं मांग में सुस्ती के कारण विनिर्माण क्षेत्र में मंदी तथा बुनियादी सुविधाओं का अभाव है। आवश्यकता इस बात की है कि बुनियादी क्षेत्रों के विकास के लिए और विनिर्माण क्षेत्र की उत्पादक क्षमता मे सुधार में लिए FDI को आकर्षित किया जाए ताकि प्रतियोगिता का सामना किया जा सके।

4. भारत का बाह्य ऋण
(INDIA'S EXTERNAL DEBT)

भारत के बाह्य ऋण में सरकारी और गैर-सरकारी द्विपक्षीय और बहुपक्षेय बाह्य सहायता, बाह्य वाणिज्यिक उधार (ECBs) और IMF भुगतान और शेष NRI जमा राशियां शामिल हैं।

भारत को अपनी आर्थिक योजनाओं को पूरा करने हेतु बाह्य ऋण की आवश्यकता पड़ती है। यह प्रत्येक योजना के साथ बढ़ता जा रहा है।* 1980 के दशक में भारत के बाह्य ऋण का आकार तेजी से बढ़ने लगा। 1970 में लगभग $8 बिलियन से बढ़कर यह 1980 में $21 बिलियन, 1990 में $76 बिलियन और मार्च 2000 के अंत तक $98.4 बिलियन हो गया। इस प्रकार, पिछले एक दशक में यह $20 बिलियन से अधिक बढ़ा और दो दशकों में इसकी लगभग पांच-गुणा वृद्धि हुई। अब यह प्रत्येक भारतीय के लिए लगभग $100 है। इन आंकड़ों से प्रकट होता है कि इस ऋण का अधिकतर भाग (76.8%) अस्सी के दशक में ही संचित हुआ। पिछले कई वर्षों में बाह्य ऋण की संरचना में काफी बदलाव आया है। 1980 में बाह्य ऋण अधिकतर बाह्य सहायता ही थी जो कुल ऋण का 90% था। तब से बाह्य सहायता का भाग घट रहा है और ECBs का भाग बढ़ रहा हैं। 1990 में बाह्य सहायता का भाग गिरकर 60% और 2000 में 50% हो गया। इधर ECBs का भाग जो 1980 में 12% था वह 2000 में 28% हो गया।

ECBs के भाग में वृद्धि, बाह्य सहायता में अनुदान अंश की कमी और अंतर्राष्ट्रीय पूंजी मार्किट के तेजी से बढ़ते हुए ब्याज का परिणाम यह हुआ कि 1980 के दशक के उत्तरार्ध में ऋण-सेवा में अत्यधिक वृद्धि हुई। 1980–81 में ऋण सेवा भुगतान $1.4 बिलियन था जो 1990–91 में बढ़कर $9 बिलियन हो गया। तदुपंरात अगले वर्षों में यह लगातार बढ़कर 1999–2000 में 21.1 बिलियन डॉलर हो गया। ऋण सेवा भुगतान में वृद्धि का मूल कारण था ECBs और IMF के मूलधन के पुनर्भुगतान में वृद्धि।

परन्तु बाह्य ऋण से GDP का अनुपात जो घरेलू उत्पादन की तुलना में ऋण के आकार का माप करता है, 1991 में 28.7% से सुधर कर 2000 में 21.9% हो गया। इसी तरह चालू प्राप्तियों के प्रतिशत के रूप में ऋण सेवा भुगतान 1991 में 35.3% के शिखर से कम होकर 2000 में 18% हो गया एवं GDP के प्रतिशत के रूप में ऋण सेवा भुगतान भी इस अवधि में घटकर 2.8% से 2.4% हो गया।

भारत के बाह्य ऋण की एक अन्य विशेषता कुल ऋण में रियायती ऋण का अत्यधिक भाग का होना है। 1990–96 के दौरान यह औसतन 45% तक ही बना रहा। परन्तु तब से यह घटता गया और 2000 में 38.5% हो गया। यह अंतर्राष्ट्रीय मानकों द्वारा ऊंचा बना रहता है। विश्व बैंक की Global Development Finance, 2000 रिपोर्ट के अनुसार 1998 में भारत के कुल ऋण में रियायती ऋण का भाग विश्व के सबसे अधिक ऋणग्रस्त 15 देशों में सर्वश्रेष्ठ था। इसमें संदेह नहीं कि हाल के वर्षों में भारत के बाह्य ऋण की स्थिति में सुधार हुआ है, परन्तु यह अभी भी चिन्ता-जनक है। 1991 में भारत, ब्राजील और मैक्सिको के बाद तीसरा सबसे बड़ा ऋणी देश था। परन्तु 1998 में इसकी स्थिति में सुधार हुआ और यह नवें स्थान पर पहुंचा। अब विश्व बैंक भारत को 1991 के गंभीर ऋणी देश की तुलना में कम ऋणी देश मानता है।

*अंतिम खण्ड के आधार पर इसके बढ़ने के कारण दीजिए।

जहां तक कुल ऋण में अल्पकालीन ऋण के अनुपात का भाग है, यह 1990-91 में 10.2% था जो 1999-2000 में घटकर 4.1% हो गया।

बाह्य ऋण घटाने के उपाय (Measures to Reduce External Debt)

भारत में बाह्य ऋण स्टॉक इतना हो जो ऋण-सेवा भुगतानों को उचित सीमा में रखे। परंतु यह ऋण-सेवा अनुपात कितना हो, इसका अनुमान लगाना कठिन है। फिर भी, सामान्य मत है कि ऋण-सेवा अनुपात यथासम्भव 30% से अधिक न हो। देश को यह अनुपात माल और सेवाओं के निर्यात में अधिकतम वृद्धि लाकर, इस अंक से कम ही रखने की चेष्टा करनी चाहिए।

ODA (सरकारी विकास सहायता) के गिरने से भारत को FDI जैसी निजी विदेशी पूंजी पर अधिक निर्भर रहना पड़ेगा। देश को ऐसे सार्थक कदम उठाने होंगे जिनसे ऐसे बुनियादी क्षेत्रों में निवेश आकर्षित किया जाए जिनमें वित्त, प्रौद्योगिकी, और प्रबंधन कुशलताओं की बहुत कमियाँ हैं। 1995-97 में FDIs को बुनियादी क्षेत्रों में आकर्षित करने के प्रयत्न अवश्य किए गए, परन्तु वे पर्याप्त नहीं हैं। ''दुर्भाग्य से स्वीकृति के दृष्टिकोण से, बुनियादी क्षेत्र में काफी निवेश का सुझाव दिया गया है। परंतु इसका काफी भाग उपभोग्य वस्तु उद्योग में चला जाता है। बुनियादी क्षेत्र में निवेश में निम्न कारणों के अझिक प्रगति नहीं की है :

(अ) संस्थागत ढांचा स्थापित करने में धीमी गति, और

(ब) इसी स्तर पर बहुत सी वर्तमान-नौकरशाही समस्याएं।

इस क्षेत्र में तुलनात्मक धीमी गति का एक और कारण है बड़े निवेशकों का भारत के अधूरे आर्थिक कार्यों में धीमी प्रगति के कारण 'रुको और देखो' की नीति; निवेशों के उचित प्रतिफल की गारंटी अथवा विश्वसनीयता तथा अन्य राजनीतिक-सामाजिक प्रश्न।''[1] अतएव भारत को अपने आर्थिक प्रबंधन, संस्थानक ढांचे में सुधार और नियंत्रण-प्रणाली में अधिक पारदर्शिता के द्वारा सुधार लाना पड़ेगा।

जहां तक पोर्टफोलियो निवेश का प्रश्न है, निश्चय ही FIIs निजी विदेशी पूंजी निवेश के सबसे बड़े स्रोत हैं। परंतु पोर्टफोलियो निवेश एक प्रति-चक्रीय (pro-cyclical) प्रणाली है। जब अर्थव्यवस्था उन्नति कर रही होती है तो वे आते हैं, जब मंदी होती है तो वे चले जाते हैं। अत: पोर्टफोलियो निवेश के लिए यह नितान्त आवश्यक है कि पूंजी प्रभावों का उचित समय अवधि में संचालन और निरंतर प्रबोधन (monitor) किया जाए। यदि FIIs प्राथमिक मार्केट में प्रवेश करते हैं, तो मार्केट की अस्थिरता कम हो जाएगी। परंतु अधिकतर FIIs भारत में द्वितीयक मार्केट में ही निवेश करते हैं। अत: FIIs को प्राथमिक मार्केट में निवेश करने के लिए प्रोत्साहित करना चाहिए। साथ ही साथ उनके द्वितीयक मार्केट के निवेशों को नियंत्रित करना उचित होगा, जिससे उनके अंतर्वाहों की किस्मों को निश्चित किया जा सके। फिर NRIs को उचित प्रोत्साहन देना चाहिए जिससे वे अधिक वापिस न ले जाने वाले जमा खाते खोलें, क्योंकि गैर-वापसी जमा खातों से बाह्य ऋणों में कमी आएगी।

यह दृष्टि में रखते हुए कि भारत के बाह्य ऋण का अधिकतर भाग अल्पकालीन ऋणों का है, इनका ऋण-सेवा भुगतान और भी बढ़ेगा, जिससे इसकी ऋण-स्थिति और भी संकटपूर्ण हो जाएगी। ODA में कमी के फलस्वरूप भारत को अपने ऐतिहासिक ''तीन महीने के आयात के बराबर'' से कहीं अधिक विदेशी मुद्रा रिजर्वों की आवश्यकता होगी। इसीलिए, ''अति आवश्यक है कि निर्यातों में अधिकाधिक वृद्धि, ब्याज-रहित ऋण का और अधिक अंतर्प्रवाह, नीची ब्याज दरों पर वृद्धिशील अर्थव्यवस्था, NRI खाते और अंतत: सरकार को राजकोषीय घाटे में कमी करनी होगी।''[2]

ऊपर वर्णित उपायों द्वारा बाह्य ऋण स्टॉक और ऋण-सेवा अनुपात में कमी लाना सम्भव हो सकेगा।

5. भारत के आर्थिक विकास पर विदेशी पूंजी का प्रभाव (IMPACT OF FOREIGN CAPITAL ON INDIA'S ECONOMIC DEVELOPMENT)

विदेशी सहायता के भारत के आर्थिक विकास पर निम्न प्रभाव पड़े हैं :

औद्योगिक विकास (Industrial Development)—भारत के आर्थिक विकास में विदेशी पूंजी एवं प्रौद्योगिकी महत्वपूर्ण

1. S.P. Gupta, *Mid-year Review of the Indian Economy,* 1995-96, 1996.
2. *Ibid.,* 1996-97, 1997.

कार्य करती रही है। जब भारत स्वतंत्र हुआ था, तो उसे विरासत में ऐसा औद्योगिक ढांचा प्राप्त हुआ था जो कपड़ा और चीनी जैसे कुछ उद्योगों तक ही सीमित था। केवल दो इस्पात के कारखाने थे और रेलवे कार्यशालाओं तथा संयोजन प्लांटों में इंजीनियरिंग का कुछ सीमित विकास हुआ था। आज औद्योगिक ढांचे का व्यापक रूप से विविधीकरण हो चुका है जिसमें मोटे तौर पर उपभोक्ता, मध्यवर्ती तथा पूंजीगत वस्तुओं का सम्पूर्ण क्षेत्र आ गया है। अधिकांश विनिर्मित वस्तुओं के क्षेत्र में विदेशी सहयोग से, पर प्रमुखतः घरेलू प्रयत्नों के माध्यम से, देश बहुत हद तक आत्मनिर्भरता प्राप्त कर चुका है। यह इस बात से लक्षित होता है कि खाद्यान्न तथा कपड़ा जैसे परम्परागत विनिर्माण क्षेत्रों के औद्योगिक उत्पादन में सापेक्ष भाग घटा है और इंजीनियरिंग तथा रसायन आदि के नए क्षेत्रों के उत्पादन में महत्वपूर्ण वृद्धि हुई है। औद्योगिक ढांचे का विविधीकरण आगे हमारे विदेशी व्यापार की वस्तु संरचना से भी प्रकट होता है जिसमें विनिर्मित उत्पादों के आयात का भाग धीरे-धीरे घटता गया है और निर्यात में इंजीनियरिंग उत्पादों का भाग बढ़ता रहा है। औद्योगीकरण में तो तेजी से वृद्धि हुई ही, पर इसके साथ-साथ विदेशों से प्राप्त औद्योगिकीय तथा प्रबन्धकीय कुशलताओं में भी मुकाबले की वृद्धि हुई जो केवल अत्यन्त जटिल एवं आधुनिक औद्योगिक उद्यमों के दक्ष परिचालन के लिए ही नहीं, अपितु उनके आयोजन, डिजाइन और निर्माण के लिए भी श्रेयस्कर हैं।

घरेली बचतों की कमी पूरा करने हेतु (To Fill the Deficiency of Domestic Savings)—घरेली बचतों तथा विकास के लिए आवश्यक पूंजी का अन्तर पूरा करने में भी विदेशी पूंजी सहायक रही है। यही बात तालिका 1 में योजना व्यय की प्रतिशतता के रूप में शुद्ध सहायता से प्रकट होती है। दूसरी योजना, तीसरी योजना और तीन वार्षिक योजनाओं के दौरान इसका बहुत ठोस योगदान रहा है जो क्रमशः 28 प्रतिशत और 34 प्रतिशत था।

विदेशी विनिमय की आवश्यकता पूरी करने हेतु (To Meet the Requirements of Foreign Exchange)—फिर, भारत को जिस विदेशी विनिमय की बहुत आवश्यकता थी, विदेशी पूंजी ने वह विनिमय प्रदान करके देश की बहुत सहायता की। परिणामतः बहुत हद तक विदेशी विनिमय का अंतर पूरा कर दिया। विदेशी विनिमय का अंतर देश के आयात और निर्यात के अंतर के बराबर होता है जिसे शुद्ध पूंजी के अंतर्वाह से ही पूरा किया जा सकता है। आयात की प्रतिशतता के रूप में शुद्ध विदेशी सहायता पहली योजना में 4.9% थी जो तीसरी योजना में 37.5% के शिखर पर पहुंच गई। इसके बाद चौथी योजना और पांचवी योजना के दौरान वह धीरे-धीरे बराबर घटती गई और शुद्ध सहायता से आयात के 17.6% तथा 12.9% की वित्त व्यवस्था हो सकी। छठी योजना में शुद्ध सहायता ने 8.2% आयात का और सातवीं योजना में 8% आयात का वित्त प्रबंध किया।

आयात स्थानापन्नता में (In Import Substitution)—भारत को आत्मनिर्भरता और महत्वपूर्ण क्षेत्रों में आयात स्थानापन्नता की ओर ले जाने में विदेशी पूंजी एक प्रमुख साधन रही है। आयात-स्थानापन्नता से घरेलू उत्पादन का विविधीकरण हुआ है और इसके परिणामस्वरूप कुछ महत्वपूर्ण क्षेत्रों—जैसे मशीनरी विनिर्माण, कच्चा तेल तथा पैट्रोलियम उत्पादन, बुनियादी ढांचागत विकास आदि क्षेत्रों में आयात घटा है। परियोजना-विमर्श डिजाइन इंजीनियरिंग तथा परियोजना कार्यान्वयन जैसे क्षेत्रों में भी भारत इन सेवाओं का निर्यात कर सका है। विदेशी सहायता की मदद से देशी निपुणता का विकास होने के कारण यह संभव हो सका है।

सेविवर्ग की निपुणता बढ़ाने में (To Increase the Efficiency of Personnel)—वास्तव में भारत को मोटे तौर पर दो प्रकार की सेवाओं के रूप में विदेशी तकनीकी सहायता प्राप्त होती रही है : (क) इंजीनियरिंग-संबंधी सेवाएं, जैसे सम्भाव्यता अध्ययन, डिजाइन बनाना और निर्माण पर्यवेक्षण, और (ख) संस्थागत सुधारों, परियोजनाओं संबंधी प्रशिक्षण और व्यवस्थापन तथा नीति अध्ययनों से संबंध रखने वाली सेवाएँ। इसने भारतीय निपुणता को अंतर्राष्ट्रीय स्तर तक उठाने में सहायता की है।

सेविवर्ग उपभोक्ता वस्तुओं में आत्म-निर्भरता लाने में (To Bring Self Sufficiency in Consumer Goods)—विदेशी सहायता से भारत की खाद्यान्न उत्पादन तथा उपभोक्ता वस्तु उद्योगों के लिए कच्चे माल की कमियों का मुकाबला करने की योग्यता बढ़ी है। जब बार-बार सूखा पड़ा तो भारत खाद्यान्न, तेलों और कच्चे माल को रियायती दरों पर पर्याप्त मात्रा में आयात करता है। कृषि अनुसंधान के क्षेत्र में अंतर्राष्ट्रीय संगठनों से प्राप्त सहायता के परिमाणस्वरूप औजारों, उपकरणों, बीजों, सिंचाई, फसलों के ढंग, उत्कृष्ट फार्म तरीकों आदि के क्षेत्रों में नई कृषि प्रौद्योगिकियों का विकास हुआ है। इससे खाद्य उत्पादन में कई गुणा वृद्धि हुई है। इस प्रकार खाद्य आयातों तथा देश में ही बढ़े खाद्य उत्पादन के आधार पर सरकार भारी बफर स्टाक बनाने में सफल हुई तथा खाद्य वस्तुओं की कीमतें स्थिर कर सकी है।

बुनियादी ढांचे की स्थापना में (In Establishing Infrastructure)—इसके अलावा, विश्व बैंक, IDA जैसे अंतर्राष्ट्रीय संगठनों से जो विदेशी सहायता प्राप्त हुई, उसकी मदद से भारत ने अपनी सिंचाई एवं शक्ति विषयक सम्भाव्यताओं का विस्तार एवं आधुनिकीकरण किया, और रेल मार्गों, समुद्री परिवहन, संचार आदि का विकास किया है।

स्वास्थ्य एवं परिवार कल्याण में (In Health and Family Welfare)—सबसे बड़ी बात यह है कि विदेशी सहायता से सरकार को सारे देश में समन्वित स्वास्थ्य एवं परिवार कल्याण कार्यक्रमों का विकास करने में मदद मिली है।

प्रश्न

1. विदेशी पूंजी संबंधी भारत सरकार की नीति की विवेचना कीजिए।
2. भारत में पंचवर्षीय योजनाओं में विदेशी पूंजी के प्रभाव की व्याख्या कीजिए। ऋण-सेवा भार का क्या प्रभाव हो सकता है?
3. भारत के बाह्य ऋण के विभिन्न स्रोतों की व्याख्या कीजिए। उसको नियंत्रित करने के उपाय सुझाइए।
4. 1951 से भारत के आर्थिक विकास में विदेशी पूंजी की भूमिका का मूल्यांकन कीजिए।
5. भारत के संदर्भ में विदेशी पूंजी पर निर्भरता किस सीमा तक न्यायोचित है?